浙江省哲学社会科学规划
后期资助课题成果文库

吴语百年面貌与变化研究

以嘉兴吴语为例

邓 彦 著

ZHEJIANG UNIVERSITY PRESS
浙江大学出版社
·杭州·

图书在版编目（CIP）数据

吴语百年面貌与变化研究:以嘉兴吴语为例 / 邓彦
著. -- 杭州: 浙江大学出版社, 2023.4
ISBN 978-7-308-23604-1

Ⅰ. ①吴… Ⅱ. ①邓… Ⅲ. ①吴语－方言研究－嘉兴
Ⅳ. ①H173

中国国家版本馆CIP数据核字(2023)第052168号

吴语百年面貌与变化研究——以嘉兴吴语为例
邓 彦 著

责任编辑	赵　静
责任校对	胡　畔
封面设计	周　灵
出版发行	浙江大学出版社
	（杭州市天目山路148号　　邮政编码　310007）
	（网址：http://www.zjupress.com）
排　　版	杭州林智广告有限公司
印　　刷	杭州高腾印务有限公司
开　　本	787mm×1092mm　1/16
印　　张	43
字　　数	1110千
版 印 次	2023年4月第1版　2023年4月第1次印刷
书　　号	ISBN 978-7-308-23604-1
定　　价	198.00元

前　言

吴语是中国最悠久的方言之一，它是江南本土语言（百越语的一种）与中原汉语长期接触而形成的一种汉语方言。江南本土语言与中原汉语的接触可追溯到中原汉人在江浙地区建立越、吴两国的夏、商、西周时期，到春秋战国时期便形成了"吴越语"（吴语）。当时吴越语已不再属于少数民族语言，而是成为华夏语的一支方言①。到东晋南朝时期，吴语和以洛阳话为代表的中原共同语在江南地区同时使用，如陈寅恪先生所说："江左士族操北语，而庶人操吴语"②，形成了"双语"模式的语言环境。当然两种语言不是简单地并存，而是互相影响、渗透、融合，"最后导致一种朝野及士庶通用新语言（新吴语）的出现"，"它同时具有汉魏中原汉语的基本语法和丰富词汇，以及原始吴语的婉转发音和生动习语，是一种非常优雅和富于表现力的新汉语方言"③。唐代的"安史之乱"和两宋交替时期人口迁徙带来的语言接触引起语言极大变化之后，吴语"语言结构和特点趋于稳定，到元代形成了现代吴语的规模"④。吴语是江南人民的交际工具，在漫长的使用过程中，积累、沉淀了数万个特有词汇和诸多特征本字，记录和体现了江南人民社会生产、风俗民情、生活情调、文化涵养、思维方式、语言习惯，形成富有特色的吴文化。

嘉兴位于浙江省东北部，北与上海、苏州接壤，南与杭州为邻，东临海湾，西接太湖，为长江三角洲的腹心地带。嘉兴历史上原属苏州，后独立设府，今上海境（苏州河以南）曾属其辖地，嘉兴话属于北部吴语太湖片苏沪嘉小片。苏沪嘉历来是北部吴语的重镇，苏州话是传统吴语的代表，而上海话则是现代吴语的引领者，嘉兴话既深受苏州话的影响，又是上海话的源头，苏沪嘉吴语是一脉相承的。而在其中，嘉兴话是传统吴语和现代吴语的历史交汇点，有着承先启后的作用。因此，本书选择集传统吴语与现代吴语于一身的嘉兴吴语作为研究对象，描写、分析吴语百年面貌与演变过程。

自1910—1912年高本汉先生对吴语的调查，到2019—2020年本课题组的吴语田野调查，关于嘉兴吴语的调查研究已有110年。这百余年间，涉及嘉兴吴语的研究成果颇多：20世纪，前期有高本汉先生、赵元任先生的田野调查成果，后期有钱乃荣先生、俞光中先生、嘉兴地方志编纂委员会的田野调查成果；21世纪，有徐越教授的田野调查成果，以及本课题组的田野调查成果。此外，关于上海地区、苏州地区及太湖地区吴语的研究成果也十分丰富，这为研究嘉兴吴语百年面貌与变化提供了基础。

---

① 李新魁：《吴语的形成和发展》，《学术研究》1989年第5期。

② 陈寅恪：《东晋南朝之吴语》，载《金明馆丛稿》二编，生活·读书·新知三联书店，2001，第306页。

③ 李伯重：《东晋南朝江东的文化融合》，《历史研究》2005第6期。

④ 李新魁：《吴语的形成和发展》，《学术研究》1989第5期。

本书在此基础上尝试将嘉兴吴语分为近代、现代、当代、新世纪四个时期，采用文献法和田野调查法搜集了语言材料，并使用历史比较法描写比较了四个不同时期的吴语面貌，同时，通过共时比较法将四个时期的吴语与同时期共同语作横向比较，以及将新世纪吴语新老派语言特点进行比较，恢复和重现了一个世纪以来吴语地区的语言面貌。这为百年来吴语语音史和词汇史的研究提供了一个比较完整的历史语言体系，同时为研究吴语百年史提供一定的历史依据。

本书主要内容如下：

第一章为绪论。

第二章概述嘉兴的人文地理。本章在"吴语百年研究"框架与视野内，重点概述五个方面的内容——地理环境、行政区划、文化特质、吴语发展变化史、吴语内部一致性与差异性，目的是把嘉兴吴语百年面貌和变化放到一个有特色的地理空间和人文空间进行考察，从语言角度和社会等非语言角度描写吴语百年的面貌与变化，从而更为深刻地揭示这一面貌与变化的原因。

第三章为近代吴语。从语言本身而论，近代吴语具有承上启下的意义。就本课题研究来说，这部分是描写吴语百年面貌与演变的开端。本章具体描写了语音面貌和方言词汇面貌，指出近代吴语语音系统"没有舌上音，出现文白异读"的特点，而词汇系统呈现"半殖民地半封建社会性质，开始吸收大量外来词"等特点。同时还将该时期的吴语语音系统与原始吴语语音系统、同时期的北京话语音系统进行比较，力求描写出近代吴语的历史面貌及其特征，为吴语百年演变的比较、分析打下基础。

第四章为现代吴语。本章根据赵元任先生《现代吴语的研究》和嘉兴籍文化名人的作品，具体描写了现代吴语的语音、词汇面貌。本时期的吴语语音韵母发生了较大变化，一些双元音韵母脱落变成单元音韵母；词汇系统中反映半殖民地半封建社会生活的词语也逐渐退出历史舞台，一批充满时代感的新词语充实到现代吴语词汇系统中来。同时，本章将现代吴语的语音、词汇系统与近代吴语进行历时比较。

第五章为当代吴语。本章具体描写了当代吴语的语音面貌和词汇面貌，本时期的吴语语音处在"合流与分化"的状态，如"尖团合流""韵母合并"等，吴语词汇的积累也越来越多、越来越丰富。本时期的语音、词汇在此基础上与现代吴语进行历时比较。

第六章为新世纪吴语。本章以课题组方言调查、实地记音搜集得来的语料为基础，对新世纪吴语的语音面貌和词汇面貌进行了详细描写。同时将该时期吴语的语音、词汇系统与当代吴语进行比较，从而探究新世纪吴语在未来较长时期内的发展趋势及规律。

第七章为吴语百年变化特点。本章在近代、现代、当代以及新世纪四个阶段的吴语语音系统基础上归纳了吴语百年来的演变特点，如"浊音清化、腭化现象、文白异读、韵母简化"等语言现象。词汇方面，随着社会经济文化生活水平的快速提高和广播影视等现代传媒的迅速发展，吴语词汇系统出现向共同语不断"靠拢"的倾向，这种靠拢表现为或是向共同语借用某一词语，或是与共同语共同使用某一词语，或是一些特色词已被共同语同化。

第八章为嘉兴吴语百年字音对照。本章列表比较了3000多个吴语字的近代吴音、现代吴音、当代吴音、新世纪吴音，以及中古音、普通话音，基本反映了百年吴语的面貌与变化的情况及与中古语音、普通话音的异同。

目　录
Contents

第一章

绪　论

　　吴语也称江南话或江浙话，分布在上海、浙江、江苏南部、安徽南部、江西东北部、福建西北角，使用人数约占汉族总人数的 8.4%，分为北部吴语和南部吴语。嘉兴是马家浜文化的发祥地，历史积淀深厚，文化源远流长，在几千年的历史进程中，逐步形成了具有北部吴语特色的嘉兴话（嘉兴吴语）。嘉兴吴语属于北部吴语（太湖片）苏沪嘉小片。传统吴语以苏州话为代表，现代吴语以上海话为代表，嘉兴原属古苏州府，其语言深受苏州吴语的影响，古上海原为嘉兴府的一部分，其语言源头为嘉兴吴语。因此，嘉兴吴语极具苏沪嘉吴语的特色，在北部吴语发展中具有承前启后的意义。通过研究嘉兴吴语百年语言状况与语言演变，可在一定的程度上展示吴语百年来的语言面貌与语言演变的历程。

一、吴语百年史的划分

　　从 20 世纪初高本汉先生的近代吴语调查、赵元任先生的现代吴语调查，中经钱乃荣先生、俞光中先生、嘉兴市地方志编纂委员会 20 世纪末的当代吴语调查，到 21 世纪本课题组的吴语调查，大致相距百年。基于本课题现有的历史资料，我们将百年吴语划分为"近代吴语""现代吴语""当代吴语""新世纪吴语"四个时期。

（一）近代吴语（清末—1917 年前）

　　近代吴语的语音系统和"同音字汇"主要根据高本汉《中国音韵学研究》第四卷《方言字汇》整理而成。20 世纪初，瑞典汉学家高本汉的《中国音韵学研究》运用历史比较语言学的方法，将汉语方言的共时描写与历时比较结合起来，根据 3125 个汉字在 26 种汉语方言中的读音，参照《切韵》等韵书，构拟出这些汉字的中古读音。在这 26 种汉语方言中就有属于吴语的上海方言和温州方言。赵元任、罗常培、李方桂认为，高本汉《中国音韵学研究》中的"方言字汇"是现代中国汉语方言，反映了"现代中国语言全景的真相"[①]。不过，如果不是从高本汉研究汉语方言的科学方法和思想观念看，而是从他调查汉语方言的时间、地点及其调查时的时代特征看，其调查的汉语方言应属于近代汉语方言，他所记录的汉语方言材料和以此为基础形成的《中国音韵学研究·方言字汇》的字音应是近代中国汉语方言音。

---

① 高本汉:《中国音韵学研究》，赵元任、罗常培、李方桂译，商务印书馆，2014，第 20 页。

　　高本汉（1889—1978），瑞典人，著名汉学家，1910—1912 年在中国进行汉语方言田野调查和语言教学。这一时期，中国正处于辛亥革命爆发、封建帝制崩溃、社会混乱的时期。他打扮成读书人，"亲自走访各地，口问手写，调查了二十四个地点的汉语方言，记录了十万多个字音"。离开中国回到欧洲后，他依据"《广韵》的反切和宋代的音图，通过对二十四个地区方言资料的整理，归纳出中国古汉语的声纽、韵部系统"①，并记录包括代表吴方言在内的 26 种汉语方言字同音汇，总称为《中国音韵学研究》。《中国音韵学研究》共有四卷，第一卷《古代汉语》，第二卷《现代方言的描写语音学》，第三卷《历史上的研究》，第四卷《方音字汇》。法文原本陆续发表于 1915—1926 年。中文译本由赵元任、罗常培、李方桂先生翻译，于 1940 年初版，1948 年再版。《中国音韵学研究》虽然于 1915—1926 年出版，但它的材料来源是 1910—1912 年的语言调查材料，而且语言的变化是渐进的，不同于社会变革那样火山爆发式的突变，语言的演变总是与社会变革不同步的，因而这些调查材料应该体现了清代末期语言风貌和语言特征。

　　在《方言字汇》26 种汉语方言中，有 24 种是高本汉本人亲自调查记录的，其中包括上海松江话。记录这 24 种方言的调查方法，高本汉是这样说明的："用不着说，在广州、上海、开封、太原，那些大城市里是没有完全一致的读音的。所以我就用了现代语言学家中通用的方法。我挑选了一个人，这个人在我所要研究的地方生长并且是这地方受教育的，还得经我详细考虑过后才能断定他可以代表这个地方的读音。我详详细细地把他的读音写下来，就可以表现他本地土音的概略。"②

　　关于调查上海话的地点，高本汉没有具体说明。根据《中国音韵学研究》第二卷《现代方言的描写语言学》中的说明，应该是在松江一带。上海在发展过程中和嘉兴的关系密切，上海原是松江府的一部分，其人口主要是从松江地区扩散而来的，上海话是松江方言的一个变体，而松江曾隶属嘉兴府。明正德《松江府志》（1512 年）记载："方言语音皆与苏、嘉同，间有小异……府城视上海为轻，视嘉兴为重，大率皆吴音也。"③明嘉靖《上海县志》（1524 年）中说县城的"方言语音视华亭为重"，到清嘉庆时的《上海县志》（1814 年）更有"方言同是吴音而视府城稍重"的记载。嘉靖《上海县志》所说华亭，其县城在今松江城。明正德、清嘉庆志书中所说的府城，也是今松江城。上海县城同松江府城，相距 50 多公里，但那时县城里的方言发音，已从苏州为重、嘉兴为重，转为以松江为重，是跟松江方言走的。这些记载明白无误地告诉我们，松江方言是上海方言的根，或者说，上海方言的源头是松江方言。④所以"嘉兴话与上海话有极密切的关系"，"上海话的最早源头应该是嘉兴话"。⑤综上所述，本课题将高本汉方言字汇中的上海音作为研究嘉兴近代吴语语音的材料。第四卷《方言字汇》记录的松江方言资料是研究中国语音史的重要资料，更是本课题研究嘉兴吴语百年演变的重要材料。

　　《中国音韵学研究·方言字汇》收录 26 个汉语方言点的字音，每个方言点一般有 3125 个字（有的方言点不是 3125 个字），26 个方言点总计约有 81250 个字。其体例是按照《广

---

①　李开、肇路：《高本汉和他的汉学名著〈中国音韵学研究〉》，《南京社会科学》2002 年第 10 期。

②　高本汉：《中国音韵学研究》，赵元任、罗常培、李方桂译，商务印书馆，2014，第 144 页。

③　屠丽萍：《上海方言、松江方言和嘉兴方言的比较》，硕士学位论文，上海大学，2017，第 5 页。

④　褚半农：《说说上海方言的根》，徐汇报数字报刊平台，2014，http://www.xuhuibao.com/html/2014-09/01/content_8_2.htm。

⑤　俞光中：《嘉兴方言同音字汇》，《方言》1988 年第 3 期。

韵》体制编排，竖格排列 26 个方言点，横格以"摄"为单位排列。但它将《广韵》中的 16 摄合并为 13 摄，即果摄、止摄、蟹摄、咸摄、深摄、山摄、臻摄、梗摄、宕摄、效摄、流摄、遇摄、通摄。又单列 7 个入声摄，即咸入摄、深入摄、山入摄、臻入摄、梗入摄、宕入摄、通入摄。本课题就是通过这 3125 个字推出近代吴语声母表、韵母表和同音字表。

由于高本汉的《中国音韵学研究》没有涉及方言词汇，因此，本课题近代吴语词汇来源文献主要有以下两种：

一是小说，包括张南庄的《何典》、郭友松的《玄空经》和韩邦庆的《海上花列传》。这些小说是清末吴语小说的代表，"其人物对白多用方言俗语，较为真实地反映当时吴语语音、词汇、语法方面的面貌"[①]。这三部小说的作者都是松江府人，《何典》《玄空经》是用松江方言写成，书中保存了大量松江本地方言词语；《海上花列传》则是最著名的吴语小说，全书由文言和苏白写成，其中对话皆用吴语（苏白）。

二是上海土山湾慈母堂于 1908 年出版的《土话指南》，英国传教士艾约瑟（J.Edkins）著、上海美华书馆于 1869 年出版的《上海方言词汇集》和麦嘉温著、伦敦传教会 1862 年出版的《上海方言习惯用语集》这几本书。《土话指南》是在 1882 年的《官话指南》基础上形成的。《土话指南·序》云，《官话指南》"分有'应对须知''官商吐属''使令通语'等门"，"是以西士来华，莫不先有诵习，奉为指南"。"然于松属传教士，不克其因，未免有恨，慨欲译松属土音为快。余姑就众情，勉按其原本，译以方言。"《官话指南》是供来华外国人学习汉语用的教材，但外国人发现，学了官话（即北方话）以后，在松江一带还不能与当地人交流沟通，于是有人将《官话指南》翻译成松江土话（松江方言），名曰"土话指南"。《土话指南》中的大多数词语分别出现在嘉兴吴语各个时期的词汇之中，如荡、栈、名头、火轮船、今朝、明朝、早晨头、篷（帆）、日头等。《上海方言词汇集》和《上海方言习惯用语集》中也有许多嘉兴吴语词语，如家生、字相、被头、前头、后头、外头、里头、造化子、事体等。

（二）现代吴语（1917—1948 年）

1927 年，赵元任对浙江、上海、江苏等地包括嘉兴在内的 33 个吴语方言点进行调查，于 1928 年出版了《现代吴语的研究》。虽然我们没有足够的材料说明赵元任为什么把自己的吴语调查报告称为"现代吴语"，但是我们认为"现代吴语"恰恰能较为准确地概括1917—1954 年吴语的时代特征。

之所以以 1917 年作为现代吴语的开端，是因为 1917 年 1 月，胡适在《新青年》上发表的《文学改良刍议》不仅明确提出反对文言文、提倡白话文，而且主张"言文合一之国语"[②]，即推行口语与书面语相统一的国语。胡适的主张开启了白话文运动的大幕。1918 年1 月，《新青年》实现自己的主张，全部改用白话文。5 月，鲁迅在《新青年》上发表第一篇白话文小说《狂人日记》。1919 年，在五四运动的推动下，北洋政府教育部成立了推行国语的机构"国语统一筹备会"。1921 年，教育部发布训令："凡师范学校及高等师范均应酌减国文钟点，加授国语。"1923 年，教育部规定中等以上学校实行国语教育，规定小学、

---

① 陈源源：《清末吴方言字研究——以〈何典〉、〈上海花列传〉为中心》，博士学位论文，浙江大学，2009，第 1 页。

② 胡适：《文学改良刍议》，《新青年》1917 年第 2 卷第 5 号。

初中、高中的语文科一律定名为"国语",从此国语占据教育这块高地。该时期《国语月刊》等报刊不断发表宣传国语的文章,出版社和唱片社出版国语辞典、教材、会话读本、留声片等。由于"白话文运动和文学革命的合流,最终以官方权威的力量"使国语"成为全民族使用的共同语",① 在包括吴语区在内的全国范围内推广。

国语不但包括"文",而且包括"音"。鸦片战争以后,一些爱国知识分子提出了教育救国的主张,他们认为汉字的繁难是教育不能普及的原因,因此掀起了一场"切音字运动"。切音就是拼音,切音字泛指在这一运动中产生的各种各样的汉语拼音方案。1912年12月,成立读音统一会筹备处。1913年2月15日,读音统一会在北京召开,审定了6500个汉字的读音,用各省代表投票的方法确定了"标准国音",拟定了一套注音字母,共39个。② 1918年,注音字母由北洋政府教育部正式公布。1920年,全国各地陆续开办"国语传习所"和"暑期国语讲习所",推广注音字母,全国小学的文言文课一律改为白话文课,小学教科书中的生字采用注音字母注音。浙江历来重视教育,民国时期小学不断增加。据统计,嘉兴在1905年前已有小学28所,而浙江省至1915年有初等小学6080所,高等小学759所。③ 浙江省小学教师由1912年的1.85万人增加到1929年的2.64万人。④ 国语在学校的推广,使之在浙江省内得到广泛的传播,极大地改变了吴语地区的语言生活,引起吴语内部结构的演变。1927年,赵元任在嘉兴调查时的语音合作人是一名在读的中学生,15岁,从其年龄推算,他在小学期间应该受过国语的训练,这影响了他的字音发音。由上所述,从1917年起,吴语进入一个新的历史时期。

《现代吴语的研究》(附调查表格)是本课题研究现代吴语的重要材料之一。该书运用结构主义描写语言学的原理和方法,对吴语进行科学定义,把古吴越之地33处方言由点到线到面地联系起来,揭示了吴语的全貌及其主要特征。该书列出的吴语方言词有1000多个,但为了尽可能地在更大的范围内反映嘉兴吴语的词汇系统,本课题还从嘉兴籍的现代作家如茅盾、徐志摩、丰子恺、贾祖璋、朱生豪等的作品,以及顾颉刚的《吴歌甲集》、王翼之的《吴歌乙集》、陆基的《注音符号·苏州同音常用字汇》中选出一部分嘉兴吴语方言词。这些方言作品中的很多词汇仍然出现在现在的嘉兴语言生活中。

(三)当代吴语(1949—1999年)

1984—1985年,钱乃荣对赵元任当年调查的33个吴语点进行新的调查,于1992年将调查研究结果出版,并命名为"当代吴语研究"。如果按照研究的理念与方法,钱乃荣此次调查研究的内容仍然属于现代语言学的范畴。不过从社会背景和当时的语言生活内容看,把这一时期的吴语称为"当代吴语"是合理的。1949年,中华人民共和国成立。1956年,国家推广普通话。随着社会政治和语言环境的变化,无论是吴语本身的语言结构,还是研究吴语的理论、方法都发生了深刻的变化。1949年之后,吴语与吴语研究都明显与"现代吴语"时期不同。因此,本课题将1949年作为当代吴语的开端。

新中国成立后,国家十分重视共同语的审定工作。1953年,中央人民政府政务院派

---

① 郑瑞萍:《论"五四"白话文运动的发生与发展》,《山东理工大学学报(社会科学版)》2011年第1期。

② 把传统的三十六字母的10个浊音字母去掉,知、照两组字母合并,得到24个声母;从12摄里得出了12个韵母;从正、副韵和合口正、副韵里得出齐齿、合口、摄口三个介音(开口无介音)。

③ 慎月梅:《近代变革中的乡村学校与教师:以嘉兴地区为例》,硕士学位论文,华东师范大学,2012,第14页。

④ 夏雪原:《民国时期浙江省小学教师待遇研究》,硕士学位论文,杭州师范大学,2016,第11页。

出的语言专家到普通话标准音的主要采集地河北省承德市滦平县进行取音考察和语音采集。滦平话音准分明，字正腔圆，语调清晰、明确，没有北京胡同音的儿化、省字、尾音等发音习惯，易于学习推广。1955 年 10 月，全国文字改革会议召开，将汉民族共同语的正式名称定为"普通话"，会议还通过了《全国文字改革会议决议》和《汉字简化文案修正草案》。1956 年 2 月，国务院在《国务院关于推广普通话的指示》中对普通话进行定义，即"以北京语音为标准音，以北方话为基础方言，以典型的现代白话文著作作为语法规范的普通话"。在确定共同语的同时，《汉语拼音方案》的准备与制订也在进行。1949 年 10 月，中国文字改革协会成立，开始了汉语拼音方案的研究制订工作。1954 年 12 月，国务院设立中国文字改革委员会，并于委员会内设立拼音方案委员会，主要收集群众设计的拼音方案（共收 655 个），拟订拼音方案初稿。1958 年 2 月，《汉语拼音方案的决议》由第一届全国人民代表大会第五次会议通过。《汉语拼音方案》的"用途是为汉字注音，来帮助识字和统一读音"，"汉字用字形来表达字义，操不同语音的人可以用同一种汉字作为交际工具"，但"由于汉字不是拼音文字，语言演变的结果，读音不统一，人们都用自己的方音来阅读文字，这样就妨碍了各地语音的逐步统一。汉字用了拼音字母来注音之后，不同方言地区的人们，学了汉字以后，就掌握了共同的标准语音。没有学过汉字的人，学了拼音字母，也就容易说普通话，并容易认识汉字"，"拼音方案的制定对于推广普通话的工作起到极大的推动作用"。① 《汉语拼音方案》既规范书面共同语的语音，也规范口语的读音，真正做到书面语和口语的统一，从而使普通话具有强大的生命力和普及力。

虽然国语在 20 世纪 20 年代就已经取得全国通用语地位，"但因为民国政府无法对军阀割据实行有效统治，更因为落后的小农经济和分散封闭的社会生活，对共同语的需求并不迫切，共同语普及十分有限"②。加上连年的战争等原因，所以新中国成立之初，嘉兴大部分人只会说方言不会说普通话，或是会说嘉兴方言口音很重的普通话。1956 年，国务院发布《关于推广普通话的指示》，在全国范围内推广普通话，要求从 1956 年秋季起，除少数民族地区外，在全国小学和中等学校的语文课内一律教学普通话。"文革"时期，普通话因政治运动的需要得到大面积的传播。改革开放以后，普通话推广的力度不断加大。1982 年，"国家推广全国通用普通话"被写进《中华人民共和国宪法》。1986 年，国家将推广普通话列为新时期语言文字工作的首要任务。到 20 世纪 90 年代前期，经过40 多年的普通话推广运动，普通话在嘉兴得到了大范围的普及，绝大部分人都能说普通话或夹带有嘉兴方言、不够标准的地方普通话。从此嘉兴进入了"嘉兴方言 / 普通话"的"双言"语言生活时代，吴语与普通话的接触更加广泛，嘉兴吴语发生了较大的变异与变化。《当代吴语研究》等正是记录这一时期在普通话影响下的嘉兴吴语的成果。

当代吴语的支撑材料有钱乃荣的《当代吴语研究》、俞光中的《嘉兴方言同音字汇》和嘉兴市地方志编纂委员会的《嘉兴方言志》等。

（四）新世纪吴语（2000 年至今）

20 世纪 90 年代后期，"推广普通话"更加战略化、规范化、法治化。1997 年，国家

---

① 新华社评论员：《当前文字改革的任务和汉语拼音方案》，《语文建设》1957 年第 12 期。
② 袁钟瑞：《新中国推广普通话的历程回顾》，《汉字文化》2013 年第 6 期。

提出 2010 年以前"全国初步普及普通话，21 世纪中叶全国普及普通话"。经国务院批准，1998 年起，每年 9 月的第三周开展"全国推广普通话宣传周"。2000 年，《中华人民共和国国家通用语言文字法》诞生。与此同时，我国加快实施城镇化战略，并在户籍管理制度方面进行了相应的改革，极大地促进人口流动，推动外来人口更快地融入城市，由此嘉兴进入了改革开放以来人口流动最为活跃的时期，嘉兴成为重要的人口流入地。持续了 20 多年的普通话推广运动和 10 多年的外来人口的流入，极大改变了吴语区的母语环境，产生了大量双语、双方言人群。进入新千年以后，现代教育、现代通信、现代传媒更加普及，普通话对嘉兴吴语的影响更加强势。在这样的背景下，嘉兴吴语的语音、词汇发生了剧烈变化，吴语的表达功能开始出现残缺，使用领域开始缩减，嘉兴的语言生活进入了普通话和嘉兴方言的"双言"时代。

新世纪吴语的支撑材料，主要来源于 2019—2020 年本课题组田野调查的语言材料，以及徐越的《嘉兴方言》。

二、本课题研究现状

嘉兴吴语历来受到语言学界的重视。20 世纪初，高本汉的《中国音韵学研究》运用历史比较语言学的方法，将汉语方言的共时描写与历时比较结合起来，参照《切韵》等韵书，对 26 种汉语方言的 3000 多个汉字的中古读音进行了构拟。这 26 种汉语方言中的北部吴语，是在对原属于秀洲府、嘉兴府的松江吴语方言点的调查的基础上得出的。1927 年，赵元任对吴语进行调查时，将嘉兴吴语也列入调查研究的范围。在《现代吴语的研究》中，他不仅将嘉兴吴语与其他 32 个调查点的吴语作为研究"吴音"和"吴语"的共同支撑语料，同时在与其他地方吴语的比较中，描述了嘉兴吴语的基本特征。

新中国成立以后，浙江省方言普查小组曾于 1957 年、1959 年、1964—1966 年三次对浙江方言进行调查，调查结果分别于 1959 年、1985 年、1992 年汇编成《浙江方音集》（油印）、《浙江吴语分区》、《浙江方言词》（内部刊物）。《浙江吴语分区》把嘉兴吴语划入吴语北区嘉兴片，对嘉兴吴语的特点进行较为详细的描写。1984—1985 年，钱乃荣对赵元任 1927 年的 33 个吴语调查点进行调查，于 1992 年出版了《当代吴语研究》。该书详细描写了嘉兴吴语的音系，将嘉兴吴语的语音、词汇与其他 32 个地区的吴语进行比较。2011 年 11 月，浙江省档案局在全省开展以市为单位的对浙江方言的语音、词汇、语法，以及由此延伸的说唱、语音故事、民间歌谣、戏曲等的调查活动，征集选定当地最地道、最老派、最正宗的方言语音发音人，由语言专家对当地方言的语音、词汇、语法等内容进行整理。嘉兴市在完成此项工作后，于 2016 年出版了《嘉兴方言》。《嘉兴方言》从语音、词汇、语法等方面对嘉兴吴语进行描写，将嘉兴市区、嘉善、平湖、海盐、海宁、桐乡等地吴语进行比较。

除了上述这些由政府部门组织的调查研究外，还有一些专家、学者也进行了吴语调查研究工作，这些调查研究成果主要有：俞正贻的《嘉兴地区方言词语选编》（1981），俞光中的《嘉兴方言同音字汇》（1988）、《嘉兴方言本字考》（1988），徐青的《嘉善方言音系和韵谱》（1994），苏向红等的《嘉兴方言声韵调之研究》（2001），徐越的《杭嘉湖方言语音研究》（2005）、《地理语言学视角下的浙北杭嘉湖方言》（2007），屠丽萍的《上海方言、松江方言和嘉兴方言的比较》（2007），曹智峰的《嘉兴方言声调及连读变调的语音和音系分析》（2007），姚若丰的《浙江海宁方言连续变调研究》（2010），沈飞燕等的《嘉兴方言形容词复杂形式及形容词与程度副词的搭配问题：兼论其与普通话的相关比较》（2011），唐惠华的《嘉兴方言与普通话接触现象及特点研究》（2013），章颖的《嘉兴方言中饮食类用词特点研究》（2014），毕聪等的《嘉兴城区话的声母、韵母变异》（2017），陈路遥的《嘉兴桐乡老城区方言疑问句语气词系统的构建》（2018），等等。其中的《杭嘉湖方言语音研究》，运用传统方言学的方法，从总体上归纳杭嘉湖方言语音的共同特点和内部差异，然后在四小片中各选一个地点作为代表点进行重点描写，并从单字调和两字组语音变调入手，探讨杭嘉湖方言气流分调的类型和分布、与周边方言的关系及发展演变的特点。《上海方言、松江方言和嘉兴方言的比较》对上海（城区）方言、松江方言、嘉兴方言进行比较，描写三地方言的共同点和不同点。

以上研究的特点是：在研究目的上，从描写语言学的立场出发，通过对声母、韵母、声调的调查、记录，归纳出某个时期吴语的声韵调及词汇系统，力求描写出某时期嘉兴吴语系统。在方法上，这些研究成果，尤其是一些重要文献，采用了西方描写语言学与汉语历史音韵学相结合的方法。调查字音的表格是从方块汉字在中古切韵音系的地位出发制定的，分析和归纳音系离不开中古音系的名目。从设计调查表格到归纳声韵调系统、整理调查报告以及方言之间的相互比较，都借助了传统的音韵学知识，从而详细地描述了嘉兴吴语的结构体系，全面归纳了嘉兴吴语的基本特点，分析了嘉兴吴语内部差异，客观上考察了嘉兴吴语与中古语言的源流关系和其与普通话相互影响、相互渗透的关系，为后来者研究嘉兴吴语提供了丰富的语料和宝贵的研究方法。

三、本课题研究价值

（一）较为具体地描写嘉兴吴语百年面貌，具有史料性的价值

吴语历史悠久，几千年来它一直流淌在数千万吴语人的血脉中，是吴语区人民政治、经济、文化的交流工具，记载着吴语地区几千年来的生产、生活和风俗习惯。嘉兴吴语是吴语的一部分，百年来嘉兴吴语的演变过程，实际上也是嘉兴人民百年来语言生活变化过程。但是百年来嘉兴吴语的研究，比较零碎且缺乏系统性，某些时期的语音体系或词汇体系没有被整理出来，如近代吴语时期没有整理出吴语方言词汇集，现代吴语时期没有整理出嘉兴吴语声韵调体系及"同音字表"，当代吴语时期收集的嘉兴吴语词语比较少等。本课题在一定程度上填补了嘉兴吴语在这些方面的空白，对研究嘉兴历史和语言文化具有参考价值，对传承和弘扬嘉兴地域特色文化、促进非物质文化保护工作具有现实意义。

本课题填补这些方面的空白或补充这些方面的不足，体现在：（1）整理了近代吴语语音体系和词汇体系。高本汉的《中国音韵学研究·方言字汇》，按照《切韵》体系编排了26个汉语方言点共3000多字的方言音。其研究目的是从这26种现代方言音中拟测出上古时期和中古时期的语音体系，因而对这26种方言音只做真实的记录，不归纳语言体系。本课题从这些记录中整理出近代吴语的声母、韵母、声调和"同音字表"。（2）整理了现代吴语时期的语音体系和词汇体系。20世纪20年代，赵元任对嘉兴吴语方言点进行

调查和记录，但其《现代吴语的研究》只是从整体上描写吴语区语音系统和词汇系统，对调查过的 33 个吴语方言点的语音体系和语汇体系也只是列举，没有展开描写。本课题根据《现代吴语的研究》所提供的语言材料，整理出嘉兴吴语现代时期包括声母、韵母、声调、同音字汇的语音体系。由于《现代吴语的研究》调查吴语词语比较少，且其中部分词语为"国语"，因此本课题在此基础上将词语数量扩大到 3000 多个，而且绝大部分是吴语词语。

（二）分析嘉兴吴语百年演变原因，对保护和传承吴语具有提供依据的价值

随着经济社会的发展和人际交流的频繁，尤其是普通话的普及，嘉兴吴语也跟其他地区吴语一样正在发生变异和演变；同时，使用嘉兴吴语的人数越来越少，使用嘉兴吴语的场合也越来越少，因此，保护和传承吴语成为全社会的共识。而保护和传承的基础就是先要了解嘉兴吴语变化的内容和原因，这样才能有针对性地对嘉兴吴语，乃至对整个吴语提出保护与传承的措施。社会语言学告诉人们，语言与社会关系密切，社会的变化必然引起语言的演化。例如，嘉兴吴语某些语音因素的变化，或某类词语的减少、增加，一定程度上是社会因素对语言发生影响而引起的语言变异现象。如，吴语中的"文白异读"现象、"浊音清化"现象、"吴语语码转换障碍"现象等，都是社会生活影响的结果。

本课题在百余年的时间轴线上勾勒出嘉兴吴语发展变化的过程，详细描写了一个上承中古汉语的源远流长、与时俱进、体系完备的"历史进程中的吴语"，又比较详细地描写了嘉兴吴语各个时期的演变内容，并从语言本体和社会生活的角度分析这些演变的原因，力求描写一个与现实生活关系密切的吴语。通过将语言本体研究与社会生活因素研究结合起来，实现嘉兴吴语历史描写与现实分析的高度统一，从而真实展示了与百年社会生活息息相关的吴语全貌，并在这一展示中使人们看到：作为一种交际工具的吴语，其之所以不断发展变化是因为社会在变，时代在变，生活在变。当然，吴语的这种发展变化过程是大浪淘沙中的"去其不适，留其精华，完善自我，适应社会"的过程，虽然也放弃与现实生活不相匹配的特殊成分，补充了共同语的成分，但吴语整体格局并没有改变。经过发展变化的吴语，在当下的现实生活中更具有生机与活力。这是本课题得出的答案，也是当下吴语演变趋势，即吴语正在向共同语靠拢，但只是"靠"而"不拢"，是与共同语一起形成了"双语区"，形成了一种新的语言生活方式。如果我们这样了解嘉兴吴语的演变内容、原因及趋势，那么对嘉兴吴语，乃至整个吴语保护与传承就能保有一种宽阔的视野、宏大的布局、清晰的思路，做到"心中有数"——该保护什么，传承什么，抛弃什么。

（三）具有"语言史"因素，有为撰写吴语百年史提供经验的价值

本课题于 2018 年初开始搜集资料，2019 年进行田野调查。在 2020 年撰写之际，得到了乔全生、王为民两位教授新近出版的著作《晋方言语音百年来的演变》的启发。该著作以高本汉 20 世纪初调查的 8 个方言点的方音为发端，结合 20 世纪 60—80 年代调查的语音现象以及 20 世纪末期新调查的语音现象，将晋方言 8 个点百年语音演变的过程分为"初期""中期""后期"三个阶段，并进行纵向比较研究。作者以 8 个方言点百年来的

演变为缩影，试图在较为广阔的时空上描写出整个晋方言的百年面貌，为后来学者撰写百年方言演变史提供了范式。相比之下，本课题研究的方言对象、方言背景及拥有的方言文献有所不同，主要专注于吴语区中一个地区吴语的百年演变，并且着重描写这一地区吴语在百年中各个历史时期的风貌、演变内容与演变原因。相对来说，百年来吴语的研究成果，尤其是北部吴语区的苏州吴语和上海吴语研究成果很丰富，而像嘉兴这样的吴语区的研究成果比较少。但本课题也拥有很多的优势，前辈们对吴语的调查十分到位，记录的语料都是通过亲自实地调查获得的，对吴语演变过程的划分较为科学，"现代吴语""当代吴语"的归纳与称谓十分准确，既与世界语言研究史契合，又与中国社会史同步。这些优势使本课题具有较多"史"的因素，为后来者撰写吴语（或方言）百年演变提供另一种书写范式的经验。

四、本课题研究的理论和方法

（一）描写方言学

本研究的"新世纪吴语"语音和词汇系统是通过田野调查和描写来实现的，因此，调查和描写是本研究的重要方法之一。描写是描写方言学的重要方法。描写方言学是一种注重调查描写某一种方言语音、词汇和语法，并加以系统叙述的理论与方法。描写方言学具有西方结构描写语言学的"重调查、重描写、重比较""多层面、多视角、多方位"的研究思路和特点。

1898年，马建忠的《马氏文通》问世，该书参照拉丁语法体系和中国关于虚字的说法，创建了一套汉语的语法体系。它不仅是中国第一部体系完整的语法书，同时也标志着中国现代语言学的开始，意味着中国现代语言学开始在西方语言学的影响下逐步建立和发展起来。20世纪初，西方学者高本汉来中国进行汉语方言调查，记录了域内22种、域外4种汉语方言，随后出版了《中国音韵学研究》。在《中国音韵学研究》的"方言字汇"部分，高本汉把他所考察到的70000多个方言字音，以韵母为标准划分为果摄、止摄、蟹摄、咸摄、深摄、山摄、臻摄、梗摄、宕摄、效摄、流摄、遇摄、通摄、咸摄入、深摄入、山摄入、臻摄入、梗摄入、宕摄入、通摄入等20类，每一摄划分为26种方言，每种方言列举3000多个字音，每个字音分列为辅音和元音两类。高本汉的方言调查研究是为了进行汉语方言构拟、重建上古音系和中古音系，与后来的描写方言学有很大的区别。虽然他的调查记录存在选择发音合作人不当、不大重视文白异读等问题，但这些问题并不影响他成为中国描写方言学开拓者，其《中国音韵学研究·方言字汇》成为中国描写方言学的奠基之作。

1927年，赵元任到江苏南部、上海、浙江等33个吴语方言点进行深入调查，获得了丰富的吴语语料，并运用描写语言学的理论与方法，对这些方言的一个个语音片断进行切分、归类、组合，描写出吴语语音、词汇、语法的全貌，于1928年出版了《现代吴语的研究》。《现代吴语的研究》在中国描写方言学史上具有划时代的意义，它从理论与实践两个方面标志着中国描写方言学的形成与建立。一是提出了划分吴语的标准（即"以帮滂并、端透定、见溪群三级分法为吴语的特点"），为后来的方言分类、分区提供了理论依据及参照；二是创造性地形成了"设计调查方案→深入实地调查→科学描写"的方言调查与描写过程和模式，为后来的方言研究提供了一条科学、规范的路径。此后一批批方言调查描写著作不断问世，如《闽音研究》（1930）、《厦门音系》（1931）、《湖北方言调查报告》（1948）、《华阳凉水井客家话记音》（1948）、《江苏省和上海市方言概况》（1960）、《四川方言音系》（1960）、《河北方言概况》（1961）、《安徽方言概况》（1962）、《中国语言地图集》（1987、1990）、《当代吴语研究》（1992）、《现代汉语方言大词典》（1993—1998）、《现代汉语方言音库CD》（2004）等。这些成果极大地丰富了中国方言描写的理论与方法，形成了一个"以描写完整的方言体系为基础，以解释汉语古今演变为目的"的研究体系。近百年来，这个研究体系不仅积累了大量宝贵材料，为汉语方言研究做出了重要的贡献，而且在汉语方言调查以及方言描写方面都形成了一套适合于汉语方言研究的理论与方法，其特点表现为以下几方面。

　　在调查方面，力求典型性。语言调查也称田野调查，是指语言调查者亲自到被调查语言地实地记录、获取语言资料的一种方法，它是获得语料的重要途径。描写方言学的调查特点为：（1）选择具有代表性的某方言区域作为调查点。（2）准备好调查提纲。本研究调查提纲的内容是在赵元任1927年调查吴语时的调查内容基础上扩编而成。（3）选择合适的发音合作人。一般要求发音合作人为成年前一直生活在当地，成年后较少离开的中、老年人。为了避免读书音的影响，发音人文化水平不要太高，且身体健康、门牙齐全、口齿清晰、声音洪亮、具有较强的思维能力和语言表达能力。本课题"新世纪吴语"这一部分的田野调查也体现上述特点，从编写调查大纲、确定方言点和方言合作人到撰写的结束，整个调查过程历时一年。在选择方言点方面，我们选择了三个，分别是嘉兴城区、秀洲区王江泾、嘉善县县城。秀洲区王江泾紧靠苏州，与苏州吴语有相同之处，体现出传统吴语的语言特色。而嘉善紧靠上海，与上海吴语有许多相同因素，体现出现代吴语的语言特色。嘉兴城区是嘉兴政治、经济、文化的中心，富有长江三角洲现代城市的特征。嘉兴在历史上长期是秀州府、嘉兴府、嘉禾府（县）和长水县、由拳县、禾兴县的治所，历史悠久，文化深厚，在传统与现代的交融、历史与现实的互动中，形成了自己的语言特色。因此，选择这三个地方作为嘉兴新时代吴语的调查点，除了要体现所调查的嘉兴吴语的广泛性、代表性、典型性外，还试图验证"嘉兴吴语深受苏州吴语的影响，是上海吴语的源头"这一说法；在确定语音合作人方面，我们确定了三位，他们分别代表嘉兴新时代吴语的城市老派、乡村老派、城市新派；在语言调查提纲方面，语音提纲采用赵元任《现代吴语的研究》中的《吴音单字表》，词语调查提纲则是在赵元任《现代吴语的研究》所收集的词语的基础上，结合民国时期嘉兴籍作家作品中嘉兴方言词语而形成。

　　在描写方面，深受结构主义语言学的影响，尤其深受美国描写语言学的影响。美国描写语言学派是20世纪20年代美国学者在调查美洲印第安语的基础上逐步形成的语言学流派。该流派擅长调查、描写共时平面的不熟悉的语言，注重对陌生语言的分析与描写，其核心理论依据是索绪尔所提出的组合和聚合理论的原则。索绪尔认为"语言状态中，一切以关系为基础"，而关系都在两个领域中展开，一是凭着要素的连贯，一个个排列在言语链上，这就是所谓的组合关系；一是在话语之外，各个有某种共同点的词会在人们的记忆里联合起来，构成具有各种关系的聚合。在方言研究方面，组合关系最先体现在《中国音韵学研究·方言字汇》和《现代吴语的研究》的语音描写中，它们根据汉语音节由元音和辅音构成的特点,将方言音节的组合方式分为五种:(1)单个元音 [ɔ](雅);(2)辅音+元音 [k/ɑ](嘉);(3)元音+辅音 [o/ŋ](翁);(4)元音+元音+辅音 [i/o/ŋ](永);(5)辅音+元音+辅音 [dʰ/ɔ/ŋ](唐)。聚合关系也体现在《中国音韵学研究·方言字汇》《现代吴语的研究》《当代吴语研究》《嘉兴方言志》《嘉兴方言同音字汇》《上海市区方言志》《江苏省和上海市方言概况》等的语音、词汇的描写中。例如,根据发音方式不同,将声母分为塞音、塞擦音、擦音、鼻音、边音;根据开口程度,将韵母分为开口一、二、三、四等和合口一、二、三、四等。每一种音类就形成了一种聚合。又如,根据词性不同,将方言词语分为名词、动词、副词、形容词、量词、介词、助词、连词等种类,每一个词类就形成了一种聚合。[①]

在具体的描写方法上,描写方言学采用了结构主义语言学和美国描写语言学切分、等同、分类等研究方法。切分,就是对将调查得来的方言片断层层分割,分析出它们的组织成分。语音层面分割到音素(如吴语矮 [ʔ/ɑ]、包 [p/ɔ]、捧 [p/o/ŋ]、括 [k/u/ɑ/ʔ]),构词层面分割到语素,句法层面分割到词。等同,就是对切分所得到的一个个语言单位进行观察,目的是解决语言单位同一性的问题。如在语音层面通过"等同"这一方法,根据对立互补和相似性的原则,将音素归为音位,在词汇层面将"个体语素"或"个体词"概括为"概括语素"或"概括词"。分类,就是归类。考虑的是语言片断经过切分、等同处理以后,各个层面怎么把一个个单位归并为一定数量的类。如语音层面根据发音时呼出气流是否受阻将音素归为元音和辅音两类,元音和辅音又可以根据其他标准分别归为更小的类别,如辅音可归为全清、次清、全浊、次浊四类。如果从研究语言材料的过程看,大致经过三个步骤:一是将语言材料切分为最小的语言单位,通过对比法来确定音位,再通过替换法对音位加以归类;二是用对比法确立语素,通过替换法对语素加以归类;三是用替换法来划分词类,确立句子的形式。上文提到的文献就是在分析、描写过程中运用切分、等同、分类等方法,描写出某种方言的声母系统、韵母系统、声调系统、同音字汇表、词语汇集,以及某种方言各分区间的差别、与普通话的差异、与中古音的对应关系等,多层面、多视角、多方位描写某一方言的面貌、特点以及变化的情况。就吴语的描写来说,正因为有这样研究体系的支撑,才能在百年的时间流逝中记录、保存一套历史悠久、体系完备、内容丰富、底蕴深厚的吴语系统。本课题在描写新世纪吴语时也采用这种方法与模式,继承百年来吴语"重调查、重描写、重比较""多层面、多视角、多方位"的描写方法,对当下吴语的描写也十分全面。

(二)比较语言学

本研究既要描写吴语百年来的面貌,同时也要描写吴语在这百年中的变化情况,而这种变化,主要是通过比较反映出来,因此,比较也是本研究的重要方法。比较是语言学研究的一种基本方法。在进行比较时,根据比较对象的不同,往往沿着两条轴线来进行,这两条轴线相互交叉,形成了四个象限,这四个象限将语言研究分为四大不同性质和目的的比较类别[②](如图 1-1 所示)。

---

① 王海英:《索绪尔语言理论中的组合关系和聚合关系》,《黑龙江生态工程职业学院学报》2014 年第 3 期。
② 许余龙:《对比语言学》,上海外语教育出版社,2002,第 1-2 页。

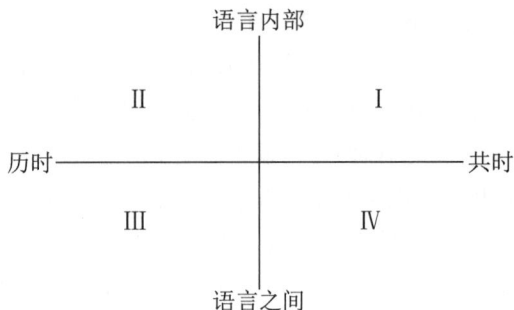

图 1-1　比较语言学象限

象限Ⅰ：代表同一语言内部的共时比较。20 世纪初，索绪尔开始了共时语言学的研究，把语言作为一种状态来写，形成了共时语言学。

象限Ⅱ：代表同一语言内部的历时比较，即历时语言学。

象限Ⅲ：代表不同语言之间的历时比较。这类比较是对不同语言（一般是亲属语言）在各个历史发展阶段的语音、语法和词汇等系统进行比较，其目的主要是探究语言之间的历史联系，并据此对世界上的语言进行谱系分类，重建或构拟某一组亲属语的共同原始语。不同语言之间的历时比较，往往需要与同一语言的历时比较相结合，这就形成了历史语言学或历史比较语言学。

象限Ⅳ：代表不同语言之间的共时比较。这类比较是对不同语言之间进行静态的（主要是现实状态的）比较，以便找出不同语言之间在形式结构等方面的异同。这种共时比较大致分为三类：一是试图找出世界上所有语言在形式结构上的共有特点和某些具有倾向性的规律；二是找出世界上所有语言在形式、结构等方面的典型不同之处；三是两种或两种以上语言在形式结构上的共同点，以及一种语言相对于另一种语言而言的不同之处。

本研究的比较理论和方法全部涉及以上四种理论与方法。

1. 共时语言学

共时语言学是同一种语言的内部共时比较。20 世纪初，索绪尔开始了共时语言学与历时语言学的研究，从他的《普通语言学教程》中可看到这一研究成果。索绪尔认为，言语活动包括语言和言语，而语言又分为共时态和历时态。[①] 所以我们要分出两种语言学，叫作共时语言学和历时语言学。有关语言学的静态方面的一切都是共时的，有关演化的一切都是历时的。同样，共时态和历时态分别指语言的状态和演化的阶段。[②] 由此可知，共时语言学又叫静态语言学，是研究语言的状态，即从一个横断面描写研究语言在某个历史时期的状态，而描写这一状态则是通过语音、语法和词汇等系统的内部构成成分以及组合结构的比较来实现。

在汉语方言的描写中，共时语言学的理论与方法被广泛应用。赵元任在《现代吴语的研究》中，通过三个表格将 33 个吴语点的声母、韵母、声调排列出来，在系统中进行比较。钱乃荣在《当代吴语研究》中，将 33 个吴语点的 3000 多个汉字排列在一起，让每一个汉字的 33 种吴语读音一目了然地展示在人们的面前。本研究在第六章（新世纪吴语）

---

① 费尔迪南·德·索绪尔：《普通语言学教程》，高名凯译，商务印书馆，1980，第 142 页。

② 同上书，第 119 页。

中也用到共时语言学的比较方法，以三位发音人的语音材料作为基础，进行共时语音比较，并找出老派吴语与新派吴语的特点及区别，从而揭示吴语在某些方面的变化情况。如声母方面，将老派与新派进行比较，其结果是老派基本保留了浊音，而新派出现了"浊音清化"趋势，如"dʑ"变为"tɕ""tɕʰ"，"b"变为"p""pʰ"。

2. 历时语言学

历时语言学是同一种语言的内部历时比较。历时语言学是历时态的，是研究语言连续状态的演化，即从一个状态向另外一个状态的演化。与共时态相反，历时态是在时间干预下所显示的变化形态。在具体语言的研究中，历时比较是对某一语言的语音、语法和词汇系统在其历史演变的不同阶段加以比较，从而达到了解这一语言的发展历史，找出其基本发展演变历程的研究目的。例如，通过对英语的历时比较，语言学家一般认为，英语的演变经历了古英语、中古英语、早期现代英语和现代英语四个阶段，其语法演变的总趋势表现为从一个综合型的语言逐步向一个分析型的语言发展。[①]

本研究运用历时比较方法有六处。（1）在绪论部分，根据历时语言学的原理，将20世纪初到21世纪20年代的吴语发展变化过程划分为近代吴语、现代吴语、当代吴语和新世纪吴语四个阶段。（2）在第三章"近代吴语"中，将近代吴语声母、韵母与构拟的原始吴语的声母、韵母进行比较，发现原始吴语的见组声母腭化还没有完成以及禅母到近代吴语已经消失。韵母系统，尤其是开尾韵的演变，其过程是由繁到简。（3）在第四章"现代吴语"中，将现代吴语与近代吴语比较，在比较中发现韵母单元音化突出，文白异读数量进一步扩大，词汇方面变化的特点是小部分词语消失，变异词和新词不断出现。（4）在第五章"当代吴语"中，将当代吴语与现代吴语比较，在比较中发现，疑母 ŋ 在当代吴语中逐步失落，匣母 ɦ 与入声韵相拼时，演变为影母 ʔ，尖团合流。在词汇、语法方面，吴语的基本词（或特色词）还大量存在，但体现时代的新词大量出现，某些特色吴语语法不断减少，如逆序词向普通话方面变化。（5）在第六章"新世纪吴语"中，将新世纪吴语与当代吴语比较后发现，ŋ 母出现逆变化现象，部分字变为 ɦ 母与 ø 母，部分字却重新出现，"浊音清化"还在继续。词汇变化的主要特点是吴语词汇系统向普通话系统"借词"，并通过"语码转换"的方式将其吸收到吴语词汇系统之中。（6）在词汇部分，将现代吴语词汇系统与近代吴语系统比较，将当代吴语词汇系统与现代吴语系统比较，将新世纪吴语词汇系统与当代吴语系统比较。

索绪尔在《普通语言学教程》中论及的共时和历时，既不相同又相辅相成。共时要排除时间的干扰，专注于描写某个时期语言的静止状态，以及语言系统各要素之间的关系；而历时则是随着时间从上往下探究或从下往上追溯语言的演变。对于汉语方言研究来说，这两者都十分重要，共时研究可以具体描写出某个时期的语言面貌，历时研究可以显示个别语言成分在不同的历史时期所发生的形式变化。当然这种变化的描写，必须有共时研究的支撑。对于汉语方言研究来说，共时比较即方言本身同一时间不同空间的比较（如同一种方言不同方言点的比较，以及老派与新派的比较）和方言与共同语言的比较。运用这种方法，可以了解同一方言不同空间的异同和这种异同产生的原因，还可以了解方言与共同语的异同，以及共同语对方言的影响。历时比较就是同一方言中不同时期的比

---

① 许余龙：《对比语言学》，上海外语教育出版社，2002，第3页。

较，通过比较可以了解方言差异所反映的历史层次，描写出方言演变的历史过程。①

3. 历史比较语言学

历史比较语言学（historical comparative linguistics）是对不同语言之间进行历时比较。它是一门研究语言历时变化的学科，包含语言变迁、语言之间的关系、历史比较的方法三大部分。最初的历史比较语言学是比较语言学，它以历史比较为基础，研究语言的亲属关系，它所关心的主要是谱系的梳理和史前语言的测拟。历史比较语言学是历史语言学研究方法的延伸和扩展。它的特点是通过对现有语言事实的研究而推求无文献的远古语言状况，以已知推未知。它总是在研究若干具体语言的基础上，通过对不同语言的符号体系的分析，寻求共同语音的对应规律，并进一步建立对应体系。② 历史比较语言学的方法主要包括历史比较法、内部拟测法、扩散理论和变异理论，与本研究有关系的是历史比较法。在第三章"近代吴语"中，本研究将近代吴语语音与《切韵》《广韵》进行比较。通过比较得知，近代吴语继承了《切韵》、"三十六字母"的框架体系，保留了完整的中古全浊声母。同时发现，近代吴语的单元音韵母明显，《广韵》中一些复元韵母在近代吴语中变成单元音韵母，如蟹摄开一等的韵母在《广韵》中为 ɑi，ɒi，在近代吴语中变成 e，a。咸摄开一、二等的韵母在《广韵》中为 ɑm，ɒm，ɐm，am，在近代吴语中变成 e，ε。还发现咸山两摄带 -m 尾或 -n 尾的失落。这说明吴语具有鲜明的特色，但从中我们也看到吴语与中古共同语的关系以及变化的趋势。正如梅耶所说的，"那些由同一种'共同语'变化来的语言""保存有某些古代的特点"。③ 在第八章中，还以表格的形式，排比吴语字3381 个，每个字分别标注近代、现代、当代、新世纪四个不同时期的吴语音，以及中古音、普通话音，全表有 20286 个字音，基本反映了百年吴语的面貌与变化的情况，以及其与中古语音、普通话音的异同。

4. 对比语言学

对比语言学是现代语言学的一个分支，它的任务是对两种或两种以上的语言进行共时的对比研究，描写它们之间的异同，特别是其中的不同之处。④ 现代对比语言学是在欧洲和美国发展起来的。20 世纪初，布拉格学派中不少语言学家对此产生了兴趣，代表人物马塞修斯于 1926 年发表了关于英语与捷克语对比分析的文章。1941 年，美国语言学家沃尔夫在他的《语言与逻辑》一文中第一次使用了 contrastive linguistics（对比语言学）这一名称。对比语言学没有自己的理论，它随着理论语言学的发展而发展，随着语言学理论的变化而变化。从产生一开始它就依附于结构主义语言学，后来随着其他语言学流派的产生，也采用这些流派的理论与方法进行对比研究。

在汉语方言研究中，高本汉应用了对比语言学的方法。他在《中国音韵学研究·方言字汇》中以表格的形式，将 26 种不同汉语方言进行对比，让一个汉字的 26 种读音清楚地展示在人们的面前。本研究在第三章"近代吴语"和第六章"新世纪吴语"中，分别将近代吴语和近代北京话、新世纪吴语与普通话比较。在百年轴线的首端和终端安排的这两

---

① 李如龙：《汉语方言学》，高等教育出版社，2007，第 16 页。
② 李振麟：《关于历史比较语言学的方法论问题》，《语言研究》1983 年第 1 期。
③ 梅耶：《历史语言学中的比较方法》，岑麒祥译，世界图书出版公司，2008，第 15 页。
④ 许余龙：《对比语言学》，上海外语教育出版社，2002，第 4 页。

个比较，目的是了解百年来吴语发展变化的情况，以及发展变化的方向与趋势。

本课题为了描写吴语百年来的发展变化过程，必然将吴语放在百年的时间轴上进行研究，这样我们可以看到吴语的语音、词汇及语法的语言元素在百年时间中的变化，而这种变化是要通过吴语在四个时期的不同特点体现出来的，所以本研究不仅运用了共时比较语言学、历时比较语言学、历史比较语言学、对比语言学中的比较方法，同时结合了文献法，基本上将吴语百年面貌和变化过程、特点较为全面、立体地反映出来。

（三）文献法

文献指记录人类知识或价值判断或审美情趣的文字、图形、符号、声频、视频的一定载体，文献法即通过上述载体收集资料。文献法是语言研究的基本方法之一，例如，我们要研究中古时期的语音，虽然我们已经无法听到那个时期人们的话语了，但通过文献法，我们可以了解当时的语音情况。高本汉的《中国音韵学研究》就是通过《切韵》《广韵》和现代方言拟测出中古时期的语音系统。本课题的近代吴语、现代吴语、当代吴语的语言材料就是通过文献法获得的。

五、本课题研究思路

本课题首先以苏沪嘉交界处为视点，概述、分析了吴语区域内的历史地理、经济文化、语言资源等方面的背景情况，构建吴语百年面貌与演变的历史环境，把吴语的面貌和演变与社会的各种因素结合起来。

其次，具体描写四个时期的语音系统和词汇系统，力求反映出各个时期吴语的语言状况和百年吴语的语言面貌。在此基础上，将四个时期的吴语进行相互比较，并适当地进行同时期不同地点的吴语的比较，以及将其与普通话进行比较。

再次，从浊音清化、腭化现象、文白异读、韵母简化、词汇内容变化、词义变化、构词方式变化七个方面，归纳分析吴语语音、词汇百年演变的特点与原因。

最后，通过四个时期吴音以及中古音、普通话的排列，形成《吴语百年字音对照表》，从纵横两方面反映吴语语音百年的面貌与变化。

第二章
嘉兴的地理人文

本章重点概述五个方面的内容：地理环境、行政区划、文化特质、方言历史、吴语内部一致性与差异性，目的是把嘉兴吴语百年面貌和变化放到一个有特色的地理空间和人文空间进行考察与描写。

第一节　地理环境

浙江省嘉兴市位于上海、江苏、浙江三省（市）交界处，东北距上海市约 90 公里，西南距杭州市约 90 公里，北距苏州市约 70 公里，东距乍浦港约 40 公里，大运河穿城而过，有着得天独厚的地理优势，为杭嘉湖平原腹心地带，处于最具有经济活力的长江三角洲和中国沿海经济带的中心位置。现辖南湖、秀洲两区，嘉善、海盐两县，平湖、海宁、桐乡三个县级市。

一、地形气候

嘉兴市境陆域东西长 92 公里，南北宽 76 公里，陆地面积 3915 平方公里，其中平原 3477 平方公里，水域 328 平方公里，丘陵山地 40 平方公里。市境海域 4650 平方公里。地势低平，平均海拔 3.7 米（吴淞高程），大致呈东南—西北向，属于太湖边的浅碟形洼地。嘉兴是典型的平原河网地区，全市河湖密布，河道总长 1.38 万公里，河道分布密度达 3.5 公里 / 平方公里；湖泊（湖荡）众多，共 145 个，总水域面积 346 平方公里。2005 年国家定级航道 224 条，总长 1936.14 公里。嘉兴市域水系总体上属长江水系太湖流域，因京杭运河为贯穿市境的主干河道，而其他骨干河道均与之相关成系，所以也称之为"运河水系"。嘉兴"运河水系"由海盐塘、长水塘、杭州塘、新塍塘、平湖塘、嘉善塘、长纤塘、苏州塘（运河）八大水系构成，以嘉兴城为心脏，呈放射状布局。长水塘、杭州塘兴建于春秋，苏州塘（运河）开凿于汉代（仍有争议），海盐塘、平湖塘、长纤塘修于唐代，新塍塘、嘉善塘兴于宋元时期。八大水系绕城而流，与护城河相通，沟通东西南北，可以想象当年嘉兴水运的兴盛。

土壤肥沃，河港密布，水域辽阔，以及数千年来人类的垦殖开发，让嘉兴这片土地被纵横交错的塘浦河渠所分割，田、地、水交错分布，形成"六田一水三分地"，旱地栽桑、水田种粮、湖荡养鱼的立体地形结构；其人工地貌明显，江南水乡特色浓郁，故素有"鱼米之乡""丝绸之府"之称。不过，这种地理格局也在一定程度上阻碍了嘉兴市与外界的联系。

嘉兴市地处北亚热带南缘，属东亚季风区，冬夏季风交替，四季分明，气温适中，雨水丰沛，日照充足，具有春湿、夏热、秋燥、冬冷的特点，因地处中纬度，夏令湿热多雨的日子比冬季干冷的日子短得多，年平均气温15.9℃，年平均降水量1168.6毫米，年平均日照2017.0小时。这样的气候条件十分适合各种农作物的生长，特别是对桑树的培植极为有利，因此，嘉兴地区普遍种植桑树，桑地在耕地总面积中所占比例很高。

二、交通条件

交通环境与自然环境密切相关。嘉兴地处太湖流域腹心地带，属典型平原河网地区，水资源十分丰富，大运河在江苏平望分成两条河流进入本地区，一条名叫京杭古运河，经嘉兴、桐乡、崇德至杭州，另一条名叫京杭运河，经嘉兴、湖州、德清至杭州。这就决定了嘉兴地区水上交通的极早开发与利用。中国考古发现，浙江省境内在7500年前就已经出现作为水上交通工具的木船。[①] 记载吴越历史的重要典籍《越绝书》第八卷记有越王勾践对孔子说的话："夫越性脆而愚，水行而山处，以船为车，以楫为马，往若飘风，去则难从，锐兵任死，越之常性也。"可见，嘉兴先民在春秋时代已经把船只作为出行工具，形成了"开门便见船，出门要摇橹"的生活方式。近代以来，嘉兴地区蚕丝贸易兴盛，又带动了交通运输的开发。观其商贩道路，水路东由江苏吴江的震泽到达上海，南路通海宁、杭州，西走湖州安吉，北抵苏州、无锡。嘉兴的各大市镇，如濮院、王店、王江泾、乌镇、硖石、乍浦，以及其他较大的乡村，各有定班航船，直通附近各村。[②] 抗战胜利后，嘉兴的水上交通迅速发展起来，据嘉兴地方交通史记载：1949年前，嘉兴市本级有客轮23艘，再加上部分机动航船，从事水上客运的船只多达30多艘。20世纪70年代是嘉兴水路客运发展的黄金时期，嘉兴客运公司曾拥有30多艘客船和开往上海、苏州、湖州等多条长途客运航线，以及开往周边县市、乡镇的数10条短途航线，坐船出行是那时候嘉兴人的首选。

1998年12月，于1994年动工建设、双向四车道的沪杭高速建成通车。同年，嘉兴又实现乡乡通公路，把公路的触角伸向千家万户，嘉兴交通就此翻开崭新的一页。嘉兴人出行"多走水路，出门摇橹"成为历史。1998年以后，嘉兴公路发展全面提速，迎来黄金建设期。嘉海公路、嘉盐公路、嘉湖公路、嘉善大道、桐乡大道、平黎公路、新07省道等一批干线公路先后建成通车。[③] 在高速公路建设方面，乍嘉苏、杭浦、杭州湾跨海大桥北岸连接线、申嘉湖、嘉绍等高速公路陆续建成。2019年10月，公路总里程达8241.6公里，公路密度达210.6公里/平方公里，居全国第一位。如今，随着苏台高速公路、杭州湾跨海大桥北接线二期、钱江通道北接线等一批重大项目的加速推进，嘉兴高速路网正变得愈加完善，嘉兴市到所辖县（市）的"半小时交通圈"和嘉兴到上海、杭州、苏州

① 张奇志：《中国造船史始于7500年前》，《科技文萃》2005年第9期。

② 毛文念：《传统经济城市的近代变迁——以嘉兴为个案的考察》，南京师范大学，2007，第8页。

③ 张瑞洁、蔡忠清、贺晓明：《从出门摇橹到立体交通　见证嘉兴70年交通巨变》，《嘉兴日报》2019年10月31日。

的"一小时交通圈"已经形成。

自光绪三十二年（1906）首建沪杭铁路始，嘉兴一直是沪杭通道上的重要节点。该铁路由上海经嘉善、嘉兴、海宁到杭州，全长 141 公里。1974 年，沪杭铁路由单线改为双线。2006 年，沪杭铁路电气化改造完工，与浙赣线、湘黔线、贵昆线合并，称为沪昆铁路。2010 年，沪昆高速铁路沪杭段（简称沪杭高铁，又名沪杭客运专线）建成通车。2019 年 7 月，嘉兴南站首开至北京、运城、重庆和玉溪的 4 对始发终到动车组列车，嘉兴南站向枢纽站迈进一大步。按照规划，将有一批高铁线路在嘉兴南站交会，包括现有的沪杭高铁，即将开工的沪嘉城际轨道、通苏嘉甬铁路，正在推进前期的沪乍杭铁路、嘉湖城际铁路、杭海城际延伸段。

三、地理环境与语言的关系

从社会语言学的角度说，汉语方言是汉语由于地域原因产生语言变异而形成的一种地域变体。汉语在我国的不同地域使用，就可能产生差别，形成地域变体，这就是汉语方言，它主要用于某一地区的人民的口头交际，如官话方言、吴方言、晋方言、徽方言、闽方言、粤方言、客家方言、赣方言、湘方言、平话土话等。又如现代英语被几十个国家当作第一语言使用，由于这些国家处于不同的地区，有着不同的环境，在使用过程中逐渐出现了差异，形成了英语变体，如英国英语、美国英语、澳大利亚英语、新西兰英语等。这些语言变体虽然出现差别，但其语言系统没发生重大改变，整个词汇体系、语法体系基本相同，它们仍然属于汉语、英语，并没有分化成其他语言。

南北吴语的差异也说明自然环境对语言的影响。20 世纪六七十年代，傅国通等前辈在调查浙江吴语区的语言状态时，发现温州片吴语与其他片区的吴语差别特别大，究其原因，主要是温州一带地处浙江东南隅，东临大海，北面与西南面都有崇山峻岭与外地阻隔，对外交通极为不便。而其内部有三条江横贯东西，沿海又有温瑞平原连接南北，近海可由舟船交通，其他地区的方言对其影响不大，所以温州片的吴语在六七十年代以前，从语音到词汇、语法都非常一致。在浙北地区，内部有相连成片的杭嘉湖平原和宁绍平原，浙西丘陵和浙东丘陵的河流都流经平原流入钱塘江或太湖，共同的环境、便利的交通，为语言的沟通交流创造了良好的条件，所以北部各片方言接近，相互都能通话。[①]

嘉兴与上海、苏州相邻，同属于长江三角洲的前端三角地带部分，区域内大都是坦荡低平的平原和星罗棋布的湖泊，河网纵横。京杭大运河水系以及太湖水系所形成的水路网络将苏州、上海乃至太湖流域连成一体，且气候环境大体相同，为人们提供了一个共同的生活环境，也为语言的沟通创造了良好的条件，区域内的方言大体相同，体现出较强的内部一致性，形成了相同的语言生活环境，因而在北部，吴语区被合为一片，叫"吴语太湖片苏沪嘉小片"。

① 傅国通等：《浙江吴语分区》，《杭州大学学报》1985 年增刊。

第二节　行政区划

关于嘉兴的行政区划的记载，元代徐硕编纂的《至元嘉禾志》为今存最早的嘉兴地区的地方志，全面而详细地记述了嘉兴地区的历史沿革、典章制度、风土人情。其"历史沿革"部分较为详细地记载了嘉兴行政区划的变更情况。本课题在此志基础上，参阅其他史书、史料，对嘉兴的历史沿革、行政区划作较为详细的描述。

一、先秦时期

中国的行政区划最早出现于《尚书》"禹贡"。书中记载，为治水三过家门而不入的大禹将全国划分为九个州，分别是冀州、兖州、青州、徐州、扬州、荆州、豫州、梁州、雍州。不过那时候的区划只是地理区划，还不算是行政区划。从《中国历史地图册·禹贡九州图》看，江苏南部、安徽南部、上海全部、浙江北部、江西北部都属于扬州，现在的嘉兴、苏州、上海当属于扬州。按史书的记载，越国（公元前 2032 年—前 222 年）建立于这一时代，处于东南扬州之地，始祖为夏朝君主少康的庶子无余，是华夏先祖大禹的直系后裔中的一支。

周朝时期，在古扬州之域又出现一个诸侯国，叫吴国。吴国也叫勾吴、工吴、攻吾、大吴、天吴、皇吴，是周朝的周王族诸侯国，始祖为周文王的伯父太伯，姬姓。吴国国境位于今江苏、安徽两省长江以南部分以及环太湖浙江北部，太湖流域是吴国的核心。国都前期位于梅里（今江苏无锡梅村），后期位于吴（今江苏苏州），是春秋中后期最强大的诸侯国之一，在吴王阖闾、夫差时达到鼎盛。嘉兴属于吴国，与上海的金山区同位于吴国的最南端，距离诸侯国越国最近。嘉兴始设建制是在春秋时期，据晋代张勃《吴录·地理》曰："吴王时，此地本名长水，故嘉兴亦名长水。"唐代陆广微《吴地记》记录较为详细："嘉兴县，本号长水县，在郡南一百四十三里，周敬王十年置。"周敬王十年也就是公元前 510 年，嘉兴县在郡南一百四十三里，即距苏州府（吴郡）一百四十三里。春秋时，此地为吴越征战之地，嘉兴边界忽北忽南，地跨吴越，史称"吴头越尾"[①]。到了春秋末期（公元前 475），越灭吴，嘉兴归越国；战国时期（公元前 306 年）楚灭越，嘉兴归属于楚国。

二、秦汉隋唐时期

《史记·秦始皇本纪》载："（秦始皇）二十五年（公元前 222）……降越君，置会稽郡"，治地吴县（今苏州），嘉兴为会稽郡属地，并由长水县改为由拳县。"西汉属会稽，东汉属于吴郡。吴黄龙三年（231），由拳野稻自生，改为禾兴，志瑞也。赤乌五年（242），因立太子和，改为嘉兴，晋宋齐梁因之。"589 年，隋平陈（南北朝时期南方一个朝代）设吴郡，嘉兴并入吴县。唐贞观八年（634）复置嘉兴县，属苏州。五代十国时期，钱镠

---

① 陆明远:《嘉兴地名溯源》，《中国地名》2013 年第 7 期。

于 923 年被册封为吴越国王。吴越强盛时拥有十三州疆域，约为现今浙江省全境、江苏省东南部（苏州市）、上海市和福建省东北部（福州市）一带。同年，钱镠在嘉兴县设立开元府，辖嘉兴、华亭、海盐三县，其辖地大致为今嘉兴境（除海宁）和今上海境（苏州河以南）。嘉兴自此从苏州分离出来，这是嘉兴设置州府行政机构之始。钱镠去世后开元府废，将嘉兴改隶杭州。后晋天福四年（939），吴越第二位国君钱元瓘"病支郡多阙而右藩强大，始经邑为州，遂奏以嘉兴为秀州"，辖嘉兴、华亭、海盐、崇德四县，为吴越国十三州之一。

三、宋元明清时期

北宋时期，宋朝行政区划实行州（府、军、监）、县二级制，同时在地方设置路，路是直辖于中央并高于府、州、军、监的一级行政区划，相当于今天的省。至道三年（997）始定为十五路，包括京东、京西、两浙等。两浙路包括十四州两军，即秀州（嘉兴）、常州、苏州、润州（镇江）、杭州、湖州、越州（绍兴）、明州（宁波）、台州、婺州（金华）、衢州、睦州（建德）、温州、处州（丽水）和江阴、顺安两军。政和七年（1117），秀州改称嘉禾郡。南宋时期，南宋政府设都杭州，嘉兴因成为畿辅之地，宁宗庆元元年（1195），嘉禾郡升为嘉兴府，属两浙西路（路治杭州）。元朝时期，中国又出现了一种新的行政区划制度，其最高一级的行政区划单位为行省（简称为省）。元世祖至元十四年（1277），嘉兴府改为嘉兴路，隶属江浙行省，路治嘉兴县（嘉兴市），领崇德州、海盐州和嘉兴县。

明朝行政区划，明初曾沿袭蒙元的行省制，洪武九年（1376）改行省为承宣布政使司，但习惯上仍称"省"。承宣布政使司下设府和直隶州，府以下有县和属州，各直隶州以下有县，形成了一个省、府、州、县四级制与省、州、县三级制并存的大体格局。至正二十六年（1366），朱元璋改置嘉兴府，隶属应天府（南京），1376 年改属浙江布政使司（驻地杭州）。宣宗宣德五年（1430），析嘉兴县西北境为秀水县，东北境为嘉善县，析海盐县置平湖县，析崇德县置桐乡县。府治嘉兴、秀水（在今浙江省嘉兴市）。下辖嘉兴（县治在今浙江省嘉兴市北部）、秀水（县治在今浙江省嘉兴市南部）、嘉善（今浙江省嘉善县）、海盐（今浙江省海盐县）、石门（县治在今浙江省桐乡市崇福镇）、平湖（今浙江省平湖市）、桐乡（今浙江省桐乡市）等七县。清朝于 1662 年统一中原以后，划明朝的两京十三布政使司为十八个行省，省下设道、府（州）、县。浙江为十八省之一，嘉兴府属浙江省。

四、民国至今

1911 年 11 月 7 日，辛亥革命党人光复嘉兴，成立嘉兴军政分府。1913 年，北洋政府废府存县，并在省、县之间设"道"，形成省、道、县三级地方行政建制，浙江省设钱塘道、金华道、会稽道、瓯海道四道。原嘉兴府的嘉兴、秀水为嘉禾县（1914 年因与湖南省嘉禾县重名，改为嘉兴县），隶属钱塘道。1927 年南京国民政府成立，淘汰道一级政府，实行省、县两级政区制。① 嘉兴县直属浙江省。1949 年，浙江省设立包括嘉兴专区在内的

---

① 李刚：《民国初期的"道"》，《文史杂志》2001 年第 5 期。

十个专区，嘉兴专区辖嘉兴、湖州二市及嘉兴、平湖、桐乡、海宁、崇德、嘉善、吴兴、长兴、德清、海盐等县，专员公署驻嘉兴市。1953 年，临安、余杭、孝丰、武康、於潜、安吉、昌化七县划入，嘉兴、湖州两市由省直辖。1959 年，专员公署驻地由嘉兴市迁至湖州市。1973 年，改置嘉兴地区，辖吴兴、嘉兴、长兴、嘉善、海宁、海盐、平湖、德清、桐乡、安吉等县，行政公署驻吴兴县（今湖州市）。1983 年撤销，辖县分别划归嘉兴、湖州两市。嘉兴市设城区（今南湖区）和郊区（今秀洲区），下辖嘉善、平湖、桐乡、海宁、海盐五县（见表 2-1）。

由上述可知，嘉兴一直地处吴越腹地和北部吴语区的中心地带，在行政区划上与苏州、上海、杭州之间联系密切，在语言上与苏州、上海有密切关系。

表 2-1　嘉兴历史建置简况

朝代		州	府	县
唐虞		扬州		
夏				
商				
周（春秋）			吴国、越国	
战国			楚国	
秦	秦始皇二十五年		会稽郡治吴	长水、海盐县
	秦始皇三十七年		会稽郡治吴	由拳县长水改
西汉			会稽郡治吴	由拳县、海盐县
	高帝六年		荆国都吴	由拳县、海盐县
	高帝十一年		会稽郡治吴	由拳县、海盐县
	高帝十二年		吴国都广陵	由拳县、海盐县
	景帝四年		会稽郡治吴	由拳县、海盐县
	元封五年	扬州刺史	会稽郡治吴	由拳县、海盐县
东汉	建武十八年	扬州刺史	会稽郡治吴	由拳县、海盐县
	永建四年	扬州刺史	会稽郡治吴	由拳县、海盐县
三国	吴黄龙三年	扬州都督	吴郡	禾兴县由拳改、海盐县
	赤乌五年	扬州刺史	吴郡	嘉兴县禾兴改、海盐县
两晋	太康元年	扬州刺史	吴郡	嘉兴县、海盐县
刘宋	永初元年	扬州刺史	吴郡	嘉兴县、海盐县
	大明七年	南徐州刺史	吴郡	嘉兴县、海盐县
	大明八年	扬州刺史	吴郡	嘉兴县、海盐县
	升明三年	扬州牧	吴郡	嘉兴县、海盐县
齐梁			吴郡	嘉兴县、海盐县、前京县、胥浦县
	太清三年	吴州	吴郡	嘉兴县、海盐县
	大宝元年	扬州	吴郡	嘉兴县、海盐县
南陈	永定元年	扬州	吴郡	嘉兴县、海盐县、前京县
	祯明元年	吴州	吴郡	嘉兴县、海盐县、前京县
隋	开皇九年	扬州行台	苏州吴郡改	吴县嘉兴省入
		扬州行台	杭州	盐官县海盐省入
	大业元年	扬州行台	吴州苏州改	
	大业三年		吴郡吴州改	

续表

	朝代	州	府	县
唐	武德四年		苏州	
	武德七年	四州都督	苏州	嘉兴县复置、海盐县地改隶嘉兴
	武德八年	四州都督	苏州	嘉兴县复废
	贞观八年	江南道	苏州	嘉兴县复置，后海盐复置，又废，复置
	开元二十一年	江南东道	苏州	嘉兴县、海盐县
	天宝元年	江南东道	吴郡	嘉兴县、海盐县、华亭县嘉、海县析出
	乾元元年	浙江西道	苏州吴郡改	嘉兴县、海盐县、华亭县
五代	梁开平元年	镇海世度使	杭州	吴江县嘉兴县析出
后唐	同光三年	中吴军节度使	开元府治嘉兴	嘉兴县、华亭县、海盐县
	长兴元年		杭州府开元府罢	嘉兴、华亭、海盐、崇德县
后晋	天福三年		秀州治嘉兴领四县	嘉兴、华亭、海盐、崇德县
宋	太平兴国三年	两浙路		嘉兴、华亭、海盐、崇德县
	政和七年	两浙西路	嘉兴禾郡	嘉兴、华亭、海盐、崇德县
	宣和三年	两浙西路	秀州	嘉兴、华亭、海盐、崇德县
	庆元元年	两浙西路	嘉兴府	嘉兴、华亭、海盐、崇德县
	嘉定元年	两浙西路	嘉兴军	嘉兴、华亭、海盐、崇德县
元	至元十三年	江淮行中书省	嘉兴安抚司	嘉兴、华亭、海盐、崇德县
	至元十四年	江淮行中书省	嘉兴路	嘉兴、海盐、崇德、华亭县（是年华亭升府）
明	吴元年洪武二年	南直隶	嘉兴府	嘉兴、海盐、崇德县
	宣德五年	浙江布政使司	嘉兴府	嘉兴、秀水、嘉善、海盐、平湖、崇德、桐乡县
清	顺治二年	浙江布政使司	嘉兴府	嘉兴、秀水、嘉善、海盐、平湖、石门（崇德）

　　说明：此表根据《光绪嘉兴府志》卷二"建置"编制而成。[①]

五、行政区划与语言的关系

　　由于中国文化的特点，汉语方言区划与历史行政区的关系特别密切。20世纪六七十年代，傅国通等前辈在调查浙江吴语区时，发现浙江从古到今的行政地理的分区与方言地理的分区之间，确实存在某些一致性。他们根据当时田野调查获得的语言材料排比结果得出的方言片或小片的范围，多数与旧时的州、府或他们当时调查时的行政区划相吻合。例如嘉兴片、湖州片、明州片、台州片、温州片、婺州片、处州片等，都与旧府或调查时地市范围相当。而嘉兴片归属苏沪嘉片，这与嘉兴一带在唐代之前归属苏州，而上海又长期为嘉兴辖地的历史有密切的联系。[②]

　　从上文行政区划的叙述可以看出，嘉兴乃至浙江吴语区、北部吴语区内的行政区划、隶属关系都不是一成不变的。因而傅国通等前辈在对吴语进行分区时认为，任何一个吴语方言片的划分都不是绝对的，任何方言片之间都没有一条可以截然分开的界线，无论是南北区之间还是各片之间，都有一些交错的现象。许多方言点地处两片之间，无论划

　　① 许瑶光、吴仰贤等纂，嘉兴市图书馆整理：《光绪嘉兴府志》，国家图书馆出版社，2016，第86—89页。

　　② 傅国通等：《浙江吴语分区》，《杭州大学学报》1985年增刊。

归哪一片，似乎都可以找到一些相应的用作分区标准的"特征"条目。例如，嘉兴片与湖州片之间的桐乡，湖州与临绍片之间的余杭，临绍片与明州片之间的余姚，明州片与台州片之间的宁海，台州片与温州片之间的乐清，温州片与处州小片之间的青田，处州小片与衢州小片之间的遂昌，金华片与临绍片交界的浦江等，都兼有相邻的几片方言的某些共同特点。

此外，一些片与片之间的方言点，常常兼具几个片的特点，探求历史，这些点也常常处在两个不同行政区划的边界。例如，嘉兴片的桐乡县历史上曾是吴越接壤之地，吴王夫差败越时，桐乡归吴，越王勾践灭吴时，桐乡又归越。今桐乡石门镇一带，据传吴为了拒越，垒石为门，门以北属吴，门以南为越，石门镇因此得名，因此石门镇一带的方言兼有苏州和嘉兴的一些共同点。[①]桐乡人去苏州，苏州人都会误以为是吴江人。又如，由于嘉兴在明清时期的重要地位，嘉兴话极大影响了周边吴语，桐乡在地理位置上介于嘉兴市与湖州市之间，目前虽然桐乡属于嘉兴市，但以前嘉兴与湖州是一个地区，即嘉兴地区。因此，桐乡方言的部分特点与嘉兴话接近，部分特点与湖州话一致。濮院与嘉兴靠近，语言特点有许多地方与嘉兴类同。乌镇与湖州接壤，乌镇话也与湖州话比较相近。再如，嘉兴片的王江泾，包括王江泾镇、荷花乡、合心乡、南汇乡、田乐乡和虹阳乡东部、双桥乡北部，该片带有一些吴江县语音特征。[②]

行政区划也会造成一定的语言差异。例如，嘉兴与上海、苏州接壤，方言特点也与这些地区有共通之处，明显具有苏州、上海地区方言中典型的吴语特征，但也具有一些自身的特殊之处，使之容易与邻近地区方言区别开来。其中最突出的一点，就是嘉兴话中次浊声母和零声母的入声字一律读阴入调，如"落、麦、纳、岳、学"等，读为高调促声，而邻近地方这些字一般都读阳入调，即低调。还有一部分字，邻近地方一般读阳调（低调值）的，嘉兴话却读阴调类（高调值），如"夜、话、夏、雨、勿"等，这是嘉兴话听起来比邻近地区高亢、清晰的原因。[③]

第三节　文化特质

嘉兴文化是嘉兴经济和人文的概括，制约着当地人们的心理活动和思维模式，对嘉兴的语言也有着较为深刻的影响。嘉兴文化的源头可追溯到 7000 年前的有"江南文化之源"之称的"马家浜文明"，由于嘉兴在历史上曾处于"吴头越尾"的特殊地理位置，嘉兴文化既"有太伯辞逊之遗风"，又"有夏禹勤俭之余习"，[④]为典型的吴越文化。嘉兴是吴越文化的重镇，自古人文荟萃，英才辈出，不仅传统文化深厚，而且现代文化也很突出，极具现代吴越文化的特质。

---

① 傅国通等:《浙江吴语分区》,《杭州大学学报》1985 年增刊。
② 嘉兴市地方志编纂委员会:《嘉兴方言志》,1987 年内部资料。
③ 同上。
④ 许维格:《许瑶光诗文注评集》,上海书店出版社,2019,第 240-241 页。

一、嘉兴文化形成的基础

（一）产业

嘉兴文化的形成与嘉兴地区的地理特征、生产生活、风俗习惯密不可分。由于优越的地理环境，嘉兴古代农业和手工业历史悠久，技术比较先进。从马家浜文化遗址可知，在公元前 7000—前 5000 年，已有人类在这里定居生活，人们生活的主要来源是种植水稻、饲养猪、狗、水牛等家畜和渔猎。在手工业方面，石器制作技术和葛麻纺织技术水平较高。到了良渚文明时期，农业生产主要采用犁耕方式，这是中国古代农业史上的重大变革。在手工业方面，陶器、石器、木器、竹器、丝麻纺织、玉雕以及髹漆等的制作水平达到了新的高度，玉器制作技术在继承马家浜文化的工艺传统和吸取北方大汶口文化、东方薛家岗文化制作经验基础上，达到了当时最先进的水平。这些玉器工艺精良、造型优美、构图严谨和谐、富有神秘感，体现了吴越先民的艺术想象力。

吴越时代，农业生产工具呈现专门化，农业生产已具有相当规模，生产技术已达到"精耕细作"。春秋战国之际吴越青铜农具在全国出土数量最多，据不完全统计，迄今可达 600 件左右。按其用途可分耕地、除草和收割三类，种类包括耨、镬、铲、犁、锸、锄、镰、铚等。[1] 稻谷的产量也很大，《吴越春秋·勾践阴谋外传》云："十年不收于国，民俱有三年之食。"又云："吴王乃与越粟万石"，"二年，越王粟稔，拣择精粟而蒸还于吴，复还斗斛之数"。哪怕连续灾年，老百姓也有充足的粮食。吴越两国荒年借、还稻谷，动辄"万石"，其水稻种植规模之大、产量之丰可想而知。唐代的农业已经发展到了一个相当高的程度。故唐代嘉兴人李翰《嘉兴屯田纪绩颂并序》云："嘉禾在全吴之壤最腴。故嘉禾一穰，江淮为之康；嘉禾一歉，江淮为之俭。"手工业方面，印纹硬陶和原始瓷器烧制，较前又有了很大的进步，原始瓷胎灰白，满体施釉，釉层匀薄，釉色多青或黄色，比较稳定。[2] 兵器制造技术十分先进，屈原《楚辞·九歌·国殇》云，"操吴戈兮被犀甲"，将吴戈与犀甲对举，其精良可知。桑蚕养殖及丝绸纺织在春秋战国时期已成为吴越两国的经济支柱，纺织技术相当先进，不仅能生产出精致、洁白的葛布，也能生产出五彩斑斓、美丽的罗布。《吴越春秋》中《采葛妇歌》"令我采葛以作丝，女工织兮不敢迟，弱于罗兮轻霏霏，号绨素兮将献之"即为例。到了秦汉时期，印染工艺已经很先进，可以生产出蓝印花布。

（二）民风

嘉兴在地理环境上兼得吴越山水并累积而成以吴越风俗为主流、江南水乡为特色，独特性与多元性并存的民俗民风。关于民性、民风，史书上有所记载。《汉书》卷六十四云："越人愚憨轻薄"，"性脆而愚"。《汉书·地理志》记载："吴越之君皆好勇，故其民至今好用剑，轻死易发。"《隋志》亦云吴越民族"信鬼神，喜淫祀"。元代徐硕的《至元嘉禾志·风俗》卷一对嘉兴民性、民风也作了大致的描述。《旧经》云："罕习军旅，尤慕文儒，不忧愁冻馁，颇勤农务。"《题名记》云："惟秀、介二大府，旁接三江，擅河海鱼盐

---

[1]　廖志豪：《论吴越时期的青铜农具》，《农业考古》1982 年第 2 期。

[2]　刘毅：《商周印纹硬陶与原始瓷器研究》，《华夏考古》2003 年第 3 期。

之利，号泽国杭稻之乡，土膏沃饶，风俗淳秀，文贤人物之盛，前后相望，百工众技与苏杭等方舆胜览。"前汉《地理志》云："江南地广，或火耕水耨，民食鱼稻，以渔猎山林为业，果蓏蠃蛤，食物常足，……不忧冻馁，亦亡十金之家。……有太伯辞逊之遗风，……有夏禹勤俭之余习。"从这些记载中，我们略知嘉兴的民性、民风的一些特点：中慧外秀、勤劳工巧、尚武崇文、淳朴守拙。

（三）民俗

嘉兴民俗是在吴越历史发展进程中逐渐形成的一种文化样态，有着丰富的内涵，比较稳定地沉淀于嘉兴人的日常生活之中，也是嘉兴文化形成的基础和重要元素。嘉兴民俗和嘉兴农桑生产、地理环境有关系，如桑蚕民俗、服饰民俗、民居等。

嘉兴种桑养蚕历史悠久，人们的衣食住行、生老病死无不渗透着蚕桑的元素，从而形成了送蚕花、看花蚕、讨蚕花蜡烛、撒蚕花、戴蚕花、经蚕肚肠、扎蚕花挨子、盘蚕花、洗蚕花手、蚕关门、蚕开门、望蚕讯、轧蚕花、唱蚕花、蚕花水会、踏白船、演蚕花戏等一系列的桑蚕习俗。由这些习俗衍生出丰富多彩的桑蚕诗歌民谣。如戴蚕花习俗，就是用红色彩纸扎成纸花，称"蚕花"，托言为西施所创。妇女戴于头上或鬓边，为蚕乡女子特殊时尚。清朱恒（嘉兴海盐人）《武原竹枝词》云："小年朝过便焚香，礼罢观音渡海航，剪得纸花双鬓插，满头春色压蚕娘。"民间也有描写此俗的歌谣："蚕花生来像绣球，两边分开红悠悠，花开花结籽，万物有人收，嫂嫂接了蚕花去，一瓣蚕花万瓣收。"反映桑蚕习俗的诗歌还有清代黄燮清（嘉兴海盐人）的《长水竹枝词》、收录于光绪《嘉兴府志》的《蚕诗》等，民谣还有《马明王》《呼蚕花》等。我国现代作家茅盾的名作《春蚕》《陌生人》也描绘了桑蚕这一习俗。1963 年，上海电影制片厂拍摄《蚕花姑娘》，让这近千年的习俗远近扬名。

嘉兴的服饰习俗受嘉兴地理环境和生产劳作的制约，具有鲜明的吴越地域审美特征，传统的女性劳作服饰就是这一审美特征的代表。在服饰的形制（样式）上，女性劳作服饰为包头巾、大襟衫、小围身、大裆裤。包头巾是在田间劳动时使用，以蓝印花布和芦席花布为主，包扎简单实用，形式感强，造型独特。大襟衫是穿在上身的罩衫，整件服装为平面直线裁剪的结构造型，收身、平直的外造型，凸显女性清晰的线条和纯朴的天然美。小围身以黑色土织布做成，系于腰间，带有穗。正面为单色的土布，以青色和黑色等深色为主，反面则选用花色面料，以区分正、反面。大裆裤裤腰肥大，腰与裤片由异色布料组成，年轻女性大多用色彩素雅的土布制作。这种大裆裤便于女性在田间劳动时起蹲和弯腰。[①] 在服饰的色彩上，女性劳作服饰主要是以蓝、青、白为主色调。例如，平湖传统手织土布多以蓝色为基本色调；桐乡传统工艺蓝印花布，或是蓝底白花，或是白底蓝花，蓝白相间，图案秀丽。这些以蓝色为主调的色彩体现了嘉兴乃至江南女性的朴质、典雅、柔美、含蓄。在服饰的面料上，女性劳作服饰粗犷牢固，厚实简朴，经洗耐用。例如，平湖的色织土布，构图、用色讲究变化，充分运用构图中的点、线、面的设计元素，产生丰富的图案纹样。其典型的色织纹样为"芦席花"，它是由无数条纵横条纹组成的简单纹样，经四方连续展开，布面呈现立体肌理效果，既美观又耐用，具有古朴、

---

① 刘鹤、余美莲：《近代嘉兴民间女性劳作服饰形态及成因》，《丝绸》2017 年第 3 期。

典雅的特性。① 可以说，从嘉兴民间女性劳作服饰中，也能看出嘉兴人中慧外秀的特点。

嘉兴民居也极具江南水乡特色，是江南民居的代表之一。嘉兴民居建筑大多傍河而居，依水成街，因水成市，临水建屋。嘉兴的新塍、乌镇、西塘等，以及湖州的新市，苏州的周庄，都是由河成街，呈现出一派古朴、明洁的幽静景象，是典型的小桥、流水、人家的水乡民居风格。嘉兴的民居建筑形式一般有水阁（吊脚楼）、廊棚、一门三吊闼等。水阁的建筑，一部分在地面一部分在水面，临水一面开上一扇门，砌上两尺左右的台阶入水中，方便出入，也方便来往船只交易。廊棚其实就是带屋顶的街，建造廊棚主要是为了增加建筑使用面积，遮风避雨，但是发展到后来，其变成了方便往来于河埠的人们休息及纳凉的场所。其第一层架空，铺设靠椅，为来往的人提供方便，第二层与建筑一起共用，这种建造既为自己提供空间，又为他人提供方便。② 一门三吊闼是嘉兴历史上最久的民居形式，为木结构的两层楼房，下为平屋，上为楼房，均临街，一个门三个吊窗，门、窗均是木板。这些建筑形式一般为两层式，具有古吴越干栏式建筑的遗风，令居住者有一种居高临下的自豪感，但也容易形成一种闭关自守的心理状态。

二、嘉兴传统文化的特点

（一）坚守执着

嘉兴传统文化是稻作文化，稻作离不开土地，从新石器时代的先民到后来的嘉兴百姓，他们与"生于斯，长于斯，食于斯"的稻田厮守了数千年。这种坚守近似《汉书》中所认为的"愚悫"，其实这是一种深情、一种韧性、一种执着。越王勾践的"卧薪尝胆"和吴越织女等无数普通民众"织布复国"的行为，③ 就是这种坚守与执着的外在表现。这种坚守与执着使得吴越在后来中原文化多次南下的情况下，能够固守自己的本质，保持自己的文化特性和语言的特色。

（二）灵动睿智

嘉兴水系发达，河道纵横，人们的生产离不开水（如种稻、养鱼、漂纱等），衣食住行也离不开水，这使这里的人们具有水的灵性与飘逸（即《汉书》中所谓的"轻薄"），形成了灵动睿智的水乡文化。与中原的德性文化相比，承接吴越文化的嘉兴传统文化，更多地倾向于智性文化。他们种稻养蚕知识的丰富、纺织印染工艺的精妙、冶炼制造技术的先进、建筑形式的巧妙，以及他们创造的科技成果和物质财富，无不透出他们对知识与技术的崇尚。这一文化特性的形成，既是锦绣江南特有的柔和、秀美的造化，更是人民辛勤劳作的结晶。例如浙江桐乡、江苏南通等地生产的蓝印花布，是我国的一种工艺品，距今已有 1300 多年历史。人们认为，蓝印花布素雅高洁如兰花，清冷婉约如宋词，是江南民间的一个文化符号。但其工艺十分繁杂，耗费体力：从蓼蓝草中提取蓝作染料

---

① 刘鹤、余美莲：《近代嘉兴民间女性劳作服饰形态及成因》，《丝绸》2017 年第 3 期。
② 张新克、上官嫚嫚、包琳：《嘉兴地方古民居建筑的文化内涵》，《嘉兴学院学报》2010 年第 2 期。
③ 《吴越春秋》记载：越王勾践归越，念复吴仇，苦身劳心，夜以接日，使国中男女入山采葛，以作黄丝之布，献给吴王，麻痹吴国。《采葛妇歌》描写越国人虽然数年采葛织布很苦很累，但愿意与越王同甘共苦，共同坚守，直到越国的光复。

（靛蓝），把镂空花版铺在白布上，用刮浆板把防染浆剂刮入花纹空隙，漏印在布面上，干后放入染缸，白布下缸 20 分钟后取出透风 30 分钟，如此反复染色 6～8 次，使其达到所需颜色。再将其拿出在空气中氧化，晾干后刮去防染浆粉，才显现出蓝白花纹。因为是全手工印染，干后的浆不免会有裂纹，形成了手工蓝印花布特有的魅力——冰裂纹，而机印花布或没有采用传统的技艺的蓝印花布则蓝白分明，没有手工的痕迹。由此可见，灵动睿智的文化特性来自吴越先民和嘉兴人民的智慧和勤劳。

（三）尚武崇文

嘉兴传统文化继承了吴越文化"尚武崇文"的元素。数十年的吴越战争，充分展示了吴越人的尚武精神，吴越精良的兵器也将吴越人尚武的性格表现得淋漓尽致，《越绝书·越绝外传记地传》记载的越王勾践的全身装束就是"身披赐夷之甲，带步光之剑，杖物卢之矛"。这不仅仅是勾践一个人的装束，也是古代吴越尚武风尚之写照。吴越文化有"尚武"元素也有"崇文"元素。这种"文"与中原文化的"文"不同，中原文化的"文"重在文学（如《诗经》）、史学（如《史记》）、礼学（如《礼记》）、哲学（如庄子文章）等，但吴越文化的"文"，重在科学知识和实用技术。先进的水稻种植技术、娴熟的丝绸工艺、高超的烧陶方法、科学的青铜剑制造原理和"楼船"的制造过程，以及医学技术和航海知识，无不让人感受到吴越"文"的深厚与博大。这种"文"与中原文化的"文"，共同创造了华夏历史上群星灿烂的古代文化时代。

（四）刚柔相济

嘉兴传统文化具有吴越文化"尚武崇文"的底蕴。坚硬锋利的吴越兵器、艳丽飘逸的吴越丝绸，十分和谐地统一在吴越文化之中。被称为"吴越青铜剑三绝"之一的复合剑就体现出吴越文化的这一特征。复合剑因剑身、剑脊含锡量不同呈现出黄白色、红黄色两种颜色，所以俗称"双色剑"。这种剑，其柄用不易折断、含锡量较低的青铜合金制成，剑身则用含锡量较高、锋利但易断的青铜合金铸成。两种合金结合铸成的剑就有外锐内韧、刚柔兼备的特点。又如越王勾践剑，寒光逼人，剑刃锋利，而剑身"越王勾践自作用剑"鸟篆字体则纤细、流畅，一物之中亦刚亦柔，十分和谐。吴越人"好勇轻死"的民风和"信鬼神喜淫祀"的民俗也体现吴越文化刚柔相济的特征。勇猛前行，视死如归，说明吴越人性格的强悍，而利用各种祭祀祈求神灵的庇护，又让人看到吴越人性格中柔弱的一面。

（五）包容创新

嘉兴传统文化中的"包容创新"特质源远流长。从越国先君无余和吴国先君太伯来到吴越之地时，吴越文化与中原文化便开始接触。两位先君入乡随俗，断发文身，穿戴吴越服饰，吴越人见他们很有礼仪也就跟从他们，数年间百姓就富裕起来，越国和吴国也都建立起来了。从这里看出，吴越文化是以当地的百越文化为基础，包容了中原文化中精华成分，诸如戴帽、穿鞋和待人接物的礼节等，从而创新出灿烂的吴越文化。吴语的形成也是如此，把吴、越两位先君带来的中原古汉语包容到流行于当地的百越语之中，对自己语言中拗口部分和文字中烦琐部分（如鸟篆），删繁就简，从而创新出双方都能接受的语言文字，打下了汉语方言——吴语的基础。秦始皇统一中国以后，在吴越故地设立会稽郡，吴越文化也被纳入以中原文化为主要内容的全国文化体系。自秦汉起，北方百姓不断南下定居吴越之地，尤其在"永嘉之乱""安史之乱""靖康之变"时期，北方人口大量南迁移居吴越之地，与此同时，也给吴越之地带来了中原文化。不同文化背景移民的汇聚，带来了不同的文化基因，丰富了吴越文化的内涵与形态。

对于继承吴越文化传统的嘉兴传统文化来说，以上一至四点体现其丰富性，第五点体现其包容性与创新性。丰富性是文化形态，包容性是文化意识，创新性是文化目的。正是包容，才能使外来文化为我所用，补我不足，从而达到创新的目的，使嘉兴传统文化的内涵不断丰富，不断适应社会的发展变化。正如此才造就厚实精深、源远流长的嘉兴传统文化。

三、嘉兴现代文化的特征

进入现代以后，在现代文明和现代社会浪潮的冲击下，嘉兴现代文化对嘉兴传统文化既继承又创新，充满吴越文化元素的嘉兴传统文化在嘉兴文化体系中，或愈加彰显，或以新的形式出现，或被赋予新的内容，形成了新的嘉兴文化的特征。

在"坚守执着"方面，"坚守执着"充分地显体现在以茅盾、徐志摩、朱生豪等为代表的现代知识分子这一群体之中。在茅盾的创作中，以家乡为题材的作品占有相当大的分量。从"往事自叙""乡镇写真""农村三部曲"到长篇小说《霜叶红于二月花》，都是写自己家乡或是以家乡为背景描写大上海生活的，代表作《子夜》的主人公也是以家乡的人物为原型的。不仅如此，茅盾在创作中大量运用吴方言的词语。这说明，茅盾不仅为人们展示了一幅幅嘉兴文化的画卷，也展示了他自己坚守嘉兴文化的情怀。徐志摩是新月派代表诗人，他的诗韵律谐和，想象丰富，意境优美，神思飘逸。他不仅创作了含蓄、华丽的《再别康桥》《沙扬挪拉》，也创作了用家乡吴语写成的直白、朴实的《一条金色的光痕》《残诗》，由此可见这位深受西方教育熏陶和欧美浪漫主义影响的诗人对嘉兴文化的热爱与守望。朱生豪，这位著名翻译家和诗人，我们从其花费近十年翻译完成100多万字的《莎士比亚戏剧全集》和1933—1937年写给恋人（后成为相濡以沫的妻子）的书信集《朱生豪情书》，都可以看到嘉兴文化"坚守执着"品质在他生命中留下的印记。吴越文化的"坚守执着"在新的历史条件下也在不断发展。20世纪初，在洋务运动和"实业救国"的影响下，衍生出"经世致用，务实求真"的文化品格，影响嘉兴民族工业（纺织业）的兴起和发展。在21世纪，"经世致用，务实求真"又衍生出"干在实处，勇猛精进，走在前列"的嘉兴文化精神。

在"灵动睿智"方面，"灵动睿智"在嘉兴现代文化中得到了彰显，丰子恺的漫画、贾祖璋的科学小品就是继承了这一文化的秉性。丰子恺的漫画风格简易朴实，意境隽永含蓄，寥寥几笔，就勾画出一个意境。他于1938年创作的一幅素墨画，画面上是一棵虽然被砍了半截，但依然枝繁叶茂、生命勃发的大树，旁边题了一首小诗："大树被斩伐，生机并不息。春来怒抽条，气象何蓬勃。"这幅画尺寸极小，所用材料极简单，构图更不复杂，但却让人感受到那股超越邪恶、超越灾难、不可轻易战胜的生命力量。贾祖璋的科学小品以绚丽多彩的自然界为描述对象，融科学知识、历史知识、文学知识为一体，使他玲珑精致的文章具有一种"科学的深刻、史学的明智、文学的灵秀"的美学魅力。

在"刚柔相济"方面，"刚柔相济"被嘉兴现代文化作为性情人格继承下来，并由早期的外刚内柔逐步转变为外柔内刚。沈钧儒先生平时对人彬彬有礼，说话温言细语，是社会公认的谦谦君子，但沈先生在民族大义上却尽显其性格中刚毅的一面。九一八事变后，沈钧儒先生与同仁奋起组织"救国会"，组织抗日游行时总是列于游行队伍前排，带领游行队伍前进，其提倡"主张坚决，态度平和"，体现了他刚柔相济的性格特点。他的诗风也是"刚柔相济"，如《我是中国人》《花底》分别提道："浙江古越国，勾践人中杰。卧胆则藏薪，我是浙江籍。苏州有胥门，炯炯悬双睛。怒视敌人入，我是苏州生。""去年诗句带花香，花底吟诗喜欲狂，今日对花成一恸，更无人语在花旁。"前者仰慕英雄，壮怀激烈；后者追思故人，情深似海。嘉兴人龚宝铨是辛亥革命时期革命团体"光复会"的主要发起者和领导者，辛亥革命胜利后，他不谋一官半职，而是到浙江图书馆研究学问。从轰轰烈烈的战斗生活到平平淡淡的书斋生活，不仅体现龚宝铨先生高尚的人格和博大的胸怀，也体现他"刚柔相济"的性格特征。

在"尚武崇文"方面，龚宝铨义士用"推翻清朝"的革命行为，给嘉兴文化涂上一笔浓重的尚武色彩后，"尚武"开始以另一种表现方式出现，不再是战场上的刀光剑影，而是文化精神上的品格标志。如金庸1955年的《书剑恩仇录》中的尚武精神[1]，就是吴越文化尚武元素在现代文化中的体现。而"崇文"则由"崇尚科学，重视技艺"的科学技术领域扩展到文学艺术领域。嘉兴不仅出现了数学家陈省身、物理学家黄昆、化学家倪嘉缵、病毒学家高尚荫、林学及生态学专家沈国舫等中国科学院、中国工程院院士，也产生了王国维、茅盾、徐志摩、金庸、丰子铠等文坛巨匠。

自近代以来，一直到"五四"新文化运动，中国文化已经完成了由传统到现代的转型，尤其五四运动以后，中国现代文化得到广泛传播，但现代嘉兴文化仍然以嘉兴传统文化为主体，可见其生命之顽强。这种文化现象一直影响着嘉兴的语言生活。自清末到民国，出现的"切音字运动""白话文运动""国语运动""拉丁化新文字运动"等，都意在全国推广共同语，嘉兴籍文学艺术家如茅盾、徐志摩、丰子恺，以及科普作家贾祖璋，他们的小说、诗歌、散文、科普读物等作品，都是用共同语（现代白话文）写成的，但共同语在嘉兴的使用还是十分有限的。严格地说，现代嘉兴的语言生活还是以吴语（即嘉兴话）为主导的单语（言）生活，这与现代嘉兴文化结构有密切关系。

如果说生活是语言的土壤，那么，文化就是语言的温床。源远流长的包含嘉兴文化在内的吴越文化，孕育出并守护着源远流长的吴语，因为有这样的文化品格和文化心理，吴语区的语言生活从几千多年前到改革开放前，都是以吴语为主流。在这种浓郁的吴语生活氛围中，造就了近代以《何典》《海上花列传》等为代表的吴语小说的繁荣。

第四节　吴语的形成与发展

吴语历史悠久，其源头可追溯到距今4000多年的夏、商、周三代。夏、商、周三代

---

[1]　吴秀明、黄亚清：《金庸武侠小说与地域文化现代性构建》，《中山大学学报（社会科学版）》2010年第2期。

的国土疆域处在中原一带，因而其文化也称"中原文化"。那一时期，嘉兴属于吴越之地，吴越之地又处于"百越"地区，嘉兴先民，即吴越人民使用的语言是当地的语言。此时期，越国和吴国先后在江南地区建立，吴、越两国的开国之君分别是来自中原地区的夏、周后裔。他们尊重当地"百越"的风俗习惯，并融入其中。从这时期起，当地的土著语言在与中原语言交融的基础上产生了一种新的语言——吴越语，春秋末期的《国语》中称之为吴语、越语，战国末期荀子将其统称为越语，他在《荣辱篇》中说："譬之越人安越，楚人安楚，君子安雅。"意思是，这好像越人习惯用越语，楚人习惯用楚语，君子习惯用雅言一样。汉代扬雄的《方言》中分别称之为越语和吴语，但称"吴"次数比"越"多。汉代以后，逐步将吴越语统称为吴语。本课题所称的"吴语"指"吴越语"，是现在吴语区人民还在使用的语言。

一、先秦两汉时期

夏商周时期，中原人在百越之地建立了越、吴两个诸侯国（建立时只是部落而已），一种既不同于百越语也不同于中原语的语言，亦在漫长的历史进程中逐渐形成，这就是吴语。

关于越国的建立，《史记·越王勾践世家》卷四十一云："越王勾践，其先禹之苗裔，而夏后帝少康之庶子也。封于会稽，以奉守禹之祀。文身断发，披草莱而邑焉。后二十余世，至于允常。允常之时，与吴王阖庐战而相怨伐。允常卒，子勾践立，是为越王。"吴国的建立与周王朝有关，《史记·吴太伯世家》和《吴越春秋·吴太伯传》记载：吴太伯与其弟仲雍，均为周太王之子，是季历的兄长。季历十分贤能，又有一个具有圣德的儿子昌，周太王想立季历为太子以便传位给昌。为了让贤，太伯、仲雍二人就来到百越之地，像当地人一样身上刺花纹、剪短发、穿当地人的衣服，以示不再继位，把继承权让给季历。季历果然继位，昌后来也成为周文王。太伯逃至荆蛮后，自称"句（勾）吴"。当地人认为他很有节义，追随附顺他的有一千余户，尊立他为吴太伯。数年之间，民人殷富。后来西伯卒，太子发继位，讨伐殷商，平定天下、建立周王朝后，追封太伯为吴王，国号称吴。吴、越的建立为吴语的形成打下了基础。

吴语经过吴越先君及后裔数千年的包括语言、婚姻、习俗在内的融合，到春秋战国时期，已经变成一种富有特色的语言。据刘向《说苑善·说篇》记载，楚国公子子皙听不懂《越人歌》，这说明吴语与楚语明显不同。有学者从《越人歌》的"晚今"（今晚）、"晚哪"（哪个晚上）、"中舟"（舟中）、"中朝"（朝中）、"处哪"（哪处）等词的语言结构，说明吴语与壮语（百越语的一种）的相同之处和与中原汉语的不同之处。[①] 此时期的吴越语与北方话亦不同，《吕氏春秋·知化》云："吴王夫差将伐齐，子胥曰：'不可。'夫齐与吴也，习俗不同，言语不通，我得其地处之，得民不可使。"虽然不同，但吴语已经属于汉语。据《绝越书·荆平王内传》记载，楚国人伍子胥不仅听懂吴国渔父、浣纱女的话，还与吴王交谈"三日三夜，语无复者"，说明吴语也有与楚语相同的地方。楚国本是炎帝族的一支，因战败后退出黄河流域而定居于长江中下游一带，其中的一个部落称荆楚。周

---

①　殷树林：《吴语形成时代新考》，《语言文化研究辑刊》2014 年第 2 期。

代时归附周朝，接受周文化，其语言为中原汉语的方言。^①潘悟云认为，"汉语南方方言并不是从北方汉语方言中分化出来，而是古代的百越在北方汉语的不断影响下，通过语言的混合，旧质不断消亡，新质不断增加"，"最终结果导致语言性质的变换，从原来的侗台类的语言变成了汉语"。^② 以上所述，说明吴语也像楚语一样是一种独具百越语言特色的汉语方言，所以到了汉代，吴语被扬雄《方言》收入其中。"三国鼎立"时期，浙江人孙氏家族在江浙一带建立了吴国（东吴），吴语得到进一步的发展，并开始向外传播。如闽语的主要渊源应该是东汉末三国时期的吴语，因为福建的汉人主要是这一时期开始从江浙一带迁入的，他们带来的这一时期的吴语与当地闽越族语言经过交融后，逐渐形成与今日吴语大不相同的闽语。^③ 吴语也是在这一时期开始传入日本，使日语至今仍然保留着许多吴语借音，即"吴音"，高本汉《中国音韵学研究·方言字汇》中列举的 26 种汉语方言，其中就有"吴音"方言。"这足以说明，三国时的吴音，已与中原汉语语音大不相同，形成一个相当独特的语音体系。"^④

二、两晋南北朝时期

两晋南北朝时期，北方士民不断大量南下，定居吴越故地，吴语在这一漫长的历史时期中，吸收中原汉语的优秀成分，不断充实，不断创新，使吴语更接近中原汉语，同时又使吴语的特征更加突出，到隋唐前，吴语的使用已经十分广泛。

（一）接近中原汉语又独具特色

由于时代的限制，史书没有关于此时期吴语语言系统的记录，但我们从高本汉的《中国音韵学研究》和赵元任的《现代吴语的研究》看，吴语有全套浊声母和"平上去入"四声八调。到《中原音韵》时代时，中原汉语中的全浊声母已经清化，而且也没入声，而中古汉语是有全浊声母的，如《切韵》、唐代守温三十六字母中"并、定、从、群、邪"等都是浊声母。《切韵》也有平、上、去、入四声。这就说明吴语与当时的中原汉语有许多共通之处。由于吴语具有与中原汉语相近的音系和特点，所以唐代李涪在《刊误》中认为《切韵》反映的是"吴民之言"，宋元之时也有人认为《切韵》反映的是吴音。宋人孙光宪的《北梦琐言》、元人熊忠的《韵会》卷首都有类似的说法。前者说"广元以来，一切韵多用语……涪改《切韵》全刊吴语"，后者说"韵书起江左，本是吴音"。^⑤ 今人也有此类的说法，如王国维认为《切韵》即"六朝旧音多存于江左，故唐人谓之吴音，而以关中之音为秦音。故由唐人言之，则陆韵（《切韵》）者，吴音也"。^⑥ 王力认为："依南北朝的韵文观察，《切韵》所包括的字，适与南北朝韵文所表现的系统相当。可见《切韵》大致仍以南北朝的实际语言为标准。"^⑦ "实际语言"是指当时通行的中原汉语和吴语。启功在论及唐诗押韵的

---

① 李新魁：《吴语的形成和发展》，《学术研究》1987 年第 5 期。
② 潘悟云：《语言接触与汉语南方方言的形成》，载《语言接触论集》，上海教育出版社，2004，第 312-313 页。
③ 周振鹤、游汝杰：《方言与中国文化》，上海人民出版社，1986，第 15 页。
④ 李新魁：《吴语的形成和发展》，《学术研究》1987 年第 5 期。
⑤ 同上。
⑥ 王国维：《观堂集林》（上册），中华书局，2004，第 388 页。
⑦ 王力：《南北朝诗人用韵考》，《清华学报》，1936，第 11 页。

依据时说："全国各地的方音，可以概括地分为两大类，以现在的方音为例来说明，如吴、闽、粤等方言区域的语音可算甲类。以上区域之外的大部分普通话区域（从前称为官话区）的语音可算乙类。……历代韵书也有两大类，即是以甲类方音为基础的一类和以乙类方音为基础的一类。自《切韵》至《佩文诗韵》可算甲类，自《中原音韵》至'十三辙'可算乙类。"① 他把《切韵》列为甲类，自然视《切韵》为吴语。

此时期吴语与同期的中原语言也有明显的差别。例如：刘义庆《世说新语·容止篇》"嵇康身长七尺八寸""刘伶身长六尺""庾子嵩长不满七尺"中的"长"，中原汉语称为"高"。《世说新语·贤媛篇》"新妇所乏唯容尔""初，允被收，举家号哭，阮新妇自若""王谓妇曰：新妇神色卑下，殊不似公休"中的"新妇"，中原汉语称为"媳妇"。《南朝吴歌·子夜歌》的"天不夺人愿，故使侬见郎""无故欢相逢，使侬肝肠苦""郎歌妙意曲，侬亦吐芳词"中"侬"，中原汉语称为"我"。

（二）使用广泛

从一些史料来看，自东晋社会始，吴地主要使用北方语和吴语。《颜氏家训·音辞篇》云："易服而与之谈，南方士庶，数言可辩；隔垣而听其语，北方朝野，终日难分。"这是说南方的士人说北方话，普通百姓说吴语，所以听他们说几句话，就得知他们的身份，而北方官民都使用北方话，就难以分辨他们的身份了。当时朝廷官员还同时会"双语"，既能说北方话，又能讲吴语。《世说新语·排调第二十五》记载："刘真长始见王丞相，时盛暑之月，丞相以腹熨弹棋局，曰：'何乃淘！'刘既出，人问见王公云何，刘曰：'未见他异，唯闻作吴语耳。'"意思是说，刘真长初见丞相王导，当时是最热的月份，丞相把腹部压在弹棋盘上，说："怎么这么凉啊！"刘真长离开后，有人问他对王导印象如何，刘真长说："没有见到其他特别的地方，只是听到他说吴语罢了。"王导、刘真长都是北方人，但他们仍然用吴语交谈。陈寅恪在《东晋南朝之吴语》中说：东晋南北朝官吏在接待来办事的人时，视不同的对象或用北语或吴语与他们交谈，是士人的用北语，是普通老百姓的用吴语。② 到东晋中期，南下北人的后代也用吴语进行交际，据《世说新语·轻诋第二十六》载："支道林入东，见王子猷兄弟。还，人问：'见诸王何如？'答曰：'见一群白颈乌，但闻唤哑哑声。'"余嘉锡《世说新语笺疏》按："道林之言，讥王氏兄弟作吴音耳。"③ 这些北人之后，还能模仿江南民间流行的吴歌进行创作。孙绰曾作《碧玉歌》："碧玉小家女，不敢攀贵德。感郎千金意，惭无倾城色。"④ 可见当时侨人使用吴语应该是相当纯熟了，也说明吴语使用得非常广泛。如《世说新语·言语篇》载："恒玄问羊孚：'何以共重吴声？'羊曰：'当以其妖而浮。'"这里虽含有贬斥之义，但也说明吴声歌曲在当时受到普遍欢迎。

南朝民歌吴歌，是这一时期江南用吴语传唱的民间歌谣，其作品收录在北宋郭茂倩选编的《乐府诗集》里。《乐府诗集》收录南北民歌 570 首，其中吴歌 326 首，由此看出吴歌在南北朝民歌中的分量，同时也看出吴语在南北朝语言生活中的重要地位。吴歌作者大多是女子，其歌唱时，通常有篪、箜篌、琵琶、笙、筝等乐器的或婉转悠扬、或幽

---

① 启功：《诗文声律论稿》，中华书局，1977，第 6、8 页。
② 陈寅恪：《金明馆丛稿二编·东晋南朝之吴语》，生活·读书·新知三联书店，2001。
③ 余嘉锡：《世说新语笺疏（修订本）》，上海古籍出版社，1993，第 849 页。
④ 胡宝国：《晚渡北人与东晋中期的历史变化》，《北大史学》2009 年第 1 期。

怨低沉、或清脆明亮、或高雅柔丽的伴奏，所以吴歌一般情感婉约细腻，曲调细软柔美。许多作品采用吴语经典特征字"侬"作为歌曲中的主人公，来抒发情怀，所以吴歌也称作"吴侬软语"。"吴侬软语"与吴语的语言特征密切相关。吴语有平、上、去、入"四声"，清浊对立形成的"八调"，使得吴歌的旋律既流畅自然又柔和细腻，如"掘作九州池，尽是大宅里。处处种芙蓉，婉转得莲子"（《子夜四时诗·秋歌》）。吴语单元音极为丰富，发音部位靠前，口型变动较少，听起来特别轻柔、绵软，这就使吴歌的旋律在句尾、腔节尾出现较多的抒情成分，使吴歌显得轻快、活泼，如"昔别春风起，今还夏云浮。路遥日月促，非是我淹留"（《子夜四时诗·夏歌》）。因吴语有短促、干脆的入声和有引起声带振动的浊音，使吴歌的旋律曲折缠绵又浑厚有力，如"光风流月初，新林锦花舒。情人戏春月，窈窕曳罗裾"（《子夜四时诗·春歌》）。这种语言特征也造就了吴歌大多是五言诗，没有像北朝乐府民歌杂言、七言那样的诗体的特点。吴语作为一种方言，能如此深刻影响诗歌创作，从而形成一种独特的诗体与诗风，说明它在那个时代不仅使用广泛，而且独具特色。

三、唐宋时期

唐宋时期是吴语鼎盛时期，声名远播。此期间曾有两次社会大变动，一是唐末的"安史之乱"，一是南宋王室南迁。两次大变动促使北方人大批南下，移居吴地，这对吴语产生了巨大的冲击和影响。不过这种影响并未削弱吴语作为汉语方言流行于江南地区的强势地位。唐朝在安史之乱后日渐衰落，至907年，被梁王朱温篡位灭亡，由此开启五代十国的历史。南方十国之一的吴越国是浙江杭州人钱镠在907年所建，强盛时拥有十三州疆域，约为现今浙江省全境、江苏省东南部（苏州市）、上海市和福建省东北部（福州市）一带。宋代文莹《湘山野录》记录了吴越王钱镠衣锦还乡，大宴家乡父老，席间他吟唱《还乡歌》："玉节还乡兮挂锦衣，碧天朗朗兮爱日晖。功成道上兮列旌旗，父老远来兮相追随。家山乡眷兮会时稀，今朝设宴兮觥散飞。斗牛无孛兮民无欺，吴越一王兮驷马归。"但众乡邻不懂官话，不解其意。于是他用吴语唱了一首："你辈见侬底欢喜，别是一般滋味子，永在我侬心子里。"歌罢，众人叫好，笑声震席。[①] 这些记载说明五代时期仍然流行官话和吴语两种语言，普通民众不懂官话，但官员们既懂官话也懂吴语，可见虽然北人不断南下，但并不影响吴语的普遍使用。

南宋建都杭州，虽然北方士民大举南下，杭州北来的人口是本地人口的数倍，使杭州原来使用的吴语逐渐与北方话同化，变成一种与北方话很接近的"半官话"，但这只是杭州的语言状况，杭州郊区及周围使用的语言仍然是吴语，杭州犹如一个"亦吴亦官"的方言岛。例如，古见母字"家、嫁、街、蟹、交、江"等字在杭州话中只有"tɕ-"声母一读，不分文白读，而浙北吴语和金华、衢州等都有"tɕ-""k-"两读，其余片只有"k-"一读，与杭州话不同。古日母字"儿、二、耳"都只有"əl"一读，相当于其他片的文读，与绝大多数浙江吴语点鼻音自成音节或鼻音"ŋ-"声母读法不一样，古日母字"热、人、软、肉"等字声母也不读"ŋ-"，不同于浙江吴语其他方言点。杭州话有一组含有"ɥ"介音的韵母，假摄开口三等麻韵的章组，蟹摄开口一等灰韵、泰韵的精组，蟹摄、止摄合口三

---

① 党银平、段承校：《隋唐五代歌谣集》，南京师范大学出版社，2014，第111–112页。

等的精、知、章组的韵母都读"ɣɛɪ"，如"蛇、罪"读"dzɣɛɪ"，"脆"读"tsʰɣɛɪ"，"醉"读"tsɣɛɪ"，浙江其他吴语方言点都没有这种带"ɣ"介音的读法。在词汇方面，杭州话否定副词用"不""没有"，人称代词用"我""你""他"，复数加"们"①，不像浙江其他吴语方言点否定副词用"勿""弗""呒"，人称代词用"吾奴、嗯奴""侬、俫""伊、俚"。这说明南宋时期尽管北人南下甚多，但北方话对吴语影响的区域不广，影响力有限，不会消磨掉吴语的特点，更不会动摇吴语的语言体系。

唐宋时期的吴语是强势的方言，备受人们的关注，或释音或引吴语词汇入文、诗。唐人慧琳《一切经音义·大宝积经音义》郑十一"猫兔"条下注云："（猫）莫包切，江外吴语以为苗字。"卷四"额"条下注云："吴语呼额为讶。"宋人龚明《中吴纪闻》卷四云："吴人呼'来'为厘，始于陆德明。'诒我来牟''弃甲复来'皆音'厘'，盖德明吴人也。"宋人费衮《梁溪漫志·方言入诗》卷七："方言可以入诗，吴中以八月露下而雨谓之淋露，九月霜降而云谓之护霜。竹坡周少隐有句云：'雨细方淋露，云疏欲护霜。'方言又有'勃姑''鸦舅''槐花黄''举子忙''促织鸣''懒妇惊'之类，诗人皆用之，大抵多吴语也。"在唐宋的诗词中直接提到"吴语""吴音""吴歌"也很多。

提及"吴语"的唐宋诗词有：杜甫"贺公雅吴语，在位常清狂"；刘长卿"稚子能吴语，新文怨楚辞"；孟郊"家中多吴语，教尔遥可知""开元吴语僧，律韵高且闲"；梅尧臣"湿衣逢梵宫，有僧善吴语"；文天祥"我自操吴语，谁来问楚囚"；曾协"寓舍时吴语，丰年半楚歌"；陆游"讲诵多吴语，勾提学佐书""还乡吴语熟，伏枕越吟悲""贺公在朝雅吴语，庄舄仕楚犹越吟""贺公吴语吾能似，太息遗魂不可招"；罗椅"明虹收雨，两桨能吴语，人在江南荷叶浦"；李石"归来赋蜀都，笔下带吴语"；强至"经年大河北，终日故乡心。入耳欣吴语，开怀慰越吟"；杨栋"越主朝汴宫，蜀客尽吴语"；曾惇"洪郎雅吴语，不减贺季真"；陈造"相逢各吴语，知识十三四"（注：陈造，高邮人，高邮属江淮官话区，知识十三四，谓听懂三四成）；洪咨夔"坐客犹吴语，行人尽楚歌"；赵蕃"吴人阙共载，吴语闻空嘈"。

提及"吴音"的唐宋诗词有：苏轼"万里家山一梦中，吴音渐已变儿童"[变儿童：指侍人在秀州（今浙江嘉兴）待得久了，习用当地的吴语，都快变掉儿时的乡音了]，"吴音娇软带儿痴，无限闲愁总未知""风流贺监常吴语，憔悴钟仪独楚音"；苏辙"无人携手共吴语，得意摇头时越吟"；黄庭坚"安得终身为御寇，不辞儿女作吴音"；白居易"何以醒我酒，吴音吟一声"；贺铸"西家一斛黄华酒，沈醉吴音贺季真"；顾况"乡关殊可望，渐渐入吴音"；刘长卿"云房寂寂夜钟后，吴音清切令人听。人听吴音歌一曲，杳然如在诸天宿"；王昌龄"朱唇皓齿能诵经，吴音唤字更分明"；司马光"踌躇不去知君意，重唱吴音白纻歌"；范成大"海内交情两断金，离歌倡和俱吴音"；辛弃疾"醉里吴音相媚好，白发谁家翁媪"。

提及"吴歌"的唐宋诗词有：李白"吴歌楚舞欢未毕，青山欲衔半边日"；张先"垂柳池塘，流泉巷陌，吴歌处处"；陆游"鱼咸满缶酒新笋，处处吴歌起陇头""回首家山又千里，不堪醉里听吴歌""小艇下沧浪，吴歌特地长""丁年汉使殊方老，子夜吴歌昨梦残""坐人能听否？试为若吴歌""我作吴歌君起舞，夜雨莫辞泥没屦"。

以上这些记载，说明吴语是一支很有特色、很有影响的方言。

---

① 傅国通等：《浙江吴语分区》，《杭州大学学报》1985 年增刊。

四、元明清时期

就中国汉语语音发展史而言，以元代周德清的《中原音韵》为标志，元代进入了近代汉语时期，这一时期一直延续到明清两代。学术界一般以《广韵》代表中古语音系统，以《中原音韵》代表近代语音系统，以清末的北京话为现代汉语的基础。如果将唐作藩《音韵学教程》（第三版）中《中原音韵》的声母、韵母拟音与清末北京话（高本汉《中国音韵学研究·方言字汇》中的北京话音系）作比较，《中原音韵》音系已经很接近清末北京话的音系了。由于吴语是汉语方言，元代没有关于吴语的音系记录，但如果我们以《中原音韵》与清末北京话很接近的这一现象类比，也可以从高本汉《中国音韵学研究·方言字汇》中的吴语音系了解到元代的音系，因为在中古时代，吴语和北方话是江浙一带的两大通语。我们再将《中国音韵学研究·方言字汇》中的吴语音系和北京话音系作比较，发现中古汉语的"浊音"和"入声"等特点，在北京话音系中已经是"浊音清化""浊上变去""平分阴阳""入派三声"，而在吴语中，这些特点却完整地保留下来。这说明元代的吴语既与中古汉语一脉相承，又已经形成了现代吴语的规模。有学者通过考证，也认为现代吴语的声韵类系统的规模在元代已经奠定。[①] 明代以后，学者们谈及吴语，也认为其与现代吴语大抵相同。如明陆容《菽园杂记》卷四的"吴语黄、王不辨"，明徐渭《南词叙录》的"吴人不辨清、亲、侵三韵"，清人潘耒《类音》的"歌韵之字，吴音读作模韵"，清人方本恭《等子述》的"吴人呼歌戈韵与鱼模无别……有呼深摄为梗摄者""吴人以武为姥，以饶为尧"，清人刘禧延《刘氏遗著》的"吴语呼此韵（指车遮韵）字与家麻无别，车如差，遮如渣，赊如沙，蛇作阳声"等，这些说明了元代以后，吴语已经形成了与现代吴语近似的语音系统和特点，明清吴语与现代吴语没有什么大的差别了。[②]

在词汇方面，明清吴语入诗，如冯梦龙的《山歌》；入文，如《玄空经》《何典》《九尾龟》《海上花列传》等，这些作品因为有吴语词汇的注入，更加韵味十足、异彩夺目，而吴语词汇因为有这些作品为依托而更加生机盎然、充满活力。松江人韩邦庆创作的《海上花列传》是清末著名吴语小说，小说同时使用两种语言，叙述部分主要是使用当时的白话，而人物对话部分则是吴语。例如：

长福说明送信之事，匡二道："耐交拨我好哉。"长福出信授与匡二，因问："故歇陆里去？"匡二说："无啥事体，走白相。"长福道："潘三搭去坐歇，阿好？"匡二踌躇道："难为情个口。"长福道："徐茂荣生天勿去哉呀，就去也无啥难为情。"（《海上花列传》第26回）

洪氏乃道："大少爷，难末真真对勿住，两日天请仔倪好几埭。明朝倪定归要转去哉。"瑞生急道："勤去吧。无姆末总实概，上海难得来一埭，生来多白相两日。"洪氏道："勿瞒大少爷说，该搭栈房里，四个人房饭钱要八百铜钱一日哚，开消忒大，早点转去个好。"瑞生道："勿要紧个，我有法子，比来里乡下再要省点。"（《海上花列传》第30回）

《海上花列传》中的吴语词语都是当下语言生活中正在使用的语言，是活生生的语言。胡适在《海上花列传》序中说："方言的文学所以可贵，正因为方言最能表现人的神理。通

① 李新魁：《吴语的形成和发展》，《学术研究》1987年第5期。

② 同上。

俗的白话固然远胜于古文，但终不如方言能表现说话的人的神情口气。古文里的人物是死人，通俗官话里的人物是做作不自然的活人，方言土语里的人物是自然流露的人。"[①]《海上花列传》共 64 回，30 多万字。如果叙述文字与对话文字各占一半，那么《海上花列传》的对话文字为十多万字，即吴语词汇可能占到整部小说词汇的一半。这说明吴语词汇到清末时已经十分丰富，收词 1.7 万条的《明清吴语词典》（石汝杰、宫田一郎）也可说明这一点。丰富的吴语语汇，为清末吴语小说的繁荣提供了基础，由此我们可以看到这一时期吴语的昌盛。因此，胡适在给顾颉刚的《吴歌甲集》作序时说："中国各地的方言之中，有三种方言已产生了不少的文学。第一是北京话，第二是苏州话（吴语），第三是广州话（粤语）……介于京语文学与粤语文学之间的，有吴语的文学，论地域则苏松常太杭嘉湖都可算是吴语区域，论历史则已有了三百年之久，三百年来凡学昆曲的无不受吴音的训练；近百年中上海成为全国商业的中心，吴语也因此而占特殊的重要地位，加之江南女儿的秀美久已征服了全国的少年心；向日所谓南蛮鴃舌之音久已成了吴中女儿最系人心的软语了。故除了京语文学之外，吴语文学要算有势力又最有希望的方言文学了。"[②] 胡适认为吴语会成为最有希望的方言文学，其实这一判断是来自吴语繁荣局面。

第五节　吴语内部的一致性与差异性

如上各节所述，嘉兴在地理环境、行政区划、文化特质、方言特征等方面与北部其他吴语区既有共同性又有一些差异性，这就形成北部吴语既有一致性但也有差异性的特点。简而言之，这一特点是"大同小异"。本节重点比较嘉兴吴语与太湖片其他吴语方言点在声母、韵母和词汇上的异同，由此了解吴语的一致性与差异性的情况。比较材料来自赵元任《现代吴语的研究》，共列举八个方言点，即丹阳（毗陵小片）、苏州、上海、嘉兴（苏沪嘉小片）、吴兴（苕溪小片）、杭州（杭州小片）、绍兴（临绍小片）、鄞县（甬江小片）。同时也列举赵元任关于吴语一致性与差异性的看法。

一、声母

赵元任在《现代吴语的研究》中，根据他当时调查获得的语料，将吴语声母归纳为六大系共二十六类（不含 dj、ʣ），[③] 即表 2-2 中的"今吴音声母"，并与中古三十六字母一一对应。从表中的声母比较中看出，嘉兴吴语与太湖片其他点的吴语共同性大于差异性。一是都是"清浊三分对立"，嘉兴吴语和其他点的吴语保留了中古汉语的浊音，从而形成了"不送气清音—送气清音—浊音"三分对立的形式。而在普通话和大多数汉语方言中，浊音早已清化，形成"不送气清音—送气清音"两分的形式。二是除了 ʣ，z 等声母，嘉兴吴语与苏州、上海等地吴语有一些差异外，其余声母大致相同。三是在中古声母与

---

① 胡适：《海上花列传》序，海南出版社，1997，第 1 页。
② 顾颉刚：《吴歌甲集》，上海文艺出版社，1990，第 9 页。
③ 赵元任《现代吴语的研究》第一章"凡例"：床禅母与今音的 dj、zh，从邪母与今音的 ʣ，都是一笔糊涂账，一时难以分清，所以 dj 并入 zh，从邪一律用 z 代表。

今吴音声母的对应上，苏州、上海与其他小片稍微有些差异，如"从、邪、知、照、精、彻、穿、清、澄、床、禅、日"，嘉兴吴语在这些声母中既与上海、苏州同，又与其他小片同。从声母方面看，嘉兴吴语与太湖片吴语大同小异，且具有代表性。因此，我们描写、分析嘉兴吴语百年面貌与演变情况，也在一定程度上反映了北部吴语百年来的语言面貌和语言演变情况。

表2-2　嘉兴吴语与太湖片吴语声母比较

今吴音声母	中古声母	丹阳	苏州	上海	嘉兴	吴兴	杭州	绍兴	鄞县
'b'	帮	p	p	p	p	p	p	p	p
'p'	滂	pʰ	pʰ	pʰ	pʰ	pʰ	pʰ	pʰ	pʰ
'bh'	并	b	b	b	b	b	b	b	b
'm'	明微	m	m	m	m	m	m	m	m
'f'	非敷	f	f	f	f	f	f	f	f
'v'	奉微	f,v	v	v	v	v	v	v	v
'd'	端	t	t	t	t	t	t	t	t
't'	透	tʰ	tʰ	tʰ	tʰ	tʰ	tʰ	tʰ	tʰ
'dh'	定	d	d	d	d	d	d	d	d
'n'	泥	n	n	n	n	n	n	n	n
'l'	来	l	l	l	l	l	l	l	l
'g'	见	k	k	k	k	k	k	k	k
		tɕ	tɕ	tɕ	tɕ	tɕ	tɕ	tɕ	tɕ
'k'	溪	kʰ	kʰ	kʰ	kʰ	kʰ	kʰ	kʰ	kʰ
		tɕʰ	tɕʰ	tɕʰ	tɕʰ	tɕʰ	tɕʰ	tɕʰ	tɕʰ
'sh'	群	kʰ,g	g	g	g	g	g	g	g
		tɕʰ,dʑ	dʑ	dʑ	dʑ	dʑ	dʑ	dʑ	dʑ
'ng'	疑	ŋ	ŋ	ŋ	ɦ,ŋ	ŋ	ɦ,ŋ	ŋ	ŋ
'gn'	泥娘日	ȵ	ȵ	ȵ	ȵ	ȵ	ȵ,l	ȵ	ȵ
'h'	晓	h	h	h	h	h	h	h	h,f
		ɕ	ɕ	ɕ	ɕ	ɕ	ɕ	ɕ	ɕ
'hh'	匣	χɦ	ɦ	ɦ	ɦ	ɦ,ŋ	ɦ	ɦ	ɦ
'y'	喻	y	y	y	y	y	y	y	y
	影	v,o	ʔ	ʔ	-	ʔ	ʔ	ʔ	ʔ
'j'	知照	ts,tɕ	ts	ts	ts,tɕ	ts,tɕ	ts	ts,tɕ	ts,tɕ
'tz'	精								
'ch'	彻穿	tsʰ,tɕʰ	tsʰ	tsʰ	tsʰ,tɕʰ	tsʰ,tɕʰ	tsʰ	tsʰ,tɕʰ	tsʰ,tɕʰ
'ts'	清								
'z'(dʑ)	从	dʑ,z,dz,z	z	z	dʑ,z,dz,z	dʑ,z,dz,z	dʑ,z	dʑ,z,dz,z	dʑ,z,dz,z
	邪								
's'	心	s,ɕ	s	s	s,ɕ	s,ɕ	s,ɕ	s,ɕ	s,ɕ
'sh'	审	s	s	s	s	s	s	s	s
'zh'(dj)	澄床	ts,dz,s,dz,ɕ	z	z	dʑ,z	dʑ,z	dʑ,z	dʑ,z,dz	dʑ,z,dz,z
	禅日文								

注：罗马字加' '代表音韵虚位，系音类符号，而非音值符号。后同。

二、韵母

赵元任在《现代吴语的研究》中，将吴语韵母归纳为开口、合口、齐齿、撮口四大系列共四十一类（不含入声韵母）。从表 2-3 的韵母比较中看出，太湖片吴语内部一致性大于差异性，如 'm' 'ng' 'y' 'a' 'ai' 'ong' 'i' 'iong' 'uei' 'iu' 等韵母几乎完全一致。大部分相同（指五个及以上相同）的韵母有 'o' 'ou' 'en' 'áng' 'ia' 'iou' 'ien' 'in' 'iang' 'u' 'ú' 'ua' 'uei' 'uáŋ' 等。部分相同（四个相同）的韵母有 'ei' 'au' 'ou' 'an' 'en' 'áng' 'ia' 'iau' 'ien' 'ua' 'uei' 等，这些大致相同的韵母共有 39 个。这也证实了学者们的"北区各片，地处平原，方言比较接近，相互大致可以通话"[1] 的说法。当然差异性也十分明显，在此不再一一举例。

表 2-3　嘉兴吴语与太湖片吴语韵母比较

今吴音韵母	广韵	丹阳	苏州	上海	嘉兴	吴兴	杭州	绍兴	鄞县
'm'	麌侯	m	m	m	m	m	—	m	m
'ng'	模	ŋ	ŋ	ŋ	ŋ	ŋ	u,y	ŋ	ŋ
	鱼	y	ŋ	ŋ	ŋ	ŋ	y	ŋ	ŋ
'y'	脂之	ɿ	ɿ	ɿ	ɿ	ɿ	ɿ	ɿ	ɿ
	支祭	ɿ	ɿ	ɿ	ɿ	ɿ	ɿ	ɿ	ɿ
'o'	麻邪	ie,a	ɤ,o	e	ɤʑ	ø	ɥə	e	ø˖
	麻瓜 麻加	o,uaɬ	o	o˖	ɔ˖	ʊ	ɑ,iɑ,ua	o˙	o˙
'a'	麻加	ɑ	ɒ	ɑ	ɑ	ɑ	iɑ	o˙	o˙
	皆诸 佳衔	ɑ	ɒ	ɑ	ɑ	ɑ	ɑ,iE	a	a
	泰 哈	aɬ	ɒ	ɑ	—	—	E	aɬ	a
'ai'	哈 泰	æ	E	E	Eᵋ	e	E	e	e
'ei'	脂支	Ei	E	E	e	Y	ei	e	e
	灰泰祭	ue,ye		e,ø	ɥᵉ		ɥə	e	E
'au'	豪 肴	ɔ˙	æ	ɔ˙	ɔ˙	o	ɒ,iɒ	ɑ,ɒ	ɔ˙
'ou'	侯 尤	Ei	Y	ɤ	e	Y	ei	ɤ	Y
'an'	凡山 删元 谈寒 咸衔	æ	E	E	Eᵋ	e	ẽ	æ̃	E
'on'	桓	ʊŋ	ɵ	e,ɵ	ɤʑ	e	õ	ə̃	ũ,ø
	寒	ʊŋ	ɵ	e,ɵ	ɤʑ	e	õ	ɛ̃	I, EI
	覃	ʊŋ	ɵ	e,ɵ	ɤʑ	e	ɛ̃	ɛ̃	ɛ
	谈	ʊŋ	ɵ	e,ɵ	ɤʑ	e	ɛ̃	ɛ̃	I, EI

① 傅国通等：《浙江吴语分区》，《杭州大学学报》1985 年增刊。

续表

今吴音韵母	广韵	丹阳	苏州	上海	嘉兴	吴兴	杭州	绍兴	鄞县
'en'	魂文 登痕谆 庚耕	εn/ŋ, yεn/ŋ	ən	əŋ	ən/əŋ	ən	ən,uən, ʮən,oŋ	ẽ,eŋ, ø,eŋ, əŋ,ẽ	əŋ,ã
'ang'	唐阳江	aŋ,yaŋ	ã	ã	ã	ɔ̃·	ʌŋ,iʌŋ	ɑŋ	ɔ̃
'áng'	庚耕登	æ,εn/ŋ	ã	ã̤	ã	ã̤	ən,iŋ,oŋ	aŋ	ã
'ong'	耕东 冬钟	oŋ	oŋ	uŋ	oŋ	oŋ	oŋ	uŋ	oŋ
'i'	脂齐支 祭微之	i	i	i	i	i	i	i	i
	鱼	y	i	i	i	i	i	i	i
'io'	戈	yɑ	io	iu	yə	iʊ	y	y	y
'ia'	麻	ia	iɒ,ii	iɑ,ii	iɑ,ie	iʌ,ie	iɑ,i	io·,ia,ie	ia,iɛ
'iai'	皆佳	ie	ii	ii	—	—	iɛ	iạ	iɛ
'iau'	肴萧宵	iɔ·	iɛ,æ	iɔ·,ɔ·	iɔ·,ɔ·	ɔ	iɒ,ɔ	iao,ao	iɵ
'iou'	尤幽	ʏ,ie,ɐi	ʏ	iʏ,ʏ	iəu,e	ʏ	ʏ,iʏ	iʏ,ʏ	ʏ,iɵ
'ien'	先仙添盐 元严山删 咸衔	ɪ	ii,θ̟	ɪ,iɛ,θ̟	ie,iɛ,ʮəɪ	ɪ,e	ĩ,õ	ɪ,iæ̃,ẽ	ĩ,iɛ̃
'in'	真庚青清 耕侵蒸欣	iŋ,iεn/ŋ, εn/ŋ	iɪn,ien, ən	iŋ,iən, ŋ̍	iŋ,ən/ŋ	ɪn,ien, ən	in,ən	iŋ,əŋ	iŋ,ʏŋ
'iáng'	江	ie	iɒ̃ŋ	iɔ̃,iã	iã	iõ	iʌi	iɒi	yɔ̃
	阳	iɑŋ	yɒ̃ŋ	iɔ̃	iã	—	uʌŋ	—	uɔ̃
'iang'	阳良	ie,æ	iã,ã	iã,ã	iã,ã	iã,ã,ʮ̃	iʌŋ,ʌŋ	iã̃ŋ,ã̃ŋ	iã,ɔ̃
'iong'	青庚东	ioŋ	ioŋ	iʊŋ	ioŋ	ioŋ	ioŋ	iʊŋ	yoŋ
	东钟	oŋ	oŋ	ʊŋ	oŋ	oŋ	oŋ	ʊŋ	oŋ
'u'	虞尤	v,u,ɐʏ	v,ʮ,ɜu	v,u	u	v,ʮ	v,u	u	v,u,əu
	模	u	ɛʮ	u	u	əu	u	o·	u
'ù'	戈歌	ʌʏ	o	u	u	ʮ	u	o·	əu
	鱼虞泰	ʌʏ,əu	ɜu	u	u	u	u	u	u
'uo'	麻佳夬	o,ua	o	o·	ɔ·	ʊ	ua	uo·	yo·,uo
'ua'	皆佳夬	uɑ,uæ	uɒ,uɛ	ua	ua,uɛᵋ	uɑ,ue	uɛ	uạ	ua,ue
'uei'	灰泰	uæ,ue	uɛ	ue	ue	uɯi	uə̧	ue	uȩ
	微脂支	ue	uɛ	ue	ue	uɯi	uə̧	ue	uɛ̧
	齐祭	y	y	y	y	i	—	yj	yʮ
'uan'	山删	uæ	uɛ	uɛ	uɛᵋ	ue	uõ	uæ̃	uɛ
'uon'	桓	ʊŋ	uə̧	ue	uɤ	ue	uõ	uẽ	ũ
'uen'	魂庚	un/ŋ	uən	uəŋ	uəŋ	uən	uəŋ	uən	uəŋ
'uang'	唐阳	uaŋ	uɒ̃ŋ	uɔ̃	ã	ɔ̃	uʌŋ	uɒŋ	uɔ̃
'uáng'	庚	vεn/ŋ	uã	uã̤	uã̤	uã̤	ən	uɒŋ	uã
'iu'	鱼虞脂支	y,u	i,y,ʮ	y,ʮ,ʮ̩	y,ʮ,ʮ̩	i,i	y,ʮ	i,y	y,ʮ
'iuei'	支祭	ye	E	ø	ʮe	ʏ	ʮᵌ	e	ɛʮ
'iuon'	元仙先	ʏ	io	y	ʮə̧	ɪ	yõ	yẽ	y
	仙	ʊŋ,ʏ	ə̧,ii	ø̧,ɪ	ʮə̧,ie	e,ɪ	õ,ĩ	ẽ,ĩ	y

续表

今吴音韵母	广韵	丹阳	苏州	上海	嘉兴	吴兴	杭州	绍兴	鄞县
'iuin'	译文隽	yŋ,	yəŋ	ioŋ,iŋ	ɤy	iɤn	yn	yn/ŋ	yŋ
	隽	yɛn,uɛn yaɤ	in,yən ə	neɤ,ɥei iəŋ;ɲei	ɲa;ɲei	m/ŋ,ən/m	ən	m,ɥⁿ	en,ẽ	yŋ

苏沪嘉之间完全相同的韵母有 'm' 'ng' 'y' 'a' 'ai' 'an' 'en' 'ang' 'áng' 'i' 'in' 'iei' 'iang' 'uáng' 'iu' 'iuin' 等。嘉兴与上海相同的韵母有 'au' 'iau' 'ien' 'iong' 'u' 'ú' 'ua' 'uei' 等。这就说明这一小片韵母的一致性相对更高。新中国成立以后，这种一致性越来越明显。例如，从 20 世纪五六十年代江苏、上海[1]和浙江[2]的方言调查情况来看，此时期嘉兴吴语的韵母有 33 个（不含入声韵），苏沪嘉完全一致的韵母有 ŋ、i、u、y、a、ia、ua、o、ã、iã、uã、ɑ̃、ən、in、un、oŋ、ioŋ 等 17 个，除三者相同外，与上海相同的韵母有 ɛ、iɛ、uɛ、e、ue、ɔ、iɔ、ɤ、uɤ 等 9 个，与苏州相同的韵母有 ʮ、əu、ua、iã、yn 等 5 个，不相同的有 y、iu 等 2 个。

又如：（1）臻摄合口三等知章组字变开口，如苏州"春"（tsʰen）、上海的"纯"（zəŋ）、嘉兴的"准"（tsəŋ）；（2）唐阳江韵多读鼻化韵，如苏州"方"（fã）、上海的"庄"（tsã）、嘉兴的"腔"（tɕʰia）；（3）哥戈韵与模韵多混，如苏州"多＝都"（tən）、上海的"哥＝姑"（ku）、嘉兴的"河＝湖"（ɦu）；（4）侯韵、尤韵（知系）多读单元音，如苏州"斗"（ty）、上海的"手"（sɤ）、嘉兴的"走"（tse）；（5）仙韵合口知章组字不读 y 介音，如苏州"传"（zø）、上海的"船"（zø）、嘉兴的"专"（tsʰɤ）；（6）"嘴"多读 ʮ 韵，如苏州、桐乡、嘉定都读 tsʮ；（7）"梳"与"蔬"古为合口三等同音字，现"梳"字白读多读 ʮ 韵或 ʮ 韵，与"蔬"字读 u 已不同韵，如上海 sʮ、嘉兴 sʮ；（8）哈韵与谈韵寒韵多混，如苏州、上海"才＝残"读 zɛ，嘉善"胎＝滩坍"读 tʰɛ。[3]

三、词汇

在此节中，我们从赵元任《现代吴语的研究》第五章"词汇"中的"第五表"选择八个方言点的词语，来说明吴语词汇的一致性与差异性。在这些词语中，有些词是没有字的，只能用本地的字来注本地的音，但切不可用别处的字音来注本地的词，那么写就全无价值了。用汉字注音的时候，假如明知道不是那个字，就在旁边写一个小"音"字[4]（旁边的小"音"字，只注第一个字，表中再出现时不再标出）。

表 2-4 中所列举的词语主要有代词（人称代词、指示代词、疑问代词）、名词（主要为时间名词、亲属名词、事物名词等），以及少量的动词、形容词、副词和介词等。在这些词语中第一、二、三人称代词比较复杂，差异也比较大，但指代本人的"自己"一词则完全一致。指示代词"这""那"有一定的差异，但疑问代词"什么""谁"则完全一致。时间名词相同度也很高。表中仅有几个动词、副词如"打呵欠""打闪""横是""马上"几乎相同。总之，表中的词语总体上是大同小异。

---

① 　江苏省和上海市方言调查指导组：《江苏省和上海市方言概况》，江苏人民出版社，1960，第 94、95、115 页。
② 　傅国通、郑张尚芳：《浙江省语言志》，浙江人民出版社，2015，第 156 页。
③ 　侯精一：《现代汉语方言概论》，上海教育出版社，2002，第 75、76 页。
④ 　赵元任：《现代吴语的研究》，科学出版社，1956，第 91 页。

表 2-4 嘉兴吴语与太湖片吴语词汇比较

方言点 / 词目	丹阳	苏州	上海	嘉兴	杭州	绍兴	宁波
我	我	饿音	我	五音	傲音	我	我
我们	我，齐音	伲音	伲音	五牙音	我们	上辣音	阿辣音
你	五音	倷	侬音	倷	你	诺音	诺音
你们	五齐音	唔笃	那音	倷辣音	你们	那落音	唔捺音
他	他	俚	夷音	伊	他	夷音	其
他们	他齐	俚笃	夷赖音	夷赖音	他们	夷辣音	其，辣
自己	自家	自家	自家	自家	自家	自家	自家
个	葛音	葛音	搿音	够音	各音	革音	谷音
一个人	一葛人	一干仔	一干仔	一够人	一各人	一革人	一谷人
两个人	两葛人	两家头	两家头	两够人	两各人	两革人	两家头
这个	葛葛	该葛	迭音搿	够够	葛各	革革	荡音谷
这会儿	葛歇候	姑音歇	迭音歇	葛歇	结音歇	革歇	现在
这里	葛里	该搭音	迭搭音	葛搭音	结里	革里	荡头
那个	过音葛	归音葛	伊搿	够够	喇音谷	亨音革	—
那里	过里	归搭	伊面	伊面	喇里	亨里	—
什么	底告音	啥	啥	啥	啥	啥	啥
谁	底告人音	啥人	啥人	啥人	—	啥人	啥人
哪个	落音葛	落里葛	鞋音里搿	华音里葛	喇一各音	鞋里革	阿音里谷
哪里	落里	落里搭	鞋里搭	华里搭	喇里	鞋里	啥地方
怎末	暖音葛	捺亨	哪能	捺蟹音	—	捺革	—
不	勿	勿	勿	勿	不	勿	勿
没有	呒则	呒不	呒不	呒不	没有	呒有	呒没
很	蛮	蛮	蛮	蛮	蛮	蛮	蛮
太	太	忒，煞	忒，搿	忒	太	忒	唾音
还	—	弯音	还	晏音	还	还	还
跟	同	搭	佬，得是音	搭	同，勒音	同	同，得
在	在	勒，辣	辣	在	在	来音	来
在那儿	—	勒浪音	辣辣	辣黑	在喇	来东音	来东
-上	—	-浪	-浪	-浪	-上	-上	-上
-掉	-到音	-脱	-脱	-脱	-了	-还音	-掉，-落
给（动）	把音	拨音	拨	拨	把	拨	拨
给（介）	替	替，忒音	替，忒	塔音	把音	拨	搭音
东西	东西	末音事	末音事	东西	东西	东西	东西
地方	地方	场化，地方	场化，地方	地方	地方	地方	地方
时候	时候	辰光	辰光	辰光	时候	时候	辰光
早起	早起头	朝浪音，早晨头	朝浪，早晨头	朝晨	朝晨	早起头	天亮
白天	日里	日里向	日里向	日里	日里	日里	日里
晚上	黄昏头	黄昏头	黄昏头	黄昏头	黄昏头	黄昏头	晚头
晚上	—	夜里向	夜里向	夜里	黄昏头	夜里	夜里向
天	—	日	日	日	天	日	日

续表

方言点 / 词目	丹阳	苏州	上海	嘉兴	杭州	绍兴	宁波
前天	先日则音	前日子	前日子	前日	前日子	—	前日子
昨天	—	昨艺音，昨日	昨日，昨夜头	昨艺	查音子	—	昨晚
今天	根音朝	今朝，针朝	今朝	针音朝	今朝	今朝	今朝
明天	萌音朝	萌音朝	萌音朝	萌音朝	明朝	明朝	明朝
后天	—	后日	后日	后艺	后日	后日	后日
去年	旧年	旧年	旧年	旧年	旧年	旧年	旧年
明年	萌年	开年	开年	开年	开年	明年	开年
等会儿	—	晏歇	晏歇	晏歇	晏歇	等歇	藤音上
晚	迟	晏	晏	晏	晏，迟	迟	晏
（早）点心	早饭	粥	早饭	粥	早饭	早饭	天亮饭
早饭	中饭	饭，中饭	饭，中饭	点心	中饭	晏饭	艺昼饭
晚饭	夜饭	夜饭	夜饭	夜饭	夜饭	夜饭	夜饭
爸爸	—	爹爹	爹爹	阿爹	爸爸	爹爹	阿伯
妈	妈，娘	姆妹音	姆妈	姆妈	姆妈	妈，娘	阿姆
儿子	儿则音	儿子	儿子	儿子	儿子	儿则	儿子
女儿	—	囡五	囡，囡五	囡五	女儿	囡	囡
小孩儿	小五	小干	小囡	小人	小牙儿	小人	小弯音，小囡
媳妇儿（妻）	老妈	家小，家主婆	娘子，老婆，家主婆	家婆	老婆	老婆太娘	老婆，家小，屋里人
核桃	—	胡桃	蒲音桃	蒲音桃	核桃	胡桃	胡桃
葡萄	葡萄	孛音桃	孛音桃	孛音桃	葡萄	葡萄	紫胡桃
琵琶	琵爬音	琵爬音	琵爬音	琵爬音	琵爬音	琵爬音	琵爬音
枇杷	别爬音	别爬音	别爬音	别爬音	别爬音	别爬音	皮爬音
菜（饭）	—	小菜	小菜	小菜	下饭	下饭	下饭
脏土	—	垃圾	垃圾	垃圾	垃圾	哀糟	晏糟
打呵欠	打虾献音	打虾献音	打虾献音	打虾献音	打哈献音	打虾献音	打虾献音
打闪	打霍扇音	霍霍险音	打霍献音	打霍献音	打赫扇音	打霍扇音	闪杖
脏	垃圾	龌龊	龌龊	垃圾	垃圾	垃圾	龌龊
横是音	横竖	横书音	横书音	横书	横柱	横柱	横竖
马上	马上	妈音上	妈盛	妈音上	妈音上	妈音上	马上

　　其实，吴语内部的词汇是相互渗透、相互融合的，除了极少数地域特征词外，绝大部分词语在人们的使用过程中都是共同运用的。例如，《海上花列传》的对话是苏州话，但其作者韩邦庆不是苏州人，而是松江府娄县人（自幼随父居住北京，长大后回松江，35 岁后居住上海）。又如《何典》的作者张南庄是松江府人，但《何典》的方言成分却属于北部吴语，并不局限于一地一方言，这些词语"大部分在北部吴语区是通行且可以相互理解的"①。再如茅盾是嘉兴人，但他"创作的小说、散文、速写和剧本，用了相当多的吴语方言和杭嘉湖一带的民间俗语"②。

---

① 莫娲:《〈何典〉的方言俗语研究》,《东南大学学报（哲学社会科学版）》2013 年第 6 期。
② 俞正贻:《他山之石可以攻玉——试谈茅盾作品中方言俗语的表达效果》,《湖州师专学报》1984 年第 2 期。

四、赵元任关于吴语一致性与差异性的论述

赵元任是以现代语言学理论系统研究吴语的第一人。他的研究成果，尤其一些重要观点对后来的吴语研究影响很大。他关于吴语一致性与差异性的观点除了体现在《现代吴语的研究》外，还体现在 1967 年发表的《吴语的对比情况》[①] 这篇论文之中。他在《吴语的对比情况》中认为，汉语方言主要差别在语音，其次是词汇，语法结构差别最小，并从语音、词汇两方面分析了吴语的一致性，归纳起来有如下几点。

（一）语音方面

1. 吴语闭塞音都具有三套发音方式

闭塞音按发音方法分为三套而不是一般的两套。这在传统的音韵学上称为全清、次清、全浊，用现代语音学术语叫作不送气清音、送气清音和浊音。在汉语其他方言里，包括官话，通常分成两套（见表 2-5）。

表 2-5　吴语与官话浊音和送气声母对照

中古音	汉字	吴语	官话
pang	帮	p-	p-
pʰang	滂	pʰ-	pʰ
bang	旁	b-	pʰ
tiei	低	t-	t-
tʰiei	梯	tʰ-	tʰ-
diei	提	d-	tʰ-
kuang	光	k-	k-
kʰuang	筐	kʰ-	kʰ-
giwang	狂	g-	kʰ-
ki	基	tɕ-	tɕ-
kʰi	欺	tɕʰ-	tɕʰ-
gi	其	dʑ-	tɕʰ-

2. 吴语都保存了声母 [ŋ] 和元音开头（或喉塞音）之间的区别

例如，[ŋø]"岸"、[ø]"暗"、[ŋe]"碍"、[e]"爱"。

3. 吴语的古微母都分裂为文、白形式

例如，[vəŋ] 对 [məŋ]"问"，[vu] 对 [m̩]"无"。

4. 吴语的中古日母都分裂为读书音和白话音

例如，[ŋəˋ] 对 [zəˋ]"日"，[ŋəŋ] 对 [zəŋ]"人"。

5. 吴语二合元音简化

例如，[le]"来"、[hɔ]"好"、[ke]"狗"等，这些字在官话分别读为 [lai]、[hao]、[gou]。

① 赵元任:《吴语的对比情况》，倪大白译，《当代语言学》1980 年第 5 期。

6. 吴语元音升高

例如，[so]"沙"、[ku]"哥"、[kɔŋ]"刚"（副词），在非吴语中，这些字的韵母分别为低元音、央元音和低元音，如官话的 sɑ，ge，gɑng。

7. 韵尾失落或合并

吴语除了 -m，-p，-t，-k（这些只保存在广州话和闽南话里）失落或合并外，在 i 和 ə 后面的 -n 和 - ng 区别也不存在了，例如"根"="羹"，"林"="零"，这些字在长江流域以外的方言里是 [-n]（或 [-m]）对 [ŋ]。至于官话里的 -ɑn，或者鼻音全部失落，或者前边的元音鼻化。例如，[sɛ]"三"、[siɪ]"仙"、[sø]"酸"、[jø]"园"。

8. 吴语声调分为高低（阴阳）两种

吴语声调的数目由于传统的声调的分裂而变为高低两组，有七个或八个，大多数吴语地方话里上声没有分成两类。吴语的调值变化很大，但通常是高组读得高一些，低组读低一些。

（二）词汇方面

1. 吴语人称代词、指示代词差异较大

吴语人称代词包括复数后缀各地都不相同，只有"我"例外，"我"在大部分吴语地方话里大致相同。指示代词"这里""这儿"中的"这"，在吴语各地就有以 k-，tɕ-，d-，ts-，l-等开头的各种形式。

2. 很多词语在吴语各地是完全相同

例如"太""晏""啥""辰光""物事"等。

通过列举与分析知道，吴语内部的一致性是比较高的，尤其是声母和词汇部分。它们这种一致性来自共同的生活环境、共有的文化特质、共用的语言体系。正因为如此，本课题研究嘉兴吴语时，才没有局限于嘉兴"一地一时"的吴语材料，而是广征博引，力求通过嘉兴这"一地"吴语的描写与分析，不仅展示嘉兴吴语百年来的面貌与变化，也能体现出北部吴语的共同面貌与"共变"的特点与规律。

第三章
近代吴语

从语言本身而论，近代吴语具有承上启下的意义；就本课题研究来说，这部分描写的是吴语百年面貌与变化的开端。因此本章节除了具体描写语音系统和方言词汇系统外，还将此时期的吴语语音系统与原始吴语语音系统、同时期的北京话语音系统进行比较，力求描写出近代吴语的历史面貌及其特征，为吴语百年变化的比较、分析打下基础。

第一节　语音系统

近代吴语音系是从高本汉《中国音韵学研究·方言字汇》中整理出来的。"方言字汇"按照《广韵》音系排列，但略有不同：一是《广韵》有 16 摄，而"方言字汇"只有 13 摄，它把江摄并入宕摄，假摄并入果摄，曾摄并入梗摄。同时又把《广韵》中入声韵母单独为摄，即咸摄入声、深摄入声、山摄入声、臻摄入声、梗摄入声、宕摄入声、通摄入声。二是它的一些韵目没有标出来，其字放在注释栏。三是排列顺序与《广韵》不同。

一、声母

近代吴语共有声母 29 个，其中清音 20 个，浊音 9 个。下文吴语各时期的声母基本按此格式列出（见表 3-1）。

（一）近代声母表

表 3-1　近代吴语声母（29 个）

发音部位＼发音方法	塞音			塞擦音		擦音		鼻音	边音
	清		浊	清	浊	清	浊	浊	浊
帮组（双唇音）	p	pʰ	b					m	
	帮	滂	并					明	
非组（唇齿音）						f	v		
						非	奉		
精组（舌尖前音）				ts	tsʰ dz	s	z		
				精	清　从	心	邪		
端组（舌尖中音）	t	tʰ	d					n	l
	端	透	定					泥	来

续表

发音部位＼发音方法	塞音		塞擦音			擦音		鼻音	边音
	清	浊	清		浊	清	浊	浊	浊
章组（舌面前音）			tɕ	tɕʰ	dz	ɕ	z	ȵ	
			照	穿	床	晓		娘	
见组（舌根音）	k	kʰ	g					ŋ	
	见	溪	群					疑	
影晓组（喉音）	ʔ					h	ɦ		
	影	喻				晓	匣		

注：

1. "帮组"有"帮、滂、并、明"四母，"非组"有"非、敷、奉、微"四母，"精组"有"精、清、从、心、邪"五母，"端组"有"端、透、定、泥、来"五母，"照组"有"照、穿、床、审、禅、娘"六母，"见组"有"见、溪、群、疑"四母，"晓影组"有"晓、匣、影"三母。"章组"（章、昌、禅、书、船、娘）又称"照组"即"照三等"，包括照三、穿三、床三、审三、禅母，娘母因发音部位相同，也归入该组。

2. 近代吴语没有舌尖后音。"非组"没有敷母、微母，"照组"没有禅母。

3. 影母和喻母合并，用"ʔ"表示。王力先生认为，14世纪影母和喻母在北方话里已经合并，也只是在平声一类有声调上有差别，上、去两声就完全相混了。在吴语中，除了"耶捐"等字声母与影母相混外，"檐羊夷油营阳爷圆游洋围用盂盐由言炀扬扬为容"等字的声母都是喻母，在嘉兴吴语中变为匣母ɦ，念浊音，属于阳平。但喻母上、去声，与影母的声调完全一样了，如"也愈演养夜誉预裕"。

（二）讨论

1. 关于匣母ɦ

ɦ的读音是以元音开头，因而只存在于元音的前头。高本汉认为，ɦ是喉部浊音，所以有人记录中国方言时就把它写成一种用元音起头的重音并用"ˋ"符号表示，如"à"。也就是说，ɦ是一个喉头浊辅音。他还认为，ɦ在吴语声母中的地位比较明显，如"河"即"ɦu"。①

2. 关于影（ʔ）、喻（j）母

高本汉认为，影、喻母是喉塞音，主要用于元音前头不另加辅音的那些字里，因此在声母表中，我们用"ʔ"表示这两母的音值。这个爆发音在汉语的声母里绝对不重要，因为它的存在与否完全由个人决定。所以他在"方言字汇"中一般不记录。不过他认为，"ʔ在收尾的塞音，就是跟上面那个音相当的闭音，在汉语里却占一个重要地位，就像韵尾的闭音p、t、k似的。实际上是一个发音的停顿，这个停顿非得接在一个元音后面才能听得见。声带忽然合拢，使空气的通路完全呈阻塞状态，然后再轻轻地放开并生爆发作用"②。因此它在包括吴语在内的一些方言里，被放在韵尾，当作-p、-t、-k的代替，如"八"南京话读"poʔ"，广州话读"pᵈ"，即作为入声韵的一个符号。因此影、喻母作声母时，高本汉在"方言字汇"中不写这个声母而直接写韵母，如移（i）、威（ue）、哀（e）、矮（a）、安（œ）、奥（o）、乌（u）、于（y）。本课题认为，吴语声母中确实有声母"ʔ"。近代吴语

---

① 高本汉：《中国音韵学研究》，赵元任、罗常培、李方桂译，商务印书馆，1940，第195页。
② 高本汉：《中国音韵学研究》，赵元任、罗常培、李方桂译，商务印书馆，1940，第196页。

中"ʔ"有两个作用：一是声门塞音，一种由声门关闭引起的气流瞬时中断而成的塞音；二是用在入声韵尾，如"paʔ（八）"。[①] 在"三十六字母"中，影母是全清，喻母是次浊。高本汉认为，它们的用法有一些区别，影母应当是喉部爆发音的起音，喻母是拿元音起头的没有爆发音的起音。[②]

二、韵母

近代吴语韵母共 47 个，其中入声韵母 14 个。为了便于分析，本韵母表按韵母类别、韵母结构两方面排列。

按韵母类别：分为三大类，第一类为元音韵母，第二类为韵尾带有鼻音的韵母，第三类为入声韵母。一些研究学者如袁家骅等，在其著的《汉语方言概要》中，将第一、二、三类韵母分别称为开尾韵（没有韵尾的韵母）、鼻尾韵、塞尾韵（入声韵母），还有一类叫边鼻韵（或鼻韵），如吴语的 m̩（呒）、n̩（你）、ŋ̍（五）。

按韵母结构：分为开口呼、齐齿呼、合口呼、撮口呼，称为"四呼"。"呼"来自中古时期音韵学的"呼""等"理论，这是对韵母进行分析的一种方法。宋元时期等韵学家把韵母分为开口和合口。凡是介音或主要元音是 [u] 的叫作合口，其余叫作开口。又根据 [i] 介音的有无或主要元音的洪细，把开口、合口各分为一、二、三、四等。清代江永在《音学辨微》中说："一等洪大，二等次大，三四等皆细，而四等尤细。"[③] 从现代语音学理论解释，开口一二三四等、合口一二三四等，是指元音的开口大、小和嘴唇扁、圆。由于语音的演变，这四等的分法，到明清时期的口语中已经很难辨别了。如，看（khan）、肝（kan）、慳（tɕhiɛn）、坚（tɕiɛn），在中古时期分别是见母开口一二三四等；官（kuan）、关（kuan）、倦（tɕyɛn）、涓（tɕyɛn）在中古时期分别是见母合口一二三四等。但演变到后来，一二等之间已经没有区别，三四等之间也没有什么不同。所以清代潘来在《类音》一书中明确提出"四呼"的名称，以唇的形状为标准，定为开口呼、齐齿呼、合口呼、撮口呼。我们今天仍然沿用开、齐、合、撮的名称。[④] 高本汉在《中国音韵学研究》中也持此观点，他把三、四等合为一等次。关于"四呼"的内容，王力是这样定义的："开口呼是主要元音为 a，o，e，ə，ʅ，ɿ 而没有韵头的韵母，齐齿呼是主要元音为 i 和韵头为 i 的韵母，合口呼是主要元音为 u 和韵头为 u 的韵母，撮口呼是主要元音为 y 和韵头为 y 的韵母。"并强调这个定义同时适用于明清两代的语音系统[⑤]（见表 3-2）。

表 3-2 近代吴语韵母（48 个）

韵母类别	开口呼	齐齿呼	合口呼	撮口呼
	开口一二等	开口三四等	合口一二等	合口三四等
元音韵母		i	u	y
	ʅ		ɿ	
	a	ia	ua	
	o		uo	

① 高本汉：《中国音韵学研究》，赵元任、罗常培、李方桂译，商务印书馆，1940，第 195-196 页。
② 同上书，第 272 页。
③ 闵家骥：《怎样学习广韵》，河南人民出版社，1989，第 8 页。
④ 同上书，第 9 页。
⑤ 王力：《汉语史稿》，中华书局，1980，第 70-71 页。

续表

韵母类别	开口呼	齐齿呼	合口呼	撮口呼
	开口一二等	开口三四等	合口一二等	合口三四等
元音韵母	e	ie	ue	yoe(ioe)
	ə	eə		
	ɛ		uɛ	
	ɔ	iɔ		
	ue			
	œ			
鼻音韵母	aŋ	iaŋ		
	ɔŋ		uɔŋ	
	əŋ	iŋ/ieŋ	uəŋ	yin
	oŋ	ioŋ		
入声韵母		iʔ		
	aʔ	iaʔ	uaʔ	
	oʔ	ioʔ		
	eʔ	ieʔ	ueʔ	
	əʔ	iəʔ		
	ɔʔ		uɔʔ	
	oeʔ	ioeʔ		

注：

（1）关于 m̩（呒）、n̩（你）、ŋ̍（五）等韵母

根据高本汉《中国音韵学研究·方言字汇》，近代吴语没有 m̩（呒）、n̩（你）、ŋ̍（五）等韵母，其字归入相应的韵母之中，如"母"的韵母为"u"。

（2）关于塞尾韵。高本汉认为，在《中国音韵学研究·方言字汇》的入声韵中，用 -p、-t、-k 收声的字其实用的都是不爆发的"闭音"，严格写起来应写为 kɔᵖ，koᵗ 等。吴语入声字的收尾是一个喉部的闭音，并且元音大半是短的。所以在"方言字汇"中，入声字一般不标入声韵母的入声符号，如，不写 taʔ，iəʔ，而简写为 at，iə。但他又认为，近代吴语收声字母有 -p、-t、-k，咸摄、深摄的入声字的收声字母为 -p，山摄、臻摄的入声字的收声字母为 -t，梗摄、宕摄、通摄的入声字的收声字母为 -k。本课题入声收声符号一律写成"ʔ"。

三、声调

《中国音韵学研究》的中文译者认为，"这部书对声调的说明跟记录最不见长"。确实如此，这部著作第四卷《方言字汇》没有具体标调，而是把平上去的字统统作为一类，把入声字归为一类。本课题根据《中国音韵学研究》第十六章"关于声调的讨论"，整理出吴语有"四声""八调"。高本汉在《中国音韵学研究》中认为，中国古音有以下四声：

平声：横调，舒收

上声：升调，舒收

去声：降调，舒收

入声：促收（吴语是收于喉部闭音 -[ʔ]）

在上述的第一声中，又分为高低两种，清声母归高的，浊声母归低的，所以就有八声：

阴平声　　阳平声
阴上声　　阳上声
阴去声　　阳去声
阴入声　　阳入声

高本汉认为，这种分配法在吴语中是十分突出的。但也有不同的地方，如古爆发塞擦摩擦浊声母上声字在吴语中很少变阳去，一般还是读阳上，这是它一个很古的特点。王力认为，"在江浙大部分的地方，'阳上'与'阳去'是相混的，因此（吴语）实际上只有七声"。本研究采用高本汉的说法，将近代吴语声调划为八声：阴平、阳平、阴上、阳上、阴去、阳去、阴入、阳入。

王力在《江浙人怎样学习普通话》和《汉语史稿》中将吴语的声调与普通话声调进行比较：吴语的阴平对应普通话的阴平；吴语的阴上对应普通话的上声；吴语的阴去对应普通话的去声；吴语的阴入对应普通话的阴平、阳平、上声或去声。吴语的阳平对应普通话的阳平；吴语的阳上，次浊对应普通话的上声，全浊对应去声（除"腐武舞 [vu] 跁 [bo] 乳储 [zʮ] 揆 [gue] 缓 [ɦue]"等字外，其他字已变为去声）；吴语的阳去对应普通话的去声；吴语的阳入对应普通话的去声或阳平。根据王力的吴语与普通话的对应关系，拟出吴语与普通话的声调对应关系（如图3-1所示）。

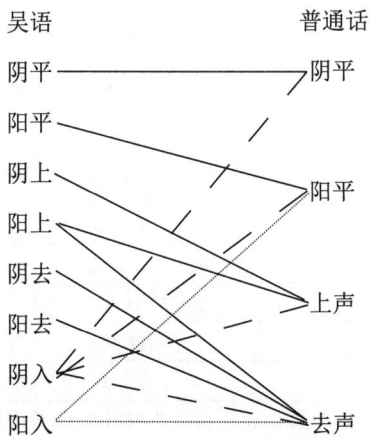

图 3-1　吴语与普通话声调对应关系

四、近代吴语同音字汇

本字汇以"近代吴语韵母表"为类排序，韵母的顺序为开口→齐齿→合口→撮口。类内按"近代吴语声母表"顺序排列，依次为：帮组（双唇音）→非组（唇齿音）→精组（舌尖前音）→端组（舌尖中音）→章组（舌面前音）→见组（舌根音）→影晓组（喉音简称晓组）（见表3-3）。

表3-3 近代吴语同音字汇

说明:(1)本字汇表有阴平、阳平、阴上、阳上、阴去、阳去、阴入、阳入八个声调,分别用①、②、③、④、⑤、⑥、⑦、⑧表示。(2)高本汉在《中国音韵学研究》中所记录的这套吴语同音字汇,是他在松江府实地调查采录的,但具体地点他没有说明。松江曾经是嘉兴的辖地,明代时期松江地区流行的语言是嘉兴话,明代正德七年(1512年)序刊的《松江府志》卷四《风俗》说:"府城(指松江府)视上海为轻,视嘉兴为重,大率皆吴音也。"而松江话又是上海话的源头。时过境迁,到清末时,嘉兴话与松江话是会有一些差异的。因此,本字汇表对这些有差异的韵母,将之与赵元任《现代吴语的研究》(1928年)中的嘉兴音系、英国传教士艾约瑟(Joseph Edkins)的《上海话口语语法》(*A Grammar of Colloquial Chinese as Exhibited in the Shanghai Dialect*,1853年)记录的19世纪上海县城方言的音系、许宝华与汤珍珠主编的《上海市区方言志》(1988年)中的音系、许宝华与陶寰著的《松江方言研究》(2015年)中的音系以及中古韵进行比较说明。通过对这些有差异的韵母的比较,发现高本汉的这一语音系统与艾约瑟的近代上海方言音系、赵元任的现代嘉兴吴语音系、许宝华、汤珍珠的上海市区方言音系,以及许宝华、陶寰的松江方言音系有相同之处,也有不同之处,这说明高本汉这一套近代吴语语音系统记录的应该是原嘉兴府这一地区的语言。

1. a

帮组	p	③摆⑤拜愅
	pʰ	⑤派
	b	②牌排⑥罢败
	m	②埋④买⑥卖迈
精组	ts	①斋⑤债
	tsʰ	①钗
	dz	
	s	③洒⑤晒
	z	②豺柴
端组	t	⑤带戴
	tʰ	⑤泰太
	d	⑥大
	n	④奶
	l	⑥赖癞
见组	k	①嘉家加袈枷皆阶街③假解⑤架稼驾价嫁届戒界芥介诫
	kʰ	③楷
	g	②咖茄⑥骱解 解开
	ŋ	②衙芽牙讶⑥外
晓组	h	①哈
	ɦ	②鞋④蟹懈
	ʔ	①涯矮挨

注:"嘉家加袈枷假架稼驾价嫁""皆阶届戒芥介诫""衙芽牙讶",同字有[-ia]、[-a]两读时,[-ia]是文言音。

2. o

帮组	p	①巴芭吧③把
	pʰ	⑤怕
	b	②爬琶④耙
	m	②马麻码⑥骂
精组	ts	①遮渣⑤诈榨蔗者
	tsʰ	①叉杈差车撦
	ʥ	②查茶⑥乍
	s	①纱砂沙奢赊③舍⑤赦舍
	z	②蛇⑥社射
端	n	②拿挐

注：赦赊舍射社又读 -e。

3. e

帮组	p	①悲鄙秘绲碑卑③彼俾⑤贝辈背 || ①般⑤绊半
	pʰ	①丕⑤备沛旆配 || ①潘⑤判胖
	b	②陪培⑥倍悖佩 || ②盘磐瘢搬⑥叛伴拌
	m	②眉玫枚梅媒每谋④美牟亩牡某⑥妹昧寐 || ②瞒馒④满⑥漫墁慢 || ⑥万
精组	ts	①灾栽③宰⑤再 || ①占沾专砖瞻③展转身⑤战颤钻篡
	tsʰ	①猜③采⑤菜 || ①参川穿③惨谄喘⑤舛钏
	ʥ	②才材财 || ②缠传椽⑥传篆
	s	⑤赛 || ①羶③闪陕⑤赡煽碎
	z	②蚕禅蝉⑥缮擅膳善
端组	t	①堆碓⑤对戴
	tʰ	①胎台⑤态贷 || ①推③腿 || ①贪⑤探
	d	②抬苔⑥待代怠殆 || ②颓⑥队兑 || ②潭
	n	②乃⑥耐奈内 || ②男南
	l	②雷来④擂儡耒垒磊⑥累缧类泪 || ②娄 || ②奁廉帘镰④敛⑥殓
见组	k	①该③改⑤概盖丐磕 || ①甘柑③感敢
	kʰ	①开③铠 || ①勘堪龛③坎
	ŋ	⑥礙艾
晓组	h	②海
	ɦ	②孩⑥亥害 || ②酣含涵⑥憾撼
	ʔ	①哀埃⑤爱 || ①谙庵⑤暗

注：上表韵母 e 的字有中古止摄开口三等韵、蟹摄开口一等韵、山摄合口一、二、三等韵，开口三等韵以及咸摄开口三等韵的读音，分别对应赵元任嘉兴吴语音系（以下简称赵音）中的 [e]、[ɛ]、[ɤɹ]、[ie]，艾约瑟记录的 19 世纪上海县城方言音系（以下简称艾音）中 [e]、[ẽ]、[ɪẽ]，许宝华、汤珍珠 20 世纪 80 年代记录的上海市区方言音系（以下简称许汤音）中 [ɛ]、[ø]、[i] 和许宝华、陶寰的 2015 年记录松江方言音系（以下简称许陶音）中 [e]、[i]。

4. ə

帮	m	④谋牟

续表

非组	f	③否
	v	②浮阜
精组	ts	①周州洲舟③帚肘⑤绉皱肘昼咒
	tsʰ	①抽③丑⑥臭
	dz	②稠酬优愁绸柔揉
	s	①收搜③守首手⑤兽廋
	z	⑥寿授售受

注：上表韵母 ɔ 的字为中古明母、端组流摄开口一等韵的读音，分别对应赵音 [e]、艾音 [ɤ]、许汤音 [ɤ]、许陶音 [ɯ]。

5. ɛ

帮组	p	①班颁③板版⑤扮
	pʰ	①攀⑥盼
	b	②爿⑥办瓣
	m	②蛮
非组	f	①翻藩幡③反返⑤泛贩
	v	②烦繁凡帆梵番矾蟠翻④挽晚⑥万饭范犯
精组	ts	③斩盏⑥蘸赞攒
	tsʰ	①搀餐⑥灿
	dz	②残惭④撰⑥站暂谏绽栈鏺
	s	①三山衫③伞珊删杉芟产⑤赛散碎
端组	t	①丹单③胆⑤旦担子
	tʰ	①滩摊③毯坦⑤炭叹
	d	②谈痰檀弹坛抬④袒淡⑥但诞惮弹
	n	②难⑥难
	l	②蓝兰栏拦④览揽榄缆⑥烂滥
见组	k	①间监奸艰③硷拣简柬⑤鉴涧谏
	kʰ	⑤嵌
	g	⑥隑戆
	ŋ	②颜④眼⑥雁
晓组	h	③喊
	ɦ	②衔成碱闲⑥陷限

注：（1）"挽晚"在赵元任《现代吴语的研究》的声母为 ʔ。（2）"谏奸颜艰间洞简柬眼限"的文言音为 [-ie]。

6. ɔ

帮组	p	①包胞褒③饱宝保⑤饱豹爆报
	pʰ	①抛⑤炮泡
	b	②袍跑⑥抱咆炮暴
	m	②毛茅猫旄④卯⑥冒帽貌

	ts	①招朝遭槽③爪枣蚤早澡⑤灶躁罩昭照诏
精组	ts^h	①超抄钞操③草
	dz	②潮⑥召兆
	s	①烧臊骚搔稍③扫嫂捎少⑤少
	z	②绍曹槽漕巢⑥造绍
端组	t	①刀倒③捣岛⑤到裯倒
	t^h	①滔叨③讨⑤套
	d	②陶萄掏逃桃导盗櫂道稻
	n	②挠铙④恼脑瑙⑥闹
	l	②劳捞潦痨牢④老
见组	k	①高篙羔膏③稿告诰
	k^h	①考烤⑤靠犒
	g	⑥搞搅
	ŋ	②遨敖遨⑥傲
晓组	h	①蒿③好⑤好
	ɦ	②豪毫⑥浩皓昊号 ‖ ②霞虾瑕暇⑥下夏
	ʔ	①噢③袄⑤懊奥澳 ‖ ①丫鸦哑③雅⑤亚

注:(1) 上表韵母 ɔ 晓组声母栏中的字有中古效摄开口一等豪皓号韵和假摄开口二等麻韵两种读音,分别对应赵音 [ɔ], [iɑ], 艾音 [ɔ], [ɒ], 许汤音 [ɔ], [ʌi], 许陶音 [ɔ], [iɑ]。(2)"霞虾瑕暇下夏丫鸦痖亚"文言音为 [-ia]。

7. əu

帮组	p^h	③剖
	m	④亩牡某
精组	ts	③走⑥奏
	ts^h	⑥凑
	s	③叟擞⑥嗽
端组	t	①兜篼③抖⑤陡斗
	t^h	①偷⑤透
	d	②头投⑥豆逗荳
	n	⑥耨
	l	②楼④搂髅⑥漏
见组	k	①钩沟③狗苟⑤垢购构购
	k^h	①抠③口⑤扣叩寇
	ŋ	④偶藕
晓组	h	①齁
	ɦ	②侯喉⑥厚后候
	ʔ	①呕殴③呕⑤沤怄

注:上表韵母 əu 的字中古读音为流摄开口一等侯厚候韵,分别对应赵音 [e]、艾音 [ɣ]、许汤音 [ɣ]、许陶音 [ɯ]。

8. œ

精组	ts	①追锥③嘴⑤帅率醉最赘 ‖ ⑤钻籫
	tsʰ	①吹炊衰催⑤翠 ‖ ⑤審
	ʥ	②垂槌縋随隋④蕊⑥罪坠遂睡瑞
	s	①水虽绥髓酸⑤锐税岁算蒜
端组	t	①端③短⑥断煅
	d	②团⑥缎段
	n	④暖
	l	②銮④卵⑥乱
见组	k	①干竿乾⑤幹
	kʰ	①看⑤看
	ŋ	⑥岸
晓组	h	③罕⑥汉
	ɦ	②寒⑥汗旱悍
	ʔ	①安鞍⑥案按

注：上表韵母 œ 的字中古读音为止摄合口三等脂旨至韵和山摄开口一等寒旱翰韵，分别对应赵音精组 [ɥe]，端见晓组 [ɹɤ]，艾音 [ɥe]、[e]，许汤音 [ø]，许陶音 [ø]。

9. aŋ

精组	ts	①章樟彰③掌⑤胀帐涨瘴障
	tsʰ	①昌倡③厂敞⑤唱畅
	ʥ	②长肠场常裳尝偿⑥仗丈杖
	s	③攘⑥尚上让

注：上表韵母 aŋ 的字中古读音为宕摄开口三等阳养漾韵，分别对应赵音 [ã]，艾音 [ã]，许汤音 [ã]、[ɑ̃]（知澄母为 [ã]，照穿禅母为 [ɑ̃]），许陶音 [æ]。这是一组鼻化元音。在发音时不让气流简单地从口腔流出，而是分一部分给鼻子，让口腔和鼻腔同时有气流流出，这时所发出的元音，带有浓郁的鼻腔味，这就是鼻化元音。吴语韵母大多有单元音化、去鼻音化的趋势。在鼻化音方面，经历了从原来的鼻化音韵尾变为鼻化元音，再到鼻化脱落，最终成为单元音的过程。

10. ɔŋ

帮组	p	①帮邦③谤榜绑
	b	②旁髈傍防⑥棒
	m	②忙芒茫莽蟒亡铓硭网⑥妄忘望
非组	f	①方芳③妨仿纺访⑤放
	v	②房防
精组	ts	①臧脏赃庄装妆椿（桩）⑥葬壮
	tsʰ	①苍舱仓疮窗⑥创
	ʥ	②藏⑥撞藏
	s	①桑颡丧双霜孀③爽赏商伤饷⑥丧
	z	②床

续表

端组	t	①当③党挡
	tʰ	①汤
	d	②唐塘堂搪糖⑥荡
	n	②囊
	l	②郎榔廊狼④朗⑥浪
见组	k	①刚纲钢
	kʰ	①康糠⑥炕抗
	g	⑥忼憨戆
	ŋ	②昂

注：上表 ɔŋ 这也是一组鼻化元音，分别对应赵音 [ɑ̃]、艾音 [ɒ]、许汤音 [ɑ̃]、许陶音为 [ɒ̃]。

11. əŋ

帮组	p	①奔崩贲③本⑤迸
	pʰ	①喷烹
	b	②盆朋棚⑥笨
	m	②萌门扪盲④猛⑥闷孟
非组	f	①纷分③粉⑤氛粪奋忿
	v	②坟愤文纹蚊闻④吻刎⑥问
精组	ts	①砧箴针斟珍真尊谆增憎贞桢征蒸争③枕诊撙准整⑤镇赈振震正政证
	tsʰ	①忖村椿春撑③蠢逞⑤寸趁称秤
	dz	②陈尘存层曾呈程成城诚惩乘绳承丞②阵赠剩仍
	s	①深身申绅娠伸孙僧生牲笙声升③审娠损沈省⑤逊瞬渗圣胜
	z	②神辰晨臣纯宸唇醇⑥甚肾慎盛顺
端组	t	①敦墩蹲登灯③等⑤顿凳
	tʰ	①吞
	d	②屯燉囤⑥钝沌遁誊腾
	n	②能⑥嫩
	l	②论抡伦轮纶棱⑥论
见组	k	①跟根亘耕更庚羹梗③耿⑤更
	kʰ	①坑③恳垦肯
	g	⑥艮
	ŋ	⑥硬
晓组	ɦ	②痕恒很⑥恨
	ʔ	①恩

注：按照赵音、许汤音、许陶音，上表的"迸朋棚庚耕羹更梗坑硬"字音为鼻化音 [ã]。

12. oŋ

帮组	b	②篷蓬
	m	②蒙朦濛⑥梦
非组	f	①风丰封峰锋蜂烽
	v	②逢缝⑥俸奉

续表

精组	ts	①鬃棕宗终钟中衷忠③总种肿冢⑥粽纵众种
	tsʰ	①冲聪葱盅充③宠
	dz	②丛虫重从戎绒崇⑥仲颂诵讼
	s	①松⑤送宋竦
	z	②茸④冗
端组	t	①东冬③董疼⑤栋冻
	tʰ	①通桶统③疼⑥痛
	d	②童同铜筒瞳桐⑥动洞
	n	②脓农
	l	②笼聋胧龙隆窿④拢⑥弄
见组	k	①公工功蚣攻弓躬宫恭③卅⑥贡供
	kʰ	①空③恐孔控⑤空
	g	⑥共
晓组	h	①轰烘
	ɦ	②宏红洪鸿哄⑥哄閧
	ʔ	①翁③蓊滃⑤瓮

13. i

帮组	p	①比卑⑤庇臂裨闭
	pʰ	①披批⑤譬睥
	b	②琵鼻皮脾疲⑥避敝弊蔽寐
	m	②弥米迷谜④米
非组	f	①非绯飞妃③匪⑤费废肺吠痱
	v	②肥微惟维④尾⑥味未遗
精组	ts	③挤⑤祭际济
	tsʰ	①妻凄悽⑤砌
	dz	②齐脐
	s	①西栖撕犀③洗③细
端组	t	①低堤③抵底⑤帝
	tʰ	①梯③体⑤涕替剃
	d	②题提啼⑥弟第递地
	n	②你
	l	②梨离璃篱狸厘犁④履里鲤理李礼⑥利痢吏庾隶丽例励
章组	tɕ	①肌己机讥箕基齐鸡稽③几⑤既寄纪记继系计髻
	tɕʰ	①欺③岂起企⑤气器弃启契
	dʑ	②祈骑奇岐其棋期旗麒⑥技妓忌
	ɕ	①希稀熙嬉③喜禧⑤戏
	ŋ̩	②泥儿而仪宜谊疑④尔饵耳拟蚁议⑥议二义艺诣
晓组	ɦ	②奚夷姨胰遗移⑥系异
	ʔ	①衣依伊③椅倚怡贻已矣⑤意缢易繄

14. ɿ

精组	ts	①知蜘旨脂指支肢枝只资姿咨之芝兹滋孳③纸枳止姊仔子梓紫⑤贽至智志制製置恣致
	tsʰ	①鸱痴答③侈耻齿雌此⑤刺嗤次
	dz	②迟池驰值慈磁辞词④雉痔⑥滞雉治痔
	s	①师狮筛施诗尸私斯厮司丝思③使史驶矢屎豕始死玺⑤试弑世势四肆徙赐伺
	z	②匙时持⑥是氏士仕俟市祀似巳嗣恃示谥视嗜事侍誓逝自字饲寺

15. ia

精组	ts	①嗟③姐⑤借
	tsʰ	③且
	dz	⑥藉
	s	①写些⑤泻卸
	z	②邪斜⑥谢
晓	ʔ	①耶椰③也涯⑤野夜

注："夜也野借藉写泻邪斜谢"，有 [-ia]，[-ie] 两读，[-ia] 是文言音。

16. ie

帮组	p	①鞭编③扁蝙贬⑤遍
	pʰ	①篇偏⑤骗片
	b	②便⑥辨辫便弁
	m	②绵棉眠④免冕勉⑥面
精组	ts	①尖煎③剪⑤箭溅笺荐
	tsʰ	①韆迁千牵拴③浅痊
	dz	②潜全泉⑥贱践饯渐
	s	①仙鲜先宣③选⑤线
	z	②涎旋前钱⑥羡
端组	t	①颠癫③点⑤玷店垫典
	tʰ	①添天③舔
	d	②甜田填⑥佃电殿奠
	l	②连联莲怜④辇⑥练链炼
章组	tɕ	①肩坚兼③捡⑤建见
	tɕʰ	①牵欠谦③衍遣⑤歉
	dz	②钳虔⑥件俭
	ɕ	①掀③险显⑤宪献
	ȵ	②严年研拈粘④染撚⑥念验谚砚
晓组	ɦ	②谐嫌贤弦衔悬④骇⑥械
	ʔ	①挨阉淹盐阉炎腌焉言烟③掩延筵演⑤厌宴燕咽焰

17. iə

帮	m	⑥谬

续表

	ts	①揪③酒
精组	tsʰ	①秋
	dʑ	②囚
	s	①羞脩修⑤秀绣
	z	⑥袖就
端组	t	①丢
	l	②流刘旒留榴瘤溜④柳
章组	tɕ	①鸠纠③九韭久⑤救究
	tɕʰ	①丘邱
	dʑ	②求裘球逑⑥臼舅旧柩
	ɕ	①休③朽
	ŋ	②牛④钮扭
晓	ʔ	①优忧邮悠游犹由油③友尤有猷酉莠⑤又宥右诱幼

注：上表韵母 iə 的字中古读音为流摄开口三等尤有宥韵，分别对应赵音 [uɐi]、艾音 [ʏi]、许汤音 [iʏ]、许陶音 [iɯ]。

18. iɔ

	p	①表标漂③裱
帮组	pʰ	①飘③嫖
	b	②瓢
	m	②苗描猫④渺藐⑥庙妙
精组	ts	①焦椒③剿
	tsʰ	①悄⑤俏
	dʑ	②樵巢
	s	①宵霄销逍硝消啸③小④鞘笑
端组	t	①刁貂凋雕⑥吊钓窎
	tʰ	①挑⑥粜
	d	①调⑥跳掉调
	l	②聊燎疗撩僚瞭辽④了⑥料
章组	tɕ	①交郊胶绞骄娇矫浇枭皎②狡搅缴③窖校酵叫
	tɕʰ	①敲③巧⑤窍
	dʑ	②乔桥⑥轿
	ɕ	③晓⑤孝
	ŋ	②饶④扰⑥尿绕
	ɦ	②淆爻⑥效
	ʔ	①妖天邀谣遥摇③咬舀尧⑤拗要耀

19. iaŋ

	ts	①将奖酱
精组	tsʰ	①枪③抢
	s	①厢镶相箱③想
	z	②墙⑥匠

续表

端	l	②良凉粮梁量④两⑥辆亮谅量
章组	tɕ	①疆僵缰江③讲港⑤降
	tɕʰ	①腔
	dʑ	②强详痒祥⑥像
	ɕ	①乡香③享响⑤向嚮
	ȵ	②娘酿④仰
晓组	ɦ	②洋羊杨扬佯阳⑥项巷
	ʔ	①秧殃央③养痒⑤恙样

注：上表韵母 iaŋ 的字中古读音为宕摄开口三等阳养漾韵，在赵元任嘉兴吴语音系和许宝华、汤珍珠的上海城区吴语音系中是鼻化音韵母。其音分别对应赵音 [iã]，[iɑ̃]（读 [iɑ̃] 音的字有"江讲港降腔"），艾音 [ɿã]，许汤音 [ɿã]，许陶音 [iæ̃]。

20. iŋ

帮组	p	①冰兵秉宾槟③禀丙柄⑤并殡
	pʰ	①品⑤聘
	b	②贫瓶屏凭平评⑥病
	m	②名铭冥明鸣民④皿闽泯悯敏⑥命
精组	ts	①津精晶旌睛遵③井⑤俊竣浸晋
	tsʰ	①侵亲清青③寝请⑤亲
	dz	②秦尽情睛旬循巡⑤殉
	s	①心新辛薪讯信星询③惺醒腥⑤性姓迅
	z	②寻⑥静净
端组	t	①丁叮钉酊订③顶鼎⑤订
	tʰ	①听厅(3)挺艇⑤听
	d	②亭廷庭霆停⑥定锭
	l	②临林霖淋灵铃伶零翎陵绫菱凌邻麟鳞遴④领⑥吝

21. iəŋ

章组	tɕ	①今侵襟金巾斤筋京荆惊矜经③紧锦谨颈景⑤禁境儆敬竟镜迳兢
	tɕʰ	①衾钦轻卿倾③顷⑤庆磬謦
	dʑ	②琴禽擒勤芹擎⑥近仅劲竞
	ɕ	①欣馨兴⑤兴
	ȵ	②吟银人仁迎宁凝④忍⑥任赁闰润刃认
晓组	ɦ	②形刑行衡⑥杏幸
	ʔ	①音阴荫因茵洇寅缨英应膺鹰蝇莺鹦③饮引隐瘾营罂盈赢影⑤淫印殷慇孕颖应

注：上表韵母 [iəŋ] 在中古音系中为深摄开口三等韵和臻摄开口三等韵，分别对应赵音 [ɪŋ]、艾音 [ŋ]、许汤音 [in]、许陶音 [ɪŋ]。

22. ioŋ

章组	tɕ	①穹
	dʑ	②兄胸兖凶
	z	②浓

续表

晓组	ɦ	②熊
	ʔ	①荣雍壅熔庸容③永甬拥涌勇⑤用

23. u

帮组	p	①播波簸③补谱⑤布簸
	pʰ	①颇坡玻③溥普⑤破铺
	b	②婆蒲⑥步捕部簿
	m	②魔磨摩募模摸谟④母拇⑥墓慕暮茂贸磨
非组	f	①夫肤数③府俯腑甫斧俘⑤赋傅付抚讣赴富副
	v	②扶符无巫诬毋④武舞腐侮⑥父妇妇附务雾
精组	ts	①租③组祖阻左佐
	tsʰ	①粗初搓磋③楚刍⑤锉挫措醋
	dz	②锄雏⑥助
	s	①唆梳蔬疏苏稣③锁所数⑤数诉塑素
	z	④坐⑥座
端组	t	①多朵都③堵赌⑤肚睹蠹
	tʰ	①拖他③妥土⑤唾吐兔
	d	②驼舵徒屠涂图途⑥度渡惰堕杜
	n	②奴④帑努⑥怒
	l	②罗箩萝锣骡卢芦④裸卤鲁橹掳⑥略路露鹭
章组	k	①歌哥戈锅果裹沽菇辜姑孤③古估鼓贾股⑤简过故固顾雇
	kʰ	①可科枯③苦⑤课绔库
	g	②咕跍
	ŋ	②蛾俄鹅蜈梧吴讹吾④我五午忤⑥饿卧悟
晓组	h	①火货呼③虎琥
	ɦ	②何河荷和禾夥颗胡瑚糊狐湖壶⑥祸贺个户互护
	ʔ	①蹉倭乌污③梧课

24. ʯ

精组	ts	①猪诸诛蛛株朱硃珠殊枢③煮⑤驻主铸炷注蛀
	tsʰ	③处⑤处
	dz	②除厨殊④储⑥箸住柱
	s	①书舒输③暑鼠黍⑤庶恕
	z	②薯薯如儒④乳⑥树竖

25. ua

见组	k	①乖⑤怪
	kʰ	⑤快
晓	h	①槐怀⑤坏

26. uo

见组	k	①瓜③刷寡⑥挂
	kʰ	①夸⑤跨
晓组	h	①花⑤化
	ɦ	②华傻⑥画话
	ʔ	③瓦

注：上表韵母 uo 在中古音系中为假摄合口二等麻马祃韵，分别对应赵音 [o]、艾音 [wo]、许汤音 [o]、许陶音 [o]。这说明 o 在现代吴语和当代吴语中 u 已经脱落，体现了吴语韵母单元音化的历史过程。

27. ue

见组	k	①归圭闺龟规③鬼诡癸⑤贵瑰傀桂冠 || ①官棺馆冠观③管⑥冠贯灌
	kʰ	①盔亏窥③魁奎⑥块 || ①宽③欸
	g	②葵④揆魁⑥愧馈柜跪
晓组	h	①挥辉徽麾灰③毁悔⑤卉讳海晦贿
	ɦ	②回茴⑥汇绘汇会慧惠 || ②欢完丸④缓⑥焕唤换
	ʔ	①威违闱围帷③伪委喂盔剜腕⑤畏慰谓猬胃汇位危为卫

注：上表韵母 [ue] 在中古音系中为止摄合口三等韵，分别对应赵音 [ue]，[uɤ](见母、溪母、匣母中的部分字)，艾音 [wẽ]，许汤音 [ue]，许陶音 [ue]。

28. uɛ

见组	k	①鳏关⑤惯串
	g	⑥掼
晓组	ɦ	②还环鬟⑥患宦
	ʔ	①玩顽湾弯

29. uəŋ

见组	k	①棍昆
	kʰ	①坤③捆阃⑤困
晓组	h	①昏惛婚
	ɦ	②魂浑横⑥混
	ʔ	①温③稳

30. uɔŋ

见组	k	①光③广
	kʰ	①匡筐⑤旷
	g	②狂
晓组	h	③况
	ɦ	②荒慌皇惶煌蟥癀黄④谎
	ʔ	①汪王③枉往

注：(1) 上表 uɔŋ 是鼻化元音韵母，在中古音系中为宕摄合口一等韵，分别对应赵音 [ɑ̃]、艾音 [wɒ]、许汤音 [uã]、许陶音 [ɔ̃]。由此可知，如果不是记音的差异，这就说明这组鼻化音字是到现代吴语时期才发生变化的。(2)"谎"在《现代吴语的研究》中声母为 h。

31. y

精组	tsʰ	①取趋娶⑤趣
	dz	②徐⑥序叙绪聚
	s	①须需⑤胥絮
端	l	②驴腰④吕虑侣旅缕屡贮⑥虑
章组	tɕ	①居拘驹③举⑤锯据俱矩句
	tɕʰ	①驱区⑤去
	dʑ	②渠⑥遽惧具巨拒
	ɕ	①虚嘘③许
	ŋ	②鱼渔愚④语女⑥御寓
晓	ʔ	①於淤余庐驴于迂榆③吕侣旅禹羽雨⑤誉与预宇虑贮芋逾谀愈喻谕裕

32. yoe(ioe)

章组	tɕ	①绢③捲⑤眷卷
	tɕʰ	⑤劝券
	dʑ	②权拳⑥倦
	ɕ	①喧暄
	ŋ	②元原源④煖⑥愿
晓组	ɦ	②玄悬
	ʔ	①渊缘沿捐员圆冤辕垣援③苑宛婉远⑤院怨

注：上表 yoe 在中古音系中为山摄合口三、四等韵，分别对应赵音 [yʁəɪ]、艾音 [ɪθ]、许汤音 [yø]、许陶音 [yø]。

33. yin

章组	tɕ	①均钧君军③窘
	dʑ	②群裙郡
	ɕ	①勋熏薰荤⑤训
晓	ʔ	①云耘匀晕③允尹⑤韵运陨殒

注：上表 yin 在中古音系中为臻摄合口三等韵，分别对应赵音 [yəŋ]、艾音 [ɪyn]、许汤音 [yø]、许陶音 [yø]。

34. aʔ

帮组	p	⑦八
	pʰ	⑦拔
	m	⑧袜
非组	f	⑦法发
	v	⑧乏伐筏罚
精组	ts	⑦剽札蜇酌勺
	tsʰ	⑦插察绰
	s	⑦霎杀
	z	⑧石若弱

	t	⑦答搭踏
端组	tʰ	⑦塔塌榻挞獭
	d	⑧达
	l	⑧拉腊蜡攋辣
见组	k	⑦夹裌甲
	kʰ	⑦揢恰
晓组	h	⑦瞎辖
	ɦ	⑧狭狎匣
	ʔ	⑦鸭闸押压

35. oʔ

	p	⑦北博驳剥卜
帮组	pʰ	⑦朴扑
	b	⑧薄泊瀑仆
	m	⑧漠莫膜幕寞木沐目穆牧
非组	f	⑦福幅蝠辐复腹覆
	v	⑧缚服伏复
	ts	⑦竹筑祝粥足
	tsʰ	⑦触促
精组	dʑ	⑧逐缩烛属嘱俗续濯浊
	s	⑦速叔肃夙宿束
	z	⑧族淑熟赎蜀辱褥
	t	⑦笃督
端组	tʰ	⑦秃
	d	⑧独渎犊牍读毒
	l	⑧禄鹿辘碌陆六戮绿录
见组	k	⑦国谷毂榖
	kʰ	⑦哭
晓组	ɦ	⑧或惑斛
	ʔ	⑦屋

36. eʔ

	p	⑦钵拨
帮组	pʰ	⑦泼
	b	⑧钹
	m	⑧末沫抹没
非组	f	⑦弗佛拂
	v	⑧佛勿物
	ts	⑦折掣执汁窒质
	tsʰ	⑦彻撤掣出
精组	dʑ	⑧杂涉姪术述
	s	⑦涩瑟湿失室设刷
	z	⑧十什拾实入舌热日

续表

端组	d	⑧突
组	n	⑧纳
见	k	⑦蛤
晓	ɦ	⑧合盒

注：上表 eʔ 在中古音系中为臻摄合口三等、咸摄开口一等、深摄开口三等韵，分别对应赵音 [əʔ]、艾音 [əʔ]、许汤音 [əʔ]、许陶音 [əʔ]。

37. əʔ

帮组	p	⑦百柏伯迫
	pʰ	⑦拍珀魄
	b	⑧白
	m	⑧默墨麦脉
精组	ts	⑦则窄摘责只炙织职
	tsʰ	⑦策栅测恻尺斥赤敕饬
	dʑ	⑧泽择宅掷直侧
	s	⑦塞色穑啬适螫释识式拭饰
	z	⑧贼食
端组	t	⑦得德
	tʰ	⑦忑
	d	⑧特
	l	⑧勒肋
见组	k	格革隔
	kʰ	⑦刻克客
	ŋ	⑧额
晓组	h	⑦黑赫核
	ʔ	⑦轭

注：上表 əʔ 在中古音系中为宕摄开口一等韵，分别对应赵音 [əʔ]、艾音 [əʔ]、许汤音 [əʔ]、许陶音 [əʔ]。从艾约瑟的近代吴语音系，赵元任的现代吴语音系，许宝华、汤珍珠的当代吴语音系以及许宝华、陶寰的当代吴语音系来看，[eʔ]，[əʔ] 是可以合二为一的。如果从记音的时代来看，其先后为：近代 [əʔ]→现代 [eʔ]，[əʔ]→当代 [eʔ]。

38. ɔʔ

精组	ts	⑦作捉卓琢
	tsʰ	⑦错
	s	⑦索朔
	z	⑧昨
端组	d	⑧铎
	n	⑧诺
	l	⑧络乐烙落骆酪
见组	k	⑦各阁胳
	ŋ	⑧岳鹤

晓组	h	⑦瞎
	ʔ	⑦恶

注：上表 ɔʔ 在中古音系中为梗摄开口二、三等韵，分别对应赵音 [oʔ]、许汤音 [oʔ]、许陶音 [ɒʔ]。

39. œʔ

精组	ts	⑦拙卒
	tsʰ	⑦撮猝
	s	⑦说
端组	t	⑦掇
	tʰ	⑦脱
	d	⑧夺
	l	⑧捋劣
见组	k	⑦葛割
	kʰ	⑦渴
晓	ʔ	⑦曷褐蝎

注：上表 œʔ 在中古音系中为山摄开口一等，合口一、三等韵，分别对应赵音 [əʔ]、许汤音 [əʔ]、许陶音 [œʔ]。

40. iʔ

帮组	p	⑦毕必笔碧壁璧逼
	pʰ	⑦譬匹僻瓣辟霹癖劈
	b	⑧别弼
	m	⑧灭篾秘蜜密觅
精组	ts	⑦接节积迹脊绩即
	tsʰ	⑦妾切沏窃七漆戚葺
	dz	⑧捷截集疾籍寂习席夕袭绝
	s	⑦亵雪悉膝惜昔锡熄息戍恤
端组	t	⑦滴的嫡
	tʰ	⑦帖贴铁剔
	d	⑧叠牒蝶迭跌敌狄笛
	l	⑧猎立粒栗历力列烈裂律
章组	tɕ	⑦劫颊急汲给级吉讦结洁
	tɕʰ	⑦怯泣葺乞迄讫
	dʑ	⑧及杰
	ɕ	⑦胁歇吸
	ȵ	⑧业臬孽
晓	ʔ	⑦叶谒噎邑一乙逸揖

41. iaʔ

精组	ts	⑦爵雀
	tsʰ	⑦鹊
	s	⑦削
	z	⑧嚼
端	l	⑧略掠
章组	tɕ	⑦脚觉角
	tɕʰ	⑦却确
	ȵ	⑧捻疟虐
晓组	ɦ	⑧协侠挟学握
	ʔ	⑦约药钥

42. ioʔ

章组	tɕ	⑦菊
	tɕʰ	⑦曲
	dʑ	⑧局
	ɕ	⑦畜
	ȵ	⑧肉狱玉
晓	ʔ	⑦域欲

43. iɶʔ

章组	tɕ	⑦决诀橘
	tɕʰ	⑦阙缺屈
	dʑ	⑧掘
	ɕ	⑦血
	ȵ	⑧月
晓组	ɦ	⑧穴
	ʔ	⑦越曰钺悦阅郁

注：上表 iɶʔ 在中古音系中为山摄合口三等韵，分别对应赵音 [yɤʔ]、许汤音 [ioʔ]、许陶音 [yɶʔ]。

44. iəʔ

章组	tɕ	⑦击激棘蕺
	dʑ	⑧极
	ȵ	⑧逆溺匿
晓	ʔ	益绎疫役亦译驿奕抑亿忆弋翼

注：上表 iəʔ 在中古音系中为梗摄开口二、三等韵，分别对应赵音 [iɪʔ]、许汤音 [iɪʔ]、许陶音 [iʌʔ]。

45. uaʔ

见	k	⑦刮
晓组	h	⑦豁
	ɦ	⑧滑猾

46. ueʔ

见	k	⑦骨
组	kʰ	⑦阔窟
晓	h	⑦忽笏
组	ɦ	⑧活

注：上表 ueʔ 在中古音系中为臻摄合口一等、宕合一等韵，分别对应赵音 [uəɬʔ]、许汤音 [ueʔ]、许陶音 [uəʔ]。

47. uɔʔ

见	k	⑦椁郭
组	kʰ	⑦扩酷
晓	h	⑦获

注：上表 uɔʔ 在中古音系中为臻摄合口一等、宕合口一等韵，分别对应赵音 [uəɬʔ]、许汤音 [uɔʔ]、许陶音 [uəʔ]。

第二节　词汇系统

一、方言词汇概说

（一）方言词汇是一个系统

方言词汇是某种方言所有词语和固定短语的总称。方言词汇与共同语的词汇一样，分为基本词汇和一般词汇，但方言词汇中还多了一类词，对认识一种方言的面貌有着重要意义的词，人们称之为方言特征词。我们之所以将某一方言词汇称为"系统"（吴语词汇系统），是基于如下几点：

一是某种方言（或某种方言的某一个时期）的词汇是方言区人民表情达意、进行思考的载体，能够反映出方言区的社会生活的面貌。

二是方言词汇是一个多层级的义类系统。义类有大类、小类，大类套着小类，如名词中，有"时空"类、"空间"类，又有"方位""处所"等小类。有关"人"的就有人称、人体、称谓等小类，称谓中又有亲属称谓、社会称谓、职业称谓以及自称、他称、谦称、蔑称等。[①]

三是构词方式的系统性。如词素构成的方式，单纯词和合成词以及词素间的陈述、支配、附加、联合、补充等关系。

四是某一方言在其形成与发展过程中，方言词汇逐渐地出现和叠加，不断地演变与替换，有时增加与扩展，有时也萎缩和消亡，于是就出现了所谓的"承传词""变异词""创新词""借用词"。可见其过程是一个动态的系统。[②]

---

① 李如龙：《汉语方言学》，高等教育出版社，2007，第157页。
② 同上书，第184页。

（二）方言词的鉴别

方言词汇有两个含义：一是指某一方言中与共同语不同的词，即狭义的方言词汇；二是指某一方言中所使用的全部的词，既包括与共同语不同的词，也包括与共同语相同的词，即广义的方言词汇。李如龙先生将前者称为"方言固有词"系统，将后者称为"转借词系统"。

李如龙认为，任何时代的共同语对方言的影响都是十分明显的。在古代，这种影响主要通过书面语起作用，在现代社会里，书面语共同语和口头共同语对方言的影响双管齐下，因而影响力更大。因此，方言词汇系统中除了有历史上传下来的方言固有词，还有大量的从共同语中转借的词。由于方言地区社会生活的需要，这些转借词都按照方言语音对应规律折合过了。① 这种"折合"，其实就是转换，即将共同语的词语转换成方言。这种转换体现在两个方面：一是方音转换，即把共同语的词语读音转换成方言音，例如，吴语中的工资、钢笔。工资，普通话读"gōng zī"，吴语将此词纳入吴语词汇系统后读"koŋ⁴⁴ tsɿ⁵¹"。钢笔，普通话读"gāng bǐ"，吴语读"kã⁴⁴ piʔ⁴⁸"。二是词义转换，即是将共同语的新出现的词语转换成方言词汇系统中固有的词语，如吴语把共同语词语中的"时间""说"转换成"辰光""讲"。据李如龙分析，1994 年出版的《现代汉语新词词典》（于根元主编）收了 1978—1990 年产生的新词 3710 条，这些新词大多可以用方言转换，在方言口语中交际。浙江省嘉兴市电视台举办的方音节目"今朝多看点""老娘舅"，其中涉及普通话的词语，节目主持人全部转换为嘉兴吴语。

语言是人类社会发展的产物，与社会构成共变关系，社会的发展促使语言不断变化，而语言的变化发展又反映出社会变迁的图景。词汇是语言三个要素中与社会联系最为紧密的部分。社会生活中出现的新气象、新事物、新概念、新思维，都很快地反映在词汇系统之中。例如，20 世纪初期，中国社会经历了前所未有的变革，由此大量的新词语纷至沓来，如化学领域的"分解、分馏、蒸馏、提取"，物理领域的"质量、振动、摩擦、放射"，生物、医学领域的"痉挛、排泄、休眠、诊断"，军事领域的"轰炸、割让、谈判、压迫"，法律领域的"审查、审判、仲裁、调查"等。20 世纪后期，社会制度发生巨大变化，政治、经济、文化领域中的新词语大量出现，如"解放、土改、合作社、公社、丰产、'大跃进'、平反、蹲点、拨乱反正、走后门、走过场、双肩挑、交谊舞、乡镇企业"等。面对大量涌现的新词语，方言词汇系统如不能将之转换为自己的方言词，久而久之，这一方言词汇将面临枯竭，从而促使整个方言走向濒危，最终消失。可见，方言词汇系统中的"转借词系统"，也应该属于方言的词汇系统，它是鉴别某一种方言是否具有语言活力的要素。因此，本课题中吴方言既包括与共同语不同的词，也包括与共同语相同的词，但前提是共同语转借过来的词语，能够"折合"为吴语。

（三）吴语词汇系统

吴语历史悠久，源远流长，不仅语音系统结构稳定、完备，而且词汇富有特色，形成一套与中原汉语不同的词汇系统，到明清时期出现了一批以吴语方言词语为主体创作的文学作品。吴语词汇十分丰富，《吴方言简明词典》收词 5000 多条，《吴方言词典》收

---

① 李如龙：《汉语方言学》，高等教育出版社，2007，第 159 页。

词约 8000 条，《明清吴语词典》收词近 17990 条。吴语词汇形成了与共同语不同的词汇系统。近代吴语的词汇系统是吴语词汇系统中的一部分，也具有自己的特色。

二、词汇系统

本词汇集词源来自两方面：一是吴方言词汇集，如《上海方言词汇集》（简称"方言"）、《上海方言习惯用语集》（简称"用语"）、《土话指南》（简称"土话"）；二是近代吴语小说，如《何典》《玄空经》（简称"玄空"）、《海上花列传》（简称"列传"）。这时期的词汇系统共近 3000 条，分 17 个大类，按天文 / 地理、处所 / 方位、时令 / 时间、人体 / 人物、植物 / 动物、衣物 / 饮食、建筑 / 用品、事物 / 事情、农业、工商业、交通、习俗 / 文化 / 教育、动作 / 行为、心理 / 否定、性质 / 状态、指代 / 数量、其他的顺序排列。以小类为排列单位，先列单音节词，后列双音节词，再列多音节词。词组、短句按中心词词性分，如名词性词组、动词性词组。各词以吴语立目，实际读音用国际音标记录。吴语词语后面有注音。词条后用普通话释义。释义中，如有两个或两个以上者，各义项间用"；"号分开。表中"词音"的①、②、③、④、⑤、⑥、⑦、⑧分别代表阴平、阳平、阴上、阳上、阴去、阳去、阴入、阳入（见表 3-4）。

表 3-4　近代吴语词汇集

1. 天文 / 地理

（1）天文

词语	词音	词义	出处
鲎	he^5	彩虹	方言
气	tɕʰi^5	雾	方言
日头	zeʔ^{6}dəu^2	太阳	方言
亮月	liaŋ^{6}ŋiœʔ^8	月亮	列传
日晷	zeʔ^{8}kue^3	日影	方言
天汉	tʰie^{1}hœ^5	银河	方言
甘雨	ke^{1}ʔy^3	对农事特别适时的雨	方言
落雨	lɔʔ^{8}ʔy^3	下雨	方言
风圈	foŋ^{1}dzyoe^2	日晕，月晕	方言
檐泽	ʔie^{2}dzəʔ^8	冰锥、冰柱	方言
天头	tʰie^{1}dəu^2	天气	方言
北带	poʔ^{7}ta^1	北回归线	方言
南带	ne^{2}ta^5	南回归线	方言
黄梅	ɦuoŋ^{2}me^2	芒种节开始后一段日子，天气潮湿多雨，称黄梅天	列传
天打	tʰie^{1}tiŋ^3	雷击	列传
扫把星	sɔ^{3}pɔ^{3}siŋ^1	彗星，运动时有个"尾巴"，形状像扫把，故得此名	方言
中午线	tsoŋ^{1}ŋu^{4}sie^5	子午线，经线	方言
落冰块	lɔʔ^{8}piŋ^{1}kʰue^3	下冰雹	土话
日头食既	zeʔ^{8}dəu^{2}zəʔ^{8}tɕi^5	日蚀	方言
鬼阵头风	kue^{3}dzəŋ^{6}dəu^{2}foŋ^1	旋风	何典

（2）地理

词语	词音	词义	出处
浜	pɔŋ^1	小河	方言
中道	tsoŋ^{1}dɔ^6	赤道	方言
热道	zeʔ^{8}dɔ^6	热带	方言
户堂	ɦu^{6}doŋ^2	地方	方言
江南	tɕiaŋ^{1}ne^2	长江中下游南岸	方言
石纹	zaʔ^{8}vəŋ^2	石头上的条纹	方言
壁泽	piʔ^{7}dzəʔ^8	悬崖峭壁	方言
磽地	kʰɔ^{1}di^6	贫瘠多石不生草木之地。磽：坚硬的石头	方言
运粮河	ʔiəŋ^{1}liaŋ^{2}ɦu^2	指运河	方言
滩渡	ʔiəŋ^{1}liaŋ^{2}ɦu^2	河滩	玄空
一堆	ʔiʔ^{7}te^1	一带，附近	列传
角子	tɕiaʔ^{7}tsɿ^3	拐角，街口	列传
好地皮	hɔ^{3}di^{6}bi^1	肥沃的土地	方言
高泥墩	kɔ^{1}ɳi^{2}təŋ^1	小山	方言
北寒道	poʔ^{7}ɦœ^{4}ta^5	北寒带	方言
南温道	ne^{2}uəŋ^{1}ta^5	南温带	方言
屋基地	ʔoʔ^{7}tɕi^{1}di^6	造房子的地方	何典
漾泥沟	ʔiaŋ^{5}ɳi^{2}kəu^1	污泥沟	玄空
麦棱头	məʔ^{8}ləŋ^{2}dəu^2	麦田的田畦	何典
山脚根头	sɜ^{1}tɕiaʔ^{7}kəŋ^{1}dəu^2	山脚下	何典
壁脚根头	piʔ^{7}tɕiaʔ^{7}kəŋ^{1}dəu^2	墙角	何典

2. 处所 / 方位

（1）处所

词语	词音	词义	出处
京城	tɕiəŋ^{1}dzəŋ^2	国都	方言
会堂	ɦue^{6}dɔŋ^2	供政治集会或举行文化、经济、学术会议的专用处所	方言
会馆	ɦue^{6}kue^3	明清时期都市中由同乡或同业组成的封建性团体	方言
衙门	ŋa^{2}məŋ^2	旧时对官署的称谓	方言
药局	ʔia^{6}dzioʔ^8	药堂如同仁堂、时济堂、胡庆余堂、杏和堂	方言
羊牢	ɦiaŋ^{2}lɔ^2	羊圈	方言
客寓	kʰəʔ^{7}ŋy^6	客店	方言
隔壁	kəʔ^{7}piʔ^7	邻居	方言
异邦	ʔi^{5}pɔŋ^1	外国，多指西域	方言
天堂	tʰie^{1}doŋ^2	宗教上指神居及人死后灵魂归寓的地方，与地狱相对	方言
信局	siŋ^{5}dzioʔ^2	旧时民间代人寄递信件的一种机构	方言
鸡架	tɕi^{1}ka^6	鸡棚	方言
里居	li^{4}tɕy^1	住址	何典
书寓	sʅ^{1}ŋy^6	上等妓院；高级暗娼的称谓；男性社交场所	列传
夷场	ʔi^{2}dzaŋ^2	租界	列传
堂子	doŋ^{2}tsɿ^3	妓院有书寓、长三堂子、幺二堂子、花烟间等等级	列传

词语	词音	词义	出处
台基	de²tɕi¹	指专供下等妓女和客人幽会住宿的场所	列传
长三	dzaŋ²sɛ¹	高等妓院；地位较高的妓女	列传
场化	dʑaŋ²huo⁵	地方	列传
善堂	ze⁶doŋ²	育婴堂	列传
户荡	ɦu⁵doŋ⁶	处所，地方	土话
边带	pie¹ta⁵	邻接，毗连；边境地带	方言
税关	sœ⁵kuɛ¹	旧时在水陆交通、商人聚集地方所设的收税机关	方言
花烟间	huo¹ʔie¹kɛ¹	指有妓女相陪的鸦片馆，属下等的妓院	列传
私窝子	sɿ¹ʔu¹tsɿ³	不公开的妓院。也作"私窠子"	列传
施医院	sɿ¹ʔi¹ʔyoe⁵	医院	方言
南货店	ne²hu⁵tie⁵	南味食品店，上海老店	方言
育婴堂	ʔio⁷⁷iŋ¹doŋ²	收养社会遗弃婴儿的慈善机构	方言
军机处	tɕyin¹tɕi¹tsʰɿ⁵	清朝中枢权力机关，1729 年因用兵西北而设立	方言
礼拜堂	li²pa⁵doŋ²	基督教（新教）教徒举行宗教仪式的场所	方言
按察司	ʔœ⁵tsʰa²⁷sɿ¹	明清时期的官署	方言
布政司	pu⁵tsəŋ⁵sɿ¹	明清地方行政机关，前身为元朝的行中书省	方言
制造局	tsɿ⁵zo⁶sɿ³	清朝洋务运动中成立的近代军事工业生产机构	方言
英吉利	ʔiəŋ¹tɕi²⁷li⁶	英国的旧译	方言
欧罗巴	ʔe¹lu²po¹	欧洲的旧译	方言
紫禁城	tsɿ³tɕiəŋ¹dzəŋ²	北京故宫的旧称	方言
花雨楼	huo¹ʔy³ləu²	有妓女的娱乐场所	列传
巡捕房	dziŋ⁴bu⁴voŋ²	警察局	列传
暗地狱	ʔe⁵di⁶ɲioʔ⁶	地牢	何典
西洋国度	si¹ʔiaŋ¹koʔ⁷du⁶	西方国家	方言
各到落处	koʔ⁷tɔ⁵lɔʔ⁸tsʰɿ⁵	各处	方言
埃田乐园	ʔe¹die²lɔʔ⁸yoe¹	伊甸园	方言
合天底下	ɦeʔ⁸tʰie¹ti³ɦɔ⁶	天下，全世界	方言

（2）方位

词语	词音	词义	出处
浪	loŋ⁶	上	方言
上头	saŋ⁵dəu²	上面	方言
下头	ɦɔ⁶dəu²	下面	方言
前头	zie²dəu²	前面	方言
后头	ɦəu⁶dəu²	后面	方言
后首	ɦəu⁶sə³	后面	方言
后底	ɦəu⁶ti³	后边，以后	列传
对过	te⁵ku⁵	对面	方言
当中	toŋ¹tsoŋ¹	正中	方言
外头	ŋa⁶dəu²	外面	方言
外势	ŋa⁶sɿ⁵	外面	土话
边头	pie¹dəu²	旁边	方言
里向	li⁴ɕiaŋ⁵	里面	方言

续表

词语	词音	词义	出处
北番	poʔ⁷vɛ²	北方	玄空
西天	si¹tʰie¹	西边	玄空
屋里	ʔoʔ⁷li⁴	家中	列传
间壁	kɛ¹piʔ⁷	隔壁	列传
左首	tsu³sə³	左边	列传
右首	ʔiə⁵sə³	右边	列传
西首	si¹sə³	西面	列传
客寓里	kʰaʔ⁷ŋy⁶li⁴	客店里	方言
过面	ku⁵mie⁶	对面	土话
横垛里	ɦuəŋ²du⁴li⁴	横向	方言
后底头	ɦiəu⁶ti³dəu²	后面	方言
城外头	dzəŋ²ŋa⁶dəu²	城外	方言
门口头	məŋ²kʰəu³dəu²	门口	土话
门外头	məŋ²ŋa⁶dəu²	门外	土话
头上头	dəu²saŋ⁵dəu²	头上面	方言
城背后	dzəŋ²pe⁵ɦiəu⁶	城后	方言
床下底	zoŋ²ɦiɔ⁶ti³	床底下	玄空

3. 时令/时间

词语	词音	词义	出处
年	ŋie²	时间的单位,地球绕太阳一周为一年	用语
月	ŋiœʔ⁸	时间的单位	用语
日	zeʔ⁸	时间的单位	用语
刻	kʰəʔ⁷	计算时间的单位,十五分钟为一刻	用语
分	fəŋ¹	计算时间的单位	用语
点钟	tie³tsoŋ¹	由钟表指示的时间;时间的单位	用语
一歇	ʔiʔ⁷ɕiʔ⁷	名词,时间的单位	用语
四时	sʅ⁵zʅ²	四季	土话
春分	tsʰəŋ¹fəŋ¹	二十四节气之一	方言
夏至	ɦiɔ⁶tsʅ⁵	古人说:日长之至,日影短至,至者,极也,故曰夏至	方言
秋分	tsʰiə¹fəŋ¹	二十四节气之一	方言
光阴	kuɔŋ¹ʔiəŋ¹	时间;日子	用语
辰光	zəŋ²kuɔŋ¹	时候	方言
时候	zʅ²ɦiəu⁶	季节;节候;事情、过程或情况经过的时间	用语
日日	zeʔ⁸zeʔ⁸	天天	方言
日脚	zeʔ⁸tɕiaʔ⁷	日子	方言
日白	zeʔ⁸bəʔ⁴	白日,白天	土话
日逐	zeʔ⁸dzoʔ⁷	每天	列传
日朝	zeʔ⁸tsɔ¹	每天	列传
申牌	səŋ¹ba²	下午四、五两时	列传
午时	ŋu⁴zʅ²	正午,中午十二点	方言
上昼	saŋ⁵tsə⁵	上午	用语

续表

词语	词音	词义	出处
中昼	tsoŋ¹tsə⁵	中午	用语
下昼	ɦɔ⁶tsə¹	下午	方言
夜头	ʔia⁵dəu²	晚上、夜里	玄空
今朝	tɕiəŋ¹tsɔ¹	今天	玄空
明朝	miŋ²tsɔ¹	明天	方言
昨日	zɔʔ⁸zeʔ⁸	昨天	用语
中饭	tsoŋ¹vɛ⁶	午餐、中餐、午饭等	方言
点心	tie³siŋ¹	午饭；两餐之间的小吃	方言
夜饭	ʔia⁵vɛ⁶	晚饭	方言
开年	kʰe¹vɛ²	明年	方言
旧年	dʑiə⁶vɛ²	去年	列传
第歇	di⁶ɕiʔ⁷	这时候	列传
这日	tseʔ⁷zeʔ⁸	当天	列传
前日	zie²zeʔ⁸	前天	列传
前转	zie⁶tse⁵	前阵子	列传
向时	ɕiaŋ⁵zι²	以前、从前	列传
一宵	ʔiʔ⁷siɔ¹	一晚	列传
工夫	koŋ¹fu¹	时间、空闲	列传
长远	dʑaŋ²ʔyoe³	很久，很长的一段时期也作"常远"	何典
年常	ŋie²dʑaŋ²	常年	土话
下半日	ɦɔ⁶peʔ⁵zeʔ⁸	下午	方言
黄昏头	ɦuoŋ²huəŋ¹dəu²	傍晚	方言
晚时里	vɛ⁴zι²li⁴	夜里	方言
半夜巴	pe⁵ʔia⁵po¹	半夜里	方言
半夜头	pe⁵ʔia⁵dəu²	半夜里	玄空
五更头	ŋu⁴kəŋ¹dəu²	五更	土话
朝辰头	tsɔ¹zəŋ²dəu²	早上	方言
今夜头	tɕiəŋ¹ʔia⁵dəu²	今晚	列传
昨夜头	zɔʔ⁸ʔia⁵dəu²	昨夜	土话
前日子	zie²zeʔ⁸tsι³	前天	方言
日逐间	zeʔ⁸dzoʔ⁸kɛ¹	一天天	何典
日里向	zeʔ⁸li⁴ɕiaŋ⁵	白天	列传
年尾巴	ŋie²vi⁴po¹	年底	何典
先起头	sie¹tɕʰi³dəu²	起先	列传
一夜头	ʔiʔ⁷ʔia⁵dəu²	一晚上	列传
老底子	lɔ⁴ti³tsι³	以前、从前	列传
乃朝后	ne²tsɔ¹ɦəu⁶	今后，以后	土话
礼拜日	li²pa⁵zeʔ⁸	星期天	用语
礼拜一	li²pa⁵ʔiʔ⁷	星期一	用语
礼拜二	li²pa⁵ŋi⁶	星期二	用语
平素日脚	biŋ²su⁵zeʔ⁸tɕia ʔ⁷	平时的日子	方言

4. 人体／人物

（1）人体（含与人体相关的事物、疾病）

词语	词音	词义	出处
面	mie^6	脸	用语
口	k^{h}əu^3	嘴	用语
冲场	ts^{h}oŋ^{1}dzaŋ^2	外表，容貌	列传
体面	t^{h}i^{3}mie^6	声誉，排场	列传
厚皮	həu^{5}bi^2	厚脸皮，喻不知羞耻	列传
面重	mie^{6}dzoŋ^6	害羞	列传
筋节	tsiŋ^{1}tsiʔ^7	肌肉和关节，比喻关键、要害	列传
相像	siaŋ^{1}dʑiaŋ^8	像样，引申为做人的品德	列传
瘤子	liə^{2}tsʅ^3	囊肿	方言
秃顶	t^{h}oʔ^{7}tiŋ^3	光头	方言
秃头	t^{h}oʔ^{7}dəu^2	光头	方言
头颈	dəu^{2}tɕiəŋ^3	脖子	玄空
黄面	ɦuoŋ^{2}mie^6	泛黄的脸	方言
面孔	mie^{6}k^{h}oŋ^2	脸	玄空
面皮	mie^{6}bi^6	脸皮，脸面	玄空
眼目	ŋɛ^{4}moʔ^8	眼睛	方言
眼黑	ŋɛ^{4}həʔ^7	眼珠	方言
眼闪	ŋɛ^{4}se^3	眼神	方言
眼泡皮	ŋɛ^{4}p^{h}ɔ^{1}bi^2	眼皮	列传
鼻头	bi^{2}dəu^2	鼻子	方言
湛唾	ze^{6}t^{h}u^5	唾液	方言
涎唾	zie^{2}t^{h}u^5	唾沫	方言
肩头	tɕie^{1}dəu^2	肩膀	方言
奶奶	na^{4}na^4	乳房	方言
奶头	na^{4}dəu^2	乳头	方言
膀胱	boŋ^{2}kuoŋ^1	膀胱	方言
肋膀	ləʔ^{8}baŋ^2	肋骨	玄空
肚肠	tu^{5}dzaŋ^2	肠子	方言
外肾	ŋa^{6}zəŋ^6	睾丸	方言
大膀	da^{6}baŋ^4	大腿	列传
手骱	sə^{3}ga^6	手关节	方言
指头	tsʅ^{3}dəu^2	手指	何典
油皮	ʔiə^{2}bi^4	皮肤的表层	列传
尸灵	sʅ^{1}liŋ^2	尸体	何典
脚踝骨	tɕiaʔ^{7}k^{h}u^{3}kue^7	膝盖	方言
头脑子	dəu^{2}nɔ^{4}tsʅ^3	脑子，脑袋	方言
光郎头	kuoŋ^{1}loŋ^{2}dəu^2	光头	玄空
光光头	kuoŋ^{1}kuoŋ^{1}dəu^2	光头	何典
额角着	ŋoŋ^{8}tɕiaʔ^{7}za^8	脑门	方言
额角头	ŋoʔ^{8}tɕiaʔ^{7}dəu^2	额头	玄空

词语	词音	词义	出处
乌眼睛	ʔu¹ŋɛ⁴ʦiŋ¹	黑眼睛	何典
眼乌珠	ŋɛ⁴ʔu¹ʦɿ¹	眼珠	玄空
眼眵音	ŋɛ⁴ʦʰy¹ʔiəŋ¹	眼屎	何典
眼睛蛋	ŋɛ⁴ʦiŋ¹dɛ⁶	眼珠	土话
鼻头管	bi²dəu²kue³	鼻子	玄空
没口子	meʔ⁸kʰəu³ʦɿ³	满口	列传
牙齿床	ŋa²ʦʰɿ³zoŋ²	牙床	方言
颈柱骨	ʨiəŋ³dʐʯ⁶kueʔ⁷	脊椎	何典
胸膛头	ɕioŋ¹daŋ²dəu²	胸部。也作"胸膛口"	方言
娘胞胎	ŋiaŋ²pʰɔ¹tʰe¹	母亲的肚子	玄空
肉骨头	ŋioʔ⁸kueʔ⁷dəu²	骨头	玄空
肋旁骨	ləʔ⁸bɔŋ²kueʔ⁷	肋骨	方言
背脊骨	pe⁵ʦiʔ⁷kueʔ⁷	脊梁骨,脊柱	方言
臂撑子	pi⁵ʦʰəŋ¹ʦɿ³	手肘	方言
膝馒头	si¹me⁶dəu²	膝盖	方言
脚后跟	ʨiaʔ⁷ɦəu⁶kəŋ¹	脚跟	方言
四支百体	sɿ⁵ʦɿ¹pəʔ⁷tʰi³	人体各个部分	方言
过	ku⁶	传染	列传
疖	ʥiʔ⁸	疖子,一种毛囊深部周围组织的感染的疾病	方言
瘿	ʔiŋ¹	囊肿	方言
手搭	sə³taʔ⁷	背部毒疮,伸手可触	方言
发痧	faʔ⁷so¹	中暑	方言
霍乱	hoʔ⁷lœ⁶	一种急性腹泻性传染病	方言
乌痧	ʔu¹so¹	一种痧症,感冒风寒而发作,或受热而发作	方言
久病	ʨiə³biŋ⁶	病久	方言
蛊病	ku³biŋ⁶	由寄生虫引起的鼓涨病	方言
瘅疽	te⁵ʨiə³	恶疮	方言
缺嘴	ʨʰiœʔ⁷ʦɿ³	唇裂,兔唇	方言
种痘	ʦoŋ⁵de⁶	痘苗接种在人体上,使人体对天花产生自动免疫作用	方言
折手	ʦeʔ⁷sə³	手部残疾	方言
偏枯	pʰie¹kʰu¹	半身不遂	方言
痨瘵	lɔ²ʦa⁵	具有传染性的慢性消耗性疾病,或称肺痨	列传
病势	biŋ⁶ʂɿ⁵	病情、病状	列传
果毒	ku³doʔ⁸	梅毒	列传
肚里泻	tu⁵li⁴sia⁵	腹泻	方言
暗毛病	ʔe⁵mɔ²biŋ⁶	见不得人、上不来台面的病	玄空
麻药	mo²ʔiaʔ⁵	麻醉药	方言
膏药	kɔ¹ʔiaʔ⁷	中药外用的一种,古称薄贴	方言
方子	fɔŋ¹ʦɿ³	药方,处方	方言
写方	sia³ɦɔŋ¹	开(药)方	方言

（2）人物

①亲属人称

词语	词音	词义	出处
爷	ɦia²	父亲	方言
婆	bu²	丈夫的母亲	方言
囡	ne²	女儿	玄空
小囡	siɔ³nœ²	小女孩	用语
爷娘	ʔia²ɲiaŋ²	父母	何典
家父	ka¹vu⁶	对人称自己的父亲	方言
令尊	liŋ⁶tsəŋ¹	称对方的父亲	方言
娘娘	ɲiaŋ²ɲiaŋ²	姑母	方言
慢娘	me⁶ɲiaŋ²	继母	列传
娘姨	ɲiaŋ²ʔi¹	姨母；女佣；父亲的妾也作"姨娘"	方言
太太	de⁶de⁶	曾祖父或曾祖母；对已婚妇女的尊称	方言
阿爹	ʔaʔ⁷dia²	父亲；祖父	方言
阿娘	ʔaʔ⁷ɲiaŋ	奶奶；姑母姨母	方言
阿哥	ʔaʔ⁷ku¹	哥哥；对跟自己年纪相仿男子的称呼	方言
阿嫂	ʔaʔ⁷sɔ³	嫂嫂、嫂子	列传
阿姐	ʔaʔ⁷tsia³	姐姐；对跟自己年纪相仿女子的称呼	方言
庶子	sʮ⁵tsʮ³	旧时指妾所生的儿子	方言
嫡子	tiʔ⁷tsʮ³	旧指妻子所生的儿子	方言
倪子	ni²tsʮ³	又读：伲子。儿子	列传
娘子	ɲiaŋ²tsʮ³	妻子	用语
囡伩	ne²ʔu³	女儿	列传
姊夫	tsʮ³fu¹	姐夫	方言
新妇	siŋ¹vu⁶	媳妇	方言
匹偶	pʰiʔ⁷ŋəu⁴	配偶；婚配	方言
两亲	liaŋ⁴tsʰiŋ¹	双亲；父母	方言
阿舅	ʔaʔ⁷dziə⁶	舅舅	列传
娘舅	ɲiaŋ²dziə⁶	舅父	列传
家小	ka¹siɔ³	指妻子和儿女，有时也专指妻子	列传
无姆	vu²me⁴	母亲	列传
垫房	tie⁵voŋ²	填房，妻子，指女子嫁给死了妻子的人	列传
老堂	lɔ⁴doŋ²	令堂，对别人母亲的尊称	列传
亲眷	tsʰiŋ¹tɕyoe⁵	亲属；亲戚	土话
家主公	ka¹tsʮ³koŋ¹	丈夫	方言
家主婆	ka¹tsʮ³bu²	妻子	方言
晚老公	vɛ⁴lɔ⁴koŋ¹	后夫	方言
新官人	siŋ¹kue¹ɲiəŋ²	新郎	方言
堂兄弟	doŋ²ɕioŋ¹di⁶	共祖不共父的平辈兄弟	方言
表兄弟	piɔ³ɕioŋ¹di⁶	舅父、姑母的男儿，分为舅表兄弟、姑表兄弟	方言
过房娘	ku⁵voŋ²ɲiaŋ²	干娘	列传
亲生爷	tsʰiŋ¹səŋ¹ʔia²	亲生父亲	列传
亲生娘	tsʰiŋ¹səŋ¹ɲiaŋ²	亲生母亲	列传

词语	词音	词义	出处
一家门	ʔiʔ⁷ka¹mən¹	一家人	列传
外甥囡	ŋa⁶saŋ¹nœ²	外甥女	列传
大老母	da⁶lɔ⁴mu⁴	大老婆	列传
大阿姐	da⁶ʔa⁷tsia³	大姐	列传
小老母	siɔ³lɔ⁴mu⁴	小老婆，妾	列传
小妹子	siɔ³me⁶tsɿ³	小妹妹	列传
小娘舅	siɔ³ŋiaŋ²dziə⁶	小舅	土话
丈母阿妈	dzaŋ⁶mu⁴ʔa¹ma²	丈母娘	玄空

②其他人称

词语	词音	词义	出处
甏	baŋ⁶	聋子	玄空
姆	me⁴	中年妇女的统称。也作姆姆	列传
聋甏	loŋ⁴baŋ⁶	失去听觉能力的人	方言
瞎子	haʔ⁷tsɿ³	失去视觉能力的人	方言
哑子	ʔo³tsɿ³	说话有困难的人	方言
公使	koŋ¹sɿ³	近现代外交官	方言
钦差	tɕʰiəŋ¹tsʰo¹	代表皇帝出外办理重大事件的官员	方言
驴子	ly²tsɿ³	蠢人（骂人的话）	方言
伙计	hu⁴tɕi⁵	同伴	方言
秀才	siə⁵dze²	明清两代对生员的通称	方言
进学	dziŋ⁸ɦiaʔ⁸	明清时指童生考取生员，入府、县学读书	方言
贼匪	zəʔ⁶fi³	强盗	方言
夷人	ɦii²ŋiəŋ²	外国人；少数民族	方言
司务	sɿ¹vu⁶	师傅	方言
恩主	ʔəŋ¹tsɿ³	对人有恩德的施主等	方言
铁匠	tʰiʔ⁷ziaŋ⁶	铁匠	方言
小干	siɔ¹kœ¹	男孩	方言
小囡	siɔ¹nœ²	女孩	方言
大细	da⁶si⁵	小孩	方言
女囡	ŋy⁴nœ²	女孩，女儿	方言
捐客	tɕie¹kʰəʔ⁷	替人介绍买卖，从中赚取佣金的人	方言
族长	zoʔ²dzaŋ⁴	家族领头人，通常由族中辈分较高、有权势的人担任	方言
淘伴	dɔ²be⁶	同伴	方言
淘陪	dɔ²be⁶	同伴	方言
债主	tsa⁵tsɿ³	债权人	方言
令爱	liŋ⁶ʔe⁵	敬辞，敬称他人女儿，多用于称呼对方的女儿	方言
郎中	loŋ²tsoŋ¹	医生	方言
孝子	ɕiɔ⁵tsɿ³	孝顺父母的儿子	方言
忠臣	tsoŋ¹zəŋ²	忠于君主、为君主效忠的官吏	方言
皇帝	ɦuɔŋ²ti¹	中国帝制时期最高统治者的称号	方言
太监	tʰa⁵kɛ¹	宦官，中国古代专供皇帝及其家族役使的官员	方言

续表

词语	词音	词义	出处
大人	$da^5 \eta i \eta^2$	在高位者，如王公贵族，或对父母长辈的称呼	方言
熟手	$zo\gamma^8 s\vartheta^4$	对于某事熟练的人	方言
内行	$ne^6 \hbar i \eta^2$	指对某种工作或技术有丰富经验的人	方言
外行	$\eta a^6 \hbar i \eta^2$	对某种事情或工作不懂或没有经验	方言
工头	$ko\eta^1 d\vartheta u^2$	领工人，对业主负责	方言
后生	$\hbar \vartheta u^6 s\vartheta \eta^1$	年轻人；青年男子；来世	方言
老爷	$l\vartheta^4 \hbar i a^2$	旧时对官吏或有权势的人的称呼	方言
缙绅	$t\varsigma i \eta^5 s\vartheta \eta^1$	旧时称有官职的或做过官的人	方言
方伯	$f\vartheta \eta^1 p\vartheta^1$	地方长官	方言
抚台	$fu^1 de^2$	明清巡抚的别称，掌握全省军政大权	方言
师傅	$s\texteta^1 fu^5$	工商戏剧等行业传授技艺的人；对有技艺的人的尊称	方言
通事	$t^h o \eta^1 z \texteta^6$	翻译	方言
后生	$\hbar \vartheta u^6 s\vartheta \eta^1$	年轻人、晚辈	方言
拐子	$kua^3 ts\texteta^3$	骗子；光棍	方言
田主	$die^2 ts\texteta^3$	田地的所有者	方言
学台	$\hbar i a \gamma^8 de^2$	清代学政的俗称，职权为全省教育及科考等	方言
中保	$tso \eta^1 p\vartheta^3$	居中作保之人	方言
本主	$p\vartheta \eta^3 ts\texteta^3$	房东	方言
当东	$to \eta^5 to \eta^1$	当铺老板	方言
客旅	$k^h \vartheta \gamma^7 ly^4$	旅客	方言
苗裔	$mi\vartheta^2 \gamma i^1$	后代，子孙	方言
白衣	$b\vartheta \gamma^8 \gamma i^1$	平民	方言
败子	$ba^2 ts\texteta^3$	败家子	方言
长毛	$\dzeta a \eta^2 m\vartheta^2$	清政府对太平军的蔑称	方言
小犬	$si\vartheta^3 dzie^4$	谦称，称自己的儿子	方言
令郎	$li \eta^6 lo \eta^2$	敬辞，称对方的儿子	方言
细作	$si^5 ts\vartheta \gamma^7$	暗探，间谍	方言
奶婶	$na^4 s\vartheta \eta^3$	奶妈	方言
嫖子	$p^h i\vartheta^2 ts\texteta^3$	嫖客	方言
书办	$s\texteta^1 b\vartheta^6$	政府部门掌管和办理文书的官吏	方言
细娘	$si^5 \eta i a \eta^2$	姑娘	何典
魇子	$\gamma ie^3 ts\texteta^3$	傻子	何典
皂隶	$z\vartheta^6 li^6$	旧时衙门里的差役	何典
地方	$di^6 f\vartheta \eta^1$	旧时给当地群众办杂事的人；地保	何典
驼子	$du^4 ts\texteta^3$	驼背的人	玄空
长人	$\dzeta a \eta^4 \hbar i \eta^2$	长得高的人	玄空
邻舍	$li \eta^2 so^5$	邻居	玄空
差司	$ts^h o^1 s\texteta^1$	当差	玄空
姘头	$p^h i \eta^1 d\vartheta u^2$	小三	玄空
牵头	$ts^h ie^1 d\vartheta u^2$	不正当男女关系的牵线人	列传
荐头	$t\varsigma ie^5 d\vartheta u^2$	以介绍佣工为业的人	列传
水作	$s\oe^3 ts\vartheta \gamma^7$	瓦工、泥水匠	列传

续表

词语	词音	词义	出处
夫役	$fu^1\text{?}i\vartheta^8$	被调发服劳役或受雇而供役使的人	列传
帮闲	$pon^1\text{fi}\varepsilon^2$	专门陪着大官僚消遣玩乐的文人	列传
门公	$m\vartheta n^2kon^1$	看门的人	列传
脚夫	$\text{tcia}\text{?}^7fu^1$	旧社会对搬运工人的称呼	列传
脚色	$\text{tcia}\text{?}^7s\vartheta\text{?}^7$	厉害或能干的人	何典
呆大	de^2da^6	傻子、呆子（骂人的话）	列传
伉大	kan^1da^6	笨蛋、傻瓜（骂人的话）	列传
倌人	$kue^1\text{ɲiəŋ}^2$	对妓女的称呼，未曾留客住宿的妓女称清倌人	列传
讨人	$t^ho^3\text{ɲiəŋ}^2$	指被老鸨买来做娼妓的养女；妓女	列传
野鸡	$\text{?ia}^3\text{tci}^1$	指私娼，经常沿街拉客的下等妓女	列传
娘姨	$\text{ɲian}^2\text{fii}^2$	对母亲姐妹的称呼；妓院的女仆，通常都是已婚妇女	列传
乌师	?u^1si^1	妓院中为妓女教曲和伴奏的乐师	列传
巡捕	dzin^2bu^4	旧时在中国租界区内行使警察权力的专职人员	列传
快手	$k^hua^5s\vartheta^3$	捕快，差役	列传
出店	$\text{ts}^he\text{?}^7tie^5$	旧时在商家担任接送货物等杂务工作的人员	列传
孝婆	cio^5bu^2	对老年妇女的尊称；指祖母或外祖母	列传
奶奶	na^4na^4	对家庭妇女的敬称；富贵人家的正式夫人	列传
老班	$lo^4p\vartheta^1$	同"老板"，旧时对业主的称呼	列传
老手	$lo^4s\vartheta^3$	对于某种事情富有经验的人	土话
头脑	$d\vartheta u^2no^4$	首脑，领头人	列传
东道	$ton^1d\text{o}^6$	赌博的庄家。指双方赌赛胜负，负者出钱请客	列传
打庄	$ton^3\text{ts}\vartheta^1$	喝酒猜拳，每一局的主持人	列传
姘头	$p^hin^1d\vartheta u^2$	合伙之人；非婚同居的人	列传
头寸	$d\vartheta u^2\text{ts}^h\vartheta n^3$	买主，客人；旧时指钱庄、银行	列传
铲头	$\text{ts}^h\varepsilon^3d\vartheta u^2$	懦弱不中用的人；无能，懦弱也作"谄头"	列传
烂料	$l\varepsilon^6\text{li}\text{o}^6$	腐烂的无用的东西，比喻无用或贪吃懒做的人	列传
杀坯	$sa\text{?}^7bi^2$	该杀的、该死的家伙（骂人的话）	列传
细崽	$si^5\text{dz}\varepsilon^4$	西崽，欧美人在中国设立的洋行、西餐馆里的男仆	列传
相帮	sian^1pon^1	帮手，特指妓院的男仆	列传
相好	$\text{sian}^1\text{c}^ho^3$	妓女与嫖客间的称呼；嫖客所喜爱的那个妓女	列传
灶下	$\text{ts}o^5\text{c}^ho^6$	厨师；厨房	列传
堂倌	don^2kue^1	酒馆、茶馆的服务人员	列传
栈使	$\text{dz}\varepsilon^6\text{ʂ}^3$	客栈服务人员	列传
轿班	$\text{dzio}^6p\vartheta^1$	抬轿的人	列传
本家	$p\vartheta n^3ka^1$	旧时指妓院老板，多是鸨母	列传
么二	$mo\text{?}^8\text{ɲi}^6$	妓院中的次等妓女	列传
住家	dzu^6ka^1	自己有居住所的妓女	列传
婊子	$\text{bi}\text{o}^4\text{ts}^3$	娼妓（原指女艺人，后指卖淫的女性）	列传
恩客	$\text{?}\vartheta n^1k^h\vartheta\text{?}^7$	妓女钟情的嫖客	列传
拆梢	$\text{ts}^ho^1so^1$	骗子；动词：借端敲诈勒索钱财	列传
地党	di^6ton^3	地方的团伙	何典
诉师	$su^5\text{ʂ}^1$	诉讼师	用语

续表

词语	词音	词义	出处
用人	ʔioŋ¹ɲiəŋ²	佣人；受雇用的人；仆役	用语
厨司	dzʮ²sʮ¹	厨师，以烹制菜点为主要工作内容的人	用语
营兵	ʔiəŋ²piŋ¹	士兵	用语
马兵	mo²piŋ¹	骑兵	用语
提督	di²toʔ⁷	武职官名，负责统辖一省陆路或水路官兵	用语
镇台	tsəŋ⁵de²	总兵。掌一镇之军政，为重政大臣	用语
元帅	ŋyoe²tsœ²	最高军衔，始于16世纪的法国军队	用语
总督	tsoŋ³toʔ⁷	清朝统辖一省或数省行政、经济及军事的长官	方言
知府	tsʮ¹fu³	州府最高行政长官	方言
书办	sʮ¹bɛ⁶	明、清时期，府、州、县署名房书吏	土话
同年	doŋ²ɲie²	科举时代同一年考中的人，彼此称为同年	土话
脚班	tɕia²ʔpɛ¹	旧称搬运工人	土话
使客	sʮ³khəʔ⁷	客人；使者	土话
人码	ɲiəŋ²mo⁴	人品	列传
人淘	ɲiəŋ²dɔ²	在一起的人，人淘即人头，"淘"是"头"的转音	列传
泥水匠	ɲi²sœ³ziaŋ⁶	砌砖、盖瓦等一类的工人	方言
净衣人	ziŋ⁶ʔi¹ɲiəŋ²	洗衣工	用语
南头人	ne²dəu²ɲiəŋ²	南方人	土话
头目人	dəu²moʔ⁸ɲiəŋ²	领头的人	方言
种田人	tsoŋ⁵die²ɲiəŋ²	农民	方言
蓦生人	məʔ⁶səŋ¹ɲiəŋ²	陌生人	方言
客边人	khəʔ⁵bie¹ɲiəŋ²	外地人	方言
乡下人	ɕiaŋ¹ɦo¹ɲiəŋ²	生活在农村的人	方言
熟事人	zoʔ⁸zʮ⁶ɲiəŋ²	熟人	何典
人家人	ɲiəŋ²ka¹ɲiəŋ²	旧时正派家庭的中年妇女	列传
底下人	ti³ɦo⁶ɲiəŋ²	旧时指奴仆	列传
清倌人	tshiŋ¹kue¹ɲiəŋ²	尚未接客、仍为处女的妓女	列传
浑倌人	ɦuəŋ¹kue¹ɲiəŋ²	已经接过客的妓女	列传
红倌人	ɦoŋ²kue¹ɲiəŋ²	打扮时髦、名声大的妓女	列传
烂好人	lɛ⁶hɔ³ɲiəŋ²	老好人	何典
告化子	kɔ⁵huo⁵tsʮ³	乞丐，又作叫化子，讨饭个	方言
学生子	tsʮ²ʔsəŋ¹tsʮ³	徒弟；读书人	方言
苦恼子	khu³nɔ⁴tsʮ³	苦命人，可怜人；（形容词）苦，可怜	列传
坏坯子	hua⁵bi²tsʮ³	坏蛋，坏料子	列传
小夫子	sio³fu¹tsʮ³	年轻的读书人	土话
独干子	doʔ⁸kœ⁸tsʮ³	独居者	方言
管账个	kue³tsaŋ⁵ɦu⁶	会计	方言
卖票个	ma⁶phio³ɦu⁶	售票员	方言
杀肉个	saʔ⁷ɲioʔ⁸ɦu⁶	屠夫	方言
办事个	bɛ⁶zʮ⁶ɦu⁶	买办，办事员	方言
烧饭个	sɔ¹vɛ⁶ɦu⁶	煮饭的人	方言
箍桶个	ku¹thoŋ³ɦu⁶	箍桶匠，维修各类桶的工作者	方言

续表

词语	词音	词义	出处
趷脚个	ɦiaʔ⁸tɕiaʔ⁷fiu⁶	行走不便的人	方言
欠债个	tɕʰie⁵tsa⁵ fiu⁶	欠债人	方言
奏乐个	tsəu⁵lɔʔ⁷fiu⁶	吹奏手	方言
看马个	kʰœ⁵mo⁴fiu⁶	牧马人	方言
逃难个	dɔ²nɛ⁶fiu⁶	逃难的人	方言
步行个	bu⁶ɦiəŋ²fiu⁶	步行者	方言
门上个	məŋ²səŋ⁵fiu⁶	看门的，门卫	方言
带信个	ta⁵siŋ⁵fiu⁶	邮差	方言
摇船个	ɦiɔ²ze²fiu⁶	摇船的人，水手	方言
教书个	tɕiɔ¹sɿ¹fiu⁶	教师	方言
年更个	ŋie²kəŋ¹fiu⁶	打更人，更夫	方言
剃头个	tʰi⁵dəu²fiu⁶	理发师傅	用语
烧窑个	sɔ¹ɕii²fiu⁶	窑工。烧窑，指烧制陶器、瓷器等	用语
刻字个	kʰəʔ⁷zɿ⁴fiu⁶	刻字的人	用语
姓祝个	siŋ⁵tsoʔ⁷fiu⁶	姓祝的人	土话
当账个	tɔŋ¹tsaŋ⁵fiu⁶	管账的人	土话
印书个	ʔiəŋ⁵sɿ¹fiu⁶	印刷工	用语
订书个	tiŋ¹sɿ¹fiu⁶	装订工	用语
伟丈夫	ʔue²dzaŋ⁶fu¹	有抱负、有作为的男子汉；身材魁梧的男子	方言
皇太后	ɦuɔŋ²tʰe⁵fiəu⁶	皇帝母亲的尊号	方言
大块头	da⁶kʰue³dəu²	胖子，身材魁梧的人	方言
老老头	lɔ⁴lɔ⁴dəu²	对老年男子的称呼，有亲切味；老年男子自称	列传
书讹头	sɿ¹ŋu²dəu²	书呆子	何典
女先生	ŋy⁴sie¹səŋ¹	女教师	方言
土老儿	tʰu³lɔ⁴ŋi²	土包子	何典
好陶伴	hɔ³dɔ²be⁶	伴侣	方言
男人家	ne²ŋiəŋ²ka¹	男人	列传
红黑帽	ɦoŋ²həʔ⁷mɔ⁶	旧时地方官府的衙役戴红帽和黑帽，因用作衙役代称	列传
包打听	pɔ¹tɔŋ³tʰiŋ¹	巡捕房的密探；延伸为好打听消息或消息灵通的人	列传
小干仵	siɔ³kœ¹ʔu³	小孩。也作"小干五"	列传
小娘仵	siɔ³ŋiaŋ²ʔu³	女孩子。也作"小娘五"	列传
小把戏	siɔ³pɔ³ɕi⁵	小孩子	列传
小堂名	siɔ³dɔŋ²miŋ²	旧时婚丧庆典雇用的小乐队	列传
和事佬	fiu²zɿ⁶lɔ⁴	调停争端的人，特指无原则地进行调停的人	列传
测字个	tseʔ⁷zɿ⁴ku⁵	预测别人祸福的人	方言
一干仔	ʔiʔ⁷kœ¹tsɿ³	一个人。也作"一干子"	土话
做南货个	tsɔʔ⁷ne⁴hu⁵fiu⁶	做南货生意的人。南货：南方产的货，多指食物	用语
做洋货个	tsɔʔ⁷fiiaŋ²hu⁵fiu⁶	做外国货物生意的人	用语
开药店个	kʰe¹ʔia³tie⁵fiu⁶	经营药店的人。开：经营	用语
开京货个	kʰe¹tɕiəŋ¹hu⁵fiu⁶	经营京货店的人	用语
浇蜡烛个	tɕiɔ¹laʔ⁸dzoʔ⁸fiu⁶	制作蜡烛的人	用语
做纽子个	tsɔʔ⁷ŋiə⁴tsɿ³fiu⁶	生产纽扣的人	用语

续表

词语	词音	词义	出处
做钟表个	tsɔʔ⁷tsoŋ¹piɔ³ɦu⁶	修理钟表的人	用语
开店当个	kʰe¹tie⁵toŋ¹ɦu⁶	经营当铺店的人	用语
做粮食个	tsɔʔ⁷liaŋ²zɐʔ⁸ɦu⁶	加工粮食的人	用语
做衣裳个	tsɔʔ⁷ʔi¹dzaŋ²ɦu⁶	做衣服的人	用语
开花行个	kʰe¹huo¹ɦiaŋ²ɦu⁶	花行，花店。经营花店的人	用语
开酒店个	kʰe¹tsiɔ³tie⁵ɦu⁶	经营酒店的人	用语
开渔行个	kʰe¹ŋy²ɦiaŋ²ɦu⁶	经营渔行的人	用语
开船厂个	kʰe¹ze²tsʰaŋ³ɦu⁶	经营船厂的人	用语
开客寓个	kʰe¹kʰɔʔ⁷ŋy⁶ɦu⁶	经营旅店的人。客寓：寓居的地方，客店	用语
开茶馆个	kʰe¹dzo²kue¹ɦu⁶	经营茶馆的人	用语
开钱庄个	kʰe¹zie²tsoŋ¹ɦu⁶	经营钱庄的人	用语
开纸坊个	kʰe¹tsɿ³foŋ³ɦu⁶	经营纸店的人	用语
开书坊个	kʰe¹sɿ¹foŋ³ɦu⁶	经营书店的人	用语
开烟店个	kʰe¹ʔie¹tie⁵ɦu⁶	经营烟店的人	用语
开席坊个	kʰe¹dziʔ⁸foŋ³ɦu⁶	经营席店的人	用语
开混堂个	kʰe¹ɦuəŋ⁶doŋ²ɦu⁶	经营澡堂的人。混堂：澡堂	用语
开砖窑个	kʰe¹tse¹ʔiɔ²ɦu⁶	开砖窑的人	土话
排活字个	ba²ɦueʔ⁸tsɿ⁶ɦu⁶	排字工人	方言
管事体个	kue³zɿ⁶tʰi³ɦu⁶	管事情的人	方言
传福音个	dze²foʔ⁷ʔiəŋ¹ɦu⁶	传教士，基督教会派出去传教的人	方言
净衣裳个	ziŋ⁶ʔi¹dzaŋ²ɦu⁶	洗衣服的人	方言
半老佳人	pe⁵lɔ³ka¹ɲiəŋ²	半老徐娘，指尚有风韵的中年妇女	何典
逃难个人	dɔ²ne⁶ɦu⁶ɲiəŋ²	难民	方言
探听个人	tʰe⁵tʰiŋ⁵ɦu⁶ɲiəŋ²	侦察员	方言
立嗣儿子	liʔ⁸zɿ⁶ɲi²tsɿ³	过继到没有儿子的人家以继承该家产业的人	方言
过房儿子	ku⁵voŋ²ɲi²tsɿ³	收养的儿子，干儿子	方言
牢头禁子	lɔ²dəu⁶tɕiəŋ⁵tsɿ³	旧时监狱中的看守人员	方言
剃头司务	tʰi⁵dəu²sɿ¹vu⁶	剃头师傅	方言
鞋匠司务	ɦa²ziaŋ⁶sɿ³vu⁶	修鞋师傅	方言
槽坊司务	tsɔ²foŋ³sɿ³vu⁶	酿酒师傅。槽坊：酿酒的作坊	用语
针作司务	tsəŋ¹tsɔʔ⁷sɿ³vu⁶	指缝衣裳的人。针作：针作活，指缝衣裳	用语
篾匠司务	miʔ⁸ziaŋ⁶sɿ³vu⁶	篾匠	用语
染布司务	ŋie²pu⁵sɿ³vu⁶	染布师傅	用语
双生儿子	soŋ¹səŋ¹ɲi²tsɿ³	双胞胎儿子	方言
火居道士	hu³tɕy¹dɔ⁶zɿ⁶	成家结婚的道士，也称火宅僧	何典
搭脚阿妈	taʔ⁷tɕia²ʔ²aʔ⁷mo²	与主人同居的女佣；瘸脚女佣人，搭脚，瘸脚	何典
委尿丫头	ʔue³ɲiɔ⁶nɕiɔ³dəu²	小丫头；生理有问题的女孩子	何典
狗头军师	kəu³dəu²tɕyin¹sɿ¹	比喻爱给人出主意而主意又不高明的人	何典
好色之徒	hɔ⁵sɐʔ⁷tsɿ¹du²	喜欢女色、玩弄女性之人	何典
弟男子侄	di⁶ne²tsɿ³zɿ⁶	泛指晚辈男子	何典
白面伤司	bɐʔ⁸mie⁶soŋ¹sɿ¹	外表和善，内心凶恶之人。伤司：执役的鬼魂	何典
皇帝伯伯	ɦuoŋ²ti⁵pəʔ⁷pəʔ⁷	皇帝	玄空

词语	词音	词义	出处
阴阳先生	ʔiəŋ¹ʔiaŋ²sie¹səŋ¹	指懂风水、阴阳八卦、五行命理的一类人	列传
催生婆婆	tsʰœ¹səŋ¹buᵒbu²	用老法接生的助产士的旧称	列传
红头巡捕	ɦoŋ²dəu²dziŋ²bu⁴	租界里的印度巡捕，因裹着大红头巾，故此称	列传
石灰布袋	zaʔ⁸hue¹puˀde⁶	到处生事、闯祸，留下不好印象的人	列传
文人墨客	vəŋ²ɲiəŋ²məʔ⁸kʰəʔ⁷	指文人，文士。古人多用于形容读书人，有文采的人	列传
桩柄糙团	tsɔŋ¹piŋ³zɿ³dœ²	小男孩	何典
蟠藤亲眷	pʰɛ¹doŋ²tsʰiŋ¹tɕyoe⁵	各种亲眷	何典
说嘴郎中	sœʔ⁷tsœ³lɔŋ²tsoŋ¹	言过其实，只会讲不会做的人	何典
书启师爷	sɿ¹tɕi¹sɿ¹ʔia²	旧时官署里专管起草书信等事的人	土话
身上附鬼个	səŋ¹saŋ¹vuˀkue³fiu⁶	身上附鬼的人	方言
信耶稣个人	siŋ⁵ʔia¹suˀfiu⁶ɲiəŋ²	信耶稣的人	方言
熬小脚师姑	ʔɔ¹sio³tɕiaʔ⁷sɿ¹ku¹	指有俗欲的尼姑	何典

5. 植物 / 动物

（1）植物

词语	词音	词义	出处
杏仁	ɦiaŋ⁶ɲiəŋ²	落叶乔木植物山杏的种子	方言
芦荟	lu²ɦue⁶	多年生常绿草本植物	方言
梅子	me²tsɿ³	梅子（青梅），属蔷薇目，果梅树结的果	方言
竹头	tsoʔ⁷dəu²	竹头；竹竿	方言
豆结	dəu⁶tɕiʔ⁷	蚕豆、大豆等植物脱粒剩下茎。也作"豆萁"	方言
槟榔	piŋ¹lɔŋ²	槟榔	方言
樱桃	ʔiəŋ¹dɔ²	樱桃	方言
麸皮	fu¹bi²	小麦磨面筛剩下的碎皮	方言
砻糠	loŋ²kʰɔŋ¹	指稻谷经过砻磨脱下的壳	方言
佛手	veʔ⁸sə³	一种植物，果实状如手指，故名佛手	方言
丁香	tiŋ¹ɕiaŋ¹	属落叶灌木或小乔木，紫丁香的简称	方言
苏木	su¹moʔ⁸	豆科植物，中医上常用于治疗淤痛诸症	方言
胡麻	ɦu²mo²	亚麻	方言
时果	zɿ²ku³	新鲜水果	方言
桂圆	kue⁵ɦyoe²	龙眼	方言
香信	ɕiaŋ¹siŋ⁵	香菇	方言
芭蕉	po¹tɕio¹	芭蕉，又称大蕉	方言
文旦	vəŋ²tɛ⁵	柚子	方言
金瓜	tɕiəŋ¹kuo¹	南瓜	方言
番柿	fɛ¹zɿ⁴	番茄	方言
花红	huo¹ɦoŋ²	一种小苹果形状的水果	土话
天门冬	tʰie¹məŋ²toŋ¹	芦笋	方言
黄芽菜	ɦuoŋ²ŋa²tsʰe⁵	大白菜	方言
梧桐树	ɦu²doŋ²zɿ⁶	梧桐树，一种落叶乔木	方言
洋绣球	ɦiaŋ²sie³dzia²	天竺葵	方言

续表

词语	词音	词义	出处
落花生	lɔʔ⁸huo¹səŋ¹	花生，包括茎与实	方言
珍珠米	tsəŋ¹tsʮ¹mi²	玉米	方言
水浪边	sœ³lɔŋ⁶pie¹	荷叶	列传

（2）动物

词语	词音	词义	出处
窠	kʰu¹	动物的窝	何典
中生	tsoŋ¹səŋ¹	畜生。也说"众生"	方言
雄猪	ɦioŋ²tsʮ¹	种公猪；公猪	方言
臭虱	tsʰɘ⁵sʮ¹	臭虫	方言
蝴蝶	ɦu²diʔ⁸	蝴蝶	方言
百脚	pəʔ⁷tɕiaʔ⁷	蜈蚣类爬虫	方言
柴鱼	za²ŋy²	水性鱼类（产于寒带海域），外形柴条形，故称	方言
老鸦	lɔ⁴ʔɔ¹	乌鸦	方言
曲蟮	tɕʰioʔ⁷ze⁶	蚯蚓	方言
田鸡	die²tɕi¹	青蛙	方言
雁鹅	ŋɛ⁶ŋu²	鹅	方言
喜鹊	ɕi³tsʰiaʔ⁷	一种鸟，传说听见它叫有喜事来临，故称喜鹊	方言
活狲	ɦueʔ⁸səŋ¹	猴子	方言
鹦哥	ʔiəŋ¹ku¹	鹦鹉	方言
家雀	ka¹tsiaʔ⁷	麻雀	方言
猪鲁	tsʮ¹lu²	猪，又作猪狫，猪卢	方言
江猪	tɕiaŋ¹tsʮ¹	海豚	方言
三牲	sɛ¹səŋ¹	鸡、鱼、猪，古代祭祀用品。也称"太牢"	方言
麻鸟	mo²ŋiɔ⁴	麻雀	玄空
蜣螂	tɕʰiaŋ¹lɔŋ²	蟑螂	玄空
蛤蟆	keʔ⁷maŋ⁴	蚱蜢	玄空
邪狗	zia²kəu³	疯狗	列传
众生	tsoŋ⁵səŋ¹	畜生、牲畜	列传
猪椶毛	tsʮ¹tsoŋ¹mɔ²	猪等动物颈部的长毛	方言
游火虫	ɦiəu²hu³dzoŋ²	萤火虫	方言
驴屄眼	ly²pi⁵ŋe⁴	驴屁眼	何典
白土鲋	bəʔ⁸tʰu³vu⁶	一种鱼	何典
呱呱啼	kuo¹kuo¹di²	公鸡	列传
促织儿	tsʰoʔ⁷tsəʔ⁷ŋi²	蟋蟀	列传

6. 衣物 / 饮食

（1）衣物

词语	词音	词义	出处
袍	bo²	袍子，过膝的中式外衣	方言
纡身	ʔiu¹səŋ¹	围身布，围裙	方言
被头	bi²dəu²	被子	方言

词语	词音	词义	出处
铺盖	pʰu¹ke⁵	床单、毯子或其他床上用品	方言
襟头	tɕiəŋ⁵dəu²	衣襟口	方言
纽子	ŋiəʔtsʅ³	纽扣	方言
纽口	ŋiəʔkʰuə³	纽扣的口子	方言
洋布	ɦiaŋ²pu⁵	指机器织的平纹布，其技术从国外传入	方言
土布	tʰu³pu⁵	手工纺织的布，为国内用原始纺车、木织布机织成	方言
羽纱	ʔy³so¹	织物名，疏细者称"羽纱"，厚密者称"羽缎"	方言
小呢	sio³ŋi²	一种织物，今称开司米	方言
台单	de²tɛ¹	桌布	方言
马褂	mo⁴kuo⁵	男子穿在长袍外的对襟短褂，原是满人骑马时所穿服装	方言
领头	liŋ⁴dəu²	衣领	方言
绉纱	se¹so¹	织出绉纹的丝绸品	方言
褥子	zoʔ⁷tsʅ³	睡时垫在身下的物品，用棉花或鸭绒或兽皮或草制成	方言
衣裳	ʔi¹dzaŋ²	衣服	方言
棉袄	mie²ʔɔ³	保暖上衣，共有三层，最外一层叫面子	方言
夏布	ɦo⁶pu⁵	用苎麻的纤维织成的布，多用来做蚊帐或夏季服装	方言
手巾	sə³tɕiəŋ¹	毛巾，洗脸巾	方言
绢头	tɕyoe¹dəu²	手帕	方言
袷里	kaʔ⁷li³	衬里，内衬	方言
哔叽	bi²tɕi³	一种布	方言
面帕	mie⁶pʰo⁵	盖头，旧式婚礼新娘蒙在头上遮住脸的红绸布	方言
行头	ɦiaŋ²dəu²	衣物	列传
布衫	pu⁵sɛ¹	布制的单衣	列传
皮袄	bi²ʔɔ⁵	兽皮做的上衣	列传
纬帽	ʔue³mɔ⁶	红缨帽，官员的跟班亲兵等戴的	列传
结头	tɕiʔ⁷dəu²	绳结	列传
单衫	tɛ¹sɛ¹	单衣	列传
夹被	kaʔ⁷bi⁶	没有被胎，只有表里的被子	列传
孝白	ɕio⁵ʔsəʔ⁸	孝衣	列传
头面	dəu²mie⁶	首饰	列传
钏臂	tsʰe⁵pi⁵	手镯	列传
顶戴	tiŋ³te⁵	清代官员表示品级的帽饰	列传
纬帽	ʔue³mɔ⁶	清代官府差役的红缨帽，后阔人家的仆役在婚丧时也用	列传
帽正	mɔ⁶tsəŋ⁵	帽子前缘正中的装饰，一般用珠或玉	列传
花边	huo¹pie¹	技艺编织物，由欧洲传入上海。例：下束花边的裤子	列传
套裤	tʰɔ⁵kʰɔʔ⁷	罩在裤子外面用以御寒的裤子	列传
湖丝	ɦiu²sʅ¹	中国明清时期浙江湖州府出产的蚕丝	用语
杭绸	ɦiaŋ²dzə²	指杭州出产的丝绸	用语
素绸	su⁵dzə²	素绸缎，一种全真丝的绸缎	用语
花绸	huo¹dzə²	一种丝织品	用语
绵绸	mie²dzə²	用碎丝、废丝等织成的丝织品，表面不平整、不光滑	用语
丝巾	sʅ¹tɕiəŋ¹	女性围在脖子上的服装配饰	用语

续表

词语	词音	词义	出处
绸伞	dzə²sɛ³	以竹作骨，以绸张面，轻巧悦目，式样美观	用语
缎子	dœ⁶tsʴ³	质地较厚、一面平滑有光彩的丝织品	用语
绫子	liŋ²tsʴ³	像缎子而比缎子薄的丝织	用语
多罗呢	tu¹lu²ni²	毛呢布	方言
宽紧带	kʰue¹tɕiəŋ³ta⁵	松紧带	方言
洋衣裳	ɦiaŋ²ʔi¹dzaŋ²	洋服，指西装	土话
大毛儿	da⁶mɔ²ŋi²	旧时指直毛的皮筒子，如貂皮、猞猁皮等	列传
捆身子	kʰuəŋ³səŋ¹tsʴ³	贴身内衣。也作"困身子"	列传
红黑帽	ɦoŋ²həʔ²mɔ⁶	地方官府衙役戴的红帽和黑帽，后指礼仪服	列传
温布衫	ʔuəŋ¹pu⁵sɛ¹	一种服装；比喻难以摆脱的麻烦事	列传
白地花布	bəʔ⁸diⁿhuo¹pu⁵	一种布	方言
东洋衣裳	toŋ¹ɦiaŋ²ʔi¹dzaŋ²	日本和服	土话

（2）饮食

词语	词音	词义	出处
囊	nɔŋ²	橘子一瓣叫一囊	方言
粥	tsoʔ⁷	用粮食或粮食加其他东西煮成的半流质食物	方言
薄粥	boʔ⁸tsoʔ⁷	稀饭	土话
羹饭	kəŋ¹vɛ⁶	饭	何典
哔酒	piʔ⁷tsia³	啤酒	方言
馒头	me⁶dəu²	包子；用发酵面粉蒸成的无馅的食品	方言
咸水	ɦiɛ²sœ³	含盐的水	方言
奶油	na⁴ɦiə²	指乳经加工而制成的乳制品	方言
麻油	mo²ɦiə²	香油	方言
玉桂	ŋioʔ⁸kue⁵	肉桂	方言
担饭	tɛ¹vɛ⁶	带饭	方言
火腿	hu³tʰe³	腌制或熏制的动物后腿	方言
喜春	ɕi³tsʰəŋ¹	茶叶名	方言
雨前	ʔy³zie²	茶叶名	方言
糠皮	kʰɔŋ¹bi²	麦粒的表皮	方言
罐头	kue⁵dəu²	罐装食品	方言
卤咸	lu⁴ɦiɛ²	卤盐	方言
糠脚	kʰɔŋ¹tɕia⁷	糖蜜，糖浆	方言
山芋	sɛ¹ʔy⁵	番薯	方言
酵头	tɕiɔ⁵dəu²	酵母	方言
塔饼	tʰaʔ⁷piŋ³	是一种用菜烙的馅饼，多用韭菜做馅	何典
黄烟	ɦuaŋ²ʔie¹	用烟草与蜂蜜或者水果制成，并用水烟袋吸食	列传
干湿	kœ¹sʴ¹	桂圆等干果与果脯等。干：瓜籽；湿；水果	列传
围签	ɦue²tsʰie¹	果盘	列传
稀饭	ɕi¹vɛ⁶	粥	列传
菜水	tsʰe⁵sœ³	菜肴	列传
烟泡	ʔie¹pʰɔ⁵	把鸦片烟膏就烟灯烧成的圆形小泡子	列传

词语	词音	词义	出处
旱烟	fiœ⁶ʔie¹	装在烟斗内点燃通过烟管吸食的烟草	列传
水烟	sœ³ʔie¹	通过注有水的铜（竹）管吸食的烟草	列传
烧卖	sɔ¹ma⁶	烧麦	列传
大菜	da⁶tsʰe⁵	西餐	列传
干饭	kœ¹vɛ⁶	米饭	列传
汤团	tʰɔŋ¹dœ²	汤圆	列传
排南	ba²ne²	火腿	列传
饼干	piŋ³kœ¹	以面粉为主要原料烤制而成的片状西式点心	列传
温暾	ʔuɐŋ¹tʰɐŋ¹	不冷不热，多指食物	列传
百叶	pəʔ⁷ʔiʔ⁷	豆腐皮，豆制品，形薄如纸色黄白。也作"千张"	方言
饭用	vɛ⁶ɦioŋ⁶	用饭	土话
酒席	tɕiə³dziʔ⁸	宴席	方言
吃局	dʑiʔ⁸dʑioʔ⁸	宴席。也作"喫局"	方言
乌烟	ʔu¹fiie¹	鸦片	方言
洋烟	fiiaŋ²ʔie¹	从国外进口的鼻烟；鸦片的俗称	方言
咸猪肉	fiiɛ²tsʅ¹ŋioʔ⁸	腌制的猪肉	方言
武彝茶	ʔu¹fiii²dzo²	武夷岩茶，产于武夷，茶树生长在岩缝中	方言
牛奶饼	ŋiə²na³piŋ³	芝士饼	方言
第号茶	di⁶fiio⁶dzo²	一种牌子的茶	方言
汤连水	tʰɔŋ¹lie²sœ³	一种汤水	何典
面汤水	mie⁶tʰɔŋ¹sœ³	洗脸用的热水	土话
米粒头	mi⁴liʔ⁸dəu²	米粒	土话
菜名头	tsʰe⁵miŋ²dəu²	菜名	土话
灶头饭	tsɔ⁵dəu²vɛ⁶	用灶做出来的饭	玄空
荷兰水	fiu²lɛ²sœ³	一种棕色的柠檬苏打水	列传
镶边酒	siaŋ¹pie¹tɕiə³	在酒席上陪客人喝酒，陪客不需要花钱	列传
绍兴酒	zɔ⁶ɕiəŋ¹tɕiə³	绍兴出产的黄酒	列传
香槟酒	ɕiaŋ¹piŋ¹tɕiə³	含有二氧化碳的起泡沫的白葡萄酒，原产于法国香槟省，故此名	列传
干稀饭	kœ¹ɕi¹vɛ⁶	酒席即将结束时吃的主食	列传
贯肉肠子	kue⁵ŋioʔ⁸dzaʔ⁴tsʅ³	腊肠	方言
倒头羹饭	tɔ⁵dəu²kəŋ¹vɛ⁶	倒头饭，人死的时候，供祭在死人前的饭食	何典
豆腐羹饭	dəu⁶vu⁶kəŋ¹vɛ⁶	豆腐饭，年夜饭摆有一盘豆腐，取其谐音"都福"	何典

7. 建筑 / 用品

（1）建筑

词语	词音	词义	出处
寓	ŋy⁶	家	土话
宅基	dzəʔ⁸tɕi¹	住宅的地基	何典
门闩	məŋ²ŋaʔ⁸	门栓，闩门的短横木	方言
窗帘	tsʰuɐŋ¹lie²	竹窗帘，用竹片编制成	方言
天井	tʰie¹tsiŋ³	宅院中房与房之间或房与围墙之间所围成的露天空地	方言

续表

词语	词音	词义	出处
客堂	$k^h\vartheta\Omega^7d\mathrm{o}\eta^2$	客厅	方言
栈房	$dz\mathrm{\scriptstyle E}^6v\mathrm{o}\eta^2$	存放货物的地方，仓库	方言
茅舍	$m\mathrm{o}^2so^5$	草棚	方言
更舍	$k\vartheta\eta^1so^5$	值班守望用的小屋	方言
匾额	$pie^1\eta\vartheta\Omega^8$	匾	方言
游廊	$\Omega i\vartheta^2l\mathrm{o}\eta^1$	走廊	方言
顶子	$ti\eta^3ts\textrm{\textrhookrevepsilon}^3$	建筑的尖顶，小尖塔	方言
背房	$pe^5v\mathrm{o}\eta^2$	朝北的房子	方言
更楼	$k\vartheta\eta^1l\vartheta u^2$	专作报更用的楼，设有更鼓	方言
壁脚	$pi\Omega^7\textrm{\textteshlig}ia^7$	墙角	玄空
牢监	$l\mathrm{o}^2k\mathrm{\scriptstyle E}^1$	牢房、监狱	玄空
污坑	$\Omega u^1k^h\mathrm{o}\eta^1$	茅坑	玄空
露台	lu^6de^2	阳台	列传
披屋	$p^hi^1\Omega o\Omega^1$	正屋旁倚墙所搭的小屋	列传
屏门	$bi\eta^2m\vartheta n^2$	指遮隔内外院的门	列传
腰门	$\Omega i\vartheta^1m\vartheta n^2$	正门以内的第二重门，亦指两厅中间的隔门	列传
洋房	$\textrm{\texthth}ia\eta^2v\mathrm{o}\eta^2$	欧美式的房屋	列传
洋楼	$\textrm{\texthth}ia\eta^2l\vartheta u^2$	欧式的楼房	列传
客栈	$k^h\vartheta\Omega^2dz\mathrm{\scriptstyle E}^2$	旅馆	列传
乾宅	$k\mathrm{\textoe}^1dz\vartheta\Omega^8$	婚礼称男方家为"乾宅"，女方家为"坤宅"	列传
阳台	$\textrm{\texthth}ia\eta^2de^2$	楼房的小平台；晒台	列传
对过	te^5ku^5	对面的房子	列传
厢房	$sia\eta^1v\mathrm{o}\eta^2$	正房前面的两间厢房	列传
静房	$zi\eta^6v\mathrm{o}\eta^2$	和尚、道士、居士、隐者等的住房或修行处所	何典
栅拦	$ts^h\vartheta\Omega^7l\mathrm{\scriptstyle E}^2$	用木条等做成类似篱笆的东西。也作"栅栏"	方言
石库门	$za\Omega^8k^hu^5m\vartheta n^2$	一种融汇中西方文化的新型建筑，多见于上海的旧弄堂	列传
大菜间	$da^6ts^h\vartheta^5k\mathrm{\scriptstyle E}^1$	吃西餐的餐厅	列传
阶檐石	$ka^1\textrm{\texthth}ie^2za\Omega^8$	阶沿石	方言
壁角落	$pi\Omega^7\textrm{\textteshlig}ia\Omega^7l\mathrm{o}\Omega^8$	墙角	玄空
灶头间	$ts\mathrm{o}^5d\vartheta u^2k\mathrm{\scriptstyle E}^1$	厨房	玄空
小房子	$sio^3v\mathrm{o}\eta^2ts\textrm{\textrhookrevepsilon}^3$	妓院外的私寓、分租的房间	列传
亭子间	$di\eta^2ts\textrm{\textrhookrevepsilon}^3k\mathrm{\scriptstyle E}^1$	旧式楼房中的小房间，在房子后部的楼梯中间，狭小黑暗	列传
高堂大厦	$k\mathrm{o}^1d\mathrm{o}\eta^2da^6sa\Omega^7$	指高耸的楼房。同"高楼大厦"	何典

（2）用品

①工作（劳动）类

词语	词音	词义	出处
筛	$s\textrm{\textrhookrevepsilon}^1$	筛子	方言
箩	lu^2	箩筐	方言
铳	$ts^h\mathrm{o}\eta^3$	一种旧式火器	方言
斧头	$fu^3d\vartheta u^2$	斧子	方言
凿子	$z\mathrm{o}^2ts\textrm{\textrhookrevepsilon}^3$	凿子	方言

词语	词音	词义	出处
锄头	dzu²dəu²	南方用的形状像镐的农具；锄	方言
铁锤	tʰiʔ⁷dzœ²	铁锤	方言
洋枪	ɦiaŋ²tsʰiaŋ¹	旧指西式枪支	方言
酒醡	tɕiə³zoʔ⁸	榨酒机	方言
咨钻	tsʅ¹tsœ⁵	锥子	方言
畚箕	fəŋ³tɕi¹	畚斗，用来装垃圾的器物	何典
铧锹	ɦioʔ⁸tɕʰiɔ¹	即锹，一种掘地农具	何典
钉头	tiŋ¹dəu²	钉子	玄空
顶子	tiŋ³tsʅ³	钉子	列传
铁头	tʰiʔ⁷dəu²	榔头	玄空
响器	ɕiaŋ³tɕʰi⁵	锣鼓等打击乐器	列传
箱笼	siaŋ¹loŋ²	出门时携带的各种放置衣物的器具	列传
香水	ɕiaŋ¹sœ³	香料、酒精、蒸馏水等制成的化妆品，19世纪传入	列传
护心镜	ɦu⁶siŋ¹tɕiəŋ⁵	古代镶嵌在战衣胸背部位用以防箭的铜镜	方言
时辰钟	zʅ²zəŋ²tsoŋ¹	时钟	方言
织布机	tsəʔ⁷puˀtɕi¹	纺机、织机、棉纺机	方言
千里镜	tsʰie¹li²tɕiəŋ⁵	望远镜	方言
寒暑表	ɦœ²sʅ³piɔ³	家用的温度计	列传
铅砣子	kʰɛ¹du²tsʅ³	铅锤，坠子	方言
鲁班尺	lu³pɛ¹tsʰəˀ³	古代民间建筑工具，用于量度和确定门户和家具尺寸	方言

②生活类

词语	词音	词义	出处
囊	nɔŋ²	口袋；荷包	方言
篗	loʔ⁸	篮子状的竹器	方言
筐	kʰuɔŋ¹	用竹篾、柳条、荆条等编的容器	方言
盏	tsɛ³	小杯子	方言
瓮	ʔoŋ⁵	瓮，一种盛东西的陶器，腹部较大	方言
杓	piɔ¹	一种有柄可以舀东西的器具	方言
傢生	ka¹səŋ¹	家具	方言
家当	ka¹tɔŋ¹	财产	列传
篮头	lɛ²dəu²	篮子	方言
风厢	foŋ¹siaŋ¹	风箱	方言
钟铃	tsoŋ¹liŋ²	闹钟	方言
镬子	ɦoʔ⁸tsʅ³	锅子	方言
书橱	sʅ¹dzʅ²	藏书的橱柜	方言
镯头	tsɔʔ⁷dəu²	手镯	方言
匣子	ɦiaʔ⁸tsʅ³	盖可以开合的小箱子、小盒子	方言
银篦	ɲiŋ²bi²	古代妇女的一种银质首饰，亦可用以梳发	方言
抽头	tsʰəˀ¹dəu²	抽屉	方言
揩布	kʰa¹pu⁵	擦拭（如家具上）尘土的抹布	方言
傢伙	ka¹hu³	器具，用具	方言

续表

词语	词音	词义	出处
家生	ka¹səŋ¹	家具；居室用品；器物	方言
磨子	mu⁶tsʐ³	用两个圆石盘做成的把粮食弄碎的工具	方言
葫瓢	ɦu²biɔ²	葫芦瓢，舀水工具，用葫芦干壳做成的勺	方言
面盆	mie⁶bəŋ²	脸盆	玄空
揸盆	tɛ³bəŋ²	痰盂	玄空
洗帚	si¹tsə³	扫帚	玄空
烟榻	ʔie¹tʰaʔ⁷	烟床	列传
挂钟	kuo⁵tsoŋ¹	悬挂式的时钟	列传
饭盂	vɛ⁶ʔy²	盛饭的钵盂	列传
抿子	min²tsʐ³	妇女梳头时抹油等用的小刷子	列传
杌子	ɦiəʔ⁸tsʐ⁸	凳子	列传
榻床	tʰaʔ⁷zoŋ²	床	列传
插戴	tsʰaʔ⁷te⁵	女子戴在头上的装饰品，即首饰	列传
围签	ɦue²tsʰie¹	旧时筵席上盛水果、蜜饯的碟子	列传
洋烛	ɦiaŋ²dzoʔ⁸	洋蜡烛	列传
手照	sə³tsɔ⁵	手持的照明工具，如灯笼、风灯、烛台、灯盏	列传
蠡灯	tsʰoʔ⁷təŋ¹	旧放在官署或官僚家大门两侧的一种成对的高脚灯笼	列传
壁灯	piʔ⁷təŋ¹	安墙壁上的灯	列传
洋灯	ɦiaŋ²təŋ¹	带有玻璃护罩的煤油灯	列传
烟枪	ʔiaŋ¹tsʰiaŋ¹	吸鸦片的用具，简称"枪"	列传
斗门	təu³məŋ²	鸦片烟枪装鸦片的口子	列传
烟灯	ʔie¹təŋ¹	吸鸦片用来烧烟泡的灯	列传
烟盘	ʔie¹bɛ²	放置鸦片烟具的盘子	列传
考篮	kʰɔ¹lɛ²	两层有盖的长方形小竹篮，上有提手，为读书人入考场之用	列传
香膏	ɕiaŋ¹kɔ¹	芳香的脂膏	方言
肥皂	vi²zɔ⁶	洗涤去污用的化学制品，通常制成块状	用语
生炭	səŋ¹tʰɛ⁵	没有烧过的炭	土话
热炭	ze?⁸tʰɛ⁵	还烧着的炭	土话
料作	liɔ⁶tsɔʔ⁵	作料	土话
洋肥皂	ɦiaŋ²vi²zɔ⁶	近代洗涤去污的化学制品，通常是块状的	列传
自来火	zʐ⁶le²hu³	火柴；煤气灯	方言
助生气	dzu⁶səŋ¹tɕʰi⁵	氧气	方言
猛火油	məŋ⁴hu³ʔiə²	石油	方言
风雨镖	foŋ¹ʔy³piɔ¹	气压计，晴雨表	方言
水铫子	sœ³ʔiɔ²tsʐ³	烧水用的器具，即水壶	列传
水烟筒	sœ³ʔie¹doŋ²	一种用铜、竹制成的吸烟用具	列传
阴凉棚	ʔiəŋ¹liaŋ²bəŋ²	凉棚	方言
万民伞	vɛ⁶miŋ²sɛ³	旧时绅民为颂扬离任地方官的德政而赠送的伞	方言
圆圈子	ɦyoe²tɕʰyoe¹tsʐ³	手环	方言
圈手椅	tɕʰyoe¹sə³ʔi²	有扶手的椅子	方言
铁锅子	tʰiʔ⁷kuᵃ¹tsʐ³	铁锅	方言
镬肚底	ɦu¹tu⁵ti³	锅底	何典

词语	词音	词义	出处
缸爿头	koŋ¹bɛ²dəu²	水缸被打破后的碎片	何典
鸡缸杯	tɕi¹koŋ¹pe¹	酒杯名，器形较矮，敞口，卧足，杯上画有雌雄鸡及雏鸡	列传
保险灯	po¹ɕie³təŋ¹	火油灯	列传
剔牙杖	tʰiʔ⁷ŋa⁴dʑaŋ⁶	剔除牙垢的细棍，即牙签	列传
油搭扇	ʔiə²taʔ⁷sɛ⁵	一种竹骨黑油纸面的折扇	列传
五更鸡	ʔu¹kəŋ¹tɕi¹	钢制的小炉，下可燃油灯	列传
鞋叶子	ɕyoe³ʔiʔ⁷tsɿ³	鞋把子，在布鞋帮后部边沿缝制的布叶片	列传
杖阿棒	dʑaŋ⁶ʔa¹boŋ⁶	拐杖	方言
孛相干	bi²siaŋ¹kœ¹	玩具。也作"孛相杆"	方言
罗汉榻	lu²ɦœ⁵tʰaʔ⁷	罗汉床	用语
螺丝钻	lu²sɿ¹tsœ⁶	开酒瓶的工具	土话
鸡毛撢肘	tɕi¹mɔ²tsɔ²tsə³	手柄上装鸡毛的拂尘工具	方言

8. 事物 / 事情

词语	词音	词义	出处
盘	be²	礼物	列传
事体	zɿ⁶tʰi³	事情，事儿	方言
物事	veʔ⁸zɿ⁶	事物，东西	方言
才具	dze²dʑy⁶	才能	方言
本事	pəŋ³zɿ⁶	本领	方言
光景	kuɔŋ¹tɕiəŋ³	光阴，时光；风光景物	方言
惯者	kuɛ⁵tso³	习惯了	方言
内行	ne⁶ɦiaŋ²	指对某种工作或技术有丰富经验	方言
对头	te⁵dəu²	对手，冤家	方言
诞日	dɛ⁶zeʔ⁸	生日	方言
余头	ʔy²dəu²	剩余部分	方言
寿诞	zə⁶dɛ⁶	寿辰	方言
累墨	le⁴məʔ⁷	墨污	方言
支派	tsɿ¹pʰa⁵	分支	方言
泥水	ɲi²sœ³	砌砖、盖瓦的活儿	方言
硫磺	liə²ɦuɔŋ²	硫磺	方言
玛瑙	mo⁴nɔ⁴	宝石"玛瑙"源于佛经，梵语"阿斯玛加波"，义为马脑	方言
银硃	ɲiəŋ²tsʮ¹	朱砂	方言
石漆	zaʔ⁸tsʰiʔ⁷	石油	方言
绿膏	loʔ⁷kɔ¹	绿色的油漆	方言
绒盐	dzoŋ²ʔie²	硫酸盐	方言
洋铜	ɦiaŋ²doŋ²	白铜	列传
铅弹	tsʰie¹dɛ⁶	子弹	方言
塞头	səʔ⁷dəu²	塞子	方言
蓬尘	boŋ⁷dzəŋ⁷	灰尘	方言
本分	pəŋ³fəŋ⁵	本身应尽的责任和义务；安于所处的地位和环境	方言
盘费	pʰɛ²fi⁵	路费；旅费	方言

续表

词语	词音	词义	出处
福气	foʔ^{7}tɕʰi^5	好的运气	方言
花箍	huo^{1}ku^1	花环	方言
垃絮	laʔ^{8}sy^5	垃圾	方言
栲皮	kʰɔ^{3}bi^2	做鞋垫的材料	方言
码子	mo^{4}tsɿ^3	模子	方言
法子	faʔ^{7}tsɿ^3	方法	方言
生活	səŋ^{1}ɦueʔ^8	活儿	方言
同伙	doŋ^{2}hu^3	同党	方言
蒪纸	tʰoŋ^{1}tsɿ^3	印报刊用的普通白纸	方言
火纸	hu^{3}tsɿ^3	涂着硝的纸，引火用；祭奠死人时烧的纸	方言
纸头	tsɿ^{3}dəu^2	纸	土话
玩器	ʔuɛ^{2}tɕʰi^5	玩具	方言
小照	sio^{3}tsɔ^5	相片	方言
共数	goŋ^{6}su^5	总数	方言
做亲	tsu^{5}tsʰiŋ^1	结婚仪式	玄空
竹爿	tsoʔ^{7}bɛ^2	竹片	玄空
情由	dziŋ^{2}ʔiə^2	原因	玄空
干己	kœ^{1}tɕi^1	干系	列传
冤牵	ʔyoe^{1}tsʰie^1	冤孽	列传
运道	ʔyin^{5}dɔ^6	运气	列传
端的	tœ^{1}tiʔ^7	事情经过、底细	列传
头路	dəu^{2}lu^6	线索、头绪	列传
乱梦	lœ^{6}moŋ^6	噩梦	列传
拆号	tsʰaʔ^{7}ɦɔ^6	绰号	列传
绮语	dzi^{4}ŋy^4	花言巧语	列传
把势	po^{3}sɿ^5	指妓院和其他出卖色艺的行业	列传
数目	su^{5}moʔ^8	规矩，底儿，引申为明白、了解，与心里有数的"数"同义	列传
陶成	dɔ^{2}dzəŋ^6	出息；分寸	列传
花头	huo^{1}dəu^2	花招；新奇的主意或办法；隐指男女之间不正当关系	列传
电报	die^{6}pɔ^5	通过发报机传送的消息	列传
摆设	pa^{3}seʔ^5	陈设品	列传
台面	be^{2}mie^6	大庭广众的场合	列传
当水	toŋ^{1}sœ^3	骗局	列传
经络	tɕiŋ^{1}ɔʔ^8	花样，诀窍	列传
头里	dəu^{2}li^2	睡梦中	列传
名头	miŋ^{2}dəu^2	名义；名字	土话
累蠾齪	le^{4}ʔoʔ^{7}tsʰoʔ^7	污渍	方言
火烙印	hu^{3}lɔʔ^{8}ʔiəŋ^5	烙印，比喻不易磨灭的标记	方言
造化主	zɔ^{6}huo^5 tsʰɿ^3	基督教等宗教称创造万物的上帝	方言
地搁板	di^{6}kɔʔ^{7}pɛ^3	地板	方言
吸铁石	siʔ^{7}tʰiʔ^{7}zaʔ^8	吸铁石，磁石	方言
样色样	ʔiaŋ^{5}səʔ^{7}ʔiaŋ^5	种种事、各方面。也作"样式样"	列传

续表

词语	词音	词义	出处
话靶戏	ɦuo⁶po³ɕi⁵	话柄	列传
花斧头	huo¹fu²dəu²	花样经，花样，花招，把戏	何典
散生日	se⁵səŋ¹zeʔ⁸	小生日，指岁数不是整数的生日	何典
催命鬼	tsʰœ¹miŋ¹kue³	迷信谓催人早死的鬼使；常以喻庸医、悍吏、恶霸	何典
虚心事	ɕy¹siŋ¹z̩⁶	亏心事	土话
西洋花	si¹ɦiaŋ²huo¹	用西方一种装饰形式做成的板面、床单的图案	土话
卡子栅栏	kʰaʔ⁷tsz̩³tsʰəʔ⁷lɛ²	关卡	方言
当得之赏	toŋ¹təʔ⁷tsz̩¹soŋ³	应该得到的奖励	方言
针线生活	tsəŋ¹sie⁵səŋ¹ɦueʔ⁸	针线活儿	方言
首先表样	sə³sie¹piɔ³ʔiaŋ⁵	原型	方言
年灾月晦	ɲie²tse¹ɲœʔ⁸hue⁵	旧时迷信说法，指在一定时刻将遭遇某种灾难	何典
白头呈子	bəʔ⁸dəu²dzəŋ²tsz̩³	指没有被告姓名的状子。呈子：状子	何典
琴棋书画	dziəŋ²tɕʰi¹sz̩¹ɦuo⁶	是弹琴、弈棋、写字、绘画，常用以表示个人的文化素养	何典
酒肉兄弟	tsiə³ɲioʔ⁸ɕioŋ¹di⁶	酒肉朋友，在一起只是吃喝玩乐而不干正经事的朋友	何典
流动个物事	liə²doŋ⁶ɦuʔ⁶veʔ⁸zz̩⁶	流动的东西	方言
好字相个事体	hɔ³beʔ⁷siaŋ⁵ɦuʔ⁶zz̩⁶tʰi³	好玩的事情	方言

9. 农业

词语	词音	词义	出处
稻田	dɔ²die²	指生长水稻的水田；种稻的田	方言
农事	noŋ²zz̩⁶	农业生产活动	方言
种田	tsoŋ⁵die²	从事田间劳动	方言
蚕茧	ze²tɕi³	指桑蚕的茧	方言
荒年	ɦuoŋ²ɲie²	指庄稼欠收或颗粒无收的年头	方言
秋麦	tɕʰiɔ¹meʔ⁸	成熟的禾稼	方言
耕地	yin¹di⁶	耕地	方言
农器	noŋ²tɕʰi⁵	农具，农业生产使用的工具，多指非机械化的	方言
坑砂	kʰəŋ¹so¹	块状肥料	方言
麦头	meʔ⁸dəu²	麦穗	方言
田头	die²dəu²	田地	土话
垄田	bəŋ⁶die²	翻土	土话
麦秕	meʔ⁸sz̩¹	细碎的麦粒	何典
麦实头	meʔ⁸zeʔ⁸dəu²	麦穗	方言
种田人	tsoŋ⁵die²ɲiŋ²	农民	方言
小麦柴	siɔ³meʔ⁸za²	小麦秆	方言

10. 工商业

词语	词音	词义	出处
俸	voŋ⁶	旧指官员等所得的薪金	方言
配	pʰe⁵	赔	列传
会	ɦue⁶	旧时一种筹款方式	列传

续表

词语	词音	词义	出处
文契	vəŋ²tɕi⁵	旧时买卖房地产、借贷等所立的契约	方言
合同	ɦeʔ⁸doŋ²	也叫"契约"	方言
钱庄	zie²tsoŋ¹	银行	方言
钱票	zie²pʰiɔ⁵	中国宋代以后一种能代替硬币的纸币	方言
银票	ŋiəŋ²pʰiɔ⁵	旧时印有银两数额代替银两的纸币	方言
期标	dʑi²piɔ¹	商品买卖中的一种定期付款的票据	方言
约据	ʔia²¹tɕy⁵	合同、契约等的统称	方言
文书	vəŋ²sɿ¹	公文、书信、契约等	方言
文契	vəŋ²tɕi⁵	旧时买卖房地产、借贷等所立的契约	方言
货色	hu⁵səʔ⁷	货物	方言
铜钱	doŋ²zie²	秦汉以后的各类方孔圆钱,一直延伸到20世纪初	方言
鹰洋	ɦiəŋ¹ʔiəŋ²	墨西哥银元	方言
洋钱	ɦiaŋ²zie²	清代对外国流入的银铸币的称谓	方言
洋行	ɦiaŋ²ɦoŋ²	外国商人在中国设立的商行商号	方言
洋货	ɦiaŋ²hu⁵	外国货,来自海外的货物	方言
字号	zɿ⁶ɦɔ⁶	商店;商店名称	方言
升斗	səŋ¹təu¹	容量单位;微薄的薪俸;少量的米粮、口粮;指酒	方言
茶客	dzo²kʰəʔ⁷	茶商	方言
典当	tie³toŋ⁵	当铺	方言
典质	tie³tseʔ⁷	以物为抵押换钱,可在限期内赎回	列传
当头	toŋ⁵dəu²	典当物	方言
当票	toŋ⁵pʰiɔ⁵	当铺的单据,上面写明抵押品、抵押钱数,抵押期	方言
铺子	pʰu⁵tsɿ³	设有门面销售商品或进行其他营业的处所	方言
皮货	bi²hu⁵	皮制类货物	方言
股子	ku³tsɿ³	股份	方言
贩户	fe⁵ɦu⁶	小贩,零售商	方言
营生	ʔiəŋ²səŋ¹	用来维持生计的生意	何典
铜钿	doŋ²die⁶	钱	玄空
蚀本	zɿ²pəŋ³	亏本	玄空
消场	siɔ¹dzaŋ²	销售市场、销路	列传
菜账	tsʰe⁵tsaŋ⁵	吃饭的账单	列传
台单	de²tɛ¹	菜单	列传
会钱	ɦue⁶zie²	指加入组织的成员按期平均交纳的款项	列传
会账	ɦue⁶tsaŋ⁵	付款	列传
局票	dʑioʔ⁸pʰiɔ⁵	叫妓女来侑酒的条子	列传
客目	kʰəʔ⁷moʔ⁸	宴席主人请客的通知单,上有时间、地点、客人姓名	列传
票头	pʰiɔ⁵dəu²	票子	列传
下脚	ɦɔ⁶tɕiaʔ⁷	给男女佣人的赏钱	列传
局账	dʑioʔ⁸tsaŋ⁵	叫局的账、叫条子的账	列传
借转	tsia⁵tse³	周转	列传
讨账	tʰɔ³tsaŋ⁵	讨债	方言
进益	dʑiəŋ⁶ʔieʔ⁷	进账	列传

续表

词语	词音	词义	出处
带挡	ta⁵tɔŋ³	妓院女佣投资分担开办费	列传
帮贴	pɔŋ¹tʰiʔ⁷	资助	列传
堂布	dɔŋ²pu⁵	妓院账簿	列传
写纸	sia³tsʅ³	立契约	列传
英洋	ʔiəŋ¹ɦiaŋ²	当时墨西哥银元上有鹰的图案，因讹称"英洋"	列传
开市	kʰe¹zʅ⁶	开店	土话
批单	pʰi¹tɛ¹	订货单	土话
赚头	zɛ⁶dəu²	赚的部分	土话
折本	tseʔ⁷pəŋ³	指赔本，亏本	土话
利钱	li⁶zie²	利息	土话
元宝	ŋyœ²pɔ³	纸锭，用锡箔糊制成银锭状的冥钱	方言
报货单	pɔ³hu⁵tɛ¹	订货单	方言
有消头	ʔiə⁵sio¹dəu²	有需要的，销路好的，商品紧俏	方言
无消场	vu²sio¹dzaŋ²	销路不畅，商品滞销	方言
赚铜钱	zɛ⁶doŋ²zie²	赚钱	方言
打秋风	tɔŋ³tsʰʔieʔ¹foŋ¹	利用各种关系假借名义向有钱的人索取财物	方言
讲斤头	tɕiaŋ³tɕiəŋ¹dəu²	按重量售货	方言
摇钿树	ʔio²die²zʅ⁶	摇钱树	玄空
生意经	səŋ¹ʔi⁵tɕiəŋ¹	生意	玄空
把势饭	pɔ³sʅ⁵vɛ⁶	出卖色艺的职业，即做妓女	列传
三节账	sɛ¹tɕiʔ²tsaŋ¹	在端午、中秋、除夕三个节日索要的欠账	列传
定头银	diŋ⁶dəu²ŋiəŋ²	定金	土话
重利钱	dzoŋ⁶li²zie²	高利贷	土话
通扯行情	tʰoŋ¹tsʰo³ɦiaŋ²dziŋ²	普遍的市场行情	方言
船上货色	ze²saŋ⁵hu⁵səʔ⁷	船上货物	方言
出口货色	tsʰeʔ⁷kʰəu³hu⁵səʔ⁵	出口货物	方言
外折生意	ŋa⁶tsʰɔ¹səŋ¹ʔi⁵	不属于本行业范围内的买卖	列传
下脚洋钱	ɦiɔ⁶tɕia⁷ɦiaŋ²zie²	小费、小账的意思，边角余料，也叫作"下脚"	列传
吕宋票店	ly²soŋ⁵pʰiɔ³tie⁵	彩票店	列传

11. 交通类

词语	词音	词义	出处
轴	dzoʔ⁸	车轴	方言
锚	mɔ²	船停泊时所用的器具，用铁制成	方言
脚路	tɕiaʔ⁷lu⁶	走过的路	何典
马路	mo⁴lu⁶	城市或近郊修筑的供人和车马行走的平坦道路	列传
船户	ze²ɦu⁶	以木船为家的水上住户。也作"船家"	方言
船舱	ze²tsʰɔŋ¹	甲板下的空间，包括首舱、尾舱、货舱等	方言
马车	mo⁴tsʰo¹	马拉的载人的车，有的双轮，有的四轮	方言
牛车	ŋiɜ²tsʰo¹	牛拉的车子，发明于3000多年前的商代	方言
罗经	lu²tɕiəŋ¹	罗盘，船舶用以确定航向和观测物标方位	方言
龙船	loŋ²ze²	装饰成龙形的船，有的地区在端午节用来举行划船竞赛	方言

续表

词语	词音	词义	出处
搭船	$ta\text{ʔ}^7ze^2$	乘船、坐船	方言
水龙	$sœ^3loŋ^2$	消防车	方言
纲船	$kɔŋ^1ze^2$	旧时成批载运货物之船队	方言
码头	$mo^4dəu^2$	沿海、沿江河交通便利的商业城镇	方言
埠头	$bu^6dəu^2$	码头	方言
路票	$lu^6p^hiɔ^5$	通行证	方言
借票	$tsia^5p^hiɔ^5$	借条	土话
海口	$he^3k^həu^3$	港口，口岸	方言
船钞	$ze^2ts^hɔ^1$	运费	方言
炮眼	$bɔ^6ŋɛ^2$	观察口，舷孔，舷口	方言
扯篷	$ts^ho^3boŋ^2$	扬帆，扯起帆（开船）	方言
把舵	po^3du^6	掌舵	方言
拖船	du^2ze^2	拖船	方言
航船	$ɦiaŋ^2ze^2$	定期作短途行驶的载客运货的船只	列传
网船	$mɔŋ^4ze^2$	渔船长丈余宽四尺，中间是船篷，船篷下是一家的卧舱	列传
兵船	$piŋ^1ze^2$	用于水上战斗时承载士兵的船只	用语
驳船	$pɔ\text{ʔ}^7ze^2$	用来运货物或旅客的船，没有动力装置，由拖轮拉或推着	用语
水手	$sœ^3sə^3$	船员	用语
船老大	$ze^2lɔ^4da^6$	木船上的船夫	方言
船板主	$ze^2pɛ^4tsʅ^3$	船主，船东	方言
火轮机	$hu^3ləŋ^2tɕi^1$	蒸汽引擎，俗称发动机	方言
摆渡船	$pa^3du^6ze^2$	客轮的一种，在固定航线上用来运输乘客的商船	方言
火轮船	$hu^3ləŋ^2ze^2$	汽船	方言
药水龙	$\text{ʔ}ia\text{ʔ}^7sœ^3loŋ^2$	旧称装有化学灭火器的消防车	列传
东洋车	$toŋ^1ɦiaŋ^2ts^ho^1$	人力车	列传
皮蓬车	$bi^2boŋ^2ts^ho^1$	一种外国传入的马车	列传
两枝桡船	$liaŋ^4tsʅ^1ŋue^2ze^2$	双桡船	方言
船上伙计	$ze^2saŋ^5hu^3tɕi^5$	船夫，水手	方言
木牛流马	$mo\text{ʔ}^8ŋiə^3liə^2mo^4$	木制带货箱的人力运输工具，为诸葛亮发明	方言
顺水推船	$zəŋ^6sœ^3t^he^2ze^2$	顺着水流的方向推船	何典

12. 习俗 / 文化 / 教育

（1）习俗

词语	词音	词义	出处
神	$zəŋ^2$	宗教或迷信指天地万物的创造者和统治者	用语
主	$tsʅ^3$	基督教、伊斯兰教对信仰的神或本教创始人的称呼	用语
元旦	$ŋyoe^2tɛ^5$	世界节日。公历的 1 月 1 日	用语
元宵	$ŋyoe^2siɔ^1$	元宵节。吴语原称"正月半"，现接受共同语称谓	用语
七夕	$tɕ^hi\text{ʔ}^7dzi\text{ʔ}^8$	七夕节	用语
冬至	$toŋ^1tsʅ^5$	传统节日	用语
腊八	$la\text{ʔ}^8pa\text{ʔ}^7$	指农历腊月初八的腊八节	用语
除夕	$dzʯ^2dzi\text{ʔ}^8$	农历一年的最后一天夜晚	用语

续表

词语	词音	词义	出处
上帝	saŋ⁵ti⁵	基督教（新教）信奉的最高的神；天主教称其为天主	用语
圣父	səŋ⁵vu⁶	"上帝圣父"的简称	用语
圣子	səŋ⁵tsʅ³	"上帝圣子"的简称	用语
天使	tʰie¹sʅ³	上帝的使者	用语
牧师	moʔ⁸sʅ¹	教会中专职负责带领及照顾其他基督徒的人	方言
基督	tɕi¹toʔ⁷	希腊语，救世主	方言
洗礼	si³li⁴	基督教的入教仪式	用语
圣餐	səŋ⁵tsʰɛ¹	基督教仪式，表示纪念耶稣	方言
旧约	dʑiɤ⁶ʔia ʔ⁷	圣经旧约	用语
新约	siŋ¹ʔiaʔ⁷	《圣经》分为旧约和新约。新约包括福音书、历史书等	用语
十诫	zeʔ⁸ka⁵	《圣经》记载上帝向以色列民族颁布的十条规定	用语
律法	liʔ⁸faʔ⁷	白话文运动早期对"法律"的称谓，最早出现在《圣经》	用语
魔鬼	mu²kue³	宗教概念，指宗教中指引诱人犯罪的恶鬼	用语
魂灵	ɦuəŋ²liŋ²	灵魂	用语
教会	tɕiɔ⁵ɦue⁶	基督教的基本组织	方言
教化	tɕɔ⁵huo⁵	教育感化	方言
释教	səʔ⁷tɕiɔ⁵	佛教，因释迦牟尼所创，故叫释教	方言
宗族	tsoŋ¹zoʔ⁸	同一父系的家族；同一父系家族成员（不含出嫁女性）	方言
进教	tɕiəŋ⁵tɕiɔ⁵	信教，入教	方言
吃斋	tɕʰiʔ⁷tsa¹	吃素，宗教人士的戒规	方言
转经	tse³tɕiəŋ¹	佛教语，唱诵佛经	方言
起课	tɕʰi³kʰu⁵	一种占卜，摇铜钱看正反面或掐指头算干支，推断吉凶	方言
该世	ke¹sʅ⁵	来生	列传
寒食节	ɦɶ²zəʔ⁸tsiʔ⁷	传统节日。是日禁烟火，只吃冷食	用语
清明节	tsʰiŋ¹miŋ²tsiʔ⁷	传统节日。是祭祖和扫墓的日子	用语
上巳节	saŋ⁵zʅ⁶tsiʔ⁷	传统节日。俗称三月三，又称为"祓禊"	用语
端午节	tɶ¹ŋu²tsiʔ⁷	并与春节、清明节、中秋节并称中国四大传统节日	用语
晒红绿	sa⁵ɦoŋ²loʔ⁸	传统民俗。民谚有云："六月六，人晒衣裳龙晒袍"	用语
七月半	tsʰiʔ⁷ɲiɶʔ⁸pe⁵	中元节	用语
中秋节	tsoŋ¹tsʰiɤ¹tsiʔ⁷	传统节日。吴语大多称"八月半"	用语
重阳节	dzoŋ²ɦiaŋ²tsiʔ⁷	传统节日。也叫"重阳"	用语
十月朝	zeʔ⁸ɲiɶʔ⁸tsɔ¹	又称"祭祖节"。流行于我国北方地区	用语
万寿节	vɛ⁶zə⁶tsiʔ⁷	皇帝的诞辰日称为万寿节，取万寿无疆之义	用语
基督教	tɕi¹toʔ⁷tɕiɔ⁵	亦称新教，与天主教、东正教并称为基督教三大流派	方言
天主教	tʰie¹tsʅ³tɕiɔ⁵	基督教的三大派别之一，亦称公教、罗马天主教	方言
赞美诗	tse⁵me⁴sʅ¹	基督教举行崇拜仪式时所唱的赞美上帝的诗歌	方言
实字眼	zeʔ⁸zʅ⁶ŋɛ⁴	实词	方言
虚字眼	ɕy¹zʅ⁶ŋɛ⁴	虚词	方言
活字眼	ɦueʔ⁸zʅ⁶ŋɛ⁴	动词	方言
《劝世文》	tɕʰyoe⁵sʅ⁵vəŋ²	是一本源远流长、流传民间、亦诗亦歌的警世录	方言
逾越节	ɦy²iɶʔ⁷tsiʔ⁷	犹太教的七大节日之一，又叫"除酵节"	方言
五旬节	ŋu⁴dziŋ²tsiʔ⁷	犹太人节日，后成为基督教的圣灵降临日或圣神降临节	方言
做弥撒	tsɔʔ⁷mi²seʔ⁷	祷告，天主教的祭礼	方言

续表

词语	词音	词义	出处
插蜡烛	tsʰaʔ⁷laʔ⁸dzoʔ⁸	碰上不顺之事时插蜡烛以求平安的一种行为	方言
五月节	ŋu⁴ŋioʔ⁸tsiʔ⁷	端午节	方言
八月节	paʔ⁷ŋœʔ⁸tsiʔ⁷	中秋节	方言
烧路头	sɔ¹lu⁶dəu²	妓家迎接财神的习俗	列传
路头酒	lu⁶dəu²tɕiɛ³	春节正月初五喝的酒叫路头酒，希望发财	列传
对口施礼	te⁵kəu³sʅ¹li⁴	亲嘴，洋人的接吻礼	方言

（2）文化

词语	词音	词义	出处
棼	vəŋ²	琴	方言
历本	liʔ⁸pəŋ³	历书	方言
名帖	miŋ²tʰiʔ⁷	古代官员交际时通姓名用的名片，也叫"名刺"	方言
纸牌	tsʅ³ba²	牌类娱乐用具，用硬纸制成，上面印各种点子或文字	方言
碰和	pʰaŋ⁵fiu²	搓麻将	列传
挖花	ʔuaʔ⁷huo¹	一种用纸牌或骨牌作赌具的博戏	列传
官话	kue¹fiuo⁶	古代对汉语标准语的称呼，周朝称雅言，明清称官话	方言
土白	tʰu³bəʔ⁸	土话，本地话，当地话	方言
乡谈	siaŋ¹dɛ²	家乡话	方言
括子	kʰuɔʔ⁷tsʅ³	铙钹，乐器。一对金属圆片，中间凸起，将两片对击	方言
字汇	zʅ⁶fiue⁶	字典一类的工具书	方言
折子	tseʔ⁷tsʅ³	奏折	方言
书契	sʅ¹tɕʰi⁵	一种有契约性质的文书	方言
点书	tie³sʅ¹	在古书上断句	方言
圣旨	səŋ⁵tsʅ³	古代皇帝下的命令或发表的言论	方言
上谕	saŋ⁵ʔy²	诏书，是皇帝的命令和指示	方言
类书	le⁶sʅ¹	我国古代一种大型的资料性书籍	方言
通考	tʰoŋ¹kʰɔ¹	典志体史书的一种，以记载古今典章制度源流为主	方言
京报	tɕiəŋ¹pɔ⁵	清代类似报纸的出版物，用活体木字排印	方言
纲鉴	kɔŋ¹kɛ⁵	历史之鉴	方言
鹞子	ʔiɔ²tsʅ³	纸鹞，风筝	方言
学问	fiio⁸vəŋ⁶	知识	方言
签着	tsʰie¹tsaʔ⁷	用作标志的小纸条	方言
签书	tsʰie¹sʅ¹	书签	方言
言语	fiie²ŋy²	话	方言
闲话	fiɛ²fiuo⁶	话，话语	列传
状子	tsɔŋ⁵tsʅ³	起诉书的俗称	方言
抄本	tsʰɔ¹pəŋ³	指按原书抄写的书籍	方言
闲书	fiɛ²sʅ¹	小说	方言
月报	ŋœʔ⁸pɔ⁵	每月出刊一期的报刊	方言
洋琴	ʔiaŋ²dziəŋ²	钢琴	方言
誊黄	dəŋ²fiuŋ²	皇诏，旧时皇帝下的诏书，由礼部用黄纸誊写	方言
消息	siɔ¹siʔ⁷	新闻	方言
字眼	zʅ⁶ŋɛ⁴	字	方言

词语	词音	词义	出处
硃笔	tsʅ¹piʔ⁷	蘸红色墨水的毛笔，用于批公文、校古书、批改学生作业	方言
做工	tsɔʔ⁷koŋ¹	戏曲中的动作和表情	列传
唱口	tsʰaŋ⁵kʰəu³	戏曲中的唱功	列传
细乐	si⁵lɔʔ⁸	管弦乐	列传
进境	dziəŋ⁶tɕiəŋ⁵	学业进步	列传
书场	sʅ¹dzaŋ²	曲艺演出场所	列传
单条	tɛ¹diɔ²	壁上挂的字画	列传
访单	foŋ³tɛ¹	官府缉捕罪犯的公文	列传
阴状	ʔiəŋ¹tsɔŋ⁵	恶状，黑状	何典
老话头	lɔ⁴fiuɤ²dəu²	以前多次说过的话	土话
老古话	lɔ⁴ku³fiuɤ⁶	长时期流行于现实生活中的词语	何典
毛儿戏	mɔ²ŋi²ɕi⁵	女子京戏班	列传
礼拜单	li²pa⁵tɛ¹	基督教的年历表	方言
人丁册	ɲiəŋ²tiŋ¹tsʰəʔ⁷	清代的人事类档册、人口类档案	方言
本地话	pəŋ³di⁶fiuɤ⁶	当地说的方言	方言
一局棋	ʔi¹dziɔʔ⁸dzi²	一盘棋	方言
木头人	mɔʔ⁸dəu²ɲiəŋ²	木偶，也作"木人头"	方言
地理图	di⁶li²du²	地图；现存宋代碑刻地图系南宋全国性地图	方言
八音匣	paʔ⁷ʔiəŋ¹fiiaʔ⁸	西洋乐器名。形为方匣，内置发条，能奏出固定的乐曲	方言
风气学	foŋ¹tɕʰi⁵haʔ⁷	气体力学	方言
预先话	ʔy⁵sie¹fiuɤ⁶	预言	方言
捉盲盲	tsɔʔ⁷məŋ²məŋ²	捉迷藏	列传
老戏目	lɔ⁴ɕi⁵mɔʔ⁸	多次演出的戏本	何典
话把戏	fiuɤ⁶pɔ²ɕi⁵	闹笑话，话柄；让人谈论的滑稽可笑的事	列传
四书五经	sʅ⁵sʅ¹ŋu⁴tɕiəŋ⁵	四书：《大学》《中庸》《论语》《孟子》；五经：《诗经》《尚书》《礼记》《周易》《春秋》	方言
宗族枝派	tsoŋ¹zoʔ⁸tsʅ¹pʰa⁵	族谱	方言
家常白话	ka¹dzaŋ²bəʔ⁸fiuɤ⁶	家常话，关于日常生活的谈话	方言
格致之学	kəʔ⁷tsʅ⁵tsʅ¹fiiaʔ⁸	自然科学的总称	方言
泥塑个像	ɲi²su⁵fiu⁶dziaŋ⁶	雕塑	方言
连意三句	lie²ʔi⁵sɛ¹tɕy⁵	逻辑用语，三段论	方言
一言半句	ʔi¹ʔie²pe⁵tɕy⁵	指很少的话	列传

（3）教育

词语	词音	词义	出处
乡试	ɕiaŋ¹sʅ⁵	科举考试，州府主持，考中者称举人，第一名称解元	方言
会试	fiue⁶sʅ⁵	科举考试，礼部主持，考中者称贡士，第一名称会元	方言
殿试	die⁶sʅ⁵	科举考试，皇帝主持，考中者为进士。第一名称状元	方言
束脩	soʔ⁷sie¹	古代学生给教师的学费。脩，干肉	方言
算学	sœ⁵fiiaʔ⁸	数学；算术	方言
念书	ɲie⁶sʅ¹	读书	方言
书袋	sʅ¹de⁶	书包	方言
学堂	fiiaʔ⁸doŋ²	学校	方言

续表

词语	词音	词义	出处
标字	piɔ¹z̩⁶	题字	方言
书馆	sɿ¹kue³	教授学童的处所，学校	方言
讲书台	tɕiaŋ³sɿ¹de²	讲坛	方言

13. 动作 / 行为

词语	词音	词义	出处
捣	tɔ³	舂	方言
倒	tɔ⁵	灌	方言
掼	kue⁵	投；掷；扔	方言
搹	tsʰie¹	用肩扛（东西）	方言
搵	vəŋ⁶	按，浸；拭，擦	方言
扳	pɛ³	拉；用手扶住	方言
揸	tso¹	掸，用掸子或别的东西轻轻地抽或拂，去掉灰尘	方言
拣	kɛ³	挑选	玄空
掇	tœʔ⁷	用双手拿	列传
搧	sɛ⁵	扇	列传
揩	kʰe¹	擦，抹	列传
捕	bu⁴	抚摸，揉搓	列传
撩	liɔ²	丢，扔；捞；乱花钱；指东西垂下的部分掀起来	列传
挦	lu⁴	用手贴着物品的表面抹过来	列传
挑	tʰiɔ¹	关照，给人好处使人得利	列传
撑	tsʰəŋ¹	积攒、购买	列传
拔	peʔ⁷	给	列传
拌	be²	纠缠	列传
拉	laʔ⁸	（动词）在；（介词）在	土话
担	tɛ⁵	拿；端送	土话
甩	tsœ³	丢失；扔	方言
囥	kʰɔŋ⁵	藏起来	方言
煎	tsie¹	炒	方言
曛	hu⁵	远看，远视	方言
睞	se⁵	窥视	方言
寓	ŋy⁶	寄宿	方言
誊	dəŋ²	写，抄写	方言
升	səŋ¹	举用，提拔	方言
劄	tsaʔ⁷	刺，扎	方言
破	pʰu⁵	碎	方言
擎	dʑiaŋ²	举起来	方言
困	ʔuŋ⁵	睡	方言
浆	tsiaŋ¹	洗（衣服）	方言
螷	ŋiəŋ²	啃	何典
宕	tɔŋ⁵	掉出来	何典
着	zaʔ⁸	烧	何典

词语	词音	词义	出处
失	$se?^7$	起得晚了，睡过头了	列传
沓	$ta?^7$	丢，抛	列传
豁	$hua?^7$	甩，挥舞	列传
张	$tsaŋ^1$	看，瞧。也作"张张"	列传
反	fe^3	骂，吵骂，训斥	列传
吵	ts^hr^3	闹，闹腾	列传
噪	$zɔ^6$	吵，吵架，突出声音喧哗，嘈杂	列传
强	$dʑiaŋ^2$	顶撞	列传
绷	$pəŋ^1$	硬撑，勉强支撑	列传
哝	$noŋ^2$	将就，有敷衍过去之义。也写作"哝哝"	列传
汏	de^6	洗	列传
集	$dʑi?^8$	用手旋或拧东西	列传
揪	$tsiə^1$	鞭打，抽打	列传
上	$saŋ^5$	到来；做；吵	列传
湿	$sʅ^1$	润	列传
伏	$vo?^8$	挨	列传
开	k^he^1	泡茶	列传
过	ku^5	传染	列传
怪	kua^5	埋怨，责问	列传
泥	$ŋi^2$	拘泥	列传
梗	$kəŋ^1$	不通情理	列传
歇	$ɕi?^7$	停泊；很短的一段时间；解雇；（助词）犹如"过"	土话
荡	$dɔŋ^6$	洗	土话
话	$ɦuo^6$	讲，说	土话
著	$tsɔ^5$	穿（衣裳）	土话
强强	$dʑiaŋ^2dʑiaŋ^2$	闹别扭，顶牛	列传
罗唣	$lu^2zɔ^6$	纠缠不清、吵闹寻事	列传
勒拉	$lə?^8la?^8$	在，也作"勒浪"，拨拉	方言
立拉	$li?^8la?^8$	站立，站在那儿	方言
弃脱	$tɕ^hi^5t^hœ?^7$	放弃；丢弃	方言
除脱	$dʐʯ^2t^hœ?^7$	脱手，货物卖掉	方言
减脱	$tɕie^3t^hœ?^7$	减少	方言
扣脱	$k^həu^5t^hœ?^7$	扣掉	方言
折脱	$tse?^7t^hœ?^7$	坏掉了	方言
走脱	$tsəu^3t^hœ?^7$	逃掉	方言
灭脱	$mi?^8t^hœ?^7$	灭掉了	方言
嗜脱	$zʅ^2t^hœ?^7$	嗜掉	何典
甩脱	$tsœ^3t^hœ?^7$	扔掉，丢掉	方言
割脱	$kə?^7t^hœ?^7$	割掉	方言
免脱	$mie^4t^hœ?^7$	免掉	方言
避脱	$bi^6t^hœ?^7$	避开	方言
烊脱	$ʔiaŋ^2t^hœ?^7$	融化掉	方言

续表

词语	词音	词义	出处
豁脱	huaʔ⁷tʰœʔ⁷	丢掉	列传
沓脱	taʔ⁷tʰœʔ⁷	丢掉，脱落	列传
坏脱	hua⁵tʰœʔ⁷	死亡	列传
烧脱	sɔ¹tʰœʔ⁷	烧掉了，烧坏	方言
弄脱	loŋ⁶tʰœʔ⁷	弄丢，弄掉	土话
租脱	tsu¹tʰœʔ⁷	租出去	土话
卖脱	ma⁶tʰœʔ⁷	卖出去	土话
点脱	tie³tʰœʔ⁷	除掉，抹掉	方言
啃脱	kʰəŋ¹tʰœʔ⁷	啃掉	何典
押脱	ʔaʔ¹tʰœʔ⁷	押出去	土话
没脱	meʔ⁸tʰœʔ⁷	淹没	土话
荒脱	ɦuɔŋ²tʰœʔ⁷	荒废，丢荒	土话
粜脱	tʰiɔ⁵tʰœʔ⁷	（把大米）卖掉	土话
退脱	tʰe⁵tʰœʔ⁷	辞退	土话
落脱	lɔʔ⁸tʰœʔ⁷	遗失，丢掉	土话
抢脱	tsʰiaŋ³tʰœʔ⁷	抢走	土话
杀脱	saʔ⁷tʰœʔ⁷	杀掉	土话
革脱	kəʔ⁷tʰœʔ⁷	革除，革职	土话
跑脱	bɔ⁴tʰœʔ⁷	跑掉了	土话
罚脱	vaʔ⁸tʰœʔ⁷	罚没	土话
抽脱	tsʰə¹tʰœʔ⁷	抽掉	土话
折脱	tseʔ⁷tʰœʔ⁷	亏损	土话
戒脱	ka⁵tʰœʔ⁷	戒掉了	土话
偷脱	tʰəu¹tʰœʔ⁷	偷走了	土话
隐脱	ʔiəŋ³tʰœʔ⁷	（火）灭了。隐：灭	土话
甩脱	tsœ⁵tʰœʔ⁷	扔掉，甩掉	土话
夜作	ʔia⁵tsɔʔ⁷	夜间干的活	土话
收作	sə¹tsɔʔ⁷	收拾。也作"收促"	方言
收捉	sə¹tsɔʔ⁷	修理	列传
收房	sə¹vɔŋ²	给丫头以妾的身份	列传
搭牢	taʔ⁷lɔ²	扣住，逮住	方言
相合	siaŋ¹ɦeʔ⁸	符合	方言
相帮	siaŋ¹pɔŋ¹	帮助	方言
孛相	bi⁶siaŋ⁵	玩。也作"白相"	方言
散心	sɛ⁵siŋ¹	玩	方言
抛锚	pʰɔ¹mɔ²	下锚于水中使船停稳	方言
启锚	tɕʰi³mɔ²	开船	方言
做淘	zu⁶dɔ²	结伴	方言
困醒	kʰuəŋ⁵siŋ³	睡醒	方言
倒败	tɔ⁵ba⁶	倒塌	方言
赤膊	tsʰəʔ⁷pɔʔ⁷	不穿衣服，光着身体	方言
净浴	ziŋ⁶ŋioʔ⁸	洗澡	方言

词语	词音	词义	出处
起头	tɕʰi³dəu²	开头，起初	方言
起工	tɕʰi³koŋ¹	开工	方言
攀亲	pʰɛ¹tsʰsiŋ¹	订婚	方言
祝福	tsoʔ⁷foʔ⁷	祈神赐福，现泛指祝人顺遂幸福	方言
发诩	faʔ⁷ɕy³	自夸，自吹自擂	方言
打恭	tsiŋ³koŋ¹	弯下身子作揖，表示恭敬	方言
作揖	tsɔʔ⁷ʔiʔ⁷	双手互握合于胸前，古代汉民族的相见礼	方言
洗盏	si¹tsɛ³	洗杯，指饮酒	方言
刺字	tsʰɿ⁵zɿ⁶	用针在皮肤上刻文字，并涂上颜色，使字迹明显	方言
拨拉	peʔ⁷laʔ⁸	（动词）给；（介词）被。又作拨来、拨勒	方言
着棋	tsaʔ⁷dzi²	下棋	方言
候候	ɦiəu²ɦiəu²	等候，等待机会	方言
望望	mɔŋ⁶mɔŋ⁶	看望	方言
张张	tsaŋ¹tsaŋ¹	看一看	列传
瞄瞄	miɔ²miɔ²	略为一看	方言
糯糯	nɔʔ⁸nɔʔ⁸	揉揉	玄空
跌跌	diʔ⁸diʔ⁸	用手轻轻捶	列传
哝哝	noŋ²noŋ²	小声说话	列传
会会	ɦuo⁶ɦuo⁶	相见	土话
做论	tsɔʔ⁷ləŋ⁶	写文章	方言
吊望	tiɔ¹mɔŋ⁶	怀念已故者	方言
靠托	kʰɔ⁵tʰœʔ⁷	指靠；寄托	方言
斩头	tsɛ³dəu²	杀头	方言
罢手	ba⁶sə³	住手，停手	方言
差人	tsʰa¹ȵiŋ²	差遣，派遣。口头用语，多用于古代和民国时期	方言
顶手	tiŋ³sə³	顶礼膜拜	方言
播扬	pu¹ʔiaŋ²	扩散，传播	方言
闹动	nɔ⁶doŋ⁶	不安，混乱	方言
算卦	sœ⁵kuo⁵	民间预测命运的方法	方言
休妻	ɕiə¹tsʰi¹	旧指离弃妻子	方言
话破	ɦuo⁶pʰu⁵	说出真相	方言
吃水	tsʰəʔ⁷sœ³	喝水	方言
节度	tsiʔ⁷du⁶	节省	方言
相恨	siaŋ¹ɦəŋ⁶	相互埋怨	方言
辞谢	dzɿ²zia⁶	很客气地推辞不受	方言
缠绞	dze²tɕiɔ¹	缠绕	方言
护卫	ɦiu⁶ʔue⁵	护送	方言
煽惑	se⁵ɦoʔ⁸	欺骗迷惑	方言
打谅	toŋ³liaŋ⁶	打量	方言
去者	tɕʰy⁵tso³	离开	方言
觉着	tɕiaʔ⁷dzaʔ⁸	觉得	方言
完讫	ɦue²tɕʰiʔ⁷	完成，结束	方言

续表

词语	词音	词义	出处
火着	hu³dzaʔ⁸	着火	方言
告假	kɔ⁵ka¹	请假	方言
背约	pe⁵ʔia⁷	失信	方言
扯篷	tsʰo³boŋ²	张帆，比喻做事张扬	方言
漏忒	ləu⁶tʰə⁷	漏了	方言
靠讬	kʰɔ⁵tʰoʔ⁷	靠在……上	方言
偃爬	ŋɛ⁶bo²	躺下，仰卧	方言
亡羊	mɔŋ²ɦiaŋ²	把羊弄丢了	方言
花押	huo¹ʔaʔ⁷	签字。旧时在契约或供状上画花押或写"押"字	方言
过门	ku⁵məŋ²	出嫁，女子出嫁到男家	方言
服事	voʔ⁸zʅ⁶	服侍、照料	方言
伤坏	sɔŋ¹hua⁵	损坏	方言
过歇	ku⁵ɕiʔ¹	等一会	方言
伐咒	vaʔ⁸tsə⁵	发咒，诅咒发誓	方言
燔祭	vɛ²tsi⁵	焚烧物品的祭祀	方言
失载	seʔ⁷tse¹	没有记录	方言
延搁	ɦie²kɔʔ⁷	拖延耽搁	方言
塞住	səʔ⁷dzʅ⁶	堵住	方言
光差	kuɔŋ¹tsʰo¹	折射	方言
固辞	ku⁵dzʅ²	坚决推辞	方言
搬场	pe¹dzaŋ²	搬家	方言
妆扮	tsɔŋ¹pɛ⁵	打扮	方言
承应	dzəŋ²ʔiəŋ⁵	答应	何典
告老	kɔ⁵lɔ⁶	退休	方言
转来	tse⁵le²	回来	方言
转去	tse⁵tɕʰy⁵	回去	列传
插标	tsʰaʔ⁷piɔ¹	竖立标识	方言
失脚	seʔ⁷tɕiaʔ⁷	跌倒	方言
揆度	gue²du⁶	猜测	方言
周流	tsə¹liə²	周游	方言
蹂躏	dzə²lɛ⁶	蹂躏	方言
烦琐	vɛ²su³	麻烦打扰	方言
试法	sʅ⁵faʔ⁷	试试	方言
泻水	sia⁵sœ³	小便	方言
上油	saŋ⁵ʔiə²	上油漆	方言
背誓	pe⁵zʅ⁶	违背誓言	方言
出票	tsʰeʔ⁷piɔ⁵	签发搜查证或逮捕证	方言
撒眼	sa³ŋɛ⁴	眨眼	方言
赤脚	tsʰəʔ⁷tɕiaʔ⁷	光着脚	何典
褪毛	tʰe⁵mɔ²	动物换毛	何典
撒屁	sa³bi⁶	放屁	何典
打雄	tiŋ³ɦioŋ²	动物交配	何典

词语	词音	词义	出处
挽通	vɛ⁴tʰoŋ¹	私通	何典
敝开	bi²kʰe¹	将某种东西丢下	何典
落开	lɔʔ⁸kʰe¹	张大嘴巴	何典
专等	tse¹təŋ³	专心地等候	何典
讲唇	tɕiaŋ³zəŋ²	开口	何典
生活	səŋ¹ɦuiʔ⁸	工作，劳动	玄空
嫁囡	ka⁵noe²	嫁女儿	玄空
撒污	sa³ʔu¹	拉屎	玄空
打杀	tɔŋ³saʔ³	打死	玄空
挑担	tʰiɔ¹tɛ⁵	挑扁担	玄空
饬来	tsʰəʔ⁷le²	差来，派来	玄空
出卖	tsʰeʔ⁷ma⁶	卖掉	玄空
话场	ɦuo⁶dzaŋ²	指聊天的话题	玄空
干喈	kœ¹ʔiʔ⁷	气逆（打嗝）	列传
干出	kœ¹tsʰeʔ⁷	做，做完	列传
谢别	zia⁶biʔ⁸	告别	何典
帮贴	poŋ¹tʰiʔ⁷	资助	列传
下泪	ɦio⁶le⁶	落泪	列传
过房	ku⁵voŋ²	过继	列传
缠煞	dʑe²saʔ⁷	纠缠，误会	列传
接煞	tsiʔ⁷saʔ⁷	旧时迷信，指招魂	列传
忙煞	moŋ²saʔ⁷	赶忙，赶快	土话
拗空	ʔiɔ⁵kʰoŋ¹	打死；做虚妄不实的事	列传
拗杀	ʔiɔ⁵saʔ⁷	说梦话	列传
提亮	di²liaŋ⁶	提醒	列传
落镶	lɔʔ⁸siaŋ¹	住夜	列传
跳槽	diɔ⁶zɔ²	指嫖客抛弃原先相好的妓女去另结新欢	列传
调头	diɔ⁶dəu²	指有自主权的妓女搬迁换地方营业	列传
调皮	diɔ⁶bi²	捣乱，恶作剧	列传
调派	diɔ⁶pa⁵	指挥，安排	列传
叫局	tɕiɔ⁵dzioʔ⁸	嫖客开局票召妓女到酒馆侑（劝人喝酒）酒	列传
出局	tsʰeʔ⁷dzioʔ⁸	妓女应邀到场陪客人喝酒	列传
开消	kʰe¹siɔ¹	指付清账款，也叫"清局账"	列传
开外	kʰe¹ɦa⁶	超过	列传
开片	kʰe¹pie⁵	开篇	列传
抵桩	ti³tsɔŋ¹	打算、准备，也写作"抵抵桩桩"	列传
相骂	siaŋ¹mo⁶	吵架	列传
相打	siaŋ¹tɔŋ³	打架	列传
难为	nɛ²ʔue²	花费、破费；浪费	列传
难得	nɛ²təʔ⁷	不容易，罕见	列传
搭浆	taʔ⁷tsiaŋ⁷	敷衍，应付	列传
搭讪	taʔ⁷sɛ¹	应酬，闲聊	列传

续表

词语	词音	词义	出处
回头	ɦue²dəu²	拒绝；回绝；谢绝	列传
回报	ɦue²pɔ⁵	报复；答复	列传
回音	ɦue²ʔiŋ¹	答复	列传
放生	fɔŋ⁵tsəŋ¹	中途把别人甩开（多用于达到某种目的）	列传
端正	tʰəŋ¹tsəŋ⁵	预备，准备，准备好	列传
成功	dzəŋ²koŋ¹	成为、形成；答应	列传
出理	tsʰeʔ⁷li⁴	收拾，打扮	列传
着杠	tsaʔ⁷kɔŋ¹	落空，得不到手。也作"勿着杠"，表示不能到手	列传
海骂	he³mo⁶	大骂	列传
捕面	bu⁴mie⁶	洗脸	列传
勃交	poʔ⁷tɕiɔ¹	摔跤	列传
钝光	dəŋ⁶kuɔŋ¹	驳斥	列传
批搨	pʰi¹taʔ⁷	批评，指责	列传
开灯	kʰe¹təŋ¹	吸鸦片	列传
开宝	kʰe¹pɔ¹	开苞，妓女首次接客。吴语"宝""苞"同音	列传
欺瞒	tɕʰi¹me²	欺骗	列传
歇作	ɕiaʔ⁷tsɔʔ⁷	收工	列传
浇裹	tɕiɔ¹ku³	花费，开销；生活费用	列传
排揎	ba²sie¹	数说；责备；训斥	列传
捏忙	ŋiʔ⁷mɔŋ²	说谎，也作"捏罔"	列传
包场	pɔ¹dzaŋ²	包办	列传
吃没	tsʰiʔ⁷meʔ⁸	侵吞，吞没	列传
吃力	tsʰiʔ⁷liʔ⁸	费力	列传
升冠	səŋ¹kue¹	脱帽	列传
打桩	tɔŋ³tsɔŋ¹	准备	列传
打千	tɔŋ³tsʰie¹	旧时下对上的礼节	列传
打听	tɔŋ³tʰiŋ¹	调查、了解	列传
火跳	hu³diɔ⁶	即"虎跳"，跃身而起	列传
挑挑	tʰiɔ¹tʰiɔ¹	照顾，给人意外利益	列传
抢白	tsʰiaŋ³baʔ⁸	当面责备或驳斥	列传
随喜	dzœ⁴ɕi³	原为瞻仰寺院，后用为随人玩游	列传
拉倒	laʔ⁸tɔ⁵	罢了	列传
拆梢	tsʰəʔ⁷sɔ¹	诈骗	列传
看穿	kʰœ⁵tsʰœ¹	看透，看破世事	列传
突色	deʔ⁸səʔ⁷	衣料等物掉色	列传
丁倒	tiŋ¹tɔ⁵	颠倒	列传
讨气	tʰɔ³tsʰi⁵	惹祸，令人讨厌	列传
写纸	ɕia³tsɿ³	订契约	列传
作成	tsɔʔ⁷dzəŋ²	交易	列传
受茶	zœ⁶dzo²	女方接受婚约	列传
到家	tɔ⁵ka¹	周全，妥当	列传
顶马	tiŋ³mo⁴	骑马带路	列传

词语	词音	词义	出处
宽衣	$k^hue^1\varnothing i^1$	脱下外套	列传
脱体	$t^h\alpha\varnothing^7 t^hi^3$	撇清关系，脱身事外	列传
舒齐	$s\gamma^1 dzi^2$	收拾妥帖，准备好	列传
答应	$ta\varnothing^7\varnothing i\eta^5$	招呼，通知	列传
落得	$l\mathupsilon\varnothing^8 t\varnothing^7$	趋势做对自己有利的事	列传
照应	$tso^5\varnothing i\eta^5$	关怀、体谅、帮助	列传
赏光	$so\eta^3 kuo\eta^1$	请对方接受邀请	列传
懒朴	$le^4 po\varnothing^7$	乏力、没有精神	列传
道仔	$b\mathupsilon^6 ts\gamma^3$	认为	列传
巴结	$po^1 t\varnothing i\varnothing^7$	讨好	列传
包荒	$po^1 huo\eta^1$	包容	列传
厌酸	$\varnothing ie^7 s\alpha^7$	胃口不好	列传
要好	$\varnothing io^5 h\mathupsilon^3$	亲热，有交情	列传
海外	$he^3\eta a^6$	自夸，了不起	列传
消脱	$sio^1 t^h\alpha\varnothing^7$	取消	列传
碰关	$b\vartheta\eta^6 ku\varepsilon^1$	（动词）到顶；（副词）最多、不过，表示范围	列传
入舍	$ze\varnothing^8 so^5$	入赘，男子到女方家结婚并成为其家庭成员	何典
夹白	$ka\varnothing^7 b\vartheta\varnothing^8$	受惊吓	何典
推扳	$t^he^1 p\varepsilon^3$	不够朋友、招待不周、比别人差	何典
瞻仰	$tse^1\eta ia\eta^2$	怀着敬意看，这里是探望的意思	土话
复元	$fo\varnothing^7\eta yoe^2$	（身体）恢复	土话
白话	$b\vartheta\varnothing^8 \text{\fh}uo^6$	说话	土话
去者	$t\varnothing^hy^5 tso^3$	离开	土话
贩土	$f\varepsilon^5 t^hu^3$	贩卖鸦片。土：土烟，鸦片	土话
承应	$dz\vartheta\eta^2\varnothing i\vartheta\eta^6$	答应	土话
定当	$di\eta^6 to\eta^1$	决定，定下来；妥当	土话
满工	$me^4 ko\eta^1$	工程或事情完成	土话
动气	$do\eta^6 t\varnothing^hi^5$	生气	土话
面净	$mie^6 zi\eta^6$	净面，洗脸	土话
反乱	$f\varepsilon^3 l\alpha^6$	叛乱	方言
写名单	$sia^3 mi\eta^2 t\varepsilon^1$	写名字	方言
拨拉我	$pe\varnothing^7 la\varnothing^8\eta u^6$	给我	方言
还敫拉	$\text{\fh}u\varepsilon^2 z\gamma^2 la\varnothing^8$	还在	方言
发寒热	$fa\varnothing^7 \text{\fh}i\alpha^2 ze\varnothing^8$	患疟疾	方言
两气个	$lia\eta^4 t\varnothing^hi^1\text{\fh}iu^6$	相互隔离	方言
用心个	$\text{\fh}io\eta^2 si\eta^1\text{\fh}iu^6$	用心；谨慎	方言
进秀才	$dzi\vartheta\eta^6 sia^5 dze^2$	考中秀才	方言
吹隐脱	$ts^h\alpha^1\varnothing i\vartheta\eta^1 t^h\alpha\varnothing^7$	吹灭，吹熄	方言
低倒头	$ti^1 t\mathupsilon^3 d\vartheta u^2$	垂下头；弯腰	方言
做生意	$tso\varnothing^7 s\vartheta\eta^1\varnothing i^5$	经商；妓女卖娼；当店员	方言
做生活	$tso\varnothing^7 s\vartheta\eta^1\text{\fh}ue\varnothing^8$	干活，泛指劳动	方言
等一歇	$t\vartheta\eta^3\varnothing i\varnothing^7\varnothing i\varnothing^7$	等一下	方言

续表

词语	词音	词义	出处
装得落	tsɔŋ¹tə7ʔlɔʔ⁸	装得下	方言
合拢来	ɦie⁸loŋ⁴le²	合并在一起	方言
落下来	lɔʔ⁸ɦiɔ⁶le²	降下来	方言
死快者	sɿ⁴kʰua⁵tso³	快死的人	方言
着衣裳	tsɔ7ʔi¹dzaŋ²	穿衣服	方言
有事体	ʔiə³zɿ⁶tʰi³	有事情	方言
话明白	ɦiuo⁶miŋ²bəʔ⁸	说明白	方言
送拨伊	soŋ⁵peʔ7ʔi¹	送给他	方言
躁上去	lɔʔ⁸saŋ⁵tɕʰy⁵	走向去	方言
躁起来	lɔʔ⁸tɕʰi³le²	起床，站起来	方言
办事体	bɛ⁶zɿ⁶tʰi³	办事	方言
恨人个	ɦəŋ⁶ȵiəŋ²ɦu⁶	厌恶人世	方言
炀开来	ʔiaŋ⁵kʰe¹le²	融化	方言
打瞌睏	taŋ³kʰəʔ7ʔtʰoŋ³	打瞌睡，困倦	方言
叫伊死	tɕiɔ⁵ʔi¹sɿ³	叫他死	方言
得罪伊	təʔ7ʔdzœ⁶ʔi¹	把他得罪了	方言
弯得转	uɛ¹təʔ7ʔtse³	转得过来	方言
孛转来	poʔ¹tse³le²	转过来	方言
醒转来	siŋ³tse³le²	醒过来	土话
落眼泪	lɔʔ⁸ŋe²le⁶	流泪	土话
排酒店	ba²tsiə³tie⁵	摆酒店	土话
净衣裳	ziŋ⁶ʔi¹dzaŋ²	洗衣服	土话
担衣裳	tɛ¹ʔi¹dzaŋ²	拿衣服	土话
吃物事	tɕʰiʔ7ʔveʔ⁸zɿ⁶	吃东西	土话
走孛相	tsəu³bəʔ⁸siaŋ⁵	随便走走，玩玩；游戏	方言
困下来	kʰuəŋ⁵ɦuo⁶le²	躺下来	方言
孛相相	bəʔ⁸siaŋ⁵siaŋ⁵	玩玩	方言
简脱点	kɛ³tʰœʔ7ʔtie³	（价格）减少点	方言
拔脱根	pʰaʔ7ʔtʰœʔ7ʔkəŋ⁷	连根拔掉	方言
销脱者	siɔ¹tʰœʔ7ʔtso³	卖掉了	方言
话定当	ɦiuo⁶diŋ⁶tɔŋ¹	说定	方言
立定之	liʔ⁸diŋ⁶tsɿ¹	站好	方言
担点啥	tɛ¹tie³sa³	带点什么东西	方言
浆衣裳	tsiaŋ¹ʔi¹dzaŋ²	浆衣服	方言
等一歇	təŋ³ʔiʔ¹ɕiʔ⁷	等一会	方言
辫头发	bie⁶dəu²faʔ⁷	编辫头发	方言
净净浴	ziŋ⁶ziŋ⁶ȵio8ʔ⁸	洗澡	土话
啥所去	sa³su³tɕʰy⁵	到哪里去	方言
掘壁洞	dziœʔ⁸piʔ7ʔdoŋ⁶	墙壁上挖洞	何典
捋头毛	ɦiɛ²dəu²mɔ²	扯（拔）头发	何典
望野眼	mɔŋ⁶ʔia³ŋɛ⁴	东张西望	何典
拿嚗头	no²siœʔ7ʔdəu²	说大话使人上当受骗	何典

词语	词音	词义	出处
做道场	tsɔʔ⁷dɔ⁶ʥaŋ²	做法事	玄空
别转头	biʔ⁸tse⁵dəu²	转过头	玄空
敲竹杠	tɕʰiʔ¹tsɔʔ⁷kɔŋ⁵	借某种口实或利用别人强占抬高物价或索钱财	玄空
凑有趣	tsʰəu⁵ʔiə³tsʰy⁵	开玩笑	玄空
张张开	tsaŋ¹tsaŋ¹kʰe¹	睁开	玄空
牵头皮	tɕʰie¹dəu²bi²	被人牵着头皮走，指被某人控制，有被迫之义	玄空
踱方步	dœʔ⁸fɔŋ¹bu⁶	来回踱步，指焦虑不安的样子	玄空
乘风凉	ʥəŋ⁶fɔŋ¹liaŋ²	乘凉	玄空
吃得落	tɕʰiʔ⁷təʔ⁷lɔʔ⁸	吃得下	玄空
吃白食	tɕʰiʔ⁷bəʔ⁸zəʔ⁸	白吃白喝	玄空
吃闲话	tɕʰiʔ⁷ɦɛ²ɦuo⁶	挨批评，受申斥	列传
吃碗茶	tɕʰiʔ⁷ʔue³dzo⁴	评理	列传
打茶会	tiŋ³dzo⁴ɦue⁶	去妓院和妓女吃茶谈心	列传
挣口气	tsəŋ¹kʰəu³tɕʰi¹	争口气	列传
作耳朵	tsɔʔ⁷ŋi⁴tu¹	挖耳屎	列传
捉盲盲	tsɔʔ⁷məŋ²məŋ²	捉迷藏	列传
绷场面	pəŋ¹dzaŋ²mie⁶	撑场面	列传
白相相	bəʔ⁸siaŋ⁵siaŋ⁵	游玩，开开玩笑	列传
上当水	saŋ⁵tɔŋ⁵sœ³	受骗，上当	列传
拆冷台	tsʰəʔ⁷ləŋ⁴de²	破坏人家热闹场面使人扫兴。也作"拆冷淡"	列传
豁个浴	huaʔ⁷kəʔ⁸ɲioʔ⁸	洗个澡	列传
扳差头	pɛ³tsʰo¹dəu²	找茬头，挑毛病	列传
讨便宜	tʰo¹bie²ɲi²	说俏皮话调笑妇女或充人长辈	列传
做花头	tsɔʔ⁷huo¹dəu²	在妓院里摆酒设宴请宾客	列传
摆台面	pa³de²mie⁶	在妓院里请客喝酒	列传
拍马屁	pʰəʔ⁷mo⁴bi⁶	不顾客观实际，谄媚奉承、讨好别人的行为	列传
拉皮条	laʔ⁸bi²dio⁸	从中牵线，拉拢男女搞不正当关系的行为	列传
坐来浪	zu⁶le²lɔŋ⁶	坐上来	列传
上一上	saŋ⁵ʔiʔ¹saŋ⁵	较量	列传
转念头	tse¹ɲie⁶dəu²	动脑筋，想主意	列传
板面孔	pɛ³mie⁶kʰoŋ³	翻脸，吵架	列传
倒脱靴	tɔ³tʰœʔ⁷syoe¹	精明人受骗	列传
起花头	tɕʰi³huo¹dəu²	想办法开别人的玩笑	列传
捉讹头	tsɔʔ⁷ŋu⁴dəu²	找借口欺负无知的人	列传
做人家	tsɔʔ⁷ɲiəŋ²ka¹	节俭，引申为吝啬	列传
摆架子	pa³ka⁵tsʅ³	自高自大，装腔作势	列传
搨便宜	tʰaʔ⁷bie²ɲi²	因物美价廉而购买	列传
碰钉子	bəŋ⁶tiŋ¹tsʅ³	要求被拒绝，遭冷遇	列传
碰着法	bəŋ⁶dzaʔ⁸fa⁷	碰巧，偶然机会	列传
慢慢交	me⁶me⁶tɕio¹	不着急	列传
寻开心	ziŋ²kʰe¹siŋ¹	自得其乐	列传
拔短梯	pʰaʔ⁷tœ³tʰi¹	过河拆桥	何典

续表

词语	词音	词义	出处
肩木梢	tɕie¹moɕ²ⁿsɔ¹	上当受骗，跟着瞎起劲	何典
摸耳朵	mu⁸ȵi⁴tu¹	说悄悄话	何典
赶上司	ke³saŋ⁵sɿ¹	向上告状	何典
七打八	tɕʰiʔ⁷toŋ³paʔ⁷	七八成之间	何典
造房子	zɔ⁶vɔŋ²tsɿ³	建造房子	土话
会齐拢来	ɦue⁶ʥi²loŋ⁴le²	聚拢在一起	方言
话拨伊听	ɦuo⁶peʔ⁷ʔi¹tʰiŋ¹	讲给他听	方言
立定主意	liʔ⁸diŋ⁶tsʮ³ʔi⁵	拿定主意	方言
推其原由	tʰe¹ʥi²nyoe²ɦiə²	推究其原因	方言
细细能话	si⁵si⁵nəŋ²ɦuo⁶	详细地说	方言
打之败仗	tiŋ³tsɿ¹ba⁶ʥaŋ⁶	打了败仗	方言
勒拉下底	ləʔ⁸laʔ⁸ɦɔ⁶ti³	走在底下	方言
折脱房子	tseʔ⁷tʰœʔ⁷vɔŋ²tsɿ³	弄坏了房子	方言
悖逆父母	be⁶ȵiəʔ⁸vu⁴mu⁴	不但不孝顺父母，反而以语言或者行为去伤害父母	方言
事体败露	zɿ⁶tʰi¹ba⁶lu⁶	事情败露	方言
先已约定	sie¹ʔi³ʔia⁷diŋ⁶	事前已经约定	方言
牢笼别人	lɔ²loŋ²biʔ⁸ȵiəŋ⁸	给别人设圈套	方言
吓煞别人	ɦiaʔ⁸saʔ⁷biʔ⁸ȵiəŋ⁸	吓死别人，吓煞，谓受惊之甚	方言
托拨拉伊	tʰœʔ⁷peʔ⁷laʔ⁸ʔi¹	托付给他	方言
除脱名字	ʥʮ²tʰœʔ⁷miŋ²zɿ⁶	除名	方言
叫伊出教	tɕiɔ⁵ʔi¹tsʰeʔ⁷tɕiɔ⁵	叫他退出教门	方言
说破拉者	sœʔ⁷pʰu⁶laʔ⁸tso³	说出真相了	方言
萌出芽来	məŋ²tsʰeʔ⁷ŋa²le²	发芽	方言
挨之次第	ʔa¹tsɿ¹tsʰɿ⁵di⁶	一个接一个地，渐渐地	方言
浸拉水里	tsiŋ⁵laʔ⁶sœ³li⁴	浸在水里	方言
偏拉一面	pʰie¹laʔ⁸ʔiʔ¹mie⁸	偏向一面	方言
圈拉里向	ʥie⁶laʔ⁸li⁴ɕiaŋ⁵	圈在里面	方言
惹伊动气	zeʔ⁸ʔi¹doŋ⁶tɕʰi⁵	惹他生气	方言
间一个月	kɛ¹ʔiʔ¹ɦuɛ⁶ȵiœʔ⁸	隔一个月	方言
搭侬相赌	taʔ⁷noŋ²siaŋ¹tu³	和你赌一把	方言
押拉此地	ʔaʔ⁷laʔ⁸sʮ³di⁶	留在这里，作为担保	方言
干犯天条	kœ¹vɛ⁶tʰie¹diɔ¹	触犯天条。天条，传说上天制定条令。	方言
灭脱国土	miʔ⁸tʰœʔ⁷koʔ⁷tʰu³	推翻国家政权	方言
全吓杀者	ʥie²ɦiaʔ⁷saʔ⁷tso³	都吓坏了	方言
做得来个	tsoʔ⁷təʔ⁷le²ɦu⁶	行得通的，可实行	方言
按拉前头	ʔœ⁵laʔ⁸zie⁶dəu²	放在前面	方言
预先定规	ʔy⁵sie¹diŋ⁶kue¹	事先定好规章制度	方言
扯破拉者	tsʰa³pʰu⁵laʔ⁸tso³	撕破了	方言
托相好带	tʰoʔ⁷siaŋ¹hɔ³ta⁵	托朋友带（东西）	方言
能觉着个	nəŋ²tɕia²ʔzaʔ²ɦu⁶	能感觉到的	方言
能测量个	nəŋ²tsʰəʔ⁷liaŋ²ɦu⁶	能测量到的	方言
分得开个	fəŋ¹təʔ⁷kʰe¹ɦu⁶	分得开的	方言

词语	词音	词义	出处
吓之个能	ha$?^7$tsɿ^{1}ɦiu^{6}nəŋ^2	吓成这样	方言
指拨伊看	tsɿ^{3}pe$?^7$ʔi^{1}kʰœ^5	指给他看	方言
半困半醒	pe^{5}kʰuəŋ^{5}pe^{5}siŋ^3	半睡半醒	方言
立定主意	li$?^8$diŋ^{6}tsɿ^{3}ʔi^5	打定主意，下定决心	方言
平静匪贼	biŋ^{2}ziŋ^{6}fi^{3}zə$?^8$	平叛盗贼和土匪	方言
还活拉个	ɦuɛ^{2}ɦue$?^8$la$?^8$ɦiu^6	还活着	方言
遍行全国	ɦiəŋ^{6}ɦiəŋ^{2}dzie^{2}ko$?^7$	全国通行	方言
教养小干	tɕiɔ^{5}ʔiaŋ^{3}siɔ^{3}kœ^5	教育小孩	方言
烦琐别人	vɛ^{2}su^{3}bi$?^8$ȵiəŋ^2	麻烦别人	方言
做好日子	tsɔ$?^7$hɔ^{3}ze$?^8$tsɿ^3	办婚礼	方言
墙坍壁倒	ziaŋ^{2}tʰe^{1}pi$?^7$tɔ^3	墙壁倒塌	何典
仗官托势	dzaŋ^{6}kue^{1}tʰo$?^7$sɿ^5	倚仗官府，依托权势，欺压人	何典
随口喷蛆	dzœ^{2}kʰəu^{3}pʰəŋ^{1}tsʰi^1	随口胡说	何典
搜须捉虱	sə^{1}sy^{1}tsɔ$?^7$sɿ^5	挖空心思	何典
脱嘴落须	tʰœ$?^7$tsœ^{3}lɔ$?^8$sy^1	说话没着落、不靠谱	何典
捉顺丝缕	tsɔ$?^7$zəŋ^{6}sɿ^{1}ly^6	理顺思绪、掌握要领	何典
看瓜刊皮	kʰœ^{5}kuɔ^{1}kʰœ^{1}bi^2	就事论事	何典
二八提揽	ȵi^{6}pa$?^7$di^{2}lɛ^4	二八分成	何典
搭手搭脚	ta$?^7$sə^{3}ta$?^7$tɕia$?^7$	放不开手脚	何典
攀朋搭友	pʰɛ^{1}bəŋ^{2}ta$?^7$ʔiɔ^3	结交朋友	何典
话长说短	ɦuo^{6}dzaŋ^{2}sœ$?^7$tœ^3	评论他人的好坏是非	何典
牵手动脚	tsʰie^{1}sə^{3}doŋ^{6}tɕia$?^7$	动手动脚	何典
千恩万谢	tsʰie^{1}ʔəŋ^{1}vɛ^{6}zia^6	意思是一再表示感恩和谢意	何典
从头彻尾	dzoŋ^{2}dəu^{2}tsʰe$?^7$vi^4	自始至终	何典
归根到柢	kue^{1}kəŋ^{1}tɔ^{5}di^4	归结到根本上。也作"归根到底""归根结蒂"	何典
人微权轻	ȵiəŋ^{2}vi^{2}dzyoe^{2}tɕʰiəŋ^1	资历浅、威望低，权力不能使大家信服	何典
从轻发落	dzoŋ^{2}tɕʰiəŋ^{1}fa$?^7$lɔ$?^8$	处罚从宽，轻予放过	何典
事出无奈	zɿ^{6}tsʰe$?^7$vu^{2}ne^6	事情出于无可奈何。指迫不得已，只能如此	何典
有凭有据	ʔiə^{3}biŋ^{2}ʔiə^{3}tɕy^5	既有凭证，又有依据	何典
道头知尾	dɔ^{6}dəu^{2}tsɿ^{1}vi^4	说个开头就知道结果。形容思维敏捷、悟性好	何典
说长道短	sœ$?^7$dzaŋ^{2}dɔ^{6}tœ^3	意思是议论别人的好坏是非	何典
描龙画凤	miɔ^{2}loŋ^{2}ɦuo^{2}foŋ^5	指精美的手工刺绣。也作"描鸾刺凤"	何典
失枝脱节	se$?^7$tsɿ^{1}tʰœ$?^7$tsi$?^7$	比喻做事不周，出现漏洞	何典
买静求安	ma^{4}ziŋ^{6}dʑiə^{2}ʔœ^1	指息事宁人，以图安逸	何典
神哗鬼叫	zəŋ^{2}ɦua^{2}kue^{3}tɕiɔ^5	形容大喊大叫	何典
束手缚脚	sɔ$?^7$sə^{3}vo$?^8$tɕia$?^7$	形容胆子小，顾虑多。也作"束手束脚"	何典
贪吃懒做	tʰe^{1}tɕʰi$?^7$lɛ^{4}tsɔ$?^7$	贪吃懒做，指又馋又懒	何典
一诺无辞	ʔi$?^7$nɔ$?^8$vu^{2}dzɿ^1	意思是一口答应，没有二话	何典
迎奸卖俏	ȵiəŋ^{2}kɛ^{1}ma^{2}tsʰiɔ^5	意思指卖弄姿色，诱人偷情	何典
思前算后	sɿ^{1}zie^{2}sœ^{5}ɦəu^6	考虑前面，盘算后面	何典
知文达礼	tsɿ^{1}vəŋ^{2}da$?^2$li^2	有文化，懂礼仪形容有教养	何典
多管闲账	tu^{1}kue^{3}ɦɛ^{2}tsaŋ^5	多管闲事	玄空

续表

词语	词音	词义	出处
掩头掩脑	ʔie¹dəu²ʔie³ncʔ⁴	遮遮掩掩，隐瞒	玄空
浪泼浪用	loŋ⁶pʰeʔ⁷loŋ⁶ioŋ⁶	指大手大脚，不节俭	玄空
夹头夹面	kaʔ⁷dəu²kaʔ⁷mie⁶	劈头盖脸	玄空
有话有笑	ʔiɔ³fiuo⁶ʔiɔ³siɔ⁶	有说有笑	玄空
安居乐业	ʔœ¹tɕy¹lɔ⁸ŋiʔ⁸	比喻安定地生活，愉快地工作	列传
打情骂笑	toŋ³dziŋ²mo⁶siɔ⁵	指男女调情	列传
九九归原	tɕiɔ³tɕiɔ³kue¹ŋyoe²	归根到底	列传
连枝带叶	lie¹tsʅ¹ta⁵ʔiʔ⁵	同根所生的枝叶，比喻兄弟之间的密切关系	列传
满座风生	me⁴zu⁶foŋ¹səŋ¹	比喻来者神气不凡，光彩动人	列传
目眩神摇	moʔ⁸fii²zəŋ²ʔiɔ²	眼花缭乱，心神摇荡。形容所见情景令人惊异	列传
画蚓涂鸦	fiuo⁶ʔiŋ³duʔ²ɔ⁶	形容书法或文字拙劣，多用作谦辞	列传
切切私语	tsʰiʔ⁷tsʰiʔ⁷sʅ¹ŋy⁴	私下小声说话	列传
同床共寝	doŋ²zoŋ²goŋ⁶tsʰiŋ³	指同床并头而眠，多指夫妻生活	列传
瞪目哆口	təŋ¹moʔ²tu¹kʰəu¹	形容惊呆的样子	列传
咬紧牙关	ʔiɔ³tɕiəŋ³ŋaʔkue¹	尽最大努力忍受痛苦或克服困难	列传
穿花度柳	tsʰe¹fiuo¹duˤliə⁴	穿过花丛通过柳树	列传
姗搬来迟	tsʰəʔ⁷peˤleʔ²dʐʅ²	姗姗来迟，慢腾腾地来，形容走得缓慢从容	列传
足不出户	tsoʔ⁷peʔ⁷tsʰeʔ⁷fiu⁶	脚不跨出家门	列传
付诸一笑	fu⁵tsʅ¹ʔiʔ¹siɔ⁵	用一笑来对待或回答。比喻不值得理会	列传
客客气气	kʰəʔ⁷kʰəʔ⁷tɕʰiˤtɕʰi⁵	待人接物彬彬有礼	列传
跌跌撞撞	diʔ⁸diʔ⁸dzɔŋ⁶dzɔŋ⁶	形容走路不稳的样子	列传
跌跌爬爬	diʔ⁸diʔ⁸bo²bo²	连跌带爬，行走不稳的样子	列传
意气飞扬	ʔi⁵tɕʰi¹fi¹ʔiaŋ²	意气风发，形容精神振奋，气概豪迈	列传
竖起面孔	zʅ⁶tɕʰi³mie¹kʰoŋ³	绷着脸，脸上有怒容	列传
伏伏腊腊	voʔ⁸voʔ⁸laʔ⁸laʔ⁸	极其顺服的样子	何典
做腔做势	tsoʔ⁷tɕʰiaŋ⁷tsɔʔ⁷sʅ⁷	装模作样，故意做出一种姿态	何典
改日再话否	ke³zeʔ⁸tse⁵fiuo⁶fɔ³	改天再说好吗	方言
革脱之职分	kəʔ⁷tʰœ³tsʅ¹tsəʔ⁷fəŋ⁶	革职	方言
泛滥于天下	zʅ¹lɛ⁵ʔy¹tʰie¹fiɔ⁶	大水漫溢。《孟子·滕文公上》：洪水横流，泛滥于天下	方言
叫人话明白	tɕiɔ⁵ŋiəŋ²fiuo⁶miŋ²bəʔ⁸	叫人说明白	方言
归拉伊身上	kue¹laʔ⁸ʔi¹səŋ¹saŋ⁵	归在他身上	方言
辜负我望头	ku¹vu⁶ŋu⁶mɔŋ⁶dəu²	辜负我的希望	方言
单背后题名	tɛ¹pe⁵fiəu⁶di²miŋ²	在背面签名	方言
送拉个物事	soŋ⁵laʔ⁸fiuˤveʔ⁸zʅ⁶	送给你们的东西	方言
沾染之别人	tse¹ŋie⁴tsʅ¹biʔ⁸ŋiəŋ²	传染给他人	方言
刮迷雾做饼	kuaʔ¹mi¹vuˤtsɔʔ⁷biŋ⁴	画饼充饥、不实在。迷雾，指雾或霜	何典
空口白牙牙	kʰoŋ¹kʰəu¹bəʔ⁸ŋaˤŋa²	说话空口无凭	何典
男不对女敌	ne²peʔ⁷te⁵ŋy⁴diʔ⁸	男的不和女的争斗	何典

14. 心理 / 否定

词语	词音	词义	出处
恶	ʔu⁵	污	方言

词语	词音	词义	出处
惹厌	zeʔ^8ʔie^5	讨厌；啰嗦，唠叨	方言
挂虑	kuo^{5}ly^6	挂念	方言
怨心	ʔyoe^{5}siŋ^1	不满，不高兴	方言
懊恼	ʔɔ^{5}nɔ^2	后悔，悔恨	方言
有数	ʔiə^{3}su^5	心中有底	何典
钦敬	tɕʰiəŋ^{1}tɕiəŋ^5	亲近	何典
谅必	liaŋ^{6}piʔ^7	料想	何典
望头	mɔŋ^{6}dəu^2	盼望，希望	土话
想头	siaŋ^{3}dəu^2	心思，想法，念头	方言
爽利	sɔŋ^{3}li^6	爽快	何典
巴望	po^{1}mɔŋ^6	盼望	何典
肉痛	nioʔ^8tʰoŋ^5	心疼，惋惜，后悔	玄空
秋气	tsʰiə^{1}tɕʰi^5	生气，赌气，发怒	列传
该应	ke^{1}ʔiəŋ^1	应该	列传
作兴	tsɔʔ^{7}ɕiəŋ^1	应该	列传
犯着	vɛ^{6}tso^6	值得	列传
欢喜	ɦue^{1}ɕi^3	喜欢、喜爱	列传
气来	tɕʰi^{5}le^2	气得	方言
厌气	ʔie^{5}tɕʰi^5	讨厌、厌烦	列传
生恐	səŋ^{1}kʰoŋ^3	担心，害怕	列传
对景	te^{5}tɕiəŋ^3	合意；配胃口	列传
动气	doŋ^{6}tɕʰi^5	恼怒，生气	列传
写意	ɕia^{3}ʔi^5	舒适，愉快	列传
起劲	tɕʰi^{3}dʑiəŋ^6	高兴；卖力	列传
中意	tsoŋ^{5}ʔi^5	喜欢、爱好	列传
适意	səʔ^{7}ʔi^5	舒服、舒爽	列传
发极	faʔ^{7}dʑi^2	情急、慌张	列传
当心	tɔŋ^{1}siŋ^1	注意，小心	列传
牵记	tsʰie^{1}tɕi^5	想念	列传
开心	kʰe^{1}siŋ^1	高兴，快活	方言
惧怕个	dʑy^{6}pʰo^{5}ɦu^6	可怕	方言
失脱望头	seʔ^{7}tʰœʔ^{7}mɔŋ^{6}dəu^2	非常失望	方言
降心相从	tɕiaŋ^{5}siŋ^{1}siaŋ^{5}dzoŋ^2	委屈自己的心意去服从别人的意愿	方言
心往象外	siŋ^{5}ʔuoŋ^{3}ɕiaŋ^{5}ŋa^6	心思不在这里，幻想	方言
许神许鬼	ɕy^{3}zəŋ^{2}ɕy^{3}kue^3	疑神疑鬼	何典
象心象意	dziaŋ^{6}siŋ^{1}dziaŋ^{6}ʔi^5	顺遂心愿，合乎心意	何典
千思百量	tsʰie^{1}sɿ^{1}pəʔ^{7}liaŋ^6	反复思考	何典
疑心生鬼	nĩ^{2}siŋ^{1}səŋ^{1}kue^3	指无中生有地乱猜疑，导致自己吓唬自己	何典
弗	feʔ^7	不	何典
弗对	feʔ^{7}te^5	不对	玄空
弗断	feʔ^{7}tœ^5	不断	何典
弗上	feʔ^{7}saŋ^5	不上	何典

续表

词语	词音	词义	出处
弗起	feʔ⁷tɕʰi³	不起	何典
弗转	feʔ⁷tse⁵	不转	何典
弗让	feʔ⁷saŋ⁵	不让	何典
弗想	feʔ⁷siaŋ³	不想	何典
弗得	feʔ⁷təʔ⁷	不得	何典
弗出	feʔ⁷tsʰeʔ⁷	不出	何典
弗小	feʔ⁷siɔ³	不小	何典
弗通	feʔ⁷tʰoŋ¹	不通	何典
弗招架	feʔ⁷tsɔ¹kaʔ⁶	不招架。招架不住	何典
弗换药	feʔ⁷ɦiue⁶ʔiaʔ⁵	不换药	何典
弗惹祸	feʔ⁷za⁴ɦiu⁶	不惹祸	何典
弗推扳	feʔ⁷tʰe¹pɛ³	不差,不马虎	何典
弗清楚	feʔ⁷tsʰiŋ¹tsʰu³	不清楚	何典
弗做声	feʔ⁷tsɔʔ⁷səŋ¹	不出声	何典
弗周全	feʔ⁷tsə¹dʑie²	不周全	何典
弗吃力	feʔ⁷tɕʰiʔ⁷liʔ⁸	不吃力	何典
弗受用	feʔ⁷sə⁵ʔioŋ⁵	不受用	何典
弗认得	feʔ⁷ȵiəŋ⁶təʔ⁷	不认得	何典
弗愁弗长	feʔ⁷dzə²feʔ⁷dzaŋ²	不愁不长。担心不生孩子,不担心孩子长不大	何典
拔身弗转	peʔ⁷səŋ¹feʔ⁷tse³	无法抽身	何典
现钟弗打	ʔie⁵tsoŋ¹feʔ⁷toŋ³	比喻有现成的东西却不加利用	何典
一步弗离	ʔiʔ¹buˀ⁶feʔ⁷li²	一步不离	何典
一毛弗拔	ʔiʔ¹mɔ²feʔ⁷pʰaʔ⁷	一毛不拔	何典
人心弗定	ȵiəŋ²siŋ¹feʔ⁷diŋ⁶	人心不定	何典
弗敢发强	feʔ⁷ke³faʔ⁷dʑiaŋ²	一点都不敢不顺从	何典
抱气弗平	bɔ⁶tɕʰi⁵feʔ⁷biŋ²	十分气愤	何典
命运弗通	miŋ⁶ʔyin⁵feʔ⁷tʰoŋ¹	命运不顺	何典
一夜弗困	ʔiʔ¹ʔia⁵feʔ⁷kʰuəŋ⁵	一夜不睡	何典
勿	veʔ⁸	不	方言
勿差	veʔ⁸tsʰo¹	不差	方言
勿顺	veʔ⁸zəŋ⁶	不顺	方言
勿能	veʔ⁸nəŋ²	不能	方言
勿对	veʔ⁸te⁵	不对,合不来	方言
勿准	veʔ⁸tsəŋ³	不允许	方言
勿骑	veʔ⁸dʑi²	下马	方言
勿难	veʔ⁸nɛ²	容易	方言
勿便	veʔ⁸bie⁶	不方便	方言
勿灵	veʔ⁸liŋ²	没有效果	方言
勿肯	veʔ⁸kʰəŋ³	不肯	方言
勿惯	veʔ⁸kuɛ⁵	不习惯	方言
勿怕	veʔ⁸pʰo⁵	不怕	玄空
勿要	veʔ⁸ʔiɔ⁵	不要	玄空

续表

词语	词音	词义	出处
勿好	veʔ⁸hɔ³	不好	玄空
勿见	veʔ⁸tɕie⁵	不见	列传
勿响	veʔ⁸ɕiaŋ³	不做声	列传
勿局	veʔ⁸dzioʔ⁸	不行，不好，不妥用	列传
勿曾	veʔ⁸dzən²	不曾，没有	列传
勿来	veʔ⁸le²	不允许、不妥当	列传
勿来拉	veʔ⁸le²laʔ⁸	不来了	方言
勿是理	veʔ⁸zʅ⁶li⁴	不用理会	方言
勿论啥	veʔ⁸lən⁶sa³	不追究什么	方言
勿碍啥	veʔ⁸ŋe⁶sa³	不碍事	方言
勿可以	veʔ⁸kʰuʔ³ʔi³	不可以	方言
勿得勿	veʔ⁸təʔ⁷veʔ⁸	不得不（讲）	方言
勿留心	veʔ⁸liə²siŋ¹	不小心，不当心	方言
勿曾来	veʔ⁸dzən²le²	不曾来	方言
勿出恭	veʔ⁸tsʰeʔ⁷koŋ¹	便秘	方言
勿牢实	veʔ⁸lɔ²zeʔ⁸	不老实，不诚实	方言
勿适意	veʔ⁸səʔ⁷ʔi⁵	不舒服	方言
勿听见	veʔ⁸tʰiŋ¹tɕie⁵	听不见	方言
勿合宜	veʔ⁸ɦeʔ⁸ŋi²	不合适	方言
勿能医	veʔ⁸nən²ʔi¹	不会医治	方言
勿能差	veʔ⁸nən⁸tsʰo¹	不能有错误	方言
勿对景	veʔ⁸te⁵tɕiən³	不中意	方言
勿会吃	veʔ⁸ɦue⁶tɕʰiʔ⁷	不会吃	列传
勿赶上	veʔ⁸kœ³saŋ⁵	追不上	方言
勿考咾	veʔ⁸kʰɔ³lɔ⁴	想不到	方言
勿公义	veʔ⁸koŋ¹ŋi⁶	不公平	方言
勿要响	veʔ⁸ʔiɔ⁵ɕiaŋ³	不要出声	玄空
勿入调	veʔ⁸zeʔ⁸diɔ⁶	不着调	玄空
勿要紧	veʔ⁸ʔiɔ⁸tɕiən³	不要紧	玄空
勿着杠	veʔ⁸zaʔ²koŋ⁵	没有得到。也作"勿着港"	玄空
勿高兴	veʔ⁸kɔ¹tɕiəŋ⁵	不高兴	土话
勿入味	veʔ⁸zeʔ⁸vi⁶	不通情理	列传
勿可张	veʔ⁸kʰuʔ³tsaŋ¹	想不到，出乎意料	列传
勿连牵	veʔ⁸lie⁴tɕʰie¹	不对头	列传
勿清爽	veʔ⁸tsʰiŋ¹soŋ³	不了解	列传
勿着杠	veʔ⁸zaʔ²koŋ¹	落空，损失	列传
放心勿	fɔŋ⁵siŋ¹veʔ⁸	放心不下	方言
差勿多	tsʰo¹veʔ⁸tu¹	差不多	方言
赔勿是	be²veʔ⁸zʅ⁴	赔不是，请求原谅，赔罪	方言
巴勿得	po¹veʔ⁸təʔ⁷	想要却得不到	方言
敌勿住	diʔ⁸veʔ⁸dʐɿ⁶	敌不住，抵挡不住	方言
嗷勿得	ŋ²veʔ⁸təʔ⁷	不能忍耐	方言

续表

词语	词音	词义	出处
吃勿落	tɕʰiʔ⁷veʔ⁸lɔ⁸	吃不下	方言
挡勿住	tɔŋ³veʔ⁸dʐʮ⁶	挡不住	方言
困勿觉	kʰuəŋ⁵veʔ⁸kɔ⁷	睡不着	方言
犯勿着	vɛ⁶veʔ⁸zaʔ⁸	犯不着	列传
怪勿得	kua⁵veʔ⁸təʔ⁷	怪不得	列传
看勿过	kʰœ⁵veʔ⁸ku⁵	看不过	列传
听勿进	tʰiŋ¹veʔ⁸tɕiŋ⁵	听不进	列传
勿许吵	veʔ⁸ɕy³tsʰɔ³	不给吵闹	列传
对勿住	te⁵veʔ⁸dʐʮ⁶	对不住	列传
摸勿着	moʔ⁸veʔ⁸zaʔ⁸	轮不到，无关系	列传
吃勿消	tɕʰiʔ⁷veʔ⁸siɔ¹	抵挡不住，承受不了	列传
勿合情理	veʔ⁸ɦieʔ⁸dziŋ²li²	不合情理	方言
勿好意思	veʔ⁸hɔ³ʔi⁵sʮ¹	不好意思	方言
勿多勿少	veʔ⁸tu¹veʔ⁸sɔ³	不多不少	方言
勿着勿落	veʔ⁸zaʔ⁸veʔ⁸lɔ⁸	不正常；举动乖张。也作"勿着落"	列传
勿关我事	veʔ⁸kuɛ¹ŋu³zʮ⁶	不关我事	方言
勿共戴天	veʔ⁸goŋ⁶te⁵tʰie¹	不共戴天	方言
勿以为意	veʔ⁸ʔi³ʔue²ʔi⁶	不以为意，意思是不把它放在心上	方言
勿要差过	veʔ⁸ʔiɔ⁵tsʰɔ¹ku⁵	不要错过	方言
勿大里来	veʔ⁸da⁶li²le²	不常来	方言
勿拘啥人	veʔ⁸tɕy¹sa³ŋiəŋ²	不管什么人，任何人	方言
勿瞒你话	veʔ⁸me²ni⁴ɦuo⁶	不瞒你说	玄空
看勿起人	kʰœ⁵veʔ⁸tɕʰi³ŋiəŋ²	看不起人	方言
少勿得个	sɔ³veʔ⁸təʔ⁷ɦu⁶	不能缺失的	方言
恕勿远送	sʮ⁵veʔ⁸ʔyoe³soŋ⁵	请宽恕我不能将你送得更远。客套话	方言
火烧勿着	hu³sɔ¹veʔ⁸zaʔ⁸	火烧不着	方言
涂抹勿出	du²meʔ⁸veʔ⁸tsʰeʔ⁷	擦不掉	方言
罪勿可赦	dzœ⁶veʔ⁸kʰuˀsɔ⁵	罪不可赦	方言
从来勿曾	dzoŋ²le²veʔ⁸dzəŋ²	从来没有	方言
半身勿遂	pe⁵səŋ¹veʔ⁸dzœ²	半身不遂	方言
一眼勿响	ʔiʔ¹ŋɛ²veʔ⁸siaŋ³	一点响声都没有	方言
一眼勿差	ʔiʔ¹ŋɛ⁴veʔ⁸tsʰɔ¹	正好，一点都不差	方言
原根勿好	ŋyoe²kəŋ¹veʔ⁸hɔ³	基础不好	方言
迟速勿等	dʐʮ²soʔ⁷veʔ⁸təŋ³	快慢不同	方言
法律勿许	faʔ⁷li⁸veʔ⁸ɕy³	法律不允许	方言
翻疑勿定	fɛ¹ŋi²veʔ⁸diŋ⁶	怀疑不定	方言
勿关侬啥事	veʔ⁸kuɛ¹noŋ²sa³zʮ⁶	不关你的事	方言
立勿定主意	liʔ⁸veʔ⁸diŋ⁶tsʮ³ʔi⁵	拿不定主意	方言
晓得勿透个	ɕiɔ³təʔ⁷veʔ⁸tʰəu⁵ɦu⁶	知道得不彻底	方言
勿差过时刻	veʔ⁸tsʰɔ¹ku⁵zʮ²kʰəʔ⁷	不要迟到	方言
勿晓得那能做	veʔ⁸ɕiɔ³təʔ⁷na⁴nəŋ²tsɔ⁷	不知道怎么做	方言
洋勿洋，相勿相	ɦiaŋ²veʔ⁸ɦiaŋ²siaŋ⁵veʔ⁸siaŋ⁵	没个样子，不着调	玄空

续表

词语	词音	词义	出处
话啦看，勿啦算	$ɦuo^6la^1k^hœ^5\,ve\mathrm{ʔ}^8la^1sœ^5$	说话不算数	玄空
覅	$viɔ^6$	勿要的合音，不要	列传
覅去	$viɔ^6t^hy^5$	不要去	列传
覅动气	$viɔ^6doŋ^6tɕ^hi^1$	不要生气	列传
呒啥	$\mathring{m}^2sa^3$	没有什么	方言
呒得	$\mathring{m}^2tə\mathrm{ʔ}^7$	没有得到什么	方言
呒没	$\mathring{m}^2me\mathrm{ʔ}^8$	没有	方言
呒法	$\mathring{m}^2fa\mathrm{ʔ}^7$	无法，没有办法	方言
呒救	$\mathring{m}^2tɕiə^5$	没有救	玄空
呒得空	$\mathring{m}^2te\mathrm{ʔ}^7koŋ^5$	没有时间	用语
呒啥人	$\mathring{m}^2sa^3ȵiəŋ^2$	没有什么人	方言
呒啥用	$\mathring{m}^2sa^3\mathrm{ʔ}ioŋ^5$	没有什么用	方言
呒奈何	$\mathring{m}^2ne^6ɦu^2$	无奈何，指对人或事没有处理办法	方言
呒销场	$\mathring{m}^2siɔ^1dʑaŋ^2$	没有销路	方言
呒偏见	$\mathring{m}^2p^hie^1tɕie^5$	没有偏见	方言
呒得饭吃	$\mathring{m}^2tə\mathrm{ʔ}^7vɛ^6tɕhi\mathrm{ʔ}^7$	没有饭吃	方言
呒得主意	$\mathring{m}^2tə\mathrm{ʔ}^7tsʮ^3\mathrm{ʔ}i^6$	没有主意	方言
呒没奸诈	$\mathring{m}^2me\mathrm{ʔ}^8kɛ^1tso^5$	朴实	方言
呒啥相关	$\mathring{m}^2sa^3siaŋ^1kuɛ^1$	没有什么相互关系	方言
呒没法则	$\mathring{m}^2me\mathrm{ʔ}^8fa\mathrm{ʔ}^7tsə\mathrm{ʔ}^7$	没有办法	方言
呒没节度	$\mathring{m}^2me\mathrm{ʔ}^8tsi\mathrm{ʔ}^7du^6$	没有节制	方言
呒没益处	$\mathring{m}^2me\mathrm{ʔ}^8\mathrm{ʔ}iə\mathrm{ʔ}^7ts^hʮ^5$	没有一点好处	方言
呒没本事	$\mathring{m}^2me\mathrm{ʔ}^8pəŋ^3zʮ^6$	无能	方言
呒限呒量	$\mathring{m}^2ɦiɛ^6\mathring{m}^2liaŋ^6$	没有尽头，没有限量，形容数量极多	方言
呒影呒响	$\mathring{m}^2\mathrm{ʔ}əŋ^3\mathring{m}^2ɕiaŋ^3$	用来形容虚幻的事物	方言
呒形呒像	$\mathring{m}^2ɦiəŋ^2\mathring{m}^2dziaŋ^6$	没有形象	方言
呒边呒际	$\mathring{m}^2pie^1\mathring{m}^2tsi^5$	没有边际	方言
呒变呒易	$\mathring{m}^2pie^5\mathring{m}^2\mathrm{ʔ}i^5$	没有变化，没有改变	方言
呒才呒能	$\mathring{m}^2dze^2\mathring{m}^2nəŋ^2$	没有才能，没有本事	方言
呒底呒根	$\mathring{m}^2ti^3\mathring{m}^2kəŋ^1$	没有根底	方言
呒缘呒故	$\mathring{m}^2\mathrm{ʔ}yoe^2\mathring{m}^2ku^5$	无缘无故	方言
呒没数目	$\mathring{m}^2me\mathrm{ʔ}^8su^5mo\mathrm{ʔ}^8$	不清楚	方言
呒啥物事	$\mathring{m}^2sa^3ve\mathrm{ʔ}^8zʮ^6$	没有什么东西	方言
呒没面孔	$\mathring{m}^2me\mathrm{ʔ}^8mie^6k^hoŋ^3$	没有面子	方言
呒因呒头	$\mathring{m}^2\mathrm{ʔ}iəŋ^1\mathring{m}^2dəu^2$	无缘无故	玄空
无拨	$vu^2pe\mathrm{ʔ}^7$	没有	列传
无涉	$vu^2dze\mathrm{ʔ}^8$	无关	列传
无如	$vu^2zʮ^2$	无可奈何	何典
无得	$vu^2tə\mathrm{ʔ}^7$	没有	土话
无淘	vu^2do^2	没有同伴	土话
无啥	vu^2sa^3	没有什么	列传
无得空	$vu^2tə\mathrm{ʔ}^7k^hoŋ^5$	没有时间，没空	方言

续表

词语	词音	词义	出处
无奈何	vu²ne⁶ɦiu²	无可奈何	方言
无吃头	vu²tɕʰiʔ⁷dəu²	不好吃	玄空
无清头	vu²tsʰiŋ¹dəu²	没有分寸，不知轻重，不懂事	列传
无底洞	vu²ti³doŋ⁶	比喻满足不了的物质要求或做不完的事	列传
无介事	vu²ka⁵zɿ⁶	没有那回事	列传
无用场	vu²ʔioŋ⁵dzaŋ²	无能	列传
无行用	vu²ɦiəŋ²ʔioŋ⁵	没有用处、不起作用	列传
无那哈	vu²na⁶ha¹	没有办法	列传
无法子	vu⁶faʔ⁷tsɿ³	没有办法	土话
有本无末	ʔiə³pəŋ³vu²me⁸	有开始没有结尾	方言
有始无终	ʔiə³sɿ³vu²tsoŋ¹	有开始没有结尾，指做事做不到底	方言
眼底无人	ŋe⁴ti³vu²ɲiəŋ²	眼睛里没有别人。形容狂傲自大，瞧不起人	方言
无千无万	vu²tsʰie¹vu²vɛ⁶	不计其数，形容极多	何典
虱多不痒	seʔ⁷tu¹peʔ⁷dʑiaŋ²	身上的虱子多了，也就无所谓痒不痒了	何典
债多不愁	tsa⁵tu⁵peʔ⁷dzə²	债欠多了反而不忧愁	何典
君子不器	tɕyin¹tsɿ³peʔ⁷tɕʰi⁵	君子不像器具那样，作用仅限于某一方面	列传
不便之处	peʔ⁷bie⁶tsɿ¹tsʰʮ⁵	不方便的地方	列传
当俦若起个	toŋ¹tʰœ³zaʔ⁸tɕʰi³ɦiu⁶	当不起，承受不起	方言

15. 性质 / 状态

词语	词音	词义	出处
趣	tsʰy⁵	好看，漂亮，标致	方言
青	tsʰiŋ¹	蓝	方言
捏	ŋiʔ⁸	傻	方言
乖	kua¹	聪明机智	方言
邱	tsiə¹	不好、坏，也写作"丘""怵"	玄空
标	piɔ¹	形容人傲慢、阔气、盛气凌人的样子	列传
局	dʑioʔ⁸	好，行	列传
壮	tsɔŋ⁵	肥胖	列传
海	he³	大	列传
豪燥	ɦɔ²tsɔ⁵	赶紧，快点	列传
邱话	tsiə¹ɦuo⁶	坏话	列传
尖个	tsie¹ɦu⁶	尖的	列传
坍宠	tʰe¹tsʰoŋ³	惭愧，不好意思	方言
坍铳	tʰe¹tsʰoŋ³	丢脸	方言
坍台	tʰe¹de²	颜面扫尽，丢脸	方言
仁爱	ɲiəŋ²ʔe⁵	宽仁慈爱；爱护、同情	方言
仁德	ŋəŋ²tə⁷	指致利除害、爱人无私的崇高道德	玄空
顶好	tiŋ³hɔ³	最好	方言
胆大	tɛ³da⁶	大胆	方言
阔狭	kʰue²ɦia⁸	宽度	方言
碎脱	se⁵tʰœ⁷	碎掉了	方言

续表

词语	词音	词义	出处
断脱	tœ³tʰœʔ⁷	断掉了	方言
便当	bie⁶tɔŋ⁵	方便	方言
昏朦	huəŋ¹mɔŋ²	模糊	方言
垃塌	laʔ⁸tʰaʔ⁷	肮脏	方言
虚空	ɕy¹kʰoŋ¹	空虚	方言
结煞	tɕiʔ⁷saʔ⁷	结果，结局	方言
差讹	tsʰo¹ŋu²	错误，差错	方言
好哉	hɔ³tse¹	好	列传
蹉跎	tsʰɔʔ⁷tʰœʔ⁷	疲劳	方言
牢靠	lɔ²kʰɔ⁵	可靠，靠得住	方言
时式	zɿ²səʔ⁷	时尚，时髦	方言
时兴	zɿ²ɕiəŋ¹	流行	列传
时路	zɿ²lu⁶	时髦	土话
恍忙	ɦuəŋ⁴mɔŋ²	慌忙，着急	方言
相好	siaŋ¹hɔ¹	彼此亲密，感情融洽	方言
好看	hɔ³kʰœ⁵	美观、漂亮	方言
豆青	dəu⁶tsʰiŋ¹	绿色	方言
小器	siɔ³tɕʰi⁵	吝啬，偏执	方言
晓得	ɕiɔ³təʔ⁷	明白	方言
似像	zɿ⁶dʑiaŋ⁶	相同	方言
肉麻	ȵiɔʔ⁶mo²	舍不得；同情，怜悯	方言
气闷	tɕʰi⁵məŋ⁶	气恼	方言
硬心	ŋəŋ⁶siŋ¹	固执	方言
舒徐	sɿ¹dzy²	徐缓，妥帖	方言
鄙吝	pe³liŋ⁶	鄙俗；过分吝啬	方言
泮水	pʰe⁵sœ³	水溢出来	方言
兴发	ɕiəŋ¹faʔ⁷	兴旺	方言
浪搭	lɔŋ⁶taʔ⁷	浪荡	方言
直头	dzəʔ²dəu²	实在	方言
空头	kʰɔŋ¹dəu²	指没什么实际意义的	玄空
虚头	ɕy¹dəu²	不实在	土话
剩头	dzəŋ⁶dəu²	剩下的东西	方言
刁皮	tiɔ¹bi²	调皮	方言
勤紧	dʑiəŋ²tɕiəŋ³	勤劳	方言
末脚	meʔ⁸tɕiaʔ⁷	最后	方言
严紧	ȵie²tɕiəŋ³	严厉	方言
煞饿	saʔ⁷ŋu⁶	饿死了	方言
黾勉	miŋ⁴mie⁴	努力，尽力，勉力	方言
对颈	te⁵tɕiəŋ³	对头，合适	方言
慢倚	me⁶ʔi¹	慢慢往后靠	方言
表样	piɔ³ʔiaŋ⁵	样子	方言
毛草	mɔ²tsʰɔ³	粗糙，未修整	方言

续表

词语	词音	词义	出处
唐唐	$\text{dɔŋ}^2\text{dɔŋ}^2$	猛烈的样子	何典
饿煞	$\text{ŋu}^6\text{saʔ}^7$	饿死了	玄空
吓煞	$\text{fɔ}^6\text{saʔ}^7$	吓死了	玄空
簇新	$\text{tsʰoʔ}^7\text{siŋ}^1$	崭新	玄空
落瘦	$\text{lɔʔ}^8\text{sə}^5$	变瘦	玄空
出气	$\text{tsʰeʔ}^7\text{tɕʰi}^5$	过气，没人要的	玄空
眯细	mi^1si^5	眯眯眼，指眼睛不大	玄空
气煞	$\text{tɕʰi}^5\text{saʔ}^7$	气死了	玄空
发极	$\text{faʔ}^7\text{dʑiʔ}^8$	着急	玄空
清爽	$\text{tsʰiŋ}^1\text{sɔŋ}^3$	干净；清楚；清静	玄空
怕头	$\text{pʰɔ}^5\text{dəu}^2$	怕的东西或者怕的地方	玄空
灵清	$\text{liŋ}^2\text{tsʰiŋ}^1$	清楚	玄空
像煞	$\text{dziaŋ}^6\text{saʔ}^7$	很像	玄空
熟落	$\text{zoʔ}^8\text{lɔʔ}^8$	熟悉，熟络	列传
蓦生	$\text{mɔʔ}^8\text{səŋ}^1$	陌生	列传
发松	$\text{faʔ}^7\text{soŋ}^1$	有趣，可笑	列传
稔恶	$\text{zəŋ}^6\text{ɔʔ}^7$	丑恶，罪恶深重	列传
娇寡	$\text{tɕiɔ}^1\text{kuo}^3$	娇嫩，单薄，虚弱	列传
作孽	$\text{tsɔʔ}^7\text{ŋiʔ}^8$	可怜	列传
挂碍	$\text{ko}^5\text{ŋe}^6$	谓凡心因迷成障，未能误脱	列传
噜苏	lu^4su^1	啰嗦，说话烦琐、不干脆	列传
开爽	$\text{kʰe}^1\text{sɔŋ}^3$	豁达爽朗	列传
懵腾	$\text{moŋ}^6\text{dəŋ}^2$	形容模模糊糊，神志不清	列传
静办	$\text{ziŋ}^6\text{bɛ}^6$	安静	列传
鹘突	$\text{kueʔ}^7\text{deʔ}^8$	模糊、混沌	列传
聒耳	$\text{die}^2\text{ŋi}^2$	声音杂乱刺耳	列传
闹猛	$\text{nɔ}^6\text{məŋ}^4$	热闹	列传
绷硬	$\text{pəŋ}^1\text{ŋəŋ}^6$	坚硬	列传
闹热	$\text{nɔ}^6\text{ʔeʔ}^7$	热闹	列传
缥致	$\text{piɔ}^1\text{tsʅ}^5$	形容人的容貌姿态美丽，也写作"标致"	列传
巴结	$\text{po}^1\text{tɕiʔ}^7$	节省，节约；努力勤奋	列传
清头	$\text{tsʰiŋ}^1\text{dəu}^2$	形容人乖巧懂事	列传
间架	$\text{kɛ}^1\text{ka}^5$	尴尬，形容为难的样子	列传
长大	$\text{dzaŋ}^4\text{da}^6$	形容人的身材高大，长：高	列传
见谅	$\text{tɕie}^5\text{liaŋ}^6$	有限	列传
厌气	$\text{ʔie}^5\text{tɕʰi}^5$	形容无聊、烦闷	列传
冷静	$\text{laŋ}^4\text{ziŋ}^6$	人少而安静；寂寞	列传
海外	$\text{he}^3\text{ŋa}^6$	放肆，神气；阔气，了不起。也作"海会"	列传
热昏	$\text{zeʔ}^8\text{huəŋ}^1$	发昏，神志不清，说胡话	列传
别脚	$\text{biʔ}^8\text{tɕia}^7$	运气不好	列传
正好	$\text{tsəŋ}^5\text{hɔ}^3$	时间不迟	列传
正经	$\text{tsəŋ}^5\text{tɕiəŋ}^1$	正当，重要	列传

词语	词音	词义	出处
出色	tsʰeʔ⁷səʔ⁷	好极，出众	列传
倒运	tɔ⁵ʔyin⁵	不顺利	列传
倒满	tɔ⁵me⁴	倒霉	列传
悬迸	ɦyoe²pəŋ⁵	相差大，距离远	列传
长远	dzaŋ²ʔyoe³	很久，很长的一段时期。也作"常远"	何典
得用	təʔ⁷ʔioŋ⁵	得力	何典
强健	dʑiaŋ²tɕie⁵	强壮而健康，身体十分有活力的样子	土话
顶大	tiŋ³da⁶	老大；最大	土话
多情	tu¹dziŋ²	重感情，这里是热情的意思	土话
牢实	lɔ²zeʔ⁸	结实，牢固；可靠	土话
风凉	foŋ¹liaŋ²	凉快；（动词）使凉快	土话
精空	tsiŋ¹kʰoŋ¹	精光，一点不剩	土话
齷齪	ŋu⁶ŋu⁶	肮脏；污垢，垃圾	土话
簇簇新	tsʰoʔ⁷sʰoʔ⁷sin¹	崭新	用语
轻轻个	tɕʰiəŋ¹tɕʰiəŋ¹ɦiu⁶	轻轻地，个：后缀副词	方言
顶好个	tiŋ³hɔ³ɦiu⁶	很好	用语
慢慢个	me⁶me⁶ɦiu⁶	慢慢地	方言
末末脚	meʔ⁸meʔ⁸tɕiaʔ⁷	最后	方言
雪雪白	siʔ⁷siʔ⁷bəʔ⁸	白、雪白的样子	玄空
绷绷硬	pəŋ¹pəŋ¹ŋəŋ⁶	形容非常硬	列传
自卑自	zʅ⁶piˈzʅ⁶	自卑，自己看不起自己	方言
好一眼	hɔ³ʔiʔ⁷ŋɛ⁴	好一点	方言
烧熟者	sɔ¹zoʔ⁸tsɔ³	烧熟了	方言
多来死	tu¹le²sʅ³	多得很	方言
大来死	da⁶le²sʅ³	挺大的	方言
假样头	ka³ʔiaŋ⁵dəu²	假装	方言
好拉者	hɔ³laʔ⁸tsɔ³	痊愈了	方言
话孛相	ɦuo⁶biˈsiaŋ⁵	说着玩，闲聊	方言
宿渎头	soʔ⁷du²dəu²	愚笨的样子	何典
声气大	səŋ¹tɕʰi⁵da⁶	说话大声	方言
顶底位	tiŋ³ti³ʔue⁵	地位最低的	方言
死快者	sʅ³kʰua⁵tsɔ³	快死了	方言
实骨子	zeʔ⁸kueʔ⁷tsʅ³	实在	方言
暗氏里	ʔe⁵diˈli²	私下，背地里	方言
坏脱者	hua⁵tʰœʔ⁷tsɔ³	坏掉了	方言
性直个	siŋ⁵dzɛʔ⁸ɦiu⁶	性子直	方言
身量高	səŋ¹liaŋ²kɔ¹	个子高	方言
相伤个	siaŋ¹sɔŋ¹ɦiu⁶	容易受伤的	方言
赤骨肋	tsʰɔʔ⁵kueʔ⁷ləʔ⁸	赤膊，光着身子	何典
肩胛阔	tɕie¹kaʔ⁷kʰue⁷	肩膀宽阔	何典
乌丛丛	ʔu¹dzoŋ²dzoŋ²	黑漆漆	何典
白坎坎	bəʔ⁸kʰe³kʰe³	白白的	何典

续表

词语	词音	词义	出处
白条条	bəʔ⁸diɔ²diɔ²	清白的样子	玄空
白淡淡	bəʔ⁸dɛ²dɛ²	（脸色）苍白	土话
醉燊燊	tsœ⁵ɕiɔ⁴ȵiɔ⁴	喝醉的样子	玄空
活泼泼	ɦueʔ⁸pʰeʔ⁷pʰeʔ⁷	充满生机；生动自然，不呆板	方言
鬼搭搭	kueʔtaʔ⁷taʔ⁷	见不得人	玄空
红冻冻	ɦoŋ²toŋ¹toŋ¹	红润的样子	玄空
抖率率	təu³tsœ⁵tsœ⁵	颤抖的样子	玄空
活卜卜	ɦueʔ⁸poʔ⁷poʔ⁷	活生生	玄空
死扭扭	sʅ³ȵiə²ȵiə²	没活气	玄空
干灼灼	kœ¹tsɔʔ⁷tsɔʔ⁷	紧巴，指手头紧	玄空
伴嘻嘻	ʔiaŋ²ɕi¹ɕi¹	嬉皮笑脸	列传
呆瞪瞪	ŋe²təŋ¹təŋ¹	呆呆的	列传
亮汪汪	liaŋ⁶ʔuɔŋ¹ʔuɔŋ¹	明亮的	列传
呆痴痴	ŋe²tsʰʅ¹tsʰʅ¹	痴呆呆，神态呆滞	列传
侪拉拉	dze²laʔ⁸laʔ⁸	形容很齐全	土话
难为情	nɛ²ʔue²dziŋ²	不好意思	玄空
苏空头	su¹kʰoŋ¹dəu²	外强中干，死要面子	玄空
小气数	siɔ³tɕʰi⁵su⁵	小气、抠门	玄空
轻骨头	tɕʰiəŋ¹kueʔ⁷dəu²	轻浮、不踏实	玄空
触霉头	tsʰoʔ⁷me²dəu²	倒霉	玄空
缠头颈	dze²dəu²tɕiəŋ³	麻烦	玄空
大老倌	da²lɔ⁴kue¹	大方，气派；不懂规矩、不上路的人（骂人的话）	玄空
落得下	lɔʔ⁸dəʔ⁷ɦo⁶	容得下	玄空
八斗糟	paʔ⁷təu³tsɔ¹	一团糟	何典
七打八	tɕʰiʔ⁷tɔŋ³paʔ⁷	形容所剩不多	何典
温柔乡	ʔuəŋ¹zœ²ɕiaŋ¹	女人对男人的温柔、妩媚、体贴，使人沉迷之境	列传
暴跳如雷	pɔ⁵diɔ⁶zʅ⁴le²	盛怒的样子	何典
弯曲转来	ʔuɛ¹tɕʰioʔ⁷tse³le²	弯曲，弯转	方言
死样活气	sʅ³ʔiaŋ⁵ɦueʔ⁸tɕʰi⁵	不省人事	玄空
忙里碌兜	mɔŋ²li⁴loʔ⁸təu¹	忙乱	方言
忙忙碌碌	mɔŋ²mɔŋ²loʔ⁸loʔ⁸	形容事务繁忙、辛辛苦苦的样子	方言
细细底底	si⁵si⁵ti¹ti³	根源，内情	方言
忒准合着	tʰəʔ⁷tsəŋ³ɦeʔ⁸zaʔ⁸	太巧合了	方言
五颜六色	ŋu⁴ŋe²lɔʔ⁸səʔ²	形容色彩复杂或花样繁多	方言
温拉水里	ʔuəŋ¹laʔ⁸sœ³li⁴	在水里温着	方言
减脱一点	tɕie³tʰœʔ⁷ʔi¹tie³	减掉一点	方言
难以数尽	nɛ²ʔi¹su³dziŋ⁶	很难数得清	方言
一式一样	ʔi¹sʅ⁵ʔi¹ʔiaŋ⁵	一模一样	方言
花枯咾谢	huo¹kʰu¹lɔ²zia⁶	花枯萎凋谢，咾：并列连词	方言
甘心情愿	ke¹siŋ¹dziŋ²ȵyoe⁶	心甘情愿，完全愿意，毫不勉强	方言
落拉后面	lɔʔ⁸laʔ⁸ɦəu⁶mie⁶	落在后面	方言
偷安懒惰	tʰe¹ʔœ¹lɛ⁴du⁶	贪图安逸，精神松懈，行动散漫	方言

续表

词语	词音	词义	出处
收作好看	səˈtsɔʔ⁷hɔ³kʰœ⁵	收拾好看	方言
连年大熟	lie²ȵie²da⁶zoʔ⁸	连年丰收	方言
宽伊两日	kʰueˈʔiˈliaŋ⁴zeʔ⁸	宽限他两天	方言
七曲八袅	tsʰiʔ⁷tɕʰioʔ⁷paʔ⁷ȵiɔ⁴	七绕八绕，弯弯曲曲	方言
挨丝切缝	ʔeˈsɿˈtsʰiʔ⁷voŋ²	不遗漏细节的	何典
掇臀捧屁	tœʔ⁷dəŋ²bəŋ⁴biˈ⁶	形容拍马讨好的丑态	何典
散披散囤	se⁵pʰiˈse⁵dəŋ²	披着衣服、散着衣带的样子	何典
花头花脑	huoˈdəu²huoˈnɔ⁴	灵活、世故滑头的样子	玄空
昏头颠脑	huəŋˈdəu²tiˈnɔ⁴	昏头昏脑	玄空
写写意意	sia³sia³ʔi⁵ʔi⁵	轻轻松松	玄空
跌杀冲杀	diʔ⁸saʔ⁷tsʰoŋ¹saʔ⁷	跌跌撞撞，指不稳健，走路磕磕绊绊的样子	玄空
死去活转	sɿ³tɕʰʔy⁵fiue²tse⁵	死去活来	玄空
大天白亮	da⁶tʰieˈbəʔ⁸liaŋ⁶	指天亮得很彻底	玄空
兴兴头头	ɕiaŋˈɕiaŋˈdəu²dəu²	形容很高兴的样子	列传
牢牢实实	lɔ²lɔ²zeʔ⁸zeʔ⁸	原原本本	土话
性命交关	siŋ⁵miŋ⁶tɕiɔˈkuɛˈ	很惊险	何典
正门正路	tsəŋ⁵məŋ²tsəŋ⁵lu⁶	郑重，正正当当	何典
呼奴使婢	huˈnu²sɿ³biˈ⁴	叫喊奴才差使婢女。形容人养尊处优，随时使唤奴婢	何典
做腔做势	tsɔʔ⁷tɕʰiaŋˈtsɔʔ⁷sɿ⁵	装腔作势、故作姿态	何典
强头倔脑	dʑiaŋ²dəu²tɕiaʔ⁷nɔ⁴	形容很倔强的样子	何典
拍手拍脚	pʰəʔ⁷sə³pʰəʔ⁷tɕiaʔ⁷	形容人极其喜悦、兴奋时的动作	何典
前生前世	zie²səŋˈzie²sɿ⁵	前世，佛教中或迷信中指人生的前一辈子	何典
立时立刻	liʔ⁸zɿ⁶liʔ⁸kʰəʔ⁷	立刻	何典
拖水夹浆	tʰuˈsœ³kaʔ⁷tɕiaŋ¹	比喻说话做事不干脆利落	何典
抚墙摸壁	fu³ziaŋ²mɔʔ⁸piʔ⁷	初学走路的样子	何典
眉花眼笑	me²huoˈŋe⁴siɔ⁵	眉头舒展，眼含笑意。形容高兴愉快的样子	何典
胆托心宽	te³tʰœʔ⁷siŋˈkʰueˈ	放心大胆的样子	何典
披麻执杖	pʰiˈmɔ²tseʔ⁷dzaŋ⁶	身穿孝服，手持丧棒	何典
夫全子足	fuˈdʑie²tsɿ³tsoʔ⁷	有丈夫有儿女。形容家庭幸福美满	何典
冰清水冷	piŋˈtsʰiŋˈsœ³ləŋ⁴	冷冷清清	何典
钻筋透骨	tsœˈtɕiəŋˈtʰəu⁵kueʔ⁷	渗透到筋骨里。形容程度极深，达到极点	何典
正明交易	tsəŋ⁵miŋ²tɕiɔˈʔi⁵	职责内该做的工作	何典
朝欢暮乐	tsɔˈhueˈmu⁶lɔ⁶	终日欢乐	何典
百依百顺	pəʔ⁷ʔiˈpəʔ⁷zəŋ⁶	意思是什么都依从。形容一切都顺从别人	何典
半生半熟	pe⁵səŋˈpe⁵zoʔ⁸	没有完全成熟或煮熟的程度。不熟悉，不熟练	何典
七老八十	tsʰiʔ⁷lɔ⁴paʔ⁷zeʔ⁸	形容人年纪大	何典
挨肩擦背	ʔieˈtɕieˈʔieʔ⁷pe⁵	意思是肩挨肩，背擦背。形容人多拥挤	何典
原原委委	ŋyoe²ŋyoe²ʔue³ʔue³	原原本本，依照事件的本来过程、面貌（叙述）	何典
音容如在	ʔiəŋˈʔioŋ²zʮ⁴dze⁶	声音和容貌仿佛还在。形容对死者的想念	何典
十拿十稳	zeʔ⁸ne²zeʔ⁸ʔuəŋ³	比喻很有把握。也说"十拿九稳"	何典
肥头肥耳	vi²dəu²vi²ŋiˈ⁴	形容体态肥胖	何典
潇洒风流	siɔˈsa³foŋˈliə²	气度超脱，风度大方	何典

续表

词语	词音	词义	出处
放心托脑	$fɔŋ^5siŋ^1t^ho^2\eta ɔ^2 nɔ^4$	形容毫无顾虑	何典
活龙鲜健	$ɦue\text{?}^8 lɔŋ^2 sie^1 tɕie^5$	形容健壮有活力	何典
像心适意	$dʑiaŋ^6 siŋ^1 sə\text{?}^7 \text{?}i^5$	随着自己的意思，想要干什么就干什么	何典
衣冠楚楚	$\text{?}i^1 kue^1 ts^hu^3 ts^hu^3$	形容衣帽穿戴得整齐漂亮	何典
日新月盛	$ze\text{?}^8 siŋ^1 ŋioɕ\text{?}^8 zəŋ^6$	每天每月都有变化、增加。形容不断发展	列传
伶伶仃仃	$liŋ^2 liŋ^2 tiŋ^1 tiŋ^1$	孤苦无依靠	列传
空心汤团	$k^hoŋ^1 siŋ^1 t^hɔŋ^1 dœ^2$	空话。徒有虚名而无实利或不能落实的诺言	列传
假痴假呆	$ka^3 ts^hๅ^1 ka^3 ŋe^2$	装傻	列传
色色俱全	$sə\text{?}^7 sə\text{?}^7 tɕy^5 dʑie^2$	用来形容各种各样的东西都很齐全	列传
拉拉杂杂	$la\text{?}^8 la\text{?}^8 dze\text{?}^7 dze\text{?}^7$	杂乱无条理	列传
毛手毛脚	$mɔ^2 sɔ^3 mɔ^2 tɕia\text{?}^7$	粗鲁莽撞	列传
笨手笨脚	$bəŋ^6 sə^3 bəŋ^6 tɕia\text{?}^7$	形容动作不灵活或手脚不灵巧	列传
红光满面	$ɦoŋ^2 kuɔŋ^1 me^4 mie^6$	形容人的脸色红润，有光泽	列传
清清爽爽	$ts^hiŋ^1 ts^hiŋ^1 sɔŋ^3 sɔŋ^3$	整洁干净。特指女性样貌超凡清秀，衣着淡雅	列传
龌龌龊龊	$\text{?}o\text{?}^7 \text{?}o\text{?}^7 ts^ho\text{?}^7 ts^ho\text{?}^7$	指肮脏，不干净。比喻人的品质卑劣	列传
光景是肯过	$kuɔŋ^1 tɕiŋ^3 zๅ^6 k^həŋ^3 ku^5$	看样子是愿意的	方言
中意个信息	$tsoŋ^1 \text{?}i^5 ɦu^6 siŋ^5 si\text{?}^7$	好消息	方言
爱素勿爱文	$\text{?}e^5 su^5 ve\text{?}^8 \text{?}e^5 vəŋ^2$	喜欢朴素，不喜欢花哨	方言
七缠八丫叉	$ts^hi\text{?}^7 dze^2 pa\text{?}^7 \text{?}ɔ^1 ts^ho^1$	东缠西缠	何典

16. 指代 / 数量

（1）指代

词语	词音	词义	出处
吾	$ŋu^2$	我	方言
侬	$noŋ^2$	你	方言
耐	ne^4	你	方言
伊	$\text{?}i^1$	他	方言
俚	li^4	他	列传
倪	$ŋi^2$	我，我们	列传
俚乃	$li^4 ne^4$	他	列传
我伲	$ŋu^4 ŋi^2$	我们	方言
耐哚	$ne^4 tu^3$	你们	列传
侬个	$noŋ^2 ɦu^6$	你的	方言
伊拉	$\text{?}i^1 la\text{?}^8$	他们	用语
俚哚	$li^4 tu^3$	他们、她们	列传
第号	$di^6 ɦu^6$	自己	列传
自家	$zๅ^6 ka^1$	指自己，有时也可用作自称"我"	列传
我伲个	$ŋu^4 ŋi^2 ɦu^6$	我们的	方言
侬自家	$noŋ^2 zๅ^6 ka^1$	你自己	方言
伊自家	$\text{?}i^1 zๅ^6 ka^1$	他自己	方言
个	$ɦu^6$	（代词）这；（助词）的	方言

词语	词音	词义	出处
第	di^6	这	列传
故	ku^5	这	列传
价	ka^5	这	列传
能	nəŋ^2	这么	列传
介	ka^5	这么；句末语气助词，相当于"呢"	土话
哚	tu^3	这；词缀，相当于"们"，如"耐哚"	列传
第搭	di^{6}taʔ^7	这里	列传
实概	zeʔ^{8}ke^5	这样，这么	列传
格末	kəʔ^{7}meʔ^8	这个，这么。也作"格么"	土话
格个	kəʔ^{7}ɦu^6	这个	土话
第个	di^{6}ɦu^6	这个	方言
故歇	ku^{5}ɕiʔ^7	这会儿，现在	列传
第歇	di^{6}ɕiʔ^7	这时候	列传
该搭	ke^{1}taʔ^7	这里	列传
价事	ka^{5}zı^6	这事	列传
故号	ku^{5}ɦɔ^6	这种	列传
来里	le^{2}li^2	这里	列传
第头	di^{6}dəu^2	这里。也作"第答"	方言
个面	ɦu^{6}mie^6	这里	土话
实盖能	zı^{2}ke^{5}nəŋ^2	这样，如此，这么	方言
埭边	de^{6}pie^1	那边	方言
几介	tɕi^{3}kɑ^1	那样	列传
故末	ku^{5}meʔ^8	那么	列传
价末	ka^{5}meʔ^8	那么	列传
故是	ku^{5}zı^6	那是	列传
伊个	ʔi^{1}ɦu^6	那个	方言
故答	ku^{5}taʔ^7	那儿	方言
伊头	ʔi^{1}dəu^2	那边	方言
该首	ke^{1}sə^3	那边，那里，表示处所	方言
几首	tɕi^{3}sə^3	那边，那里，表示处所	方言
能概	nəŋ^{2}ke^5	多么，那样（也可作程度副词）	方言
伊个人	ʔi^{1}ɦu^{6}ɲiəŋ^2	那个人	方言
故个物事	ku^{5}ɦu^{6}veʔ^{8}zı^6	那个东西	方言
实概样式	zeʔ^{8}ke^{5}ʔiaŋ^{5}səʔ^7	这个样子	列传
几化	tɕi^{3}huo^5	多少。也作"几花"	方言
陆里	loʔ^{8}li^4	哪，哪里	列传
那能	neʔ^{8}nəŋ^2	怎么，怎样	土话
能概	nəŋ^{2}ke^5	怎么样	列传
啥	sa^3	什么	列传
啥所	sa^{3}su^3	什么地方	方言
啥人	sa^{3}ɲiəŋ^2	什么人	列传
贵庚	kue^{5}kəŋ^1	敬辞，问人年龄	方言

续表

词语	词音	词义	出处
高寿	kɔ^{1}zə^6	敬辞，问人年龄	方言
那价	neʔ^{8}ka^5	如何，怎样，怎么	列传
多花	tu^{1}huo^1	多少	列传
那哈	neʔ^{8}ha^1	怎么办	列传
值几化	dʑŋ^{2}tɕi^{3}huo^5	值多少钱	方言
几化年纪	tɕi^{3}huo^{5}ŋie^{2}tɕi^5	几大年纪	方言
几几化化	tɕi^{3}tɕi^{3}huo^{5}huo^5	多多少少	列传
你东我西	ni^{4}toŋ^{1}ŋu^{4}si^1	指分手离去	何典

（2）数量

词语	词音	词义	出处
挡	toŋ^3	种，类	列传
把	po^3	表示约数，量不多的意思，如"个把人"	列传
开	kʰe^1	泡茶一次称"一开"	列传
眼	ŋɛ^4	点	土话
页	ʔia^7	张	方言
一起	ʔiʔ^{7}tɕʰi^3	一起	方言
一淘	ʔiʔ^{7}dɔ^2	一起，一同	列传
一歇	ʔiʔ^{7}ɕi^7	一会儿	方言
一班	ʔiʔ^{7}pɛ^1	一群	何典
一爿	ʔiʔ^{7}bɛ^6	一间	玄空
一埭	ʔiʔ^{7}de^6	一趟	列传
一路	ʔiʔ^{7}lu^6	一绺	列传
一甏	ʔiʔ^{7}baŋ^2	一瓮、一坛	列传
一节	ʔiʔ^{7}tsiʔ^7	一段时间	列传
一打	ʔiʔ^{7}toŋ^3	十二个称一打	列传
四开	sŋ^{5}ke^1	25美分，1/4美元	方言
两记	liaŋ^{4}tɕi^5	两下	列传
九偋	tɕiə^{4}tʰŋ^3	九次	方言
几钟	tɕi^{3}tsoŋ^1	几杯	何典
家头	ka^{1}dəu^2	表示人数的量词，相当于普通话的"个"	列传
日天	zeʔ^{8}tʰie^1	表示天数，一天叫一日天	列传
夜天	ʔia^{5}tʰie^1	一整夜称一夜天	列传
下转	ɦɔ^{6}tse^3	下一回，下次。也作"下趟""下遭"	列传
前转	zie^{2}tse^3	上回。也作"前趟""前头""前埭"	列传
两家头	liaŋ^{4}ka^{1}dəu^2	两个人	方言
三家头	sɛ^{1}ka^{1}dəu^2	三个人	列传
四家头	sŋ^{5}ka^{1}dəu^2	四个人	列传
两把车	liaŋ^{4}po^{3}tsʰo^1	两种车	列传
一隙隙	ʔiʔ^{7}si^{5}si^5	一会儿工夫	玄空
一干仔	ʔiʔ^{7}kœ^{1}tsŋ^3	一个人	列传
一眼眼	ʔiʔ^{7}ŋɛ^{4}ŋɛ^4	一点点	土话
一个时辰	ʔiʔ^{7}ɦuʔ^{6}zŋ^{2}zəŋ^2	两个小时，一天为十二个时辰	方言

续表

词语	词音	词义	出处
逐一个人	dzoʔ⁸ʔiʔ⁷ɦiu⁶ȵiəŋ²	每一个人	方言
一眼物事	ʔiʔ⁷ŋɛ⁴veʔ⁸zɿ⁶	一点小东西	方言
三七廿一	sɛ¹tsʰiʔ⁷ȵie⁶ʔiʔ⁷	三七二十一	玄空
三脚两拳	sɛ¹tɕia ʔ⁷liaŋ³dʑyœ²	做事很利索，一下子就可以把事情解决掉	何典

17. 其他

（1）副词

词语	词音	词义	出处
头	dəu²	与后面的二、两等数，表示约数	方言
能	nəŋ²	这么，表程度	列传
淘	dɔ²	太，忒	列传
阿	ʔa¹	可，是否；前缀：~哥	列传
野	ʔia¹	很，非常，特别	列传
咿	ʔi¹	又	列传
蛮	mɛ²	非常，甚，很	列传
单	tɛ¹	只	列传
忒	tʰəʔ⁷	太	列传
才	dze²	都，表范围	列传
原	ŋyoe²	照旧，依旧	列传
咿	ʔi¹	又。同"咦"	列传
势	sɿ⁵	很	列传
坎	kʰœ³	刚才	列传
侪	dze²	都	土话
秃	tʰoʔ⁷	都	土话
约酌	ʔiaʔ⁷tsaʔ⁷	大约	方言
一道	ʔiʔ⁷dɔ⁶	一起	玄空
一径	ʔiʔ⁷tɕiəŋ⁵	指一直，表示持续不间断	列传
一堆	ʔiʔ⁷te¹	一块	列传
一泡	ʔiʔ⁷pʰɔ⁵	一场，一阵	列传
光景	kuɔŋ¹tɕiəŋ¹	大概，估计	列传
常恐	dzaŋ²kʰoŋ³	只怕、恐怕	列传
决勿	tɕiœʔ⁷veʔ⁸	决不	方言
常庄	dzaŋ²tsoŋ¹	经常	方言
当先	toŋ¹sie¹	先前，原先，从前	方言
大略	da⁶liaʔ⁸	大概	方言
忒严	tʰəʔ⁷ȵie²	太严	方言
顶小	tiŋ³sio³	最小	方言
板要	pɛ³ʔio⁵	一定要	方言
目今	moʔ⁸tɕiəŋ¹	如今	方言
只消	tsəʔ⁷sio¹	只需要	方言
特为	dəʔ⁸ʔue²	特地	方言
交关	tɕiɔ¹kuɛ¹	（程度副词）很多，非常，很；（形容词）许多	玄空

续表

词语	词音	词义	出处
那能	neʔ⁸nəŋ²	怎样，怎么	玄空
样色	ʔiaŋ⁵sə?⁷	所有	玄空
真真	tsəŋ¹tsəŋ¹	的确	列传
加二	ka¹ŋi²	更加	列传
划一	ɦuo⁶ʔi?⁷	的确	列传
坎坎	kʰœ³kʰœ³	刚，方才	列传
晚歇	vɛ⁶ɕi?⁷	指过一会儿	列传
定规	diŋ⁶kue¹	一定，确实，也写作"定归"；规定	列传
本底	pəŋ³ti³	本来，原来	方言
连浪	lie²laŋ⁶	连着，接连	列传
阿曾	ʔa¹dzəŋ²	可曾；曾否，意为"有没有"，放在动词前表示询问语气	列传
蛮蛮	mɛ²mɛ²	很，非常	列传
生来	səŋ¹le²	原来，当然	列传
贴正	tʰi?⁷tsəŋ⁵	刚好，正巧	土话
刻刻	kʰə?⁷kʰə?⁷	刚才	土话
直头	dzə?⁸dəu²	的确定，实在。也作"直头"	土话
白白里	bə?⁸bə?⁸li⁴	白送，徒劳；白白地	方言
原底子	ŋyoe²ti³tsɿ³	也说"本底子"，原来	列传
老底子	lɔ⁴ti³tsɿ³	从前，本来	土话
断断乎	tœ⁵tœ⁵hu¹	表示对动作行为或情况的强调、肯定	方言
犹之乎	ʔiə²tsɿ¹hu¹	犹如，好像	方言
特特里	də?⁸də?⁸li⁴	特地，故意	方言
难朝后	nɛ²tsɔ²ɦəu⁶	从今往后	方言
渐渐个	dzie⁶dzie⁶ɦu⁶	渐渐地	方言
自家个	zɿ⁶ka¹ɦu⁶	亲手，亲自	方言
挤咾拮	tɕi³lɔ⁴tɕi?⁷	很挤	方言
偷伴之	tʰəu¹be⁶tsɿ¹	偷偷地	方言
好来死	hɔ³le²sɿ³	很好	方言
暗底里	ʔe⁵ti³li⁴	实际；私下	玄空
先起头	sie¹tɕʰi³dəu²	以前，开始时	列传
三不时	sɛ¹pə?⁷zɿ²	经常，时常。也作"不时"	列传
啥犯着	sa³vɛ⁶tsa?⁷	何苦，何必，意为不值得、不划算	列传
干瘪头	kœ¹pi³dəu²	很少	何典
一塔括子	ʔi?¹tʰa?⁷kua?⁷tsɿ³	总共，通通	方言
一塌刮之	ʔi?¹tʰa?⁷kua?⁷tsɿ¹	一股脑，全都。也作"一塌括子"	玄空
趁之机会	tsʰəŋ⁵tsɿ¹tɕi¹ɦue⁶	趁机	方言
正是实盖	tsəŋ⁵tsɿ⁵ze?⁸ke⁵	正是这样	方言
平素实盖	biŋ²su⁵ze?⁸ke⁵	平常都如此	方言
起先几时	tɕʰi³sie³tɕi³zɿ²	刚开始的时候	玄空

（2）介词

词语	词音	词义	出处
忒	tʰə?⁷	替，为	方言

词语	词音	词义	出处
拨	pe?^{7}	被	玄空
搭	la?^{8}	（介词）跟，和，同，给；（连词）替	列传
把	po^3	给	列传
望	mɔŋ^6	向	列传
来哚	le^{2}tu^3	在	列传
来海	le^{2}he^3	在里面	列传
来浪	le^{2}lɔŋ^6	在	列传
拨来	pe?^{7}le^2	被	列传
到难	tɔ^{5}nɛ^2	到现在	方言
拉岸上	la?^{8}ŋœ^{6}saŋ^5	在岸上	方言
忒我说	tʰə?^{7}ŋu^{4}sə?^{7}	对我说	方言
忒伊说	tʰə?^{7}ʔi^{1}sə?^{7}	对他说	方言
拨拉伊管	pe?^{7}la^{1}ʔi^{1}kue^3	给他管	方言

（3）连词

词语	词音	词义	出处
原	ŋyoe^2	原来，依旧，仍旧	列传
搭之	ta?^{7}tsɿ^1	和	方言
难末	nɛ^{2}me?^{8}	便，就，因此，那么，然后	方言
盖唠	ke^{5}lɔ^4	所以	方言
同着	doŋ^{2}tsa?^{7}	和	何典
反得	fɛ^{3}tə?^{7}	反而	何典
实系	ze?^{8}ɦi^6	实际是	何典
为仔	ʔue^{5}tsɿ^3	因为，为了	列传
赛过	se^{5}ku^5	譬如	列传
价末	ka^{5}me?^{8}	那么	列传
倘忙	tʰɔŋ^{3}mɔŋ^2	或者，说不定，倘若，或许，表示条件	列传
勿过	ve?^{8}ku^5	不过	列传
搭仔	ta?^{7}tsɿ^3	和，与	列传
故末	ku^{5}me?^{8}	那么	列传
为此	ʔue^{5}tsʰɿ^3	因此，所以	列传
若使伊勿	za?^{8}sɿ^{3}ʔi^{1}ve?^{8}	如果他不做（某事）	方言
一面……一面……	ʔi?^{7}mie^6……ʔi?^{7}mie^6	一边……一边……	何典
蛇头接尾巴	zo^{2}dəu^{2}tsi?^{7}vi^{4}po^1	紧接着	何典

（4）助词

词语	词音	词义	出处
煞	sa?^{7}	（助词）死，用在形容词之后表程度深	列传
杀	sa?^{7}	同"煞"	列传
搭	ta?^{7}	附地名词或代词后表示地点、处所	列传
替	tʰi^5	跟，同	列传
得	tə?^{7}	相当于普通话里的时态助词"了"	列传

续表

词语	词音	词义	出处
来	le^2	用在形容词之后，表程度深：远～	列传
歇	ɕiʔ^7	时态助词，与"过"近似	列传
啥	sa^3	相当于普通话的"的"	列传
仔	tsɿ^3	了，吧	列传
哚	tu^3	句末语气词，相当于"呢"；（结构助词）相当于"的"	列传
啘	ʔœʔ^7	句末语气词，与普通话的"啊"大致相当	列传
哉	tse^1	相当于普通话的语气词"了"	列传
呈	ŋie^2	放在句末，相当于"啊""吧"	列传
嘎	kaʔ^7	句末语气词，有疑问义	列传
末	meʔ^8	啊，……的话	列传
哩	li^4	与普通话用法相似，用于加强语气	列传
唠	lɔ^4	用在句子中间，使语气舒缓，相当于"了"	用语
哚啘	tu^{3}œʔ^7	助词，放在句末表露惊讶或讽刺等语气	列传
得来	təʔ^{7}le^2	放在动词及其补语之间，相当于普通话结构助词"得"	列传
得势	təʔ^{7}sɿ^5	用在动词或形容词后，表示程度深，相当于"得很"	列传
哉啘	tse^{1}œʔ^7	放在句末，表示肯定等语气	列传
末哉	meʔ^{8}tse^1	用在句末，表示同意、许可等意思	列传
几几乎	tɕi^{3}tɕ^{3}ʔu^3	几乎	方言
再勿然末	tse^{3}veʔ^{8}zeʔ^{4}meʔ^8	再不然就	方言

三、内容特色

（一）时代特色

如前所述，近代吴语的时间期限与中国近代史的划分略有不同，根据高本汉的田野调查经历，近代吴语是处于1840—1912年的这段历史时期。这一时期的社会性质是"半殖民地半封建"。半殖民地，是指形式上有自己政府的独立国家，实际上政治、经济等社会各方面都受到外国殖民主义的控制和奴役；半封建是指形式上仍是封建统治和自然经济占主导，实际上社会已逐渐近代化，资本主义经济、政治、思想文化等因素在不断发展壮大。这一社会性质在文化上则体现为外来文化和封建文化的并存。近代吴语的词汇内容深刻反映了这一社会性质与文化现象。

1. 反映殖民生活的内容

随着西方列强在军事上和贸易上的侵略，西方近代文明的思想和概念也进入汉语的词汇系统，成为近代汉语词汇中的重要词源，江浙、广东等沿海地区的方言词汇系统也是如此。由于地缘的关系，江浙成为外来文化，尤其教会文化入驻的重镇（教会文化的主要内容是基督教教义）。1843年，英国传教士、汉学家麦都思来到上海，在上海开办了"墨海书馆"，翻译出版了许多介绍、宣传基督教教义、西方文化和科技的书籍。因此，近代吴语中外来文化的词语很多。如：

名词（名词性词组）：天堂、施医院、育婴堂、礼拜堂、英吉利、大英国、欧罗巴、埃田乐园、霍乱、公使、天使、牧师、槟榔、啤酒、奶油、火腿、罐头、饼干、牛奶饼、荷兰水、香槟酒、诞日、寿诞、香水、释教、玛瑙、圣餐、造化主、基督、教会、转经、礼拜单、基督教、天主教、赞美经、做弥撒、八音盒、逾越节、五旬节。

动词（动词性词组）：教化、进教、洗礼、行洗礼、入会。

2. 反映封建社会生活的内容

名词（名词性词组）：国都、会堂、会馆、衙门、药局、信局、书寓、堂子、台基、长三、花烟间、私窝子、军机处、按察司、布政司、紫禁城、庶子、嫡子、家小、无姆、新妇、垫房、老堂、新官人、家主公、家主婆、大老母、小老母、钦差、秀才、恩主、族长、债主、郎中、孝子、忠臣、皇帝、皇上、皇太后、太监、大人、老爷、缙绅、方伯、抚台、田主、学台、太太、郎中、令郎、小犬、奶婶、嫖子、皂隶、地方（地保）、差司、姘头、夫役、脚夫、倌人（妓女）、野鸡（妓女）、乌师、快手、出店、孝婆、奶奶（富贵人家的正式夫人）、老班（老板或业主）、姘头、堂倌、轿班、拆梢（骗子）、土老儿、红黑帽、苦恼子、坏坯子、小干忤、小娘忤、小把戏、小堂名、底下人、清倌人、浑倌人、红倌人、和事佬、半老佳人、立嗣儿子、过房儿子、剃头司务、地党、土老儿、书讹子、熟事人、牢头禁子、狗头军师、好色之徒、阴阳先生、马褂、顶戴、纬帽、塔饼、水烟、烧麦、绍兴酒、皂隶、更舍、万民伞、文契、钱庄、钱票、银票、铜钱、字号、典当、典质、当头、当票、历本、名贴、圣旨、圣谕、上谕、乡试、会试、殿试、京报、总督、知府、书场、人丁册、劝世文、地理图。

动词（动词性词组）：净浴、攀亲、祝福、打恭、作揖、休妻、算卦、过房、跳槽、入舍、进学、充军、反乱。

3. 反映近代化过程中生活的内容

名词（名词性词组）：北带、南带、中道、热道、北寒道、南温道、夷场、制造局、巡捕房、西洋国度、方子（药方或处方）、匹偶、工头、外行、通事、本主、客旅、长毛、细作、书办、牵头、荐头、水作、帮闲、巡捕、管账个、学生子、泥水匠、卖票个、办事个、烧饭个、箍桶个、趸脚个、欠债个、奏乐个、看马个、逃难个、种田个、步行个、门上个、带信个、摇船个、教书个、年更个、伟丈夫、女先生、蓦生人（陌生人）、客边人、乡下人、晚老公、好陶伴、包打听、烂好人（老好人）、排活字个、管事体个、传福音个、净衣裳个、洋布、花边、宽紧带（松紧带）、大菜、牢监、洋房、洋楼、石库门、大菜间、洋枪、时辰钟、织布机、千里镜、寒暑表、洋烛、洋灯、手照、烟枪、烟榻、烟灯、烟盘、斗门、酒席、乌烟、玩器、小照、电报、洋铜、风雨镖、吸铁石、自来火、助生油、洋肥皂、农事、农器、合同、文书、货色、鹰洋、洋钱、洋行、洋货、股子、贩户、英洋、报货单、水龙、船老大、火轮机、火轮船、药水龙、东洋车、皮蓬车、字汇、学问、签书、闲书、算学、月报、洋琴、消息、毛儿戏、实字眼、虚字眼、活字眼、风气学、讲书台。

动词（动词性词组）：开灯（吸鸦片）、写方、知会、挂虑、洗澡、种痘、对口施礼。

（二）地域特色

近代吴语词汇内容，不仅体现那个时代的特征，更是体现出浓郁的地域特色和鲜明的地域文化特征。那些反映对天文、地理、处所、方位以及时令、时间的认知的独特词语，具体描写、说明衣食住行的独特词语，对人物称呼的独特称谓词，以及充满着浓重传统文化意蕴的古词，共同构成了一幅丰富多彩的吴地生活图景，彰显出吴语词汇的强大生命活力和长久的语言魅力。

1. 具象化的词语

具象化词语指那些由形象性的语素构成的词语。如用"物事"来称"东西"就十分具体、形象。用"眼乌珠"来称"眼珠"，不仅能体现眼珠的形状，也体现出眼珠的色彩。像这样的词语还有：扫帚星（彗星）、膝馒头（膝盖）、鼻头管（鼻子）、娘胞胎（母亲的肚子）、亮月（月亮）、百脚（蜈蚣）、呱呱啼（公鸡）、游火虫（萤火虫）、游廊（走廊）、露台（阳台）、响器（乐器）、寒暑表（温度计）、圆圈子（手环）、圈手椅（有扶手的椅子）、镬肚底（锅底）、保险灯（有罩的火油灯）、麦实头（麦穗）、种田人（农民）、鹰洋（墨西哥银元）、脩金（薪水）、对口施礼（接吻）、木头人（木偶）、泥塑个像（雕塑）、生活（工作）、做生意（经商）、摸耳朵（说悄悄话）等。

2. 丰富的人称、指代词

近代吴语的人称很丰富，例如：对女性和母亲的称呼有：无姆、慢娘、娘姨、老堂、过房娘、亲生娘；对妻子的称呼有：家主婆、娘子、新妇、匹（配）偶、垫房、大老母、小老母；对女孩子的称呼：囡、囡伴、囡鱼、小妹子。"囡"是对女孩的昵称，亦有宝贝的意思。"囡"从造字词义上看，女外有围，意为闺，女入闺中，可意会为闺中少女、未闻世的小女孩。

近代吴语的指示代词很丰富。近指的有：个（这）、第（这）、故（这）、价（这）、喋（这）、第搭（这里）、第个（这个）、第头（这里）、第歇（这时候）、该搭（这里）、价事（这事）、实概（这里或这么）、故号（这种）；实概样式（那个东西）；远指的有：埭边（那边）、几首（那里或那边）、伊个（那个）、伊头（那头）、伊个人（那个人）、故答（那儿）、该首（那儿）、故个物事（那个东西）等。

3. 独特的后缀词"头"

"头"作为汉语的后缀，在汉语共同语和各方言中都广泛运用，但都没有像吴语那样用得既切合吴人的思维特种，又丰富多彩。如《玄空经》中记有：尴尬头、无亲头、勿识头、一冲头、勃勿转头、碰头、寿头、阴头、大块头、骷颅头、光郎头、个把钟头、钉头碰着铁头、买野人头、野鸡躲个头、十鹿九回头、东吃羊头、西吃狗头、三日两横头、空心馒头、借势因头、转念头、触霉头、嫩场头、假约头、搭讪头、有啥怕头、门头、花头、话头、两家头、吃头、吃着糖头、饭榔头、木人头、大底舌头、倒贴户头、打碎酸罐头、西天出日头等，可谓丰富多彩又相当生动。

4. 忌讳词

因风俗习惯的顾忌，近代吴语中对一些词有忌讳而用其他词语来代替。如"帆"与"蓬"。"帆"是指挂在桅杆上的布篷。吴语区，尤其北部吴语区多为水乡，平时出行大多靠船只，因此，最怕的是船翻。而在吴语中"翻"与"帆"同音，于是便用"蓬"来代替"帆"。又如"洗"与"汰"。"洗"与"汰"都是"清洗"之义。但吴语中"洗"与"死"同音，所以江南水乡一般用"汏"代替"洗"，如汏手、汏脚、汏衣裳等。再如"筷"与"箸"。在上海、嘉兴一带很少有"箸"的说法。因为"箸"与"住"同音。在江南水乡的人看来，说"箸"就是让我停船，不能一帆风顺而是中途搁浅，这是使不得的。所以把"箸"称为"筷儿""筷儿头"。明代陆容《菽园杂记》卷一："民间俗讳，各处有之，而吴中为甚，如舟行讳住、讳翻，以箸为快儿……今士大夫亦有犯俗称筷儿者。""快儿""快儿头"最早出现在明代冯梦龙的《山歌》中："姐儿生来身小骨头轻，吃郎君捻住像个<u>快儿</u>能"；"就是一碟两碟略尝滋味自有多少趣，你没要<u>快儿</u>头，动子弗停留"。①

四、语法特点

近代吴语词汇的语法特点主要体现在构词方式和一些否定词、古语词的使用。

（一）构词方式

构词就是汉语语素构成词语的方法，单语素词、单纯词不涉及内部结构，构词方式是对合成词而言。汉语由单音节向双音节过渡大约出现在东汉时期，且各种手段基本具备，主要有联合、偏正、动宾、主谓、述补、附加等六种。清末民初出现了大量新词，它们所使用的构词法与东汉时期基本一致。② 近代吴语的构词方式与共同语的构成方式基本相同，大致为复合式（联合、偏正、动宾、补充、主谓），重叠式和附加式，但也有差异，主要体现词素次序、附加（词缀）和重叠等方面上。

1. 词素次序

吴语有一批复合词，词素次序正好与共同语相反，如"闹热"（热闹）、"道地"（地道）、"欢喜"（喜欢）、"人客"（客人）等，这些词叫作逆序词，也叫颠倒词、异序词、倒序词等。逆序词指语素基本相同而语素序位互逆的一对词。例如：

（1）亮月

"月亮"之义，与共同语的"月亮"意义是相同的，而语素颠倒。

①今朝夜头个<u>亮月</u>，比仔前日夜头再要亮。（《海上花列传》第52回）

②琪官道："正经要赏月，……就是个看<u>亮月</u>同看星个家生。"（《海上花列传》第52回）

③冠香故意回头，倏失惊打怪道："阿是<u>亮月</u>嗄？"（《海上花列传》第52回）

（2）物事

"东西、物品、事情"之义，与共同语的"事物"同义，而语素颠倒。吴语的"物事"沿用古词古义，来自古籍。《朱子语类》卷六五："既成箇<u>物事</u>，便自然如此齐整。""物事"指东西、物品；《隋书》卷五六《张衡传》："临死大言曰：'我为人作何<u>物事</u>，而望久活！'""物事"指事情。

①官座里有人吃<u>物事</u>。（《土话指南》第119页）

②要紧风头里个吹，勿什介味，羊毛织拉个<u>物事</u>，暑气闷拉去之。（《土话指南》第117页）

---

① 王琪：《从"箸"演变到"筷子"的再探讨》，《古汉语研究》2008年第1期。

② 张烨：《清末民初词汇研究》，中国社会科学院出版社，2019，第21页。

③固个啥物事，固个是芋头搭之鸡。（《土话指南》第 160 页）

④担我各样物事出去用，乃像啥呢？（《土话指南》第 126 页）

⑤今朝连夜担拍卖唔留拉物事，分出来，侬去罢好之。（《土话指南》第 129 页）

（3）牢监

"监狱"之义，与共同语的"监牢"同义，但语素颠倒。

精工朋友道："小毛贼已经在牢监里吃官司了。"（《玄空经》第 6 回）

（4）路道

"途径、门路"之义，与共同语的"道路"相同，但语素颠倒。"路道"沿用古词古义，来自古籍。《朱子语类》卷四九《论语·子张篇》："若是经一番，便自知得许多路道，方透彻。"

牵线木人心里明白，这票生意有点路道，忙上前说："少爷请坐。"（《玄空经》第 1 回）

（5）料作

"材料、调味料"之义，与共同语的"作料"相似，但语素颠倒。

颜色要退，料作容易坏个。（《土话指南》第 170 页）

（6）夫役

意思为服役的人，也泛指操贱役者。与共同语的"役夫"相似，但语素颠倒。"夫役"沿用古词古义，来自古籍。《管子·轻重己》："处里为下陈，处师为下通，谓之役夫。"唐代杜甫的《兵车行》："长者虽有问，役夫敢申恨！"

①陈小云方在分派执事夫役，拥做一堆，没些空隙。（《海上花列传》第 43 回）

②云甫知是吞声暗泣，置之不睬。等夫役散去，才与小云厮见。（《海上花列传》第 43 回）

③夫役拥上客堂，撤去祭桌，络起绳索。但闻一声炮响，众夫役发喊上肩，红黑帽敲锣喝道，与和尚鼓钹之声，先在弄口等候。（《海上花列传》第 43 回）

④传令小工头点齐夫役，准备行事。（《海上花列传》第 43 回）

（7）年常

"常年、经常"之义，与共同语的"常年"相似，但语素颠倒。"常年"沿用古词古义，来自古籍。《醒世恒言·钱秀才错占凤凰俦》："因年常在贵山买菓，偶闻令爱才貌双全，老翁又慎于择婿，因思舍亲正合其选，故此斗胆轻造。"

格末年常打出来个米，留拉自家吃呢还是菜脱个。（《土话指南》第 32 页）

（8）定规

"定规"在吴语中主要作为副词"一定"用，但到了近代受共同语的影响，也含有一定"规定、规矩、成规"之义。与共同语的"规定"相似，但语素颠倒。"定规"沿用古词古义，来自古籍。明代陆容《菽园杂记》卷二："本朝开科取士，京畿与各布政司乡试，在子、午、卯、酉年秋八月，礼部会试，在辰丑未戌年春二月，盖定规也。"

若使固日市面上银子多，行情就跌，银子少，行情就长（涨），担伊拉个生意来算定规。（《土话指南》第 125 页）

（9）魂灵

吴语词汇中"魂灵"与共同语的"灵魂"同义，都是指人的精神或意念，但语素颠倒。"魂灵"沿用古词古义，来自古籍。《汉书·外戚传上·孝武李夫人》："呜呼哀哉，想魂灵兮。"《全唐诗》卷八七四载《挽歌》："红轮决定沉西去，未委魂灵往那方。"元代王实甫《西厢记》第一本第三折："可喜娘的脸儿百媚生，兀的不引了人魂灵。"

出气姑娘眼睛一瞄，吓的**魂灵**出窍。（《玄空经》第 4 回）

（10）面净

吴语的"面净"是洗脸的意思。"面净"也说"净面"，这是一对同素逆序词。

①侬**面净**好没，净好者。我要教侬买物事去。（《土话指南》第 132 页）

②**净面**的手巾担来。（《土话指南》第 123 页）

（11）出产

吴语的"出产"是收入的意思。字面上与共同语的"产出"相似，语素颠倒。"出产"沿用古词古义，来自古籍。唐代唐彦谦《索虾》诗："姑孰多紫虾，独有湖阳优。出产在四时，极美宜于秋。"宋代岳飞《奏措置杨幺水寇事宜》："湖南州郡系出产木材去处。"

现在泰和栈里，想多**出产**两钱咾，又转卖拉别人个者。（《土话指南》第 49 页）

（12）出远

出游、出远门的意思。字面上与共同语的"远出"相似，语素颠倒。"出远"沿用古词古义，来自古籍。《论语·里仁》子曰："父母在，不远游，游必有方。"

孔子话，爷娘在拉勿**出远**。（《上海方言习惯用语集》第 125 页）

（13）出卖

"出售、卖"的意思。字面上与共同语的"卖出"相似，语素颠倒。

大头鬼又道："这宅基勿好，你勿如把零零碎碎的家伙**出卖**，有用的东西挪到我家里去同住。"（《玄空经》第 7 回）

（14）应承

"答应、应允、承认、承诺"的意思。字面上与共同语的"承应"（答应）相同，语素颠倒。"应承"沿用古词古义，来自古籍。元代关汉卿《玉镜台》第四折："你只要应承了这一首诗，倒被我勒揸的情和睦。"明代冯梦龙《喻世明言》第一卷："王公未肯应承，当日相别去了。"明代罗贯中《三国演义》第 56 回："鲁肃必不曾见吴侯，只到柴桑和周瑜商量了甚计策，来诱我耳。但说的话，主公只看我点头，便满口应承。"

请我做中人，替伊拉讲价钱，话着实之，一千两银子，两面侪**应承**。（《土话指南》第 69 页）

（15）来往

"来去、往返"的意思。字面上与"往来"相同，语素颠倒。"来往"沿用古词古义，来自古籍。战国时期楚国宋玉《神女赋》："精交接以来往兮，心凯康以乐欢。"唐代李白《大猎赋》："大章按步以来往，夸父振策而奔走。"明代刘基《途中见去雁》："昔与雁同归，今来雁北飞。殷勤祝过雁，来往莫相违。"

再论伊外面交朋友，搭亲戚**来往**个道理，伊一些勿懂个。（《土话指南》第 71 页）

（16）虚心

"虚心"在吴语词汇中的意思是"亏心、做亏心事"，与共同语的"心虚"同义，语素颠倒。"虚心"沿用古词古义，来自古籍。古籍中的"虚心"有两种意思，其中之一便是"心虚"。如明代李贽《史纲评要·南宋纪·高宗》："桧贼以子领国史，又禁野史，亦虚心，怕后世知其为贼耳。"明代小说《二刻拍案惊奇》卷二〇："知县大怒，出牌重问，连巢大郎也标在牌上，说他私和人命，要拿来出气。巢大郎虚心，晓得是替乡里报仇，预先走了。"

我搭阁下勿曾认得伊个前头，伊已经做过歇一件**虚心**事体。做过歇啥个**虚心**事体呢？（《土话指南》第 41 页）

（17）该应

吴语中的"该应"与共同语中的"应该"同义，语素颠倒。"该应"沿用古词古义，来自古籍。《二刻拍案惊奇》卷二〇："商姣颇认得字义，见了府牒，不敢不信。却是自笛没有主意，不知该应怎的？"

①黄二姐笑讽道："耐也**该应**吃力哉呀，吃筒水烟，请坐歇哩。"翠凤果然觉得疲乏，和黄二姐对面坐下。（《海上花列传》第 49 回）

②黄二姐因而插嘴道："才是好闲话，陆里有差嗄！"说罢，起立徘徊，自言自语道："俚哚**该应**来快哉，我下头去等来浪。（《海上花列传》第 49 回）

③金凤道："俚乃生来无拨主意，倒也无啥。我是无一径来浪说：'难末生意**该应**好点哉。'阿姐也实概说。陆里晓得该节个帐比仔前节倒少仔点。"（《海上花列传》第 49 回）

（18）灵清

吴语中的"灵清"有"清楚、头脑清醒"之义，与共同语中的"清楚"同义，语素颠倒。

小毛贼犟头倔脑道："一身做事一身当，毫无事体去碰头脱皮少爷。"说了两句，叽里咕噜一阵。四眼狗听勿**灵清**，道："说啥？"（《玄空经》第 5 回）

（19）闹热

吴语中的"闹热"，与共同语的"热闹"同义，语素颠倒。"闹热"沿用古词古义，来自古籍。唐代白居易《雪中晏起偶咏所怀》："红尘闹热白云冷，好于冷热中安身。"《醒世恒言·钱秀才错占凤凰俦》："船头俱挂了杂彩，鼓乐振天，好生闹热。"

①阿金大回来，大声道："啥勿是嗄！拜堂也拜过哉，故歇来浪吃酒，**闹热**得来！我就问仔一声，勿曾进去。"（《海上花列传》第 34 回）

②小红道："洪老爷说得勿差，倪是生来勿会说闲话，说出来就惹人气……客人喜欢到俚哚去，同得去个朋友讲讲说说，也闹热点。到仔该搭，听仔倪讨气闲话，才勿对哉，再要得罪朋友。耐说王老爷陆里想得着到该搭来嗄！"（《海上花列传》第 24 回）

（20）闹猛

吴语中的"闹猛"有"热闹、（生意）兴隆"之义，与共同语的"热闹"同义，语素颠倒。"闹猛"源于"闹网"。相传阳澄湖的渔民中有个姓干的人，出湖打鱼，几天都是空手而回。一天，他撒最后一网，拉网时觉得沉甸甸的，起网一看，他惊呆了。原来满网尽是活蹦乱跳的鱼、虾，足有百十来斤。其他渔民看见了，都羡慕而又开心地说："闹网哉，闹网哉！"此后，渔民们每天出湖捕鱼时，都要高声互道："闹网，闹网"，以讨口彩，从此以后，"闹网"一词就引申为热闹、繁华之义，并取吴语谐音，说成"闹猛"，流传至今。

余庆冷笑道："我也勿清爽！今朝倪大人吩咐下来，说山家园个赌场**闹猛**得势，成日成夜赌得去，摇一场摊有三四万输赢哚，索性勿像仔样子哉！问耐阿晓得？"（《海上花列传》第 56 回）

（21）欢喜

吴语的"欢喜"有"高兴、快乐，喜欢、喜爱"之义，与共同语的"喜欢"同义，语素颠倒。"欢喜"沿用古词古义，来自古籍。元代关汉卿《金线池》第三折："他真个不欢喜我了，更待干罢！只得到俺哥哥那里告他去。"明代小说《二刻拍案惊奇》卷二〇："商小姐见兄弟小时母子伶仃，而今长大知事，也自欢喜他。"明代冯梦龙《东周列国志》第47回："穆公视萧史形容潇洒，有离尘绝俗之韵，心中先有三分欢喜：乃赐坐于旁，问曰：'闻子善箫，亦善笙乎？'"

①陆里有啥寒热？才为仔无（姆）忒欢喜仔了，俚装个病。（《海上花列传》第24回）

②双珠道："先起头无（姆）勿欢喜双宝，为仔俚勿会做生意，说两声；双玉进来到故歇，双宝打仔几转哉，才为仔双玉。"（《海上花列传》第24回）

（22）正真

"确实、的确"的意思，副词，与共同语的"真正"同义，语素颠倒。"正真"沿用古词古义，来自古籍。《魏书·释老志》："上师李君手笔有数篇，其余，皆正真书曹赵道覆所书。"

路上碰着之，低之一低头，就介过去者。正真是勿顾别人个。固种人个性子，实在可恶得极。（《土话指南》第71页）

（23）日白

与共同语的"白日"同义，语素颠倒。

总要教人来。日白夜里，等园里看拉个。（《土话指南》第34页）

（24）饭用

与共同语的"用饭"同义，语素颠倒。

我拉天盛典当里，估之货色咾转来。饭用没，吃者。（《土话指南》第51页）

2. 附加（词缀）

词缀是指只能黏附在词根上构成新词的语素。近代吴语中存在大量的与共同语（普通话）不同的词缀，这些词缀使吴语词汇极具特色。近代吴语的词缀，从其所处的位置看，有前缀、中缀和后缀。近代吴语的前缀主要有"阿""老"，后缀主要有"子""头"。还有一种特殊的词缀，如"脱""个""煞"等，它们是由词中的部分词义虚化为词缀。

（1）阿

李新魁认为，"阿"这个词头大概是古"台语"各种语言所具有的，它首先被吸收到南方的汉语方言中来，然后在魏晋时期传到北方话，并且进入书面语言。[a]南方的汉语方言，包括吴、粤、闽等方言。这说明"阿"在吴语等南方方言中，历史悠久，而富有与北方方言及共同语不同的特色。如第二章所述，吴语的构成基础之一是古百越语，古百越语也是南方许多少数民族的基础语。如今，"阿"作为前缀，普遍存于南方各少数民族的词汇中，因此，李新魁的说法是有道理的。前缀"阿"的用法大致有两种：一是用在排行、小名、姓或某些亲属的前面，有亲昵的意味；二是用在动词、形容词前，表示疑问的语气，犹如"可""是否"。例如：

第一类：

①阿姨是娘子个姊妹。（《上海方言习惯用语集》第127页）

②自家呒得儿子，阿侄亦可以当为儿子。（《上海方言习惯用语集》第127页）

---

① 李新魁：《论广州方言形成的历史过程》，《广州研究》1983年第1期。

③阿巧知道朴斋是史三公子的嫡亲阿舅，更加巴结万分。（《海上花列传》第 55 回）

④二宝跳起来喝道："勤局个！面孔个小娘忔，我去认俚阿嫂？"（《海上花列传》第 62 回）

⑤刘娘娘道："十个人十样性。你又不是老爷肚皮里的蛔虫，就这等拿得稳！……你且去探探他的口气，方好讲唇。"刘打鬼道："阿妈说得是。待我去讨个尺寸出来。"（《何典》第 2 回）

此类的用法还有：阿奶、阿爹、阿娘、阿哥、阿姐、阿姊等。

第一类：

⑥今年打拉个米，阿是比旧年多点？（《土话指南》第 31 页）

⑦朴斋方知道有这个缘故，便想了想道："庄荔甫只怕来哚陆秀林搭，倪也到秀宝搭去打茶会，阿好？"（《海上花列传》第 2 回）

⑧秀宝道："张大少爷，倪娘姨哚说差句把闲话，阿有啥要紧嗄？"（《海上花列传》第 2 回）

⑨小村问秀宝道："庄大少爷阿来里？"秀宝点点头。（《海上花列传》第 2 回）

⑩小村、朴斋就桌子两傍高椅上坐下，秀宝笑问："阿曾用饭嗄？"小村道："吃过仔歇哉。"（《海上花列传》第 2 回）

（2）老

在上古汉语中，"老"多用来表年老或年长，有实在意义。到魏晋南北朝时期，"老"开始虚化为词头（词缀），《晋书·郭奕传》："大丈夫岂当以老姊求名？""老姊"即"姐姐"。词缀"老"是近代吴语中常见的词缀，通常有三种用法：一是用在名词的前面，表示与"老"原义相关的意义，如老寿星、老话头、老戏头、老辈、老茄子、老朋友、老先生、老米饭、老宅基、老本钱等；二是没有实在意义，只有语法功能，如老鼠、老虎、老鹰、老营、老官人等；三是表示情感的，或尊敬或褒或贬，如老鬼、老奸巨猾、老面皮等（以上词语来自《何典》）。

①见赵朴斋同人进房，便料定是他娘舅，忙丢下烟枪起身厮见。洪善卿道："尊姓是张？"张小村道："正是，老伯阿是善卿先生？"善卿道："岂敢，岂敢。"小村道："勿曾过来奉候，抱歉之至。"（《海上花列传》第 1 回）

②忽又见一个老婆子，也从里面跑到门前，高声叫"阿巧"，又招手儿说："（勤）去哉。"（《海上花列传》第 2 回）

③老娘姨搬上稀饭来吃了些，蕙贞就在梳妆台前梳头。（《海上花列传》第 4 回）

④吴松桥道："老老头倒高兴哚。"（《海上花列传》第 14 回）

⑤黎篆鸿毕竟在那里吃酒？原来便是罗子富的老相好蒋月琴家。（《海上花列传》第 15 回）

⑥戏班里娘姨呈上戏目请点戏。屠明珠代说道："请于老爷点仔罢。"于老德点了两出，遂叫鲍二姐拿局票来。（《海上花列传》第 19 回）

⑦仲英道："对勿住，倒难为耐老太太讨气。"（《海上花列传》第 22 回）

⑧莲生道："我看见俚前节堂簿，除脱仔我，就不过几户老客人叫仔二三十个局。"（《海上花列传》第 24 回）

⑨洪善卿问："阿是请姚季莼？"庄荔甫道："勿是，我请老翟。"（《海上花列传》第 25 回）

⑩新住家客栈用相帮，<u>老司务</u>茶楼谈不肖。(《海上花列传》第 30 回)

⑪陶云甫向朱蔼人道："耐个<u>老阿哥</u>倒无啥，可惜淑人勿像耐会白相。倪玉甫做仔耐兄弟，故末一淘白相相对景哉。"(《海上花列传》第 32 回)

⑫账房先生是<u>老实人</u>，说来浪闲话一点点无拨差! (《海上花列传》第 43 回)

⑬痴鸳又道："<u>老兄</u>两只贵手也要去揩揩哉喤。"一面搭讪，已和翠芬去的远了。(《海上花列传》第 46 回)

⑭二宝说到这里，忽然涕泪交颐，两手爬着三公子肩膀，脸对脸的道："我是今生今世定归要跟耐个哉，随便耐讨几个<u>大老母</u>、<u>小老母</u>，耐总(勤)豁脱我。耐要豁脱仔我是……"(《海上花列传》第 55 回)

⑮可巧一个父母姊妹俱没，一个妻妾子女均无;一对儿<u>老夫老妻</u>，大家有些同病相怜之意。(《海上花列传》第 60 回)

⑯华铁眉道："<u>乔老四</u>搭我说，癞头鼋该埭来要办几个赌棍。"(《海上花列传》第 61 回)

⑰偷大姐床头惊好梦，做<u>老婆</u>壁后泄私谈。(《海上花列传》第 62 回)

⑱我个<u>老爹</u>从前长过一番大事业。(《上海方言习惯用语集》第 126 页)

（3）头

"头"作为后缀词，在近代吴语中运用很广泛。"头"虚化作为名词后缀古已有之。如唐骆宾王《咏美人在天津桥》诗："水下看妆影，眉头画月新。"白居易《自觉》诗之二："结为肠间痛，聚作鼻头辛。"近代吴语的后缀词"头"主要用法有两种:一是附在名词、动词、形容词之后，作为名词的形态标志;二是附在实物名词之后，构成一个新的方位名词，如门头、楼头、桌头、街头等。

第一类:

①走堂把手指着道："你们跨出大门，一直望前跑去，碰<u>鼻头</u>转弯，到了<u>市梢头</u>。就看得见了。"(《何典》第 1 回)

②形容鬼便逐一数去，恰数着了<u>鸭蛋头</u>菩萨。(《何典》第 1 回)

③原没有金屋贮阿娇的<u>想头</u>。只因听了极鬼一席话，说得燥皮，便一时高兴，叫他去干。(《何典》第 8 回)

④脱皮少爷看见牵线木人走进来，就指着台上两包东西说："一点无<u>吃头</u>，这一点聊表心意。"(《玄空经》第 3 回)

⑤那个鬼囡，自从主人死过，没了<u>管头</u>，吃饱了宕空箕箕里饭，日日在外闲游浪荡，雌鬼也管他不下。(《何典》第 4 回)

⑥形容鬼忙将一个<u>瘪头</u>封袋塞他袖中，叫鬼囡点灯相送。(《何典》第 3 回)

⑦倒要拖上州拔下县的<u>吃苦头</u>，自然都缩起脚不出来了。(《何典》第 9 回)

第二类:

⑧雌鬼是做个财主婆的，向常钱在<u>手头</u>，食在<u>口头</u>，穿软着软，呼奴使婢惯的，如今弄得吃朝顿无夜顿，怎受得这等凄凉? (《何典》第 5 回)

⑨四面一望，只见斜射路里有个乌丛丛<u>田头</u>宅基，便飞奔狼烟的跑上前去。(《何典》第 8 回)

⑩姑且拣着<u>活路头</u>上信步行将去，遇着过来人，便问鬼谷先生的来踪去迹，并没一

个知道。(《何典》第8回)

（4）子

"子"的本义是"子嗣"，后来不断转义为：①一切人；②男子的尊称；③动物幼小者和植物的果实、种子；④小而圆的东西。"子"在上古时就开始虚化。到中古时，"子"的词汇意义完全消失，成为词缀。近代吴语中的"子"，用在名词、动词、形容词之后，作为名词的形态标志。

①四人离了聚秀堂，出西棋盘街北口，至斜角对过保合楼，进去拣了土厅后面小小一间<u>亭子</u>坐下。(《海上花列传》第2回)

②后生哈哈大笑道："你怎向真人面前说起假话来？那先生的<u>学生子</u>，连我只得四个，何来你这蓁生人？"(《何典》第8回)

③只要老弟在老爷面前周旋其事，求他只好看瓜刊皮，不要扳只壶卢<u>抠子</u>就够了。(《何典》第2回)

④夫妻两个，单生一个女儿，因讨那先开花后<u>结子</u>的谶语，取名花娘。(《何典》第7回)

⑤四人相让而行，刚至正厅上，正值书房内那<u>胖子</u>在厅外解手回来，已吃得满面通红。(《海上花列传》第2回)

⑥忽有个精胖小伙子来做他口里食，真是<u>矮子</u>爬楼梯，巴弗能够的，自然一拍一吻缝。(《何典》第6回)

（5）脱

"脱"在近代吴语中，作为虚词，可作助词、连词、介词用。作为助词，它放在动词的后面，表示动作的结果或动作的完成态。如"弃脱、除脱、减脱、扣脱、折脱、走脱、灭脱、放脱、甩脱、炀脱、豁脱、沓脱"（以上词语来自《上海方言词汇集》）。"脱"的语法功能大致有两种：一是对前面的动词或形容词进行补充（如①～⑦例）；二是与前面的动词组成一个新词语，充当补语或宾语（如⑧～⑭例）。

①善卿问："前转庄荔甫有多花物事，阿曾搭俚<u>卖脱</u>点？"(《海上花列传》第25回)

②"我一干仔打通一副五关，烧仔七八个烟泡，几花辰光哚；再听听，玻璃窗浪原来哚响呀。我恨得来，自家两只耳朵要<u>进脱</u>俚末好！"(《海上花列传》第26回)

③长福正色道："我为仔看见耐面孔浪有一点点龌龊来浪，来里笑。耐晚歇捕面末，记好仔，拿洋肥皂净<u>脱</u>俚。"(《海上花列传》第26回)

④上楼禀说："尤如意一家，连二三十个老爷们，才捉得去哉，房子也<u>封脱</u>。跌下来个倒勿曾死，就不过跌坏仔一只脚。"(《海上花列传》第28回)

⑤担原审知县末<u>革脱</u>。(《土话指南》第96页)

⑥有一层楼梯<u>弄脱</u>之咾，勿好上去者。(《土话指南》第6页)

⑦痴鸳道："……如楹联、匾额、印章、器铭、灯谜、酒令之类，一概<u>豁脱</u>好像可惜，难末教我再选一部，就叫'外集'。故歇选仔一半，勿曾发刻。"(《海上花列传》第40回)

⑧陈小云道："鹤汀也自家勿好，要去赌；勿到一个月，<u>输脱</u>仔三万。倘然再输下去，鹤汀也勿得了哉喤！"(《海上花列传》第28回)

⑨"出局去到仔台面浪，客人看见倪吃酒一口一杯，才说是好酒量，陆里晓得转去原要<u>吐脱</u>仔末舒齐。"(《海上花列传》第50回)

⑩周双珠听见声响，即问："沓脱仔啥物事？"（《海上花列传》第 32 回）

⑪善卿移坐下手，问莲生道："沈小红搭，耐今年用脱仔勿少钱呀，再要办翡翠头面拨俚？"（《海上花列传》第 32 回）

⑫到京口来有啥贵干？我卖脱点货色咾来个。（《土话指南》第 15 页）

⑬倷等一等，我去叫落脱票子个人来，大家当面白话。（《土话指南》第 20 页）

⑭因为店里个东家，是个候选知县，近来候者，要出去做官，伊无得弟兄，又无得自族里个人，可以照应固个生意，所以卖脱拉个。（《土话指南》第 25 页）

（6）个

"个"在现代汉语中主要作为量词，但近代吴语里除了作量词外，大多作代词"这"和助词"的"。作代词如《海上花列传》："耐个侁大末，再要自家吃俚。"（第 28 回）作为助词的"个"有三种语法功能。一是语气助词，如《土话指南》（第 28 页）："因为我有个朋友，开砖瓦窑个，应用几化砖，俦肯赊拉我个。"二是结构助词，如《土话指南》（第 28 页）："我听见话，江老爷个意思，打算讲定之后来，约好时候，银子先交一半。"三是虚化为词缀，与动词（动词性词语）组成名词性词组，或与名词（名词性词语）组成新名词性词组。

①日逐总有二三个人，到我屋里琮讨赌账。我寻姓江个，伊避开之，勿拨我看见。（《土话指南》第 67 页）

②刻刻到田里去，看见种田个，生活做否？我去个时候，伊那贴正拉垄田。（《土话指南》第 29 页）

③若使碰着大风，或者落冰块，打下果子多者，看园个该当就要去告诉包果子个，教伊担落下来个果子，来收之去。（《土话指南》第 35 页）

④有一天，到一个地方，两个推车子个，路侪勿认得个咾，走错者。（《土话指南》第 73 页）

⑤有一日我住拉大镇上客寓里，听见店里当账个话，有一爿德成钱庄。（《土话指南》第 90 页）

（7）煞

"煞"亦作"杀"。可作动词、助词。在近代吴语中用在形容词、动词后面表示程度深，相当于普通话的"死"，并组一个新词语。这种用法在汉魏六朝时期就已经出现，如《秋风萧萧愁杀人》："秋风萧萧愁杀人，出亦愁，入亦愁。""晃荡无四壁，严霜冻杀我。""童男娶寡妇，壮女笑杀人。"（出自《先秦汉魏南北朝诗》汉诗选、晋诗选、梁诗选）

①我度是贼来者，就忙煞叫相帮人起来，点之灯。（《土话指南》第 63 页）

②病人说："听是郎中饿煞，听是太保饿煞，今朝一定要吃。"（《玄空经》第 1 回）

③老阿妈听了气煞说："你这货妈，勿要骂老太婆，八十岁婆婆囹出生。"（《玄空经》第 8 回）

④双珠阻止道："耐也做点好事末哉，黄二姐个人勿比仔耐，双宝去做俚讨人，苦煞个哩，我说妍耐定归勿要双宝末，也该应商量商量。"（《海上花列传》第 63 回）

⑤金凤道："故是好煞哉，只好拨来人家做大姐哉。"（《海上花列传》第 8 回）

⑥虽说女儿勿断娘家路，不过教女婿暂时勿必上门来，因篙子一戳，上下三桌，等陈吃煞新女婿，饿煞总账头里老姑父，倒亦弗对。（《玄空经》第 3 回）

⑦洪氏见其清醒，略放些心，叫声"二宝"，道："<u>耐要吓煞人个哩</u>，啥实概样式嗄？"（《海上花列传》第 62 回）

⑧双珠忙摇手道："<u>耐覅去多说多话。耐末算说白相，拨来阿德保听见仔要吵煞哉！</u>"《海上花列传》第 3 回）

⑨老娘……说道："拨来洪老爷看仔，阿要<u>笑煞</u>嗄。"蕙贞道："<u>耐收捉仔下头去罢，覅多说多话哉。</u>"《海上花列传》第 4 回）

⑩忽听得当中间板壁"蓬咚蓬咚"震天价响起来，阿金大在内极声喊道："勿好哉，先生<u>撞煞</u>哉呀！"《海上花列传》第 10 回）

3. 重叠

形容词重叠的形式主要有：

（1）AAB：簌簌新、末末脚、轻轻个、漫漫个、雪雪白、绷绷硬

（2）ABB：活泼泼、乌丛丛、白坎坎、醉衺衺、鬼搭搭、红冻冻、抖率率、活卜卜、死扭扭、白条条、干灼灼、佯嘻嘻、呆瞪瞪、呆痴痴、亮汪汪

（3）AABB：忙忙碌碌、细细底底、写写意意、原原委委、伶伶仃仃、拉拉杂杂、清清爽爽、龌龌龊龊、兴兴头头、伏伏腊腊

（4）ABAC：散披散囲、花头花脑、做腔做势、拍手拍脚、前生前世、立时立刻、半生半熟、十拿十稳、肥头肥耳、像心像意、假痴假呆、笨手笨脚

（5）ABCB：跌杀冲杀

动词重叠的形式主要有：

（1）ABAC：有凭有据、有说有笑、掩头掩脑、浪拨浪用、夹头夹面、做腔做势

（2）AABB：客客气气、跌跌撞撞、跌跌爬爬

（二）近代吴语的否定词

近代吴语与共同语不同的否定主要有：弗、勿、覅、呒。

1. 弗

相当于现代汉语中的"不"。梅祖麟先生认为，在北宋末年之前，"弗""不"在中原地区官话中是同义的，之后"弗"在中原地区官话中已经失落，但是在晚唐五代时期，"弗"就已经由中原地区传入北部吴语区，并一直留在吴语之中。[1]"弗"在近代吴语中，用在动词、形容词之前表示一种否定的动作或情态，有时也用在动词之后表示对这一否定的动作、情态进行补充。

①形容鬼恐怕爬坑缸<u>弗</u>上，做了一个大势头跨上板去。（《何典》第 1 回）

②催命鬼原<u>弗</u>想替兄弟伸冤理枉，只壳账赶来打个撒花开顶，杀杀胜会，再诈些银钱用用。（《何典》第 2 回）

---

① 梅祖麟：《否定词"不""弗"在汉语方言里的分布及其演变》，《方言》2013 年第 1 期。

③活鬼已经吓昏，那里回报得出？就说三言两语，也是牛头弗对马嘴的。(《何典》第2回)

④若交代弗出，只怕你地方变了地园丁地扁，还不得干净哩！(《何典》第2回)

⑤那时双拳弗抵四手，正当叫爷娘弗应之时，忽得活死人来吵散，送上大门。(《何典》第7回)

⑥只是那个尸亲催命鬼，与这地方扛丧鬼，都是杀人弗怕血腥气的朋友。(《何典》第2回)

⑦果然犯实了症候，莫说试药郎中医弗好，你就请到了狗咬吕洞宾，把他的九转还魂丹象炒盐豆一般吃在肚里，只怕也是不中用的。(《何典》第3回)

⑧初时还有些和尚道士在家中闹弗清楚，倒也不甚觉着。(《何典》第4回)

⑨老爷虽说见钱眼开，只怕少了也就要看弗上眼的。(《何典》第2回)

⑩过了几日，形容鬼掉弗落(犹言心里掉不了)，买了些下尿果子，拿到雌鬼家里来。(《何典》第5回)

⑪醋八姐骂道："热灶那怕湿柴，烧弗着，难道就罢了不成！"(《何典》第6回)

⑫若要摸耳朵，也须送他九篮八蒲篓银子，少也开弗出嘴。(《何典》第2回)

⑬人说求来子，养弗大，看他这等花白蓬蓬的，怎得养弗大起来？(《何典》第3回)

⑭到郎中门前，碰门进去，催得那郎中衣裳都穿弗及，散披散囤的跟了他们就走。(《何典》第3回)

⑮赶茶娘道："多少千金小姐，又不曾生病落痛，一样入在三官社里；闻知那里有甚撑撒佛会，就八只脚跑弗及，一不怕男女混杂，挨肩擦背的不拘那里都赶了去。"(《何典》第7回)

2. 勿

"勿"始见于甲骨文，在近代吴语中，相当于共同语的"不"，主要用在动词或形容词的前面，表示对动作、行为、性质、状态的否定。否定动作、行为的，如"勿来、勿见、勿过"，否定性质、状态的，如"勿好、勿响、勿精"。也可以放在副词的前面表示否定，如"勿曾(未曾)"。"勿"在古代汉语中，多用于表示劝阻、禁止，大多与人的动作、行为相关，近代吴语的"勿"也保持了古代汉语这一用法。同时，近代吴语的"勿"一般不用于表示对事物形态否定，如"勿红、勿尖"，只用于表示事物的性质、状态的否定，如"勿好、勿热"。

①那乡下人道"少爷说得好，收租米人勿晓得种田人苦，真是白米饭好吃田难种。"(《玄空经》第2回)

②心想："我勿做啥虚心事，肚肠白条条，并且我是校场里麻鸟，吓胆大，有啥怕头！"(《玄空经》第5回)

③问朱老爷："阿有啥事体，无要紧末，说洪老爷谢谢勿来哉。"(《海上花列传》第3回)

④蕙贞笑道："耐末算帮耐哚老爷，勿叫沈小红叫啥人嗄？"(《海上花列传》第5回)

⑤常言道："若要家勿和，讨个小老婆。"(《玄空经》第2回)

⑥为仔漱芳有点勿适意，坎坎少微出仔点汗，团来哚，我教俚(要勿)起来哉，让俚来代仔个局罢。(《海上花列传》第7回)

⑦俚哚酒是勿许俚吃哉，坐来里做啥？为俚一干仔，倒害仔几花娘姨、大姐跑来跑去忙煞，再有人来哚<u>勿放心</u>。(《海上花列传》第7回)

⑧翠凤道："广东客人野头野脑。老实说，<u>勿</u>高兴做俚，巴结俚做啥？"(《海上花列传》第8回)

⑨脱皮少爷自从看见了那天仙女，并<u>勿曾</u>晓得他是出气姑娘。(《玄空经》第2回)

⑩庄荔甫道："黎篆鸿搭，我教陈小云拿仔去哉，<u>勿曾</u>有回信。"(《海上花列传》第1回)

3.覅

在近代吴语中，有一个特殊否定词"覅"，由"勿"与"要"紧缩而成，表"勿要"之义，音为"弗要"的合音，相当于共同语"不要"的意思。最早出现于《海上花列传》中。《海上花列传·例言》说明"覅"字的来历："苏州土白，弹词中所载多系俗字，但通行已久，人所共知，故仍用之，盖演义小说不必沾沾于考据也。惟有有音而无字者，如说'勿要'二字，苏人每急呼之，并为一音，若仍作'勿要'二字，便不合当时神理；又无他字可以替代，故将'勿要'二字，并写一格。阅者须知'覅'字，本无此字，乃合二字作一音读也。""覅"作为动词时，可单独使用；作为副词时，其后要加动词。

①秀宝掩紧胸脯，发急道："<u>覅</u>哟！"张小村正吸完两口烟，笑道："耐放来哚'水饺子'勿吃，倒要吃'馒头'。"(《海上花列传》第1回)

②正要先走，被陆秀林一把拉住袖口，说道："耐<u>覅去</u>喤，让俚哚去末哉。"(《海上花列传》第1回)

③小村道："俚名字叫王阿二。耐坐来里，<u>覅多说多话</u>。"(《海上花列传》第2回)

④小村只是冷笑，慢慢说道："也怪勿得耐，头一埭到上海，陆里晓得白相个多花经络？我看起来，<u>覅说啥</u>长三书寓，就是么二浪，耐也覅去个好。"(《海上花列传》第2回)

⑤第一道菜照例上的是鱼翅，赵朴斋待要奉敬，大家拦说："<u>覅客气</u>，随意好。"朴斋从直遵命，只说得一声"请"。(《海上花列传》第3回)

4.呒

"呒"在近代吴语中是"没有"的意思。它一般不以单音节的形式出现，而是作为一个否定性的语素与动词、形容词、代词等组合一个新词语(词组)。

①我叫一声道："阿猫阿狗，有有有！只要喝三两绍酒，面皮一厚，才好开口。倘使你们肉儿麻也，请快些走，磕头<u>呒救</u>！"(《玄空经》第1回)

②我<u>呒心绪</u>出去字相。(《上海方言习惯用语集》第118页)

③第个海带<u>呒啥</u>消场。(《上海方言习惯用语集》第29页)

④水<u>呒没</u>末叫人挑点垫。(《上海方言习惯用语集》第56页)

⑤大生意<u>呒本钱</u>咾做勿起，只得做做小生意。(《上海方言习惯用语集》第122页)

⑥世界上<u>呒得</u>一个人勿有罪孽。(《上海方言习惯用语集》第154页)

⑦我日里常庄忙来死，<u>呒得</u>空闲。(《上海方言习惯用语集》第161页)

⑧初时<u>呒末</u>房子住，登拉地窟里咾荒野户荡。(《上海方言习惯用语集》第175页)

（三）古语词的使用

"之""者"是古汉语最常用的助词，自白话文运动以后，前者一般被"的"代替，后者的使用范围也比较窄。但在近代吴语中，在处于文言文与白话文交替时期，"之""者"的古汉语语法功能还存在。

1. 之

"之"是古汉语通用规范一级字（常用字），本义是"往、到……地方去"。"之"常假借作代词用，指人或物；又作指示代词，相当于"此""这"；又由代词虚化为助词，置于动宾结构、述补结构、主谓结构之间以取消其独立性；又用在偏正结构中，作用相当于现代汉语"的"。"之"还可作语气词。

①我度是贼来者，就忙煞个叫相帮人起来，点之灯笼，来照照看。（《土话指南》第63页）

②阁下可以自家登（住）之几间。（《土话指南》第13页）

③那个达（塌）皮又合之四个达（塌）皮，到庄中上去相打，一到之庄上，开口就骂。（《土话指南》第7页）

④须咾头发巳经白之半把者。（《土话指南》第1页）

⑤雌鬼收拾齐整，等到吃饭过后，六事鬼果然到来。雌鬼喜之不甚，连忙掇凳弗及的请他坐下。（《何典》第4回）

⑥一旦得新死亡人传闻之言，方知天底世下，除了死法，更有活法。（《何典》第1回）

⑦和尚道："方才施主眼对眼，看小僧用尽平生之力，弄得热气换冷气的，替你触疥虫，倒要一毛弗拔的绰我白水，也意得过么？"（《何典》第1回）

⑧或曰：活鬼之遭此飞来横祸，盖系坟上风水应当破财耳！（《何典》第2回）

⑨早辰头天亮之。我起来，外势去看看。（《土话指南》第7页）

⑩今朝我点勿舒，徐先生来之，对伊话一声。（《土话指南》第100页）

2. 者

"者"在古代汉语中，作为助词，用在动词、形容词和动词性词组、形容词性词组的后面，组成一个名词性结构，相当于"……的人（人、事、情况等）"。"者"的这种用法在近代吴语中也经常出现。"者"在近代吴语中也作语气词，相当普通话的"了""啦""吧"。

①其时未去者，客人惟洪善卿一人，倌人惟金巧珍一人。（《海上花列传》第28回）

②实夫吸了一会，陆续上市，须臾撑堂，来者还络绎不绝。（《海上花列传》第27回）

③楼上两间房间，并有两副簇簇新新的宁波家生。床榻桌椅，位置井井；连保险灯、着衣镜都全，所缺者推单条字画、帘幕帷帐耳。（《海上花列传》第30页）

④方其目挑心许，百样绸缪，当局者津津乎若有味焉。（《海上花列传》第1回）

⑤苟阅者按迹寻踪，心通其意，见当前之媚于西子，即可知背后之没于夜叉。（《海上花列传》第1回）

⑥倌座现在定起来，恐怕无没者。（《土话指南》第119页）

⑦此地可以写意点，不必客气。承阁下多情，我已经写意得极<u>者</u>。(《土话指南》第3页)

⑧我打算要租的，可惜来得太晚<u>者</u>，我已经租脱个<u>者</u>。(《土话指南》第13页)

⑨昨日我听见话，老兄升任之太守<u>者</u>，所以今朝特地来道喜。(《土话指南》第19页)

⑩固票银子，明朝下昼，我送到店里来。正介末<u>者</u>正介末<u>者</u>。(《土话指南》第26页)

近代吴语应属于近代汉语的一部分。近代汉语是从中古汉语发展而来的，在这漫长的演变过程中，文言的成分逐步减少，口语的成分越来越多。但在近代汉语和近代吴语中还存在数量不少的文言词语。其实这不难理解，语言的发展是一种旧质逐渐消亡、新质逐渐产生的渐变过程，而且口语长期为文人所鄙视，难登大雅之堂，因此，在近代汉语、近代吴语中还存在文言词。再者，吴民族历史悠久，吴文化又有"中规守正"的一面，这些都使吴语词汇存在着较多的像"之""者"这样的文言词和文言句型。

第三节　历时与共时比较

本节的历时比较，是将近代吴语语音系统与原始吴语语音系统、中古非吴语语音系统进行比较，共时比较是将近代吴语语音与同时期的北京话语音进行比较。

一、与原始吴语比较

在历史语言学中有一种方法叫构拟，即以历史语料或现实方言语料为基础，构拟某时期语言的音系。贝乐德在1969年发表的博士论文中，以吴语区的13个现代方言点的音系为基础，构拟了原始吴语的音系，包括声母系统、韵母系统和声调系统。[①] 许帆婷在2011年发表的论文中，以吴语区的4个现代方言点的音系为基础，构拟了中部吴语区原始吴语的音系。[②]"近代吴语声母与原始吴语声母比较表""近代吴语韵母与原始吴语韵母比较表"中的原始吴语为贝乐德博士构拟(见表3-5、表3-6)。

(一)声母比较

表3-5　近代吴语声母与原始吴语声母比较

唇音	近代吴语	p	pʰ	b	f	v	m	
	原始吴语	p	pʰ	b	f	v	m	
齿音	近代吴语	t	tʰ	d			n	l
	原始吴语	t	tʰ	d			n	l
塞擦音	近代吴语	ts	tsʰ	dz	s	z		
	原始吴语	ts	tsʰ	dz	s	z		

① 游汝杰:《吴语方言学》，上海教育出版社，2018，第266页。

② 许帆婷:《浙江中部吴语比较研究》，硕士学位论文，北京大学，2011，第41、46页。

续表

腭音	近代吴语	tɕ	tɕʰ	dʑ	ɕ		ȵ	
	原始吴语	tɕ	tɕʰ	dʑ	ɕ	z	ȵ	
舌根音	近代吴语	k	hʰ	g	h	ɦ	ŋ	
	原始吴语	k	hʰ	g	h	ɦ	ŋ	

◎ **讨论**

近代吴语音系的声母系统与原始吴语音系的声母系统十分相近，如区分送气不送气、清音浊音，保持了原始吴语的格局。差别仅在于精见组声母腭化还没有完成以及禅母的消失。

1. 关于禅母（ʑ）

禅母如今在北部吴语区已经不见或是少见了，但在南部吴语区的部分地区的吴方言中还存在，如临海话、黄岩话、仙居话。在临海话、黄岩话、仙居话中，船、齐、弱、谢等字的声母就是禅母。其实在吴语中，禅、船、床三母混淆难辨。《切韵》撰稿人之一颜之推在其《家训·音辞篇》中说"南人以钱为涎，以石为射，以贱为羡，以是为舐"。在《广韵》《切韵》中石、是属于禅母，射、舐属于船母。颜氏的这番话除了说南人从、邪不分外，还说南人无船、禅之别。李新魁先生通过对《玉篇》等书的分析，认为颜氏的说法是属实的，禅、船不分是南北朝时期吴语的一个语音特点，也是中原共同语（河洛一带的语音）的一个语音特征。隋唐以后，南方、北方语音中禅、船二母不分的现象更加突出，到宋元时期两母已合并为一。[1]

那么，船、床二母的关系又如何呢？李新魁先生认为，唐代出现的守温"三十字母"中只有禅母而没有床母，床母是到宋人手中才增加进去的。[2]唐作藩先生将宋人的"三十六字母"和唐人的"三十字母"比较后说，舌音里多了一个娘母，唇音增加了非敷奉微四母，齿音（正齿）里添了一个床母，正好比"三十字母"多出六个。他对床母的拟音是 dʐ。[3]其实船、床二母分属于中古音韵学两个不同的声母系统。床母出现在"三十六字母"系统，其音除了唐作藩先生拟为 dʐ 外，还有高本汉先生的《中国音韵学研究》、赵元任先生的《现代吴语的研究》、游汝杰先生的《汉语方言学教程》（第二版）也拟为 dʐ。而船母则出现在《切韵》《广韵》的声母系统中，王力先生的《汉语史稿》、唐作藩的《音韵学教程》（第三版）将船母的音拟为 dʐ。可见船、床二母的音值是一样的。

由上分析，床、禅两母在上古、魏晋南北朝时期就难以分清，此后历代难以分辨，这是近代吴语与原始吴语不尽相同的原因之一。所以高本汉先生在《中国音韵学研究·历史上的研究》中没有论及船母，在《中国音韵学研究·方言字汇》中将禅母的字并入床母。

2. 精见组声母腭化

从"tɕ，tɕʰ，ɕ"这些拟音来看，精见组声母腭化尚在进行中。但也有学者认为这种腭化已经完成。许帆婷对这一组声母的构拟为 tɕ、tɕʰ、（dʑ）、ɕ、（ʑ）。[4]至于这一组声母的

① 李新魁：《论〈切韵〉系统中床禅的分合》，《中山大学学报》1979 年第 1 期。

② 同上。

③ 唐作藩：《音韵学教程》（第三版），北京大学出版社，2002，第 34–36 页。

④ 许帆婷：《浙江中部吴语比较研究》，硕士学位论文，北京大学，2011，第 41 页。

腭化过程，将在下文中具体论述。

（二）韵母比较

表3-6　近代吴语韵母与原始吴语韵母比较

韵母类别	开口呼		齐齿呼		合口呼		撮口呼	
	开口一二等		开口三四等		合口一二等		合口三四等	
	近代	原始	近代	原始	近代	原始	近代	原始
开尾韵	ɿ	ɨ	i	i	u	u	y	y
	ʮ							
	e	ai,ei	ie		ue	uai,uei		yei
	ε				uε			
	a	a,ɑ	ia	ia	ua			
	ɔ	au	iɔ	iau				
	o	o			uo			
	ə		iə					
	oe	ou						
	əu	eu,ɣu		ieu				
鼻尾韵		an		ian		uan		
	aŋ	aŋ	iaŋ	iaŋ		uaŋ		
	ʌŋ					uʌŋ		
	ɑŋ					uɑŋ		yɑŋ
	ɔŋ			iɔŋ	uɔŋ		ioe	
			iŋ	iŋ				
	əŋ	eŋ	iəŋ	ieŋ	uəŋ			
		ɣn				uɣn		yɣn
		ɣŋ				uɣŋ		yɣŋ
		on		ion			yin	
	oŋ	oŋ	ioŋ	ioŋ				
塞尾韵			i^{ptk}	i^{k}				
	e^{pt}	e^{k}	ie^{tk}		ue^{t}			
	a^{ptk}	a^{tk}	ia^{pk}	ia^{tk}	ua^{t}	ua^{tk}		
	$ɔ^{k}$	$ɔ^{k}$		$iɔ^{k}$	$uɔ^{k}$			
	o^{k}	o^{tk}	io^{k}	io^{k}				
	$ə^{k}$	$ɣ^{tk}$	$iə^{k}$			$uɣ^{t}$		$yɣ^{t}$
		$ʌ^{k}$				$uʌ^{k}$		
	oe^{t}						yoe^{t}	

注：为了节省表格内的空间，塞尾韵的收尾字母为上标，a^{ptk} 分别代表 a^{p}、a^{t}、a^{k} 三个韵母。

◎ **讨论**

　　近代吴语韵母系统与原始吴语韵母系统的差别，比声母系统大，这些差别主要体现在韵母的语音构成元素上。这说明，一是原始吴语的韵母系统已经自成体系，富有自身的特色（本书第二章认为吴语是在百越语言（土著语言）的基础上吸收中原汉语形成的），但仍然有待完善的地方。二是从原始韵母系统到近代吴语韵母系统的演变，尤其是开尾韵，其过程是由繁到简，体现了语言的演变规律。

1. 开尾韵

差别主要为：一是近代吴语的单韵母比原始吴语多；二是原始吴语的一些韵母在近代吴语中已经合并为一个韵母；三是止摄开三、四等和蟹摄开三、四等的韵母前移，由 i 变成 ʅ。

2. 鼻尾韵

差别主要为：一是原始吴语的鼻尾韵十分丰富，近代吴语的鼻尾韵只有 16 个，而原始吴语则达到 25 个；二是原始吴语鼻尾韵有 n 和 ŋ 两套，且很分明，而近代吴语只有 ŋ 一套；三是果摄开二等、蟹摄开合二等的韵母有三套发音系统，即 a、ʌ、ɑ。

3. 塞尾韵

从数量来看，近代吴语塞尾韵基本上继承了原始吴语的语塞尾韵，原始吴语的塞尾韵有 15 个，近代吴语有 14 个。但原始吴语只有 -t 和 - k 两套，而近代有 - p、- t、- k 三套，闽语、粤语也有 - p、- t、- k 三套。

二、与中古音韵比较

（一）声母比较

1. 中古声母概述

我国最早的韵书出现在魏晋之际，此后各代都有韵书。但隋以前的韵书都没有保存下来，流传最广的是《广韵》《切韵》和"三十六字母"。这就是说，我国有韵书作为支撑语音系统的记录是从隋唐开始的。《切韵》是隋代陆法言所著韵书。该书成于隋文帝仁寿元年（601 年），共 5 卷，收 1.15 万字，分 193 韵：平声 54 韵，上声 51 韵，去声 56 韵，入声 32 韵。《切韵》原书已失传，其所反映的语音系统因《广韵》等增订本而得以完整地流传下来。"三十六字母"是宋人根据唐末"三十字母"（见《守温韵学残卷》）增补而得，反映的是唐朝时候的中古音语音系统。人们可以通过这一套字母追溯上古的声母系统，也可以由此研究现下的方言语音，以及用来说明语音发展的规律。吴语历史悠久，它与汉民族共同语的发展几乎是同步的（见表 3-7、表 3-8）。

表 3–7　《切韵》声母

发音部位			发音方法			
七音	旧称	今称	全清	次清	全浊	次浊
唇音	重唇音	双唇音	帮 p	滂 pʰ	并 b	明 m
舌音	舌头音	舌尖中音	端 t	透 tʰ	定 d	泥 n
	舌上音	舌面前音	知 ʈ	彻 ʈʰ	澄 ɖ	娘 ɳ
齿音	齿头音	舌尖前音	精 ts 心 s	清 tsʰ	从 dz 邪 z	
	正齿二等	舌叶音	庄 ʧ 生 ʃ	初 ʧʰ	崇 ʤ 俟 ʒ	
	正齿三等	舌面前音	章 tɕ 书 ɕ	昌 tɕʰ	禅 dʑ 船 ʑ	

续表

发音部位			发音方法			
七音	旧称	今称	全清	次清	全浊	次浊
牙音	牙音	舌根音	见 k	溪 kʰ	群 g	疑 ŋ
喉音	喉音	喉音	影ʔ晓 h		匣 ɦ	喻 j
半舌音	半舌音	舌尖中音				来 l
半齿音	半齿音	舌面前音				日 ɳ/ɳʑ

注：该声母表拟音者为王力。[1]

表3-8　三十六字母

发音部位			发音方法			
七音	旧称	今称	全清	次清	全浊	次浊
唇音	重唇音	双唇音	帮 p	滂 pʰ	并 b	明 m
唇音	轻唇音	唇齿音	非 f	敷 fʰ	奉 v	微 ɱ
舌音	舌头音	舌尖中音	端 t	透 tʰ	定 d	泥 n
舌音	舌上音	舌面前音	知 ʈ	彻 ʈʰ	澄 ɖ	娘 ɳ
齿音	齿头音	舌尖前音	精 ts 心 s	清 tsʰ	从 dz 邪 z	
齿音	正齿音	舌面前音	照 tɕ 审 ɕ	穿 tɕʰ	床 dʑ 禅 z	
牙音	牙音	舌根音	见 k	溪 kʰ	群 g	疑 ŋ
喉音	喉音	喉音	影ʔ晓 h		匣 ɦ	以 j
半舌音	半舌音	舌尖中音				来 l
半齿音	半齿音	舌面前音				日 ɳ/ɳʑ

2. 声母比较表

近代吴语声母与《切韵》声母对应见表3-9。

表3-9　近代吴语声母与《切韵》声母对应

发音部位			发音方法				
七音	旧名	今名		全清	次清	全浊	次浊
唇音	重唇音	双唇音	近代	帮 p	滂 pʰ	并 b	明 m
			切韵	帮 p	滂 pʰ	并 b	明 m
	轻唇音	唇齿音	近代	非 f		奉 v	
			切韵				
舌音	舌头音	舌尖中音	近代	端 t	透 tʰ	定 d	泥 n
			切韵	端 t	透 tʰ	定 d	泥 n
	舌上音	舌面前音	近代				娘 ɳ
			切韵				娘 ɳ
齿音	齿头音	舌尖前音	近代	精 ts 心 s	清 tsʰ	从 dz 邪 z	
			切韵	精 ts 心 s	清 tsʰ	从 dz 邪 z	
	正齿音	舌面前音	近代	照 tɕ 晓 ɕ	穿 tɕʰ	床 dʑ 禅 z	
			切韵	章 tɕ 书 ɕ	昌 tɕʰ	禅 dʑ 船 z	

① 王力:《汉语音韵　音韵学初步》，中华书局，2014，第75页。

续表

发音部位			发音方法			
七音	旧名	今名	全清	次清	全浊	次浊
牙音	牙音	舌根音	近代	见 k	溪 kʰ	群 g	疑 ŋ
			切韵	见 k	溪 kʰ	群 g	疑 ŋ
喉音	喉音	喉音	近代	影喻ʔ晓 h		匣 ɦ	
			切韵	影ʔ晓 h		匣 ɦ	喻 j
半舌音	半舌音	舌尖中音	近代				来 l
			切韵				来 l
半齿音	半齿音	舌面前音	近代				
			切韵				日 ɳ/ɳʑ

注：高本汉在《中国音韵学研究》中将禅母也拟音为 dʐ，而赵元任、唐作藩拟音为 z。"近代吴语声母与中古声母对应表"拟音采用高本汉的拟音，并参考唐作藩的拟音。[1]

◎ **讨论**

（1）关于"非"组声母

从以上两个声母表可知，《切韵》没有"非"组，"非、敷、奉、微" 4 个字声母相同的字全部归在"帮、滂、并、明"同类里面，和《切韵》同时代的《经典释文》也认为"非"组和"帮"组是一样的。到了唐代，颜师古、李贤分别给《汉书》《后汉书》作注，所作注当中有反切注音，"帮"组和"非"组已经分化，这些材料保留在《汉书注》和《后汉书注》中，所以"三十六字母"有"非"组。《切韵》反映的是魏晋南北朝时期的语音系统，"三十六字母"反映的是唐末时期。吴语在南北朝时期的使用已经十分普遍，且"非组"在吴语中也十分明显，那么在此时期吴语是否有"非"组呢？我们试从两个方面来探讨这一问题。第一，南北朝诗歌中有"非"组声母。有研究者对魏晋南北朝时期包括吴语区人沈约、吴均等在内的 255 名诗人的 3677 首诗歌进行穷尽性的检索和分析，发现在未韵、文韵、问韵、虞韵、尤韵有"非"组声母的字，如沈约、吴均诗歌中的"扉霏腓肥飞风丰文坟氛逢浮凫敷肤"等。[2] 第二，吴语的底层语音是"非"组声母的字。吴语是由百越语言和中原汉语结合而形成的。百越语中的壮语中有"非"组声母的字，如浮（f）、翻（f）、黑（f）、醉（f）、火（f）、换（v）、半（v）、潭（v）、木（v）等。由此而论，"非"组在南北时期的吴语中可能就存在了。

在高本汉的《中国音韵学研究》中，中古的声母只有 32 个，少了帮滂奉微四母。他从发音部位的角度，将帮滂奉这三个声母并入非敷并三母之中，把微并入明母之中。他的看法与《切韵》是一致的，认为从发音部位看，这时期的帮滂并与非敷奉是一样，即：非——p 清弱音，敷——ph 清送气音，并——bh 浊送气音。后来这三个音又分化出 f，fh，v 三母。同时中国的音韵学家对这些声母的称呼也改变了，不说非敷并，而是说帮滂奉，即：帮 p——非 f，滂 ph——敷 fh，并 bh——奉 v。微母也是一样，在同样条件下，鼻音 m 一样变成一个唇齿音的 ɱ。[3] 这是《中国音韵学研究》声母表中没有帮滂奉微四母，

---

[1] 唐作藩：《音韵学教程》（第三版），北京大学出版社，2002，第 36 页。

[2] 胥淳：《南北朝诗歌用韵研究》，硕士学位论文，广西师范大学，2007，第 63、65 页。

[3] 高本汉：《中国音韵学研究》，赵元任、罗常培、李方桂译，商务印书馆，1940，第 415、416、430 页。

而在《方言字汇》又有的原因。

（2）关于舌面前音声母 tɕ、tɕʰ、ɕ

学界历来认为舌面前音声母 tɕ、tɕʰ、ɕ 有两个来源：一是中古"见"组演变而成的。这也是吴语等其他汉语方言舌面音声母 tɕ、tɕʰ、ɕ 来源的重要途径，现在吴语、西南官话等方言（官话）中，还有"见"组字双读现象，如"家街阶解假嫁界军京轻金筋经惊"。这种演变叫作"腭化"或"j 化"。二是来源于"精"组。其演变情况如图 3-2 所示：

$$
\begin{array}{ll}
\text{见组} & \begin{array}{l}（洪音）\rightarrow\ \text{k, kʰ, h} \\ （细音）\searrow \end{array} \\
 & \qquad\qquad\ \nearrow\ \text{tɕ, tɕʰ, ɕ} \\
\text{精组} & \begin{array}{l}（细音）\nearrow \\ （洪音）\rightarrow\ \text{ts, tsʰ, s} \end{array}
\end{array}
$$

图 3-2　见组精组分化

一些学者还具体描写了这一演变的过程，即：上古"见"组→中古"章"组（照三等）→普通话"舌面前音"。[1] 高本汉在《中国音韵学研究》中对这一演变也是认可的。他认为，"见溪群这三个声母在现代的读音看起来，我们可以发现，一大部分是读舌根音的，此外也有读腭部塞擦音的，还有很小的一部分读作喉部摩擦音、舌尖音跟唇音。一向都以为它们的古读原是舌根音，这是很合理的，别的读法可以很容易解释舌根音的转变。这种腭化现象在许多语言中都是很常见的"。[2]

此外，中古前期声母中的正齿音（舌面前音）也曾经读为 tɕ，ɕ，tɕʰ，dʑ，ʑ，一些学者如郑张尚芳、游汝杰等把《切韵》的"章"组（章书昌禅船）和"三十六字母"中的"照"组（照审穿床禅）列入正齿音，分别拟音为：章照 tɕ，书审 ɕ，昌穿 tɕʰ，禅床 dʑ，船禅 ʑ。[3] 这是因为中古"章"组（正齿三等，也称照三等）的部分字来源于上古的"见"系。"章"组属于舌面前音，拟音是 [tɕ-tɕʰ- dʑ-ɕ-ʑ-ȵ]。[4]

根据上述内容，本课题认为，近代吴语的声母也是来源于"见"组、"精"组及"章"组。在标出近代吴语声母表时，为了不与"见"组、"精"组发生混淆，便将吴语的 tɕ，ɕ，tɕʰ，dʑ，ʑ 声母列入"章"组。

（3）关于全浊声母

通过比较得知，近代吴语继承了《切韵》、"三十六字母"的框架体系，保留了完整的中古全浊声母。全浊声母指中古汉语的浊塞音、浊塞擦音和浊擦音声母。在"三十六字母"里，全浊声母包括并母、奉母、定母、澄母、从母、邪母、床母、禅母、群母和匣母。全浊音是学术界判定吴语的重要指标，有"塞音（塞擦音）三分"说法。赵元任在《现代吴语的研究》中指出，帮滂并明、端透定泥、见溪群疑三级分法为吴语的特征。后来他又补充道："吴语的特点，首先在于有一些共同的语音特征。最突出而且最典型的，是闭塞音声母按发音方法分为三套，而非通常的两套，即传统音韵学所说的'全清''次清''全浊'，用现代语音学的术语说，就是不送气清音、送气清音和浊音。"[5]

①　黄典诚：《中古章组的另一个上古来源见系》，《辞书研究》1990 年第 4 期。
②　高本汉：《中国音韵学研究》，赵元任、罗常培、李方桂译，商务印书馆，1940，第 247 页。
③　游汝杰：《汉语方言学教程》（第二版），上海教育出版社，2016，第 86 页。
④　黄典诚：《中古章组的另一个上古来源见系》，《辞书研究》1990 年第 4 期。
⑤　赵元任：《中国现代语言学的开拓和发展——赵元任语言学论选文·吴语对比的若干方面》，清华大学出版社，1992，第 150 页。

塞音（塞擦音）三分，在音系学上是指塞音、塞擦音在音位上有三种对立状态，即"清不送气""清送气""浊"。在音韵学上则是指辅音存在"全清""次清""全浊"的对立。[1] 如吴语中同一发音部位的双唇塞音，按发音方法不同，在音位上有三种表现：不送气的清塞音 p，送气的塞音 p^h，浊音 b。舌尖前音和舌根塞音，以及舌面前塞音都是同样的情况。简而言之，就是在同一发音部位中有三种发音方式，如帮滂并（p，p^h，b）、端透定（t，t^h，d）、见溪群（k，k^h，g）、精清从（ts，ts^h，dz）。

（4）关于舌上音（舌面前音）

我们从《切韵》声母、"三十六字母"和近代吴语声母表得知，上古时是没有舌面前音的，近代吴语只有娘母一个。钱大昕在《十驾斋养新录》卷五中说："古无舌头、舌上之分，'知彻澄'三母，以今音读之，与'照穿床'无别也，求之古音，则与'端透定'无异。"意思是，上古时期，知彻澄（t，t^h，d）这组舌上音（今舌尖后音声母来源之一）、照穿床（tɕ，$tɕ^h$，dʑ）这组正齿音与端透定（t，t^h，d）这组舌头音，读音相同，都念 t，t^h，d。这说明上古是没有今天舌尖后音（tʂ，$tʂ^h$，ʂ）这一组声母的。那么舌尖后音是在什么时期、如何形成的呢？

王力[2]、唐作藩[3]认为同《切韵》《广韵》中的知组、庄组、章组合流为一，读舌尖后音 tʂ，$tʂ^h$，ʂ。胡安顺认为，其演变的时间大致是庄组、章组在唐末宋初之际合并为照组，大约到《中原音韵》时期，知组又与照组合并。演变情形如图 3-3 所示：

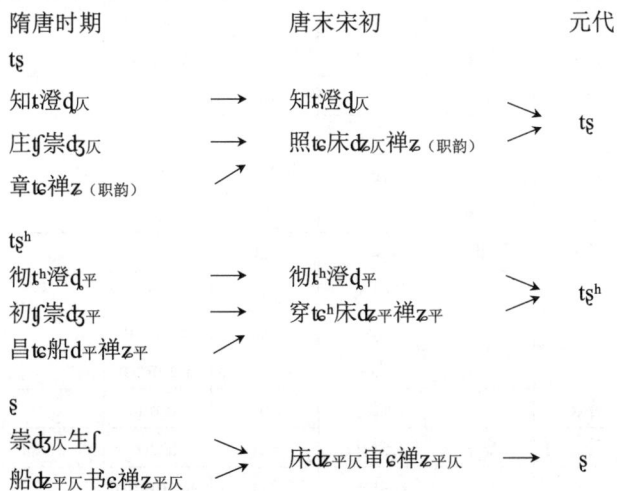

图 3-3　知、庄、章三组演变过程 [4]

吴语发展到近代还没有舌尖后音（tʂ，tʂh，ʂ）。从图 3-3 可知，[tʂ] [tʂʰ] [ʂ] 是知 [t] 章 [tɕ] 庄 [tʃ] 三组合流而成。[tʂ] [tʂʰ] 来自知组的知彻澄、庄组的庄初崇和章组的章昌船禅。仄声为 [tʂ]，平声为 [tʂʰ]，而 [ʂ] 来自庄组的生崇，章组的书、船、禅。

（二）韵母比较

与中古韵母比较，我们主要以《广韵》为例。《广韵》共 206 韵，如不计声调只有 61

---

① 张庆翔：《从吴语的浊辅音看清浊概念》，《上海师范大学学报（哲学社会科学版）》2002 年第 2 期。
② 王力：《汉语史稿》，中华书局，1980，第 136，137 页。
③ 唐作藩：《音韵学教程》（第三版），北京大学出版社，2002，第 115 页。
④ 胡安顺：《音韵学通论》，中华书局，2003，第 162 页

韵，根据韵腹和韵尾相同或相近，归为 16 大类（《中国音韵学研究》归为 13 类），每类用一个字作为代表，音韵学上叫十六摄。每摄所包含的数不一样，有的摄只有一个韵，有的则有八九个。

1. 韵母比较表（见表 3-10）

表 3-10　近代吴语韵母与《广韵》韵母比较

摄	开合	等	平	上	去	音 中古	音 吴语	入声	拟音 中古	拟音 吴语
果	开	一	歌	笴	箇	ɑ	u			
		二	麻加	马买	祸骂	a	a,ɔ,o			
		三	麻耶	马野	祸夜	ĭa	ia,o			
	合	一	戈	果	过	uɑ	u			
		二	麻瓜	马寡	祸化	ʷa	uo			
止	开	三	微衣	尾岂	未既	jĕi	i			
			脂夷	旨履	至利	ji	i,ʅ			
			支移	纸氏	置义	jiĕ	i,ʅ			
			之	止	志	ji	i,ʅ			
	合	三	微归	尾鬼	未贵	jʷĕi	ue			
			脂追	旨轨	至位	jʷi	i,ue,œ,e			
			支为	纸委	置伪	jʷiĕ	ue,œ,e			
蟹	开	一	哈	海	代	ɑi	e			
					泰盖	ɑi	e,a			
		二	皆谐	骇	怪介	ại	iɛ,a			
			佳街	蟹解	卦懈	ai	a,ia			
		三四	齐鸡	荠	霁计	iei	i			
					祭例	jĭɛi	i,ʅ			
	合	一	灰	贿	队	uɑi	e,œ,ue			
					泰外	uɑi	a,e,ue,œ			
		二	皆怀		怪坏	ʷai	a,ua			
			佳蛙	蟹拐	卦挂	ʷai	a,uo			
					夬快	ʷai	a,e,ua,uo			
		三四	齐圭		霁桂	iʷei	ue			
					祭岁	ĭʷɛi	ue,œ			
					废秽	jĭɛi	i			
咸	开	一	覃	感	勘	ɑm	e	合	ɑ	e,a
			谈	敢	阚	ɑm	e,ɛ	盍	ɑ	a
		二	咸	豏	陷	ạm	ɛ	洽	ạ	a
			衔	槛	鉴	am	ɛ	狎	a	a
		三	盐	琰	艳	jĭɛm	e,ie	叶	ĭɛ	i,e
			严	俨	酽	jĭɐm	ie	业	jĭɐ	i
		四	添	忝	掭	iem	ie	帖	ie	i,a
	合	三	凡	范	梵	jĭʷɐm	ɛ	乏	jĭʷɐ	a

续表

摄	开合	等	韵			音		入声	拟音	
			平	上	去	中古	吴语		中古	吴语
深	开	三	侵	寝	沁	jĭem	əŋ,iŋ,iəŋ	缉	jĭə	i,e
山	开	一	寒	旱	翰	ɑn	ε,ɔ	曷	ɑ	a,ɔ
		二	山艰	产简	裥苋	aṇ	ε	黠札	a	a
		二	删颜	潸赧	谏晏	an	ε	辖瞎	ạ	a
		三	仙延	狝演	线彦	jĭεn	e,ie	薛列	jĭε	i,e
		三	元言	阮偃	愿建	jĭɐn	ie	月歇	jĭɐ	i
		四	先前	铣典	霰甸	ien	e,ie	屑结	ie	i
	合	一	桓	缓	换	uɑn	e,ɔ,ue	末	uɑ	ue,ua,ɔ,e
		二	山鳏	产撰	裥幻	ʷaṇ	uε	黠滑	ʷa	a,e,ua
		二	删关	潸皖	谏患	ʷan	ε,uε	辖刮	ʷạ	ua
		三	仙缘	狝沇	线绢	jĭʷεn	e,ie,œ,iœ	薛悦	ʷɜ	œ,i
		三	元原	阮远	愿怨	jĭɐn	ε,ɜ,iœ	月越	jĭʷɐ	a,iœ
		四	先玄			iʷen	ε,ie,iœ	屑决	iʷe	iœ
臻	开	三	痕	很	恨	ən	əŋ	没		
			真	轸	震	jĭĕn	iŋ,əŋ,iəŋ	质		
			臻					栉	ĭĕ	e
			欣	隐	焮	jĭən	iəŋ	迄	jĭə	i
	合	一	魂	混	混	uən	əŋ,uəŋ	没骨	uə	e,ue,œ
		三	谆	准	稕	jĭuĕn	əŋ,iĕŋ,iŋ,yin	术	jĭuĕ	e,i,iœ
		三四	文	吻	问	jĭuən	əŋ,yin	物	jĭuə	e,œ
			真筠	轸陨		jĭʷĕn	iŋ,yin			
梗	开	一	登灯	等	嶝	əŋ	əŋ	德得	ə	ə,o
		二	耕争	耿	诤硬	æŋ	əŋ,iŋ	麦革	æ	ə
		二	庚蒙	梗哽	映更	ɐŋ	əŋ	陌格	ɐ	ə
		三	清征	静整	劲	jĭεŋ	əŋ,iŋ,iŋ	昔	ĭε	i,ə,iə
		三	庚京	梗景	映敬	jĭɐŋ	iəŋ	陌戟	jĭɐ	iə
		三	青经	迥到	径	ieŋ	iəŋ,iŋ	锡历	ie	i,iə
		三	蒸	拯	证	jĭəŋ	əŋ,iəŋ,iŋ	职织	jĭə	ei,i,e
	合	一	登			ʷəŋ	əŋ	德国	ʷə	o
		二	耕宏		诤迸	ʷæŋ	oŋ	麦获	ʷæ	ə,oŋ
		二	庚横	梗矿	映横	ʷɐŋ	uəŋ	陌虢	ɐ	
		三	清倾	静颖	劲	jĭʷεŋ	iəŋ	职域	ĭʷε	io
		三	青萤	迥颖						
		四	庚荣	梗永	映病	jĭɐŋ	iŋ,ioŋ			ioŋ
宕	开	一	唐冈	荡郎	宕浪	ɑŋ	ɔŋ	铎落	ɑ	o,ɔ
		三	阳良	养两	漾亮	jĭɑŋ	ɔŋ,aŋ,iaŋ	药略	jĭa	a,ia
	合	一	唐光	荡广	宕旷	ʷɑŋ	ɔŋ,uɔŋ	铎郭	ʷɑ	uɔ
		二	江	讲	绛	ɔŋ	ɔŋ,iaŋ	觉	ɔ	o,ɔ,ia
		三	阳方	养往	漾放	jĭʷaŋ	uɔŋ,uɔŋ	药缚	jĭʷa	o

续表

摄	开合	等	韵							
			平	上	去	音		入声	拟音	
						中古	吴语		中古	吴语
效	开	一	豪	皓	号	ɑu	ɔ			
		二	肴	巧	效	au	ɔ,cɔ			
		三	宵	小	笑	jiɛu	ɔ,cɔ			
		四	萧	筱	啸	ieu	cɔ			
流	开	一	侯	厚	候	əu	əu,u			
		二	尤	有	宥	jiĕu	u,ei,ə			
		三	幽	黝	幼	iĕu	ei			
遇	合	一	模	姥	暮	uo	u			
		三	鱼	语	御	jĭʷo	y,ч,u			
			虞	麌	遇	jĭu	y,ч,u			
通	合	一	东红	董	送贡	uŋ	oŋ	屋谷	u	o
			冬	肿腄	宋	uoŋ	oŋ	沃	uo	o,cɔ
		三	东融		送仲	jiuŋ	oŋ,ioŋ	屋六	jĭu	o,io
			钟	肿勇	用	jĭʷoŋ	oŋ,ioŋ	烛	jĭʷo	o,io

注：（1）此表的拟音者为高本汉。见《中国音韵学研究》。（2）关于此表的介音 [w]。[w] 是与 [u] 相对而言的，是合口介音 [u] 强或弱的标志。高本汉认为"《切韵》有开合分韵和开合同韵的情况"。开合分韵和开合同韵的介音是不同的。"寒桓、真谆、歌戈"韵是开合分韵，它们的开合口用强的元音性 [u] 区分。如寒韵是开口韵，属寒韵的"干"是 [kɑn]；桓韵是合口韵，属桓韵的"官"是 [kuɑn]。而开合同韵中的开合口区分的表示方法则不同，是由弱的辅音性 [w] 表示的。如唐韵是开合同韵的韵系，其开口韵的"刚"是 [kɑŋ]，合口韵的"光"是 [kwɑŋ]。[1] 本表中的 [w] 用上标字，是为了与高本汉《中国音韵学研究·方言字汇》中一致。

◎ 讨论

从表 3-10 中看出，近代吴语与《广韵》相同的韵母很少，只有蟹、臻、效、流摄中的魂、登、江、候四韵相同，所以它们之间的对应只是音位上的对应。但从它们的差别可以看出近代吴语的一些特点。

（1）元音简约化

桥本万太郎在《现代吴语的类型学》中说："吴语音韵结构里最显著的特征是它元音简约性。别的方言里复合元音、三合元音差不多在吴语里都变为单元音，至多是元音。"[2] 袁家骅认为，"吴语单元音丰富，很少有 ai、ei、au、ou 等复元音"[3]。从表 3-10 中看出，《广韵》的"ai"对应近代吴语的韵母是 a 和 e。"ei"，对应近代吴语的韵母是 i 和 ue，"au"对应近代吴语的韵母是 ɔ 和 cɔ。《广韵》没有韵母"ou"，有"əu"。"əu"对应近代吴语的韵母是 u 和 əu。从这几个韵母的简化情况来看，吴语元音简约化还在进行当中。其实吴语这种元音简约化到底是吴语的演变结果，还是吴语的本来形式，还值得深入研究。因为桥本万太郎还说，纯粹的苗语只有五个复元音，瑶语（布努瑶方言）韵母绝大多数是单元

---

① 李秋霞、马丽晶：《〈切韵〉的合口介音》，《现代语文（语言研究）》2013 年第 11 期。
② 桥本万太郎：《现代吴语的类型学》，《方言》1979 年第 3 期。
③ 袁家骅：《汉语方言概要》（第二版），语文出版社，2003，第 57 页。

续表

音。所以他认为："这很容易使我们设想吴语有苗瑶语的底层"，说明"古代吴语区的人民说过像现代苗瑶语那样的语言。后来他们接受中原文化与语言，才开始说汉语。那么我们很容易想象吴语的复合元音和三元音为什么简化"。我们认为桥本万太郎的说法有一定的道理，因为吴语是在吴越语和中原汉语结合的基础上形成的。而吴语的原始底层是与苗瑶语同源的百越语。

（2）鼻韵尾的脱落

咸山两摄带 -m 尾或 -n 尾的失落。以下是鼻韵尾脱落的代表字。每字的韵母有一对，前面为广韵韵母，后面为近代吴语韵母。①②③分别指代平声、上声、去声。

①咸开一"覃"韵

ɑm—e

见系：①堪龛含涵谙庵②感坎撼③勘憾暗

泥系：①男南婪

端系：①贪探潭参蚕②惨

②咸开一"谈"韵

ɑm—e

见系：①甘柑酣②敢

ɑm—ɛ

泥系：①蓝②览揽榄③滥缆

端系：①担谈痰斩三②胆毯淡③暂錾

③咸开二"咸"韵

am—ɛ

见系：①咸②减碱喊③陷

知系：①杉谗②斩③站蘸

④咸开二"衔"韵

am—ɛ

见系：①监嵌衔③鉴

知系：①搀衫芟

⑤咸开三"盐"韵

jĩɛm—e

知系：①沾占瞻楠②诏闪陕③赡

泥系来母：①奁帘镰廉②敛③殓

jĩɛm—ie

见系：①钳阉淹盐阎炎②检俭险捡掩③验厌艳焰

泥系泥母：①粘

端系：①渐尖潜

⑥咸开三"严"韵

jĩɛm—ie

见系：①严酽③欠

⑦咸开四"添"韵

iem—ie

见系：①兼谦嫌②歉

泥系：①拈③念

端系：①添甜②点玷③店垫

非系：②贬

⑧咸合三"凡"韵

jĩwɐm—ɛ

非系：①凡帆②范犯③梵泛

⑨山开一"寒"韵

ɑm—ɛ

泥系：①难蓝栏兰澜拦③烂

端系：①丹单摊滩檀坛餐残珊②坦但诞袒趱散伞③旦炭叹惮弹赞攒灿

ɑm—œ

见系：①干竿奸乾寒安鞍②罕旱③幹看岸汉汗悍案按

⑩山开二"山艰"韵

an—ɛ

见系：①艰间闲②简柬拣眼限

知系：①山②盏栈产③绽

非系：③盼瓣

⑪山开二"删颜"韵

an—ɛ：

见系：①颜③谏涧雁

知系：①删③讪

⑫山开三"仙延"韵

jĩɛn—e

知系：①缠煽膻禅蝉然②展善③颤战缮擅膳

jìɛn—ie

见系：①虔焉延筵②件遣演③谚

泥系：①联连链②辇③碾

端系：①煎迁鞯鲜仙涎②剪浅践③箭溅贱饯线羡

非系：①鞭篇偏棉绵②辨免冕勉③骗便弁面

⑬山开三"元言"韵

jĩɐn—ie

见系：①言掀③建宪献

⑭山开四"先前"韵

ien—ie

见系：①肩坚牵研弦贤烟②显③见砚衔悬宴燕噎

泥系：①年莲怜②撵③炼练

端系：①颠癫开填佃田笺千前钱先②典③电殿奠荐

非系：①眠②扁③徧片

⑮山合一"桓"韵

uan—e

非系：①般磐盘瘢搬瞒馒②拌伴满③绊半胖泮判叛漫墁幔

uan—œ

泥系：①銮②暖卵③乱

端系：①耑端团钻酸②断短缎篡算③煅段窜蒜

uan—ue

见系：①棺冠官宽欢完丸剜②管款缓盌③贯灌馆观玩换唤换腕

⑯山合二"山ᵃ"韵

ʷạn—uɛ

见系：①鳏

⑰山合二"删ᵏ"韵

ʷạn—ɛ

知系：②撰③传

非系：①班顽攀蛮②板版③扮

ʷạn—uɛ

见系：①关顽环还鬟弯湾③惯串患宦

⑱山合三"仙ᵉ"韵

jiʷɛn—e

知系：①椽专砖川穿船②转篆喘舛③钏

jiʷɛn—ie

端系：①痊拴全泉宣旋②选

jiʷɛn—oe

泥系：①挛③恋

jiʷɛn—ioe

见系：①权拳缘沿捐员圆②捲圈③绢眷卷倦院

⑲山合三"元ᵒ"韵

jiɐn—ɛ

非系：①藩幡翻蟠烦番繙矾繁②反返挽晚③贩饭万

jiɐn—iœ

见系：①元原源喧冤垣援辕園②宛婉苑远③券劝愿怨

⑳山合四"先ᵍ"韵

iʷen—ie

非系：①编蝙②瓣

iʷen—iœ

见系：①玄悬渊

"系"是高本汉依声母性质把字分为五类。见系包括见溪群疑晓匣影喻，知系包括知彻澄照穿床审禅日，泥系包括泥娘来，端系包括端透定精清从心邪，非系包括非敷并明。①

（3）合口介音的消失

有学者认为，合口介音消失是吴语的特征之一。② 从上表看出，近代吴语中确实有部分合口介音已经消失，或变为开口介音。

①蟹合一"灰"韵

除见系外还保留合口介音外，"灰"韵的其他字，介音都消失。

uɑi—e

泥系：①雷②磊③内攋儽末

非系：①陪培玫梅媒②每③背倍辈配悖佩妹昧

端系：①堆推颓②腿③对碓队碎

uɑi—œ

端系：①槌催②罪

②咸合三"凡"韵

jwem—ɛ

凡帆

③臻合一"魂"韵

除见系还保留合口介音外，其余都没有合口介音外。

泥系：①论抡③嫩

端系：①敦墩燉屯尊村存蹲孙②沌囤撙忖损③顿遁钝寸逊

非系：①奔贲盆门扪②本笨③喷闷

④梗合二"耕"韵

ʷæŋ—oŋ

见系：①宏轰

⑤通合一"东红"韵

uŋ—oŋ

见系：①公工功蚣攻烘红洪鸿翁②孔③贡控哄瓮

泥系：①笼聋胧③弄

端系：①东通同铜筒童瞳桐鬃棕葱聪丛②拢③栋冻痛洞粽送

非系：①篷蓬蒙朦濛③梦

⑥通合一"冬"韵

uoŋ—oŋ

泥系：①农脓

端系：①冬疼宗③统宋

三、与近代北京话比较

北京在元代成为首都后，官方语言为中原口音，后来与本地方言结合，形成了大都

---

① 高本汉：《中国音韵学研究》，赵元任、罗常培、李方桂译，商务印书馆，2014，第61页。

② 游汝杰：《吴语方言学》，上海教育出版社，2018，第90页。

话。明成祖朱棣迁都北京以后，以南京官话为国语正音，至清朝雍正年间（1728年）清朝设正音馆，确立以北京官话为国语正音，并在全国推行。北京话虽然只有400年左右的历史，但却是"新国语"和普通话的标准音。因此，我们把近代吴语与同时期的北京话语音比较，为现代吴语、当代吴语、新世纪吴语与普通话的比较打下基础。近代北京话音系是从高本汉《中国音韵学研究·方言字汇》整理出来的，在此主要从声母系统和韵母系统方面进行比较。

（一）声母比较

从表3-11可知，近代吴语声母与近代北京话声母差异十分明显。一是北京话声母有22个，吴语有28个；二是近代吴语全部保留中古的浊声母，但近代北京话的浊声母已经全部清化；三是北京话增加了一组舌尖后音组的声母，即tʂ、tʂʰ、ʂ、ʐ，而近代吴语没有增加；四是北京话尖团音已经合流，而吴语没有合流。

表3-11　近代吴语声母与近代北京话声母比较

发音部位 ＼ 发音方法		塞音			塞擦音			擦音		鼻音	边音
		清	浊		清	浊		清	浊	清	清
双唇音（帮组）	吴语	p	pʰ	b						m	
	北京话	p	pʰ	—						m	
唇齿音（非组）	吴语							f	v		
	北京话							f	—		
舌尖前音（精组）	吴语				ts	tsʰ	dz	s	z		
	北京话				ts	tsʰ	—	s	—		
舌尖中音（端组）	吴语	t	tʰ	d						n	l
	北京话	t	tʰ	—						n	l
舌尖后音（知组）	吴语				—	—		—	—		
	北京话				tʂ	tʂʰ		ʂ	ʐ		
舌面前音（照三）	吴语				tɕ	tɕʰ	dʑ	ɕ		ȵ	
	北京话				tɕ	tɕʰ	—	ɕ			
舌根音（见组）	吴语	k	kʰ	g						ŋ	
	北京话	k	kʰ	—						—	
喉音（晓组）	吴语	ø						h	ɦ		
	北京话	ø						x	—		

1. 声母的浊音与清音化

中古"三十六字母"有10个浊声母，近代吴语有8个，几乎保留了中古的浊声母，但在近代北京话中浊声母已经全部清化。

（1）近代吴语浊塞音b-，d-，g-，在近代话北京中变成清声母p，pʰ，古平声送气，仄声不送气。

吴b～京p：伴拌叛

　　京pʰ：盤磐瘢搬

吴d～京t：淡坛但诞祖惮弹

京 tʰ：谈痰檀

吴 g～京 k：柜跪

京 kʰ：葵揆愧馈魁

（2）近代吴语浊塞擦音或擦音 dz-, dʑ-, z-，在近代北京话中变成清塞擦音或擦音声母 ts, tsʰ, s, tʂ, tʂʰ, ʂ, ʐ, tɕ, tɕʰ, ɕ，古平声送气，仄声不送气。

吴 dz～京 ts：在

京 tsʰ：材裁才财

京 s：随隋

京 tʂ：篆

京 tʂʰ：缠传椽

京 ʂ：睡瑞

京 tɕ：尽

京 tɕʰ：秦情晴

京 ɕ：旬循巡殉

吴 z～京 tsʰ：前钱旋

京 s：羡涎

京 tʂ：辰晨臣宸

京 tʂʰ：唇醇纯

京 ʂ：甚神肾慎

京 ʐ：儒乳

京 tɕ：就

京 tɕʰ：前钱旋

京 ɕ：羡涎

吴 dʑ～京 tɕ：技妓忌

京 tɕʰ：祈骑奇岐其棋期旗麒

京 ɕ：详痒祥像

（3）擦音。近代吴语一般有三对清浊相配的声母，北京话没有 v-, z-, ɦ- 三个浊擦音，但有另一对 ʂ, ʐ。

吴 f～京 f：弗彿拂

吴 v～京 f：佛勿物

吴 s～京 s：塞色稽啬

京 ʂ：适螫释识式拭饰

吴 z～京 ʂ：善缮擅膳

京 ʐ：然

吴 ɕ～京 ɕ：欣馨兴

吴 h～京 x：火货虎呼

吴 ɦ～京 x：何河荷贺

2. 舌尖前音声母与舌尖后音声母的合一与分流

近代吴语只有舌尖前音声母，但在近代北京话里，却有舌尖前音和舌尖后音两套，即 ʦ，ʦʰ，s 和 ʈʂ，ʈʂʰ，ʂ，ʐ。在近代吴语，ʦ，ʦʰ，dz，s，z 声母中包含近代北京话的这七个声母。

（1）ʦ，ʦʰ

吴 ʦ～京 ʦ：灾栽宰再载

　　　京 ʈʂ：沾占瞻展战颤转专砖

吴 ʦʰ～京 ʦʰ：菜猜采参惨

　　　京 ʈʂʰ：川穿喘舛钏

（2）dz

吴 dz～京 ʦ：在

　　　京 ʦʰ：材裁才财

　　　京 ʈʂ：篆

　　　京 ʈʂʰ：缠传椽

（3）s

吴 s～京 s：赛碎

　　　京 ʂ：闪陕赡煽鳝

（4）z

吴 z～京 ʐ：柔揉

　　　京 ʦ：造

　　　京 ʦʰ：蚕

　　　京 ʈʂʰ：禅蝉

　　　京 ʂ：善缮擅膳

　　　京 ʨ：匠

　　　京 ʨʰ：墙

　　　京 ɕ：寻

3. 尖团的分流与合流

尖团音即反映尖音与团音。尖音是指 ʦ，ʦʰ，s 声母与 i，y 或 i，y 起头的韵母相拼的字。团音是指 ʨ，ʨʰ，ɕ 声母与 i，y 或 i，y 起头的韵母相拼的字。近代吴语普遍分尖团音，如"年青"和"年轻"读不同的音，这叫作"尖团分流"，而在近代北京话读音却是相同的，这叫作"尖团合流"。

吴 ʦ～京 ʨ：济挤祭际尖煎剪箭溅笺荐

吴 ʦʰ～京 ʨʰ：妻凄悽砌鏫迁浅千牵取趋娶趣

吴 s～京 ɕ：西栖撕犀洗细仙鲜线先宣选胥絮须需

4. 鼻音声母

近代吴语保持中古声母的四个鼻音声母，即 m-，n-，ȵ-，ŋ-，近代北京话保持两个，即 m-，n-。

吴 m ～京 m：忙芒茫莽蟒
　　　　京 ø：亡铓硭网妄忘望
吴 n ～京 n：耐乃奈内男南
吴 ȵ ～京 n：粘念拈年撚
　　　　京 ʐ：染
　　　　京 œr(ɚ)：二儿尔耳而饵
　　　　京 ø：验严谚研砚
吴 ŋ ～京 ɤ：蛾俄鹅我饿
　　　　京 ø：卧讹吾蜈梧吴五午忤悟

（二）韵母比较

从表 3-12 可以看出，近代吴语与近代北京话差异特别大，体现在如下几个方面：一是近代吴语的单元音韵母特别丰富；二是近代吴语没有卷舌韵母，近代北京话有；三是近代吴语只有一套鼻韵母，近代北京话有两套；四是近代北京话合口三、四等（撮口呼），比近代吴语丰富；五是由于声母的不同，近代吴语的一个韵母可以对应近代北京话的几个韵母。

表 3-12　近代吴语与近代北京话韵母比较

韵母类别	开口呼 开口一二等		齐齿呼 开口三四等		合口呼 合口一二等		撮口呼 合口三四等	
	吴语	北京话	吴语	北京话	吴语	北京话	吴语	北京话
元音韵母			i	i/ei/ui/uei/œr	u	ə/o/uo/u	y	y
	ɿ	ʅ/ɿ			ʮ	u		
	e	ei/ai/ui/uei/an/uan	ie	iɛ/iɛn/ai/an	ue	uei/ui/uan		
	ɛ	an/iɛn/uan			uɛ	uan		
	a	a/ia/ai/iɛ/uæi	ia	iɛ/ia	ua	ua/uæi		
	ɔ	ia/au	iɔ	iau				
	o	a/ə			uo	ua		
	ə	ou	iə	iu				
	oe	ui/uei/an/uan						
	əu	ou						
鼻音韵母	aŋ	aŋ	iaŋ	iaŋ				
	ɔŋ	aŋ/uaŋ	iŋ	in/yn/iŋ	uɔŋ	uaŋ	ioe	yan/uan
	əŋ	ən/un/uən/əŋ/iŋ	iəŋ	in/iŋ/un/nɛ	uəŋ	un/uəŋ/əŋ/uən		
	oŋ	uŋ/əŋ	ioŋ	yuŋ/uŋ			yin	yn/uŋ
入声韵母	e	ə/a/ʅ/u/o/ua/ɿ	i	iɛ/i/yɛ/y	ue	uo/u		
	a	a/ia/ua/o	ia	iɛ/yɛ	ua	uo/ua		
	ɔ	ə/o/uo			uɔ	uo/u		
	o	ei/uo/o/u	io	y/u				
	ə	ə/o/ai/ʅ	iə	i				
	oe	ə/o/uo/u					ioe	yɛ/y

1. 单元音韵母比较

近代吴语有 12 个单元音韵母，比近代北京话多，而近代北京话的双元音韵母比近代吴语多。因此，近代吴语大部分单元音韵母一般对应近代北京话中多个双元音韵母。近代北京话中有 ai，ei，au，ou 双元音韵母，发音时声音拉得很长，口部委松；而近代吴语恰好相反，对应近代北京话的这四个声母一般是 e，e，ɔ，ə，都是单元音，发音的口型比较紧，这与日语暗合。

（1）i

吴 i～京 i：琵鼻寐皮脾疲被避敝弊蔽

　　　　京 ei：非绯飞匪痱妃费废肺吠

　　　　京 ui：惟维遗

　　　　京 uei：尾微味未

　　　　京 œr：二儿尔耳而饵

（2）u

吴 u～京 ə：歌哥箇可科课蛾俄鹅我饿

　　　　京 o：挖他妥唾驼舵惰堕

　　　　京 u：沽箍辜姑孤古估鼓贾股故固顾雇

　　　　京 uo：过戈锅果裹祸和禾颗个

（3）y

吴 y～京 y：取趋娶趣居举锯据拘俱驹矩句

（4）ɿ

吴 ɿ～京 ɿ：私四肆斯厮玺徙赐司丝伺思死

　　　　京 ʅ：师狮筛矢屎施豕使史驶诗尸始试弑世势

（5）ʮ

吴 ʮ～京 u：猪诸煮诛蛛株驻主朱硃珠注铸炷注蛀枢

（6）e

吴 e～京 ai：灾栽宰再载

　　　　京 ei：悲鄙秘蓓碑彼俾贝辈背丕备沛旆配

　　　　京 ui：堆对碓

　　　　京 uei：颓队兑

　　　　京 an：般绊半判胖泮

　　　　京 uan：专砖

（7）ɛ

吴 ɛ～京 an：凡帆范犯梵矾蟠烦番翻繁饭

　　　　京 iɛn：碱喊监鉴艰间简柬拣涧谏奸

　　　　京 uan：万挽晚

（8）a

吴 a～京 a：大

　　　　京 ia：嘉家加袈枷假架稼驾价嫁

　　　　京 ai：摆拜薹牌派排罢败埋买卖

京 iɛ：皆阶届戒界芥介诫

京 uæi：外

（9）ɔ

吴 ɔ～京 ia：霞虾瑕下夏暇丫雅鸦痖亚

京 au：遭槽枣蚤早澡躁灶爪罩朝昭招照诏

（10）o

吴 o～京 a：巴芭吧把怕马麻码骂诈渣榨叉权差

京 ə：蔗遮者车撦赦奢赊捨舍射蛇社

（11）ə

吴 ə～京 ou：绉皱肘昼周州洲舟帚咒抽丑臭

（12）œ

吴 œ～京 ui：追锥帅率垂随隋

京 uei：醉最赘钻篡坠蕊遂缒

京 an：干竿奸乾幹看

京 uan：酸算蒜端断短煅乱銮卵

2. 双元音韵母比较

（1）əu

吴 əu～京 ou：钩沟狗苟垢购构口抠叩扣寇偶藕

（2）ie

吴 ie～京 iɛ：谐骇械

京 iɛn：贬鞭扁遍蝙编篇偏骗片辨便弁辫绵棉免冕勉面眼

京 an：染

京 ai：挨

（3）ia

吴 ia～京 iai：涯

京 iɛ：写些泻卸夜耶椰也野

（4）ɔi

吴 ɔi～京 iau：交郊胶绞狡搅窖校酵骄娇矫叫浇枭皎缴敲巧窍乔桥轿

（5）iə

吴 iə～京 iu：羞修秀绣就袖

（6）ue

吴 ue～京 uei：鬼归贵瑰傀诡

京 ui：圭闺桂龟规癸魁盔块奎亏窥

京 uan：官棺冠管贯灌馆观欸宽

（7）uɛ

吴 uɛ～京 uan：鳏关惯串还环鬟患宦玩顽湾弯

（8）ua

吴 ua～京 uæ：怪乖坏槐怀

（9）uo

吴 uo ～京 ua：瓜剐寡挂华傻画话花化

3. 鼻韵母比较

由于近代吴语只有后鼻音韵尾，而近代北京话却有两套，即 -n、-ng。因此，在近代北京话中的前鼻音韵母，在近代吴语中有时与后鼻音相混淆。

（1）aŋ

吴 aŋ ～京 aŋ：张胀帐涨獐章樟彰掌障畅昌倡厂敞唱长肠场丈杖仗常裳尝偿

（2）ɔŋ

吴 ɔŋ ～京 aŋ：臧脏赃葬苍仓藏桑颡丧赏商伤饷

　　　　京 uaŋ：庄装妆壮桩创疮窗撞双爽霜孀床

（3）əŋ

吴 əŋ ～京 ən：纷分氛粉粪奋忿砧箴针斟枕珍镇真赈诊振震

　　　　京 un：文纹蚊闻刎问尊撙准谆增憎贞祯椿春蠢

　　　　京 əŋ：增憎贞祯征蒸争整正政证撑逞称秤

　　　　京 iŋ：硬

（4）oŋ

吴 oŋ ～京 uŋ：鬃总粽棕宗纵终众钟种肿中衷忠冢

　　　　京 uaŋ：翁瓮

京 əŋ：蒙朦濛梦风丰封峰锋蜂烽逢缝奉俸

（5）iaŋ

吴 iaŋ ～京 iaŋ：良凉粮梁两辆亮谅量疆僵缰江讲港降

（6）iŋ

吴 iŋ ～京 in：宾槟殡贫牝瓶屏民闽泯悯敏

　　　　京 iŋ：禀并冰兵丙秉柄凭平评病名铭冥明鸣皿命

　　　　京 yn：旬循巡殉询迅

（7）iəŋ

吴 iəŋ ～京 in：今侵襟金锦禁巾紧斤筋谨琴禽擒勤芹仅近

　　　　京 iŋ：颈京荆惊景境儆敬竟镜经迳兢矜劲竞擎

　　　　京 un：闰润

　　　　京 ən：任赁人仁忍刃认

（8）ioŋ

吴 ioŋ ～京 uŋ：浓永荣

　　　　京 yuŋ：穹兄胸兇凶

　　　　京 iuŋ：雍拥壅用熔庸容甬涌勇

（9）uɔŋ

吴 uɔŋ ～京 uaŋ：光广旷匡筐狂况荒谎慌皇惶煌蟥癀黄

（10）uəŋ

吴 uəŋ ～京 un：坤捆困阃昏悯婚魂浑混

　　　　京 uən：温稳

　　　　京 uəŋ：棍昆

　　　　京 əŋ：横

（11）ioe

　吴 ioe ～京 yan：卷绢眷劝券权拳倦喧暄

　　　　京 uan：暖

第四节　本章小结

　　吴语自从在吴越语言和中原汉语（共同语）结合形成以来，历经先秦、两汉时期的发展，到魏晋南北朝时期时，已经成为一种语言结构完整、使用广泛的汉语方言。经过与原始吴语及中古中原汉语比较发现，唐宋尤其明清时期，在中原汉语发生剧烈嬗变的情况下，近代吴语仍然保持古吴语的基本特征和中古时期中原汉语的主要特点。

　　近代吴语的语音系统，有 29 个声母，48 个韵母。其中声母具有塞音、塞擦音三分为清不送气音、清送气音和浊音的典型吴语特征。受"国语"的影响，近代吴语声母出现了文白异读现象。韵母具有元音韵母、鼻音韵母和入声韵母三大类。与古吴语比较，鼻韵尾只有一个 ŋ，入声韵尾全部合并为 ʔ。与《广韵》相比，近代吴语的单元音韵母逐渐增多，《广韵》中一些复元韵母在近代吴语中变成单元音韵母，如蟹摄开一等的韵母在《广韵》中为 ɑi，ɑi，在近代吴语变成 e，a。咸摄开一、二等的韵母在《广韵》中为 ɑm，ɑm，ạm，am，在近代吴语变成 e，ɛ。与北京话相比，近代吴语与近代北京话差异很大。

　　近代吴语词语在内容方面，涉及政治、经济、民俗文化、日常生活的方方面面，体现了半殖民地半封建社会的时代特色。一是反映封建社会生活的词语大量存在。二是吸收了大量的外来词（西方），尤其是宗教方面的词语；在语言形式方面，文言文与白话文并存，尤其以文言文见长，整齐的句式、简洁的语言，蕴含着丰富的词义；在构词方式方面，重叠、词缀、词素次序颠倒（对普通话而言）等形式特别突出。

第四章
现代吴语

本章根据赵元任先生《现代吴语的研究》和嘉兴籍文化名人的作品，具体分析了现代吴语的语音系统和词汇系统，编制了现代吴语的同音字表和词汇表，比较全面地反映了现代吴语的时代面貌，并在此基础上与近代吴语的语音、词汇进行历时比较。

第一节　语音系统

一、现代吴语语音的语料来源

《现代吴语的研究》（附调查表格）是本课题研究现代吴语的重要材料之一。该书运用结构主义描写语言学的原理和方法，对吴语进行科学定义，把古吴越之地33处方言由点到线到面地联系起来，揭示了吴语的全貌及其主要特征，该书的主体由三大部分构成。

第一部分是吴音，共四章，即"吴语声母""吴语韵母""吴语声调""声韵调总讨论"。第一章"吴语声母"有两大内容。一是列出吴语声母，6系26类。赵元任称声母为"类"，而不称为"个"。他认为"吴语内部差异性比较大，但这些差异在一定范围内又是相同的。如'j'系里不加'dj'，是因为古音的床禅跟今音的'dj''zh'都是一笔糊涂账，能分辨的如常熟、常州、宁波等地，它们辨类的法子，又是一处一个样子，所以只并为一个'zh'类。同样，从、邪母也一律用'z'代表，不另加'dz'"。[①]二是吴语声母和33个吴语方言点声母总表。总表的主要内容为：吴语声母、中古声母、分合条件、国际音标和各方言点的声母。如吴语声母"sh"，中古代声母为"群"母，国际音标为"g"，嘉兴方言点的声母开合为"g"，齐撮为"dz"。又如，吴语声母"ng"，中古代声母为"疑"母，国际音标为"ŋ"，嘉兴方言点的声母为"ɦ"和"ŋ"。第二章"吴语韵母"主要由"平上去韵母表"和"入声韵母表"构成。韵母表的格式与声母表大致相同。主要内容为：吴语韵母、广韵韵母、分合条件、国际音标和33个吴语方言点韵母。如吴语韵母"áng"广韵为"庚""耕""登"，分合条件为g，h，tz，b，国际音标为"aŋ"，嘉兴方言点的韵母为"ã"。第三章"吴语声调"，主要由一个声调表构成，其内容为：中古的平上去、中古的声母清浊、吴语调类（阴平、阳平；阴上、阳上；阴去、阳去；阴入、阳入）、例字和33个吴语

---

① 赵元任：《现代吴语的研究》，科学出版社，1956，第14页。

方言点的声调。例如，中古的"平"，清声母为阴平，浊声母为阳平，例字前者为江、天，后者为来、同，嘉兴声调分别为阴平、阳平。

第二部分是吴语。

第三部分是现代吴语调查表格。共 13 个表，依次为：（1）发音人资格表；（2）声母音值表；（3）韵母音值表；（4）韵尾与下字关系表；（5）单字音表；（6）喻母等阴阳上问题；（7）全浊上去问题；（8）不成词两字声调；（9）成词两字声调；（10）成词三字声调；（11）北风（搭）——太阳；（12）吴语单字表；（13）国语—吴语对照词汇。吴语单字表，选取了吴语常用字 3000 多个，以韵母为序进行排列，先列平、上、去三声，次列入声。将这一表格和前文的吴语声母表、吴语平上去韵母表、吴语入声韵母表结合起来，就可以整理出 33 个吴语方言点的同音字表。同时根据这个表格记录的方言音，在一个平面上，不仅可以看出声韵调的配合关系，还可以看出古今语言的演变规律。

二、声母

现代吴语共有声母 28 个，其中清音 20 个，浊音 8 个。

（一）声母表（见表 4-1）

表 4-1　现代吴语声母

发音方法 / 发音部位	塞音			塞擦音		擦音		鼻音	边音
	清		浊	清	浊	清	浊		
帮组（双唇音）	p	p^h	b					m	
	帮	滂	并					明	
非组（唇齿音）						f	v		
						非	奉		
精组（舌尖前音）				ts	ts^h dz		s	z		
				精	清 从		心	邪		
端组（舌尖中音）	t	t^h	d					n	l
	端	透	定					泥	来
章组（舌面前音）				tɕ	tɕ^h dʑ				ŋ	
				照	穿 床				娘	
见组（舌根音）	k	k^h	g					ŋ	
	见	溪	群					疑	
影晓组（喉音）		ʔ				ɕ/h	ɦ		
	影		喻			晓	匣		

（二）现代吴语声母与中古声母对应表（见表 4-2）

表 4-2　现代吴语声母与中古声母对应

发音部位	发音方法			
	全清	次清	全浊	次浊
双唇音	帮 p(b)	滂 p^h(p)	并 b(bh)	明 m(m)
唇齿音	非 f(f)		奉 v(v)	

续表

发音部位	发音方法			
	全清	次清	全浊	次浊
舌尖中音	端 t(d)	透 tʰ(t)	定 d(dh)	泥 n(n)
舌尖后音	知 tʂ(j) 审书 ʂ(sh)	彻 tʂʰ(ch)	澄 ɖ(dj)	
舌尖前音	精 ts(tz) 心 s(s)	清 tsʰ(ts)	从 dz(dz) 邪 z(z)	
舌面前音	照 tɕ(ji) 晓 ɕ(shi)	穿 tɕʰ(chi)	床 dʑ(dji) 禅 z(jh)	娘 ȵ(gn)
舌根音	见 k(g)	溪 kʰ(k)	群 g(gh)	疑 ŋ(ng)
喉音	影喻 (ʔ) 晓 h(h)		匣 ɦ(hh)	
舌尖中音				来 l(l)

注：括号内为赵元任《现代吴语的研究》中"第一表：声母表"和"吴音单字表"中的声母。

（三）相关说明

1. 关于"舌尖后音"组

赵元任在《现代吴语的研究》中认为，现代吴语中有少量的舌尖后音声母，如江阴话、嘉兴话等。因此，他在"第一表：声母表"和"吴音单字表"中都记载这一组声母。因为数量太少，研究者们往往把它们分别并入"舌尖前音"组，本课题也照此做法。如知母并入精母，彻母并入清母，澄母并入从母，审（书）母并入心母，禅母并入邪母。

2. 关于从母 dz 与邪母 z

赵元任认为，嘉兴是有声母 dz 的，与 z 同时存在，但两者差别不大，难以分辨，所以"从邪母一律用'z'代表，不另加'dz'"。[①] 但从《现代吴语的研究》中的"声母表"看，赵先生调查的 33 个方言点，除了上海地区外，其余（包含嘉兴）存在从、邪母两母同时存在的现象。因此本课题不将"dz"并入"z"，而是单列为一母。

3. 关于床母 dʑ 与禅母 z

赵元任认为，床母 dʑ 与禅母 z 在今天（赵元任所处时代），两者难以辨别，因此两者声母的字全归入床母 dʑ。

4. 关于影母

赵元任认为，"影母大都是用喉部破裂音，跟古音一样，但在有的地方读得很轻"[②]。这就说明其用法与作用，与高本汉的看法是一致的，其音值也可用"ʔ"表示。"ʔ"的用法也同高本汉《中国音韵学研究》中的用法一样，即作带有喉音的零声母。在《现代吴语的研究》中，赵元任把吴语的声母分为 26 类，用"□"来标零声母类，但在"第一表：声母表"中仍然用"ʔ"来表示 33 个吴语方言点的零声母，这就说明此时期吴语的零声母是带有喉音的。钱乃荣《当代吴语研究》也用"ʔ"来表示 33 个吴语方言点的零声母。但到新世纪，这种带喉音的零声母已经不存在，所以用"ø"来表示。赵元任还认为，入声韵尾全无 p，t，k 音。入声字单读时除嘉兴入声长读法跟温州入声的全部外，其余的都略带一

① 赵元任：《现代吴语的研究》，科学出版社，1956，第14页。
② 同上书，第31页。

点喉部的关闭作用（"耳朵"）。[①] 文中所说的"耳朵"便是"ʔ"。但他在《现代吴语的研究》中，为了与带喉音的零声母有区别，因此用"q"表示入声韵尾。为了便于比较，本课题用"ʔ"入声韵尾。

5. 关于澄母（ȡ）

澄母（ȡ）在《现代吴语的研究》"第一表：声母表"中，33 个吴语方言点除苏州、宝山、浦东等少数方言点记录为"z"母外，其余大部分演变为"dz"或"z"母。嘉兴吴语方言点也如此。那么到底是演变为"dz"母还是"z"母？或是两者兼之？赵元任认为是一笔"糊涂账"。有学者认为，"澄母在大部分吴方言中读塞擦音，在少部分点中读擦音"，"澄母与船母、禅母、从母、邪母在《切韵》音系中是不同的声母，一般认为《切韵》音系澄母读为塞音。吴语擦音化早在《切韵》音系之前发生，因此澄母不具备擦音化的条件"[②]。也有学者认为，"北部吴语从邪澄崇船禅等母读 dz/z 变异是反映文白异读的差异，其中读擦音是白读，读塞擦音是文读，文读音来自当时吴语地区的权威方言——杭州话。各地某些字读擦音还是塞擦音对应不整齐，是否有擦音 / 塞擦音异读对应也不整齐，这些都是由各地文白异读保留程度不同而造成的"[③]。尽管两位学者有一些分歧，但都认为"dz"母和"z"母是可以区分。根据上述两位学者的观点，本课题将澄母（ȡ）并入从母（dz）。

《现代吴语的研究》的"吴音单字表"中，属于澄母（ȡ）的字有：迟、池、持、治、滞、朝、潮、赵、兆、绸、酬、仇、纣、宙、站、赚、缠、传、篆、陈、沈、尘、辰、晨、臣、乘、承、程、成、城、诚、阵、郑、长、常、尝、肠、丈、杖、虫、重、仲、除、厨、橱、住、柱、槌、垂、坠、唇、纯、撞、轴、镯、浊、着、直、值、植、殖、宅、涉等。

三、韵母

（一）韵母表（见表 4-3）

表 4-3　现代吴语韵母

韵母类别	开口呼	齐齿呼	合口呼	撮口呼
	开口一二等	开口三四等	合口一二等	合口三四等
元音韵母	ʅ	i	u	y
	ɿ			
	ɑ	iɑ	uɑ	
元音韵母	ɔ̣			
	e	ie	ue/ ɥᵉ	(yəɬ)
	ᴇᵋ	(iᴇ)	uᴇᵋ	
	ɔ̣	iɔ̣		
	ɬɐɹ		uɹɐɹ	yɹɐɹ
		iəi		

① 赵元任：《现代吴语的研究》，科学出版社，1956，第 68 页。
② 孙宜志：《吴语从邪崇澄船禅母今读塞擦音和擦音现象试析》，《中国语文》2018 年第 6 期。
③ 陈忠敏：《再论吴语从邪澄崇船禅母今读塞擦音 / 擦音现象》，《中国语文》2020 年第 2 期。

韵母类别	开口呼	齐齿呼	合口呼	撮口呼
	开口一二等	开口三四等	合口一二等	合口三四等
鼻音韵母	ã	iã		
	ɑ̃	iɑ̃		
	əŋ	ŋ	uən	yəŋ
	oŋ	ioŋ		
入声韵母		iiʔ（阴入）iɛʔ（阳入）	uəʔ	ɿʔ
	ʌʔ	iʌʔ	uʌʔ	
	oʔ	ioʔ		
	əʔ			yəʔ

注:（1）单独成音节的韵母有：m̩（姆呒亩）、ŋ̍（鱼吴午五倍），不列入韵母数。（2）yəʔ 母只有靴、下文字；iɛ 母只有念字，故不计入韵母数。（3）韵母"əŋ"可"ən"或"əŋ"。（4）在本表中韵母 iiʔ 为阴入，韵母 iɛʔ 为阳入，但在"同音字表"中将它们合并为"iiʔ"。（5）赵元任先生认为，ən 与 əŋ、yən 与 yəŋ 的鼻音韵尾可以 [n][ŋ] 自由变读。[①]

（二）相关说明

1. 关于韵母表中特殊符号

（1）ɨ，发音生阻处较前。如现代吴语的 ɤɨ。按照赵元任《现代吴语的研究》的描述，ɛ、ə、o 都是半中舌面元音，ɛ 是前（不圆）元音，ə 是央中（不圆）元音，o 是央（圆）元音。ə 发音时，舌尖微离开下齿背，舌面中部隆起。因舌位处于不前不后、不高不低的位置，发音状态自然舒服。加上一个符号"ɨ"，表示 əɨ 发音舌位比 ə 靠前却又比 ɛ 往后，位于 ɛ 与 ə 之间。ɤ + ə + ɨ 形成的现代吴语韵母 ɤəɨ，相当于近代吴语韵母 e 和 œ，相当于当代吴语韵母 ɤə。

（2）ɭ，发音生阻处较后。

（3）ɔ̇，发音生阻处较上。如现代吴语 ɔ̇。ɔ 与 o 同是舌面后圆唇元音，但 ɔ 是后半低圆唇元音，o 是后半高圆唇元音。前者发音时，舌头后缩，舌尖离开下齿背，内收两个嘴角，使唇收拢，略圆。舌面后部隆起，开口度较大。后者发音时，舌头后缩，舌尖离开下齿背，内收两个嘴角，使唇尽量收拢，唇形较圆。舌面后部隆起，开口略大。加上一个符号"˙"，表示 ɔ̇ 舌位位于比 ɔ 略高但比 o 略低的位置。ɔ + ˙ 形成的现代吴语韵母 ɔ̇，相当于近代吴语韵母 o 和 uo。

（4）ɔ̗，发音生阻处较下。如现代吴语 ɔ̗。ɔ 与 ɑ 同是舌面后元音，但 ɔ 是后半低圆唇元音，ɑ 是后低不圆唇元音，发音时，舌头后缩，舌尖离开下齿背，口大开，舌面后部隆起，嘴角向两边展开。加上一个符号"ˌ"，表示 ɔ̗ 舌位位于比 ɔ 略低但比 ɑ 略高的位置。ɔ + ˌ 形成的现代吴语韵母 ɔ̗，相当于近代吴语韵母 ɔ。

（5）˜，表示该韵母为鼻化韵母。鼻化韵母是由鼻化元音充当的，由鼻音韵尾弱化而来。鼻化元音发音时，软腭下降，口腔和鼻腔同时打开，元音就会带上鼻音色彩。现代吴语中的鼻化韵有 4 个，即 ã、iã、ɑ̃、iɑ̃。ã 相当于近代吴语的 əŋ、aŋ，iã 相当于近代吴语

---

① 赵元任：《现代吴语的研究》，科学出版社，1956，第50、52页。

的 iaŋ，ã 相当于近代吴语的 ɔŋ、uɔŋ，iã 相当于近代吴语的 iaŋ。

（6）上小字母：表示微加一点某音。如 aⁿ，是 a 音后面加一点舌尖鼻音，但不强也不长。现代吴语中此类韵母有 ɥᵉ、ᴇᵋ、uᴇᵋ。ɥ 是前高圆唇元音，加半高不圆唇元音 "e"，表示 ɥᵉ 发音收尾时，舌位稍微有所降低，嘴角稍微扁平。ɥᵉ 相当于近代吴语的 œ。œ 是前半低圆唇元音，这说明吴语这一韵母正向高元音方向发展。ᴇᵋ 中的 ᴇ 是前中不圆唇元音，ε 是前半低不圆唇元音，表示 ᴇᵋ 发音结束时，舌位稍微下降，ᴇᵋ 相当于近代吴语的 ε 和 e。uᴇᵋ 发音部位和方法与 ᴇᵋ 同，其相当于近代吴语的 uε。

2. 特殊韵母

现代吴语中还有一些特殊的韵母，如 m̩（呒白、姆白）、ng（鱼白吴白我白五白午白）。

3. 未列入同音字表的韵母

有些韵母的字只有一两个字，所以在同音字表没有列出，如 yəɬ 靴、iᴇ 念。

4. 韵母 el

嘉兴韵母中的 el，在《现代吴语的研究》中没有记录。此韵母的字归入 i 韵母，如而、耳等。

5. 韵母 uã

嘉兴韵母中的 uã，在《现代吴语的研究》中没有记录。此韵母的字只有一个"横白"字。

（三）韵母对应表

为了便于读者了解现代吴语与《广韵》、近代吴语的关系，特列"现代吴语韵母与《广韵》、近代吴语韵母对应表"，见表 4-4。

表 4-4　现代吴语韵母与《广韵》、近代吴语韵母对应

《广韵》							近代吴语		现代吴语	
摄	开合	等	平	上	去	入	平上去	入	平上去	入
果	开	一	歌	笴	箇		u		u	
		二	麻加	马买	祃駡		a,ɔ,o		ɑ,iɑ	
		三	麻耶	马野	祃夜		ia,o		ɤʌ,ɔ,ɤɤʌ, iɑ,ie	
	合	一	戈	果	过		u		u	
		二	麻瓜	马寡	祃化		uo		ɔʌ	
止	开	三	微衣	尾岂	未既		i		i	
			脂夷	旨履	至利		i,ʅ		ʅ,i	
			支移	纸氏	置义		i,ʅ		ʅ,i	
			之	止	志		i,ʅ		ʅ,i	
	合	三	微归	尾鬼	未贵		ue		ue	
			脂追	旨軌	至位		i,ue,œ,e		e,ɥᵉ,ue,i,ʅ	
			支为	纸委	置伪		ue,œ,e		e,ɥᵉ,ue,ʅ	

续表

摄	开合	等	平	上	去	入	近代吴语 平上去	近代吴语 入	现代吴语 平上去	现代吴语 入
蟹	开	一	哈	海	代		e		ɑ,Eᵉ	
					泰盖		e,a		ɑ,Eᵉ,e,u	
		二	皆谐	骇	怪介		a		ɑ,uɑ	
			佳街	蟹解	卦懈		a,ia		ɑ	
		三四	齐鸡	荠	霁计		i		i	
					祭例		i,ʅ		ʅ, i	
	合	一	灰	贿	队		e, œ		ue	
					泰外		a,e,ue,œ		e,ɥᵉ	
		二	皆怀		怪坏		a,ua			
			佳娃	蟹拐	卦桂		a,uo		ɔᵊ,ᵊuE	
					夬快		a,e,ua,uo		ɔᵊ, uEᵉ, ue	
		三四	齐圭		霁桂		ue		y	
					祭岁		ue,œ		ɥᵉ,y,ʅ	
					废秽		i			
咸	开	一	覃	感	勘	合	e	e,a	ɤɹ	A,ə
			谈	敢	阚	盍	e,ɛ	a	Eᵉ, ɤɹ	ə
		二	咸	嗛	陷	洽	ɛ	a	Eᵉ	A, iA
			衔	槛	鉴	狎	ɛ	a	Eᵉ	A, iA
		三	盐	琰	艳	叶	e,ie	i,e	ie,ɤɹ	iA,I
			严	俨	酽	业		i	ie	I
		四	添	忝	㮇	帖	ie	i,a	ie,iE	iA,I
	合	三	凡	范	梵	乏	ɛ	a		
深	开	三	侵	寝	沁	缉	əŋ,iŋ,iəŋ	i,e	ȵ, ue	ə,I
山	开	一	寒	旱	翰	曷	ɛ,œ	a,œ	Eᵉ, ɤɹ	A,ə
		二	山艰	产简	裥苋	黠札	ɛ	a	Eᵉ	A
			删颜	潸版	谏晏	辖瞎	ɛ	a	Eᵉ	A
		三	仙延	狝演	线彦	薛列	e,ie	i,e	ie	I,ə
			元言	阮偃	愿建	月歇	ie	i		I
		四	先前	铣典	霰甸	屑结	ie	i	ie	I,yɤɹ
	合	一	桓	缓	换	末	e,œ,ue	ue,ua,œ,e	ɤɹ, ɤɹu	ə,uA, ɤɹu
		二	山鳏	产撰	裥幻	黠滑	ɛ	a,e,ua	Eᵉ,uEᵉ	O, A,uA
			删关	潸绾	谏患	辖刮	ɛ,uɛ	ua	Eᵉ,uEᵉ	uA,ə
		三	仙缘	狝沇	线绢	薛悦	e,ie,iœ	œ,i	ie,yɤɹie, ɤɹ	I,ə, yɤɹ
			元原	阮远	愿怨	月越	ɛ,iœ	a,iœ	Eᵉ, ie, yɤɹ	A, yɤɹ
		四	仙玄			屑决	ie,iœ	iœ	ie, yɤɹ	I

续表

《广韵》							近代吴语		现代吴语	
摄	开合	等	平	上	去	入	平上去	入	平上去	入
臻	开	一	痕	很	恨	没	əŋ		əŋ	ə
		三	真	轸	震	质	iŋ,ŋei,iəŋ		ŋiŋ,yiŋ	I
			臻			栉		e		ə
			欣	隐	焮	迄	iəŋ	i	iŋ	
	合	一	魂	混	恩	没骨	əŋ,uən	e,ue,œ	əŋ,uən	
		三	谆	准	稕	术	əŋ,iən,iŋ,yin	e,i,iœ	əŋ, yəŋ, iŋ	yɤɬ
		三四	文	吻	问	物	əŋ,yin	e,œ	əŋ, yəŋ	ə, yɤɬ
			真筠	轸陨			iŋ,yin		iŋ	
梗	开	一	登灯	等	嶝	德得	əŋ	ə,o		ə, uəɬ
		二	耕争	耿	诤硬	麦革	əŋ,iəŋ	ə	əŋ, ã, iŋ	A,ə
			庚羹	梗哽	映更	陌格	əŋ	ə	əŋ, ã, iŋ	A,ə
		三	清征	静整	劲	昔	əŋ,ŋei,iŋ	i,ə,iə	iŋ	A,I
			庚京	梗景	映敬	陌戟	iəŋ	iə	iŋ	io
			青经	迥到	径	锡历	iəŋ,iŋ	i,iə	iŋ, ŋei	I
			蒸	拯	证	职织	əŋ,iəŋ,iŋ	ə,i,iə	iŋ,ŋei	
	合	一	登			德国		o	əŋ, ã	ə, uəɬ
		二	耕宏		诤迸	麦获	oŋ	ə,cn	oŋ	A,ə, uəɬ
			庚横	梗矿	映横	陌蝈	uəŋ			
		三	清倾	静顷	劲	职域	iəŋ	io	iŋ	ə,I
			青萤	迥颖					ioŋ	
		四	庚荣	梗永	映病		ioŋ,iŋ		ioŋ	
宕	开	一	唐冈	荡郎	宕浪	铎落	ɔŋ	o,ɔ	ã	o
		三	阳良	养两	漾亮	药略	ɔŋ,aŋ,iaŋ	a,ia	ã, iã,ã	iA,A
	合	一	唐光	荡广	宕旷	铎郭	ɔŋ,uɔŋ	uɔ	ã	o
		二	江	讲	绛	觉	ɔŋ,iaŋ	o,ɔ,ia	ã,iã	o,io
		三	阳方	养往	漾放	药缚	ɔŋ,uɔŋ	o	ã,iã	
效	开	一	豪	皓	号		ɔ		ɔˑ	
		二	肴	巧	效		ɔ,iɔ		ɔˑ,iɔˑ	
		三	宵	小	笑		iɔ		iɔˑ	
		四	萧	筱	啸		iɔ		iɔˑ	
流	开	一	侯	厚	候		əu,u		e	
		二	尤	有	宥		ə,iə,e		e,ŋei,u,a	
		三	幽	黝	幼		iə		iəu	
遇	合	一	模	姥	暮		u		u	
		三	鱼	语	御		y,ʮ,u		u, y	
			虞	麌	遇		y,ʮ,u		u, y	
通	合	一	东红	董	送贡	屋谷	oŋ	o	oŋ	o
			冬	肿瘇	宋	沃	oŋ	o,uo	oŋ	o
		三	东融		送仲	屋六	oŋ,ioŋ	o,io	oŋ, ioŋ	o,io
			钟	肿勇	用	烛	oŋ,ioŋ	o,io	oŋ, ioŋ	o,io

四、声调

关于吴语声调的研究，赵元任先生研究得很具体，他认为吴语的声调大致有两派：一派是平上去入看声母的清浊各有阴阳两类，一共八声；一派是把阳入归入阳去，只有七声。[1] 从《现代吴语的研究》声调表中看出，他倾向于第一派。在声调表中，他也把嘉兴吴语的声调分为阴平、阳平、阴上、阳上、阴去、阳去、阴入、阳入八声，但阴上分两声，全清声母为一声，次清声母为一声，所以嘉兴吴语声调共有九声。现根据赵元任《现代吴语的研究》中的声调表整理出嘉兴现代吴语声调表（见表4-5），调值引用刘民钢《赵元任〈现代吴语的研究〉所记声调的转写》。[2]

表4-5　现代吴语声调

古四声	分合条件	调类	调值	例字
平	清	阴平	31	江天
	次浊	阳平	12	来名
	全浊			同前
上	全清	全阴上	31	懂好
	次清	次阴上	13	土草
	次浊文	阳上	212	也文永文
	次浊白			有白老
	全浊			是稻
去	全清	阴去	323	对叫
	次清			去太
	次浊　全浊	阳去	113	样事
入	全清	阴入	4	不各
	次清			脱出
	次浊	阳入	212	六学
	全浊			白石

注：

（1）次阴上的字，其声母主要是滂母 [pʰ]、透母 [tʰ]、溪母 [kʰ]、穿母 [tɕʰ]、[tsʰ] 清母。

（2）关于"阳上"。中古的"浊上变去声"，是指全浊变成去声，至于次浊的上声则到今天还没有变为去声。"浊上变去声"远在8世纪以前就已经完成，到12世纪的《韵镜》就把浊上变去定为规律。但现代吴方言的一部分区域，如宜兴、溧阳、无锡、常熟、昆山、浦东、吴江、嘉兴、吴兴、绍兴、诸暨、黄岩、温州、衢州、永康等，对于全浊上声仍旧保持上声，读作阳上。[3] 赵元任《现代吴语的研究》"吴音单字表"中属于全浊上声的有"腐武舞 [vu]、耙 [bo]、乳储 [zʮ]、揆 [gue]"等。

五、现代吴语同音字表（见表4-6）

本同音字表是根据赵元任《现代吴语的研究》中的第一章"吴语声母"、第二章"吴

---

① 赵元任：《现代吴语的研究》，科学出版社，1956，第78页。

② 刘民钢：《赵元任〈现代吴语的研究〉所记声调的转写》，《第五届国际吴方言学术研讨会论文集》，上海教育出版社，2010，第78页。

③ 王力：《汉语史稿》，中华书局，1980，第228页。.

韵母"、第三章"吴语声调"和"吴音单字表"整理而成。"字汇"以韵母为类排序，韵母的顺序为开口→齐齿→合口→撮口。类内按"现代吴语声母表"顺序排列，依次为：帮组（双唇音）→非组（唇齿音）→精组（舌尖前音）→端组（舌尖中音）→章组（舌面前音）→见组（舌根音）→影晓组（喉音）。文中的"文""白"即文读、白读（在字后用六号字体标出），有音无字用□表示。声调阴平、阳平、全阴上、次阴上、阳上、阴去、阳去、阴入、阳入共九个调，分别用①、②、③、(3)、④、⑤、⑥、⑦、⑧表示。

表4-6　现代吴语同音字

1. a

帮组	p	①叭③摆⑤拜
	pʰ	⑤派
	b	②罢排牌⑥罢稗败
	m	②妈埋④买⑥卖迈
精组	ts	①斋⑤债
	tsʰ	①差 动词，～差(3)扯⑤蔡
	dz	②柴豺⑥撒～：排泄
	s	①筛③洒⑤晒帅
	z	④惹文，～气：讨厌
端组	t	①□ta ～好几③歹⑤带戴～帽子
	tʰ	①他(3)太态泰
	d	②他文⑥大文
	n	④那乃奶
	l	②拉④喇～叭⑥赖癞
见组	k	①嘉白家白加白街白阶白架白枷白③假白解白⑤架嫁白价假白戒白界白届白戒白介白驾白
	kʰ	①楷(3)卡⑤快～活
	g	②咖茄⑥骱解白绳子解开
	ŋ	②牙白芽白衔白⑥外白
晓组	h	①哈③蟹
	ɦ	②鞋白④也白
	ʔ	①挨③矮白

2. ɔ

帮组	p	①巴芭③把⑤霸坝
	pʰ	①趴⑤怕
	b	②爬⑥罢
	m	②麻④马码⑥骂
精组	ts	①抓遮渣⑤蔗诈榨
	tsʰ	①车差叉杈⑤岔诧
	dz	②查茶⑥乍
	s	①沙纱赊奢③舍⑤晒舍赦
	z	②蛇⑥射社
端	t	②拿拏

续表

见组	k	①瓜③寡剐⑤挂
	kʰ	①夸白⑤跨
	ŋ	②娃④瓦白
晓组	h	①虾花⑤化
	ɦ	②霞华划⑥下白夏白话画
	ʔ	①鸦白丫白③哑

3. e

帮组	p	①碑卑悲③彼⑤背贝辈
	pʰ	①丕胚(3)剖⑤配沛
	b	②陪赔培⑥倍佩
	m	②梅煤眉白媒谋④美每亩某⑥妹懋茂
非组	f	③否
	v	①浮③阜
精组	ts	①周州洲舟邹③肘帚走⑤咒昼奏皱绉
	tsʰ	①抽(3)丑⑤臭凑
	dz	②绸酬仇愁⑥纣宙
	s	①收搜馊③手守叟⑤兽瘦漱
	z	②柔揉⑥寿受
端组	t	①堆兜③斗抖陡⑤斗对
	tʰ	①推偷(3)腿⑤透退
	d	②头投⑥豆兑队逗荳
	n	④馁⑥耨内
	l	②楼雷④篓搂髅偏垒⑥漏累类泪
见组	k	①沟钩②狗苟③够构购
	kʰ	①抠(3)口⑤扣叩寇
	g	⑥厚白
	ŋ	④偶藕
晓组	h	③吼
	ɦ	②侯猴⑥厚候后
	ʔ	①欧③讴呕⑤怄沤

4. ɛᵉ

帮组	p	①班颁③板版⑤扮
	pʰ	①攀⑤襻盼
	b	②爿攀（爬）⑥办瓣
	m	②蛮⑥蔓慢万白
非组	f	①翻番③反返⑤泛贩
	v	②烦繁矾凡帆④挽晚⑥饭万文范犯
精组	ts	①哉灾栽③者宰斩盏⑤再载赞蘸
	tsʰ	①猜掺(3)彩采产铲惨⑤菜忏
	dz	②才财材裁残⑥在站赚暂
	s	①腮山三衫奢③散伞⑤赛散

续表

端组	t	①丹单担~心③胆掸⑤旦担~子
	tʰ	①滩摊胎台苔(3)毯坦⑤炭叹
	d	②谈痰坛檀弹~琴抬⑥蛋但弹子~待代
	n	②难很~⑥难灾~奈耐
	l	②来蓝篮兰拦栏~干④懒览揽榄缆⑥烂滥
见组	k	①间白监白奸白该③改减白碱白拣白简白⑤鉴白间白涧白盖概
	kʰ	①铅开(3)槛门~凯⑤嵌慨
	g	②呆白钳白隗戆
	ŋ	①颜白呆鱼白②眼白⑥雁白碍
晓组	h	③喊海
	ɦ	②衔白碱白闲白咸孩⑥苋白陷白限亥害
	ʔ	①淹白还副词哀⑤晏爱

5. ɔ

帮组	p	①包胞褒③饱保宝⑤报豹爆
	pʰ	①抛泡~起来⑤泡炮
	b	②袍跑⑥抱暴
	m	②猫毛茅④卯⑥貌冒帽
精组	ts	①招朝糟遭③爪找早枣⑤照罩灶躁
	tsʰ	①超抄钞操(3)吵炒草
	dz	②朝潮曹槽⑥赵兆造
	s	①烧臊骚稍③少多~嫂扫⑤少~年燥
	z	②韶④扰⑥绍
端组	t	①刀③岛倒⑤到倒
	tʰ	①掏滔(3)讨⑤套
	d	②逃桃陶萄掏⑥道稻盗导
	n	②挠铙④恼脑⑥闹
	l	②捞劳牢萝白④牢痨老
见组	k	①高膏糕羔教白交白胶白③稿搅绞⑤告觉睡一~教白酵
	kʰ	①敲(3)考烤⑤靠搞
	g	④搞⑥绞白
	ŋ	②遨④咬⑥傲
晓组	h	①蒿②好~坏⑤好爱~耗
	ɦ	②豪毫④浩⑥号
	ʔ	①噢③袄⑤奥懊澳拗

6. ɐ

帮组	p	①搬般⑤半绊
	pʰ	①潘拼⑤判
	b	②盘⑥伴拌
	m	②瞒馒④满⑥慢漫

精组	ts	①钻占专砖③纂展转~身⑤钻~石佔转~圈子战
	tsʰ	①囊穿川参(3)喘舛惨⑤钏窜串舛暗~
	dz	②缠传蚕⑥传篆
	s	①酸门③闪陕⑤算扇
	z	②蝉⑥善禅
端组	t	①端③短⑤断决~
	tʰ	①贪⑤探
	d	②团潭⑥断段
	n	②男南④暖
	l	②銮婪④卵⑥乱
见组	k	①干幹竿③敢赶⑤幹
	kʰ	①看~门刊堪(3)砍⑤看
	ŋ	⑥岸
晓组	h	③罕酣⑤汉
	ɦ	②寒韩含⑥旱汗憾
	ʔ	①安庵⑤按案暗

7. ã

帮组	p	①绷⑤逬
	pʰ	⑤碰
	b	②朋白棚彭膨⑥碰甏蚌白
	m	⑥盂白
精组	ts	①张樟章文~睁白③长生~掌⑤账仗打~胀帐涨瘴彰障
	tsʰ	①昌撑菖(3)厂⑤畅唱倡
	dz	②长常尝肠场⑥丈杖仗
	s	①商伤生白声牲白⑤省
	z	②裳⑥上尚剩
端组	t	③打白
	l	④冷白
见组	k	①庚白耕羹白更白梗⑤□kã，石子硌脚，硌：触着凸起的东西觉得不舒服或受到损伤
	kʰ	①坑
	ŋ	⑥硬
晓组	ɦ	②行~船⑥杏白
	ʔ	①樱白鹦白

8. ã

帮组	p	①帮邦③榜谤绑⑤磅镑
	pʰ	①滂⑤胖白
	b	②旁髈庞防⑥棒
	m	②忙芒茫④莽蟒网白⑥忘白望白妄白
非组	f	①方芳③仿妨纺访⑤放
	v	②房忘文亡④网文妄⑥望文

续表

精组	ts	①章姓脏椿装庄赃⑤葬壮
	tsʰ	①苍舱窗疮仓⑤怆创
	dz	②藏床⑥藏西~状撞
	s	①桑丧~事双霜孀③爽赏嗓⑤丧~失
端组	t	①当③挡党⑤当~是：以为
	tʰ	①汤(3)倘躺⑤烫趟
	d	②唐糖塘堂⑥宕荡
	n	②囊
	l	②郎廊狼④朗⑥浪晾
见组	k	①刚钢纲缸扛江白光③港讲白⑤杠降白虹白广
	kʰ	①康匡筐(3)慷糠⑤炕抗矿旷
	g	②戆憨狂⑥逛沆
	ŋ	②昂
晓组	h	①砗石隙声慌荒③恍谎⑤况
	ɦ	②杭航行降白，降服黄皇王⑥沆项巷白
	ʔ	①汪③往

9. əŋ

帮组	p	①奔崩③本
	pʰ	①喷⑤喷~香，~嚏
	b	②盆⑥笨
	m	②萌门蚊闻白④猛⑥闷问白盂
非组	f	①分纷③粉⑤粪
	v	②坟文纹闻文焚④忿吻刎⑥份问文
精组	ts	①征珍真针斟蒸正~月簪玉③争文曾~增憎祯谆尊③诊枕整怎准准⑤镇振震政证正~确
	tsʰ	①村春椿称~呼参~差(3)蠢忖逞⑤亲衬趁称~心如意寸
	dz	②唇纯存陈沈尘辰晨臣乘承程成城诚层曾~经⑥阵郑赠
	s	①孙娠身申伸深声升森僧生文③损审婶沈⑤逊胜圣
	z	②莼神绳仍存人文仁文④忍文⑥盛文顺润文盾甚肾慎认文任文
端组	t	①敦墩蹲灯登③等⑤顿凳
	tʰ	①吞(3)氽⑤褪
	d	②饨屯藤誊腾⑥遁钝沌邓
	n	②能恁⑥嫩
	l	②轮伦论~语邻白～居④冷文⑥论
见组	k	①根跟庚文羹文更文：～改耕文③耿⑤艮更～好
	kʰ	(3)肯恳⑤根身上的泥
晓组	h	①亨哼③狠
	ɦ	②痕很恨横白恒衡⑥恨
	ʔ	①恩

10. oŋ

帮组	pʰ	(3)捧
	b	②篷蓬
	m	②蒙朦濛⑥梦孟
非组	f	①风丰封蜂锋烽⑤讽
	v	②逢冯缝⑥俸奉凤缝
精组	ts	①中～间钟终宗纵～横棕鬃③种～子肿总⑤种～树中～标粽纵～容
	tsʰ	①冲葱匆聪充(3)宠⑤铳
	dz	②虫重～复从崇⑥从从堂重～量仲
	s	①松③悚⑤送宋
	z	①戎绒茸文
端组	t	①东冬③董懂⑤冻栋
	tʰ	①通(3)桶统⑤痛
	d	②童同铜筒瞳⑥动洞
	n	②农脓
	l	②龙隆笼聋④拢⑥弄衖同"弄"
见组	k	①弓公恭工功攻躬宫供～给③拱⑤贡供
	kʰ	①空(3)孔恐⑤空有～
	g	⑥共
晓组	h	①轰烘
	ɦ	②鸿红洪虹文⑥哄～眼
	ʔ	①翁③蓊滃⑤瓮

11. i

帮组	p	③比鄙⑤闭鄙秘臂
	pʰ	①批披(3)譬⑤屁譬
	b	②琵皮脾疲⑥被弊备避斃
	m	②迷眉白弥④米尾白蚁白⑥谜味白
非组	f	①妃非飞③匪⑤费废
	v	②肥微维惟④尾文⑥费姓氏未味文
精组	ts	①跻③挤⑤际济祭
	tsʰ	①妻凄悽⑤砌
	dz	①齐脐
	s	①西些③洗死白⑤细
端组	t	①低③抵底牴⑤帝
	tʰ	①梯(3)体⑤替屉涕剃
	d	②提题④地弟第递
	l	②离璃篱黎梨俚狸④里理鲤礼裹李⑥丽例励吏利痢泪白
章组	tɕ	①鸡基几小桌子～乎机肌讥(3)～多己⑤记寄继既计纪
	tɕʰ	①欺溪(3)企起启岂⑤气器弃契去白
	dʑ	②奇骑其期旗⑥忌技妓
	ɕ	①希稀嬉③喜⑤戏
	ɲ̩	②泥疑宜儿白仪蚁④拟你耳白尾白蚁⑥二白腻义议艺

续表

晓组	ɦ	②奚移姨胰遗⑥系异易
	ʔ	①衣医依伊③椅以已矣倚⑤意

12. ɿ

精组	ts	①知支之枝芝脂兹滋资③纸止指子紫⑤致置志至制
	tsʰ	①痴雌(3)耻此侈齿⑤翅次刺
	dz	②迟池持词磁辞慈⑥治滞字自
	s	①诗施师狮私思丝司梳白尸斯③使始史屎死文水白嘴⑤世势四肆试
	z	②时匙⑥是事示寺侍似士市柿视誓逝氏仕

13. ʮ

精组	ts	①朱诸珠猪诛蛛株硃③主煮⑤注驻蛀铸
	tsʰ	①吹白(3)处动词:相～鼠⑤处～所
	dz	②除厨橱⑥住柱
	s	①书舒输③暑水⑤庶
	z	②殊如儒④乳⑥竖树

14. ia

精组	ts	①嗟③姐⑤借
	tsʰ	(3)且
	dz	⑥藉
	s	③写⑤泻卸
	z	②邪斜⑥谢
端	t	①爹③嗲
章组	tɕ	①家文加文街文皆阶③贾解文假文～⑤架嫁文价文架文假文放～戒文界文
	dʑ	②茄文～人,能干
	ȵ	④惹白
晓组	ɦ	②霞白谐牙白爷崖耶④也野⑥下文夜夏文
	ʔ	①鸦文③耶雅也文⑤亚

15. ie

帮组	p	①边鞭编蝙③扁贬⑤变遍
	pʰ	①篇偏⑤片骗
	b	②便～宜辨辫⑥便方～辨
	m	②绵棉④免勉⑥面
精组	ts	①尖煎③剪⑤箭
	tsʰ	①千迁签铨(3)浅⑤倩
	dz	②前钱全泉⑥渐贱
	s	①先仙鲜宣③癣选⑥线
	z	②涎旋⑥美旋

	t	①颠③点典⑤店
端组	tʰ	①天添(3)舔⑤忝
	d	②田甜填⑥垫殿电
	l	②连莲帘怜④脸⑥练炼恋
章组	tɕ	①间文监文坚兼奸文肩文简文减文捡文③鉴文见建
	tɕʰ	①牵谦(3)歉遣⑤欠
	dʑ	②钳乾⑥件健
	ɕ	①掀轩③险显⑤献宪
	ŋ	②年严研粘④辇染⑥念验
晓组	ɦ	②咸文衔文闲文颜文嫌弦娴言盐沿谐文⑥现陷文
	ʔ	①淹文烟腌阉焉③眼演也文掩⑤晏文雁文厌燕噎

16. iɔ

	p	①标③表
帮组	pʰ	①飘(3)漂嫖⑤票
	b	②瓢
	m	②苗描④秒渺藐⑥庙妙
精组	ts	①焦椒③剿
	tsʰ	①缲(3)悄⑤俏
	dz	②憔
	s	①萧消宵霄销逍硝③小⑤笑
端组	t	①刁貂雕③鸟白⑤吊弔钓
	tʰ	①挑(3)眺⑤跳～跃粜
	d	②条跳意义同古字"逃"调⑥调掉
	l	②寥聊燎辽④了⑥廖料
章组	tɕ	①教文～书交文胶文郊骄娇浇③狡绞文⑤教文～师叫校～对
	tɕʰ	(3)巧⑤窍
	dʑ	②翘桥⑥轿
	ɕ	①嚣③晓⑤孝
	ŋ	②饶④鸟文⑥绕
晓组	ɦ	②谣摇尧肴④爻⑥校学～效耀
	ʔ	①腰妖邀③窈⑤要

17. iəu

帮	m	⑥谬
	ts	①揪③酒
精组	tsʰ	①秋
	dz	②囚⑥就
	s	①修羞⑤秀绣宿星～
	z	⑥袖
端组	t	⑤丢
	l	②刘留流遛④柳榴

续表

章组	tɕ	①鸠纠③九久韭⑤救究
	tɕʰ	①邱丘
	dʑ	②求球⑥旧舅柩
	ɕ	①休③朽
	ŋ	②牛④钮扭
晓组	ɦ	②由油游邮犹④有⑥又右
	ʔ	①幽优忧③酉⑥幼诱

18. iã

精组	ts	①将浆③奖蒋⑤酱
	tsʰ	①枪(3)抢⑤呛
	dz	②墙⑥匠
	s	①镶相厢箱②想⑤相~貌
	z	②详祥⑥像
端	l	②凉良梁粮量测~④两辆⑥亮谅量数~
章组	tɕ	①疆僵缰
	tɕʰ	(3)强勉~
	dʑ	②强详④僵~直，硬挺，谓肢体不灵活
	ɕ	①乡香③享响⑤向
	ŋ	②娘瓤④仰⑥酿让
晓组	ɦ	②阳杨洋羊④养痒⑥样
	ʔ	①秧殃央③养文

19. iɑ̃

章组	tɕ	①江文③讲文⑤降文
	tɕʰ	①腔
晓	ɦ	②降文~服⑥旺白巷文

20. ɪŋ

帮组	p	①宾槟殡冰兵③禀饼丙并秉⑤鬓柄
	pʰ	①拼(3)品⑤聘
	b	②贫频平评瓶屏凭④并病
	m	②民明名鸣铭④冥悯敏⑥命
精组	ts	①晶精睛津逡③尽井⑤进晋浸俊
	tsʰ	①亲侵清青寝(3)请⑤亲~家
	dz	②情晴秦菌⑥尽静净
	s	①些心新薪辛星腥惺③醒筍⑤信性姓讯迅潯同"浚"
	z	②寻循旬巡⑥殉
端组	t	①丁叮钉③顶鼎⑤钉订
	tʰ	①听厅(3)挺⑤听文言词：听凭，任凭。
	d	②庭廷亭停⑥定
	l	②林淋临拎零铃陵灵邻绫菱凌伶鳞④吝领⑥另令

续表

	tɕ	①金今斤襟京经筋巾谨荆惊③紧锦景颈⑤禁敬镜竟劲
章组	tɕʰ	①轻卿倾(3)顷⑤庆磬
	dʑ	②琴鲸勤禽芹⑥仅近竞
	ɕ	①馨欣兴⑤兴高~
	ȵ	②人白银宁迎仁白吟④忍白凝⑥认白任白赁佞椹闰
晓组	ɦ	②淫行白形刑蝇赢④引⑥幸杏文
	ʔ	①因音阴英应~该鹦文樱白姻③引瘾隐饮影营⑤映荫应答~印

21. ioŋ

	tɕ	①扃③迥
章组	tɕʰ	①穹
	dʑ	②穷
	ɕ	①兄胸凶
	ȵ	②浓脓绒
晓组	ɦ	②熊容荣⑥用
	ʔ	①雍②永拥甫涌勇

22. u

	p	①波玻簸③补播跛谱⑤布佈簸
帮组	pʰ	①铺颇坡(3)普谱颇⑤铺破
	b	②菩蒲婆⑥部步捕薄~荷
	m	②模磨动词④母拇⑥幕慕募墓暮磨名词
非组	f	①夫肤③府斧甫俯腑⑤付副富
	v	②符扶无巫④腐武舞⑥父妇附雾务
精组	ts	①租③祖组阻左佐⑤做
	tsʰ	①粗初搓(3)楚⑤醋措错
	dz	②锄雏⑥助座坐
	s	①梳文苏疏蔬植物名蓑~衣唆③数动词所锁⑤诉素数~目塑
端组	t	①都多③堵睹赌肚猪~朵⑤蠹
	tʰ	①拖(3)土妥⑤吐兔唾
	d	②图涂徒途驮铊驼⑥杜度肚渡大白惰舵
	n	②奴挪④努奴⑥怒糯
	l	②卢炉芦啰~嗦罗骡箩萝④鲁橹卤掳裸⑥露路鹭
见组	k	①姑孤哥歌锅③古鼓股果⑤顾故固雇过个
	kʰ	①枯科(3)苦可⑤库绔课
	g	②咕跍
	ŋ	②吾鹅俄④我⑥饿卧误悟互
晓组	h	①呼呵荷薄~③无虎琥火⑤货
	ɦ	②胡湖瑚糊壶狐乎吴文何河荷和禾⑥户沪护贺祸
	ʔ	①乌阿窝③五文午文⑤污恶动词

23. ua

见	k	①乖③拐⑤怪
组	kʰ	(3)䠙⑤快筷
晓	h	①歪多音字
组	ɦ	②槐怀⑥坏
	ʔ	①歪多音字

24. ue

见	k	①归规龟闺圭③鬼文⑤贵文桂
	kʰ	①亏文奎盔魁窥(3)傀⑤块
组	g	②葵⑥愧柜跪文
	ŋ	②危桅⑥魏
晓	h	①灰徽挥辉麾③毁悔贿⑤讳晦
组	ɦ	②回茴围为作~帷⑥外文位谓慰胃为~了卫会惠慧
	ʔ	①威煨③委伟⑤会白"能"的意思

25. ɥe

精	ts	①追锥③嘴⑤最醉
	tsʰ	①吹文炊催崔⑤脆翠
组	ʥ	②垂槌⑥坠罪
	s	①水文虽绥③税髓⑤岁碎穗
	z	②谁随椎⑥睡蕊文锐遂

26. uEᵉ

见	k	①关③块文鳏怪文惯
组	g	①环
晓	ɦ	①怀文还顽③会文幻
组	ʔ	①歪文①湾②晚挽

27. uɣɘɬ

见	k	①官③管馆⑤贯罐
	kʰ	①宽(3)款
组	g	⑥掼
晓	h	①欢③唤
组	ɦ	②完丸⑥换玩
	ʔ	②缓碗

28. uoŋ

见	k	③滚⑤棍
组	kʰ	①昆(3)捆⑤困睏

续表

	h	①昏荤婚
晓组	ɦ	②魂浑馄⑥混
	ʔ	①温③稳

29. y

	ts	①疽
	tsʰ	①趋蛆(3)取娶⑤趣
精组	dz	⑥聚
	s	①须需⑤胥
	z	②徐⑥序叙
端	l	②驴④吕侣旅屡⑥虑滤
	tɕ	①居拘龟白③举鬼白⑤句贵白据
	tɕʰ	①驱区亏白⑤去文
章组	dʑ	②瞿⑥巨拒惧具跪白
	ɕ	①虚嘘③许
	n̠	②愚④女语蕊白⑥遇御寓
晓组	ɦ	②鱼文於余馀围~巾④雨⑥预愈
	ʔ	①于迂宇迂③羽禹宇

30. yəɥ

	tɕ	①捐③卷⑤绢眷
	tɕʰ	①圈(3)犬⑤劝券
章组	dʑ	②拳权⑥倦圈猪~
	ɕ	①喧暄
	n̠	②元原源④软⑥愿
晓组	ɦ	②玄悬圆园缘④远⑥眩悬院
	ʔ	①冤⑤怨

31. yəŋ

	tɕ	①均君军③窘
章组	dʑ	②群裙⑥郡
	ɕ	①薰勋熏荤⑤训
	n̠	⑥闰
晓组	ɦ	②云雲匀⑥晕韵运孕
	ʔ	①氲⑤允

32. ʌʔ

	p	⑦伯百柏八
帮组	pʰ	⑦拍魄
	b	⑧拔白白
	m	⑦襪蓦抹袜麦脉

续表

非组	f	⑦法发
	v	⑧乏罚伐筏
精组	ts	⑦着~衣酌札扎只仄蜇
	tsʰ	⑦绰插策白尺白册白拆白察
	dz	⑧着相当于普通话的"着"；~凉煤相当于普通话的"炸"宅白
	s	⑦杀撒萨
	z	⑧若弱芍石
端组	t	⑦搭答
	tʰ	⑦塔搨獭塌榻挞
	d	⑧达踏
	n	⑧捺
	l	⑧辣蜡拉腊
见组	k	⑦夹格白甲白隔白袷
	kʰ	⑦掐恰白客白
	g	⑧□拥挤：街上浪人~来轧
	ŋ	⑧额白
晓组	h	⑦瞎吓喝
	ɦ	⑧盒狭匣
	ʔ	⑦阿押压鸭

33. oʔ

帮组	p	⑦北博剥驳卜
	pʰ	⑦扑朴璞
	b	⑧薄仆泊
	m	⑧木目摸莫膜寞穆牧
非组	f	⑦福复幅腹覆
	v	⑧伏服复古文字《说文》往来也
精组	ts	⑦竹桌卓烛嘱足作筑祝粥
	tsʰ	⑦戳触龊促错~畜
	dz	⑧轴镯浊昨凿
	s	⑦叔朔缩宿索速肃束
	z	⑧熟肉文属蜀赎辱逐族续俗
端组	t	⑦笃督
	tʰ	⑦秃托托
	d	⑧独毒读铎度猜~渎犊牍
	n	⑧诺
	l	⑧陆鹿绿六落乐洛烙骆
见组	k	⑦谷各阁搁角觉白郭
	kʰ	⑦哭壳扩酷
	ŋ	⑧鹤岳腭
晓组	h	⑦壑霍
	ɦ	⑧学白获
	ʔ	⑦屋恶沃

34. ə ʔ

帮组	p	⑦不拨钵~头
	pʰ	⑦泼魄
	b	⑧白文饽钹白
	m	⑧墨末沫麦文脉文末着~没
非组	f	⑦勿拂佛
	v	⑧佛物勿
精组	ts	⑦质折哲这执汁织职则昃摘文窄只侧卒
	tsʰ	⑦彻撤斥饬尺文测策文撮出猝
	dz	⑧直值殖植宅文涉贼杂
	s	⑦涩室失湿式率设识饰涩色塞刷瑟说适
	z	⑧十什日文热文折白拾文舌食入术述
端组	t	⑦得德掇
	tʰ	⑦忒脱
	d	⑧特突叠白凸夺
	n	⑧纳呐
	l	⑧勒捋肋
见组	k	⑦个助词：一~格文革蛤鸽隔文葛割
	kʰ	⑦刻客文咳~嗽磕渴
	g	⑧掰紧抱的意思
	ŋ	⑧额文
晓组	h	⑦黑
	ɦ	⑧合盒曷
	ʔ	⑦厄呃

35. iiʔ（阴入）iɛ（阳入）

帮组	p	⑦逼必笔瘪毕碧壁璧
	pʰ	⑦匹疋劈撇僻辟
	b	⑧鼻别弼
	m	⑧蜜密灭篾觅
精组	ts	⑦即接节积迹脊绩
	tsʰ	⑦七漆切妾窃戚
	dz	⑧集籍截捷
	s	⑦熄息昔屑悉膝惜锡戌恤
	z	⑧拾白席夕习疾寂袭
端组	t	⑦滴摘白跌嫡的~确
	tʰ	⑦踢剔铁贴帖
	d	⑧笛敌蝶叠迭狄
	l	⑧力立粒列裂劣烈律栗笠
章组	tɕ	⑦结给级激急缓~劫洁棘吉击
	tɕʰ	⑦吃泣乞怯
	dʑ	⑧极急发~及杰
	ɕ	⑦吸歇胁
	ȵ	⑧日白热匿溺逆孽业

续表

晓	ɦ	⑧易亦翼叶协
组	ʔ	⑦一益揖乙邑抑忆噎调

36. iʌʔ

精	ts	⑦爵
组	tsʰ	⑦鹊雀
	dz	⑧嚼
	s	⑦削
端	l	⑧略掠
章	tɕ	⑦脚觉文角甲文
组	tɕʰ	⑦却确
	dʑ	⑧剧
	ŋ	⑧捏虐
晓	ɦ	⑧乐学文侠钥协侠挟
组	ʔ	⑦约药

37. ioʔ

章	tɕ	⑦菊鞠
组	tɕʰ	⑦曲
	dʑ	⑧局
	ɕ	⑦畜蓄
	ŋ	⑧玉肉白褥
晓	ɦ	⑧欲浴狱
组	ʔ	⑦郁

38. uəɦʔ

见	k	⑦骨国
组	kʰ	⑦阔窟
晓	h	⑦霍豁忽
组	ɦ	⑧活或惑
	ʔ	⑦屋白

39. uʌʔ

见	k	⑦刮括
晓	h	⑦豁
组	ɦ	⑧滑猾划
	ʔ	⑦挖

40. ɿʔ

精	s	⑦雪
组	z	⑧绝

41. yəʔ

章组	tɕ	⑦决诀厥橘
	tɕʰ	⑦缺屈
	dz	⑧掘倔
	ɕ	⑦血
	ȵ	⑧月
晓	ɦ	⑧穴悦阅越日

第二节　词汇系统

一、现代吴语词汇的语料来源

现代吴语词汇的语料来自三方面：一是嘉兴籍文学艺术家茅盾、丰子恺、徐志摩、贾祖璋、朱生豪等于民国时期创作的文学作品；二是顾颉刚先生的《吴歌甲集》和王翼之先生的《吴歌乙集》；三是赵元任先生的《现代吴语的研究》、陆基先生所编的《注音符号·苏州同音常用字汇》。

1. 嘉兴籍文学艺术家的作品

嘉兴人杰地灵，在这片土地上出现了众多文学艺术家，他们生于斯长于斯，深受嘉兴地区文化的熏陶，其作品蕴含嘉兴地区文化色彩和语言特质。茅盾就是对北部吴语词汇吸收最多的作家之一。茅盾在《论大众语》中说："同一个意思，倘用'没有血色'的普通话来讲，当然没有'京腔'那么够味，然而倘用方言，我相信一定也和'京腔'一样风韵十足。这关键就在语法和腔调，方言中间有些语法能够传达某一种情趣的，都有被注意的价值，都有成为大众语的新鲜血液的资格。例如上海一带有一种特殊的语法'香烟呼呼，茶吃吃'，'呼'（即吸），都放在名词之下而且是双文，这就不是一种普通的吸烟饮茶的意义，而表示一种怡然自得，优哉优哉的'写意'的情调。"[1] 由此可见茅盾对吴语方言词语的重视。嘉兴地区乃至北部吴语区的稻作生产、蚕桑生产和交通运输比较发达，与之相应是一些富有北部吴语区文化特色的方言俗语。这些方言俗语被茅盾吸收到他的作品之中，如：谷、稻田、稻场、米囤、肥田粉、种田、踏车、租米、稻筒、糙米、塘、砉、乌娘、二眠、大眠、老蚕、浜、港、官河、溪、快班船、赤膊船、航船、小火轮等词语。嘉兴吴语乃至北部吴语区有许多俗语，既富于表现力，又体现了吴语区的风情。这些俗语经过茅盾提炼后也出现在其作品中。例如《霜叶红于二月花》中的"老弟，大家都颈子伸的丝瓜一般长，等候你这救命菩萨……"，就是从嘉兴地区的俗话"头颈子望得丝瓜长"提炼出来的。[2]

丰子恺、徐志摩、贾祖璋、朱生豪等同样在他们的作品中使用了家乡的方言。徐志摩用他的家乡话创作了许多作品，其中最有特色的是《一条金色的光痕》，被胡适称为用

---

[1] 茅盾：《茅盾文艺杂论集（下）》，上海文艺出版社，1981，第999页。

[2] 余连祥：《茅盾作品中的浙北方言》，《湖州师专学报》1994年第1期。

方言创作的较为成功之作。他在给顾颉刚《吴歌甲集》作序时特录了一段："昨日子我一早走到伊屋里，真是罪过！老阿太已经去哩，冷冰冰欧滚在稻草里，野勿晓得几时脱气欧，野呒不人晓得！我野呒不法子，只好去喊拢几个人来，有人话是饿煞欧，有人话是冻煞欧，我看一半是老病，西北风野作兴有点欧。"

以上所述，我们从嘉兴籍文学艺术家的作品中所选取的吴方言词语，是能够体现出现代吴语的词汇特色的。

2.《吴歌甲集》和《吴歌乙集》

《吴歌甲集》是顾颉刚先生于1926年出版的一本吴地歌谣。书中收集了以苏州为中心的吴语区的100首歌谣。胡适认为，第一卷全是儿歌，是最纯粹的吴语文学，读这一卷的时候，口口声声都仿佛看见苏州小孩的伶俐、活泼、柔软、俏皮的神气，这是道地的方言文学。

其实，《吴歌甲集》中的方言词语不仅涵盖了苏州地区，而且涵盖了整个北部吴语区。作者顾颉刚先生在该书"自序"中说："这本书，当时题名为'吴歈杂集'，我师沈兼士先生曾表示反对，以为吴的地域不清，书名有笼统之嫌，……但'吴'字没有法换，所以然之故，只因这些歌不是仅仅的从苏州城里搜集来的，'苏州'二字只是吴县境内的一个市名，不能笼罩别的市乡，若题'吴县'，又不能尽，因为我的祖母住过荡口，荡口是属无锡县的，我的妻是甪直人，甪直一半属吴县，一半属昆山县。……我总觉得沿太湖居住的人民，无论在风俗上，生活上，言语上，都不应分隔。"这些地方虽然是给行政区域划断，但实际上仍是打成一片的，所以我们尽可能沿着旧有的模糊不清的"吴"名，广求太湖沿岸人民的歌谣。沈兼士先生是顾颉刚先生的老师，他曾反对把书名命为"吴歌"，后来他同意了。他在《吴歌甲集·序二》中用一段话道出其中的缘由，这段话不仅加深了人们对《吴歌甲集》的理解，也有助于我们对吴语各地词汇内部共同性的认识。现录如下：

从前我虽曾反对用"吴歈""吴歌"等名称，以为不应该以广狭异域界限不清的古代国名范围现代的歌谣，如今我却幡然改途，不反对而赞成了。你看杨雄《绝代语释别国方言》里所注明的方言，通行至狭的是楚、秦、晋、宋……等国；稍广则注燕代、荆楚、周郑、雍梁、南楚江湘之间……等国；更广则注自关而西、秦晋梁益之间、晋宋卫鲁之间、汝颍梁宋之间、陈齐海岱之间等名，却没有一处用汉代当时郡县名称的。有人疑此为古人著书体例疏略，或是拘泥好古之弊，其实不然，要知道方言因交通的关系而仍是变动不居的，倘是要把它分布的形势通行的区域划分得很清楚，那非经过一番实地精密的调查，委实难以确定，所以与其失之于狭，毋宁失之于广，这或是杨雄用较广的国界和山脉河流来范围一种方言的用意。歌谣的性质也和方言仿佛，所以我终于同意颉刚之命此书曰"吴歌"。

由于其地域的关系，吴语区内各地的词汇存在着一些差异，尤其是南北吴语的差异比较明显。进入现代社会以后，吴语区各地交流频繁，部分词汇通过文化辐射与传播不断融入各地的日常词汇中，各地尤其是北部吴语区词汇差异越来越小。其实一些方言词语的形成不仅仅局限于一时一地，如茅盾，生长于嘉兴，工作于上海，其作品中的方言词语，既有嘉兴方言的成分又有上海方言的韵味。所以说《吴歌甲集》中的方言词不仅仅流行于苏州，而应流行于"吴"地。《吴歌乙集》是王翼之先生于1927年出版的一本吴地歌谣，作为《吴歌甲集》的续集故名之"吴歌乙集"。

3.《现代吴语的研究》和《注音符号·苏州同音常用字汇》

《现代吴语的研究》涉及的词汇是第五章"词汇"、第六章"语助词"和附录"国语—吴语对照词汇"。第五章"词汇"，主要包含两个词汇表，第一个表是30个吴语方言点75个词的意义。现列如下（括号外为嘉兴方言词，括号内为国语）：

五（我）、五牙（我们）、五牙（咱们）、倷（你）、倷辣（你们）、伊（他）、伊赖（他们）、自家（自己）、够（个）、一够人（一个人）、两个人（俩）、葛够（这个）、葛歇（这会儿）、葛塔（这里）、介（这么表程度）、实介（这么表方法）、够够（那个）、伊面（那里）、啥（什么）、啥人（谁）、华里够（哪个）、华里滩（哪里，哪有儿）、捺蟹（怎么）、勿（不）、吭不（没有无）、勿曾（没有未）、蛮（很）、忒（太）、晏（还，尚，犹）、在（在）、勒黑（在那儿）、浪（上）、脱（掉）、拨（给动词）、塔（给，为介词）、东西（东西）、地方（地方）、辰光（时候）、朝晨（早上）、日里（白天）、黄昏头（傍晚）、夜里（晚上）、天（日）、前日（前天）、昨艺（昨天）、针朝（今天）、萌朝（明天）、后艺（后天）、旧年（去年）、开年（明年）、晏歇（等会儿）、晏（晚），粥（早，点心）、点心（早饭）、夜饭（晚饭）、阿爹（爸爸）、姆妈（妈）、儿子（儿子）、囡五（女儿）、小人（小孩子）、家婆（媳妇儿妻俗称）、蒲桃（核桃）、宇葡（葡萄）、琵爬（琵琶）、别爬（枇杷）、打虾献（打呵欠）、霍献来哩（打闪）、虾胳肢（胳肢）、蔫（哈辣）、小菜（菜或菜饭）、垃圾（脏）、垃圾（脏土）、横书（横竖副词）、马上（马上）。

第二个表是吴语的特别词，列出宜兴等24个吴语方言点的一些特殊的词语，是一些不常见于书上的词。如上海的"饭是锅巴""葛则胳夹肢窝""碌早晨起来""云耳白木耳""迭当码子这个家伙""葛佬所以"。

第六章"语助词"，列出了22个吴语方言点的56个语助词。附录"国语—吴语对照词汇"以22个罗马字为序，列出大约960个字国语与吴语对照的词语。

《注音符号·苏州同音常用字汇》写定的时间是1935年，作者陆基当时已经73岁。此书的序言是嘉兴人庄兆钤的一首诗："吴下从来说阿蒙，南音不与北音同。倘教符号都能识，一法通时万法通。七十三龄白发翁，依声列表竟成功。太湖南北能传遍，千里音书一道同。"诗大致有两个意思：一是以三国名将吕蒙老来学习、学问大增的典故，赞扬陆基编辑此书的事迹和意义；二是说明太湖地区的语言比较一致，此书可在北部吴语地区通行。《注音符号·苏州同音常用字汇》主要有两大内容：一是同音字表，一是词汇表。本课题的"现代吴语词汇表"中的部分词语来自此词汇表。这个词汇表最大的特点，是不仅选入了历代流传下来的吴语词语，如姆妈、囡囡等，也选入当时社会出现的新词语，如纠察队、警察等。

二、现代吴语的词汇系统（见表4-7）

本词汇共计3000多条，分17个大类。按天文/地理、处所/方位、时令/时间、人体／人物、植物／动物、衣物／饮食、房屋／用品、事物／事情、农业、工商业、交通、文化教育、动作／行为、心理／否定、性质／状态、指代／数量、其他的顺序排列。以小类为排列单位，先列单音节词，后列双音节词，再列多音节词。各词以吴语立目，按实际读音用国际音标记录，吴语词语后面有注音。声调有9个即阴平、阳平、全阴上、次阴上、阳上、阴去、阳去、阴入、阳入，分别用1、2、3、(3)、4、5、6、7、8表示，轻声不标。词条后用普通话释义。释义中，如有两个或两个以上者，各义项间用"；"号分开。

表4-7　现代吴语词汇集

1. 天文／地理

（1）天文

词语	词音	词义
鲎	$hɤe^1$	虹
星	$sɪŋ^1$	指夜晚天空中有光亮的小星体，也指单独的星体
日头	$ȵiɿ^8de^2$	太阳
月亮	$ŋɤɤɬʔ^8lã^4$	月亮
亮月	$lã^6ŋɤɤɬʔ^8$	月亮
移星	$ɦii^2sɪŋ^1$	流星
彤云	$doŋ^2ɦyəŋ^2$	阴云
云霞	$ɦyəŋ^2ɕo.^2$	彩云
霍闪	$hoʔ^7syəɬ^3$	闪电
干雷	$kɤəɬ^1le^2$	无雨伴随的雷
雷响	$le^2ɕiã^3$	打雷
焦雷	$tsiɔ.^1le^2$	晴天响起的巨雷
薰风	$ɕyəŋ^1foŋ^1$	暖和的风；指初夏时的东南风
发风	$fʌʔ^7foŋ^1$	刮风
飓风	$dʑy^6foŋ^1$	指狂风和热带气旋及风力达12级的任何大风
冰雹	$pɪŋ^1boʔ^8$	雹子
冰箸	$pɪŋ^1zy^6$	冰条
落雪	$loʔ^7sɿʔ^7$	下雪
落雨	$loʔ^7ɦy^4$	下雨
迷露	mi^2lu^6	雾
朝霜	$tsɔ.^1sã^1$	早晨的霜
豪雨	$ɦɔ.^2ɦy^4$	大雨
濯雨	$zoʔ^8ɦy^4$	被雨淋
细雨	$si^3ɦy^4$	小雨
雨脚	$ɦy^4tɕiʌʔ^7$	像线一样一串串密密连接着的雨点
梅天	$me^2tʰie^1$	黄梅天气
阵头	$dʑəŋ^6de^2$	云层厚，伴有雷电，要下大雨的样子
青天	$tsʰɪŋ^1tʰie^1$	蓝色的天空
山谷	$sɛᵋ^1koʔ^7$	两山之间低凹而狭窄的地方，只用于书面语
雾露	vu^6lu^6	雾
凌泽	$lɪŋ^2dzəʔ^7$	雪后屋檐滴水成的冰

续表

词语	词音	词义
毒太阳	doʔ⁸tʰɑ⁵ɦiã²	灼人的烈日
太阳光	tʰɑ⁵ɦiã²kã¹	阳光
白虎星	bʌʔ⁸huˀ³sɪŋ¹	天上星宿，相传为凶星，指祸害夫家的女人
阵头雨	ʥəŋ⁶de²ɦy⁴	雷阵雨
牛毛雨	ŋiəu²mɔ.²ɦy⁴	细而密的雨
斜脚雨	ziɑ²tɕiʌˀ⁷ɦy⁴	倾斜而下的雨
顶头风	tɪŋ³de²foŋ¹	逆风，迎面吹来的较强的风
打霹雳	tã³pʰiɪˀ⁷liˀ⁸	雷响
山坳坳	sᴇ¹ʔɔ.¹ʔɔ.¹	山间平地
蒙蒙亮	moŋ²moŋ²liã⁶	天刚有点亮
太阳底下	tʰɑ⁵ɦiã²ti¹ɦiɑ⁶	日晒处
霍献来哩	huəˀ⁷ɕie⁵lᴇ²li	打闪

（2）地理

词语	词音	词义
田	die²	水田
岔	tsʰɔ.⁵	山间平地
地	di⁶	旱地
墩	təŋ¹	土堆
港	kã³	小河，泛指河流
河	ɦu²	泛指河流
塘	dã²	较大的河
溪	tɕʰi¹	较小的河
浜	pã¹	只有一头与河港相通的小河
荡	dã⁶	用来贮存肥料的深坑；浅水湖
缺	tɕʰyəˀ⁷	横越田埂或道路的流水沟
泰山	tʰɑ⁵sᴇ¹	山名
战壕	tsɤᴇ⁵ɦɔ.⁶	作战辅助工具，掘土成壕，防止子弹和炮弹袭击
水田	sʐ³die²	周围有田埂，能蓄水的耕地，多用来种植水稻
稻田	dɔ.⁶die²	种稻谷的田
荡田	dã⁶die²	积水长草的洼地
田塍	die²ʥəŋ²	稻田里窄小的泥路
田岸	die²ŋɤᴇ⁶	田埂，田间小道
地头	di⁶de²	田边的旱地
埂头	kᴇ³de²	田边、靠河一侧的小块旱地
泥坯	ŋi²bɔ.ʔ⁸	嘉兴等地称土块儿
烂泥	lᴇ⁶ŋi²	稀烂的泥
岔口	tsʰɔ.⁵kʰe³	岛屿的出海口
官河	kʌɤᴇ¹ɦu²	较大的河，政府用来运物资的交通要道
港汊	kã³tsʰɔ.⁵	河汊，分支的小河
汊港	tsʰɔ.⁵kã³	同大河相通的小河道
码头	mɔ.⁴de²	沿海沿江交通便利的城镇（多指有码头的）

续表

词语	词音	词义
河道	ɦiu²dɔ·⁶	河床
河头	ɦiu²de²	同"河埠头";河边也作"河滩头"
河心	ɦiu²sɿ¹	河中央
池潭	dʑɿ²drəɬ²	池子。也作"池塘"
水潭	sɿ³drəɬ²	由于路面不平,在雨后形成的积水的小坑
鱼池	ɦy²dʑɿ²	用来养鱼的一个池塘
城濠	dzəŋ²ɦɔ·⁶	护城河
帮岸	pã¹ŋɤɬ⁶	堤岸
高墩	kɔ·¹təŋ¹	土堆
磁石	tsɿ¹zʌʔ⁸	磁铁
水晶	sɿ³tsɿŋ¹	是稀有矿物,宝石的一种
玻璃	pu¹li²	质地硬而脆的透明物体,没有一定的熔点
硬煤	ŋã⁶me²	烟煤、无烟煤的统称
滚水	kuəŋ³sɿ³	开水
冷水	lã⁴sɿ³	凉水
清水	tsʰɿŋ¹sɿ³	没有杂质的水
潮水	dzɔ·²sɿ³	海洋及沿海江河中受潮汐影响定期涨落的水
山涧水	sɛᵋ¹kɛᵋ⁵sɿ³	山涧小沟中的流水
温暾水	ʔuəŋ¹təŋ¹sɿ³	水温不冷不热的水
米泔水	mi⁴kɤɬ¹sɿ³	淘米水
烂污泥	lɛᵋ⁶ʔu¹ŋi²	稀烂的泥
闸角路	zʌʔ⁸koʔ⁷lu⁶	近便的路;斜路
水门汀	sɿ³məŋ²tʰɿŋ¹	水刷石地面(一种人造石料)
断头浜	tɣɤɬ⁵de²pã¹	另一端是盲端的小河沟
烂泥淖	lɛᵋ⁶ŋi²nɔ·⁶	烂泥
石帮岸	zʌʔ⁸pã¹ŋɤɬ⁶	用石头砌成的河岸

2. 处所/方位

(1)处所(含地名)

词语	词音	词义
里	li⁴	街坊,现代的小区;副词"地"
本里	pəŋ³li⁴	自己的乡里
本埠	pəŋ³bu²	本埠是指本地(多用于较大的城镇)
场化	dzã²hɔ·⁵	地方
堂子	dã²tsɿ³	妓院的别称
馆子	kuɤɬ³tsɿ³	饭馆儿
把书	pɔ·³sʮ¹	妓院
村坊	tsʰəŋ¹fã³	村庄
粉坊	fəŋ³fã³	做粉皮、粉条、粉丝的作坊
茶坊	dzɔ·²fã³	茶馆
油坊	ɦiəu²fã³	用传统方法加工食用油的地方

词语	词音	词义
混堂	ɦuəŋ⁶dã²	浴池
地头	di⁶de²	所在的地方；当地，本地
埠头	bu²de²	码头
弄堂	loŋ⁶dã²	小巷，胡同
夹弄	kАʔ⁷loŋ⁶	狭窄的胡同
牛棚	ŋiəu²bã²	牛舍
羊棚	ɦiã²bã²	羊圈
猪棚	tsʮ¹bã²	猪圈
鸡棚	tɕi¹bã²	鸡窝
狗窠	ke³kʰu⁵	狗窝
乡下	ɕiã¹ɦo⁶	泛指城市以外的地区
脚下	tɕiАʔ⁷ɦo⁶	境内的意思
厅事	tʰiŋ¹zʮ²	官署视事问案的厅堂；私人住宅的堂屋
社庙	zɔ²miɔ⁶	土地庙
白场	bАʔ⁸dzã²	空场地
灶山	tsɔ⁵sᴇ¹	旧式灶的墙上有一层可放东西的地方
花旗	hɔ¹dʑi²	美国国旗，指美国
照相	tsɔ⁵siã¹	照相馆
窝里	ʔu¹li⁴	家中，家里
农会	noŋ²ɦue⁶	农民协会，民主革命时期的组织
公所	koŋ¹su¹	旧时区、乡、村政府办公的地方
监狱	kᴇ¹ɦiɔʔ⁸	关押犯人的场所。也作"监牢"
衙门	ŋa²məŋ²	官署，政权机构的办事场所
中央	tsoŋ¹ʔiã¹	国家政权或政治团体的最高领导机构（跟"地方"相对）
弱国	zАʔ⁸kuəʔ³	不强大的国家
官场	kuɤɹ¹dzã²	指官吏阶层及其活动范围
稻场	dɔ⁶dzã²	翻晒、碾轧稻谷的场地
乌镇	ʔu¹tsəŋ⁵	嘉兴下辖的镇
长水	dzã²sʮ³	嘉兴春秋时期的名称
檇李	tsʮ⁵li⁴	嘉兴春秋时期的名称
开元	kʰᴇ¹ŋyɤɹ²	五代十国时期，吴越国在嘉兴设置的开元府
秀州	siəu⁵tse¹	后晋在嘉兴置的秀州府
嘉禾	ka¹ɦu²	北宋时改秀州为嘉禾郡
嘉兴	ka¹ɕiŋ¹	南宋时期嘉兴名称，即嘉兴府、嘉兴军
禾城	ɦu²dzəŋ¹	嘉兴市别称
上海	zã²hᴇ³	地名
杭州	ɦã²tse¹	地名
苏州	su¹tse¹	地名
湖州	hu¹tse¹	地名
绍兴	zɔ⁶ɕiŋ¹	地名
无锡	hu⁴siʔ⁷	地名
太湖	tʰɑ⁵hu¹	地名

词语	词音	词义
南京	nɤəɬ²tɕiŋ¹	地名
北京	poʔ⁷tɕiŋ¹	地名
浙江	tsəʔ⁷kã¹	地名
江苏	kã¹su¹	地名
江南	kã¹nɤɤ²	长江以南地区
中国	tsoŋ¹kuəʔ⁷	国家名
南洋	nɤɤ²ɦiã²	明清时期对东南亚一带的称呼
亚洲	ʔia⁵tse¹	世界七大洲之一
世界	sɿ¹kɑ¹	地球上所有地方
近段	dʑiŋ⁶dɤɤ⁶	附近
隔壁头	kʌʔ⁷piɿʔ⁷de²	隔壁
别场化	biɿʔ⁷dʑã²ho.⁵	别处
角落头	koʔ⁷loʔ⁷de²	角落
城隍庙	dʑəŋ²ɦiã²miɔ.⁶	用来祭祀城隍神的庙宇
土地堂	tʰu³di⁶dã²	在桥头、村口供土地神的小庙
财神堂	dʑɛᵉ²zəŋ²dã²	在桥头、村口供财神的小庙
长毛窝	dʑã²mɔ.²ʔu¹	太平军营房（含贬义）
私门子	sɿ¹məŋ²tsɿ³	私娼居处
里门口	li⁴məŋ²kʰe³	小区门口
咸肉庄	ɦiɛᵉ²zoʔ⁸tsã¹	指暗地里卖淫的地方
酒吧间	tsiəu³pɔ.¹tɕie¹	指西餐馆或西式旅馆中卖酒的地方
阅报室	ɦyəɬ⁸pɔ.⁵səʔ⁷	阅读书报的场所
转弯角子	tsɤɤ³ʔuɛᵉ¹koʔ⁷tsɿ¹	拐弯的地方
田角落里	die²koʔ⁷loʔ⁷li⁴	田角

（2）方位

词语	词音	词义
浪	lã⁶	上
浪向	lã⁶ɕiã⁵	方位词，上（面）
边头	pie¹de²	旁边；尽头
当中	tã¹tsoŋ¹	中间
里厢	li⁴siã¹	里面
里肆	li⁴sɿ⁵	里面
里向	li⁴ɕiã⁵	里头
东路	toŋ¹lu⁶	距离本乡东面较远的地方
东头	toŋ¹de²	东面
西头	si¹de²	西面
外头	ɦue⁶de²	外面
外处	ɦue⁶tsʰʯ⁵	外面
外边	ɦue⁶pie¹	外面
门前	məŋ²dʑie²	面前，前边
门底	məŋ²ti³	面前，嘉兴等地称门跟前，也说门底头
前头	dʑie²de²	前边；从前，以前

词语	词音	词义
后头	ɦe⁶de²	后面
后身	ɦe⁶səŋ¹	后面
东首	toŋ¹se³	东侧
西首	si¹se³	西侧
右首	ɦiəu⁶se³	右边
左首	tsu³se³	左边
上头	zã⁶de²	上面
下头	ɦɔ.⁶de²	下面
下底	ɦɔ.⁶ti³	底下
对过	te⁵ku⁵	对面
横头	ɦəŋ²de²	边上
城头	dzəŋ²de²	城边
城脚下	dzəŋ²tɕiɐʔ⁷ɦɔ.⁶	城根
东横头	toŋ¹ɦəŋ²de²	东边
背后头	pe⁵ɦe⁶de²	背后
底下头	ti³ɦɔ.⁶de²	下面

3. 时令/时间

词语	词音	词义
日	ŋiɪʔ⁸	天
夜	ɦiɑ⁶	迟；晚
晏	ʔɛ⁵	迟；晚
粥	tsoʔ⁷	早餐，点心
新年	siŋ¹ŋie²	指农历春节期间
新岁	siŋ¹sʮ⁵	指农历春节期间
积年	tsiɪʔ⁷ŋie²	多年，累年
旧年	dziəu⁸ŋie²	去年
开年	kʰɛ¹ŋie²	明年
日日	ŋiɪʔ⁸ŋiɪʔ⁷	天天
日里	ŋiɪʔ⁸li⁴	白天
日子	ŋiɪʔ⁸tsʮ³	生活、生计或日期、时间
日脚	ŋiɪʔ⁸tɕiɐʔ⁷	日子
针朝	tsʰəŋ¹tsɔ.¹	今天
萌朝	məŋ²tsɔ.¹	明天
后艺	ɦe⁶ŋi⁶	后天
前日	dzie²ŋiɪʔ⁸	前天
昨艺	dzoʔ⁸ŋi⁶	昨天
上昼	zã⁶tse⁵	上半天，上午
下昼	ɦɔ.⁶tse⁵	下半天，下午
朝晨	tsɔ.¹dzəŋ²	早晨
早起	tsɔ.³tɕhi³	早晨
起早	tɕhi⁽³⁾tsɔ.³	清早，一早

续表

词语	词音	词义
傍午	bã⁶ʔu³	临近正午
中上	tsoŋ¹zã⁶	晌午
日中	ȵiɪʔ⁸tsoŋ¹	正午
晚头	ʔuɛᵉ³de²	傍晚
黑下	həʔ⁷ɦiɔ˻⁶	晚上
夜里	ɦia⁶li⁴	晚上
夜头	ɦia⁶de²	晚上
夜半	ɦia⁶pɤɪ⁵	半夜
月半	ŋʏɤɪʔ⁸pɤɪ⁵	一个月的第十五天
后首	ɦie⁶se³	后头，后来
光景	kã¹tɕiŋ³	风光景物；境况、状况、情景
辰光	dʑəŋ²kã¹	时候
钟头	tsoŋ¹de²	小时
目下	moʔ⁸ɦiɔ˻⁶	目前、现在、在此时
早饭	tsɔ˻³vɛᵉ⁶	早晨吃的饭，即早餐
点心	tie³sɪŋ¹	午饭；两餐之间的小食
中饭	tsoŋ¹vɛᵉ⁶	午饭
夜饭	ɦia⁶vɛᵉ⁶	晚饭
春日	tsʰəŋ¹ȵiɪʔ⁸	春天，春季
热天	ȵiɪʔ⁸tʰie¹	夏天
秋日	tsʰiou¹ȵiɪʔ⁸	秋天
冷天	lã⁴tʰie¹	冬天
俄儿	ŋu²ŋi²	表示时间短暂；不久
刚才	kã¹dʑɛᵉ²	指刚过去不久的时间
许久	ɕy⁵tɕiou³	很久
长远	dʑã²ɦʏɤɪ⁴	时间很长
一晌	ʔiɪʔ⁷sia¹	片刻、一段时间
终日	tsoŋ¹ȵiɪʔ⁸	整天
格（葛）歇	ɦʌʔ⁸ɕiɪʔ⁷	这会儿
晏歇	ʔɛᵉ⁵ɕiɪʔ⁷	等会儿
介歇	ka¹ɕiɪʔ⁷	这会儿
起先	tɕʰi⁽³⁾sie¹	以前，从前
自来	dʑɿ⁶lɛᵉ²	从来，原来
薄暗	boʔ⁸ʔɤɪ⁵	微暗，天色将黑
立春	liɪʔ⁸tsʰəŋ¹	中国农历二十四节气之一
雨水	ɦy⁴sɿ³	中国农历二十四节气之一
惊蛰	tɕiŋ¹zɤʔ⁸	中国农历二十四节气之一
春分	tsʰəŋ¹fəŋ¹	中国农历二十四节气之一
清明	tsʰiŋ¹mɪŋ²	中国农历二十四节气之一
谷雨	koʔ⁷ɦy⁴	中国农历二十四节气之一
立夏	liɪʔ⁸ɦiɔ˻⁶	中国农历二十四节气之一
小满	siɔ˻³mɤɪ⁴	中国农历二十四节气之一

词语	词音	词义
芒种	mã²tsoŋ⁵	中国农历二十四节气之一
夏至	ɦɔ⹁⁶tsʅ⁵	中国农历二十四节气之一
小暑	siɔ⹁³sʮ³	中国农历二十四节气之一
大暑	du⁶sʮ³	中国农历二十四节气之一
立秋	liɿʔ⁶tsʰiəu¹	中国农历二十四节气之一
处暑	tsʰʮ⁽³⁾sʮ³	中国农历二十四节气之一
白露	bəʔ⁸lu⁶	中国农历二十四节气之一
霜降	sã¹kã⁵	中国农历二十四节气之一
立冬	liɿʔ⁸toŋ¹	中国农历二十四节气之一
小雪	siɔ⹁³sɿʔ⁷	中国农历二十四节气之一
大雪	du⁶sɿʔ⁷	中国农历二十四节气之一
冬至	toŋ¹tsʅ⁵	中国农历二十四节气之一
小寒	siɔ⹁³ɦɤəɬ²	中国农历二十四节气之一
大寒	du⁶ɦɤəɬ²	中国农历二十四节气之一
元宵	ŋyɤɬ²siɔ⹁¹	也叫"正月半"
七夕	tsʰiɿʔ⁷ziɿʔ⁸	是中国民间的传统节日
端午	trɤɬ¹ʔu³	与春节、清明节、中秋节并称四大传统节日
重九	dzoŋ²tɕiəu³	重阳节
元旦	ŋyɤɬ²tɛ¹	世界节日，公历的 1 月 1 日，多数国家通称的"新年"
日里向	ŋiɿʔ⁸li⁴ɕiã⁵	白天
昼间头	tse⁵tɕie¹de²	白天
早晨头	tsɔ⹁³dzəŋ²de²	每日天明之际；黎明
黄昏头	ɦã²huəŋ¹de²	晚上
上半日	zã⁶prɤɬ⁵ŋiɿʔ⁸	上午
下半日	ɦɔ⹁⁶prɤɬ⁵ŋiɿʔ⁸	下午
大年夜	du⁶ŋie²ɦia⁶	农历除夕
小年夜	siɔ⹁³ŋie²ɦia⁶	农历除夕前一天
年夜饭	ŋie²ɦia⁶vɛ⁶	年尾除夕的阖家聚餐
正月半	tsəŋ¹ŋyɤɬ⁸prɤɬ⁵	元宵节
端阳节	trɤɬ¹ɦiã²tsiɿʔ⁷	端午节
七月半	tsʰiɿʔ⁷ŋyɤɬ⁸prɤɬ⁵	中元节
清明边	tsʰiŋ¹miŋ²pie¹	临近清明
立夏边	liɿʔ⁸ɦia⁶pie¹	临近立夏
大熟年	du⁶zoʔ⁸ŋie²	丰收的年头
灯节边	təŋ¹tsiɿʔ⁷pie¹	临近元宵节
半夜餐	prɤɬ⁵ɦia⁶tsʰɤɬ¹	为晚餐之后的餐
古时间	ku³zʅ²tɕie¹	古时候
成天价	dzəŋ²tʰie¹ka⁵	一天到晚
起先头	tɕʰi³sie¹de²	起初，开始
前日子	dzie²ŋiɿʔ⁸tsʅ³	前天
前夜关	dzie²ɦia⁶kuɛ¹	前天
寒食清明	ɦɤəɬ²zəʔ⁸tsʰiŋ¹miŋ²	清明节

续表

词语	词音	词义
晏下夜昼	ʔɛ^{5}ɦɔ.^{6}ɦia^{6}tse^5	晚半天儿
反乱年头	fɛ^{3}lɤɐ^{6}ŋie^{2}de^2	战乱的年头
国庆纪念	kuɐ˧ʔ^{7}tɕiŋ^{5}tɕi^{5}ŋie^6	民国政府的国庆日

4. 人体 / 人物

（1）人体（含与人体相关的事物、疾病）

词语	词音	词义
面	mie^6	脸
人面	zəŋ^{2}mie^6	人的脸面
面孔	mie^{6}kʰoŋ^3	脸
面相	mie^{6}siã^5	面貌
面皮	mie^{6}bi^2	脸皮
脸孔	lie^{4}kʰoŋ$^{(3)}$	脸；脸上的表情
耳头	ŋi^{4}de^2	耳朵
嘴巴	tsʮe^{3}pɔ.^{1}	嘴
嘴肸	tsʮe^{3}bɛ^6	嘴唇
嘴干	tsʮe^{3}kɤɐ˧^{1}	口渴
口吻	kʰe$^{(3)}$ʔuəŋ^3	嘴唇
口干	kʰe$^{(3)}$kɤɐ˧^{1}	口渴
口风	kʰe$^{(3)}$foŋ^1	口气，口吻
口头	kʰe$^{(3)}$de^2	口儿
牙子	ɦia^{2}tsʮ^1	牙齿
馋吻	dzɛ^{2}ʔuəŋ^3	馋嘴
馋余	dzɛ^{2}ɦy^2	围嘴儿。也作"余馋"
身板	səŋ^{1}pɛ^3	身体，体格
身坯	səŋ^{1}Pʰe^1	身材
块头	kʰue$^{(3)}$de^2	个儿（身材）
赤膊	tsʰə˧ʔ^{7}poʔ^7	光膀子，光着上身
赤脚	tsʰə˧ʔ^{7}tɕiAʔ^7	光着脚，比喻赌博输光了钱
拐脚	kua^{3}tɕiAʔ^7	指腿不便于行走的人
菜色	tsʰɛ^{5}sə˧ʔ^7	指人因靠吃菜充饥而营养不良的脸色
额角	ŋA˧^{8}koʔ^7	额头，也叫"额角"
酒塘	tsieu^{3}dã^2	酒窝儿，也叫"酒靥"
牙鬓	ɦia^{2}pɪŋ^5	胡子
鼻头	biɪʔ^{8}de^2	鼻子
鼻污	biɪʔ^{8}ʔu^5	鼻腔里干结的鼻涕
喷嚏	pəŋ^{1}tʰi^5	喷嚏
耳头	ŋi^{4}de^2	耳朵
耳末	ŋi^{4}məʔ^8	耳垢
眸子	me^{2}tsʮ^1	本指瞳仁，泛指眼睛
眼熟	ʔie^{3}zoʔ^8	好像认识过

词语	词音	词义
眼热	ʔie³ȵiɪʔ⁸	眼红，羡慕
眼白	ʔie³bəʔ⁸	白眼珠儿
眼梢	ʔie³sɔ‧¹	靠近两鬓的眼角
眼风	ʔie³foŋ¹	眼色
野眼	ɦia⁴ʔie³	注意力分散，眼看别处
胡咙	ɦu²loŋ²	嗓子
颈根	tɕɐŋ³kəŋ¹	脖子
腰板	ʔiɔ‧¹pɐe³	腰部
肩架	tɕie¹tɕia⁵	肩膀儿，也叫"肩夹"
肩胛	tɕie¹kʌʔ⁷	肩膀
臂膊	pi³poʔ⁷	胳膊
肚肠	tu³dzã²	肠子
肚实	tu³zəʔ⁸	食用的鸡、鸭、鱼等的内脏
膝头	siɪʔ⁸de²	膝盖，膝盖顶端部分
胸口	ɕioŋ¹kʰe⁽³⁾	心口
胸头	ɕioŋ¹de²	胸部。也作"胸口头"
奶奶	na⁴na⁴	乳房
胃仓	ɦue⁶tsʰã¹	胃
胃口	ɦue⁶tsʰã¹	指食欲；比喻对事物或活动的兴趣
手臂	se³pi⁵	胳膊，也说手臂膊
凑手	tse⁵se³	指方便，使用顺手
顺手	zəŋ⁶se³	右手
顺脚	zəŋ⁶tɕiãʔ⁷	右脚
指爪	tsɿ³tsɔ‧³	指甲
脚爪	tɕiaʔ⁷tsɔ‧³	脚趾甲
脚头	tɕiaʔ⁷de²	脚步
脚跟	tɕiaʔ⁷kəŋ¹	脚边
爪甲	tsɔ‧³tɕiaʔ⁷	手指或脚趾前端的角质硬壳
节头（客）	tsiɪʔ⁷de²	指头
气力	tɕʰi⁵liɪʔ⁸	力气
卵子	lɻəɻ⁴tsɿ³	睾丸
困觉	kuəŋ⁵kɔ‧⁵	睡觉
气闷	tɕʰi⁵məŋ⁶	闷气
涎吐	zie²tʰu⁵	唾沫，借指话语
闲话	ɦie²eɦɔ‧⁶	话
小解	siɔ‧³ka³	小便
大解	du²ka³	大便
病痛	biŋ⁶tʰoŋ⁵	指疾病；因病而引起的痛苦
痨病	lɔ‧⁴biŋ⁶	肺病，结核病
贵恙	kue⁵ɦiã⁶	敬辞，称对方的病。恙：病
疮疤	tsʰã¹pɔ‧¹	伤口好后留下的疤痕。又作疤点、疤瘢
癞皮	lɑ⁶bi²	身患顽癣，毛秃皮厚

续表

词语	词音	词义
癞痢	la⁶li⁶	黄癣。也作"鬎鬁"
痧子	sɔ̩¹tsʅ³	麻疹
发痧	fʌʔ⁷sɔ̩¹	热天中暑
发热	fʌʔ⁷ŋiɪʔ⁸	发烧
发痴	fʌʔ⁷tsʰʅ¹	发疯
风火	foŋ¹hu³	风火眼痛，即急性结膜炎，感受风热所致
害眼	ɦiɛᵉ⁶ʔie³	红眼病
害病	ɦiɛᵉ⁶biŋ⁶	生病
花痴	hɔ̩¹tsʰʅ¹	想异性而精神失常的病
暗病	ʔɤɘɬ⁵biŋ⁶	暗疾，难觉察的病
痰迷	dɛᵉ²mi²	头脑发昏；癫痫
坏痘	ɦua⁶du⁶	疮
老病	lɔ̩⁴biŋ⁶	经久难治的病
伤风	sã¹foŋ¹	感冒
大疫	du⁶ɦiyɘɬ⁸	瘟疫流行
耳括子	ŋi⁴kuʌʔ⁷tsʅ³	巴掌
鼻管头	biɪʔ⁸kuɘɬ?³de²	鼻孔
尾巴桩	mi⁴pɔ̩¹tsã¹	尾骨
眯趣眼	mi²tsʰy⁵ʔie³	近视眼
节头股	tsiɪʔ⁷de²ku³	手指
节头子	tsiɪʔ⁷de²tsʅ³	指头，趾头
脚节头	tɕiʌʔ⁷tsiɪʔ⁷de²	脚趾头
脚底心	tɕiʌʔ⁷ti³siŋ¹	脚掌的中心部分
肉里眼	zoʔ⁸li⁴ʔie³	肉胞眼
爆眼睛	pɔ̩¹ʔie³tsiŋ¹	眼珠向外突
夹肢窝	kʌʔ⁷tsʅ¹ʔu¹	夹肢窝，腋窝
牙齿痛	ɦiia²tsʰʅ³tʰoŋ⁵	牙痛
肚子惹	tu⁵tsʅ³za⁴	拉肚子
半肢疯	pɤɘɬ⁵tsʅ¹foŋ¹	半身不遂
臂膊撑子	pi³poʔ⁷tsʰã¹tsʅ³	肘子
小脚节头	siɔ̩³tɕiʌʔ⁷tsiɪʔ⁷de²	小脚趾头

（2）人物

①亲属人称

词语	词音	词义
爷	ɦiia²	父亲
爹	tia¹	爷
姨	ɦii²	姨儿，姨娘
囡	nɤɘɬ²	女儿
儿子	ŋi²tsʅ³	儿子
公公	koŋ¹koŋ¹	祖父，爷爷
爹爹	tia¹tia¹	祖父

续表

词语	词音	词义
阿爹	ʔuˡtiaˡ	祖父；父亲
阿公	ʔuˡkoŋˡ	对丈夫的称呼；对老年男子的称呼
姆妈	m̩⁴ma²	妈
阿妈	ʔuˡma²	称母亲
阿姆	ʔuˡmu⁴	伯母；妯娌之间，弟妇对嫂嫂的称呼
阿婶	ʔuˡsəŋ³	婶母
阿哥	ʔuˡkuˡ	面称哥哥
阿姐	ʔuˡʦia³	姐姐，阿姊
阿舅	ʔuˡʤiəu⁶	舅舅
阿娘	ʔuˡŋiã⁴	姑母
阿大	ʔuˡdu⁶	称呼子女中的老大
外婆	ɦueˡbu²	外祖母
外公	ɦueˡkoŋ¹	外祖父
娘娘	ŋiã⁴ŋiã⁴	姑母
娘子	ŋiã⁴ʦɿ³	妻子
妹子	me⁶ʦɿ³	妹妹
妹妹	me⁶me⁶	妹妹
妹丈	me⁶ʤã⁶	妹夫
姊姊	ʦɿ³ʦɿ³	姐姐
姊夫	ʦɿ³fuˡ	姐夫
家婆	kaˡbu²	妻子，媳妇儿；家主婆的简称
家小	kaˡsiɔ³	妻子
嗣母	zɿ⁶mu⁴	过继儿子称所继嗣一方的母亲
嗣子	zɿ⁶ʦɿ³	过继子。男子无子，可选定同宗男性为嗣子
大娘	du⁶ŋiã²	儿媳；对年轻媳妇的称呼
大姨	du⁶ɦi²	大姨娘
太太	tʰa⁵tʰa⁵	曾祖父或曾祖母
新妇	sɪŋˡvu⁶	媳妇
弟妇	di²vu⁶	弟媳
晚娘	ʔuɛ³ŋiã⁴	继母。也作"晚母"
亲娘	ʦʰɪŋˡŋiã⁴	祖母，奶奶
婶娘	ʔəŋ³ŋiã⁴	叔母
好婆	hɤəɬ³bu²	祖母，奶奶
叔祖	soʔ⁷ʦu³	父亲的叔父
叔婆	soʔ⁷bu²	叔母
丈人	ʤã⁶ŋiŋ²	老婆的父亲
姑嫜	kuˡʦã¹	丈夫的母亲与父亲
男人	nɤəɬ²ŋiɤu²	男人；丈夫
女客	ŋy⁴kʰʌʔ⁷	对自己老婆的俗称；女人
屋里	ʔoʔ⁷liˡ⁴	家里；妻子
嫂嫂	sɔˡ³sɔˡ³	嫂子
舅母	ʤiəu⁶mu⁴	舅妈

续表

词语	词音	词义
娘舅	$ŋiã^2 dʑiəu^6$	舅父
外甥	$ɦue^6 sʐəʔ^1$	姐姐或妹妹的儿子
姐丈	$tsia^3 dzã^6$	姐姐的丈夫
摆姆	$pɑ^3 mu^4$	已婚妇女称呼丈夫兄弟的老婆为妯娌
亲夫	$tsʰɪŋ^1 fu^1$	合法的丈夫
孙囡	$sən^1 nʐəʔ^2$	孙女儿
玄孙	$ɦyʐəʔ^2 sən^1$	曾孙的儿子
大官官	$du^6 kuʐəʔ^1 kuʐəʔ^1$	大儿子
新官人	$sɪŋ^1 kuʐəʔ^1 ŋɪŋ^2$	新郎
家主公	$ka^1 tsʮ^3 koŋ^1$	丈夫
家主婆	$ka^1 tsʮ^3 bu^2$	妻子
养娘妇	$ɦiã^4 ŋiã^4 vu^6$	童养媳
养媳妇	$ɦiã^4 siɪʔ^7 vu^6$	童养媳
丈母娘	$dzã^6 mu^4 ŋiã^2$	老婆的母亲
姻伯母	$ʔɪŋ^1 mu^6 mu^4$	对兄弟妻之母的称呼

②其他人称

词语	词音	词义
阿太	$ʔu^1 tʰɑ^5$	对老年妇女的尊称
娘姨	$ŋiã^2 ɦi^2$	女佣人；父亲的妾
老板	$lɔ˞^4 pɛ^{ɛ3}$	工厂或商店的主人，也称掌柜的
老翁	$lɔ˞^4 ʔoŋ^1$	年老的男子
老官	$lɔ˞^4 kuʐəʔ^1$	对成年男子的称呼
老师	$lɔ˞^4 sʮ^1$	指传授给学生知识的人员
老老	$lɔ˞^4 lɔ˞^4$	接生婆；对老年男子的尊称
密司	$miɪʔ^8 sʮ^1$	英语 miss 的音译，小姐
小人	$siɔ˞^3 ŋɪŋ^2$	小孩子
小干	$siɔ˞^3 kʐəʔ^1$	小孩子
小开	$siɔ˞^3 kʰɛ^{ɛ1}$	厂主或店主的儿子
小丑	$siɔ˞^3 tsʰe^3$	戏剧中表演滑稽角色的人；小人
丫婷	$ʔɔ˞^1 dɪŋ^2$	丫头
倌倌	$kuʐəʔ^1 kuʐəʔ^1$	小男孩
囡囡	$nəʔ^2 nəʔ^2$	小女孩
后生	$ɦe^6 sən^1$	年轻；青年男子
邻舍	$lɪŋ^2 sɔ˞^5$	邻居
师父	$sʮ^1 vu^6$	工商、戏剧等行业中传授技艺的人
师母	$sʮ^1 ŋiã^2$	对师父妻子的称呼
茶房	$dzɔ˞^2 vã^2$	伙计，跑堂儿
主客	$tsʮ^3 kʰʌʔ^7$	顾客，也称"主顾"
郎中	$lã^2 tsoŋ^1$	医生，大夫，先生
看护	$kʰʐəʔ^1 ɦu^6$	护士
车夫	$tsʰɔ˞^1 fu^1$	拉车的

词语	词音	词义
船娘	dzɤɤ²ɲiã⁴	特指摇橹掌的女船人
司姑	sʅ¹ku¹	尼姑。也作"师姑"
司务	sʅ¹vu⁶	师傅，对手艺匠人的尊称
轿夫	dziɔ⁶fu¹	抬轿的
角色	koʔ⁷səʔ⁷	演员扮演的剧中人物
短衣	trɤɤ³ʔi¹	平民、士兵等所服
粗胚	tsʰu¹pʰe¹	称干粗活的人（含贬义）
哑子	ʔɔ³tsʅ³	失去说话能力的人
瞎子	hʌʔ⁷tsʅ³	失去视觉能力的人
盲子	mã²tsʅ³	失去视觉能力的人
堂子	dã²tsʅ³	窑子（妓女）
寿头	ze⁶de²	智力不发达的人
痴子	tsʰʅ¹tsʅ³	智力不发达的人
聋子	loŋ²tsʅ³	耳聋的人
驼子	du²tsʅ³	驼背的人；驼背
拐子	kuɑ³tsʅ³	跛子，对下肢残疾人（贬义词）的蔑称；指骗子
矮子	ʔa³tsʅ³	个子矮的人
嫖子	piɔ³tsʅ³	妓女
孩子	ɦiʀe²tsʅ³	儿童；子女
厨子	dzʅ²tsʅ³	厨师
折脚	tsəʔ⁷tɕiʌʔ⁷	跛脚，瘸子
骚货	sɔ¹hu⁵	轻薄下贱的女人
娼妓	tsã¹tsʅ⁵	原指女艺人，后指卖淫的女性
孤孀	ku¹sã¹	孤儿寡妇
长毛	dzã²mɔ²	太平军，贬义
窝家	ʔu¹ka¹	勾结盗匪，帮他们存放赃物的人家
客民	kʌʔ⁷miŋ²	外地居民，也叫"客边人"
掼家	kuɤɤ⁵ka¹	精通或长于某方面的老手，贬义
病块	biŋ⁶kʰua³	常常生病的人
东道	tʰoŋ¹dɔ⁶	做东请客的输家
讼师	zoŋ⁶sʅ¹	帮人办理诉讼事务的人
道尹	dɔ⁶ɦiŋ⁴	民国三年置的行政长官，管理所辖县事务的官人
董事	toŋ³zʅ⁶	由股东选举产生的管理公司业务活动的人
螟蛉	miŋ²liŋ²	义子
贵价	kue⁵ka¹	旧称对方仆从、来使的敬语
乃郎	nɑ⁴lã²	旧时称人家的儿子
户头	ɦiu⁶de²	人（贬称）；嘉兴等地指人性格、品质
木头	moʔ⁸de²	头脑迟钝的人；嘉兴等地指质地疏松的木材
孱头	tsʰʀe¹de²	软弱无能的人（骂人的话）
堂倌	dã²kuɤɤ¹	饭馆、茶馆、酒店中的服务人员
绅缙	səŋ¹tsɿŋ⁵	绅士，有官职的或做过官的人
乡绅	ɕiã¹səŋ¹	乡里的管理者与读书人

续表

词语	词音	词义
号房	ɦɔ⸴⁶vã²	旧时守门者的俗称
瘪三	biʔ⁸sɛ¹	城市无正当职业的游民
痞棍	pʰi³kuəŋ⁵	痞子，流氓。也指作恶多端的人
喽啰	le²lu²	多用以称强盗头目的部下
染匠	ȵie⁴dʑiã⁶	也叫"染布匠"，专门以上门给人染布为生的手艺人
白赖	bʌʔ⁸la⁶	二流子
流氓	lieu²mã²	游民
同年	doŋ²ȵie²	科举时代同一年考中的人，彼此称为同年
相好	siã¹ɦɔ⸴³	旧时称嫖客所喜欢的那个妓女；情人
懒坯	lɛ⁴pʰe¹	懒惰的人
憨大	hɹəɬ¹du⁶	傻、愣；傻瓜
香客	ɕiã¹kʰʌʔ⁷	朝山进香的人
蠢货	tsʰəŋ³hu⁵	笨家伙
酒工	tsieu³koŋ¹	称掌制酒吏员，泛指造酒人
鼓手	ku³se³	乐人
告化	kɔ⸴⁵hɔ⸴⁵	乞丐
浮头	ve²de²	轻薄之人
姐妮	tsia³ȵi²	女子的昵称
土贩	tʰu³fɛ⁵	烟土贩子
亲丁	tsʰiŋ¹tiŋ¹	亲人
长年	dʑã²ȵie²	长工
长工	dʑã²koŋ¹	靠长年出卖劳力谋生，受剥削者剥削的贫苦农民
媒人	me²ȵiŋ²	男女婚事的撮合者
客人	kʌʔ⁷ȵiŋ²	被邀请受招待的人；旅客；客商
马弁	mɔ⸴⁴bie⁶	旧时军官的护兵
保镖	pɔ⸴¹piɔ⸴¹	为别人护送财物或保护人身安全的人
副官	fu⁵kuəɬ¹	辅助主官的官
参官	tsʰɹəɬ¹kuəɬ¹	被参劾而罢官的人
将官	tsiã⁶kuəɬ¹	低于元帅，高于校官的将级军官
猛将	məŋ⁴tsiã⁶	猛勇的武将
溃兵	gue⁶piŋ¹	溃败的军队，也指溃散的士兵
民众	miŋ²tsoŋ⁵	人民，群众
群众	dʑyɹəɬ²tsoŋ⁵	人民大众
良民	liã²miŋ²	一般的平民；安分守己的善良百姓
巾帼	tɕiŋ¹kuəʔ⁷	巾和帼是古代妇女头巾和发饰，借指有男子气概的女子
党魁	tã³kʰue¹	政党的首领
英雄	ʔiŋ¹ɦioŋ²	勇武过人的人
豪杰	ɦɔ⸴²dʑiəʔ⁸	才能出众的人
好汉	hɔ⸴³hɹəɬ⁵	勇敢坚强或有胆识有作为的男子
公仆	koŋ¹boʔ⁸	为公众服务的人
犯人	vɛⁿᵉ⁶ȵiŋ²	触犯刑律被法院依法判处刑罚、正在服刑的人
囚犯	dʑieu²vɛⁿᵉ⁶	关在监狱里的犯人

词语	词音	词义
兵卒	pɪŋ¹tsəʔ⁷	士兵的旧称
佃户	die⁶ɦiu⁶	租种土地的农户；为土地出租者的佃户
土匪	tʰu⁽³⁾fi³	在地方上抢劫财物，为非作歹的武装匪徒
强盗	ɕiã¹dɔ˞⁶	用暴力抢夺别人财物的人
皂隶	zɔ˞⁴li⁶	旧时衙门里的差役
奸细	kɛ⁻¹si⁵	给敌人刺探消息的人
剪绺	tsie³liəu⁴	扒手；偷窃钱物
乞丐	tsiɪʔ⁷kɛ⁻⁵	靠向人要饭要钱过日子的人
买办	ma⁴bɛ⁻⁶	近代帮助西方与中国进行双边贸易的中国商人
华侨	ɦɔ˞²dʑiɔ˞²	侨居国外的具有中国国籍的人
侦探	tsən¹tʰ˞əʔ⁵	暗中探寻机密或案情的人
警察	tɕɪŋ³tsʰᴀʔ⁷	具有武装性质的国家治安行政人员
军阀	tɕyen¹vᴀʔ⁸	拥有武装部队，能控制政治的军人或军人集团
巡捕	zɪŋ²bu⁶	租界中的警察
股东	ku³toŋ¹	购买公司股票或持有公司股份的公司出资人
会计	kue⁵tɕi⁵	担任会计工作的人员
先生	sie¹səŋ¹	教师；对知识界男子的尊称
伙计	hu³tɕi⁵	店员或长工
盐枭	ɦie²siɔ˞¹	私贩食盐的人，大多有武装
医生	ʔi¹səŋ¹	掌握医药知识、以治病为业的人
佣工	ɦioŋ²koŋ¹	受雇为人做工的人
渔樵	ɦy²dʑiɔ˞²	渔人和樵夫
耕读	kəŋ¹doʔ⁸	指既从事农业劳动又读书或教学的人
堂倌	dã²kuɤəⱡ¹	在饭馆、茶馆酒店中的招待人员
商贾	sã¹ku³	泛指商人
独头	doʔ⁸de²	脾气很倔的人
挞皮	tʰᴀʔ⁷bi²	无赖
逃生子	dɔ˞²səŋ¹tsɹ³	私生子
小囡囡	siɔ˞³nəʔ⁸nəⱡ⁸	小孩儿、女儿
小百戏	siɔ˞³pᴀʔ⁷ɕi⁵	孩儿
小把戏	siɔ˞³pɔ˞³ɕi⁵	小孩儿
后生家	ɦie⁶səŋ¹ka¹	年轻的男子
学生子	ɦoʔ⁸səŋ¹tsɹ³	学生
学生意	ɦoʔ⁸səŋ¹ʔi⁵	学徒
别人家	biɪʔ⁸ŋɪŋ²ka¹	别人
老妈子	lɔ˞⁴ma²tsɹ³	母亲的意思，表示一种亲贴；岁数较大的女仆
老太婆	lɔ˞⁴tʰa⁵bu²	丈夫称自己妻子（中年以上）；老年妇女
老阿太	lɔ˞⁴ʔᴀʔ⁷tʰa⁵	老年妇女
老板娘	lɔ˞⁴pɛ⁻³ŋiã²	老板的妻子
老头子	lɔ˞⁴de²tsɹ³	老年男子；妻子对自己丈夫的称呼
老先生	lɔ˞⁴sie¹səŋ¹	对年高望重者的敬称
老乌龟	lɔ˞⁴ʔu¹kue¹	老甲鱼，骂年纪较大的老年男子

续表

词语	词音	词义
老老头	lɔ.⁴lɔ.⁴de²	老头儿
老伯伯	lɔ.⁴pʌʔ⁷pʌʔ⁷	对老年男子的尊称
老太太	lɔ.⁴tʰɑ⁵tʰɑ⁵	对老年妇女尊称；四代重孙对爷爷母亲的称呼
老门槛	lɔ.⁴məŋ²kʰɛᵋ¹	在行，内行；老手，某方面有经验的人
家主公	kaˡtsʅ³koŋ¹	丈夫
家主婆	kaˡtsʅ³bu²	妻子
络丝娘	loʔ⁸sʅˡȵiã²	缫丝的女子
开乌龟	kʰɛᵋ²uˡkue¹	戴绿帽的人
精赤仔	tsɪŋˡtsʰʌʔ⁷tsʅ³	精光儿
教化子	kɔ.ˡhɔ.⁵tsʅ³	乞丐。又作告化子、叫花子、教化头
瘌痢头	lʌʔ⁸li⁶de²	秃子
癞子头	la⁶tsʅ³de²	头上长黄癣的人
光身子	kãˡsəŋˡtsʅ³	光棍
东洋兵	toŋˡɦiã²pɪŋ¹	日本兵
弯舌头	ʔuɛᵋ¹zəʔ⁸de²	北方人，因其讲话带翘舌音
嘉属人	kaˡzoʔ⁸ȵɪŋ²	指生于嘉兴府属地的人
外乡人	ɦue⁶ɕiãˡȵɪŋ²	外地人
江北人	kãˡpoʔ⁷ȵɪŋ²	生活居住在长江以北地区的居民
外路人	ɦue⁶lu⁶ȵɪŋ²	外乡人
白相人	bʌʔ⁸siãˡȵɪŋ²	不务正业、游手好闲之人
东洋人	toŋˡɦiã²ȵɪŋ²	日本人
夜艳人	ɦia⁶ʔie⁵ȵɪŋ²	晚上打扮整齐外出游玩的青年
乡下佬	ɦue⁶ɕiãˡlɔ.⁴	乡下人（含有轻视意）
一家门	ʔiɪʔ²kaˡmən²	一家人
冤家鬼	kyʁəɬˡkaˡkue¹	仇人；常用来骂小孩或亲近的人
大官官	du⁶kuʁəɬˡkuʁəɬˡ	大儿子
大老官	du⁶lɔ.⁴kuʁəɬˡ	财主，阔佬；老大，大哥
大块头	du⁶kuɛᵋ⁵de²	胖子；身材魁梧的人；大的脸
大小娘	du⁶siɔ.³ȵiã²	大姑娘
大元帅	du⁶ȵyəɬʔ²sa⁵	军衔最高等级，授予一国武装力量的最高统帅
穿长衫	tsʰʁəɬˡdzã²sɛᵋ¹	旧时指读书人或有钱人
土老儿	tʰu³lɔ.⁴ȵi²	土包子，没有见过大世面的人
红帽子	ɦoŋ²mɔ.⁶tsʅ³	火车站装卸、搬运工人，因其制帽上镶以红布而得名
哑巴子	ʔɔ.³pɔ.ˡtsʅ³	失去说话能力的人
搅家精	kɔ.ˡkaˡtsɪŋ¹	捣乱家庭的人
败家精	ba⁶kaˡtsɪŋ¹	指那些乱用钱、败坏家财的人
拆梢党	tsʰʌʔ⁷sɔ.ˡtã³	欺凌百姓的人
泥水匠	ȵɪŋ²sʅ³dziã⁶	瓦工
唱歌郎	tsʰã⁵kuˡlã²	唱山歌的人
贩桃郎	fɛᵋ⁵dɔ.²lã²	泛指贩卖货物的小商人
种田汉	tsoŋ⁵die²hʁəɬ⁵	种田人
捉鱼郎	tsoʔ⁷ɦy²lã²	捕鱼人

续表

词语	词音	词义
烂污货	lɛᵉ^{6}ʔu^{1}hu^5	乱搞男女关系的人
杀千刀	sʌʔ^{7}tɕʰie^{1}tɔʴ^1	该千刀万剐的人（骂人的话）
饭司务	vɛᵉ^{6}sɿ^{1}vu^6	厨师
二房东	ŋi^{6}vã^{2}toŋ^1	从原房东租房，再转租他人的获利者
原生货	ŋyɤɤ^{2}səŋ^{1}hu^5	处女
狐狸精	ɦu^{2}li^{2}tsɿŋ^1	指妖媚迷人的女子（骂人的话）
孔圣人	kʰoŋ^{3}səŋ^{5}ȵiŋ^2	对孔子的尊称
迂夫子	ʔy^{1}fu^{1}tsɿ^3	迂腐的读书人
眼中钉	ʔie^{3}tsoŋ^{1}tiŋ^1	比喻心目中最痛恨、最厌恶的人
纠察队	tɕieu^{1}tsʰʌʔ^{7}de^6	维持公共治安、秩序的人
试药郎中	sɿ^{5}ʔiʌʔ^{7}lã^{2}tsoŋ^1	医术低劣的医生
衣冠中人	ʔi^{1}kuɤɤ^{1}tsoŋ^{1}ȵiŋ^2	官绅阶级的人
江北汉奸	kã^{1}poʔ^{7}hɤɤ^{5}ŋiŋ^2	为日本攻打上海时提供帮助的北方某些人
第套码子	di^{6}tʰɔʴ^{5}mɔʴ^{4}tsɿ^3	（这个）家伙
风水先生	foŋ^{1}sɿ^{3}sie^{1}səŋ^1	专为人看住宅基地和坟地等地理形势的人
土地老爷	tʰu^{3}di^{6}lɔʴ^{4}ɦia^2	土地神
邻舍隔壁	liŋ^{2}sɔʴ^{5}kʌʔ^{7}piʌ^7	邻居
寄名儿子	tɕi^{5}miŋ^{2}ȵi^{2}tsɿ^3	干儿子
自伙淘里	dzɿ^{6}hu^{3}dɔʴ^{2}li^4	也说自家淘里，指同一伙人
千金小姐	tsʰie^{1}tɕiŋ^{1}siɔʴ^{3}siɑ^3	敬称富家的女孩儿
虾兵蟹将	hɔʴ^{1}piŋ^{1}hɑ^{5}siã^1	传说中龙王手下的兵将。喻不中用的爪牙
走方郎中	tse^{3}fã^{1}lã^{2}tsoŋ^1	四方奔走行医卖药的人
毛头小伙子	mɔʴ^{2}de^{2}siɔ^{3}hu^{2}tsɿ^3	未婚青年

5. 植物 / 动物

（1）植物

词语	词音	词义
梨子	li^{2}tsɿ^3	梨
蒲桃	bu^{2}dɔʴ^2	核桃
别爬	biʌʔ^{8}bɔʴ^2	枇杷
桑子	sã^{1}tsɿ^3	桑椹儿
桑果	sã^{1}ku^3	嘉兴等地称桑椹儿
红枣	ɦoŋ^{2}tsɔʴ^3	李科枣属植物，成熟后变为红色。晒干可制成枣干
黑枣	ɦiɔʔ^{8}tsɔʴ^3	黑枣学名君迁子，属柿树科柿属，别名"软枣"
大栗	du^{6}liʔ^8	栗子
庆子	tɕʰi^{5}tsɿ^3	李子又作嘉庆子
柿子	zɿ^{6}tsɿ^3	水果，十月左右成熟，果实形状较多，如球形
李萄	bu^{2}dɔʴ^2	葡萄
菠萝	pu^{1}lu^2	凤梨俗称，热带水果之一。16世纪从巴西传入中国
花红	hɔʴ^{1}ɦoŋ^2	沙果
梧桐	ŋu^{2}doŋ^2	一种落叶乔木，又叫"法国梧桐"
樱珠	ʔiŋ^{1}tsʮ^1	樱桃

续表

词语	词音	词义
青果	tsʰɪŋ¹ku³	橄榄（指刚采下来未经加工的）
萝卜	pu²poʔ⁷	萝卜
香瓜	ɕiã¹kɔ.¹	甜瓜
蚕豆	zɤɤɬ¹de⁶	大豆，又称"胡豆""罗汉豆"
扁豆	pie¹de⁶	一种豆类植物，新鲜的可以作蔬菜食物
豇豆	kã¹de⁶	一种长条形的豆类
赤豆	tsʰʌʔ⁷de⁶	红豆，常用来作豆沙馅
山芋	sɛᵉ¹ʔy⁵	番薯别称甘储、甘薯、地瓜、红薯、红苕等
生姜	səŋ¹tɕiã¹	姜，是常用的调味品，也可入药
毛豆	mɔ.²de⁶	大豆的嫩荚果，可作蔬菜食用
荠菜	ɦiã⁴tsʰɛᵉ⁵	荠菜，又叫"野菜"
芥菜	kɑ⁵tsʰɛᵉ⁵	一种蔬菜
菠菜	pu¹tsʰɛᵉ⁵	又名波斯菜，原产伊朗
莼菜	zəŋ²tsʰɛᵉ⁵	又名马蹄菜、湖菜等，是多年生水生宿根草本
韭菜	tɕiəu³tsʰɛᵉ⁵	叶子细长而扁，花白色，是常见蔬菜
茄子	ga²tsɿ³	花紫色，果实球形或长圆形，又叫"落苏"
茭白	kɔ.¹bʌʔ⁸	一种蔬菜，长在荡中
芹菜	dzɪŋ²tsʰɛᵉ⁵	茎、叶可食，种子可制香料，常吃的蔬菜之一
胡葱	ɦu²tsʰoŋ¹	青色的作调味品的植物，因来自西域，故叫"胡葱"
胡芦	ɦu²lu²	又叫"葫芦"。果实状如两个球连在一起，表面光滑
杨柳	ɦiã²liəu⁴	杨树和柳树的合称。杨树树枝向上，柳树树枝下垂
苇子	ɦue⁴tsɿ³	芦苇
竹头	tsoʔ⁷de²	竹子；竹竿
竹筱	tsoʔ⁷siɔ.³	小竹、细竹；竹的细枝条；竹林
竹箬	tsoʔ⁷ŋiʌʔ⁸	箬竹的叶子，可编制器物、竹或包粽子笠
箬叶	tsoʔ⁷ɦiʔ⁸	用来包粽子的一种竹叶
草垛	tsʰɔ.³du⁴	草堆
蕰草	ʔuəŋ¹tsʰɔ.³	河中一种水草，可作饲料或肥料
荷梗	hu¹kã³	莲的叶柄及花柄
荷箬	hu¹ŋiʌʔ⁸	干的荷叶
荷钱	hu¹dzie²	状如铜钱的初生的小荷叶
芋艿	ʔy⁵na⁴	芋头
荷花	hu¹hɔ.¹	莲的花
老菱	lɔ.⁴lɪŋ²	菱角
梅花	me²hɔ.¹	蜡梅；梅树的花
水仙	sʮ³sie¹	花如金盏银盘，养于水中，清香淡雅，故名
青梅	tsʰɪŋ¹me²	青色的梅子
草梗	tsʰɔ.⁽³⁾kã³	指植物的枝或茎
莲花	lie²hɔ.¹	荷花
莲子	lie²tsɿ³	为睡莲科植物莲的干燥成熟种子
莲心	lie²sɪŋ¹	莲子，也说莲肉
芙渠	vu²dzy²	也作"芙蕖"，即已经开放的莲花

词语	词音	词义
麻骨	mɔ.²kuəʔ⁷	麻秆
蜀葵	zoʔ⁸gue²	也叫"一丈红",茎直立,高可达 2.5 米
灯草	təŋ¹tsʰɔ.³	灯心草
竹爿	tsoʔ⁷bɛ²	劈成片的竹子
含钮	ɦɹəʔ²ȵiəu⁴	蓓蕾
风菱	foŋ¹liŋ²	风干的菱角;把菱放在通风的地方阴干
福橘	foʔ⁷tɕyəʔ⁷	福建产的橘子,中国民间有过年吃福橘的民俗
芭蕉	pɔ.¹tɕiɔ.¹	为芭蕉科芭蕉属多年生草本植物
香芋	ɕiã¹ɦy²	甘薯
番茄	fɛ¹ka¹	西红柿
刺柴	tsʰɿ⁵za²	山上长的有刺的小灌木
南湖菱	nɣəʔ²ɦu²liŋ²	生长在嘉兴南湖中心水域的菱
木芙蓉	moʔ⁸vu²ʔioŋ¹	又名芙蓉花,一种植物
葫芦瓜	ɦu²lu¹kɔ.¹	倭瓜,藩瓜
落花生	loʔ⁸hɔ.¹səŋ¹	花生,因地上开花地下结果,所以又称它为"落花生"
白果树	bʌʔ⁸ku³zɿ⁶	银杏树
香椿树	ɕiã¹tsʰəŋ¹zɿ⁶	落叶乔木,花白色,嫩叶可食
皂荚树	zɔ.⁴tɕiɪʔ⁷zɿ⁶	落叶乔木,结荚果,扁平,褐色,可用来洗头
八仙花	pʌʔ⁷sie¹hɔ.¹	别名:绣球、粉团花、草绣球、紫绣球、紫阳花
秋海棠	tsʰiəu¹hɛ³dã²	花色以粉红、红、黄色或者白色为主
马兰头	mɔ.⁴lɛ⁴de²	红梗菜
雪里蕻	sɿʔ⁷li²ɦoŋ²	芥菜的变种,叶子长圆形,冬令蔬菜,可作腌菜
香椿头	ɕiã¹tsʰəŋ¹de²	香椿芽
莴苣笋	ʔu¹dzy⁴səŋ³	一种蔬菜,又叫"乌苣笋"
桐乡醉李	doŋ²ɕiã¹tsy⁶li⁴	产于浙江桐乡及嘉兴等地的水果
打水甘蔗	tã³sɿ³kɛ¹tsɔ.⁵	浸水甘蔗

(2)动物

词语	词音	词义
马	mɔ.⁴	一种草食性动物,现存家马和普氏野马两种
蟹	ha³	螃蟹
雌蟹	tsʰɿ³ha³	母蟹
公的	koŋ¹tiɪʔ⁷	雄性
团脐	dɣəʔ²dzi²	母蟹,雌蟹腹甲形圆,称"团脐"
尖脐	tsie¹dʑi²	公蟹,雄蟹腹甲形尖,称"尖脐"
众牲	tsoŋ⁵sã¹	畜生
众生	tsoŋ⁵səŋ¹	泛指一切生物
畜生	tsʰoʔ⁷səŋ¹	泛指禽兽(常用作骂人的话)。也作"畜牲"
雌羊	tsʰɿ¹ɦiã²	母羊
猪猡	tsɿ¹lu²	猪(骂人的话)
母猪	mu⁴tsɿ¹	种猪
公猪	koŋ¹tsɿ¹	种猪
雄蟹	ʔioŋ¹ha⁵	公蟹

续表

词语	词音	词义
雄猪	ʔioŋ¹tsʮ¹	肉猪
雄鸡	ʔioŋ¹tɕi¹	公鸡
雄狗	ʔioŋ¹ke³	公狗
雄羊	ʔioŋ¹ɦiã²	公羊
野猫	ɦia⁴mɔ̢²	无主的猫
野猪	ɦia⁴tsʮ¹	非家养的猪
水牛	sʮ³ŋiəu²	一种力畜，水乡一带耕田常用水牛
黄牛	ɦiã²ŋiəu²	牛的一种，皮毛黄褐色或黑色
牯牛	ku¹ŋiəu²	公牛
驴子	ly²tsʮ³	驴
骡子	lu²tsʮ³	驴和马交配所生的杂交品种
活狲	ɦuəɬ⁸ʔsəŋ¹	猴子。又作"猢狲"
猴头	ɦie²de²	猴子
癞狗	lɑ⁶ke³	比喻龌龊卑鄙的人
鸡婆	tɕi¹bu²	老母鸡
鸭子	ʔʌ²ʔtsʮ³	鸭
黄鸭	ɦiã²ʔʌʔ⁷	鸳鸯的别名
黄狼	ɦiã²lã²	黄鼠狼
雁鹅	ʔie⁵ŋu²	大雁
雁鸟	ʔie⁵ŋiɔ̢⁴	大雁
老鹰	lɔ̢⁴ʔiŋ¹	鹰
老鸦	lɔ̢⁴ʔɔ̢¹	乌鸦
老虫	lɔ̢⁴zoŋ²	老鼠、耗子
老鼠	lɔ̢⁴tsʰʮ³	耗子
喜鹊	ɕi³tsʰiʌʔ⁷	鸟类。旧时认为听到喜鹊鸣叫将有喜事来临
鹞鹰	ɦiɔ̢²ʔIŋ¹	雀鹰的通称
麻鸟	mɔ̢²ŋiɔ̢⁴	麻雀
燕子	ʔie⁵tsʮ³	小燕儿
长虫	dzã²zoŋ²	蛇
滴蛛	tiɿ²ʔtsʮ¹	结蛛，蜘蛛
游凫	ɦiəu²vu²	浮游的野鸭
虱子	səʔtsʮ³	昆虫，寄生在人畜身体上吸血，能传染疾病
蚤虱	tsɔ̢³səʔ⁷	跳蚤
蚊子	məŋ²tsʮ³	蚊虫
蝗虫	ɦiã²zoŋ²	俗称蚱蜢
乌龟	ʔu¹kue¹	乌龟
甲鱼	kʌʔ⁷ɦy²	鳖的俗称
鲤鱼	li⁴ɦy²	一种淡水鱼
白条	bʌʔ⁸diɔ̢²	白条鱼
蚌壳	bã⁴kʰoʔ⁷	蚌，蛤蜊
鳞屑	liŋ²bɛ²	鱼鳞屑
螺蛳	lu²sʮ¹	单壳的贝类

词语	词音	词义
苍蝇	tsʰã¹fiŋ²	通常指家蝇，幼虫叫蛆成虫能传播霍乱等疾病
蜻蜓	tsiŋ¹diŋ²	益虫，捕食蚊子等小飞虫
蛐蟮	tsʰioʔ⁷zɤɤ⁴	蚯蚓
蛥蚆	laʔ⁸pɔ.⁵	蟾蜍。也作"蛤蟆"
田鸡	die²tɕi¹	青蛙
胡蜂	fiu¹foŋ¹	马蜂
百脚	pʌʔ⁷tɕiʌʔ⁷	蜈蚣
蚂蚁子	mɔ.⁴ŋi²tsɿ³	蚂蚁
油葫芦	fiiəu²fiu²lu²	蟋蟀
癞头鼋	la⁶de²ŋɤɤɤ⁴	鼋的俗称。以其头有疙瘩似癞，故名
瘌格包	lʌʔ⁸kʌʔ⁷pɔ.¹	瘌蛤蟆
瘌蛤霸	lʌʔ⁸ha¹pɔ.⁵	瘌蛤蟆
油火虫	fiiəu²hu³zoŋ²	萤火虫
叭儿狗	pa¹ŋi²ke³	叭儿狗，南方称为西洋狗
四脚蛇	sɿ⁵tɕiʌʔ⁷zɔ.²	壁虎，蝎虎子
老鸡婆	lɔ.⁴tɕi¹bu²	老母鸡
童子鸡	doŋ²tsɿ³tɕi¹	做食物用的未长成的小公鸡
背包蜓蛐	pe⁵pɔ.¹ʔie¹tsʰioʔ⁷	蜗牛
臭花娘子	tsʰe⁵hɔ.¹ŋiã²tsɿ³	一种小昆虫，有异臭
牡丹（菜花）脚鱼	mɔ.⁴tɛⁱtɕiʌʔ⁷fiy²	牡丹和菜花开花时节的甲鱼，此时最肥美鲜嫩
鱼腥虾蟹	fiy²siŋ¹hɔ.¹ha³	泛指一切水产

5. 衣物 / 饮食

（1）衣物

词语	词音	词义
鞋	fia²	鞋（多指布鞋）
裥	kɛᴇ³	裙子或衣服上打的褶子
衣裳	ʔi¹zã²	衣服
中装	tsoŋ¹tsã¹	中国旧式服装（区别于中山装、西装等）
蓝衫	lᴇᴇ²sᴇᴇ¹	小官穿的服装，泛指书生
紫袍	tsɿ³bɔ.²	高官穿的服装，泛指官员
行头	fiã²de²	衣服
背褡	pe⁵tʌʔ⁷	背心，坎肩儿，不带袖子的上衣
领头	liŋ⁴de²	领子；排在前面
襟头	tɕiŋ¹de²	上衣胸前的领口
洋衣	fiiã²ʔi¹	小女孩穿的裙子
洋服	fiiã²voʔ⁸	西服
洋纱	fiiã²sɔ.¹	细棉纱织成的一种平纹细布，质地轻薄
洋布	fiiã²pu⁵	机器织的平纹布
大衣	du²ʔi¹	外套
裌衣	kʌʔ⁷ʔi¹	夹衣
长衫	dzã²sᴇᴇ¹	男子穿的大褂儿

续表

词语	词音	词义
困衫	kʰuəŋ⁵sᴇᵋ¹	睡衣
困裤	kʰuəŋ⁵kʰu⁵	睡裤
马夹	mɔ.⁴kʌʔ⁷	背心。也作"马甲"
袍子	bɔ.²tsʅ³	长袍
背心	pe⁵siŋ¹	不带袖子和领子的贴身内上衣
布衫	pu⁵sᴇᵋ¹	布制的单上衣
单衫	tᴇᵋ¹sᴇᵋ¹	单衣
皮袄	bi²ʔɔ.³	中式毛皮上衣
哔叽	biɪʔ⁸tɕi¹	密度比较小的斜纹的毛织品
时新	zʅ²siŋ¹	最新款式的服装
面布	mie⁶pu⁵	毛巾
围巾	ɦy²tɕiŋ¹	围脖儿
面巾	mie⁶tɕiŋ¹	洗脸用毛巾
手巾	se³tɕiŋ¹	洗脸用毛巾
罗巾	lu²tɕiŋ¹	丝制手巾
绢头	tsyɤə¹de²	手帕
作裙	tsoʔ⁷dʑyəŋ²	劳作时用于防护的围裙
袋袋	dᴇᵋ⁶dᴇᵋ⁶	袋子，兜
蒲鞋	bu²ɦɑ²	草鞋
鞋皮	ɦɑ²bi²	鞋的后跟；后跟被压倒的鞋子
草鞋	tsʰɔ.³ɦɑ²	用稻草等编制的鞋
木屐	moʔ⁸dʑiɪ⁸	木板拖鞋
钉靴	tiŋ¹ɕyə¹	钉鞋
帽子	mɔ.⁶tsʅ³	戴在头上保暖、防雨、遮日光或做装饰的用品
毡帽	tsɤə¹mɔ.⁶	毡制帽子。毡，用兽毛或化学纤维制成的片状物
雨伞	ɦy⁴sᴇᵋ³	遮阳或遮蔽雨雪工具，用油纸、油布或塑料布做成
棉袍	mie²bɔ.²	指絮了棉花的中式长衣
夹袍	kʌʔ⁷bɔ.²	双层无絮的长袍
棉靴	mie²ɕyə¹	棉靴
铺陈	pʰu¹dzəŋ²	铺盖
帐子	tsã⁵tsʅ³	遮挡专用的布，如蚊帐、幕帐，都叫帐子
被头	bi⁶de²	被子
垫褥	die⁶ɲioʔ⁸	褥子，垫在身体下面的物品，用棉花等制成
垫子	die⁶tsʅ³	垫在床、椅子、凳子上或其他地方的东西
毯子	tʰᴇᵋ³tsʅ³	铺在床上或睡时盖在身上的毛、棉或棉毛混织品
棕垫	tsoŋ¹die⁶	用棕丝制成的垫子
花衣	hɔ.¹ʔi¹	棉絮
花布	hɔ.¹pu⁵	印有图案的布
生绢	səŋ¹tsyɤə¹	未漂煮过的绢
摸胸	moʔ⁸ɕioŋ¹	胸罩
肚兜	du⁸te¹	又称"抹胸"，中国传统服饰中护胸腹的贴身内衣
旗袍	dʑi²bɔ.²	华人女性传统服装，誉为中国国粹和女性国服

词语	词音	词义
毛葛	mɔ,²kəʔ⁷	纺织品名。用蚕丝或化学纤维长丝作经，棉纱作纬
裤管	kʰu⁵kuɤɐ¹	裤腿，也叫"裤脚管"
包裹	pɔ,¹ku³	包扎成件的包儿
包袱	pɔ,¹voʔ⁸	包衣服等东西的布
褡裢	tʌʔ⁷lie²	长方形的口袋，中央开口，两端各成一个袋子
蓑衣	su¹ʔi¹	用草或棕毛制成的、披在身上的防雨用具
手套	se³tʰɔ,⁵	手部保暖或劳动保护用品
士林布	zɿ⁶lɪŋ⁶pu⁵	用阴丹士蓝染成的布
被头桶	bi⁶de²tʰoŋ¹	被窝
被夹里	bi⁶kʌʔ⁷li⁴	被里
裤脚管	kʰu⁵tɕiʌʔ⁷kuɤɐ³	裤脚
衣袖管	ʔi¹ziɜu⁶kuɤɐ³	袖子
小手巾	siɔ,³se³tɕɪŋ¹	手帕，手绢
蒲包衣	bu²pɔ,¹ʔi¹	蓑衣或棕衣
衬里裤	tsʰəŋ⁵li⁴kʰu⁵	穿在里面的单裤，多指裤衩
瓜皮帽	kɔ,¹bi²mɔ,⁶	像半个西瓜皮状的便帽，一般用六块布连缀制成
棉花胎	mie²hɔ,¹tʰEᵋ¹	用棉花纤维做成的可以絮被褥等的胎
法兰绒	fʌʔ⁷lEᵋ²ȵioŋ²	外来语，一种棉毛织物
卫生衫	ɦiue⁶səŋ²sEᵋ¹	机织的绒里内衣
卫生裤	ɦiue⁶səŋ²kʰu⁵	机织的绒里内裤
枕头横头	tsəŋ³de²ɦuəŋ²de²	枕边

（2）饮食

词语	词音	词义
汤	tʰɑ̃¹	热水
心	sɪŋ¹	馅儿
火食	hu³zəʔ⁸	煮熟的食物
土司	tʰu³sɿ¹	烤面包
蜜糖	miɪʔ⁸dɑ̃²	蜂蜜
米团	mi⁴dɤɐ²	米或粉做成的圆球形食物
粢饭	tsʰɿ⁵vEᵋ⁶	用糯米饭裹油条包捏而成，嘉兴等地称粢饭团
羹饭	kəŋ¹vEᵋ⁶	羹汤和饭；特指祭奠死者的饭菜
饭贮	vEᵋ⁶tsʯ³	锅巴
饭筒	vEᵋ⁶doŋ²	粽子，传楚人以竹筒子贮米投水以祭屈原，后遂演变为粽子
馊粥	se¹tsɔʔ⁷	变质发酸的粥
馊饭	se¹vEᵋ⁶	变质发酸的饭
镬巴	ɦioʔ⁸pɔ,¹	锅巴，也叫"饭贮""锅贮"
稀粥	ɕi¹tsɔʔ⁷	稀粥
糖粥	dɑ̃²tsɔʔ⁷	红豆粥，用红糖和小米煮成的米粥
粽子	tsoŋ⁵tsɿ³	粽叶包裹糯米煮制而成一种传统节庆食物
烧麦	sɔ,⁵ma⁶	食品，用很薄的面片包馅，顶上捏成折，然后蒸熟
烧酒	ma⁶tɕiɜu³	白酒
炒饭	tsʰɔ,³vEᵋ⁶	煮熟的米饭经炒制而成的食品

续表

词语	词音	词义
梨膏	li²kɔ̩¹	用梨汁和蜜制成的膏子，有止咳作用
塌饼	tʰʌʔ⁷piŋ³	米粉做成的大饼
大饼	dɑ⁶piŋ³	烧饼
饼干	piŋ³kɤəɬ¹	面粉加糖、鸡蛋、牛奶等烤成的小而薄的块儿
油条	ɦiəu²diɔ̩²	两条发面拧在一起，用油炸熟，嘉兴称油炸鬼
漕粮	dzɔ̩²liã²	古代由水路运往京城的粮食
馒头	mɤəɬ²de²	馒头（无馅），包子（有馅）
圆子	ɦyɤəɬ²tsɿ³	丸子；糯米做成的一种圆球食品，一般没有馅
团子	drɤəɬ²tsɿ³	米或粗粮面做成的圆球形食物
年糕	ɳie²kɔ̩¹	黏性大米或米粉蒸成的糕，是农历年应时食品
楂糕	tsɔ̩¹kɔ̩¹	山楂糕
软糕	ɳyɤəɬ⁴kɔ̩¹	一种糕点，松软可口
老面	lɔ̩⁴mie⁶	嘉兴等地话，面肥的意思。也作"老酵"
索粉	soʔ¹fəŋ³	粉条儿
小食	siɔ̩³zɿ⁸	零食
小菜	siɔ̩³tsʰɛᵉ⁵	饭菜
西菜	si¹tsʰɛᵉ⁵	西餐
菜心	tsʰɛᵉ⁵sɪŋ¹	油菜薹；菜馅儿；青菜的中心部分
菜蔬	tsʰɛᵉ⁵su¹	蔬菜
菜油	tsʰɛᵉ⁵ɦiəu²	用油菜籽榨的油
馕子	ɳiã²tsɿ³	馅儿
酱菜	tsiã⁵tsʰɛᵉ⁵	用酱或酱油腌制的菜蔬
酱鸭	tsiã⁵ʌʔ⁷	以鸭和酱油制成鸭肉，因色泽黄黑而得名
酱油	tsiã⁵ɦiəu²	用豆、麦和盐酿造的咸的液体调味品
酱肉	tsiã⁵ɳioʔ⁸	将猪肉腌制后经自然风干而成的肉制品
千张	tsʰie¹tsã¹	一种薄的豆腐干片
素鸡	su⁵tɕi¹	一种豆制品
鸡蛋	tɕi¹dɛᵉ⁶	鸡蛋
鸡卵	tɕi¹lɤəɬ⁴	鸡蛋
糟鸭	tsɔ̩¹ʔʌʔ⁷	浙江小吃，肉鲜嫩，味香甜，肥而不腻
木耳	moʔ⁸ɳi⁴	木耳
大烟	dɑ⁶ʔie¹	鸦片
卷烟	tɕyɤəɬ¹ʔie¹	用纸将烟丝卷制成条状的烟制品又称"纸烟""香烟"
香烟	ɕiã¹ʔie¹	烟纸，烟卷儿
雪茄	sɿʔ⁷ka¹	用烟叶卷成的烟，外来词
雪菜	sɿʔ⁷tsʰɛᵉ⁵	雪里红
火肉	hu³ɦioʔ⁸	火腿肉，腌制的猪腿
焖肉	məŋ⁶ɳioʔ⁸	用猪五花硬肋制作的一道家常菜
蹄膀	di²bã²	猪腿的最上面的部分
肉松	ɳioʔ⁸soŋ¹	用猪、牛等瘦肉加工制成的绒状或碎末状食品
大土	dɑ⁶tʰu³	来自孟加拉国的鸦片，成球状，价格昂贵
汽水	tɕʰi⁵sɿ³	二氧化碳、糖、果汁、香料等制成的冷饮料

续表

词语	词音	词义
酒酿	tsieu³ŋiã⁶	江米酒，又称糯米酒、甜酒、酒酿、醪糟
酒水	tsieu³sʅ³	酒席
酒曲	tsieu³tsʰio?⁷	酿酒用的曲
时酒	zʅ²tsieu³	一种新酿酒。又称生酒
淡酒	dᴇɛ⁴tsieu³	含糖少或不含糖的酒，也指度数低的酒
皮酒	bi²tsieu³	啤酒
咖啡	kʰa¹fi¹	用咖啡种子的粉末制成的饮料
阿胶	ʔᴀʔ⁷kɔ,¹	用驴皮熬制的胶块，是滋补中药
糖茶	dã⁴cɔ,²	以绿茶为主料的食物，有和胃、补中、益气功效
肉糜	ŋio?⁸mi²	肉沫儿
肉头	ŋio?⁸de²	肉腺
牛乳	ŋieu²zʅ⁴	母牛的乳汁，又称"牛奶"
牛皮	ŋieu²bi²	顽皮；吹牛，说大话
大钳	dɑ⁶dʑie²	蟹的螯，形状像钳子，能张合，用以自卫或取食
蟹黄	ha³fiã²	螃蟹体内卵巢和消化腺，橘黄色，味鲜美
蟹膏	ha³kɑ,¹	公蟹的副性腺及其分泌物
蟹爪	ha³cɔ,³	螃蟹的爪
蟹脚	ha³tɕiᴀʔ⁷	螃蟹的腿。喻指坏人的部下、仆从
蟹粉	ha³fəŋ²	用来做菜的蟹黄和蟹肉
什锦	zə?⁸tɕiŋ³	多种原料制成的食品
狮子头	sʅ¹tsʅ³de²	大的肉丸
蟹壳黄	ha³kʰo?⁷fiã²	一种有油酥的食品；像煮熟蟹壳一样黄的颜色
黄花酒	fiã²cʰɔ,¹tsieu³	菊花酒的别称
白米饭	bᴀʔ⁸mi⁴vᴇᵉ⁶	大米饭
泡化饭	pʰɔ,⁵hɔ,⁵vᴇᵉ⁶	加水重煮的或用开水泡的米饭，又叫泡饭粥
隔夜饭	kᴀʔ⁷fiia⁶vᴇᵉ⁶	前一天晚上剩下的饭
急火饭	tsii?⁷hu³vᴇᵉ⁶	用旺火烧煮没有足够时间焖透的饭
油炸桧	fiieu¹cɔ,⁵kue⁵	即油条，传统油炸食品，多用于早餐
年糕头	ŋie²kɔ,¹de²	年糕多余出来的小块，为江南水乡的传统小吃
状元糕	dzã⁶ŋyɐʌ²kɔ,¹	一种食品，用鸡蛋和面粉加糖制成
猪油糕	tsʅʔfiieu²kɔ,¹	一种用猪板油加糯米粉和米粉混合制作的糕点
云片糕	fiyɐʌ²pʰie⁵kɔ,¹	又名雪片糕，其名是由片薄、色白的特点而来
水饺子	sʅ³tsio,³tsʅ³	水饺
糖塌饼	dã⁴tʰᴀʔ⁷piŋ³	饴糖、麦芽糖、大小麦、糯米等发酵制成的糖食品
粽子糖	tson⁵tsʅ³dã³	中国最早糖果之一，用蔗糖、玫瑰花、饴糖等制成
三角粽	sᴇɛ¹ko?⁷tson⁵	粽子之一种，形状为三角形
五路酒	ʔu³lu⁶tsieu³	财神酒，相传正月初五是路台财神日
粉团子	fəŋ³dɐʌ²tsʅ³	糯米制成，外裹芝麻，置油中炸熟，犹今之麻团
水豆腐	sʅ³de⁶vu⁴	豆腐
油豆腐	fiieu²de⁶vu⁴	一种经油炸的豆制品
豆腐浆	de⁶vu⁴tsiã¹	豆浆
豆腐衣	de⁶vu⁴ʔi¹	煮熟的豆浆上结的一层皮，揭下来晒干后供食用

续表

词语	词音	词义
豆腐皮	de⁶vu⁴bi²	千张，一种薄的豆腐干片
霉千张	me²tsʰie¹tsã¹	豆制品。将千张片盖上纱布，让它发霉而成
臭乳腐	tsʰe⁵zʮ⁴vu⁴	臭豆腐
五香豆	ʔu³ɕiã¹de⁶	知名的传统小吃
籴糟鱼	tʰəŋ¹tsɔ·¹ɦy²	传统美食。汤清、味鲜，鱼肉洁白鲜嫩
镬灶水	ɦo²⁸tsɔ·⁵sʮ³	涮锅水
冰淇淋	piŋ¹ʥi²liŋ²	半固体的冷食，同水、牛奶、糖等混合冷冻而成
腌鸭蛋	ʔie¹ʔʌ²ʔdɐ⁶	咸鸭蛋，也叫"灰鸭蛋"
绿豆汤	lo²⁸de⁶tsʰã¹	绿豆汤
绍兴酒	zɔ·²ɕiŋ¹tsiəu³	也叫绍酒、老酒。一种黄酒，产于浙江绍兴
米粉包子	mi⁴fəŋ³pɔ·¹tsʮ²	皮是熟米粉团子，豆沙馅，三角形状
臭豆腐干	tsʰe⁵de⁶vu⁴kɤɤ¹	放在臭卤里浸泡过的豆腐干

7. 建筑／用品

（1）建筑

词语	词音	词义
窠	kʰu¹	窝
房子	vã²tsʮ³	房子
楼房	le²vã²	两层或两层以上的房子
老屋	lɔ·⁴ʔoʔ⁷	旧屋；旧居
莆屋	bu²ʔoʔ⁷	草屋
洋房	ɦiã²vã²	欧美式样的房屋
市房	zʮ⁶vã²	铺面的房子
暖房	ŋɤɤ²vã²	温室
冥屋	miŋ⁴ʔoʔ⁷	为死人焚化的纸扎房屋
舍下	sɔ·³ɦɔ·⁶	谦称自己的家
檐头	ɦii²de²	屋檐的边沿；屋檐，房檐
正梁	tsəŋ¹liã²	房间中间的大梁
二梁	ŋ̍i⁶liã²	正梁两边的梁
角门	koʔ⁷məŋ²	建筑物的靠近角上的小门，泛指小的旁门
墙头	ʥiã²de²	墙壁
墙门	ʥiã²məŋ²	旧式房子的大门
把手	pɔ·³se³	拉手
窗门	tsʰã¹məŋ²	窗子
窗洞	tsʰã¹doŋ⁶	窗子，墙上开的通气透光的洞
窗盘	tsʰã¹bɤɤ²	窗子；窗台
窗槛	tsʰã¹kʰɛ³	窗台
庭柱	biŋ²zʮ⁶	柱子
庭心	biŋ²siŋ¹	天井
阶沿	ka¹ɦie²	街道两旁的石台阶
进深	tsiŋ⁵səŋ¹	房屋的深度
天井	tʰie¹tsiŋ³	院子，宅院中房与房之间的露天空地

续表

词语	词音	词义
天窗	tʰie¹tsʰã¹	设在屋顶上用以通风和透光的窗子
花厅	hɔ.¹tʰiŋ¹	某些住宅中大厅以外的客厅
大厅	da⁶tʰiŋ¹	较大建筑物中宽敞的房间，多用于招待宾客等
屋里	ʔoʔ⁷li⁴	室内
房间	vã²tɕie¹	单间的屋子，多指卧室
寝室	tsʰiŋ¹səʔ⁷	卧室（多指集体宿舍）
房头	vã²de²	卧室
客堂	kʰəʔ⁷dã²	专供接待客人而不做卧室的房间
阁楼	koʔ⁷le²	指位于房屋坡屋顶下部的房间
厢房	siã¹vã²	在正房前面两旁的房屋
闺房	kue¹vã²	旧称女子居住的内室
书斋	sʮ¹tsa¹	书房
扶梯	vu²tʰi¹	楼梯边带有的扶手、护栏，在方言中也指登高用梯
胡梯	ɦu²tʰi¹	楼梯
瓦爿	ŋɔ.⁴pɛᵋ²	瓦片
石脚	zaʔ⁸tɕiʌʔ⁷	柱子下面的基石
号房	ɦɔ.⁶vã²	守门者的俗称，后称"门房"，今称"传达室"
栈房	dzɛᵋ⁶vã²	仓库，货栈；旅店
门楣	məŋ²me²	门上的横木。富贵之家门楣高大，因以门楣喻门第
门户	məŋ²ɦu⁶	房屋的出入口
门槛	məŋ²kʰɛᵋ³	门框下部挨着地面的横木（也有用石头的）
门闩	məŋ²sʮəⱡ¹	门关上后，插在门内使门推不开的滑动插销
门帘	məŋ²lie²	门上挂的帘子
晴落	dʑiŋ²loʔ⁸	从屋檐往地面流水的管道
排门	ba²məŋ²	商店当作门的成排的木板
灶拔	tsɔ.⁵pʰi¹	厨房
灶间	tsɔ.⁵tɕie¹	厨房
柴间	dzɑ²tɕie¹	专放柴火的屋子
别院	biiʔ¹⁸ɦiⱡəⱡ⁶	正宅之外的宅院
茅舍	mɔ.²sɔ.³	茅庐，草舍
茅庵	mɔ.²ʔəⱡ¹	茅庐，草舍
茅坑	mɔ.²kʰã¹	简陋的厕所，又称"茅厕""毛茅"
亭子	diŋ²tsʮ³	盖在路旁或花园供人休息用的建筑物，大多没有墙
车屋	tsʰɔ.¹ʔoʔ⁷	车棚子
花园	hɔ.¹ɦiⱡəⱡ²	指种植花木供游玩休憩的场所
翻轩	fɛᵋ¹ɕie¹	屋宇前檐突起向上翻的部分
步鸡	bu⁶tɕi¹	房屋屋脊两端陶制的装饰物
龙庭	loŋ²diŋ²	金銮殿，皇帝住的地方
街路	ka¹lu⁶	街道
街沿	ka¹ɦie²	街道两旁的台阶
砖头	tsⱡəⱡ¹de²	砖
顶棚	tiŋ³bã²	天花板

续表

词语	词音	词义
廊檐口	lã²ɦi²kʰe³	屋檐下的过道
天花板	tʰie¹hɔ.¹pfɛ³	房间顶板
风火墙	foŋ¹hu³dʑiã²	防风防火的墙
灶披楼	tsɔ.⁵pʰi¹le²	在楼上的小房间，又称"亭子间"
灶披间	tsɔ.⁵pʰi¹tɕie¹	连接正房较矮的房间，一般做厨房
亭子间	diŋ²tsɿ³tɕie¹	旧式楼房中的小房间，在楼上正房的后面楼梯中间
门角落里	məŋ²koʔ⁷loʔ⁸li⁴	门背后

（2）用品

①工作类

词语	词音	词义
锯	ke⁵	锯子
榔头	lã²de²	钉子槌
箕头	tɕi¹de²	簸箕，用来簸粮食或撮垃圾等的竹器具
粪箕	fəŋ⁶tɕi¹	用于拾粪的簸箕
钉耙	tiŋ¹pɔ.³	铁制的有钉状齿的耙，是翻地、碎土的农具
笤帚	diɔ.²tse³	扫除杂物的工具，多用稻秆或高粱秆制成
扫帚	sɔ.³tse³	除垃圾等的用具，多用竹枝扎成，比笤帚大
镰刀	lie²tɔ.¹	收割庄稼和割草的农具
连枷	lie²kɑ¹	脱粒用的农具
碌碡	loʔ⁸doʔ⁸	石头做成圆柱形的农具，用来轧谷物、平场地
耢头	zɿ⁴de²	古代的一种农具，形状像现在的锹
绷筛	bã²sɑ¹	筛粉用的器具。也作"箷"
升箩	səŋ¹lu²	多放在米缸中，做饭舀米时用来量米的容积
团匾	dɤɤɬ²pie³	篾编的扁平盛器。圆形，浅口
斛子	fioʔ⁸tsɿ³	粮食量具
石臼	zAʔ⁸dʑieu⁴	用以砸、捣、研磨药材食品等的生产工具
泥刀	ŋi²tɔ.¹	也叫"瓦刀""砖刀"，一种建筑工具
马达	mɔ.⁴dAʔ⁸	电动机的俗称
引擎	ʔiŋ³dʑɪŋ²	发动机，特指蒸汽机、内燃机等热机
砝码	faʔ⁷mɔ.²	天平上作为质量标准的物体，通常为金属块
梭子	su¹tsɿ³	织机上载有纤子并引导纬纱进入梭道的机件
榨床	tsɔ.⁵dʑã²	榨糖、榨油等器具的底座，是榨的主要部件
大秤	da⁶tsʰəŋ⁵	用来称比较重的器皿
小斗	siɔ.³te³	容量小于标准量的斗
戥子	təŋ³tsɿ³	测定贵重物品或某些药品重量的小秤
锉刀	tsu⁵tɔ.¹	锉
矛子	me²tsɿ³	即梭镖。装有长柄的双刃单尖刀
推刨	tʰe¹pɔ.¹	刨子
军械	tɕyəŋ¹ɦie⁶	各种武器、弹药及器材的总称
泡头钉	pʰɔ.⁵de²tiŋ¹	钉的一种，钉帽鼓起如水泡，故名
定盘星	diŋ⁶bɤɤɬ²siŋ¹	秤杆上标志起算点（重量为零）的星儿

词语	词音	词义
绣花针	siɵu⁵hɔ.¹tsəŋ¹	专门用来绣花的针，比一般针短而细
枪杆子	tsʰiã¹kɤɤɬtsɿ³	武器，火器

②生活类

词语	词音	词义
袋	dᴇᵋ⁶	兜儿
枱	dᴇᵋ²	桌子。也作"台、台子"
镬	ɦioʔ⁸	锅
筷	kʰuɑ⁵	筷子
榻	tʰᴀʔ⁷	狭长而较矮的床，泛指床
甏	bã⁶	瓮，坛子
盏	tsᴇᴇ⁵	嘉兴等地话，盛饭的小碗；量词，一盏饭
勺	zoʔ⁸	匙子，舀汤等用的小勺
缸	kã¹	盛东西的器物，一般底小口大
掸帚	tᴇᴇ³tse³	掸子
火夹	hu³kᴀʔ⁷	铁钳
家生	ka¹səŋ¹	家具
砧磴	təŋ¹(tsəŋ)təŋ¹	切菜板，也叫"砧墩板"
拽拔	ɦiiʔ⁸bᴀʔ⁷	鞋拔，把它放入鞋后跟可以轻易快速穿好鞋子
浮子	ve¹tsɿ³	钓鱼时露在水面的漂浮物以观是否有鱼上钩
马桶	mɔ.⁴tʰoŋ³	便桶
夜壶	ɦiɑ⁴ɦu²	便壶（多指旧式的）
台面	dᴇᴇ²miᴇ⁶	桌面；公开场合
长台	dzã²dᴇᴇ²	条形长桌子，比普通桌子高，摆在客厅放摆设用
镬盖	ɦioʔ⁸kᴇᴇ⁵	锅盖
镬子	ɦioʔ⁸tsɿ³	为半圆底的锅子，也叫"镬"
砂锅	sɔ.¹ku¹	一种炊具，传统的砂锅是陶器的
筷筒	kʰuᴇᴇ⁵doŋ⁶	插放筷子的器具，多呈圆柱形
筿篱	tsɔ.⁵li²	用竹篾柳条或金属丝制成的能漏水的长柄用具
筅帚	tsie³tse¹	用来洗刷铁锅的竹制洗具
针箍	tsəŋ¹ku¹	顶针儿
引线	ʔɪŋ³sie⁵	缝衣服的针
行针	ɦɪŋ²tsəŋ¹	大针
杌子	ʔɵʔ⁷tsɿ³	方凳子
沙发	sɔ.¹fᴀʔ⁷	两边有扶手弹簧坐垫靠背的坐具，外来词
抽头	tsʰe¹de²	抽屉也作"抽斗"
抽斗	tsʰe¹te³	抽屉
板凳	pᴇᴇ³təŋ⁵	木板面、无靠背的坐具，多为狭长形
半桌	pɤɤ⁵tsoʔ⁷	大小约为八仙桌的半个大小，所以得名为半桌
茶几	dzɔ.²tɕi¹	放置茶具用的家具，分方形、矩形两种，比桌子小
案桌	ʔɤɤ⁵tsoʔ⁷	狭长形的桌子
筲箕	sɔ.¹sɔ.¹	古时盛饭的竹器，现指淘米用的竹器；水桶

续表

词语	词音	词义
筲子	sɔ,¹tsɿ³	古时盛饭的竹器
斗筲	te³sɔ,¹	指容量小的盛器
筲箩	sɔ,¹lu²	盛饭的竹箩
筲袋	sɔ,¹dɛᵉ⁴	竹制盛器
筲箕	sɔ,¹tɕi¹	淘米器具
筲桶	sɔ,¹tʰoŋ³	桶
舀勺	ɦiɔ,⁴zoʔ⁸	舀水用的勺子
调羹	diɔ,²kã¹	羹匙
调钩	diɔ,²ke¹	嘉兴等地称羹匙
盆子	bəŋ¹tsɿ³	盛调菜肴或调味品的碟子；盆或洗东西的器具
酒甏	tsieu³bã⁶	酒坛
酒盅	tsieu³tsoŋ¹	饮酒的器皿，常见的有陶瓷酒具、玻璃酒具
梗篮	kã¹lɛᵉ²	用竹片编成的格篮
担桶	tɛᵉ¹tʰoŋ³	大木桶，由于人们常用扁担来挑，故叫担桶
蒸笼	tsəŋ¹loŋ²	用竹篾、木片等制成的蒸食物用的器具
饭篮	vɛᵉ⁶lɛᵉ²	用竹篾编成的用来盛米饭的容器，有盖和提梁
饭箩	vɛᵉ⁶lu²	淘米用器，用竹篾编成，大多方底圆口
饭桶	vɛᵉ⁶tʰoŋ³	装饭的桶
饭筒	vɛᵉ⁶doŋ⁶	饭桶
饭罩	vɛᵉ⁶tsɔ,⁵	遮盖在饭桌上的罩子
饭碗	vɛᵉ⁶ʔuɤəɬ³	盛饭用的碗
碗盖	ʔuɤəɬ³tsɛᵉ³	饮食器皿
盖碗	kɛᵉ⁵ʔuɤəɬ³	上有盖、下有托、中有碗的汉族茶具
浴盆	ɦioʔ⁸bəŋ²	澡盆
缸盆	kã¹bəŋ²	缸瓦制成的盆
钵头	pəʔ⁷de²	用陶瓷、硬石或金属制成类似盆而略小的器皿
甏头	ʔoŋ⁵de²	陶制容器，也称"甏头"
面盆	mie⁶bəŋ²	脸盆
面巾	mie⁶tɕiŋ¹	毛巾
镯头	dzoʔ⁸de²	镯子
灶头	tsɔ,⁵de²	灶
纽头	ȵiəu⁴de²	纽子
纸头	tsɿ³de²	纸
座头	dzu⁶de²	座位
罐头	kuɤəɬ⁵de²	罐子；罐头食品
盖头	kɛᵉ⁵de²	盖子
叫子	tɕiɔ,⁵tsɿ³	哨儿
剪刀	tsie³tɔ,¹	剪子
顶针	tiŋ³tsəŋ¹	针箍儿
挖耳	ʔuʌʔ⁷ȵi⁴	耳挖子，挖耳朵的工具
耳扒	ȵi⁴bɔ,¹	耳挖子，挖耳朵的工具
烟筒	ʔie¹doŋ²	炉、灶等上出烟的管状装置。也作"烟囱"

词语	词音	词义
烟管	ʔie¹kuɚɬ¹	烟袋
搌布	tsɹɚɬ³pu⁵	用于洗锅、刷碗、擦桌子、抹锅台的布
环子	guɛᵉ²tsʅ³	坠子
洋灯	ɦiã²təŋ¹	带有玻璃护罩的煤油灯
洋烛	ɦiã²tsoʔ⁷	矿烛，由石蜡制成的。也叫"洋蜡烛"
电话	die⁶ɦɔ·⁶	外来词，19世纪传入上海
蜡烛	lAʔ⁸tsoʔ⁷	同"洋烛"
蜡盘	lAʔ⁸bɚɬ²	插蜡烛的盘状器物
浆糊	tsiã¹ɦu²	也作"糨糊"。用面粉等制成可以粘贴东西的糊状物
信壳	sɪŋ⁵kʰoʔ⁷	信封
洋油	ɦiã²ɦiɤu²	煤油
肥皂	vi²zɔ·⁴	洗涤去污用的化学制品，又叫"胰子"，嘉兴称"皮皂"
爆仗	pɔ·⁵tsã⁵	爆竹
米甏	mi⁴bã⁶	装米的坛子
蒲扇	bu²sɹɚɬ⁵	葵扇，由蒲葵的叶、柄制成
洋伞	ɦiã²sɛᵉ³	铁做伞骨，蒙上布做成的伞，因由外国传入，故名
阳伞	ɦiã²sɛᵉ³	太阳伞
积漻	tsiɹʔ⁷liɔ·²	供烧火、做饭用的炉子
栲栳	kʰɔ·⁽³⁾lɔ·⁴	由柳条编成的容器，形状像斗，也叫"笆斗"
网篮	mã⁴lɛᵉ²	上面有网子罩着的篮子，出门时用来盛零散物件
油盏	ɦiɤu²tsɛᵉ⁵	一种用植物油做燃料的灯，多用灯草做灯芯
暖锅	nɹɚɬ²ku¹	火锅
风炉	foŋ¹lu²	唐代一种专用于煮茶的炉子
淘箩	dɔ·²lu²	用竹子编的淘米的器具
芦席	lu²ziɹʔ⁸	用苇篾编成的席子
篓子	le⁴tsʅ³	用竹篾、荆条、苇篾等编成的盛器。也叫"篓头"
叉袋	tsʰɔ·¹dɛᵉ⁶	口上有两角的口袋
拜垫	pɑ³die⁶	礼拜毯，简称拜垫，是穆斯林宗教用品
瓶袋	bɪŋ²dɛᵉ⁶	长形袋子，如北方的荷包
蒲包	bu²pɔ·¹	用蒲草编成的大包，多用来装棉花
汤罐	tʰã¹kuɚɬ⁵	旧式灶上烧热水用的罐
箱笼	siã¹loŋ²	出门时携带的各种盛衣物的器具
壳子	kʰoʔ⁷tsʅ³	匣子，装东西的较小的方形器具，有盖儿
藤榻	dəŋ²tʰAʔ⁷	用荆藤编成的床
烟榻	ʔie¹tʰAʔ⁷	烟床
炕榻	kʰã⁵tʰAʔ⁷	炕床
竹榻	tsoʔ⁷tʰAʔ⁷	供躺卧用的竹制小床
坑缸	kʰã⁵kã¹	供大小便用的缸
火柴	hu³dza²	取火工具
白煤	bAʔ⁸me²	无烟煤
髢子	bi⁶tsʅ³	假发。髻，在头顶或脑后盘成各种形状的头发
熨斗	ʔyəŋ⁵te³	熨烫衣料用具

续表

词语	词音	词义
空壳子	kʰoŋ¹kʰoʔ⁷tsʅ³	空架子。只有架子，没有东西
芭蕉扇	pɔ.¹tɕiɔ.¹sɤɿ⁵	又叫"蒲扇""葵扇""蒲葵扇"
留声机	liəu²səŋ¹tɕi¹	一种用来放送唱片录音的电动设备
镬肚底	ɦioʔ⁸du⁶ti³	锅底儿；嘉兴等地指蚕茧缫丝后剩下的一层衣
杌子凳	ʔəʔ⁷tsʅ³təŋ⁵	小的木方凳
骨牌凳	kuəʔ⁷baʔ²təŋ⁵	凳子，因其凳面长宽比例与"骨牌"类似而得名
饭焐筒	vɛᵉ⁶ʔu⁵doŋ²	米饭等保暖用器
剃头担	tʰi⁵deᵉ²tɛᵉ¹	剃头匠的担子，两头为面盆架和烧水的炉子和小锅
自鸣钟	dzʅ⁶miŋ²tsoŋ¹	能鸣响报时的钟
寒暑表	ɦiɤəʔ²sʅ³piɔ.³	家用的温度计
量雨计	liã²ɦiy⁴tɕi⁵	测量一段时间内某地区的降水量的仪器
栅栏子	sᴀʔ⁷lɛᵉ²tsʅ³	用铁条、木条等做成的类似篱笆而较坚固的东西
自来火	dzʅ⁶lɛᵉ²hu³	火柴
纸煤头	tsʅ³me²de²	火柴
洋煤头	ɦiã²me²de²	火柴
煤头纸	me²de²tsʅ³	用以引火的小纸卷
太师椅	tʰɑ⁵sʅ¹ʔi²	一种椅子，靠背与扶手连成一片，形成多扇的围屏
沙发榻	sɔ.¹fᴀʔ⁷tʰᴀʔ⁷	装有弹簧或厚泡沫塑料等的卧榻
八仙台	pᴀʔ⁷sie¹tʰɛᵉ¹	八仙桌
美孚灯	me⁴fu¹təŋ¹	煤油灯，因用美国美孚石油公司的油而得名
热水瓶	ɲii²ʔ⁸sʅ³biŋ²	暖水瓶
磨心头	mu⁶siŋ¹de²	固定石磨的中轴，引喻核心人物
拨火棒	pəʔ⁷hu³pã⁵	拨弄炉火的短棒，喻挑拨者
合家欢	ɦiəʔ⁸kɑ¹huɤəɿ¹	全家老小的合影
砧墩板	təŋ¹təŋ¹pɛᵉ³	砧板。切东西时，垫在底下的器物
舶来品	bᴀʔ⁸lɛᵉ²pʰiŋ³	通过航船从国外进口来的物品
引线屁股	ʔiŋ³sie⁵pʰi⁵ku³	针眼儿

8. 事物 / 事情

词语	词音	词义
柄	piŋ³	把柄
屑粒	ɕiɿʔ⁷lii²ʔ⁸	细碎的粒儿
物事	vəʔ⁸zʅ⁶	东西
事体	zʅ⁶tʰi⁽³⁾	事情
料作	liɔ.⁶tsoʔ⁷	材料；作料
草纸	tsʰɔ.⁽³⁾tsʅ³	用稻草等做原料制成的纸，泛指手纸
蓬尘	boŋ²dzəŋ²	扫地扬起的灰尘
垃圾	lᴀʔ⁸səʔ⁷	脏土或无用扔掉的破烂东西；人品不好之人
官衔	kuɤəɿ¹ɦiɛᵉ²	官员的职位名称
外快	ŋɑ⁶kʰɑ⁵	正常收入以外的收入
饶头	ɲiɔ.²de²	付款后，买方或卖方添赠的货物
绰号	tsʰᴀʔ⁷ɦiɔ.⁶	外号

词语	词音	词义
别号	biɪʔ⁸ɦɔ‧⁶	人们在正式的名、字以外另起的名号
味道	mi⁶dɔ‧⁶	滋味；气味
气味	tɕʰi⁵mi⁶	臭，味儿难闻；鼻子可嗅到的味儿
纹路	vəŋ²lu⁶	物或人面的皱痕或花纹
样式	ɦiã⁶sə‧ʔ⁷	式样，形式
生活	sã¹ɦuəʔ⁸	干活，工作
生路	sã¹lu⁶	生存之路
时路	zɿ²lu⁶	时髦
芦帘	lu²lie²	用芦苇编结的帘子
拜忏	pɑ⁵tsʰɛ⁵	请人念经、做法事替人悔罪
丹方	tɛᴇ¹fã¹	神方
闹漕	nɔ‧⁶dzɔ‧²	农民抵制官府征收漕粮的斗争。漕：漕粮
由头	ɦiɪɤ²de²	借口，由旧时公文前面的"摘由"汀化而来
闲话	ɦiᴇᵉ²ɦɔ‧⁶	话
交契	tɕiɔ‧¹tɕʰi⁵	情谊，交情
操切	tsʰɔ‧¹tsʰiɪʔ⁷	办事过于急躁
法门	fᴀʔ⁷məŋ²	方法，途径
法子	fᴀʔ⁷tsɿ³	方法
老调	lɔ‧⁴diɔ‧⁶	老样子
气数	tɕʰi⁵su⁵	命运
户头	ɦiu⁶de²	指人的性格、品质
长性	dʑã²sɪŋ⁵	耐性
中觉	tsoŋ¹kɔ‧⁵	午觉，午休
格局	kᴀʔ⁷dʑioʔ⁸	布局
路数	lu⁶su⁵	底细；来路
外行	ŋa⁶ɦiã²	本业称不属于本业的人
内行	ne⁶ɦiã²	指对某种工作或技术有丰富经验
内场	ne⁶dʑã²	家里的事情
外场	ŋa⁶dʑã²	家外面的事情
流星	liɪɤ²sɪŋ¹	焰火、礼花，燃放时所产生的各种颜色的火花
背时	pe⁵zɿ¹	悖时，不合时宜
做品	tsu⁵pʰɪŋ³	做法
烂污	lᴇᵉ⁶ʔu¹	稀屎
花头	hɔ‧¹de²	花招儿，新奇的主意
心相	sɪŋ¹siã⁵	心思、兴趣。也作"心向"
契阔	tɕʰi⁵kuɤʔ⁷	久别的情怀
废物	fi⁵vəʔ⁸	没有用的东西，或指无用的人
形状	ɦiŋ²dʑã⁶	事物或物质的一种存在或表现形式
格子	kᴀʔ⁷tsɿ³	方形的空栏
年酒	ŋie²tsiɤ³	祝贺新年邀请亲友吃的酒席
回声	ɦue²səŋ¹	汽笛
讹头	ʔu¹de²	把柄，讹诈的由头、借口

续表

词语	词音	词义
封皮	foŋ¹bi²	封条
篱垣	li²ɦyɤɐt²	用竹篱做成的墙垣
薄膜	boʔ⁸moʔ⁸	像纸一样的很薄的东西（塑料）
浴汤	ɦio̱ʔ²tʰã¹	洗澡的热水
魂牌	ɦuəŋ²ba²	神位，或称灵牌、牌位
义气	ŋi⁶tɕʰ⁵	为友谊而冒险或作自我牺牲的勇气、态度
友谊	ɦiəu⁴ŋi⁶	朋友间深厚的感情、亲密的关系
恩惠	ʔəŋ¹ɦue⁶	他人给予的或给予他人的好处
行嫁	ɦã²ka¹	嫁妆
私房	sʅ¹vã²	妇女的私积蓄
膏子	kɔˌ¹tsʅ³	熬成浓汁的药物；旧时称鸦片
鸦片	ʔɔˌ¹pʰie⁵	俗称"大烟"。用罂粟果中的乳状汁液制成的毒品
铁梗	tʰiɿʔ⁷kã¹	铁条
客梦	kʰʌʔ⁷moŋ⁶	异乡游子的梦
标劲	piɔˌ¹tɕiŋ⁵	摆阔气，讲排场
遗产	ɦi²tsʰɛ³	法律上指公民死亡时遗留的个人合法财产
电报	die⁶pɔˌ⁵	利用电报设备传递的文字
民权	miŋ²dʑyɤɐt²	指人民在政治上的民主权利
民生	miŋ²sã¹	民是指人民，民生指人民的日常生活事项
民主	miŋ²tsʅ³	一种社会状态，人民有对国事发表意见的权利
名誉	miŋ²ʔy¹	名声
革命	kəʔ⁷miŋ⁶	泛指重大革新
国旗	kyɤɫʔ⁷dʑi²	代表一个国家的旗帜
陪嫁	be²ka¹	嫁妆
贴缠	tʰiɿʔ⁷bie²	贴边
龙头	loŋ²de²	旧时称邮票
咬嘴	ŋɔˌ⁴sʅ¹	烟袋的嘴儿
痕子	ɦəŋ²tsʅ³	痕迹
翼子	ɦiɿʔ⁸tsʅ³	飞机两侧伸出如鸟翼的部分
坟墩	vəŋ²təŋ¹	坟墓
围圆	ɦue²ɦyɤɐt²	周长
脂油	tsʅ¹ɦiəu²	板油
塞头	səʔ⁷de²	塞子
音头	ʔiŋ¹de²	隐含某种意思
理性	li⁴siŋ⁵	道理
礼拜九	li⁴pa⁵tɕiəu¹	预料事情必然无效
康白度	kʰã¹bʌʔ⁸doʔ⁷	买办
花头经	hɔˌ¹de²tɕiŋ⁵	花样，花招，把戏。也作"花样经"
皮夹子	bi²kʌʔ⁷tsʅ³	也说"皮夹""钱包"
痰喉咙	dɐ²ɦie²loŋ²	喉咙有痰的声音
仙人跳	sie¹zəŋ²tʰiɔˌ⁵	利用猎艳心理给人设计圈套、骗人钱财的行为
现世报	ɦie⁶sʅ¹pɔˌ⁵	立时受到报应

续表

词语	词音	词义
果子皮	ku¹tsʐ³bi²	果皮
摇咕冬	ʔiɔ̸¹ku¹toŋ¹	拨浪鼓，儿童玩具
洋团团	ɦiã²nʏɤɹ²nʏɤɹ²	洋娃娃
雪花粉	sɿʔ⁷hɔ̸¹fəŋ³	雪花膏
护身符	ɦu³səŋ¹vu²	护身之灵符。又作护符、神符、灵符、秘符
蚊虫香	məŋ²dzoŋ²ɕiã¹	驱蚊物，药物被点燃后其烟可赶走或熏死蚊子
小登科	siɔ̸³təŋ¹kʰu¹	指娶媳妇
盒子炮	ɦoʔ⁸tsʐ³pʰɔ̸⁵	驳壳枪
三对六面	sɛ¹tɛ⁵loʔ⁸mie⁶	双方在证人或中间人在场时，办理手续或说明情由
黑嘴老鸦	hɤʔ⁷sɿ³lɔ̸⁴ʔiɑ¹	乌鸦嘴，形容好事说不灵，坏事一说就灵
当中横里	tã¹tsoŋ¹ɦoɹ²li⁴	中途，中间

9. 农业

词语	词音	词义
稻	dɔ̸⁶	稻子
谷	koʔ⁷	专指稻谷（没有去壳）
砻	loŋ²	用来破谷取米的农具，此作动词
完	ɦuɤɹ²	缴纳，如完租，完税，完粮
稼穑	kɑ¹sɤʔ⁷	耕种收获。泛指农业劳动
开垦	kʰɛ¹kʰəŋ ⁽³⁾	把荒地垦殖成农田
种植	tsoŋ⁵dzəʔ⁸	即植物栽培
收割	se¹kəʔ⁷	泛指收获农作物
收获	se¹ɦoʔ⁸	取得成熟的农作物
小秧	siɔ̸³ʔiã¹	稻的秧苗
莳秧	zʐ⁶ʔiã¹	插秧
车水	tsʰɤ̸¹sɿ³	用水车排灌
灌溉	kuɤɹ⁵kɛ⁵	把水输送到田地里
耘生	ɦyəŋ²sã¹	庄稼
耘稻	ɦyəŋ²dɔ̸⁶	在稻田里除草，一般双膝齐曲，一勒一勒摸扒渐行
拔草	bʌʔ⁸tsʰɔ̸³	除草
掼稻	guɛ⁶dɔ̸⁶	人工将稻秆上的稻谷脱下来
白米	bʌʔ⁸mi²	舂白的大米
糙米	tsɔ̸¹mi²	刚砻出的棕色大米，因较为粗糙，故名
糯米	nu⁶mi²	又叫"江米"，为糯稻去壳的种仁
籼米	sie¹mi²	又称"长米""仙米"，用籼型非糯性稻谷制成的米
粳米	kã¹mi²	与籼米相对应的大米，比籼米颗粒大，比较糯
籽种	tsʐ³tsoŋ³	种子
褪壳	tʰəŋ⁵kʰoʔ⁷	把稻谷（子）的壳去掉
砻糠	loŋ²kʰã¹	稻谷经过砻磨脱下的壳
牵砻	tɕie¹loŋ²	用砻将谷子的外壳去掉，磨成糙米
牵磨	tɕie¹mu⁶	指将玉米、麦粒等粮食用石磨磨成粉
种田	tsoŋ⁵die²	种植水稻

续表

词语	词音	词义
落田	loʔ⁸die²	下田劳作
分秧	fən¹ʔiã¹	将稻种播种于秧田中，成苗后，分而插之
稻场	dɔ.⁶dzã²	房前的空地，因秋收时农民在此脱粒和翻晒稻谷而得名
稻柴	dɔ.⁶za²	稻草
稻头	dɔ.⁶de²	稻穗上的稻谷
稗子	ba⁶tsʅ³	叶子像稻，子实像黍米，是稻田害草
雨麦	ɦy⁴mʌʔ⁸	玉蜀黍，玉米的学名
米囤	mi²dən²	用稻草编织成的圆柱体的容器，用来存放大米
壅肥	ʔoŋ⁵vi²	用土或肥料培在植物的根部：壅土，壅肥
头壅	de²ʔoŋ⁵	第一次所施的肥料
沃田	ʔoʔ⁵die²	给稻田加肥
力道	liʔ⁸dɔ.⁶	肥效，肥料的效果
垃圾	laʔ⁸səʔ⁷	稻草灰和残余腐烂食物的混合物；脏；脏土
缀头	tsɥe⁵de²	用稻草或麦秆扎成的草把
踏车	daʔ⁸tsʰ.ʌ¹	专指龙骨水车。一种为稻田排水或灌水的农活
牵车	tɕie¹tsʰ.ʌ¹	水车；羊车，古代的一种以羊驾驭的车
浇菜	tɕiɔ.¹tsʰɛ⁵	给菜地的菜浇水
浇灌	tɕiɔ.¹kuɤ̟⁵	灌溉
汲水	tsiiʔ⁷sʅ³	吸取水分；从下往上打水
庠水	ɦu⁴sʅ³	汲水灌田
粪桶	fəŋ⁵tʰoŋ³	盛粪便的桶
稻筒	dɔ.⁶doŋ²	用于脱粒稻谷的农具
胚子	pʰe¹tsʅ³	蚕卵内胚胎，喻属于某种性质的人（多含贬义）
乌娘	ʔu¹ŋiã²	初生的蚕蚁，因黑褐色，故名
蚕妞	zɤ̟²ŋiəu²	刚孵化出来的小蚕
头眠	de²mie²	一龄小蚕，又称"头眠头"
二眠	ŋi⁶mie²	二龄小蚕，又称"二眠头"
大眠	da⁶mie²	四龄的蚕，又称"大眠头"，因忌讳"四"（与死谐音），故名
老蚕	lɔ.⁴zɤ̟²	"大眠"以后的蚕，因是最后一龄，故名
蚕花	zɤ̟²hɔ.¹	收蚕时戴的一种纸花；也指蚕茧的收成
蚕纸	zɤ̟²tsʅ³	带有蚕卵的纸
蚕种	zɤ̟²tsoŋ³	蚕产下来的卵
蚕房	zɤ̟²vã²	养蚕的房子
蚕箪	zɤ̟²tɛ¹	养幼蚕用的糊纸小竹匾
熟蚕	zoʔ⁸zɤ̟²	即将作茧的蚕
蚕台	zɤ̟²dɛ²	养蚕器具。用以安放团匾养蚕
蚕匾	zɤ̟²pie³	养幼蚕专用的竹具，圆形浅口，直径四尺有余
蚕山	zɤ̟²sɛ¹	蚕簇，用稻草扎成的供蚕吐丝作茧的设备
蚕市	zɤ̟²zʅ⁶	买卖或交易桑蚕、器具的场所或市场
山棚	sɛ¹bã²	安放蚕簇的棚架
布子	pu⁵tsʅ³	蚕纸
窝种	ʔu¹tsoŋ³	把蚕种纸贴在胸口增加温度

续表

词语	词音	词义
杠条	kã⁶diɔ·²	指那些带叶的桑树枝条
完粮	ɦuɤəɬ²liã²	纳钱粮
租米	tsu¹mi²	秋收后佃户支付给田主的大米
桑叶	sã¹ɦiɪʔ⁸	桑树的叶子，是蚕的饲料
桑梗	sã¹kã¹	桑秆
桑仁	sã¹ŋiŋ²	桑葚
缫丝	tsɔ·³sʅ¹	将蚕茧抽出蚕丝的工艺，概称"缫丝"
麸皮	fu¹bi¹	小麦外层的表皮，小麦加工后变成面粉和麸皮
上岸	zã⁶ŋɤəɬ⁶	从田地里到田埂，指结束农活；从船上到岸上
丰年	foŋ¹ŋie²	农作物丰收的年头儿（跟"歉年"相对）
棉花	mie²hɔ·¹	经济作物，纤维可纺纱或做棉絮，棉籽可榨油
大熟年	da⁶zoʔ⁸ŋie²	丰收的年头
马头娘	mɔ·⁴dɤ²ŋiã²	也作"马头孃"。中国神话中的蚕神
蚕宝宝	zɤəɬ²pɔ·³pɔ·³	桑蚕
排水车	ba²sʅ³tsʰɔ·¹	安装、安放水车
洋水车	ɦiã²sʅ³tsʰɔ·¹	抽水机
肥田粉	vi²die²fəŋ³	化肥
浪山头	lã⁶sɛᵋ¹de²	蚕成茧后，将蚕棚四周的芦帘撤走，让蚕露出来
望山头	mã⁶sɛᵋ¹de²	四眠蚕后，刚嫁女的蚕农去女儿家看蚕上山的情形
自业田	dzʅ⁶ŋiɪʔ⁸die²	农夫自己所有的田
漏爿田	le⁶bɛᵋ²die²	靠近河边的田
撒种子	səʔ⁷tsoŋ³tsʅ³	播种
蚕花不熟	zɤəɬ²hɔ·¹pəʔ⁷zoʔ⁸	蚕茧收成不好

10. 工商业

词语	词音	词义
俏	tsʰiɔ·⁵	价钱高；货物销路好
燥	sɔ·⁵	形容货物销得快
钿	die²	（金属）硬币；钱
柜台	gue⁶dɛᵋ²	商店营业用的装置，式样像柜而长
贸易	me⁶ɦii⁶	买卖或交易行为的总称
资本	tsʅ¹pəŋ³	经营工商业的本钱
产业	tsʰɛᵋ³ŋiɪʔ⁸	土地、房屋、工厂等财产（多指私有的）
金融	tɕiŋ¹ɦioŋ²	货币资金融通的总称
款子	kʰuɤəɬ⁽³⁾tsʅ³	数目较大的钱
利市	li⁶zʅ⁶	买卖顺利的预兆；运气好；喜事
早市	tsɔ·³zʅ⁶	早上的集市
晚市	ʔuɛᵋ⁽³⁾zʅ⁶	傍晚的集市；晚间的集市
罢市	bɔ·⁶zʅ⁶	商人为实现某种要求或表示抗议而联合停止营业
乡债	ɕiã¹tsa⁵	指农村里的高利贷
公债	koŋ¹tsa⁵	政府为解决账户透支问题而采取的借债
债户	tsa⁵ɦu⁶	借别人钱财付给利息的人；借债的人

续表

词语	词音	词义
账头	tsã⁵de²	债务
乡账	ɕiã¹tsã⁵	放给农民的高利贷
花账	hɔ‚¹tsã⁵	虚报的账目
虚账	ɕy¹tsã⁵	为营利或偷税漏税而在项目外设立的假账
管账	kuɤɐɪ³tsã⁵	管事
倒账	tɔ‚³tsã⁵	欠账不还。也作"倒账"
讨账	tʰɔ‚⁽³⁾tsã⁵	讨债
买账	mɑ⁴tsã⁵	甘拜下风，佩服，顺从
生意	sã¹ʔi⁵	买卖
交易	tɕiɔ‚¹ɦi⁶	买卖
标金	piɔ‚¹tɕiŋ¹	投标时的押金
货码	hu⁵mɔ‚⁴	商品价码
债价	tsɑ⁵kɑ⁵	旧时称"公债券"的价格
折本	tsəʔ⁷pəŋ³	赔本
折头	tsəʔ⁷de²	折扣
掇转	təʔ⁷tsɤɐɪ⁴	暂借以应急需
扳价	pɛᵋ¹kɑ⁵	抬高价格，不肯贱价出售
抵押	ti¹ʔʌʔ⁷	不转移财产，将该财产作为债权的担保
招租	tsɔ‚¹tsu¹	招人租赁
店铺	tie⁵pʰu⁵	各种商店、铺子的统称
铺子	pʰu⁵tsɿ³	店铺，有门面销售商品或进行其他营业的处所
铺面	pʰu⁵mie⁶	指店铺、商店
当铺	tã⁵pʰu⁵	专门收取抵押品而借款给人的店铺
哺坊	bu⁶fã⁵	孵雏鸡的作坊
米行	mi⁴ɦã²	经营粮食买卖的商行
典当	tie³tã⁵	当铺
店号	tie⁵ɦɔ‚⁶	商店的名称
旅馆	ly⁶kuɤɐɪ¹	为旅客提供住宿、饮食及娱乐活动的公共建筑
作场	tsoʔ⁷dzã²	作坊，小规模之制造或修理场所
纱厂	sɔ‚¹tsã³	棉纺工厂
工厂	koŋ¹tsã³	集劳动力、机械、原料等从事产品生产的场所
商场	sã¹dzã²	各种商店组成的市场，面积大、商品齐全的大商店
染坊	ɲie⁴fã³	经营丝绸棉布、纱线、毛织物染色及漂白业务的作坊
酱园	tsiã⁵ɦyɤɐɪ²	制作和出售酱菜、面酱、酱油等的作坊、商店
盐栈	ɦieᵋ²dzɛᵋ⁶	储存盐的地方
冶坊	ɦiɑ⁴fã³	镕铸铜铁的工厂
朝奉	dzɔ‚²voŋ⁶	当铺的管事人
头寸	de²tsʰəŋ⁵	旧时银行、钱庄等所拥有的款项；银根
洋钱	ɦiã²dzie²	清代对外国流入的银铸币的称谓，银元
洋钿	ɦiã²die²	银元
洋栈	ɦiã²dzɛᵋ⁶	外国厂商的仓库
洋行	ɦiã²ɦã²	外国资本家在中国开设的商行

词语	词音	词义
洋货	ɦiã²hu⁵	进口货物
铜板	doŋ²pɛ³	铜钱
铜钿	doŋ²die²	铜质硬币，亦泛指金钱
银锭	ŋiŋ²diŋ⁶	熔铸成块状的白银
飞票	fi¹piɔ,⁵	商号倒闭后债权人贴于对方门上索债的字条
底货	ti¹hu⁵	积压、过时的货物
角子	koʔ⁷tsɿ³	旧时通用的小银币；一角、二角的硬币
角头	koʔ⁷de²	票面以角为单位的货币
数目	su³moʔ⁸	某一事物的个数
价钿	ka⁵die²	价钱
顶价	tiŋ³ka⁵	最高的价钱
顶费	tiŋ³fi⁵	转让或取得企业经营权或房屋租赁权所付出的钱
行情	ɦã²dziŋ²	市面上商品的一般价格
红契	ɦoŋ²tɕʰi⁵	买田地、房产时经过纳税而由官厅盖印的契约
契约	tɕʰi⁵ʔiʌʔ⁷	双方共同协议订立的有关买卖、抵押关系的文书
田契	die²tɕʰi⁵	买卖田地时所立的契约
合同	ɦəʔ⁸doŋ²	契约，双方当事人订立的协议
戥子	təŋ³tsɿ³	测定贵重物品或某些药品重量的小秤
票子	piɔ,⁵tsɿ³	钞票
庄票	tsã¹piɔ,⁵	旧时钱庄发行的本票
期票	dzi²piɔ,⁵	债务人对债权人承诺到期支付款项的债务证书
钞票	tsɔ,⁵piɔ,⁵	纸币的俗称
出脱	tsʰəʔ⁷tʰəʔ⁷	货物卖出
卖脱	ma⁶tʰəʔ⁷	卖出去
盘子	bɤɤt²tsɿ³	行情，市场价格
生息	sã¹siɿʔ⁷	产生利息
空头	kʰoŋ¹de²	因票面金额透支限额而不能生效的支票
押头	ʔʌʔ⁷de²	做抵押用的东西
赚头	dzɛᵉ⁶de²	盈利
零头	liŋ²de²	不够一定单位（如计算、包装单位等）的零碎数量
赏钿	sã³di⁶	赏钱
盈余	ɦiŋ²ɦy²	有余
回佣	ɦue²ɦioŋ²	回扣
挪借	nu²tsia⁵	暂时借用别人的款项
吃进	tɕʰiɿʔ⁷tsɿŋ⁵	买进（货物）
借契	tsia⁵tɕʰi⁵	借用别人财物时所立的契约
借贷	tsia⁵dɛᵉ⁶	向人借用钱物
本息	pəŋ³siɿʔ⁷	本金和利息
盘川	bɤɤt²tsʰɤɤt¹	旅费，路费
老账	lɔ,⁴tsã⁵	旧账
合股	ɦəʔ⁸ku³	几个人把资金凑集在一起
找头	tsɔ,³de²	找回给付款者的钱

续表

词语	词音	词义
出盘	tsʰəʔ⁷brəɬ²	店铺亏损不能维持，连房屋带货底整个转卖给别人
市肆	zʅ⁶si⁵	市场；市中店铺，泛指市镇
关店	kuɐᵋ¹tie⁵	商店倒闭
元宝	ŋyɐɬ²po·³	纸锭
银楼	ŋiŋ²le²	旧时生产金银首饰、器皿并从事交易的商店
纳税	nəʔ⁸sʯe³	缴纳税款
歇业	ɕiɪʔ⁷ŋiɪʔ⁸	停止经营、停止营业
歇工	ɕiɪʔ⁷koŋ¹	停工休息
市面	zʅ⁶mie⁶	生意；场面
市梢	zʅ⁶so·¹	街道的末尾。也作"市梢头"
市货	zʅ⁶hu⁵	形容器物等质量好、坚固耐用
国货	kuɐɬʔ⁷hu⁵	旧时指我国自己生产的工业品
货品	hu⁵pʰiŋ⁽³⁾	货物
筹措	ze²tsʰu⁵	设法弄到（款子、粮食等）
出纳	tsʰəʔ⁷nəʔ⁸	企业等单位中现金、票据的付出和收进工作
出赁	tsʰəʔ⁷niŋ⁶	出租
赊账	so·¹tsã⁵	把买卖的货款记在账上延期收付
蚀本	dzəʔ⁸pəŋ³	亏本，赔本
接洽	tsiɪʔ⁷ɦʌiʔ⁸	跟人联系、洽谈有关事项
销路	sio·¹lu⁶	商品销售的去路
薪水	siŋ¹sʅ³	公务人员、职员等的工资
行货	ɦiã²hu⁵	泛指货品
雇用	ku⁵ɦioŋ⁵	出钱让人为自己做事
花费	ho·¹fi⁶	用掉，占用，付去
亨通	ɦiã²tʰoŋ¹	顺利
合会	ɦəʔ⁸ʔue⁵	一种自发的民间信用互助形式
佣钿	ɦioŋ²die²	买卖货物时，中间人或中介人所得的金钱
算盘	sɐɬ⁵brɐɬ²	算数目的用具
账簿	tsã⁵pu³	记载货币、货物出入事项的本子
储蓄	zʯ⁴ɕioʔ⁷	积存的钱或物
差误	ŋu⁶tsʰo·¹	不相当，不相合，但差不多
值钿	dzəʔ⁸die²	（物品）价格高，值钱；宠爱，疼爱（幼儿）
公份	koŋ¹vəŋ⁶	指公共的财物
铜角子	doŋ²koʔ⁷tsʅ³	铜元，俗称"铜板"，清末以来各种新式铜币的通称
银角子	ŋiŋ²koʔ⁷tsʅ³	旧指一角和二角的小银币
隔壁账	kəʔ⁷piɪʔ⁷tsã⁵	代人受过；话不对头
弗买账	vəʔ⁸ma⁴tsã⁵	不认同，不认账
吃倒账	tsʰiɪʔ⁷to·⁵tsã⁵	欠款收不回
东洋货	toŋ¹ɦiã²hu⁵	日本货
洋货铺	ɦiã²hu⁵pʰu⁵	卖小百货的商店
蹩脚货	biɪʔ⁸tɕiʌʔ⁷hu⁵	指质量低劣的货物
拜利市	pa⁵li⁶zʅ⁶	谢神

词语	词音	词义
跑码头	bɔ,²mɔ,⁴de²	指在沿海、沿江河的大城市往来做买卖
五分利	ʔu³fəŋ¹li⁶	借一元钱，每个月五分钱的利息
高利贷	kɔ,¹li⁶dɛ⁶	索取特别高额利息的贷款
印子钱	ʔɪŋ⁵tsɿ¹dʑie²	高利贷的一种，本息一起计算，借款人须分次归还
来路货	lɛ⁶²lu⁶hu⁵	非本地生产的货品
垫箱钱	die⁶siã¹dʑie²	嫁女压在箱底陪嫁的钱
皮球钱	bi²dʑiɤu²dʑie²	利中加利的一种高利贷，与"驴打滚"同
杂货店	dzəʔ⁸hu⁵tie⁵	出售杂货的商店
绸缎店	ze²drəʔ²⁴tie⁵	出售绸缎的商店
邮务局	ɦiɤu²vu⁶dʑiɔʔ⁸	邮局
行情行市	ɦiã²dzɪŋ²ɦiã²zɿ⁶	形容很多
头头利市	de²de²li⁶zɿ⁶	形容项项事情都如意

11. 交通类

词语	词音	词义
路	lu⁶	道路
路里	lu⁶li⁴	路上
车子	tsʰɔ,¹tsɿ³	泛指陆地上有轮子的运输工具；自行车
车柄	tsʰɔ,¹piŋ³	车把
快车	kʰua⁵tsʰɔ,¹	中途停站少，全程行车时间较短的火车或汽车
轮盘	ləŋ²brəʔ²	轮子
拢岸	loŋ⁴ŋrəʔ⁶	靠岸
扯篷	tsa³boŋ²	张帆，扬帆
洋车	ɦiã²tsʰɔ,¹	载客用两轮人力车，因由日本传入，故称
榻车	tʰʌʔ⁷tsʰɔ,¹	黄包车
航船	ɦiã²dʑrəʔ²	小而慢的客船，是乡下人进城主要的交通工具
画舫	ɦiɔ,²fã³	指装饰漂亮的游船
驳船	poʔ⁷dʑrəʔ²	用来运货物或旅客的船，一般由拖轮拉着或推着行驶
木簰	moʔ⁸ba²	用竹木编的水上交通工具
船艄	dʑrəʔ²sɔ,¹	通常指船尾
官舱	kurəʔ¹tsʰã¹	旧时轮船中的高级舱位
房舱	vã²tsʰã¹	轮船上乘客住的小房间
统舱	tʰoŋ⁽³⁾tsʰã¹	轮船上设有较多铺位，可容纳许多乘客的大舱
划子	ɦiɔ,²tsɿ³	桨拨水行驶的小船
跳板	tʰiɔ,⁵pɛ³	搭在船边方便人上下的长板；比喻过渡手段
下船	ɦiɔ,⁶dʑrəʔ²	从岸上到船上
埠头	bu⁶de²	码头
轮埠	ləŋ²bu⁶	轮船码头
揹牵	pe⁵tsʰie¹	绳子中部作为绳圈，套在肩膀上使用，又称"人力结"
抛锚	pʰɔ,¹mɔ,²	停止航行
缆绳	lɛ⁴zəŋ²	系船用的粗大绳索
桅竿	ŋue²krəʔ¹	船上挂帆的柱杆

续表

词语	词音	词义
摇橹	ɦiɔ̷²lu⁴	拨水使船前进的工具
触礁	tsʰoʔ⁷tɕiɔ̷¹	船只在航行中碰上暗礁
趁船	tsʰəŋ⁵dzɤəʔ²	搭乘船只
车站	tsʰɔ̷¹dzɛᵉ⁶	陆路交通运输线上设置的停车地点
火车	hu⁽³⁾tsʰɔ̷¹	铁路列车,最初以火力(热能)产生牵引动力,故名
卡车	kʰɑ³tsʰɔ̷¹	运货载重汽车
出轨	tsʰəʔ⁷kue³	(火车、有轨电车等)行驶时脱离轨道
火轮船	siɔ̷³ləŋ²dzɤəʔ²	轮船,也叫"火轮"
小火轮	siɔ̷³hu³ləŋ²	小型轮船,有烧煤的和烧柴油的两种
小划子	siɔ̷³ɦɔ̷²tsʅ³	小船
快班船	kʰuɑ⁵pɛᵉ¹dzɤəʔ²	行驶较快、船身较大、起讫时间确定的客船
赤脯船	tsʰʌʔ⁷poʔ⁷dzɤəʔ²	没有搭棚的船,像是人光着上身,故名
乌篷船	ʔu¹boŋ²dzɤəʔ²	一种小木船,因竹篾篷被漆涂成黑色而得名
白相船	bʌʔ⁸siã¹dzɤəʔ²	游船
采莲船	tsʰɛᵉ³lie²dzɤəʔ²	游船
丝网船	sʅ¹vã⁴dzɤəʔ²	一种船头尖、船身窄的小船,摇时不太稳,但很快
荡湖船	dã²ɦu²dzɤəʔ²	游船,后衍生为一种民俗舞蹈,名曰"采莲船"
黄包车	ɦã²pɔ̷¹tsʰɔ̷¹	前身叫"东洋车",又称"人力车"
脚踏车	tɕiʌʔ⁷dʌʔ⁸tsʰɔ̷¹	自行车
东洋车	toŋ¹ɦiã²tsʰɔ̷¹	旧时指人力车
橹绷绳	lu⁴bã²zəŋ²	系橹的绳
后梢头	ɦe⁸sɔ̷¹de²	船尾
撑篙子	tsʰã¹kɔ̷¹tsʅ³	用竿逆撑使身前行
船拢岸	dzɤəʔ²loŋ⁴ŋɤəʔ⁶	船只靠岸
邓禄普	dəŋ⁶loʔ⁸pu³	轮胎,英国一家公司制造
救命车	tɕiɤu⁵mɪŋ⁶tsʰɔ̷¹	救护车

12. 文化教育

词语	词音	词义
画儿	ɦɔ̷⁶ŋi²	图画
琵爬	bi²bɔ̷²	乐器名,琵琶
簿子	bu⁶tsʅ³	本子
极话	dʑiɿ⁷ɦɔ̷⁶	撒赖的话
药水	ʑiʌʔ⁷sʅ³	墨水
骰子	de²tsʅ³	色子,用骨头做成立体小方块,刻有符号
索子	soʔ⁷tsʅ³	指麻将中的"条"的俗称
轴子	dzoʔ⁸tsʅ¹	书画的卷轴
鹞子	ʔiɔ̷⁵tsʅ³	风筝
帖子	tʰiɿʔ⁷tsʅ³	邀请客人时送去的通知
戏枱	ɕi¹ɦi²	旧时戏曲演出专门场地,因用木搭成。也作"戏台"
京戏	tɕiŋ¹ɕi⁵	徽剧与昆剧结合、民间艺人自我改编的剧种
山歌	sɛᵉ¹ku¹	歌儿

词语	词音	词义
图章	du²tsã¹	图书
书头	sʮ¹de²	书状子
憋十	biɿʔ⁸zəʔ⁸	骨牌中最差的一副牌，也叫"别十"
学堂	ɦoʔ⁸dã²	学校
学校	ɦoʔ⁸ɦiɔ.⁶	有计划、有组织、有领导地进行系统教育的机构
儒教	zʮ²tɕiɔ.⁵	孔教，历史上把孔子创立的儒家学派视同宗教
家塾	ka¹dzoʔ⁸	私塾的一种，设于家庭、宗族的民间学校
私塾	sʮ¹dzoʔ⁸	开设于家庭、宗族或乡村内部的民间幼儿教育机构
赖学	la⁶ɦoʔ⁸	逃学
束脩	soʔ⁷siəu¹	扎捆干肉，古时学生给教师的酬礼，后指教师报酬
橡皮	ziã⁴bi²	用橡胶制成的文具，能擦掉石墨或墨水的痕迹
砚瓦	ŋie⁶ŋɔ.⁴	瓦砚，因取古宫殿之瓦为砚，故名。后为砚的通称
算学	sʮɤɬ⁵ɦoʔ⁸	数学
书坊	sʮ¹fã³	书店
书馆	sʮ¹kuɤɬ³	古代教授初学之所
国语	kuɤɬʔ⁷ŋy²	学校和政府过去所用的官方语言，现在叫作"普通话"
官话	kuɤɬ¹ɦɔ.⁶	朝廷用的汉语，周叫"雅言"，明清叫"官话"，民国叫"国语"
方言	fã¹ɦie²	汉语的地方语言
吴语	ɦu²ŋy²	在江浙等地使用的方言，又称"吴越语""江浙话"
土白	tʰu³bʌʔ⁸	土话，方言
白字	bʌʔ⁸zʮ⁶	别字
杭白	ɦã²bʌʔ⁸	杭州土话
歇夏	ɕiɿʔ⁷ɦɔ.⁶	出嫁的女儿回娘家过夏天
回门	ɦue²məŋ²	女子出嫁后首次回娘家探亲
香市	ɕiã¹zʮ⁶	每年清明节后举行的"嬉春祈蚕"节
印子	ʔiŋ⁵tsʮ³	图章
公呈	koŋ¹zəŋ²	公众联名呈递政府的一种公文
告示	kɔ.⁵zʮ²	官府所张贴的布告
小书	siɔ.³sʮ¹	装订成册的连环画
把戏	pɔ.¹ɕi¹	杂技
打送	tã³soŋ⁵	亲戚孩子首次上门做客辞时，主家送的包子
打醮	tã³tsiɔ.⁵	设坛祭祷，以求福消灾的一种宗教仪式
说书	səʔ⁷sʮ¹	一种非常古老的传统曲艺，只说不唱的曲艺
家乘	ka¹dzəŋ²	记载家庭事务的文字
台甫	dɛᵉ²fu³	旧时民间人初次见面礼节，即请问对方姓氏、表字
软语	ŋy⁴ŋyɤɬ²	指温和而委婉的话语
绰板	tsʰʌʔ⁷pɛᵉ³	乐器名。用来打拍子
佛佛	vəʔ⁸vəʔ⁸	佛像
大号	dɑ⁶ɦɔ.⁶	庚帖。旧时订婚，男女双方互换的八字帖
凭据	biŋ²tɕy⁵	据以作为凭证的事物
宪法	ɕie⁵fʌʔ⁷	国家的总章程
信札	siŋ⁵tsaʔ⁷	书信

续表

词语	词音	词义
信笺	sɪŋ⁵tɕie¹	信纸
信函	sɪŋ⁵ɦɤɤ²	书信
快信	kʰuɑ⁵sɪŋ⁵	邮政部门需要快速投递的信件
着棋	tsaʔ⁷dzi²	下棋
搰拳	ɦɔ.²dzɣɤɤ²	同"划拳",民间饮酒时一种助兴取乐的游戏
滩簧	tʰɛˢ¹ɦɑ̃²	流行于江苏南部、浙江北部的一种说唱艺术
戏剧	ɕi¹dziʔ⁸	一种艺术形式
奏乐	tse⁵ʔiʌʔ⁷	演奏乐曲
口琴	kʰe³dzɪŋ²	一种乐器
摄影	səʔ⁷ʔɪŋ³	用某种专门设备进行影像记录的过程
影戏	ʔɪŋ³ɕi¹	电影
调头	diɔ.⁶de²	调儿,曲调,即音乐上高低长短配合成组的音
育婴堂	ɦiɔʔ⁸ʔɪŋ¹dɑ̃²	收养弃婴的机构
申报纸	sən¹pɔ.⁵tsʅ³	报纸
文言文	vəŋ²ɦie²vəŋ²	用别于白话的古汉语书面语写的文章
白话文	bʌʔ⁸ɦɔ.⁶vəŋ²	以现代汉语口语为基础,经过加工的书面语
幼稚园	ʔiəu⁵dz̩⁶ɦiɣɤɤ²	幼儿园
小学堂	siɔ.³ɦoʔ⁸dɑ̃²	清末采用欧美方式设立的初级学校
髦儿戏	mɔ.²n̩i²ɕi¹	旧时全部由青年女演员组成之戏班或演出的戏
江北戏	kɑ̃¹poʔ⁷ɕi¹	苏北地方戏的统称
西洋镜	si¹ɦiɑ̃²tɕɪŋ⁵	万花筒,因画片多是西洋画而得名
提线戏	di²sie⁵ɕi¹	提线木偶戏
木头人	moʔ⁸de²n̩ŋ²	傀儡戏,木偶戏
皮影戏	bi²ʔɪŋ³ɕi¹	以兽皮或纸板做成人物剪影来表演故事的民间戏剧
西洋画	si¹ɦiɑ̃²ɦo.⁶	西方的油画
花纸儿	ɦo.¹tsʅ³ŋi²	年画
还寿经	ɦiɛˢ²ze⁶tɕɪŋ¹	父母寿辰时儿子请和尚念经为父母增寿的风俗
冬春米	toŋ¹tsʰoŋ¹mi⁴	对米进行再加工,使米不会生米虫和米虱
插蜡烛	tsʰʌʔ⁷lʌʔ⁸tsoʔ⁷	碰上倒霉事时遍插蜡烛求平安的一种行为
烧头香	sɔ.¹de²ɕiɑ¹	大年初一烧的第一炷香
鹿鸣宴	loʔ⁸mɪŋ²ʔie⁵	乡举考试后,州县长官宴请得中举子的宴会
捉盲盲	tsoʔ⁷mɑ̃²mɑ̃²	捉迷藏
迎神赛会	ŋɪŋ²zəŋ²sɛˢ⁵ʔue⁵	旧时遇旱时的一种祈雨仪式
书柬图章	sʮ¹tsie³du²tsɑ̃¹	旧时用于银钱往来或重要文书的印鉴
西洋文化	si¹ɦiɑ̃²vəŋ²ɦo.⁵	西方文化
民众教育	mɪŋ²tsoŋ⁵tɕiɔ.⁵ɦio.ʔ⁸	面向全体民众(普通老百姓)的教育
初级小学	tsʰu¹tɕiɪʔ⁷siɔ.³ɦoʔ⁸	前一阶段的初等教育的学校,简称"初小"
新式小学	sɪŋ¹səʔ⁷siɔ.³ɦoʔ⁸	按西方办学模式办的小学

13. 动作 / 行为

词语	词音	词义
碍	ŋɛˢ⁶	妨碍,阻碍

续表

词语	词音	词义
好	hɔ,³	可以，应该；能
兜	te¹	点（火）
登	təŋ¹	居住；呆，停留
佘	thəŋ³	漂浮
合	ɦiəʔ⁸	合拢；约、邀；配制、营造
绷	pã¹	硬撑，勉强支撑
结	tɕiiʔ⁷	织
坍	thEᵉ¹	（动词）损坏，使之丢；（形容词）破旧
刨	bɔ,²	使用镐、锄头等向下向里用力
驮	du²	背，用背部承载人或物体
夺	dəʔ⁸	抢
跑	bɔ,²	走
着	tsʌʔ⁷	穿；入睡；睡得很死
讨	thɔ,⁽³⁾	娶；索取；招惹
落	loʔ⁸	落，掉落；失落
淘	dɔ,²	将液体放入饭中搅和；（名词）伴儿，一伙
汏	thɑ⁵	洗，也作"汰"
泡	phɔ,⁵	用热水烫或浸
滋	tsɿ¹	（汗水、脓）往外渗
行	ɦiã²	时兴，流行
吃	tɕhiiʔ⁷	吃，喝，抽；刁难；乐意
呷	hʌʔ⁷	小口地喝
嗒	tʌʔ⁷	舔，尝
吹	tshɥeʰ¹	刮
呛	tshiã⁵	咳嗽
叫	tɕiɔ,⁵	叫唤
喊	hEᵉ³	说，叫；大声叫
吓	hʌʔ⁷	怕；恐吓
响	ɕiã³	出声，吭声；传
吵	tshɔ,⁽³⁾	跟人开玩笑
呼	hu¹	吸
抄	tsɔ,¹	同"超"，用匙了取物
掮	dʑie²	用肩扛；把东西扛在肩上；举；抬出
把	pɔ,³	扶；给；反守
拎	liŋ²	提
挡	tã³	拦住，抵挡；遮蔽；（量词）种、类
搦	noʔ⁸	握，拿，捏，双手使粉末或水团集成块
捉	tsoʔ⁷	要，买
摺	tsəʔ⁷	叠，折衣裳
捺	nʌʔ⁸	按
搭	tʌʔ⁷	牵涉，勾搭，捉，扣住；介词；量词
摆	pɑ³	放

续表

词语	词音	词义
撤	tɕʰɪŋ⁵	按
揩	kʰɑ¹	擦，抹
揾	ʔuəŋ¹	用手指按，浸没；拭，擦；抱，捂
扒	bɔɿ²	用筷子把饭拨到嘴里
拔	baʔ⁸	扯；还（债）
拉	lɑ²	（动词）在；（介词）在；（助词）得
拈	ȵie²	拿
捏	ȵiAʔ⁸	握
扛	kã¹	抬
描	miɔɿ²	依照原样摹画或重复地画
拨	pəʔ⁷	给；（介词）被、让
摜	guɐᴇ⁶	投，扔，掷；跌倒；握住稻麦一端摔打另一端
执	tsəʔ⁷	捕捉、捉拿。由本义引申为握着、拿着
搭	dzɔɿ²	涂抹
挺	tʰɪŋ⁽³⁾	留，剩；（副词）尽量
撺	tsʰɤəɬ¹	从高处往下跳
撑	tsʰã¹	积攒；抵住，支持
搨	tʰAʔ⁷	涂，擦
拖	tʰu¹	挨；拉扯，抚养
捩	liɪʔ⁸	扭转
掇	təʔ⁷	用双手端（马桶、椅子等）
拓	tsʰoʔ⁷	贴；涂，擦
担	tɐᴇ¹	拿；送
拱	koŋ¹	用身体撞开或拨开
挎	kʰɔɿ⁵	把东西塞到嘴里
挑	tʰiɔɿ¹	挖；使人得到便宜
扯	tsʰɑ⁽³⁾	撕；升；来回拉动
授	ze⁶	递
掴	kuAʔ⁷	用巴掌打（耳朵附近的部位）
摇	ɦiɔɿ²	用手操作机器织袜子、毛衣等的动作
撮	tsʰəʔ⁷	用两个或三个手指捏住细碎的东西拿起来
拾	ziɪʔ⁸	捡起来
拌	bɤəɬ⁶	争吵，纠缠
打	tã³	擦洗，涂抹；（介词）从
斩	tsɐᴇ³	剁，切；买（肉）
脱	tʰəʔ⁷	掉，脱落，取下；助词
放	fã⁵	搁
划（火柴）	ɦiɔɿ⁴	擦
戳（扎针）	tsʰoʔ⁷	刺，扎
截	dziɪʔ⁸	锯
寻	ziŋ²	挣（钱）；找
解	gɑ⁶	解开绳子；锯

词语	词音	词义
解	kɑ¹	排泄屎尿；消除，抵消
结	tɕiɪʔ⁷	织（毛衣）；夹（菜）；条状打成的疙瘩
赚	dʑɛᵉ⁶	挣（钱）
蹩	biɪʔ⁸	手腕、脚等扭伤
爆	pɔ,⁵	发出、长出来
烘	hoŋ¹	烤
熝	loʔ⁸	沸而再煮，同"熬"，煮
靠	kʰɔ,⁵	人或动物凭借东西支持着；依靠；（副词）大约
烤	kʰɔ,⁽³⁾	把东西放在火的周围使之干或熟
攀	bɛᵉ²	受责难时牵扯到别人；往上抓住物；爬
净	dʑɪŋ⁶	洗
觉	koʔ⁷	睡醒；睡一觉
跌	tiɪʔ⁷	用拳头轻轻地敲
踔	tsʰoʔ⁷	跺脚；跳跃
踏	dɑʔ⁸	蹬
踱	doʔ⁸	缓步，慢步行走
跳	tʰiɔ,⁵	发怒，发急；（嘉兴话）斥责，训人；蹦跳
跑	bɔ,²	走
困	kʰuəŋ⁵	睡，躺；疲乏（想睡）
用	ɦioŋ⁶	敬辞：吃；喝
煞	sɑʔ⁷	压低价格；把衣服塞好束紧；消除；助词
藏	dʑɑ̃²	地下埋金银的地方；（嘉兴等地话）大肘子
做	tsu⁵	扮演；制造
伴	bʌɤɬ⁶	躲藏
剪	tsie³	买（布）；用剪刀等使东西断开
转	tsʌɤɬ³	想，打算；（量词）一转；转一圈
别	biɪʔ⁸	转动，转掉；改变；伤
上	zɑ̃⁶	干，做；吵，较量；到来
宕	dɑ̃⁶	悬；拖延
养	ɦiɑ̃⁴	生产（生孩子、动物下崽）；把叶子或果实留树上
伛	ʔeᵉ³	弯腰
叙	zy⁶	写
豁	huəɬʔ³	挥动；跨
牵	tsʰie¹	磨
坑	kʰɑ̃¹	藏。也作"囥"
过	ku⁵	搭配
窝	ʔu¹	陷
迸	pɑ̃⁵	裂开
闸	zɑʔ⁸	撞见；疾走
铺	pʰu¹	流出，溢出；摊开
钝	dəŋ⁶	讥笑，嘲讽，挖苦
甩	huɑʔ⁷	背负；丢失；扔

续表

词语	词音	词义
裹	kʰu³	包
瞟	pʰiɔ‚¹	看；斜着眼睛看
张	tsã¹	看，瞧
延	ɦie²	水慢慢地向四处渗透
来	lɛᵋ¹	（动词）去；（介词）在
作	tsoʔ⁷	吵闹，无理取闹
倒	tɔ‚⁵	锄地
伏	voʔ⁸	孵（小鸡）
候	ɦie⁶	等待；准备接住（东西）
夹	kʌʔ⁷	以旋转来调节
搿	gəʔ⁸	用双手合抱；同"格"字
合	ɦãʔ⁸	约，邀；配制，营造
奇	dʑi²	宠
生	sã¹	拴，系；下（蛋）
当	tã¹	以为
定	diŋ⁶	用针线固定被子或衣裳
话	ɦɔ‚⁶	说，讲
虹	ɦoŋ²	（伤口）溃烂
拜	pɑ⁵	伏
顺	zəŋ⁴	随别人的话，说表示赞同的话
弯	ʔuɛᵋ³	中途顺便去某处转一下
翁	ʔoŋ¹	聚集
胶	tɕiɔ‚¹	结冰
烦	vɛᵋ²	啰嗦
眯	mi²	眼皮合上养神；杂物进入眼中
添	tʰie¹	生小孩儿
弹	dɛᵋ²	鼓，凸起来
隐	ʔiŋ³	（火、光）熄灭
惹	zɑ⁴	排泄（大小便）；（腹）泻
量	liã⁶	料想，估量
答	tʌʔ⁷	回敬，答谢
横	ɦuəŋ⁶	躺；（副词）反正
潮	dʑɔ‚²	湿
毛	mɔ‚²	发怒，发火
凶	ɕioŋ¹	对人要态度或出言不逊
火	hu³	发怒
堕	du⁴	掉
淘	dɔ‚²	寻觅选购物品
疲	bi²	拖延
激	tɕiɪʔ⁷	食物用冷水冲或泡使变凉
饱眼	pɔ‚³ʔie³	眼睛突出，表示发怒
攀亲	pʰɛᵋ¹tsʰiŋ¹	议婚，订婚

续表

词语	词音	词义
赔账	be²tsã⁵	赔本，赔钱
斗别	te⁵piɪʔ⁷	负气
偷巧	tʰeˡtsʰiɔˌ⁽³⁾	取巧
贴对	tʰɪɪʔ⁷te⁵	正对着
停停	dɪŋ²dɪŋ²	停歇
揽事	lɛ⁴zʅ²	把事情揽到自己的身上
累手	le⁶se³	用手劳作
搂丝	le⁴sʅ¹	麻烦
了清	liɔˌ⁴tsʰɪŋ¹	结清
临盆	lɪŋ²bəŋ²	服气
顾怜	ku⁵lie²	怜悯，怜惜
悬开	ɦyɤɬ²kɛ¹	离开
求靠	dʑiəu²kʰɔˌ⁵	请别人同意自己投靠他
受黄	ze⁶ɦiã²	上当，受骗
赎药	zoʔ⁸ʔiʌʔ⁷	抓中药
压酸	ʔʌʔ⁷sɤɬ¹	腻烦，胃口差
乐得	loʔ⁸təʔ⁷	某事正合自己心意
入调	zəʔ⁴diɔˌ⁶	符合某种声腔韵调；合乎规矩、正经
兜头	teˡde²	迎面，对着脸；（副词）顿时，立刻
并亲	pɪŋ³tsʰɪŋ¹	成亲，完婚
发痴	fʌʔ⁷tsʰʅ¹	发呆，发疯
纳凉	nəʔ⁸liã²	乘凉的意思，指为避热而在阴凉处歇息
经官	tɕɪŋ¹kuɤɬ¹	经过官方，谓涉讼
约会	ʔiʌʔ⁷ɦue⁶	预先约定的相会或会晤
逸去	ɦiɪʔ⁸tsʰi⁵	犹"逃走"
闲游	ɦɛᴱ²ɦiəu²	悠闲地游玩
觉醒	tɕiɔʔ⁷sɪŋ¹	睡醒，从睡梦中醒来，引申为醒悟，觉悟
撺掇	tsʰɤɬ¹təʔ⁷	怂恿，鼓动别人（做某事）
扩充	kʰoʔ⁷tsoŋ¹	扩大充实
揩油	kʰaˡɦiəu²	比喻占便宜；调戏妇女
接脚	tsiɪʔ⁷tɕiʌʔ⁷	续弦。妻子死后，再娶的女子叫作"接脚女"
搬场	pɤɬ¹dʑã²	搬家
掼交	guᴱ⁶tɕiɔˌ¹	跌跤，摔跟斗
搭浆	tʌʔ⁷tsiã¹	应付，糊弄局儿；质量差
搭界	tʌʔ⁷kaˡ	发生关系；交界
搭桥	tʌʔ⁷dʑiɔˌ²	撮合；建桥
搭话	tʌʔ⁷ɦiɔˌ⁶	拉话
搭档	tʌʔ⁷tã⁵	合作，合作人
拉倒	lʌʔ²tɔˌ³	算了，作罢
拉牢	lʌʔ²lɔˌ¹	握紧，拉紧
扒掉	bʌʔ⁷tiɔˌ⁵	拆掉，刨掉，挖掉；脱掉（多指对女性性侵动作）
扒灰	bʌʔ⁷hue¹	公公媳妇私通

续表

词语	词音	词义
拨还	pə?⁷ɦuɛᵉ²	分批还债
拨拉	pə?⁷la¹	（动词）给；（介词）被
摇摊	ɦiɔ.²tʰɛᵉ¹	压宝
扣住	kʰe⁵dʐʯ⁶	限住
打头	tã³de²	带头
抵桩	ti³tsã¹	准备。造桥先得打桩，俗称"抵桩"
抵触	ti³tsʰo?⁷	跟另一方有矛盾
抵抗	ti³kã⁵	用力量制止对方的进攻
投降	de²ɦiã²	停止武装对抗，并放下武器，向敌方屈服
排揎	ba²sie¹	数说，责备
披览	pʰi¹lɛᵉ⁴	展读
掉板	diɔ.⁶pɛᵋ³	旧式床前的踏脚板
掉落	diɔ.⁶lo?⁸	抛弃
拆梢	tsʰʌ?⁷siɔ.¹	敲诈
褒奖	pɔ.¹tsiã³	表扬、嘉奖和奖励
写字	siɑ³zʯ⁶	书写文字，题字
捕面	bu⁶mie⁶	洗脸
搭粉	dzɔ.²fəŋ³	涂上化妆粉
拱手	koŋ³se³	两手在胸前相握成一团，表示恭敬
拣择	kɛᵋ³dzə?⁸	挑选；选择
揿牢	tɕʰiŋ⁵lɔ.²	摁牢
管造	kuɤəɬ¹dzɔ.⁶	（嘉兴等地话）管教
厘订	li¹tiŋ⁵	整理、订正
困觉	kʰuəŋ⁵kɔ.⁵	睡觉。
并排	piŋ³pa¹	指排列在一条线上，不分前后
欺瞒	tɕʰi¹mɤəɬ²	欺负；骗；隐瞒
佯嗔	ɦiã²tsʰəŋ⁵	假装生气
白相	bʌ?⁸siã¹	逛，玩。也作"孛相"
照相	tsɔ.⁵siã⁵	拍照
败北	ba⁶po?⁷	打败仗
相打	siã¹tã³	打架
相骂	siã¹mɔ.⁶	骂架
相帮	siã¹pã¹	帮助
相道	siã¹dɔ.⁶	指人举止、习气等
别相	biɹ?⁸siã⁵	（嘉兴话）同"白相"
败相	ba⁶siã⁵	坏现象，不吉利的预兆
差板	tsʰa¹pɛᵋ³	相差
拜揖	pa⁵?iɹ?⁷	打躬作揖
盘桓	bɤəɬ²ɦuɤəɬ²	徘徊、逗留
斗口	de²kʰe⁽³⁾	吵架
计较	tɕi⁵tɕiɔ.⁵	计策
调皮	diɔ.⁶bi²	要花招；不老实；顽皮，又叫"调脾"

词语	词音	词义
出顶	tsʰə^{7}tɪŋ^3	把自己租到的房屋转租给别人；转让
连裆	lie^{2}tã^5	串通一气；声气相通的人
连牵	lie^{2}tɕie^1	接连不断；连续
定局	dɪŋ^{6}dzioʔ^8	把事情最后定下来
居间	tɕy^{1}tɕie^1	在双方之间调解或说和
点缀	tie^{3}tsʮe^5	打点
做亲	tsu^{5}tsʰɪŋ^1	结婚
做品	tsu^{5}pʰɪŋ$^{(3)}$	做法
害病	ɦiE^{e6}bɪŋ^6	生病
望头	mã^{6}de^2	盼望，希望
望望	mã^{6}mã^6	急切盼望；看看；探望
牵记	tɕie^{1}tɕi^5	挂念
牵磨	tɕie^{1}mu^6	用磨把粮食弄碎
吃酒	tsʰiɪʔ^{7}tsiəu^3	喝酒
吃茶	tsʰiɪʔ^{7}dzɔ.^{2}	喝茶
吃水	tsʰiɪʔ^{7}sʮ^3	喝水
吃瘪	tsʰiɪʔ^{7}piɪʔ^7	被迫屈服、认输
吃脱	tsʰiɪʔ^{7}tʰəʔ^7	吃掉
劈柴	pʰiɪʔ^{7}za^2	用斧子等工具把短原木劈成的块状木柴
认得	ȵɪŋ^{6}təʔ^7	认识
包荒	pɔ.^{1}ʔã^1	掩饰；遮盖
识货	səʔ^{7}hu^5	能识别货物的好坏
识相	səʔ^{7}siã^5	知趣
瞎闹	hAʔ^{7}nɔ.^{6}	胡闹，没有来由或没有效果地做
瞎缠	hAʔ^{7}dzɤəʐ^2	胡搅蛮缠
瞎说	hAʔ^{7}səʔ^7	没有根据地说
收作	se^{1}tsoʔ^7	收拾
收煞	se^{1}sAʔ^7	收住；收尾，结束
收歇	se^{1}ɕiʔ^7	收住，停止；关闭，停业
困来	kʰuəŋ^{5}lE^{e2}	打瞌睡
勒浪	ləʔ^{8}lã^6	（动词）在；（副词）正在；（介词）在
白话	bAʔ^{8}ɦɔ.^{6}	说话
乱说	lɤəɬ^{6}səʔ^7	谎话
辩难	bie^{6}nE^{e1}	辩驳或用难解答的问题质问对方
作孽	tsoʔ^{7}ȵiʔ^8	造孽
作肉	tsoʔ^{7}zȵioʔ^8	长肉。指切实可靠地得到好处
做啥	tsu^{5}sa^3	干吗
作兴	tsoʔ^{7}ɕiŋ^1	应该，情理上许可；（副词）可能，也许
唱喏	tsʰã^{5}dzɔ.^{4}	作揖，古代汉族的一种交际礼俗
完结	ɦuɤəɬ^{2}tɕiɪʔ^7	完蛋，结束
完出	ɦuɤəɬ^{2}tsʰəʔ^7	完蛋
完篇	ɦuɤəɬ^{2}pʰie^1	完蛋，结束

续表

词语	词音	词义
巴结	pɔ.¹tɕiɪʔ⁷	奉承；讨好
巴望	pɔ.¹mã⁶	盼望
用场	ɦioŋ¹dzã²	用处
用空	ɦioŋ¹koŋ²	支出超过收入
碰面	pʰã⁵mie⁶	会面，见面
碰着	pʰã⁵tsʌʔ⁷	遇见，遇到
碰门	pʰã⁵məŋ²	敲门
讲拢	kã²loŋ⁴	议和
讲好	kã²hɔ.³	讲和，妥协
回头	ɦue²de²	回答，回复
回转	ɦue²tsɤɬ³	从别处到原来的地方
回报	ɦue²pɔ.⁵	报复；报答
转来	tsɤɬ⁵lɛᵉ²	回来
转去	tsɤɬ⁵tɕʰi⁵	回去
转色	tsɤɬ⁵sə²⁷	（脸）变色
转语	tsɤɬ⁵ɲy²	转告
转弯	tsɤɬ⁵ʔuɛᵉ¹	拐弯
晏歇	ʔɛᵉ⁵ɕiɪʔ⁷	迟一会儿，等一会儿
胡调	ɦu²diɔ.⁶	胡乱调情
反乱	fɛᵉ³lɤɬ⁶	叛乱
无拨	vu²pə²⁷	同"呒不"，没有
无啥	vu²sɑ⁵	同"呒啥"，没有什么
弄脱	loŋ⁶tʰə²⁷	干掉，做完，丢失
脱气	tʰə²⁷tɕʰi⁵	咽气
上叶	zã⁶ɦiɪʔ⁸	（给幼蚕）添叶子
冲克	tsʰoŋ¹kʰə²⁷	相克，旧时阴阳五行术数中的一种说法
看相	kʰɤɬ⁵siã⁵	从相貌上看
看穿	kʰɤɬ⁵tsʰɤɬ¹	看破世事
填房	die²vã²	续弦；前妻死后续娶的妻子
坐索	dzu⁶soʔ⁷	守候索取，守候催促
绷补	pã¹pu³	勉能维持的意思
蜕化	tsʰe⁵hɔ.⁵	变化
讨饭	tʰɔ.³vɛᵉ⁶	行乞，要饭；要求把饭端来
讨亲	tʰɔ.³tsʰiŋ¹	娶亲
讨债	tʰɔ.³tsɑ⁵	麻烦；索取债务
讨情	tʰɔ.³dziŋ²	求情
索逋	soʔ⁷pu¹	催讨欠债
踏肩	dʌʔ⁸tɕie¹	挨肩儿，连续
揹勒	kʰəŋ⁵ləʔ⁸	勒索，刁难
归宁	kue¹ŋiŋ²	已嫁女子回娘家看望父母
归清	kue¹tsʰiŋ¹	全部归还清楚，一般指借钱
惹厌	za⁴ʔie⁵	（动词）啰嗦、唠叨；讨嫌

词语	词音	词义
让为	ȵiã⁶ɦue²	要算，推为
省力	sã³liɪʔ⁸	容易
省径	sã³tɕiŋ⁵	俭省
省得	sã³təʔ⁷	免得
净面	dzɪŋ⁶mie⁶	洗脸
浴浴	huəɬʔ⁷ɦio ʔ⁸	洗澡
汏菜	tʰɑ⁵tsʰɛ⁵	洗菜
沉杀	dzəŋ²sʌʔ⁷	淹死
落脱	loʔ⁸tʰəʔ⁷	丢失；换掉
游水	ɦiəu²sʅ³	游泳
汲水	tɕiɪʔ⁷sʅ³	吸取水分；从下往上打水
跌落	tiɪʔ⁷loʔ⁸	遗失
跌断	tiɪʔ⁷dɻəɬ⁶	摔断
跌杀	tiɪʔ⁷sʌʔ⁷	跌死
说话	səʔ⁷ɦiɔ.⁶	用语言表达意思
用头	ɦioŋ⁶de²	用度；用处，用场
用账	ɦioŋ⁶tsã⁵	支出账目
破费	pʰu⁵fi⁵	花费
死挺	si⁽³⁾tʰɪŋ³	完蛋，毫无希望
考校	kʰɔ.⁽³⁾tɕɔ.⁵	查考，研究
坏钞	ɦua⁶tsʰɔ.⁵	付钱，破费
跳槽	tʰiɔ.⁵dzɔ.²	指男女间爱情上喜新厌旧，见异思迁
牵脱	tɕie¹tʰəʔ⁷	拉落
远开	ɦyɻəɬ⁴kɛᵉ¹	离开
当家	tã¹kɑ¹	主持家务
别离	biɪʔ⁸li²	离别
飘海	pʰiɔ.¹hɛᵋ³	出海
出扇	tsʰəʔ⁷ɻɻəɬ⁵	生翅膀
出角	tsʰəʔ⁷koʔ⁷	生角
落篷	loʔ⁸boŋ²	落下船帆；喻收场，结束
撒屁	səʔ²pʰi⁵	放屁
兜火	te¹hu²	点火
努嘴	nu⁴tsʮe³	指翘起嘴唇，向人示意
脱手	tʰəʔ⁷se³	失手；卖出货物
躲懒	tu³lɛᵋ⁴	逃避工作或劳动；偷懒
故世	ku⁵sʅ⁵	去世
讲开	kã²kɛᵋ¹	请中间人调解，因在茶馆进行，也叫"吃茶"
走脱	tse³tʰəʔ⁷	走掉
勾留	ke¹liəu²	逗留，挽留
失脚	səʔ⁷tɕiʌʔ⁷	失足，喻受挫折或犯错误
煞住	sʌʔ⁷dzʮ⁶	使车辆或机器停止
帮衬	pã¹tsʰəŋ⁵	照应，帮忙

续表

词语	词音	词义
看承	kʰɹəɤ^{5}dzəŋ^2	看得起
经络	tɕin^{1}loʔ^8	打算，条理；窍门，花样
弄耸	loŋ^{6}soŋ^4	捉弄；算计
热昏	ȵiɿʔ^{8}huəŋ^1	发昏
倒灶	tɔ^{3}tsɔ^5	垮台，败落；倒霉，背时
寡居	kɔ^{3}tɕy^1	守寡
酣卧	ɦɹəɤ^{3}ŋu^4	熟睡
贿赂	hue^{3}lu^6	用财物买通别人
原谅	ȵyɤəɤ^{2}liã^6	对人的错误给予宽恕，不责备，不惩罚
创办	tsʰã^{5}bɛe^6	开始办
剥削	poʔ^{7}siʌʔ^7	无偿地占有别人的劳动或产品
劳动	lɔ^{2}doŋ^6	人类创造物质或精神财富的活动
做工	tsu^{5}koŋ^1	从事体力劳动（多指工业或手工业劳动）
选举	sie^{3}tɕy^3	用投票或举手等表决方式选出代表或负责人
改良	kɛe^{3}liã^2	不触动旧基础的局部的改进
搿牢	gəʔ^{8}lɔ^4	搿紧。搿：两手用力合抱
祈祷	dzi^{2}tɔ^3	宗教仪式，信仰宗教的人向神默告自己的愿望
心焦	sɿŋ^{1}tsiɔ^1	由于希望的事情迟迟不实现而着急、烦躁
鞠躬	tɕioʔ^{7}koŋ^1	弯身行礼
该死	kɛe^{1}sɿ^3	该诛
歪缠	hua^{1}dʑɹəɤ^2	胡闹
恨气	ɦiəŋ^{6}tɕʰi^5	发恨
坍台	tɛeʰ^{5}tʰɛe^1	丢脸
叹苦经	tʰɛe^{5}kʰu^{3}tɕʰiŋ^1	向人诉说
偷婆娘	tʰe^{1}bu^{2}ȵiã^2	男子与女子偷情
贴当中	tʰiɿʔ^{7}tã^{1}tsoŋ	正中
停生意	dɪŋ^{2}səŋ^{1}ʔi^5	解雇
搂白相	le^{2}bʌʔ^{8}siã^5	开玩笑
捞油水	lɔ^{2}ɦiɤu^{2}sɿ^3	用不正当手段收获钱财
捞横塘	lɔ^{2}ɦuəŋ^{2}dã^2	获取不正当财物
假撇清	kɑ^{3}pʰiɿʔ^{7}tsʰiŋ^1	假装这些坏事与自己无关
猜枚子	tsʰɛe^{1}me^{2}tsɿ^3	猜谜儿
伸后脚	səŋ^{1}ɦe^{6}tɕiʌʔ^7	留后路
赌东道	tu^{3}toŋ^{1}dɔ^6	用做东请客来打赌
远兜转	ɦyɤəɤ^{4}te^{1}tɕɹəɤ^3	绕远走，走远路
无心想	hu^{3}sɿŋ^{1}siã^1	同"呒无相"，不耐烦，定不下心来
起先头	tɕʰi$^{(3)}$sie^{1}de^2	开始，起初
掉花枪	diɔ^{6}hɔ^{5}tɕʰiã^1	耍花招，耍手段，又叫"掉枪花"
闲马荡	ɦiɛe^{2}mɔ^{2}dã^6	疲疲沓沓，消磨时间
轧朋友	ʔʌʔ^{7}bã^{2}ɦiɤu^4	交异性朋友
轧姘头	ʔʌʔ^{7}pʰiŋ^{1}de^2	非夫妻关系而同居，男女通奸
轧猛闹	ʔʌʔ^{7}məŋ^{4}nɔ^6	轧热闹，凑热闹

词语	词音	词义
并排坐	pɪŋ³bɑ²dzu⁶	在一条线上坐，不分前后
兜得转	te¹təʔ⁵tsɤɤɻ⁵	吃得开，有办法
吃排头	tɕʰiɪʔ⁷bɑ²de²	受斥责，挨批评
吃豆腐	tɕʰiɪʔ⁷de²vu⁴	调戏妇女；拿人开玩笑
吃生活	tɕʰiɪʔ⁷sã¹ɦuəɻʔ⁸	挨揍
吃讲茶	tɕʰiɪʔ⁷kã³dzɿ²	发生争执的双方到茶馆里请公众评判是非
拆烂污	tsʰʌʔ⁷lɛᵉ⁶ʔu⁵	做事马虎、不负责任造成差错
拆壁脚	tsʰʌʔ⁷piɪʔ⁷tɕiʌʔ⁷	暗中使坏，中伤（人）；拆台
拆棚脚	tsʰʌʔ⁷bã²tɕiʌʔ⁷	拆台
撒烂污	tsʰəʔ⁷lɛᵉ⁶ʔu⁵	同"拆烂污"。比喻做事马虎造成差错
打磕串	tã³kʰəʔ⁷tsʰɤɻ¹	打盹儿。也作"打磕睏"
打中觉	tã³tsoŋ¹kɔɻ⁵	睡午觉
打虾欷	tã³hɔɻ¹ɕie⁵	打呵欠
打回来	tã³ɦue²lɛᵉ²	被退回来
搨木梢	dzie²moʔ⁸sɔɻ¹	受人哄骗，做吃力不讨好的事
搭山头	tʌʔ⁷sɛᵉ⁷de²	搭讪，即因不好意思而找话说
讲闲话	kã²ɦie²ɦɔɻ⁶	谈天儿
讲空话	kã²kʰoŋ¹ɦɔɻ⁶	闲聊
讲空头	kã²kʰoŋ¹de²	（嘉兴等地话）讲故事，闲谈
骂山门	mɔɻ⁶sɛᵉ⁷məŋ²	谩骂，骂
动勒动	doŋ⁶ləʔ⁷doŋ⁶	动啊动
敲竹杠	kʰɔɻ¹tsoʔ⁷kã⁵	讹人（钱）
来不及	lɛᵉ²pəʔ⁷dziɪʔ⁸	因时间短促，无法顾到或赶上
豁虎跳	huʌʔ⁷hu³tʰiɔɻ⁵	翻身跳跃
灌米汤	kuɤɻ⁵mi⁴tã¹	用甜言蜜语去奉承别人
淋了雨	lɪŋ²ləʔ⁸ɦy²	淋雨
派用场	pʰɑ⁵ɦioŋ⁶dzã⁴	作某种用途
明朝会	mɪŋ²tsɔɻ¹ɦue⁶	分手时表示明天再会，再见
弄不对	loŋ⁶pəʔ⁷te⁵	弄不明白
去货哉	tɕʰi⁵hu⁵tsɛᵉ¹	完事（坏事了）
晏歇会	ʔɛᵉ⁵ɕiɪʔ⁷ɦue⁶	（应酬语）回头见
困坦觉	kʰuəŋ⁵tʰɛᵉ⁽³⁾kɔɻ⁵	安安稳稳地睡觉
困晏觉	kʰuəŋ⁵ʔɛᵉ⁵kɔɻ⁵	午饭后短时间的睡眠
做一床	tsu⁵ʔiɪʔ⁷dzã²	合睡一床
做生活	tsu⁵sã¹ɦuəɻʔ⁸	干活，泛指劳动
做生意	tsu⁵sã¹ʔiʔ⁵	经商；当店员
做事体	tsu⁵sɿ⁵tʰi⁽³⁾	做事情；办喜事
吊膀子	tiɔɻ⁶pã³tsɿ³	调情
拜利市	pɑ⁵li⁶zɿ⁶	谢神，求吉利
抬杠子	dɛᵉ²kã³tsɿ³	争辩；唱反调
变把戏	pie⁵pɔɻ³ɕi⁵	变魔术，耍杂技
放白鸽	fã⁵bʌʔ⁸kəʔ⁷	拐骗钱财的一种手段；说空话

续表

词语	词音	词义
合家欢	ɦiəʔ⁸kaˈhuɤəˈ¹	全家福
吹风凉	tsʰɿeˈ¹liãˈ²foŋ²	乘凉
扛木梢	kãˈ³moʔ⁸sɔˈ¹	上别人的当去做某件事
转折亲	tsɤəˈ³seʔ⁸tsʰɪŋ¹	沾亲带故、勉强拉上点关系的亲戚
转念头	tsɤəˈ³ɲie⁶deˈ²	思考，动脑筋
有讲头	ɦiəu⁴kãˈ³deˈ²	指谈得来
有花头	ɦiəu⁴fɔˈ²deˈ²	有问题，有花招
搭死掼	taʔ⁷sɿ³guɛᵉ⁶	工作懒散、不负责任
搭夜作	taʔ⁷ɦia⁶tsoʔ⁷	夜间干活儿不睡觉
伤风化	sãˈ¹foŋ²hɔˈ⁵	败坏风俗教化
踏水车	dʌʔ⁸sɿ³tsʰɿˈ¹	踩水车，用脚踩给予动力
乘风凉	dzəŋ²foŋˈ¹liã²	乘凉
消消闲	siɔˈ¹siɔˈ¹ɦie²	消磨时间
团团转	dɤə²dɤəˈtsɤəˈ⁵	转圈圈儿
剥剥皮	poʔ⁷poʔ⁷bi²	剥皮
跺跺脚	tu⁵tu⁵tɕiʌʔ⁷	跺脚
扎扎紧	tsʰʌʔ⁷tsʰʌʔ⁷tɕiŋ³	扎紧
浮泡泡	ve²pʰɔˈ⁵pʰɔˈ⁵	浮泡
讨媳妇	tʰɔˈ⁽³⁾siiʔ⁷vu⁶	娶媳妇，男子结婚
凑公份	tsʰeˈ⁵kʰoŋˈ¹vəŋ⁶	"凑份子"，各人拿出若干钱合起来送礼或办事
排排坐	ba²ba²dzu⁶	并排端正地坐
毛毛算	mɔˈ²mɔˈ²sɤəˈ⁵	大约估算
捉牙虫	tsoʔ⁷ŋa²dzoŋ²	旧时以剔除牙虫治病为名的骗术
板面孔	pɛᵉˈ³mie⁶kʰoŋ⁽³⁾	板脸，怒容、生气
刮地皮	kuʌʔ⁷diˈ⁶bi²	喻贪官污吏搜刮民财，形同刮地皮一样寸草不留
舂舂烂	tsʰoŋˈ¹tsʰoŋˈ¹lɛᵉ⁶	把东西放在石臼或乳钵里捣掉皮壳或捣碎
晾衣裳	liã⁶ʔiˈ¹zã²	晒衣服
着衣裳	tsʌʔ⁷ʔiˈ¹zã²	穿衣服
汏衣裳	tʰa⁽³⁾ʔiˈ¹zã²	洗衣服
别转头来	biiʔ⁸tsɤəˈ³deˈ²lɛᵉ²	回过头来
瞎七搭八	hʌʔ⁷tsʰiiʔ⁷taʔ⁷pʌʔ⁷	胡说八道
搭七搭八	taʔ⁷tsʰiiʔ⁷taʔ⁷pʌʔ⁷	随便跟人拉扯；胡言乱语
夹七夹八	kʌʔ⁷tsʰiiʔ⁷kʌʔ⁷pʌʔ⁷	混杂不清，没有条理（多指说话）
七支八搭	tsʰiiʔ⁷tsɿ¹pʌʔ⁷taʔ⁷	不团结；随意扯
虎起了脸	hu³tɕi³ləʔ⁸lie⁴	紧绷着脸
晒脱了力	sa⁵tʰəʔ⁷ləʔ⁸liiʔ⁸	脱，掉
相帮出肩	siãˈ¹pãˈtsʰəʔ⁷tɕie¹	打抱不平
养家活口	ɦiãˈ³kaˈɦuəʔ⁸kʰe⁽³⁾	维持一家人的生活
带挡相帮	ta⁵tãˈ⁵siãˈ¹pã¹	搭档
谈山海经	dɛᵉ²sɛᵉˈ¹hɛᵉ³tsiŋ¹	谈天或讲故事
等一歇歇	təŋ³ʔiiʔ⁷ɕiiʔ⁷ɕiiʔ⁷	等一下下
另有一功	liŋ⁶ɦiəu⁴ʔiiʔ⁷koŋ¹	待人处事与众不同

续表

词语	词音	词义
响动了人声	ɕiã⁷doŋ⁶lə⁸ʔŋɲ²sã¹	响起说话人的声音
掮水浸木梢	dzie²sʅ³tsɿŋ¹moʔ⁸sɔ.¹	同"掮木梢",受人哄骗轻易承担某件事

14. 心理 / 否定

词语	词音	词义
需索	sy¹soʔ⁷	求取、勒索
恶心	ʔoʔ⁷sɿŋ¹	恶心
惹厌	za⁴ʔɪŋ⁵	讨厌
讨厌	tʰɔ.⁽³⁾ʔɪŋ⁵	令人烦恼,惹人心烦
故意	ku⁵ʔi⁵	有意,存心
有意	ɦiəu⁴ʔi⁵	有意图;有愿望,有情义
晓得	ɕiɔ.³təʔ⁷	知晓,知道,了解
苦恼	kʰu⁽³⁾nɔ.⁴	烦恼,可怜
巴望	pɔ.¹mã⁶	盼望,希望
懊悔	ʔɔ.³hue³	后悔
希奇	ɕi¹dʑi²	(动词)喜欢;(形容词)奇怪
煞火	sʌ ʔ⁷hu³	过瘾
相信	siã¹sɪŋ⁵	喜欢,爱好;认为正确
由性	ɦiəu²sɪŋ⁵	任性,任凭心意
起劲	tɕʰi⁽³⁾tɕɪŋ⁵	高兴,兴冲冲
长性	dzã²sɪŋ⁵	耐心;长久的意志
定规	dɪŋ⁶kue¹	决定下来;一定
自道	dzʅ⁶dɔ.⁶	自己认为
急然	dziɪ ʔ⁸sʌ ʔ⁷	急得不得了
瞎起劲	hʌʔ⁷tɕʰi³tɕɪŋ⁵	白费心计
好字相	hɔ.³bə ʔ⁸siã¹	有趣(儿),好玩儿
巴不得	pɔ.¹pəʔ⁷təʔ⁷	对某事物迫切希望
当不得	tã¹pəʔ⁷təʔ⁷	不能当
死不肯	sʅ³pə ʔ⁷kʰəŋ⁽³⁾	坚决不肯
怕势势	pʰɔ.⁵sʅ⁵sʅ⁵	可怕,吓人
徒乱人意	du²lʁə⁶ɲɲ²ʔi⁵	只会扰乱人们的心绪或思想
覅	viɔ.⁶	不要
勿	və ʔ⁸	不要
勿消	və ʔ⁸siɔ.¹	不需要,不用
勿有	və ʔ⁸ɦiəu⁴	没有
勿要	və ʔ⁸ʔiɔ.⁵	不要
勿得	və ʔ⁸tə ʔ⁷	不得
勿罢	və ʔ⁸ba²	没关系,没办法;不止,不停
勿碍	və ʔ⁸ŋɛ⁶	不止;不停
勿曾	və ʔ⁸dzən²	不曾,没有
勿错	və ʔ⁸tsʰoʔ⁷	尚好,还可以
勿行	və ʔ⁸ɦiŋ²	从来没有过

续表

词语	词音	词义
勿差	vəʔ⁸tsʰɑ¹	不错
勿响	vəʔ⁸ɕiã⁵	不作声
勿平	vəʔ⁸bɪn²	不公平
勿然	vəʔ⁸dʑɤəɬ²	不这样
勿来	vəʔ⁸lɛᵉ²	不来
勿对	vəʔ⁸te⁵	不对
勿大	vəʔ⁸dɑ⁶	不大
勿好	vəʔ⁸hɔ˙³	不可以；不舒服
勿局	vəʔ⁸dʑio⁸	不好
勿兴	vəʔ⁸ɕɪŋ¹	不行
勿晓得	vəʔ⁸ɕiɔ˙³təʔ⁷	不知道
勿认得	vəʔ⁸ȵɪŋ⁶təʔ⁷	不认得
勿舍得	vəʔ⁸sɔ˙³təʔ⁷	舍不得
勿作兴	vəʔ⁸tsoʔ⁷ɕɪŋ¹	不能够；不应该
勿得了	vəʔ⁸təʔ⁷ləʔ⁸	不得了
勿识货	vəʔ⁸səʔ⁷hu⁵	不识货
勿适意	vəʔ⁸səʔ⁷ʔi⁵	不舒服
勿久长	vəʔ⁸tsiəu³	不长久
勿早点	vəʔ⁸tsɔ˙³tie³	不早点
勿齐心	vəʔ⁸dʑi²sɪŋ¹	不齐心
勿见脱	vəʔ⁸tɕie⁵tʰəʔ⁷	丢失
差勿多	tsʰɑ¹vəʔ⁸tu¹	差不多
吃勿消	tɕiɪʔ⁷vəʔ⁸siɔ˙¹	吃不消，指不能支持
舍勿得	sɔ˙³vəʔ⁸təʔ⁷	舍不得
对勿住	te⁵vəʔ⁸dʑʮ⁶	对不起
月勿明	ȵyəɬ⁸vəʔ⁸mɪn²	月不明亮
水勿清	sʮ³vəʔ⁸tsʰɪŋ¹	水不清澈
路勿熟	lu⁶vəʔ⁸zoʔ⁸	路不熟悉
听勿清	tʰɪŋ¹vəʔ⁸tsʰɪŋ¹	听不清楚
养勿起	ɦiã⁴vəʔ⁸tɕʰi⁽³⁾	养不起
弗进	vəʔ⁸tsɪŋ⁵	不进
弗晓得	vəʔ⁸ɕiɔ˙³təʔ⁷	不明白，不知道，不清楚
弗识货	vəʔ⁸səʔ⁷hu⁵	不认得货物的好坏
弗舍得	vəʔ⁸sɔ˙³təʔ⁷	不舍得
呒	m̩	没有
呒用	m̩ ɦioŋ⁶	没出息
呒不	m̩ pəʔ⁷	（动词）没有；（副词）没
呒啥	m̩ sɑ⁵	没有什么
呒趣	m̩ tsʰy⁵	同"呒趣"，没趣
呒法子	m̩ fʌʔ⁸tsʮ³	没有办法
呒人做	m̩ ȵɪŋ²tsu⁵	没有人去做
呒人尝	m̩ ȵɪŋ²dzã²	没有人去尝

续表

词语	词音	词义
呒人晓得	m̩ ȵin²ɕiɔ.³tə?⁷	没有人知道
未得	vi⁶tə?⁷	没有关系

15. 性质 / 状态

词语	词音	词义
蒿	hɔ.¹	哈辣
薄	bo?⁸	（粥）稀
木	mo?⁸	头脑迟钝；动作不灵敏
刁	tiɔ.¹	苛求（指食物）；坏，狡猾
灵	liŋ²	有效验；灵活
白	pʌ?⁷	用白眼看人，表示不满或看不起；地方话、土话
瘪	piɪ?⁷	物体表面凹下去，不饱满；精神不振
晏	ʔɛᵉ⁵	迟，晚
长	dzã²	（身材）高
黏	ȵie²	粘
阔	kʰuəʔ?⁷	阔气；宽
苦	kʰu⁽³⁾	穷
老	lɔ.⁴	年岁大；很
冷	ləŋ⁴	温度低；使冷（多指食物）
壮	tsã⁵	（人）胖；（鸡）肥；（庄稼）粗壮
羞	siəu¹	害臊，难为情
痴	tsʰɿ¹	傻；精神失常
稀	ɕi¹	少，疏
响	ɕiã³	出声
寿	ze⁶	土头土脑，不通世故，不懂人情
牢	lɔ.²	结实
破	pʰu⁵	破烂；坏、不好
发	fʌ?⁷	（家道）兴旺
败	ba⁶	（家道）衰落
清	tsʰiŋ¹	清淡；营业数额少
阴	ʔiŋ¹	冷，凉
局	dzio²	（形容词）行、好；叹词
亨	ɦəŋ²	形容有财势或有地位
乖	kuʌ¹	聪明
怕	pʰɔ.⁵	丑，难看
耿	kəŋ³	（脾气）倔
健	dzie⁶	身体结实，行动灵便的样子；东西煮得不太烂
郎	lã²	稀疏
假	ka¹	神气
猛	mã²	密
宿	so?⁷	过时的，过去的；不灵通
雄	ɦioŋ²	（禽兽）公的

续表

词语	词音	词义
鹅	ŋu²	傻，笨
强	dʑiã²	（价格）便宜、低廉；顶撞，挣扎
趣	tsʰy⁵	漂亮、美丽
糯	nu⁶	（声音）柔和，婉转动听
憨	ɦɿəɬ²	傻，楞
耗	hɔ̗⁵	形容食油或含油类食物经久变坏的味道
旺	ɦiã⁶	火势旺盛
僵	tsiã¹	糟
厌	ʔie⁵	调皮
厌气	ʔie⁵tɕʰi⁵	寂寞；气闷
厌酸	ʔie⁵srəɬ¹	腻烦；胃口差
硬石	ŋã⁶zʌʔ⁷	心肠（硬）
硬气	ŋã⁶tɕʰi⁵	刚强
软熟	ȵyɿəɬ⁴zoʔ⁸	柔软
臭韧	tsʰe⁵zəŋ⁶	（嘉兴等地话）不干脆，不爽快
快活	kʰuɑ⁵ɦuəɬʔ⁸	愉快
开心	kʰɐᵋˡsiŋ¹	高兴，快活
赖皮	lɑ⁶bi²	顽皮；耍赖
顶真	tiŋ³tsən¹	认真
神气	zəŋ²tɕʰi⁵	男的漂亮
野气	ɦiɑ⁴tɕʰi⁵	兴旺
野淡	ɦiɑ⁴dɐᵋ⁴	偏僻，荒凉
龌龊	ʔoʔ⁷tsʰoʔ⁷	脏，不干净
便当	bie⁶tã¹	方便，容易
便宜	bie²ȵi²	方便合适；便利
便利	bie²li⁶	方便
带便	tɑ⁵bie²	顺便
清健	tsʰiŋ¹dʑie⁶	健康（多用于老人）
清爽	tsʰiŋ¹sã³	干净；清静
适意	səʔ⁷ʔi⁵	好受，舒服
懊恼	ʔɔ̗⁵nɔ̗⁴	后悔
悲惨	pe¹tsʰɿəɬ¹	悲苦，凄惨
疙瘩	kəʔ⁷tʌʔ⁷	别扭，不好相处
滑稽	ɦuʌʔ⁸dʑi²	（言语、动作）引人发笑；曲艺，流行于江浙
发松	fʌʔ⁷soŋ¹	有趣，滑稽
发辣	fʌʔ⁷lʌʔ⁸	干活儿粗心、毛糙
考究	kʰɔ̗⁽³⁾tɕiəu⁵	质量好，精美；（动词）讲求（吃穿）
可恶	kʰu⁽³⁾ʔoʔ⁷	令人厌恶、恼恨及憎恶
恶揢	ʔoʔ⁷kʰaʔ⁷	阴险
懒朴	lɐᵋ⁴pʰoʔ⁷	懒惰，懒怠
懒丝	lɐᵋ⁴sɿ¹	懒惰
老枪	lɔ̗⁴tsʰiã¹	老练

词语	词音	词义
老气	lɔ.⁴tɕʰi⁵	年纪很大的样子，过于成熟
老式	lɔ.⁴sə7⁷	过去，以前
老辣	lɔ.⁴lʌʔ⁸	老练，狠毒
老例	lɔ.⁴li⁶	指旧规矩、旧习惯
风凉	foŋ¹liã²	凉快
惹气	zɑ⁴tɕʰi⁵	讨厌
尴尬	kɛᵉ¹kɑ⁵	处境困难，不好处理；（神色、态度）不自然
肉麻	ȵioʔ⁸mɔ.²	举动庸俗卑下，令人不舒服；舍不得，心疼
肉痛	ȵioʔ⁸tʰoŋ⁵	心疼，舍不得
麻利	mɔ.²li⁶	敏捷，迅速
挺刮	tʰɪŋ⁽³⁾kuʌʔ⁷	较硬而平整
光鲜	kã¹sie¹	光彩鲜艳
么魔	moʔ⁸mu²	小而丑
难看	nɛᵉ²kʰɤə⁺⁵	不顺眼，不好看，引申为因心情不好而表情异常
难过	nɛᵉ²ku⁵	难受；过不去
难闻	nɛᵉ²məŋ²	气味不好，令人难受
难绷	nɛᵉ²pã¹	（嘉兴话）使人有难受的感觉；不好看
难煞	nɛᵉ²sʌʔ⁷	很难，使人为难
淘气	dɔ.¹tɕʰi⁵	吵架；生闲气；调皮
暖热	nɤə⁺⁴ȵiɪʔ⁸	暖和
闹热	nɔ.⁶ȵiɪʔ⁸	热闹
闹忙	nɔ.⁶moŋ²	热闹
顶真	tʰɪŋ³tsəŋ¹	认真
像样	ziã⁶ɦiã⁶	合乎情理；体面好看
欢喜	huɤə⁺¹ɕi³	喜欢
窝心	ʔu¹sɪŋ¹	开心，高兴
鲜鲜	sie¹sie¹	新鲜
标致	piɔ.¹tsɹ⁵	美丽（指人）
标劲	piɔ.¹tɕiŋ⁵	倔强的脾气
得法	təʔ⁷fʌʔ⁷	得意
得局	təʔ⁷dʑio⁸	得意
得神	təʔ⁷zəŋ²	高兴、愉快；舒服；得意
得喜	təʔ⁷ɕi³	高兴
正式	tsəŋ⁵sə7⁷	合乎公认的标准，合乎一定手续
正经	tsəŋ⁵tɕiŋ¹	正常
正路	tsəŋ⁵lu⁶	正常
半青	pɤə⁺⁵tsʰɪŋ¹	不成熟
动气	doŋ⁶tɕi⁵	生气
时路	zɿ²lu⁶	时髦，时兴
摩登	mu²təŋ³	时髦，时尚
古板	ku³pɛᵉ³	固执
爽性	sã³sɪŋ⁵	干脆

续表

词语	词音	词义
疲悔	tɕiɜu⁵huɛ³	因负疲而后悔
倒灶	tɔ.⁵tsɔ.⁵	倒楣，倒霉。也作"倒槽"
褊急	pie³tɕiɳʔ⁷	气量狭小，性情急躁
噜苏	lu⁴su¹	啰嗦
灵动	liɳ¹doɳ⁶	灵活，灵验
活脱	ɦuɐɬʔ⁸tʰə ʔ⁷	（相貌、举止）极像
原生	ŋyɤɬʔ²səɳ¹	完整，整个儿
下作	ɦiɔ.⁶tsoʔ⁷	下流
刮皮	kuʌʔ⁷bi²	（形容词）吝啬；（动词）会打算，占人便宜
晏晏	ʔɛᵋ⁵ʔɛᵋ⁵	和悦的样子
风光	foɳ¹kã¹	（形容词）体面，光彩；（动词）炫耀
着力	tsʌʔ⁷liɳʔ⁸	努力；厉害
着末	tsʌʔ⁷məʔ⁸	最后
起劲	tɕʰi⁽³⁾tɕɛɳ⁵	高兴，卖力
吃力	tɕʰiɳʔ⁷liɳʔ⁸	累（得慌），疲劳
吃区	tɕʰiɳʔ⁷tɕʰy¹	吃亏
喷香	pəɳ⁵ɕiã¹	香气浓厚
生青	səɳ¹tsʰiɳ¹	很青，用"生"形容青的程度很深
滚壮	kuəɳ³tsã⁵	很壮，胖
多化（花）	tu¹hɔ.¹	很多，许多
不盈	pəʔ⁷ɦiɳ²	不满
作势	tsoʔ⁷sɿ⁵	形容人的一种姿态，装模作样，装腔作势
把细	pɔ.⁴si⁵	仔细
蹩脚	biɳʔ⁷tɕiʌʔ⁷	质量不好
熟市	zoʔ⁸zɿ⁶	熟悉，熟识。也作"熟事"
空心	kʰoɳ¹siɳ¹	空腹
蹺奇	tɕʰiɔ.¹dʑi²	奇怪，可疑。同"蹺蹊"
鲜甜	sie¹die²	鲜美甘甜
出惊	tsʰəʔ⁷tɕɛɳ¹	吃惊，意想不到
登样	təɳ¹ɦiã⁶	漂亮
末堂	məʔ⁷dã²	最后一个出生的
短气	tɤɬʔ¹tɕʰi⁵	灰心丧气
薄幸	boʔ⁸ɦiɳ⁶	薄情，负心（多指男方）
孟浪	moɳ⁶lã⁶	鲁莽，轻率
面嫩	mie⁶nəɳ⁶	羞涩，不老练
齐整	dʑi²tsəɳ³	端正，美丽，漂亮
饿煞	ŋu⁶sʌʔ⁷	极饿
冻煞	toɳ⁵sʌʔ⁷	极冷
势利	sɿ⁵li⁶	以地位高低、财产多少等分别对待人的表现
利害	li⁶ɦiɛᵋ⁶	关系、干系；厉害
道地	dɔ.⁶ti⁵	地道，真正的、纯粹的
气闷	tɕʰi⁵məɳ⁵	寂寞

续表

词语	词音	词义
浊气	dzoʔ⁸tɕʰi⁵	俗气
配称	pʰe⁵tsəŋ⁵	配合得当，相称
别脚	biiʔ⁸tɕiʌʔ⁷	质量不好；潦倒，失意。也作"蹩脚"
彭亨	bã²həŋ¹	物体庞大，不灵活
莽浪	mã²lã⁶	虚诞
蜜甜	miiʔ⁸die²	形容像蜜一样甜
武气	vu⁴tɕʰi⁵	粗壮，威武
嫡亲	tiiʔ⁷tsʰɪŋ¹	血统最亲近的
退板	tʰe⁵pɛᵉ³	差，坏
贴配	tʰiiʔ⁷pʰe⁵	正合适
乐耳	loʔ⁸ŋi⁴	顺耳
乐胃	loʔ⁸ɦue⁶	舒畅，安逸
各样	koʔ⁷ɦiã⁶	不一样
厚皮	ɦie²bi²	形容脸皮厚
娇寡	tɕiɔˌ¹kɔˌ³	形容身体娇嫩、虚弱
即溜	tsiiʔ⁷liɤu²	敏捷机灵
极形	dʑiiʔ⁸ɦiŋ²	惊恐、发急的样子
极相	dʑiiʔ⁸siã⁵	惊恐的神情
勤谨	dʑɪŋ²tɕɪŋ¹	勤快，勤劳
腻腥	ŋi⁶sɪŋ¹	脏，不干净
促掐	tsʰoʔ⁷kʰʌʔ⁷	阴险
受用	zə⁶ɦioŋ⁶	舒服
笨货	bəŋ⁶hu⁵	笨人
笨贼	bəŋ⁶dzəʔ⁷	笨蛋
做人家	tsu⁵ŋɪŋ²kɑ¹	节省，节约
破工夫	pʰu⁵koŋ¹fu¹	花费点时间
顶顶准	tɪŋ³tɪŋ³tsəŋ³	很准
软绵绵	ŋyɤɬ⁴mie²mie²	形容柔软
饱支支	pɔˌ¹tsʅ¹tsʅ¹	形容很饱
胖笃笃	pʰã⁵toʔ⁷toʔ⁷	形容肥胖的样子
腻得得	ŋi⁶təʔ⁷təʔ⁷	形容黏
慌稀稀	hã¹ɕi¹ɕi¹	形容有些慌张
汗滋滋	ɦiɤɬ⁶tsʅ¹tsʅ¹	形容微微出汗的样子
厚笃笃	ɦie²toʔ⁷toʔ⁷	形容很厚
浑淘淘	ɦuəŋ²dɔˌ²dɔˌ²	形容神魂颠倒的样子
瘦骨骨	se⁵kuɤɬʔ⁷kuɤɬ⁷	形容身体或脸极瘦
挨模样	ʔɑ¹mu²ɦiã⁶	差不多
稳笃磁	ʔuəŋ³toʔ⁷tsʅ	形容很有把握的样子
软披披	ŋyɤɬ⁴pʰi¹pʰi¹	柔软；受潮发软
软洋洋	ŋyɤɬ⁴ɦiã²ɦiã²	形容无力的样子
硬绷绷	ŋã⁶pã¹pã¹	很硬的样子
硬古古	ŋã⁶ku³ku³	饱满硬实的样子

续表

词语	词音	词义
臭西西	tsʰe⁵si¹si¹	形容有些臭
呆顿顿	ŋɛ²təŋ⁵təŋ⁵	发呆的样子
懒丝丝	lɑ⁶sɿ¹sɿ¹	提不起精神，没精打采的样子
懒屁股	lɑ⁶pʰi⁵ku³	串门时，坐久了不想起来
松波波	soŋ¹pu¹pu¹	不结实；不紧密
气吼吼	tɕʰi⁵he³he³	很气愤
气烘烘	tɕʰi⁵hoŋ¹hoŋ¹	很生气
抖簌簌	te³soʔ⁷soʔ⁷	颤抖的样子
乌黑黑	ʔu¹həʔ⁷həʔ⁷	形容密集的人；很黑
乌霉霉	ʔu¹me²me²	形容青黑色
乌糟糟	ʔu¹tsɔ¹tsɔ¹	乌七八糟，不整洁
乌青青	ʔu¹tsʰɪŋ¹tsʰɪŋ¹	形容天蒙蒙亮
乌油油	ʔu¹ɦiəu²ɦiəu²	肥润的样子
乌亮亮	ʔu¹liã⁶liã⁶	形容又黑又亮
黑里俏	həʔ⁷li⁴ɦiɔ⸴⁶	皮肤虽然黑但很美
黑簇簇	həʔ⁷tsʰoʔ⁷tsʰoʔ⁷	暗黑的物体成堆、成团、成丛
黑森森	həʔ⁷səŋ¹səŋ¹	黑而浓密的样子
黑魆魆	həʔ⁷tsyəʔ⁷tsyəʔ⁷	形容黑暗
黑越越	həʔ⁷ɦyəʔ⁸ɦyəʔ⁸	光线昏黑或暗黑的形状
油绿绿	ɦiəu²loʔ⁸loʔ⁸	形容光润而浓绿的样子
乱哄哄	lɹəʔ⁶hoŋ¹hoŋ¹	形容声音嘈杂
闹烘烘	nɔ⸴⁶hoŋ¹hoŋ¹	形容很喧闹
墨漆黑	məʔ⁸tsʰiʔ⁷həʔ⁷	形容非常黑
墨墨黑	məʔ⁸məʔ⁸həʔ⁷	形容很黑
白白里	bəʔ⁸bəʔ⁸li⁴	白白的
白白叫	bəʔ⁸bəʔ⁸tɕiɔ⸴⁵	白白的
白松松	bəʔ⁸soŋ¹soŋ¹	形容须发白而蓬松
白涂涂	bəʔ⁸du²du²	光线不分明
白塌塌	bəʔ⁸tʰAʔ⁷tʰAʔ⁷	形容有点白
白洋洋	bəʔ⁸ɦiã²ɦiã²	形容因失望而发呆的样子；形容很明亮
白相相	bəʔ⁸siã⁵siã⁵	玩，玩一玩
白寥寥	bəʔ⁸liɔ⸴²liɔ⸴²	形容脸色苍白无血
雪雪白	sɪʔ⁷si²bəʔ⁸	非常白
发痴了	fAʔ⁷tsʰɿ¹lə⁸	傻了
勿色头	vəʔ⁸səʔ⁷de²	倒楣，晦气
触霉头	tsʰoʔ⁷me²du²	倒楣
热烘烘	ŋiɪ⁸hoŋ¹hoŋ¹	形容很热
湿漉漉	səʔ⁷loʔ⁸loʔ⁸	很湿的样子
滴溜溜	tiɪʔ⁷liəu²liəu²	旋转或流动的意思
泛淘淘	fɛ⁵dɔ⸴²dɔ⸴²	形容要呕吐的感觉
精打光	tsɪŋ¹tã³kã¹	一无所有
紧洞洞	tɕiŋ³doŋ²doŋ⁶	形容紧密

词语	词音	词义
静悄悄	dzɪŋ⁶tsʰiɔˌ³tsʰiɔˌ³	形容很安静，没有声响
干渣渣	krə˦¹tsɔˌ¹tsɔˌ¹	很干
水淋淋	sʅ³lɪŋ²lɪŋ²	形容水往下直流的样子
灰簇簇	hue¹tsʰoʔ⁷tsʰoʔ⁷	阴暗模糊貌
青森森	tsʰɪŋ¹sən¹sən¹	形容竹木等青绿幽深
汤漉漉	tʰã¹loʔ⁸loʔ⁸	很稀
巍颤颤	ɦue²tsʳə˦⁵tsʳə˦⁵	颤抖的样子
金黄黄	tɕɪŋ¹ɦã²ɦã²	很黄
汹汹然	ɕioŋˌ¹ɕioŋˌ¹dzʳə˦²	指声音大，喧嚣
狠霸霸	ɦən³pɔˌ⁵pɔˌ⁵	形容凶狠的样子
重甸甸	dzoŋ⁶die⁶die⁶	形容沉重
明朗朗	mɪŋ²lã⁴lã⁴	形容光明，明亮
扑簌簌	pʰoʔ⁷soʔ⁷soʔ⁷	形容眼泪纷纷落下的样子
萧索索	siɔˌ¹soʔ⁷soʔ⁷	形容稀疏的小雨
乱轰轰	lrə˦⁶hoŋ¹hoŋ¹	形容场面纷乱
乱札札	lrə˦⁶tsʌʔ⁷tsʌʔ⁷	形容心里很乱
乱嘈嘈	lrə˦⁶dzɔˌ²dzɔˌ²	乱糟糟，形容心里烦乱或事物杂乱无章
爽辣辣	sã³lʌʔ⁸lʌʔ⁸	形容很痛快
骨碌碌	kuə˦ʔ⁷loʔ⁸loʔ⁸	转动很快的样子
怕势势	pɔˌ¹sʅ⁵sʅ⁵	可怕，吓人
寿血血	ze⁶ɕyə˦ʔ⁷ɕyə˦ʔ⁷	形容很傻。也作"寿搭搭"
绿汪汪	loʔ⁸ʔã¹ʔã¹	形容碧绿而滋润
老面皮	lɔˌ⁴mie⁶bi²	形容脸皮厚
死洋洋	sʅ³ɦiã²ɦiã²	完蛋，毫无希望
滑塔塔	ɦuʌʔ⁸tʰʌʔ⁷tʰʌʔ⁷	形容有一些滑。也作"滑溏溏"
咸塔塔	ɦɛᵉ²tʰʌʔ⁷tʰʌʔ⁷	略微带点咸
冷疏疏	lã⁴su¹su¹	形容有点冷
香窜窜	ɕiã¹tsʰrə˦⁵tsʰrə˦⁵	形容很香
笑微微	siɔˌ⁵vi²vi²	形容微笑的样子。也作"笑弥弥"
面团团	mie⁶drə˦²drə˦²	形容脸又胖又圆
火惹惹	hu³za⁴za⁴	指火辣辣。形容兴奋、激动、害羞等情绪
没脚蟹	mə˦ʔ⁸tɕiʌʔ⁷ha³	没有脚的螃蟹。喻无活动能力者（物或人）
空落落	kʰoŋ¹loʔ⁸loʔ⁸	形容屋子、箱子里没有什么东西
红喷喷	ɦoŋ²pʰəŋ¹pʰəŋ¹	形容脸色红润，很健康的样子
贼忒忒	dzə˦ʔ⁸tʰəʔ⁷tʰəʔ⁷	形容眼神不正派
直荡荡	dzɔʔ²dã⁶dã⁶	形容敞开没有遮蔽
冰冰冷	pɪŋ¹pɪŋ¹lã⁴	形容极冷
好字相	hɔˌ³bəʔ⁸siã¹	好玩头，很有趣
难为情	nɛᵉ²ɦue²dzɪŋ²	害臊，害羞
大廓落落	da³kʰoʔ⁷loʔ⁸loʔ⁸	瘦削，瘦骨嶙峋的样子
生青滚壮	səŋ¹tsʰɪŋ¹kuəŋ¹tsã⁵	又嫩又肥
热你的昏	ȵiɪʔ⁸ȵi¹tiˌʔ⁷huəŋ¹	说荒唐话，加"你的"，即这话太荒唐

续表

词语	词音	词义
刁钻古怪	tiɔ,¹tsʅɤˀɬ¹ku³kua⁵	狡猾奸诈
更深人静	kəŋ¹səŋ¹ȵiŋ²tsiŋ⁵	深夜没有人声，非常寂静
毛毛草草	mɔ,²mɔ,²tsɔ,³tsɔ,³	头发不柔顺或办事粗心、浮躁、不细心
清清爽爽	tsʰiŋ¹tsʰiŋ¹sã³sã³	清清楚楚
着末收梢	tsɐʔ⁷məʔ⁸se¹sɔ,¹	最后、结果
一塌糊涂	ʔiɪʔ⁷tʰɐʔ⁷ɦu²du²	形容乱到或糟到不可收拾的地步
一貌堂堂	ʔiɪʔ⁷mɔ,⁶dã²dã²	指一表人才
一塌括子	ʔiɪʔ⁷tʰɐʔ⁷kuɐʔ⁷tsʅ³	全部，通通
黑铁袜搭	həʔ⁷tʰiɪʔ⁷mɐʔ⁸tɐʔ⁷	形容非常黑
散散落落	sɛ⁵ɛsɛ⁵ɛloʔ⁸loʔ⁸	形容稀疏的样子
五颜六色	ʔu³ɦie²loʔ⁸səʔ⁷	红红绿绿
了了清清	liɔ,⁴liɔ,⁴tsʰiŋ¹tsʰiŋ¹	清清楚楚
异个道路	ɦi⁶ku⁵dɔ,²lu⁶	形容语言举止与众不同
缩缩势势	soʔ⁷soʔ⁷sʅ¹sʅ⁵	形容畏惧、害怕的样子
阴阳怪气格	ʔiŋ¹ɦiã²kuɛɛˀ⁵tɕʰi⁵kɐʔ⁷	无精打采

16. 指代 / 数量

（1）指代

词语	词音	词义
吾	ʔu³	我
吾奴	ʔu³nu²	我
㑚	ne⁴	你
伊	ʔi¹	他
我	ŋu⁴	我
你	ŋi⁴	你
他	tʰɑ¹	他
吾伲	ʔu³ŋɑ²	我们
㑚拉	ne⁴lɐʔ⁸	你们
伊赖	ʔi¹lɑ⁶	他们。也作"伊拉"
我们	ŋu⁴məŋ²	我们
你们	ŋi⁴məŋ²	你们
他们	tʰɑ¹məŋ²	他们
自家	dzʅ⁶kɑ¹	自己
啥	sɑ⁵	什么
啥人	sɑ⁵ŋiŋ²	谁
啥个	sɑ⁵ku⁵	哪个
啥格	sɑ⁵kɐʔ⁷	什么，怎么
捺蟹	nɐʔ⁸hɑ³	怎么
甚么	zəŋ⁶moʔ⁸	甚么
介	kɑ²	这么
格（葛）	kɐʔ⁷	这；（助词）的
格（葛）够（个）	kɐʔ⁷ke⁵	这个

词语	词音	词义
格（蛮）号	kʌʔ⁷ɦɔ˸⁶	这种
格（蛮）面	kʌʔ⁷mie⁶	这面
格（蛮）搭	kʌʔ⁷tʌʔ⁷	这里
格（蛮）点	kʌʔ⁷tie³	这些
格（蛮）格	kʌʔ⁷kʌʔ⁷	这个
格位	kʌʔ⁷ɦue⁶	这位
格事	kʌʔ⁷zɿ⁶	这事
格（蛮）套	kʌʔ⁷tʰɔ˸⁵	这种；这会儿
格（蛮）能	kʌʔ⁷nəŋ²	这样；这个
格（蛮）辈	kʌʔ⁷pe⁵	这些
那哈	nɑ⁴hɑ¹	怎么，怎样
实介	dzəʔ⁸kɑ¹	这么
这回	tsəʔ⁷hue¹	这一趟
够够	ke⁶ke⁶	那个
够面	ke⁵mie⁵	那里
拉埭	lɑ²dɛᵉ⁶	那里
喊头	hɛᵉ³de²	那儿
格末	kʌʔ⁷məʔ⁸	那么
华个	hɔ˸¹ku⁵	哪个
华里	hɔ˸¹li⁴	哪里，哪儿
落搭	loʔ⁸tʌʔ⁷	哪，哪里
落里	loʔ⁸li⁴	哪里
落个	loʔ⁸ku⁵	谁，哪个
拉里	lɑ²li⁴	哪里，哪儿
捺蟹	lɑ²hɑ³	怎么
几化	tɕi³hɔ˸⁶	（代词）多少；（副词）多么
几个	tɕi³ku⁵	几个
几时	tɕi³zɿ²	多少时候；什么时候
纳亨	nəʔ⁸həŋ¹	怎么，怎么样
纳亭	nəʔ⁸diŋ²	如何
尊姓	tsəŋ¹siŋ⁵	贵姓
间边	tɕie¹pie¹	这边
陆里	loʔ⁸li⁴	哪，哪里
洛里	loʔ⁸li⁴	哪，哪里
为啥	ɦue²sɑ⁵	为什么
今番	tɕiŋ¹fɛᵉ¹	这一回
今年子	tɕiŋ¹ŋie²tsɿ³	今年
以何因缘	ʔi³ɦu²ʔiŋ¹ɦyɤəʔ²	什么原因

（2）数量

词语	词音	词义
够	ke⁵	个

续表

词语	词音	词义
笃	to$ʔ^7$	滴
部	bu^6	用于机器、车辆
囊	nã^2	桔子一瓣叫一囊
一够	ʔiɿʔ^{7}ke^5	一个
一生	ʔiɿʔ^{7}səŋ^1	一辈子
一世	ʔiɿʔ^{7}sʅ^5	一辈子
一泡	ʔiɿʔ^{7}pʰɔ˞^{1}	一场，一阵
一点	ʔiɿʔ^{7}tie^3	一点儿
一滴	ʔiɿʔ^{7}tiɿʔ^7	一点点
一道	ʔiɿʔ^{7}dɔ˞^{6}	一块儿
一样	ʔiɿʔ^{7}ɦiã^6	一样
一觉	ʔiɿʔ^{7}kɔ˞^{5}	一觉
一趟	ʔiɿʔ^{7}tʰã^5	一趟
一只	ʔiɿʔ^{7}tʂəʔ^7	一趟
一爿	ʔiɿʔ^{7}bɛ^{ε2}	一间
一垛墙	ʔiɿʔ^{7}du^{4}ʥiã^2	一堵墙
一头猫	ʔiɿʔ^{7}de^{2}mɔ˞^{2}	一只猫
一泡眼泪	ʔiɿʔ^{7}pʰɔ˞^{1}ŋɛ^{ε4}li^6	一眶眼泪
二两	ŋɿ^{6}liã^4	重量
二分	ŋɿ^{6}fəŋ^1	长度
二十	ŋɿ^{6}zəʔ^8	数量
两够	liã^{4}ke^5	两个
三千	sɛ^{ε1}tsʰie^1	数目
三个	sɛ^{ε1}kəʔ^7	数量
四个	sʅ^{5}kəʔ^7	数量
五个	ʔu^{3}kəʔ^7	数量
六个	loʔ^{8}kəʔ^7	数量
七个	tsʰiɿʔ^{7}kəʔ^7	数量
八个	pʌʔ^{7}kəʔ^7	数量
九个	tɕiəu^{3}kəʔ^7	数量
十个	zəʔ^{8}kəʔ^7	数量
零度	lɪŋ^{2}du^6	数量

17. 其他

（1）副词

词语	词音	词义
忒	tʰəʔ^7	太
蛮	mɛ^{ε2}	很，非常
秃	tʰoʔ^7	都
毒	doʔ^8	（动词）恨；（形容词）狠毒、刻毒
才	ʥɛ^{ε2}	全，都
怕	pʰɔ˞^{5}	生怕

词语	词音	词义
瞎	hA?⁷	很，非常
邪	ziɑ²	很，非常
暴	bɔ˙⁶	刚，开始
毫燥	ɦiɔ˙²sɔ˙⁵	赶快
特为	dǝ?⁸ɦue²	特地
贴正	tʰiɪ?⁷tsǝŋ⁵	刚好
偷盘	tʰe¹bɤǝɬ²	偷偷地
即目	tsiɪ?⁷mo?⁸	马上
其实	dʑi²zǝ?⁸	其实
逐眼	zo?⁸ŋɛᵉ⁴	逐渐
共总	goŋ⁶tsoŋ¹	总共
一淘	?iɪ?⁷dɔ˙²	一同
忒煞	tʰǝ?⁷sA?⁷	太
像煞	ziã²sA?⁷	好像
才得	dzɛᵉ²tǝ?⁷	刚刚到的
交关	tɕiɔ˙¹kuɛᵉ¹	很，非常
通通	tʰoŋ¹tʰoŋ¹	一共，总共
偏生	pʰie¹sǝŋ¹	偏偏
板定	pɛᵉ³diŋ⁶	必定，一定
倒反	tɔ˙¹fɛᵉ³	反而，反倒
本生	pǝŋ³sǝŋ¹	原来
常庄	dzã²tsã¹	经常
常时	dzã²zʅ²	时常
常怕	dzã²pʰɔ˙⁵	恐怕
恰恰	kʰA?⁷kʰA?⁷	刚才
恰正	kʰA?⁷tsǝŋ⁵	恰巧
刚刚	kã¹kã¹	刚才
约摸（莫）	?A?⁷mo?⁸	大约
赛过	sɛᵉ⁵ku⁵	仿佛是
更加	kǝŋ⁵kɑ¹	更加
定规	diŋ⁶kue¹	一定
横竖（书）	ɦuǝŋ²zʅ⁶	反正
横直	ɦuǝŋ²ɕǝ?⁸	同"横竖"
要是	?iɔ˙⁵zʅ²	如果，如果是
要紧	?iɔ˙⁵tɕiŋ³	赶紧，急着
直头	dzǝ?⁸de²	简直（就是）
真真（个）	tsǝŋ¹tsǝŋ¹	的确
勒郎（浪）	lǝ?⁸lã²	正在
几乎	tɕi¹hu¹	差不多，接近
亏得	kʰue¹tǝ?⁷	多亏
略为	liA?⁸ɦue²	稍微
委实	?ue³ɕǝ?⁸	确实，实在

续表

词语	词音	词义
便是	bie⁶zɿ⁶	就是
马上	mɔ.²zã⁶	立即
碰来	pʰã⁵lɛ⁶²	（副词）也许
稍为	sɔ.¹ɦiue²	稍微
无如	hu³zʯ²	（副词）无奈
多少	tu²sɔ.³	多么
索性（介）	soʔ⁷sɪŋ⁵	索性，干脆
忒格	tʰəʔ⁷kʌʔ⁷	太
在外	dzɛᵉ⁶ŋɑ⁶	另外
总归	tsoŋ³kue¹	终究
才只得	dzɛᵉ²tsəʔ⁷təʔ⁷	才刚到的
整个头	tsəŋ³kəʔ⁷de²	整个儿
囫囵格	vəʔ⁷ləŋ²kʌʔ⁷	整个儿
慢慢教	mɛᵉ⁶mɛᵉ⁶kɔ.¹	慢慢地
幸得亏	ɦɪŋ⁶təʔ⁷kʰue¹	幸得
一直落来	ʔiɿʔ⁷dzəʔ⁸loʔ⁸lɛᵉ²	一直以来
像煞有介事	ziã²sʌʔ⁷ɦiəu⁴kɔ.⁵zɿ²	像个样儿

（2）介词

词语	词音	词义
拿	nɔ.²	把
在	dzɛᵉ⁶	在
搭	tʌʔ⁷	跟，和
替	tʰi⁵	向，同
勒浪	ləʔ⁸lã⁶	在
勒黑	ləʔ⁸hə⁷	在那里

（3）连词

词语	词音	词义
省	sã³	省得
难	nɛᵉ²	乃末，那么
晏	ʔɛᵉ⁵	还，犹
勿然	vəʔ⁸dzɤəɬ²	不然
要末	ʔiɔ.⁵məʔ⁸	要么
若然	zʌʔ⁸dzɤəɬ²	倘若
就算	dziəu⁶sɤəɬ⁵	即使
倘便	tʰã³bie⁶	倘若
倘忙	tʰã³mã²	倘若
若是	zʌʔ⁸zɿ⁶	如果，如果是
譬如	pʰi³zʯ²	比方，比如
或者	ɦuəɬʔ⁸tsɛᵉ³	或者
如果	zʯ²ku³	如果
倘然	tʰã³dzɤəɬ²	如果

续表

词语	词音	词义
格勒	ləʔ⁸ləʔ⁸	所以
格末	ləʔ⁸məʔ⁸	那么
介末	ka⁵məʔ⁸	那么
而况	ŋi²hã⁵	含"何况"之义

（4）叹词

词语	词音	词义
透	tʰe⁵	极，得很
够	ke⁵	的，了
哩	li	了
倷	ne⁴	呢
呸	pʰe	吗，吧
得	təʔ⁷	了
格	ləʔ⁸	的
哉	tsɛe¹	啦，了
啊	ʔaˡ	啊
里	li⁴	（语气助词）相当于"了"
头	de²	用在名词等前面，表时间、处所
介	ka⁵	呢
仔	tsɿ³	（助词）了，着，也作"子"
自管	dzɿ⁶kuɤɬ³	（语气词）管自己
罢哉	ba²tsɛe¹	罢了
结底	tɕiɪʔ⁷ti³	终了，末了

（5）其他词

词语	词音	词义
欸乃	ʔaˡna⁴	（象声词）摇橹声
踢达	tʰiɪʔ⁷dʌʔ⁸	形容走路发出的声音

第三节 现代吴语与近代吴语比较

一、语音比较

（一）声母比较（见表4-8）

表4—8 现代吴语近代吴语声母比较

发音部位＼发音方法	时代	塞音			塞擦音		擦音		鼻音	边音
		清		浊	清	浊	清	浊	浊	浊
帮组	现	p	pʰ	b					m	
	近	p	pʰ	b					m	

续表

发音部位＼发音方法	时代	塞音			塞擦音			擦音		鼻音	边音
		清		浊	清		浊	清	浊	浊	浊
非组	现							f	v		
	近							f	v		
精组	现				ts	tsʰ	ʣ	s	z		
	近				ts	tsʰ	ʣ	s	z		
端组	现	t	tʰ	d						n	l
	近	t	tʰ	d						n	l
章组	现				tɕ	tɕʰ	dʑ	ɕ	(z)	ŋ̊	
	近				tɕ	tɕʰ	dʑ	ɕ	z	ŋ̊	
见组	现	k	kʰ	g						ŋ	
	近	k	kʰ	g						ŋ	
晓组	现	ʔ						h	ɦ		
	近	ʔ						h	ɦ		

从表4-8可知，近代吴语声母有29个，现代吴语声母有28个。

1. 声母dz部分字演变为z母（见表4-9）

表4-9　近代从母（dz）演变为现代邪母（z）例字

韵母	例字
ɑ（a）	①柴豺②惹文③撒
ɔ̣（o）	①查茶③乍
e（ə）	①绸酬仇筹③纣宙俦愁柔揉
ɛᵋ（e）	①才财材裁残③在
ɔ̣（ɔ）	①召朝潮曹槽③赵兆造
ɤə（e）	①缠传椽蚕③传篆
ã（aŋ）	①长常裳尝偿肠场③丈杖仗
ã（ɔŋ）	①藏③藏撞
əŋ（əŋ）	①陈沈尘辰晨臣乘承呈程成城诚层曾存惩乘绳丞③阵郑赠剩
oŋ（oŋ）	①虫重从崇③重仲纵
i（i）	①齐脐
ɿ（ɿ）	①迟池持词磁辞慈驰③治滞字自
ʮ（ʮ）	①除厨橱殊③住柱竖箸
iɑ（ia）	③藉
ie（ie）	①前钱潜③渐贱践饯
iɔ̣（iɔ）	①樵
iəu（iɛ）	①囚③就囚
iã（iaŋ）	①墙③匠
iŋ（iŋ）	①情晴秦旬循巡③尽静净殉
u（u）	③助锄
ɥᵉ（œ）	①谁随椎垂槌缒③睡蕊文锐遂坠罪瑞
y（y）	①徐③聚序叙绪聚
oʔ（oʔ）	⑧轴镯逐⑦濯浊

续表

韵母	例字
əʔ（əʔ）	⑧直值殖植宅文贼杂涉泽择宅
iiʔ/iɛʔ（iʔ）	⑦捷截集疾籍寂⑧习席夕袭绝
ıʔ（iʔ）	⑧绝

注：括号内为近代吴语韵母。

2. 文白异读

文白异读是汉语方言中一种特有的现象，一些汉字在方言中有两种读音。一种是读书识字所使用的语音，称为文读，又叫读书音、文言音；另一种是平时说话时所使用的语音，称为白读，又叫作说话音、白话音。吴语的文白异读尤为突出。受发端于清末、盛于20世纪20年代的"国语运动"的影响，北京话的个别语音和词汇进入嘉兴现代吴语系统，因此赵元任《现代吴语的研究》开始记录有文白异读的音节。新中国成立后，普通话的推广，使嘉兴方言中的文白异读的数量进一步扩大。

实际上，文白异读现象在近代吴语就有了，如"嘉家加袈枷假架稼驾价嫁 ɕia；虾霞暇瑕下夏 ɦia；衙牙芽丫鸦哑痖 ia"就是文白异读字[①]。关于文白异读，我们将在下文具体描写与分析。

（二）韵母比较（见表4-10）

表4-10　现代吴语与近代吴语韵母比较

韵母类别	开口呼		齐齿呼		合口呼		撮口呼	
	开口一二等		开口三四等		合口一二等		合口三四等	
	现代	近代	现代	近代	现代	近代	现代	近代
元音韵母	ʅ	ʅ	i	i	u	u	y	y
	ʮ	ʮ						
	ɑ	a	iɑ	ia	uɑ	uɑ		
	ɔ˙	o/uo						
	e	e/ə/əu	ie	ie	ue/ɥe	ue/œ	(yøɪ)	
	ɛᵉ	ɛ, e			uɛᵉ	uɛ		
	ɔ˙	ɔ	iɔ˙	iɔ				
	ɪɤɪ	e œ			ɪɤu	ue	yɣɤɪ	ioi
			iɤu	iə				
鼻音韵母	ã	əŋ/aŋ	iã	iaŋ				
	ɑ̃	ɔŋ/uŋ	iɑ̃	iaŋ				
	ən	əŋ	ıŋ	iŋ/iəŋ	uən	uəŋ	yən	yin
	oŋ	oŋ	ioŋ	ioŋ				
入声韵母			iiʔ（阴）iɛʔ（阳）	iʔ/iəʔ	uəʔ	uəʔ	ıʔ	iʔ
	ʌʔ	aʔ/əʔ	iʌʔ	iaʔ	uʌʔ	uaʔ		
	oʔ	oʔ/ɔʔ	ioʔ	ioʔ				
	əʔ	əʔ/eœʔ					yøɪʔ	ioeʔ

① ［瑞］高本汉：《中国音韵学研究》，赵元任、罗常培、李方桂译，商务印书馆1940年版，第550页。

从表4-10看出，近代吴语的一些韵母，发展到现代开始发生了变化。以下对发生变化的韵母逐一举例。

1. ɔ̣（近代 o / uo →现代 ɔ̣ ）（见表4-11）

表4-11　现代吴语韵母 ɔ̣ 变化

类别	现代	近代	例字
帮组	ɔ̣	o	①叭巴芭②摆把③拜 ‖ ①趴③怕 ‖ ①爬③罢 ‖ ①麻②马码③骂
精组	ɔ̣	o	①抓遮渣③蔗炸诈榨 ‖ ①车差叉权③岔诧 ‖ ①沙纱赊奢②舍③晒舍赦 ‖ ①蛇查茶③射社乍
端组	ɔ̣	o	①拿②哪拏
见组	ɔ̣	uo	①瓜②寡剐③挂 ‖ ①夸③跨 ‖ ②瓦白
晓组	ɔ̣	uo	①虾花③化 ‖ ①华划③下白夏白话画 ‖ ②瓦

2. e（近代 e / ə / əu →现代 e）（见表4-12）

表4-12　现代吴语韵母 e 变化

类别	现代	近代	例字
帮组	e	e	①碑卑悲②彼③背贝辈 ‖ ①丕胚③配 ‖ ①陪赔③培佩备 ‖ ①梅煤眉文媒谋②美每③妹
非组	e	ə	②否 ‖ ①浮③阜
精组	e	ə	①周州洲舟邹②肘帚走③咒昼奏皱绉 ‖ ①抽②丑③臭白凑 ‖ ①收搜馊叟②手守③兽度 ‖ ①绸酬仇柔揉③愁寿受
端组	e	əu	①兜②斗抖陡③斗 ‖ ①偷③透 ‖ ①头投③豆逗荳 ‖ ③糯 ‖ ①楼②篓搂髅③漏
见组	e	əu	①沟钩狗苟③够构购构 ‖ ①抠②口③扣叩寇 ‖ ③厚白 ‖ ②偶藕
晓组	e	əu	②吼 ‖ ①侯猴③厚候后 ‖ ①欧②讴呕③怄沤

3. ɛᵉ（近代 ɛ / e →现代 ɛᵉ）（见表4-13）

表4-13　现代吴语韵母 ɛᵉ 变化

类别	现代	近代	例字
帮组	ɛᵉ	ɛ	①班颁②板版③扮 ‖ ①攀襻③盼 ‖ ①爿攀（爬）③办瓣 ‖ ①蛮②晚③蔓慢万白
非组	ɛᵉ	ɛ	①翻番藩②反返③泛贩 ‖ ①烦繁矾凡帆②挽晚③饭万文范犯
精组	ɛᵉ	e	①哉灾栽②宰崽③再载 ‖ ①猜②彩采③菜 ‖ ①腮②赛 ‖ ①才财材裁③在
端组	ɛᵉ	ɛ	①丹单担~心②胆掸③戴旦担~子 ‖ ①滩摊②毯坦③炭叹 ‖ 谈痰坛檀弹~琴③蛋但弹子~ ‖ ①难很~③难灾~ ‖ ①蓝篮兰拦栏~干②懒览揽榄缆③烂滥
见组	ɛᵉ	ɛ	①间白监白奸白②改减白硷拣白简白③鉴白间白涧白 ‖ ①铅②槛门~③嵌 ‖ ①钳白 ‖ ①颜②眼白③雁白
晓组	ɛᵉ	ɛ	②喊 ‖ ①衔白碱白闲白咸③苋陷白限 ‖ ①淹白还副词③晏

4. ʮɤ（近代 e / œ →现代 ʮɤ）（见表4-14）

表4-14　现代吴语韵母 ʮɤ 变化

类别	现代	近代	例字
帮组	ʮɤ	e	①搬般③半绊 ‖ ①潘拼③判 ‖ ①盘③伴拌 ‖ ①瞒馒②满③幔漫

类别	现代	近代	例字
精组	ʏɛ	e	①钻占专砖②纂展转~身③钻~石佔转~圈子战 ‖ ①爨穿川叁②喘舛惝③钏窜串舛暗~ ‖ ②闪陕③扇 ‖ ①蝉缠传蚕③善禅传篆
		œ	①酸闩③算
端组	ʏɛ	œ	①端②短③断决~端断短煅 ‖ ①团潭③断段 ‖ ①男南②暖 ‖ ①銮娈②卵③乱
见组	ʏɛ	œ	①干幹竿②敢赶③幹 ‖ ①看~门刊堪②砍③看 ‖ ③岸
晓组	ʏɛ	œ	②罕酐③汉 ‖ ①寒韩含③旱汗憾 ‖ ①安庵③按案暗

5. ã（近代 əŋ / uŋ →现代 ã）（见表4-15）

表4-15 现代吴语韵母 ã 变化

类别	现代	近代	例字
帮组	ã	əŋ	①绷③迸 ‖ ③碰 ‖ ①朋白棚彭膨蠓③甏蚌白 ‖ ③孟白
精组	ã	aŋ	①张樟章文~脏睁白②长生~掌③胀仗打~胀帐涨獐彰障 ‖ ①昌菖撑②厂③畅唱倡 ‖ ①商伤生白声牲②省 ‖ ①裳长常尝肠场③上尚剩丈杖仗
端组	ã	əŋ	①庚白耕羹白更白梗③□kã ‖ ①坑③硬

6. ɑ̃（近代 ɔŋ / uɔŋ →现代 ɑ̃）（见表4-16）

表4-16 现代吴语韵母 ɑ̃ 变化

类别	现代	近代	例字
帮组	ɑ̃	ɔŋ	①帮邦②榜谤绑③磅镑 ‖ ①滂③胖白 ‖ ①旁骻庞防③棒 ‖ ①忙芒茫②莽蟒网白③忘白望白妄白
非组	ɑ̃	ɔŋ	①方芳②仿妨纺访彷③放 ‖ ①房忘文亡②网文妄③望文
精组	ɑ̃	ɔŋ	①章姓椿装庄脏赃③葬壮 ‖ ①苍仓舱窗疮③怆创 ‖ ①桑丧~事双霜孀②爽赏嗓③丧~失 ‖ ①藏床③藏西~状撞
端组	ɑ̃	ɔŋ	①当②挡党③当~是:以为③汤①倘躺③烫趟 ‖ ①唐糖塘堂②宕荡 ‖ ①囊③郎廊狼②朗③浪踉
见组	ɑ̃	ɔŋ	①刚钢纲缸扛江白光③港讲白②杠降白虹白广 ‖ ①康匡筐③糠②炕抗矿旷 ‖ ①戆狂③逛 ‖ ①昂
晓组	ɑ̃	uɔŋ	①砗硔陉声慌荒②恍谎③况 ‖ ①杭航行降白,降服黄皇王③沆项巷白 ‖ ①汪②往

7. iŋ（近代 iŋ / iəŋ →现代 iŋ）（见表4-17）

表4-17 现代吴语韵母 iŋ 变化

类别	现代	近代	例字
帮组	iŋ	iŋ	①宾槟殡冰兵②禀饼丙并秉③鬓柄 ‖ ①拼②品③聘 ‖ ①贫频平评瓶屏凭③并病 ‖ ①民明鸣名铭②冥悯③命敏
精组	iŋ	iŋ	①晶精睛津②井③进晋浸 ‖ ①亲侵清青寝②请③亲~家 ‖ ①些心新薪辛星腥惺②醒③信性姓讯迅 ‖ ①寻情晴秦循旬巡③尽静净
端组	iŋ	iŋ	①丁叮钉②顶鼎③钉订 ‖ ①听厅②挺③听文言词: 听凭,任凭。‖ ①庭廷亭停③定 ‖ ①林淋临拎零铃陵绫菱凌灵邻铃伶鳞②恡③另令

续表

类别	现代	近代	例字
章组	iŋ	iəŋ	①金今斤襟巾京经筋谨荆惊②紧锦景颈③禁敬镜竟劲 ‖ ①轻卿倾②项③庆磬 ‖ ①琴勤禽芹鲸③仅近竞劲 ‖ ①馨欣兴③兴高~ ‖ ①吟人白银宁凝迎仁白②忍白③认白任白赁佞椹闰润
晓组	iŋ	iəŋ	①淫行白形刑蝇瀛②引③幸杏文 ‖ ①因茵音姻阴英应~该鹦文樱白②引瘾隐饮影营影③映印阴应答~

8. ʮᵉ（近代 œ→现代 ʮᵉ）（见表 4–18）

表 4–18　现代吴语韵母 ʮᵉ 变化

类别	现代	近代	例字
精组	ʮᵉ	œ	①追锥②嘴③最醉 ‖ ①吹文炊催崔③脆翠 ‖ ①水文虽绥②税髓③岁碎穗 ‖ ①谁随椎垂槌③睡蕊文锐遂坠罪

9. uɛᵉ（近代 uɛ→现代 uɛᵉ）（见表 4–19）

表 4–19　现代吴语韵母 uɛᵉ 变化

类别	现代	近代	例字
见组	uɛᵉ	ɔu	①关③块文鳏怪文惯 ‖ ①环
晓组	uɛᵉ	uɛ	①怀文还顽③会文幻 ‖ ①歪文①湾②晚挽

10. uɤɬ（近代 ue→现代 uɤɬ）（见表 4–20）

表 4–20　现代吴语韵母 uɤɬ 变化

类别	现代	近代	例字
见组	uɤɬ	ue	①官②管馆③贯罐 ‖ ①宽②款
晓组	uɤɬ	ue	①欢③唤 ‖ ①完丸③换玩 ‖ ②缓碗

11. ʌʔ（近代 aʔ/əʔ→现代 ʌʔ）（见表 4–21）

表 4–21　现代吴语韵母 ʌʔ 变化

类别	现代	近代	例字
帮组	ʌʔ	aʔ	⑦八 ‖ ⑧拔
		əʔ	⑦伯百柏 ‖ ⑦拍魄 ‖ ⑧白白 ‖ ⑧麦脉
非组	ʌʔ	aʔ	⑦法发 ‖ ⑧乏伐筏罚
精组	ʌʔ	aʔ	⑦蜇扎剳札着~衣酌 ‖ ⑦折白绰插察 ‖ ⑦撒萨杀 ‖ ⑧石若弱芍
		əʔ	⑦只仄 ‖ ①策文尺白册白
端组	ʌʔ	aʔ	⑦答搭 ‖ ⑦塔塌榻挞獭 ‖ ⑧踏达 ‖ ⑧拉腊蜡辣
见组	ʌʔ	aʔ	⑦夹甲 ‖ ⑦掐
晓组	ʌʔ	aʔ	⑦瞎 ‖ ⑧盒匣 ‖ ⑦鸭押压

12. o（近代 oʔ/ɔʔ→现代 oʔ）（见表 4–22）

表 4–22　现代吴语韵母 oʔ 变化

类别	现代	近代	例字
帮组	oʔ	oʔ	⑦北博剥驳卜 ‖ ⑦扑朴璞 ‖ ⑧薄仆泊 ‖ ⑧莫漠莫膜寞摸木目穆牧

类别	现代	近代	例字
非组	oʔ	oʔ	⑦福幅蝠辐复腹覆伏 ‖ ⑧服伏復
精组	oʔ	oʔ	⑦竹築祝粥足烛嘱 ‖ ⑦触促戳 ‖ ⑧逐浊属嘱俗续热赎蜀辱褥 ‖ ⑦叔缩宿速肃束凤
		ɔʔ	⑦作捉卓桌琢 ‖ ⑧错 ‖ ⑧昨 ‖ ⑦索朔
端组	oʔ	oʔ	⑦笃督 ‖ ⑦秃讬托 ‖ ⑧独毒读渎犊牍铎度 ‖ ⑧陆鹿绿六
		ɔʔ	⑦铎 ‖ ⑦诺 ‖ ⑧络乐烙骆路酪洛
见组	oʔ	oʔ	⑦谷角觉白 ‖ ⑦哭壳扩酷 ‖ ⑧腭
		ɔʔ	⑦各阁胳 ‖ ⑧岳鹤
晓组	oʔ	oʔ	⑧学白 ‖ ⑦屋沃
		ɔʔ	⑦鋈 ‖ ⑦恶

13. əʔ（近代 əʔ / eʔ / œʔ →现代 əʔ）（见表 4-23）

表 4-23　现代吴语韵母 əʔ 变化

类别	现代	近代	例字
帮组	əʔ	eʔ	⑦不钵~头拨 ‖ ⑦泼魄 ‖ ⑧白铂钹白 ‖ ⑧末着~沫没墨
非组	əʔ	eʔ	⑦拂弗佛 ‖ ⑧佛勿物
精组	əʔ	əʔ	⑦质执汁织职只 ‖ ⑦斥饬尺文测策文 ‖ ⑦式饰涩塞色瑟 ‖ ⑧食直值殖植宅文贼
		eʔ	⑦摺折哲这则戾摘文窄侧卒 ‖ ⑦彻撤出撮猝 ‖ ⑦涩室失湿设 ‖ ⑩十什日文热文折白拾文舌入
		œʔ	⑦拙卒 ‖ ⑦撮猝 ‖ ⑦说
端组	əʔ	əʔ	⑦得德 ‖ ⑦忒 ‖ ⑧特突叠白凸 ‖ ⑧勒
		œʔ	⑦掇 ‖ ⑦脱 ‖ ⑧夺 ‖ ⑧劣
见组	əʔ	əʔ	⑦格文革隔 ‖ ⑦刻客 ‖ ⑧额文
		œʔ	⑦葛割 ‖ ⑦渴
晓组	əʔ	əʔ	⑦黑 ‖ ⑧合盒 ‖ ⑦厄呃
		œʔ	⑧曷褐

14. iʔ（近代 iəʔ / eʔ / œʔ →现代 iʔ）（见表 4-24）

表 4-24　现代吴语韵母 iʔ 变化

类别	现代	近代	例字
精组	iiʔ	iʔ	⑦结给级急缓~劫洁吉 ‖ ⑦吃泣乞迄讫怯 ‖ ⑦吸歙胁 ‖ ⑧急发~及杰 ‖ ⑧日白热孽业
		iəʔ	⑦激棘击 ‖ ⑦极 ‖ ⑧逆溺逆
晓组	iiʔ	iʔ	⑧易弋翼叶协 ‖ ⑦一揖乙邑噎谒逸揖
		iəʔ	⑦亦 ‖ ⑧益绎译驿疫役奕弋翼抑亿忆

说明：iiʔ（阴）iɐiʔ（阳）简写为 i；除精组和晓组外，现代吴语 iiʔ（阴）ieʔ（阳）与近代吴语的 i 对应，在此不再举例。

15.ɿʔ（近代 iʔ→现代 ɿʔ）（见表4-25）

表4-25　现代韵母 ɿʔ 变化

类别	现代	近代	例字
精组	ɿʔ	iʔ	⑦雪 ‖ ⑧绝

二、词汇比较

（一）内容的变化

现代吴语词汇的内容特色也像近代吴语一样，深深地打上了时代的烙印。辛亥革命后，社会生活、经济、文化等方面都发生了巨大的变化。这些变化也引起了现代吴语词汇系统的相应变化。

1.社会生活

嘉兴所处的江浙地区，历来风气开化，较早受到民主、自由、文明的新风尚的影响。因此，政体的变革、新兴经济模式的产生，导致继承晚清崇洋趋新、追求变革、倡导自由平等社会风气的词语也作为重要元素出现在现代吴语词汇系统之中。如：农会、战壕、国庆纪念、民众、华侨、良民、流氓、群众、大元帅、董事、吗啡、碘酒、舶来品、民众教育、幼稚园、阅报室、剥削、普及、改良、开会、民权、名誉、通讯处、中央（政权）、弱国（古称"罢国"）、建筑、建设、革命、国旗、工运、农运、妇运等。这些词语是近代词汇系统中所没有的。

2.工商业

辛亥革命推翻了中国两千多年的封建君主专制统治，为中国民族工业的发展扫清了障碍，政府颁布的一系列发展实业的法令提高了民族资产阶级的政治地位。"实业救国""抵制日货、提倡国货"等社会思潮和思想运动，为中国工商业的发展提供了有利的外部条件。江浙地区由于地理、历史、人文等方面的原因，其工商业在唐朝就出现了，唐代嘉兴诗人殷尧潘的"晚市人烟合，归帆带夕阳"就描写了集市的情况。到清末已经相当繁荣，民国以后就更加繁荣了。著名作家茅盾在其回忆录中描写过浙北地区的经济："我的故乡向来是一个鱼米之乡，清朝光绪年间，商业、手工业都很繁荣。……乌青两镇最为繁盛，市街店肆售同样物品都集中一处，市街即以市分类得名，例如衣帽街、柴米街之类，此在当时，只有省会或大的城府，才有此规模。就其区域之广、人口之多、商业和手工业繁荣之程度而言，仍然非一般县城所能及。"① 茅盾身处这样的环境，其《子夜》《林家铺子》等作品就是以工商业为背景和内容。这一社会的特征也反映在现代吴语的词汇系统中，且比近代吴语词汇系统更丰富。如：裱褙店、哺坊、米行、店铺、典当、店号、旅馆、杂货店、作场、绸缎店、纱厂、耍货店、商场、赎当、染坊、借贷、金融、酱园、混堂、盐栈、冶坊、邮务局、罢市、扳价、便宜、贸易、讨债、纳税、资本、找头（付钱时找回的钱）、招徕（指把顾客招来）、招租、产业、筹码、会计、出纳、出售、

① 茅盾：《茅盾选集》（中），人民文学出版社，2004，第177页。

出赁、赊账、蚀本、收旧货、接洽、交易、欠销路、薪水、行货、工厂、工程、雇用、柜台、款子、花费、亨通、票子、砝码、算盘、账簿、钞票、储蓄、价值等。

3. 农业

嘉兴所处的长江三角洲，具有优越的自然经济条件，此地土地肥沃，气候湿润，交通便利，是发展农业的风水宝地。唐李瀚《嘉兴屯田政绩记》："嘉禾一穰，江淮为之康；嘉禾一歉，江淮为之俭。"足以说明嘉兴地区的农业在江南地区的地位。茅盾在"农村三部曲"（《春蚕》《秋收》《残冬》）中也描写了嘉兴水乡农业：春蚕丰收却供大于求，秋粮丰收却米价剧跌。作品虽然是描写 20 世纪 30 年代农民的悲惨生活，但却从另一个方面反映出江南桑蚕、稻谷丰收的景象。由于这一地域风气，现代吴语的词汇系统中农业尤其是水稻和桑蚕的词语十分丰富。如：稻、谷、砻、稼穑、小秧、莳秧、车水、耘生、耘稻、拔草、掼稻、白米、糙米、糯米、籼米、粳米、籽种、褪壳、砻糠、牵砻、牵磨、种田、落田、分秧、稻场、稻柴、稻头、稗子、雨麦、米囤、壅肥、头壅、沃田、力道、缀头、踏车、牵车、浇菜、浇灌、汲水、戽水、粪桶、稻筒、胚子、乌娘、头眠、二眠、大眠、老蚕、蚕花、蚕纸、蚕种、蚕房、蚕箪、熟蚕、蚕台、蚕山、蚕市、山棚、布子、窝种、杠条、完粮、租米、桑叶、桑梗、桑仁、缫丝、麸皮、上岸、丰年、棉花、大熟、马头娘、蚕宝宝、排水车、洋水车、肥田粉、浪山头、望山头、自业田、漏爿田、撒种子、蚕花不熟等。

与此同时，近代吴语中的一些反映半殖民地半封建社会生活的词语已很少出现在现代吴语的词汇系统里，一些词语，诸如"请安""作揖""跪拜"等带有歧视性的词语被"鞠躬"所取代，"大人""老爷"等旧式称谓也逐步被"先生""某君"代替。

（二）语法的变化

1. 逆序词的变化

在近代吴语词汇系统中，逆序词比较常见。在现代吴语词汇系统中，这些词有的还在使用；有的构词方式正在发生变化，向共同语的同类词语结构形式靠拢，逆序与顺序形式并存；有的已经变成了顺序词，或被共同语同类词语代替，变成了顺序词。

◎ 第一种：

（1）心虚—虚心

"心虚"在现代吴语词汇系统中还在使用，但"虚心"也经常使用。如：

①陈妈也有她<u>心虚</u>的事，听得少爷又说她"鬼鬼祟祟"，她可真急死了。（茅盾《多角关系》）

②这会被他们认为"<u>心虚</u>"，这就糟了。（茅盾《腐蚀》）

原来这自私的家伙只顾她自己，而且<u>心虚</u>之态可掬。（茅盾《腐蚀》）

大鼻子<u>心虚</u>，赶快从一个高个儿的腿缝间钻到前面去。（茅盾《大鼻子的故事》）

◎ 第二种：

（1）亮月—月亮

"亮月"虽然出现在《现代吴语的研究》的词汇集中，但在书面语中也出现了"月亮"。如：

①没有月亮，也没有星；白的雪铺盖了原野，也铺盖了铁轨。（茅盾《从半夜到天明》）

②月亮堂堂，姊妹双双，大姊嫁拉上塘，二姊嫁拉下塘。（王翼之《吴歌乙集》）

③我向我的窗外望，暗沉沉的一片，也没有月亮，也没有星光。（徐志摩《一封信》）

（2）来往—往来

近代吴语的"来往"在现代吴语中还在使用，但现代吴语也同时使用"往来"。如：

①我们和陈府上三代的来往，他怎么好说不要。（茅盾《秋收》）

②在他面前那条"官河"内，水是绿油油的，来往的船也不多，镜子一样的水面这里那里起了几道皱纹或是小小的涡旋。（茅盾《春蚕》）

③一个"戒严令"也在无形中颁布了。乡农们即使平日是最相好的，也不往来。（茅盾《春蚕》）

（3）欢喜—喜欢

"欢喜"在现代吴语的词汇系统中还在使用，但"喜欢"也开始普遍使用起来。如：

①但是老通宝他们满心的欢喜却被这件事打消了。（茅盾《春蚕》）

②他刚从一个朋友那边来，带的半天欢喜在心里。（茅盾《诗与散文》）

③可是他这样做，并不为了那余留下的羊骚气——他倒是喜欢那淡薄的羊骚气的，而是为了那种阴湿泥地上带有的腐浊的霉气。（茅盾《水藻行》）

④买一件衣料，看一次影戏，上一回菜馆，都成为他们俩争执的题材；常常君实喜欢甲，娴娴偏喜欢乙，而又不肯各行其是，各人要求自己的主张完全胜利。（茅盾《创造》）

⑤李女士也浸入了深思中，然而是不同的性质。她的思想翩翩地正在轮船的周围飞翔。她最喜欢那海天空阔的生涯。（茅盾《色盲》）

⑥"丙哥，你喜欢这些白玫瑰么？希望你只看见洁白芬芳的花朵，莫想起花柄上的尖利的刺罢！"（茅盾《诗与散文》）

（4）闹热—热闹

现代吴语词语"闹热"在口语中还在使用，但书面语却少见，代之以"热闹"。如：

①而即使是吃饭时间的偶一露脸，也只有嘴唇边常在的寂寞的笑影表示她并没生气，说话是照例很少的；甚至在一天中最热闹的晚饭席上，也并不见得稍稍活泼。（茅盾《自杀》）

②他不喜欢汉口的热闹，而汉口的热闹也从不来干涉他。（茅盾《云烟》）

③菱姐胡乱套上一件衣，就把被窝蒙住了头，蜷曲在床里发抖。听楼底下是嚷得热闹。（茅盾《小巫》）

④这冷静的港汊里登时热闹起来了。（茅盾《水藻行》）

◎ 第三种：

（1）面净—净面

近代吴语的"面净"即"净面""捕面"，洗脸之义。"净面""捕面"还在用。"面净"在现代吴语中已经不用，代之以"洗脸"。如：

①结识私情结识隔条河，捕面吃饭望情哥。（王翼之《吴歌乙集·结识私情结识隔条河》）

②通宝不服气地想着，努力想装出还是少壮的气概来。然而当他在洗脸盆的水中照

见了自己的面相时，却也忍不住叹一口气了。（茅盾《秋收》）

③这时候，陈妈提着水壶来了。婉小姐自去洗脸。（茅盾《霜叶红于二月花》）

（2）出卖—卖出

近代吴语的"出卖"是"卖出""出售"的意思，在现代吴语中"出卖"还在使用，但更多是使用"卖"。如：

①林先生微微一笑，但立即皱紧了眉头了。他今天的"大放盘"确是照本出卖，开销都没着落，官利更说不上。（茅盾《林家铺子》）

②他何尝存心白赖，只是三个月来生意清淡，每天卖得的钱仅够开伙食，付捐税，不知不觉地拖欠下来了。（茅盾《林家铺子》）

③现在看见李无忌那样卖弄的神气，她不禁诙谐地说："对不起，简直没有拜读过。狮子什么的，和我无缘！"（茅盾《虹》）

④因此有人以为这是家宅风水不好，曾劝陆三爹卖去那三进大房子。（茅盾《蚀》）

（3）人客—客人

"人客"在现代吴语词汇系统中还在使用，"客人"也经常使用。如：

①人客来冲了蚕神不是玩的！（茅盾《春蚕》）

②朱润身着急得只管摇手，自己报名说，"我姓朱，姓朱，我是客人！客人！"（茅盾《多角关系》）

③"江北人出去！"那边船舱里的客人也被惊动了。（茅盾《乡镇写真·故乡杂记》）

（4）物事—事物

"物事"在近代吴语词汇系统中，其意义是"东西"。但在现代吴语的书面语中，已经很少出现，代之以"物品""东西"。如：

①我们没办法，移一个桌子在楼下马路边吃了一点东西，果然连小菜都变了，真是可伤。（徐志摩《丑西湖》）

②他有些新的教材要我学习，但猜想起来，祖父是不肯教这些新东西的。（茅盾《童年》）

③有四五个声音同时喊道："谁的东西？没有主儿的么，扔下车去！"（茅盾《苏嘉路上》）

（5）牢监—监牢

"牢监"在现代吴语中已经不出现，其构词方式变成了顺序词"监牢"。如：

当时我断定这是特别监牢了，可是先有一个人在里头。（茅盾《腐蚀》）

（6）路道—道路

"路道"在近代吴语系统中，有"路""门路"的意思，但在现代吴语词汇系统中，这些意义被"路""门路"所代替。如：

①"定规是还要打。不过，一路来总不见兵，奇怪！"（茅盾《故乡杂记》）

②要是那小轮是烧煤的，那它沿路还要撒下许多黑屎，把河床一点一点填高淤塞，逢到大水大旱年成就要了这一带的乡下人的命。（茅盾《乡村杂景》）

③不用说，我们俩朋友之轧成，是我一方主动的。因为我妄想着，或者他有门路给我介绍一个职业。（茅盾《上海》）

④一个星期的期间过后，我的职业还是没有找到。我的朋友劝我再等一星期，再去

碰碰门路，可是我觉得已经够了。（茅盾《上海》）

（7）年常—常年

"年常"在现代吴语词汇系统中已经没有，代之以"长年""常年""多年"。如：

①她每每抱怨父亲当初既然打算把这竞新作为赘婿，干么又认为义子，而现在既要始终作为义子了，干么又这样放在家里，长年长月弄的她心神无主。（茅盾《霜叶红于二月花》）

②好比多年不见的老朋友，昨天是第一次重逢，说不完那许多离情别绪，而今天便觉得无话可谈了。（茅盾《子夜》十八）

③他的脸上忽然红了一阵，眼睛也越发光芒四射了，正像好多年前他站在父亲的病床前，一边听着父亲的谆谆嘱咐。（茅盾《霜叶红于二月花》）

（8）魂灵—灵魂

"魂灵"在现代吴语词汇系统中已经不使用，代之以"灵魂"，逆序词变成了顺序词。如：

①我祝福她的灵魂得到安息。（茅盾《腐蚀》）

②始终把我当一个灵魂上还是干干净净的人来看待我，那还不是最大的安慰么？（茅盾《腐蚀》）

（9）该应—应该

"该应"在现代吴语词汇系统中已经不使用，代之以"应该"，逆序词变成了顺序词。如：

①他觉得他应该省下这一千元孝敬父母，让父母拿这一千元去做一件更合算的事情。（茅盾《报施》）

②我想，他应该是一个上等兵了，也许升了排长。（茅盾《报施》）

③张文安此时隔着个山坡呆呆地坐在路边，却不由不满心惶恐，想着是应该早回家去，两条腿却赖在那里，总不肯起来。（茅盾《报施》）

（10）灵清—清灵（清楚）

近代吴语的"灵清"是清楚的意思，在现代吴语中已经不用，代之以"清楚"。如：

①屋子里的祖孙三代都听得很清楚，但都不相信地齐声又问道："多少？"（茅盾《报施》）

②何年何月何日弄不清楚，总之是一个不冷不热没有太阳也没刮风也没下雨的好日子。（茅盾《春蚕》）

（11）日白—白日

"日白"在现代吴语词汇系统中已经不使用，代之以"白天"。如：

①在大人们，夜是白天勤劳后的休息，当四肢发酸，神经麻木，软倒在枕头上以后，总是无端的便失了知觉，直到七八小时以后，苏生的精力再机械地唤醒他。（茅盾《严霜下的梦》）

②我说不是捉差，果然呀，他们白天里不调动兵队。——为啥？恐防东洋人在飞机里看见掷炸弹呀！（茅盾《故乡杂记》）

③像他这样的人很有点古怪，白天，我们在马路上几乎时时会碰见他，但晚上他睡在什么地方，我们却难得看见。（茅盾《故乡杂记》）

④白天我已经失望了！你是那样的峻拒？（茅盾《诗与散文》）

2. 词缀的变化

（1）前缀"阿"的变化

前缀"阿"在近代吴语中的主要语法功能有两种：一是用在动词、形容词的前面表示疑问的语气，犹如"可""是否"；二是用来构成名词，用在表亲属称谓、表排行的名词前面。在现代吴语中，第一种的用法存在但不常运用。第二种的用法却很常见，而且用法比近代吴语广，不仅用于表亲属称谓、表排行的名词前面，还用在人名前面。

①倷到底要啥人抱，我要阿爹（祖父）抱。阿爹年纪老，哪有余力把你抱。（王翼之《吴歌乙集》之三十二首《妹妹吓》）

②"阿囡，呃，你干么脱得——呃，光落落？留心冻——呃——我这毛病，呃，生你那年起了这个病痛，呃，近来越发凶了！呃——"（茅盾《林家铺子》）

③"喂，阿弟，买洋伞么？便宜货，一只洋伞卖九角！看看货色去。"（茅盾《林家铺子》）

④"阿多！空手看野景么？阿四在后边扎'缀头'（用稻草扎成的供蚕做茧的草把），你去帮他！"（茅盾《春蚕》）

⑤阿大阿二挑荠菜，阿三阿四裹馄饨。阿五阿六吃得屁腾腾，阿七阿八舔缸盆，阿九阿十哭子一黄昏。（顾颉刚《吴歌甲集》之十一首《阿大阿二挑荠菜》）

⑥阿桂阿桂，老鼠咬仔脚背，转去告诉阿姆，阿姆说，"罢哉罢哉"。（王翼之《吴歌乙集》之十六首《阿桂阿桂》）

⑦阿梅嫁家公，嫁着两盏破灯笼，前头照仔去，后头暗洞油。（王翼之《吴歌乙集》之十六首《阿梅嫁家公》）

⑧老太太在楼下哄着外孙，告诉陶祖泰："阿娥姐身上不大舒服。"陶祖泰觉得这话听在耳朵里怪受用。他看见夫人果然在床上，可是脸的神色仍跟平常一样。（茅盾《烟云》）

⑨大丫头阿凤满脸油汗，不住地偷出手来揩拭。（茅盾《多角关系》）

前缀"阿"在南北朝时期，作为词缀，使用十分广泛。成书于此时期的《世说新语》中，就出现了45次，其用法大体与近代吴语、现代吴语的第二种用法相同。如：

①阿翁（祖父）讵宜以子戏父？（《排调》）

②不如阿母（母亲）言，伯仁为人志大而才短，名重而识暗，好乘人之弊，此非自全之道。（《识鉴》）

③阿兄（哥哥）形似道，而神锋太俊。（《赏誉》）

④阿戎（历史人物王戎）了了解人意。（《赏誉》）

可见，现代吴语词缀"阿"的第二种用法，历史悠久，而且这种用法延续到现在，如南方地区方言中都盛行这种用法。鲁国尧的《〈南村辍耕录〉与元代吴方言》、黄伯荣的《汉语方言语法类编》认为，词缀"阿"是前代通语词（共同语），大概在宋元时期，"阿"在北方话中渐趋衰亡，只存于吴方言等南方方言之中。

（2）否定词"朆"的使用范围

如第三章"近代吴语"所言，"朆"最早出现于吴语小说《海上花列传》中，但在现代吴语的词汇系统中还使用。如：

①妹妹吓，俫覅哭，俫覅闹。（王翼之《吴歌乙集》之三十二首《妹妹吓》）

②金姐姐，银姐姐，俫覅登拉房里，还是登拉楼上做双好鞋鞋。（王翼之《吴歌乙集》之三十七首《金姐姐》）

③本村自业种仔七八亩，覅去种迢乡隔县漏爿田。（王翼之《吴歌乙集》之五十三首《六月日头火似烧》）

④覅说黄狼身小脚短会偷鸡，爹娘覅怪媛五身小会偷郎。（王翼之《吴歌乙集》之五十五首《日落西山渐渐黄》）

不过，在现代吴语中"覅"的使用范围是有限的，大多用在民间口头语之中。这种由"勿"与"要"紧缩而成的合音字（还有"朆"等），在以双音节、多音节词为主体的现代语言社会中，显得不必要了。所以"覅"等合音字的范围的缩小是语言发展的必然结果。

（3）结构助词"个"的消失

"个"是吴语中用得比较多的一个词，其用法也比较多。在近代吴语中有一种用法就是作为结构助词，用在动词之后，构成名词性词语（词组），如"做南货个、做洋货个、开药店个、浇蜡烛个、排活字个、管事体个、传福音个、净衣裳个、半老佳人、逃难个人"。但这种用法在现代吴语中已经不用了。

3. 重叠结构

近代吴语词汇中动词、形容词的重叠格式在现代吴语中继续存在。形容词的 AAB、ABB、AABB、ABAC、ABAB，动词的 ABAC、AABB 经常出现在现代吴语之中。如：

①"黄郎中惟有吃定病人啥时候死，是顶顶准！"表嫂一面说，一面照例翻弄那乱堆在桌面的几本书。（茅盾《自杀》）

②然而讨债的人却川流不绝地在村坊里跑，汹汹然嚷着骂着。请他们收米罢？好的！糙米两元九角，白米三元六角！（茅盾《秋收》）

③鸡鸡斗，斗鸡鸡，共共飞，飞到高高山上吃白米。（王翼之《吴歌乙集》之六首《鸡鸡斗》）

④拍拍胸，三年勿伤风。拍拍背，三年勿生病（病，读"赔"）。（王翼之《吴歌乙集》之八首《拍拍胸》）

⑤开开户，看看天，满天年年一粒星。（顾颉刚《吴歌甲集》之十四首《开开户》）

⑥通宝，茧子是采了，那些茧厂的大门还关得紧洞洞呢！今年茧厂不开秤！（茅盾《春蚕》）

⑦财喜双手按住篙梢一送，这才又一拖，将水淋淋的丈二长的竹篙子从头顶上又使转来。（茅盾《水藻行》）

⑧四大金刚狠霸霸，勿弹弦子弹琵琶，天勿落雨撑啥伞，勿做告化弄啥蛇。（王翼之《吴歌乙集》之十二首《四大金刚狠霸霸》）

⑨正月梅花白洋洋，野私情阿哥勿久长，身上揾起松子浆，头上有点菜油香。（王翼之《吴歌乙集》之四首《正月梅花白洋洋》）

⑩月亮亮，搀炮仗，家家囝囝出来白相相。（顾颉刚《吴歌甲集》之十二首《月亮亮》）

⑪全身用白布包裹，只留出毛毛草草的一个头，而这头又被操纵在剃头司务之手，

全无自主之权。（丰子恺《野外理发年》）

⑫散散落落七八座矮屋，伏在地下，甲虫似的。（茅盾《水藻行》）

⑬吴老太爷接过来恭恭敬敬摆在膝头，就闭了眼睛，干瘪的嘴唇上浮出一丝放心了的微笑。（茅盾《子夜》一）

⑭清晨五时许，疏疏落落下了几点雨。（茅盾《子夜》二）

⑮吴荪甫也好像有点改常，夹七夹八说了一大段，这才落到主要目的。（茅盾《子夜》二）

⑯仗着二小姐和吴少奶奶的半扶半抱，他很轻松的上了五级的石阶，走进那间灯火辉煌的大客厅了。（茅盾《子夜》一）

⑰而这金光也愈摇愈大，塞满了全客厅，弥漫了全空间了。（茅盾《子夜》二）

⑱张素素和林佩珊的笑声从池子右首的密树中传来，一点一点地近了。（茅盾《子夜》二）

⑲他听得二小姐把共产党说成了神出鬼没似的，便觉得非常有趣。"会像雷一样的打到你眼前来么？莫不是有了妖术罢！"他在肚子里自问自答。（茅盾《子夜》一）

⑳当差们挤来挤去高呼着"某处倒茶，某处开汽水"的叫声。（茅盾《子夜》二）

㉑头姐打扮去张郎，摇摇摆摆进郎房，右手揭起青纱帐，左手搭着象牙床。（王翼之《吴歌乙集》之十九首《头姐打扮去张郎》）

（三）词汇系统的变化

从社会语言学的角度看，词汇系统的发展变化与社会的发展变化是同步的，与人们对客观世界的认识有关，这就使词汇系统永远处在一种动态变化之中。吴语也处在这样的一种状态之中。由于时代的变迁，有些词语得以继续使用，有些词语则逐渐变异，甚至消失，还有很多词语因新时代的需要而不断产生。一些学者将第一种称为承传词，第二种称为变异词（消失的词语不列入变异词，也不列入词义变化的研究范围），第三种称为创新词。[①] 我们把创新词称为新词。

对于现代吴语来说，承传词就是近代吴语词汇系统中的词语在现代吴语词汇中继续使用。这些词，或富有浓郁的地域特色，或是历代流传下来的。变异词是指在承传近代吴语词语的过程中意义和用法发生了较大变异的词。由于语言变化的过程是渐变，因此这类词在现代吴语词汇系统中是比较少的。新词是因时代生活变化而产生的词，这类词在近代吴语的词汇系统中很难找到用例。为了比较现代吴语词汇系统与当代吴语系统的异同及其变化，我们将现代吴语系统中的词分为承传词、变异词和新词，列于下面。

要特别说明的是新词。新词是相较于近代吴语及其前代的词语而言的。由于两个时期的语料来源不同，所以在新词方面可能会出现这种情况：某个新词在近代吴语或是前代本来就有，但所选的语料没有。碰到这样的情况，本书是这样处理的：如是古代流传下来的词，尽管近代吴语词汇系统没有，但在现代吴语的词汇系统中存在的，也当作承传词。不过有两点需要说明。

第一，有些词尽管是历代流传下来，但其意义与现代吴语是不同的，我们也将其当

---

① 李如龙：《汉语方言学》（第二版），高等教育出版社，第184、186、188页。

作新词，如"港""塘"。"港"在古代的通语指江河的支流，现代共同语引申为可以停泊的河湾，但在现代吴语中"港"泛指河流。"塘"在古代通语里是指面积不大的池子，但现代吴语中是较大的河。又如"味道"。"味道"一词最早出现在汉代，有五种意义，分别是：①体会、体察；②情味、意味；③滋味；④气氛、氛围；⑤气味。在现代吴语中"味道"的意义是滋味、气味。但这两个词义最早是出现在沈从文的《灯》和曹禺的《北京人》之中。这就比现代吴语要晚，所以"味道"尽管出现在汉代，我们仍然划入现代吴语新词类。再如"革命"。"革命"一词最早见于《周易·革卦·象传》："天地革而四时成，汤武革命，顺乎天而应乎人。"其义是朝代更替，君主易姓。但现代吴语中"革命"是指重大革新。所以我们仍然将"革命"当作新词。

第二，一些流行于民间的口头语，可能在现代吴语之前就已经存在了，但没有记录到书面文字中，是现代时期的文人将它们整理出来，所以这类词也视作新词。如"脚节头""耳括子"是顾颉刚先生和茅盾先生分别从民间口头语中整理出来的。又如"船娘"，是指摇橹掌的女船人。船娘起源于隋朝，隋炀帝下扬州时，在古运河上不用壮丁划船，偏爱美女背纤，所以船娘开始出现。自从隋炀帝后，各朝代都有船娘，并逐渐形成一种职业，与船夫相对应。但是"船娘"一词直到民国时期才分别出现在浙江富阳人郁达夫的《扬州旧梦寄语堂》（1928年）和浙江嘉兴人茅盾的《大旱》（1934年）之中。

1. 承传词（不完全列举）

（1）名词（名词性词组）
①天文地理方位时间
鲎、日头、亮月、霍闪、落雨、浜、田、岔、地、河、溪、水田、稻田、荡田、田塍、汉港、滚水、冷水、清水、潮水、温暾水、场化、堂子、馆子、把书、村坊、混堂、地头、弄堂、厅事、社庙、衙门、官场、浪、浪向、边头、当中、里肆、里向、东头、西头、外头、外处、外边、前头、后头、东首、右首、左首、横头、城头、东横头、底下头、日、夜、晏、积年、旧年、开年、日日、日里、日脚、针朝、萌朝、后艺、前日、昨艺、上昼、下昼、朝晨、早起、起早、傍午、中上、日中、晚头、黑下、夜里、夜头、夜半、月半、光景、辰光、目下、早饭、点心、中饭、夜饭、春日、元旦、日里向、昼间头、早晨头、黄昏头、七月半、起先头、前日子、前夜头、古时间

②人体人称
面孔、面皮、脸孔、耳头、鼻管头、牙子、馋吻、赤脚、赤膊、拐脚、额角、鼻头、耳头、眼梢、胡咙、颈根、腰板、肚肠、奶奶（乳房）、凑手、顺手、顺脚、指爪、脚头、脚跟、爪甲、节头、气力、卵子、困觉、气闷、涎吐、闲话、小解、病痛、贵恙、发痧、害病、痰迷、老病、大疫、眯趣眼、爷、爹、囡、儿子、公公、阿爹、阿公、阿姆、外婆、外公、阿哥、阿姐、阿舅、阿娘、娘娘、娘子、妹子、姊姊、姊夫、家小、嗣母、嗣子、太太、新妇、亲娘、姉娘、丈人、娘舅、舅母、外甥、亲夫、新官人、家主公、家主婆、丈母娘、老翁、老官、老老、小干、囡囡、倌倌、后生、邻舍、师傅、茶房、主客、郎中、车夫、哑子、瞎子、驼子、拐子、矮子、野鸡、孤孀、窝家、客民、长毛、讼师、贵价、乃郎、户头、屠头、堂倌、绅缙、乡绅、痞棍、喽啰、同年、香客、蠢货、媒人、将官、巾帼、英雄、豪杰、好汉、囚犯、兵卒、土匪、强盗、犯人、皂隶、奸细、

剪绔、乞丐、伙计、盐枭、佣工、渔樵、耕读、堂倌、商贾、小团团、小百戏、小把戏、后生家、学生子、学生意、老妈子、老先生、老老头、络丝娘、外路人、白相人、大官官、大老官、大小娘、土老儿、搅家精、唱歌郎、贩桃郎、种田汉、捉鱼郎、杀千刀、狐狸精、孔圣人、迂夫子、眼中钉、衣冠中人、风水先生、走方郎中

③动物、植物、衣物、食物

花红、庆子、梧桐、落花生、雄猪、猪猡（猪罗）、田鸡、螺蛳、鞋、裥、衣裳、蓝衫、紫袍、行头、背褡、领头、襟头、大衣、袷衣、马夹、背心、布衫、单衫、时新、罗巾、绢头、作裙、袋袋、蒲鞋、鞋皮、棉袍、夹袍、铺陈、帐子、被头、垫褥、垫子、毯子、棕垫、花衣、花布、生绢、肚兜、毛葛、裤管、被头桶、被夹里、裤脚管、衣袖管、小手巾、蒲包衣、瓜皮帽、棉花胎、枕头横头、汤、心、火食、米团、粢饭、羹饭、饭贮、饭筒、馊粥、馊饭、镬巴、稀粥、糖粥、粽子、烧麦、烧酒、炒饭、梨膏、塌饼、大饼、漕粮、馒头、圆子、团子、年糕、楂糕、软糕、老面、索粉、小食、小菜、西菜、菜心、菜蔬、菜油、酱菜、酱鸭、酱油、酱肉、千张、素鸡、鸡蛋、鸡卵、木耳、大土、火肉、焖肉、蹄髈、时酒、淡酒、阿胶、糖茶、肉糜、肉头、牛乳、大钳、蟹黄、蟹膏、蟹爪、蟹脚、蟹粉、蟹壳黄、黄花酒、油炸桧、年糕头、状元糕、猪油糕、糖塌饼、粽子糖、三角粽、白米饭、泡化饭、粉团子、水豆腐、油豆腐、豆腐、豆腐衣、豆腐皮、霉千张、臭乳腐、云片糕、镬灶水、绍兴酒

④房屋用品

窠、老屋、暖房、舍下、檐头、角门、墙头、墙门、窗门、窗子、窗槛、庭柱、阶沿、进深、天井、天窗、花厅、屋里、房头、客堂、扶梯、瓦爿、石脚、号房、栈房、门楣、门槛、排门、灶间、别院、茅舍、茅庵、茅坑、亭子、车屋、翻轩、顶棚、廊檐口、风火墙、灶披楼、灶披间、亭子间、门角落里、锯、榔头、箕头、粪箕、钉钯、笤帚、扫帚、镰刀、连枷、碌碡、耙头、绷筛、升箩、斛子、石臼、盖头、钉耙、粪箕、团扁、泡头钉、袋、枪、镬、筷、榻、鬶、盏、火夹、家生、砧登、拽拔、浮子、马桶、夜壶、台面、长台、镬盖、镬子、砂锅、筷筒、笊篱、筅帚、针箍、引线、行针、杌子、抽头、抽斗、板凳、半桌、茶几、案桌、舀勺、调羹、调钩、盆子、酒鬶、酒盅、梗篮、筲箕、蒸笼、饭篮、饭箩、饭桶、饭筒、饭罩、饭碗、碗盏、盖碗、浴盆、缸盆、钵头、罋头、面盆、面巾、镯头、灶头、纽头、纸头、座头、盖头、叫子、剪刀、顶针、挖耳、耳扒、烟筒、烟管、揎布、环子、洋灯、洋烛、腊烛、蜡盘、浆糊、洋油、肥皂、留声机（器）、爆仗、米鬶、蒲扇、积潦、栲栳、网篮、油盏、暖锅、风炉、淘箩、芦席、篓子、叉袋、拜垫、瓶袋、蒲包、汤罐、箱笼、壳子、藤榻、烟榻、炕榻、竹榻、坑缸、熨斗、空壳子、芭蕉扇、镬肚底、杌子凳、骨牌凳、饭焐筒、剃头担、自鸣钟、寒暑表、量雨计、栅栏子、纸煤头、煤头纸、太师椅、沙发榻、八仙台、磨心、拨火棒、合家欢（相片）、砧墩板、引线屁股、柄

⑤事物、事情

屑粒、物事、事体、门把、料作、草纸、蓬尘、垃圾、官衔、外快、绰号、别号、气味、样式、生活、时路、芦帘、拜忏、丹方、由头、闲话、交契、操切、法门、法子、老调、户头、格局、路数、外行、内行、内场、外场、契阔、篱垣、浴汤、魂牌、炮仗、私房、膏子、鸦片、铁梗、客梦、标劲、花头、现世报、小登科

⑥各行各业

稻、谷、砻、完（交租纳税）、稼穑、小秧、莳秧、车水、耘生、耘稻、拔草、掼稻、白米、糙米、糯米、籼米、粳米、籽种、褪壳、砻糠、牵砻、牵磨、种田、落田、分秧、稻场、稻柴、稻头、稗子、雨麦、米囤、壅肥、头壅、沃田、力道、垃圾、缀头、踏车、牵车、浇菜、浇灌、汲水、戽水、粪桶、稻筒、头眠、老蚕、蚕纸、蚕市、完粮、桑叶、桑梗、桑仁、缫丝、麸皮、丰年、马头娘、钿、利市、早市、晚市、管账、倒账、讨账、买账、生意、交易、折本、折头、掇转、扳价、招租、店铺、铺子、铺面、当铺、哺坊、米行、典当、作场、朝奉、头寸、洋钱、洋钿、洋栈、洋行、洋货、铜钿、银锭、飞票、底货、角子、角头、数目、价钿、戥子、票子、庄票、钞票、出脱、卖脱、盘子、生息、押头、赚头、零头、盈余、回佣、挪借、借契、本息、盘川、老账、合股、出盘、市肆、关店、元宝、纳税、歇业、歇工、市面、市梢、市货、国货、出纳、出赁、赊账、蚀本、行货、花费、亨通、算盘、铜角子、银角子、隔壁账、弗买账、吃倒账、五分利、印子钱、拜利市、跑码头、杂货店、绸缎店、邮务局、路里、车子、车柄、轮盘、拢岸、扯篷、画舫、航船、驳船、木簰、船艄、官舱、房舱、统舱、划子、跳板、下船、埠头、轮埠、揹牵、缆绳、桅竿、摇橹、触礁、趁船、火轮船、小火轮、小划子、赤膊船、乌篷船、白相船、采莲船、丝网船、荡湖船、东洋车、橹绷绳、后梢头、撑篙子、船拢岸、画儿、鹞子、琵爬、骰子、索子、轴子、帖子、影戏、戏枱、山歌、图章、书头、鳖十、学堂、学校、儒教、家塾、私塾、赖学、束脩、砚瓦、算学、书坊、书馆、土白、白字、杭白、歇夏、回门、香市、印子、告示、把戏、打送、打醮、说书、家乘、台甫、软语、绰板、佛佛、大号、凭据、着棋、搳拳、滩簧、奏乐、调头、髦儿戏、花纸儿、还寿经、冬春米、插蜡烛、烧头香、鹿鸣宴、捉盲盲、迎神赛会

（2）动词（动词性词组）

①单音节

碍、好、兜、登、汆、合、绷、结、坍、刨、驮、夺、跑、着、讨、落、淘、汰、泡、滋、行、吃、呷、嗒、吹、呛、叫、喊、吓、响、吵、呼、捐、把、拎、挡、搦、捉、摺、捺、搭、摆、撇、揩、揾、扒、拔、拉、拈、捏、扛、捐、拨、掼、揾、捂、搽、挺、掸、撑、搦、拖、搅、掇、拓、担、拱、挎、挑、授、捆、摇、撮、打、斩、脱、放、划、戳、截、寻、解、结、赚、蟹、爆、烘、燷、靠、攀、净、觉、跌、踏、蹀、跳、跑、困、用、煞、藏、做、伴、剪、转、别、上、宕、养、伛、蟹、叙、豁、牵、坑、过、窝、进、铺、钝、甩、裹、瞟、张、延、来、作、倒、伏、候、夹、斛、合、生、当、定、话、虹、拜、顺、弯、翁、胶、烦、眯、添、弹、隐、惹、量、答、横、潮、毛、凶、火、堕、扒

②双音节

兜头、纳凉、经官、约会、逸去、闲游、撺掇、搬场、拢岸、搭浆、搭界、搭桥、搭话、拉倒、捉牢、拨还、拨拉、摇摊、扣住、打头、抵桩、抵触、投降、排揎、披览、掉板、掉落、拆梢、把细、捕面、搽粉、拱手、拣择、揪牢、管造、厘订、困觉、并排、白相、败北、相打、相骂、相帮、相道、别相、差板、拜揖、盘桓、斗口、计较、调皮、连档、连牵、定局、居间、点缀、做亲、害病、望头、望望、牵记、牵磨、吃酒、吃茶、吃水、吃脱、劈柴、认得、包荒、识货、识相、瞎闹、瞎缠、瞎说、收作、收、收歇、

困来、勒浪、白话、乱说、辩难、作孽、作肉、做啥、作兴、唱喏、完结、完出、完篇、巴结、巴望、用场、回头、回转、回报、转来、转去、转语、转弯、晏歇、反乱、弄脱、上叶（添叶子）、冲克、看相、填房、坐索、讨饭、讨亲、讨债、讨情、索逋、踏肩、捐勒、归宁、归清、惹厌、省力、省径、省得、净面、氽浴、汰菜、沉杀、落脱、游水、汲水、跌落、跌断、跌杀、说话、用头、破费、死挺、考校、坏钞、跳槽、牵脱、远开、当家、别离、飘海、出扇、出角、落篷、撒屁、兜火、嘴干、脱手、躲懒、故世、讲开、包荒、走脱、勾留、失脚、煞住、帮衬、看承、经络、弄耸、倒灶、寡居、醋卧、贿赂、原谅、创办、剥削、选举、改良、矜牢、祈祷、心焦、鞠躬、该死、歪缠、坍台、需索、恶心、惹厌、讨厌、故意、有意、晓得、苦恼、巴望、作兴、懊悔、牵记、希奇、相信、定规、自道

③多音节

赌东道、远兜转、无心想、起先头、轧姘头、轧猛闹、讲闲话、敲竹杠、来不及、豁虎跳、灌米汤、去货哉、晏歇会、困坦觉、困晏觉、做生活、做生意、做事体、吊膀子、抬杠子、捐木梢、合家欢、乘风凉、讨媳妇、刮地皮、巴不得、当不得、怕势势、徒乱人意、瞎七搭八、搭七搭八、夹七夹八

（3）形容词

①单音节

乖、蒿、薄、木、刁、灵、白、瘪、晏、长（身材）、黏、阔、苦、老、冷、壮、羞、痴、稀、响、寿、牢、破、发、清、阴、局、亨、怕、耿、健、郎、假、猛、宿、雄、鹅、强、趣、糯、憨、木、耗、旺、厌

②双音节

厌气、厌酸、硬气、软熟、快活、开心、赖皮、顶真、神气、龌龊、便当、便宜、便利、带便、清爽、适意、懊恼、滑稽、发松、考究、可恶、老练、老气、老辣、老例、风凉、惹气、尴尬、肉麻、肉痛、麻利、光鲜、难看、难过、难闻、难绷、难煞、淘气、暖热、闹热、闹忙、顶真、像样、欢喜、窝心、鲜鲜、标致、动气、时路、古板、爽性、倒灶、褊急、噜苏、活脱、下作、晏晏、风光、着力、着末、起劲、吃力、吃区、喷香、不盈、作势、把细、蹩脚、空心、蹺奇、鲜甜、末堂、短气、薄幸、孟浪、面嫩、齐整、饿煞、冻煞、势利、利害、道地、气闷、别脚（蹩脚）

③多音节

做人家、破工夫、硬绷绷、松波波、气吼吼、黑魆魆、黑越越、乱哄哄、闹烘烘、白洋洋、勿色头、热烘烘、湿漉漉、滴溜溜、青森森、汹汹然、明朗朗、扑簌簌、乱哄哄、乱嘈嘈、骨碌碌、怕势势、滑塔塔、笑微微、面团团、没脚蟹、空落落、难为情、五颜六色、刁钻古怪、更深人静、清清爽爽、一塌糊涂、一貌堂堂

2. 变异词（横杠前为近代吴语，后为现代吴语）（不完全列举）

黄梅—梅天、羊牢—羊圈[1]、鸡架—鸡棚、日逐—日里、除夕—大年夜、端午节—端阳节、元宵—正月半、除夕—大年夜、姨娘—姨[2]、无姆—姆妈、令郎—乃郎、肩头—肩胛、痨瘵—痨病、膝馒头—膝头、肚子泻—肚子惹、臂撑子—臂膊撑子、慢娘—晚娘、阿嫂—嫂嫂、太太—阿太、偫人—堂子、魔子—寿头（痴子）、聋甏—聋子、厨

司—厨子、老手—掼家、相好—相好 [3]、人客—客人、内行—老门槛、哑子—哑巴子、樱桃—樱珠、中生—众牲、手巾—面布、余头—饶头、名头—名誉、垃圾—垃圾 [4]、蚕花—蚕花 [5]、旅店—旅馆、宪法—宪法 [6]、戏剧—戏剧 [7]、影戏—影戏 [8]、脱气—脱气 [9]、败—败 [10]、野气—野气 [11]、疙瘩—疙瘩 [12]、标劲—标劲 [13]、正经—正经 [14]、正路—正路 [15]、

注释：

[1] 在近代吴语中称为"羊牢"。除了建筑的材料不同外，还体现出词语的时代特点。"羊牢"继承了古代的词汇系统，《战国策·楚策》："亡羊补牢，犹未为晚。"

[2] 近代吴语的"姨娘"是指女佣。现代吴语的"姨"词义扩大了，既指女佣也指父亲的妾。

[3] 近代吴语的"相好"，旧时称嫖客所喜欢的那个妓女或是指情人。但现代吴语中，除此义之外，还有"要好的"之义，如茅盾《子夜》第六章："没有什么人认识他们，往相好人家一躲，不就完事了么？"

[4] 近代吴语的"垃圾"（垃絮）是指脏土或扔掉的破烂东西。而现代吴语中的"垃圾"词义扩大了，不仅指脏土或扔掉的破烂东西，还指"肥料"，即稻草灰和残余腐烂食物的混合物。

[5] 近代吴语及共同语的"蚕花"是指刚孵出的蚕，如清代沈练《广蚕桑说辑补》卷下："子之初出者名蚕花，亦名蚁，又名乌。"在现代吴语中，词义扩大了，也指蚕茧的收成，如"今年的蚕花，光景是好年成。三张蚕种，该可以采多少茧子呢？"（茅盾《春蚕》）"百姓养蚕日夜做，蚕花收成七八分。"（《中国歌谣资料·官员专欺湖州人》）

[6] 近代吴语及共同语的"宪法"是指法度。如《国语·晋语九》："赏善罚奸，国之宪法也。"宋代无名氏《梅妃传》："设使调和四海，烹饪鼎鼐，万乘自有宪法，贱妾何能较胜负也。"在现代吴语中是指宪法，词义转移。

[7] 近代吴语及共同语的"戏剧"是指儿戏、玩笑，如杜牧《西江怀古》："魏帝缝囊真戏剧，苻坚投箠更荒唐。"苏轼《次韵王郎子立风雨有感》："愿君付一笑，造物亦戏剧。"现代吴语则指包括文学、音乐、舞蹈、美术等的艺术形式。词义转移。

[8] 近代吴语及共同语的"影戏"是皮影戏，如宋代灌圃耐得翁的《都城纪胜·瓦舍众伎》："凡影戏乃京师人初以素纸雕镞，后用彩色装皮为之。"清代富察敦崇《燕京岁时记·封台》："影戏借灯取影，哀怨异常，老妪听之多能下泪。"在现代吴语中指电影。

[9] 近代吴语及前代的"脱气"是泄气，如《醒世姻缘传》第四十四回："他娘笑道：好脱气的小厮，你倒戌也不做假哩！"在现代吴语中指断气，如徐志摩《一条金色的大道》："老阿太已经去哩，冷冰冰欧滚在稻草里，野勿晓得几时脱气欧，野呒不人晓得！"

[10] 近代吴语及共同语的"败"是输、失利、不成功的意思，与"胜"相对。《左传·成公二年》："齐师败矣。"在现代吴语中是指家道衰落，如茅盾《春蚕》："可是老通宝死也想不明白为什么'陈老爷家'的'败'会牵动到他家。"

[11] 近代吴语的"野气"是指野外的气象，如唐代刘希夷《晚憩南阳旅馆》："日照蓬阴转，风微野气和。"现代吴语指粗俗，如朱自清《论朗诵诗》："单是看写出来的诗，会觉得咄咄逼人，野气、火气、教训气。可是走进群众里去听，听上几回，就会不觉得这些了。"在现代吴语中，除这些意义外，还有"兴旺"之义，如茅盾《霜叶红于二月花》："这是新添的，前天还没卖座，生意真是野气。"

[12] 近代吴语及共同语的"疙瘩"是指皮肤上突起或肌肉上结成的小硬块，如《老残游记》："长长的脸儿，一脸疙瘩。"《文明小史》第二七回："济川才躺下去，颈脖子上就起了几个大疙瘩，痒得难熬，

一夜到亮，没有好生睡。"现代吴语是指别扭，不好相处。

[13]近代吴语及共同语的"标劲"是指摆阔气、讲排场，如《官场现形记》第五二回："他本是个阔人，等到这笔昧心钱到手之后，越发闹起标劲来。"朱自清《初到清华记》："一位清华学生在屋里只穿单大褂，将出门却套上厚厚的皮大氅。这种'行'和'衣'的路数，在当时却透着一股标劲儿。"现代吴语除此义外，还有"倔强的脾气"之义，如茅盾《手的故事》："'谢谢二少爷，我不要保，我跟他们去！看他们敢把我五马分尸么？'声音很尖脆，不像是五十多岁的老婆子。'哈哈，黄二姐的标劲还像二十年前！'"

[14]近代吴语及前代的"正经"是指正派、正派，如《初刻拍案惊奇·卷六》："美名一时无比，却又资性贞淑，言笑不苟，极是一个有正经的妇人。"《儒林外史》第三回："比如我这行事里都是些正经有脸面的人，又是你的长亲，你怎敢在我们跟前妆大？"现代吴语除此义外，还有"正常"之义，如茅盾《秋收》："然而那南瓜呀，松波波的，又没有糖，怎么能够天天当正经吃？"

[15]近代吴语及前代的"正路"是指正当的途径。《初刻拍案惊奇》卷四："这两个女子，便都有些盗贼意思，不比前边这几个报仇雪耻，救难解危，方是修仙正路。"现代吴语除此义外，还有"正常"之义，如茅盾《春蚕》："'乌娘'在'蚕簟'里蠕动，样子非常强健；那黑色也是很正路的。四大娘和老通宝他们都放心地松一口气了。"

3. 新词（不完全列举）

（1）名词（或名词性词组）

①天文地理方位时间

月亮、干雷、雷响、焦雷、发风、飓风、冰雹、冰箸、落雪、迷露、朝霜、豪雨、濯雨、细雨、雨、阵头、青天、山谷、毒太阳、太阳光、白虎星、阵头雨、牛毛雨、斜脚雨、顶头风、打霹雳、山坳坳、太阳底下、墩、港、塘、荡、缺、战壕、田岸、地头、埂头、泥垃、烂泥、岔口、官河、港汊、码头、河道、河头、河心、池潭、水潭、城濠、帮岸、高墩、磁石、水晶、硬煤、山涧水、米泔水、烂污泥、闸角路、水门汀、断头浜、烂泥淖、石帮岸、里、本里、本埠、粉坊、茶坊、油坊、埠头、夹弄、牛棚、猪棚、狗窠、乡下、脚下、白场、灶山、花旗、照相、窝里、农会、监狱、中央、弱国、稻场、隔壁头、别场化、角落头、城隍庙、土地堂、财神堂、长毛窝、私门子、里门口、咸肉庄、酒吧间、阅报室、转弯角子、田角落里、里厢、东路、门前、门底、后身、西首、对过、上头、下头、下底、城脚下、背后头、新年、新岁、日子、钟头、热天（夏天）、秋日（秋天）、冷天（冬天）、薄暗（天将黑）、上半日、下半日、年夜饭、清明边、立夏边、大熟年、灯节边、半夜餐、古时间、成天价、寒食清明、晏下夜昼、反乱年头、国庆纪念（节）

②人体人称

人面、面相、嘴爿、嘴巴、嘴干、口吻、口干、口风、口头、身板、身坯、块头、菜色、牙鬏、鼻污、喷嚏、耳末、眼熟、眼热、眼白、眼风、野眼、肩架、肩胛、肚实、胸口头、胃仓、胃口、手臂、脚爪、疮疤、癫皮、癞痢、发热、发痴、风火、害眼、花痴、暗病、坏痘、伤风、耳括子、节头股、节头子、脚节头、脚底心、小脚节头、肉里眼、夹肢、牙齿痛、半肢疯、爹爹、阿妈、阿婶、阿大、妹妹、妹丈、家婆、大姨、弟妇、好婆、叔祖、叔婆、姑嬅、男人、女客、屋里、姐丈、摆姆、养娘妇、养媳妇、姻伯母、老板、老师、密司、小人（小孩）、小开、小丑、丫婷、师母、看护（护士）、船娘、司姑、司务、轿夫、角色、短衣、粗胚、盲子、折脚、病块、东道、道尹、董事、蟛蛉、木头（头脑迟钝的人）、号房、瘪三、染匠、白赖、流氓、懒坯、憨大、酒工、鼓手、告化、浮头、土贩、亲丁、长年、长工、马弁、保镖、副官、参官、猛将、溃兵、民众、群众、良民、党魁、公仆、华侨、侦探、警察、军阀、巡捕、股东、会计、先生、医生、别人家、老太婆、老板娘、老头子、老阿太、老甲鱼、老太太、东洋兵、弯舌头、嘉属人、外乡人、江北人、东洋人、夜艳人、乡下佬、一家门、大块头、红帽子、大元帅、穿长衫、败家精、拆梢党、烂污货、饭司务、二房东、原生货、纠察队、江北汉奸、土地老爷、邻舍隔壁、自伙淘里、千金小姐、毛头小伙子

③动物、植物、衣物、食物

叭儿狗、洋衣、洋服、洋纱、洋布、长衫、袍子困衫、困裤、棉靴、摸胸、旗袍、衬里裤、法兰绒、饼干、油条、大烟、卷烟、香烟、雪茄、肉松、酒酿、汽水、酒水、酒曲、皮酒、咖啡、五香豆、腌鸭蛋、绿豆汤、冰淇淋、马达、引擎、沙发、罐头

④房屋用品

莆屋、市房、冥屋、把手、窗洞、窗盘、庭心、灶披、柴间、电话、信壳、洋伞、阳伞、火柴、自来火、洋煤、美孚灯、热水瓶、舶来品、洋囤囤、雪花粉、蚊虫香、盒子炮

⑤事物、事情

味道、纹路、闹漕、气数、长性、中觉（中午觉）、流星、做品、烂污、背时、心相、心思、回声（汽笛）、纸头、年酒、讹头、封皮、薄膜、行嫁、遗产、革命、国旗、民权、花头经、皮夹子、痰喉咙、仙人跳、果子皮、摇咕冬、三对六面、黑嘴老鸦、当中横里

⑥各行各业

胚子、乌娘、二眠、大眠、蚕种、蚕房、蚕箪、熟蚕、蚕台、蚕山、山棚（安放蚕簇的棚架）、布子（蚕纸）、窝种、大熟年、蚕宝宝、排水车、洋水车、肥田粉、浪山头、望山头、自业田、漏爿田、撒种子、蚕花不熟、俏、燥、柜台、贸易、资本、产业、金融、款子、罢市、乡债、乡账、公债、债户、账头、花账、虚账、标金、货码、债价、抵押、店号、纱厂、工厂、商场、染坊、酱园、盐栈、冶坊、顶费、顶价、行情、红契、契约、田契、合同、期票、空头、吃进、银楼、货品、筹措、接洽、销路、薪水、雇用、合会、佣钿、账簿、储蓄、差误、值钿、公份、东洋货、洋货铺、蹩脚货、高利贷、来路货、垫箱钱、皮球钱、快车、洋车、榻车、抛锚、车站、火车、出轨、快班船、黄包车、脚踏车、京戏、橡皮、公呈、小书、信笺、信札、信函、快信、口琴、摄影、育婴堂、幼稚园、小学堂、江北戏、西洋镜、提线戏、皮影戏、西洋画、西洋文化、民众教育、初级小学、新式小学

（2）动词（或动词性词组）

①双音节

入调、并亲、发痴、揩油、搭档、扒掉、抵抗、欺瞒、佯嗔、照相、败相、调脾、出顶、做品、吃瘪、用（支出超过收入）、碰面、碰着、碰门、讲拢、讲好、转色、胡调、看穿、绷补、蜕化、让为（要算，推为）、用账、热昏、劳动、做工、煞火、由性、起劲、长性、急煞

②多音节

瞎起劲、好孛相、死不肯掉花枪、闲马荡、轧朋友、兜得转、打磕串、打中觉、撒烂污、拆烂污、拆壁脚、拆棚脚、并排坐、吃讲茶、吃排头、吃豆腐、吃生活、打虾献、打回来、搭山头、讲空话、讲空头、骂山门、动勒动、掉枪花、淋了雨、派用场、明朝会、弄不对、做一床（合睡一床）、拜利市、放白鸽、吹风凉、变把戏、转折亲、转念头、有讲头、有花头、搭死掼、搭夜作、伤风化、踏水车、消消闲、团团转、剥剥皮、跺跺脚、扎扎紧、浮泡泡、凑公份、排排坐、毛毛算、捉牙虫、板面孔、春春烂、晾衣裳、着衣裳、汰衣裳、别转头来、七支八搭、虎起了脸、晒脱了力、相帮出肩、养家活口、带挡相帮、等一歇歇、响动了人、掬水浸木梢

（3）形容词

①双音节

硬石、臭韧、野淡、清健、发辣、懒朴、懒丝、老枪、老式、挺刮、么魔、得法、得局、得神、得喜、正式、摩登、疚悔、灵动、原生、刮皮、生青、滚壮、多化（花）、熟市（熟悉、熟识）、出惊、登样

②多音节

顶顶准、软绵绵、软披披、软洋洋、硬古古、臭西西、呆顿顿、懒丝丝、懒屁股、气烘烘、抖簌簌、乌黑黑、乌霉霉、乌黑黑、乌青青、乌油油、乌亮亮、黑里俏、黑簌簌、黑森森、油绿绿、墨漆黑、墨墨黑、白白里、白白叫、白松松、白涂涂、白塌塌、白相相、白寥寥、雪雪白、发痴了、触霉头、泛淘淘、精打光、紧洞洞、抖簌簌、干渣渣、水淋淋、灰簌簌、汤漉漉、巍颤颤、金黄黄、狠霸霸、重甸甸、萧索索、乱轰轰、乱札札、爽辣辣、寿血血、绿汪汪、老面皮、死洋洋、咸塔塔、冷疏疏、香窜窜、火惹惹、红喷喷、贼忒忒、直荡荡、冰冰冷、好孛相、大廓落落、生青滚壮、热你的昏、毛毛草草、着末收梢、一塌括子、黑铁袜搭、散散落落、阴阳怪气格

综上所述，现代吴语词汇系统到近代吴语词汇系统的变化特点有如下几点：

第一，从上面所列的三类词语来看，现代吴语词汇系统较之近代吴语的词汇系统，有较大的变化，这体现着剧烈的时代变革在现代吴语词汇系统留下的时代印记。当然，这种变化是在吴语词汇系统的基础上发生的。例如，"白相相"是新词，但它是在"白相"的基础上发展形成的。"白相相"既体现了时代的特征（多音节），又体现了吴语的地域特性。社会语言学把词（字）在不同时空的变化叫作"变异"，把这种变异的结果叫作"变体"。因地域原因产生的语言变异形式叫作语言的地域变体；因社会原因产生的语言变异形式叫作社会变体。其实，方言的变化正是体现在这两个方面，而且是分不开的，就如"白相相"。且"变体"是在"本体"的基础上形成的，这是一个方言词汇系统既能保持自己的特色，又能与时代同步、充满语言活力的主要原因。

第二，从词性来看，名词变化比较大，其次是形容词，而动词变化相对较小。

第三，从词的音节来看，多音节变化比较大。这种变化体现在名词、动词、形容词多音节词语的增多。

第四节　本章小结

本章仍然从语音、词汇及现代吴语与近代吴语比较三个方面对现代吴语进行了描写与分析。

从高本汉 1911—1912 年的方言实地调查到赵元任 1927 年的吴语方言调查，其间相隔不过 15 年。虽说 15 年在语言发展史上只不过是一瞬间，对源远流长的吴语来说这只是历史长河中的一朵小浪花，不会影响到吴语的根基。不过这 15 年却不同寻常，社会制度的改变、语言形式的革新对现代吴语影响至深。在这样的社会环境和语言环境中，现代吴语处于"变"与"不变"之中，这一点是本章通过与近代吴语比较后得出的观点。

本章对现代吴语语音的描写，主要是从现代吴语的声母、韵母以及声母、韵母的一些变化来进行，从语音方面描写出一个处于"变"与"不变"之中的吴语"面貌"。从声母角度看，现代吴语的声母只有 28 个，比近代吴语仅少 1 个，即 z。而 z 则与 ȵ 合并，如浓脓。同时受发端于清末、盛于 20 世纪 20 年代的"国语运动"的影响，共同语的个别语音、语汇进入现代吴语系统中，"文白异读"更加明显。从《现代吴语韵母与广韵韵母、近代韵母对应表》和《现代吴语与近代吴语韵母比较表》看，现代吴语的韵母相对声母变化较大。变化的方面主要有：（1）o，uo → ɔ˞；（2）e，ə，əu → e；（3）ɛ，e → ɐᵋ；（4）e，œ → ɤəɪ；（5）əŋ，aŋ → ã；（6）ɔŋ，uɔŋ → ɑ̃；（7）iŋ，iəŋ → ɪŋ；（8）œ → ɥᵉ；（9）uɛ → uɐᵋ；（10）ue → uɤəɪ；（11）aʔ、əʔ → ʌʔ；（12）ɔʔ → oʔ；（13）eʔ、œʔ → əʔ；（14）iəʔ、eʔ、œʔ → iiʔ；（15）iʔ → ɪʔ。从以上声、韵母的变化来看，现代吴语语音确实在变，但这些变化对于体系十分完备的现代吴语语音来说，确实太小了，使人感觉现代吴语好像没有什么变化。

在语音、词汇、语法这语言三要素中，词汇与社会生活最密切相关，变化也比较快，确实现代吴语词汇系统也是如此。在内容上，一批新的、充满时代特色的词语充实到现代吴语词汇系统的同时，那些反映半殖民地半封建社会生活的词语，也在逐渐地退出现代吴语的舞台。在词法上，一些文言文元素，如"之""个"（助词，相当于"的"）也很少出现在现代吴语的词汇构词方法之中。不过这些变化也是十分有限的，那些体现嘉兴地域特色的词语不仅依然存在，同时还增加了一些新特征词语，如"土场"（屋前的空地）、野景（野外的景致）、正路（正常）、宝宝（蚕）、乌娘（蚕蚁）等。又如，茅盾 20 世纪 30 年代的作品，不仅大量使用了吴语方言原有的词语，还对流行于嘉兴、上海等地的一些词语提炼运用，例如，"长性（耐心）、把细（仔细）、力道（肥效）、泛陶陶、面团团、没脚蟹、火惹惹、乌霉霉"等，这更加丰富了现代吴语的词库。在词法上，一些传统的吴语构词形式仍然存在，如"勿、呒、弗"等构成的词语在现代吴语中得到普遍使用。由此说来，现代吴语词汇处于"变"与"不变"之状态中。

第五章
当代吴语

本章具体描写了当代吴语的语音系统和词汇系统，编制了当代吴语的同音字表和词汇表，比较全面地反映了当代吴语的时代面貌，并在此基础上与现代吴语的语音、词汇进行历时比较。

第一节　语音系统

一、当代吴语语音语料来源

当代吴语的支撑材料有钱乃荣的《当代吴语研究》、俞光中的《嘉兴方言同音字汇》和嘉兴市地方志编纂委员会的《嘉兴方言志》。以上三部文献是本课题研究当代吴语的重要材料，本课题关于嘉兴当代吴语的同音字表、嘉兴方言词汇表的研究主要从这三部文献的相关部分整理出来。

《嘉兴方言志》（油印本）成书于 1987 年 10 月，共六章。第一章"概论"，介绍嘉兴方言的种类、与邻近地区的差异，以及嘉兴方言内部的差异。第二章"语音"，描写嘉兴方言的声母、韵母、声调，以及连续变调、文白异读、声韵配合关系等方面的内容。第三章"同音字汇"。第四章"词汇"，内容有"构词法""分类词表""古词例释"。该书语音部分详细描写当代吴语 26 个声母、43 个韵母和 8 个声调，分析了当代吴语语音方面的一些特点，如连续变调、文白异读等。其"同音字汇表"以韵母为序排列，同一韵母中又以声母次序排列，表中调类用阿拉伯符号标示调值，条理明了。

《当代吴语研究》是《现代吴语的研究》续篇，但比《现代吴语的研究》更翔实、丰富。该书是钱乃荣于 1984 年 10 月至 1985 年 5 月对赵元任于 1927 年调查的 33 个吴语方言点进行跟踪调查的调查报告。作者的意图是通过考察记录 33 个吴语方言点中老年、中年、青年的声母、韵母、声调情况及 2700 多个字音、1400 多条词语，追踪吴语 60 年来的变化。[1]《当代吴语研究》共八章，其中第二章"吴语的声母、韵母、声调"详细描写了 33 个吴语方言点的音系及其声母、韵母、声调的特点。第三章"字音对照表"分别列举了 33 个吴语方言点 2000 字的同音字表。第六章"吴语的词汇系统"重点列出 33 个吴语方言点常用词语。

---

[1]　钱乃荣：《当代吴语研究》，上海教育出版社，1992，第 1 页。

《嘉兴方言同音字汇》发表于《方言》杂志 1988 年第 3 期。该文结构共三大部分：第一部分介绍了嘉兴方言基本情况和调查情况；第二部分描写了嘉兴的语音系统，包括声母、韵母、声调，简要分析嘉兴语音系统的特点；第三部分是文章的主体，为嘉兴方言的同音字表。《嘉兴方言同音字汇》简要描写当代吴语的 29 个声母、45 个韵母和 9 个声调，分析当代吴语老派和新派的差别。"同音字汇表"按老派的韵母、声母、声调顺序排列，读音不合规律的字用仿宋字体排印，文白异读加注小字"文""白"。"同音字汇表"中的记音符号深受赵元任《现代吴语的研究》的影响。

当代吴语语音语料的不足之处是缺少新中国成立以后的头 20 年的语料。我国在 20 世纪 50—60 年代曾在浙江等多个省市进行大规模语言（方言）调查，但由于时代等因素，这一时期保存下来的公开发表的语音资料比较少，这对描写这一时期的吴语语音面貌有一定影响。2015 年傅国通、郑张尚芳主编的《浙江省语言志》是以这一时期的调查成果为基本素材撰写而成的。该书认为，"50—60 年代调查时期的吴语语音系统与现在（指该书撰写时）差异不大"。本课题也将《浙江省语言志》第二卷《嘉兴方言》同嘉兴市档案局与嘉兴市档案学会共同编辑的《嘉兴方言》（徐越著）作了比较，发现 50—60 年代的语音系统除多了声母"ŋ"外，其余的声母、韵母及声调全部相同。

二、声母系统

当代吴语共有声母 26 个，其中全浊音 7 个。本课题用两个表将这 26 个声母列出，表 5-1 从发音部位、方法角度着眼，表 5-2 从音值着眼。在表 5-2 中，每个声母后取三个例字，即阴声韵、阳声韵和入声韵各取一字，如该声母无某类韵，则空出，以示其缺。声母音标后面括号里的汉字，用嘉兴吴语来读，就是该声母的音值（见表 5-1、表 5-2）。

（一）声母表（1）

表 5-1   当代吴语声母（1）

发音部位 ＼ 发音方法	塞音			塞擦音			擦音		鼻音	边音
	清		浊	清		浊	清	浊	浊	浊
帮组（双唇音）	p	pʰ	b						m	
	帮	滂	并						明	
非组（唇齿音）							f	v		
							非	奉		
精组（舌尖前音）				ts	tsʰ		s	z		
				精	清		心	邪		
端组（舌尖中音）	t	tʰ	d						n	l
	端	透	定						泥	来
章组（舌面前音）				tɕ	tɕʰ	dʑ	ɕ	(z)	ȵ	
				照	穿	床	晓		娘	
见组（舌根音）	k	kʰ	g						(ŋ)	
	见	溪	群						疑	
晓组（喉音）	ʔ						h	ɦ		
	影		喻				晓	匣		

（二）声母表（2）

表 5-2　当代吴语声母（2）

p（北）摆帮百	pʰ（扑）派胖拍	b（薄）排朋白	m（亩）埋盂麦	
f（腹）夫风福	v（伏）扶凤服			
ts（资）斋张摘	tsʰ（雌）蔡昌尺		s（思）筛商杀	z（时）紫肠石
t（得）带打搭	tʰ（脱）太汤塔	d（特）桃堂独	n（捺）奴纳	l（勒）罗农六
tɕ（机）尖精节	tɕʰ（欺）千清七	dʑ（齐）全寻习	ȵ（泥）年银业	ɕ（西）先心吸
k（革）高公谷	kʰ（刻）靠空哭	g（轧）搞共轧		
h（黑）好烘瞎	ɦ（含）号红	ʔ（合）袄翁屋		

（三）说明

1.关于声母 ŋ

疑母 ŋ 在《当代吴语研究》中还存在，但在《嘉兴方言志》和《嘉兴方言同音字汇》的记音材料中已经没有了。后两者认为，古疑母今读只有一个字，即"我"（"我们"），读"ŋa"。古疑母开口一、二等字舒声韵读"ɦ"或"v"，如"眼"（ɦɛ）、"鹅"（vu）。入声韵读"ʔ"，如"额"（ʔaʔ）。[①] 今读洪音的字，老派全读"ɦ"（只有一个字"我"的文读音读"ŋ"）。新派一部分字读"ɦ"，一部分字则读"ɦ"或"ŋ"不定，即同一个字有人读"ɦ"，有人读"ŋ"。

2.关于声母 z

《嘉兴方言同音字汇》还记有声母 z，属于此声母的字有"齐荀殉象橡像"，但在《当代吴语研究》和《嘉兴方言志》的记音材料中，声母 z 已经与 dʑ 母合流。

三、韵母系统

当代吴语的韵母有 39 个（不包括成音节的"əl""m̩""ŋ̍"）。其中阴声韵母（元音韵母）21 个，阳声韵母（鼻音韵母）9 个，入声韵母 9 个。表 5-3 按阴声韵、阳声韵、入声韵排列。阴声韵、阳声韵、入声韵是按其韵尾的不同来分的。以元音或无韵尾的，称阴声韵；以鼻音收尾的，称阳声韵；以塞音 [p][k][t] 收尾的，称入声韵。本课题用表格形式将这 40 个韵母列出。

（一）当代吴语韵母

表 5-3　当代吴语韵母

| 韵母类别 | 开口呼 | 齐齿呼 | 合口呼 | 撮口呼 |
	开口一二等	开口三四等	合口一二等	合口三四等
阴声韵母	ɿ	i	u	y
	ʮ			
	ɑ	iɑ	uɑ	
	o			

① 嘉兴市地方志编纂委员会：《嘉兴方言志》，1987 年内部资料，第 6 页。

续表

韵母类别	开口呼	齐齿呼	合口呼	撮口呼
	开口一二等	开口三四等	合口一二等	合口三四等
阴声韵母	e	ie	ue/ɥᵉ	
	ɛ		ʒu	
	ɔ	ci		
	ɤɚ		uɤɚ	yɤɚ
		iɤu		
阳声韵母	ã	iã	uã	
	ɑ̃			
	ən	in	uən	yən
	oŋ	ioŋ		
入声韵母		iiʔ		
	ɑʔ	iɑʔ	uɑʔ	
	oʔ	ioʔ		
	əʔ		uəʔ	yəʔ

（二）当代吴语韵母各种记音符号

表 5-4 中的记音符号:"本课题"指本课题采用的记音符号,"俞志钱"依次为俞光中的《嘉兴方言同音字汇》、嘉兴市地方志编纂委员会的《嘉兴方言志》、钱乃荣的《当代吴语研究》。

表5–4　当代吴语韵母各种语料记音符号

韵母类别	出处	开口呼	齐齿呼	合口呼	撮口呼
		开口一二等	开口三四等	合口一二等	合口三四等
阴声韵母	本课题	ɿ	i	u	y
	俞志钱	ɿ, ɿ, ɿ	i, i, i	u, u（ue）, əu	y, y, y
	本课题	ʮ			
	俞志钱	ʮ, ʮ, ʮ			
	本课题	ɑ	iɑ	uɑ	
	俞志钱	ɑ, a, ɑ	iɑ, ia, iɑ	uɑ, ua, uɑ	
	本课题	o			
	俞志钱	o, o, o			
	本课题	e	ie	ue/ɥᵉ	
	俞志钱	e, ei, e	ie, iɛ, ie	uei（方）/ɥᵉ, uei, ue	
	本课题	ɛ		ʒu	
	俞志钱	ɛ, ɛ, ᴇᵉ		ue, ue, uᴇᵉ	
	本课题	ɔ	ci		
	俞志钱	ɔ, ɔ, ɔ	iɔ, iɔ, ci		
	本课题	ɤɚ		uɤɚ	yɤɚ
	俞志钱	ɤɚ, ɤ, ɤɚ		uɤɚ, uɤɚ, uɤɚ	yɤɚ, yɤ, yɤɚ
	本课题		iɤu		
	俞志钱		iɤu, iu, iɤu		

韵母类别	出处	开口呼	齐齿呼	合口呼	撮口呼
		开口一二等	开口三四等	合口一二等	合口三四等
阳声韵母	本课题	ã	iã	uã	
	俞志钱	ã, ã, Ã,	iã, iã, iÃ	uã, uã, uÃ	
	本课题	ã̃			
	俞志钱	ã̃, õ, Ã̃			
	本课题	ən	in	uən	yən
	俞志钱	əŋ, ən, ən	iŋ, in, in	uəŋ, uən, uən	yəŋ, yən, yn
	本课题	oŋ	ioŋ		
	俞志钱	oŋ, oŋ, oŋ	ioŋ, yoŋ, ioŋ		
入声韵母	本课题		iɪʔ		
	俞志钱		iɪʔ, ieʔ, iəʔ		
	本课题	ɑʔ	iɑʔ	uɑʔ	
	俞志钱	ɑʔ, aʔ, əʔ	iɑʔ, iaʔ, iÃ	uɑʔ, uaʔ, uÃ	
	本课题	oʔ	ioʔ		
	俞志钱	oʔ, oʔ, oʔ	ioʔ, yoʔ, ioʔ		
	本课题	əʔ		uəʔ	yəʔ
	俞志钱	əʔ, əʔ, əʔ		uəʔ, uəʔ, uəʔ,	yəʔ, yəʔ, yəʔ

（三）说明

1. 关于"ε"的记音

"ε"的记音，钱乃荣的《当代吴语研究》记为"Eε"，俞光中的《嘉兴方言同音字汇》记为"ε"，嘉兴市地方志编纂委员会的《嘉兴方言志》，记为"ε"，本课题记为"ε"。

2. 关于"u"与"əu"

《嘉兴方言志》的记音中有"əu"，《现代吴语的研究》记音为"ᵒu"，《嘉兴方言同音字汇》中没有。《嘉兴方言志》认为，"u"与"əu"是互补的，"u"只出现帮组、非组和晓组声母后，而"əu"可出现在其他声母后。两者音值差别不明显，将"əu"归入"u"。《嘉兴方言志》中属于"əu"母的字有："多都赌堵肚拖妥吐土兔驼驮徒涂屠大惰杜度渡镀舵奴怒糯努骡驴罗锣萝庐芦猡箩路鲁橹卤露裸卵租祖左组阻做佐粗初搓楚础醋锉措错苏蓑梭酥蔬唆锁琐素诉数锄雏坐座助歌锅姑辜孤古果裹估股鼓过故固雇顾科棵窠颗枯苦库裤课呼火虎伙货何"等。《现代吴语的研究》记音为"ᵒu"有："多朵拖妥唾驮舵惰大挪糯罗啰裸歌锅裹个过窠可颗课鹅我饿卧左搓坐座蓑锁"等。

3. 关于"uei"与"ue""ɥe"

《嘉兴方言志》的记音中有"uei"，《嘉兴方言同音字汇》把此母一分为二，即"ue"和"ɥe"。两者音值差别较为明显，且"uei"的韵尾音值没有到位，相当于"ɪ"，所以分为两母。

4. 关 "ei" 与 "e"

《嘉兴方言志》的记音中有 "ei"，《嘉兴方言同音字汇》把此母记为 "e"。"ei" 的韵尾音值没有到位，相当于 "ɪ"，所以 "ei" 记为 "e"。

5. 关于鼻音韵尾

"əŋ，ɪŋ，uəŋ，yəŋ" 的鼻韵尾可以 "n" "ŋ" 自由变读。

6. 新派老派在韵母方面的主要差别

（1）新派没有 "ã" "iã" 两个韵母。老派 "iã" 韵字，新派并入 "iɑ̃" 韵。老派 "ã" 韵字，新派分别并入 "uɑ̃"（宕摄合口字）和 "ɑ̃" 韵。

（2）"ioʔ" 韵多数字，新派并入 "yoʔ"，只有 "玉肉" 等少数字仍读 "ioʔ"。

（3）"ɤə，əŋ，ɛ" 逢 "tʂ，tʂʰ，ʂ，z" 声母时，新派多数字倾向于读成 "uɤə，uəŋ，uɛ"。

（4）老派的 "yɤə" 韵新派读 "ye"。老派的 "iɛ" 韵（只有一个 "念" 字），新派并入 "ie" 韵。

（5）老派 "l" 声母拼 "i，y" 两个韵母的字，新派全部拼 "i" 一个韵母。

（6）老派 "ɬ" 韵，新派读成 "əl" 韵。

四、声调系统

当代吴语声调系统在俞光中的《嘉兴方言同音字汇》中有 9 个声调，即阴平、阳平、全阴上、次阴上、阳上、阴去、阳去、阴入、阳入。在嘉兴市地方志编纂委员会的《嘉兴方言志》和钱乃荣的《当代吴语研究》中也有 9 个，即阴平、阳平、全阴上、次阴上、阳上、阴去、阳去、阴入、阳入。本研究取当代吴语声调系统有 9 个声调的说法（见表 5-5）。

表 5-5　当代吴语声调

序号	古四声	调类	分合条件	调值 方	调值 俞	调值 钱	例字
1	平	阴平	清	53	51	51	高开婚刚青专
2		阳平	次浊、全浊	31	31	31	穷寒鹅床种人
3	上	全阴上	全清	44	44	44	展古好乎比较粉
(3)		次阴上	次清	423	213	324	口丑笔体普
4		阳上	次浊、全浊		212		
5	去	阴去	全清、次清	34	35	334	盖靠汉抗放爱
6		阳去	次浊、全浊	213	14	223	五近厚共害岸
7	入	阴入	清、次浊	5	5	54	急曲黑岳六合
8		阳入	全浊	2	12	12	局入白达佛杰

说明：

1. "调值" 中的方、俞、钱分别代表嘉兴市地方志编纂委员会的《嘉兴方言志》、俞光中的《嘉兴方言同音字汇》、钱乃荣的《当代吴语研究》的调值。

2. "方" "钱" 没有 "阳上"，归入 "阳去"。

3.《嘉兴方言志》调值说明

（1）古阴上分两类：声母为不送气清塞音、塞擦音和清擦塞音的，读高平调；声母为送气清塞音、塞擦音的，读高降升调。本表将第一类称为全阴上（上声甲），第二类称为次阴上（上声乙）。

（2）次阴上（上声乙）与阳去调型相似，只是起点略高，实际调值是313，为显示与阳去的差别，现记作423。

（3）次浊声母和零声母入声字一律读阴入调。

（4）阳平的实际调值是先升后降的231，现记作31。

（5）全阴上（上声甲）的实际调值是544，现记作44。

（6）阴去的实际调值是334，现记作34。

（7）阴入的实际调值是54，现记作5。

（8）阳入的实际调值是23，现记作2。

（9）古阳上与阳去字调值相同，亦可归为一类，但本研究还是另类分列。

五、声韵配合关系（见表5-6）

表5-6　当代吴语声韵配合关系

韵声	开口呼	齐齿呼	合口呼	撮口呼
p,pʰ,b,m	班	边	u	○
f,v	反不与ɔ,a,ɤ相拼	i	u	○
t,tʰ,d	担	店	○	○
n	奶不与阳声韵相拼	○	○	○
l	懒	连	○	y
ts,tcʰ,s,z	灾 l韵只与此组相拼	○	ɥᵉ,ue 注	ʮ
tɕ,tɕʰ,dz,ȵ,ɕ	○	剑	○	卷
k,kʰ,g,h	盖		关不与u相拼	○
ɦ	咸	盐	还	园
ʔ	哀	烟	弯	冤

说明：

1．表5-6的汉字表示这类声韵可以配合。圆圈表示这类声韵不能配合。标上具体韵母的，如i，u等表示这类声母只与这个韵母相拼。

2．开口呼入声韵不与ɦ声母相拼。

3．齐齿呼中ia，iu，iã，iaʔ韵不与帮（p）组声母相拼。

注：因嘉兴市地方志编纂委员会的《嘉兴方言志》将"u"发为"u""ɤu"，"ɤu"只与端精组、见组及帮组的"m"相拼，故表5-6有此说明。

六、当代吴语同音字汇（见表5-7）

本字汇以韵母为类排序，韵母的顺序为开口→齐齿→合口→撮口。类内按"现代吴语声母表"顺序排列，依次为：帮组（双唇音）→非组（唇齿音）→精组（舌尖前音）→端组（舌尖中音）→章组（舌面前音）→见组（舌根音）→影晓组（喉音，简称晓组）。声调有阴平、阳平、全阴上、次阴上、阳上、阴去、阳去、阴入、阳入9个，分别用①、

②、③、(3)、④、⑤、⑥、⑦、⑧标注。文中的"文""白"即文读、白读（在字后用六号字体标出），有音无字用口表示。"又"表示该字又一读音。

表5-7　当代吴语同音字

1. a

组	声母	同音字
帮组	p	①巴文霸文③摆⑤拜把文
	pʰ	⑤派
	b	②排牌⑥罢败稗~子
	m	②妈埋又④埋又⑥买卖马文
精组	ts	①斋抓遮⑤债诈文
	tsʰ	①差动词，~爸文(3)扯⑤蔡
	s	①筛③傻耍洒啥⑤晒文帅
	z	②柴豺④惹文，~气：讨厌撒~污：排泄
端组	t	⑤带戴白~帽子
	tʰ	①他文它文⑤太白态泰
	d	⑥大文汏~衣裳埭
	n	②拿文④乃奶
	l	②拉喇~叭⑥赖癞
见组	k	①街阶白加白嘉白家白袈白枷白③解假白敩~③贾白⑤嫁白价白界白介白芥疥白戒白届白驾白
	kʰ	①揩(3)卡楷
	g	②咖茄白④解绳子~开⑥髂
晓组	h	③蟹哈那~
	ɦ	②鞋牙芽⑥外白也白
	ʔ	①挨③矮

2. o

组	声母	同音字
帮组	p	①巴白疤芭③把⑤霸坝把白
	pʰ	⑤怕
	b	②爬又琶琵~杷枇~巴下~⑥罢
	m	②麻痲模摸④码马白⑥骂
精组	ts	①遮渣查⑤蔗炸诈榨
	tsʰ	①车错差~勿多叉权爸白⑤诧
	s	①沙纱赊奢痧③舍~得捨⑤晒舍宿~赦
	z	②蛇查茶佘⑥乍~浦，地名
端	n	②拿挐挪
见组	k	①夸瓜③寡剐⑤挂卦
	kʰ	①夸(3)可⑤跨
晓组	h	①花虾呵打~欠⑤化
	ɦ	②华铧桦划~船④瓦⑥画下白
	ʔ	①鸦白蛙白③哑白⑤厦夏话

3. e

帮组	p	①碑杯卑悲③彼⑤背褙贝辈
	pʰ	①丕胚坯剖⑤配沛
	b	②培陪赔⑥备佩倍焙痱~子
	m	②谋梅枚煤媚眉白媒霉矛白⑥妹亩文美每某昧茂贸白
非组	f	③否
	v	②浮白
精组	ts	①邹周舟州洲③走肘帚⑤奏皱绉昼咒
	tsʰ	①抽(3)丑⑤臭凑
	s	①收搜馊③手首守叟⑤瘦兽嗽哎~漱~口秀~才绣~花
	z	②绸稠筹酬愁仇柔揉囚白⑥受骤寿授售蕊袖~子售就白
端组	t	①堆兜朵文③斗抖陡⑤对斗~争
	tʰ	①偷推(3)腿⑤透退
	d	②骰~子头年夜~投⑥队兑豆痘逗荳
	n	⑥内俦（你）
	l	②雷擂楼搂溜又刘又④偏垒篓累⑥漏类陋累屡又
见组	k	①勾沟钩哥大阿~钩③狗苟⑤个够构购构寄~包裹
	kʰ	①抠(3)口⑤扣叩寇
晓组	h	③吼
	ɦ	②侯喉猴④偶藕⑥厚候后
	ʔ	①欧讴③呕⑤怄沤

4. ɛ

帮组	p	①班斑颁扳③板版⑤扮
	pʰ	①攀⑤盼襻纽~
	b	②爬又⑥办乸
	m	②蛮⑥慢蔓漫幔迈万白晚白晚爷，后父
非组	f	①翻番藩③反返⑤泛贩
	v	②帆凡烦繁樊④挽晚文⑥饭万文范犯
精组	ts	①灾栽③斩宰崽⑤再载赞蘸寨又
	tsʰ	①猜搩(3)彩采睬产铲⑤灿菜忏
	s	①三衫山腮删衰文⑤伞⑤散赛疝帅~碎白
	z	②才财材裁残馋④罪在⑥暂站栈赚绽
端组	t	①丹单耽担~心③胆掸⑤旦戴娅旦担~子
	tʰ	①坍滩摊胎(3)毯坦⑤炭叹态太文
	d	②苔台抬谈痰坛檀弹~琴⑥淡贷待怠代袋蛋但弹子~
	n	②难很~⑥耐奈乃白奶文难灾~
	l	②蓝篮兰拦栏~干来④懒览揽缆⑥烂滥赖依~
见组	k	①间白该监涧尴奸白③减改碱概⑤盖
	kʰ	①开铅(3)凯⑤慨嵌
	g	②隑戤
晓组	h	③海喊骇⑤苋
	ɦ	②衔孩咸闲颜白呆~板④亥眼⑥限害碍雁文
	ʔ	①哀埃③艾馅⑤爱蔼隘晏早~

5. ɔ

帮组	p	①包胞褒③饱保宝堡⑤报豹爆
	pʰ	①抛⑤泡炮
	b	②袍跑⑥抱暴鲍
	m	②猫锚毛茅矛文④卯⑥貌冒帽
精组	ts	①招朝糟遭朝韶~山诏③爪找早枣⑤照罩灶
	tsʰ	①超抄操(3)钞吵炒草躁⑤糙
	s	①烧臊骚搔捎稍③少多~嫂扫⑤燥少~年
	z	②韶朝潮曹槽④扰⑥皂绍赵兆造邵
端组	t	①刀③岛倒祷捣⑤到
	tʰ	①滔(3)讨⑤套
	d	②逃桃陶萄掏⑥道稻盗导
	n	②挠铙恼脑⑥闹
	l	②捞劳牢涝④老佬
见组	k	①高膏糕羔胶交白③稿搅绞铰⑤告觉睡~,~教白,~书酵校~对
	kʰ	①敲(3)考烤⑤靠犒
	g	⑥搞
晓组	h	①薅③好~坏⑥好爱~耗孝白,吊孝
	ɦ	②豪壕毫熬遨号~呼④浩咬⑥号~数傲
	ʔ	①凹③袄⑥奥懊傲

6. ɐə

帮组	p	①搬般⑤半绊
	pʰ	①潘⑤判
	b	②盘⑥伴拌
	m	②瞒馒④满⑥慢漫
精组	ts	①簪瞻沾粘钻专砖甄占~卜③展⑤战占~领转
	tsʰ	①穿川餐参~差(3)喘惨篡纂⑤钏窜串
	s	①闩门~拴③闪陕⑤扇搧舍宿~
	z	②然燃船蚕蟾禅缠传椽④染文⑥善膳社射篆传~记
端组	t	①端③短⑤断判~锻
	tʰ	①贪③探
	d	②团潭谭⑥断~绝段缎锻
	n	②男南囡④暖
	l	②銮④卵⑥乱
见组	k	①干甘柑泔肝竿③敢感杆赶⑤干
	kʰ	①堪龛看~门刊(3)砍坎⑤看~见勘
	g	②跍~脚
晓组	h	①酣鼾③罕⑤汉憾
	ɦ	②寒韩含函⑥岸旱汗翰焊
	ʔ	①安庵鞍⑥按案暗

7. ã

帮组	p	①绷浜⑤迸
	b	②朋棚彭膨蟛鼙④蚌⑥碰
	m	②虻盲~子⑥盂猛
精组	ts	①张樟章争睁白③长生~掌⑤账仗打~胀帐涨獐彰障
	tsʰ	①昌菖撑(3)厂⑤畅唱又倡创
	s	①商伤笙生甥牲白③省赏
	z	②裳长肠场常尝又偿塍新~，地名⑥尚文剩白丈杖仗剩嚷文壤文让文
端组	t	③打
	d	⑥荡~马路
	l	⑥冷
见组	k	①庚白耕羹白更粳③□kā，石子硌脚，硌：触着凸起的东西觉得不舒服或受到损伤。
	kʰ	①坑
晓组	ɦ	②行~船⑥硬杏白
	ʔ	①樱白鹦白⑤雁白~鹅

8. ã

帮组	p	①帮邦③榜膀绑⑤谤磅~秤
	pʰ	(3)髈⑤胖
	b	②旁庞防白⑥棒
	m	②忙芒茫虻又④莽蟒网⑥望往
非组	f	①方芳③仿妨纺访彷⑤放
	v	②房亡⑥妄望文忘文
精组	ts	①樟章姓椿装庄桩脏赃臧⑤葬壮障
	tsʰ	①苍仓窗疮(3)闯⑤创唱
	s	①桑丧~事双霜孀舂~米③爽赏嗓⑤丧~失
	z	②藏床尝④上~声⑥藏西~状撞上尚又裳
端组	t	①当裆③挡党⑤当~是：以为
	tʰ	①汤(3)倘躺⑤烫趟
	d	②唐糖塘搪堂⑥宕荡扫~
	n	②囊
	l	②郎廊狼④朗⑥浪晾
见组	k	①光冈刚钢纲缸扛肛江③港广讲白⑤杠降白虹白
	kʰ	①康糠慷匡筐炕白⑤抗炕矿旷
	g	②狂⑥逛戆憨伉
晓组	h	①慌荒黄又蛋~谎晃⑤恍况
	ɦ	②杭航行昂降投~黄皇蝗王⑥项巷旺兴~
	ʔ	①肮汪③往文

9. ən

帮组	p	①奔崩③本
	pʰ	①喷烹⑤喷~香，~嚏
	b	②盆盟又同~会⑥笨坌~田
	m	②萌门蚊盟又闻白⑥闷问白
非组	f	①分纷芬③粉⑤粪奋
	v	②坟文纹闻文焚⑥问文愤忿份吻刎
精组	ts	①增争蒸真针斟珍朕贞祯侦尊文曾甡筝正~月征振振憎遵③准枕诊疹整⑤镇震症政证正~确
	tsʰ	①春椿辚村称~呼(3)蠢逞忖⑤寸衬趁称~心如意
	s	①僧生文声深孙升森参人~身申伸娠牲文甥白狲活~③损审婶沈笋⑤逊胜圣
	z	②绳沉人文陈尘辰晨臣神仁存唇纯醇曾~经层乘承呈程成城诚盛~饭仍文塍田~惩④忍文⑥认文润文顺郑阵甚肾慎任文赠刃润赠剩文~余盛兴~赁租~
端组	t	①敦墩灯登③等⑤顿凳瞪橙
	tʰ	①吞⑤氽
	d	②饨屯豚誊藤腾⑥盾遁钝沌邓
	n	②能⑥嫩
	l	②仑轮伦论~语能楞⑥论嫩
见组	k	①耕又更~政根跟庚文羹文③耿艮⑤更~好
	kʰ	④啃恳垦肯
晓组	h	①亨哼③狠很
	ɦ	②横白恒衡痕⑥恨
	ʔ	①恩

10. oŋ

帮组	pʰ	(3)捧髈
	b	②蓬蓬防又⑥棒
	m	②蒙忙白网白④懵⑥梦懵
非组	f	①风枫疯丰封蜂锋③讽捧⑤俸
	v	②冯逢缝⑥奉凤缝—条~
精组	ts	①终棕鬃宗踪中~间忠钟盅③总冢肿种~类⑤粽中~标众种~树纵~客
	tsʰ	①聪春冲葱匆充囱(3)宠
	s	①松嵩⑤送宋
	z	②从虫丛戎绒重~复崇茸文⑥颂讼仲重~量撞诵
端组	t	①东冬③董懂⑤冻栋
	tʰ	①通(3)桶统捅⑤痛
	d	②同铜桐筒童瞳桶④动洞
	n	②农脓
	l	②龙隆笼聋农脓④拢⑥弄拢陇垅
见组	k	①公工功攻供~给弓躬宫恭③拱巩⑤贡供~养
	kʰ	①空(3)孔恐⑤空有~控
	g	⑥共
晓组	h	①轰烘③哄
	ɦ	②鸿宏红洪虹弘
	ʔ	①翁瓮拥白~上去

11. i

帮组	p	③比鄙彼⑤庇闭秘泌臂
	pʰ	①披批⑤屁譬
	b	②脾琵皮肥白疲④陛痹⑥敝弊蔽币备毙避被婢
	m	②弥迷糜④米尼白眉白尾白谜味白
非组	f	①妃非飞③匪翡④费废肺
	v	②肥微维惟④尾文⑥未味文
端组	t	①低③抵牴底⑤帝
	tʰ	①梯(3)体⑤替涕剃
	d	②题提堤啼蹄⑥地弟第递隶
	l	②离璃篱黎梨犁狸篱④里理鲤礼裹李⑥丽又例励厉痢利吏例荔泪白吕白
章组	tɕ	①鸡饥肌讥基几~乎机稽③挤几~多己姐文⑤祭际济剂计寄文继既纪记季冀
	tɕʰ	①欺妻溪姐(3)企起启岂杞祈⑤气汽器弃契砌去白
	dz	②齐旗脐荠骑奇其棋麒徐⑥忌技妓
	ɕ	①些西牺嬉希稀犀奚熙徙③洗喜嬉死⑤戏细系文
	ŋ	②泥尼疑宜谊蚁仪④蚁拟耳白⑥二白腻义议艺贰毅
晓组	ɦ	②移姨胰遗肄饴⑥系白异易
	ʔ	①今医衣依伊他医③倚椅文以已以⑤意亿

12. ɿ

精组	ts	①资咨姿支知蜘文之枝肢栀芝脂兹滋猪~猡③纸止址旨指子紫嘴姊滓梓⑤致置志至制痣又
	tsʰ	①痴雌吹炊痴嗤(3)褚姓耻此侈齿⑤赐疵翅次刺疵痣又
	s	①诗施尸师狮私思丝司斯撕尿白③史使驶始屎死文水⑤四肆世势试矢
	z	②迟瓷糍慈磁辞词祠池驰持时逝匙⑥字治自似祀寺是示视士市柿事恃侍誓仕嗜逝滞

13. ʮ

精组	ts	①朱珠诛蛛株硃猪诸③主煮⑤铸箸注蛀灶驻
	tsʰ	(3)处动词：相~⑤处~所
	s	①书梳白舒输③暑鼠黍⑤庶恕
	z	②殊如儒除厨橱匙又④储乳汝⑥竖树署住苎柱

14. iɑ

端	t	①爹③嗲撒娇，宠爱：~来
章组	tɕ	①家文加文嘉文佳稼皆阶文③姐白贾文解文假文真⑤借驾嫁文架文价文假文放~戒文界文介文届文
	dz	②邪斜⑥谢
	ɕ	①虾文③写⑤卸泻下文
	ŋ	④染~着病
晓组	ɦ	②崖涯④野
	ʔ	①鸦文③雅耶亚哑文霞⑤夜

15. ie

帮组	p	①鞭边编蝙③扁區贬⑤变遍
	pʰ	①篇偏⑤片骗
	b	②偏⑥辨辫辩便方~
	m	②绵棉眠④免娩勉缅⑥面
端组	t	①颠癫③点典⑤店
	tʰ	①天添(3)舔⑤掭忝
	d	②田甜填钿⑥垫殿电垫奠佃
	l	②连莲廉镰帘联怜④敛脸⑥练炼恋
章组	tɕ	①间文尖煎笺又(~纸)监文兼艰奸肩坚③捡剪简柬拣茧⑤剑见箭溅荐建鉴
	tɕʰ	①牵千歼迁谦签铨笺又(信~)(3)且浅遣⑤欠歉倩
	dz	②潜摛虔涎乾泉全钳钱前痫④旋⑥件健腱钱贱践渐
	ɕ	①先仙鲜宣骗~鸡掀轩籼③选洗险癣显⑤献宪线懈
	ȵ	②研粘年严阎④俨碾染~坊⑥念验砚捻
晓组	ɦ	②延言盐檐嫌贤炎颜文衔文弦沿④演焰⑥也文
	ʔ	①烟阉淹腌焉烟咽③掩⑤现燕嚥宴晏文雁文厌艳堰陷现懈械

16. iɔ

帮组	p	①标彪膘③表手~⑤表代~
	pʰ	①飘(3)漂⑤票
	b	②鳔鱼~瓢嫖
	m	②苗描瞄④秒渺藐⑥庙妙又
端组	t	①刁貂雕③鸟白⑤吊钓
	tʰ	①挑⑤跳~跃粜
	d	②条调~和⑥调~动掉
	l	②撩寮聊燎辽疗④瞭⑥了~结廖料
章组	tɕ	①焦蕉椒交文郊骄娇胶浇③矫缴娇狡绞文剿⑤窖较叫教文~师校~对
	tɕʰ	①缲敲锹悄(3)巧⑤窍俏
	dz	②翘桥乔侨巢樵⑥轿
	ɕ	①萧箫肖消宵霄销逍硝嚣③小晓⑤笑孝酵
	ȵ	②挠饶④绕国~鸟⑥绕~线
晓组	ɦ	②肴淆摇谣遥窑姚尧⑥效校学~耀鹞~子
	ʔ	①妖邀腰要~求③杳舀⑤要勿~

17. iəɯ

端组	tʰ	①丢
	l	②流刘留榴硫琉馏溜④柳
章组	tɕ	①揪鸠纠③酒九久韭灸⑤救究
	tɕʰ	①秋丘
	dz	②求球囚仇⑥就袖舅旧枢臼咎
	ɕ	①修休羞③朽⑤秀又绣又锈诱又嗅
	ȵ	②扭牛④纽

晓组	ɦ	②尤邮由油游犹④有诱酉
	ʔ	①忧优悠幽⑤幼又右佑友柚釉

18. iã

端	l	②凉量测~粮良梁粱④两斤~⑥亮谅辆量数~
章组	tɕ	①疆僵缰姜将③浆桨奖蒋讲文⑤酱将大~降文，~落
	tɕʰ	①枪腔羌(3)抢⑤呛羟勉~
	dz	②墙强详祥翔④勥~脾气⑥匠像象橡
	ɕ	①相互~厢箱湘镶襄乡香③想享响饷⑤相~貌向
	ȵ	②娘瓤④仰酿⑥让文壤嚷文
晓组	ɦ	②羊详扬杨阳洋烊佯疡炀降文④养生，~小人⑥样恙痒旺火~氧旺又
	ʔ	①秧殃央③扬~谷子

19. in

帮组	p	①兵宾槟殡冰斌③禀饼丙并秉⑤檠柄摒
	pʰ	①拼(3)品⑤聘
	b	②凭平评瓶屏萍贫频⑥并病
	m	②民鸣明名铭盟又④悯敏闽皿⑥命
端组	t	①丁叮钉③顶鼎⑤钉名词
	tʰ	①听厅(3)挺艇⑤听文言词：听凭，任凭。
	d	②庭廷亭停⑥定锭订~报澄又
	l	②拎铃伶零陵菱凌林淋邻灵临鳞磷④领岭⑥另令赁吝
章组	tɕ	①精经津今金襟巾斤筋晶径睛京荆惊茎③紧谨井景警颈锦⑤进禁俊敬镜境竟晋浸劲
	tɕʰ	①轻亲清青靖侵钦卿倾(3)请寝顷⑤庆揿磬
	dz	②秦琴禽擒勤芹情晴寻循旬巡蕈香~鲸⑥尽静近竞劲姓仅
	ɕ	①心新星腥兴~旺辛薪欣掀白馨荀③醒省⑤性姓信讯迅兴衅高~
	ȵ	②人白迎任银凝迎宁吟仁杏~④忍⑥认白闰韧
晓组	ɦ	②营寅行~为形刑型盈赢淫行白蝇瀛④引颖⑥幸杏文
	ʔ	①音鹰阴因姻殷应~该鹦文樱文瀴英蝇婴缨③饮隐尹影瘾孕文⑤映印应答~

20. ioŋ

章组	dz	②穷琼
	ɕ	①兄胸凶
	ȵ	②浓白绒茸
晓组	ɦ	②荣熊萤容熔蓉融雄庸
	ʔ	①拥文雍臃③永泳甬涌勇⑤用

21. u

帮组	p	①波玻箥③补谱⑤布佈簸播
	pʰ	①铺动词颇坡潽粥~出来(3)普浦脯坡又颇又剖⑤铺~子破
	b	②菩蒲婆葡孵菩⑥捕部步薄埠蔀稻~头
	m	②魔摩摹模磨动词④母拇~指⑥慕暮墓募幕磨名词

续表

非组	f	①夫肤数敷呼又③府俯腑甫脯辅斧俘虎又火又伕又⑤赴付傅姓富赋副货又
	v	②符扶芙无文浮④腐武鹉侮⑥附父务雾妇负文傅
精组	ts	①租③组祖阻左佐⑤做作
	tsʰ	①粗初搓(3)楚础⑤措醋错又锉
	s	①苏蓑~衣梭唆酥蔬~菜梳文疏③锁琐所数动词⑤素诉塑数~目蔬菜~
	z	②锄又雏⑥助座坐
端组	t	①都多③堵睹赌肚猪~躲
	tʰ	①拖(3)土妥⑤兔唾吐
	d	②驼驮徒途涂图屠⑥惰杜肚渡度镀舵大白
	n	②奴④努⑥怒糯懦
	l	②骡驴卢芦炉庐罗锣猡箩胴④鲁橹卤房卵裸⑥裸路略露
见组	k	①姑孤哥歌锅箍辜蜗又③果古估~计鼓股裹~馄饨⑤顾雇固故过个
	kʰ	①枯科棵颗窠(3)苦可⑤库裤课
	g	②跍咕
晓组	h	①呼又火虎又伙又浒⑤货又
	ɦ	②胡湖壶狐鹕俄河荷何又和~顺禾吴文乎梧蜈④五文午伍舞⑥互护戍饿贺祸卧误悟户沪和~友悟
	ʔ	①乌阿窝倭污⑤焐恶动词

22. ua

见组	k	①乖白③拐寡文剐⑤怪
	kʰ	⑤快
晓组	h	①歪又
	ɦ	②槐怀淮
	ʔ	⑤坏外文

23. ue

见组	k	①归龟文规闺圭③轨诡鬼文⑤贵文桂鳜剑桧会~计
	kʰ	①盔亏文奎魁窥恢(3)傀⑤块
	g	②葵癸逵⑥溃柜文跪文愧
晓组	h	①灰徽挥辉麾③毁悔⑤讳晦绘贿
	ɦ	②回茴围危桅为作~④伟苇违讳纬⑥卫魏谓胃慰汇
	ʔ	①威煨喂畏③委萎伪⑤会位惠慧绘又

24. ɥe

精组	ts	①追锥③赘醉⑤最缀
	tsʰ	①吹文炊催崔⑤脆翠
	s	①虽绥⑤税岁锐粹碎文
	z	②垂随隋谁槌锤④蕊文⑥罪穗睡芮遂隧坠瑞

25. uɛ

见组	k	①关冠_衣~⑤惯
	kʰ	⑤筷
	g	②环
晓组	ɦ	②怀还⑥外_文
	ʔ	①弯湾③挽⑤幻患宦

26. uɤə

精	s	①酸⑤算蒜
见组	k	①官棺观_参~冠_衣~③管馆⑤贯惯罐灌冠~_军
	kʰ	①宽(3)款
	g	⑥掼
晓组	h	①欢⑤焕唤
	ɦ	②完丸玩顽桓⑥缓
	ʔ	③碗踠皖⑤腕换

27. uən

见组	k	③滚⑤棍
	kʰ	①昆坤(3)捆⑤困~_觉
晓组	h	①昏婚荤
	ɦ	②魂浑~_{登登}｜~陶陶:糊里糊涂馄⑥混~_{堂,浴室}
	ʔ	①温瘟③稳

28. uã

见	k	①光~_火
影	ɦ	②横~_{头,床靠头的一端}
	Ø	⑤横~_{来,蛮横不讲道理}

29. y

端	l	②驴④吕侣旅缕屡⑥虑滤屡
章组	tɕ	①疽居车又拘驹龟_白③举矩鬼_白⑤锯句贵据
	tɕʰ	①趋蛆驱区亏~_得(3)取娶又⑤趣去_文
	dz	②渠瞿俱骑_白徐⑥聚巨拒距惧具柜署又序叙绪娶又跪_白
	ɕ	①虚嘘须需③许⑤絮婿胥
	ŋ	②愚虞娱_{白文}④女语遇寓豫愚娱~_乐⑥遇
晓组	ɦ	②渔鱼_文于_姓圩余盂榆愉围~_巾⑥预御豫喻裕誉
	ʔ	①于迂③椅_白雨羽禹宇与~_参⑤芋

30. yɤə

章组	tɕ	①捐娟鹃③卷⑤眷卷绢
	tɕʰ	①圈(3)犬⑤劝券
	dʑ	②权拳颧⑥倦
	ɕ	①喧暄靴⑤檀鞋~头
	ŋ	②元原源④软阮⑥愿
晓组	ɦ	②玄缘元园圆袁援辕眩④远
	ʔ	①冤渊⑤怨院悬县

31. yən

章组	tɕ	①均钧君军⑤菌窘
	dʑ	②群裙郡旬又巡又殉
	ɕ	①薰熏勋⑤训
晓组	ɦ	②云匀⑥闰白
	ʔ	③允晕孕文⑤熨运韵

32. ɑʔ

帮组	p	⑦八伯百柏
	pʰ	⑦拍魄
	b	⑧拔白
	m	⑧抹袜麦脉
非组	f	⑦法发
	v	⑧乏伐筏罚
精组	ts	⑦眨札扎着~衣酌窄摘只
	tsʰ	⑦插察擦绰拆策册尺赤
	s	⑦撒萨杀煞栅
	z	⑧杂闸宅着困~若弱石芍
端组	t	⑦搭遏遢~
	tʰ	⑦塌塌榻獭
	d	⑧踏沓达埭桃家~
	n	⑧捺
	l	⑧腊蜡辣邋~遢猎白
见组	k	⑦夹挟格隔甲白
	kʰ	⑦掐恰客
	g	⑧□拥挤:街上浪人~来轧扎实,牢靠
晓组	h	⑦瞎喝赫
	ɦ	⑧喝瞎吓
	ʔ	⑦压鸭押额白盒匣狭

33. oʔ

帮组	p	⑦北博剥驳卜八又
	pʰ	⑦扑朴仆泊梁山~
	b	⑧缚薄仆泊電冰~
	m	⑧莫膜寞摸木目穆牧
非组	f	⑦福幅复腹覆
	v	⑧服伏復古文字《说文》往来也
精组	ts	⑦桌卓烛嘱足捉斫~稻作竹筑祝粥琢涿添烛火~
	tsʰ	⑦触戳促畜簇拙娖
	s	⑦叔缩宿陈旧索朔速肃束塑说唢粟
	z	⑧镯浊逐续俗熟属蜀赎昨凿勺~子辱族淑
端组	t	⑦笃督
	tʰ	⑦秃托讬秃拓
	d	⑧独毒读牍牍铎跋喥
	n	⑧诺
	l	⑧陆鹿录绿禄六落乐快~洛烙骆络酪
见组	k	⑦谷各阁搁角觉白
	kʰ	⑦哭壳扩酷廓壳确白
晓组	h	⑦郝霍
	ʔ	⑦屋握恶沃学又岳鹤腭鄂镬~子

34. əʔ

帮组	p	⑦不钵~头拨
	pʰ	⑦泼迫
	b	⑧帛勃钹
	m	⑧末沫没沉~墨默么
非组	f	⑦彿
	v	⑧勿佛物
精组	ts	⑦织卒则责哲折浙拙汁执职只又质者辙褶
	tsʰ	⑦出侧厕又测澈撤猝彻
	s	⑦色刷湿失设虱室式适释塞瑟说饰率嗇涩摄蟀说小~
	z	⑧舌直日文杂贼择泽涉值植任十拾实食蚀术述入若蛰殖什
端组	t	⑦答得德
	tʰ	⑦忒脱
	d	⑧特突叠白夺
	n	⑧纳
	l	⑧勒肋
见组	k	⑦隔~嘴葛割格文鸽革
	kʰ	⑦刻渴克刊堪磕咳~嗽
	g	⑧掎紧抱的意思
晓组	h	⑦黑喝~采
	ʔ	⑦扼轭厄合核额文

35. iiʔ

帮组	p	⑦笔鳖逼毕必壁碧璧瘪憋
	pʰ	⑦撇匹劈僻辟
	b	⑧别鼻批弼枇
	m	⑧灭蜜密觅篾
端组	t	⑦滴跌的~确嫡
	tʰ	⑦铁踢剔贴
	d	⑧笛敌狄叠又
	l	⑧力律列裂烈劣立粒栗率历荔笠
章组	tɕ	⑦即接节积迹脊绩结给级激击急缓~劫洁吉疖戟
	tɕʰ	⑦七漆切妾戚窃吃泣乞讫怯缉且
	dz	⑧拾白席习集籍截捷绝疾寂夕袭极及杰桀辑剧
	ɕ	⑦熄息昔屑雪悉膝惜锡戌恤吸歇胁薛析泄掀白
	ŋ	⑧日白，~脚热业逆匿溺孽聂镊蹑
晓组	ɦ	⑧易弋协叶翼亦
	ʔ	⑦一益绎译翼揖作~乙抑噎亦液页逸缢

36. iaʔ

端组	tʰ	⑦贴帖字~
	d	⑧叠文蝶谍碟
	l	⑧略掠猎文
章组	tɕ	⑦爵脚甲文
	tɕʰ	⑦却恰洽怯鹊雀
	dz	⑧嚼
	ɕ	⑦削
	ŋ	⑧捏虐箬粽~
晓	ʔ	⑦约药钥跃协峡

37. ioʔ

章组	tɕ	⑦菊掬觉文
	tɕʰ	⑦确文曲
	dz	⑧局轴
	ɕ	⑦畜~牧蓄
	ŋ	⑧玉肉白褥狱
晓	ʔ	⑦郁欲学文育浴潮，洗澡

38. uəʔ

见组	k	⑦骨国滑
	kʰ	⑦阔窟扩
晓组	h	⑦忽
	ʔ	⑦活或惑获核又

39. uaʔ

见	k	⑦刮括聒~一顿
晓	h	⑦豁霍辖
组	ʔ	⑦挖划滑猾

40. yəʔ

章	tɕ	⑦厥决诀橘
组	tɕʰ	⑦缺屈
	dz	⑧掘倔
	ɕ	⑦血
晓	ʔ	⑦学又月穴悦阅越日疫役浴粤域拥熨~斗

41. 其他韵母

əl	①儿文而③耳文尔⑥饵二文
m̩	①姆③呒⑥亩
ŋ̍	①鱼吴白⑦五午白

第二节　词汇系统

一、当代吴语词汇的语料来源

当代吴语词汇系统的语料，来自嘉兴市地方志编纂委员会的《嘉兴方言志》，傅国通、方松熹、傅佐之的《浙江方言词》以及钱乃荣的《当代吴语研究》。语料也适当地选择了一些出现在同时期嘉兴籍作家作品中的有嘉兴吴语特征和时代特征的词语。在论述当代吴语词汇系统的变化时，为了便于比较，还收录了由江苏省、上海市方言调查指导组编写的《江苏省和上海市方言概况》和李荣主编、叶祥苓编纂的《苏州方言词典》，以及钱乃荣著的《上海话大词典》中的部分词语。

《嘉兴方言志》中的"分类词表"（词汇表），收词约 1500 条，按意义分为天文、地理、时令、农业、植物、动物、房屋器具、人口称谓、身体、疾病医疗、服饰、饮食起居、商业经济、文化习俗、动作、位置、形容词、副词等十八类。该词表所收录的都是长期流传并至今仍在使用的独具地方特色的词语，且收录的词语涉及当地生活的方方面面，比较全面地反映了当地语言生活的面貌。词表中的一些词语与普通话差别很大，如"引"（宠爱、迁就）、"趣"（漂亮）、"巴结"（努力、勤奋）、"有一乃乃"（有点）等。《浙江方言词》和《当代吴语研究》分别收录词语 203 个和 980 个，它们的共同特点是既收集当地的特色词，也收集与普通话相同的词语，如"开年"（明年）、"明年"。"开年"是吴语词语，"明年"是普通话词语，两者同时收录。从这类词语中，我们可以看到吴语向普通话演变的轨迹。

二、当代吴语词汇系统

当代吴语词汇系统由两大部分组成：一是分类词表，一是使用词表。分类词表具有典型性与系统性的特点，但也有不足之处，分类词表是对发音合作人词汇系统的记录，这些词语并不是在语言运用的环境中获得的，可能有一些词语现在已经不再使用了或是新出现词语并没有被收录进来。使用词表通过一些同时期的文学作品，记录这一时期的语言生活仍然还使用的词语，这些词语来自现实生活，十分鲜活，在一定程度上真实地反映了当代吴语的生存状况。分类词表和使用词表结合可更为具体地反映出当代吴语词汇的真实面貌。

（一）分类词表（见表5-8）

本词表收录词语约3000多条，分17个大类。按天文/地理、处所/方位、时令/时间、人体/人物、植物/动物、衣物/饮食、房屋/用品、事物/事情、农业、工商业、交通、文化/教育、动作/行为、心理/否定、性质/状态、指代/数量、其他的顺序排列。以小类为排列单位，先列单音节词，后列双音节词，再列多音节词。各词以吴语立目，按实际读音用国际音标记录，吴语词语后面有注音。声调有阴平、阳平、全阴上、次阴上、阳上、阴去、阳去、阴入、阳入九调，分别用1、2、3、(3)、4、5、6、7、8表示，轻声不标。词条后用普通话释义。释义中，如有两个或两个以上者，各义项间用"；"号分开。

表5-8 当代吴语分类词

1. 天文 / 地理

（1）天文

词语	词音	词义
螮	fie^6	虹
虹	hoŋ^2	虹
雾	vu^6	雾
霜	sã^1	霜
冰	pin^1	冰
雷	le^2	雷
彩虹	tsʰɛ$^{(3)}$ɦoŋ^2	彩虹
天公	tʰie^{1}koŋ^1	天
天河	tʰie^{1}ɦu^2	银河系的通称，普通话叫"银河"
天旱	tʰie^{1}ɦɤ^6	久不雨，普通话叫"干旱"
日头	ȵiʔ^{8}de^2	太阳。也说"热头"
太阳	tʰɑ^{1}ɦiã^2	太阳
月亮	ʔyəʔ^{7}liã^6	月亮
移星	ɦii^{2}ɕin^1	流星
星星	ɕin^{1}ɕin^1	星
云头	ɦyəŋ^{2}de^2	成堆成团的云
发风	faʔ^{7}foŋ^1	刮风
钱风	tsʰiã$^{(3)}$foŋ^1	顶风
顺风	zəŋ^{6}foŋ^1	顺风

词语	词音	词义
刮风	kuɑʔ^{7}foŋ^1	刮风
阵雨	zən^{6}ʔy^3	阵雨
小雨	ɕiɔ^{3}ʔy^3	细雨
落雨	loʔ^{8}ʔy^3	下雨
梅雨	me^{2}ʔy^3	江南农历五月阴雨绵绵，器物发霉，此时称"梅雨"
落霜	loʔ^{8}sã^1	下霜
落雪	loʔ^{8}ɕiʔ^8	下雪
霍显	hoʔ^{7}ɕie^3	闪电。也说"闪电""霍险"
雷响	le^{2}ɕiã^5	打雷
打雷	tã^{3}le^2	打雷
冻冰	toŋ^{5}pin^1	水受冷凝结成冰
烊冻	ɦiã^{2}toŋ^5	开冰。冰开始化成水
冰薄	pin^{1}boʔ^8	开始结冰时形成的薄脆的碎冰，普通话叫"结冰"
冰雹	pin^{1}boʔ^8	冰雹
冰条	pin^{1}diɔ^2	水凝结成的条状物。也说"冰棍"
凌泽	lin^{2}zəʔ^8	屋檐挂的冰条。也说"冰棍""冰条"
结冰	tɕiiʔ^{7}pin^1	结冰
雾露	vu^{6}lu^6	雾气，普通话叫"雾"
阴天	ʔin^{1}tʰie^1	阴天
好天	hɔ^{3}tʰie^1	晴天
晴日	dzin^{2}ɲiɪʔ^8	晴天
烊雪	ɦiã^{2}ɕiɪʔ^7	化雪
雪片	ɕiɪʔ^{7}pʰie^5	雪片，纷飞的雪花
雨涅	ʔy^{3}zoʔ^8	淋雨
扫帚星	sɔ^{3}tse^{3}ɕin^1	彗星
阴头里	ʔin^{1}de^{2}li^4	阴凉处
阵头雨	zən^{6}de^{2}ʔy^3	阵雨
毛毛雨	mɔ^{2}mɔ^{2}ʔy^3	细雨
麻花雨	mo^{2}ho^{1}ʔy^3	毛毛雨。也叫"小雨""毛毛雨"
打个阵	tã^{3}ku^{5}zən^6	雷阵雨
打霹雳	tã^{3}pʰiɪʔ^{7}liɪʔ^8	打雷
鬼头风	tɕy^{3}de^{2}foŋ^1	旋风
落露水	loʔ^{8}lu^{6}sʅ^3	下露
落雨天	loʔ^{8}ʔy^{3}tʰie^1	雨天
着夜烧	zaʔ^{8}ʔiɑ^{5}sɔ^1	晚霞
北斗星	poʔ^{7}te^{3}ɕin^1	星名
龙卷风	loŋ^{2}tɕyɤ^{3}foŋ^1	风力极强而范围不大的旋风
火烧云	hu^{1}sɔ^{1}ɦiyən^2	日出或日落时出现的红霞
太阳头里	tʰa^{1}ɦiã^{2}de^{2}li^6	日晒处
棉花朵头	mie^{2}ho^{1}tʰu$^{(3)}$de^2	大雪
野日吃家日	ɦia^{6}ɲiɪʔ^{8}tɕʰiɪʔ^{7}ka^{1}ɲiɪʔ^8	日蚀
野月吃家月	ɦia^{6}ʔyəʔ^{7}tɕʰiɪʔ^{7}ka^{1}ʔyəʔ^7	月蚀

（2）地理

词语	词音	词义
田	die^2	水田
地	di^6	旱地；土地
岗	kã^1	土岗
场	zã^2	门前空地
塘	dã^2	河
荡	dã^6	浅水湖，湖泊；洗碗、锅
灰	hue^1	灰尘，尘土
河	ɦiu^2	河流
港	kã^3	海湾
泥	ŋi^2	泥土
沙	so^1	沙，沙子
浜	pã^1	小河，不通江湖的叫"死煞浜"
水	sɿ^3	由氢、氧组成的常温常压下为无色无味的透明液体
荒田	hã^{1}die^2	没有耕种或利用的土地
烂泥	lɛ^{2}ŋi^2	泥土，稀烂的泥
泥坺	ŋi^{2}bə?^{8}	土块。也作"泥坺头"
泥堆	ŋi^{2}te^1	土堆
泡泡	pʰɔ^{1}pʰɔ^1	泡沫
河沙	ɦiu^{2}so^1	黄沙，沙
沙泥	so^{1}ŋi^2	沙泥也叫"沙""沙子"
池潭	zɿ^{2}dɚə^2	蓄水的坑
运河	ʔyən^{5}ɦiu^2	人工开挖的河道。也特指京杭大运河
河江	ɦiu^{2}kã^1	河
河浜	ɦiu^{2}pã^1	泛指小河。也作"河港"
河港	ɦiu^{2}kã^3	河流沿岸的港口
潮头	zɔ^{2}de^2	洪峰浪头
汇头	ɦiue^{3}de^2	圩岸的拐弯地
石头	zɑ?^{8}de^2	石头
沙袋	so^{1}dɛ^6	装满黄沙的麻袋，抗洪防弹用
洋油	ɦiã^{2}ɦiəu^2	煤油
汽油	tɕʰi$^{(3)}$ɦiəu^2	由石油加工而得的燃料油
冷水	lã^{6}sɿ^3	凉水
滚水	kʰuən^{3}sɿ^3	开水
热水	ŋɪ?^{8}sɿ^3	热水
开水	kʰɛ^{1}sɿ^3	开水
生水	sã^{1}sɿ^3	没有烧开过的水
灰尘	hue^{1}zən^2	灰尘。细干而成粉末的土或其他物质的粉粒
末子	mə^3?tsɿ^3	屑屑
高墩	kɔ^1 tə^1	高土堆；鼓形的石墩，坐具
泉眼	dzie^{2}ɦiɛ^6	泉水涌出的孔穴
土井	tʰu$^{(3)}$tɕin^1	在田边或渗水的地方挖的井
土墩	tʰu$^{(3)}$tən^1	土堆。也叫"墩墩""泥墩"

词语	词音	词义
檐尘	ɦie²zən²	屋墙上的灰尘
蓬尘	boŋ²zən²	扫地时扬起的灰尘
堤岸	di²ɦɤə⁶	河岸
圩岸	ʔyˡɦɤə⁶	坝，宋诗"周遭圩岸缭山城，一眼圩田翠不分"
坟墩	vən²tən¹	坟头
水塘	sʅ³dɑ̃²	池塘
城河	zən²ɦu²	贯穿城中的水道
城头	zən²de²	城墙
踏杜	dɑʔ⁹du⁶	河边供洗东西用的、部分伸入水中的台阶
碑牌	peˡbɑ²	石牌
石灰	zaʔ⁸hue¹	石灰，一种无机化合物
梗灰	kã³hue¹	放在缸、甏等容器中，使食物干燥的石灰
玉石	ŋioʔ⁸zaʔ⁸	未经雕琢之玉
水泥	sʅ³ŋi²	水泥，一种建筑材料
小河江	ɕio³ɦu²kã¹	小河
小河浜	ɕio³ɦu²pã¹	池塘
踏杜齐	dɑʔ⁸du⁶dzi²	台阶。也作"踏步级"
烂污泥	lɛ²ʔu¹ŋi²	稀烂的泥
溪滩地	tɕʰiˡtʰɛˡdi⁷	小河边的土地
河滩头	ɦu²tʰɛˡde²	河边用石头或石板砌成的供洗衣淘米等用的台阶；河边
河埠头	ɦu²pu⁵de²	河边用石头或石板砌成的供洗衣、洗菜、淘米等用的台阶
河泥塘	ɦu²ŋi²dɑ̃²	田边用石板或石块砌成的积河泥的坑
清水塘	ɕʰinˡsʅ³dɑ̃²	池塘。也说"水塘""小河浜"
泥拔头	ŋi²baʔ⁸de²	泥土
温吞水	ʔuənˡtʰənˡsʅ³	温水
停烫水	din²tʰɑ̃⁵sʅ³	凉着的开水
邋搭水	laʔ⁸taʔ⁷sʅ³	脏水
米泔水	mi⁴kɤəˡsʅ³	淘米水
镬灶水	ʔoʔ⁷tso³sʅ³	涮锅水
饭脚水	vɛ³tɕiaʔ⁷sʅ³	淘米、洗菜或刷洗锅碗后的水。普通话叫"泔水"
坟墩窠	vən²tənˡku¹	墓穴
石卵子	zaʔ⁸lɤ⁴tsʅ³	鹅卵石
吸铁石	ɕiɪʔ⁷tʰiɪʔ⁷zaʔ⁸	磁铁
水门汀	sʅ³mən²tʰin¹	水泥；混泥土
水磨砖	sʅ³mu⁶tsɤə¹	加工后青砖
三和土	sɛˡɦu²tʰu⁽³⁾	三合土，由黏土、石灰和砂加水混合而成的建筑材料

2. 时令 / 时间

吴语	词音	词义
日	ŋiɪʔ⁸	天
夜	ʔia⁵	迟；晚
晏	ʔie⁵	迟；晚

续表

吴语	词音	词义
秋	tɕʰiəu¹	秋天
钟头	tsoŋ¹de²	小时
辰光	zən²kã¹	时候，时间
一日	ʔiɪʔ⁷ŋiɪʔ⁸	一天
一天	ʔiɪʔ⁷tʰie¹	一天
日日	ŋiɪʔ⁸ŋiɪʔ⁸	天天
每天	me⁶tʰie¹	每天
天天	tʰie¹tʰie¹	天天
日脚	ŋiɪʔ⁸tɕia ʔ⁷	日子
日里	ŋiɪʔ⁸li⁴	白天。也作"日里向"
今年	tɕin¹ŋie²	今年
开年	kʰɛ¹ŋie²	明年
明年	mən²ŋie²	明年
前年	dzie²ŋie²	前年
后年	ɦie⁶ŋie²	后年
上年	zã⁶ŋie²	去年
旧年	dziəu⁶ŋie²	去年
来年	lɛ²ŋie²	下一年
越年	ʔyəʔ⁷ŋie²	过年
热天	ŋiɪʔ⁸tʰie¹	夏天
寒天	ɦɪɾə²tʰie¹	冬天
冷天	lã⁴tʰie¹	冬天
月半	ʔyəʔ⁷pɾə⁵	夏历每月十五
月大	ʔyəʔ⁷du⁶	大月
月小	ʔyəʔ⁷ɕiɔ³	小月
正月	tsən¹ʔyəʔ⁷	正月，农历一年的第一个月
闰月	ɦiyən⁶ʔyəʔ⁷	闰月，农历每逢闰年所加的一个月叫闰月
蚕月	zɾɛ²ʔyəʔ⁷	四月
礼拜	li⁴pa⁵	星期
端午	tɾə¹ɦu⁴	端午节
前日	dzie²ŋiɪʔ⁸	前天
前天	dzie²tʰie¹	前天
昨日	zoʔ⁸ŋiɪʔ⁸	昨天
真朝	tsən¹tsɔ¹	今天。也说"今朝"
萌朝	mən²tsɔ¹	明天。也说"明朝"
后日	ɦie⁶ŋiɪʔ⁸	后天
中午	tsoŋ¹ɦu⁴	中午
上日	zã⁶ŋiɪʔ⁸	昨天
上昼	zã⁶tse⁵	上午。也说"上半昼"
下昼	ɦo⁶tse⁵	下午。也说"下半昼"
大昼	du⁶tse⁵	晌午
点心	tie³ɕin¹	中午

吴语	词音	词义
点饥	tie³tɕi¹	午饭与晚饭之间
夜快	ʔia⁵kʰua⁵	傍晚。也说"夜快边""夜快头"
夜间	ʔia⁵tɕie¹	夜里
夜里	ʔia⁵li⁴	夜里
格抢	kəʔ⁷tɕʰiã⁽³⁾	近来，这段日子
天把	tʰie¹po³	大约一天
跑昔	bɔ²ɕiʔ⁷	从前
出脚	tsʰəʔ⁷tɕia⁷	出头
今番	tɕin¹fɛ¹	这时；这回
当世	tã¹sʅ⁵	当前；当代
老早	lɔ⁴tsɔ³	从前。也说"从前"
通年	tʰoŋ¹ɲie²	经常，时常
后首来	ɦe⁶se³lɛ²	后来
早杭头	tsɔ³ɦã²de²	清晨，早晨。也作"老清早""早晨头"
黄昏头	ɦã²huən¹de²	傍晚。也作"夜快头""夜快头"
夜里向	ʔia⁵li⁴ɕiã⁵	夜里
大前年	du⁶dzie²ɲie²	大前年
大前天	du⁶dzie²tʰie¹	大前天
大后日	du⁶ɦe⁶ɲiʔ⁸	大后天
早晨头	tsɔ³zən²de²	早晨
半夜把	pɤə⁵ʔia⁵po³	半夜前后的一段时间
天亮快	tʰie¹liã⁶kʰua⁵	快天亮时
上礼拜	zã⁶li⁴pa⁵	上个星期
下礼拜	ɦo⁶li⁴pa⁵	下个星期
上半年	zã⁶pɤə⁵ɲie²	上半年
下半年	ɦo⁶pɤə⁵ɲie²	下半年
热天公	ɲiʔ⁸tʰie¹koŋ¹	夏天
冷天公	lã⁶tʰie¹koŋ¹	冬天
忙头里	moŋ²de²li⁴	忙的时候
月头浪	ʔyəʔ⁷de²lã⁶	一个月的开头几天
月底边	ʔyeʔ⁷ti³pie¹	临近月底
年三十	ɲie²sɛ¹səʔ⁸	除夕
年初一	ɲie²tsʰu¹ʔiʔ⁷	大年初一
正月半	tsən¹ʔyəʔ⁷pɤə⁵	元宵
端午节	tɤə¹ŋ²tɕieʔ⁷	端午节
七月半	tɕʰiʔ⁷ʔyeʔ⁷pɤə⁵	中元节。也叫"鬼节"
八月半	poʔ⁸ʔyeʔ⁷pɤə⁵	中秋节
中秋节	tsoŋ²tɕie¹tɕiʔ⁷	中秋节
小春月	ɕiɔ³tsən¹ʔye⁷	十月
一歇歇	ʔiʔ⁷ɕiʔ⁷ɕiʔ⁷	一会儿
半夜把	pɤə⁵ʔia⁵po³	半夜三更。也叫"半夜里"
昨日子	zoʔ⁸ɲiʔ⁸tsʅ³	昨天

续表

吴语	词音	词义
半夜三更	$pɤ^5ʔia^5sɛ^1kã^1$	半夜三更
年夜脚壁	$ŋiɛ^2ʔia^5tɕia^7piiʔ^7$	岁末
一日到夜	$ʔieʔ^7ŋiɪʔ^8tɔ^5ʔia^7$	整天
百花生日	$paʔ^7ho^1sã^1ŋiɪʔ^8$	农历二月二十二
荷花生日	$ɦu^2ho^1sã^1ŋiɪʔ^8$	农历六月二十四
夹忙头里	$kaʔ^7moŋ^2de^2li^2$	半中间；（副词）半中间突然
着末收梢	$tsaʔ^2məʔ^2seʔ^1sɔ^1$	最后，结果
开始辰光	$kʰɛ^1sɿ^3zən^2kã^1$	先前，起初
五荒六朋	$ɦu^5hã^1loʔ^8bã^2$	春夏之间陈粮吃完，新粮未熟，口粮接不上

3. 处所 / 方位

（1）处所

词语	词音	词义
巷	$ɦã^6$	胡同，狭小的街道
埭	$dɑ^6$	坝，多用于地名
湾	$ʔuɛ^1$	河水弯曲处，也用于地名
外头	$ɦɑ^6de^2$	外地
外地	$ɦiɑ^6di^6$	外地
世界	$sɿ^5ka^5$	地方
场化	$zã^4ho^5$	地方。也作"地方"
老家	$lɔ^6ka^1$	家乡，祖籍
弄堂	$loŋ^6dã^2$	小巷，江浙地区特有的民居形式
街路	ka^1lu^6	街道
街浪	$ka^1lã^6$	街上
镇浪	$tsən^5lã^6$	镇上
饭店	$vɛ^6tie^2$	饭馆
饭堂	$vɛ^6dã^2$	食堂，厅
混堂	$ɦuən^6dã^2$	澡堂，浴池
牛棚	$ŋiəu^2bã^2$	牛房
羊棚	$ɦiã^2bã^2$	羊圈
猪栏	$tsʮ^1lɛ^2$	猪圈
狗窠	$ke^1kʰu^1$	狗窝
鸡笼	$tɕi^1loŋ^2$	鸡窝
栈房	$zɛ^6vã^2$	杀猪的后房
地方	$ti^5fã^1$	地方
乡下	$ɕiã^1ɦo^6$	乡下
村窠	$tsʰən^1kʰu^1$	村庄
田塍	$die^2zən^2$	田间的小泥路
田横头	$die^2ɦən^2de^2$	田头
乡下头	$ɕiã^1ɦo^6de^2$	乡村
河桥头	$ɦu^2dʑiɔ^2de^2$	桥头附近的地方
角落头	$koʔ^7loʔ^8de^2$	角落。也作"角落头里"

续表

词语	词音	词义
啥场化	sɑ³zã²ho⁶	什么地方
野搭里	ɦia⁴taʔ⁷li⁴	偏僻处
野地里	ɦia⁴di⁶li⁴	野外的荒地
猪栏栅	tsʮ¹lɛ²saʔ⁷	猪圈
乌烟灯	ʔu¹ʔie¹tən¹	鸦片烟馆
半开门	pɤə⁵kʰɛ¹mən²	暗娼处。也作"私门头"
水泥路	sʮ³ȵi²lu⁶	用水泥铺设的道路
小菜场	ɕio³tsʰɛ⁵zã⁴	菜场，卖蔬菜、荤菜的地方

（2）方位

词语	词音	词义
浪	lã⁶	上
边浪	pie¹lã⁶	边儿
上头	zã⁶de²	上面
下底	ɦio⁶ti³	下面。也作"下头"
前头	dʑie²de²	前面
后头	ɦie⁶de²	后面
当中	tã¹tsoŋ¹	中间。也作"当中里弯"
地浪	di⁶lã⁶	地上
里厢	li⁴ɕiã¹	里面。也作"里头""里向"
边郎	pie¹lã²	旁边，边儿上。也作"边郎向"
旁边	bã²pie¹	旁边
外势	ɦia⁶sʮ⁵	外边，外面
东头	toŋ¹de²	东面
西头	ɕi¹de²	西面
南海	nɤə²hɛ³	南面
北海	poʔ⁷hɛ³	北面
海边	hɛ³pie¹	旁边
海浪	hɛ³lã⁶	海上
左面	tsu³mie⁶	左边
右面	ʔiəu⁵mie⁶	右边
近段	dʑin⁶dɤə⁶	附近的地方。也作"近段里"
门底	mən²ti³	前面，面前。也作"前头"
门前	mən²dʑie²	面前。也作"门底""门眼前"
后底	ɦie⁶ti⁷	后面。也作"后头"
对过	te⁵ku⁵	对面。也作"对面"
着末	dʑaʔ⁸məʔ⁷	末了，后面
城里	zən²li⁴	城里
屋里	ʔoʔ⁷li⁴	家里
街郎	ka¹lã²	城里
隔壁	kaʔ⁷piʔ⁷	隔壁
底下	ti³ɦio⁶	底下

续表

词语	词音	词义
隔壁头	kaʔ⁷piɪ⁷de²	隔壁
半当中	pɹə⁵tã¹tsoŋ¹	半当中
底下头	ti³ɦio⁶de²	底下
眼跟前	ɦiɛ⁴kən¹dzie²	前面。也作"门前"
背后头	pe⁵ɦie⁶de²	背后
近团里	dzin⁶dɹə²li⁴	附近
屁股头	pʰi⁵ku³de²	末尾
河桥北	ɦiu²dʑiɔ²poʔ⁷	桥头北边这一带
河桥南	ɦiu²dʑiɔ²nɹə²	桥头南边这一带
当中横里	tã¹tsoŋ¹ɦiən²li⁴	中间，中途。也说"当中"
其他地方	dʑi²tʰa¹di⁶fã¹	别处

4. 人体 / 人物

（1）人体（含与人体相关的事物、疾病）

词语	词音	词义
头	de²	头
脚	tɕiaʔ⁷	脚
奶	na⁴	奶，乳房
生相	sən¹ɕiã⁵	长相
老皮	lɔ⁴bi²	脚上老茧上脱落的硬皮
块格	kʰuɛ⁵kaʔ⁷	身坯
头发	de²faʔ⁷	头发
眉毛	mi⁴mɔ²	眉毛
面孔	mie⁶kʰoŋ⁽³⁾	脸
脑子	nɔ²tsɿ³	头脑，记忆力
酒靥	tɕiəu³ʔieʔ⁷	酒窝。也说"酒靥儿"
鼻头	biɪʔ⁸de²	鼻子
眼睛	ɦiɛ⁴tɕin¹	眼睛
眼核	ɦiɛ⁴huəʔ⁷	瞳仁
眼梢	ɦiɛ⁴sɔ¹	靠近两鬓的眼角
眼子	ɦiɛ⁴tsɿ³	眼屎
眼膛	ɦiɛ⁴dã²	眼眶
嘴婆	tsɿ³bu²	嘴巴。也说"嘴蒲"
舌头	zəʔ⁸de²	舌头
馋吐	zɛ²tʰu⁵	口水
盘牙	bɹə²ɦia²	臼齿
牙齿	ɦia²tsʰɿ³	牙齿
牙腐	ɦia²vu⁴	牙屎
耳朵	ŋi⁴tu³	耳朵
耳杵	ŋi²tsʰʅ²	耳垂
胡须	ɦiu²ɕy¹	胡子

续表

词语	词音	词义
胡子	fiu²tsɿ³	胡子
胡咙	fiu²loŋ²	喉咙
杰螺	dʑiiʔ⁸lu²	发旋
螺印	lu²ʔin⁵	指印
肩夹	tɕie¹kaʔ⁷	肩膀。也说"肩架"
肩窠	tɕie¹ku¹	肩膀上凹下的部分
臂膊	pi⁵poʔ⁷	胳膊。也说"臂巴"
骨茄	kuəʔ⁷ga²	关节
济手	tɕi⁵se³	左手。也说"假手""假只手""借手"
左手	tsu²se³	左手
顺手	zən⁶se³	右手
右手	ʔiəu⁵se³	右手
爪指	tsɔ³tsɿ³	指甲。也说"指爪""指掐"
妈妈	ma²ma²	乳房，乳汁。也说"奶奶"
大膀	du⁶pã⁽³⁾	大腿
大腿	du⁶tʰe⁽³⁾	大腿
小膀	ɕiɔ³pã⁽³⁾	小腿
小腿	ɕiɔ³tʰe⁽³⁾	小腿
脚弯	tɕiaʔ⁷ʔuɛ¹	踝
脚爪	tɕiaʔ⁷tsɔ³	脚趾甲
脚背	tɕiaʔ⁷pe⁵	脚
屁股	pʰi⁵ku³	屁股
丫髻	ʔo¹tɕiiʔ⁷	发髻
留海	liəu²hɛ³	妇女或儿童垂在额头上的短发
半分	pɤə⁵fən¹	扁分头，男士一种发型
脊梁	tɕiiʔ⁷liã²	脊柱
寒毛	fiɤə²mɔ²	汗毛
肚皮	du⁶bi²	肚子
肚肠	du⁶zã²	肠子
腰子	ʔiɔ¹tsɿ³	肾
软档	ȵyɤə⁴tã⁵	人的腰部、肚子等部位
胸脯	ɕioŋ¹pʰu⁽³⁾	胸部。也叫"胸旁"
洞工	doŋ⁶koŋ¹	肛门
赤膊	tsʰaʔ⁷poʔ⁷	裸着上半身
架子	kaˀ⁵tsɿ³	身材，个儿。也说"身段"
相貌	ɕiã⁵mɔ⁶	长相。也说"样子""面孔""卖相"
手心	se³ɕin¹	手的中间部分，指手掌
手丫	se³ʔo¹	手指与手指之间
手背	se³pe⁵	手掌的反面
手脚	se³tɕiaʔ⁷	指动作
脚心	tɕiaʔ⁷ɕin²	脚掌的中心部分
脚背	tɕiaʔ⁷pe⁵	脚的上面部分

续表

词语	词音	词义
脚丫	tɕiaʔ⁷ʔo¹	脚趾头之间的地方
脚尖	tɕiaʔ⁷tɕie¹	脚的最前端
篷脚	boŋ²tɕiaʔ⁷	妇女眼梢附近的皱纹
岁数	sʮe⁵su⁵	年龄。也说"年纪"
眼乌珠	ɦɛ⁴ʔu²tsʮ¹	眼珠。也说"眼乌子"，泛指眼睛
眼睫毛	ɦɛ⁴tɕiɪʔ⁷mɔ²	睫毛
眼乌子	ɦɛ⁴ʔu¹tsʮ³	眼珠
眼泡皮	ɦɛ⁴pʰɔ⁵bi²	眼皮
肉里眼	ȵioʔ⁸li⁴ɦɛ⁶	眼睛不太外露，旧时认为是凶相
大块头	du⁶kʰue⁽³⁾de²	胖子；身体魁梧的人；大的脸
额骨头	ʔaʔ⁷kuəʔ⁷de²	额头。也说"额角头"
拆颌腮	tsʰaʔ⁷kəʔ⁷sɛ¹	腮帮宽大
轧平顶	gaʔ⁸bin²tin³	平顶头，男士一种发型
西装头	ɕi¹tsã¹de²	男士一种发型
花楳头	ho¹kʰu¹de²	婴儿的头
前留海	dzie²liəu²hɛ³	妇女垂在前额的短发
留海顶	liəu²hɛ³tin³	最高处的短发，也称"高流海"
头顶心	de²tin³ɕin¹	头顶
头颈管	de²tɕin³kuɤ³	脖子。也说"头颈"
后靠山	ɦie⁶kʰɔ⁵sɛ¹	后脑勺
争食潭	tsã¹zəʔ⁸dɤ²	后颈窝
面节骨	mie⁶tɕiɪʔ⁷kuəʔ⁷	颧骨
鼻子管	biɪʔ⁸tsʮ³kuɤ³	鼻孔。也说"鼻头管"
鼻头尖	biɪʔ⁸de²tɕie¹	人和动物嗅觉灵敏。也叫"长鼻头"
赤鼻头	tsʰaʔ⁷biɪʔ⁸de²	酒糟鼻
耳朵末	ȵi⁴tu³məʔ⁸	耳垢
耳朵管	ȵi⁴tu³kuɤ³	耳朵
面架子	mie⁶ka⁵tsʮ³	脸蛋
寿桃须	ze⁶dɔ²ɕy¹	山羊胡
背脊骨	pe⁵tɕiɪʔ⁷kuəʔ⁷	背心
肋夹粥	ləʔ⁸kaʔ⁷tsoʔ⁷	腋下
手茄子	se³gaʔtsʮ³	手腕
手节头	se³tɕiɪʔ⁷de²	手指头。也说"节头管"
节头茄	tɕiɪʔ⁷de²ga²	手指关节
指甲板	tsʮ³tsaʔ⁷pɛ³	指甲缝
胸旁头	ɕioŋ¹bã²de²	胸脯。也说"胸忙头"
胸口头	ɕioŋ¹kʰe⁽³⁾de²	胸口。也说"心口头"
脚馒头	tɕiaʔ⁷mɤ²de²	膝盖
脚节头	tɕiaʔ⁷tɕiɪʔ⁷de²	脚趾
脚节掐	tɕiaʔ⁷tɕiɪʔ⁷kʰa⁽³⁾	脚趾甲
脚弯子	tɕiaʔ⁷ʔuɛ¹tsʮ³	脚腕子
海挺骨	hɛ³tʰin⁽³⁾kuəʔ⁷	胫骨

词语	词音	词义
筋夯起	tɕin¹hã̃¹tɕʰi⁽³⁾	青筋暴突
骷郎头	kʰu¹loŋ²de²	头
嘴唇皮	tsɿ³zən²bi²	嘴唇
馋吐水	zɛ²tʰu⁵sɿ³	口水
肚脐眼	du⁶dzi²ɦɛ⁴	肚脐眼儿
小肚皮	ɕia³du⁶bi²	指胃部
奶奶头	na⁴na⁴de²	乳头
屁股爿	pʰi⁵ku³ʑɛ⁶	屁股蛋
小北鸟	ɕia³poʔ⁷ɲiɔ⁴	男孩的生殖器。也叫"赤子阴"
白眼乌珠	baʔ⁸ɦɛ⁴ʔu¹tsɿ¹	眼白
拉搭胡子	la²taʔ⁷ɦu²tsɿ³	络腮胡
背梁脊骨	pe⁵liã²tɕiɹ⁷kuəʔ⁷	泛指背部
臂膊春子	tsʰaʔ⁷poʔ⁷tsʰoŋ¹tsɿ³	肘，上臂与前臂相接处向外凸起的部分
膀肚肠子	pʰã⁽³⁾du⁶zã²tsɿ³	小腿后面隆起的部分。又称"黄鱼肚皮"
大灭节头	du⁶miɹ⁸tɕiɹ⁷de²	大拇指。也说"大节没头""大指没头"
点灭节头	tie³miɹ⁸tɕiɹ⁷de²	食指
当中节头	tã¹tsoŋ¹tɕiɹ⁷de²	中指
小灭节头	ɕia³miɹ⁸tɕiɹ⁷de²	小指（小拇指）。也说"小节没头""小指没头"
济手上前	tɕi⁵se³zã⁶dzie²	左撇子
辣记巴掌	laʔ⁸tɕi⁵bo²tsã³	打个耳光
拐子头胡子	kua³tsɿ³de²ɦu²tsɿ³	八字胡
良心	liã²ɕin¹	内心对是非曲直的正确认识
身家	sən¹ka¹	身份
心境	ɕin¹tɕin⁵	心情
劲道	tɕin⁵dɔ⁶	劲头。也说"劲头"
气力	tɕʰi⁵liɹʔ⁸	力气。也说"力道""力气"
膈多	kaʔ⁷tu¹	打嗝
呛	tɕʰiã⁵	咳嗽
呕	ʔe³	呕吐，饮食、痰涎从胃中上涌自口而出
脓	noŋ²	炎症所形成的黄绿色汁液
疖	tɕiɹʔ⁷	皮肤病，局部出现充血硬块，化脓红肿
勿爽	fəʔ⁷sã³	不适，不舒服
受寒	ze⁶ɦɹ²	受凉
顶食	tin³zəʔ⁸	积食
痓船	tsɿ⁵zɹ²	晕船
痓夏	tsɿ⁵ʔo⁷	小孩在夏天不思饮食，消瘦，秋凉恢复
时疫	zɿ²ʔio⁷	瘟疫
痫病	dzie²bin⁶	小儿痉挛之症
着染	zaʔ⁸ɲie⁴	染上病
厣头	ʔie³de²	茄
蕾头	le²de²	粉刺
朽顶	ɕiəɯ³tin³	秃顶

续表

词语	词音	词义
缺嘴	$tc^hye\eta^7ts\eta^3$	唇裂，兔唇
梧花	ηu^3ho^1	生霉斑
冷冻	$l\tilde{a}^4to\eta^5$	着凉。也说"冻一冻"
头昏	$de^2hue\eta^1$	头晕
痦子	$p^he^1ts\eta^3$	痱子
春癣	$ts^h\partial n^1cie^3$	春季发作的癣
罗跕	lu^2ku^1	手冻僵
痧气	$so^1tc^hi^5$	邪气或疫气阻塞于内而出现腹痛的一种病症
收惊	$se^1tci\eta^1$	小孩受惊吓而出现发冷发热、胡言乱语的病症
牵筋	$tc^hie^1tci\eta^1$	抽筋。也说"抽风"
疯瘫	$fo\eta^1t^h\varepsilon^1$	瘫痪
滚脓	$kue\eta^3no\eta^2$	化脓
踦脚	$tc^hio^1tcia\textipa{P}^7$	瘸腿，跛足
聋彭	$lo\eta^2b\tilde{a}^2$	聋耳朵，指聋病，也指耳朵不灵的人
血崩	$cy\partial\textipa{P}^7p\partial n^1$	女子子宫大出血
饭痲	$v\varepsilon^6cie u^1$	皮肤上像玉米粒那样的小疙瘩
生病	$s\tilde{a}^1bin^6$	生病
染着	$zr\partial^4za\textipa{P}^8$	染上病
看病	$k^h r\partial^5bin^6$	诊病，给病人看病
把脉	po^3ma^6	诊脉，中医师诊断疾病的一种方法
单方	$te^1f\tilde{a}^1$	民间的药方，一般药味较简单，故名
验方	$\eta ie^6f\tilde{a}^1$	临床确有疗效的现成药方
表汗	$pio^3fir\partial^6$	发汗
赎药	$zo\textipa{P}^8\textipa{P}ia\textipa{P}^7$	买药、抓药
塌药	$t^ha\textipa{P}^7\textipa{P}ia\textipa{P}^7$	涂药
火酒	$ho^1tcie u^3$	酒精
办勿到	$b\varepsilon^2f\partial\textipa{P}^7to^5$	身体不舒服；受不了
肚皮惹	$du^6bi^2za^2$	拉肚子。也称"肚子散""惹急"
发寒热	$fa\textipa{P}^7fir\partial^2\eta ii\textipa{P}^8$	患疟疾；发烧也说"发寒热头"
鼓胀病	$ku^3ts\tilde{a}^5bin^6$	血吸虫病
气急病	$tc^hi^5tcii\textipa{P}^7bin^6$	哮喘
反淘淘	$f\varepsilon^3do^2do^2$	作呕
小肠气	$cio^3z\tilde{a}^2tc^hi^5$	一般指疝气
半肢瘫	$p\partial\textipa{P}^5ts\eta^1t^h\varepsilon^1$	半边肢体瘫痪
热疖头	$\eta ii\textipa{P}^8tcii\textipa{P}^7de^2$	由毛囊皮下组织发炎引起的化脓性疾病
杨梅疮	$fiia^2me^2ts^h\tilde{a}^1$	梅毒
眯睫眼	$mi^2tcii\textipa{P}^7fie^6$	近视眼
胖眼皮	$p^h\tilde{a}^5fie^4bi^2$	肿眼泡，眼皮肿胀
罗瘩瘟	$lu^2ku^3\textipa{P}ue n^1$	腮腺炎
癞疥疮	$la^6ka^3ts^h\tilde{a}^1$	疥疮
雀子瘼	$tc^hia\textipa{P}^7ts\eta^3p\varepsilon^1$	雀斑
猫狗臭	$mo^2ke^3ts^he^5$	狐臭

词语	词音	词义
大头颈	du⁶de²tɕin³	大脖子，甲状腺肿大的病症
白果眼	baʔ⁸ku³fiɛ⁴	斜眼
写白眼	ɕia²baʔ⁸fiɛ⁴	斜白眼
膀转筋	pʰã⁽³⁾tsɤ⁵tɕin¹	小腿抽筋
头里痛	de²li⁴tʰoŋ⁵	头痛
冻一冻	toŋ⁵ʔiɪʔ⁷toŋ⁵	着凉。也说"冷冻"
身向里	sən¹ɕiã⁵li⁴	身体的健康状况
病汪汪	bin⁶ʔã¹ʔã¹	精神萎靡，一副病态的样子
开方子	kʰɛ¹fã¹tsɿ³	开药方
拔火罐	baʔ⁸ho¹kuɤ⁵	中医一种治疗方法
万金油	mɛ⁶tɕin¹fiiəu²	清凉油
病好哉	bin⁶hɔ³tsɛ¹	恢复健康
胃口勿通	fiue⁶kʰe⁽³⁾vəʔ⁸tʰoŋ¹	胃不舒服，感觉到胃里好像有东西堵着

（2）人物

①亲属人称

词语	词音	词义
爷	fiia²	父亲，背称
娘	ŋiã²	母亲，背称
爷娘	fiia²ŋiã²	父母
大爹	du⁶tia¹	爷爷
亲妈	tɕʰin¹ma²	奶奶
阿爹	ʔu¹tia¹	爸爸，父亲
爸爸	pa¹pa¹	爸爸
姆妈	m̩¹ma²	妈妈（母亲）。也说"阿妈"
慢娘	mɛ⁶ŋiã²	继母。也说"晚娘"
慢爷	mɛ⁶fiia²	继父。也说"晚爷"
寄爷	tɕi⁵fiia²	没有血缘，认的父亲
寄娘	tɕi⁵ŋiã²	没有血缘，认的母亲
夫妻	fu¹tɕʰi¹	丈夫和妻子
爱人	ʔɛ⁵ŋin²	夫妻之间的背称
男客	nrə²kʰaʔ⁷	丈夫
娘子	ŋiã²tsɿ³	妻子
男人	nrə²ŋin²	丈夫。也说"老头子""老公"
女人	ny⁴ŋin²	妻子。也说"老太婆""家婆""老婆"
填房	die²vã²	前妻死后娶的妻子
前氏	dzie²zɿ⁶	前妻
新妇	ɕin¹vu⁶	媳妇
大娘	du⁶ŋiã²	儿媳妇
伯伯	paʔ⁷paʔ⁷	伯父
大妈	du⁶ma²	伯母
阿叔	ʔu¹soʔ⁷	叔父

续表

词语	词音	词义
婶妈	sən³ma²	叔母
孃孃	ŋiã²ŋiã²	姑姑
姑丈	ku¹zã⁶	姑父
外公	ɦa⁶koŋ¹	外公
外婆	ɦa⁶bu²	外婆
外甥	ɦa⁶sən¹	外甥
娘舅	ŋiã²dziəu⁶	舅父。也说"舅舅"
舅妈	dziəu⁶ma²	舅母
阿姨	ʔu¹ɦi²	姨母；对妻子妹妹的称呼，小姨子
姨夫	ɦi²fu¹	姨夫
丈人	zã⁶ŋin²	岳父
丈母	zã⁶mu⁴	岳母
阿公	ʔu¹koŋ¹	公公，对丈夫的爸爸的称呼
阿婆	ʔu¹bu²	婆婆，对丈夫的母亲的称呼；对年老保姆的称呼
大佬	du⁶lɔ⁴	哥哥，也说"阿哥"（面称）
阿哥	ʔu¹ku¹	哥哥；大伯子
阿嫂	ʔu¹sɔ³	嫂子
兄弟	ɕioŋ¹di⁶	弟弟；小叔子（丈夫的弟弟）
弟兄	di⁶ɕioŋ¹	弟弟和哥哥
弟妹	di⁶me⁶	弟媳。也说"弟新妇"
姊妹	tsɿ³me⁶	姐妹
阿姐	ʔu¹tɕia³	姐姐。也叫"姊"
姐姐	tɕia³tɕia³	姐姐；大姑子（丈夫的姐姐）
姐夫	tɕia³fu¹	姐夫。也说"姐丈"
妹子	me⁶tsɿ³	妹妹。普通话叫"妹"
妹妹	me⁶me⁶	妹妹；小姑子（丈夫的妹妹）
妹丈	me⁶zã⁶	妹夫
妹夫	me⁶fu¹	妹夫
倪子	mi⁴tsɿ³	儿子
儿子	əl¹tsɿ³	儿子
囡五	nɤʔ²ŋ̩⁴	女儿。也说"囡儿""细姑娘"
女婿	ny⁴ɕi⁵	女婿。也说"姑爷"（少）
姨甥	ɦi²sən¹	外甥（姨姊妹的孩子）。也说"外孙"
孙子	sən¹tsɿ³	孙子
囡儿	nɤʔ²əl¹	女儿
丫婷	ʔoʔ⁸din²	丫头
姑娘	ku¹ŋiã²	女孩；大姑、小姑；小老婆
侄恩	zəʔ⁸ʔən¹	哥哥、弟弟的儿子
亲翁	tsʰin¹ʔoŋ¹	亲家父
亲母	tsʰin¹mu⁴	亲家母
舅佬	dziəu⁶lɔ⁴	称妻子的兄弟
末拖	məʔ⁸tʰu¹	最小的孩子。也说"老拖"

词语	词音	词义
亲眷	tɕʰin¹tɕyʏə⁵	亲戚
自家	zʅ⁶ka¹	自己
亲家	tsʰin¹ka¹	两家儿女相婚配的亲戚关系
新大娘	ɕin¹du⁶ŋiã²	儿媳妇
弟新妇	di⁶ɕin¹vu⁶	弟弟的妻子
小阿姨	ɕiɔ³ʔu¹ɦii²	妻子最小的妹妹
小阿舅	ɕiɔ³ʔu¹dʑiəu⁷	妻子最小的弟弟
大阿舅	du⁶ʔu¹dʑiəu⁶	大内兄
大阿姨	du⁶ʔu¹ɦii²	妻子的姊姊
大妈妈	du⁶ma²ma²	伯母
小阿伯	ɕiɔ³ʔu¹paʔ⁷	姑母
丈母娘	zã⁶mu⁴ŋiã²	岳母
侄儿子	zəʔ⁸əl¹tsʅ³	侄儿
侄囡子	zəʔ⁸nʏə²tsʅ³	侄女
孙囡儿	sən¹lʏə²əl¹	孙女
外孙囡	ɦia⁶sən¹nʏə²	外孙女
亲家公	tsʰin¹ka¹koŋ¹	儿子的丈人或女儿的公公
亲家姆	tsʰin¹ka¹mu⁴	儿子的丈母或女儿的婆婆
太亲翁	tʰa⁵tsʰin¹ʔoŋ¹	哥哥的丈人
太亲母	tʰa⁵tsʰin¹mu⁴	哥哥的丈母娘
堂兄弟	dã²ɕioŋ¹di⁶	堂兄弟
表兄弟	piɛ³ɕioŋ¹di⁶	表兄弟
拖油瓶	tʰu¹ɦiiəu²bin²	妇女改嫁时带去的前夫的子女
养新妇	ɦiã⁴ɕin¹vu⁶	童养媳
上代头	zã⁶dɛ⁶de²	家族较早的一代或几代
一家门	ʔiʅ⁷ka¹mən²	全家

②其他人称

词语	词音	词义
民	min²	老百姓
男个	nʏə²ke⁵	男人。也说"男人家"
女个	ŋy⁵ke⁵	女人。也说"女人""女人家"
小人	ɕiɔ³ŋin²	儿童
小囡	ɕiɔ³nʏə²	小孩，小女孩
小叟	ɕiɔ³se¹	小孩子。也说"小根"
倌倌	kuʏə¹kuʏə¹	小男孩
宝宝	pɔ³pɔ³	小女孩
阿娘	ʔu¹ŋiã²	女佣
青头	tɕʰin¹de²	称油腔滑调的人
温行	ʔuən¹ɦiã²	外行人
二爷	ŋʅ⁶ɦia²	男佣；管家

续表

词语	词音	词义
炉头	lu^2de^2	掌勺的
司务	$sη^1vu^6$	旧时对手艺匠人的尊称
工人	$koŋ^1ŋin^2$	凭劳力做工，以换取报酬的人
郎中	$lã^2tsoŋ^1$	医生
蹲狗	$tən^1ke^3$	守财奴
拐子	$kua^3tsη^3$	骗子
铳手	$tsʰoŋ^5se^3$	扒手。又叫"挖包"
船娘	$zɤə^2ŋiã^2$	女摇橹掌船人
老娘	$lɔ^6ŋiã^2$	接生婆
呆大	$ɦɛ^2du^6$	傻子；傻
毒头	$doʔ^8de^2$	傻子。也说"寿头"
毒鬼	$doʔ^8kue^3$	疯子。也叫"神经病"
痴子	$tsʰη^1tsη^3$	疯子。也说"神经病""毒鬼"
驼子	$du^2tsη^3$	驼背
店倌	$tie^5kuɤə^1$	店员
堂倌	$dã^2kuɤə^1$	饭馆或茶馆服务人员
皮匠	$bi^2dʑiã^6$	修补旧鞋或制鞋的小手工业者
师傅	$sη^1ɦu^6$	师傅
先生	$ɕie^1sã^1$	老师
老师	$lɔ^4sη^1$	老师
学生	$ʔoʔ^8sã^1$	学生
徒弟	du^2di^6	徒弟
流氓	$liɤu^2mã^2$	原指无业游民，现指不务正业、为非作歹的人
阿飞	$ʔu^1fi^1$	穿奇装异服、举动轻狂的青少年流氓（女的）
脚色	$tɕiaʔ^7sɤʔ^7$	家伙。也说"码子""户头""货色"
淘伴	$dɔ^2pɤə^6$	同伴
裁缝	$zɛ^2voŋ^2$	缝制衣服的手艺人
匠人	$dʑiã^6ŋin^2$	木工和瓦工的总称
笨搭	$bən^6taʔ^7$	笨蛋
学徒工	$ʔoʔ^7du^2koŋ^1$	徒弟
学生子	$ʔoʔ^7sã^1tsη^3$	学生
一家头	$ʔiιʔ^7ka^1de^2$	独自一人
一路货	$ʔiιʔ^7lu^6hu^5$	同伙
一只鼎	$ʔiιʔ^7tsaʔ^7tin^3$	在某方面有特长的人。也说"一只顶"
二婚头	$ŋi^6huən^1de^2$	再娶妻的男子；再嫁的妇女
拆白爷	$tsʰaʔ^7baʔ^8ɦia^2$	成事不足、败事有余的人（多指小孩）
掼掉货	$guɛ^6diɔ^6hu^5$	没有出息的人
老老头	$lɔ^6lɔ^6de^2$	老人
老头子	$lɔ^6de^2tsη^3$	老头
老太婆	$lɔ^6tʰa^5bu^2$	老太太
大姑娘	$du^6ku^1ŋiã^2$	姑娘

词语	词音	词义
男小人	nɤə²ɕiɔ³ŋin²	男孩子。也说"小囝头"
女小人	ŋy⁴ɕiɔ³ŋin²	女孩子。也说"小姑娘"
小百戏	ɕiɔ³paʔ⁷ɕi⁵	小孩，小朋友
小毛头	ɕiɔ³mɔ²de²	婴儿。也说"毛毛头"
小鬼头	ɕiɔ³kue³de²	小孩
小奶婆	ɕiɔ³na⁴bu²	幼儿
小惹煞	ɕiɔ³za²saʔ⁷	骂小儿语
小青年	ɕiɔ³ɕʰin¹ŋie²	小伙子
双双子	sã¹sã¹tsʐ³	双胞胎
双胞胎	sã¹pɔ¹tʰɛ¹	双胞胎
新官人	ɕin¹kuɤə¹ŋin²	新郎。也说"新郎官"
新娘子	ɕin¹ŋiã²tsʐ³	新娘
别脱人	biiʔ⁸tʰəʔ⁷ŋin²	外人
大好佬	du⁶hɔ³lɔ⁴	有本事的人
半吊子	pɤə⁵tiɔ⁵tsʐ³	知识不丰富或技术不熟练的人
学生意	ʔoʔ⁷sã¹ʔi⁵	学徒
挂花子	kɔ⁵ho¹tsʐ³	乞丐
白蚂蚁	baʔ⁸mo⁴ŋi²	对倒卖房产者的蔑称
荐头人	tɕie⁵de²ŋin²	旧时以介绍佣工为业的人
贼骨头	zaʔ⁸kuəʔ⁷de²	贼，小偷
梳头娘	sʐ¹de²ŋiã²	专门为他人梳头的女人。也说"梳头姨"
硬木料	ɦiã⁶moʔ⁸liɔ⁶	性格坚强的人
派拉人	pʰa⁵la²ŋin²	缺德的人
开乌龟	kʰɛ¹ʔu²tɕy¹	戴绿帽子的人
先出世	ɕie¹tsʰəʔ⁷sʐ⁵	（忌讳语）指别人
开皮行	kʰɛ¹bi²ɦiã²	吹牛的人
书毒头	sʐ¹doʔ⁸de²	书呆子
嚼舌头	dziaʔ⁸zəʔ⁸de²	多嘴的人
茶博士	zo²poʔ⁷zʐ⁶	茶馆伙计
箍桶匠	ku¹tʰoŋ⁽³⁾dziã⁶	箍桶师傅
钉碗匠	tin¹ʔuɤə³dziã⁶	钉碗师傅
杀猪屠	saʔ⁷tsʐ¹du²	屠夫
赖学狗	la⁶ʔoʔ⁷ke³	对逃学学生的戏称
告化子	kɔ⁵ho⁵tsʐ³	乞丐
尖屁股	tɕie¹pʰi⁵ku³	好动坐不住的人
黄伯伯	ɦiã²paʔ⁷paʔ⁷	不负责任的人
识字葛	səʔ⁷zʐ⁶kəʔ⁷	有文化的人
跑单帮	bɔ²tɛ¹pã¹	从事短、长途贩卖货物的人
坐馆先生	zu⁶kuɤə³ɕie¹sã¹	私塾先生
跑街先生	bɔ²ka¹ɕie¹sã¹	推销员
牢头禁子	lɔ²dei²tɕin⁵tsʐ³	狱卒
裁衣司务	zɛ²ʔi¹sʐ¹vu⁶	裁缝师傅

续表

词语	词音	词义
长木司务	zã²mo?⁸sๅ¹'vu⁶	盖房的
小木司务	ɕio³mo?⁸sๅ¹'vu⁶	木匠
园作司务	ɦyɤə²tso?⁷sๅ¹'vu⁶	修桶的
方作司务	fã¹tso?⁷sๅ¹'vu⁶	做棺材的
劈脚癞四	pʰiɿ?⁷tɕia?⁷la⁶sๅ⁵	戏称劈腿的人
勿识字葛	və?⁸sə?⁷zๅ⁶kə?⁷	文盲
老大先生	lɔ⁴du⁶ɕie¹sã¹	经理
茶馆檀头	zo²kuɤə³ɕyɤə⁵de²	戏称爱泡茶馆的人
空心大佬倌	kʰoŋ¹ɕin¹du⁶lɔ⁴kuɤə³	表面上很阔绰而实际上并不富裕的人

5. 植物 / 动物

（1）植物

词语	词音	词义
藕	ɦe⁶	莲藕
姜	tɕiã¹	生姜
皮	bi²	果皮
葱	tsʰoŋ¹	葱
大蒜	du⁶suɤə⁵	大蒜
蔬菜	su¹tsʰɛ⁵	蔬菜
菠菜	pu¹tsʰɛ⁵	菠菜
生姜	sã¹tɕiã¹	生姜
芦粟	lu²so?⁷	又称"甜高粱"，茎可生吃或制糖
打粟	tã³so?⁷	高粱
大豆	da⁶de⁶	蚕豆
落苏	lo?⁸su¹	茄子
茄子	ga²tsๅ³	茄子
小瓜	ɕio³ko¹	甜瓜
活芦	?uə?⁷lu²	葫芦
韭芽	tɕiəu³ɦɑ²	韭黄，通过培土、遮光覆盖等栽培的黄化韭菜
海菜	hɛ³tsʰɛ⁵	苋菜
番茄	fɛ¹ga²	番茄
辣茄	la?⁸ga²	辣椒
辣椒	la?⁸tɕio¹	辣椒
辣子	la?⁸tsๅ³	姜的讳称
黄瓜	ɦã²ko¹	黄瓜
萝卜	lu²bo?⁸	萝卜
冬瓜	toŋ¹ko¹	冬瓜
胶菜	tɕio¹tsʰɛ⁵	大白菜
野菜	ɦiɑ⁶tsʰɛ⁵	荠菜
油菜	ɦiəu²tsʰɛ⁵	油菜
茭白	kɔ¹ba?⁸	菰，嫩茎经菰黑粉菌寄生后膨大，叫茭白

词语	词音	词义
蚕豆	zʑɤə²de⁶	蚕豆
豌豆	ʔuɤə¹de⁶	豌豆。又称"寒豆"
蘑菇	mu²ku¹	蘑菇
萝婆	lu²bu²	笋的讳称
姜末	tɕiã¹məʔ⁸	生姜用刀剁碎后的食材
细葱	ɕi⁵tsʰoŋ¹	香葱
胡葱	ɦu²tsʰoŋ¹	大葱
香火	ɕiã¹hu³	葱的讳称
香蕈	ɕiã¹dzin²	香菇
香菇	ɕiã¹ku¹	香菇
木耳	ʔmoʔ⁸ŋi⁴	木耳
桑果	sã¹ku³	桑葚儿
地蒲	di⁸bu²	夜开花
樱珠	ʔã¹tsʅ¹	樱桃。也说"樱子"
樱桃	ʔã¹dɔ²	樱桃
别把	biɪʔ⁸po³	枇杷
蒲桃	bu²dɔ²	核桃。也说"胡桃"
虚子	ɕy¹tsʅ³	香榧子
地梨	di⁶li²	荸荠。也说"地栗""荸荠"
芋芳	ʔy⁵nɑ⁴	芋芳,即芋头
花生	ho¹sã¹	花生
橘子	tɕioʔ⁷tsʅ³	橘子
李子	li⁴tsʅ³	李子
枇杷	biɪʔ⁸bo²	枇杷
栗子	liɪʔ⁸tsʅ³	栗子
桃子	dɔ²tsʅ³	桃儿
蒂头	ti⁵de²	瓜蒂。也说"蒂蒂头"
生梨	sã¹li²	梨。也说"千梨""雅梨""梨"
文旦	vən²tɛ⁵	柚子。也说"香泡""沙田柚"
勃萄	bɤʔ⁸dɔ²	葡萄
青果	tɕʰin¹ku³	橄榄
橄榄	kɤə³lɛ⁴	橄榄
香蕉	ɕiã¹ɕio¹	香蕉
龙眼	loŋ²fiɛ⁶	球形,壳淡黄或褐色,果肉白色、汁多、味甜
圆果	ɦyɤə²ku³	桂圆
桂圆	kue⁵ɦyɤə²	桂圆
枣子	tsɔ³tsʅ³	枣
荔枝	li⁶tsʅ¹	荔枝
白果	bɑʔ⁸ku³	白果
竹头	tsoʔ⁷de²	竹子
杨柳	ɦiã²liəu⁴	柳树
树条	zʅ⁶dio²	树枝。也说"树桠枝"

续表

词语	词音	词义
花草	ho¹tsʰɔ⁽³⁾	苜蓿
芦梗	lu¹kã³	芦苇
箬壳	ŋiaʔ⁸kʰɔʔ⁷	竹笋有外面的壳
毛竹	mɔ²tsoʔ⁷	毛竹
柴爿	za²bɛ²	经过截断、剖劈的木柴，作燃料用
粽箬	tson⁵ŋiaʔ⁸	包粽子的竹叶
甘蔗	kɤə¹tso⁵	甘蔗
山芋	sɛ¹ʔy⁵	甘薯。也说"山薯"
慈菇	sʅ²ku¹	慈菇
莲蓬	lie²boŋ²	莲花开过后的花托，倒圆锥形，里面有莲子
榨菜	tso⁵tsʰɛ⁵	用青菜头的肉质茎腌制的咸菜
棉花	mie⁴ho¹	棉花
芦黍	lu²soʔ⁷	玉米
芦黍梗	lu²soʔ⁷kã¹	玉米梗
大头菜	du⁶de²tsʰɛ⁵	大头菜，芥菜的变种，圆锥形或圆筒形
向日葵	ɕiã⁵ɲiʔ⁸gue²	向日葵
黄芽菜	ɦiã²ɦia²tsʰɛ⁵	大白菜
黄金瓜	ɦiã²tɕin¹ko¹	甜瓜。也说"香瓜""老太婆瓜"
洋山芋	ɦiã²sɛ¹ʔy⁵	马铃薯。也说"洋山薯"
洋豌豆	ɦiã²²ʔuɤə¹de⁶	扁豆
水浮莲	sʅ³ve²lie²	浮萍
金金菜	tɕin¹tɕin¹tsʰɛ⁵	黄花菜
小豌豆	ɕiɔ³ʔuɤə⁵ɕiɔ	豌豆
小苹果	ɕiɔ³bin²ku³	沙果。也叫"花红"。沙果，苹果的一种
长生果	zã²sən¹ku³	花生
西瓜瓤	ɕi¹ko¹ŋiã²	瓜瓤
包心菜	pɔ¹ɕin¹tsʰɛ⁵	卷心菜。也说"包菜""包心菜"
乌苣笋	ʔu¹dʑy⁴sən³	莴笋
裙带豆	dʑyən²taɔ⁵de⁶	长豇豆
苔心菜	dɛ²ɕin¹tsʰɛ⁵	菜心，菜薹
芋艿头	ʔy⁵na⁶de²	芋艿
南湖菱	nɤɤ²ɦiu²lin²	产于嘉兴南湖一带的菱
花纽头	ho¹ɲiu⁴de²	花蕾
怕痒草	pʰɔ⁵ɦiã⁶tsʰɔ⁵	含羞草
法梧桐	faʔ⁷ɦiu²doŋ²	法国梧桐
硬柴爿	ɦiã⁶za²bɛ²	很硬的柴火片
青竹梢	tɕʰin¹tsoʔ⁷sɔ¹	生长在竹子主干上的枝丫
白果树	baʔ⁸ku³zʮ⁶	银杏树
荷花子草	ɦiu²ho¹tsʅ³tsʰɔ⁵	金花菜（苜蓿）
狗尾巴草	ke³mi²pa¹tsʰɔ⁵	狗尾草

（2）动物

词语	词音	词义
乌	$\eta iɔ^4$	鸟
鸡	$tɕi^1$	鸡
鸭	$ʔɑʔ^7$	鸭子
鹅	$ɦu^2$	鹅
熊	$ɦioŋ^2$	熊
象	$dʑiã^6$	象
鹿	$loʔ^8$	鹿
马	mo^4	马
羊	$ɦiã^2$	羊
猫	$mɔ^2$	猫
蟹	ha^5	蟹
豹	$pɔ^5$	豹子
狼	$lã^2$	狼
蛇	zo^2	蛇
窠	$kʰu^1$	窝
脚爪	$tɕiaʔ^7tsɔ^3$	爪子
众牺	$tsoŋ^5sã^1$	畜生（牲）。也说"中生"
鸭子	$ʔɑʔ^7tsʅ^3$	鸭子
雄牛	$ɦioŋ^2\eta iəu^2$	公牛
雌牛	$tsʰ\eta^1\eta iəu^2$	母牛
胡羊	$ɦu^2ɦiã^2$	绵羊。也作"湖羊"
给羊	$tɕiʔ^7ɦiã^2$	山羊
猪猡	$tsʅ^1lu^2$	猪
癫狗	tie^1ke^3	狂犬；骂人的话
镦鸡	$ɕie^1tɕi^1$	阉鸡，劂鸡
活狲	$ʔuɔʔ^7nəs^1$	猴子
猴子	$ɦie^2tsʅ^3$	猴子
狐狸	$ɦu^2li^2$	狐狸
狮子	$sʅ^1tsʅ^3$	狮子
兔子	$tʰu^5tsʅ^3$	兔子
老鸦	$lɔ^4ʔo^2$	乌鸦
老鼠	$lɔ^4tsʰʅ^{(3)}$	老鼠
老虎	$lɔ^4hu^1$	老虎
老鹰	$lɔ^4ʔin^1$	老鹰
鸦鹊	$ʔo^1tɕʰiaʔ^7$	喜鹊
喜鹊	$ɕi^3tɕʰiaʔ^7$	喜鹊
雁鹅	$ʔie^6ɦu^2$	大雁
大雁	$du^6ʔie^5$	大雁
麻乌	$mo^2\eta iɔ^4$	麻鹊
肉猪	$\eta ioʔ^8tsʅ^1$	公猪
公猪	$koŋ^1tsʅ^1$	种猪。也叫"雄猪"
母猪	$mu^4tsʅ^1$	母猪

续表

词语	词音	词义
雄狗	ɦioŋ²ke³	公狗
雌狗	tsʰɿ¹ke³	母狗
小鸡	ɕiɔ³tɕi¹	小鸡儿
雄鸡	ɦioŋ²tɕi¹	公鸡
金娃	tɕin¹ʔua¹	金鸡
银娃	ŋin²ʔua¹	大白鹅
雌鸡	tsʰɿ¹tɕi¹	母鸡
母鸡	mu⁴tɕi¹	母鸡
雄猫	ɦioŋ²mɔ²	公猫
雌猫	tsʰɿ¹mɔ²	母猫
鹦哥	ʔin¹ku¹	鹦鹉
八哥	paʔ⁷ku¹	八哥，鸟纲燕雀目八哥科
燕子	ʔie⁵tsɿ³	燕子
鸽子	kəʔ⁷tsɿ³	鸽子
乌鸦	ʔu¹ʔo¹	乌鸦
肌烈	tɕi¹liɿʔ⁸	翅膀
尾剥	mi⁴poʔ⁷	尾巴
曲蟮	tɕʰioʔ⁷zɤə⁶	蚯蚓
百脚	paʔ⁷tɕiaʔ⁷	蜈蚣
滴蛛	tiɿʔ⁷tsʮ¹	蜘蛛。也叫"蛛蜘"
蚂蚁	mo⁴ŋi⁴	蚂蚁
蚊子	mən²tsɿ³	蚊子
知了	tsɿ¹liɿ⁴	知了
背包	pe⁶pɔ¹	蜗牛
蜗牛	ku¹n̩iəu²	蜗牛
蝙蝠	pie¹foʔ⁸	蝙蝠
跳蚤	tɕʰiɔ⁶tsɔ³	跳蚤
蚤虱	tsɔ³sə⁸	跳蚤
暂跃	zɤ⁷dʑy²	蟋蟀。也叫"暂举"
胡蜂	ɦu²foŋ¹	马蜂
蜜蜂	miɿʔ⁸foŋ¹	蜜蜂
蝴蝶	ɦu²diɿʔ⁸	蝴蝶
蜻蜓	tɕʰin¹din²	蜻蜓
翅膀	tsʰɿ⁶pã³	翅膀
踏雄	da⁶ɦioŋ²	禽鸟交尾
黄鱼	ɦã²ɦy²	黄花鱼
黄鳝	ɦã²zɤə⁶	鳝
弯转	ʔuɤə¹tsɤə³	虾
河蚌	ɦu²bã⁶	蚌。也说"水产"
甲鱼	kaʔ⁸ɦy²	鳖
开洋	kʰɛ¹ɦiã²	虾米，去头去壳后晒干的虾
花鲢	ho¹lie²	鳙鱼，胖头鱼，大头鱼

词语	词音	词义
白鲢	baʔ⁹lie²	鲢鱼
鲫鱼	tɕi¹ɦy²	鲫鱼
鳗鲡	mɤə⁶li⁶	海鳗鱼或河鳗鱼
甩尾	huaʔ⁷mi⁴	鱼尾
翎其	lin²dʑi²	鱼翅，鱼鳍
鱼几	ɦy²tɕi¹	鱼卵。也说"鱼子"
螺蛳	lu²sɿ¹	螺蛳
蟹黄	ha⁵ɦɑ̃²	蟹体内的卵巢和消化腺
田鸡	die²tɕi¹	青蛙
青蛙	tɕʰin¹ʔo²	青蛙
癞四	la⁶sɿ⁵	蛤蟆
格蚪	kaʔ⁷te³	小蛤蟆
黄鼠狼	ɦɑ̃⁶tsʰʯ³lɑ̃²	黄鼠狼
猫头鹰	mɔ²de²ʔin¹	猫头鹰
孵母鸡	bu²mu⁴tɕi¹	孵蛋的母鸡。也叫"赖伏鸡"
裙带鱼	dʑyən²taˀ⁵ɦy²	带鱼
钱屑头	dʑie²ʔie⁵de²	鱼鳞
鱼泡泡	ɦy²pʰɔ⁵pʰɔ⁵	鱼鳔，鱼泡
梅子鱼	me²tsɿ³ɦy²	梅童鱼，肉嫩刺软，肉味鲜美
小黄鱼	ɕiɔ³ɦɑ̃²ɦy²	黄鱼的一种
河鲫鱼	ɦu²tɕi¹ɦy²	鲫鱼
乌贼鱼	ʔu¹zəʔ⁸ɦy²	墨鱼
鱼夹腮	ɦy²kaʔ⁷sɛ¹	鱼腮
萤火虫	ɦioŋ²hu³zoŋ²	萤火虫
叫姑姑	tɕiɔ⁵ku¹ku¹	蝈蝈儿。也说"叫哥哥"
胡知了	ɦu²tsɿ¹liɔ⁶	蝉，一种小体型蝉
米蛀虫	mi⁴tsʯ⁵zoŋ²	米（蛀）虫，大米里的蛀虫
四脚蛇	sɿ⁵ɕiaʔ⁷zo²	壁虎
扑灯虫	pʰoʔ⁷tən¹zoŋ²	灯蛾
刺毛虫	tsʰʯ⁵mɔ²zoŋ²	洋辣子
拆屁虫	tsʰaʔ⁷pʰi⁵zoŋ²	臭板虫儿
夜大人	ʔia⁵du⁶ɲin²	老鼠
摸鱼鸟	mo²ɦy²ɲiɔ⁴	鸬鹚
胡蜂窝	ɦu²foŋ¹ʔu¹	蜂窝
毛毛乌	mɔ²mɔ²ʔu¹	蝌蚪
白乌龟	baʔ⁸mɔ²ue¹	鹅
水老娃	sɿ³lɔ⁴ʔua¹	水里的野鸭
癞格巴	la²kaʔ⁷po¹	癞蛤蟆
癞哈蟆	la²ha¹mo²	癞蛤蟆
鼻涕虫	biʔ⁸tʰi⁵zoŋ²	水蛭。也说"蜒曲"
滴蛛亮网	tiʔ⁷tsʯ¹liɑ̃⁶mɑ̃⁴	蜘蛛网

6.衣饰/饮食

（1）衣饰

词语	词音	词义
纳	nəʔ^8	尿布
土布	tʰu$^{(3)}$pu^5	用老式纺织机织的布
洋布	ɦiã^{2}pu^5	纺织厂织的布
衣裳	ʔi^{1}zã^2	衣服
上装	zã^{6}tsã^1	上衣
行头	ɦã^{2}de^2	衣服；戏曲演员演出时的服装和道具
袱包	voʔ^{8}pɔ^1	包袱
插戴	tsʰɑʔ^{7}ta^5	女子戴在头上的装饰品，即首饰
包衫	pɔ^{1}sɛ^1	棉衣外罩袍
布衫	pu^{5}sɛ^1	布制的单衣
汗衫	ɦɤə^{6}sɛ^1	吸汗的有袖无领的贴身短衣。古称"中衣""中单"
衬衫	tsʰən^{5}sɛ^1	衬衫，穿在里面的西式单上衣，也可以单穿
夹袄	kaʔ^{7}ʔɔ^3	双层的上衣
作裙	tsoʔ^{7}dʑyən^2	工作时用的围裙
长打	tsã^{3}tã^3	男性中式长衣服，包括各种长袍
短打	tɤə^{3}tã^3	短装
短衫	tɤə^{3}sɛ^1	单上衣
短裤	tɤə^{3}kʰu^5	短裤衩。裤脚在膝盖以上的裤子
贴便	tʰiɪʔ^{7}bie^6	缝在衣服里子边上窄条。也说"贴缠"
裤子	kʰu^{5}tsʅ^3	裤子
裙子	dʑyən^{2}tsʅ^3	裙子
半裤	pɤə^{5}kʰu^5	短裤
斗篷	te^{3}boŋ^2	一种无袖不开衩的长外衣
绑腿	pã^{3}tʰe$^{(3)}$	护腿，缠绕小腿的布带
肚兜	du^{6}te^1	兜肚，抹胸
馋栏	zɛ^{2}lɛ^2	围嘴儿。亦称"余馋""馋余"
竹衫	tsoʔ^{7}sɛ^1	竹衣，用极细小竹制成，竹细像丝。亦称"竹丝衣"
背心	pe^{5}ɕin^1	背心，无袖无领的上衣
绒线	ȵioŋ^{2}ɕie^5	毛衣
罩衣	tsɔ^{5}ʔi^1	外套。也叫"罩衫"
马夹	mo^{4}kaʔ^7	马褂儿。穿在长袍外面的对襟的短褂
棉袄	mie^{2}ʔɔ^3	棉衣
困衣	kʰuən^{5}ʔi^1	睡衣
雨衣	ʔy^{3}ʔi^1	雨衣
帽子	mɔ^{6}tsʅ^3	帽子
碗帽	ʔuɤə^{3}mɔ^6	瓜皮帽
箬帽	ȵiaʔ^{8}mɔ^6	用竹篾或叶子制成的遮雨和遮阳的帽子
棉鞋	mie^{2}ɦia^2	棉鞋
绢头	tɕyɤə^{5}de^2	手绢
头绳	de^{2}zən^2	毛线。亦称"绒头绳"

续表

词语	词音	词义
来子	$l\varepsilon^2 ts\gamma^3$	（行话）浴池毛巾
鞋子	$\hbar a^2 ts\gamma^3$	鞋
跑鞋	$b o^2 \hbar a^2$	胶底布面的运动鞋
凉鞋	$li\tilde{a}^2 \hbar a^2$	凉鞋，夏天穿的鞋帮上有空隙，可以通风透气
草鞋	$ts^h o^{(3)} \hbar a^2$	草鞋
拖鞋	$t^h u^1 \hbar a^2$	拖鞋
袜子	$ma\Omega^8 ts\gamma^3$	袜子
丝袜	$s\gamma^1 ma\Omega^8$	用丝织成的袜
线袜	$\varepsilon ie^5 ma\Omega^8$	用棉纱作原料的袜子，以区别于尼龙袜等
布袜	$pu^5 ma\Omega^8$	用布做成的袜
洋袜	$\hbar i\tilde{a}^2 ma\Omega^8$	针织的袜子，以区别布做的袜子
毛巾	$m o^2 t\varepsilon in^1$	毛巾
余巾	$\hbar y^2 t\varepsilon in^1$	围巾
浴巾	$\Omega io\Omega^7 t\varepsilon in^1$	洗澡用的长毛巾
围巾	$\hbar ue^2 t\varepsilon in^1$	围巾
手套	$se^3 t^h o^5$	手套
纽扣	$\eta i\vartheta u^4 ke^5$	扣子
垫肩	$die^6 t\varepsilon ie^1$	用棉花或硬布做成的假肩
袖子管	$dzi\vartheta u^6 ts\gamma^3 k u r\vartheta^3$	袖子
面盆帽	$mie^6 b\vartheta n^2 m o^6$	无帽檐的便帽
鸭舌帽	$\Omega a\Omega^7 za\Omega^8 m o^6$	形似鸭嘴的帽子
烟斗帽	$\Omega ie^1 te^3 m o^6$	形似烟斗的帽子
毡笠帽	$tsr\vartheta^1 li i^8 m o^6$	帽形尖圆而有帽顶，卷帽檐前高后低，帽顶有顶珠
虎头帽	$hu^1 de^2 m o^6$	儿童帽，形似虎头的帽，帽面有虎头图案
乌斗帽	$\Omega u^1 te^3 m o^6$	形似倒斗的帽子
虎头鞋	$hu^1 de^2 \hbar a^2$	儿童鞋，形似虎头的鞋，鞋面有虎头图案
毡笠子	$tsr\vartheta^1 li i\Omega^8 ts\gamma^3$	动物毛制成的四周有宽檐的帽子
衬里衫	$ts^h\vartheta n^5 li^4 s\varepsilon^1$	衬衫，穿在里面的单上衣也叫"布衫"
衬里裤	$ts^h\vartheta n^5 li^4 k^h u^5$	穿在里面的单裤（多指裤权）
连衣裙	$lie^2 \Omega i^1 dzy\vartheta n^2$	连衣裙，上衣和裙子连在一起的女装
卫生衫	$\hbar ue^6 s\vartheta n^1 s\varepsilon^1$	卫生衣。一种表面起绒的较厚的上衣
卫生裤	$\hbar ue^6 s\vartheta n^1 k^h u^5$	即绒裤。一种表面起绒的较厚的裤子
毛线裤	$m o^2 \varepsilon ie^6 k^h u^5$	用毛线编织的裤子
灯笼裤	$t\vartheta n^1 lo\eta^2 k^h u^5$	一种练功裤，裤管肥大
直筒裤	$z\vartheta\Omega^8 t^h o\eta^{(3)} k^h u^5$	裤腿上下一样大的西装裤
喇叭裤	$la^2 pa\Omega^7 k^h u^5$	裤腿上细下粗，裤脚开口特大的裤子
小脚裤	$\varepsilon io^3 t\varepsilon ia\Omega^7 k^h u^5$	裤管口小的裤
三角裤	$s\varepsilon^1 ko\Omega^7 k^h u^5$	三角裤。一种短小、呈倒三角形的内裤
丫哈裆	$\Omega o^1 ha^1 t\tilde{a}^1$	裤裆
裤脚管	$k^h u^5 t\varepsilon ia\Omega^7 k u r\vartheta^3$	裤脚
耘苗裤	$\hbar y\vartheta n^2 mio^2 k^h u^5$	短裤，专用于耘禾苗
满裆裤	$mr\vartheta^4 t\tilde{a}^1 k^h u^5$	没有开屁股口的童裤，与"开裆裤"相对

续表

词语	词音	词义
一口钟	ʔiɪ²ʔkʰe⁽³⁾tsoŋ¹	斗篷，无袖不开衩的长外衣，其形如古乐器的钟
裹脚布	ku³tɕia²ʔpu⁵	旧时女子缠足或男子裹腿的布条。也说"绕脚布"
翻口袜	fɛ¹kʰe⁽³⁾maʔ⁸	翻口袜子
鞋叶拔	ɦia²ɦiɪʔ⁸baʔ⁸	鞋拔
托底布	tʰoʔ⁷ti³pu⁵	鞋垫
围口袋	ɦue²kʰe⁽³⁾dɛ⁶	围嘴儿
热水袋	ȵiɪʔ⁸sʐ³dɛ⁶	盛热水的橡胶袋，用于热敷或取暖
行李袋	ɦin²li⁴dɛ⁶	旅行袋，旅行时所携带装置物品的袋子
风凉牵	foŋ¹liã²tɕʰie¹	一种簪子
风凉鞋	foŋ¹liã²ɦia²	凉鞋
中山装	tsoŋ¹sɛ¹tsã¹	一种衣服，因孙中山提倡而得名
列宁装	liɪʔ⁸ȵin²tsã¹	新中国成立初期十分流行的服装
人民装	zən²min²tsã¹	1950 年，公务人员着的中山装，后改称"人民装"
风纪扣	foŋ¹tɕi⁵ke⁵	制服、中山装等的领扣儿
解放鞋	ka³fã⁵ɦia²	解放军穿的鞋子，20 世纪后期很流行
旅游鞋	ly⁴ɦiəu²ɦia²	皮面胶底的鞋，比较透气，便于步行
长统袜	zã²tʰoŋ⁽³⁾maʔ⁸	长度达到大腿的厚而富有弹性的长袜
粘粘衣裳	ȵie²ȵie²ʔi¹zã⁶	（儿童语）小衣服
曲襟背心	tɕʰioʔ⁷tɕin¹pe⁵ɕin¹	无袖的曲裾
蚌壳棉鞋	bã⁶kʰoʔ⁷mie²ɦia²	形如蚌壳的棉鞋
衬里布衫	tsʰən⁵li⁴pu⁵sɛ¹	衬衫。也说"布衫""衬衫"
风凉皮鞋	foŋ¹liã²bi²ɦia²	凉鞋
潮面手巾	zɔ²mie⁶se³tɕin¹	洗脸手巾
高跟皮鞋	kɔ¹kən¹bi²ɦia²	皮鞋后跟很高，达 3 厘米以上的女式鞋
蚌壳式钉鞋	bã⁶kʰoʔ⁷səʔ⁷tin¹ɦia²	形如蚌壳的钉鞋，运动跑鞋中的一种

（2）饮食

词语	词音	词义
藏	zã²	蹄髈（大肘子，靠臀部的部分）
薄	boʔ⁸	粥稀
厚	ɦie⁶	粥稠
肉	ȵioʔ⁸	猪肉
饭	vɛ⁶	大米饭
粥	tsoʔ⁷	粥
汤	tʰã¹	汤
面	mie⁶	面条
糕	kɔ¹	糕
盐	ɦie²	盐
醋	tsʰu⁵	醋
面粉	mie⁶fən³	面粉
面条	mie⁶dio²	面条
早饭	tsɔ³vɛ⁶	早餐，早晨吃的餐饭

词语	词音	词义
早餐	tsɔ³tsʰɤɚ¹	早晨的餐食
点心	tie³ɕin¹	中午饭
中饭	tsoŋ¹vɛ⁶	中午饭
夜饭	ʔia⁵vɛ⁶	晚饭
火酒	hu³tɕiəu³	酒精
火肉	hu³ɲioʔ⁸	火腿肉
包子	pɔ¹tsɹ³	包子
馄饨	ɦuən²dən²	馄饨
饭糍	vɛ⁶zɹ²	锅巴
镬焦	ʔoʔ⁷tɕiɔ¹	锅巴
线粉	ɕie⁵fən³	粉丝；粉条儿。也说"丝粉""细粉"
零散	lin²sɛ⁵	零食
零食	lin²zəʔ⁸	零食
干挑	kɤɚ¹tʰiɔ¹	无汤面条
浇头	tɕiɔ¹de²	加在盛好的面条或米饭上面的荤素菜肴
过桥	ku⁵dʑiɔ²	面条以外另加的菜肴；另盛一碗的浇头
小面	ɕiɔ³mie⁶	光面（不加任何菜的汤面）
小菜	ɕiɔ³tsʰɛ⁵	泛指鱼肉蔬菜；指下饭的菜
荤菜	huen¹tsʰɛ⁵	荤菜
素菜	su⁵tsʰɛ⁵	素菜
含饺	ɦiɤɚ²tɕiɔ³	油炸饺子
饺子	tɕiɔ³tsɹ³	饺子
馒头	mɤɚ²de²	无馅叫"馒头"，有馅叫"包子"
包子	pɔ¹tsɹ³	本称"馒头"，后将有馅的叫"包子"
汤包	tʰã¹pɔ¹	一种含有多汁肉馅的小笼包
汤团	tʰã¹dɤɚ²	汤圆。也说"小圆子"
烧卖	sɔ¹maʔ⁸	面皮包馅儿、顶上捏成折儿再蒸熟的食品
烧酒	sɔ¹tɕiəu³	白酒
插糕	tsʰaʔ⁷kɔ¹	糯米做外皮，有甜馅的糕点
年糕	ɲie²kɔ¹	农历新年的应时食品，用糯米粉蒸成的糕
蛋糕	dɛ⁶kɔ¹	蛋糕
糕团	kɔ¹dɤɚ²	用米粉、面粉等制成的食品
团子	dɤɚ²tsɹ³	一种糯米包着馅料蒸熟而成的食品
印团	ʔin⁵dɤɚ²	用模具制作的米粉团子
方糕	fã¹kɔ¹	有豆沙馅的方形软糕
青团	tɕʰin¹dɤɚ²	用艾草汁、糯米粉、豆沙馅制成的食品
粽子	tsoŋ⁵tsɹ³	粽子
袋粽	dɛ⁶tsoŋ⁵	用布袋包的粽子
面包	mie⁶pɔ¹	面包
片腐	pie⁵vu⁴	千张（传统豆制品，形薄如纸，色黄白）
油球	ɦiəu²dziəu²	一种油炸的圆形豆制品
豆浆	de⁶tɕiã¹	豆浆

续表

词语	词音	词义
大饼	du⁶pin³	烧饼
油条	ɦiəu²diɔ²	油条
丝粉	sʅ¹fən³	粉丝（用绿豆等制成的线状的食品）
蛋球	dɛ⁶dʑiɐu²	肉末与蛋搅拌后蒸熟或炸熟的食品
颜色	ɦiɛ²səʔ⁷	酱油的讳称
酱油	tɕiã⁵ɦiɐu	酱油
盐星	ɦiie²ɕin¹	含盐东西干燥后表面呈现粉末状的盐粒。也说"盐花"
烹酒	pʰən¹tɕiəu³	料酒
秦糖	dʑin²dã²	饴糖
红糖	ɦoŋ²dã²	红糖
白糖	bãʔ⁸dã²	白糖
饧糖	dʑin⁶dã²	饴糖，麦芽糖
蛋荒	dɛ⁶hã¹	蛋黄
皮蛋	bi²dɛ⁶	松花蛋
鸡蛋	tɕi¹dɛ⁶	鸡蛋
猪油	tsʅ¹ɦiɐu²	猪油
猪肝	tsʅ¹kɤə¹	猪肝
腰子	ʔiɔ¹tsʅ³	猪肾
花腰	ho¹ʔiɔ¹	猪腰
麻油	mo²ɦiɐu²	芝麻油
水芡	sʅ³tɕʰie⁽³⁾	生粉与水按特定比例混匀的液体
皮冻	bi²toŋ⁵	皮冻（一道非常清爽可口的凉菜）
腿筒	tʰe⁽³⁾doŋ²	猪筒骨（中间有洞可容纳骨髓的大骨头）
门腔	mən²tɕʰiã¹	猪舌头
肚杂	du⁶zəʔ⁸	内脏
爆蛋	pɔ⁵dɛ⁶	干炒蛋
暴腌	bɔ⁶ʔie¹	刚腌的榨菜
酵头	kɔ⁵de²	发酵粉。也说"发酵粉"
糖粥	dã²tsoʔ⁷	用红糖和米煮成的米粥
酒酿	tɕiəu³ɲiã⁶	蒸熟糯米拌上酒酵而成的一种甜米酒
素鸡	su⁵tɕi¹	一种传统豆制食品
酱鸭	tɕiã⁵ʔaʔ⁷	酱鸭（其因色泽黄黑而得名）
壶茶	ɦu²zo²	用大壶泡的茶水
炒米	tsʰɔ⁽³⁾mi⁵	爆米花
乳腐	zʅ⁴vu⁴	腐乳
姜末	tɕiã¹məʔ⁸	生姜用刀剁碎后的食材
调料	diɔ²liɔ⁶	作料
味精	vi⁶tɕin¹	味精
芯子	ɕin¹tsʅ³	馅儿
冰棒	pin¹bã⁶	冰棍
香烟	ɕiã¹ʔie¹	纸烟
耿饼	kən³pin³	柿饼

续表

词语	词音	词义
老腌头	lɔ⁴ʔie²de²	腌较久的榨菜
碗头茶	ʔuɤə³de²zo²	直接泡在杯子里的茶
夜点心	ʔia⁵tie³ɕin¹	半夜时分吃的餐饮
重阳糕	zoŋ²ɦiã²kɔ¹	因在重阳节食用而得名，是重阳节节令食品
粢饭团	tsʰɿ¹vɛ⁶dɤə²	糯米蒸熟成团。也说"粢饭""䬺饭"
糯米饭	nu⁶mi⁴vɛ⁶	糯米饭
结心饭	tɕii⁷ɕiu¹vɛ⁶	夹生饭
半夜饭	pɤə⁵ʔia⁶vɛ⁶	夜宵，为晚饭之后的饭餐
饭泡粥	vɛ⁶pʰɔ⁵tsɔ⁷	用剩饭煮的粥
咸酸粥	ɦɛ³suɤ¹tsɔ⁷	咸肉骨头、腊猪肠、豆腐干、干香菇、芋芳等煮成的粥
腊八粥	la²⁸paʔ²tsɔ⁷	在腊八这一天煮成的粥
咸酸饭	ɦɛ²suɤ¹vɛ⁶	咸肉菜饭
淘茶饭	dɔ²zo²vɛ⁶	用开水或冷开水泡剩饭
饭米糁	vɛ⁶mi⁴sɤə³	饭粒
白水粽	baʔ²⁸sɿ³tsoŋ⁵	只有大米没有任何佐料的粽子
阳春面	ɦiã²tsʰən¹mie⁶	不加任何菜的汤面
京粉头	tɕin¹fən³de²	粗短线粉与榨菜末煮烂而成。也说"京粉"
大素菜	du⁶su⁵tsʰɛ⁵	豆腐的讳称
豆腐干	de⁶vu⁶kɤə¹	豆腐干
豆腐花	de⁶vu⁴ho¹	豆腐脑加上一些其他食物的豆制品
水豆腐	sɿ³de⁷vu⁴	新鲜成型的豆腐，因其含水多而得其名
油炸鬼	ɦiəu²zaʔ²⁸kue³	油条
油馓子	ɦiəu²sɛ¹tsɿ³	一种油炸面食（细条相连扭成花样）
油墩子	ɦiəu²tən¹tsɿ³	面糊倒入椭圆形铁勺中放入油锅油炸而成
葱末子	tsʰoŋ¹məʔ²⁸tsɿ³	葱末
千刀肉	tɕʰie¹tɔ¹ȵioʔ²⁸	剁碎的肉（肉末）
千张包	tɕʰie¹tsã¹pɔ¹	用千张将肉馅包成方形或圆形的包
斩碎肉	ze⁴sɛ⁵ȵioʔ²⁸	剁碎的肉（肉末）
白焐肉	baʔ²⁸ʔu⁶ȵioʔ²⁸	白切肉，整条肉放入锅中煮熟，切成厚片
白焐蛋	baʔ²⁸ʔu⁶dɛ⁶	白水煮熟的蛋。也说"囫囵蛋"
荷包蛋	ɦu²pɔ¹dɛ⁶	把鸡蛋壳打碎，将整个蛋放到油里去煎
水潽蛋	sɿ³pu³dɛ⁶	把鸡蛋壳打碎，将整个蛋放到滚水里去煮
灰鸭蛋	hue¹ʔaʔ⁷dɛ⁶	咸鸭蛋
猪头肉	tsʮ¹de²ȵioʔ²⁸	猪头肉
猪舌头	tsʮ¹zeʔ⁸de²	猪舌头
赤砂糖	tsʰaʔ⁷sɔ¹dã²	红糖。也说"红糖"
味之素	vi⁸tsɿ¹su⁵	味精
发酵粉	faʔ⁷kɔ⁵fən³	发酵粉
杜做酒	du⁶tsu⁵tɕiəu³	自家酿制的酒
茶食点心	zo²zəʔ⁸tie³ɕin¹	佐茶的食品；用茶制作的糕点类
鲜肉月饼	ɕie¹ȵioʔ²⁸ʔyəʔ²pin³	内馅是鲜猪肉的月饼

7. 房屋 / 器物（用品）

（1）房屋

词语	词音	词义
窗	tsʰã¹	窗子
井	tɕin³	井
瓦屋	ɦo⁴ʔoʔ⁷	用砖瓦盖的房屋
草屋	tsʰɔ⁽³⁾ʔoʔ⁷	用茅草盖的房屋
房子	vã²tsʅ³	房子
草棚	tsʰɔ⁽³⁾bã²	草屋，用稻草或茅草盖成的房子
草窠	tsʰɔ⁽³⁾kʰu¹	草屋；禽鸟的窝
谷仓	koʔ⁷tsʰã¹	粮仓，储藏粮食的专用建筑物
门臼	mən²dʑiɤu⁶	门槛上承门的石榫或木榫
门槛	mən²kʰɛ⁽³⁾	门坎，门框下部挨地面的横木，有用石头的
门框	mən²kʰã¹	门框
门闩	mən²sɤ¹	门栓
屋里	ʔoʔ⁷li⁴	家里
厢房	ɕiã¹vã²	厢房，在正房前面两旁的房屋
花墙	ho¹dʑiã²	半上段砌成正方形状镂空花样的墙
花厅	ho¹tʰin¹	位置不在正中的小客厅
天井	tʰie¹tɕin³	天井，正房与厢房间的露天空地
院子	ɦyɤ⁶tsʅ³	院子，房屋前后用墙或栅栏围起来的空地
窗槛	tsʰã¹kʰɛ⁽³⁾	窗台
窗门	tsʰã¹mən²	窗子。也说"窗"
窗盘	tsʰã¹bɤ²	窗台
吊阔	tiɔ⁵daʔ⁸	吊起的门扉（门板上方可撑开当窗）
进深	tɕin⁵sən¹	院子、房间等的深度
瓦爿	ɦo⁴bɤ⁶	瓦，也指碎瓦
瓦条	ɦo⁴diɔ²	瓦
砖坯	tsɤ¹pʰe¹	晒干的砖
砖头	tsɤ¹de²	砖头
檩条	lin⁴diɔ²	桁条，垂直于屋架的支撑椽子或屋面材料
榫头	sən³de²	榫卯，连接梁、柱凹凸部分的木块
椽子	zɤ⁶tsʅ³	房椽
梁柱	liã²zɿ⁶	柱子。也说"廊柱"
柱脚	zɿ⁶tɕia⁷	柱子
搁式	koʔ⁷səʔ⁷	地板的木梁。也说"搁栅"
满板	mɤ⁶pɛ³	房顶的木条板
握接	ʔoʔ⁷tsiɿʔ⁷	活络榫头
花壁	ho¹piʔ⁷	房屋丈量单位
山墙	sɛ¹dʑiã²	支承人字形屋顶两头的墙
夹弄	kaʔ⁷loŋ⁶	左右都是墙壁的狭窄通道
街沿	ka¹ɦie²	街道两旁的石台阶
扶梯	vu²tʰi¹	梯子。也说"胡梯"

词语	词音	词义
灶头	tsɔ⁵de²	灶
灶肚	tsɔ⁵tu³	灶的中空部分。也说"灶堂"
地灶	di⁶tsɔ⁵	大灶，可放大锅
一号	ʔiɪ⁷ɦɔ⁶	厕所
茅坑	mɔ²kʰã¹	厕所
厕所	tsʰɿ⁵su³	厕所
墙头	dziã²de²	墙。也说"墙壁"
宅基	zaʔ⁸tɕi¹	房基，住宅的地基
台级	dɛ²tɕiɪ⁷	台阶
墙篱	dziã²li²	篱笆。也说"墙篱"
篱笆	li²pa¹	用竹子、苇子、秫秸、荆条等做成的围栏设施
洞洞	doŋ⁶doŋ⁶	窟窿。也说"洞洞眼"
客堂间	kʰaʔ⁷dã²kɛ¹	正房，用于接待客人的房间
灶头间	tsɔ⁵de²kɛ¹	厨房
门前屋	mən²dzie²ʔoʔ⁷	沿街道的房子
垃脚屋	ləʔ⁸tɕiaʔ⁷ʔoʔ⁷	放鸡鸭灰草的小屋
吃饭间	tɕʰiɪʔ⁷vɛ⁶kɛ¹	饭厅
汏浴间	daˀ⁶ʔioʔ⁷kɛ¹	洗澡间
马桶间	mo⁴tʰoŋ⁽³⁾kɛ¹	卫生间
廊檐口	lã²ɦie²kʰe⁽³⁾	屋檐下的过道口
街沿石	ka¹ɦie²zaʔ⁸	路边石，街道旁边的隔离石
土灶头	tʰu⁽³⁾tsɔ⁵de²	农村中多数用泥坯或砖头砌成的灶
独灶眼	doʔ⁸tsɔ⁵ɦie⁴	仅容一个锅的灶
煤气灶	me²tɕi⁵tsɔ⁵	使用煤气的灶
角落头	koʔ⁷loʔ⁸de²	角落
柱磉石	zʮ⁶sã³zaʔ⁸	柱下石磉。普通话叫"柱础"
阴沟洞	ʔin¹ke¹doŋ⁶	地下排水沟的口
一门三吊阁	ʔiɪʔ⁸mən²sɛ¹tɕiɔ⁵daʔ⁸	嘉兴建筑的一种形式、风格

（2）器物（用品）

①工作类

词语	词音	词义
畚	fən³	用于耘稻撮物
蔀	bu⁶	背篓
筛	sa¹	筛子。也说"庚"
篓	le²	篓子
磨	mu⁶	磨，石制磨粉工具
柄头	pin⁵de²	把儿
畚斗	fən³de³	有柄的簸箕
畚箕	fən³tɕi¹	簸箕
风车	foŋ¹tsʰo²	用来分离苞谷、秕糠和其他杂质的农具
栲栳	kʰɔ⁽³⁾lɔ⁴	也叫"笆斗"，用竹篾或柳条编成的圆筐

续表

词语	词音	词义
油车	ɦiəu²tsʰo¹	榨植物油的设备
摇车	ɦiɔ²tsʰo¹	纺车
弓弦	koŋ¹ɦie²	弹棉花的弓
网篮	mã⁴lɛ²	有网子罩着的篮子
角尺	koʔ⁷tsʰaʔ⁷	角尺（能够明确角度的测量绘图工具）
泥夹	ŋi²kaʔ⁷	泥板
轧剪	gaʔ⁸tɕie³	不用电作动力的理发推剪
剪刀	tɕie³tɔ¹	剪子
榔头	lã²de²	锤子
斧头	fu³de²	斧子
锯子	tɕy⁵tsʅ³	锯子
刀片	tɔ¹pʰie⁵	小刀儿
钩子	ke¹tsʅ³	钩子
洋钉	ɦiã²tin¹	钉子。也说"钉头"
扳头	pɛ¹de²	扳手，拧紧或松开螺丝、螺母等的工具
踏机	daʔ⁸tɕi¹	缝纫机
千里眼	tɕʰie¹li⁴ɦie⁶	望远镜
瞭远镜	pʰiɔ⁽³⁾ɦiɤə⁴tɕin⁵	望远镜
电烙铁	die⁶lɔʔ⁸tʰiɪʔ⁷	焊接用的电熔焊料的器具
挖泥机	ʔuaʔ⁷ŋi²tɕi¹	挖土机
老虎钳	lɔ⁴hu¹dʑie²	一种钳子。因钳口似老虎，故称为"老虎钳"
尖嘴钳	tɕie¹tsʅ³dʑie²	头尖的钳子
零配件	lin²pʰe⁵dʑie⁶	零件和配件的合称
脚踏车	tɕiaʔ⁷taʔ⁷tsʰo¹	自行车

②生活类

词语	词义	词义
甏	bã²	坛子
环	guɛ²	环子（圆圈形的东西）
橱	zʮ²	柜子
瓶	bin²	瓶子
床	zã²	床
筷	kʰuɛ⁵	筷子
缸	kã¹	缸
碗	ʔuɤə³	碗
针	tsən¹	针
线	ɕie⁵	线
尺	tsʰaʔ⁷	尺
家具	ka¹dʑy⁶	家具
掸帚	tɛ³tse³	鸡毛帚
叉袋	tsʰo¹dɛ⁶	麻袋
拎箱	lin¹ɕiã¹	手提箱

续表

词语	词义	词义
拎包	lin^{1}pɔ^{1}	手提包
拎桶	lin^{1}tʰoŋ$^{(3)}$	有提梁的马桶，手提马桶
搭桶	taʔ^{7}tʰoŋ$^{(3)}$	两面有襻的马桶
拖畚	tʰu^{1}fən^{3}	拖把，也说“拖畚”
抹布	mɑʔ^{8}pu^{5}	抹布
扫帚	sɔ^{3}tse^{3}	扫帚
抽斗	tsʰe^{1}te^{3}	抽屉
搁几	koʔ^{7}tɕi^{1}	长案桌
抽头	tsʰe^{1}de^{2}	抽屉
扑满	pʰoʔ^{7}mɤə^{4}	储蓄罐
盖头	kɛ^{5}de^{2}	盖子
盒子	ʔəʔ^{7}tsɿ^{3}	盒子
脚桶	tɕiɑʔ^{7}tʰoŋ$^{(3)}$	洗脚的盆
吊桶	tiɔ^{5}tʰoŋ$^{(3)}$	吊水用的小木桶或小铁桶
扇子	sɤə^{5}tsɿ^{3}	扇子
熨斗	ʔyən^{5}de^{4}	形状像斗，用来烫衣物的金属器具
面盆	mie^{6}bən^{2}	脸盆
铜铫	doŋ^{2}tiɔ^{5}	铜水壶。也说“铫子”
塞针	səʔ^{7}tsən^{1}	瓶塞
墩板	tən^{1}pɛ^{3}	切菜板。也说“墩头”“砧墩”“墩头板”
砧板	tsən^{1}pɛ^{3}	砧板
皮皂	bi^{2}zɔ^{6}	肥皂
肥皂	vi^{2}zɔ^{6}	肥皂
香皂	ɕiã^{1}zɔ^{6}	香皂
台子	dɛ^{2}tsɿ^{3}	桌子
单靠	tɛ^{1}kʰɔ^{5}	无扶手的靠背椅
双靠	sã^{1}kʰɔ^{5}	有扶手的靠背椅
蒲墩	bu^{2}tən^{1}	拜佛的蒲团
拜担	pɑ^{5}tɛ^{1}	拜佛的长条凳
饭篮	vɛ^{6}lɛ^{1}	用竹篾编成盛米饭的容器（饭篮）
蒸架	tsən^{1}kɑ^{5}	蒸屉（多指竹制的），蒸架
镬子	ʔoʔ^{7}tsɿ^{3}	锅。也说“锅子”
镬盖	ʔoʔ^{7}kɛ^{5}	锅盖
镬铲	ʔoʔ^{7}tsɛ^{1}	锅铲
通条	tʰoŋ^{1}diɔ^{2}	用来通炉子的铁条
火钳	hu^{1}dʑie^{2}	烧火时用来夹柴火的用具
火油	hu^{1}ɦiəu^{2}	煤油
火炭	hu^{1}tɛ^{5}	木炭
火通	hu^{1}tʰoŋ^{1}	吹火筒
火石	hu^{1}zaʔ^{8}	打火石
火刀	hu^{1}tɔ^{1}	火镰，一种取火工具
筅帚	ɕie^{3}tse^{3}	用竹子做的炊帚；刷镬帚

续表

词语	词义	词义
舀勺	$ʔiɔ^3 zoʔ^8$	舀水用的勺子（水瓢）
鸡勺	$tɕi^1 zoʔ^8$	饭勺
饭抄	$vɛ^6 tsʰɤ^1$	饭勺
调勾	$diɔ^2 ke^1$	羹匙。也作"调羹"
筷筒	$kʰɛ^5 doŋ^2$	插放筷子的器具
筷子	$kʰɛ^5 tsɿ^3$	筷子
盆子	$bən^2 tsɿ^3$	口大底小，较浅的盛器
盘子	$bɤ^2 tsɿ^3$	盛放物品的浅底的器具，比碟子大，多为圆形
碟子	$diʔ^8 tsɿ^3$	一种盛食品或调味品的小而浅的器皿
酒杯	$tɕiəu^3 pe^1$	酒杯
淘箩	$dɔ^2 lu^2$	淘米的竹篮（淘米箩）
酒盅	$tɕiəu^3 tsoŋ^1$	酒杯
面碗	$mie^6 uɤ^3$	盛菜的大碗
风炉	$foŋ^1 lu^2$	煤球炉
茶杯	$zo^2 pe^1$	茶缸
舂筒	$tsʰoŋ^1 doŋ^2$	药房里的药杵（捣药的槌子、槌筒）
皮箍	$bi^2 ku^1$	橡皮筋
皮夹	$bi^2 kɑʔ^7$	钱包
引线	$ɦin^2 ɕie^5$	缝衣针
行针	$ɦã^2 tsən^1$	缝衣大针
支钻	$tsɿ^1 tsɤ^1$	锥子
镯头	$zoʔ^8 de^2$	镯子
咬嘴	$ɦɔ^4 tsɿ^3$	烟嘴
小凳	$ɕiɔ^3 tən^5$	凳子。也说"凳子"
椅子	$ʔi^3 tsɿ^3$	椅子
眠床	$mie^2 zã^2$	床。也说"铺"
被筒	$bi^6 doŋ^2$	被窝。也说"被头筒"
被头	$bi^6 de^2$	被子
垫被	$die^6 bi^6$	褥子，睡时垫在身下的物品。也说"垫老破絮"
褥单	$ȵioʔ^8 tɛ^1$	床单，蒙在褥子上的布。也叫"褥单子"
被絮	$bi^6 ɕy^5$	棉胎，衬在棉被中的棉絮
毯子	$tʰɛ^{(3)} tsɿ^3$	毯子
席子	$dziiʔ^8 tsɿ^3$	席子
草席	$tsʰo^{(3)} dziiʔ^8$	用柔韧的草茎编织的席子
篾席	$miiʔ^8 dziiʔ^8$	竹篾编的席子
枕心	$tsən^3 ɕin^1$	枕头心儿，枕头中间的囊状物
席子	$dziiʔ^8 tsɿ^3$	席子
帐子	$tsã^5 tsɿ^3$	帐子
窗帘	$tsʰã^1 lie^2$	窗帘
菜刀	$tsʰɛ^5 tɔ^1$	菜刀
剪刀	$tɕie^3 tɔ^1$	剪刀
枪刀	$tɕʰiã^1 tɔ^1$	锅铲

续表

词语	词义	词义
柴爿	$\text{za}^2\text{bɛ}^6$	木柴。也说"木柴""柴"
竹爿	$\text{tsoʔ}^7\text{bɛ}^6$	竹片。也说"竹爿爿""竹爿头"
罐头	$\text{kurə}^5\text{de}^2$	罐子
炉子	$\text{lu}^2\text{tsๅ}^3$	火炉
电筒	$\text{die}^6\text{doŋ}^2$	手电筒，也说"手电筒"
顶针	$\text{tin}^3\text{tsən}^1$	顶针儿。也说"顶针箍"
袋袋	$\text{dɛ}^6\text{dɛ}^6$	袋（兜儿）
洋伞	$\text{ɦiã}^2\text{sɛ}^5$	伞。也说"伞"
牙刷	$\text{ɦa}^2\text{səʔ}^7$	牙刷
草纸	$\text{tsʰɔ}^{(3)}\text{tsๅ}^3$	用稻草等做原料制成的纸，泛指手纸
混池	$\text{ɦuən}^6\text{zๅ}^2$	浴池，以锅烧汤倒热水入池，可容十余人同浴
印板	$\text{ʔin}^5\text{pɛ}^3$	做糕点用的模具
浆糊	$\text{tɕiã}^3\text{ɦu}^2$	浆糊
绳子	$\text{zən}^2\text{tsๅ}^3$	绳子
拐杖	$\text{kua}^3\text{zã}^6$	拐杖
木柴	$\text{moʔ}^8\text{za}^2$	木柴，柴火
煤饼	me^2pin^3	蜂窝煤
煤球	$\text{me}^2\text{dʑiəu}^2$	煤末加水和黄土制成的小圆球，做饭等的燃料
切菜刀	$\text{tɕʰiɪʔ}^7\text{tsʰɛ}^5\text{cɔ}^1$	菜刀
顶针箍	$\text{tin}^3\text{tsən}^1\text{ku}^1$	顶针，做针线活时戴在手指上的工具
糖汤盅	$\text{dã}^2\text{tʰã}^1\text{tsoŋ}^1$	一种很小的碗。也说"汤盅"
大匹碗	$\text{du}^6\text{pʰiɪʔ}^7\text{ʔurə}^3$	很大的碗，盛汤用的
三连橱	$\text{sɛ}^1\text{lie}^2\text{zๅ}^2$	大橱，左右为门，中间为长镜子。也说"三门橱"
天然几	$\text{tʰie}^1\text{zrə}^2\text{tɕi}^1$	一种长方形桌子
台毯布	$\text{dɛ}^2\text{tʰɛ}^{(3)}\text{pu}^5$	台布
汤婆子	$\text{tʰã}^1\text{bu}^2\text{tsๅ}^3$	汤壶，盛热水放在被中取暖的用具
烧火凳	$\text{sɔ}^1\text{hu}^1\text{tən}^5$	小板凳
骨排凳	$\text{kuəʔ}^7\text{ba}^1\text{tən}^5$	一种长方凳
洋铅皮	$\text{ɦiã}^2\text{kʰɛ}^{(3)}\text{bi}^2$	铁皮
洋铅桶	$\text{ɦiã}^2\text{kʰɛ}^{(3)}\text{tʰoŋ}^{(3)}$	铁皮桶
洋蜡烛	$\text{ɦiã}^2\text{laʔ}^8\text{tsoʔ}^7$	白蜡烛
洋油灯	$\text{ɦiã}^2\text{ɦiəu}^2\text{tən}^1$	煤油灯
油盖灯	$\text{ɦiu}^2\text{tsrə}^3\text{tən}^1$	用植物油做燃料的灯。也说"油盖火"
汽油灯	$\text{tsʰi}^5\text{ɦiəu}^2\text{tən}^1$	汽灯，利用热量把煤油变成蒸气，发出白色光
雪花膏	$\text{ɕiɪʔ}^7\text{hoʔ}^1\text{kɔ}^1$	一种化妆品，通常为白色，用来滋润皮肤
捎马袋	$\text{sɔ}^1\text{mo}^4\text{dɛ}^6$	搭在肩膀上，两边都是袋，可装东西
饭镬子	$\text{vɛ}^6\text{ɦoʔ}^7\text{tsๅ}^3$	饭锅
碗盖橱	$\text{ʔurə}^3\text{tsrə}^3\text{zๅ}^2$	碗柜
针线匾	$\text{tsən}^1\text{ɕie}^5\text{pie}^3$	放针线的竹器
线陀子	$\text{ɕie}^3\text{du}^2\text{tsๅ}^3$	一种比较古老的民间纺线的工具
奇发簪	$\text{dʑi}^2\text{faʔ}^7\text{tsrə}^1$	一种发簪
潮烟管	$\text{zɔ}^2\text{ʔie}^1\text{kurə}^3$	旱烟管

续表

词语	词义	词义
写字台	ɕia³z̩⁶dε²	书桌
汏浴盆	da⁶ʔio?⁷bən²	澡盆。也说"浴盆"
热水瓶	ȵiɪʔ⁸sʅ³bin²	暖壶
煤头子	me²de²tsʅ³	引火的纸卷
狗食盆	ke³zə?⁸bən²	狗食盆，喂狗食的器具
褥子絮	ȵio?⁸tsʅ³ɕy⁵	衬在褥子中的棉絮
被面子	bi⁶mie⁶tsʅ³	被面
被夹里	bi⁶kaʔ⁷li⁵	被里子
毛巾被	mɔ²tɕin¹bi⁶	质地跟毛巾相同的毯子。又叫"毛巾毯"
纹皮箱	vən²bi²ɕiã¹	箱面上有条纹的拉杆皮箱
猪食钵	tsʅ¹za?⁸pə?⁷	猪食钵，喂猪食的器具，多为金属、石头或陶瓷制成
太师椅子	tʰaⁿ⁵sʅ¹ʔy¹tsʅ³	太师椅
钢钟镬子	kãⁿ¹tsoŋ¹ʔo?⁷tsʅ³	铝锅，钢精锅
引线屁股	ɦin²ɕie⁵pʰi⁵ku³	针眼儿
汏衣裳板	da⁶ʔi¹zã²pε³	洗衣板

8. 事物 / 事情

词语	词音	词义
事体	zʅ⁶tʰi⁽³⁾	事情
物事	və?⁸zʅ⁶	东西
东西	toŋ¹ɕi¹	东西
蛮理	mɤə²li⁴	歪理
岔头	tsʰo⁵de²	错处；把柄
搭头	ta?⁷de²	零头；搭配的东西
添头	tʰie¹de²	增加的部分
大头	du⁶de²	主要的部分
瘾头	ʔin³de²	瘾。也说"念头"
气力	tɕʰi⁵liɪʔ⁸	力气
力气	liɪʔ⁸tɕʰi⁵	力气
劲道	tɕin⁵dɔ⁶	劲头，力气、力量、干劲
劲头	tɕin⁵de²	劲头
活结	ʔuə?⁷tɕiʔ⁷	一拉就开的绳结
死结	sʅ³tɕiʔ⁷	不是一拉就解开的结子
刨花	bɔ²ho¹	加工木制品时产生的长条木屑
用处	ʔioŋ⁵zʅ⁶	用场
生活	sən¹ɦuəʔ⁸	工作，活儿
卖相	maⁿ⁶ɕiã⁵	模样。也说"吃相"
用场	ʔioŋ⁵zã²	用处
记认	tɕi⁵ȵin⁶	记号，帮助识别、记忆而做成的标记
线圈	ɕie⁵tɕʰɤɤ¹	绝缘金属线绕在卷轴上形成的螺线或蟛线
塑料	su⁵lio⁶	以树脂为主要成分，具有可塑性的材料及其制品
橡胶	dziã⁶tɕio¹	提取橡胶树植物的胶乳加工后制成的材料

续表

词语	词音	词义
世道	sʅ⁵dɔ⁶	泛指社会
空潮头	kʰoŋ¹zɔ²de²	没有事实根据的消息
乱头发	lɤə⁶de²faʔ⁷	头发茬（剪发时剪掉的头发）
路道丝	lu⁶lɔ⁶sʅ¹	门路
盘缠钿	brə²zɤə²die⁶	路费
苦脑子	kʰu⁽³⁾nɔ⁴tsʅ³	面临的困难或麻烦的局面；（形容词）可怜，命运坎坷的

9. 农业（农产品）

词语	词音	词义
麦	maʔ⁸	麦子，一年生或二年生草本植物
稻	dɔ⁶	稻，一年生草本植物，子实称"稻谷"
谷	koʔ⁷	稻子。也说"谷子"
米	mi⁴	大米
糠	kʰã¹	糠
蚕	zɤə²	蚕宝宝
犁	li²	一种挖地的农具
耙	bo²	一种用于表层土壤耕作的农具
田蚕	die²zɤə²	大田种水稻，在家饲蚕，旧时蚕乡两大产业
蚕匾	zɤə²pie³	用竹篾或苇子等编成的放养蚕的竹器
蚕娘	zɤə²ŋiã²	家中负责饲蚕的女子
蚕花	zɤə²ho¹	蚕茧
看蚕	kɤə⁵zɤə²	养蚕
夏伐	ʔo⁵vaʔ⁸	在夏季剪去桑树的枝条
春蚕	tsʰən¹zɤə²	春季的蚕
夏蚕	ʔo⁵zɤə²	夏季养的蚕
秋蚕	tɕʰiəu¹zɤə²	秋季养的蚕
秋茧	tɕʰiəu¹tɕie³	秋季的蚕茧
蚕儿	zɤə²tɕi¹	蚕子
蚕沙	zɤə²so¹	桑蚕的屎，蚕粪
蚕泥	zɤə²ŋi²	蚕蛹
头眠	de²mie²	一龄小蚕。又称"头眠头"
二眠	ŋi⁶mie²	二龄小蚕。又称"二眠头"
三眠	sɛ¹mie²	蚕初生至成蛹的第三次蜕皮
出大	tsʰəʔ⁷du⁶	蚕过三眠
上山	zã⁶sɛ¹	蚕儿上架结茧
吐丝	tʰu³sʅ¹	蚕儿吐丝结茧。也说"结茧子""做茧子"
茧衣	tɕie¹ʔi¹	蚕初作茧时在茧外所吐的散丝
缫丝	so¹sʅ¹	把蚕茧制成生丝的过程
蛹衬	ʔioŋ³tsʰən⁵	蚕茧缫丝后剩下来的最里面的薄茧层，俗称"汰头"
种田	tsoŋ⁵die²	种地（田地）
落田	loʔ⁸die²	下地干活

续表

词语	词音	词义
耕地	kən¹di⁶	耕田
岔田	tsʰo⁵die²	耕田
春耕	tsʰən¹kən¹	春季播种之前，翻松土地
夏收	ʔo⁵se¹	夏季收割农作物
秋收	tɕʰiəu¹se¹	秋季收获农作物
双抢	sã¹tɕʰiã⁽³⁾	指抢收、抢种
早稻	tsɔ³dɔ⁶	春季种植、夏季收割的稻子
晚稻	ʔuɛ³dɔ⁶	夏季种植、秋季收割的稻子
稻谷	dɔ⁶koʔ⁷	稻子。也说"稻"
稻穗	dɔ⁶zʮ⁶	稻穗
稻柴	dɔ⁶za²	稻草
稻草	dɔ⁶tsʰɔ⁽³⁾	稻草
麦梗	maʔ⁸kã³	麦秆
浸种	tɕin⁵tsoŋ³	用清水或某种溶液浸泡种子
下种	ɦo⁶tsoŋ³	播撒种子
拔秧	baʔ⁸ʔiã¹	扯秧苗
扎秧	tsaʔ⁷ʔiã¹	将扯下来的秧苗扎成把
抛秧	pʰɔ¹ʔiã¹	将成扎的秧苗抛到田中
插秧	tsʰaʔ⁷ʔiã¹	插秧，将秧苗栽插于水田中
秧凳	ʔiã¹tən⁵	拔秧坐的凳子。也叫"拔秧凳"
秧伞	ʔiã¹sɛ³	拔秧用的伞子。也叫"拔秧伞"
耘稻	ɦyən²dɔ⁶	耘田。也说"耘汤"
削草	ɕiaʔ⁷tsʰɔ⁽³⁾	除草
拔草	baʔ⁸tsʰɔ⁽³⁾	拔草
上粪	zã⁶fən⁵	浇粪
割稻	kəʔ⁷dɔ⁶	割稻
截树	dʑiɿʔ⁸zʮ⁶	锯树
斫稻	tsoʔ⁷dɔ⁶	割稻
斫草	tsoʔ⁷tsʰɔ⁽³⁾	割草
斫柴	tsoʔ⁷za²	砍柴
掼稻	guɛ⁶dɔ⁶	将稻扎往稻桶上甩，使稻秆上的稻谷脱下来
撺蚕	tɛ³zʮə²	养蚕
扞豆	tɕie¹de⁶	种豆
踏米	daʔ⁸mi⁴	舂米
掼桶	guɛ⁶tʰoŋ⁽³⁾	打稻用的木桶
稻场	dɔ⁵zã²	翻晒、碾轧稻谷的场地
晒场	so⁵zã²	晒稻谷的场地。普通话叫"晒谷场"
瘪谷	piɿʔ⁷koʔ⁷	不饱满的谷物
慢米	mɛ⁶mi⁴	晚米，粳米
粳米	kã¹mi⁴	粳米
糯米	nu⁶mi⁴	糯米
尖米	tɕie¹mi⁴	早稻，籼米

续表

词语	词音	词义
面粉	mie⁶fən³	面粉
粪勺	fən⁵zoʔ⁸	舀粪的勺子
粪坑	fən⁵kã¹	粪坑
粪船	fən⁵zɤə²	装运大粪的船
碾房	ŋie⁴vã²	碾谷磨面的屋子或作坊
石臼	zaʔ⁸dziəu⁶	是舂米用的器具
石杵	zaʔ⁸zʅ⁴	碾磨或捣碎钵中物质的棒形工具（带长把的石锤）
谷仓	koʔ⁷tsʰã¹	粮仓
米屯	mi⁴dən²	用竹片或藤条编成的装大米的容器
屯皮	dən²bi²	米屯外围的草圈
棱条	lən²diɔ²	米屯外围的篾片
桩头	tsã¹de²	桩子
犁柄	li²pin⁴	犁把
犁刀	li²tɔ¹	犁上的刀
铁抄	tʰiɪʔ⁷tsʰɔ¹	铁锨
钉耙	tin¹bo²	有三五个齿的耙子
洋镐	ɦiã²kɔ³	铁镐
田刀	bie²tɔ¹	比锄头大的翻土、松土工具
斫刀	tsoʔ⁷tɔ¹	砍柴的刀
锲刀	tɕʰiɪʔ⁷tɔ¹	镰刀
锸刀	tsʰaʔ⁷tɔ¹	种菜用具，形似刀
锡头	tʰã¹de²	平田农具，由古代石器演变而来
锄头	zu²de²	锄头
稻叉	dɔ⁶tsʰo¹	丢稻堆稻用的叉子
扁担	pie³tɛ⁵	扁担
谷箩	koʔ⁷lu²	装谷子的箩筐
小米子	ɕiɔ³mi⁴tsʅ³	小米
稗草子	ba⁶tsʰɔ⁽³⁾tsʅ³	稗子，稗草和稻子外形极为相似
扬稻谷	ʔiã¹dɔ⁶koʔ⁷	把稻谷向上抛，将混杂在稻子中的杂质去掉
青春米	tɕin¹tsʰən¹mi⁴	还未完全成熟的米
洒药水	sa³ʔia ʔ⁷sʅ³	喷洒农药
蚕宝宝	zɤə²pɔ³pɔ³	桑蚕
三眠蚕	sɛ¹mie²zɤə²	三龄小蚕
结蚕子	tɕiɪʔ⁷zɤə²tsʅ³	蚕吐丝做茧
稻蔀头	dɔ⁶bu⁶de²	稻茬儿（稻杆）
麦蔀头	maʔ⁸bu⁶de²	麦茬儿（麦秆）
马头娘	mo⁴de²ŋiã²	中国神话中的蚕神
镬肚底	ʔoʔ⁷du⁶ti³	蚕茧缫丝后剩下的一层衣，可用来絮衣服、被子
棉花梗	mie²ho¹kã³	棉花杆
摘棉花	tsaʔ⁷mie²ho¹	采棉花
电灌站	die⁶kuɤə⁵zɤ⁶	用电作动力的排灌设备组装房
仓库场	tsʰã¹kʰu⁵zã²	打谷场，打谷或压碾出谷粒的场地

续表

词语	词音	词义
早稻米	tsɔ³dɔ⁶mi⁵	春季种植夏季收割的稻子加工成大米
晚稻米	ʔuɛ³dɔ⁶mi⁴	夏季种植秋季收割的稻子加工成大米
香粳米	ɕiã¹kã¹mi⁴	粳米中的一个品种，既松软又清香
珍珠米	tsən¹tsʅ¹mi⁴	东北生产的一种大米，颗粒饱满形似珍珠
采棉花	tsʰɛ⁽³⁾mie²ho¹	采棉花
踏米架子	daʔ⁸mi⁴kɑ⁵tsʅ³	碓，舂米用具
脚踏打稻机	tɕiaʔ⁷daʔ⁸tã³dɔ⁶tɕi¹	人力脱稻谷（子）的生产工具
电动打稻机	die⁶doŋ⁶tã³dɔ⁶tɕi¹	电力脱稻谷（子）的生产工具
联合收割机	lie²ʔəʔ⁷seʔkɑʔ⁷tɕi¹	联合收割机

10. 工商业

词语	词音	词义
庄	tsã¹	批发店
店	tie⁵	商店（零售店）
摊	tʰɛ¹	债主分财产
贱	dʑie⁶	商品价格便宜
宕	dã⁶	暂欠
空	kʰoŋ¹	暂
乌	ʔu¹	铜钱的反面
赚	zɛ⁶	挣（钱）
铜板	doŋ²pɛ³	铜钱
铜襻	doŋ²pʰɛ⁵	用铜线把分开的东西连起来
铜钿	doŋ²die²	钱。也说"钞票"
洋钿	ɦiã²die²	银元
硬币	ɦiã⁶bi⁶	硬币
押租	ʔaʔ⁷tsʅ¹	租赁时支付的保证金
门面	mən²mie⁶	商店房屋沿街的部分，指店铺外表
摊头	tʰɛ¹de²	小摊子（在街边卖食品的摊点）
汤凶	tʰã¹ɕioŋ¹	形容花费大
头寸	de²tsʰən⁵	客人，买主
包到	pɔ¹tɔ⁵	货物包买
称杠	tsʰən⁵kã¹	老式秤的秤杆
墩盘	tən¹bɤə²	秤盘
花红	ho¹ɦoŋ²	红利
对合	te⁵ʔəʔ⁷	对本，利润或利息跟本钱相等
折息	tsʰaʔ⁷ɕiɪʔ⁷	利息
赚钿	zɛ⁶die²	赚钱
当头	tã⁵de²	典当物
盛箱	zən²ɕiã¹	当头的匣子
卷包	tɕyɤə³pɔ¹	当头的包袱
提庄	di²tsã¹	买当头的商行
衣庄	ʔi¹tsã¹	卖典当衣服的店

词语	词音	词义
糟坊	tsɔ¹fã¹	做酒的作坊
碾坊	ɲie⁴fã¹	把谷物碾成米或面的作坊。也作"碾房"
油车	ɦiəu²tsʰo¹	榨植物油的装置
箍桶	ku¹tʰoŋ⁽³⁾	用竹篾或铁铜做成"箍"，套在圆桶上，使桶片间紧固
钉碗	tin¹ʔuɤɜ³	补碗（修补破损的碗或者在碗上钉上主人的姓或名）
薪俸	ɕin¹foŋ⁵	工资
工资	koŋ¹tsๅ¹	工资
小店	ɕiɔ³tie⁵	铺子
饭店	vɛ⁶tie⁵	饭馆
车间	tsʰo¹tɕie¹	完成某工序或单独生产某种产品的单位
加班	tɕia¹pɛ¹	在规定以外增加工作时间或班次
商标	sã¹piɔ¹	商标
广告	kã³kɔ⁵	广告
锻磨子	dɤə⁶mu⁶tsๅ³	凿磨子
下脚活	ɦo⁶tɕia?⁷ɦua?⁷	脏活
撑茶馆	tsʰã¹zo²kuɤə³	泡茶馆
牌位账	ba²ɦue⁶tsã⁵	死账
汤团店	tʰã¹dɤə²tie⁵	专卖汤圆的饮食店
糕团店	kɔ¹dɤə²tie³	专卖糕团的小店
勿算数	və?⁸sɤə⁵su⁵	价钱便宜
天平秤	tʰie¹bin²tsʰən⁵	用来称质量的工具
担开消	tɛ⁵kʰɛ¹ɕiɔ¹	被敲竹杠
串酱店	tsʰɤə⁵tɕiã⁵tie⁵	小油酱店
夜粥店	ʔia⁵tsoʔ⁷tie⁵	晚上营业的粥店
书坊店	sๅ¹fã¹tie⁵	书店
铅角子	kʰɛ¹koʔ⁷tsๅ³	硬币
茶馆店	zo²kuɤə³tie⁵	茶馆
热门货	ɲiɤʔ⁸mən²hu⁵	畅销货
推板货	tʰe¹pɛ³hu⁵	质量差的货物
落脚货	loʔ⁸tsia³huʔ⁶	挑选后剩下的货物
清水货	tɕʰin¹sๅ³hu⁵	货物纯净无杂质
付钞票	fu⁵tsʰɔ⁽³⁾piɔ⁵	付钱
吃赔账	tsʰiɤ?⁷be²tsã⁵	赔钱
磨洋工	mu²ɦiã²koŋ¹	故意拖延时间，不干或少干活
三班倒	sɛ¹pɛ¹tɔ³	劳动者分早、中、夜三班轮换工作
夜市面	ʔia⁵zๅ⁶mie⁵	夜市
大饼油条店	du⁶pin³ɦiəu²tiɔ²de⁶	专卖大饼油条的饮食店

11. 交通类

词语	词音	词义
轮盘	lən²bɤə²	轮子
网船	mã²zɤə²	渔船

续表

词语	词音	词义
拖轮	tʰu¹lən²	拖船
车子	tsʰo¹tsɿ³	车子
轮船	lən²zʁə²	轮船
小船	ɕiɔ³zʁə²	小船
帆船	vɛ²ʒʁə²	帆船
丝网船	sɿ¹mã²zʁə²	大型游船，船上可供酒菜
齐门船	dʑi²mən²zʁə²	嘉兴的一种船，楼船分上下两层
圈篷船	tɕʰyʁə¹boŋ²zʁə²	有篷盖的船
水泥船	sɿ³ŋi²zʁə²	用水泥制成的船
双夹弄	sã¹kaʔ⁷loŋ⁶	丝网船的一种
单夹弄	tɛ¹kaʔ⁷loŋ⁶	丝网船的一种
踏白船	daʔ⁸baʔ⁸zʁə²	清明期间的划船比赛
机动船	tɕi¹doŋ⁶zʁə²	机器产生动力的船舶
汽车路	tɕʰi⁵tsʰo¹lu⁶	公路
北丽桥	poʔ⁷li⁶dʑiɔ²	原为石拱桥，1983年建成廊桥，分车道和人行道
长虹桥	tsã³ɦoŋ²dʑiɔ²	嘉兴横跨古运河的三孔实腹石拱大桥，形似长虹
卧龙桥	ɦu⁶loŋ²dʑiɔ²	位于嘉兴西塘，系单孔石拱桥
逢源双桥	voŋ²ŋyʁə²sã¹dʑiɔ²	位于嘉兴乌镇，因其上有一廊棚，所以也称为"廊桥"

12. 文教 / 风俗

词语	词音	词义
书	sʅ¹	书
读书	doʔ⁸sʅ¹	念书
闲话	ɦɛ²ʒo⁵	话
调头	diɔ⁶de²	语气、口气、调儿（人讲话的声调）
学堂	ʔoʔ⁷dã²	学校
教室	tɕiɔ⁵səʔ⁷	教室
簿子	bu⁶tsɿ³	本子
纸头	tsɿ³de²	纸
钢笔	kã¹piɿʔ⁷	钢笔
墨笔	məʔ⁸piɿʔ⁷	毛笔
信纸	ɕin⁵tsɿ³	信纸
信壳	ɕin⁵foŋ¹	信封。也说"信封"
图章	du²tsã¹	图章
铃机	tɕʰie¹tɕi¹	印章
温书	ʔuən¹sʅ¹	复习功课
描朱	miɔ²tsʅ¹	描红，儿童在印有红色楷字的纸上摹写
印帖	ʔin⁵tʰiɿʔ⁷	学习书法用的临摹范本，多为名家墨迹的影印本
缀法	tsʅ⁵faʔ⁷	作文（指把材料组合成一篇文章）
作文	tsoʔ⁷vən²	作文
笔筒	piɿʔ⁷doŋ²	笔筒
田歌	die²ku¹	农村的民间歌曲，多在田间劳动时歌唱

词语	词音	词义
印子	$\text{ʔin}^5\text{tsʅ}^3$	印章（图章）。也说"图章"
照片	$\text{tsɔ}^5\text{pʰie}^5$	相片
玩具	$\text{ɦiuʁə}^2\text{dʑy}^6$	玩具
秋千	$\text{tɕʰiəɯ}^1\text{tɕʰie}^1$	体育用具
叫子	$\text{tɕiɔ}^5\text{tsʅ}^3$	哨子
药水	$\text{ʔiaʔ}^7\text{sʅ}^3$	墨水
砚子	$\text{ŋie}^6\text{tsʅ}^3$	砚台。也说"砚台"
砚窝	$\text{ŋie}^6\text{ʔo}^1$	砚台；砚台的浅凹部分
戒尺	$\text{kaɕ}^5\text{tsʰaʔ}^7$	私塾先生对学生施行体罚所用的木板
一踢	$\text{ʔiʅʔ}^7\text{tʰiʅʔ}^7$	（笔画）一挑（提）
鹞子	$\text{ɦiɔ}^6\text{tsʅ}^3$	风筝
豁拳	$\text{huaʔ}^7\text{dʑyʁə}^2$	猜拳
着棋	$\text{tsaʔ}^7\text{dʑi}^2$	下棋
拍曲	$\text{pʰaʔ}^7\text{tɕʰioʔ}^7$	昆曲
戏房	$\text{ɕi}^5\text{vã}^2$	后台
么场	$\text{ʔiɔ}^1\text{zã}^2$	戏收场
爆仗	$\text{pɔ}^5\text{tsã}^5$	爆竹
麻将	$\text{mo}^2\text{ɕiã}^5$	麻将桌上的一种牌
同齐	$\text{doŋ}^2\text{dʑi}^2$	一种赌具
醒木	$\text{ɕin}^3\text{moʔ}^8$	醒堂木
图画	$\text{du}^2\text{ɦo}^6$	画儿
拍照	$\text{pʰaʔ}^7\text{tsɔ}^5$	照相
话亲	$\text{ʔo}^5\text{tɕʰin}^1$	说媒
送亲	$\text{soŋ}^5\text{tɕʰin}^1$	结婚时女家近亲陪同新娘至男家
好日	$\text{hɔ}^3\text{ŋiʅʔ}^8$	结婚日子
对亲	$\text{te}^5\text{tɕʰin}^1$	男女双方建立婚姻关系
开面	$\text{kʰɛ}^1\text{mie}^6$	旧俗，未婚女子不修脸，出嫁前才初次修脸
暖房	$\text{nʁə}^4\text{vã}^2$	闹洞房
回门	$\text{ɦiue}^2\text{mən}^2$	女子出嫁后首次回娘家探亲
寿材	$\text{ze}^6\text{zɛ}^2$	棺材（多指生前准备的）
批书	$\text{pʰi}^1\text{sʅ}^1$	阴阳先生根据死者冲克计算出"回煞"之日
落材	$\text{loʔ}^8\text{zɛ}^2$	下葬
做七	$\text{tsu}^5\text{tɕʰiʅʔ}^7$	人死后每七天要祭奠一次，前后七次，共七七四十九天
享菜	$\text{ɕiã}^3\text{tsʰɛ}^5$	上坟祭用的菜
香金	$\text{ɕiã}^1\text{tɕin}^1$	烧香拜拜
脱白	$\text{tʰəʔ}^7\text{baʔ}^8$	满孝后脱下白色孝服
募化	mu^6ho^5	佛、道徒求人施舍财物
相面	$\text{ɕiã}^5\text{mie}^6$	迷信，根据人的面貌、手纹等推算人的吉凶祸福
小人书	$\text{ɕiɔ}^3\text{ŋin}^2\text{sʅ}^1$	连环画
寿山石	$\text{ze}^6\text{sɛ}^1\text{zaʔ}^7$	石笔（粉笔）
立壁角	$\text{liʅʔ}^8\text{piʔ}^7\text{koʔ}^7$	体罚的一种，罚站
写白字	$\text{ɕia}^3\text{baʔ}^8\text{zʅ}^6$	写错字

续表

词语	词音	词义
药水笔	ʔiaʔ⁷sʐ³piʐʔ⁷	笔杆内有贮存墨水装置的钢笔
笔套管	piʐʔ⁷tʰɔ⁵kuɤə³	套在笔尖的笔管
灌墨水	kuɤə⁵məʔ⁸sʐ³	吸墨水
箬帽头	ŋiaʔ⁸mɔ⁶de²	汉字偏旁部首，文字偏旁为"宀"者
竹篱头	tsoʔ⁷li²de²	汉字偏旁部首，文字偏旁为"竹"者
蚕花戏	zɤə²hoʔɕi⁵	蚕农为祈求蚕桑丰收而专门邀请戏班来演的戏
放点心	fã⁵tie³ɕin¹	放早学
放夜学	fã⁵ʔia⁵ʔo⁷	放夜学
批卷子	pʰi¹tɕyɤə⁵tsʐ³	批改考卷
放年假	fã⁵ŋie²ka⁵	放寒假
捉妈妈	tsoʔ⁷ma²ma²	一种游戏
伴猫猫	bɤə⁶mɔ¹mɔ¹	捉迷藏。也说"伴妈妈"
礴礴砣	le²le²du²	滚铁箍
拔萝婆	baʔ⁸lu²bu²	一种游戏。也说"拔萝卜"
削洋片	ɕiaʔ⁷ɦi²pʰie⁵	将香烟壳或花纸头往地上搭，吹翻另一张洋片
拉提龙	la¹di²loŋ²	一种游戏
扎蚬子	tsaʔ⁷ɕie³tsʐ³	用大蚬子壳把小蚬子壳快速舀起来
捉七头	tsaʔ⁷tsʰiʐʔ⁷de²	儿童游戏
贱骨头	dzie⁶kuəʔ⁷de²	长形的陀螺。也说"抽贱骨头"
削水片	ɕiaʔ⁷sʐ³pʰie⁵	将薄石甩向湖面让其平平滑去
造房子	zɔ⁶vã²tsʐ³	儿童游戏
猜灭子	tsʰɛ¹miʐʔ²tsʐ³	猜谜
将官头	tɕiã⁵kuɤə¹de³	老将
调龙灯	diɔ²loŋ²tən¹	耍龙灯
调狮子	diɔ²sʐ¹tsʐ³	舞狮
踏高跷	daʔ⁸kɔ¹tɕʰi¹	踩高跷
翻跟多	fɛ¹kən¹tu¹	翻筋斗
倒猫翻	tɔ⁵mɔ¹fɛ¹	倒翻
竖蜻蜓	zʐ⁶tɕʰin¹tin¹	倒立
变戏法	pie⁵ɕi⁵faʔ⁷	变魔术。也说"变把戏"
掷头子	zaʔ⁸de²tsʐ³	掷骰
吊圈子	tiɔ⁵tɕʰɤvɤə²tsʐ³	招徕围观
挑绷线	tʰiɔ¹pã³ɕie⁵	一根毛线在十根手指上绷成网状，另一人挑到自己十指上
打弹珠	tã³dʑɛ²tsʐ¹	在地上画线为界，谁的玻璃珠被打出去就输
丢手绢	tiəu¹se³tɕyɤə⁵	儿童游戏
掼老 K	guɛ⁴lɔ⁴kʰa¹	打扑克。也说"掼牌"
行东道	ɦã²toŋ¹dɔ⁶	打赌
讨家婆	tʰɔ⁽³⁾ka¹bu²	娶老婆
奔囡儿	pən¹nɤə²əl¹	嫁女儿
做三朝	tsu⁵sɛ¹tsɔ¹	小孩出生三天摆酒席请客
暖寿酒	nɤə⁴ze⁶tɕiəu³	生日前夜全家人为庆贺而吃的酒饭
团圆饭	dʐə²ɦyɤə²vɤ⁶	除夕夜一家人在一起吃的饭

续表

词语	词音	词义
守孝堂	se³ɕiɔ⁵dã²	守灵
困门板	kʰuən⁵mən²pɛ¹	尸体安放灵床上门板当灵床
垫背脊	die⁶pe⁵tɕiɪʔ⁷	垫在尸体下面的铜钱
利市布	li⁶zɿ⁶pu⁵	将金钱放布内做成的一种小礼物
双间人旁	sã¹kɛ¹ɲin²bã²	（笔画）双人旁
荷花生日	ɦu²ɦo¹sã¹ɲiɪʔ⁸	旧时民间节日，游南湖摆渡前去烟雨楼雷祖殿进香
蹲鸡孵鸡	tən¹tɕi¹bu²tɕi¹	一种游戏
跳皮箍筋	tʰiɔ⁵bi²ku¹tɕin¹	一种游戏
抽贱骨头	tsʰe¹dzie⁶kuəʔ⁷de²	抽陀螺
木头人戏	moʔ⁸de³ɲin²ɕi⁵	木偶戏

13. 动作 / 行为

词语	词音	词义
轧	gaʔ⁸	挤
镦	tən¹	（阉割）牛羊
带	ta⁵	母猪配种
开	kʰɛ¹	添茶水
绷	bã²	硬撑
喊	hɛ³	嚷；喊
叫	tɕiɔ⁵	叫；喊
听	tʰin¹	听
看	kʰɤə⁵	看
闻	mən²	闻
笑	ɕiɔ⁵	笑
哭	kʰoʔ⁷	哭
骂	mo⁶	骂
吃	tɕʰiɪʔ⁷	吃
喝	həʔ⁷	喝
咬	ɦɔ⁴	咬
啃	kʰən⁽³⁾	啃
嚼	dziaʔ⁸	嚼
喷	pʰən⁵	喷
吹	tsʰɥe¹	吹
吸	ɕiɪʔ⁷	吃
斫	tsoʔ⁷	砍
擘	pʰaʔ⁷	手脚分开；叉开
汆	tʰən⁵	用油炸；在水面上漂浮
汆	tsʰɤə¹	一种烹调方法，将食物放到水中煮一下
吞	tʰən¹	吞
拿	no²	拿
欠	tsʰie⁵	借别人财物等没有还或应当给人的物还没有给
薮	zɑ⁴	排泄（大小便）

续表

词语	词音	词义
兑	de⁶	买贵重药品
暶	pʰiɔ³	斜眼看
脱	tʰəʔ⁷	脱
戴	tɑ⁵	戴
斩	tsɛ³	砍
着	tsɑʔ⁷	放，搁进去；穿
疲	bi²	拖延
寻	dʑin²	找
搅	kɔ³	搅和
拣	kɛ³	选（选择）
拨	pəʔ⁷	给
搀	tsɛ¹	搀兑，在酒中加水
捎	sɔ¹	掀开被子
揩	kʰɑ¹	擦
拎	lin²	提
抬	dɛ²	扛。也说"扛"
撳	tɕʰin⁵	按
搂	le⁴	抱。也说"抱"
挖	ʔuɑʔ⁷	抠
摆	pɑ³	放。也说"安""放"
掺	tsʰɤə¹	搀和（把不同的东西搀杂混合在一起）
拖	tʰu¹	拉扯，抚养
掼	guɛ⁴	投，掷，扔，摔
捻	ŋie⁶	用拇指和其他手指夹住
抄	tsʰɔ¹	用调羹舀食物
搭	tɑʔ⁷	端
划	ɦo²	扒
把	po³	从后托起小孩两腿使之大小便的动作
搬	pɤə¹	搬弄话语
撩	liɔ²	逗；扔；捞；乱花（钱）；把垂下的东西掀起来
掠	liɑʔ⁸	扫帚粗略扫一下
拼	pʰin¹	兑水，搀合
抳	ŋi²	用湿毛巾等擦席子
摊	tʰɛ¹	随手搁置
扎	tsɑʔ⁷	挤（推、抱）
扭	ŋiəu⁴	拧（肉）
搣	ʔue¹	拧（盖子）
捉	tsoʔ⁷	逮。也说"搭"
搨	tʰɑʔ⁷	搽，抹（用粉末、油类等涂在脸、手上）
扯	tsʰɑ⁽³⁾	撕
掏	dɔ²	寻觅选购（物品）
打	tɑ̃³	用肥皂擦抹

词语	词音	词义
厄	tsๅ¹	拾起来，拣到
捏	ŋiaʔ⁷	捏
掐	kʰaʔ⁷	掐
捧	pʰoŋ⁽³⁾	捧
摸	moʔ⁸	摸
捞	lɔ²	捞
搓	tsʰu¹	搓
托	tʰoʔ⁷	托
搬	pɤə¹	搬
拔	baʔ⁸	拔
剥	poʔ⁷	剥
推	tʰe¹	推
撑	tsʰã¹	撑
拉	la²	拉
扳	pɛ³	扳
换	ʔuɤə⁵	换
折	tsəʔ⁷	折
挑	tʰiɔ¹	挑
扫	sɔ³	扫
拌	bɤə⁶	拌
举	tɕy³	举
关	kuɛ¹	关
开	kʰɛ¹	开
端	tɤə¹	端
尝	zã²	尝
调	diɔ⁶	换。也说"换"
结	tɕiiʔ⁷	系
堆	te¹	叠
敲	kɔ¹	打
凿	zoʔ⁸	戳，扎
背	pe⁵	背
削	ɕiaʔ⁷	削
封	foŋ¹⁽³⁾	封
罩	tsɔ⁵	罩
塞	səʔ⁷	塞
盖	kɛ⁵	盖
套	tʰɔ⁵	套
卷	tɕyɤə³	卷
包	pɔ¹	包
解	ga⁴	解
铺	pʰu¹	铺
碰	pʰã⁵	碰

续表

词语	词音	词义
弹	dɛ²	弹
填	die²	填
埋	ma²	埋
走	tse³	走
跑	bɔ⁴	跑
跳	tʰiɔ⁵	跳
跨	kʰo⁵	跨
蹲	tən¹	蹲
踏	dɑʔ⁸	踩
立	liiʔ⁸	站
汏	dɑ⁶	洗
洇	ʔin¹	渗（液体慢慢地透过或漏出）
落	loʔ⁸	掉（下来）
飘	tʰiɔ¹	淄雨，指雨水进入窗户、房屋里面也说"弹"
烫	tʰã⁵	温度高，皮肤接触温度高的物体感觉疼痛
染	ȵie⁴	染
沛	ti¹	水慢慢渗下
污	ʔu¹	陷。～落去
裁	zɛ²	裁
切	tɕʰiiʔ⁷	切
割	kəʔ⁷	割
杀	saʔ⁷	杀
点	tie³	点
辣	laʔ⁸	拦（人）
嗍	soʔ⁷	啜（奶）
嗨	hɛ⁵	舀（用瓢、勺等取东西）
舀	ʔiɔ³	舀
绞	kɔ³	拧（毛巾）。也说"挤（毛巾）"
刁	tiɔ¹	缝
隐	ʔin³	灭灯
读	doʔ⁸	念
戳	tsʰoʔ⁷	扎针。也说"凿"
赚	zɛ⁶	挣（钱）。也说"寻"
笃	toʔ⁷	煨（把食物直接放在带火的灰里烧熟）
烘	hoŋ¹	烤
想	ɕiã³	盼望
坌	bən⁶	抱（根）
寻	dʑin²	找
睬	tsʰɛ⁽³⁾	理睬（搭理）
隑	gɛ⁶	靠
因	kʰã⁵	藏（收存）
敨	tʰe⁽³⁾	打开，展开

词语	词音	词义
米	mi⁴	轻轻吐
尥	liɔ²	用脚勾人
诱	ɦiəu⁶	逗弄孩子
赞	tsɛ⁵	夸奖
引	ɦin⁴	迁就，宠爱
旁	bɑ̃²	比
丑	tsʰe⁽³⁾	羞辱
直	zəʔ⁸	突出
拏	no²	拿
支	tsɿ¹	靠
佮	keʔ⁷	合伙
挺	tʰin⁽³⁾	剩下
上	zɑ̃⁶	堆，码起
爬	bo²	爬
劝	tɕʰyɤ⁵	劝
晾	lɑ̃⁶	晾，晒
洒	sɑ³	泼。也说"泼"
晒	so⁵	晒
讲	kɑ̃³	说
睬	tsʰɛ⁽³⁾	理（答理，理会）
歇	ɕiiʔ⁷	掀开锅子
困	kʰuən⁵	睡
觉	kɔ⁵	醒
讨	tʰɔ⁽³⁾	娶（男方结婚）
嫁	kɑ⁵	嫁（女方结婚）。也说"出嫁"
潮面	zɔ²mie⁶	洗脸。也说"槽面""皂面"
潮浴	zɔ²ʔioʔ⁷	洗澡。也说"槽浴""沃浴""皂浴"
洒茶	so³zo²	斟茶
泡茶	pʰɔ⁵zo²	沏茶
汏手	dɑ⁶se³	洗手
做面	tsu⁵mie⁶	妇女修面，用丝线把脸上的汗毛去掉
修面	ɕiəu¹mie⁶	刮脸
剃头	tʰi⁵de²	理发
别相	biɹʔ⁸ɕiɑ̃⁵	玩。也说"白相"
噎牢	ʔieʔ⁷lɔ²	噎住，被食物堵住了食管
呼汤	hu¹tɑ̃¹	喝汤
拆浜	tsʰɑʔ⁷pɑ̃¹	大便
抹身	mɑʔ⁸sən¹	洗澡
搔痒	tsɔ¹ɦiɑ̃⁴	抓痒
收作	se¹tsoʔ⁷	收拾
向火	ɕiɑ̃⁵hu³	烤火
失枕	səʔ⁷tsən³	落枕

续表

词语	词音	词义
答答	təʔ⁷təʔ⁷	回访
答还	təʔ⁷ɦiuɛ²	回礼
慢请	mɛ⁶tɕʰin⁽³⁾	慢走
虚送	ɕy¹soŋ⁵	不送
罪过	zʮɛ⁶ku⁵	谢谢
茄得	gɑ²təʔ⁷	没关系
对酌	te⁵tsɑʔ⁷	相对饮酒
角口	koʔ⁷kʰe⁽³⁾	漱口
吊油	tio⁵ɦiɯ²	买油。也说"拷酱油"
赎药	zoʔ⁸ʔiɑʔ⁷	买药（中药）
吃茶	tɕʰiɪʔ⁷zo²	喝茶
喝茶	həʔ⁷zo²	喝茶
倒酒	tɔ⁵tɕiɯ³	斟酒
烧饭	sɔ¹vɤ⁶	煮饭
夹菜	kɑʔ⁷tsʰɛ⁵	夹菜
碰着	bã⁶zɑʔ⁸	遇见
遇见	ŋy⁶tɕie⁵	遇见
惹尿	zɑ⁴sʮ⁵	撒尿
惹污	zɑ⁴ʔu¹	拉屎
惹冒	zɑ⁴mɔ⁶	触犯对方，引人发怒
惹厌	zɑ⁴ʔie⁵	讨厌；唠叨
惹馊	zɑ⁴se¹	容易馊
困觉	kʰuən⁵kɔ⁵	睡觉
休息	ɕiɘu¹ɕiɪʔ⁷	休息
生病	sã¹bin⁶	生病
密缝	miɪʔ⁸voŋ²	合缝（接合缝隙）
翘须	dʑiɔ⁶ɕy¹	谄媚奉承；讨好人
完出	ɦiuɤ²tsʰəʔ⁷	完蛋
完结	ɦiuɤ²tɕiɪʔ⁷	完结
好哩	hɔ³li²	完事了
点品	tie³pʰin⁽³⁾	指定（做某事或要某物）
点饥	tie³tɕi¹	吃东西解饿
过水	ku⁵sʮ³	漂洗
牵磨	tɕʰie¹mu⁶	推磨
发辣	faʔ⁷lɑʔ⁸	干活粗心、毛糙
发飘	faʔ⁷pʰiɔ¹	发大火
着腻	tsɑʔ⁷ŋi⁶	烧菜时加上淀粉使菜成糊状
着港	zɑʔ⁸kã³	到手
着牢	zɑʔ⁸lɔ²	钩住
跌脱	tiɪʔ⁷təʔ⁷	遗失。也说"跌脱哩""勿见脱"
踮脚	tie⁵tɕiɑʔ⁷	提起脚跟，用脚尖着地
跔脚	ge²tɕiɑʔ⁷	两腿盘曲交叠。跔，蜷曲，收缩

词语	词音	词义
圈脚	tɕʰyɤə¹tɕia?⁷	两腿盘曲交叠
难为	nɛ²ɦue²	浪费
浪费	lã⁶fi⁵	浪费
光火	kã¹hu³	发脾气
关照	kuɛ¹tsɔ⁵	嘱咐
字相	biɪ?⁸ɕiã⁵	玩。也说"白相"
到手	tɔ⁵se³	到手
帮忙	pã¹mã²	帮忙
相帮	ɕiã¹pã¹	帮忙
相打	ɕiã¹tã³	打架。也说"打相打"
相骂	ɕiã¹mo⁶	吵架
相袖	ɕiã¹dʑiəu⁶	双手插在袖筒内
吹牛	tsʰɤᵉ¹ŋiəu²	吹牛
欺瞒	tɕʰi¹mɤə²	欺负
讨饶	tʰɔ⁽³⁾ȵiɔ²	求饶
讲张	kã³tsã¹	谈论
丁倒	tin¹tɔ³	颠倒。也说"丁丁倒"
调脚	diɔ⁶tɕia?⁷	跺脚，顿脚
直脚	zə?⁸tɕia?⁷	跺脚
拐脚	kua³tɕia?⁷	瘸腿，行步时身体不平衡
做啥	tsu⁵sa³	干吗
起来	tɕʰi⁽³⁾lɛ²	动身
沉杀	zən²sɑ?⁷	淹死
游水	ɦiəu²sʅ³	游泳，泅水
落车	lo?⁸tsʰo¹	下车
涨结	tsã³tɕiɪ?⁷	板脸
脱手	tʰə?⁷se³	失手
火烧	hu³sɔ¹	着火。也说"火着""起火"
得牢	tə?⁷lɔ²	粘住
蚀本	zə?⁸pən³	赔本儿
来事	lɛ²zʅ⁶	行（可以）。也说"来三""可以"
下车	ɦo⁶tsʰo¹	下车
有花	ɦiəu²ho¹	（动词）在
勒化	lə?⁸ho⁵	在哪儿
发抖	fa?⁷te³	哆嗦
答头	tə?⁷de²	点头也说"得头"
拜倒	pã⁵tɔ³	头或身体垂下、弯下
戳祭	tsʰo?⁷tɕi⁶	吃的贬称
笃起	to?⁷tɕʰi⁽³⁾	结巴。也说"笃子"
斫起	tso?⁷tɕʰi⁽³⁾	竖起
反膀	fɛ³pã³	背手
反对	fɛ³te⁵	合不来

续表

词语	词音	词义
遮没	tso¹məʔ⁸	遮住
米结	mi⁴tɕiɪʔ⁷	闭嘴
藤痛	dən²tʰoŋ⁵	伤害，踩疼
孵倒	bu²tɔ³	蹲
痛倒	dʑie²tɔ³	踉跄
值钿	zəʔ⁸die²	宠爱
待被	dɛ⁶pi⁵	被骂，被打
阴刁	ʔin¹tiɔ¹	表面和善，暗地使坏
坍台	tʰɛ¹dɛ²	（动词）使之丢脸；（形容词）丢脸
出治	tsʰəʔ⁷zʅ⁶	打扫；清洗宰杀后的鸡鸭
收作	se¹tsoʔ⁷	收拾
犯头	vɛ⁶de²	不喜欢
犯关	vɛ⁶kuɛ¹	坏事
巴结	po¹tɕiɪʔ⁷	努力，勤奋
回转	ɦue²tsɤ⁵	回家
兜转	te¹tsɤ⁵	转圈，打转
却脱	tɕʰiɑʔ⁷tʰəʔ⁷	削去一层
划算	ɦo²suɤ⁵	算计
穿棚	tsʰɤ¹bã²	露馅
受黄	ze⁶ɦã²	上当受骗
啥快	sa³kʰua⁵	不得了了
顶撞	tin³zã⁶	顶撞
挖开	ʔuaʔ⁷kʰuɛ¹	睁开
拆空	tsʰɑʔ⁷kʰoŋ¹	完了。也说"完哩"
摊床	tʰɛ¹zã²	铺床
把家	po³ka¹	管理家务
拖船	tʰu¹zɤ²	戏称自己的孩子（多指不能独立生活）
拆解	tsʰɑʔ⁷ka³	解释
打芡	tã³tɕʰie⁽³⁾	炒菜将熟时，把水芡倒入与菜或羹混合炒或搅拌
摆炮	pa³pʰɔ⁵	摆样子，不起作用
拦牢	lɛ²lɔ²	拦住，拦着
捂牢	ʔu⁵lɔ²	捂着，捂住
围牢	ɦue²lɔ²	围住
拍牢	pʰɑʔ⁷lɔ²	巴结
捉牢	tsoʔ⁷lɔ²	抓获，抓住
连牢	lie²lɔ²	连续不断
搭牢	taʔ⁷lɔ²	附着
吃牢	tsʰiɪʔ⁷lɔ²	拉住，咬住
吃没	tsʰiɪʔ⁷məʔ⁸	吞没
结毒	tɕiɪʔ⁷doʔ⁸	结怨
抬讲	dɛ²kã³	顶撞。也说"顶撞"
搬场	pɤ¹zã²	搬家。也说"搬屋里"

词语	词音	词义
拉到	$la^2tɔ^5$	拉倒。也说"算哩"
摜跤	$guɛ^6kɔ^1$	摔跤
捉钱	$tsoʔ^7dzie^2$	抓鱼
拍照	$pʰaʔ^7tsɔ^5$	照相
撑棚	$tsʰã^1bã^2$	手叉腰
拔嘴	$baʔ^8sʅ^3$	张嘴
打涕	$tã^3tʰi^5$	打喷嚏。也说"打嚏"
捏节	$ŋiaʔ^8tɕiʔ^7$	攥拳手
抖气	$te^3tɕʰi^5$	发脾气；赌气
扎劲	$tsaʔ^7dʑin^8$	有劲，来劲
摒结	$pin^5tɕiʔ^7$	憋着吃
搭话	$taʔ^7ʔo^5$	拉话。也说"搭山头""搭闲话""搭讪"
搭档	$taʔ^7tã^5$	合作；合作的人
搭头	$taʔ^7de^2$	零头
搭界	$taʔ^7ka^5$	发生关系
搭白	$taʔ^7baʔ^8$	交谈
搭腔	$taʔ^7tɕiã^1$	接别人的话说
搭酒	$taʔ^7tɕiəu^3$	备酒菜
搨草	$tʰaʔ^7tsʰɔ^{(3)}$	除草
结角	$tɕiɿʔ^7koʔ^8$	结束，含有贬义
作坝	$tsoʔ^7po^5$	在河道上建造水坝，引申为从中作梗
叨光	$tɔ^1kã^1$	客套话，沾光
走风	$tse^3foŋ^1$	泄密
走味	tse^3mi^6	失去原来的味道
出粪	$tsʰəʔ^7fən^5$	出栏肥
熬油	$ɦɔ^2ɦiəu^2$	榨油。也说"打油"
朝天困	$zɔ^2tʰie^1kʰuən^5$	仰睡
合扑困	$ʔəʔ^7poʔ^7kʰuən^5$	趴（桌或枕）睡
折转困	$tsəʔ^7tsɤɔ^5kʰuən^5$	侧身睡
扑转困	$pʰoʔ^7tsɤɔ^5kʰuən^5$	俯睡
搭棚困	$taʔ^7bã^2kʰuən^5$	支着腿睡
讲困话	$kã^3kʰuən^5ʔo^5$	说梦话
困失瞪	$kʰuən^5səʔ^7huən^1$	睡觉过了头。也说"困过头""困失勿"
困着哉	$kʰuən^5zaʔ^8tsɛ^1$	睡觉了
困勿着	$kʰuən^5vəʔ^8zaʔ^8$	失眠
困晏朝	$kʰuən^5ʔɛ^6tsʅ^1$	睡懒觉
困扁头	$kʰuən^5pie^3de^2$	讥人抱有不可实现的幻想
赖起床	$la^6tɕʰi^{(3)}zã^2$	起床，爬起来
着衣裳	$tsaʔ^7ʔi^1zã^2$	穿衣服。也作"穿衣裳"
咯咯嘴	$koʔ^7koʔ^7tsʅ^3$	漱口
出码头	$tsʰəʔ^7mo^4de^2$	到别处城镇（办事或玩游）
出街浪	$tsʰəʔ^7ka^1lã^6$	（农民）上街赶集

续表

词语	词音	词义
吃小食	tɕʰiɪʔ⁷ɕiɔ³zəʔ⁸	吃零食
开饭镬	kʰɛ¹vɛ⁶ʔoʔ⁷	开饭
结小菜	tɕiɪʔ⁷ɕiɔ³tʰɛ⁵	搛菜（用筷子夹菜）
派派吃	pʰa⁵pʰa⁵tɕʰiɪʔ⁷	分着吃
夺来吃	dəʔ⁸lɛ²tɕʰiɪʔ⁷	抢着吃
孵太阳	bu²tʰa⁵ɦiã²	晒太阳
搓牙齿	tsʰu¹ɦa²tsʰɿ ⁽³⁾	刷牙
打瞌眈	tã³kʰəʔ⁷tsoŋ⁵	打瞌睡，小睡
打昏杜	tã³huən¹du⁶	打呼噜。也说"打昏涂"
打中觉	tã³tsoŋ¹kɔ⁵	睡午觉
打花献	tã³ho¹ɕie⁵	打呵欠
打俏眼	tã³ɕiɔ⁵ɦiɛ⁴	用眼神向人献媚
搛小菜	tɕie¹ɕiɔ³tsʰɛ⁵	夹菜
铺被头	pʰu¹bi⁶de²	铺被子
戤倒起	gɛ⁶tɔ³tɕʰi ⁽³⁾	躺下
醒一醒	ɕin³ʔiɪʔ⁷ɕin³	休息
送人情	soŋ⁵ŋin²dʑin²	送礼
送份子	soŋ⁵vən⁶tsɿ³	送礼
做舍母	tsu⁵so⁵mu⁴	坐月子
坐月子	zu⁶ʔyəʔ⁷tsɿ²	坐月子
养小人	ɦiã⁴ɕiɔ³ŋin²	生孩子
吃香烟	tɕʰiɪʔ⁷ɕiã¹ʔie¹	抽烟
香面孔	ɕiã¹mie⁵kʰoŋ³	接吻
街头舞	ka¹de²ɦu⁴	在街上闲荡
担头摊	tɛ¹de²tʰɛ¹	拿到担子上，拿到地上担，端送，拿
有喜了	ɦiəu⁴ɕi³ləʔ⁸	怀孕
搭死掼	taʔ⁷ɕi³guɛ⁶	工作懒惰，不负责任
搭夜作	taʔ⁷ʔia⁵tso⁷	夜间干活不睡觉
搭架子	taʔ⁷ka⁵tsɿ³	摆架子
搭闲话	taʔ⁷ɦiɛ²ɦo⁶	搭话
搭朋友	taʔ⁷bã²ʔiəu²	交朋友
搨肥皂	taʔ⁷vi²tsɔ⁵	擦肥皂
打相打	tã³ɕiã¹tã³	打架
打穷结	tã³dʑioŋ²tɕiɪʔ⁷	双手交叉
打寒劲	tã³ɦɤə²dʑin⁶	打寒颤
掼一跤	guɛ⁶ʔiɪʔ⁷kɔ¹	摔倒
拍马屁	pʰaʔ⁷mo⁴pʰi⁵	拍马屁
打脱帽	tã³tʰəʔ⁷mɔ⁶	进行哄骗
扳错头	pɛ¹tsʰu⁵de²	找岔头。也说"挖脚底"
搨便宜	taʔ⁷bie⁶ŋi²	占便宜
拍台子	pʰaʔ⁷dɛ²tsɿ³	拍桌子。也说"敲台子"
扯风箱	tsʰa ⁽³⁾foŋ¹ɕiã¹	拉风箱

词语	词音	词义
排排坐	ba²ba²zu⁶	并排坐。也说"并排坐"
拆棚脚	tsʰɑʔ⁷bã²tɕiaʔ⁷	拆台
捞横堂	lɔ²ɦua²dã²	捞取额外的收入
掸檐尘	tɛ³ɦie²zən²	掸灰尘
打辫子	tã³bie⁶tsɿ³	扎辫子
泡开水	pʰɔ⁵kʰɛ¹sɿ³	打开水
买没事	ma⁴məʔ⁷sɿ⁵	买东西
尝滋味	zã²zɿ¹mi⁶	尝味儿
脱落了	tʰəʔ⁷loʔ⁸ləʔ⁸	遗失了
寻着了	dzin²zɑʔ⁸ləʔ⁸	找到了
送东西	soŋ⁵toŋ¹ɕi¹	送礼
过一夜	ku⁵ʔiɪʔ⁷ʔia⁵	住一晚。也说"过夜"
囥起来	kʰã⁶tɕʰi⁽³⁾lɛ²	把东西藏起来
别别干	biɪʔ⁸biɪʔ⁸kɤə⁵	把湿衣裳烘烘干
伴起来	brə⁶tɕʰi⁽³⁾lɛ²	躲起来
心发头	ɕin¹faʔ⁷de²	心发慌
扳差头	pɛ³tsʰo¹de²	找对方差错
长膘快	tsã³piɔ¹kua⁵	牲口长得快
踏荸荠	dɑʔ⁸pəʔ⁷dzi²	挖荸荠
退蚕沙	tʰe⁵zrə²so¹	清蚕沙
轧闹猛	gɑʔ⁸niɔ⁶mã⁶	凑热闹
轧出来	gɑʔ⁸tsʰəʔ⁷lɛ²	打岔
汰一转	da⁶ʔiɪʔ⁷tsɤə⁵	洗一遍
落下来	loʔ⁸ɦo⁶lɛ²	掉下来
霉一霉	me²ʔiɪʔ⁷me²	搓完肥皂放一下
吃鞋底	tɕʰiɪ⁷ɦa²de²	纳鞋底
吃生活	tɕʰiɪ⁷sã¹ʔuəʔ⁷	挨打。也说"吃家生"
吃黄货	tɕʰiɪ⁷hã²hu⁵	上当，买了次品
吵相骂	tsʰɔ⁽³⁾ɕiã¹mo⁶	吵架
吹牛屄	tsʰɤe¹ȵiəu²pi¹	吹牛
定被头	din⁶bi⁶de²	钉被子
做生活	tsu⁵sã¹ʔuəʔ⁷	干活。也说"生活"
做生意	tsu⁵sã¹ʔi⁵	经商
做事体	tsu⁵zɿ⁶tʰi⁽³⁾	做事情
做好日	tsu⁵hɔ³ȵiɪʔ⁸	举行婚礼
做戏文	tsu⁵ɕi⁵vən²	演戏
做市面	tsu⁵zɿ⁶mie⁶	应付某种场面
做手脚	tsu⁵se³tɕiaʔ⁷	玩弄花招
裹粽子	ku³tsoŋ⁵tsɿ³	包粽子
开夜工	kʰɛ¹ʔia⁵koŋ¹	夜晚加班的人
弯舌头	ʔue¹zəʔ⁸de²	学官话
寻开心	dzin²kʰɛ¹ɕin¹	开玩笑。也说"打彭""开玩笑"

续表

词语	词音	词义
骂山门	mo⁶sɛ¹mən²	骂街
团团转	drə²drə²tsɤ⁵	转圈圈
解厌气	ka³ʔie⁵tɕʰi⁵	解闷儿
引小干	ɦiin⁴ɕio³kɤə⁵	逗孩子。也说"惹小干"
烦心思	vɛ²ɕin¹sɿ¹	操神（劳神）
荡孛相	dã⁶bə²⁸ɕiã⁵	游逛。也说"荡荡"
赤骨立	tsʰaʔ⁷kuəʔ⁷lii⁸	光膀子
回报脱	ɦue²po⁵ɕəʔ⁷	回绝
回转去	ɦue²tsɤə⁵tɕʰi⁵	回去。也说"转去""回去"
晏歇会	ʔɛ⁵ɕiiʔ⁷ʔue⁵	回头见。也说"下趟会"
呆脱哩	tɛ¹tʰəʔ⁷li²	傻了
敲巴掌	kʰɔ¹po¹tsã³	打耳光。也说"吃耳光"
讲闲话	kã³ɦiɛ²ɦo⁵	说话
讲空头	kã³kʰoŋ¹de²	讲闲话
讲闲文	kã³ɦiɛ²vən²	讲故事
猜密子	tsʰɛ¹mii⁸tsɿ⁵	猜谜
千跟斗	tɕʰie¹kən¹te³	翻跟斗
绞毛巾	kɔ³mɔ²tɕin¹	拧毛巾。也说"挤毛巾"
头抛起	de²pʰɔ¹tɕʰi⁽³⁾	抬头
杰转去	dʑii²⁸tsɤə⁵tɕʰi⁵	回头。也说"得转去"
努努嘴	nu⁵nu⁵tsɿ³	翘起嘴唇，向人示意
歪歪嘴	hua¹hua¹tsɿ³	嘴唇向两边动，向人示意
扁扁嘴	pie³pie³tsɿ³	抿嘴向人示意
楞白眼	lən¹baʔ⁸ɦiɛ⁴	瞪白眼，翻白眼
脚浪当	tɕiaʔ⁷lã⁶tã⁶	走路时脚甩动
顺毛爬	zən⁶mɔ²bo²	顺毛将
逆毛枪	ŋii²⁸mɔ²tɕʰiã¹	逆毛将。也说"倒枪"
造乱说	zɔ⁶lɤə⁶sə²⁷	撒谎
发彪劲	faʔ⁷piɔ¹dʑin⁶	耍威风
哭一滩	koʔ⁷iiʔ⁷tʰɛ¹	号啕大哭
窜坏板	tsʰɤə⁵ɦua⁵pɛ³	出坏主意
戳空枪	tsʰoʔ⁷kʰoŋ¹tɕʰiã¹	招摇撞骗，买空卖空
戳壁脚	tsʰoʔ⁷piiʔ⁷dʑia⁴	暗中使坏
装妈虎	tsã¹ma¹hu³	故意找茬儿发脾气
装胡羊	tsã¹ɦu²ɦiã⁴	装老实相
板叉头	pɛ³tsʰo¹de²	找茬儿，挑刺儿
赖地光	la⁶di⁶kã¹	小孩哭闹，在地上打滚
赖极皮	la⁶dʑii²⁸bi¹	耍无赖
塌空轿	tʰaʔ⁷kʰoŋ¹dʑiɔ²	无钱硬装阔气
牵头皮	tɕʰie¹de²bi¹	不体面，丢人；数落，揭老底
敲屁股	kɔ¹pʰi⁵ku³	打屁股
璎脱灯	ʔin¹tʰəʔ⁷tən¹	熄灯

续表

词语	词音	词义
佘脱哉	tsʰrə¹tʰə²ʔtsɛ¹	淹了
看野眼	kʰrə⁵ɦia⁴ɦiɛ⁶	看了不应看的东西
寻铜钿	dʑin²doŋ²die²	谋得有报酬的工作
寻死路	dʑin²ɕi³lu⁶	自杀
寻着哉	dʑin²tsaʔ⁷tsɛ¹	找到了
寻休思	dʑin²ɕiəu¹sɿ¹	找岔儿
寻动气	dʑin²doŋ⁶tɕʰi⁵	故意找人麻烦；怄气
荡马路	dã⁶mo⁴lu⁶	逛街
磨黄昏	mu⁶hã¹huən¹	黄昏后继续工作
恶死做	ʔoʔ⁷sɛi³tsu⁵	恶作剧
发脾气	faʔ⁷bi¹tɕʰi⁵	发脾气
出花头	tsʰəʔ⁷ho¹de²	挑拨离间
昏机错槽	huən¹tɕi¹tsʰu⁵zo²	迷糊
谈山海经	dɛ²sɛ¹hɛ³tɕin¹	谈开。也说"谈""谈宰相""谈头皮天话"
鐾自来火	bi⁶zɿ⁶lɛ²hu³	划火柴
是学徒工	zɿ⁶ʔoʔ⁷du²koŋ¹	当（做）学徒
捎开被头	sɔ¹kʰɛ¹bi⁶de²	掀开被子
歇开锅子	ɕiiʔ⁷kʰɛ¹ku¹tsɿ³	掀开锅子
花痒其其	ho¹ɦiã⁴dʑi²dʑi²	胳肢，在别人身上抓挠，使发痒
七讲八讲	tɕʰiiʔ⁷kã³paʔ⁷kã³	到处乱讲
相帮出肩	ɕiã¹pã¹tsʰəʔ⁷tɕie¹	打抱不平
朵落人头	tu³loʔ⁸ȵin²de²	奚落
吃酱落粟	tɕiiʔ⁷tɕiã⁵loʔ⁸soʔ⁷	吃马屁。喜欢别人对己谄媚奉承
装困娘子	tsã¹kʰuən⁵ȵiã²tsɿ³	故意捣乱
当世看准	tã¹sɿ⁵krə⁵tsən³	看准机会
冷陌生头	lã⁵maʔ⁸sən¹de²	突然一下子。也说"勒陌生头"
烧温吞水	sɔ¹ʔuən¹tʰən¹sɿ³	烧热水
客人来哩	kʰaʔ⁷ȵin²lɛ²li⁹	来客人
弄耸别人	loŋ⁶soŋ³biiʔ⁸ȵin²	作弄别人
扣吃别人	kʰe⁵tsʰiiʔ⁷biiʔ⁸ȵin²	欺侮别人
挜卖物事	ʔo¹ma⁶vəʔ⁸zɿ⁶	强卖东西
水浦出来	sɿ³brə²tsʰəʔ⁷lɛ²	煮饭的水溢出来
水盘出来	sɿ³pʰu¹tsʰəʔ⁷lɛ²	缸里的水溢出来
婴儿吮奶	ʔin¹əl¹zən⁴na⁴	婴儿吃奶
生得好看	sã¹təʔ⁷hɔ³kʰrə⁵	人长得美
生得难看	sã¹təʔ⁷nɛ²kʰrə⁵	人长得丑
吃了生活	tɕʰiiʔ⁷ləʔ⁸sã¹ʔuəʔ⁷	挨了打
得了外快	təʔ⁷ləʔ⁸ɦa⁶kʰua⁵	意外收获
猪勿要吃	tsʅ¹vəʔ⁸ʔiɔ⁵tsʰiiʔ⁷	猪生病
折里床上困	tsəʔ⁷li⁴zã²zã⁶kʰuən⁵	侧身朝床里睡
折外床上困	tsəʔ⁷ɦa⁶zã²zã⁶kʰuən⁵	侧身朝床外睡
搭净瓶架子	taʔ⁷dʑin⁶bin²ka⁵tsɿ³	反手叉腰

14. 心理 / 否定

词语	词音	词义
怕	pʰo⁵	怕
想	ɕiã³	想；盼望
吓	ɦaʔ⁸	怕
奇	dʑi²	害怕，谦让
毒	doʔ⁸	恨
长发	tsã³faʔ⁷	生长发育
记得	tɕi⁵təʔ⁷	挂念
记挂	tɕi⁵ko⁵	记挂
记牢	tɕi⁵lɔ²	记得
开心	kʰɛ¹ɕin¹	高兴
捂心	ʔu⁵ɕin¹	心中舒服，愉快
称心	tsʰən⁵ɕin¹	顺心
当心	tã¹ɕin¹	小心，留神。也说"注意"
小心	ɕiɔ³ɕin¹	小心。也说"当心"
疑心	ŋi²ɕin¹	怀疑
腻心	ŋi⁶ɕin¹	脏得令人难受，恶心
好过	hɔ³ku⁵	舒服，感觉好
乐惠	loʔ⁸ʔue⁵	舒适，合意，快乐
欢喜	huɤə¹ɕi³	喜欢
惹气	za⁴tɕʰi⁵	讨厌。也说"惹厌""触气""讨厌"
触气	tsʰoʔ⁷tɕʰi⁵	讨厌，令人生气
懊悔	ʔɔ⁵hue³	后悔。也说"后悔"
惬意	tɕiaʔ⁷ʔi⁵	舒服
适意	səʔ⁷ʔi⁵	舒服
晓得	ɕiɔ³təʔ⁷	知道
怀疑	ɦua²ŋi²	怀疑
忘记	mã⁶tɕi⁵	忘记
料煞	liɔ⁶saʔ⁷	料定
对景	te⁵tɕin³	中意
领盆	lin⁴bən²	服帖
应该	ʔin¹kɛ¹	应该
想念	tɕiã³ŋie⁶	记挂
来事	lɛ²zɿ⁶	行。也说"来三"
可以	kʰu⁽³⁾ʔi³	可以
眼热	ɦiɛ⁴ŋiʔ⁸	美慕
肉麻	ŋioʔ⁸mo²	心疼，怜惜
肉痛	ŋioʔ⁸tʰoŋ⁵	心疼
剩怕	zã⁶pʰo⁵	生怕
心焦	ɕin¹tɕiɔ¹	闲得慌
光火	kã¹hu³	生气
火冒	hu³mɔ⁶	发怒

词语	词音	词义
懊槽	ʔɔ⁵tsɔ¹	不乐
刻毒	kʰə ʔ⁷doʔ⁸	恼火，不高兴
难绷	nɛ²pã¹	难受；不好看
相信	ɕiã¹ɕin⁵	喜欢
杀念	saʔ⁷ȵie⁶	过瘾。"杀"同"煞"
杀克	saʔ⁷kəʔ⁷	过瘾，满足。也说"杀渴"
吊心境	tiɔ⁵ɕin¹tɕin⁵	触动心灵深处
争过意	tsã¹ku⁵ʔi⁶	对别人照顾不周或失礼的地方表示不满意
怕难为情	pʰo⁵nɛ²ɦue²dʑin²	腼腆
呒	m̩¹	没有
勿要	ʔvin³	勿要二字合音。不要
呒不	m̩¹pəʔ⁷	没有
呒没	m̩¹məʔ⁸	没有
呒干	m̩¹kɤə¹	没有干
呒吃	m̩¹tɕiiʔ⁷	不好吃
呒啥	m̩¹sa³	没有什么
呒趣	m̩¹tɕʰy⁵	没趣
呒然	m̩¹yzɤə²	迷惑不解
呒告	m̩¹kɔ⁵	没关系
呒道理	m̩¹dɔ⁶li⁴	没有道理；不在乎
呒设法	m̩¹səʔ⁷faʔ⁷	没有办法
呒想头	m̩¹ɕiã³de²	没有希望，无利可图
呒心事	m̩¹ɕin¹z̩⁶	不耐烦，定不下心来
呒没哩	m̩¹məʔ²li²	死。也说"过忒哩"
呒淘成	m̩¹dɔ²zən²	数不清，很多
呒介事	m̩¹ka⁵z̩⁶	没有这回事
呒头路	m̩¹de²lu⁶	没有办法
呒吃头	m̩¹tɕiiʔ⁷de²	不好吃
呒买用	m̩¹ma⁴ʔioŋ⁵	没有什么用处
呒其数	m̩¹dʑi²su⁵	不计其数
呒搭头	m̩¹taʔ⁷de²	不值得理睬
呒缠头	m̩¹zɤə²de²	不值得与之打交道
呒多呒少	m̩¹tu¹m̩¹sɔ³	不论多少
呒啥话头	m̩¹sa³ʔo⁵de²	没有什么说的
弗	vəʔ⁸	不
弗去	vəʔ⁸tɕʰi⁵	不想去
弗想	vəʔ⁸ɕiã³	不想
弗拎清	pʰəʔ⁸lin²tɕʰin¹	含糊不清
弗识相	vəʔ⁸səʔ⁷ɕiã⁵	不懂规矩，行为不得体
弗客气	vəʔ⁸kʰaʔ⁷tɕʰi⁵	不懂礼貌
弗要吃	vəʔ⁸ʔiɔ⁷tɕiiʔ⁷	不想吃
弗搭界	vəʔ⁸taʔ⁷ka⁵	没有关系

续表

词语	词音	词义
弗得过	vəʔ⁸təʔ⁵ku⁵	不舒服
弗漂亮	vəʔ⁸piɔ¹liã⁶	不漂亮
弗晓得	vəʔ⁸ɕiɔ³təʔ⁷	不晓得
勿	vəʔ⁸	不
勿有	vəʔ⁸ɦiəu⁴	没有
勿要	vəʔ⁸ʔiɔ⁵	不要
勿得	vəʔ⁸təʔ⁷	不止；不停
勿碍	vəʔ⁸ʔɦɛ⁵	没关系，不要紧
勿爽	vəʔ⁸sã³	不适
勿是	vəʔ⁸zɿ⁶	不是
勿止	vəʔ⁸tsɿ³	不止
勿关	vəʔ⁸kuɛ¹	没有关系
勿会	vəʔ⁸ue⁵	不会
勿好	vəʔ⁸hɔ³	不可以
勿服	vəʔ⁸vo⁸	（对法院判决）不服
勿要好	vəʔ⁸ʔiɔ⁵hɔ³	不和
勿出山	vəʔ⁸tsʰəʔ⁷sɛ¹	没出息
勿作兴	vəʔ⁸tsoʔ⁷ɕin¹	（情理上）不应该
勿爽气	vəʔ⁸sã³tɕʰi⁵	不爽快
勿入调	vəʔ⁸zəʔ⁸diɔ⁶	不地道，不正派，不规矩。也说"勿实条"
勿上路	vəʔ⁸zã⁶lu⁶	（为人）不地道
勿认得	vəʔ⁸ŋin⁶təʔ⁷	不认识
勿答应	vəʔ⁸təʔ⁷ʔin⁵	不同意
勿称心	vəʔ⁸tsən⁵ɕin¹	不舒服
勿算数	vəʔ⁸tsʰɤ⁵su⁵	表示价钱便宜，不靠谱
勿见脱	vəʔ⁸tɕie⁵tʰəʔ⁷	遗失。也说"跌脱""跌脱哩"
勿纳亨	vəʔ⁸nəʔ⁸ɦiən¹	不怎么样
勿肯歇	vəʔ⁸kʰən⁽³⁾ɕieʔ⁷	不罢休
勿来三	vəʔ⁸lɛ²sɛ¹	不行。也说"勿来四"
勿耐烦	vəʔ⁸nɛ⁶vɛ²	没有耐心
勿实条	vəʔ⁸zəʔ⁹diɔ²	不地道
对勿住	te⁵vəʔ⁸zɿ⁶	对不起，劳驾。也说"对勿起"
吃勿消	tɕʰiʔ⁷vəʔ⁸ɕiɔ¹	吃不住
算勿着	tsʰɤ⁵vəʔ⁸zaʔ⁸	不怎么样
差勿多	tsʰo¹vəʔ⁸tu¹	几乎
造勿是	zɔ⁶vəʔ⁸zɿ⁶	赔不是
巴勿得	bo²vəʔ⁸təʔ⁷	恨不得
见勿得	tɕie⁵vəʔ⁸təʔ⁷	妒忌
勿入流品	vəʔ⁸zəʔ⁸liəu²pʰin⁽³⁾	不入品级；（东西）杂七杂八
勿派用场	vəʔ⁸pʰa⁵ʔioŋ⁵zã²	不顶事
勿曾到把	vəʔ⁸zən²tɔ⁵po³	还未到家

15. 性质/状态

词语	词音	词义
灵	lin^2	好
长	zã^2	高（指身材）
短	tɤə^3	矮（指身材）
牢	lɔ^2	结实
破	pʰu^5	坏，不好
趣	tɕʰy^5	漂亮，美丽
乖	kua^1	聪明，多指小孩
浪	lã^6	稀，疏；（方位词）上
满	mɤə^4	充满而流出来。也说"溢"
孟	mã^6	密
壮	tsã^5	胖
精	tɕin^1	瘦
邪	dʑia^2	力气大；（副词）很，非常
烦	vɛ^2	啰嗦
糯	nu^6	软
乖巧	kua^{1}tsʰiɔ$^{(3)}$	聪明、机灵
长大	zã^{2}du^6	高大（指身材）
长子	zã^{2}tsʮ^3	高个子
长性	zã^{2}ɕin^5	长久坚持的意志
齐整	dʑi^{2}tsən^3	漂亮，美丽
神气	zən^{2}tɕʰi^5	（男的）漂亮；骄傲，傲慢
闹猛	nɔ^{6}mã^5	热闹
闹热	nɔ^{6}ȵiɪʔ^8	热闹
滑遢	ɦuaʔ^{7}tʰaʔ^7	打滑
滑溜	ɦuaʔ^{7}liəu^1	光滑（含喜爱意）
龌龊	ʔoʔ^{7}tsʰoʔ^7	肮脏；污垢
邋遢	laʔ^{8}taʔ^7	肮脏，不干净
难见	nɛ^{2}tɕie^5	丑。也说"难看"
乌糟	ʔu^{1}tsɔ^1	龌龊，肮脏
倒糟	tɔ^{3}tsɔ^1	倒楣
懊糟	ʔɤə^{5}tsɔ^1	心情不好
潦桥	liɔ^{2}dʑiɔ^2	粗糙；马虎，不负责任
时货	zʮ^{2}hu^5	讲究
清爽	tsʰin^{1}sã^3	干净；清净
着末	tsaʔ^{7}məʔ^8	最后
推板	tʰe^{1}pɛ^3	差，坏。也说"推扳"
悖时	be^{6}zʮ^2	不合时宜
食痨	zəʔ^{8}lɔ^2	馋
头挑	de^{2}tʰiɔ^1	好
头搭	de^{2}taʔ^7	头脑糊涂，不清楚
发飙	faʔ^{7}biɔ^1	急，快；发脾气。也说"发标"

续表

词语	词音	词义
臭迳	tsʰe⁵ʔin¹	顽皮；不爽快，不干脆。也说"臭韧"
精工	tɕin¹koŋ¹	精致，精明
囫囵	ʔuəʔ⁷lən²	整个儿
道地	dɔ⁵di⁵	地道
扎劲	tsaʔ⁷dʑin⁶	有劲，来劲
完出	ɦuɤə²tsʰəʔ⁷	完蛋
拖堕	tʰu¹du⁶	不修边幅
够勒	ke⁵ləʔ⁸	漂亮，体面
赖皮	lɑ⁶bi¹	顽皮
乏力	vaʔ⁸lieʔ⁸	吃力
烦难	ve²nɛ²	复杂困难，不容易
野配	ɦiɑ⁴pʰe⁵	不是原配的两样东西配成对
野淡	ɦiɑ⁴dɛ⁶	偏僻，荒凉
一等	ʔiɪʔ⁷tən³	最好，最拿手
一级	ʔiɪʔ⁷tɕiɪʔ⁷	最好，好极
杂格	zəʔ⁸kəʔ⁸	杂七杂八
豪燥	ɦɔ²sɔ⁵	快
绷硬	pã¹ɦã⁶	硬，坚硬
簇新	tsʰoʔ⁷tsin¹	崭新
稀湿	ɕi¹səʔ⁷	很湿
冰阴	pin¹ʔin¹	形容像冰那样冷
格式	kəʔ⁷səʔ⁷	相称，合适
风凉	foŋ¹liã¹	凉快
巴硬	po¹ɦã⁶	地面、物面结硬
热络	ȵiɪʔ⁸loʔ⁸	热情，亲热
干净	kɤə¹dʑin⁶	干净
饿煞	ɦu⁶saʔ⁷	饿死
巴结	pɑ¹tɕiɪʔ⁷	节俭
海外	hɛ³ɦɑ⁶	形容很多
值钿	zəʔ⁸die²	喜爱，宠爱
结棍	tɕiɪʔ⁷kuən⁵	强壮，厉害
道好	dɔ⁶hɔ³	喜欢
板扎	pɛ³tsaʔ⁷	紧固
杀克	saʔ⁷kʰəʔ⁷	厉害
来三	lɛ²sɛ¹	能干
老策	lɔ⁴tsʰɑʔ⁷	老练
拷话	kʰɔ⁽³⁾ʔo⁵	开心
相信	ɕiã¹ɕin⁵	喜欢
闷结	mən⁵tɕiɪʔ⁷	烦闷
勃实	bəʔ⁸zəʔ⁸	麻烦
是货	zɿ⁸hu⁵	结实
做句事	tsu⁵tɕʰy⁵zɿ⁶	小气

续表

词语	词音	词义
尖捻头	tɕie¹ɲie⁶de²	尖儿
量气大	liã⁶tɕʰi⁵du⁶	气量大
吃苦头	tɕʰiɪʔ⁷kʰu⁽³⁾de²	难受
召场子	zɔ²zã⁴tsɿ³	浪费
怕陌生	pʰo⁵maʔ⁸sã¹	害羞
伤阴积	sã¹ʔin¹tɕiɪ⁷	缺德
定洋洋	din⁶ɦiã²ɦiã²	发呆的样子
昏冬冬	huən¹toŋ¹toŋ¹	昏头昏脑
木欣欣	moʔ⁸ɕin¹ɕin¹	呆板
慢吞吞	mɛ⁸tʰən¹tʰən¹	形容缓慢的样子
糊答答	ɦu²təʔ⁷təʔ⁷	形容东西黏糊；形容人行动迟缓。也说"糊塌塌"
野豁豁	ɦiia⁶huaʔ⁷huaʔ⁷	形容言行出格或过分
静落落	tɕin³loʔ⁸loʔ⁸	形容非常安静
暗出出	ʔɤ⁵tsʰəʔ⁷tsʰəʔ⁷	形容光线比较暗
福得得	hoʔ⁷təʔ⁷təʔ⁷	脸容长得很丰满
吓势势	ɦiaʔ⁸sɿ⁵sɿ⁵	形容有点害怕
阴当当	ʔin¹tã¹tã¹	形容有点冷
阴落落	ʔin¹loʔ⁸loʔ⁸	形容有点凉
软糯糯	ŋyɤ⁴nu⁶nu⁶	形容说话或动作温柔的样子
咸滋滋	ɦiɛ²tsɿ¹tsɿ¹	形容有点咸
腻搭搭	ŋi⁶taʔ⁷taʔ⁷	形容黏
席动动	dʑiiʔ⁸doŋ⁶doŋ⁶	形容安静
碧碧绿	piiʔ⁷piiʔ⁷loʔ⁸	形容非常绿
胡海海	ɦu²hɛ³hɛ³	形容非常多
蜡蜡黄	laʔ⁸laʔ⁸hã¹	形容颜色非常黄
米米头	mi⁴mi⁴de²	形容极小
交交关	tɕiɔ¹tɕiɔ¹kuɛ¹	形容非常多
独独煎	doʔ⁸doʔ⁸tɕie¹	形容滚烫
刮刮叫	kuaʔ⁷kuaʔ⁷tɕiɔ⁵	形容极好
毕毕静	piiʔ⁷piiʔ⁷tɕin³	形容非常安静
闷积胸	mən⁴tɕiiʔ⁷ɕioŋ¹	形容心情不愉快，不舒畅
一排生	ʔiiʔ⁷ba²sã¹	整齐，整排都是一样的
一落式	ʔiiʔ⁷loʔ⁸səʔ⁷	形容完全一样
一些些	ʔiiʔ⁷ɕi¹ɕi¹	形容很少
一虱虱	ʔiiʔ⁷səʔ⁷səʔ⁷	形容极小
一眼眼	ʔiiʔ⁷ɦiɛ⁷ɦiɛ⁷	形容十分少
一咪咪	ʔiiʔ⁷mi²mi²	形容极少、极小
眼大热	ɦiɛ⁶du⁶ɲiiʔ⁸	眼红，羡慕
野搭里	ɦiia⁶taʔ⁷li⁴	乡间冷僻的地方；跟正题无关的话
拆料污	tsʰaʔ⁷liɔ⁶ʔu¹	比喻做事马虎，不负责任；比喻做事有损于人
话得来	ʔo⁵təʔ⁷lɛ²	形容说话投机
糊里答涂	ɦu²li⁴təʔ⁷du²	认识模糊，不明事理

续表

词语	词音	词义
一塌糊涂	ʔiɪʔ⁷tʰɑʔ⁷ɦu²du²	乱到不可收拾或糟到不可收拾
一天世界	ʔiɪʔ⁷tʰie¹sɿ⁵ka⁵	形容到处乱七八糟。也说"一千世界"
一门心思	ʔiɪʔ⁷mən²ɕin¹sɿ¹	形容全心全意
一式一样	ʔiɪʔ⁷səʔ⁷ʔiɪʔ⁷ɦiã⁶	形容完全一样
七当八心	tɕʰiɪʔ⁷tã¹paʔ⁷ɕin¹	很当心
七荤八素	tɕʰiɪʔ⁷huən¹paʔ⁷su⁵	昏头昏脑
七停八当	tɕʰiɪʔ⁷din²paʔ⁷tã¹	妥当
七桥八裂	tɕʰiɪʔ⁷dʑiɔ²paʔ⁷liɪʔ⁸	高低不平，比喻不团结，惹是非。也说"七翘八裂"
七张八嘴	tɕʰiɪʔ⁷tsã¹paʔ⁷tsɿ³	形容人多嘴杂
七弄八弄	tɕʰiɪʔ⁷loŋ⁶paʔ⁷loŋ⁶	摆弄，捣鼓
杂七杂八	zəʔ⁸tɕʰiɪʔ⁷zəʔ⁸paʔ⁷	形容人员事情复杂
瞎七搭八	haʔ⁷tɕʰiɪʔ⁷taʔ⁷paʔ⁷	形容瞎搞，乱来
缠七缠八	zʴəʔ²tɕʰiɪʔ⁷zʴəʔ²paʔ⁷	形容纠缠人
搞七搞八	gɔ⁶tɕʰiɪʔ⁷gɔ⁶paʔ⁷	形容胡搅蛮缠，故意作弄
七七八八	tɕʰiɪʔ⁷tɕʰiɪʔ⁷paʔ⁷paʔ⁷	形容零零碎碎
七世冤家	tɕʰiɪʔ⁷sɿ⁵ʔyʴə¹ka¹	几辈子结下的冤仇，形容难以消除
狗皮倒灶	ke³pi¹tɔ³tsɔ⁵	吝啬，不大方。也说"狗屎倒灶""狗屁倒灶"
青头青脑	tɕʰin¹de²tɕʰin¹nɔ²	形容油腔滑调
簇刮全新	tsʰɔʔ⁷kuaʔ⁷dʑie²ɕin¹	形容非常新，完全是新的
清汤光水	tɕʰin¹tã¹kã¹sɿ³	形容一无所有
一只裤脚管	ʔiɪʔ⁷tsaʔ⁷ku⁵tɕia ʔ⁷kuʴə³	形容一样的德性，一丘之貉
七缠八桠权	tɕʰiɪʔ⁷zʴəʔ²paʔ⁷ʔo¹tso¹	形容纠缠不清

16. 指代／数量

（1）指代

词语	词音	词义
吾	ɦu⁴	我。也说"吾奴"
偌	ne⁶	你
伊	ʔi¹	他。也说"伊奴""伊偌"
吾伢	ɦu⁴ɦia²	我们，咱们。也说"伢"
吾偌	ɦu⁴ne⁶	你们
伊拉	ʔi¹la²	他们
伢呃	ɦia²ɦəʔ⁷	我的
偌呃	ne⁶ɦəʔ⁸	你的
伊呃	ʔi¹ɦəʔ⁸	他的
大家	du⁶ka¹	大家
人家	ŋin²ka¹	人家
自家	zɿ⁶ka¹	自己
葛葛	kəʔ⁷kəʔ⁷	这个
葛点	kəʔ⁷tie³	这些。也说"葛的"
葛辈	kəʔ⁷pe⁵	这些

词语	词音	词义
葛搭	kəʔ⁷taʔ⁷	这儿，这里
葛边	kəʔ⁷pie¹	这边
葛号	kəʔ⁷ɦɔ⁶	这种
葛套	kəʔ⁷tʰɔ⁵	这种
葛面	kəʔ⁷mie⁶	这面
葛能	kəʔ⁷nən²	这样，这个
葛辰光	kəʔ⁷zən²kã¹	这会儿
介	ka⁵	这么（程度）
实茄末	zəʔ⁸ga²məʔ⁸	这么（方法）
格道	kəʔ⁷dɔ⁵	这一伙
伊个	ʔi¹ku⁵	那个
伊介	ʔi¹ka⁵	那样
伊面	ʔi¹mie⁶	那里
伊样	ʔi¹ɦiã⁶	那样
伊能	ʔi¹nən²	那样
哀榺	ʔɛ¹gəʔ⁸	那个
哀点	ʔɛ¹tie³	那些
哀面	ʔɛ¹mie⁶	那儿；那边
伊日子	ʔi¹ȵiɪʔ⁸tsʅ³	那天
哀一歇	ʔɛ¹ʔiɪʔ⁷ɕiɪʔ⁷	那会儿
哀段辰光	ʔɛ¹dɤə⁶zən²kã¹	那段时间
哈	ha³	什么
哈人	ha³ȵin²	谁
哈里	ha³li⁴	哪里。也说"鞋里"
哈里个	ha³li⁴ku⁵	哪个
啥	sa³	什么
啥人	sa³ȵin²	谁
啥里	sa³li⁴	哪儿
啥物事	sa⁵mə⁸zʅ⁶	什么。也说"啥事体"
啥闲话	sa³ɦɛ²ʔo⁵	什么话
啥里葛	sa³li⁴kəʔ⁷	哪个
啥里边	sa³li⁴pie¹	哪边。也说"鞋里边"
那价	na⁶ka⁵	怎么，怎么样
那亨	na⁶hən¹	怎么，怎么样
那哈	na⁶ha³	怎么。也说"纳哈"
那能	na⁶nən²	怎么，怎么样
那话	na⁶ʔo⁵	怎么说
那哈样子	na⁶ha³ɦiã⁶tsʅ³	怎么样。也说"纳哈样子"
几	tɕi³	多少
几化	tɕi³ho⁵	多少；多么
几时	tɕi³zʅ²	多少时候
多少	tu¹sɔ³	多少

续表

词语	词音	词义
多少辰光	tu¹sɔ³zən²kã¹	多久
别人家	biɪʔ⁸ŋin²ka¹	别人
别人呃	biɪʔ⁸ŋin²ɦəʔ⁸	别的
另外呃	lin⁶ɦɑ⁶ɦəʔ⁸	别的

（2）数量

词语	词音	词义
一	ʔiɪʔ⁷	一
二	ŋi⁶	二
三	sɛ¹	三
四	sʐ⁵	四
五	ɦu⁴	五
六	loʔ⁸	六
七	tɕʰiɪʔ⁷	七
八	pɑʔ⁷	八
九	tɕiəu³	九
十	zəʔ⁸	十
百	pɑʔ⁷	百
千	tɕʰie¹	千
万	vɛ⁶	万
条	diɔ²	张，一张席子；尾，一尾鱼
粒	liʔ⁸	块，一块墨
只	tsɑʔ⁷	口，一口猪；头，一只牛；条，一只狗；匹，一只马
顿	tən⁵	餐，吃一餐
爿	bɛ⁶	片，一爿田；家，一爿银行
埭	dɛ⁶	排，一埭房子；行，一埭字
票	pʰiɔ⁵	类，一票货
档	tã⁵	批，他属于这一档
荡	dã⁶	条，一荡手巾
绞	tɕiɔ³	股，一绞毛线
版	pɛ³	页，一版书
窠	kʰu¹	窝，一窠鸡
管	kuɤə³	支，一管笔
家	ka¹	户，一家人家
顶	tin³	座，一顶桥
宅	zɑʔ⁸	幢，一宅房子
方	fã¹	块，一方地皮
盆	bən²	碟，一盆菜；脸盆，一盆水
头	de²	门，上头亲事
趟	tʰã⁵	次，跑一趟
场	zã²	架，吵一架
歇	ɕiɪʔ⁷	一段时间，等一歇

续表

词语	词音	词义
则	tsəʔ⁷	年龄计算单位，十二岁为一则。我比侬大一则
记	tɕi⁵	下，推一记，摇三记
路	lu⁶	派，一路的戏
盘	bɤə²	局，下一盘
出	tsʰəʔ⁷	批，一出货色（一批货）
上百	zã⁶paʔ⁷	近百
万把	vɛ⁶po³	一万左右
整日	tsən³ŋiɪ⁸	整天
近三十	dzin⁶sɛ¹zəʔ⁸	不到三十
满三十	mɤə⁴sɛ¹zəʔ⁸	正三十
靠十个	kʰɔ⁵zəʔ⁸ku⁵	近十个
半日开	pɤə⁵ŋiɪʔⁿɛ⁵kʰɛ¹	半天
头两亩	de²liã⁴m̩⁶	一亩到二亩
头两个	de²liã⁴ku⁵	一个到两个
一家头	ʔiɪʔ⁷ka¹de²	一个人
一个人	ʔiɪʔ⁷ku⁵ŋin²	一个人
两家头	liã⁴ka¹de²	俩，两个（后面不能再用量词）
礼拜二	li²pa⁵ŋi⁶	星期二
三窠蛋	sɛ¹kʰu¹dɛ⁶	三窝蛋
三顿饭	sɛ¹tən⁵vɛ⁶	三餐饭
四眼井	sɿ⁵ɦiɛ⁴tɕin³	四口井
四帖药	sɿ⁵tʰiɪʔ⁷ʔia⁷	四服药
五部车	ɦiu⁴bu⁶tsʰo¹	五辆车
六粒星	loʔ⁸liʔ⁸ɕin¹	六颗星
六尾鱼	loʔ⁸mi⁴ŋ²	六尾鱼
七门题目	tɕʰiɪʔ⁷mən²ti²moʔ⁸	七个题目
八只碗	paʔ⁷tsaʔ⁷ʔuɤə³	八个碗
九斤头	tɕiəu³tɕin¹de²	九斤
十块头	zəʔ⁸kʰue⁵de²	十元

17. 其他

（1）副词

词语	词音	词义
暴	bɔ⁶	刚开始
蛮	mɛ²	很；非常；十分
野	ɦia⁴	非常
贼	zəʔ⁸	极
忒	tʰəʔ⁷	太
顶	tin³	最，蛮
才	zɛ²	全，都
侪	zɛ²	都

续表

词语	词音	词义
亦	ʔiɪʔ⁷	又
邪气	dʑia²tɕʰŋ⁵	很，非常
交关	tɕiɔ¹kuɛ¹	多，很多
统统	tʰoŋ⁽³⁾tʰoŋ⁽³⁾	统统
煞快	saʔ⁷kua⁵	很厉害
难板	nɛ²pɛ³	很少
加二	ka¹ŋi⁶	更加
吉姜	tɕiɪʔ⁷tɕiã¹	刚才
刚刚	kã¹kã¹	刚才
僵僵	tɕiã¹tɕiã¹	刚刚；原先
央加	ʔiã¹ka¹	已经
齐头	dʑi²de²	正好
恐防	kʰoŋ⁽³⁾bã²	恐怕
张怕	tsã¹pʰo⁵	恐怕
作兴	tsoʔ⁷ɕin¹	怕是
全趋	dʑie²tɕʰy¹	幸亏。也说"趋得"
本生	pən³sã¹	本来。也说"本来"
一直	ʔiɪʔ⁷zɔʔ⁹	一向
一向	ʔiɪʔ⁷ɕiã⁵	一向
一共	ʔiɪʔ⁷goŋ⁶	总共
一道	ʔiɪʔ⁷dɔ⁶	一起，一并
一淘	ʔiɪʔ⁷dɔ²	一起
带便	ta⁵bie⁶	顺便。也说"带路"
正式	tsən⁵səʔ⁷	实在
全本	dʑie²pən³	完全
偏生	pʰie¹sã¹	偏偏
万万	mɛ⁶mɛ⁶	加强否定语气
索性	soʔ⁷ɕin⁵	干脆
实显	zəʔ⁸ɕie³	明显
在外	zɛ⁶ɦuɛ⁶	另外
事先	zi⁶ɕie¹	预先
专门	tsɤɛ¹mən²	常常。也说"经常"
已经	ʔi³tɕin¹	已经
马上	mo⁴zã⁶	马上
歇歇	ɕiɪʔ⁷ɕiɪʔ⁷	表示时间短
稍许	sɔ¹ɕy³	稍微
正好	tsən⁵hɔ³	恰巧
大概	du⁶kɛ⁵	大约
呆板	ɦɛ²pɛ³	一定，必定。也说"一定""必定"
板定	pɛ³din⁶	一定
定规	din⁶kuɛ¹	一定
煞死	saʔ⁷sɿ³	偏偏，偏要

词语	词音	词义
偏偏	pʰie¹pʰie¹	偏
实头	zəʔ⁸de²	实在。题目实头难做
齐巧	dʑi²tɕʰiɔ⁽³⁾	正巧。也说"正好"
总归	tsoŋ³kue¹	总归
突然	dəʔ⁸zɿə²	忽然
特为	dəʔ⁸ɦue²	故意
索介	soʔ⁷ka⁵	索性
更加	kən⁵kɑ¹	更加
横竖	ɦən²zʮ⁶	横竖
葛几末	kəʔ⁷tɕi³məʔ⁸	这下（指近期内发生的事情）
一来兴	ʔiiʔ⁷lɛ²ɕin¹	一下子
正勒化	tsən⁵ləʔ⁸ho⁵	正在
干式是	tsɿə¹səʔ⁷zʮ⁶	简直
专门介	tsɿə¹mən³ka⁵	老是
险险叫	ɕie³ɕie³tɕiɔ⁵	差点儿
白白里	baʔ⁸baʔ⁸li⁴	白白的
一塌括子	ʔiiʔ⁷taʔ⁷kuəʔ⁷tsɿ³	统统
有一乃乃	ɦiəu²ʔiiʔ⁷nɛ³nɛ³	有点

（2）介词

词语	词音	词义
朝	zɔ²	向
搭	taʔ⁷	给，为。引出行为受益者，为大家办事体
拿	no²	把
拨	pəʔ⁷	被
朝	zɔ²	向
代	dɛ⁶	替
比	pi³	比
勒化	ləʔ⁷ho⁵	在
为仔	ɦue²tsɿ³	为了

（3）连词、助词、语气词

词语	词音	词义
告	kɔ⁵	和
再	tsɛ⁵	才，再
又	ʔiəu⁵	又
还	ɦɛ²	还
假使	tɕia³sɿ³	如果。也说"假使讲"
葛末	kəʔ⁷məʔ⁸	那么
或则	ɦuəʔ⁸tsəʔ⁷	或
大概	du⁶kɛ⁵	大约，也许
所以	su³ʔi³	所以
为了	ɦue⁶ləʔ⁸	为了

续表

词语	词音	词义
不过	pəʔ⁷ku⁵	不过
仍旧	ŋin²dʑiəu⁶	仍旧
反正	fɛ³tsən⁵	反正
一定	ʔiɪʔ⁷din⁶	一定
必定	piɪʔ⁷din⁶	必定
个	ku⁵	（结构助词）的
得	təʔ⁷	结构助词
过	ku⁵	结构助词
叫	tɕiɔ⁵	（慢慢）地
介	kɑ⁵	（慢慢）地
辣	lɑʔ⁸	在，正在
脱	tʰəʔ⁷	用作表示结果的补语
勒	ləʔ⁸	了，用在句末
哉	tsɛ¹	用在句末，表变化或新情况
仔	tsɿ⁵	了，啦，表示完成
耐末	nɛ⁸məʔ⁸	（语气词）那么，表结果

（二）使用词表

使用词表的词语全部来自范小青的《裤裆巷风流记》。《裤裆巷风流记》写于 20 世纪 80 年代，记录了生活于苏州裤裆巷里底层人民生活的方方面面。范小青在创作《裤裆巷风流记》时，将吴语词汇元素大量、反复地穿插在共同语的写作之中，对普通话词汇进行大量替换，使小说具有浓郁吴语韵味。以下当代吴语特色词汇均来自《裤裆巷风流记》。

1. 名词

氎：瓮，坛子。

大厅中央还有两件大物事，西面是一棵光皮空心的大树，大约是象征笔筒的意思，东面是一只墨绿色的大氎，是用水磨墨的意思，这两件物事均有丈余高。

市河：通过市镇的一段河流。

这种土里土气的民歌民谣虽说不如文官才子写的什么"市河到处堪摇橹，街巷通宵不绝人"的句子有味道，但不过土也有土的滋味。

事体：事情。

等事体过后，吴世恩回想起来，吓出了一身冷汗。

物事：事物，东西。

自己小天井里两三个人坐坐，做做事体，拣拣菜，晒晒物事，正好，耳朵根子也清爽。

台子：桌子。

房间里台子凳子箱子柜子大床大橱所有红木雕花家具全部实行"三光政策"，拆光烧光偷光。

绒线：毛线。

阿惠高中毕业以后，一直没有正式工作，只好寻点这种生活回来做，有辰光绣花，有辰光打<u>绒线</u>，有辰光做小人鞋子。

衣裳：衣服。

阿惠夹紧衣裳回到屋里，钻进自己住的小棚棚，<u>衣裳</u>压在枕头底下，再回出来。

辰光：时候。

那<u>辰光</u>的做官人，一般有个三房四妾，不稀奇的，也是一种风气。

明朝：明天。

乔乔贼打断阿爹的话头："阿爹，<u>明朝</u>我陪你到文物商店去一趟吧。"

小人：小孩子。

过道中原本有一口暗井，住家怕<u>小人</u>出事体，老早就封起来不用了。

里厢：里面。

一扇扇门面，大大小小，拱形方形圆形，外面看看不稀奇，踏进去却是别有洞天，世界全做在门洞<u>里厢</u>。

世界：地方。

<u>世界</u>做在门洞里，哭哭笑笑，全关在一扇门里。早先的店面开间现今全封掉改建了，弄堂里店少人少，自然冷清。

烂污：稀屎。

还在井台上刷马桶，臭水往阴沟里一倒，一点不讲道德，拆了<u>烂污</u>，要居委会干部揩屁股。

日脚：日子。

解放后的开头几年，<u>日脚</u>倒也蛮太平，时常有苏州城里老人家来来往往，过年过节政府也有人上门拜访。

爷娘：父母。

前几日报纸上登出来，一对吃屎的<u>爷娘</u>教六岁的女儿到汽车站火车站去骗人说谎讨钞票，你们想想，这还得了。

娘舅：舅舅。

刹生头里天上掉下来一个大外孙，一口一声外婆，叫得亲亲热热，又高又大，一表人才，活脱脱像两个<u>娘舅</u>……

阿爹：爷爷。

他们家是吴状元第三代五房里的嫡传，吴老太太自己算起来是状元府的第六代，第三代应该是老太太男人的<u>阿爹</u>再上一代。

屋里：妻子。

肖老师，我还不晓得你已经有家小了，<u>屋里</u>在哪里？苏州城里？

屋里：家里。

姑娘家一天到夜东荡荡西荡荡浪费青春，你们<u>屋里</u>大人怎么不急、不管的，你姆妈怎么不帮你想想办法？

姆妈：母亲。

张师母自己的铺搭在吃饭间，本来阿惠是和姆妈轧铺的，吃饭间等于个过堂，大家进进出出，人来人往，阿惠大了，不肯和<u>姆妈</u>一起困在吃饭间了里。

娘娘：姑妈，姑姑。

阿惠去抱了侄女出来，小丫头顶服这个小娘娘，阿惠抱了，眼泪还挂在脸上，就咯咯地笑。

闲话：话。

可是吴克柔一进来，就横不是竖不是，三子怕吴家讨还房子，马上付出房租。可是吴克柔还是不称心，闲话里一直夹音头，有赶三子走的意思。

老法：旧规矩，旧风俗。

老法里，一个人一旦中了状元，碰着皇帝开心，龙颜开，一道圣旨下来，封个什么什么大人，那是显赫得不得了的。

肚肠：肠子。

阿惠读书时，全讲她是笨肚肠，读不出，做这种生活，倒是心灵手巧，配胃口。

寿头：傻瓜。

乔乔说他是天生的寿头码子，做个居民小组长已经这样忙，倘是真的做个什么官，定准要生出三头六臂十二只脚。

铜钱：钱。

张师母五十八岁的人了，还在帮人家，做走做，寻几个铜钱，屋里开支。

钞票：钱。

等到吃红牌，对不起，不罚你别样，只罚你钞票，地摊小本生意，卖出一条牛仔裤，要多喝三杯开水的，哪里经得起公家狮子大开口。

工钿：工钱。

我们就去讲人手不够，请个临时工，工钿不会亏你的，帮我们喊喊进车、倒车就可以了。

脚花：脚力。

不过现在的五六十块，啧啧……近阶段来，人越来越吃力，手没有手劲，脚没有脚花，走路老要跌跟头。

脚路：门路，后台。

就算有名额分配下来，也不一定挨得到阿惠，说是人家都有脚路的，阿惠不会找脚路，连张毕业文凭也没有。

肩胛：肩膀。

可惜，乡下人做煞，也做不过磨洋工磨煞的推土机。推土机一个来回，不晓得要抵乡下人几多肩胛几多手。

学堂：学校。

到学堂里去大吵大闹，人家说，学校有规矩的，学生不是家庭妇女，随随便便，想来就来，想走就走。

黄货：黄金首饰。

儿子告诉媳妇，说我还藏了几件黄货，媳妇自然告诉孙女，娘女俩动脑筋想心思来拍我马屁了。

阶沿：街道两旁石台阶。

老灭渡桥确实是老了，狭窄了，何况这种老式石桥，上桥下桥有石阶沿，不好行汽车。

生活：活儿。

生活还没有做开，停电了，老 K 身边马上围拢了一群人，听老 K 吹牛，也有人叫老 K 算命，三子也走过去看。

夜饭：晚饭。

整整一天，三子过得心灰意懒，无精打采。吃过夜饭，去上夜大学，因为一门功课考查成绩不理想，被老师不点名地批评了几句。

洋盘：傻瓜、外行。

"留职停薪，我是不高兴的，不爽气的，不上班，不发工资倒也合理，还要倒贴厂里多少多少，我洋盘啊？"

对过：对面。

"妹妹，王老师，你同对过乔家孙女乔杨一只学堂里的吧，你是她的老师……"

火表：电表。

吴克柔冷冷地看她一眼，不说话，眼睛又重新回到火表上。

货色：货物。

我马上回娘家去，我阿哥准备造房子，有一批货色，反正他们钞票还没有凑齐，一时头也造不起来，先借来用用。

小菜：饭菜。

杨老师不再多讲什么，进灶屋准备小菜，要留客人吃夜饭。杨老师对李清是比较满意的，希望儿子成功。

眼风：眼色，目光。

隔壁邻居互相丢眼风，甩令子，面孔上疑云密布，好像张师母在说谎，好像阿惠和三子一样，已经搭进去了。

作场：作坊。

他们看见你的生活肯定通得过的，由你牵头办一个作场。

行头：泛指服装（含诙谐义）。

钱家阿大寻一个女朋友，妖形怪状，面孔难看煞，行头倒不少，耳朵上荡来荡去亮晶晶。

面孔：脸。

阿惠走到一处停下来了，摊主是同阿惠差不多年纪的小姑娘，面孔不好看，身段蛮好。

肚皮：肚子。

这种事体只有外国人做得出，外国人吃饱了肚皮没有事体做。

找头：找回给付款者的钱。

阿惠怕她讨买橘子露的找头，想快点躲开。

壁脚：墙脚。

乡下人触他们壁脚，对他们的头头说："骗你的，他们骗你的，推土机不坏，刚刚还开得轰轰响。"

袋袋：口袋。

黑皮肤的警察二话不讲，袋袋里摸出一副手铐，拉过来"咔嚓"一铐，把卫民两只手铐起来了。

料作：作料，材料。

买砚台笔筒工艺品要讲风格，讲**料作**，讲做工。

摊头：摊子。

居民老百姓又有意见，蛮好的店家**摊头**开到屋门前，买点物事多少便当。

甩令子：用眼色、动作或含蓄的语言暗示别人。

隔壁邻居互相丢眼风，**甩令子**，面孔上疑云密布，好像张师母在说谎，好像阿惠和三子一样，已经搭进去了。

绒线衫：用毛线织成的上衣。

桂珍自觉没趣，也软下来，主动帮卫民打一件**绒线衫**，算是和解了。

额骨头：额头，意为命运、运气好。也说"额角头"。

相比起来，裤裆巷三号这宅房子还算**额骨头**的。不过额骨头再高，也难得原模原样了。

立壁角：教师体罚学生的一种方式。

旁人讲几句，总还有理由辩辩，上班来不及，扣奖金啥人赔，小人要读书，迟到了**立壁角**啥人肉痛。

败家精：败家子。

我告诉你，那天我们小工人瞎起劲，提出来散场之前，要厂里包车送我们到黄山游一转，车钱饭钱厂里报，反正**败家精**多，全败光了。

自鸣钟：能鸣响报时的钟。

自鸣钟荡过七点，三弦和调唱开篇，设在鸳鸯厅后面一进的书场里琵琶弦子闹猛起来。

小瘪三：流浪街头讨食为生的青少年。

张师母的阿公张根发会发财会治家，从一个苏北乡下的**小瘪三**，发到纱行大老板。

小毛头：小孩子，多指婴儿。

听见孙女在屋里哭，对阿惠说，"你站在这里发什么呆，快点去抱**小毛头**。"

屋里人：妻子。

老 K 第一次搭进去，**屋里人**就不认他作自己人了，第二次吃官司吃满放出来，到监牢门口一看，老厂长等在那里。

吸铁石：磁铁。

一帮铁杆小弟兄，一天到晚围在他屁股后面，跟到东跟到西，马屁拍得笃滑，也不晓得老 K 身上有什么**吸铁石**。

猪头三：不明事理或不识好歹的人。此处指傻瓜。

说起来当初是你自己情愿买情愿送，情愿做**猪头三**的，总不好去法院告人家敲诈勒索，不好说人家骗子强盗。

三脚猫：比喻对各种技艺略知皮毛的人。

三子摇摇头："我这点**三脚猫**功夫，不行的，弄弄小物事还对付得过去，大来头的物事，没有这点花露水……"

脚踏车：自行车。

杨老师总算批完了作业，揩揩汗，眼睛朝天井里环视一圈，突然回头问乔乔："乔乔，你的<u>脚踏车</u>怎么不见了？"

一家门：一家人。

看见姆妈喊姆妈，看见我和阿惠，弟弟妹妹叫得亲热，<u>一家门</u>的衣裳全抢去洗的。

花样经：花招。

卫民面孔铁板，说："我告诉你，我家阿惠绝对不会到你们吴家去的，你早点死了这条心吧，不要再做梦，再搞什么<u>花样经</u>了！"

花头经：指处事手段多、做事花样足。

乔乔见阿惠这样不爽气，有点火冒："你这个人，<u>花头经</u>顶多。人家说几句闲话有啥稀奇，只当穿耳朵风么。

烂污货：指与人私通、作风不正的女人。

吴克柔对老太太说："你少给我出去瞎说，瞎嚼舌头，阿惠那个小姑娘，没头没脑的，<u>烂污货</u>，送上门来我也不会要的。"

落场势：收场的台阶或机会。

王琳笑眯眯地走上去打招呼，想不到吴圆就像没有看到她，面孔板板六十四穿过去。王琳没有<u>落场势</u>，立在那里发呆。

裤脚管：裤腿。

娟娟跑过来拉住吴老太太的<u>裤脚管</u>问："太婆，太婆，王老师生个妹妹还是弟弟？我去看看我去看看。"

热度表：体温计。

王珊看见吴克柔，妩媚一笑，说："我阿姐好像有点发寒热，你们家有没有<u>热度表</u>？"

大好佬：大人物。

总经理助理倒不算大，不过方京生的爷娘全是<u>大好佬</u>，北京的、中央的大干部，有牌头的。

花样经：名堂，名目。

本来要拆迁了，倒是个办法，房子可以解决了，现在<u>花样经</u>又出来，不许拆了，你死蟹一只了，到哪去偷房子啊？

老爷货：假货。

<u>老爷货</u>！老爷货！不相信你自己去开开看，开得起来扣我们奖金，扣工资也是应该的。

好货色：质量好的货物。

真的假的？早上出来还蛮好的，一歇歇又坏了？这部推土机大价钱买的，<u>好货色</u>，怎么这样不吃用？

阵头雨：雷阵雨。

想不到，现在风来雨来，跟得这么快，而且不是小毛毛雨，也不是<u>阵头雨</u>，而是像模像样的长脚雨了。

温吞水：温度适中、不冷不热的水。

一向文绉绉、<u>温吞水</u>兮兮的中国人也来个什么5·19，什么电报电话骂山门。

困梦头里：梦里。

你还在做梦呢，人家卫民差一点要请我吃拳头了，要报告派出所，告我拐骗良女了，你还在困梦头里寻开心呢!

2. 动词

汏:洗。

老法里男人吃着白相全要女眷备舒齐的, 汏脚水也要女人端到床门前的, 现在是翻天了, 男做女工, 小人把屎把尿, 女人的短裤还要男人汏, 不像腔, 不像腔。

轧:挤。

轧就轧一点, 苦就苦一点, 中国的老百姓反正是能吃苦, 也不怕吃苦, 并且会苦中作乐的。

掼:扔。

到街上跳舞唱歌滚地皮, 推翻汽车烧房子, 火冒起来在屋里打人骂人掼电视。

不牢:不住。

这个狼狈的跟头和这句有失身份的话, 偏巧被弄堂里一个烟花女子听见, 熬不牢"扑哧"一笑, 这一笑, 笑出一桩风流事流传下世。

恨煞:恨死。

吴克柔恨煞了这个不识头的老物事, 真想冲他几句, 叫你家孙子也去讨个乡下女人试试看。

白相:玩。

有一日, 一只老狗熊推开门进来白相, 老狗熊朝吴圆笑眯眯, 抬抬手, 吴圆吓得尿撒了一裤裆, 神经就有些混乱了, 不过还是会吃会做, 就是一直讨不到女人。

相骂:吵架。

三四家人家乘风凉轧满一天井, 愈发显得地盘小, 场势狭窄。人多热气散不开, 热气大, 火气也大, 吃饱了饭没有事体做, 乘风凉辰光就是寻相骂的好辰光。

相帮:帮助。

她说住隔厢已经蛮好了, 唉唉, 要相帮也帮不上的……

打棚:开玩笑。

张师母叫起来:"喔哟哟, 吴好婆你打棚呢, 你说瞎话呢, 你寻我们穷人开心呢, 你说得出的, 你会没有钞票用啊。"

搭界:发生关系。

阿惠对吴克柔更是没有半分心思的, 两个人桥归桥路归路, 根本不搭界的事体。

肉麻:心疼。

"你们来看看, 娟娟面孔上五个手指头印, 血血红, 兵兵手背上, 几个青块块, 真叫人肉麻的, 这种爷娘, 吃屎的。"

收作:收拾。

老K从工具箱里收作了自己的物事, 又拍拍三子的肩膀:"你心里用不着懊糟, 我们这种货色, 今朝不晓得明朝的, 今朝不开除明朝也要开除的。"

束牢:捆住。

老K又说:"你呢, 你还要自己束牢自己的手脚, 要束到哪一年哪一日呢? 我晓得的, 你那点功夫不比我推板, 烂在厂里? 还是卖给这种厂长?"

吃瘪：受窘；受挫。

方京生的父母全是高干，原先是在北京工作的，"文革"当中吃瘪，下放到苏州乡下老家来。

困觉：睡觉。

三子心烦意乱，正要回屋里困觉，乔乔追上来要他陪他们打一圈扑克。

歇搁：结束。

"小子，用心思了，你女朋友呢？几日不见她来了，动气了，肯定是你小子想揩人家的便宜，是不是？"三子苦笑笑："歇搁了。"

豁边：过头，超出限度。

三子看他们越讲越豁边，拿他寻开心了，板起面孔说："你不要当我骗你们的，……我辞职报告已经交上去了！"

热络：要好。

乔乔几个小青年在背地里曾经把裤裆巷所有的姑娘品评过，打分数，起绰号，热络的当面就叫绰号，不大熟悉的背后叫。

肉痛：心疼。

张师母说："肉痛是蛮肉痛的，不过也没有办法，不拆不来事的……"

用脱：花掉。

大家扳扳手指头算算，一座花篮厅移过来用脱二万，纱帽厅修修补补用脱十万，要把凤池园恢复起来，没有七八十万，解决不了问题。

出脚：交通便利。

三子的那块地皮，是方京生帮他选中、帮他廉价买下来的，地点好，出脚便当，环境又不嘈杂。

来事：行。

你的功夫肯定来事的，他们看见你的生活肯定通得过的。

会钞：付酒、饭钱。

一人吃一碗馄饨，一边吃一边讲闲话，弄得阿惠不知所以，要会钞，她们又不许。

脱空：落空。

你们先回去吧，事体十拿九稳，不过场所不能脱空的。

掼倒：摔倒。

老婆气伤心，掼倒在床上，再也没有爬起来。

浪掉：废掉，耽误。

现在小青年全这样，所以事体做不起来，弄不成功的，全给他们浪掉的。

吃劲：吃力。

你想得出的，人家讲包工的，全是吃劲生活，你去做什么？

上腔：寻衅，对人施加压力。

"就是你！"卫民终于拉破了面子，同阿嫂上腔了，他再也不想顾全阿哥的面子。

挖包：掏包，从包中拿出东西。

张师母在背后吩咐："钞票当心，当心，当心挖包，记牢，买小瓶头的，两瓶。"

触霉头：倒楣。

"文革"一来，人人碰着扫帚星，个个晦气触霉头，吴氏大宅更加逃不脱，充公。

困马路：睡马路。

碰着吴家的人，嘴里还不清不爽说什么现在变世了，叫工人阶级困马路，房子让给官僚老地主。

乘风凉：乘凉。

乘风凉顶有架子的，要算乔家的孙子乔乔，膝前一张骨牌凳，凳上一包香烟、一杯茶、一副扑克牌，大腿搁到二腿，比他阿爹乔老先生还老资格。

歇生意：解雇，被解雇。

"你晓得我们厂，娘起来的，蚀老本了，王小二过年，一年不如一年，我们这样一爿大厂，只能帮人家小厂做做配件，真要气煞人，要关门歇生意了。"

做生活：干活。

阿惠进去夹了一团棒针毛线出来，揩揩手汗，开始做生活。

寻工作：找工作。

李阿姨摇摇头，寻工作不容易的。

扳错头：寻错处，找岔子。

乔老先生看看袁阿姨，心想你调解主任这两句话讲得不对了，要给人家扳错头的。

放夜学：放晚学。

要上学堂上幼儿园是没有办法的事体，在里面早上关到下午，受了大半天的规矩……放了夜学，天皇老子大老爷也管不拢了。

轧朋友：谈对象。

阿惠高中临毕业那半年，卫国正在同桂珍轧朋友，桂珍的老娘跌了一跤，跌断一根尾巴骨，用钢筋穿起来在床上困三个月。

轧闹猛：凑热闹。

苏州人是顶欢喜看西洋镜、轧闹猛、瞎起哄的，有人在马路当中蹲下去结鞋带，也会有一圈人上去打听什么事。

做走做：揽家务零活儿干。

张师母已经五十八岁的人了，还在帮人家，做走做，寻几个铜钱，屋里开支。

嚼白蛆：扯闲话。

一场小风波平息下去，大家仍旧各忙各的事体，一边忙一边嚼白蛆，议论东家西家。

发寒热：患疟疾；发烧。

老摆渡那一日正在发寒热，请个替工，替工胆子小，看见河面上风急浪大，不敢解缆绳摇船渡那个僧人。

骂山门：骂街。

不管步行还是乘汽车，没有一个人不曾在桥上堵煞过的，堵在桥上，不得前不得后，没有其他事体做，只有骂山门顶配胃口。

赌东道：用做东道请客来打赌。

"喔哟哟，妹妹，我大半世人生下来，自己生三个，看别人也看得不少，有数目的，不相信同你赌东道……"

劝相骂：劝架。

阿惠在外面听屋里相骂，又怕又急，哭出来，跑到隔壁人家去叫人劝相骂。

插蜡烛：出意外。

哎呀，断命推土机，又插蜡烛了，发不动了，我们也急煞，修了半天修不好，像只死乌龟，你叫我怎么办，推它？

拎不清：形容人做事没有条理，弄不清形势。

李清好像拎不清，笑眯眯地问阿惠："你哪里来的票？听杨老师讲，今朝的票很紧张的。"

拎拎清：对事物明白清楚。

服务员看不起乡下人，态度不好："你们拎拎清，这里是文明场所！"

吃牌头：挨批评。

乔岩被老头子盯得没有办法了，说："我吃牌头，你开心了！"

熬不牢：挺不住。

大家看张师母从容不迫，胸有成竹，倒奇怪了，熬不牢过来问。

搭得够：要好，交情深。

"幸亏我同黑皮搭得够，人家一听是我的朋友，没有闲话讲，等天黑透了放出来，你急什么，留他一顿夜饭不好么？"

领小人：带小孩。

"你这种思想不对头的，什么叫下等事体，帮人家领小人，互相帮助么，现在人家大城市，还专门有保姆学堂，专门教小姑娘学做老娘的。"

吃得落：吃得进、吃得下、受得了。

"你放屁！"卫民蹦起来，骂他别样他都吃得落，就是不能讲到他同乔杨的事体，一讲必定跳到八丈高。

瞎三话四：瞎说，胡扯。

"你听他，你听他瞎三话四。"卫民颇有把握地说。

瞎缠三官经：东扯西拉，把两件不相干的事混淆。

张师母刚刚坐定，一桌上叉麻将的吴老太太叫起来："你不灵你不灵，你根本不会叉，瞎缠三官经。"

3. 形容词

灵：好。

乔乔说我跟去不灵的，别人要疑心的，叫我不要去的。

下作：下流。

裤裆巷这个名字实在不大文雅，叫起来也拗口，似乎总给人一种下作的感觉。

头挑：第一流，最好。

天库巷难得一块风水宝地，来造房子落户的人家，自然全是头挑的货色。

推板：差，坏。

裤裆巷虽然风气不好，民居住宅是不差的。三号这一宅，做状元府，一点不推板。

蹩脚：质量不好。

想起来吴状元一举成名，京城里做大官，这种人家买下来的房子，总归不会是蹩脚货。

台坍：丢脸。

老先生自己也总算是个有知识的人……老来还要看看《吴越春秋》《清嘉录》，却修了这么个孙子，台坍光。（台坍，也说坍台。）

适意：舒服，舒适。

可是，大阿哥讨女人以前也是顶喜欢她的呀。想到二阿哥讨女人，阿惠心里总归不适意。

精刮：会算计。

桂珍一张嘴实在厉害，人也实在精刮。

闹猛：热闹。

到书场里轧轧闹猛凑凑道，总比轧在小天井里听小青年瞎三话四有意思，乔老先生自己欢喜吹牛，偏生不要听别人吹。

上路：够交情。

三子本来是不想搭理这种货色的，可是人家既然主动讨好，再搭架子就不上路了。

活络：头脑灵活。

同这些乡下人在一起，阿惠变得活络了，她自己也想不到，自己原来也是能说会道的。

眼热：羡慕，眼红。

卫民说："我眼热？我眼热？他造八楼八底我也不眼热……"

灵光：灵验，有效。

这张红牌效果着实灵光，仅仅三天，前大街又冷冷清清，清清爽爽了，汽车脚踏车直来直去，称心惬意。

长远：时间很长。

"你们出来做这种生活，长远了？一直是拆房子？"

爽气：干脆。

乡下人又笑起来，说："你个小姑娘倒挺爽气的，走吧，一淘去吧。"

出淘：出格，优秀。

阿惠看得眼热煞了，对这种能干、出淘的小姑娘，她顶佩服。

老茄：不虚心。

银龙就是那个顶老茄的，有点像干部的人，想不到他也有这样的苦经。

呆木：痴呆麻木，不灵活。

老先生人老呆木了，来不及避开，还没有弄清东南西北，胸口头就吃了一记，人立不稳，朝后面倒下去。

牢扎：结实。

买衣裳要讲颜色，讲式样，讲尺寸，买小人白相物事要讲新鲜，讲牢扎，讲实惠。

清爽：干净。

"你只嘴也要用马桶刷子刷刷清爽了，要用老碱水泡泡了，你讲讲清爽，啥人扫帚星，啥人不太平。"

闹稠稠：喧闹，嘈杂。

天库巷方圆左右的老百姓唱天库巷"人间门，进天库，井挑巷，巷挑井，店肆开，人客来，茶社酒坊闹稠稠"。

辣豁豁：刺痛或灼热的感觉。

看见公家的人，已经有了三分惧怕，叫作价就作价，叫她开价倒是开不出，随便公家给多少，多给多拿少给少拿，房管所乘机杀半价，杀得<u>辣豁豁</u>。

野豁豁：形容言行过分或出格。

本来这个小姑娘倒也蛮文气的，现在变得这样浮头劈啪，这种小姑娘，心思<u>野豁豁</u>，张师母也不敢再去盯牢她。

瘪塌塌：形容很瘪的样子。

阿惠走前大街，逛夜市场，只有看的份，没有买的福。口袋里<u>瘪塌塌</u>。

眼热煞：羡慕死了。

不过那辰光盼女人，像吴世恩四房这种小家人家出身的女儿，修到这等地步，着实让人<u>眼热煞</u>了。

呒青头：糊涂。

卫民又加了一句："你这个人，做事体怎么也<u>呒青头</u>了？"

阿木林：呆子，傻瓜。

三子说："你们不要瞎缠不要烦，<u>阿木林</u>分今，什么小老板啦，什么大闸蟹啦，我不弄那种物事的……

难为情：可怜。

其实阿惠这个人，不一般的，你不要看她不声不响，<u>难为情</u>分今，小姑娘蛮有个性的，有气派的。

糯答答：声音柔和、婉转动听。

嘴巴里一口<u>糯答答</u>的苏州话，招徕顾客，活络得不得了。

笃悠笃悠：形容不急不慢的样子。

一面两个人<u>笃悠笃悠</u>，一面一群人汗流浃背，愈加显出两边的不平等来。

清清爽爽：非常清楚。

吴世恩心想皇帝真正不得了，中国这样大，皇帝连苏州玄妙观的方位肚皮里也<u>清清爽爽</u>。一时心急慌忙，讲在玄妙观之东。皇帝龙颜一开笑了。

狗皮倒灶：吝啬，不大方。

现今的小青年，全精刮得不得了，比老娘家还要<u>狗皮倒灶</u>，还要厉害，啧啧……

寿头码子：傻瓜。

不晓得是做梦还是热昏，不晓得是方京生豁边还是自己<u>寿头码子</u>，方京生的电话还没有回，人家作兴老早把他忘记了。

死蟹一只：比喻在困难面前无能为力。

碰着这种风头，人家是不敢卖面子的，那真是<u>死蟹一只</u>。

4. 副词

一淘：一同。

乔老先生听书顶恨别人打断，火冒冒跑出来，看见是居委会的调解主任袁阿姨，说要去调解吴家的事体，叫乔老先生<u>一淘</u>去。

作兴：也许，可能。

居民里凡是经过乔老先生调解而解决了矛盾的人，说假使叫乔老伯做居委会主任，保证服帖，区长<u>作兴</u>也能做，说不定做市长也来事。

5. 其他

一爿：一座。

桥南有<u>一爿</u>厂家，厂领导看到工人上班总是迟到，下班不能准时到家，影响生产，索性厂里出钱买来一条轮渡船。

第三节　当代吴语与现代吴语比较

一、语音系统

（一）声母比较（见表 5-9）

表 5-9　当代吴语与现代吴语声母比较

| 发音部位＼发音方法 | 时代 | 塞音 | | | 塞擦音 | | | 擦音 | | 鼻音 | 边音 |
		清		浊	清		浊	清	浊	浊	浊
帮组	当代	p	pʰ	b						m	
	现代	p	pʰ	b						m	
非组	当代							f	v		
	现代							f	v		
精组	当代				ts	tsʰ		s	z		
	现代				ts	tsʰ		s	z		
端组	当代	t	tʰ	d						n	l
	现代	t	tʰ	d						n	l
照组	当代				tɕ	tɕʰ	dʑ	ɕ		ȵ	
	现代				tɕ	tɕʰ	dʑ	ɕ		ȵ	
见组	当代	k	kʰ	g						-	
	现代	k	kʰ	g						ŋ	
晓组	当代		ʔ					h	ɦ		
	现代		ø					h	ɦ		

◎ 讨论

1. 关于疑母 ŋ

从表 5-9 可知，疑母 ŋ 在当代吴语中已经失落。现代吴语疑母 ŋ 的字在当代吴语中与阴声韵、阳声韵相拼，其声母为匣母 ɦ；与入声韵相拼，其声母为影母 ʔ（见表 5-10）。

表 5-10　现代吴语疑母 ŋ 变为当代吴语影匣母 ɦ 例字

韵母	例字
ɑ（ɑ）	牙白芽白外白
o（ɔ·）	瓦白
e（e）	偶藕
ε（ɛ^e）	颜白眼白雁文
ɔ（ɔ·）	遨咬傲
ɤə（ɤɛɤ）	岸
ã（ã）	硬
ɑ̃（ɑ̃）	昂
u（u）	蜈梧吴五午悟鹅俄鹅饿互卧
ue（ue）	危桅魏
ɑʔ（ʌʔ）	额白
oʔ（oʔ）	鹤岳腭
əʔ（əʔ）	额文

注：①括号内为现代吴语韵母。②疑母 ŋ 不与齐齿呼、撮口呼相拼。

2. 关于匣母 ɦ

匣母 ɦ 在当代吴语，与入声韵相拼时，演变为影母？（见表 5-11）。

表 5-11　现代吴语匣母 ɦ 变为当代吴语影母？例字

韵母	例字
ɑʔ（ʌʔ）	盒狭匣
oʔ（oʔ）	学白
əʔ（əʔ）	合
iɪʔ（iɪʔ）	亦翼叶
iɑʔ（iʌʔ）	协钥
uəʔ(uəɪʔ)	活或惑
uɑʔ(uʌʔ)	滑猾划
yəʔ(yəɪʔ)	穴悦阅越日

3. 关于尖团合流

尖团即尖音和团音。尖音是指声母 ts、tsʰ、s、z 与齐齿呼、撮口呼相拼的音节（字）。团音指声母 tɕ、tɕʰ、ɕ、dʑ 与齐齿呼、撮口呼相拼的音节（字）。吴语发展到当代，尖团已经合流，尖音变成团音（见表 5-12）。

表 5-12　当代吴语尖音变团音字例

声	韵	例字
ts → tɕ		跻挤际济祭
tsʰ → tɕʰ	i	妻萋凄悽砌
s → ɕ		西些洗死白细
z → dʑ		齐脐

续表

声	韵	例字
ts → tɕ	iɑ	借
tsʰ → tɕʰ		
s → ɕ		卸写泻
z → dʑ		邪谢
ts → tɕ	ie	尖煎剪箭
tsʰ → tɕʰ		千迁签浅
s → ɕ		先仙鲜宣癣选线
z → dʑ		旋前钱羡旋渐贱践
ts → tɕ	ci	焦椒剿
tsʰ → tɕʰ		悄俏
s → ɕ		萧消宵霄销逍硝小笑
z → dʑ		樵
ts → tɕ	iəu	揪酒
tsʰ → tɕʰ		秋
s → ɕ		修羞秀绣
z → dʑ		囚袖就
ts → tɕ	iã	将浆奖蒋酱
tsʰ → tɕʰ		枪抢呛
s → ɕ		镶相厢箱想相~貌
z → dʑ		详祥墙像匠
ts → tɕ	iŋ	晶精睛津井进晋浸俊
tsʰ → tɕʰ		亲侵清青寝请亲~家
s → ɕ		心新薪辛星腥醒信性姓讯迅
z → dʑ		寻情晴秦循旬巡尽静净
ts → tɕ	y	
tsʰ → tɕʰ		趋取娶趣
s → ɕ		须需
z → dʑ		序叙聚
ts → tɕ	iɪʔ	即接节积迹脊绩
tsʰ → tɕʰ		七漆切妾戚
s → ɕ		熄息昔屑悉膝惜锡戌恤雪
z → dʑ		席习集籍截捷疾寂夕袭绝
ts → tɕ	iɑʔ	爵
tsʰ → tɕʰ		鹊雀
s → ɕ		削
z → dʑ		嚼

（二）韵母比较（见表 5-13）

表 5-13　当代吴语与现代吴语韵母比较

韵母类别	开口呼		齐齿呼		合口呼		撮口呼	
	开口一二等		开口三四等		合口一二等		合口三四等	
	现代	当代	现代	当代	现代	当代	现代	当代
元音韵母	ɿ	ɿ	i	i	u	u	y	y
	ʮ	ʮ						
	ɑ	ɑ	iɑ	iɑ	uɑ	uɑ		
	ɔ̇	o						
	e	e	ie	ie	ue/ɥe	ue/ɥe		
	ᴇᵉ	ɛ			uᴇᵉ	ɜu		
	ɔ̇	ɔ	iɔ̇	iɔ				
	ɦɚ	ɚ			uɚ	uɚ	yɦɚ	yɚ
			iəu	iəu				
鼻音韵母	ã	ã	iã	iã	（无）	uã		
	ɑ̃	ɑ̃	iã	（无）				
	əŋ	əŋ	iŋ	iŋ	uəŋ	uəŋ	yəŋ	yəŋ
	oŋ	oŋ	ioŋ	ioŋ				
入声韵母			iiʔ	iiʔ			ɿʔ	（无）
	ʌʔ	ɑʔ	iʌʔ	iɑʔ	uʌʔ	uɑʔ		
	oʔ	oʔ	ioʔ	ioʔ				
	əʔ	əʔ			uəʔ	uəʔ	yəʔ	yəʔ

◎ 讨论

1. 关于韵母 ʮ 与 ʯ

ɿ、ʅ、ʮ、ʯ 是汉语及汉语方言中经常用到的舌尖元音，最早是高本汉针对汉语方言特点借用瑞典方言字母创制的。按照普遍的说法，前两个不圆唇，后两个圆唇，而且第二个和第四个有卷舌的性质。[1] 这 4 个音标中，吴语有 3 个，即 ɿ、ʮ、ʯ。ɿ 在近代吴语、现代吴语和当代吴语的用法都是一样的，在此不讨论。ʮ、ʯ 在嘉兴吴语的韵母系统中，近代吴语与当代吴语是 ʮ，现代吴语是 ʯ，按其时代排列即是：ʮ → ʯ → ʮ。

高本汉对 ʮ 的发音部位与发音方法是这样描述的：ʮ 是舌尖前音跟齿龈前部的元音，高而紧，合唇度窄（4 号），就是跟 ɿ 相当的圆唇元音，如上海话中的"主"（tsʮ）。ʯ 是舌尖前音跟齿龈后部的元音，高而紧，合唇度窄（4 号），就是跟 ʅ 相当的圆唇元音。[2] 罗常培、王均却是这样描述的：舌尖元音舌头起作用的部分在舌尖，……发 ʯ 时，舌尖向上翘起，靠近齿龈后部或者硬腭前部，……让气流的通路稍稍放宽到刚刚可以减少摩擦的程度。[3] 有学者认为，学界用"舌尖后"这样一个宽泛、模糊的词语表述 ʯ 的发音状况是难以给 ʯ 做准确的定位的。实际上，这是与 ʮ 发音时主动发音器官与目标部位形成的通道

---

① 孙宏开、江荻：《描写中国语言使用的国际音标及附加符号》，民族语文 2004 年第 1 期。
② 高本汉：《中国音韵学研究》，赵元任、罗常培、李方桂译，商务印书馆，1940，第 199 页。
③ 罗常培、王均：《普通语言学纲要修订本》，商务印书馆，2020，第 77—79 页。

偏前或偏后导致卷舌程度过大或过小有关。如舌尖抬起与硬腭前部形成通道，舌叶下正对着上下齿的方向，则发音只略带有卷舌的味道，若舌叶下与硬腭形成通道，舌体后缩，此时卷舌程度则大。但这种情况在实际的语言环境中是很难区分的，因此有些方言（如安徽宿松话）中的ʐ、ɻ不卷舌。① 鉴于此，我们不再对ʐ、ɻ进行比较。但赵元任先生能用ɻ记音，说明其记音之精细、准确。

2. 韵母 ɔ̣ 与 o

ɔ与o同是舌面后圆唇元音，但ɔ是后半低圆唇元音，o是后半高圆唇元音。前者发音时，舌头后缩，舌尖离开下齿背，内收两个嘴角，使唇收拢，略圆。舌面后部隆起，开口度较大。后者发音时，舌头后缩，舌尖离开下齿背，内收两个嘴角，使唇尽量收拢，唇形较圆。舌面后部隆起，开口略大。加上一个符号"ʅ"，表明舌位位于比ɔ略高比o略低的位置。

3. 韵母 ɛ³ 与 ɜ

ɛ是前中不圆唇元音，加上ɜ，表示ɛ³发音收尾时，舌位稍微降低，当代吴语中，ɛ³已经演变为ɜ。现代吴语韵母 uɛ³ 与当代吴语韵母 uɜ 同理。

4. 韵母 iəu 与 uei

iəu 中的ə是央半高不圆唇元音，发音时，舌尖微离下齿背，舌面中部隆起，口半开，两个嘴角向两边展开。一般是先发 [e]，然后舌身稍稍向后移动，但舌位的高度始终不变。iəu 的ə是央中不圆唇元音。ə舌位比ə高，它们都是韵母 uei 与 iəu 的过渡音。

二、词汇系统

（一）内容的变化

1. 特色更加突出

当代吴语绝大多数词语都是未经过书面语修饰的民间口头用语，长期流行于田间地头、街头巷尾，十分贴近民间生活，这些被江南水乡浸染的词语形象地反映了吴地广大民众日常生活的情景，吴语方言的特色很突出，与普通话词语有明显的区别。有些词语无论是在形式上还是在内容上都与普通话差异很大。如：

日头、太阳头里、阴头里、移星、鬼头风、枪风、霍显、凿着雨、冻冰、烊冻、棉花朵头（大雪）、鲞、好天、野日吃家日、野月吃家月、圩岸、汇头、河港、塘（运河）、荡（湖泊）、停烫水、场化、出街浪、旧年、年夜脚壁、辰光、点饥、格抢、斫稻、掼稻、猪摇头瓜、辣子、夜大人、背包、百脚、中脚蛇、甩水、弯转、镬子、饭糍、铜罐、塞针、摇车、火酒、囡囡、佲佲、小奶婆、别脱人、温行、大好佬、半吊子、立墩头、坐馆先生、蹲狗、硬木料、派拉人、开乌龟、开皮行、慢爷、慢娘、块格、嘴婆、济手、顺手、勿爽、纳、皮夹、点心、零散、干挑、千张、修面、游码头、结小菜、派派吃、孵太阳、向火、打昏杜、昏机错糟、打中觉、朝天觉、折转觉、折里床困、折外床

---

① 周杨，王琪：《汉语方言中的ɻ音》，《宁波大学学报（人文科学版）》2013 年第 2 期。

困、扑转困、讲困话、跳觉、答答、答还、虚送、罪过、茄得、弯舌头、跑街先生、摊、牌位账、宕、墩盘、担开销、花红、对合、放点学、写白字、药水笔、赖学狗、伴猫猫、礌礌硊、削洋片、豁拳、着棋、将官头、木头人戏、拍曲、戏房、钤机、话亲、奔囡儿、结安心、嫁橱衣、大二轿子、喜娘、二爷、暖房、人胞、双生子、鬼夫妻、画龙、困门板、寿材、垫背背、落材、批书、伴灵、守孝堂、子孙钉、断七、脱白、房囡、祠考、五孽坯、哭竹棒、享菜、斋菩萨、油篾灯、香金、募化、话婆。

当代吴语的动词和形容词也具有浓郁的吴语特色，如：

答头、答头放屁、头抛起、拜倒、杰转去、拔嘴、米结、戳祭、挖开、斫起、搭倒、涨结、楞白眼、乌白眼、打俏眼、夹夹（眼睛眨眨）、滗（眼泪流下来）、反膀、打穷结、相袖、擘（手脚叉开）、撑棚、搭净瓶架子、捏节、造勿是、造乱说、打涕、打寒劲、发彪劲、孵倒、掼倒、痫倒、扑面一跤、朝天一翻跤、躺一跤、吵相骂、茄嘴皮、打相打、哭一滩、待被、交身过、跑相邻、热络、值钿、引（迁就，宠爱）、捩（用扫帚粗略扫一下）、佮（合伙）、光火、讲张、啥快、贴招子、诈功、相帮出肩、朵落人头、寻肯头、扳鹊丝、轧出来、拆棚脚、搭架子、戳空枪、阴刁、坍台（丢脸）、够勒、收作、犯头、争过意、讲空头、讲闲文、吃酱落粟、翘须、装妈虎、装困娘子、赖地光、塌空轿、头挑、乌糟、倒糟、勿出山、食痨、伤阴积、昏冬冬、木欣欣、发彪、搭死掼、臭迮、勿实条、杀念、扎劲、大劲功、野配、买门、毫燥、君光溜滑、绷硬笔剥。

有些词语形式上与普通话相同，但内容都与普通话不一样。如：

呒道理（没关系，不在乎）、图书（印章）、天花板（棺材盖上露出脸的部分）、开路先锋（送葬队伍中纸制的、高丈余的方伯神像）、吃豆腐饭（吴地人家在丧事完毕后，设饭肴谢亲友及帮助治丧者。旧俗菜肴必备豆腐，故称吃豆腐饭）、做七（从死者断气时算起，满七日为“一七”，逢七日丧家必于灵堂设供祭拜，至“五七”最为隆重）、回煞（迷信者相信死者灵魂于死后近期由“眚神”引导，回家一次，归期由阴阳先生算定，这天称“回煞”，也称“接眚”）、脱白（满孝后脱下白色的孝服）、脱手（失手）、划（扒一口饭）、把(把尿)、凿(刺，戳。手节头～出去)、直脚(跺脚)、米(轻轻吐)、搭(端碗)、话(讲)、搬（搬弄话语）、疲（拖延）、诱（逗孩子）、赞（夸奖）、奇（害怕）、巴结（勤奋）、打（用肥皂擦抹）、上（堆起来）、挺（剩下）、划算（算计）、相信（喜欢）、丑（羞辱）、直（突出）、反对（合不来）、心焦（闲得慌）、灵（好）、怵（差）、趣（漂亮）、时货（讲究）、推板（差）、清爽（清楚）、浪（稀，疏）、孟（密）、壮（胖）、邪（力气大）、薄（粥稀）、厚（粥稠）、肉麻（心疼）、刮皮（专讨便宜）、生活（活儿）。

这些方言词语在当代作品还普遍存在。如：

<u>癞太婆移</u>灯笼，移到<u>捻船</u>上<u>讨媳妇</u>，媳妇娘子几时来？<u>月半勿</u>来十六来。<u>拿点啥来</u>？<u>拿勒</u>四个花花甜麦<u>塌饼</u>来。娘一个，爷一个，<u>大娘阿婶</u>分一个。多一个，<u>放勒灶山上</u>，给只花猫叼去。<u>放勒墙头</u>上，老鹤叼去，叼<u>勒</u>前半天里，跌下来，<u>跌勒</u>灰堆里。<u>坌坌看</u>，<u>坌</u>出一只花野鸡，<u>称称看</u>，刀半，<u>汏汏看</u>，篮半，<u>烧烧看</u>，<u>镬半</u>。媳妇娘子<u>尝尝看</u>，尝了<u>碗半</u>，被<u>老官</u>拍一记，逃到娘家<u>年半</u>，养个<u>囡儿岁半</u>，啃<u>钵头</u>，倒<u>酱罐</u>，打碎外婆家的破汤罐。（采录于1987年，吴冬妹《杭嘉湖方言地区童谣辑注·癞太婆移灯笼》）

嚷，嚷，嚷，清白<u>圆子</u>送外甥。外甥吃了两三粒，舅妈<u>面孔急绷绷</u>，<u>娘舅</u>出来<u>掼家</u>

<u>生</u>，外公将将胡须勿管账，外婆<u>蹲</u>勒门角落里哭一场。（吴冬妹《杭嘉湖方言地区童谣辑注·清白圆子送外甥》）

以上两首童谣都描写日常生活，前者写一个家庭的生活过程，从娶媳妇写起，中间写了家庭生活，最后以媳妇逃回娘家生了一个顽皮的孩子结束；后者写家庭生活中的一个片段。童谣中的大多词语是吴语，具有浓重方言韵味。嘉兴当地人曾用一首儿歌来戏说吴语词汇独特性："嘉兴闲话蛮滑稽，称呼搭人家勿一样。囡囡拉妈妈叫姆妈，姆妈拉姆妈叫外婆，姆妈拉爸爸叫外公，爸爸拉爸爸叫大爹，爸爸拉姆妈叫亲妈。"

2. 词汇更加丰富

经过历史的沉淀与积累，当代吴语的词汇已经很丰富，有反映本地特有地理、地貌的名词，如塘、荡、圩岸、汇头、运河、河滩头等；有反映本地区关于天气、气候、动植物资源独特称谓的词语，如日头、麻花雨、霍显、热天公、冷天公、月底边、猪摇头瓜、夜客人等；有反映适应本地环境、具有本地特色的农工商诸业的劳作方式及各种工具的词语，如掼稻、牌位账、纲船等；有的则很形象地概述本地人民的生活习惯、四时风俗。

敲敲门，啥人？隔壁张阿大。来做啥？对个火。对个火来做啥？寻引线。引线寻来做啥？吊叉袋。吊叉袋来做啥？抬石卵子。抬石卵子来做啥？磨刀。磨刀来做啥？劈篾头。劈篾头来做啥？做淘箩。做淘箩来做啥？淘米。淘米来做啥？牵磨。牵磨来做啥？做粞粞。做粞粞来做啥？到天浪外婆拉里。哪哈跑上去？金叉银叉叉上去。哪哈跑脱来？三根红绿丝线挂脱来。天浪外婆拨点啥傸？花花扁担唔。花花扁担拨厓（音ŋa）看看，撑门撑断哩。断扁担拨厓（音ŋa）看看，炖茶炖掉哩。灰拨厓（音ŋa）看看，挖勒桑树浪去哩。桑树上采只叶子来拨厓（音ŋa）看看，蚕宝宝吃去哩。蚕宝宝捉个来拨厓（音ŋa）看看，做茧子哩。茧子采一个来拨厓（音ŋa）看看，做丝哩。丝拨厓（音ŋa）看看，进绸哩。绸拨厓（音ŋa）看看，染坊师傅染去哩。同倍到染坊师傅头看看，新妇娘子做衣裳去哩。新妇娘子格衣裳拨厓（音ŋa）看看，新妇娘子淘米拎水欠勒河里淹煞哩。淘箩汆（漂浮）勒鞋里？汆勒竹排头。提桶汆勒鞋里？汆勒竹排头。死尸汆鞋里？汆勒娘拉门底。（摘自嘉兴市地方志编纂委员会《嘉兴方言志·童谣》）

正月捉盲（捉迷藏）踢毽子，二月长线放鹞子，三月清明做团子，四月看蚕采茧子，五月端午裹粽子，六月双手拍蚊子，七月馄饨裹馅子，八月桂花勿结籽，九月里芦棒敲枣子，十月打潭（种麦）出麦子，十一月绣花做鞋子，十二月打糕杀年猪。（摘自《浙江民俗·童谣》1986年第2期）

第一首以问答的形式，用吴语写出江南水乡生产、生活的特点：淘米、做粞粞、种桑、蚕养、采茧子、纺丝……一幅典型的水乡生活画卷。第二首是风俗歌谣，以12个月为序，写出当地人民一年的生活情况，诗中所出现的物品都是吴地的特产，而且都用吴语表述出来。当代吴语词汇的丰富性，我们可从用方言创作的《孩儿塔》和用方言来转写《伊索寓言》的《北风和太阳的故事》看出来。

（1）《孩儿塔》

孩儿塔是建于嘉兴城内的一座塔，初建约在五代或北宋时，清光绪三十年（1904）重建，1966年秋被拆除。塔的来历也有多种说法，但嘉兴老百姓都说孩儿塔是因县官警

示顽童、宣传孝道而建的，故名"孩儿塔"。1947 年，《阵中日报》刊丰浪所录《孩儿塔》
为："嘉兴城内有一座孩儿塔，相传那是一位刚正不阿的清官所建造的。据说有一天，这
位清官出外巡城，遇到一个妇人抱着自己的两岁孩子在街上玩耍，小孩子用两只小手咽
咽咽地不断打着他母亲的脸颊，清官一见，心中不由大怒，立刻命人前去大声喝阻住，
同时责问那妇人为何让她的孩子直打自己的脸。那妇人回答说，她的孩子小，不懂事。
清官一听火更大了，就叫下人抓了一把盐和一把白糖，放在那小孩的面前，让他自己任
择一堆去吃。那小孩先把盐放进嘴里去，感到不是味道，眉头一皱，都吐了出来，接着
又用小手抓起白糖往嘴里去，却笑眯眯，吃了个精光。这时清官说道：'原来小孩也懂得
什么是甜，什么是咸，好吧，既然这样，让我带回教训教训……'于是就把这小孩挟回活
埋了，并在上面建造了一座塔，取名叫'孩儿塔'。"这段文字显然是用"国语"写的，20
世纪 80 年代，嘉兴市地方志编纂委员会也用嘉兴话把"孩儿塔"的来历叙写出来。现将
此文抄录如下（括号内为普通话）：

　　嘉兴城里厢（里面）有条街叫"塔弄"。从前格（这）条街浪（上）有过一座塔，叫"孩
儿塔"。格（这）是哪哈（怎么）一桩（一件）事体（事情）来？
　　跑昔（从前）呢，有格（个）小百戏（小孩子），从小爷娘（父母、爹妈）才（都，全）
死光勒（语气助词，相当于"了"），就跟伊（他）格（的）亲妈（祖母，奶奶）一道（一
起）过日脚（日子）。那么（代词，那）格亲妈对格孙子交关（很，非常）值钿（宠爱），
宠来野衰（那样）。够个（这个）孙子勿（不）大听亲妈格（的）闲话（话），勒（介词，
在）屋里想啥（什么）就要啥，想吃啥就要吃啥，还拏（拿）伊亲妈来骂。杂介（这么）
有一日子（一天），孙子搭（介词，与，跟）格（他）亲妈勒（语气助词）吵，骂格亲妈，
骂来蛮（很，非常）难听。勒格（在，正在）辰光（时候，时间），齐头（刚好）有个县
官勒（介词，从）伊拉（他们）门口走过，听到勒（助词，了）。县官想：鞋格（这个）
小百戏啥快（同"介"，这么、这样）哩！骂伊格（那个）老人杂介（这么）骂法子（样
子）？县官就叫是下底（下面，手下）格（的）人拏（拿）格亲妈叫出来问："老婆婆（对
年老妇人尊称）啊，格（这个）小百戏是倷（你）啥鞋（什么人）？"那么格（他）亲
妈讲："是厓（ŋa，我）孙子。"县官讲（说）："鞋（他）是倷孙子，倷（你）孙子拏（拿）
倷（你）杂介（这么）来骂啊，格（这个）小人（小孩子）真是海外（形容词，放肆）哩！"
格亲妈讲："县官大人，厓（ŋa）孙子还小化（放在形容词后面，表过分的主观感受）哩
（语气词），伊勿（他不）懂事。"县官就讲哩："伊勿懂事？唔（我）今朝（今天）试试看，
伊到底懂勒（放在句子中间，放缓语速）勿懂。"杂介（这样）呢县官老爷喊人到店里拏
（拿）勒（语气助词，了）一钵头（一种陶制的器皿，形状像深的碗，口大底小，多用来
盛饭菜）盐，一钵头白糖。摆勒（在）只（一只）骨排凳（一种旧式方凳）浪厢（上面），
叫格（这）小人吃，格（这）小人见是一钵头盐，一钵头糖么，就拏（拿）节头骨（手
指）蘸勒（助词，了）点糖吃。县官老爷讲："噢，格亲妈还要帮格孙子讲伊勿懂事，勿
懂，为啥盐勿吃，吃糖？格（这）就是讲伊懂格（助词，的）！格小人从小就忤逆不孝，
大起来呒出山（不出息）。"县官老爷拏格（拿这）小人带回到衙门里去，拏格小人杀脱（杀
掉）哩。伊格亲妈蛮（很，非常）肉麻（心疼）咾（助词，了），就拏只铜棺材葬伊（他）
化（相当于指事词，代动作施事的地点——"里面"）。

回到<u>屋里</u>（家里），<u>格</u>（他）亲妈一直蛮伤心，想到<u>伊格</u>（她）孙子，经常要哭。<u>二日子</u>（一天），<u>天落</u>（下）小雨，亲妈开出门来，像或听到<u>伊孙子格</u>（的）脚步声，开门出去一看，雨头里有个<u>小百戏</u>，穿一件红格<u>衣裳</u>，<u>勒</u>（正在）跑来跑去。仔细一看，<u>格</u>（这）人就是<u>伊格孙子</u>。从此<u>格</u>（这）<u>街浪</u>（上）<u>格</u>（的）乡邻<u>才</u>（都）讲："<u>格</u>孙子魂灵<u>勿散</u>，变成个鬼化哩。"就<u>杂介</u>（这样）呢，<u>勒格</u>（在）<u>弄堂</u>造是一座塔，<u>挲格</u>小百戏<u>压牢</u>（住，放在动词后面起补充作用，表示牢固、稳当）是。<u>格条弄</u>呢，从此以后<u>鞋</u>（它）就叫做"塔弄"。

解放以后，<u>格座塔拆脱</u>（拆除）哩。有格人就讲<u>厓</u>（ŋa）去<u>掘</u>（挖）掘看，结果掘出来<u>才</u>（都，全）是砖头。一点<u>呒啥啥</u>（什么都没有）。

注：引用此文是为说明嘉兴吴语与普通话的区别，但对文中"活埋儿童"漠视生命的封建行为表示愤慨。

（2）《北风和太阳的故事》

《北风和太阳的故事》原是《伊索寓言》中一则反映生活经验的代表作。它通过太阳和北风因手段不同而招致结果相悖的故事，试图说明劝导往往比强迫更为有效的道理。凤凰出版传媒集团《伊索寓言全集》关于这则寓言的文字为：

北风和太阳争辩，谁最有力量，他们决定，谁能先剥下走路人的衣服，便算是胜利者。北风先试他的力量，尽力吹起来；但是风吹愈大，那走路人将他的一口钟（指披风，外衣）裹得愈紧；直到最后，大风终于无效，请太阳出来，要看看他的本领。太阳突然将他所有的热力照耀出来，那旅行人立即觉到他和暖的光线，便将衣服一件一件地脱下，到了最后，热得受不住，就脱光了衣服，在路旁的一条河里洗沐。

1927 年赵元任先生调查吴语时，曾让 19 个吴语方言点的人分别用本地吴语叙说这则寓言，并把记录的苏州话写入《现代吴语的研究》。其文字为：

有一转北风搭太阳恰恰勒浪争论啥人葛本事大，讲勒讲来仔一葛走路葛人，身浪着仔一件厚褙。俚笃两家头就商量好仔说，啥人能先叫葛葛走路葛人脱脱俚葛褙啊，就算啥我葛本事大。好，北风就用起仔劲来尽管吹。落哩晓得俚吹得利害，归葛人就拿褙裹得越紧。到后来北风呒不法子，只好就算哉。一歇歇太阳就出来刮喇喇一晒，葛葛走路葛人妈（马）上就拿褙脱仔下来。所以北风勿能勿承认到底是太阳比俚本事大。

20 世纪 80 年代，钱乃荣先生调查当代吴语时，在赵元任先生《北风跟太阳的故事》基础上又多加一段文字，让发音人转述了这段文字，在《当代吴语研究》中公布了 20 个调查点转述结果，其中有嘉兴点，文字为：

有一趟，北风<u>告</u>（跟）太阳<u>齐巧</u>（恰巧）<u>有化</u>（正在）争，啥人<u>个</u>（的）本事大，<u>正有化</u>（正在）<u>讲</u>（说）<u>个</u>（的）<u>辰光</u>（时候），来<u>勒</u>（语气助词，了）一个走路<u>个</u>（的）人，<u>身浪向</u>（浪，上；向，一些方位词的后缀，相当于普通话的"面"，浪上，即上面）穿<u>勒</u>（助词，着）一件厚<u>个</u>棉袄。<u>伊拉</u>（他们）<u>两家头</u>（两人）就商量好<u>勒</u>（助词）讲

（说）：啥人能够先叫<u>哀个</u>（那个，哀，代词，那）走路<u>个</u>（的）人<u>脱脱</u>（掉）<u>伊奴</u>（他）<u>个</u>（的）棉袄，就算啥人（谁）<u>个</u>（的）本事大。<u>纳么</u>（连词，于是），北风就用足<u>劲道</u>（劲头，力气）来<u>穷</u>（狠狠地，拼命地）吹，<u>蟹里</u>（哪里）<u>晓得</u>（知道）<u>伊奴</u>吹<u>勒</u>（助词，得）越<u>厉海</u>（厉害），哀个人就拿棉袄裹<u>勒</u>（得）越紧，到<u>后首</u>（后来）来，北风<u>吭没</u>（没有）办法，只好就算里。<u>过脱</u>（过了）<u>一歇歇</u>（一会儿）啊，太阳出来<u>热热叫</u>（热烘烘地）晒一晒，<u>葛个</u>（这个）走路<u>个</u>（的）人马上拿棉袄就<u>脱落来</u>（脱掉）<u>唉</u>。<u>角落吥</u>（这样）北风勿得勿承认到底还是太阳比<u>伊</u>（它）<u>个</u>（的）本事大。

　　<u>隔勒</u>（过了）几日（天），风<u>告</u>（跟）太阳<u>夷</u>（代词，它们）又碰着（遇见）哩。太阳<u>告</u>风讲："<u>争朝</u>（即今朝，今天的意思）<u>难奴</u>（你。难：侬，奴：语气词）还敢<u>告</u>（跟）<u>我奴</u>（我）比本事<u>伐</u>（音va）？"风讲："好<u>个</u>，<u>外</u>（音ŋa，我们）再来比一比。<u>侬</u>（你）看，河里<u>向</u>（里面）<u>勿是</u>（不是）有一只船啊？啥人（谁）能够叫<u>哀只</u>（这只，哀，同"该"）船开得快，就算啥人（谁）<u>个</u>（的）本事大。"<u>纳末</u>（这样），太阳就拼命<u>个</u>（助词，的）晒，催摇船<u>葛个</u>（那个）人，用力摇船。<u>必过</u>（但是）呐，太阳光越是大，撑船<u>哀个人</u>（这人）呐，越是<u>吭没</u>（没有）力气，船也摇<u>勒</u>（助词，得）越来越慢。轮着风来试试看哩，<u>伊奴</u>（他）<u>胡鲁胡鲁</u>（象声词，哗哗啦）<u>个</u>（的，地）吹，只听摇船<u>葛个</u>（这个）<u>有化</u>（正在）喊："顺风哩，能够<u>扠</u>帆哩！"纳么，船<u>高头</u>（上边）就升起来帆（把帆升起来）。风推着帆，帆带<u>勒</u>（助词）船，船开<u>勒</u>极快<u>个</u>（助词）。<u>葛辰光</u>（这时候）太阳只好讲："风先生，<u>侬个</u>本事比奴（我）大。"

　　到<u>压末来</u>（最后），风讲："<u>外</u>（我们）大家<u>侪</u>（都）有本事，勿要争哩。"

3. 时代性更加明显

　　当代吴语词汇的内容特色也像现代吴语一样，深深打上了时代的烙印。新中国成立以后，在政治、经济、文化等方面都发生了巨大的变化。这些变化也必然引起现代吴语词汇系统相应的变化。如：

　　铁车（缝纫机）、老虎钳、纸筋石灰、隘士林（汽油）、压勿杀（千斤顶）、工资、奖金、机器脚踏车（摩托车）、摩托车、汽油船、小轿车、自行车、面包车、救护车、无线电、收音机、电车、电钻、电话、皮箱、雪花膏、味精、海鲜、牛仔裤、直筒裤、喇叭裤、塑料拖鞋、风凉皮鞋、解放帽、卫生间、席梦思、尼龙伞、谈恋爱、演员、托儿所、幼儿园、男生、女生、教师、学费、高尔夫球、京剧、批评、报喜等。

（二）语法的变化

1. 逆序词的变化

　　当代吴语同位逆序词虽然没有近代吴语、现代吴语那么多，但依然存在。如：天亮快—快天亮、丝粉—粉丝、心焦—焦心、道地—地道、量气大—气量大、行李袋—旅行袋、汤三鲜—三鲜汤、好天（气）—天好、夜快边—快（到）夜边、欢喜—喜欢、气力—力气、肚皮惹—拉肚子、雷响—打雷、调羹—羹匙、齐整—整齐、汤山芋—山芋汤、门对—对联、月大—大月、月小—小月、变天—天变、半夜三更—三更半夜、脚手架—手脚架、吸血虫—血吸虫、鱼鲜—鲜鱼、魂灵—灵魂、人客—客人、路道—道路、律法—法律、闹热—热闹、舍勿得—勿舍得、搭手搭脚—搭脚拱手、药膏—膏药、袱包—包袱等。

逆序词是一种历史语言现象，这种语言现象古已有之，如《诗经·周南·桃夭》："之子于归，宜其室家。之子于归，宜其家室。"《诗经·齐风·东方未明》："东方未明，颠倒衣裳。东方未晞，颠倒裳衣。倒之颠之，自公令之。"这两首诗中有两组同位逆序词"室家—家室""衣裳—裳衣"。上古同位逆序词的出现可能有两种情况：一是为了谐韵（也叫"叶韵"）即押韵；二是由于词义的变化，古义中的一些意义项已经发生变化。《左传》有云："女有家，男有室。室家谓夫妇也。"或云："室谓夫妇所居；家谓一门之内。"可见，"诗经时代"的"室家"和"家室"是有区别的。中古时期由于双音词的发达，产生了大量同位逆序词，到近、现代之交，由于"新文化运动""白话文运动"以及外来词的影响，汉语处于文白夹杂的过渡阶段，很多词还没有完全定型，同时，有许多文学家有意创造一些新词来达到求新求变的目的，如鲁迅作品中的"愿心—心愿""断片—片断"，冰心作品中的"咒诅—诅咒""习练—练习""羡叹—叹羡""夜午—午夜"等。随着现代汉语的不断规范，这类词语越来越少，但吴语的词汇系统还继续存在，这与吴语词汇的地域环境、历史文化、语言习惯有密切的关系。

2. 词缀的变化

（1）前缀"阿"

前缀"阿"在近代吴语、现代吴语中的主要语法功能有两点：一是表示疑问的语气，犹如"可""是否"；二是用来构成名词，用在表亲属称谓、表排行的名词前面。在当代吴语中，第一种的用法基本不存在。第二种的用法比现代吴语更广泛，不仅用在人名前面表亲属称谓、表排行含有亲昵的意味，还用在名词、动词、形容词前组成表贬义的名词性词组。如：

阿土生（没见过世面的人）、阿飞（身穿奇装异服、举止轻狂的青少年）、阿乡（对乡下人的蔑称）、阿木令（笨蛋、傻瓜）、阿胡（不明事理、不近人情的男子）、阿憨（傻子）、阿狗阿猫（泛指某人或某些人。含有诙谐或轻蔑的意思）。

（2）前缀"老"

"老"在近代吴语的词汇中主要用在名词的前面，组成一个新的表人物的名词性词组。

①洪善卿道："尊姓是张？"张小村道："正是。老伯阿是善卿先生？"

②忽又见一个老婆子，也从里面跑到门前，高声叫"阿巧"，又招手儿说："勤去哉。"（中性）

③子富叫的两个倌人，一个是老相好蒋月琴，便令娘姨转去："看俚哚台面摆好仔末再来。"

④子富道："老鸨也忒煞好人哉。"云甫道："老鸨阿有啥好人嗄！"

⑤荔甫是秀林老客人，生来帮俚哚。

⑥说话时，那老娘姨送上烟茶二事，见了朴斋笑道："赵先生，恭喜耐哉！"

⑦吴松桥道："老老头倒高兴哚。"

⑧黎篆鸿道："耐也算是老白相，故歇叫个局就无拨哉。说出闲话来阿要无志气！"

⑨匡二一面低头挖灰，一面笑问："四老爷叫来哚个老倌人，名字叫啥？"

⑩总知客一手整理缨帽，挨身进门，见了小云，却不认识，垂手站立门旁，请问：

"老爷尊姓？"小云说了。

⑪赖公子欣然道："好，好！连搭仔乔老四一淘请。"

⑫蔼人复道："难是生来一概拜托老兄，其中倘有可以减省之处，悉凭老兄大才斟酌末哉。"

前缀"老"到了现代吴语，指示的人物类型也越来越多，而且也指事、物。如：

①太太，我拉埭上。东横头，有个老阿太，姓李，亲丁末……老早死完哩。（徐志摩《一条金色的光痕》）

②对门生泰杂货店里的老板金老虎也站在柜台外边指手划脚地讲谈。（茅盾《林家铺子》）

③我刚才知道，老头子是昨天夜里夜车来了的。（茅盾《多角关系》）

④老胡便像想起了似的接下去道："少爷自己陪了来的。我不会讲洋话，没有招待，——还当是少爷的朋友呢！"（茅盾《多角关系》）

⑤哈哈，到底是老朋友，摸得着脾气。（茅盾《多角关系》）

⑥吃粥吃饭对面坐，自家想想老面皮。（王翼之《吴歌乙集·梨花开来像木樨》）

⑦希奇希奇真希奇，蚂蚁踏杀老婆鸡。（王翼之《吴歌乙集·希奇希奇真希奇》）

⑧石头缝里爿出一条老百脚。（王翼之《吴歌乙集·大人大人要看啥》）

⑨还不是老毛病发作么，胃气痛！（茅盾《多角关系》）

⑩王家的大小姐是干这一行的老门槛（老手），她可以开一个特别讲座。（茅盾《委屈》）

⑪汽车，人力车，老虎车（板车），独轮车，什么都有，好像开了车辆展览会。（茅盾《第一阶段的故事》）

前缀"老"到了当代吴语，产生了大量"老+X"结构的词语，如老大、老二、老三、老公、老婆、老李、老财（富家）、老师、老酒、老板娘、老虎灶、老虎窗等，而且使用更广泛，或指人，或指物，或指行为，或指人的品德。如：

①"老土地"指长期在某地或某单位呆久的人。

有位1965年毕业的大学生，尽管其有诸多论文、科研成果，但因为其不是某医院的老土地，就被排斥在外。（《生活周刊》1988年9月18日）

②"老小姐"指老处女。

她这十年的长进，不过是从小姐脾气发展成为老小姐脾气。（王安忆《流逝》）

③"老法师"指老行家。

上海某进出口公司的一位"老法师"认为：百分之十左右的青年外销人员不称职。（《生活周刊》1988年4月3日）

④"老娘舅"指老舅，也指调解人。

一开始吵架时，边上出来讲话的"老娘舅"不多，劝架的更少。

⑤"老坦克"指破旧的自行车。

他挎着一个工具包，骑着一辆"老坦克"。（《生活周刊》1988年13月11日）

⑥"老棉布"指土布。

六月天下田，还特地穿老棉布的褂子哩。（陆文夫《有人敲门》）

⑦"老底子"指以前。

"老底子"是上海话"以前""过去"的意思。(《人民日报》1989年4月4日)

⑧"老来俏"指年老好打扮。

隔壁娟娟出差广州,买来几件富有时代感的老年服装给她妈妈穿。谁知她妈妈连连摆手,怕穿上给人家说"老来俏"。(《新民晚报》1988年4月7日)

⑨"老茄"指不虚心,言行与知识、年龄、经验不相称。

天真浪漫中的一点"老茄"气,把我们惹笑了。(《消费报》1987年8月1日)

⑩"老三老四",言行傲慢,不虚心。

她一直没有发言,却睁着一双大眼睛满有兴味地看着我们几个人老三老四地七嘴八舌,滔滔不绝。(《解放日报》1988年9月11日)

(3)后缀"子"

后缀"子"在近代吴语和现代吴语中的使用已经很普遍,一般是主要用在人、物后面组成名词,表示人物或事物,也有少量表示时间和动作行为。如:

①指人:忽有个精胖小伙子来做他口里食,真是矮子爬楼梯,巴弗能够的,自然一拍一吻缝。(《何典》)

②指物:你赖学也赖得有方有寸,怎么鹞子断着纬,许久弗进学堂门?却倒在此做斫柴囝,是何道理?(《何典》)

③指动作行为:活死人苦恼子,真是吃他一碗,凭他使唤,敢怒而不敢言。(《何典》)

④指时间:遂不免一顿饱一顿饿的半饥半饱过日子。(《何典》)

当代吴语,"子"的用法更加丰富,尤其是在北部吴语区。这一地区"儿"尾用得很少,但"子"尾用得很多,而且"子"字歌谣特别多。

正月踢毽子,二月放鹞子,三月清明做圆子,四月养蚕采茧子,五月买把花扇子,六月乘凉赶蚊子,七月牛郎会娘子,八月中秋摘桂子,九月芋艿、毛豆子,十月哥哥拿帖子,十一月造起新房子,十二月讨进新娘子。(1982年采写,摘自吴冬妹《杭嘉湖地区方言童谣辑注·子字谣》)

正月大家踢毽子,二月迎风放鹞子,三月清明做包子,四月养蚕采茧子,五月端阳包粽子,六月荷花当帽子,七月大忙割稻子,八月准备造房子,九月分发红帖子,十月讨来新娘子,十一月生下胖儿子,十二月里杀年猪。(1987年采写,摘自吴冬妹《杭嘉湖地区方言童谣辑注·子字歌》)

新娘子,摆架子,蚂蚁抬轿子,苍蝇分帖子,蜜蜂吹笛子,蝴蝶照镜子,一抬抬到新房子,咪哩呜哩吹一吹,停轿子,出娘子,原来是只金铃子。(1982年采录,摘自《上海采风·新娘子》1983年第3期)

小三子,拉车子。楠牢一包香瓜子,炒炒一锅子,吃吃一肚子,搭搭一裤子,到月河边去汰裤子。(摘自吴冬妹《杭嘉湖地区方言童谣辑注·小三子》)

正月里来踢毽子,二月里来放鹞子,三月里来淘米裹粽子,四月里来看蚕拗茧子,五月里来汪刺(一种鱼)上钩子,六月里来买把花扇子,哟嗒哟喀赶蚊子,七月里来和尚师太送关子,八月里来毛豆芋艿子,九月里来养儿子,十月里来造房子,十一月里来做团子,十二月里来讨娘子。(1988年采录,摘自吴冬妹《杭嘉湖地区方言童谣辑注·十二月谣》)

正月剥瓜子，二月坐轿子，三月放鹞子，四月种田插秧子，五月吃棕子，六月扇扇子，七月鬼王挖银子，八月月饼嵌馅子，九月重阳吃团子，十月门蟹（雌蟹）生膏子（蟹黄），十一月里落雪子，十二月财神菩萨收金子。（摘自方松熹《浙江吴语词法特点·十二月歌》，《舟山师专学报（社会科学版）》1998 第 2 期。）

以上这些歌谣都与十二节气相关，与日常生活事物、用品有关，可见"子"在当地语汇中的重要地位。在普通话里用"儿"做词尾的词，吴语却用"子"，如桃子（桃儿）、李子（李儿）、勺子（勺儿）、叫子（哨儿）、结扣子（打个扣儿）、小刀子（小刀儿）、小辫子（小辫儿）。在普通话里没有词尾的词，吴语也用"子"。如窗子（窗户）、驴子（驴）、鞋子（鞋）。可见"子"使用十分广泛。当代吴语的"子"也同近代、现代吴语一样，主要用来表示人物、事物、时间。如：

架子、帽子、杏子、桃子、李子、栗子、腰子、房子、镬子、车子、票子、炉子、哑子、帐子（蚊帐）、珠子、袜子、裤子、钩子、学生子、今朝子、明朝子、后日子、前日子、昨日子、明年子、后年子、今年子。

（4）后缀"头"

后缀"头"在近代吴语中的使用很普遍，在当代吴语中的使用更加广泛。在当代一些童谣中还有以"头"为题的儿歌。如：

天上日头，地下石头，嘴里舌头，背上斧头，爬上山头，喜上眉头，乐在心头。爬起五更头，梳了精光头，到街头，买鱼头。到河头，洗鱼头，放冬灶头，举动拳头，打猫头。（摘自吴冬妹《杭嘉湖方言童谣辑注·头字歌》）

从前有个小毛头，苦是苦倒么话头，被头像块破布头，盖了上头么下头，盖了下头么上头，盖了中间么两头，讨饭讨到地主屋里门口头。（摘自吴冬妹《杭嘉湖方言童谣辑注·小毛头》）

老老头，烧火打拳头，一打打到河滩头，拾着一个萝卜头，哈呼哈呼吃到黄昏头，人家当作贼骨头，开出门来是个老老头。（摘自吴冬妹《杭嘉湖方言童谣辑注·烧火打拳头》）

后缀"头"可用在名词（方位词、时间词）、动词、形容词及词组后面组成新的名词或名词性词组。

名词＋头：日头、人头、苗头、调头、门头、钮头、竹头、肉头、牌头、绢头、篮头、钉头、名头、脚跟头、脚节头、户头、角落头、床横头、樺头、贱骨头、轻骨头、边头、上底头、下底头、外底头、后底头、里向头、灶脚头、房门头、早晨头、夜头、夜快头、年夜头、夜底头、今夜头、黄昏头

动词＋头：行头、妍头、折头、找头、嚎头、盖头、塞头、撑头、来头、推头、作头、想头、赚头、扳头

形容词＋头：近头、寿头、小头、大头、多头、霉头、花头、虚头、老实头、多多头、先头、亮头

词组＋头：奶末头、二婚头、小毛头、早发头、讨饶头、冷饭头、扳差头、上轧头、勿识头、捉扳头、装樺头、脚馒头

有时"头"也用在数量词组的后面，如三等头、十块头、五块头、一角头、一记头、独只头、一口头、两斤头、独宅头、一趟头、一转头、一回头等。

（5）后缀"化"

"化"在先秦时期是实词，"变化、改变"的意思。如《国语·晋语九》："雀入于海为蛤，雉入于淮为蜃。鼋鼍鱼鳖，莫不能化，唯人不能。"受到汉语双音化趋势的影响，由"化"构成的双音节词或多音节词逐渐增多，到 20 世纪初，受西学传入的影响，"化"可对译英语词缀"-ize""-ate""-fy"等，作为准词缀参与构词，产生一批"X+化"的词语，如"进化、丑化、恶化、深化、美国化"。近代吴语和现代吴语也受到影响，开始出现了"X+化"的词语，如近代吴语"几化、多化、魔化、造化、热化"等，现代吴语的"别场化、风化、恶化、软化"等。当代吴语"X+化"的词语也不断增多。"化"与不同的词组合，放在不同的句子位置上，表示出不同的语法意义。

（1）在动词"勒"的后面，表示动作进行时的"正在"和表存在意义的"在"。如：

①老王勒化困觉。（老王正在睡觉。）

②老王勒化吗？（老王在吗？）

（2）在动词"有"后面，也相当于"勒化"。如：

①小张有化吗？（小张在吗？）

②小张有化看书。（小张在看书。）

③镬子里饭还有化（音 vɛ）？（锅里还有饭吗？）

（3）接在"有勒"的后面，作用与（1）、（2）相当。如：

伊拉有勒化讲闲话。（他们正在说着话。）

（4）接在动词或动宾结构的后面，表示已经完成的意义，相当于"已经……"。如：

①倍奴毛病生好哩，上班化哩。（我病已经好了，已经上班了。）

②小毛头觉化哩。（娃娃已经醒了。）

（5）直接跟在动词后面，表示指使、命令的口气，以及动作正在进行着的意思。如：

①格碗饭拏去吃化。（这碗饭拿去吃了！）

②叫俫立化，俫板要坐化。（叫你站着，你硬要坐着。）

（6）放在句子末尾，表示整个句子叙述的状态的持续。如：

①台子浪有起杯子化。（桌子上有杯子。）

②门后头钉勒挂衣裳格钉子化。（门背后钉着挂衣服的钉子。）

（7）相当于指事代词，代指动作施事的地点。如：

①拏只铜棺材葬伊化哩。（用一只铜棺材把他葬在里面。）

②杯子里盛勒开水，择点盐星化。（杯子里盛了开水，放点盐在那里面。）

（8）接在形容词后面，表示对程度的不足或过分的主观感受。如：

①俫还小化哩。（你还小着呢。）

②再摆点盐，还淡化哩。（再放点盐，还淡着呢。）

（6）否定词"勿""朆""弗"的变化

否定词"勿""朆""弗"在当代吴语中依然在使用。如：

白露身勿露

药补勿如食补

一动勿如一静

贪心勿足吃白粥

人正勿怕影子斜

货比三家勿吃亏

闷声勿响在发财

三代勿出舅家门

野狗野猫勿来咬

多一事勿如少一事

富做富勿要绸做裤

好记性勿如烂笔头

远烧香勿如敬爷娘

金窠银窠勿如草窠

笑嘻嘻勿是好东西

外公翘起胡子勿管账

甘蔗马丝梢，勿尝不知道

羊肉勿吃得，惹了一身骚

摆渡人勿慌，乘船人稳当

勿怕勿识货，只怕货比货

是非日日有，勿听自然无

要吃羊卵子，勿顾羊性命

便宜无好货，好货勿便宜

金元宝满箱，勿及儿孙满堂

五月黄梅好种田，错过黄梅勿种田

讨老婆勿着一世，做生意勿着一遭

家花勿及野花香，可惜野花不久长

麻绳串豆腐——拎勿牢

狗头上放油盏——勿稳

哑子吃苦瓜——有苦说勿出

床底下放鹞子——出手就勿高

弹花店里死了老板娘——勿弹（谈）

门槛上放鸡蛋——勿晓得滚进还是滚出

夫妻呒没隔夜仇

呒没新妇想新妇

从上述例子看，"弗"已经不用，"呒"很少用，"勿"主要存活于谚语、歇后语之中，而这些含有"勿""呒"的谚语、歇后语，大多是历代流传下来的，也有一部分是新创作的，还有部分的"勿""呒"出现在当代的书面之中。如：

①"勿三勿四"：不正派。

街坊邻居议论纷纷，说那寡妇行为不端，丈夫亡故还没满七，就勿三勿四勾引男人。（《垦春泥》1980 年 8 月）

②"勿勿少"：很多。

顺口溜、小纸条，屋里贴了勿勿少。（弹词《李双双》1978 年 1 月 1 日）

③"勿来三"：不行。

<u>勿来三</u>，今朝拿不出三百只老洋，我就不让他们结婚。（《新民晚报》1982 年 5 月
16 日）

④"勿连牵"：不像样。

我饭也吃<u>勿连牵</u>，哪有老婆？（《乡土》1983 年 1 日）

⑤"勿呆"：没关系，不要紧。

"儿子跌跟斗，做爷总归勿米得格""姆妈跌跟斗就<u>勿呆</u>哉？"（《曲艺》1983 年
10 月）

⑥"勿搭界"：没关系。

按字面理解，"与我<u>勿搭界</u>"无非是表白自己与某人或某事无关。（《解放日报》1983
年 7 月 3 日）

⑦"呒介事"：不当回事。

蓓琼倒<u>呒介事</u>，她惊叹自己连妒嫉的劲头都没有了。（程乃珊《女儿经》）

⑧"呒其数"：不计其数。

草药秘方吃仔<u>呒其数</u>。（《乡土》1983 年 2 月）

⑨"呒啥啥"：什么也没有。

今年年初，我单位沈某某因盗窃被判处六个月，今天是期满释放后第一天上班。没
想到她一点<u>呒啥啥</u>，更没想到她竟会发喜糖。（《文汇报》1981 年 9 月 18 日）

不过，否定词"勿""呒"在当代的书面语中，使用的范围越来越窄，使用的频率也
越来越少。

3. 与逆行词、词缀并列

现代吴语词汇中形容词、动词的重叠格式在当代吴语中继续存在。形容词的重叠格
式有 AAB 式，如掐掐交、小小交、快快来；ABB 式，如水汪汪、胖笃笃；AABB 式，如
顺顺流流、历历碌碌；ABAC 式，如木头木脑、寿里寿气，动词的重叠格式有 AAB 式，
如拜拜年、买买米；ABAC 式，如说风说水、拼死拼活。名词也有少量的 AAB 式重叠，
如馍馍白、夜夜红等。下面是 AAB 式和 ABB 式的词语。

（1）AAB 式

小小瓶 小小盖 小小交 绷绷硬 拍拍满 石石老 石石冷 习习嫩 习习薄 喷喷香 锃锃亮 微
微小 老老大 沫沫亮 野野大 许许多 尽尽够 冰冰冷 冰冰灠 独独转 独独剪 独独滚 潺潺滴
塔塔潜 毕毕挺 角角抖 刮刮抖 索索抖 字字跳 博博跳 呼呼烫 笃笃定 乒乒响 墨墨黑 猩猩红
通通红 碧碧绿 生生青 生生清 板板青 雪雪白 煞煞白 煞煞青 夜夜壶 精精光 精精干 精精湿
扣扣叫 好好叫 慢慢叫 静静叫 定定叫 毛毛叫 实实叫 笃笃叫 险险叫 髁髁叫 弯弯叫 白白
里 头头转 掐掐交 蒙蒙亮 歪歪嘴 团团转 头头转

这种重叠也经常出现在一些方言童谣之中：

好大妈，告诉倷：叫倷女儿<u>淘淘米</u>，翘起屁股摸螺蛳；叫倷女儿<u>烧烧饭</u>，火叉头煨白
果；叫倷女儿<u>洗洗碗</u>，臂里啪啦碗打破；叫倷女儿<u>扫扫地</u>，弹子打得满地铺；叫倷女儿<u>纺
纺车</u>，摇车高头翻跟斗。（《王店镇志》编纂委员会《王店镇志·顽童谣》）

……一<u>跑跑</u>到弄堂里，拾只孵鸡婆，<u>称称看</u>——斤半，<u>杀杀看</u>——刀半，<u>淘淘
看</u>——篮半，<u>烧烧看</u>——锅半，<u>吃吃看</u>——肚半，<u>泻泻看</u>——坑半，浇浇油菜看，浇

得——亩半，**打打油看**，打得——作半……（1988 年采录，摘自吴冬妹《杭嘉湖地区方言童谣辑注·一颗星》）

（2）ABB 式

重墩墩、轻悠悠、滑溜溜、滑笃笃、滑搭搭、嫩几几、软冬冬、软悠悠、硬绷绷、硬撬撬、硬橛橛、薄嚣嚣、薄血血、薄叶叶、直挺挺、直笃笃、直梗梗、长条条、长端端、长悠悠、短悠悠、短西西、矮笃笃、矮墩墩、矮短短、胖乎乎、胖鼓鼓、胖墩墩、胖笃笃、瘦刮刮、瘦节节、方笃笃、圆滚滚、瘪塌塌、胀鼓鼓、胀绷绷、胀别别、空荡荡、空落落、宽搭搭、辣花花、辣豁豁、轼蓬蓬、酸滋滋、甜咪咪、甜津津、甜蜜蜜、甜滋滋、苦搭搭、淡搭搭、淡滋滋、淡咪咪、咸塔塔、咸几几、香喷喷、臭血血、臭烘烘、臭朋朋、涩搭搭、油滋滋、油汪汪、油卤卤、油落落、麻辣辣、韧滋滋、韧冻冻、粘格格、粘搭搭、热辣辣、热洞洞、热吼吼、暖悠悠、温吞吞、寒飕飕、冷飕飕、寒丝丝、冷冰冰、阴丝丝、阴森森、阴沉沉、汗丝丝、吓咾咾、笃悠悠、光油油、光溜溜、亮光光、暗洞洞、暗黜黜、干乎乎、干纤纤、干绷绷、毛乎乎、毛纤纤、毛柴柴、痒几几、痒纤纤、烊其其、昏冬冬、倦搭搭、倦迷迷、湿塔塔、湿漉漉、湿扎扎、湿几几、潮搭搭、松漏漏、翘松松、紧固固、紧绷绷、紧巴巴、急绷绷、急溜溜、结绷绷、结固固、实结结、实别别、粗砺砺、稀溜溜、鲜溜溜、烂糟糟、烂沰沰、糊搭搭、老渣渣、碎粉粉、木乎乎、木啯啯、木兴兴、呆仔仔、呆瞪瞪、憨搭搭、寿搭搭、屈搭搭、背搭搭、静幽幽、静悠悠、嗲溜溜、嗲里里、娇滴滴、活泛泛、稳当当、浮惹惹、妗夹夹、慢吞吞、野豁豁、混浊浊、混淘淘、水淋淋、汗淋淋、气潲潲、骨碌碌、肉露露、神烊烊、疲塌塌、面团团、笑呵呵、心带带、眼绷绷、小绷绷、老茄茄、雨迷迷、风漏漏、卤搭搭、的溜溜、没潭潭、少停停、摸老老、黄哈哈、黄糯糯、红通通、红稀稀、蓝亨亨、青奇奇、灰扑扑、灰托托、灰濛濛、绿油油、白呼呼、白茫茫、白塔塔、黑洞洞、黑塔塔、黑魆魆、笃悠悠

（3）ABAC 式

半死半活、拍手拍脚、排头排脚、爬死爬活、面长面短、木头木脑、木知木觉、勿二勿三、勿三勿四、勿着勿落、勿死勿活、勿尴勿尬、呒头呒脑、呒头呒绪、呒千呒万、呒要呒紧、呒日呒夜、肥头肥脑、东虿西掼、东邻西舍、搭手搭脚、搭脚搭手、多说多话、投七投八、投五投六、独家独户、凸进凸出、大推大扳、大家大当、大手大脚、能长能大、老门老槛、老七老八、老清老早、老吃老做、老三老四、作天作地、作精作怪、插上插下、出精出怪、少有少见、自说自话、重手重脚、顺风顺水、杂七杂八、贼里贼腔、叫名叫姓、鬼眉鬼眼、气生气死、吃辛吃苦、穷凶穷恶、疑心疑惑、绕七绕八、日头日脚、人千人万、热天热色、假疾假呆、搅七搅八、扛头扛脚、夹头夹脑、怪里怪气、妖里妖气、骨头骨脑、快手快脚、搞七搞八、搞五搞六、掼家掼生、碍手碍脚、硬吃硬做、蟹手蟹脚、花嘴花脸、好爹好娘、好声好气、好说好话、狠三狠四、昏头昏脑、恶形恶状、要长要短、要紧要慢、一头一脑、一式一样、一点一划、一脚一手、一搭一档、会说会话、撑粥撑饭、行情行事、学嘴学舌、候分候数、有数有脉、有心有想、回嘴回舌、抓手抓脚、横冷横冷、爪手爪脚、争嘴争舌、正门正路、正行正经、肩上肩下、拼死拼活

（4）AABB 式

半半日日、补补衲衲、胆胆大大、炖炖煤煤、点点触触、停停留留、停停歇歇、冷冷热热、历历碌碌、造造反反、上上落落、筋筋拉拉、拍拍满满、实实质质、交交关关、割割裂裂、四四方方、实实足足、缩缩施施、勿勿少少、飞飞扬扬、原原本本

（三）词汇系统的变化

在"现代吴语"部分，我们从承传词、变异词和创新词描写了现代吴语的词汇系统。对于当代吴语词汇系统来说，现代吴语词汇系统中的承传词与创新词都是承传词。由于时代的急剧变革、普通话的推广普及，当代吴语词汇系统也相应发生变化，这种变化主要体现在两方面：一是一些吴语词语正向普通话词汇方面靠拢，有的词与普通话词语同时使用，即既使用原生的吴语词语，同时也使用从普通话转换、吸收过来的词语，有的词语已经与普通话"同化"了；二是普通话中新出现的词语被当代吴语词汇系统所吸收，转换为创新词。基于这一变化，在这一部分中，我们主要描写当代吴语的变异词和创新词。

1. 变异词

（1）与普通话同时使用的词语

（前为吴语，括号内为普通话）

①天文地理时间方位

日头（太阳）、日光（阳光）、野日吃家日（日蚀）、野月吃家月（月蚀）、云头（云）、落霜（打霜）、鲎（虹）、双鲎（双虹）、亮光（光线）、发冷讯（来寒流）、土墩（土堆）、河身（河床）、滚水（开水）、水门汀（水泥）、河滩头（河滩边）、场化（地方）、田头（田边）、乡村（乡下）、地下头（地下）、外头（外地）、边郎（旁边）、街郎（城里）、隔壁头（隔壁）、里向（里面）、别搭（别地方）、前头（前面）、捕头（后面）、对过（对面）、各处（到处）、房里（房间里）、上横头（上座）、下首（下座）、辰光（时间）、年中心（年中）、年脚（年底）、大年夜（除夕）、旧年（去年）、开年（明年）、一日（一天）、两日（两天）、每日（每天）、全日（全日）、整日（整天）、日日（天天）、日逐（天天）、半日（半天）、大半日（大半天）、前几日（前几天）、大前日（大前天）、前日（前天）、昨日（昨天）、后日（后天）、后日天（大后天）、改日（改天）、十几日（十几天）、好多日（好多天）、日里（白天）、早晨头（早晨）、清早晨（清早）、点心（中午）、夜间（夜里）、半夜把（半夜三更）、八月半（中秋节）、礼拜（星期）、起头（开头）

②人体人称

眼泡皮（眼皮）、胸脯（胸部）、胸脯肉（胸肌）、背脊骨（脊柱骨）、算盘珠（脊椎骨）、胡须（胡子）、济手（左手）、顺手（右手）、大膀（大腿）、小膀（小腿）、尿胲（膀胱）、脚馒头（膝盖）、魂灵（心）（灵魂）、气力（力气）、拆污（大便）、拆尿（小便）、发身（发育）、发寒热（发烧）、洋白头（白化病）、落头颈（落枕）、痴子（疯子）、伤风（感冒）、吼病（哮喘）、风瘫（瘫痪）、冻瘃（冻疮）、猪狗臭（狐臭）、虚肿（浮肿）、走阳（遗精）、出脓（化脓）、年医生（看病）、开方子（开药方）、贴药膏（贴膏药）、剖肚（子）（剖腹）、膏滋药（补膏）、阿爹（爸爸）、阿哥（哥哥）、阿姐（姐姐）、阿弟（弟弟）、阿妹（妹妹）、阿嫂（嫂嫂）、阿侄（侄子）、阿公（公公）、阿婆（婆婆）、外公（外祖父）、外婆（外祖母）

娘舅（舅舅）、舅妈（舅母）、丈人（岳父）、丈母（娘）（岳母）、新妇（媳妇）、叔父（叔叔）、孃孃（姑母）、先生（老师）、教书先生（教师）、学生子（学生）、双双子（双胞胎）、小毛头（婴儿）、私囡（私生子）、外路人（外地人）、学生意（学徒）、人客（客人）、陌生人（生人）、老实头（老实人）、卖票员（售票员）、买客（顾客）、吹手（吹鼓手）、饭司务（厨师）、验货手（验货员）、跑堂（服务员）、看护（护士）、收生婆（少用）（助产士）、戏子（贬义，演员）、扫垃圾（贬义，清洁工）、暗差（密探）、户头（客户）、过路郎中（流动医生）、亲眷（亲戚）、望亲眷（走亲戚）、辈分（辈数）、爷娘（父母）、邻舍（邻居）

③植物动物

樱珠（樱桃）、青果（橄榄）、圆果（桂圆）、珍珠米（玉米）、寒豆（蚕豆）、小寒豆（豌豆）、长生果（花生）、饭瓜（南瓜）、觅角菱（圆角菱）、藕（莲藕）、韭芽（韭黄）、生姜（姜）、落苏（茄子）、香蕈（香菇）、芦头（芦荟）、树秧（树苗）、栗子（板栗）、地梨（栗）（荸荠）、洋山薯（土豆）、辣茄（辣椒）、海菜（苋菜）、胶菜（大白菜）、乌茝笋（莴笋）、西瓜瓢（瓜瓢）、水浮莲（浮萍）、怕痒草（含羞草）、法国梧（法国梧桐）、活狲（猴子）、鸦鹊（喜鹊）、雁鹅（大雁）、田鸡（青蛙）、雄鸡（公鸡）、雌鸡（母鸡）、雄牛（公牛）、雌牛（母牛）、白乌龟（鹅）、鸭（鸭子）、老虫（夜客人、夜大人）（老鼠）、田老虫（田鼠）、黄狼（黄鼠狼）、游火虫（萤火虫）、曲蟮（蚯蚓）、蜜蜂（蜂蜜）、蚊子（蚊虫）、跳虱（跳蚤）、吸血虫（血吸虫）、结（滴）蛛（蜘蛛）、背包（蜗牛）、黄花鱼（黄鱼）、千鱼（青鱼）、弯转（虾）

④饮食服饰

早饭（早餐）、点心（中午）、夜饭（晚饭）、粥（稀饭）、干面（面粉）、面（面条）、馅头（心子）、油炸鬼（油条）、阳春面（光面）、白开水（开水）、豆腐浆（豆浆）、米醋（醋）、味之素（味精）、鱼鲜（鲜鱼）、打底（垫底）、吃茶（喝茶）、沏茶（泡茶）、颜色（酱油）、火酒（酒精）、上装（上衣）、单衫（单衣）、纽子（纽扣）、袜（袜子）、镯头（手镯）、太阳镜（墨镜）、裹脚带（绕脚布）、纳（尿布）、咬嘴（烟嘴）

⑤房屋用品

礼拜堂（教堂）、茅坑（厕所）、阶沿石（台阶）、街（街道）、正屋（正房）、马桶间（卫生间）、方台（方桌）、长台（长桌）、圆台（圆桌）、烧火凳（小板凳）、抽斗（抽屉）、衣橱（衣柜）、板铺（板床）、被单（床单）、枕头套（枕套）、枕头芯子（枕心）、帐子（蚊帐）、镬子（锅）、饭镬子（饭锅）、镬盖（锅盖）、小盆子（碟子）、切菜刀（菜刀）、墩板（切菜板）、篮头（篮子）、提桶（水桶）、香肥皂（香皂）、皮皂（肥皂）、硬柴（木柴）、洋油灯（煤油灯）、洋风炉（煤油炉）、筷（筷子）、物事（东西）

⑥农工商诸业

斫稻（割稻）、斫麦（割麦）、牵磨（推磨）、养猪猡（养猪）、落小猪猡（生小猪）、掘井（打井）、做酒（酿酒）、捉花（采棉花）、稻柴（稻草）、做生意（做买卖）、倒脱（倒闭）、买主（顾客）、押头（抵押品）、薪俸（工资）、米店（粮店）、酒家（酒店）、饭店（饭馆）、木行（木材厂）、寄卖行（旧货商店）、古董店（古玩商店）、席子店（席店）、机器脚踏车（摩托车）、脚踏车（自行车）、救命车（救护车）

⑦文化娱乐

钢笔头（钢笔尖）、灌墨水（吸墨水）、研墨（磨墨）、泅水纸（吸水纸）、温书（复习）、带草字（潦草字）、单隄旁（单人旁）、双隄旁（双人旁）、耳朵旁（挂耳旁）、千层纸（云母纸）、台球（乒乓球）、拍台球（打乒乓球）、千跟斗（翻跟头）、洋泡泡（气球）、捉蒙蒙（捉迷藏）、放鹞子（放风筝）、洋囡囡（布娃娃）、勿倒翁（不倒翁）、孛相干（玩具）、放花筒（放花炮）、放炮仗（放鞭炮）、掝龙舟船（划龙船）、绍兴戏（越剧）、出头戏（小戏）、木人头戏（木偶戏）、做戏（演戏）、做功（演技）、说白（道白）、影戏（电影）、软片（胶卷）、律法（法律）

⑧动词形容词（词组）

收作（捉、收拾）、剃头（理发）、剃胡苏（刮胡子）、谈朋友（谈恋爱）、寻对象（找对象）、做舍母（坐月子）、小产（流产）、福份（福气）、上坟（扫墓）、相帮（帮忙）、硬撑（硬挺）、欢喜（喜欢）、淴浴（洗澡）、豁拳（猜拳）、游码头（旅游）、摩登（时髦）、硬强（倔强）、下作（下流）、随手（顺手）、适意（舒服）、性急（心急）、整齐（齐整）、安生（安定）、把细（仔细）、结足（结实）、当心（小心）、想（盼望）、摆酒水（摆酒席）、还嘴（顶嘴）、推头（借口）、运道（运气）、闹热（热闹）、暖热（温暖）、丁倒（颠倒）、晦气（倒霉）、罪孽（罪恶）、话搭头（话头）、量气（气量）、外国红（西洋红）、亮光光（亮堂堂）

⑨副词等

横竖（反正）、准定（肯定）、板要（一定要）、平常（平素）、到究（到底）、索性（干脆）、一总（总共）、一齐（一起）、齐巧（正巧）、偏（偏偏）、当即（立刻）、末脚（最后）、本底子（原本）、亏得（幸亏）

（2）与普通话"同化"的词语

雾、霜、冰、雷、彩虹、月亮、刮风、阵雨、打雷、阴天、沙、石头、沙子、热水、灰尘、石灰、三和土、今年、正月、闰月、前年、明年、后年、大前年、上半年、下半年、前天、大前天、大后日、端午节、乡下、半当中、头、脚、头发、眉毛、眼睛、舌头、牙齿、耳朵、脚背、屁股、外甥、姨夫、妹妹、儿子、孙子、葱、大蒜、蔬菜、菠菜、生姜、茄子、番茄、辣椒、黄瓜、冬瓜、油菜、蚕豆、豌豆、蘑菇、香菇、木耳、芋芳、花生、橘子、李子、枇杷、栗子、香蕉、白果、毛竹、甘蔗、大头菜、向日葵、鹅、狼、蛇、鹿、羊、猫、蟹、鸭子、狮子、兔子、老虎、老鹰、母猪、母鸡、鸭子、燕子、鸽子、乌鸦、蚂蚁、蚊子、知了、蝙蝠、跳蚤、蜜蜂、蝴蝶、蜻蜓、翅膀、鲫鱼、螺蛳、黄鼠狼、猫头鹰、萤火虫、癞蛤蟆、汗衫、衬衫、夹袄、裤子、裙子、雨衣、帽子、凉鞋、草鞋、拖鞋、袜子、毛巾、围巾、手套、连衣裙、卫生衫、三角裤、粥、汤、糕、盐、醋、面粉、面条、包子、馄饨、零食、荤菜、素菜、饺子、馒头、蛋糕、面包、红糖、白糖、鸡蛋、猪油、猪肝、味精、糯米饭、豆腐干、猪头肉、猪舌头、发酵粉、井、房子、门框、厢房、天井、院子、窗台、砖头、篱笆、磨、锯子、钩子、锄头、扁担、碗、针、线、尺、筛子、家具、抹布、扫帚、盒子、扇子、砧板、肥皂、盘子、盘子、碟子、椅子、毯子、席子、窗帘、菜刀、剪刀、牙刷、浆糊、绳子、拐杖、木头、狗食盆、猪食钵、劲头、糠、稻穗、浸种、下种、插秧、拔草、割稻、粳米、糯米、硬币、车子、轮船、小船、帆船、书、教室、钢笔、毛笔、信纸、相片、玩具、秋千、醒、遇见、休息、生病、喊、叫、听、看、闻、笑、哭、骂、吃、喝、咬、啃、嚼、喷、吹、吞、拿、脱、戴、捏、掐、捧、摸、捞、搓、托、搬、拔、剥、推、撑、拖、拉、扳、换、折、挑、扫、拌、端、尝、背、削、封、罩、塞、盖、套、卷、包、解、铺、碰、弹、填、埋、走、跑、跳、跨、蹲、跟、烫、染、浇、裁、切、割、杀、点、爬、逃、劝、训、完结、浪费、到手、吹牛、快点、下车、顶撞、翻跟斗、发脾气、怕、想、怀疑、忘记、记挂、应该、可以、滴、坏、黑、静、干净多少、一个人、统统、一向、已经、马上、总归、更加、横竖、比、再、又、还、所以、为了、不过、仍旧、反正、一定、必定

2. 创新词

当代吴语的创新词主要有两种：一是从普通话词汇系统中转借过来，二是在历代吴语词汇基础上赋予新内容。第二种如：

①小书：原指儿童启蒙读物，如《三字经》《百家姓》《千字文》等。在普通话叫"连环画"。吴语叫"小书"。王安忆《好姆妈、谢伯伯、小妹阿姨和妮妮》："两个大人说话，妮妮就睡在床上看小书。"

②风车：是一种用来去除水稻等农作物子实中杂质、瘪粒、秸秆屑等的木制传统农具。由容器、出风口、手摇风扇、出口几部分组成。在普通话叫"风谷机"，吴语叫"风车"。"风车"在传统吴语词汇中已经存在。如明宋应星《天工开物·攻稻》："凡去秕，南方尽用风车扇去。"

③零碎：指正常饭食以外的零星食品。普通话叫"零食"，吴语借用原有词语"零碎"来表示。"零碎"在吴语词汇系统中是小额的钱财，即零钱，见胡祖德《沪谚·补遗》。这里沿用其义引申指代零食。如"迭个小囡吃零碎铜钿比一个月饭钿还多"。

④山薯：是一种植物的块茎，在普通话叫"马铃薯"，吴语叫"洋山薯"或"洋芋艿"。《大众菜谱》："土豆即马铃薯，南方习称洋山薯或洋芋艿。"

⑤肉麻：在普通话的意义，是指听见或看到轻佻或虚伪的言语、举动所引起的一种不舒服的感觉。但在吴语中的意义是"心疼"。《新民晚报》1984年3月1日："昨天托儿所回来时，脸上不是挂着眼泪吗？阿娘肉麻煞哉。"

⑥铁车：做针线活的机器，一般用脚蹬，也有用手摇或用电动机做动力的。普通话叫"缝纫机"，吴语叫"铁车"。《上海法制报》1987年5月18日："我说敏敏，你会踏铁车吗？"

⑦电火：普通话叫"电灯"，吴语叫"电火"。谈玉忠《濛濛雨夜》："电火的光线射到几十步外的地方。"

⑧穿梆：露出破绽。普通话叫"穿帮"，吴语叫"穿梆"。《光明日报》1980年8月17日："道具服装师马强向导演献策：'拍电影用的酒席，荤菜做假的，花生米松花蛋等凉菜买真的，真真假假，既有气氛又能下筷。'有的同志摇头，怕'穿梆'。""穿梆"是吴语"穿崩"（败露，被揭穿）的引申义。（清）李伯元《文明小史》第二十五回："他这一去，那话儿就穿崩了，如何使得。"

⑨连裆：指串通一气做坏事。普通话用"互相勾结，串通一气"来表达，吴语用"连裆"来表达。《小舞台》1983年1月："一个跳窗，一个跳翻墙，这两人一定连裆好的。"

⑩完结：在普通话的意思是"结束"。但在吴语中的意思是"完蛋"。滑稽戏《三毛学生意》："老大呀，完结哉，好容易铜钿拿到手，小赤佬看他苦恼，仍旧还给老头子哉。"

⑪电线木：架设电线用的杆子。普通话叫"电线杆"，吴语叫"电线木"。沪剧《卖妹

成亲》："立啦电线杆后头，面孔也看勿出格。"

⑫讲闲话：是指说话、发言、谈话等，普通话叫"讲话"，吴语叫"讲闲话"。《说新书》："年纪一大把，讲闲话也不晓得讨讨吉利。"

⑬洋葱头：指不明真相而受骗上当，被人敲竹杠的人。普通话叫"受骗"，吴语叫"洋葱头"。《生活周刊》1991年12月8日："再也不要以为逛旧货市场的海外来宾是'洋葱头'，可任意'斩斩'。"

⑭连裆码子：指串通在一起狼狈为奸的人。普通话用"狼狈为奸"来形容，吴语用"连裆码子"来形容。《新民晚报》1987年7月17日："原来他们是卖'野人头'的'连裆码子'。"

⑮跑街先生：指在外面推销商品的人。普通话中叫"推销员"，吴语叫"跑街先生"。"跑街先生"来自吴语词汇中"跑街"，胡祖德《沪谚·补遗》："（跑街），商店洋行中，雇以在外收账之人。"

当代吴语的创新词十分丰富，涵盖社会生活的方方面面。例如：

①天文地理方面

北斗星、龙卷风、飓风、风潮、雷阵雨、雨夹雪、发大水、洪水、火烧云、汽油、柏油、柴油、水泥、三合土、城市、寸金地

②农工商交业方面

仓库、仓库场、春耕、夏收、双抢、双季稻、肥料、施肥、轧稻、轧米、洒药水、绿肥、化肥、尿素、追肥、施肥、积肥、早稻、晚稻、风车、水泥船、粪船、电灌站、工厂、厂家、踏缝纫机、电烙铁、加班、磨洋工、三班制、挖土机、板头、老虎钳、尖嘴钳、零配件、线圈、塑料、橡胶、夜市面、自主市场、峰会、商标、广告、门面、执照、牌子、条形码、发票、拨款单、收条、收据、上市、牛市、成交、处理品、二手货、水货、冒牌货、断码、讨价、讨价还价、跳楼价、一口价、造价、批发、热卖、大放送、大放血、拍卖、回头客、奖金、人民币、台币、大团结、外币、美元、英镑、日元、兑换、小金库、提款机、食品公司、新华书店、旧书店、友谊商店、招待所、报刊亭、地摊、照相馆、文具店、吉普车、摩托车、电车、公共汽车、救护车、大巴、中巴、空调车、送货汽车、小轿车、自行车、塞车、斑马线、飞机、挂号信、平信、汇款、柏油路、无线电、收音机、半导体

③饮食方面

饭票、盒饭、盖浇饭、拉面、南瓜饼、面条、高脚馒头、小笼馒头、生煎馒头、大饼、葱油饼、面饼、芝麻饼、夹心饼、麦芽糖、起司、牛肉干、话梅、九制陈皮、芝麻酱、花生酱、番茄沙司、番茄配司、辣椒粉、咖喱饭、味之素、味精、霉干菜、海鲜、吐司、白塔、烘山芋、薯片、泡菜、热狗、狮子头、高汤、三鲜汤、绿豆汤、五香粉、外烟、蛋筒

④服饰穿戴方面

中山装、制服、军装、风纪扣、马裤、牛仔裤、卫生裤、游泳裤、连脚裙、连衫裙、毛线裤、灯笼裤、直筒裤、西装短裤、喇叭裤、喇叭裙、垫肩、长筒袜、短筒袜、绑腿、塑料拖鞋、风凉皮鞋、运动裤、高跟皮鞋、三角裤、毛线衫、马夹、奶罩、风凉鞋、跑鞋、旅游鞋、军帽、八角帽、工人帽、解放帽、法国帽、橄榄帽、手套、手链、别针、

太阳眼镜、墨镜、维尼龙、涤纶、灯芯绒、文化衫、广告衫、羽绒衫、袖套、假领头

⑤用品用器方面

三连橱、博古架、席梦思、棕垫、鸭毛绒被头、电热毯、毛巾毯、浴巾、蜂窝煤球、尼龙伞、自动伞、缩折伞、折叠伞、雨衣、洋马桶、尼龙绳、霓虹灯、吸顶灯、电灯泡、日光灯、汽油灯、手电筒、公事包、手提包、拉链包、行李袋、热水袋、皮箱、口红、香水、爽身粉、牙膏、雪花膏、衣架、浴巾、洋瓷碗、象牙筷、千里镜、放大镜、电熨斗、水果刀、插头、龙头、挂历、电话、漂白粉、缝纫机、帆布椅、冷板凳、转椅、折叠凳、五斗橱、纸板箱、钢丝床、弹簧床、钢中镊子、电饭煲、火锅、电磁炉、微波炉、热水器、汏衣裳机、冰箱、电脑、打印机、电风扇、鸿运扇、沐浴露、香皂、药水肥皂、皮鞋油、皮夹子、台钟、表链、喇叭箱、喇叭头、麦克风

⑥职业人称方面

工人、农民、厂长、工程师、技术员、车间主任、验货员、内勤、外勤、采购员民工、售货员、售票员、驾驶员、顾客、服务员、保育员、保姆、班长、老师、护士、助产士、演员、清洁工、零工、临时工、地头蛇、小鬼（头）

⑦文化教育方面

幼儿园、托儿所、寒假、暑假、放假、春游、文凭、课堂、讲台、圆珠笔、卷笔刀、钢笔头、打墨水、复印纸、批卷子、批分数、出入证、粉笔、铅笔盒、图钉、订书机、小书（连环画）、文曲星、电子琴

当代吴语出现大量的创新词的主要原因是语言接触。语言接触指使用两种语言或多种语言的个人或群体，在直接或间接接触过程中所发生的各种语言使用现象及其结果所产生的各种变化情况。[①]语言接触大致有两种情况：一种是不同语言人群的规模性接触，如吴语区的人群与非吴语区人群的接触；一种是不同文化类型的广泛性接触，如吴语文化系统与普通话文化系统的接触。就当代吴语来说，前期（以 1976 年为界）主要是第一种接触，后期两者兼有。两类不同人群和两种不同文化的系统接触，促使当代吴语词汇系统的创新词大量增加。新中国成立不久，就于 1955 年通过学校教育、识字运动和社会扫盲（扫除文盲）运动，开始推广普通话，普通话的词汇系统在吴语区里得到了广泛的传播和使用。随着吴语区人民文化水平的日益提高，吴语词汇系统与普通话词汇系统的接触也日益深入。尤其是改革开放以后，我国正处于政治变革、经济发达、文化发展的时期，新事物、新名称不断涌现。面对这样的形势，吴语词汇系统借用普通话词汇的方式，增加自己的词汇量，以保证当代吴语词汇系统使用的丰富性。

3. 吴语的"双词汇"现象

通过对近代吴语、现代吴语和当代吴语词汇的描写，我们发现吴语词汇系统的词语可以分为两大部分。一部分词是吴语长期受汉语共同语的影响而形成的目前与普通话词语意义相同的词，如"风、头、面包、枕头、手套、活、开、拔、大、粗、相信、已经、因为"，尤其是那些文化词，如"火车、黑板、报纸、思想、录音机"，这部分有的是自古以来就有并且使用至今，如"手、雨"等，有的是新产生的，如"沙发、汽艇、飞碟"等。另一部分是体现吴语与汉语共同语不同的、具有吴语特色的词语。这些词中有的词可能

---

① 张兴权：《接触语言学》，商务印书馆，2012，第 5—6 页。

早些时候在共同语中也曾使用过，但现在已经不用了，但在吴语中至今使用频繁，作为常用词，如"揿（按）、调（换）"。还有部分词是吴语中特有的，如"辰光（时间）、旧年（去年）、便当（方便）、笃定（不慌不忙、悠然自得）、做生活（干活）、搭界（发生关系）"。[①]由此可见，吴语词汇系统其实是一个"双词汇"（即方言固有词和转借词）系统。

"双词汇"是相对"双言"的语言生活而言的，双言中的"言"指的是同一种语言的不同变体。"双言现象"即是一种语言的两种变体在整个语言集团内并存，每种变体各有其特定的作用的现象。[②]而"双词汇"是指一种语言的词汇系统中存在着两种变体。吴语历史悠久，不仅有自己的语音系统，也有自己的词汇系统。如唐末五代十国时吴越王钱镠唱的一首即兴的山歌："你辈见侬底欢喜，别是一般滋味子。永在我侬心子里！"山歌中的"侬""欢喜""滋味子""心子"都是吴语词汇。由于吴文化的特征，吴语词汇系统一直都很稳固。魏晋南北朝时期，南来避祸的北方皇亲国戚、世家大族大量迁徙到吴地，他们带来了北方话，成了南方士人竞相仿效的对象，他们所说的语言也自然成为南方人模仿的对象，很快便取代吴语成为南方的士族交际语言。但普通的老百姓仍然使用吴语，由此吴地内部形成了北语和吴语并行的"双言生活"。鲁国尧先生认为："在南朝，是个双语社会，官员和士人（即使是南方士族）都说北方方言，而下层民众是当地土著，则操吴语。颜之推所说的南方庶族是指土著吴人中的下层民众。而吴人中的上层士族和官员绝大多数改说北语。"[③]鲁国尧先生所说的"双语社会"，其实也就是"双言生活"。"双言生活"都涉及语音和词汇。语音是语言的物质外壳，一个有意义的词总是要借助一定的语音形式来表达，而词汇是语音的内容和基础，没有词，语音就无从表达。因此"双言生活"不仅包含完整的语音系统，也包含丰富的词汇系统。

"双言"让现代人的生活更加方便，更便于表达自己的情感。但是"双言"的结果有可能出现"语言转用"。霍凯特在《现代语言学教程》中论述了语言转用的过程："50多年来，许多挪威人来到美国，他们中的多数人只会说挪威语，不会说英语。第二代还有一些人只会说挪威语，但不少的人既会说挪威语，又会说英语，在家里说挪威语，在学校说英语。在双语人中间，使用英语的人不断增多，使用挪威语的人愈来愈少。到1959年只说单一的英语。[④]"当代吴语词汇系统中存在着大量的普通话词语，虽然在这一系统中吴语词语还占优势，但是不断地吸收普通话词语，会不会有一天普通话词语占优势，导致吴语词汇系统的"崩溃"？

第四节　本章小结

本章对当代吴语音系的描写跟上述各章一样，重在描写当代吴语的声母、韵母、声调和同音字表，力求反映这一时期的吴语面貌。从本章所描写的语音内容来看，当代吴

① 钱乃荣：《当代吴语研究》，上海教育出版社，1992，第703页。
② 郭常艳、储泰松：《南染吴越，北杂夷虏——南北朝双言双语现象透视》，《安徽大学学报》（哲学社会科学版）2017年第4期。
③ 鲁国尧：《"颜之推谜题"及其半解》上，《中国语文》2002第6期。
④ 霍凯特：《现代语言学教程》，索振羽、叶蜚声译，北京大学出版社，1987，第112页。

语虽然在声母、韵母、声调方面与前代吴语差别不大，但从吴语的整个音系内部来看，当代吴语语音正处在一种"合流与分化"的调整之中。这体现在：一是尖团合流。尖团合流涉及面很广，涉及声母的就有 ts、tsʰ、s、z、tɕ、tɕʰ、ɕ、dz 等，涉及的韵母就有齐齿呼和撮口呼的韵母，所以尖团合流的结果是一部分的吴语字音失去原来的读音。二是一些韵母的分化和整合。例如上文所说的 u 与 əu、uei 与 ue、ei 与 e 等，虽然《嘉兴方言志》《当代吴语研究》《嘉兴方言同音字汇》对这些韵母理解不同，各自的记音形式不一样，但他们的描写确实是一种语言事实，这种语言事实并不很明显，人们对它的看法也不一样，才出现上述的不同的记音结果，但也说明了当代吴语的一些韵母正处于变化之中。

　　当代吴语词汇继承了历代吴语的词语，使自身词汇系统越来越丰富，这是本章对当代吴语词汇的看法。这一"丰富性"除了来自吴语词汇系统本身的积累外，还来自社会对吴语的重视。20 世纪八九十年代，社会上出现了"文化寻根"热，引起了人们对方言的进一步关注，反映当代嘉兴吴语的面貌的《嘉兴方言志》《嘉兴方言同音字汇》《当代吴语研究》就是产生于这一时期，同时这一时期还产生了两部重要的吴语词典——《简明吴方言词典》《吴方言词典》和一部汉语方言词典——《现代汉语方言大词典》（其中属于吴语的方言词典有：崇明、丹阳、金华、杭州、温州、上海、宁波）。嘉兴市地方志编纂委员会的《嘉兴方言志》等不仅描写了嘉兴当代吴语的语音系统和以"分类词表"的形式描写词汇系统，而且收集了嘉兴地区的民间谚语、谜语、童谣、民间故事，把一些散落于民间的吴语词语收入《嘉兴方言志》中。《简明吴方言词典》收录近代、现代流行的吴语方言词语约 5000 条，而《吴方言词典》收录的是在六朝子夜吴歌、唐宋元明清的俗文学、近现代吴地作家的小说、散文，以及当代报刊上的各类文章出现的吴语方言，共 8040 条，崇明、丹阳、金华、杭州、温州、上海、宁波等这些方言词典收词也有数千条。这一时期还出现了一些吴语韵味十足的小说，如范小青的长篇小说《裤裆巷风流记》。如果说方言志、词典是让吴语词汇从生活走入书斋，那么文学作品则是让吴语词汇从书斋走到生活中间，使记载于方言志、词典中的没有生命的词语，通过文学作品在日常生活中变得生机勃勃。总之，当代时期的方言志、词典、文学作品共同创造了当代吴语词汇的繁荣景象。

　　不过本章也说明了：当代吴语所处的社会环境与前代不同，社会制度的改变和代表共同语的普通话的推广，对当代吴语的语音、词汇产生了巨大而又深远的影响，在它们的共同合力下，吴语无论是语音上还是在词汇上都在向普通话靠拢。

第六章

新世纪吴语

本章以课题组方言调查、实地记音搜集得来的语料为基础，对新世纪吴语的语音系统和词汇系统进行了详细描写，并编制了新世纪吴语的同音字表和词汇表。本章不仅较为全面地反映了城镇化大背景下新世纪吴语的时代面貌，同时将该时期吴语与当代吴语的语音、词汇进行历时比较，从而探究新世纪吴语在未来较长时期内的发展趋势及规律。

第一节　调查说明

一、调查词表的内容及方法

在调查字表的编制上，本研究参考高本汉的《中国音韵学研究》、赵元任的《现代吴语研究》编制了近 3000 字的调查字表，以便于考察百年来嘉兴字词发音的变化。而调查词表不仅涵盖了近代、现代、当代不同时期的日常用语、吴语文学作品、方言词典、习惯用语集等词语，同时还增加了"电脑、超市、短信、高消费"等具有新世纪时代特征的词语。

在田野调查方面，我们采用北京语言文化大学开发的北语录音软件进行录音。为保证语音采样的精确性，在录音前我们使用 Audacity 软件进行噪音测试，录音采用单声道录音，采样率是 32000，采样精度是 16bit，录音文字以一音一字的形式保存。在录音过程中，基本无喷麦、回音等杂音存在。

二、发音人介绍

在发音合作人的选择上，为了客观呈现新世纪吴语面貌，本研究以嘉兴作为调查地，选择了老、中、青三个不同年龄段的发音人作为观察对象，发音人介绍如下：

蒋彩英，女，1946 年出生，常居地为浙江省嘉兴市南湖区新兴街道运南社区，初中文化程度，教师，无外地工作、居住经历，掌握的方言为嘉兴话。

陈胜观，男，1963 年出生，常居地为浙江省嘉兴市秀洲区王江泾镇东风村，初中文化程度，售票员，无外地工作、居住经历，掌握的方言为嘉兴话。

徐晓慧，女，2000 年出生，常居地为浙江省嘉兴市嘉善县惠民街道，大专文化程度，高校在校学生，无外地工作、居住经历，掌握的方言为嘉兴话。

三、调查地选择

嘉兴的地理位置使嘉兴方言具有一定的独特性，嘉兴北接壤苏州地区、东毗邻上海，自古不仅在行政隶属关系上与苏州、上海有千丝万缕的关系，更与这两个地区有密切的经济贸易往来。人口流动与语言交流让嘉兴吴语积极吸收了苏州吴语、上海吴语的语言特点，形成一套颇具特色的语言系统，与苏州方言、上海方言一并成为北部吴语的代表。因此，在调查地的选择上，我们并不拘泥于嘉兴市区，而是将调查范围扩大至嘉兴地区，选择了代表嘉兴市区的南湖区新兴街道、邻近苏州市的嘉兴秀洲区王江泾和邻近上海市的嘉善县三个地方作为调查地。

第二节 语音系统

本章在参照同时期嘉兴市档案馆与嘉兴市档案学会编写的《嘉兴方言》（2016 年）的基础上，以在嘉兴市区、嘉兴王江泾、嘉兴嘉善三个不同的调查地的语音调查的录音材料为主要素材，详细描写了新世纪吴语的语音系统。

一、声母系统

与当代吴语相比，新世纪吴语多了 z̨、ŋ 2 个声母，共 28 个，其中浊音 9 个。

（一）声母表（见表 6-1）

表 6-1 新世纪吴语声母

发音方法 / 发音部位	塞音			塞擦音			擦音		鼻音	边音
	清		浊	清		浊	清	浊	浊	浊
帮组（双唇音）	p 帮	pʰ 滂	b 并						m 明	
非组（唇齿音）							f 非	v 奉		
精组（舌尖前音）				ts 精	tsʰ 清		s 心	z 邪		
端组（舌尖中音）	t 端	tʰ 透	d 定						n 泥	l 来
章组（舌面前音）				tɕ 照	tɕʰ 穿	dʑ 床	ɕ 晓	ʑ 禅	ȵ 娘	
见组（舌根音）	k 见	kʰ 溪	g 群						ŋ 疑	
晓组（喉音）		ʔ 影					h 晓	ɦ 匣		

（二）声母例字（见表 6-2）

表 6-2　新世纪声母例字

p 拜班板八	pʰ 怕攀滂抛	b 拔败办伴	m 妈码麦慢	f 罚藩法方
ts 灾早斋战	tsʰ 猜蔡参侧	s 洒三嗓嫂	z 材曹层茶	ʑ 邪斜谐
t 地典钓跌	tʰ 他苔贪烫	d 大第道掉	n 那拿耐内	l 拉拦婪篮
tɕ 鸡级肩搅	tɕʰ 漆恰窍亲	dʑ 及件轿舅	ȵ 泥匿年鸟	ɕ 弃夕掀向
k 该竿搁弓	kʰ 开看考款	g 狂葵解茄	v 帆肥坟缝	ŋ 我ₓ鹅饿
h 喊汉喝好	ɦ 还寒杭毫	ʔ 汪妄王亡翁屋		

（三）说明

1. 关于 dʑ 与 ʑ 合流

《当代吴语研究》和《嘉兴方言同音字汇》认为 ʑ 母已经与 dʑ 完全合流。《嘉兴方言同音字汇》指出："部分老人还保存 ʑ 母，其他人把 ʑ 母字都归入 dʑ 母。"[①] 然而在田野调查中，我们发现 ʑ 母是存在的，"邪、斜、谐"等字的声母皆为 ʑ 母。同时老年人不仅保存了 ʑ 母，中年及青年发音人亦保存了 ʑ 母。与当代吴语相比，新世纪吴语中的 ʑ 母并没有与 dʑ 完全合流而消失。

2. 关于 ŋ 母

关于 ŋ 母的记音材料，《嘉兴方言同音字汇》和《嘉兴方言志》皆记录不多，只有"我"字；《嘉兴方言》则未将 ŋ 母列入声母。与此相反，《当代吴语研究》认为 ŋ 母是存在的，列举了代表 ŋ 母的"鹤、熬、硬、砑"等例字；通过调查，我们发现了"我 [ŋu]、鹅 [ŋəu]、饿 [ŋəu]"等字的声母也是 ŋ 母，因此 ŋ 应是一个音位。

3. 关于 f 母、v 母与 u 相拼

《嘉兴方言同音字汇》认为："u 韵母前，青年人和中年人 [h] 归入 [f]，[ɦ] 归入 [v]。而多数老年人 [f] 与 [h]，[v] 与 [ɦ] 均不混。"[②] 而本次调查研究发现，中年、青年两位发音人对于"火 [hu] ≠ 斧 [fu]，祸 [ɦu] ≠ 腐 [vu]"的区分很清楚，说明中年人及青年人对 [f] 与 [h]、[v] 与 [ɦ] 不混淆，但是老年人 [f] 与 [h]、[v] 与 [ɦ] 还是相混。

4. 浊音清化

浊音声母呈现清化趋势是新世纪吴语变异的一大特点（见表 6-3）。与青年相比，老年人和中年人在读浊音例字时较好地保留了浊音声母。例如老年、中年发音人在读"踏、父、健"例字时声母发音为浊音 [d][v][dʑ]，而青年发音人的发音则为 [tʰ][t][f][tɕ]，虽然老年人和中年人在个别例字韵母的发音上各有不同，但可以肯定的是，他们在读这些例字时声母均为浊音，而浊音声母发生清化的变异主要出现在青年发音人中。

---

① 俞光中:《嘉兴方言同音字汇》,《方言》1988 年第 3 期。

② 同上。

表6-3　浊音声母清化例字对照

发音人	d母				v母			dz母		
老年人	踏 da	宕 dã	庭 diŋ		父 vu	凤 voŋ	妇 vu	健 dzie	拒 dzy	鲸 dziŋ
中年人	踏 da	宕 dã	庭 diŋ		父 vu	凤 voŋ	妇 vu	健 dzie	拒 dzi	鲸 dziŋ
青年人	踏 tʰa	宕 tã	庭 tʰiŋ		父 fu	凤 fəŋ	妇 fu	健 tɕiɛn	拒 tɕy	鲸 tɕiŋ

二、韵母系统

包括成自成音节的ɬ、m̩、ŋ̩，新世纪吴语的韵母并未发生太大变化，但多了一个韵母əu，共有43个。其中元音韵母21个，鼻音韵母10个，入声韵9个。"韵母表"按照阴声韵、阳声韵、入声韵及四呼进行排列。

（一）韵母表（见表6-4）

表6-4　新世纪韵母

韵母类别	开口呼 开口一二等	齐齿呼 开口三四等	合口呼 合口一二等	撮口呼 合口三四等
阴声韵母	ɿ	i	u	y
	ʮ			
	ɑ	iɑ	uɑ	
	o			
	e	ie	ue	
	ɛ		uɛ	
	ɔ	iɔ		
	ɤə		uɤə	yɤə
	əu	iəu		
阳声韵母	ã	iã	uã	
	ɑ̃			
	ŋ̩	iŋ	uəŋ	yəŋ
	oŋ	ioŋ		
入声韵母		iiʔ		
	ɑʔ	iɑʔ	uɑʔ	
	oʔ	ioʔ		
	əʔ		uəʔ	yəʔ

（二）韵母例字（见表6-5）

表6-5　新世纪韵母例字

ɿ 迟持示吹	i 地旗眉衣	u 播坡斧父	y 聚吕须雨
ʮ 除竖如书			
ɑ 摆败带妈	iɑ 皆写谢鸦	uɑ 怪快槐娃	
o 坝叉茶瓜			
e 贝备抖侯	ie 边颠煎练	ue 归葵挥回	

续表

ɛ 板办材代		uɛ 关还筷环	
ɔ 包刀抱操	iɔ 标刁娇料		
ʏɛ 半潘瞒砍		ɛuɛ 官乱酸丸	yʏɛ 卷暄权悬
əu 堵孤科鲁	iəu 救旧流牛		
ã 绷蚌打硬	iã 凉枪香央	uã 广皇狂旺	
ɑ̃ 帮浪疮床			
ən 本钝层蠢	iŋ 宾病邻尽	uən 棍昏浑稳	yən 匀云运韵
oŋ 洞风工洪	ioŋ 迥穷荣永		
	iiʔ 逼笛吃激		
ɑʔ 拔达册撒	iaʔ 掠捏削药	uaʔ 刮豁挖	
oʔ 薄毒壳乐	ioʔ 菊局肉浴		
əʔ 答侧黑佛		uəʔ 忽国撮活	yəʔ 决掘缺学

（三）说明

1. 关于 əu 韵

《嘉兴方言同音字汇》将韵母 əu 并入 u 韵，所以在当代吴语的韵母系统中，我们将 u 韵与 əu 韵并为 u 韵，əu 韵不存在。然而在新世纪吴语的调查中，我们发现，"əu"韵并未完全并入"u"韵，它是独立存在的：如在《嘉兴方言同音字汇》的材料中，韵母为 u 韵的"堵、孤、科、鲁"例字，在新世纪吴语中一律为韵母 əu；而其他例字如"兔、吐、拖、唾、妥"则未发生变异，韵母仍为 u 韵，因此，在新世纪吴语的韵母系统中，我们保留了 əu 韵。

2. 关于 uən 韵

韵母为 uən 韵的"滚、棍、昏、婚、荤、混、浑、魂、温、文、闻"等字的韵母在《中国音韵学研究》《当代吴语研究》及《嘉兴方言》中均被记为 ən 韵，即人们认为 uən 韵是不存在的，该韵母不仅为前鼻韵母，而且 u 音是脱落的。在新世纪吴语中，这些例字及前人记录为 ən 韵的字一律为后鼻韵母且发音时带 u 音。可以说，新世纪吴语是存在 uən 韵的。

3. 关于 ə 音脱落

韵母为 yən 韵的"云、允、晕、孕、运、韵"等字的韵母在《中国音韵学研究》《当代吴语研究》《嘉兴方言》中分别被记为"yin、yn、yn/ioŋ"韵，虽然材料所记录下的韵母各不相同，但可以看出，ə 音在这些韵母中是脱落的。但是在调查中我们发现，这些前人记录为 yn 韵的例字发音时不仅 ə 音并未脱落，而且保留了后鼻音。因此我们认为，新世纪吴语这一韵母应记录为 yən。

4. ən、in 韵母后鼻音化

与当代吴语及同时期的《嘉兴方言》不同，新世纪吴语变异的另外一个特点是鼻音韵母呈现后鼻音化。在《当代吴语研究》和《嘉兴方言》中，"奔、本、喷、门、闷、分、粉、坟、文、真、枕、升、胜、根、更"等字的韵母记为 ən 韵，"丙、宾、冰、民、名、尽、心、星、邻、淋、定、禁、轻、琴、幸"等字的韵母则为 in 韵，两者均为前鼻韵母。相比之下，这些字的韵母在新世纪吴语中分别为 əŋ 韵及 ŋ 韵；除了"润、闰"两字，我们在调查中尚未找到前鼻韵母字，因此可以看出，韵母均被后鼻音化了。

5. 喉塞音ʔ消失

调查发现，老年人及中年人在读 iiʔ、əʔ、ɑʔ 等韵母时较好地保留了喉塞音ʔ；相比之下，青年人在读这三个韵母时ʔ音已有消失的趋势，会将例字的韵母 iiʔ、əʔ、ɑʔ 读为 i、ə、ɑ 韵；因此 iiʔ、əʔ、ɑʔ 韵母有变异为 i、ə、ɑ 韵的趋势，具体变化情况见表 6-6。值得注意的是，语音的变异往往从书面语或生僻字开始，而日常口头用语的变异速度是最慢的。虽然喉塞音"ʔ"呈消失趋势，但在调查中我们发现，大量日常用字仍保留了喉塞音"ʔ"，如"热 [ȵiiʔ]、塞 [səʔ]、舌 [zəʔ]、十 [zəʔ]、石 [zɑʔ]、熟 [zoʔ]、熄 [ɕiiʔ]、雪 [ɕiiʔ]"等字。这些字与在书面语场合中使用较多的"必、激、德、厄、萨"等字相比较多地出现在日常口语中；可以说，语体也是语音发生变异的重要因素。

表 6-6　喉塞韵尾"ʔ"例字对照

发音人	piiʔ 韵			əʔ 韵			ɑʔ 韵	
老年人	必 piiʔ	滴 tiiʔ	激 tɕiiʔ	德 təʔ	额 əʔ	厄 əʔ	萨 sɑʔ	法 fɑʔ
中年人	必 piiʔ	滴 tiiʔ	激 tɕiiʔ	德 təʔ	额 əʔ	厄 əʔ	萨 sɑʔ	法 fɑʔ
青年人	必 pi	滴 ti	激 tɕi	德 tə	额 ə	厄 ə	萨 sɑ	法 fɑ

三、声调系统（见表 6-7）

新世纪吴语共有 9 个调类，分别为阴平、阳平、全阴上、次阴上、阳上、阴去、阳去、阴入、阳入，调值根据声母拼合情况而不同。

表 6-7　新世纪吴语声调

序号	古四声	调类	分合条件	调值	例字
1	平	阴平	清	53	高开婚刚青专
2		阳平	次浊、全浊	31	穷寒鹅床种人
3	上	全阴上	全清	433	展古好乎比较粉
(3)		次阴上	次清	423	口丑笔体普
4		阳上	次浊、全浊	212	女老士淡厚
5	去	阴去	全清、次清	34	盖靠汉抗放爱
6		阳去	次浊、全浊	213	五近厚共害岸
7	入	阴入	清、次浊	5	急曲黑岳六合
8		阳入	全浊	2	局入白达佛杰

四、声韵配合关系

以下四个表分别按照阴声韵母、阳声韵母、入声韵母三类进行排列。其中表 6-8 是开口呼例字，表 6-9 是齐齿呼、合口呼及撮口呼例字，表 6-10 是鼻音韵母例字，表 6-11 是入声韵母例字。圆圈则表示该声母与韵母拼合时已经发生变异。

（一）阴声韵母

表6-8　阴声韵母声韵配合（上）

声母	韵母							
	ɿ	ʮ	ɑ	o	e	ɛ	ɔ	ɤɐ
p			摆	坝	背	班	包	半
pʰ			派	怕	胚	攀	抛	判
b			罢	趴	陪	办	跑	盘
m			买	麻	梅	迈	猫	瞒
f				罚	否	番		
v						烦		
t			带	掇	兜	担	刀	端
tʰ			他		偷	胎	讨	贪
d			大		豆	代	盗	潭
n			那	拿	内	耐	恼	男
l			拉		雷	来	捞	娄
ts	支	朱	债	渣	舟	灾	糟	展
tsʰ	痴	处	扯	车	抽	采	抄	喘
s	师	书	洒	沙	收	三	扫	奢
z						才		
ʐ	池	除	柴	茶	仇	材	曹	蝉
tɕ								
tɕʰ				诧		产		
ɕ								
dʑ								
ȵ								
k			价	挂	狗	改	高	干
kʰ			卡	哭	口	开	考	砍
g			茄					给
ŋ								
h			蟹	化	吼	喊	蒿	汉
ɦ			也	画	厚	孩	毫	酣
ʔ			矮	哑	欧	碍	袄	安

表6-9　阴声韵母声韵配合（下）

声母	韵母												
	i	iɑ	ie	iɔ	iəu	əu	u	uɑ	ue	ɐu	uɤə	y	yɤə
p	彼		边	标			波						
pʰ	屁			漂		剖	坡						
b	避		辨	瓢			婆						
m	眉		面	描		磨	墓						
f	飞					斧							
v	惟						腐						

声母	韵母												
	i	iɑ	ie	iɔ	iəu	əu	u	uɑ	ue	uɜ	uɤə	y	yɤə
t	低		颠	钓	丢	堵	朵						
tʰ	梯		天	挑			土						
d	递		电	条		度	徒						
n						怒	奴						
l	礼		连	料	溜	炉	罗				乱	驴	
ts						组	○						
tsʰ						楚	初						
s						数	稣				酸		
z		写											
z						锄	○						
tɕ	机	贾	坚	浇	纠						拘		捐
tɕʰ	启		浅	悄	秋						犬	区	劝
ɕ	希	卸	仙	孝	休						靴	须	暄
dʑ	忌	谢	钱	桥	旧						拳	具	掘
ȵ	腻		严	饶	牛						软	女	
k						姑	哥	拐	归	关	官		
kʰ						枯	库	夸	亏	筷	款		
g									溃	环			
ŋ						饿	鹅						
h						呼		歪	辉		欢		
ɦ		爷	盐	谣			河	槐	回	还	九		悬
ø	医	夜	厌	腰	优		污	娃	卫	幻	换	雨	月

（二）阳声韵母

表 6-10　阳声韵母

声母	韵母									
	ã	ɑ̃	əŋ	oŋ	iɑ̃	iŋ	ioŋ	uɑ̃	uəŋ	yəŋ
p	绷	帮	奔	迸		宾				
pʰ		滂	喷	捧		拼				
b	蚌	磅	笨	篷		并				
m		忘	门	蒙		名				
f		放	粉	风						
v		房	文	凤						
t		党	灯	东		丁				
tʰ		烫	吞	通		厅				
d		宕	蹲	同		定				
n		囊	能	农						
l		狼	轮	龙	良	邻				
ts		脏	怎	冲						
tsʰ		仓	趁	冲						

续表

声母	韵母									
	ɑ̃	ã	əŋ	oŋ	iã	iŋ	ioŋ	uã	uəŋ	yəŋ
s		桑	森	松						
dz										
z		上	赠	虫						
tɕ				钟	将	斤	迥			均
tɕʰ					枪	亲				
ɕ					乡	心	兄			勋
dʑ					墙	尽	穷			寻
ȵ					让	宁	绒			
k		刚	根	工				光	棍	
kʰ		康	恳	孔				筐	昆	
g				共				狂		
ŋ										
h		荒	哼	轰				谎	昏	
ɦ		杭	痕	红		幸	荣	皇	混	云
ʔ		汪	恩	翁	央	因	永	旺	温	晕

（三）入声韵母

表6-11　入声韵母

声母	韵母								
	ɑʔ	oʔ	əʔ	iiʔ	iɑʔ	ioʔ	uɑʔ	uəʔ	yəʔ
p	百	北	钵	逼					
pʰ	拍	仆	泼	撇					
b	拔	薄	帛	鼻					
m	麦	摸	墨	密					
f	发	福	拂						
v	○	伏	佛						
t	搭	笃	答	滴					
tʰ	塔	秃	脱	贴	○				
d	达	毒	头	敌	蝶				
n	○	诺	呐						
l	腊	烙	勒	力	掠				
ts	摘	触	仄		甲				
tsʰ	插	错	侧	吃	却			撮	
s	杀	叔	涩						
dz									
z	弱	熟	舌						
tɕ				激	脚	鞠			决
tɕʰ				七		确			缺
ɕ				夕	削	蓄			○
dʑ				集	嚼	局			掘

续表

声母	韵母								
	aʔ	oʔ	əʔ	iiʔ	iaʔ	ioʔ	uaʔ	uəʔ	yəʔ
ŋ				匿	捏	肉			
k	格	搁	鸽				刮	骨	
kʰ	客	壳	刻					阔	
g									
ŋ									
h	瞎	霍	喝				豁		
ɦ									
ʔ	压	恶	额	叶	药	郁	划	活	学

1. 总体来说，与当代吴语相比，开口呼韵母与28个声母的拼合关系并未发生太大改变。声母与大多数开口呼均可相拼，但韵母ɹ、ʯ的拼合关系没有其他开口呼韵母强，两者只能与精组的 ts、tsʰ、s、z 相拼。

2.《嘉兴方言同音字汇》的材料记录了韵母 u 可与声母 ts、z 相拼，例字分别为"左、座"等字。然而本次调查结果显示，韵母 u 可与声母 p、pʰ、b、m、f、v、t、tʰ、d、n、l、tsʰ、s、k、kʰ、k、ŋ、h、ɦ、ʔ 相拼，但在与声母 ts、z 相拼时却变异为另一个音 əu，因此我们认为，"左、座"的声母韵母拼合应该是 tsəu、zəu。

3. 入声韵母 aʔ 在与声母 v 相拼时，声母已经开始清化，韵尾 ʔ 开始脱落。如"罚"字在《嘉兴方言同音字汇》及《嘉兴方言》中都记为 vaʔ，但本次调查发现不管是老年人还是中青年发音人在发音时，[v] 变异为 [f]，[aʔ] 变异为 [a]，即"罚"字的读音为 [fa]。而当入声韵母 aʔ 在与声母 n 相拼时，韵母 aʔ 亦发生变异，音节变为 nɛ，如例字"捺"在本次调查的发音为 [nɛ]。

4. 入声韵母 iaʔ 在与声母 tʰ 相拼时，有发生变异的趋势。发音人在读"贴"例字时，韵腹由 a 变为 ɹ，"贴"例字的读音变异为 tʰiiʔ，因此当 iaʔ 在与声母 tʰ 相拼时，韵母 iaʔ 有变异为 iiʔ 韵的趋势。

5. 声韵配合发生变异的，阴声韵母有 tsʰu、zu，入声韵母有 vaʔ、tʰiaʔ、naʔ、ɕyəʔ，阳声韵母没有。

五、新世纪吴语同音字汇（见表6-12）

本字汇以韵母为类排序，韵母的顺序为开口→齐齿→合口→撮口。类内按"新世纪吴语声母表"顺序排列，依次为：帮组（双唇音）→非组（唇齿音）→精组（舌尖前音）→端组（舌尖中音）→章组（舌面前音）→见组（舌根音）→影晓组（喉音简称晓组）。声调阴平、阳平、全阴上、次阴上、阳上、阴去、阳去、阴入、阳入9个，分别用①、②、③、(3)、④、⑤、⑥、⑦、⑧标明。表中的"文""白"即文读、白读（在字后用六号字体标出），有音无字用"□"表示。

表 6-12　新世纪吴语同音字

1. a

帮组	p	①叭巴文霸文③摆⑤拜把文
	pʰ	⑤派
	b	②排牌⑥罢败稗~子
	m	②妈④埋⑥买卖
精组	ts	①斋抓遮⑤债诈文
	tsʰ	①差动词，~差岔文(3)扯⑤蔡
	s	①筛③傻耍洒啥⑤晒文帅
	z	②柴豺④惹文撒，~气：讨厌撒~污：排泄
端组	t	⑥带戴白~帽子
	tʰ	①他文它文⑤太白态泰
	d	⑥大文汰~衣裳球
	n	②拿文④那乃奶
	l	②拉④喇~叭⑥赖癞
见组	k	①街阶白加白嘉白家白袈白枷白③解假白,放~贾白⑤嫁白价界白介白芥疥白戒白届白驾白
	kʰ	①楷(3)卡楷
	g	②骱咖茄白④解绳子~开
晓组	h	③蟹哈那~
	ɦ	②鞋牙芽⑥外白也白
	ʔ	①挨③矮

2. o

帮组	p	①巴盼疤芭③把⑤霸坝
	pʰ	⑤怕
	b	②爬琶~杷桃~巴⑥罢
	m	②麻痲模摸④码马⑥骂
精组	ts	①遮渣查⑤蔗炸诈榨
	tsʰ	①车差~勿多叉权⑤岔诧
	s	①沙纱赊奢痧③舍~得捨⑤晒舍宿~赦
	z	②蛇查茶佘④乍~浦，地名
端组	n	②拿
见组	k	①瓜③寡剐⑤挂卦
	kʰ	(3)可⑤跨夸
晓组	h	①花虾呵打~欠⑤化
	ɦ	②华铧桦划~船④瓦下白⑥画下~去
	ʔ	①鸦白蛙③哑白⑤厦夏话

3. e

帮组	p	①碑杯卑悲③彼⑤背褙贝辈
	pʰ	①丕胚坯剖⑤配沛
	b	②培陪赔⑥备佩倍焙痱~子
	m	②谋梅枚煤媚眉白媒霉矛白⑥妹亩文美每某昧茂贸白

非组	f	③否		
	v	②浮白		
精组	ts	①邹周舟州洲③走肘帚⑤奏皱绉昼咒		
	tsʰ	①抽(3)丑⑤臭凑		
	s	①收搜馊③手首守叟⑤廋兽啾嗾~漱~口秀~才绣~花		
	z	②绸稠筹酬愁仇柔揉囚⑥受骤寿授售蕊袖~子管就白		
端组	t	①堆兜朵文③斗抖陡⑤对斗~争		
	tʰ	①偷推(3)腿⑤透退		
	d	②骰~子头年夜~投⑥队兑豆痘逗莡		
	n	⑦内侬（你）		
	l	②雷擂楼篓搂⑥漏类陋累屡		
见组	k	①勾沟钩③狗苟⑤个够构购构		
	kʰ	①抠(3)口⑤扣叩寇		
晓组	h	③吼		
	ɦ	②侯喉猴⑥厚候后偶藕		
	ʔ	①欧讴③呕⑤怄沤		

4. ε

帮组	p	①班斑颁扳③板版⑤扮		
	pʰ	①攀⑤盼襻纽~		
	b	②爬⑥办爿		
	m	②蛮⑥慢蔓漫幔万白晚白		
非组	f	①翻番藩③反返⑤泛贩		
	v	②帆凡烦繁④挽晚⑥饭万文范犯		
精组	ts	①灾栽③斩宰崭⑤再载赞蘸		
	tsʰ	①猜搀(3)彩采产铲⑤菜忏		
	s	①三衫山腮删衰文③伞⑤散赛帅碎		
	z	②才财材裁残馋⑥在暂站栈赚绽		
端组	t	①丹单耽担~心③胆掸⑤戴旦担~子		
	tʰ	①坍滩摊胎台苔(3)毯坦⑤炭叹态太文		
	d	②苔台抬谈痰坛檀弹~琴⑥淡赕待怠代袋蛋但弹子~		
	n	②难很~⑥耐奈乃白奶文难灾~		
	l	②蓝篮兰拦栏~干来④懒览揽缆⑥烂滥赖侬~		
见组	k	①间白该监涧尴奸白③减改碱概⑤盖		
	kʰ	①开铅(3)凯⑤慨嵌		
	g	②□靠：~勒床浪隑戤		
晓组	h	③海喊		
	ɦ	②衔孩咸闲颜白呆~板④眼⑥限害碍雁文		
	ʔ	①哀⑤馅爱晏早~		

5. ɔ

	p	①包胞褒③饱保宝堡⑤报豹爆
帮组	pʰ	①抛⑤泡炮
	b	②袍跑⑥抱暴鲍
	m	②猫锚毛茅矛文④卯⑥貌冒帽
精组	ts	①招朝糟遭朝诏~山诏③爪找早枣抓白⑤照罩灶
	tsʰ	①超抄操钞(3)吵炒草躁⑤糙
	s	①烧臊骚搔捎稍③少多~嫂扫⑤少~年
	z	②韶朝潮曹槽④扰⑥皂绍赵兆造邵
端组	t	①刀③岛倒祷捣⑤到
	tʰ	①滔(3)讨⑤套
	d	②逃桃陶萄掏⑥道稻盗导
	n	②挠铙恼脑⑥闹
	l	②捞劳牢涝④老
见组	k	①高膏糕羔胶③搞搅绞铰⑤告觉睡~~教白酵
	kʰ	①敲(3)考⑤烤靠犒
	g	④搞
晓组	h	①蒿③好~坏⑤好爱~耗孝白,吊孝
	ɦ	②豪毫熬遨④浩咬⑥号傲
	ʔ	③袄⑤奥懊澳

6. ɤə

	p	①搬般⑤半绊
帮组	pʰ	①潘⑤判
	b	②盘⑥伴拌
	m	②瞒馒④满⑥慢漫
精组	ts	①沾钻专砖甄③展转⑤战占转
	tsʰ	①穿川参餐(3)喘惨⑤钏窜串纂
	s	①闩拴③闪陕⑤扇搧
	z	②然船蚕蝉燃缠传橼⑥社射善禅染文纂
端组	t	①端③短⑤断判~锻
	tʰ	①贪⑤探
	d	②团潭⑥断~绝段
	n	②男南囡④暖
	l	②銮④卵⑥乱
见组	k	①干甘柑泔肝竿③敢感杆赶⑤干
	kʰ	①堪看~门刊(3)砍⑤看勘
晓组	h	①酣③罕⑤汉憾
	ɦ	②寒韩含函⑥岸旱汗翰焊
	ʔ	①安庵鞍⑤按案暗

7. əu

帮	m	②磨魔模④母拇⑥墓幕暮慕募

续表

端组	t	①多都③赌肚堵躲⑤炉
	tʰ	①拖(3)妥椭⑤唾兔吐
	d	②舵驼徒屠途涂图⑥大度度镀杜肚
	n	②奴④努⑥糯怒懦
	l	②摞罗卢炉芦庐锣萝④鲁掳卤卵⑥裸路赂露
精组	ts	①租③左祖组阻⑤做作
	tsʰ	①搓粗初(3)楚础⑤醋措错
	s	①苏梭梳蔬疏酥唆③锁琐所数⑤素诉塑
	z	②锄⑥座助坐
见组	k	①歌哥锅姑孤③果古估股鼓裹⑤个过故固顾雇
	kʰ	①科棵颗枯(3)可苦⑤课裤
	ŋ	⑥鹅饿

8. ã

帮组	p	①绷浜⑤迸
	b	②朋棚彭膨蟛鼻⑥碰
	m	⑥盂猛
精组	ts	①张樟章争睁白③长生~掌涨⑤胀仗打~胀帐涨麈彰障
	tsʰ	①昌菖撑(3)厂⑤畅唱倡创
	s	①商伤生甥牲白③省
	z	②裳长肠场常尝塍新~，地名⑥尚文剩白丈杖仗嚷文壤文让文
端组	t	③打
	d	⑥荡~马路
	l	④冷
见组	k	①庚白耕羹白更粳③□kã，石子硌脚，硌：触着凸起的东西觉得不舒服或受到损伤
	kʰ	①坑
晓组	ɦ	②行~船⑥硬杏白
	ʔ	①樱白鹦白⑤雁白~鹅

9. ã

帮组	p	①帮邦③榜膀绑磅谤
	pʰ	(3)髈⑤胖
	b	②旁庞防⑥棒蚌
	m	②忙芒茫虻④莽蟒网⑥望往
非组	f	①方芳③仿妨纺访彷⑤放
	v	②房亡④妄望文忘文
精组	ts	①章姓椿装庄桩脏赃臧③掌⑤葬壮障
	tsʰ	①苍仓舱窗疮(3)闯⑤创唱
	s	①桑丧~事双霜孀③爽赏嗓⑤丧~失
	z	②藏床尝⑥藏西~状撞上尚裳

续表

端组	t	①当裆③挡党⑤当～：以为
	tʰ	①汤(3)倘躺⑤烫趟
	d	②唐糖塘搪堂⑥宕荡
	n	②囊
	l	②郎廊狼④朗⑥浪晾
见组	k	①光冈刚钢纲缸扛肛江③港广讲白⑤杠降虹白
	kʰ	①康糠慷匡筐炕白⑤抗炕矿旷
	g	②狂⑥逛戆伉
晓组	h	①慌荒黄～③谎⑤况
	ɦ	②杭航行昂降授～黄皇蝗王⑥项巷旺兴～
	ʔ	①肮汪③往文

10. əŋ

帮组	p	①奔崩③本
	pʰ	①喷烹⑤喷～香，～嚏
	b	②盆盟同～会⑥笨
	m	②萌门蚊闻白④闷⑥问白
非组	f	①分纷芬③粉⑤粪奋
	v	②坟纹闻文焚⑥问文愤忿份吻冽
精组	ts	①增争蒸真针斟珍朕贞桢侦尊曾姓等正～月征振憎③准枕诊疹整遵⑤镇震症政证正～确
	tsʰ	①春椿鞍村称～呼(3)蠢逞忖⑤寸衬趁称～心如意
	s	①僧生文声深孙升森参人～身申伸娠牲文甥白狲活～③损审婶沈笋⑤逊胜圣
	z	②绳沉人文陈尘辰晨臣神仁存唇纯醇曾～经层乘承丞呈程成城诚盛～饭仍文塍田～惩④忍文⑥认文润文顺郑阵甚肾慎任赠刃润赠剩文，～余盛兴～赁租～
端组	t	①敦墩灯登③等⑤顿凳瞪橙
	tʰ	①吞⑤余
	d	②饨屯豚誊藤腾⑥盾遁钝沌邓
	n	②能⑥嫩
	l	②仑轮伦论～语能楞⑥论
见组	k	①耕更文～改根跟庚文羹文③耿艮⑤更～好
	kʰ	(3)啃恳垦肯坑
	g	④□～倒：头低下
晓组	h	①亨哼③狠很
	ɦ	②横白恒衡痕⑥恨
	ʔ	①恩

11. oŋ

帮组	pʰ	(3)捧
	b	②篷蓬⑥棒
	m	②蒙忙白网白⑥梦
非组	f	①风疯丰封蜂锋③讽⑤俸
	v	②冯逢缝⑥奉凤缝一条～

精组	ts	①终棕鬃宗踪中~间忠钟盅③总肿种~类⑤粽中~标众种~树纵~客
	tsʰ	①聪冲葱匆充(3)宠
	s	①松嵩⑤送宋
	z	②从虫丛诵戎绒重~复崇茸文⑥颂讼仲重~量撞崇
端组	t	①东冬③董懂⑤冻栋
	tʰ	①通(3)桶统⑤痛
	d	②童同铜桐筒瞳⑥动洞
	n	②农脓
	l	②龙隆笼聋农脓④拢⑥弄拢陇垄
见组	k	①公工功攻供~给弓躬宫恭③拱巩⑤贡供~养
	kʰ	①空(3)孔恐⑤空有~控
	g	⑥共
晓组	h	①轰烘③哄
	ɦ	②鸿宏红洪虹弘
	ʔ	①翁瓮拥白，~上去

12. i

帮组	p	③比鄙⑤庇闭秘臂
	pʰ	①披批⑤屁譬
	b	②脾琵皮疲⑥蔽弊敝币备毙避被
	m	②弥谜糜④米尼眉白眉尾白谜味白
非组	f	①妃非飞③匪翡⑤费废肺
	v	②肥微维惟④尾文⑥未味文
端组	t	①低③抵牴底⑤帝
	tʰ	①梯(3)体⑤替涕剃
	d	②题提堤啼蹄⑥地弟第递隶
	l	②离璃篱黎梨狸④里理鲤礼裹李⑥丽例励吏例利痢泪白吕白
章组	tɕ	①鸡饥肌讥基几~乎机稽③挤几~多己姐⑤祭际济剂计寄继既纪记季冀
	tɕʰ	①欺妻溪蛆(3)企起启岂祈⑤气汽器弃契砌去白
	dz	②齐脐荠旗骑文奇其期棋麒徐⑥忌技妓
	ɕ	①些西牺嬉希稀犀奚徙③洗喜嬉死⑤戏细系文
	ŋ̩	②泥尼疑宜蚁仪④拟耳⑥二白腻义议艺贰毅
晓组	ɦ	②移姨胰遗肆饴⑥系白异易
	ʔ	①衣依伊他医③倚椅文已以⑤意亿

13. ɿ

精组	ts	①资咨姿支知蜘之枝肢芝脂兹滋猪~粥③纸止址旨指子紫嘴姊滓梓⑤致置志至制痣
	tsʰ	①痴雌吹(3)耻此侈齿⑤翅次刺疵
	s	①诗施尸师狮私思丝司斯撕③史使驶始屎死文水⑤四肆世势试
	z	②迟瓷糍慈磁辞词祠池驰持时逝匙④自是士⑥字治似祀寺示视市柿事恃侍誓仕嗜逝滞

14. ʮ

精组	ts	①朱珠诛蛛株硃猪诸③主煮⑤铸著注蛀炷驻
	tsʰ	(3)处动词：相~⑤处~所
	s	①书梳白舒输③暑鼠黍⑤庶恕
	z	②殊如儒除厨橱④乳汝⑥竖树薯住

15. iɑ

端	t	①爹③嗲撒娇，宠爱：~来
章组	tɕ	①家文加文嘉文佳稼皆阶文③贾文解文假文⑤借驾嫁文架文价文假文放~戒文界介文
	dʑ	⑥谢
	ɕ	①虾文奢③写⑤下文，~流泻卸
	z	④邪斜
	n̠	⑥染~着病
晓组	ɦ	②崖涯爷~娘谐④野
	ø	①鸦文③雅耶亚哑文霞⑤夜

16. ie

帮组	p	①鞭边编蝙③扁匾贬⑤变遍
	pʰ	①篇偏⑤片骗
	b	②便~宜⑥辨辫辩便方~
	m	②绵棉眠④免娩勉缅⑥面
端组	t	①颠癫③点典⑤店
	tʰ	①天添(3)舔⑤掭忝
	d	②田甜填钿⑥垫殿电垫奠佃
	l	②连莲廉镰帘怜联④脸敛⑥练炼恋
章组	tɕ	①间文尖煎笺监文兼艰奸肩坚③捡剪简柬拣茧⑤剑见箭溅荐建鉴
	tɕʰ	①牵千歼迁谦签铨(3)且浅遣⑤欠歉倩
	dʑ	②涎钳乾全泉钱前癎潜搯虔旋⑥件健腱钱贱践渐
	ɕ	①先仙鲜宣骗~鸡掀轩③选冼险癣显⑤献宪线懈
	n̠	②研粘年严阎④俨碾染~房⑥念验砚捻
晓组	ɦ	②延言盐檐嫌贤炎颜文衔文弦沿④也文演⑥焰
	ʔ	①烟阉淹腌焉烟咽咽③掩⑤现燕嚥宴晏文雁文厌

17. iɔ

帮组	p	①标彪膘③表代~
	pʰ	①飘(3)漂⑤票
	b	②鳔鱼~瓢嫖
	m	②苗描瞄④秒渺藐⑥庙妙
端组	t	①刁貂雕③鸟白⑤吊钓
	tʰ	①挑⑤跳~跃粜
	d	②条调~和⑥调~动掉
	l	②撩聊燎辽疗④了~结⑥廖料

续表

	tɕ	①焦蕉椒交文郊骄娇胶浇③矫缴矫狡绞文剿⑤较叫教文，～师校～对
章组	tɕʰ	①缲敲锹悄(3)巧⑤窍俏
	dz	②翘桥乔侨巢樵
	ɕ	①萧消宵霄销硝逍嚣③小晓③笑孝酵
	ŋ̥	②挠饶④绕围～鸟⑥绕～线
晓组	ɦ	②肴淆摇谣遥窑姚尧⑥效校学～耀鹞～子
	ʔ	①妖邀腰要～求③杳舀⑤要勿～

18. iəu

端组	tʰ	①丢
	l	②流刘留榴硫琉溜④柳
	tɕ	①揪鸠纠③酒九久韭⑤救究灸
章组	tɕʰ	①邱秋丘
	dz	②求球囚⑥就袖舅旧柩臼
	ɕ	①修休羞③朽⑤秀绣锈嗅
	ŋ̥	②牛④纽扭
晓组	ɦ	②尤邮由油游犹④有酉⑥诱
	ʔ	①忧优悠幽⑤幼又右佑友柚釉

19. iã

端	l	②凉量测～粮良梁梁④两斤～⑥亮谅辆量数～
	tɕ	①疆僵缰将③浆奖蒋讲文⑤酱将大～降文，～落
章组	tɕʰ	①枪腔羌(3)镪勉～抢⑤呛
	dz	②墙强详祥翔⑥匠像象橡
	ɕ	①相互～厢箱湘镶襄乡香③想享饷响⑤相～貌向
	ŋ̥	②娘瓤④仰⑥酿让壤嚷
晓组	ɦ	②羊扬杨阳洋烊徉④养生，～小人氧痒⑥样恙旺火～
	ʔ	①秧殃央扬～谷子

20. iŋ

	p	①兵宾槟殡冰斌③禀饼丙併秉⑤鬓柄摒
帮组	pʰ	①拼(3)品⑤聘
	b	②贫频凭平评瓶屏萍⑥并病
	m	②民鸣明名铭盟④悯敏闽皿⑥命
	t	①丁叮钉③顶鼎⑤钉订～书机
端组	tʰ	①听厅(3)挺艇⑤听文言词：听凭，任凭
	d	②庭廷亭停⑥定订～报
	l	②拎铃伶零陵菱凌林淋邻灵临鳞嶙④领岭⑥另令赁吝
	tɕ	①精经津今金襟巾斤筋晶径晴京荆惊③紧谨井景警颈锦⑤进禁俊敬镜境竟晋浸劲
章组	tɕʰ	①轻亲清青侵钦卿倾(3)请寝顷⑤庆揿磬
	dz	②秦琴禽擒勤芹情晴寻循旬巡覃～鲸④仅⑥近竞劲姓尽静净
	ɕ	①心新星腥兴～旺辛薪欣掀白馨③醒省⑤性姓信讯迅兴高～
	ŋ̥	②人白迎任姓银凝宁吟仁否～④忍⑥认白闰

续表

晓组	fi	②营寅行～为形刑型盈赢淫行白蝇瀛④引⑥幸杏文
晓组	ʔ	①音鹰阴因姻殷应～该鹦文樱文英蝇婴缨③饮隐尹影瘾⑤映印应答～孕文

21. ioŋ

章组	dʐ	②穷琼
	ɕ	①兄胸凶
	ŋ̩	②浓白绒茸
晓组	fi	②荣熊容熔蓉融雄庸
	ʔ	①拥文雍臃③永甬涌勇⑤用泳

22. u

帮组	p	①播波玻簸③补谱⑤布佈簸
	pʰ	①铺动词颇坡潽粥～出来(3)普浦脯剖⑤铺～子破
	b	②菩蒲婆葡孵⑥捕部步簿埠菩稻～头
	m	②魔摩摹模磨动词④母拇～指⑥慕暮墓幕磨名词
非组	f	①夫肤敷麸呼③府俯腑甫脯辅斧俘⑤付傅姓富赋副
	v	②符扶芙浮文无④腐父武鹉妇负侮⑥附务雾
精组	ts	①租③组祖阻佐⑤做作
	tsʰ	①粗初搓(3)楚础⑤措醋错锉
	s	①苏蓑～衣梭唆酥蔬梳文疏③锁琐所数动词⑤素诉塑数～目
	z	②锄雏⑥助
端组	t	①都多③堵睹赌肚猪～躲
	tʰ	①拖③土妥吐⑤兔唾
	d	②驼驮徒途涂图屠⑥惰杜肚渡度镀舵大白
	n	②奴(3)努⑥怒糯懦
	l	②骡驴卢芦炉庐猡箩④鲁橹卤虏卵⑥裸路略露
见组	k	①姑孤哥歌锅箍辜③果古估鼓股裹～馄饨⑤顾雇固故过个
	kʰ	①枯科棵颗窠(3)苦可⑤库裤课
	g	②跪咕
	ŋ	⑥我
晓组	h	①呼火虎浒⑤货
	fi	②胡湖壶狐俄河荷何和禾吴乎梧蜈④祸五文午伍户沪舞⑥互护贺卧误悟
	ʔ	①乌阿窝倭污③恶动词

23. uɑ

见组	k	①乖③拐寡文剐⑤怪
	kʰ	⑤快
晓组	h	①歪
	fi	②槐怀淮⑥坏

24. ue

见组	k	①归规龟文闺圭③轨诡鬼文⑤贵文桂鳜剑桧会～计
	kʰ	①盔亏文奎魁窥(3)傀⑤块魁
	g	②葵④溃愧跪文⑥柜文
晓组	h	①灰徽挥辉麾③毁悔贿⑤讳晦绘
	ɦ	②回茴围危桅为作～④伟苇违讳纬⑥卫魏谓胃慰汇
	ʔ	①威煨喂畏③萎委伪⑤会位惠慧
精组	ts	①追锥⑤最缀赘醉
	tsʰ	①吹文炊催崔⑤脆翠
	s	①虽绥⑤税岁锐粹碎文
	z	②垂随隋谁槌锤④蕊文⑥罪穗睡芮遂隧坠瑞

25. uɛ

见组	k	①关⑤惯
	kʰ	⑤筷
	g	②环
晓组	ɦ	②怀还⑥外文
	ʔ	①弯湾③挽⑤幻患宦

26. uɤə

精	s	①酸⑤蒜
见组	k	①官棺观参～冠衣～③管馆⑤贯惯罐灌冠～军
	kʰ	①宽(3)款
	g	⑥掼
晓组	h	①欢⑤焕唤
	ɦ	②完丸玩顽桓④缓
	ʔ	③碗豌皖⑤腕换

27. uã

见组	k	①光
	ɦ	②横王
	ʔ	①汪③亡⑤妄旺

28. uəŋ

见组	k	③滚⑤棍
	kʰ	①昆坤(3)捆⑤困～棍
晓组	h	①昏婚荤
	ɦ	②魂浑～登登|～陶陶：糊里糊涂馄⑥混～堂，浴室
	ʔ	①温瘟③稳

29. y

端	l	②驴④吕侣旅缕履屡⑥虑滤

续表

章组	tɕ	①疽居车拘驹龟白③举矩鬼⑤锯句贵据
	tɕʰ	①趋蛆驱区亏~得(3)取娶又读⑤趣去文
	dz	②渠瞿俱骑白徐⑥聚巨拒距惧具柜署序叙绪娶又读跪白
	ɕ	①虚嘘须需③许⑤絮婿胥
	ŋ	②愚娱白④女语遇豫愚麑⑥遇寓
晓组	ɦ	②渔鱼文于圩余盂榆愉圄~巾⑥预御豫喻裕誉
	ʔ	①于迂③椅白雨羽禹宇与~参⑤与给~喂~奶

30. yɤə

章组	tɕ	①捐③捲卷⑤绢眷
	tɕʰ	①圈(3)犬⑤劝券
	dz	②权拳颧⑥倦
	ɕ	①喧暄靴⑤楦鞋~头
	ŋ	②元原源④软阮⑥愿
晓组	ɦ	②玄缘元园圆袁援辕眩④远
	ʔ	①冤渊⑤怨院悬县

31. yəŋ

章组	tɕ	①均君军菌③窘
	dz	②群裙⑥郡
	ɕ	①薰熏勋⑤训
	z	②荀④殉
晓组	ɦ	②云匀⑥闰
	ʔ	①允晕孕⑤熨运韵

32. aʔ

帮组	p	⑦八伯百柏
	pʰ	⑦拍魄
	b	⑧拔白
	m	⑧抹袜麦脉
非组	f	⑦法发
	v	⑧乏伐筏罚
精组	ts	⑦眨札扎着~衣酌窄摘只
	tsʰ	⑦插察擦绰拆策册尺赤
	s	⑦撒萨杀煞
	z	⑧杂闸着宅困~若碟（炸）弱石芍
端组	t	⑦搭遏~
	tʰ	⑦塔塌榻獭
	d	⑧踏沓达
	n	⑧捺
	l	⑧腊蜡辣邋~遢猎白

续表

	k	⑦夹挟格隔甲_白
见组	kʰ	⑦掐恰客
	g	⑧□拥挤：街上浪人～来轧扎实，牢靠
晓组	h	⑦瞎喝赫
	ʔ	⑦压鸭押额_白盒匣狭

33. oʔ

	p	⑦北博剥驳卜八
帮组	pʰ	⑦扑朴泊
	b	⑧薄仆雹冰～
	m	⑧莫膜寞摸木目穆牧
非组	f	⑦福幅复腹覆
	v	⑧服伏复古文字《说文》往来也
精组	ts	⑦桌卓烛嘱足捉斫～稻作竹祝粥琢啄涿
	tsʰ	⑦触戳促畜簇
	s	⑦叔缩宿索朔速肃束塑说
	z	⑧镯浊逐续俗熟属蜀赎昨凿勺～子辱
端组	t	⑦笃督
	tʰ	⑦秃托讬秃拓
	d	⑧独毒读牍犊
	n	⑧诺
	l	⑧陆鹿绿禄六落乐快～洛烙骆络酪
见组	k	⑦谷各阁搁角觉_白
	kʰ	⑦哭壳扩酷廓壳确_白
晓组	h	⑦郝霍
	ʔ	⑦屋握恶沃学_白岳鹤镬腭鄂

34. əʔ

	p	⑦不钵～头拨
帮组	pʰ	⑦泼迫
	b	⑧帛勃钹别_白
	m	⑧末沫没沉～墨默么
非组	f	⑦佛
	v	⑧勿佛物
精组	ts	⑦质折哲执汁织职则只侧卒者浙
	tsʰ	⑦彻撤撤测厕出猝
	s	⑦啬室失湿式率设饰识虱涩色塞刷瑟说
	z	⑧十什日_文拾实舌食入直值殖植择泽贼杂涉术述若
端组	t	⑦得德掇答
	tʰ	⑦忒脱
	d	⑧特突叠_白夺
	n	⑧纳
	l	⑧勒肋

续表

见组	k	⑦格文革鸽隔~嘴葛割
	kʰ	⑦刻咳~嗽磕渴克刊勘
	g	⑧掐紧抱的意思
晓组	h	⑦黑喝~采
	ʔ	⑦扼轭厄合额文

35. iiʔ

帮组	p	⑦逼必笔毕碧壁璧瘪鳖憋
	pʰ	⑦匹撇劈僻辟
	b	⑧鼻别弼枇杷
	m	⑧蜜密灭篾觅
端组	t	⑦滴嫡跌的~确
	tʰ	⑦踢剔铁贴
	d	⑧笛敌叠狄
	l	⑧力历荔笠立粒列裂劣律栗率
章组	tɕ	⑦即接节积迹脊绩结给级激击急缓~劫洁吉疖
	tɕʰ	⑦七漆切妾窃戚吃泣乞讫怯绲且
	dʑ	⑧拾白席习集籍截捷绝疾寂夕袭极及杰桀辑剧
	ɕ	⑦熄息昔屑雪悉膝惜锡戌恤吸歇胁薛析泄
	ɲ	⑧日白,~脚热业逆匿溺孽聂镊蹑
晓组	ɦ	⑧易亦弋翼叶协
	ʔ	⑦一益绎译翼揖乙抑噎亦液页逸

36. iaʔ

端	l	⑧略掠
章组	tɕ	⑦爵脚甲文
	tɕʰ	⑦却恰怯鹊雀
	dʑ	⑧嚼
	ɕ	⑦削
	ɲ	⑧捏虐箬粽~
晓	ʔ	⑦约药钥协

37. ioʔ

章组	tɕ	⑦菊掬觉文
	tɕʰ	⑦确曲
	dʑ	⑧局轴
	ɕ	⑦畜蓄
	ɲ	⑧玉肉白褥狱
晓	ʔ	⑦郁欲学文育浴潮~,洗澡

38. uəʔ

见	k	⑦骨国
组	kʰ	⑦阔窟扩
晓	h	⑦忽
组	ʔ	⑦活或惑获

39. uɑʔ

见	k	⑦刮括聒~一顿
晓	h	⑦豁霍镬
组	ʔ	⑦挖划滑猾

40. yəʔ

	tɕ	⑦厥决诀橘
章	tɕʰ	⑦缺屈
组	dz	⑧掘倔
	ɕ	⑦血
晓	ʔ	⑦月穴悦阅越日疫役浴粤域

41. 其他韵母

əl	①儿文而③耳文尔⑤饵二文
m̩	①姆②呒④亩
ŋ̍	②鱼吴白⑧五午白

注:"姆"带有"ʔ"音。

第三节　词汇系统

一、新世纪吴语词汇的语料来源

　　新世纪吴语词汇系统的语料,主要来自本课题组于 2019 年田野调查的语料,为更全面地反映新世纪吴语词汇的面貌,还参考了嘉兴市档案馆、徐越的《嘉兴方言》的词汇部分和《新塍土话》编委会的《新塍土话》,以及一些吴语文学作品、民谣儿歌的词汇。《嘉兴方言》是一部在徐越教授实地调查成果、嘉兴市档案馆馆藏语音语料和收集获得的老嘉兴俗语歌谣等语料的基础上编纂而成的方言志,于 2016 年出版。该书收入了嘉兴特色词 900 条左右,还收入了嘉兴地区的一些民歌和民间故事。《新塍土话》于 2014 年内部印刷,收入嘉兴新塍词语约 1500 条,以及一篇用新塍方言写成的"新塍土话乡音解读"的文章。《新塍土话》编委会成员都是嘉兴土生土长的老年人,所以《新塍土话》所收入的词语方言韵味十分浓郁。

二、新世纪吴语词汇系统

　　新世纪吴语词汇系统以表格的方式描写，形成《新世纪吴语词汇集》（见表6-13），分17个大类，按天文/地理、时令/时间、处所/方位、人体/人物、植物/动物、衣物/食物、房屋/器物、事物/事情、农业、工商业、交通、文教风俗、动作/行为、心理/否定、性质/状态、指代/数量、其他的顺序排列。以小类为排列单位，先列单音节词，后列双音节词，再列多音节词。词条后用普通话释义。释义中，如有两个或两个以上者，各义项间用"；"号分开。字音的声调有阴平、阳平、全阴上、次阴上、阳上、阴去、阳去、阴入、阳入九类，分别用1、2、3、(3)、4、5、6、7、8表示。调类是单字音调，不是连续调。

表6-13　新世纪吴语词汇集

1. 天文/地理

（1）天文

词语	词音	词义
堂	he^3	虹，也叫"彩虹"
云	ɦyəŋ^2	云
雾	vu^5	雾
天公	tʰie^{1}koŋ^1	天
天工	tʰie^{1}koŋ^1	天气
日头	zəʔ^{8}de^2	太阳。也叫"热头"
太阳	tʰɛ^{5}ʑiã^2	太阳
月亮	ʔyəʔ^{7}liã^6	月亮
天河	tʰie^{1}ɦu^2	银河
移星	ɦi^{2}ɕiŋ^1	流星
云头	ɦyəŋ^{2}de^2	成堆成团的云
发风	faʔ^{7}foŋ^1	刮风
顺风	zəŋ^{6}foŋ^1	顺风
戗风	tɕʰiã^{1}foŋ^1	顶头风
落雨	loʔ^{8}ʔy^3	下雨
霍显	hoʔ^{7}ɕie^3	闪电
落雪	loʔ^{8}ɕiɪ^7	下雪
雷响	le^{2}ɕiã^5	打雷
冻冰	toŋ^{5}pɪŋ^1	结冰
结冰	tɕiɪʔ^{7}pɪŋ^1	结冰
烊冻	ɦiã^{2}toŋ^5	开冰。冰开始化成水
烊雪	ɦiã^{2}ɕiɪ^7	化雪
冰薄	pɪŋ^{1}boʔ^8	冰雹
冰砖	pɪŋ^{1}tsʅ^1	冰雹
雪珠	ɕiɪʔ^{7}tsʅ^1	雪子
凌泽	lɪŋ^{2}zəʔ^8	冰锥。屋檐挂的冰条，也叫"冰棍"
冰条	pɪŋ^{1}dio^2	冰条

词语	词音	词义
雾露	vu^3lu^6	雾
落霜	$lo?^8s\tilde{a}^1$	下霜
好天	$h\mathfrak{o}^3t^hie^1$	晴天
晴日	$dzi\eta^2z\mathfrak{o}?^8$	晴天
霍险	$ho?^7\mathfrak{c}ie^3$	打闪。也说"闪电""霍显"
打雷	$t\tilde{a}^3le^2$	打雷
雨涩	$?y^3zo?^8$	淋雨
淋雨	$li\eta^2?y^3$	淋雨
扫帚星	$s\mathfrak{o}^3tse^3\mathfrak{c}i\eta^1$	彗星
阴头里	$\eta^1de^2li^4$	阴凉处
阵头雨	$z\mathfrak{e}\eta^6de^2?y^3$	阵雨
打个阵	$t\tilde{a}^3ku^3z\mathfrak{e}\eta^6$	雷阵雨。也叫"阵头雨"
雷阵雨	$le^2z\mathfrak{e}\eta^6?y^3$	雷阵雨
打霹雳	$t\tilde{a}^3p^hi\mathfrak{l}?^7li\mathfrak{l}?^8$	打雷
麻花雨	$mo^2ho^1?y^3$	毛毛雨。也叫"小雨"
毛毛雨	$m\mathfrak{o}^2m\mathfrak{o}^2?y^3$	毛毛雨
鬼头风	$kue^3de^2fo\eta^1$	旋风。也叫"鬼阵头风"
落露水	$lo?^8l\mathfrak{e}u^6s\mathfrak{l}^3$	下露
落雨天	$lo?^8?y^3t^hie^1$	雨天
秋老虎	$t\mathfrak{c}^hi\mathfrak{e}u^1l\mathfrak{o}^6hu^1$	闷热高温的初秋
着夜烧	$za?^8?ia^5s\mathfrak{o}^1$	晚霞
太阳头里	$t^h\mathfrak{e}^5\mathfrak{fi}i\tilde{a}^2de^2li^4$	日晒处。也叫"日头里""日光里"
阵头大雨	$z\mathfrak{e}\eta^6de^2da^6?y^3$	阵雨
野日吃家日	$\mathfrak{fi}ia^4z\mathfrak{e}?^8t\mathfrak{c}^hi\mathfrak{l}?^7ka^1z\mathfrak{e}?^8$	日蚀
野月吃家月	$\mathfrak{fi}ia^4?y\mathfrak{e}?^7t\mathfrak{c}^hi\mathfrak{l}?^7ka^1?y\mathfrak{e}?^7$	月蚀

（2）地理

词语	词音	词义
田	die^2	水田
地	di^6	旱地
岗	$k\tilde{a}^3$	土岗
场	$z\tilde{a}^2$	门前空地
塘	$d\tilde{a}^2$	河；运河。也叫"河""运河"
河	$\mathfrak{fi}u^2$	河流
潭	$d\mathfrak{v}\mathfrak{e}^2$	小坑
荡	$d\tilde{a}^6$	浅水湖，湖泊
灰	hue^1	灰尘，尘土
地	di^6	土地
泥	$\mathfrak{n}i^2$	泥土
坝	po^5	拦河蓄水的建筑
灰尘	$hue^1z\mathfrak{e}\eta^2$	灰尘
洋灰	$\mathfrak{fi}i\tilde{a}^2hue^1$	水泥

续表

词语	词音	词义
水泥	$sɿ^3 ŋi^2$	水泥
烂泥	$lɛ^6 ŋi^2$	稀烂的泥
泥坺	$ŋi^2 bəʔ^8$	土块。也作"泥坺头"
泥堆	$ŋi^2 te^1$	土堆
泡泡	$pʰɔ^5 pʰɔ^5$	泡沫
河沙	$ɦu^2 so^1$	黄沙
沙泥	$so^1 ŋi^2$	沙子
沙子	$so^1 tsɿ^3$	沙子
荒田	$hã^1 die^2$	荒田，久不进行耕种而导致荒芜的土地
高墩	$kɔ^1 təŋ^1$	高土堆
檐尘	$ɦie^2 zəŋ^2$	屋墙上的灰尘
蓬尘	$boŋ^2 zəŋ^2$	扫地时扬起的灰尘
堤岸	$di^2 ɦɤə^6$	河岸
圩岸	$ɦy^2 ɦɤə^6$	坝
水塘	$sɿ^3 dã^2$	池塘
水潭	$sɿ^3 dɤə^2$	水坑
潭潭	$dɤə^2 dɤə^2$	小坑
池潭	$zɿ^2 dɤə^2$	蓄水的坑
河浜	$ɦu^2 pã^1$	泛指小河
河港	$ɦu^2 kã^3$	河流；河流沿岸的港口
田垟	$die^2 ʔiã^1$	田野间
运河	$ʔyəŋ^5 ɦu^2$	运河
踏杜	$daʔ^8 dəu^6$	河边洗东西时站的台阶
潮头	$zɔ^2 de^2$	洪峰浪头
城河	$zəŋ^2 ɦu^2$	贯穿城中的水道
城头	$zəŋ^2 de^2$	城墙
坟墩	$vəŋ^2 təŋ^1$	坟头
碑牌	$pe^1 ba^2$	石牌
南湖	$nɤə^2 ɦu^2$	地名
踏杜齐	$daʔ^8 dəu^6 dʑi^2$	台阶。也作"踏步级"
窠罗圈	$kʰu^1 ləu^2 tɕʰyɤə^1$	圆圈
烂污泥	$lɛ^3 ʔu^1 ŋi^2$	稀烂的泥
溪滩地	$tɕʰi^1 tʰɛ^1 di^6$	小河边的土地
河滩头	$ɦu^2 tʰɛ^1 de^2$	石头或石板砌成的供洗衣、洗菜、淘米等用的台阶
河泥塘	$ɦu^2 ŋi^2 dã^2$	田边用石板或石块砌成积河泥的坑
河海边	$ɦu^2 he^3 pie^1$	河滩边
坟墩窠	$vəŋ^2 təŋ^1 kʰu^1$	墓穴
石卵子	$zaʔ^8 lɤə^4 tsɿ^3$	鹅卵石
吸铁石	$ɕiiʔ^7 tʰiiʔ^7 zaʔ^8$	磁铁
水门汀	$sɿ^3 məŋ^2 tʰiŋ^1$	水泥地；混泥土地

2. 时令 / 时间

词语	词音	词义
夜	ʔia⁵	晚
晏	ʔie⁵	晚
钟头	tsoŋ¹de²	小时
一日	ʔiɪʔ⁷ȵiɪʔ⁸	一天
日日	ȵiɪʔ⁸ȵiɪʔ⁸	天天。也作"天天""每天"
逐日	zoʔ⁸ȵiɪʔ⁸	每天
日脚	ȵiɪʔ⁸tɕiaʔ⁷	日子
辰光	zəŋ²kã¹	时候，时间
上年	zã⁶ȵie²	去年
旧年	dziəu⁶ȵie²	去年
来年	lɛ²ȵie²	下一年
越年	ʔyəʔ⁷ȵie²	跨年，过年
寒天	ɦrə²tʰie¹	冷天，冬天
冷天	lã⁴tʰie¹	冬天
热天	ȵiɪʔ⁸tʰie¹	夏天
月半	ʔyəʔ⁷pɤə⁶	夏历每月十五
月大	ʔyəʔ⁷dəu⁶	大月
月小	ʔyəʔ⁷ɕiɔ³	小月
正月	tsəŋ¹ʔyəʔ⁷	农历一年的第一个月
闰月	ȵɪŋ⁵ʔyəʔ⁷	每逢闰年所加的一个月叫闰月
蚕月	zɤə²ʔyəʔ⁷	四月
礼拜	li⁴pa⁵	星期
端午	trə¹ŋ⁴	端午节
前天	dzie²tʰie¹	前天
前日	dzie²ȵiɪʔ⁸	前天
昨日	zoʔ⁸ȵiɪʔ⁸	昨天
今朝	tɕɪŋ¹tsɔ¹	今天
萌朝	məŋ²tsɔ¹	明天
后日	ɦie⁶ȵiɪʔ⁸	后天
上日	zã⁶ȵiɪʔ⁸	昨天
哀天	ʔɛ¹tʰie¹	那天
上昼	zã⁶tse⁵	上午
下昼	ɦo⁶tse⁵	下午
大昼	dəu⁶tse⁵	中午，晌午
日里	ȵiɪʔ⁸li⁴	白天。也作"日里向"
夜间	ʔia⁵kɛ¹	夜里
夜里	ʔia⁵li⁴	晚上
蔼卯	kəʔ⁷mɔ⁴	最近
格抢	kɑʔ⁷tɕʰiã⁽³⁾	近来，这段日子
天把	tʰie¹pɔ³	大约一天
出脚	tsʰəʔ⁷tɕiaʔ⁷	出头，开外
今番	tɕɪŋ¹fɛ¹	这时；这回

续表

词语	词音	词义
当世	tã⁵sɿ⁵	当前；当代
跑昔	bɔ²ɕiɿʔ⁷	从前
老早	lɔ⁶ʦɔ³	从前
从前	zoŋ²dzie²	从前
上卯	zã⁶mɔ⁵	上次
葛卯	kəʔ⁸mɔ⁴	这次
下卯	ɦo⁷mɔ⁴	下次
论转	ləŋ⁶tsʏə²	好几次
论年	ləŋ⁶ȵie²	好几年
通年	tʰoŋ¹ȵie²	经常，时常
端午	tʏə¹ŋ⁴	端午节
寒里	ɦʏə²li⁴	腊月
个歇	ke⁵ɕiɿ⁷	现在
阿末	ʔu¹məʔ⁸	最后
生朝	sã¹tsɔ¹	生日
生日	sã¹ȵiɿʔ⁸	生日
双休	sã¹ɕiəu¹	双休日
年头浪	ȵiɿʔ⁸de²lã⁶	新年开始的那几天
葛卯子	kəʔ⁷mɔ⁴tsɿ³	最近
昨日子	zoʔ⁸ȵiɿʔ⁸tsɿ³	昨天
前日子	dzie²ȵiɿʔ⁸tsɿ³	前天
葛日子	kəʔ⁷ȵiɿʔ⁸tsɿ³	前天
前葛日	dzie²kəʔ⁷ȵiɿʔ⁸	大前天
大前日	dəu⁶dzie²ȵiɿʔ⁸	大前天
大前天	dəu⁶dzie²tʰie¹	大前天
阿末来	ʔaʔ⁷məʔ⁸lɛ²	最后
后首来	ɦie⁶se³lɛ²	后来
早杭头	tsɔ³ɦã²de²	清晨，早晨。也作"老清早"
上半昼	zã⁶pʏə⁵tse⁵	上午
下半昼	ɦo⁶pʏə⁵tse⁵	下午
日中心	ȵiɿʔ⁸tsoŋ¹ɕiŋ¹	中午
黄昏头	ɦã²huəŋ¹de²	傍晚。也作"夜快头"
夜里向	ʔia⁵li⁴ɕiã⁵	晚上
半夜把	pʏə⁵ʔia⁵po³	半夜三更。也叫"半夜里"
大后日	dəu⁶ɦie⁶ȵiɿʔ⁸	大后天
早晨头	tsɔ³zəŋ²de²	早晨
天亮快	tʰie¹liã⁶kʰua⁵	快天亮的时候
蒙蒙亮	moŋ²moŋ²liã⁶	拂晓
上礼拜	zã⁶li⁴pa⁵	上个星期
下礼拜	ɦo⁶li⁴pa⁵	下个星期
上半年	zã⁶pʏə⁵ȵie²	上半年
下半年	ɦo⁶pʏə⁵ȵie²	下半年

续表

词语	词音	词义
热天公	ȵiɪʔ⁸tʰie¹koŋ¹	夏天
冷天公	lã⁴tʰie¹koŋ¹	冬天
忙头里	moŋ²de²li⁴	忙的时候
月头浪	ʔyəʔ⁷de²lã⁶	一个月的开头几天
月底边	ʔyəʔ⁷ti³pie¹	临近月底
年底边	ȵiɪʔ⁸ti³pie¹	农历腊月初八至除夕
年头浪	ȵiɪʔ⁸de²lã⁶	大年初一到正月十五
年三十	ȵiɪʔ⁸sɛ¹zəʔ⁸	除夕
年初一	ȵiɪʔ⁸tsʰu¹ʔiɪʔ⁷	大年初一
正月半	tsəŋ¹ʔyəʔ⁷pɤə⁵	元宵节
七月半	tɕʰiɪʔ⁷ʔyəʔ⁷pɤə⁵	七月十五，中元节。也叫"鬼节"
八月半	paʔ⁷ʔyəʔ⁷pɤə⁵	中秋节。也叫"中秋节"
小春月	ɕiɔ³tsʰəŋ¹ʔyəʔ⁷	阴历十月，因天气温暖如春而得名
暴先子	bɔ⁶ɕie¹tsɿ³	从前
老底子	lɔ⁴ti³tsɿ³	早先
一歇歇	ʔiɪʔ⁷ɕiɪʔ⁷ɕiɪʔ⁷	一会儿
隔两日	kaʔ⁷liã⁴ȵiɪʔ⁸	过几天；将来
后晚来	ɦie⁸mɛ⁶lɛ²	后来
百把日	paʔ⁷po³ȵiɪʔ⁸	百来天
个带日	ke⁵taʔ⁵ȵiɪʔ⁸	这几天
个两日	ke⁵liã⁴ȵiɪʔ⁸	这两天
该带日	kɛ¹taʔ⁵ȵiɪʔ⁸	好两天
好几日	hɔ³tɕi³ȵiɪʔ⁸	好几天
好几年	hɔ³tɕi³ȵie²	好几年
好几次	hɔ³tɕi³tsʰɿ⁵	好几次
何里个念	ɦu²li⁴ke⁵ȵie⁶	哪一年
什大日子	zəʔ⁸dəu⁶ȵiɪʔ⁸tsɿ³	大前天。也叫"什大葛日"
前葛日子	dzie²kəʔ⁷ȵiɪʔ⁸tsɿ³	大前天
半夜三更	pɤə⁵ʔia⁵sɛ¹kã¹	半夜三更
年夜脚壁	ȵie²ʔia⁵tɕia⁷piɪʔ⁷	农历年底。也叫"年夜脚边"
一日到夜	ʔiɪʔ⁷ȵiɪʔ⁸tɔ⁵ʔia⁵	整天
夹忙里头	kaʔ⁷moŋ²li⁴de²	半中间
着末收梢	zaʔ⁸məʔ⁸se¹sɔ¹	最后，结果
开始辰光	kʰɛ¹sɿ³zəŋ²kã¹	先前，起初
老里八早	lɔ⁴li⁴paʔ⁷tsɔ³	老早
什大葛日子	zəʔ⁸dəu⁶kəʔ⁷ȵiɪʔ⁸tsɿ³	大前天

3. 处所 / 方位

（1）处所

词语	词音	词义
外头	ɦia⁶de²	外地
外地	ɦia⁶di⁶	外地

续表

词语	词音	词义
场化	zã²ho⁵	地方
地方	di⁶fã¹	地方
弄堂	loŋ⁶dã²	胡同，巷
街路	kɑ¹lu³	街道
街道	kɑ¹dɔ⁶	街道
饭堂	vɛ⁶dã²	食堂
食堂	zəʔ⁸dã²	食堂
混堂	ɦuəŋ⁶dã²	澡堂
羊棚	ɦiã²bã²	羊圈
狗窠	ke³kʰu¹	狗窝
鸡笼	tɕi¹loŋ²	鸡窝
栈房	zɛ⁶vã²	杀猪的后房
田塍	die²zəŋ²	田间的小泥路
村坊	tsʰəŋ¹fã¹	村庄
大队	dəu⁶de⁶	农村生产单位
小队	ɕiɔ³de⁶	农村生产单位
田横头	die²ɦəŋ²de²	田头
乡下头	ɕiã¹ɦo⁶de²	乡下
贴对头	tʰiɪʔ⁷te⁵de²	正对面
双拥城	sã¹oŋ¹zəŋ²	拥军优属、拥政爱民的城市
河桥头	ɦu²dziɔ²de²	桥头两边这一带附近地方
角落头	koʔ⁷loʔ⁸de²	角落。也作"角落头里"
野搭里	ɦiɑ⁴tɑʔ⁷li⁵	偏僻处
野地里	ɦiɑ⁴di⁶li⁴	野外的荒地
猪栏栅	tsʅ¹lɛ²sɑʔ⁷	猪圈

（2）方位

词语	词音	词义
别塌	biɪʔ⁸tʰɑʔ⁷	别处
屋里	oʔ⁷li⁴	家中
上头	zã⁶de²	上面
高头	kɔ¹de²	上面
底下	ti³ɦo⁶	下面
下底	ɦo⁶ti³	下面
当中	tã¹tsoŋ¹	中间。也作"当中里弯"
里肆	li⁴sʅ⁵	里面
里厢	li⁴ɕiã¹	里面。也作"里头""里向"
边郎	pie¹lã²	旁边，边儿上。也作"边郎向"
外面	ɦɑ⁶mie⁶	外面
外肆	ɦɑ⁶sʅ⁵	外边，外面
外头	ɦɑ⁶de²	外面
东头	toŋ¹de²	东面
西头	ɕi¹de²	西面

词语	词音	词义
南海	nʁə²hɛ³	南面
北海	poʔ⁷hɛ³	北面
海边	hepie¹	旁边
田坂	die²pe⁴	天地
海浪	hɛ³lã⁶	海上
济面	tɕi⁵mie⁶	左边
左面	tsəu³mie⁶	左边
顺面	zəŋ⁶mie⁶	右边
右面	ʔiəu⁵mie⁶	右边
天浪	tʰie¹lã⁶	天上
地浪	di⁶lã⁶	地上
手浪	se³lã⁶	手上
近段	dziŋ⁶dʁə⁶	附近的地方
门底	məŋ²ti³	前面
后底	ɦie⁶ti³	后面
后头	ɦie⁶de²	后面
对过	te⁵ku³	对面
着末	zaʔ⁸məʔ⁸	后面
邻所	liŋ²su³	邻居
隔壁	kaʔ⁷piɿʔ⁷	隔壁
隔壁头	kaʔ⁷piɿʔ⁷de²	隔壁
贴隔壁	tʰiɿʔ⁷kaʔ⁷piɿʔ⁷	隔壁
头一个	de²ʔiɿʔ⁷ke⁵	第一个
阿末个	ʔaʔ⁷məʔ⁸ke⁵	最后一个
床横头	zã²ɦəŋ²de²	床头
水缸头	sɿ³kã¹de²	水缸边
天浪厢	tʰie¹lã⁶ɕiã¹	天上
地浪厢	di⁶lã⁶ɕiã¹	地上
贴对过	tʰiɿʔ⁷te⁵ku³	正对面
贴对面	tʰiɿʔ⁷te⁵mie⁶	正对面
市中心	zɿ⁶tsoŋ¹ɕiŋ¹	城市中心
市梢头	zɿ⁶sɔ¹de²	市郊
近段里	dziŋ⁶dʁə⁶li⁴	附近
底下头	ti³ɦo⁶de²	底下。也说"下底头"
眼跟前	ɦiɛ⁴kəŋ¹dzie²	前面
河桥北	ɦiu²dziɔ²poʔ⁸	桥头北边这一带
河桥南	ɦiu²dziɔ²nʁə²	桥头南边这一带
别场化	biɿʔ⁸zã⁴ɦo⁵	别地方
各塌各处	koʔ⁷tʰaʔ⁸koʔ⁷tsʰʮ⁶	到处
眼睛门底	ɦiɛ⁴tsiŋ¹məŋ²ti⁴	面前，眼前
隔壁邻所	kaʔ⁷piɿʔ⁷liŋ²su³	邻居
当中横里	tã¹tsoŋ¹ɦəŋ²li⁴	中间，中途

4. 人体 / 人物

（1）人体（含与人体相关的事物、疾病）

词语	词音	词义
头	de²	头
脚	tɕiaʔ⁷	穿鞋部分或包括大腿、小腿和脚
疤	po¹	伤痕
疤斑	po¹pɛ¹	伤痕
块格	kʰue⁵kɑʔ⁷	身坯
面孔	mie⁶kʰoŋ⁽³⁾	脸
酒靥	tɕiəu³ʔie³	酒窝
鼻头	biiʔ⁸de²	鼻子
眼核	ɦɛ⁴ɦə⁸	瞳仁
眼睛	ɦɛ⁴tsiŋ¹	眼睛
眼梢	ɦɛ³sɔ¹	靠近两鬓的眼角
眼子	ɦɛ⁴tsɿ³	眼屎
嘴婆	tsɿ³bu²	嘴巴。也说"嘴蒲"
馋吐	zɛ²tʰu²	口水
盘牙	bɤɛ²ɦa²	臼齿
牙珠	ɦa²tsʯ¹	牙齿
牙腐	ɦa²vu⁴	牙屎
耳杵	ŋi⁴tsʰy⁽³⁾	耳垂
胡须	ɦu²ɕy¹	胡子。也说"胡子"
杰螺	dziiʔ⁸lu²	发旋
下巴	ɦo⁶po¹	下巴
嘴唇	tsɿ³zəŋ²	嘴唇
螺印	lu⁴ʔŋ⁵	指印
肩夹	tɕie¹kaʔ⁷	肩膀
臂膊	pi⁵poʔ⁷	胳膊。也说"臂巴"
骨茄	kuəʔ⁷ga²	关节
济手	tɕi⁵se³	左手。也说"假手""假只手""左手"
顺手	zəŋ⁶se³	右手。也说"右手"
爪指	tsɔ³tsɿ³	指甲。也说"指爪""指掐"
指爪	tsɿ³tsɔ³	手指甲
妈妈	ma²ma²	乳房，乳汁。也说"奶"
背脊	pe⁵tɕiiʔ⁷	背
头颈	de²tɕiŋ³	脖子
大膀	dəu⁶pã³	大腿
小膀	ɕiɔ³pã³	小腿
脚梗	tɕiaʔ⁷kã⁵	小腿
脚弯	tɕiaʔ⁷ɦuɛ¹	踝骨，脚腕两旁凸起部分。又叫"脚块子"
脚爪	tɕiaʔ⁷tsɔ³	脚趾甲
丫髻	ʔoˡtɕiiʔ⁷	妇女脑后盘的圆发髻；女孩梳在头顶两边的发髻
流海	liəu²hɛ³	妇女或儿童垂在额头上的短发

续表

词语	词音	词义
半分	$prə^5fəŋ^1$	将头发向两边分。也叫"分头"
胡咙	$ɦiu^2loŋ^2$	喉咙
汗毛	$ɦirə^6mɔ^2$	寒毛
手心	$se^3ɕiŋ^1$	手掌
肚皮	du^6bi^2	肚子
肚肠	$du^6zã^2$	肠子
洞工	$doŋ^6koŋ^1$	肛门
屁眼	$pʰi^5ɦiɛ^4$	肛门
架子	$ka^5tsʅ^3$	身架子。也说"身段""身坯"
相貌	$ɕiã^5mɔ^6$	样子，模样
年纪	$ŋie^2tɕi^5$	年龄。也说"岁数"
魂灵	$ɦuəŋ^2lɪŋ^2$	灵魂
大块头	$dəu^6kʰue^5de^2$	胖子；身体魁梧的人；大的脸
额骨头	$ʔaʔ^8kuəʔ^7de^2$	额头。也说"额角头"
花稞头	$ho^1kʰu^1de^2$	婴儿的头
轧平顶	$gaʔ^8bɪŋ^2tɪŋ^3$	平顶头，男士一种发型
西装头	$ɕi^1tsã^1de^2$	男士一种发型
头顶心	$de^2tɪŋ^3ɕiŋ^1$	头顶，正上头
后靠山	$ɦie^6kʰɔ^5sɛ^1$	后脑勺
争食潭	$tsã^1zəʔ^8dɤə^2$	后颈窝
面节骨	$mie^6tɕiiʔ^7kuəʔ^7$	颧骨
鼻子管	$biiʔ^8tsʅ^3kuɤə^3$	鼻孔。也叫"鼻头管"
齆鼻头	$ʔoŋ^3biiʔ^8de^2$	鼻塞时说话的状态
耳朵末	$ŋi^4teʔ^1məʔ^8$	耳垢。也说"耳朵末"
寿桃须	$ze^6dɔ^2ɕy^1$	山羊胡
背脊骨	$pe^5tɕiiʔ^7kuəʔ^7$	脊柱。也说"背梁脊骨"
肋胳遮	$ləʔ^8koʔ^7tso^1$	腋下
肋彭骨	$ləʔ^8bã^2kuəʔ^7$	肋骨
手茄子	$se^3ga^2tsʅ^3$	手腕
手节头	$se^3tɕiiʔ^7de^2$	手指头。也说"节头管"
节头管	$tɕiiʔ^7de^2kuɤə^3$	手指
节头茄	$tɕiiʔ^7de^2ga^2$	手指关节
指甲板	$tsʅ^3kaʔ^7pɛ^3$	指甲。也说"指爪板"
指爪爿	$tsʅ^3tɕia^7bɛ^6$	手指甲
胸旁头	$ɕioŋ^1bã^2de^2$	胸脯。也说"胸忙头"
脚馒头	$tɕiaʔ^7mɤə^2de^2$	膝盖
脚节头	$tɕiaʔ^7tɕiiʔ^7de^2$	脚趾
脚板头	$tɕiaʔ^7pe^3de^2$	脚背
脚亏子	$tɕiaʔ^7tɕʰy^1tsʅ^3$	脚腕
骷郎头	$kʰu^1lã^2de^2$	头
眼睫毛	$ɦiɛ^4tɕiiʔ^7mɔ^2$	睫毛
眼乌子	$ɦiɛ^4ʔu^1tsʅ^3$	眼珠

续表

词语	词音	词义
眼乌珠	ɦiɛ⁴ʔu¹tsʮ¹	眼珠，泛指眼睛
嘴唇皮	tsʮ³zəŋ²bi²	嘴唇
馋吐水	zɛ²tʰu⁽³⁾sʮ³	口水
头颈管	de²tɕiŋ³kuɤ³	脖子。也说"头颈"
胸口头	ɕioŋ¹kʰe³de²	胸口。也说"心口头"
肚脐眼	du⁶dzi²ɦiɛ⁴	肚脐眼儿
胴恭头	doŋ⁶koŋ¹de²	肛门
大木壳	dəu⁶moʔ⁸kʰoʔ⁷	高大不能干的人。也说"大木宠"
魂灵心	ɦuəŋ²liŋ²ɕiŋ¹	灵魂
拉搭胡子	lɑ²tɑʔ⁷ɦu²tsʮ³	络腮胡
瘦长条子	se³zã²diɔ²tsʮ³	瘦长个
矮大块头	a³dəu⁶kʰue⁵de²	矮胖子
臂脯春子	pi⁵poʔ⁷tsʰoŋ¹tsʮ³	肘，上臂与前臂相接处向外凸起的部分
臂脯桑子	pi⁵poʔ⁷sã¹tsʮ³	胳膊肘
大灭节头	dəu⁶miɹʔ⁸tɕiɹʔ⁸de²	大拇指。也说"大节没头""大指没头"
大拇节头	dəu⁶mu⁴tɕiɹʔ⁷de²	大拇指
点灭节头	tie³miɹʔ⁸tɕiɹʔ⁷de²	食指
当中节头	tã¹tsoŋ¹tɕiɹʔ⁷de²	中指
手节头骨	se³tɕiɹʔ⁷de²kuɤʔ⁷	手指。也说"手节头管"
小灭节头	ɕiɔ³miɹʔ⁸tɕiɹʔ⁷de²	小指。也说"小节没头""小指没头"
济手上前	tɕi⁵se³zã⁶dzie²	左撇子
辣记巴掌	lɑʔ⁸tɕi⁵po¹tsã³	打个耳光
闲话	ɦiɛ²ʔo⁵	话
调头	diɔ⁶de²	调儿（人讲话的声调）
劲道	tɕiŋ³dɔ⁶	劲头
劲头	tɕiŋ³de²	劲头
气量	tɕʰi⁵liã⁶	心胸
气力	tɕʰi⁵liɹʔ⁷	力气。也说"力道"
力气	liɹʔ⁷tɕʰi⁵	力气
嗝多	kəʔ⁷tu¹	受寒气噎回递发出的声音。也说"打嗝多"
厄咬	ʔəʔ⁷ʨʰiɔ⁴	打饱嗝
呛	tɕʰiã⁵	咳嗽
呕	ʔe³	呕吐，内物从胃中上涌，自口而出
受寒	ze⁶ɦiɤ²	受凉
顶食	tiŋ³zəʔ⁸	积食
痓船	tsʮ⁵zɤɛ²	晕船
痓车	tsʮ⁵tsʰo¹	晕车
痓夏	tsʮ⁵ʔo⁵	中暑
灌脓	kuɤ⁵noŋ²	化脓
时疫	zʮ²yəʔ⁷	瘟疫
屚头	ʔie³de²	癞痢头
蕾头	le²de²	粉刺

词语	词音	词义
朽顶	ɕiəu³tɪŋ³	秃顶
缺嘴	tɕʰyɔʔ⁷tsɿ³	唇裂，兔唇
赎药	zoʔ⁸ʔiaʔ⁷	买药、抓药
把脉	po³maʔ⁸	诊脉。也说"搭脉"
行针	ɦiŋ²tsən¹	针灸
单方	tɛ¹fã¹	民间的药方，一般药味较简单，故名
表汗	piɔ¹ɦɤə⁶	发汗
塌药	tʰaʔ⁷ʔiaʔ⁷	涂药
生病	sã¹bɪŋ⁶	生病
冷冻	lã⁴toŋ⁵	着凉。也说"冻一冻"
头昏	de²huəŋ¹	头晕
发痧	faʔ⁷so¹	中暑
乒风	pʰã¹foŋ¹	受风寒
办勿到	bɛ⁶vəʔ⁸tɔ⁵	身体不舒服；受不了
吃弗消	tɕʰiɪʔ⁷vəʔ⁸ɕiɔ¹	身体不舒服
瘪䏠痧	piɪʔ⁷lu²so¹	霍乱
肚皮惹	du⁶bi²za⁴	拉肚子
发寒热	faʔ⁷ɦɤə²ŋiɪʔ⁸	患疟疾；发烧。也说"发寒热头"
打冷嗝	tã³lã⁴kəʔ⁷	打嗝
挂盐水	ko⁵ɦie²sɿ³	打吊针
肚皮痛	du⁶bi²tʰoŋ⁵	肚子疼
气急病	tɕʰi⁵tɕiɪʔ⁷bɪŋ³	哮喘
罗瘩瘟	ləu²kʰu⁽³⁾uəŋ¹	腮腺炎
癞疥疮	la⁶ka⁵tsʰã¹	疥疮
崔子癍	tɕʰiaʔ⁷tsɿ³pɛ¹	雀斑
猫狗臭	mɔ²ke³tsʰe⁵	狐臭
白果眼	baʔ⁸kəu³ɦiɛ⁴	斜眼
写白眼	zia³baʔ⁸ɦiɛ⁴	斜白眼
膀转筋	pã³tsɤə²tɕiŋ¹	小腿抽筋
看毛病	kʰɤə⁵mɔ²bɪŋ⁶	看病
开方子	kʰɛ¹fã¹tsɿ³	开药方
发三日头	faʔ⁷sɛ¹ŋiɪʔ⁷de²	发疟疾
发寒热头	faʔ⁷ɦɤə²ŋiɪʔ⁷de²	发疟疾
发抖抖病	faʔ⁷te³te³bɪŋ⁶	发疟疾
发冷热头	faʔ⁷lã⁶ŋiɪʔ⁷de²	患疟疾
阿司匹林	ʔa¹sɿ¹pʰiɪʔ⁷lɪŋ²	一种常用的西药

（2）人物

①亲属人称

词语	词音	词义
大爹	dəu⁶tia¹	爷爷
亲妈	tɕʰiŋ¹ma²	奶奶

续表

词语	词音	词义
娘娘	$\text{ŋiã}^2\text{ŋiã}^2$	奶奶
阿爹	$\text{ʔa}^1\text{tia}^1$	爸爸（父亲）
爸爸	pa^5pa^5	爸爸
姆妈	$\text{m̩}^1\text{ma}^2$	妈妈（母亲）。也说"阿妈"
慢娘	$\text{mɛ}^6\text{ŋiã}^2$	继母。也说"晚娘"
慢爷	$\text{mɛ}^6\text{ɦia}^2$	继父。也说"晚爷"
伯伯	$\text{paʔ}^7\text{paʔ}^7$	伯父。也说"阿伯"
大伯	$\text{dəu}^6\text{paʔ}^7$	伯父
阿叔	$\text{ʔa}^1\text{soʔ}^7$	叔叔，叔父
叔叔	$\text{soʔ}^7\text{soʔ}^7$	叔叔
婶妈	$\text{səŋ}^3\text{ma}^2$	婶母
姑丈	$\text{ku}^1\text{zã}^6$	姑父
外公	$\text{ɦia}^6\text{koŋ}^1$	外公
外婆	$\text{ɦia}^6\text{bu}^2$	外婆
娘舅	$\text{ŋiã}^2\text{dziəu}^6$	舅父
舅舅	$\text{dziəu}^6\text{dziəu}^6$	舅舅
舅妈	$\text{dziəu}^6\text{ma}^2$	舅母
阿姨	$\text{ʔa}^1\text{ɦii}^2$	姨妈，对妻子妹妹的称呼，小姨子
阿侄	$\text{ʔa}^1\text{zəʔ}^8$	侄子
丈人	$\text{zã}^6\text{ŋiŋ}^2$	岳父
阿公	$\text{ʔa}^1\text{koŋ}^1$	公公（妻子对自己丈夫的爸爸的称呼）
阿婆	$\text{ʔa}^1\text{bu}^2$	婆婆（对丈夫母亲的称呼）
男人	$\text{nʑɤ}^2\text{ŋiŋ}^2$	丈夫。也说"老头子""老公"
男客	$\text{nʑɤ}^2\text{kʰaʔ}^7$	丈夫
女人	$\text{ŋʏ}^4\text{ŋiŋ}^2$	妻子。也说"老太婆""老婆"
家婆	ka^1bu^2	妻子
前遭	$\text{dzie}^2\text{tsɔ}^1$	前夫、前妻
大佬	$\text{dəu}^6\text{lɔ}^4$	哥哥。也说"阿哥"（面称）
兄弟	$\text{ɕioŋ}^1\text{di}^6$	弟弟；小叔子（丈夫的弟弟）
弟妹	di^6me^6	弟媳
阿姐	$\text{ʔa}^1\text{tɕi}^3$	姐姐
姐夫	$\text{tɕi}^3\text{fu}^1$	姐夫。也说"姐丈"
妹子	$\text{me}^6\text{tsɿ}^3$	妹妹。也说"妹妹"
妹丈	$\text{me}^6\text{zã}^6$	妹夫
阿哥	$\text{ʔa}^1\text{ku}^1$	大伯子（丈夫的兄长）
儿子	$\text{əl}^1\text{tsɿ}^3$	儿子
新妇	$\text{ɕiŋ}^1\text{vu}^6$	媳妇
囡五	$\text{nʑɤ}^2\text{ŋ}^2$	女儿。也说"囡儿""细姑娘"
女婿	$\text{ŋʏ}^4\text{ɕy}^5$	女婿。也说"姑爷"（少）
姨甥	$\text{ɦi}^2\text{sã}^1$	外甥（姨姊妹的孩子）
外甥	$\text{ɦia}^6\text{sã}^1$	外甥
孙子	$\text{səŋ}^1\text{tsɿ}^3$	孙子

词语	词音	词义
继伯	tɕi⁵paʔ⁷	干爹
继妈	tɕi⁵ma²	干妈
宝宝	pɔ³pɔ³	小女孩
小囡	ɕiɔ³nɤə²	小女孩
毛囡	mɔ²nɤə²	私生子
丫婷	ʔoˡdɪŋ²	丫头
倌倌	kuɤəˡkuɤəˡ	小男孩
姑娘	kuˡŋiã²	女孩
大娘	dəu⁶ŋiã²	儿媳
前氏	dzie²zɿ⁶	前妻
亲家	tɕʰɪŋ⁶ka¹	亲家
亲翁	tɕʰɪŋ⁶ʔoŋ¹	亲家父
亲母	tɕʰɪŋ⁶mu⁵	亲家母
舅老	dziəu⁶lɔ⁴	称妻子的兄弟
亲眷	tɕʰɪŋ⁶tɕyɤə⁵	亲戚
小囡头	ɕiɔ³nɤə²de²	小男孩
大伯伯	dəu⁶paʔ⁷paʔ⁷	伯父
大妈妈	dəu⁶ma²ma²	伯母
丈母娘	zã⁶mu⁴ŋiã²	岳母
侄儿子	zəʔ⁸əlˡtsɿ³	侄儿
侄囡子	zəʔ⁸nɤə²tsɿ³	侄女
孙囡儿	səŋˡnɤə²əlˡ	孙女
外孙囡	ɦia⁶səŋˡnɤə²	外孙女
新大娘	ɕiŋˡdəu⁶ŋiã²	新儿媳
太亲翁	tʰɛ⁵tɕʰɪŋˡoŋ¹	哥哥的丈人
太亲母	tʰɛ⁵tɕʰɪŋˡmu⁴	哥哥的丈母娘
太亲公	tʰɛ⁵tɕʰɪŋˡkoŋ¹	亲家的父亲
婆阿妈	bu²ʔaˡma²	婆婆（背称）
亲家母	tɕʰɪŋ⁵kaˡmu⁴	亲家母
公阿爹	koŋˡʔaˡtia¹	公公（背称）
亲家公	tɕʰɪŋ⁵kaˡkoŋ¹	亲家公
老姑娘	lɔ⁴kuˡŋiã²	姑母（背称）
舍姆娘	so³m̩ˡŋiã²	产妇
过房囡儿	ku⁵vã²nɤə²əlˡ	干女儿
外公爹爹	ɦia⁶koŋˡtiaˡtia¹	外祖父
外婆爹爹	ɦia⁶bu²tiaˡtia¹	外祖母
阿婆姆妈	ʔaˡbu²m̩²ma²	婆婆（背称）
前遭老公	dzie²tsɔˡlɔ⁴koŋ¹	前夫
前遭老婆	dzie²tsɔˡlɔ⁴bu²	前妻

②其他人称

词语	词音	词义
宁	ŋŋ²	人
男个	nɤə²ke⁵	男的
女个	ŋy⁴ke⁵	女的
男客	nɤə²kʰaʔ⁷	男人
女客	ŋy⁴kʰaʔ⁷	女人
小人	ɕiɔ³ŋŋ²	小孩子。也说"小叟""小鬼头"
温行	uəŋ¹ɦiã²	外行
郎中	lã²tsoŋ¹	医生
聋彭	loŋ²bã²	聋子
拐子	kuaˀ³tsɿ³	骗子
铳手	tsʰoŋ⁽³⁾se³	扒手
船娘	zɤə²ŋiã²	女摇橹掌船人
憨大	hɤə¹dəu⁶	傻子，憨厚
呆大	ɦɿ²dəu⁶	傻子，傻
毒头	doʔ⁸de²	傻子。也说"寿头"
痴子	tsʰɿ¹tsɿ³	疯子。也说"神经病""毒鬼"
皮匠	bi²dziã⁶	修补旧鞋或制鞋的小手工业者
师傅	sɿ¹fu⁵	师傅
流氓	liəu²mã²	原指无业游民。现指不务正业、为非作歹的人
脚色	tɕiaʔ⁷sεʔ⁷	家伙。也说"码子""户头""货色"
哑巴子	ʔoˀ³poˀ¹tsɿ³	指发音有困难的人
学徒工	ʔoʔ⁷du²koŋ¹	徒弟。也说"徒弟"
一家门	iiʔ⁷ka¹məŋ²	全家
一路货	iiʔ⁷lu⁶hu⁵	同伙
一只鼎	iiʔ⁷tsaʔ⁷tiŋ³	在某方面有特长的人。也说"一只顶"
二婚头	ŋi⁶huəŋ¹de²	再娶妻的男子；再嫁的妇女
拆白爷	tsʰaʔ⁷baʔ⁸ɦia²	成事不足、败事有余的人（多指小孩）
掼掉货	gue⁶diɔ⁶hu⁵	没有出息的人
老老头	lɔ⁴lɔ⁴de²	老人。也说"老头子"
老阿太	lɔ⁴ʔaˀ¹tʰε⁵	老太太
老太太	lɔ⁴tʰε⁵tʰε⁵	老太婆
大姑娘	dəu⁶ku¹ŋiã²	姑娘
细姑娘	ɕi⁵ku¹ŋiã²	小姑娘
小青年	ɕiɔ³tɕʰiŋ¹ŋie²	小伙子
潮郎头	zɔ²lã²de²	刚长成的小伙子
男小人	nɤə²ɕiɔ³ŋŋ²	男孩子
女小人	ŋy⁴ɕiɔ³ŋŋ²	女孩子。也说"小姑娘"
小百戏	ɕiɔ³paˀ⁷ɕi⁵	娃娃
小毛头	ɕiɔ³mɔ²de²	婴儿。也说"毛毛头"
双双子	sã¹sã¹tsɿ³	双胞胎。也说"双胞胎"
新官人	ɕiŋ¹kuɤə¹ŋŋ²	新郎。也说"新郎官"

续表

词语	词音	词义
新娘子	ɕiŋ¹ɲiã²tsɿ³	新娘
娘娘家	ɲiã²ɲiã²ka¹	对已婚女人的统称
别脱人	bəʔ⁸tʰəʔ⁷ɲ̩ŋ²	外人
大好佬	dəu⁶hɔ³lɔ⁴	有本事的人
乡下人	ɕiã¹ɦo⁶ɲ̩ŋ²	农民
生意人	sã¹ʔi⁵ɲ̩ŋ²	商人
手工人	se³koŋ¹ɲ̩ŋ²	手艺人
半吊子	pʁə⁵diɔ⁶tsɿ³	知识不丰富或技术不熟练的人
学生意	ʔoʔ⁷sã¹ʔi⁵	学徒
挂花子	ko⁵ho¹tsɿ³	乞丐
白蚂蚁	baʔ⁸mo⁴ɲi²	对倒卖房产者的蔑称
贼骨头	zəʔ⁸kuəʔ⁷de²	贼，小偷；坏蛋
拖油瓶	tʰu¹ɦiəu²biŋ²	妇女改嫁时带去的前夫的子女
硬木料	ɦiã⁶moʔ⁸liɔ⁶	性格坚强的人
派拉人	pʰa⁵la⁵ɲ̩ŋ²	缺德的人
开乌龟	kʰɛ¹ʔu¹kue¹	戴绿帽子的人
开皮行	kʰɛ¹bi²ɦiã²	吹牛的人
书毒头	sʅ¹doʔ⁸de²	书呆子
毒牌位	doʔ⁸ba²ue²	傻子
嚼舌头	dziaʔ⁸zəʔ⁹de²	多嘴的人
茶博士	zo²poʔ⁷zʅ⁶	茶馆伙计
杀猪屠	saʔ⁷tsʅ¹du²	屠夫
钟点工	tsoŋ¹tie³koŋ¹	按小时获取收入的劳动者
老娘舅	lɔ⁴ɲiã²dziəu⁶	调解人
月光族	ʔyəʔ⁷kuã¹tsoʔ⁷	每个月都花光整月工资的人
拆家败	tsʰaʔ⁷ka¹ba⁶	不爱惜或毁坏财物的人
败家精	ba⁶ka¹tɕiŋ¹	败家子
赖学狗	la⁶ʔoʔ⁷ke³	对逃学学生的戏称
喜阿妈	ɕi³ʔa¹ma²	媒婆
猪头三	tsʅ¹de²sɛ¹	不识时务的人
羊头瓣	ɦiã²de²pɛ⁵	不动脑筋的人
男小百戏	nʁə²ɕiɔ³paʔ⁷ɕi⁵	小男孩
女小百戏	ny⁴ɕiɔ³paʔ⁷ɕi⁵	小女孩
郎中先生	lã²tsoŋ¹ɕie¹sã¹	中医医生
饭头师傅	vɛ⁶de²sʅ¹fu⁵	厨师
裁衣师傅	zɛ²ʔi¹sʅ¹fu⁵	裁缝
剃头师傅	tʰi⁵de²sʅ¹fu⁵	理发师
空心大佬倌	kʰoŋ¹ɕiŋ¹dəu⁶lɔ⁶kuʁə¹	表面上很阔绰而实际上并不富裕的人

5. 植物 / 动物

（1）植物

词语	词音	词义
梨	li²	梨子
藕	ɦe⁶	莲藕
姜	tɕiã¹	生姜。也说"生姜"
皮	bi²	果皮
蕈	dzɿŋ²	野生的蘑菇
香蕈	ɕiã¹dzɿŋ²	香菇
蔬菜	su¹tsʰɛ⁵	蔬菜
芦粟	lu²soʔ⁷	一种形似芦苇、高粱的植物
大豆	dəu⁶de⁶	蚕豆
长豆	zã²de⁶	豇豆
落苏	loʔ⁸su¹	茄子。也说"茄子"
葡萄	bu²dɔ²	葡萄
山薯	sɛ¹zʮ⁶	番薯
小瓜	ɕiɔ³ko¹	甜瓜
活芦	ʔuəʔ⁷lu²	葫芦
韭芽	tɕiəu³ɦa²	韭黄，通过培土、遮光覆盖等栽培的黄化韭菜
海菜	he³tsʰɛ⁵	苋菜
蕃茄	fɛ¹ɡa²	西红柿
辣茄	laʔ⁷ɡa²	辣椒。也说"辣椒"
胶菜	kɔ¹tsʰɛ⁵	大白菜
饭瓜	vɛ⁶ko¹	南瓜
野菜	ɦia⁴tsʰɛ⁵	荠菜
桑果	sã¹kəu³	桑葚儿
地蒲	di⁶bu²	夜开花
樱珠	ʔã⁷tsʮ¹	樱桃。也说"樱子"
别把	bəʔ⁸po³	枇杷
圆果	ɦyʏə¹kəu³	桂圆。也说"龙眼""桂圆"
蒲桃	bu²dɔ²	核桃。也说"胡桃"
虚子	ɕy¹tsɿ³	香榧子
地梨	di⁶li²	荸荠。也说"地栗""荸荠"
桃子	dɔ²tsɿ³	桃儿
蒂头	ti⁵de²	瓜蒂。也说"蒂蒂头"
梨头	li²de²	梨子
千梨	tɕʰie¹li²	梨子
生梨	sã¹li²	梨子。"雅梨"
文旦	vən²tɛ⁵	柚子。也说"香泡""柚子"
勃萄	bəʔ⁶bɔ²	葡萄。也说"葡萄"
青果	tɕʰiŋ¹kəu³	橄榄。也说"橄榄"
香蕉	ɕiã¹tɕiɔ¹	香蕉
枣子	tsɔ³tsɿ³	枣儿

词语	词音	词义
荔枝	liɪʔ⁷tʂʅ¹	荔枝
竹头	tsoʔ⁷de²	竹子
杨柳	ɦiã²liəu⁴	柳树
树条	zʅ⁶diɔ²	树枝。也说"树桠枝"
花草	ho¹tsʰɔ⁽³⁾	苜蓿
芦梗	lu²kã¹	芦苇
麦柴	maʔ⁸za²	麦秸
稻柴	dɔ⁶za²	稻草
箬壳	ŋiaʔ⁸kʰoʔ⁷	竹笋有外面的壳
萝婆	ləu²bu²	笋的讳称
辣子	laʔ⁸tsʅ³	姜的讳称
姜末	tɕiã¹məʔ⁸	生姜用刀剁碎后的食材
柴爿	za²bɛ⁶	经过截断、剖劈的木柴，作燃料用
细葱	ɕi⁵tsʰoŋ¹	香葱
胡葱	ɦu²tsʰoŋ¹	大葱
香火	ɕiã¹hu³	葱的讳称
大蒜	dəu⁶suɤ⁵	蒜
粽箬	tsoŋ⁵ŋiaʔ⁸	包粽子的竹叶
油菜	ɦiəu²tsʰɛ⁵	油菜
山芋	sɛ¹ʔy⁵	甘薯。也说"山薯"
竹爿	tsoʔ⁷bɛ⁶	竹片。也说"竹爿爿""竹爿头"
布林	pu⁵lɪŋ²	洋水果，一种李子
蛇果	zo²kəu³	一种皮色较深的苹果
火龙果	hu³loŋ²kəu³	一种水果
野葡萄	ɦia⁴bu²dɔ²	小核桃
黄芽菜	ɦã²ɦia²tsʰɛ⁵	大白菜
黄金瓜	ɦã²tɕiŋ¹ko¹	甜瓜（香瓜）。也说"香瓜""老太婆瓜"
洋山芋	ɦiã²sɛ¹ʔy⁵	马铃薯。也说"洋山薯""土豆"
水浮莲	sʅ³ve²lie²	浮萍
金金菜	tɕiŋ¹tɕiŋ¹tsʰɛ⁵	黄花菜
小豌豆	ɕiɔ³ʔuɤə¹de⁶	豌豆。也说"豌豆"
萝卜儿	ləu¹poʔ⁷əl¹	萝卜
长生果	zã²sã¹kəu³	花生。也说"花生"
西瓜瓤	ɕi¹ko¹ŋiã²	瓜瓤
包心菜	pɔ¹ɕiŋ¹tsʰɛ⁵	卷心菜。也说"包菜"
乌苣笋	u¹tɕy⁵səŋ³	莴笋
洋豌豆	ɦiã²uɤə²de⁶	扁豆
裙带豆	dzyəŋ²ta⁵de⁶	长豇豆
长豇豆	zã²kã¹de⁶	豇豆
苔心菜	tʰɛ¹ɕiŋ¹tsʰɛ⁵	菜心，菜薹
芋艿头	ʔy⁵na²de²	芋艿
芦黍梗	lu²sʅ³kã¹	芦黍

续表

词语	词音	词义
南湖菱	nɤə²ɦu²liŋ²	产于嘉兴南湖一带的菱
花纽头	ho¹ɲiəɯ⁶de²	花蕾
怕痒草	pʰɔ⁵ɦiã⁶tsʰɔ⁽³⁾	含羞草
法梧桐	faʔ⁷ɦu²doŋ²	法国梧桐
向日葵	ɕiã⁵ɲiɪ²ʔ⁷gue²	向日葵
硬柴爿	ɦiã⁶za²bɛ⁶	很硬的柴火片
荷花子草	ɦu²ho¹tsʅ³tsʰɔ⁽³⁾	金花菜（苜蓿）
狗尾巴草	ke³mi⁴po¹tsʰɔ⁽³⁾	狗尾草

（2）动物

词语	词音	词义
哈	ha³	蟹。也说"蟹"
镦	təŋ¹	（阉割）牛羊
带	ta⁵	母猪配种
豹	pɔ⁵	豹子
鸭	ʔaʔ⁷	鸭子。也说"鸭子"
窠	kʰu¹	窝
脚爪	tɕiaʔ⁷tsɔ³	爪子
众牺	tsoŋ⁵ɕi¹	畜生。也说"中生""众生"
雄牛	ɦioŋ²ɲiəɯ²	公牛
雌牛	tsʰʅ¹ɲiəɯ²	母牛
胡羊	ɦu²ɦiã²	绵羊
给羊	tɕiɪʔ⁷ɦiã²	山羊
猪猡	tsʅ¹lu²	猪
癫狗	tie¹ke³	狂犬；骂人的话
镦鸡	ɕie⁵tɕi¹	阉鸡，劁鸡
线鸡	ɕie⁵tɕi¹	阉割过的雄鸡
活狲	ʔuəʔ⁷səŋ¹	猴子。也说"猴子"
老鸦	lɔ⁴ia¹	乌鸦
鸦鹊	ia¹tɕʰiaʔ⁷	喜鹊。也说"喜鹊"
雁鹅	ʔã⁵ŋəɯ²	大雁。也说"大雁"
雁鸟	ʔã⁵ɲiɔ⁴	大雁
麻鸟	mo²ɲiɔ⁴	麻雀
雄猪	ɦioŋ²tsʅ¹	公猪
母猪	mu⁴tsʅ¹	母猪
雄狗	ɦioŋ²ke³	公狗
雌狗	tsʰʅ¹ke³	母狗
小鸡	ɕiɔ³tɕi¹	小鸡儿
雄鸡	ɦioŋ²tɕi¹	公鸡
雌鸡	tsʰʅ¹tɕi¹	母鸡。也说"母鸡"
鹦哥	ʔã¹ku¹	鹦鹉
肌烈	tɕi¹liɪʔ⁸	翅膀。也说"肌律膀"

续表

词语	词音	词义
尾剥	mi^{4}po^1	尾巴
曲蟮	tɕʰio$ʔ^7$zɤə^6	蚯蚓
百脚	pɑʔ^{7}tɕiaʔ^7	蜈蚣
蜒油	dɪŋ^{2}ɦiəu^2	蜗牛。也说"背包"
滴蛛	tiɪʔ^{7}tsʮ^1	蜘蛛
蜘蛛	tsʮ^{1}tsʮ^1	蜘蛛
蚤虱	tsɔ^{3}sə$ʔ^7$	跳蚤。也说"跳蚤"
白虱	bɑʔ^{8}sə$ʔ^7$	跳蚤
钱龙	dzie^{2}loŋ^2	壁虎
猫咪	mɔ^{2}mi^1	猫
暂躍	zɛ^{6}ʔyə$ʔ^7$	蟋蟀
胡蜂	ɦiu^{2}foŋ^1	马蜂
踏雄	dɑʔ^{8}ɦioŋ^2	禽鸟交尾
带鱼	tɑ^{5}ŋ^2	带鱼
黄鱼	ɦã^{2}ŋ^2	黄花鱼
黄鳝	ɦã^{2}zɤə^6	鳝
弯转	uɛ^{1}tsɤə^3	虾
河蚌	ɦu^{2}bã^6	蚌。也说"水产"
甲鱼	kɑʔ^{7}ŋ^2	鳖
开洋	kʰɛ^{1}ɦiã^2	虾米,去头去壳后晒干的虾
花鲢	ho^{1}li^2	鳙鱼,胖头鱼,大头鱼
白鲢	bɑʔ^{8}li^2	鲢鱼
鳗鲡	mɤə^{6}li^2	海鳗鱼或河鳗鱼
螺蛳	lu^{2}sʮ^1	田螺类,长寸许,壳色黑而细长,产于淡水中
甩尾	huɛ^{5}mi^4	鱼尾
翎其	lɪŋ^{2}dzi^2	鱼翅,鱼鳍
鱼几	ŋ^{2}tɕi^3	鱼卵。也说"鱼子"
屑头	ʔie^{3}de^2	鱼鳞。也说"钱屑头"
蟹黄	ha^{3}ɦã^2	蟹体内的卵巢和消化腺
田鸡	die^{2}tɕi^1	青蛙。也说"青蛙"
癞四	la^{6}sʮ^5	蛤蟆
格蚪	kɑʔ^{7}te^3	小蛤蟆
老虫	lɔ^{4}zoŋ^2	老鼠
金鲫鱼	tɕɪŋ^{1}tsʮ^{2}ŋ^2	金鱼
裙带鱼	dzyəŋ^{2}tɑ^{5}ŋ^2	带鱼
鱼泡泡	ŋ^{2}pʰɔ^{5}pʰɔ^5	鱼鳔,鱼泡
萤火虫	ɦɪŋ^{2}hu^{1}zoŋ^2	萤火虫
叫姑姑	tɕiɔ^{5}ku^{1}ku^1	蝈蝈儿。也说"叫哥哥"
胡知了	ɦu^{2}tsʮ^{1}liɔ^6	蝉。也说"知了"
米蛀虫	mi^{4}tsʮ^{5}zoŋ^2	米(蛀)虫,大米里的蛀虫
四脚蛇	sʮ^{5}tɕiaʔ^{7}zo^2	壁虎
扑灯虫	pʰoʔ^{7}təŋ^{1}zoŋ^2	灯蛾

续表

词语	词音	词义
刺毛虫	tsʰɿ⁵mɔ²zoŋ²	洋辣子
拆屁虫	tsʰaʔ⁷pʰi⁵zoŋ²	臭板虫儿
夜大人	ʔia⁵dəu⁶ŋiŋ²	老鼠。也说"老鼠"
夜客人	ʔia⁵kʰaʔ⁷ŋiŋ²	老鼠
老孵鸡	lɔ⁴bu²tɕi¹	老母鸡
赖伏鸡	la⁶voʔ⁸tɕi¹	孵蛋的鸡
摸鱼鸟	moʔ⁸ŋ²ŋiɔ⁴	鸬鹚
胡蜂窝	ɦu²foŋ¹ʔu¹	蜂窝
毛毛乌	mɔ²mɔ²ʔu¹	蝌蚪
白乌龟	baʔ⁸ʔu¹kue¹	白鹅
蚕白虾	zɤə²baʔ⁸ho¹	小虾
河鲫鱼	ɦu²tsɿ¹ŋ²	鲫鱼。也说"鲫鱼"
乌贼鱼	ʔu¹zəʔ⁸ŋ²	墨鱼
癞格巴	la⁶ka²ʔpo¹	癞蛤蟆。也说"癞蛤蟆"
鼻涕虫	biɿʔ⁸tʰi⁵zoŋ²	水蛭。也说"蜒蚰"
滴蛛网	tiɿʔ⁷tsɿ¹mã⁴	蜘蛛网
蛛蛛网	tsɿ¹tsɿ¹mã⁴	蜘蛛网
蚕宝宝	zɤə²pɔ³pɔ³	蚕
蚂蚁子	mo⁴ŋi²tsɿ³	蚂蚁
大闸蟹	dəu⁶zaʔ⁸ha³	大闸蟹
滴蛛亮网	tiɿʔ⁷tsɿ¹liã⁶mã⁴	蜘蛛网
背包蜒油	pe⁵pɔ¹tsɿ¹diŋ²ɦiəu²	蜗牛

6. 衣物 / 食物

（1）衣饰

词语	词音	词义
纳	nəʔ⁸	尿布。也说"尿布"
衣裳	ʔi¹zã⁶	衣服
上装	zã⁶tsã¹	上衣
行头	ɦã²de²	衣服
袱包	voʔ⁸pɔ¹	包袱
镯头	zoʔ⁸de²	镯子
包衫	pɔ¹sɤ¹	棉衣外罩袍
布衫	pu⁵sɤ¹	布制的单衣
作裙	tsoʔ⁷dzyəŋ²	工作时用的围裙
短打	tɤ³tã³	短装
短衫	tɤ³sɤ¹	单上衣
翻领	fɤ¹liŋ⁴	翻领
出手	tsʰɤʔ⁷se³	衣袖
袖子	ze⁶tsɿ³	袖子
袖口	ze⁶kʰe[3]	袖口
半裤	pɤə⁵kʰu⁵	短裤

词语	词音	词义
斗篷	te³boŋ²	一种无袖不开衩的长外衣
绑腿	pã³tʰe⁽³⁾	护腿，缠裹小腿的布带
毛衫	mɔ²sɛ¹	婴儿衣
肚兜	du⁶te¹	兜肚，抹胸
馋栏	zɛ²lɛ²	围嘴儿。亦称"余馋""馋余"
碗帽	ʔuɤə³mɔ⁶	瓜皮帽
箬帽	ŋiaʔ⁸mɔ⁶	箬竹篾或叶子制成的帽子，用来遮雨和遮阳光
棉鞋	mie²ɦia²	棉鞋
绢头	tɕyɤə⁵de²	手绢
头绳	de²zəŋ²	毛线。亦称"绒头绳"
领挂	liŋ⁴ko⁵	背心
裙裤	dzyəŋ²kʰu⁶	裙形的裤子
绒线	ŋioŋ²ɕie⁵	毛衣
罩衫	tsɔ⁵sɛ¹	罩衣。穿在短袄外面的褂
马夹	mo⁴kaʔ⁷	马褂儿
棉袄	mie²ʔɔ³	棉衣
鞋子	ɦia²tsɿ³	鞋
洋袜	ɦiã²maʔ⁸	袜子
围身	ɦiue²səŋ¹	围巾。也说"围巾"
脚布	tɕiaʔ⁷pu⁵	洗脚布
毛巾	mɔ²tɕiŋ¹	毛巾
纽珠	ŋiəu⁴tsʮ¹	扣子。也说"纽子"
纽子洞	ŋiəu⁴tsɿ³doŋ⁶	扣眼
盘香纽	bɤə²ɕiã¹ŋiəu⁴	盘扣
琵琶纽	bi²bo²ŋiəu⁴	形似琵琶的盘扣
葡萄纽	bu²dɔ²ŋiəu⁴	形似葡萄的盘扣
蝴蝶结	ʔu¹diaʔ⁸tɕiʔ⁷	形状像蝴蝶的结子。又称同心结
面盆帽	mie⁶bəŋ²mɔ⁶	无帽檐的便帽
鸭舌帽	ʔaʔ⁷zəʔ⁸mɔ⁶	呈鸭嘴状的帽子
毡笠子	tsɤə¹liiʔ⁸tsɿ³	动物毛制成的四周有宽檐的帽子
衬里衫	tsʰəŋ⁵li⁴sɛ¹	穿在里面的单上衣
衬里裤	tsʰəŋ⁵li⁴kʰu⁵	穿在里面的单裤（多指裤衩）
风凉鞋	foŋ¹liã²ɦia²	凉鞋
褥子絮	ŋioʔ⁸tsɿ³ɕy⁵	衬在褥子中的棉絮
被面子	bi⁶mie⁶tsɿ³	被面
被夹里	bi⁶kaʔ⁷li⁴	被里子
被花絮	bi⁶ho¹ɕy⁵	棉花胎
被横头	bi⁶ɦəŋ²de²	缝在被子一端方便拆洗，保暖防脏的毛巾
丫哈裆	ʔo¹ha³tã¹	裤裆
两用衫	liã⁴ioŋ⁵sɛ¹	春秋两季穿的外套
棉毛衫	mie⁶mɔ²sɛ¹	秋衣
棉毛裤	mie⁶mɔ²kʰu⁵	秋裤

续表

词语	词音	词义
连衫裤	lie²sɛ¹kʰu⁶	衣裤相连的服装
袖子管	ze⁶tsɿ³kuɤə³	袖子
裤脚管	kʰu⁵tɕiɑʔ⁷kuɤə³	裤脚
耘苗裤	ɦiyən²miɔ²kʰu⁵	短裤
开裆裤	kʰɛ¹tã¹ʑkʰu⁵	开裆裤
满裆裤	mɤɛ⁴tã¹kʰu⁵	没有开屁股口的童裤，与"开裆裤"相对
一口钟	ʔiɿʔ⁷kʰe⁽³⁾tsoŋ¹	斗篷，无袖不开衩长外衣，形如古乐器钟，故称
裹脚布	ku⁴tɕiɑʔ⁷pu⁵	包脚的布条。也说"绕脚布"
汏脚布	da⁶tɕiɑʔ⁷pu⁵	洗脚布
污布头	ʔu¹pu⁵de²	大便尿布
尿布头	sɿ¹pu⁵de²	小便尿布
翻口袜	fɛ¹kʰe⁽³⁾mɑʔ⁸	翻口袜子
包包袋	pɔ¹pɔ¹dɛ⁶	小孩的倒穿衣
围口袋	ɦiue²kʰe⁽³⁾dɛ⁶	围嘴儿。也说"包胸袋"
耳朵圈	ŋi⁴tu²tɕʰyɤə¹	耳环
金镯头	tɕiŋ¹zoʔ⁸de²	金镯子
银镯头	ŋiŋ²zoʔ⁸de²	银镯子
南极棉	nɤɛ²dziɿʔ⁸mie²	冬天穿的一种保暖衣裤
时装秀	zɿ²tsã¹ɕiəu⁵	时装发布会
职业装	tsəʔ⁷ŋiɿʔ⁷tsã¹	公司上班的统一服装
牛仔裤	ŋiəu²tsɿ³kʰu⁵	一种裤子
旅游鞋	ly⁴ɦiəu²ɦia²	一种运动鞋
羽绒服	ʔy³ŋioŋ²voʔ⁸	内胆塞羽绒的冬天保暖外衣
直筒袜	zəʔ⁸tʰoŋ⁽³⁾mɑʔ⁸	长到膝盖的袜子
情侣戒	dziŋ²ly⁴ka⁵	一对情侣一人一只的戒指
蚌壳棉鞋	bã⁶kʰoʔ⁷mie²ɦia²	形如蚌壳的棉鞋
曲襟背心	tɕʰioʔ⁷tɕiŋ¹pe⁵ɕiŋ¹	无袖的曲裾
衬里布衫	tsʰəŋ⁵li⁴pu⁵sɛ¹	衬衫。也说"布衫""衬衫"
对襟布衫	te⁵tɕiŋ¹pu⁵sɛ¹	对襟衫
斜襟布衫	zia²tɕiŋ¹pu⁵sɛ¹	斜襟衫
棉袄包衫	mie²ʔo³pɔ¹sɛ¹	棉袄罩衫
棉袄壳子	mie²ʔo³kʰoʔ⁷tsɿ³	棉袄外套
丝棉棉袄	sɿ¹mie²mie²ʔo³	丝棉棉袄
汏面手巾	da⁶mie⁶se³tɕiŋ¹	洗脸毛巾。也说"潮面手巾"
风凉皮鞋	foŋ¹liã²bi²ɦia²	凉鞋
蚌壳式钉鞋	bã⁶kʰoʔ⁷səʔ⁷tiŋ¹ɦia²	运动跑鞋中的一种，形如蚌壳的钉鞋

（2）饮食

词语	词音	词义
薄	boʔ⁸	粥稀
厚	ɦie⁶	粥稠
肉	ŋioʔ⁸	猪肉

续表

词语	词音	词义
藏	zã²	蹄髈（大肘子，靠臀部的部分）
霸	po⁵	苦涩的味儿
早饭	tsɔ³vɛ⁶	早餐。也说"早饭"
点心	tie³ɕiŋ¹	中午饭。也说"中饭"
夜饭	ʔia⁵vɛ⁶	晚饭
火酒	hu¹tɕiəu³	酒精
火肉	hu¹ȵioʔ⁸	火腿肉
滚水	kuəŋ³sʅ³	开水。也说"开水"
饭糍	vɛ⁶zʅ²	锅巴。也说"镬焦"
线粉	ɕie⁵fəŋ³	粉丝；粉条儿。也说"丝粉""细粉"
零散	liŋ²sɛ⁵	零食。也说"零碎""点萨"
干挑	krə¹tʰiɔ¹	无汤面条
拌面	brɛ⁶mie⁶	煮熟后再加油和作料干拌的面
炒面	tsʰɔ⁽³⁾mie⁶	煮熟后再加油和作料炒过的面
浇头	tɕiɔ¹de²	加在盛好的面条或米饭上面的荤素菜肴
小面	ɕiɔ³mie⁶	光面（不加任何菜的汤面）
小菜	ɕiɔ³tsʰɛ⁵	泛指鱼肉蔬菜；指下饭的菜
菜蔬	tsʰɛ⁵su¹	下饭的菜
含饺	ɦrə²tɕiɔ³	油炸饺子
馒头	mrə²de²	馒头，有无馅、有馅两种，有馅的叫包子
包子	po¹tsʅ³	肉包子
汤包	tʰã¹po¹	一种含有多汁肉馅的小笼包
汤团	tʰã¹drə²	汤圆。也说"小圆子"
烧卖	sɔ¹maʔ⁸	面皮包馅儿，顶上捏成折儿蒸熟的食品
烧酒	sɔ¹tɕiəu³	白酒
插糕	tsʰɑʔ⁷kɔ¹	糯米做的外皮有甜馅的糕点
年糕	ȵie²kɔ¹	农历新年的应时食品，用糯米或米粉蒸成的糕
片腐	pʰie⁵vu⁴	千张（传统豆制品，形薄如纸，色黄白）
油球	ɦiəu²dziəu²	一种油炸的圆形豆制品
豆浆	de⁶tɕiã³	豆浆
蛋球	dɛ⁶dziəu²	肉末与蛋搅拌后蒸熟或炸熟的食品
酱油	tɕiã⁵ɦiəu²	酱油
颜色	ɦie²səʔ⁷	酱油的讳称。也说"颜包"
盐星	ɦie²ɕiŋ¹	含盐物干后表面呈粉末状的盐粒。也说"盐花"
烹酒	pʰəŋ¹tɕiəu³	料酒
饧糖	tɕiŋ¹dã²	饴糖
冷水	lã⁴sʅ³	凉水。也说"冷开水"
水芡	sʅ³tɕʰie⁵	生粉与水按特定比例混匀的液体
腿筒	tʰe⁽³⁾doŋ²	猪筒骨（中间有洞可容纳骨髓的大骨头）
门枪	məŋ²tɕʰiã¹	猪舌头
肚杂	du⁶zaʔ⁸	内脏
花腰	ho¹ʔiɔ¹	猪腰

续表

词语	词音	词义
爆蛋	pɔ⁵dɛ⁶	干炒蛋
肉末	ȵioʔ⁸məʔ⁸	肉末
虾皮	ho¹bi²	小虾干
酵头	kɔ⁵de²	发酵粉。也说"发酵粉"
糕团	kɔ¹dɹə²	用米粉、面粉等制成的食品
团子	dɹə²tsɹ³	一种糯米包着馅料蒸熟而成的一种食品
印团	ʔɪŋ⁵dɹə²	用模具制作的米粉团子
青团	tɕʰɪŋ¹dɹə²	用艾草榨成的青汁与糯米粉做成的青绿色团子
糖粥	dɑ̃²tsoʔ⁷	用红糖和米煮成的米粥
酒酿	tɕiəu³ȵiɑ̃⁶	蒸熟江米（糯米）拌上酒酵而成的一种甜米酒
素鸡	su⁵tɕi¹	一种传统豆制食品
酱鸭	tɕiɑ̃⁵ʔaʔ⁷	酱鸭（其因色泽黄黑而得名）
壶茶	ɦu²zo²	用大壶泡的茶水
炒米	tsʰɔ⁽³⁾mi⁴	爆米花
乳腐	zʮ⁴vu⁴	腐乳
腰子	ʔiɔ¹tsɹ³	猪肾
猪肝	tsʮ¹kɚ¹	猪肝
皮蛋	bi²dɛ⁶	松花蛋
大饼	dəu⁶pɪŋ³	烧饼
雪饼	ɕiɹ²ʔ⁷pɪŋ³	面粉制成的薄饼，上面有层白糖
油条	ɦiəu²diɔ²	油条
调料	diɔ²liɔ⁶	作料
糖果	dɑ̃²kəu³	糖果
蜜饯	miɹʔ⁸dzie⁶	蜜饯
馍馍	maʔ⁸maʔ⁸	用糯米粉做成的球形食品
冰棒	pɪŋ¹bɑ̃⁶	冰棍
香烟	ɕiɑ̃¹ie¹	纸烟
精肉	tɕɪŋ¹ȵioʔ⁸	瘦肉
油肉	ɦiəu²ȵioʔ⁸	肥肉
盒饭	ʔaʔ⁷vɛ⁶	装在一次性饭盒中的饭菜
培根	be²kən¹	一种特制的咸肉，西菜
蛋挞	dɛ⁶daʔ⁸	用鸡蛋的面粉制成的一种西式糕点
高汤	kɔ¹tʰɑ̃¹	用肉熬成的浓汤
鸡精	tɕi¹tɕɪŋ¹	一种佐料
排档	ba²tɑ̃¹	夜宵食摊
烧烤	sɔ¹kʰɔ⁽³⁾	用火烤熟的食物
外卖	ɦa⁶ma⁶	送上门的饭菜
三明治	sɛ¹mɪŋ²zɹ⁶	夹心面包片
汉堡包	hɹə²pɔ³pɔ¹	中间夹肉菜的西式面包
柠檬水	ȵɪŋ²moŋ²sɹ³	含有柠檬汁的汽水
自助餐	zɹ⁶zu⁶tsʰɚ¹	自己挑选食物的用餐
豆瓣酱	de⁶pɛ⁵tɕiɑ̃⁵	面粉和豆瓣做成的酱

词语	词音	词义
碗头茶	uɣə²deɪ²zo²	直接泡在杯子里的茶
夜点心	ʔia⁵tie³ɕiŋ¹	半夜时分吃的餐饮
重阳糕	zoŋ²ɦiã²ko¹	因在重阳节食用而得名，是重阳节传统节令食品
粢饭团	tsʰɿ³vɛ⁶dɣə²	中间夹有白糖或油条等的糯米蒸熟团
肉馒头	ɲioʔ⁸mɣə²deɪ²	肉包子
肉包子	ɲioʔ⁸poʔ¹tsɿ³	肉包子
肉末子	ɲioʔ⁸məʔ⁸tsɿ³	肉末
肉饼子	ɲioʔ⁸piŋ³tsɿ³	肉饼
酒酿饼	tɕiəu³ɲiã⁶piŋ³	面粉加酒酿做成的饼
葱油饼	tsʰoŋ¹ɦiəu²piŋ³	面粉加葱摊成的饼
芝麻饼	tsɿ¹mo²piŋ³	外粘芝麻的面饼
千层饼	tɕʰie¹zəŋ²piŋ³	多层酥饼
三角粽	sɛ¹koʔ⁷tsoŋ⁵	三角梭锥形的粽子
结心饭	tɕiɪʔ⁷ɕiŋ¹vɛ⁶	夹生饭
半夜饭	pɣə⁵ʔia⁵vɛ⁶	夜宵，为晚饭之后的饭餐
米泔水	mi⁴kɣə¹sɿ³	淘米水
温吞水	uəŋ¹tʰəŋ¹sɿ³	温水
停烫水	dɪŋ²tʰã⁵sɿ³	凉开水
邋遢水	laʔ⁸taʔ⁷sɿ³	脏水
镬灶水	ɦoʔ⁷tso⁵sɿ³	涮锅水。
饭泡粥	vɛ⁶pʰɔ⁵tsoʔ⁷	用剩饭煮的粥
咸酸粥	ɦɛ²suɣə¹tsoʔ⁷	菜粥
咸酸饭	ɦɛ²suɣə¹vɛ⁶	菜饭
淘茶饭	dɔ²zo²vɛ⁶	用开水或冷开水泡剩饭
蛋炒饭	dɛ⁶tsʰɔ⁽³⁾vɛ⁶	加鸡蛋和盐炒成的饭
阳春面	ɦiã²tsʰən¹mie⁶	不加任何菜的汤面
大素菜	dɔuɘ⁶su⁵tsʰɛ⁵	豆腐的讳称
豆腐花	deɪ⁶vu⁴ho¹	豆腐脑加上一些其他食物的豆制品
豆腐衣	deɪ⁶vu⁴ʔi¹	豆腐皮
杜素菜	dɔuɘ⁶su⁵tsʰɛ⁵	豆腐
水豆腐	sɿ³deɪ⁶vu⁶	新鲜成型的豆腐，因其含水多而得名
油炸鬼	ɦiəu²tsɔ⁵kue³	油条。也说"油炸桧"
油馓子	ɦiəu²sɛ⁵tsɿ³	一种油炸面食（细条相连扭成花样）
油墩子	ɦiəu²təŋ¹tsɿ³	油炸食品。将面糊倒入圆台形铁勺中放入油锅炸成的食物
葱末子	tsʰoŋ¹məʔ⁸tsɿ³	葱末
千张包	tɕʰie¹tsã¹pɔ³	用千张将肉馅包成方形或圆形的包
千刀肉	tɕʰie¹tɔ¹ɲioʔ⁸	剁碎的肉（肉末）
白焐肉	baʔ⁸ʔu³ɲioʔ⁸	白切肉。整条肉煮熟后切成厚片，佐以酱油蘸食
白焐蛋	baʔ⁸ʔu³dɛ⁶	白水煮熟的蛋。也说"囡囡蛋"
荷包蛋	ɦu²pɔ³dɛ⁶	把鸡蛋壳打碎后将整个去壳的蛋放到油里去煎
水潽蛋	sɿ³pʰu¹dɛ⁶	把鸡蛋壳打碎后将整个蛋放到滚水里去煮

续表

词语	词音	词义
灰鸭蛋	hue^{1}ʔɑ^{7}dɛ^6	咸鸭蛋
赤砂糖	tsʰɑʔ^{7}sɔ^{1}dã^2	红糖。也说"红糖"
红酱油	ɦoŋ^{2}tɕiã^{5}ɦiəu^2	老抽
白酱油	baʔ^{8}tɕiã^{5}ɦiəu^2	生抽
饭米色	vɛ^{6}mi^{4}sə^7	饭粒
纯净水	zən^{2}dzɿ^{6}sɿ^3	不含有杂质或细菌的水
生腥气	sã^{1}ɕiŋ^{1}tɕʰi^5	未熟的味儿
羊骚气	ɦiã^{2}sɔ^{1}tɕʰi^5	羊臊味儿
鸭骚气	ʔɑʔ^{7}sɔ^{1}tɕʰi^5	鸭骚味儿
碗脚头	ʔuɤə^{3}tɕiɑʔ^{7}de^2	剩菜饭。残羹剩饭
盐精豆	ɦie^{2}tɕiŋ^{1}de^6	用盐水加香料煮过烧干的蚕豆
糕饼醪糟	kɔ^{1}piŋ^{3}lɔ^{2}tsɿ^1	糕饼
漏粉团子	le^{6}fən^{3}dɤə^{2}tsɿ^3	糯米粉做成的、外裹糖拌芝麻粉等的实心团子
肉碎粑粑	ȵioʔ^{8}ɦiɛ^{6}po^{1}po^1	肉馅的米粉团子
茶食点心	zo^{2}zə^{2}ʔ^{8}tie^{3}ɕiŋ^1	佐茶的食品
鲜肉月饼	ɕie^{1}ȵioʔ^{8}ʔyəʔ^{7}piŋ^3	内馅是鲜猪肉的月饼
华夫饼干	ɦo^{2}fu^{1}piŋ^{3}kɤə^1	一种饼
切片面包	tɕʰiɿ^{7}pʰie^{5}mie^{6}po^1	切成片的面包
垃圾食品	ləʔ^{8}sə^{7}zə^{2}ʔ^{8}pʰiŋ$^{(3)}$	没有营养或吃后有害的饭菜

7. 房物 / 器物

（1）房物

词语	词音	词义
弄堂	loŋ^{6}dã^2	胡同
机埠	tɕi^{1}bu^5	田间的抽水房
草棚	tsʰɔ$^{(3)}$bã^2	草屋，房子是用稻草或茅草盖成的房子
草窠	tsʰɔ$^{(3)}$kʰu^1	草屋
猪棚	tsɿ^{1}bã^2	猪圈
鸟巢	ȵiɔ^{4}dziɔ^2	鸟窝
屋子	ʔoʔ^{7}tsɿ^3	房间
屋里	ʔoʔ^{7}li^4	家里
天井	tʰie^{1}tɕiŋ^3	宅院中，前房和后房形成的较小的露天空地
窗槛	tsʰã^{1}kʰɤə$^{(3)}$	窗台
门槛	mən^{2}kʰɤə$^{(3)}$	门槛
地脚	di^{6}tɕiɑʔ^7	地基
进深	tɕiŋ^{5}sən^1	院子、房间等的深度
瓦爿	ɦo^{4}3ɛ^6	瓦片
瓦条	ɦo^{4}diɔ^2	瓦
砖头	tsɤə^{1}de^2	砖头
砖坯	tsɤə^{1}pʰe^1	晒干的砖
檩条	liŋ^{2}diɔ^2	檩子、桁条，垂直于屋架用以支撑椽子或屋面的材料

词语	词音	词义
榫头	səŋ³de²	榫卯，连接梁、柱凹凸部分的木块
椽子	zɤə²tsʅ³	房椽
搁式	koʔ⁷səʔ⁷	地板的木梁。也说"搁栅"
满板	mɤə⁴pɛ³	房顶的木条板
握接	ʔoʔ⁷tɕiɪʔ⁷	活络榫头
花壁	ho¹piɪʔ⁷	房屋丈量单位
山墙	sɛ¹dziã²	支承人字形屋顶两头的墙
柱脚	zʅ⁶tɕiaʔ⁷	柱子
街沿	ka¹ɦie²	街道两旁的石台阶
扶梯	vu²tʰi¹	梯子，也说"胡梯"
灶头	tsɔ⁵de²	灶（固定的）
行灶	ɦiã²tsɔ⁵	灶（可移动的）。也说"灶堂"
灶肚	tsɔ⁵du⁶	灶的中空部分。
一号	ʔiɪʔ⁷ɦɔ⁶	厕所。也说"茅坑""坑棚""厕所"
梁柱	liã²zʅ⁶	柱子。也说"廊柱"
窗门	tsʰã¹məŋ²	窗子。也说"窗盘""窗"
墙头	dziã²de²	墙。也说"墙壁"
门闩	məŋ²sɤə¹	门栓
台级	dɛ²tɕiɪʔ⁷	台阶
房卡	vã²kʰa⁽³⁾	进房门刷的卡，相当于钥匙
墙篱	dziã²li²	篱笆。也说"墙篱""篱笆"
客堂间	kʰaʔ⁷dã²kɛ¹	用于接待客人的房间
灶头间	tsɔ⁵de²kɛ¹	厨房。也说"灶边间"
廊檐口	lã²ɦie²kʰe⁽³⁾	屋檐下的过道口
街沿石	ka¹ɦie²zaʔ⁸	路边石，街道旁边的隔离石
土灶头	tʰu⁽³⁾tsɔ⁵de²	农村中多数用泥坯或砖头砌成的灶
写字楼	zia⁴zʅ⁶le²	多家公司合租的商务用楼
小高层	ɕia³kɔ¹zəŋ²	楼层为7—10层的楼房
样板房	ɦiã⁶pɛ³vã²	装修好的样品房
毛坯房	mɔ²pʰe¹vã²	未装修的房子
承重墙	zəŋ²zoŋ⁶dziã²	承受房屋重量的墙
石膏线	zaʔ⁸kɔ¹ɕie⁵	装饰房间顶角的石膏线条
防盗网	bã²dɔ⁶mã⁴	外装铁栅栏以防盗的窗、阳台
单眼灶	tɛ¹ɦie⁴tsɔ⁵	单灶
双眼灶	sã¹ɦie⁴tsɔ⁵	双灶
灶太太	tsɔ⁵tʰɛ⁵tʰɛ⁵	灶神
角落头	koʔ⁷loʔ⁸de²	角落
茅坑棚	mɔ²kʰã¹bã²	厕所
造房子	zɔ⁶vã²tsʅ³	盖房子
灶金菩萨	tsɔ⁵tɕiŋ¹bu²saʔ⁷	灶神

（2）器物

①工作类

词语	词音	词义
畚	fən¹	竹制的器具，形似畚箕而略大
蔀	bu²	背篓；箩筐
筛	sɑ¹	筛子
篓	le²	篓子
筷	dɑ⁶	簸箕
柄头	pɪŋ⁵de²	把儿
畚箕	fən¹tɕi¹	簸箕
油车	ɦiəu²tsʰo¹	榨植物油的设备
摇车	ɦiɔ²tsʰo¹	纺车
弓弦	koŋ¹ɦie²	弹棉花的弓
角尺	koʔ⁷tsʰɑʔ⁷	角尺（能够明确角度的测量绘图工具）
泥夹	ŋi²kɑʔ⁷	泥板
轧剪	gɑʔ⁸tɕie³	不用电做动力的理发推剪
剪刀	tɕie³tɔ¹	剪子
锒头	lã²de²	锤子
斧头	fu³de²	斧子
刀片	tɔ¹pʰie⁵	小刀儿
镰刀	lie²tɔ¹	镰刀
锄头	zu²de²	锄头
千里眼	tɕʰie¹li⁴ɦiɛ⁴	望远镜
挖泥机	ʔuɑʔ⁷ŋi²tɕi¹	挖土机
电动牙刷	die⁶doŋ⁶ɦɑ²səʔ⁷	用电力的牙刷

②生活类

词语	词音	词义
甏	bã²	坛子
橱	zʮ²	柜子
瓶	bɪŋ²	瓶子
筷	kʰuɛ⁵	筷子
家具	kɑ¹dzʮ⁶	家具
掸帚	tɛ³tse³	鸡毛帚
叉袋	tsʰo¹dɛ⁶	麻袋
拎箱	lɪŋ²ɕiã¹	手提箱
拎包	lɪŋ²pɔ¹	手提包
拎桶	lɪŋ²tʰoŋ⁽³⁾	有提梁的马桶，手提马桶
脚桶	tɕiɑʔ⁷tʰoŋ⁽³⁾	洗脚的盆
吊桶	diɔ⁶tʰoŋ⁽³⁾	吊水用的小木桶或小铁桶
提桶	di²tʰoŋ⁽³⁾	水桶
熨斗	yəŋ⁵te³	形状像斗，用来烫衣物的金属器具
面盆	mie⁶bən²	脸盆

词语	词音	词义
铜铫	$doŋ^2tiɔ^3$	铜水壶。也说"铫子"
塞针	$səʔ^7tsəŋ^1$	瓶塞
墩板	$təŋ^1pɛ^3$	切菜板。也说"砧墩""墩头板""砧板""墩头"
皮皂	$bi^2zɔ^6$	肥皂
台子	$dɛ^2tsɿ^3$	桌子
搁几	$koʔ^7tɕi^3$	长案桌
单靠	$tɛ^1kʰɔ^5$	无扶手的靠背椅
双靠	$sã^1kʰɔ^5$	有扶手的靠背椅
蒲墩	$bu^2təŋ^1$	拜佛的蒲团
拜担	$pa^5tɛ^5$	拜佛的长条凳
通条	$tʰoŋ^1diɔ^2$	用来通炉子的铁条
火钳	hu^3dzie^2	烧火时用来夹柴火的用具
火油	$hu^3ɦiəu^2$	煤油
火炭	$hu^3tʰɛ^5$	木炭
火通	$hu^3tʰoŋ^1$	吹火筒
火石	$hu^3zaʔ^8$	打火石
毛灰	$mɔ^2hue^1$	柴火燃烧后的灰烬
笕帚	$ɕie^3tse^3$	用竹子做的刷镬帚
淘箩	$dɔ^2lu^2$	淘米的竹篮（淘米箩）
栲栳	$kʰɔ^2lɔ^2$	也叫"笆斗"，用竹篾或柳条编成的圆筐
酒盅	$tɕiəu^3tsoŋ^1$	酒杯。也说"酒杯"
茶杯	zo^2pe^1	茶缸
拖畚	$tʰu^1fəŋ^1$	拖把。也说"拖畚""拖粪"
舂筒	$tsʰoŋ^1doŋ^2$	药房里用的药臼
皮箍	bi^2ku^1	橡皮筋
皮夹	$bi^2kaʔ^7$	钱包
引线	$ɦiŋ^4ɕie^5$	针
行针	$ɦã^2tsəŋ^1$	大针
支钻	$tsɿ^1tsɿə^1$	锥子
锅头	$zoʔ^8de^2$	镯子
咬嘴	$ɦɔ^4tsɿ^3$	烟嘴
小凳	$ɕiɔ^3təŋ^5$	凳子。也说"凳子"
方凳	$fã^1təŋ^5$	长方形无靠背的凳子
抽头	$tsʰe^1de^2$	抽屉。也说"抽斗"
盒头	$ɦaʔ^7de^2$	盒子
大布	$dəu^6pu^5$	土布
粗布	$tsʰəu^1pu^5$	土布
眠床	$mie^2zã^2$	床。也说"铺""床"
被筒	$bi^6doŋ^2$	被窝。也说"被头筒"
垫被	die^6bi^6	褥子
褥单	$ȵioʔ^8tɛ^1$	床单，蒙在褥子上的布。也叫"褥单子"
褥子	$ȵioʔ^8tsɿ^3$	垫被，睡觉时垫在身下的物品，用棉花等制成

续表

词语	词音	词义
被絮	bi⁶ɕy⁵	棉胎，衬在棉被中的棉絮。也说"棉胎"
草席	tsʰɔ⁽³⁾dziiʔ⁸	用柔韧的草茎编织的席子
篾席	miiʔ⁸dziiʔ⁸	竹篾编的席子
枕芯	tsəŋ³ɕiŋ¹	枕头芯儿，枕头中间的囊状物
枕巾	tsəŋ³tɕiŋ¹	枕头巾
缲边	tɕʰiɔ¹pie¹	手工缝制衣服的边
席子	dziiʔ⁸tsɿ³	席子
帐子	tsã⁵tsɿ³	蚊帐
枪刀	tɕʰiã¹tɔ¹	锅铲
镬子	ʔoʔ⁷tsɿ³	锅。也说"锅子"
筷筒	kʰuɛ⁵doŋ²	筷筒。
柴爿	za²bɛ⁶	木柴。也说"木柴""柴"
罐头	kuɤə⁵de²	罐子
铜罐	doŋ²kuɤə⁶	烧水壶。也说"铜吊"
炉子	lu²tsɿ³	火炉
舀勺	ʔiɔ³zoʔ⁸	舀水用的勺子（水瓢）
鸡勺	tɕi¹zoʔ⁸	饭勺。也说"饭抄"
调勺	diɔ²ke¹	调羹
调羹	diɔ²kã¹	汤匙
马子	mo⁴tsɿ³	马桶
盆子	bəŋ²tsɿ³	盛菜的盘子。也说"盘子"
脸盆	lie⁴bəŋ²	面盆
面碗	mie⁶uɤə²	盛菜的大碗
碟子	diiʔ⁸tsɿ³	一种盛食品或调味品的小而浅的器皿
风炉	foŋ¹lu²	煤球炉
蒸架	tsəŋ¹ka⁵	蒸屉（多指竹制的）
镬盖	ʔoʔ⁷kɛ⁵	锅盖
汤锅	tʰã¹kəu¹	灶头上用余温热水的小锅
脚炉	tɕiaʔ⁷lu²	取暖用具，铜制，内置炭火
煤球	me²dziəu²	煤末加水和黄土制成的小圆球
煤饼	me²piŋ³	蜂窝煤
汤盏	tʰã¹tsɛ²	盛饭的小碗
小碗	ɕiɔ³ʔuɤə³	盛饭的小碗
匹碗	pʰiiʔ⁷ʔuɤə³	盛菜的大碗
大碗	dəu⁶ʔuɤə³	盛菜的大碗
汤碗	tʰã¹ʔuɤə³	盛汤的大碗
部杵	bu⁶tsʰɿ⁽³⁾	锤子。也说"榔头"
电筒	die⁶doŋ²	手电筒。也说"手电筒"
顶针	tiŋ³tsəŋ¹	做针线活时戴在手指上的工具。也称"顶针箍"
袋袋	dɛ⁶dɛ⁶	袋（兜儿）
洋伞	ɦiã²sɛ⁵	伞。也说"伞"
肥皂	vi²zɔ⁶	肥皂

续表

词语	词音	词义
洋油	ɦiã²ɦiəu²	煤油
蜡烛	lɑʔ⁸tsoʔ⁷	蜡烛
草纸	tsʰɿ⁽³⁾tsɿ³	用稻草等做原料制成的纸，泛指手纸
印板	ʔiŋ⁵pɛ³	做糕点用的模具
原封	ŋyɤə²foŋ¹	原包装
网吧	mã⁴po¹	提供电脑上网的休闲店
网络	mã⁴loʔ⁸	特指计算机网络
猫眼	mɔ²ɦiɛ⁴	装在大门上的望孔
摩丝	mu²sɿ¹	用于定型头发的产品
水表	sɿ³piɔ³	用水计量表
手机	se³tɕi¹	移动电话
电脑桌	die⁶nɔ⁴tsoʔ⁷	放置电脑的桌
席梦思	dziiʔ⁸moŋ⁶sɿ¹	装有弹簧的床铺垫
电热毯	die⁶ŋiiʔ⁸tʰɛ⁽³⁾	通电保暖的毯子
电饭煲	die⁶vɛ⁶po¹	用电煮饭的电器
电磁炉	die⁶zɿ²lu²	利用电磁加热的炉子
微波炉	vi²pu¹lu²	用红外线加热制作食物的电器
热水器	ŋiiʔ⁸sɿ³tɕʰi⁵	通过燃气或电使冷水变热水的器具
塑料袋	soʔ⁷liɔ⁶dɛ⁶	用塑料制成的袋子
吸顶灯	ɕiiʔ⁷tiŋ³təŋ¹	紧附在天花板上的灯
电子琴	die⁶tsɿ³dziŋ²	集成电路制作的乐器
零配件	liŋ²pʰe⁵dzie⁶	零件和配件
卫生间	ɦue⁶sã¹kɛ¹	盥洗室
折叠凳	tsəʔ⁷dəʔ⁸təŋ⁷	能折叠的凳子
老板椅	lɔ⁴pɛ³ʔi³	大型可转动和移动的皮椅子
啤酒瓶	bi²tɕiəu³biŋ²	盛啤酒的玻璃瓶子
洗洁精	ɕi³tɕiiʔ⁸tɕiŋ¹	用于洗碗、筷等炊具的液体
沐浴露	moʔ⁸ʔioʔ⁷ləu⁷	洗澡用的乳液
餐巾纸	tsʰɤə¹tɕiŋ¹tsɿ³	餐后擦嘴、鼻等用的柔软纸片
太阳能	tʰɛ⁵ɦiã²nəŋ²	利用太阳能烧水的热水器的简称
电视机	die⁶zɿ⁶tɕi¹	电视机
加湿机	kɑ¹səʔ⁸tɕi¹	给房间加湿气的器具
鸿运扇	ɦoŋ²yəŋ⁶ɕɤə⁶	一种带圆形百叶转盘的电网扇
铁镬子	tʰiiʔ⁷ɔʔ⁷tsɿ³	尖底的炒菜锅
铁锅子	tʰiiʔ⁷kəu¹tsɿ³	尖底的炒菜锅
饭镬子	vɛ⁶ɔʔ⁷tsɿ³	饭锅
切菜刀	tɕʰiiʔ⁷tsʰɛ⁵tɔ¹	菜刀
吹火筒	tsʰɿ¹hu³doŋ²	吹火筒
骨牌凳	kuəʔ⁷ba²təŋ⁵	长方形无靠背的凳子
糖汤盅	dã²tʰã¹tsoŋ¹	一种很小的碗。也说"汤盅"
大匹碗	dəu⁶pʰiiʔ⁷ʔuɤə³	很大的碗，盛汤用的
小菜碗	ɕiɔ³tsʰɛ⁶ʔuɤə³	盛菜的大碗

续表

词语	词音	词义
天然几	tʰie¹zɤʑ²tɕi³	一种长方形桌子
台毯布	dɛ²tʰɛ⁴pu⁵	台布
汤婆子	tʰã¹bu²tsʅ³	汤壶，盛热水放在被中取暖的用具
烧火凳	sɔ¹hu¹təŋ⁶	小板凳
碗盖橱	ʔuɤʑ³tsɛ²zʮ²	碗柜
木榔头	moʔ⁸lã²de²	木制的锤子
洋铅桶	ɦiã²kʰɛ¹tʰoŋ⁽³⁾	铁皮桶
针线匾	tsəŋ¹ɕie⁵pie³	放针线的竹器
奇发簪	dzi²faʔ⁷tsɤ¹	一种发簪
雪花膏	ɕiɤ⁷hoʔ¹kɔ¹	一种护肤品
潮烟管	zɔ²ie¹kuɤ³	旱烟管
写字台	ɕia³zʅ⁶dɛ²	书桌
汏浴盆	dɑ⁶ʔioʔ⁷bəŋ²	澡盆。也说"浴盆"
热水瓶	ȵiɿʔ⁸sʅ³bɪŋ²	暖壶
申报纸	səŋ¹pɔ⁵tsʅ³	报纸
洋火子	ɦiã²hu¹tsʅ³	火柴
洋油箱	ɦiã²ɦiəu²ɕiã¹	铁皮油箱
洋风炉	ɦiã²foŋ¹lu²	煤油炉
莲蓬头	lie²pʰəŋ¹de²	如莲子状的喷头
长筒洋袜	zã²doŋ⁴ɦiã²maʔ⁸	长筒袜
枕头套子	tsəŋ³de²tʰɔ⁵tsʅ³	枕套
铂金首饰	bɑʔ⁸tɕiŋ¹se³sɔʔ⁷	用铂金制成的首饰
复合地板	foʔ⁷ʔəʔ⁷di⁶pe³	用人造材料制成的地板
数码相机	su⁵mo⁴ɕiã⁵tɕi¹	用数码照相的相机
奶子榔头	na⁴tsʅ³lã²de²	一头呈圆球状的榔头
尖角榔头	tɕie¹koʔ⁷lã²de²	一头尖的榔头
羊角榔头	ɦiã²koʔ⁷lã²de²	一头形似羊角的榔头
太师椅子	tʰɛ⁵sʅ¹ʔy³tsʅ³	太师椅
钢钟镬子	kã¹tsoŋ¹ʔoʔ⁷tsʅ³	铝锅，钢精锅
引线屁股	ɦiŋ⁴ɕie⁵pʰi⁵ku³	针眼儿
汏衣裳板	dɑ⁶ʔi¹zã⁶pe³	洗衣板
一次性杯子	ʔiɿʔ⁷tsʰʅ⁵ɕiŋ⁵pe¹tsʅ³	塑料或纸制的只用一次的杯子

8. 事物/事情

词语	词音	词义
事体	zʅ⁶tʰi⁽³⁾	事情
物事	vəʔ⁸zʅ⁶	东西
蛮理	mɛ²li⁴	歪理
搭头	tɑʔ⁷de²	零头
添头	tʰie¹de²	增加的部分
大头	dəu⁶de²	主要的部分

词语	词音	词义
活结	ɦuəʔ⁷ɕiɪʔ⁷	一拉就开的绳结
死结	ɕi³ɕiɪʔ⁷	不是一拉就解开的结子
刨花	bɔ⁶ho¹	加工木制品时产生的长条木屑
用处	ɦioŋ⁵tsʰʅ⁵	用场
人气	ȵiŋ²tɕʰi⁵	人或事物受欢迎的程度
同居	doŋ²tɕy¹	男女未办结婚手续居住在一起
结扎	tɕiɪʔ⁷tsaʔ⁷	绝育手术
单飞	tɛ¹fi¹	尚未谈恋爱的人
隆鼻	loŋ²biɪʔ⁷	一种将鼻子垫高的手术
帅哥	sɛ⁵ku¹	长得帅的男孩
迪科	diɪʔ⁸kʰu¹	迪斯科舞
海选	hɛ³ɕie³	在较大范围选出歌手或演员
短信	tɤ³ɕiŋ⁵	手机发送、接收的信息
性骚扰	ɕiŋ⁵sɔ¹zɔ⁴	指带有性暗示的言语动作侵犯他人
难为情	nɛ²ɦue²dziŋ²	羞，害羞
高消费	kɔ¹ɕiɔ¹fi⁵	高额的消费，水平高的消费
关系网	kuɛ¹ɕi⁵mã⁴	相互间提供好处的人或单位组成的关系网络
馊主意	se¹tsʅ³ʔi⁵	不好的主意，歪脑筋
高血压	kɔ¹ɕyəʔ⁷ʔaʔ⁷	一种病
零距离	liŋ²dzy⁸li²	无距离
大头头	dəu⁶de²de²	大干部
万金油	mɛ⁶tɕiŋ¹ɦiəu²	什么本领都会一点，但都不精
小儿科	ɕiɔ³əl¹kʰu¹	不起眼、很简单的事
满江红	mɤɤ⁴kã¹ɦoŋ²	考试全部不及格
空潮头	kʰoŋ¹zɔ²de²	没有事实根据的消息
长饭碗	zã²vɛ⁶uɤ²	一个固定的工作
路道丝	lu³dɔ⁶sʅ¹	门路
黄脚鸡	ɦã²tɕiaʔ⁷tɕi¹	外行
扶贫对象	vu²biŋ¹te⁵dziã⁶	被帮助的贫困人员
消费模式	ɕiɔ¹fi⁵mu²səʔ⁷	消费方式
投资环境	de²tsʅ¹ɡuɛ²tɕiŋ⁵	投资者的客观条件，如政治、市场、资源等因素
绿色经济	loʔ⁷səʔ⁷tɕiŋ¹tɕi⁵	一种新的经济形式
个体经济	ke⁵tʰi⁽³⁾tɕiŋ¹tɕi⁵	从事个体劳动和个体经营的私有制经济
魔鬼身材	mu²kue³sən¹zɛ²	特好的身材
酒肉朋友	tɕiəu³ȵioʔ⁸bã²ɦiəu³	一起吃喝玩乐的朋友
一生一世	ʔiɪʔ⁷sã¹ʔiɪʔ⁷sʅ⁵	一辈子
八卦新闻	paʔ⁷kɔ⁵ɕiŋ¹vən²	流言蜚语
人间蒸发	ȵiŋ²kɛ¹tsəŋ¹faʔ⁷	人突然消失
小事一桩	ɕiɔ³zʅ⁶ʔiɪʔ⁷tsã¹	很小的事，很乐意去做
千思百量	tɕʰie¹sʅ¹paʔ⁷liã⁶	反复思考
天长日久	tʰie¹zã²ȵiʔ⁷tɕiəu³	很长的时间
勿死勿活	vəʔ⁸ɕi³vəʔ⁷ɦuəʔ⁷	半死不活

续表

词语	词音	词义
摩托罗拉	mu²tʰoʔ⁷ləu²la²	手机名。谐音指又磨又拖拉、做事不爽快的人
脚踏两头船	tɕiaʔ⁷daʔ⁸liã⁴de²zɤ²	企图两边都得到好处
狗眼看人轻	keʔ³ɦɛ⁴kʰɤə⁵ŋȵ²tɕʰiŋ¹	骂瞧不起自己的人
宝贝肉心肝	pɔ³peʔ⁵ȵioʔ⁸ɕiŋ¹kɤ¹	对小孩或爱人的亲热称呼
空手套白狼	kʰoŋ¹seʔ³tʰo⁵baʔ⁸lã²	轻而易举
拆穿西洋镜	tsʰaʔ⁷tsʰɤʔ¹ɕi¹ɦiã²tɕiŋ⁵	露底，揭穿真相
枪打出头鸟	tɕʰiã¹tã³tsʰəʔ⁷de²ȵiɔ⁴	出头者必担风险
雨落天留人	ʔy³loʔ⁸tʰie¹liəu²ȵiŋ²	下雨了，天留住客人

9. 农业

词语	词音	词义
麦	maʔʔ⁸	麦子
谷	koʔ⁷	稻子。也说"稻子"
米	mi⁴	大米
糠	kʰã¹	糠
田蚕	die²zɤ²	大田种水稻、在家饲蚕，系旧时蚕乡两大产业
蚕匾	zɤə²pie³	用竹篾或苇子等编成，盛桑叶和放养蚕
蚕娘	zɤə²ŋiã²	养蚕妇女
蚕花	zɤə²ho¹	蚕茧
看蚕	kʰɤə⁵zɤə²	养蚕
春茧	tsʰəŋ¹tɕie³	春季的蚕茧
夏蚕	ʔoʔ⁵zɤə²	夏季养的蚕
秋蚕	tɕʰiəu¹zɤə²	秋季养的蚕
秋茧	tɕʰiəu¹tɕie³	秋季的蚕茧
头眠	de²mie²	蚕在生长过程中，第一次蜕皮前不食不动的现象
蚕几	zɤə²tɕi³	蚕子
蚕沙	zɤə²so¹	桑蚕的屎、蚕粪
蚕泥	zɤə²ŋi²	蚕蛹
吐丝	tʰu²sʅ¹	蚕儿吐丝结茧。也说"结茧子""做茧子"
茧衣	tɕie³ʔi¹	蚕初作茧时在茧外所吐的散丝
缫丝	tsɔ¹sʅ¹	把蚕茧制成生丝的过程
种田	tsoŋ⁵die²	种地（田地）
锄田	zu²die²	翻土，挖田
垄地	bəŋ⁶di⁶	锄地
松泥	soŋ¹ŋi²	松土
落田	loʔ⁸die²	下地干活
耕地	kã¹di⁶	耕田
抛秧	pʰɔ¹iã¹	将扎成小捆的秧苗一把把地等距离地抛到大田里
莳秧	zʅ⁶iã¹	插秧，将秧苗栽插于水田中。也说"种秧"
稻谷	dɔ⁶koʔ⁷	稻子。也说"稻"
稻穗	dɔ⁶zue⁶	稻穗
稻柴	dɔ⁶za²	稻草。也说"稻草"

词语	词音	词义
麦梗	maʔ⁸kã⁵	麦秆
秧凳	ʔiã¹təŋ⁵	在插秧季节里，拔秧坐的凳子。也叫"拔秧凳"
秧伞	ʔiã¹sɛ³	在插秧季节里，拔秧用的伞子。也叫"拔秧伞"
耘稻	ɦyəŋ²dɔ⁶	耘田，也说"耘汤""耘田"
削草	ʔia⁷tsʰɔ⁽³⁾	除草
斫稻	tsoʔ⁷dɔ⁶	割稻。也说"割稻"
斫草	tsoʔ⁷tsʰɔ⁽³⁾	割草
斫柴	tsoʔ⁷za²	砍柴
掼稻	gue⁶dɔ⁶	将稻扎往稻桶甩，稻秆上的稻谷脱下来
轧稻	gaʔ⁸dɔ⁶	将稻子脱粒
稻场	dɔ⁶zã²	翻晒、碾轧稻谷的场地
瘪谷	piʔ⁷koʔ⁷	不饱满的谷物
杠条	kã⁵diɔ²	桑树枝条
谷箩	koʔ⁷lu²	装谷子用的箩筐
风车	foŋ¹tsʰo¹	风谷机。又称"风谷车""扬谷机"
石臼	zaʔ⁸dziəu⁶	舂米用的器具
石杵	zaʔ⁸tsʰ̩⁽³⁾	用来捣碎研钵中物质的棒形工具
谷仓	koʔ⁷tsʰã¹	粮仓
米屯	mi⁴dəŋ²	用竹片或藤条编成的装大米的容器
棉花	mie²ho¹	棉花
稻柴绳	dɔ⁶za²zəŋ²	稻草搓成的绳子
双季稻	sã¹tɕi⁵dɔ⁶	一年中两熟的稻
荷兰豆	ɦu²lɛ²de⁶	由西方传入的一种豆，扁形豆荚
蚕宝宝	zɤ²pɔ³pɔ³	蚕
三眠蚕	sɛ¹mie²zɤ²	三龄小蚕
稻荸头	dɔ⁶bu²de²	稻茬儿
麦荸头	maʔ⁸bu²de²	麦茬儿
扬稻谷	iã²dɔ⁶koʔ⁷	把饱满的稻谷和空壳的稻谷分离
马头娘	mo⁴de²ɳiã²	中国神话中的蚕神。亦作"马头孃"
镬肚底	ʔoʔ⁷du⁶ti³	蚕茧缫丝后剩下的一层衣，可用来絮衣服、被子
棉花梗	mie²ho¹kã⁵	棉花杆
摘棉花	tsaʔ⁷mie²ho¹	采棉花。也说"采棉花"
脚踏打稻机	tɕiaʔ⁷daʔ⁸tã³dɔ⁶tɕi¹	人力脱稻谷（子）的生产工具
电动打稻机	die⁶doŋ⁶tã³dɔ⁶tɕi¹	电力脱稻谷（子）的生产工具
联合收割机	lie²ʔəʔ⁷se¹kəʔ⁷tɕi¹	联合收割机

10. 工商业

词语	词音	词义
店	tie⁵	商店（零售店）
贱	dzie⁶	商品价格便宜
赚	zɛ⁶	挣（钱）
铜板	doŋ²pɛ³	铜钱

续表

词语	词音	词义
铜襻	doŋ²pʰe⁵	用铜线把分开的东西连起来
铜钿	doŋ²die²	钱。也说"钞票"
洋钿	ɦiã²die²	银元
押租	ʔaʔ⁷tsu¹	租赁时支付的保证金
门面	məŋ²mie⁶	商店房屋沿街的部分，指店铺外表
摊头	tʰɛ¹de²	小摊子（在街边卖食品的摊点）
汤凶	tʰã¹ɕioŋ¹	形容花费大
墩盘	təŋ¹bʁə²	称盘
花红	ho¹ɦoŋ²	红利
对合	te⁵ʔəʔ⁷	对本，利润或利息跟本钱相等
拆息	tsʰaʔ⁷ɕiɪʔ⁷	利息
赚钿	zɛ⁶die²	赚钱
当头	tã⁵de²	典当物
盛箱	zəŋ²ɕiã¹	当头的匣子
卷包	tɕyʁə³pɔ¹	当头的包袱
糟坊	tsɔ¹fã¹	做酒的作坊
油车	ɦiəu²tsʰo¹	榨植物油的装置
薪俸	ɕɪŋ¹foŋ⁵	工资。也说"工资"
国企	kuəʔ⁷tɕʰi⁽³⁾	国营企业
外企	ɦia⁶tɕʰi⁽³⁾	外商投资企业
超市	tsʰɔ¹zɿ⁶	超级市场的简称
回扣	ɦue²kʰe⁵	代卖主招揽顾客的人向卖主索取的佣钱
法盲	faʔ⁷mã²	缺乏法律知识或没有法律意识的成年人
饭局	ve⁶dzioʔ⁸	指宴会或宴请活动
派对	pʰa⁵te⁵	小型活动聚会
房市	vã²zɿ⁶	房屋买卖市场
期房	dzi²vã²	在建或未完成建设、不能交付使用的房屋
倒闭	tɔ³pi⁶	企业或商店因亏本而停业
水货	sɿ³hu⁵	走私货
断码	dʁə⁶mo⁴	某尺寸的商品脱销
刷卡	ɦia²kʰa⁽³⁾	通过银行卡消费
俏货	tɕʰiɔ⁶hu⁵	销路好的货物
上班	zã⁶pɛ¹	到工作地点工作
小区	ɕiɔ³tɕʰy¹	居民住宅区
楼盘	le²bʁə²	在建或在出售的商品房
闭搭	pi⁵taʔ⁷	工厂、商店倒闭
促百货	tsʰoʔ⁷paʔ⁷hu⁵	伪劣产品
破牢刀	pʰu⁵lɔ⁴tɔ¹	废品
商品房	sã¹pʰɪŋ⁽³⁾vã²	由房地产公司开发建造的用于出售的房屋
民工潮	mɪŋ²koŋ¹zɔ²	农民纷纷外出打工所形成的潮流
医疗卡	ʔi¹liɔ⁴kʰa⁽³⁾	看病使用的卡
二手房	ŋi⁶se³vã²	第二次买卖的房子

词语	词音	词义
铁饭碗	tʰiɪʔ⁷vɛ⁶uʀə²	稳定的工作收入
步行街	bu⁶ɦã²ka¹	商业街
条形码	diɔ²ɦiŋ¹mo⁴	商品包装上的条形编码
冒牌货	mɔ⁶ba²hu⁵	假冒商品
专卖店	tsʀə¹ma⁶tie⁵	专卖某种商品的商店
便利店	bie⁶li⁶tie⁵	24 小时营业的小超市
糕团店	kɔ¹dʀə²tie⁵	专卖糕团的小店
勿算数	vəʔ⁸sʀə⁵su⁵	价钱便宜
担开消	tɛ⁵kʰɛ¹ɕiɔ¹	被敲竹杠
夜粥店	ʔia⁵tsɔʔ⁷tie⁵	晚上营业的粥店
书坊店	sʮ¹fã¹tie⁵	书店
铅角子	kʰɛ¹kɔʔ⁷tsʮ³	硬币。也说"硬币"
茶馆店	zo²kuʀə³tie⁵	茶馆
茶馆檀头	zo²kuʀə³ɕʏʀə⁵de²	戏称爱泡茶馆的人
大饼油条店	dəu⁶pɪŋ³ɦiəu²diɔ²tie⁵	专卖大饼油条的饮食店

11. 交通类

词语	词音	词义
轮盘	ləŋ²bʀə²	轮子
网船	mã⁴zʀə²	渔船
丝网船	sʮ¹mã⁴zʀə²	大型游船，船上可供酒菜
双夹弄	sã¹kaʔ⁷loŋ⁶	丝网船之一，从前舱到后舱一侧有通道
单夹弄	tɛ¹kaʔ⁷loŋ⁶	丝网船之一，从前舱到后舱两侧都有通道
空调车	kʰoŋ¹diɔ²tsʰo¹	装有冷暖设备的车子
小汽车	ɕiɔ³tɕʰi⁵tsʰo¹	轿车
电瓶车	die⁶bɪŋ¹tsʰo¹	用电启动的自行车
顺风车	zəŋ⁶foŋ¹tsʰo¹	搭乘的便车
自驾游	zʮ⁶ka⁵ɦiəu²	自己开车旅游
斑马线	pɛ¹mo⁴ɕie⁵	马路中的人行道

12. 文教 / 风俗

词语	词音	词义
学堂	ʔoʔ⁷dã²	学校
教室	kɔ⁶sə⁷	教室
簿子	bu⁶tsʮ³	本子
纸头	tsʮ³de²	纸
钢笔	kã¹piɪʔ⁷	钢笔
信壳	ɕiŋ⁵kʰoʔ⁷	信封。也说"信封"
先生	ɕie¹sã¹	老师。也说"老师"
温书	ʔuəŋ¹sʮ¹	复习功课。也说"复习"
描朱	miɔ²tsʮ¹	儿童初学毛笔字时，在印有红色楷字的纸上摹写

续表

词语	词音	词义
字帖	zɿ⁶tʰiʔ⁷	学习书法用的临摹范本，多为名家墨迹的影印本
作文	tsoʔ⁷vəŋ²	写作
笔筒	piiʔ⁷doŋ²	笔筒
田歌	die²ku¹	农村的民间歌曲，多为田间劳动时歌唱
印子	ʔiŋ⁵tsɿ³	印章（图章）。也说"图章"
照片	tsɔ⁵pʰie⁵	相片
叫子	tɕiɔ⁵tsɿ³	哨子
药水	ʔiaʔ⁷sɿ³	墨水
砚子	ŋie⁶tsɿ³	砚台。也说"砚台"
砚窝	ŋie⁶ʔu¹	砚台；砚台的浅凹部分
一踢	ʔiiʔ⁷tʰiiʔ⁷	笔画名，一挑（提）
鹞子	ɦiɔ⁶tsɿ³	风筝
豁拳	huaʔ⁷dzyɤ²	猜拳
着棋	zaʔ⁸dzi²	下棋
戏房	ɕi⁵vã²	后台
么场	məʔ⁸zã²	戏收场
爆仗	pɔ⁵tsã⁵	爆竹
麻将	mo²tɕiã⁵	麻将桌上的一种牌
骨牌	kuəʔ⁷ba²	麻将牌
图画	du²ɦo⁶	画儿
拍照	pʰaʔ⁷tsɔ⁵	照相
记认	tɕi⁵ŋɿŋ⁶	记号
谜子	mi⁴tsɿ³	谜语
说话	soʔ⁷ʔo⁵	话语
闲话	ɦɛ²ʔo⁵	话语
真生活	tsəŋ¹sã¹ʔuəʔ⁷	有难度的活
寿山石	ze⁶sɛ¹zaʔ⁸	石笔（粉笔）
立壁角	liiʔ⁸piiʔ⁷koʔ⁷	体罚的一种，罚站
写白字	ɕia³baʔ⁸zɿ⁶	写错字
药水笔	ʔiaʔ⁷sɿ³piiʔ⁷	笔杆内有贮存墨水装置的钢笔
笔套管	piiʔ⁷tʰɔ⁵kuɤə³	套在笔尖的笔管
箬帽头	ŋiaʔ⁸mɔ⁶de²	汉字偏旁部首，文字偏旁为"宀"者
竹篱头	tsoʔ⁷li³de²	汉字偏旁部首，文字偏旁为"竹"者
蚕花戏	zɤə²ho¹ɕi⁵	蚕农为祈求蚕桑丰收而专门邀请戏班来演的戏
放点心	fã⁵tie³ɕiŋ¹	放早学
放夜学	fã⁵ʔiaʔ⁵ʔoʔ⁷	放夜学
关夜学	kuɛ¹ʔia⁵ʔoʔ⁷	放学时被老师留下
放年假	fã⁵ŋie²ka³	放寒假
捉妈妈	tsoʔ⁷ma²ma²	一种游戏
伴猫猫	bɤə⁶mɔ²mɔ²	一种游戏。也说"伴妈妈"
礌礌砣	le²le²du²	滚铁箍
拔萝婆	baʔ⁸ləuʔ²bu²	拔萝卜，一种游戏

续表

词语	词音	词义
削洋片	ʔiaʔ⁷ɦiã²pʰie⁵	将花纸头往地上打，吹翻另一张洋片
拉提龙	la²di²loŋ²	一种游戏
扎蚬子	tsaʔ⁷ɕie³tsʅ³	一种游戏，用大蚬子壳把小蚬子壳快速舀起来
捉七头	tsoʔ⁷tɕʰiɪʔ⁷de²	儿童游戏
贱骨头	dzie⁶kuə⁷de²	长形的陀螺。也说"抽贱骨头"
削水片	ʔiaʔ⁷sʅ³pʰie⁵	将薄石甩向湖面让其平平滑去
造房子	zɔ⁶vã²tsʅ³	儿童游戏
猜灭子	tsʰɛ¹miɪʔ⁸tsʅ³	猜谜
将官头	tɕiã⁵kuɤə¹de²	老将
调龙灯	diɔ²loŋ²təŋ¹	耍龙灯
装高跷	tsã¹kɔ¹tɕʰiɔ¹	踏高跷的人。也说"高脚人"
踏高跷	daʔ⁸kɔ¹tɕʰiɔ¹	踩高跷
翻跟多	fɛ¹kəŋ¹tu¹	翻筋斗。也说"千跟斗""翻筋斗"
倒猫翻	tɔ³mɔ²fɛ¹	倒翻
竖蜻蜓	zʅ⁶tɕʰiŋ¹diŋ²	倒立
变戏法	pie⁵ɕi⁵faʔ⁷	变魔术。也说"变把戏"
掷骰子	zaʔ⁸de²tsʅ³	掷骰
吊圈子	diɔ⁵tɕʰɤɤ¹tsʅ³	招徕围观
挑绑线	tʰiɔ¹pã³ɕie⁵	毛线在十指上绑成网状，另一人挑到自己十指上
打弹珠	tã³dɛ⁶tsʮ¹	在地上画界，玻璃珠被打出去就输，叫"出纲"
丢手绢	tʰiəu¹se³tɕyɤə⁵	儿童游戏
学生子	ʔoʔ⁷sã¹tsʅ³	学生。也说"学生"
掼老K	gue⁶lɔ⁴K	打扑克。也说"掼牌"
行东道	ɦã²toŋ¹dɔ⁶	打赌
踏白船	daʔ⁸baʔ⁸zɤə²	旧时清明期间的划船比赛。现在还流行
双间人旁	sã¹kɛ¹ŋiŋ²bã²	偏旁部首，双人旁
荷花生日	ɦu²ho¹sã¹ɲiɪʔ⁸	旧时嘉兴民间节日，现在还流传
蹲鸡孵鸡	təŋ¹tɕi¹bu²tɕi¹	一种游戏
跳皮箍筋	tʰiɔ⁵bi²ku¹tɕiŋ	一种游戏
抽贱骨头	tsʰe¹dzie⁶kuə⁷de²	抽陀螺
木头人戏	moʔ⁸de²ɲiŋ²ɕi⁵	木偶戏

13 动作／行为

（1）起居

词语	词音	词义
晾	liã⁴	晾
洒	sa³	泼。也说"泼"
缩	soʔ⁷	吮吸
吃	tɕʰiɪʔ⁷	吃；吸
拣	tɕie³	选（选择）
拨	pəʔ⁷	给

续表

词语	词音	词义
忌	dʑi⁶	怕
讲	kã³	说
睬	tsʰɛ⁽³⁾	理（答理，理会）
困	kʰuəŋ⁵	睡
惹	zɑ⁴	排泄（大小便）
讨	tʰɔ⁽³⁾	娶（男方结婚）
嫁	kɑ⁵	嫁（女方结婚）。也说"出嫁"
出门	tsʰəʔ⁷məŋ²	出嫁
筛茶	sɑ¹zo²	倒茶
筛酒	sɑ¹tɕiəu³	倒酒
洒茶	sɑ³zo²	斟茶
泡茶	pʰɔ⁵zo²	沏茶
泡水	pʰɔ⁵sɹ³	打开水
籴米	diɪʔ⁸mi⁴	买米
剪布	tɕie³pu⁵	买布
斩肉	tsɛ²ɲioʔ⁸	买肉
缄信	tɕie¹ɕiŋ⁵	寄信
底胚	ti³pʰe¹	最坏的打算
打胚	tã³pʰe¹	打算
搅恼	kɔ³nɔ²	打搅
吵扰	tsʰɔ⁽³⁾zɔ⁴	打搅
打吵	tã³tsʰɔ⁽³⁾	打搅
潮面	zɔ²mie⁶	洗脸。也说"槽面""皂面"
潮浴	zɔ²ʔioʔ⁷	洗澡，也说"槽浴""汏浴""皂浴"
汏头	dɑ⁶de²	洗头
净手	dziŋ⁶se³	洗手
汏手	dɑ⁶se³	洗手
荡碗	dã⁶ʔuɤ³	洗碗
揩身	kʰɑ¹səŋ¹	擦身子
抹身	maʔ⁸səŋ¹	洗澡
修面	ɕiəu¹mie⁶	刮脸
剃头	tʰi⁵de²	理发
别相	bəʔ⁸ɕiã⁵	玩
噎牢	ʔiɪʔ⁷lɔ⁴	噎
呼汤	hu¹tʰã¹	喝汤
拆浜	tsʰɑʔ⁷pã¹	大便
向火	ɕiã⁵hu¹	烤火
失枕	səʔ⁷tsəŋ³	落枕
答答	təʔ⁷təʔ⁷	回访
答还	təʔ⁷ɦue²	回礼
罪过	zue⁶ku³	对别人的好意表示感谢；客套话
对酌	te⁵tsɑʔ⁷	相对饮酒

词语	词音	词义
角口	koʔ⁷kʰe⁽³⁾	漱口。也说"咯咯嘴"
收作	se¹tsoʔ⁷	收拾
扼席	ŋi²dziɪʔ⁸	擦席子
吊油	diɔ⁶ɦiəu²	买油。也说"拷酱油"
赎药	zoʔ⁸ʔiaʔ⁷	买药（中药）
吃茶	tɕʰiɪʔ⁷zo²	喝茶。也说"喝茶"
倒酒	tɔ³tɕiəu³	斟酒
烧饭	sɔ¹vɛ⁶	煮饭
吃牢	tɕʰiɪʔ⁷lɔ²	被划进某一范围
碰着	bã⁶zaʔ⁸	遇见。也说"遇见"
游水	ɦiəu²sʅ³	游泳
发抖	faʔ⁷te³	哆嗦
搔痒	sɔ¹ɦiã⁴	抓痒
惹尿	za⁴sʅ¹	撒尿
惹污	za⁴ʔuʔ¹	拉屎
困觉	kʰuəŋ⁵kɔ⁵	睡觉
立起	liɪʔ⁸tɕʰi⁽³⁾	站起来
嗅香	ɕiəu⁵ɕiã¹	亲吻
讲章	kã³tsã¹	闲聊
吃瘪	tɕʰiɪʔ⁷piɪʔ⁷	吃不开
缲衲	tɕʰiɔ¹nəʔ⁸	换尿布。也说"缲尿布"
苍脱	tsʰã¹tʰəʔ⁷	好东西用于不恰当地方。也说"苍掉"
脱班	tʰəʔ⁷pɛ¹	车船晚点
旋转	dzie²tsʐə⁵	扭转
勃翻	bəʔ⁸fɛ¹	碰翻
有喜	ɦiəu⁴ɕi³	怀孕
歇日	ɕiɪ⁷ŋiɪʔ⁸	过些日子
朝天困	zɔ²tʰie¹kʰuəŋ⁵	仰睡
合扑困	ʔəʔ⁷pʰoʔ⁷kʰuəŋ⁵	趴（桌或枕）睡
折转困	tsəʔ⁷tsʐə²kʰuəŋ⁵	侧身睡。也说"侧转困"
扑转困	pʰoʔ⁷tsʐə²kʰuəŋ⁵	俯睡
搭棚困	taʔ⁷bã²kʰuəŋ⁵	支着腿睡
赖起床	lɛ⁴tɕʰi⁽³⁾zã²	起床，爬起来
着衣服	tsaʔ⁷ʔi¹voʔ⁸	穿衣服
搓牙齿	tsʰu¹ɦia²tsʰʅ⁽³⁾	刷牙
出码头	tsʰəʔ⁷mo⁴de²	到别处城镇（办事或玩游）
出街浪	tsʰəʔ⁷ka¹lã⁶	（农民）上街赶集
吃小食	tɕʰiɪʔ⁷ɕiɔ³zəʔ⁸	吃零食
开饭镬	kʰɛ¹vɛ⁶ʔoʔ⁷	开饭
结小菜	tɕiɪʔ⁷ɕiɔ³tsʰɛ⁵	搛菜（用筷子夹菜）
派派吃	pʰa⁵pʰa⁵tɕʰiɪʔ⁷	分着吃
夺来吃	dəʔ⁸lɛ²tɕʰiɪʔ⁷	抢着吃

续表

词语	词音	词义
孵太阳	bu²tʰɛ⁵ɦiã²	晒太阳
打瞌睏	tã³kə?⁷tsʰoŋ⁽³⁾	小睡
打昏杜	tã³huəŋ¹dəu⁴	打呼噜。也说"打昏涂"
打中觉	tã³tsoŋ¹kɔ⁵	睡午觉
打花献	tã³ho¹ɕie⁵	打呵欠
铺被头	pʰu¹bi⁶de²	铺被子
躲纽洞	tu³ȵiəu⁴doŋ⁶	锁洞
吊纽珠	diɔ⁶ȵiəu⁴tsʅ¹	缝扣子
定被头	dɪŋ⁶bi⁶de²	缝棉被
拆被头	tsʰɑ?⁷bi⁶de²	拆洗棉被
翻被头	fɛ¹bi⁶de²	把棉花胎装进被套里
翻棉袄	fe¹mie²ɔ³	把棉花翻进棉袄套子里
灌墨水	kuɤə⁵mə?⁸sʅ³	吸墨水
生煤炉	sã¹me²lu²	生炉子
倒锐气	tɔ³sue⁵tɕʰi⁵	泼冷水
触霉头	tsʰo?⁷me²de²	倒楣
出痧子	tsʰə?⁷so¹tsʅ³	出麻疹
寻晦气	dzɪŋ²hue⁵tɕʰi⁵	故意肇事。也说"寻吼司"
戲倒起	gɛ³tɔ³tɕʰi⁽³⁾	躺下
讲困话	kã³kʰuəŋ⁵ʔo⁵	说梦话
困失晓	kʰuəŋ⁵sə?⁷huəŋ¹	睡觉过了头。也说"困过头"
送人情	soŋ⁵ȵiŋ²dzɪŋ²	送礼
送份子	soŋ⁵vəŋ⁶tsʅ³	送礼
做舍母	tsu⁵so³mu⁴	坐月子
养小人	ɦiã⁴ɕiɔ³ȵiŋ²	生孩子
吃香烟	tɕʰiɲ⁷ɕiã¹ie¹	抽烟
攃小菜	tɕie¹ɕiɔ³tsʰɛ⁵	夹菜。也说"夹菜"
着衣裳	tsa?⁷ʔi¹zã⁶	穿衣。也说"穿衣裳"
结鞋带	tɕiɲ⁷ɦia²ta⁵	系鞋带
孵鞋头	ɕie⁵ɦa²de²	解开结头
学样头	ʔo?⁷ɦiã⁶de²	照葫芦画瓢
香面孔	ɕiã¹mie⁶kʰoŋ⁽³⁾	接吻
昏机错槽	huəŋ¹tɕi¹tsʰu¹zo²	迷糊
折里床上困	tsə?⁷li⁴zã²zã⁶kʰuəŋ⁵	侧身朝床里睡
折外床上困	tsə?⁷ɦa⁶zã⁶zã⁶kʰuəŋ⁵	侧身朝床外睡

（2）动作/行为

词语	词音	词义
轧	gɑ?⁸	挤
开	kʰɛ¹	上（弦）
绷	pã¹	硬撑
拖	tʰu¹	拉扯，抚养

词语	词音	词义
掼	gue⁶	投，掷，扔，摔
捻	ȵie⁶	用拇指和其他手指夹住
扯	tsʰɑ⁽³⁾	来回地拉
㝵	ɕiɔ¹	翻开
隑	gɛ²	斜靠
蔔	voʔ⁸	蹲下
跑	bɔ⁴	走
跨	kʰo⁵	迈过
逃	dɔ²	跑步；逃跑
踔	bɛ⁶	躲
捺	naʔ⁸	摁
囥	kʰã⁵	藏
斫	tsoʔ⁷	砍
澎	brə²	（水过多）溢出来
潽	pʰu¹	（水沸腾）溢出来
墩	təŋ¹	阉割
线	ɕie⁵	阉割
玩	ɦiuɤə²	玩耍
捧	pʰoŋ⁽³⁾	捧
挥	hue¹	甩
掮	dzie²	用肩扛
擘	paʔ⁷	分开；叉开
氽	tsʰɤə¹	漂浮
惹	zɑ⁴	排泄（大小便）
瞟	pʰiɔ⁽³⁾	斜眼看
斩	tsɛ²	剁
着	tsɑʔ⁷	放，搁进去；穿
疲	bi²	拖延
落	loʔ⁸	掉（下来）
寻	dzɿŋ²	找
揩	kʰa¹	擦
拎	lɪŋ²	提
抬	dɛ²	扛。也说"扛"
撤	tɕʰɪŋ⁵	按
搂	le⁴	抱。也说"抱"
挖	ʔuaʔ⁷	抠
摆	pa³	放。也说"安""放"
掺	tsʰɤə¹	搀和（把不同的东西搀杂混合在一起）
调	diɔ²	换。也说"换"
丢	tʰiəu¹	丢弃
结	tɕiɪʔ⁷	系
堆	te¹	叠

续表

词语	词音	词义
敲	$k^h\mathfrak{o}^1$	打
凿	$zo\mathfrak{P}^8$	刺、戳；掷
扯	$ts^h\mathfrak{a}^{(3)}$	撕
踏	$da\mathfrak{P}^8$	踩
立	$lir\mathfrak{P}^8$	站
汏	da^6	洗
洇	$\mathfrak{P}\mathfrak{y}^1$	渗（液体慢慢地透过或漏出）
嗍	$so\mathfrak{P}^7$	啜（奶）
嗅	$\varepsilon i\mathfrak{ou}^{(3)}$	亲、吻
扭	$\mathfrak{y}i\mathfrak{ou}^2$	拧（肉）
绞	$k\mathfrak{o}^3$	拧（毛巾）。也说"挤（毛巾）"
捉	$tso\mathfrak{P}^7$	逮。也说"搭"
搨	$t^h\mathfrak{a}\mathfrak{P}^7$	搽，抹（用粉末、油类等涂在脸、手上）
隐	$\mathfrak{P}\mathfrak{y}^3$	灭灯
读	$do\mathfrak{P}^8$	念
戳	$ts^ho\mathfrak{P}^7$	扎针
告	$k\mathfrak{o}^5$	邀请
烘	$ho\mathfrak{y}^1$	烤
想	$\varepsilon i\tilde{a}^3$	盼望
坌	$b\mathfrak{o}\mathfrak{y}^6$	刨（根）
喊	$h\varepsilon^3$	嚷
睬	$ts^h\varepsilon^{(3)}$	理睬（搭理）
吓	$ha\mathfrak{P}^7$	害怕
该	$k\varepsilon^1$	拥有
砌煞	$tc^hi^5sa\mathfrak{P}^7$	砌成固定的
背命	$pe^5mi\mathfrak{y}^6$	拼命
帮衬	$p\tilde{a}^1ts^h\mathfrak{o}\mathfrak{y}^5$	帮助
彻池	$ts^h\mathfrak{o}\mathfrak{P}^7z\mathfrak{z}^2$	搞卫生
翘须	$dzi\mathfrak{o}^6\varepsilon y^1$	谄媚奉承；讨好人
通党	$t^ho\mathfrak{y}^1t\tilde{a}^3$	串通干坏事
点品	$tie^3p^h\mathfrak{y}^{(3)}$	指定（做某事或要某物）
点饥	tie^3tci^1	吃东西解饿
过水	$ku^5s\mathfrak{z}^3$	漂洗
牵磨	$tc^hie^1mu^6$	推磨
惹冒	$za^4m\mathfrak{o}^6$	触犯对方，引人发怒
惹厌	$za^4\mathfrak{P}ie^5$	啰嗦，唠叨
发辣	$fa\mathfrak{P}^7la\mathfrak{P}^8$	干活粗心、毛糙
发飙	$fa\mathfrak{P}^7p^hi\mathfrak{o}^1$	发大火
着腻	$tsa\mathfrak{P}^7\mathfrak{y}i^6$	烧菜时加上淀粉使菜成糊状。也说"打水芡"
做面	tsu^5mie^6	妇女修面，用丝线把脸上的汗毛去掉
光火	$k\tilde{a}^1hu^1$	发脾气。也说"发脾气"
关照	$kue^1ts\mathfrak{o}^5$	嘱咐

词语	词音	词义
料拉	liɔ⁶la²	料定
撑掇	tsʰɤə¹təʔ⁷	挑拨
端正	trə¹tsəŋ⁵	准备
孛相	bəʔ⁸ɕiã⁵	玩耍、去玩。也说"白相""玩别相"
难为	nɛ²ɦue²	浪费。也说"浪费"
着港	tsɑʔ⁷kã³	到手。也说"到手"
相帮	ɕiã¹pã¹	帮忙。也说"帮忙"
欺瞒	tɕʰi¹mɤɛ²	欺负
讨饶	tʰɔ⁽³⁾ȵiɔ²	求饶
丁倒	tɪŋ¹tɔ³	颠倒。也说"丁丁倒"
调脚	diɔ²tɕiaʔ⁷	踩脚，顿脚
做啥	tsu⁵sa¹	干嘛
起来	tɕʰi⁽³⁾lɛ²	动身
沉杀	zəŋ²saʔ⁷	淹死
港张	kã³tsã¹	说话，聊天
火烧	hu³sɔ¹	着火。也说"火着""起火"
得牢	təʔ⁷lɔ²	粘住
查牢	zo²lɔ²	查到
好哩	hɔ³li¹	可以了
蚀本	zəʔ⁸pən³	赔本儿
来事	lɛ²zʅ⁶	行（可以）。也说"来三""可以"
落车	loʔ⁸tsʰo¹	下车。也说"下车"
落船	loʔ⁸zɤə²	停船
挺脱	tʰɪŋ⁽³⁾tʰəʔ⁷	剩下
挺下	tʰɪŋ⁽³⁾ɦo⁶	剩下
挺吃	tʰɪŋ⁽³⁾tɕʰiiʔ⁷	随意吃
捉牢	tso²ʔlɔ²	抓住
拉起	la²tɕʰi⁽³⁾	起来
拍开	pʰaʔ⁷kʰɛ¹	分开
扑转	pʰoʔ⁷tsɤə²	俯卧
拆空	tsʰɑʔ⁷kʰoŋ¹	事情落空
抬讲	dɛ²kã³	顶撞。也说"顶撞"
掼跤	gue⁶kɔ¹	摔跤
搬场	pɤə¹zã⁴	搬家。也说"搬屋里"
拉到	la²tɔ⁵	拉倒。也说"算哩"
摊床	tʰɛ¹zã²	铺床
把家	po³ka¹	管理家务
拖船	tʰu¹zɤə²	戏称自己的孩子（多指不能独立生活）
拆解	tsʰɑʔ⁷ka³	解释
搭话	taʔ⁷ʔo⁵	拉话。也说"搭山头""搭闲话""搭讪"
搭档	taʔ⁷tã⁵	合作；合作的人
搭头	taʔ⁷de²	零头

续表

词语	词音	词义
搭界	taʔ⁷ka⁵	发生关系;交界
搭白	taʔ⁷baʔ⁸	交谈
打拐	tã³kua³	打击拐卖儿童、妇女犯罪的简称
接轨	tɕiiʔ⁷kue³	比喻把某体制或地区跟另一体制或地区衔接
抽奖	tsʰe¹tɕiã³	用抽签等方式确定获奖者
扶贫	vu²biŋ²	扶助贫困户或贫困地区发展生产,改变穷困面貌
按揭	ʔɤə⁵tɕiʔ⁷	以所购房屋为抵押向银行贷款,然后分期偿还
拍板	pʰaʔ⁷pɛ³	做出决定
拉歌	la²ku¹	相互拉对方唱歌
拆迁	tsʰaʔ⁷tɕʰie¹	拆除房屋,居民迁移新住地
拆介	tsʰaʔ⁷ka⁵	拆解
搞定	gɔ⁶diŋ⁶	把事情办成
搭僵	taʔ⁷tɕiã¹	糟糕
打庞	tã³bã²	逗你笑
撺得	tsʰɤə¹təʔ⁷	鼓动别人干坏事
淘险	dɔ²ɕie³	开玩笑
朵落	tu²loʔ⁸	奚落;取笑
轧账	gaʔ⁸tsã⁵	算账
轧友	gaʔ⁸ʔiəu³	交友
轧淘	gaʔ⁸dɔ²	交友,结伴
轧粉	gaʔ⁸fəŋ³	磨粉
轧稻	gaʔ⁸dɔ⁶	脱粒
寻着	dziŋ²tsaʔ⁷	找到
悬命	ʔɣɤə²miŋ⁶	自杀
落脱	loʔ⁸tʰəʔ⁷	遗失。也说"跌脱"
走穴	tse³ʔyəʔ⁷	演员为了捞外快而私自外出演出
练摊	lie⁶tʰɛ¹	摆地摊
下海	ɦo⁶hɛ³	放弃原来的工作而经营商业
上网	zã⁶mã⁴	通过互联网获取所需要的信息
整改	tsəŋ³kɛ³	整顿并改革
充电	tsʰoŋ¹die⁶	补充电能。比喻通过学习补充知识、提高技能
义演	ŋi⁶ɦie⁴	为了给正义或公益的事情筹款而举行演出
创收	tsʰã⁵se¹	利用自身有利条件,为本单位增加收入
作秀	tsoʔ⁷ɕiəu⁵	弄虚作假,装样子骗人
脱贫	tʰəʔ⁷biŋ¹	摆脱贫困状态
脱空	tʰəʔ⁷kʰoŋ¹	吹牛,办事不牢靠
公示	koŋ¹zɿ⁶	公开宣示,让公众了解并征求意见
追星	tsue¹ɕiŋ¹	追星族,崇拜某些明星的一些人或群体
上班	zã⁶pɛ¹	到工作地点工作
暗弄	ʔɤə⁵loŋ⁶	背地里整人
双抢	sã¹tɕʰiã¹⁽³⁾	农村夏天抢收庄稼、抢种庄稼
秒杀	miɔ⁴saʔ⁷	在极短时间内击败

续表

词语	词音	词义
出山	tsʰəʔ⁷sɛ¹	出息
出门	tsʰəʔ⁷məŋ²	出嫁
出治	tsʰəʔ⁷zʅ⁶	整理，打扫
出血	tsʰəʔ⁷ɕyəʔ⁷	比喻破费，破财
促客	tsʰoʔ⁷kʰɑʔ⁷	刁难
端整	trə¹tsəŋ³	准备，预备
朵酒	tu²tɕiəu³	拿空瓶子去买酒朵，舀
发邪	faʔ⁷zia²	失控
触气	tsʰoʔ⁷tɕʰi⁵	讨厌，不顺眼
翻梢	fɛ¹sɔ¹	报复，反击
顾算	ku³srə⁵	顾及
哈触	ha³tsʰoʔ⁷	胡搞，乱弄
困告	kʰuəŋ⁵kɔ⁵	睡觉
立落	liʔ⁸loʔ⁸	好动
弄松	loŋ⁶soŋ¹	捉弄
续药	zoʔ⁸ʔiaʔ⁷	到中药店配中药
延比	ɦie²pi³	认为
等被	təŋ³bi⁶	听任事实
扯妖	tsʰa⁽³⁾iɔ¹	一知半解试着干
惜罪过	ɕiɪʔ⁷zue⁶ku³	不舍得
弄头颈	loŋ⁶de²tɕəŋ³	恶作剧
搭死掼	taʔ⁷ɕi³gue⁶	工作懒惰，不负责任
看野眼	kʰrə⁵ɦia⁴ɦɛ⁴	注意力不集中
搭夜作	taʔ⁷ʔia⁵soʔ⁷	夜间干活不睡觉；熬夜干活的人
搭架子	taʔ⁷kɑ⁵tsʅ³	摆架子
搭棚困	taʔ⁷bɑ̃²kʰuəŋ⁵	支腿睡觉
排排坐	ba²ba²zəu⁶	并排坐。也说"并排坐"
扯风箱	tsʰa⁽³⁾foŋ¹ɕiɑ̃¹	拉风箱
打白条	tɑ̃³baʔ⁸diɔ²	指欠款单位给开的非正规收据或欠条
打相架	tɑ̃³ɕiɑ̃⁵kɑ⁵	打架
打拉翻	tɑ̃³la²fɛ¹	翻旧账
打顺板	tɑ̃³zəŋ⁶pɛ³	随声附和
扳错头	pɛ¹tsʰu⁵de²	找岔久。也说"挖脚底"
扳揩丝	pɛ¹kʰaʔ⁷sʅ¹	挑剔、故意找别人的毛病
搨便宜	tʰaʔ⁷bie⁴ŋi²	占便宜
拍台子	pʰaʔ⁷dɛ²tsʅ³	拍桌子。也说"敲台子"
摆嚇头	pa³dzyəʔ⁸de²	瞎吹牛，设骗局
扮死腔	pɛ⁵ɕi³tɕʰiɑ̃¹	装死
搬乱说	prə¹lrə⁶soʔ⁷	不负责任、添油加醋地乱传话
插蜡烛	tsʰaʔ⁷laʔ⁸soʔ⁷	停工，掉链子
搓牙齿	tsʰu¹ɦa²tsʰʅ⁽³⁾	刷牙
掮门槛	dzie²məŋ²kʰrə⁽³⁾	在家里称王称霸，出了门（槛）就不行

续表

词语	词音	词义
接翎子	tɕiɪʔ⁷lɪŋ²tsʅ³	理解对方的暗示
拷竹杠	kʰɔ⁽³⁾tsoʔ⁷kã⁵	敲诈
撒出来	saʔ⁷tsʰəʔ⁷lɛ²	突然冲出来
摊糟丝	tʰɛ¹tsɔ¹sʅ¹	失面子
捎开被头	sɔ¹kʰɛ¹bi⁶de²	掀开被子
揩屁股	kʰa¹pʰi⁵ku⁴	处理遗留问题
搭图司	taʔ⁷du²sʅ¹	盖图章
撞三档	zã⁶sɛ¹tã¹	不明事理
挖腰子	ʔuaʔ⁷ʔiɔ¹tsʅ³	送礼
拎错钮	lɪŋ²tsʰu⁵ɲiəu²	理解错误
看山势	kʰɤɔ⁵sɛ¹sʅ⁵	见风使舵
哭亡人	kʰoʔ⁷vã²ŋɪŋ²	哭祭死去的亲人
嚼戏话	dziaʔ⁸ɕi⁵ʔo⁵	讲玩笑、幽默话
嚼舌头	dziaʔ⁸zəʔ⁸de²	搬弄是非
肖面孔	ɕiɔ¹mie⁶kʰoŋ³	不要脸
显行头	ɕie³ɦã²de²	显示自己时髦的衣着
寻铜钮	dzɪŋ²doŋ²die²	干活挣钱
寻吼斯	dzɪŋ²he³sʅ¹	故意找碴子，滋事吵架
寻希路	dzɪŋ²ɕi¹lu³	找死，自杀
做希腔	tsu⁵ɕi¹tɕʰiã¹	装腔作势
汏一转	daʔ⁶ʔiɪʔ⁷tsɤɚ²	洗一遍
霉一霉	meʔ²ʔiɪʔ⁷me²	搓完肥皂放一下
定被头	dɪŋ⁶bi⁷de²	钉被子
做生活	tsu⁵sã¹ʔuəʔ⁷	干活。也说"生活"
做生意	tsu⁵sã¹ʔi⁵	经商
做事体	tsu⁵zʅ⁶tʰi⁽³⁾	做事情
做好日	tsu⁵hɔ³ɲiɪʔ⁸	举行婚礼
做戏文	tsu⁵ɕi⁵vəŋ²	演戏
做市面	tsu⁵zʅ⁶mie⁶	应付某种场面
做手脚	tsu⁵se³tɕiaʔ⁷	玩弄花招
做死枪	tsu⁵ɕi³tɕʰiã¹	形式主义
裹粽子	ku⁴tsoŋ²tsʅ³	包粽子
开夜工	kʰɛ¹ʔia⁵koŋ¹	夜晚加班的人
弯舌头	ʔuɛ¹zəʔ⁸de²	学官话
寻开心	dzɪŋ²kʰɛ¹ɕɪŋ¹	开玩笑。也说"打彭""开玩笑"
吵相骂	tsʰɔ⁽³⁾ɕiã¹mo⁶	吵架。也说"趁相骂"
吹牛屄	tsʰɪ¹ɲiəu²pi¹	吹牛。也说"吹牛"
轧闹猛	gaʔ⁸nɔ⁶mã⁶	凑热闹
吃生活	tɕʰiɪʔ⁷sã¹ʔuəʔ⁷	挨打。也说"吃家生"
吃鞋底	tɕʰiɪʔ⁷ɦia²ti³	纳鞋底
吃野食	tɕʰiɪʔ⁷ɦia⁴zəʔ⁷	找外遇

词语	词音	词义
吃破相	tɕʰiɪʔ⁷pʰuˀ⁵ɕiã⁵	态度差
骂山门	moˀ⁶sɛ¹məŋ²	骂街
解厌气	kaˀ³ʔieˀ⁵tɕʰi⁵	解闷儿
引小干	ɦiŋ²ɕiɔ³kʀɤ¹	逗孩子。也说"惹小干"
烦心思	vɛ²ɕiŋ¹sʅ¹	操神（劳神）
赤骨立	tsʰaˀ⁷kuəˀ⁷liɪʔ⁸	光膀子
回报脱	ɦue²pɔˀ⁵tʰəˀ⁷	回绝；回答
回转去	ɦue²tsʀɤˀ⁵tɕʰi⁵	回去。也说"转去""回去"
晏歇会	ʔieˀ⁵ɕiɪʔ⁷ue⁶	回头见。也说"下趟会"
呆脱哩	tʰəˀ⁷tʰəˀ⁷li¹	傻了
敲耳光	kʰɔ¹ŋi⁴kã¹	打耳光。也说"吃耳光"
讲闲话	kã³ɦiɛˀ²ʔo⁵	说话
讲空头	kã³kʰoŋ¹de²	聊天
讲别相	kã³bəˀ⁸ɕiã⁵	聊天
讲嗨话	kã³heˀ³ʔo⁵	讲话不设主题
叫外卖	tɕiɔˀ⁵ɦaˀ⁶ma⁶	呼叫餐店打包送餐
开玩笑	kʰɛ¹ɦuʀɤ²ɕiɔ³	开玩笑
炒鱿鱼	tsʰɔ⁽³⁾ɦiəu²ŋ²	开除，解雇
换频道	ʔuʀɤˀ⁵bɪŋ²dɔ⁶	换话题
三下乡	sɛ¹ɦoˀ⁶ɕiã¹	将文化、科技、卫生知识在农村普及
拜菩萨	paˀ⁵bu²saˀ⁷	贿赂
爬格子	bo²kaˀ⁷tsʅ³	文人写稿子
砌长城	tɕʰiˀ⁵zã²zəŋ²	打麻将
露马脚	ləu⁶mo⁴tɕiaˀ⁷	露馅
上档次	zã⁶tã¹tsʰʅ⁵	排得上一定的等级
上台面	zã⁶dɛ²mie⁶	形容人举止谈吐落落大方
开头炮	kʰɛ¹dɛ²pʰɔ⁵	第一个发言
打水漂	tã³sʅ³pʰiɔ¹	某事搞砸了，没有效果
对口型	teˀ⁵kʰe⁽³⁾ɦiŋ¹	接吻
穷开心	dzioŋ²kʰɛ¹ɕiŋ¹	苦中作乐
查户口	zo²ɦu⁶kʰe⁽³⁾	比喻多嘴多舌，打听别人隐私
境外游	tɕiŋ⁵ɦaˀ⁶ɦiəu²	出境旅游
猜谜子	tsʰɛ¹mi²tsʅ³	猜谜语
熟耳朵	ɦo²ŋi⁴tu²	说悄悄话
碰鼻子	bã⁶biɪʔ⁸tsʅ³	碰钉子
盘出来	bʀɤ²tsʰəˀ⁷lɛ²	满出，溢出
瘪落去	piɪʔ⁷loˀ⁸tɕʰi⁵	消肿了
别苗头	bəˀ⁸miɔ²de²	竞争，比高低
出变头	tsʰəˀ⁷pie⁵de²	小孩耍性子
出风头	tsʰəˀ⁷foŋ¹de²	炫耀自己
出嘎佬	tsʰəˀ⁷kaˀ⁷lɔ⁴	乡下农民上街赶集市
出环头	tsʰəˀ⁷guɛ⁴de²	充分表现自己

续表

词语	词音	词义
出花头	tsʰəʔ²hoˡdeˡ	耍坏点子
审外板	tsʰɤəˡfiaˡpɛ³	出鬼点子，挑拨是非
串心滚	tsʰɤəˡɕiŋˡkuəŋ³	水烧得很滚
错板点	tsʰuˡpɛ³tieˡ	差一点
大言白	dəuˡfiieˡbaʔ⁸	随口说
弹眼睛	tãˡfiɛ⁴tsiŋˡ	瞪眼
荡一圈	dãˡʔiɪʔ⁷tɕʰyɤˡ	溜达一圈
端一端	tɤəˡʔiɪʔ⁷tɤəˡ	把东西快速放入水中，很快又提起来
得转来	təʔ⁷tsɤəˡlɛˡ	转过身来，转过头来
兜得转	teˡtəʔ⁷tsɤə³	路子通，各方面关系好
垫舌头	dieˡzəʔ⁸deˡ	丢脸
调排内	dioˡbaˡneˡ	布个阵势来作弄人
调头寸	dioˡdeˡtsʰəŋˡ	借点钱
翻鼻直	fɛˡbiɪʔ⁸zəʔ⁸	闹翻脸了
翻面孔	fɛˡmieˡkʰoŋ⁽³⁾	翻脸
假角头	kaˡkoʔ⁷deˡ	假意，造个假象
假清客	kaˡtɕʰiŋˡkʰaʔ⁷	自以为比别人干净清爽
港别相	kãˡbəʔ⁸ɕiãˡ	聊天
港嘎话	kãˡkaʔ⁷ʔoˡ	比方说
港斤头	kãˡtɕiŋˡdeˡ	谈价钱，讨论交易条件
落河桥	loʔ⁸fiuˡdzioˡ	走下河埠头洗衣裳、洗菜、提水等
落场势	loʔ⁸zãˡsʅˡ	体面下台
赶混档	kɤəˡfiuəŋˡtãˡ	浑水摸鱼
惯一高	kuɛˡʔiɪʔ⁷koˡ	跌一跤
结希冤	tɕiɪʔ⁷ɕiˡʔyɤˡ	与人结怨
开老弹	kʰɛˡloˡdeˡ	撕破脸，公开挑衅
开老船	kʰɛˡloˡzɤəˡ	年迈过世
拉特来	laˡdəʔ⁸lɛˡ	下来
量地皮	liãˡdiˡbiˡ	把对方摔倒在地上
弄头颈	loŋˡdeˡtɕiŋ³	捉弄人
弄杀内	loŋˡsaʔ⁷neˡ	弄死你
弄转内	loŋˡtsɤə³neˡ	故意作弄人
人来疯	ŋiŋˡlɛˡfoŋˡ	来人了，（孩子）就有点撒娇
啪榫头	pʰaʔ⁷səŋ³deˡ	对上号，正好合适
切别相	tɕʰiɪʔ⁷bəʔ⁸ɕiãˡ	吃零食
切钝头	tɕʰiɪʔ⁷dəŋˡdeˡ	受嘲讽，碰钉子
切港茶	tɕʰiɪʔ⁷kãˡzoˡ	在茶馆里公开辩论，讨个公道
丘攀谈	tɕʰiəuˡpʰɛˡdeˡ	实话实说
着骰子	zaʔ⁸deˡtsʅ³	掷骰子
着地瘫	zaʔ⁸diˡtʰɛˡ	耍无赖，躺倒不干
杀念头	saʔ⁷ŋieˡdeˡ	过瘾
生腥气	sãˡɕiŋˡtɕʰiˡ	不熟的气味；腥气味

续表

词语	词音	词义
伤阴结	sã¹ŋ¹tɕiɪʔ⁷	缺德
上认真	zã⁶ŋɨ̩ŋ⁶tsən¹	较真了
茗别相	dio²bəʔ⁸ɕiã⁵	相互嬉戏
私毛及	sʅ¹mɔ²dziɪʔ⁸	输了后要赖
塌面子	tʰaʔ⁷mie²tsʅ³	依赖某人的情面去办事
讨勃什	tʰɔ⁽³⁾bəʔ⁸zəʔ⁸	找麻烦
讨家婆	tʰɔ⁽³⁾ka¹bu²	娶媳妇
讨手脚	tʰɔ⁽³⁾se³tɕia⁷	添麻烦
讨希吃	tʰɔ⁽³⁾ɕi¹tɕʰiɪʔ⁷	找死
讲空话	kã³kʰoŋ¹ʔo⁵	聊天
装嘎病	tsã¹kaʔ⁷bɪŋ⁶	假装听不懂、不知道
张过意	tsã¹ku⁵ʔi⁵	暗地里生气
简简叫	tɕie³tɕie³tɕiɔ⁵	差别不大
外堂过	ɦia⁶dã²ku⁵	不按程序，简化手续
加汤头	ka¹tʰã¹de²	夸大事实
锻打过	tɤə⁵tã³ku⁵	重新做人
疲夜深	bi²ʔia⁵sən¹	玩到深夜
猜谜谜子	tsʰɛ¹mi²mi²tsʅ³	猜谜语
点点戳戳	tie³tie³tsʰoʔ⁷tsʰoʔ⁷	指指点点
朵落人头	tu²loʔ⁸ŋɨ̩ŋ²de²	奚落人
调个转身	dio²keʔ⁵tsɤə³sən¹	转个身
谈山海经	dɛ²sɛ¹hɛ³tɕɪŋ¹	谈开。也说"谈""谈宇相""谈头皮天话"
歇开锅子	ɕiɪʔ⁷kʰɛ¹kəu¹tsʅ³	掀开锅子
戴高帽子	ta⁵kɔ¹mɔ⁶tsʅ³	吹捧；说好话
熟门熟路	zoʔ⁸mən²zoʔ⁸lu⁶	得心应手；门路十分熟悉
花痒其其	ho¹ɦiã⁶dzi²dzi²	挠胳肢（在别人身上抓挠，使发痒）
辨辨味道	bie⁶bie⁶mi⁶cɔ⁶	琢磨琢磨
得个头寸	təʔ⁷keʔ⁵deʔ²tsʰən⁵	借点钱
得巧罢巧	təʔ⁷tɕʰiɔ⁽³⁾baʔ⁶tɕʰiɔ⁽³⁾	可有可无
跌来惯去	tiɪʔ⁷lɛ²kuɛ⁵tɕʰi⁵	站立不稳，时刻要跌倒的样子
跌刹绊倒	tiɪʔ⁷saʔ⁷pɤɛ⁵tɔ³	跌跌撞撞
杜头天话	dəu⁶deʔ²tʰie¹ʔo⁵	吹牛讲大话
瞎话三千	haʔ⁷ʔo⁵sɛ¹tɕʰie¹	胡说八道
夹脚屁股	kaʔ⁷tɕia⁷pʰi⁵ku³	紧跟着
搞七念三	gɔ⁶tɕʰiɪʔ⁷ŋie⁸sɛ¹	帮倒忙，乱搞
海外奇谈	hɛ³ɦia⁶dzi²dɛ²	夸海口，吹牛
昏头七冲	huəŋ¹deʔ²tɕʰiɪʔ⁷tsʰoŋ¹	神魂颠倒，失去方向
几里介拉	tɕi³li⁴ka¹la²	噪音绕耳
看看触气	kʰɤə⁵kʰɤə⁵tsʰoʔ⁷tɕʰi⁵	看了很讨厌
哭出乌拉	kʰoʔ⁷tsʰəʔ⁷ʔu¹la²	哭丧着脸
落出肚子	loʔ⁸tsʰəʔ⁷du⁶tsʅ³	想得开，无忧无虑
问客杀鸡	mən⁶kʰaʔ⁷saʔ⁷tɕi¹	假客气

续表

词语	词音	词义
哦班结啦	ʔoˈpɛˈtɕiɪʔ⁷laˈ²	纠缠不清
着五着六	zaʔ⁸ŋ⁴zaʔ⁸loʔ⁸	说话做事没有头绪
缠勿灵清	zʁɐ²vəʔ⁸liŋ²tɕʰiŋ¹	纠缠不清
污话乱话	ʔuˈ¹ʔoˈ⁵lʁɐ⁶ʔoˈ⁵	胡说八道
乌成乱话	ʔuˈ¹zəŋ²lʁɐ⁶ʔoˈ⁵	瞎说
摇里瓮中	ɦiɔ²liˈ⁴oŋ¹tsoŋ¹	摇来晃去，不平稳、不牢靠
用心用结	ʔioŋ⁵ɕiŋ¹ʔioŋ⁵tɕiɪʔ⁷	很是用心
朝天算盘	zɔ²tʰie¹sʁɐ⁵bʁɐ²	心算
熬食怕丑	ɦiɔ²zəʔ⁸pʰoˈ⁵tsʰe³	嘴馋想吃又害羞去拿
扎长布衫	tsaʔ⁷zã²puˈ⁵sɛ¹	认错
盘来礼答	bʁɐ²lɛ²liˈ⁴təʔ⁷	礼尚往来
罚咒也勿去	vaʔ⁸tseˈ⁵ɦaˈ⁶vəʔ⁸tɕʰiˈ⁵	说什么也不去

14. 否定

词语	词义	词义
呒	m̩²	没有
呒不	m̩²pəʔ⁷	没有
呒没	m̩²məʔ⁸	没有
呒干	m̩²kʁə⁵	没用
呒干	m̩²kʁə⁵	没有干
呒吃	m̩²tɕʰiɪʔ⁷	不好吃
呒啥	m̩²saˈ¹	没有什么
呒趣	m̩²tɕʰyˈ⁵	没趣
呒道理	m̩²dɔˈ⁵liˈ⁴	没有道理；不在乎
呒设法	m̩²səʔ⁷faʔ⁷	没有办法
呒想头	m̩²ɕiã³de²	没有希望，无利可图
呒心劲	m̩²ɕiŋ¹tɕiŋ⁵	没有心情，心劲，心思，兴趣
呒心想	m̩²ɕiŋ¹ɕiã³	精力不集中，没有耐心
呒心路	m̩²ɕiŋ¹luˈ⁶	没有心思
呒没哩	m̩²məʔ⁸luˈ⁶	死。也说"过忒哩"
呒吃头	m̩²tɕʰiɪʔ⁷de²	不好吃
呒设法	m̩²səʔ⁷faʔ⁷	手足无措
呒清头	m̩²tɕʰiŋ¹de²	不靠谱
呒出山	m̩²tsʰəʔ⁷sɛ¹	没出息
呒用场	m̩²ʔioŋ⁵zã²	没有用处。形容像草木一样无用的人
呒啥啥	m̩²saˈ¹saˈ¹	没有什么东西
呒介事	m̩²kaˈ⁵zɿ⁶	没有这回事
呒青头	m̩²tɕʰiŋ¹de²	不知轻重好歹，没有分寸
呒道是	m̩²dɔˈ⁶zɿ⁶	不料
呒头呒脑	m̩²de²m̩²nɔ⁴	没头没脑
呒头野地	m̩²de²ɦia⁶diˈ⁶	糊里糊涂
呒日呒夜	m̩²ŋiɪʔ⁸m̩²ʔiaˈ⁵	没日没夜

词语	词义	词义
呒大呒小	m̩²dəu⁶m̩²ɕiɔ³	没大没小，没有礼貌
呒干	m̩¹kɤə⁵	没有用，徒劳
呒呵	m̩¹ho¹	不在
呒没	m̩¹məʔ⁸	没有
呒出山	m̩¹tsʰəʔ⁷sɛ¹	没有出息
呒搭头	m̩¹taʔ⁷de²	不能交往，少来往
呒道成	m̩¹dɔ⁶zəŋ²	没有节制
呒格煞	m̩¹kaʔ⁷saʔ⁷	百无聊赖，无所事事
呒嘎事	m̩¹kaʔ⁷zɿ⁸	若无其事
呒告场	m̩¹kɔ⁵zã²	无法交代
呒骨子	m̩¹kuəʔ⁷tsɿ³	作风轻浮，没有骨气
呒劲头	m̩¹tɕiŋ⁵de²	没有意思
呒落波	m̩¹loʔ⁸pu¹	无把握
呒弄头	m̩¹loŋ⁶de²	没有办法做
呒啥干	m̩¹saˈkɤə⁵	无事干，又指无所事事
呒心相	m̩¹ɕiŋ¹ɕiã⁵	没有事可做，心里空虚
呒着落	m̩¹zaʔ⁷loʔ⁸	出了劲毫无结果
呒管造	m̩¹kuɤə³zɔ⁶	没有人管教
呒亲头	m̩¹tɕʰiŋ¹de²	不知轻重、不懂世事的人
呒啥花头	m̩¹saˈhoˈde²	没有什么新东西
呒手抓路	m̩¹se³tsaˈlu⁵	无法上手去做
呒杜官先生	m̩¹dəu⁶kuɤəˈɕieˈsã¹	纨绔子弟
呒脚蟹肚肚	m̩¹tɕiaʔ⁷ha³du⁶du⁶	光杆司令
呒苦勿来甜	m̩¹kʰu⁽³⁾vəʔ⁸lɛ²die²	没有吃苦就不会有甜来
勿	vəʔ⁸	不
勿有	vəʔ⁸ɦiəu⁶	没有
勿要	vəʔ⁸ʔiɔ⁵	不要
勿得	vəʔ⁸təʔ⁷	不止；不停
勿碍	vəʔ⁸ɦɛ⁶	没关系，不要紧
勿爽	vəʔ⁸sã³	不适
勿是	vəʔ⁸zɿ⁶	不是
勿止	vəʔ⁸tsɿ³	不止
勿会	vəʔ⁸ʔue⁵	不会
勿嘎	vəʔ⁸kaʔ⁷	不可以
勿宁	vəʔ⁸ŋɩŋ²	还没有
勿出山	vəʔ⁸tsʰəʔ⁷sɛ¹	没出息
勿爽气	vəʔ⁸sã³tɕʰi⁵	不爽快
勿入调	vəʔ⁸zəʔ⁸ɕiɔ⁶	不地道，不正派；不上路。也说"勿实条"
勿称心	vəʔ⁸tsʰəŋ⁵ɕiŋ¹	不舒服
勿算数	vəʔ⁸sɤə⁵su⁵	价钱便宜
勿见脱	vəʔ⁸tɕie⁵tʰəʔ⁷	遗失。也说"跌脱""跌脱哩"
勿肯歇	vəʔ⁸kʰəŋ⁽³⁾ɕiɪʔ⁷	不罢休

续表

词语	词义	词义
勿来三	$və\textipa{P}^8l\varepsilon^2se^1$	不成。也说"勿来四"
勿采采	$və\textipa{P}^8ts^h\varepsilon^{(3)}ts^h\varepsilon^{(3)}$	不单单
勿错起	$və\textipa{P}^8ts^hu^5t\textctc h i^{(3)}$	不差，好
勿搭介	$və\textipa{P}^8ta\textipa{P}^7ka^5$	与自己无关
勿道是	$və\textipa{P}^8d\textopeno^6z\textrevltailn^6$	不料是这样
勿到巴	$və\textipa{P}^8t\textopeno^5po^1$	还不到位
勿犯着	$və\textipa{P}^8v\varepsilon^6za\textipa{P}^8$	不必要
勿尴尬	$və\textipa{P}^8k\varepsilon^1ka^5$	有点尴尬
勿齐头	$və\textipa{P}^8d\textipa{z}i^2de^2$	不妥当
勿乱伊	$və\textipa{P}^8l\textrevglotstop ə^6\textipa{P}i^1$	不理睬他
勿落当	$və\textipa{P}^8lo\textipa{P}^8t\tilde{a}^5$	不是时候
勿买账	$və\textipa{P}^8ma^6ts\tilde{a}^5$	不服气，不认这个账
勿气馁	$və\textipa{P}^8t\textctc h i^5se^1$	心理不平衡
勿着港	$və\textipa{P}^8za\textipa{P}^8k\tilde{a}^3$	得不到
勿着落	$və\textipa{P}^8za\textipa{P}^8lo\textipa{P}^8$	思维不合情理
勿顺经	$və\textipa{P}^8zəŋ^6t\varepsilon iŋ^1$	不顺利
勿推板	$və\textipa{P}^8t^he^1p\varepsilon^3$	很好，不错
勿贴肉	$və\textipa{P}^8t^hi\textrevltailn^7\textltailn io\textipa{P}^8$	不贴心
勿晓得	$və\textipa{P}^8\textctc i\textopeno^3tə\textipa{P}^7$	不知道
勿心妙	$və\textipa{P}^8\textctc iŋ^1mi\textopeno^6$	不满足
勿着脉	$və\textipa{P}^8tsa\textipa{P}^7ma\textipa{P}^8$	不靠谱
勿张气	$və\textipa{P}^8ts\tilde{a}^1t\textctc h i^5$	不争气
勿作兴	$və\textipa{P}^8tso\textipa{P}^7\textctc iŋ^1$	不可以这样
对勿住	$te^5və\textipa{P}^8z\textctyogh^6$	对不起，劳驾。也说"对勿起"
吃勿消	$t\textctc h i\textrevltailn^7və\textipa{P}^8\textctc i\textopeno^1$	吃不住
算勿着	$s\textrevltailn ə^5və\textipa{P}^8tsa\textipa{P}^7$	不怎么样
差勿多	$ts^ho^1və\textipa{P}^8tu^1$	差不多
差勿动	$ts^ho^1və\textipa{P}^8doŋ^6$	指挥不动
拨勿转	$pə\textipa{P}^7və\textipa{P}^8ts\textrevltailn ə^2$	转不过弯
并勿牢	$piŋ^5və\textipa{P}^8l\textopeno^2$	忍不住
波勿得	$pu^1və\textipa{P}^8tə\textipa{P}^7$	迫切希望
扼勿牢	$\textipa{P}ə\textipa{P}^7və\textipa{P}^8l\textopeno^2$	止不住，按不住
调勿落	$di\textopeno^6və\textipa{P}^8lo\textipa{P}^8$	放心不下
嘎勿转	$ka\textipa{P}^7və\textipa{P}^8ts\textrevltailn ə^2$	没有能力改变，无奈
拉勿起	$la^2və\textipa{P}^8t\textctc h i^{(3)}$	爬不起来，也指生病起不了床
落勿落	$lo\textipa{P}^8və\textipa{P}^8lo\textipa{P}^8$	下不了台面，下不了台
话勿出	$\textipa{P}o^5və\textipa{P}^8ts^hə\textipa{P}^7$	说不出
话勿定	$\textipa{P}o^5və\textipa{P}^8diŋ^6$	说不定
话勿成	$\textipa{P}o^5və\textipa{P}^8zəŋ^2$	不必说，不值得说
切勿落	$t\textctc h i\textrevltailn^7və\textipa{P}^8lo\textipa{P}^8$	吃不下，引申为不能胜任
寻勿着	$dziŋ^2və\textipa{P}^8tsa\textipa{P}^7$	找不到
走勿出	$tse^3və\textipa{P}^8ts^hə\textipa{P}^7$	难以见人，无法出门

续表

词语	词义	词义
做勿转	tsu⁵vəʔ⁸tsʐə²	很难做，很难处理
勿入流品	vəʔ⁸zə?⁸liəu²pʰɪŋ⁽³⁾	不入品级；（东西）杂七杂八
勿搭三头	vəʔ⁸taʔ⁷sɛ¹de²	气势汹汹，很厉害
勿瞒内港	vəʔ⁸mʐə²ne⁶kã³	不瞒你说
勿寸勿过	vəʔ⁸tsʰəŋ⁵vəʔ⁸ku⁵	讲分寸，不过分
勿尴勿尬	vəʔ⁸kɛ¹vəʔ⁸kɑ⁵	这也不好，那也不合适的状态
勿腻勿三	vəʔ⁸ɲi⁶vəʔ⁸sɛ¹	比喻暧昧不清
勿辣勿鲜	vəʔ⁸lɑʔ⁸vəʔ⁸ɕie¹	不过瘾，不到位

15. 性质 / 状态

词语	词音	词义
霸	po⁵	苦涩
浮	ve²	脏
灵	lɪŋ²	好
赞	tsɛ⁵	好
牢	lɔ⁴	动词后起补充作用，相当于"住"。如"抓牢"
长	zã²	个子高
短	tʊə³	个子矮
厚	ɦe⁶	稠，粥稠
薄	boʔ⁸	稀，粥稀
坍	tʰɛ¹	坡
破	pʰu⁵	坏，不好
邱	tɕʰiəu¹	人坏
趣	tɕʰy⁵	漂亮，美丽
浪	lã⁶	稀，疏；（方位词）上
孟	mã⁶	密
宿	soʔ⁷	不新鲜
壮	tsã⁵	胖
邪	zia²	力气大；（副词）很，非常
烦	veʐ²	啰嗦
吓	haʔ⁷	怕。也说"怕"
满	mʐə⁴	溢（充满而流出来）
得神	təʔ⁷zəŋ²	神气
泻抓	ɕia⁵tsa¹	聪明
嫩相	nəŋ⁶ɕiã⁵	看着比实际年龄小
老相	lɔ⁴ɕiã⁵	看着比实际年龄大
贼腔	zəʔ⁸tɕʰiã¹	难看的样子
拍满	pʰaʔ⁷mʐə⁴	装得很满
长远	zã²ɦyʐə⁴	长久
爽气	sã³tɕʰi⁵	性格爽快
吼势	he³sʅ⁵	烦闷，忧虑
还潮	ɦuɛ²zɔ²	天气闷热又潮湿

续表

词语	词音	词义
笃泰	to?^{7}t^{h}ɑ^5	不着急的样子
体泰	t^{h}i$^{(3)}$t^{h}ɑ^5	不着急的样子
笃定	to?^{7}dɪŋ^6	有把握的样子
猴急	ɦe^{2}tɕiɪ?^{7}	迫不及待的样子
鲜鲜	ɕie^{1}ɕie^1	新鲜
赤黑	ts^{h}ɑ?^{7}hə?^{7}	乌黑
赤紫	ts^{h}ɑ?^{7}tsɻ^3	很紫
血红	ɕyə?^{7}ɦoŋ^2	血红
生青	sã^{1}tɕ^{h}ɪŋ^1	翠绿
雪白	ɕiɪ?^{7}bɑ?^{8}	雪白
雪青	ɕiɪ?^{7}tɕ^{h}ɪŋ^1	雪青
碧绿	piɪ?^{7}lo?^{8}	碧绿
蜡黄	lɑ?^{8}ɦã^2	蜡黄
百烫	pɑ?^{7}t^{h}ã^5	非常烫
温吞	uəŋ^{1}t^{h}əŋ^1	温度合适
滚壮	kuəŋ^{3}tsã^5	胖胖的样子
悉燥	ɕiɪ?^{7}sɔ^5	干透的样子
习薄	dziɪ?^{8}bo?^{8}	很薄
习细	dziɪ?^{8}ɕi^5	很细
煞白	sɑ?^{7}bɑ?^{8}	形容脸色苍白
屁轻	p^{h}i^{5}tɕ^{h}ɪŋ^1	形容很轻
习精	tiɔ^{1}tɕiŋ^1	要求苛刻，难伺候
疙瘩	kə?^{7}tɑ?^{7}	难伺候
轻健	tɕ^{h}ɪŋ^{1}dzie^6	年轻态
静凡	dziŋ^{6}vɛ^2	清净
冷清	lã^{4}tɕ^{h}ɪŋ^1	冷清
搭僵	tɑ?^{7}tɕiã^1	马虎；质量差
难绷	nɛ^{2}pã^1	难堪，尴尬
乌花	?u^{1}ho^1	发霉
乌糟	?u^{1}tsɔ^1	龌龊，肮脏
齐整	dʑi^{2}tsəŋ^3	漂亮
倒糟	tɔ^{3}tsɔ^1	倒楣。也说"倒灶"
潦桥	liɔ^{2}dziɔ^2	粗糙；马虎，不负责任
时货	zɻ^{2}hu^5	讲究
清爽	tɕ^{h}ɪŋ^{1}sã^3	干净；清净
拉西	lɑ^{2}ɕi^1	脏
适意	sə?^{7}?i^5	舒服
闹猛	nɔ^{6}mã^6	热闹。也说"闹热"
着末	zɑ?^{8}mə?^{8}	最后
推板	t^{h}e^{1}pɛ^3	差，坏。也说"推扳"
热昏	ȵiɪ?^{7}huəŋ^1	不切实际
悖时	be^{6}zɻ^2	不合时宜

续表

词语	词音	词义
食痨	zəʔ^{8}lɔ^2	馋
头挑	de^{2}tʰiɔ^1	好
头搭	de^{2}taʔ^7	头脑糊涂，不清楚
发彪	faʔ^{7}piɔ^1	急，快；发脾气。也说“发标”
臭韧	tsʰe^{5}ȵŋ^6	顽皮；不爽快，不干脆。也说“臭韧”
精工	tɕiŋ^{1}koŋ^1	精致，精明
道地	dɔ^{6}di^6	地道
肉麻	ȵioʔ^{8}mo^2	心疼，怜惜
杀念	saʔ^{7}ȵie^6	过瘾。“杀”同“煞”
念头	ȵie^{6}de^2	瘾头
扎劲	tsaʔ^{7}tɕiŋ^3	有劲，来劲
完出	ɦuɤ^{2}tsʰə^7	完蛋
到巴	tɔ^{5}po^1	事情做得到位
拖堕	tʰu^{1}du^6	不修边幅
赖皮	lɛ^{6}bi^2	顽皮
会玩	ʔue^{5}ɦuɤ^2	顽皮
烦难	vɛ^{2}nɛ^2	复杂困难，不容易
野配	ɦia^{6}pʰe^5	不是原配的两样东西配成对
野淡	ɦia^{6}dɛ^6	偏僻、荒凉
一等	ʔiɪʔ^{7}təŋ^3	最好，最拿手
一级	ʔiɪʔ^{7}tɕiɪʔ^7	最好，好极
杂格	zaʔ^{8}kaʔ^7	杂七杂八
绷硬	pã^{1}ɦã^6	硬，坚硬
滑溜	ʔua^{7}liɤu^5	光滑（含喜爱意）
簇新	tsʰoʔ^{7}ɕiŋ^1	崭新
结棍	tɕiɪʔ^{7}kʰuəŋ^5	厉害；身体棒
冰阴	piŋ^{1}iŋ^1	形容像冰那样冷
格式	kaʔ^{7}səʔ^7	相称，合适
风凉	foŋ^{1}liã^2	凉快
欢喜	huɤ^{1}ɕi^3	喜欢
惹气	za^{4}tɕʰi^5	讨厌。也说“惹厌”“触气”“讨厌”
懊悔	ʔɔ^{5}hue^3	后悔。也说“后悔”
当心	tã^{1}ɕiŋ^1	留神。也说“注意”
小心	ɕiɔ^{3}ɕiŋ^1	小心。也说“当心”
晓得	ɕiɔ^{3}təʔ^7	知道
认得	ȵŋ^{6}təʔ^7	认识
会得	ʔue^{5}təʔ^7	会
有得	ɦiɤu^{4}təʔ^7	够
动气	doŋ^{6}tɕʰi^5	生气
疑心	ȵi^{2}ɕiŋ^1	怀疑。也说“怀疑”
记挂	tɕi^{5}ko^5	想念。也说“想念”
眼热	ɦɛ^{4}ȵiɪʔ^8	羡慕

续表

词语	词音	词义
板扎	$pɛ^3tsaʔ^7$	坚固
剥细	$po^1ɕi^5$	认真仔细
登样	$təŋ^1ɦiã^6$	漂亮，美丽
杜来	$dəu^4lɛ^2$	大得很
后生	$ɦie^6sã^1$	显得年轻
嗨外	$he^1ɦia^6$	厉害
几槽	$tɕi^3zɔ^2$	烦躁，不舒服
强横	$dʑiã^2ɦəŋ^2$	厉害，霸道
看丘	$kʰɤə^5tɕʰiəu^1$	小看，看不起
拉塌	$la^2tʰɑʔ^7$	脏兮兮
冷笃	$lã^4toʔ^7$	冷淡，不予理睬
老策	$lɔ^4tsʰɑʔ^7$	老练
劣接	$liɪʔ^8tɕiʔ^7$	挑剔，难以相处
灵清	$lɪŋ^2tɕʰɪŋ^1$	明白
落卜	$loʔ^8poʔ^7$	衰弱、衰败的样子
老机	$lɔ^4tɕi^1$	熟练，老资格
瞒脱	$mɤə^2tʰəʔ^7$	阻塞不通
耐危	$nɛ^6ɦue^2$	不节约
嫩策	$nəŋ^6tsʰɑʔ^7$	没有经验
腻心	$ŋi^6ɕɪŋ^1$	恶心
哦作	$ʔo^1tsoʔ^7$	下流
怕拉	$pʰo^5la^2$	不孝顺
切瘪	$tɕʰiɪʔ^7piɪʔ^7$	吃亏，受排挤
煞脯	$saʔ^7poʔ^7$	很厉害
煞克	$saʔ^7kʰə ʔ^7$	满足，过瘾
速匹	$soʔ^7pʰiɪʔ^7$	快捷
脱空	$tʰəʔ^7kʰoŋ^1$	办事不确实
托熟	$tʰo ʔ^7zoʔ^8$	相当熟练
挖打	$ʔuaʔ^7tã^3$	精打细算
汪对	$ʔuã^1te^5$	蛮不讲理
胡调	$ɦu^2diɔ^6$	滥竽充数
呜心	$ʔu^1ɕɪŋ^1$	非常满意
稀湿	$ɕi^1səʔ^7$	很潮湿
逼咋	$ʔiaʔ^3tso^5$	聪明伶俐
小气	$ɕiɔ^3tɕʰi^5$	吝啬
歇松	$ɕiɪʔ^7soŋ^1$	不费力
野盘	$ɦia^4bɤə^2$	比喻超出想象
野脱	$ɦia^4tɕʰəʔ^7$	比喻数量多、范围广，超出想象
值钿	$zəʔ^8die^2$	溺爱，宠爱
洋盘	$ɦiã^2bɤə^2$	摆阔
好弄打	$hɔ^3loŋ^6tã^3$	易对付，易相处
落场势	$loʔ^8zã^2sʐ^5$	下场

词语	词音	词义
假做滴	ka³tsu⁵tiɪʔ⁷	假装
老念头	lɔ⁴ȵie⁶de²	瘾头
发脾气	faʔ⁷bi²tɕʰi⁵	生气。也说"生气"
尖捻头	tɕie¹ȵie⁶de²	尖儿
量气大	liã⁶tɕʰi⁵dəu⁶	气量大
怕陌生	pʰo⁵maʔ⁸sã¹	害羞
伤阴积	sã¹ʔɪŋ¹tɕiɪʔ⁷	缺德
定洋洋	dɪŋ⁶ɦiã²ɦiã²	发呆的样子
昏冬冬	huəŋ¹toŋ¹toŋ¹	昏头昏脑
木欣欣	moʔ⁸ɕɪŋ¹ɕɪŋ¹	呆板
俗汤气	zoʔ⁸tʰã¹tɕʰi⁵	俗气
一排生	ʔiɪʔ⁷ba²sã¹	整排都是一样的
一落式	ʔiɪʔ⁷loʔ⁸sə²	一个样式
眼大热	ɦɛ⁴dəu⁶ȵiɪʔ⁸	眼红，羡慕
野搭里	ɦia⁴taʔ⁷li⁴	乡间冷僻的地方
自顾自	zɿ⁶ku³zɿ⁶	径自
煨病猫	ʔue¹bɪŋ⁶mɔ²	比喻精神不振的样子
温吞似	ʔuəŋ¹tʰəŋ¹zɿ⁴	不紧不慢，慢条斯理的样子
野豁豁	ɦia⁴huaʔ⁷huaʔ⁷	形容言行出格或过分
空宵宵	kʰoŋ¹ɕiɔ¹ɕiɔ¹	很清闲
轻轻叫	tɕʰɪŋ¹tɕʰɪŋ¹tɕiɔ⁵	轻轻地
慢慢叫	mɛ⁶mɛ⁶tɕiɔ⁵	慢慢地
好好叫	hɔ³hɔ³tɕiɔ⁵	好好地
静静叫	dzɪŋ⁴dzɪŋ⁴tɕiɔ⁵	静静地
悠悠叫	ʔiəu¹ʔiəu¹tɕiɔ⁵	轻轻地
寿答答	ze⁸təʔ⁷təʔ⁷	不合时宜的样子
硬绷绷	ɦã⁶pã̄¹pã̄¹	有点硬
滑露露	ɦuaʔ⁷ləu⁶ləu⁶	有点滑溜
翘耸耸	dziɔ⁶soŋ³soŋ³	稍微带点翘
咸滋滋	ɦɛ²tsɿ¹tsɿ¹	有点咸
牵煞煞	tɕʰie¹saʔ⁷saʔ⁷	女孩子有点嗲的样子
辣蓬蓬	laʔ⁸boŋ²boŋ²	有点辣
苦音音	kʰu⁽³⁾ɪŋ¹ɪŋ¹	有点苦
酸几几	suɤə¹tɕi³tɕi³	带点酸
瘪塌塌	piɪʔ⁷tʰaʔ⁷tʰaʔ⁷	有点瘪
毛哈哈	mɔ²ha³ha³	有点粗糙
潮尖尖	zɔ²tɕie¹tɕie¹	有点潮湿。也说"糊塌塌"
木兴兴	moʔ⁸ɕɪŋ¹ɕɪŋ¹	数量较多
阴笃笃	ʔɪŋ¹toʔ⁷toʔ⁷	带凉意
臭烘烘	tsʰe⁵hoŋ¹hoŋ¹	有点臭
香喷喷	ɕiã¹pʰəŋ¹pʰəŋ¹	带点香味。也说"一千世界"
韧吊吊	ȵiŋ⁶diɔ⁶diɔ⁶	不太容易断

续表

词语	词音	词义
泰和和	$t^ha^5\hbar u^2\hbar u^2$	不着急
小结结	$\varepsilon i\sigma^3 t\varepsilon i\imath^7 t\varepsilon i\imath^7$	不怎么大
霉拖拖	$me^2 t^h u^1 t^h u^1$	因轻度发霉而变软的样子
空老老	$k^h o\eta^1 l\sigma^4 l\sigma^4$	很闲；心里空虚
白佬佬	$ba\imath^9 l\sigma^2 l\sigma^2$	白忙碌；徒劳的
呆孤孤	$t^h\sigma\imath^7 ku^1 ku^1$	发呆的样子
呆独独	$t^h\sigma\imath^7 do\imath^8 do\imath^8$	发呆的样子
熟奇奇	$zo\imath^8 dzi^2 dzi^2$	熟过头的样子
软屁屁	$\eta y\sigma^4 p^h i^5 p^h i^5$	有点软
血血红	$\varepsilon y\sigma\imath^7\varepsilon y\sigma\imath^7\hbar o\eta^2$	很红
蜡蜡黄	$la\imath^8 la\imath^8\hbar\tilde{a}^2$	很黄
墨墨黑	$m\sigma\imath^8 m\sigma\imath^8 h\sigma\imath^7$	很黑
梆梆硬	$p\tilde{a}^1\tilde{a}^1\hbar\tilde{a}^6$	很硬
稀稀湿	$\varepsilon i^1\varepsilon i^1 s\sigma\imath^7$	很湿
精精瘦	$t\varepsilon i\eta^1 t\varepsilon i\eta^1 se^3$	很瘦
习习细	$dzi\imath^8 dzi\imath^8\imath\varepsilon i^5$	很细
习习薄	$dzi\imath^8 dzi\imath^8 bo\imath^8$	很薄
屁屁轻	$p^h i^5 p^h i^5 t\varepsilon^h i\eta^1$	很轻
粉粉嫩	$f\sigma\eta^3 f\sigma\eta^3 n\sigma\eta^6$	很嫩
笔笔挺	$pi\imath^7 pi\imath^7 t^h i\eta^{(3)}$	很挺
悉悉燥	$\varepsilon i\imath^7\varepsilon i\imath^7 s\sigma^5$	很干
百百烫	$pa\imath^7 pa\imath^7 t^h\tilde{a}^5$	很烫
碧碧绿	$pi\imath^7 pi\imath^7 lo\imath^8$	很绿
雪雪白	$\varepsilon i\imath^7\varepsilon i\imath^7 ba\imath^8$	很白
滚滚壮	$kua\eta^3 kua\eta^3 ts\tilde{a}^5$	很壮
稳当当	$ua\eta^3 t\tilde{a}^5 t\tilde{a}^5$	稳当的样子
慢吞吞	$m\varepsilon^6 t^h\sigma\eta^1 t^h\sigma\eta^1$	缓慢的样子
娇滴滴	$t\varepsilon i\sigma^1 ti\imath^7 ti\imath^7$	娇柔美丽的样子；娇气
碧绿生青	$pi\imath^7 lo\imath^8 s\tilde{a}^1 t\varepsilon^h i\eta^1$	很绿
原原本本	$\eta y\sigma^2\eta y\sigma^2 p\sigma\eta^3 p\sigma\eta^3$	原来的样子
密密猛猛	$mi\imath^6 mi\imath^6 m\tilde{a}^8 m\tilde{a}^8$	非常稠密
拍拍满满	$p^h a\imath^7 p^h a\imath^7 m\varepsilon^4 m\varepsilon^4$	东西装得很满
长长远远	$z\tilde{a}^2 z\tilde{a}^2\hbar y\sigma^4\hbar y\sigma^4$	很久远
鲜鲜同同	$\varepsilon ie^1\varepsilon ie^1 do\eta^2 do\eta^2$	特别新鲜
差差异异	$ts^h o^1 ts^h o^1\hbar i^6\hbar i^6$	特别的、极端的
立立落落	$li\imath^8 li\imath^8 l\sigma^8 l\sigma^8$	不停地动来动去的样子
红红绿绿	$\hbar o\eta^2\hbar o\eta^2 lo\imath^8 lo\imath^8$	色彩很多
像像腔腔	$dzi\tilde{a}^6 dzi\tilde{a}^6 t\varepsilon^h i\tilde{a}^1 t\varepsilon^h i\tilde{a}^1$	很像样
体体泰泰	$t^h i^{(3)} t^h i^{(3)} t^h a^5 t^h a^5$	慢慢地
活脱活像	$\imath u\sigma\imath^7 t^h\sigma\imath^7\imath u\sigma\imath^7 dzi\tilde{a}^6$	逼真
活龙活现	$\imath u\sigma\imath^7 lo\eta^2\imath u\sigma\imath^7 ie^5$	逼真
活抢活夺	$\imath u\sigma\imath^7 t\varepsilon^h i\tilde{a}^{(3)}\imath u\sigma\imath^7 d\sigma\imath^8$	抢购

词语	词音	词义
百热沸烫	paʔ⁷ȵiɿʔ⁸fi⁵tʰã⁵	很烫
恶立恶刻	ʔoʔ⁷liɿʔ⁸ʔoʔ⁷kʰəʔ⁷	刻薄
嚎头嚎脑	dzyəʔ⁸de²dzyəʔ⁸nɔ²	嚎头
骨落斯圆	kuaʔ⁷loʔ⁸sɿ¹ɦyɤɤ¹	很圆
滴角斯方	tiɿʔ⁷koʔ⁷sɿ¹fã¹	方方正正
笔立斯直	piɿʔ⁷liɿʔ⁸sɿ¹zəʔ⁸	笔直
煞刮斯亮	saʔ⁷kuaʔ⁷sɿ¹liã⁶	雪亮
赤刮斯亮	tsʰaʔ⁷kuaʔ⁷sɿ¹liã⁶	雪亮
夹辣斯白	kaʔ⁷laʔ⁸sɿ¹baʔ⁸	脸色苍白
赤黑弥陀	tsʰaʔ⁷həʔ⁷mi²du²	很暗
暗薄落索	ʔɤɤ⁵boʔ⁸loʔ⁸soʔ⁷	很暗
方棱出角	fã¹ləŋ²tsʰəʔ⁷koʔ⁷	有棱有角的样子
及出乌拉	dziɿʔ⁸tsʰəʔ⁷ʔu¹la²	慌慌张张的样子
血出乌拉	ɕyəʔ⁷tsʰəʔ⁷ʔu¹la²	血淋淋的样子
哭出乌拉	kʰoʔ⁷tsʰəʔ⁷ʔu¹la²	想哭的样子
猴及乌拉	ɦe²dziɿʔ⁸ʔu¹la²	迫不及待的样子
粘滋夹答	ȵieʔ²tsɿ¹kaʔ⁷təʔ⁷	黏乎乎的样子
喉之纳答	ɦe²tsɿ¹nəʔ⁸təʔ⁷	小气
冰阴出骨	piŋ¹iŋ¹tsʰəʔ⁷kuaʔ⁷	阴冷、阴凉
呒亲家煞	m̩²tɕʰiŋ¹ka¹saʔ⁷	无聊寂寞
花七花八	ho¹tɕʰiɿʔ⁷ho¹paʔ⁷	衣服颜色很多，引申为人不专一
木亨伦墩	moʔ⁸həŋ¹ləŋ¹təŋ¹	人高大、不敏捷的样子
行尽行氏	ɦã²dziŋ⁴ɦã²zɿ⁶	很多很多。也说"行情行事"
七当八心	tɕʰiɿʔ⁷tã⁵paʔ⁷ɕiŋ¹	十分当心
七荤八素	tɕʰiɿʔ⁷huəŋ¹paʔ⁷su⁵	昏头昏脑
七停八当	tɕʰiɿʔ⁷diŋ¹paʔ⁷tã⁵	妥当
七讲八讲	tɕʰiɿʔ⁷kã³paʔ⁷kã³	到处乱讲
七张八嘴	tɕʰiɿʔ⁷tsã¹paʔ⁷tsɿ³	人多嘴杂
七弄八弄	tɕʰiɿʔ⁷loŋ⁶paʔ⁷loŋ⁶	摆弄、捣鼓
七端八正	tɕʰiɿʔ⁷tɤɤ¹paʔ⁷tsəŋ⁵	端端正正
七颠八倒	tɕʰiɿʔ⁷tie¹paʔ⁷tɔ³	事情难办，弄得人头脑发胀
七荤八素	tɕʰiɿʔ⁷huəŋ¹paʔ⁷su⁵	头绪杂乱
七矫八裂	tɕʰiɿʔ⁷tɕiɔ³paʔ⁷liɿʔ⁷	地面极不平整；闹矛盾，惹是非
七零八落	tɕʰiɿʔ⁷liŋ⁶paʔ⁷loʔ⁸	零零碎碎
七七八八	tɕʰiɿʔ⁷tɕʰiɿʔ⁷paʔ⁷paʔ⁷	事物的七八成。形容零零碎碎
七世冤家	tɕʰiɿʔ⁷sɿ⁵yɤɤ¹ka¹	几辈子结下的冤仇难以消除
七手八脚	tɕʰiɿʔ⁷se³paʔ⁷tɕia⁷	人多手杂
七寸三分	tɕʰiɿʔ⁷tsʰəŋ⁵se¹fəŋ¹	恰到好处
杂七杂八	zaʔ⁸tɕʰiɿʔ⁷zaʔ⁸paʔ⁷	人员复杂，小件东西多
瞎七搭八	haʔ⁷tɕʰiɿʔ⁷taʔ⁷paʔ⁷	瞎搞，乱来
缠七缠八	zɤɤ²tɕʰiɿʔ⁷zɤɤ²paʔ⁷	纠缠人
搞七搞八	gɔ⁴tɕʰiɿʔ⁷gɔ⁴paʔ⁷	故意作弄、胡搅蛮缠

续表

词语	词音	词义
一了一毕	ʔiɪʔ⁷liɔ⁴ʔiɪʔ⁷piɪʔ⁷	做一事完成一事
一抹塌堂	ʔiɪʔ⁷maʔ⁸tʰaʔ⁷dã²	全部一团糟
一时三刻	ʔiɪʔ⁷zๅ²sɛ¹kɔʔ⁷	指很短的时间
一忒一式	ʔiɪʔ⁷tʰəʔ⁷ʔiɪʔ⁷səʔ⁷	一模一样
一掯一进	ʔiɪʔ⁷ʔu¹ʔiɪʔ⁷tɕiŋ⁵	脸皮厚，得寸进尺
青头青脑	tɕʰiŋ¹de²tɕʰiŋ¹nɔ²	形容油腔滑调
簇刮全新	tsʰɔʔ⁷kuaʔ⁷dzie²ɕiŋ¹	完全是新的，非常新
四四方方	sๅ⁵sๅ⁵fã¹fã¹	方方正正
贼头贼脑	zəʔ⁸de²zəʔ⁸nɔ²	举止鬼祟的样子
昏头昏脑	huəŋ¹de²huəŋ¹nɔ²	糊里糊涂；头昏脑涨
屁颠屁颠	pʰi⁵tie¹pʰi⁵tie¹	形容做事兴奋
毕恭毕敬	piɪʔ⁷koŋ¹piɪʔ⁷tɕiŋ⁵	非常恭敬
装腔作势	tsã¹tɕʰiã¹tsɔʔ⁷sๅ⁵	装模作样
摇头甩脑	ɦiɔ²de²huɛ⁴nɔ²	摇头晃脑
糯米心肠	nu⁶mi⁴ɕiŋ¹zã²	心肠很软
额骨头亮	ʔaʔ⁷kuaʔ⁷de²liã⁶	运气好
碰额骨头	bã⁶ʔaʔ⁷kuaʔ⁷de²	碰运气
鼻头难捏	biɪʔ⁸de²nɛ²ŋia⁸	比喻人较难相处，脾气摸不透
踏沉头船	daʔ⁸zəŋ²de²zɤ²	比喻落井下石
差人面孔	tsʰo¹ŋıŋ²mie⁶kʰoŋ³	呆板冷漠
促头量将	tsʰoʔ⁷de²liã⁶tɕiã⁵	（说话做事）不诚实、不踏实
错尼勿多	tsʰu⁵mi⁴vəʔ⁸tu¹	相差无几
烦比唠糟	vɛ²pi³lɔ⁴tsɔ¹	不断唠叨，使人厌烦的样子
顶当顶中	tiŋ³tã⁵tiŋ³tsoŋ¹	正中央
葛里糊涂	kəʔ⁷li⁴ɦu²du²	疙疙瘩瘩，纠葛不清
瞎答糊涂	haʔ⁷təʔ⁷ɦu²du²	稀里糊涂
狗皮倒灶	ke³bi²tɔ³tsɔ⁵	吝啬，很小气。也说"狗比倒灶""狗屁倒灶"
花里百拉	ho¹li⁴paʔ⁷la²	很花俏
灰毛踢塌	hue¹mɔ²tʰiɪʔ⁷tʰaʔ⁷	不精神，邋遢的样子
齐巧正好	dzi²tɕʰiɔ⁽³⁾tsəŋ⁵hɔ³	办事说话分寸适度、正好
精光挖塌	tɕiŋ¹kã¹ʔuaʔ⁷tʰaʔ⁷	罄尽，一点也没有剩
精干息燥	tɕiŋ¹kɤ¹ɕiɪʔ⁷sɔ⁵	很干燥
尽够足哉	dziŋ⁴ke⁵tsoʔ⁷tsɛ¹	足够
瞌充懵懂	kəʔ⁷tsʰoŋ¹moŋ²toŋ³	没有睡醒的样子
壁拍三响	piɪʔ⁷pʰaʔ⁷sɛ¹ɕiã³	做事干脆利落
贼塌油油	zəʔ⁸tʰaʔ⁷ɦiəu²ɦiəu²	调皮捣蛋的样子
十呀污糟	zəʔ⁸ʔia¹ʔu¹tsɔ¹	很糟糕，一塌糊涂
顺风加橹	zəŋ⁶foŋ¹ka¹lu⁴	很快
横枪使棒	ɦuəŋ²tɕʰiã¹sๅ³bã⁶	枪棒乱使，比喻不按规则办事
四四着实	sๅ⁵sๅ⁵zaʔ⁸zəʔ⁸	着着实实
糊里搭涂	ɦu²li⁴taʔ⁷du²	糊里糊涂
乌泥策黑	ʔu¹ŋi²tsʰaʔ⁷həʔ⁷	（天气、颜色）很黑很黑

续表

词语	词音	词义
希蟹一只	ɕi¹ha³ʔii⁷tsaʔ⁷	比喻毫无办法，死路一条
性命交关	ɕiŋ⁵miŋ⁶tɕio¹kue¹	危险，命悬一线
洋神无道	ɦiã²zəŋ²vu²dɔ⁶	办事糊涂，作风浮夸
腰瘫背直	ʔio¹tʰɛ¹peʔ⁵zəʔ⁸	非常劳累，腰背酸痛
要哭娘子	ʔio⁵kʰoʔ⁷ɲiã²tsɿ³	故作姿态
要能勿能	ʔio⁵nəŋ²vəʔ⁸nəŋ²	无可奈何
云着花朵	ɦyəŋ²zaʔ⁸hoʔtu²	变化多端，花样百出
云雾淘淘	ɦyəŋ²vuʔ⁶dɔ²dɔ²	像在云里雾里一样糊里糊涂
阴阳面孔	ʔiŋ¹ɦiã²mieʔ⁶kʰoŋ⁽³⁾	对人善变
有得有得	ɦiəu⁴təʔ⁷ɦiəu⁴təʔ⁷	非常多
赤黑弥陀暗	tsʰaʔ⁷həʔ⁷mi²duʔ²ʔɐ⁵	很暗
一只裤脚管	ʔii⁷tsaʔ⁷kʰu⁵tɕiaʔ⁷kuɐ³	一样的德性，一丘之貉
七缠八桠杈	tɕʰii⁷zɐʔ²paʔ⁷ʔo¹tsʰo¹	纠缠不清
尴里勿尬尴	ka⁵li⁴vəʔ⁸kɛ¹ka⁵	尴尬

16. 指代 / 数量

（1）指代

词语	词音	词义
吾	ŋu⁴	我。也说"吾奴"
侬	ne⁶	你。也说"你"
伊	ʔi¹	他。也说"伊奴"
阿拉	ʔa¹la²	我们。也说"吾伲"等
你拉	ne⁶la²	你们。也说"那"
伊拉	ʔi¹la²	他们
侪家	zɛ²ka¹	大家
人家	ɲiŋ²ka¹	人家
自家	zɿ⁶ka¹	自己
啥人	sa¹ɲiŋ²	谁。也说"哈人"
葛	kəʔ⁷	这
葛个	kəʔ⁷ke⁵	这个
葛点	kəʔ⁷tie³	这些
葛搭	kəʔ⁷taʔ⁷	这儿，这里
葛边	kəʔ⁷pie¹	这边
葛里	kəʔ⁷li⁴	这里
葛浪摊	kəʔ⁷lã⁶tʰɛ¹	这里
葛里塌	kəʔ⁷li⁴tʰaʔ⁷	这里
介	ka⁵	这么（程度）
能介	nəŋ²ka⁵	多么
够介	ke⁵ka⁵	那样
几介	tɕi³ka⁵	那样
哀介	ʔɛ¹ka⁵	那样
捺介	naʔ⁸ka⁵	怎么，怎么样

续表

词语	词音	词义
捺哈	nɑʔ^{8}hɑ^{3}	怎么，怎么样
葛辰光	kəʔ^{7}zəŋ^{2}kɑ̃^{1}	这会儿
哀辩	ʔɛ^{1}gəʔ^{8}	那个
哀点	ʔɛ^{1}tie^{3}	那些
哀面	ʔɛ^{1}mie^{6}	那儿，那边
哀一歇	ʔɛ^{1}ʔiɪʔ^{7}ɕiɪʔ^{7}	那会儿
哀葛辰光	ʔɛ^{1}kəʔ^{7}zəŋ^{2}kɑ̃^{1}	那时
为哈	ɦue^{2}hɑ^{3}	为什么
为啥	ɦue^{2}sɑ^{1}	为什么
什介	zəʔ^{8}kɑ^{5}	什么
啥物事	sɑ^{1}vəʔ^{8}zɿ^{6}	什么事。也说“啥事体”
啥里葛	sɑ^{1}li^{4}kəʔ^{7}	哪个
啥里边	sɑ^{1}li^{4}pie^{1}	哪边。也说“鞋里边”
啥里	sɑ^{1}li^{4}	哪儿，哪里
纳哈	nəʔ^{8}hɑ^{1}	怎么
纳哈样子	nəʔ^{8}hɑ^{1}ɦiɑ̃^{6}tsɿ^{3}	怎么样
几化	tɕi^{3}ho^{5}	多少，多么。也说“多少”
多少辰光	tu^{1}sɔ^{3}zəŋ^{2}kɑ̃^{1}	多久
别人家	bəʔ^{8}n̥ɪŋ^{2}kɑ^{1}	别人
别人呃	bəʔ^{8}n̥ɪŋ^{2}ʔəʔ^{7}	别的

（2）数量

词语	词音	词义
一枭	ʔiɪʔ^{7}ɕiɔ^{1}	一层（丝）
一坒	ʔiɪʔ^{7}bi^{6}	一层（砖）
一孛	ʔiɪʔ^{7}bəʔ^{8}	一团（烂泥）
一爿	ʔiɪʔ^{7}bɛ^{6}	一爿（桥）
一埭	ʔiɪʔ^{7}dɑ^{6}	一排
一孛堆	ʔiɪʔ^{7}bəʔ^{8}te^{1}	一块儿
一道生	ʔiɪʔ^{7}dɔ^{6}sɑ̃^{1}	一块儿
一家头	ʔiɪʔ^{7}kɑ^{1}de^{2}	一个人。也说“一个人”
一奶奶	ʔiɪʔ^{7}nɑ^{6}nɑ^{6}	一点点
一些些	ʔiɪʔ^{7}ɕi^{1}ɕi^{1}	一点点，很少
一虱虱	ʔiɪʔ^{7}səʔ^{7}səʔ^{7}	一点点，极少
一眼眼	ʔiɪʔ^{7}ɦɛ^{6}ɦɛ^{6}	一丁点
一咪咪	ʔiɪʔ^{7}mi^{1}mi^{1}	极少，极小
两家头	liɑ̃^{5}kɑ^{1}de^{2}	俩（两个，后面不能再用量词）

17. 其他

（1）副词

词语	词音	词义
暴	bɔ^{6}	刚开始

词语	词音	词义
蛮	$mɛ^2$	很，非常，十分
忒	$t^hə?^7$	太
顶	$tiŋ^3$	最
侪	$zɛ^2$	都
头先	$de^2ɕie^1$	刚才。也说"刚刚"
将方	$tɕiã^5fã^1$	刚才
本生	$pəŋ^3sã^1$	本来。也说"本来"
就介	ze^6ka^5	就
一直	$ʔiʔ^7ɕəʔ^8$	一向。也说"一向"
事先	$zɿ^6ɕie^1$	预先
稍许	$sɔ^1ɕy^3$	稍微
正好	$tsəŋ^5ch^hɔ^3$	恰巧
必过	$piʔ^7ku^3$	不过
一共	$ʔiʔ^7goŋ^6$	总共
一道	$ʔiʔ^7dɔ^6$	一起，一并
大概	$dəu^6kɛ^3$	大约
呆板	$t^hə?^7pɛ^3$	一定，必定。也说"一定""必定"
偏偏	$p^hie^1p^hie^1$	偏
齐巧	$dzi^2tɕh^hiɔ^{(3)}$	亏得（多亏）。也说"正好"
一冒	$ʔiʔ^7mɔ^6$	一次
豪烧	$ɦɔ^2sɔ^1$	赶紧
豪燥	$ɦɔ^2sɔ^5$	赶快
马浪	$mo^4lã^6$	马上
马上	$mo^4zã^6$	快
着实	$zaʔ^8zə?^8$	确实
越加	$ʔyə?^7ka^1$	更加
还要	$ɦɛ^2ʔiɔ^5$	更加
突然	$də?^8zʁə^2$	忽然
挨摆	$ʔa^1pa^1$	一定
非凡	$fi^1vɛ^2$	（多）得很
交关	$tɕiɔ^1kuɛ^1$	非常多
特为	$də?^8ɦue^2$	故意
情愿	$dziŋ^2ŋʁə^6$	宁可
只必过	$tsaʔ^7piʔ^7ku^3$	只不过
木佬佬	$moʔ^8lɔ^4lɔ^4$	很多
木兴兴	$moʔ^8ɕiŋ^1ɕiŋ$	很多
倒大来	$tɔ^3dəu^6lɛ^2$	最后
末脚来	$mə?^8tɕiɔ?^7lɛ^2$	最后
葛几末	$kə?^7tɕi^3mə?^8$	这下（指近期内发生的事情）
一来兴	$ʔiʔ^7lɛ^2ɕiŋ^1$	一下子
正勒化	$tsəŋ^5lə?^8ho^5$	正在
一塌括子	$ʔiʔ^7t^ha?^7kuaʔ^7tsɿ^3$	通通，全部；一共，总共

续表

词语	词音	词义
大约模子	dəu⁶ʔia⁷mu²tsʅ³	大约
几次三番	tɕi³tsʰʅ⁵sɛ¹fɛ¹	屡次
三日两头	sɛ¹ȵiʅ⁸liã⁴de²	常常

（2）介词

词语	词音	词义
拿	no²	把
拨	pəʔ⁷	被
朝	tsɔ¹	向
代	dɛ⁶	替
勒化	ləʔ⁸ho⁵	在
相拨	ɕiã⁵pəʔ⁷	替

（3）连词

词语	词音	词义
告	kɔ⁵	和
同	doŋ²	和
矮	ʔa³	也。也说"艾"
便	bie⁶	只有
便得	bie⁶təʔ⁷	只有
待皮	dɛ⁶bi²	随便
随便	zue²bie⁶	不管
总归	tsoŋ³kue¹	反正
假使	ka³sʅ³	如果。也说"假使讲"
葛末	kəʔ⁷məʔ⁸	那么
或则	ʔuəʔ⁷tsəʔ⁷	或
叫得	tɕiɔ⁵təʔ⁷	只要
一面	ʔiʅʔ⁷mie⁶	一边
所以之	su³ʔi³tsʅ¹	所以
郭络介	koʔ⁷loʔ⁸ka⁵	所以
横竖横	ɦəŋ²zʮ⁶ɦəŋ²	反正
侪话得	zɛ²ʔo⁵təʔ⁷	就是这个原因

第四节　新世纪吴语与当代吴语比较

　　本节的历时比较是将新世纪吴语语言系统与当代吴语语言系统进行比较，其中在语音系统里不仅将新世纪吴语的声母、韵母系统与当代吴语进行了比较，同时还以三位发音人的语音材料作为基础进行共时语音比较，以找出老派吴语与新派吴语的特点及区别。本节尝试探究新世纪吴语的特点及发展趋势，将新世纪吴语的词汇系统与当代吴语进行比较。

一、语音比较

（一）声母比较（见表6-14）

表6-14 新世纪吴语与当代吴语声母比较

发音部位＼发音方法	时代	塞音			塞擦音			擦音		鼻音	边音
		清		浊	清		浊	清	浊	浊	浊
帮组	新世纪	p	pʰ	b							m
	当代	p	pʰ	b							m
非组	新世纪							f	v		
	当代							f	v		
精组	新世纪				ts	tsʰ		s	z		
	当代				ts	tsʰ		s	z		
端组	新世纪	t	tʰ	d						n	l
	当代	t	tʰ	d						n	l
照组	新世纪				tɕ	tɕʰ	dʑ	ɕ	z	ȵ	
	当代				tɕ	tɕʰ	dʑ	ɕ	—	ȵ	
见组	新世纪	k	kʰ	g						ŋ	
	当代	k	kʰ	g						-	
影晓组	新世纪		ʔ					h	ɦ		
	当代		ʔ					h	ɦ		

◎ 讨论

1. 关于 ŋ 母的分流

在新世纪吴语语音系统中，一部分 ŋ 母与当代吴语一样分流变为 ɦ 母与 ø 母，但另外一部分 ŋ 母保留了下来（见表6-15）。

表6-15 ŋ母分流情况

ŋ母分流情况	韵母	例字
ŋ母	əu	鹅饿
	u	卧我
ŋ→ɦ	ɑ	牙白芽白外白衙白
	o	瓦白
	e	偶藕
	u	吴五午悟互
	ue	危桅
	ie	颜白眼白雁文
	ã	硬

续表

ŋ 母分流情况	韵母	例字
ŋ → ʔ	ε	碍白
	ɔ	遨傲祆奥
	u	蜈梧
	ue	魏
	ʏə	岸
	ã	昂
	ɑʔ	额白
	oʔ	鹤岳腭
	əʔ	额文

在当代吴语语音系统中，疑母 ŋ 已经全部失落且几乎变为匣母 ɦ，然而在新世纪吴语中疑母 ŋ 并没有完全消失，疑母 ŋ 分流为 ŋ 母、ɦ 母、ʔ 母，同时，ɦ 母脱落的现象也较为突出，具体表现为四点：

第一，ɔ 韵在当代吴语语音系统中与疑母 ŋ 相拼时，疑母 ŋ 变为匣母 ɦ，如"遨、傲、祆、奥"等字的读音为"ɦɔ"。而在新世纪吴语语音系统中，当 ɔ 韵与疑母 ŋ 相拼时，匣母 ɦ 完全脱落，匣母 ɦ 变为 ʔ，"遨、傲、祆、奥"的记音为"ʔɔ"，从现代、当代到新世纪时期，ɔ 韵与疑母 ŋ 相拼的变异过程为"ŋɔ → ɦɔ、ɦɔ → ʔɔ"。

第二，ʏə 韵在当代吴语语音系统中与疑母 ŋ 相拼时，疑母 ŋ 变为匣母 ɦ，如"岸"的读音为"ɦʏə"。但是在新世纪吴语语音系统中，ʏə 韵与疑母 ŋ 相拼时，匣母 ɦ 完全脱落变为 ʔ，"岸"的记音为"ʏə"。总的来说，从现代、当代到新世纪时期，ʏə 韵与疑母 ŋ 相拼的变异过程为"ŋʏə → ɦʏə、ɦʏə → ʔʏə"。

第三，ã 韵在当代吴语语音系统中与疑母 ŋ 相拼时，疑母 ŋ 变为匣母 ɦ，如"昂"字的读音为"ɦã"。然而在新世纪吴语语音系统中，当 ã 韵与疑母 ŋ 相拼时，匣母 ɦ 完全脱落变异为 ʔ，"昂"的记音为"ʔã"。因此，从现代、当代到新世纪时期，ã 韵与疑母 ŋ 相拼的变异过程为"ŋã → ɦã、ɦã → ʔã"。

第四，ue 韵在当代吴语系统中与疑母 ŋ 相拼时，疑母 ŋ 变异为匣母 ɦ，如"危、桅、魏"字的读音为"ɦue"。然而在新世纪吴语语音系统中，当 ue 韵与疑母 ŋ 相拼时，则有两种语音变异情况：一是匣母 ɦ 完全脱落变异为 ʔ，"魏"的记音为"ʔue"；另一种情况是匣母 ɦ 未脱落，如"危、桅"的记音为"ɦue"。因此，从现代、当代到新世纪时期，ue 韵与疑母 ŋ 相拼的变异过程为"ŋue → ɦue、ɦue → ʔue/ɦue"。

2. 关于 ʑ 母

《现代吴语的研究》认为 ʑ 母与 dʑ 母并存，在《中国音韵学研究》《当代吴语研究》《嘉兴方言》的材料中 ʑ 母已经消失，分别变异为 z 母、dʑ 母。在新世纪吴语（下）中 ʑ 母与 ia 韵相拼时并未发生变化，而在近代、现代、当代吴语及新世纪吴语（上）中 ʑ 母均发生了变异。当 ʑ 母与其他韵母相拼时，ʑ 母基本并入 dʑ 母（见表6-16）。

表6-16 ʑ 母变异情况

例字	近代吴语	现代吴语	当代吴语	新世纪吴语（上）	新世纪吴语（下）
邪	zia	zia	dʑia	zia	zia

续表

例字	近代吴语	现代吴语	当代吴语	新世纪吴语（上）	新世纪吴语（下）
斜	zia	zia	dʑia	zia	zia
谢	zia	zia	dʑia	zia	zia
奇	dʑi	dʑi	dʑi	dʑi	dʑi
穷	dʑioŋ	dʑioŋ	dʑioŋ	dʑioŋ	dʑioŋ
群	dʑyin	dʑyəŋ	dʑyən	dʑyn	dʑyəŋ
极	dʑiəʔ	dʑiɐʔ	dʑiiʔ	dʑiiʔ	dʑiiʔ

注：新世纪吴语（上）语料主要来自徐越的《嘉兴方言》。

（二）韵母比较（见表6-17）

表6-17　新世纪吴语与当代吴语韵母比较

韵母类别	开口呼		齐齿呼		合口呼		撮口呼	
	开口一二等		开口三四等		合口一二等		合口三四等	
	当代	新世纪	当代	新世纪	当代	新世纪	当代	新世纪
元音韵母	ɿ	ɿ	i	i	u	u	y	y
	ʮ	ʮ						
	a	a	ia	ia	ua	ua		
	o	o						
	e	e	ie	ie	ue	ue		
	ɛ	ɛ			uɛ	uɛ		
	ɔ	ɔ	iɔ	iɔ				
	ɤə	ɤə			uɤə	uɤə	yɤə	yɤə
		əu	iəu	iəu				
鼻音韵母	ã	ã	iã	iã	uã	uã		
	ɑ̃	ɑ̃						
	ən	əŋ	in	iŋ	uən	uəŋ	yən	yəŋ
	oŋ	oŋ	ioŋ	ioŋ				
入声韵母			iiʔ	iiʔ				
	aʔ	aʔ	iaʔ	iaʔ	uaʔ	uaʔ		
	oʔ	oʔ	ioʔ	ioʔ				
	əʔ	əʔ			uəʔ	uəʔ	yəʔ	yəʔ

◎ 讨论

1. əu韵与u韵不分

从数量上说，新世纪吴语的韵母系统比当代吴语韵母系统多了一个韵母əu韵，由于语言发展具有过渡性、曲折性特点，əu韵在不同时期呈现与u韵混读或者消失的状态，如现代吴语的语料中并没有əu韵，但新世纪吴语的语料中则记录了əu韵。在新世纪吴语里əu韵只能与帮组的"m"，端组的"t、tʰ、d、n、l"，精组的"ts、tsʰ、s、z"，见组的"k、kʰ、ŋ"相拼；而u韵只能与帮组的"p、pʰ、b"，非组的"f、v"，精组的"ts、tsʰ、s"，见组的"k、kʰ、g、ŋ"以及晓组的"h、ɦ、ʔ"相拼（见表6-18）。可见，əu韵在近代吴语和现代吴语中并不存在，但在新世纪吴语中，əu 韵和 u 韵在与声母相拼时呈现了互补状态。

表 6-18   əu 韵与 u 韵比较

声母	韵母	例字
m	əu 韵	磨魔模母拇墓幕暮慕募
t		多都赌肚堵躲炉
tʰ		拖妥椭图吐唾兔
d	əu 韵	驼徒屠途涂图舵杜肚大度镀
n		奴努糯怒懦
l		摞罗卢炉芦庐锣萝鲁掳卤裸路赂露
ts		租左祖组阻做作
tsʰ	əu 韵	搓粗初楚础错醋措
s		苏梭梳蔬疏酥唆锁琐所数素诉塑
z		锄坐座助
k		歌哥锅姑孤果古估股鼓裹个过故固顾雇
kʰ	əu 韵	科棵颗枯可苦课裤
ŋ		鹅饿
p		波玻菠补谱布佈簸播
pʰ	u 韵	铺动词颇坡潽粥~出来普浦脯剖铺子破
b		菩蒲婆葡孵捕部步薄埠荸稻~头
f	u 韵	夫肤敷麸呼府俯腑甫脯辅斧俘付傅姓富赋副
v		符扶芙浮文无腐父武鹉妇负侮附务雾
ts		租组祖阻佐做作
tsʰ		粗初搓楚础措醋错锉
s	u 韵	苏蓑~衣梭唆酥蔬梳文疏锁琐所数动词素诉塑数~目
tʰ		拖土妥吐兔唾
d	u 韵	驼驮徒途涂图屠惰杜肚渡度镀舵大白
l		驴芦庐猡箩橹房卵赂
k		哥歌箍辜估裹~馄饨个
kʰ	u 韵	棵颗窠库裤
g		咕咕
ŋ		我
h		呼火虎浒货
ɦ	u 韵	胡湖壶狐俄河荷何和禾吴乎梧蜈祸五文午伍户沪舞互护贺卧误悟
ʔ		乌阿窝倭污恶动词

2.ən、in 韵变为 əŋ、iŋ/ɿŋ 韵

在近代吴语中，一部分 ən 韵记为 [ən]，另一部分则记为 [əŋ]，然而在现代吴语、当代吴语以及同时期的《嘉兴方言》中，ən 韵字并未发生变化；在新世纪吴语里，ən 韵全部后鼻音化变成了 əŋ 韵。in 韵在近代吴语及现代吴语里分别为 iŋ 韵、ɿŋ 韵，在当代吴语和《嘉兴方言》中 in 韵字并未发生变化，然而在新世纪吴语后期又转变为后鼻韵 ɿŋ，两个韵母变异情况具体见表 6-19、表 6-20。

表 6-19 各个时期 ən 韵变化情况

声母	例字	近代吴语	现代吴语	当代吴语	新世纪吴语（上）	新世纪吴语（下）
帮组	奔	pəŋ	pəŋ	pən	pən	pəŋ
	本	pəŋ	pəŋ	pən	pən	pəŋ
	喷	pʰəŋ	pʰəŋ	pʰən	pʰən	pʰəŋ
	盆	bəŋ	bəŋ	bən	bən	bəŋ
	笨	bəŋ	bəŋ	bən	bən	bəŋ
	门	məŋ	məŋ	mən	mən	məŋ
	闷	məŋ	məŋ	mən	mən	məŋ
非组	分	fəŋ	fəŋ	fən	fən	fəŋ
	粉	fəŋ	fəŋ	fən	fən	fəŋ
	粪	fəŋ	fəŋ	fən	fən	fəŋ
	坟	vəŋ	vəŋ	vən	vən	fəŋ
	文	vəŋ	vəŋ	vən	vən	vəŋ
精组	真	tsəŋ	tsəŋ	tsən	tsən	tsəŋ
	针	tsəŋ	tsəŋ	tsən	tsən	tsəŋ
	枕	tsəŋ	tsəŋ	tsən	tsən	tsəŋ
	整	tsəŋ	tsəŋ	tsən	tsən	tsəŋ
	镇	tsəŋ	tsəŋ	tsən	tsən	tsəŋ
	振	tsəŋ	tsəŋ	tsən	tsən	tsəŋ
	逞	tsʰəŋ	tsʰəŋ	tsʰən	tsʰən	tsʰəŋ
	趁	tsʰəŋ	tsʰəŋ	tsʰən	tsʰən	tsʰəŋ
	尘	dʑəŋ	dʑəŋ	zən	zən	zəŋ
	晨	zəŋ	dʑəŋ	zən	zən	zəŋ
精组	程	dʑəŋ	dʑəŋ	zən	zən	zəŋ
	身	səŋ	səŋ	sən	sən	səŋ
	深	səŋ	səŋ	sən	sən	səŋ
	升	səŋ	səŋ	sən	sən	səŋ
	审	səŋ	səŋ	sən	sən	səŋ
	胜	səŋ	səŋ	sən	sən	səŋ
	神	zəŋ	zəŋ	zən	zən	zəŋ
	绳	dʑəŋ	zəŋ	zən	zən	zəŋ
	甚	zəŋ	zəŋ	zən	zən	zəŋ
	肾	zəŋ	zəŋ	zən	zən	zəŋ
	慎	zəŋ	zəŋ	zən	zən	zəŋ

续表

声母	例字	近代吴语	现代吴语	当代吴语	新世纪吴语（上）	新世纪吴语（下）
端组	敦	təŋ	təŋ	tən	tən	təŋ
	等	təŋ	təŋ	tən	tən	təŋ
	凳	təŋ	təŋ	tən	tən	təŋ
	吞	tʰəŋ	tʰəŋ	tʰən	tʰən	tʰəŋ
	能	nəŋ	nəŋ	nən	nən	nəŋ
	嫩	nəŋ	nəŋ	nən	nən	nəŋ
	轮	ləŋ	ləŋ	lən	lən	ləŋ
	论	ləŋ	ləŋ	lən	lən	ləŋ
见组	根	kəŋ	kəŋ	kən	kən	kəŋ
	耿	kəŋ	kəŋ	kən	kən	kəŋ
	更	kəŋ	kəŋ	kən	kən	kəŋ
	肯	kʰəŋ	kʰəŋ	kʰən	kʰən	kʰəŋ
	恳	kʰəŋ	kʰəŋ	kʰən	kʰən	kʰəŋ
晓组	亨	həŋ	həŋ	hən	hən	həŋ
	痕	ɦəŋ	ɦəŋ	ɦən	ɦən	həŋ
	恒	ɦəŋ	ɦəŋ	ɦən	ɦən	həŋ
	恨	ɦəŋ	ɦəŋ	ɦən	ɦən	həŋ
	恩	əŋ	əŋ	ʔen	ən	əŋ

表 6-20　各个时期 in 韵变化情况

声母	例字	近代吴语	现代吴语	当代吴语	新世纪吴语（上）	新世纪吴语（下）
帮组	宾	piŋ	pɪŋ	pin	pin	pɪŋ
	冰	piŋ	pɪŋ	pin	pi	pɪŋ
	丙	piŋ	pɪŋ	pin	pin	pɪŋ
	柄	piŋ	pɪŋ	pin	pin	pɪŋ
	品	pʰiŋ	pʰɪŋ	pʰin	pʰin	pʰɪŋ
	聘	pʰiŋ	pʰɪŋ	pʰin	pʰin	pʰɪŋ
	贫	biŋ	bɪŋ	bin	bin	bɪŋ
	平	biŋ	bɪŋ	bin	bin	bɪŋ
	民	miŋ	mɪŋ	min	min	mɪŋ
	明	miŋ	mɪŋ	min	min	mɪŋ
	名	miŋ	mɪŋ	min	min	mɪŋ
	命	miŋ	mɪŋ	min	min	mɪŋ

续表

声母	例字	近代吴语	现代吴语	当代吴语	新世纪吴语（上）	新世纪吴语（下）
精组	精	tsiŋ	tsɿŋ	tsin	tsin	tsɿŋ
	井	tsiŋ	tsɿŋ	tsin	tsin	tsɿŋ
	浸	tsiŋ	tsɿŋ	tsin	tsin	tsɿŋ
	侵	tsʰiŋ	tsʰɿŋ	tsʰin	tsʰin	tsʰɿŋ
	亲	tsʰiŋ	tsʰɿŋ	tsʰin	tsʰin	tsʰɿŋ
	请	tsʰiŋ	tsʰɿŋ	tsʰin	tsʰin	tsʰɿŋ
	秦	dziŋ	dzɿŋ	dzin	dzin	dzɿŋ
	尽	dziŋ	dzɿŋ	dzin	dzin	dzɿŋ
	心	siŋ	sɿŋ	sin	ɕin	sɿŋ
	新	siŋ	sɿŋ	ɕin	ɕin	sɿŋ
	星	siŋ	sɿŋ	ɕin	ɕin	sɿŋ
	醒	siŋ	sɿŋ	ɕin	ɕin	sɿŋ
	寻	ziŋ	zɿŋ	dzin	dzin	dzɿŋ
端组	丁	tiŋ	tɿŋ	tin	tin	tɿŋ
	顶	tiŋ	tɿŋ	tin	tin	tɿŋ
	订	tiŋ	tɿŋ	tin	tin	tɿŋ
	听	tʰiŋ	tʰɿŋ	tʰin	tʰin	tʰɿŋ
	挺	diŋ	tʰɿŋ	tʰin	tʰin	tʰɿŋ
	停	diŋ	dɿŋ	din	din	dɿŋ
	定	diŋ	dɿŋ	din	din	dɿŋ
	淋	liŋ	lɿŋ	lin	lin	lɿŋ
	邻	liŋ	lɿŋ	lin	lin	lɿŋ
	领	liŋ	lɿŋ	lin	lin	lɿŋ
章组	金	tɕiəŋ	tɕiŋ	tɕin	tɕin	tɕɿŋ
	京	tɕiəŋ	tɕiŋ	tɕin	tɕin	tɕɿŋ
	经	tɕiəŋ	tɕiŋ	tɕin	tɕin	tɕɿŋ
	紧	tɕiəŋ	tɕiŋ	tɕin	tɕin	tɕɿŋ
	景	tɕiəŋ	tɕiŋ	tɕin	tɕin	tɕɿŋ
	禁	tɕiəŋ	tɕiŋ	tɕin	tɕin	tɕɿŋ
	轻	tɕʰiəŋ	tɕʰiŋ	tɕʰin	tɕʰin	tɕʰɿŋ
	顷	tɕʰiəŋ	tɕʰiŋ	tɕʰin	tɕʰin	tɕʰɿŋ
	庆	tɕʰiəŋ	tɕʰiŋ	tɕʰin	tɕʰin	tɕʰɿŋ
	琴	dʑiəŋ	dʑiŋ	dʑin	dʑin	dʑɿŋ
	仅	dʑiəŋ	dʑiŋ	dʑin	dʑin	dʑɿŋ

续表

声母	例字	近代吴语	现代吴语	当代吴语	新世纪吴语（上）	新世纪吴语（下）
章组	兴	ɕiəŋ	ɕiŋ	ɕin	ɕin	ɕiŋ
	人白	ȵiəŋ	ȵiŋ	ȵin	ȵin	ȵiŋ
	银	ȵiəŋ	ȵiŋ	ȵin	ȵin	ȵiŋ
	忍白	ȵiəŋ	ȵiŋ	ȵin	ȵin	ȵiŋ
	认白	ȵiəŋ	ȵiŋ	ȵin	ȵin	ȵiŋ
晓组	形	ɦiəŋ	ɦiŋ	ɦin	ɦin	ɦiŋ
	幸	ɦiəŋ	ɦiŋ	ɦin	ɦin	ɦiŋ
	因	ʔiəŋ	ʔiŋ	ʔin	in	ʔiŋ
	英	ʔiəŋ	ʔiŋ	ʔin	in	ʔiŋ
	隐	ʔiəŋ	ʔiŋ	ʔin	in	ʔiŋ
	饮	ʔiəŋ	ʔiŋ	ʔin	in	ʔiŋ
	印	ʔiəŋ	ʔiŋ	ʔin	in	ʔiŋ
	应	ʔiəŋ	ʔiŋ	ʔin	in	ʔiŋ

（三）新派与老派吴语比较

从共时比较的角度看，影响新世纪吴语内部产生差异的最大因素是年龄因素，也就是不同年龄段群体对于吴语的使用呈现不同的语言特点，即人们常说的"老派"和"新派"。一般来说，中老年人为老派，青年人为新派，新派和老派之间的区别为以下两点：

一是声母方面，老派基本保留了浊音，而新派出现了声母向普通话靠拢的趋势，如"ɦ"变为"x""ɕ"，"dʑ"变为"tɕ""tɕʰ"，"ŋ"变为"n"，"b"变为"p""pʰ"，具体见表6-21。

表6-21　新世纪吴语新老派浊音清化

新老派ɦ母的比较			
例字	老年	中年	青年
亥	ɦiɛ	ɦiɛ	xai
憾	hɣə	ɦɣə	xan
行（～为）	ɦiŋ	ɦiŋ	xiŋ
幸	ɦiŋ	ɦiŋ	ɕiŋ
形	ɦiŋ	ɦiŋ	ɕiŋ
嫌	ɦiie	ɦiie	ɕiɛn
娴	ɦiie	ɦiie	ɕiɛn
护	ɦu	ɦu	xu
沪	ɦu	ɦu	xu
祸	ɦu	ɦu	xuo
户	ɦu	ɦu	xu

新老派 dʑ 母的比较			
例字	老年	中年	青年
例字	老年	中年	青年
健	dʑie	dʑie	tɕiɛn
件	dʑie	dʑie	tɕiɛn
钱	dʑie	dʑie	tɕʰiɛn
权	dʑyɤə	dʑie	tɕy
拳	dʑuɤə	dʑie	tɕy
泉	dʑie	dʑie	tɕy
及	dʑiɪʔ	dʑiɪʔ	tɕi
极	dʑiɪʔ	dʑiɪʔ	tɕi
新老派 ŋ 母的比较			
例字	老年	中年	青年
腻	ŋi	ŋi	ni
匿	ŋiɪʔ	ŋiɪʔ	ni
溺	ŋiɪʔ	ŋiɪʔ	ni
疟	ŋiaʔ	ŋiaʔ	nyɛ
虐	ŋiaʔ	ŋiaʔ	nyɛ
新老派 b 母的比较			
例字	老年	中年	青年
部	bu	bu	pu
趴	bo	bo	pʰo
培	be	be	pʰɛ

二是韵母方面，老派较多保留了舌尖前圆唇音 ɥ 韵；中年人 ɥ 韵也开始发生变异；而青年人的 ɥ 韵日趋减少，可以说新派分别变异为 u 韵和 ɿ 韵（见表 6-22）。

表 6-22　新老派 ɥ 韵比较

例字	老年	中年	青年
除	zɥ	zɥ	tsʰu
如	zɥ	zɥ	zu
儒	zɥ	zɥ	zu
乳	zɥ	zɥ	zu
朱	tsɥ	tsɿ	tsu
珠	tsɥ	tsɿ	tsʰɥ
诸	tsɥ	tsɿ	tsu
注	tsɥ	tsɿ	tsu
煮	tsɥ	tsɿ	tsu

二、词汇比较

（一）内容的变化

词汇是人类认识和改造客观世界和人类自身的一种记录，客观世界在不断地变化，人类的认识也在不断地提高，词汇也不断地发展、变化和丰富起来。21世纪是经济、科技飞速发展的时代，新观念不断出现，新事情层出不穷，一大批新词语也随之产生。这些词语伴随着日新月异的通信、交通和大众传媒向四方传播，不断渗透到吴语地区的语言生活之中，并逐步地改变着新世纪吴语词汇系统的内部格局，使新世纪吴语词汇的内容发生了深刻的变化。

1. 传统与现代共存

新世纪吴语词汇内容变化之一是大量吸收了社会上流行的新词语，这些新词语几乎是书面语，其吸收的规模和速度远远超过了吴语的任何一个时期。这些主要从共同语吸收的词语，从近代吴语以来的长期积累到现在，差不多占据新世纪吴语词汇系统的半壁江山，形成了传统吴语与现代吴语共存的局面。例如：

（1）传统词语

①名词

大水（洪水）、车沟（水沟）、龙沟（水渠）、辰光（时候）、一世（一辈子）、末事（东西）、末蛋（没有本领、才能的人）、布头（零布）、夹弄（狭窄的弄堂）、麦须（近视眼）、摆钟（座钟）、面盘（脸盘）、长子（个子高的人）、老套头（老一套）、起先头（起先）、恶克生（惯于暗中使坏的人）、盐荠菜（腌菜）、田畈（田地）、碗肚底（碗的底部）、当势（机会）、回门（新娘子回娘家）、肉痛（心痛）、肉里钿（辛勤劳动得来的钱）、嗨边（旁边）、明朝会（明日再见）、嘎性子（慢性子）、嘎门相（兴趣不高，无所谓）、年根（年底）、毛灰（稻草灰）、铁搭（用于翻田、地的铁制农具，一般为四齿）、年头浪（年初）、毛笋（毛竹笋）、毛货（毛料）、利市（吉利，喜事，幸运）、肚才（聪明、才智）、告书（教书）、钢钟（铝或铝合金）、脱骱（脱臼）、公婆俩（夫妻俩）、香瓜子（葵花子）、独头子（单身汉）、触百货（靠不住的人）、稻黄梅（水稻收割季节）、稻齐头（稻穗）、火表（电表）、灯芯绒（一种面上有绒条的棉布）、忙里头（农忙时节）、心子（馅子）、心相（心思，兴趣）、头绳（毛线）礼拜日（礼拜天）、淘伴（同伴）、油肉（肥肉）、油头绳（油炸食品麻花）、洛谷粉（玉米粉）、说小书（苏州弹夜词）、壮肉（肥厚的肉）、牢曹（垃圾）、熟头人（熟悉的人）、妈妈（乳房）、好户头（随和厚道的人）、乡邻（邻居）、坐起间（客厅）、刨先子（原先，从前）、刨开始（刚开始）、刨出龙（初次从事某种职业）、饭米糁（饭粒）、饭粑粑（饭团）、夜午箱（床头柜）、妹米（晚稻米，粳米）、结羊（公羊或阉割过的山羊）、通年（经常，常年）难为（耗费，花费）、难煞（很难）、阴兵起（磷火）、阴沟洞（地下排水沟）、好看钿（彩礼钱）

②动词

开通（开导）、打样（制作样品）拆空（凭空，落空）、拆蚀（亏损）、接龙（骨牌和纸牌的一种玩法）、搭牢（扣住了）、揩脱（擦去）、搞吵（打扰）、扯路（开路，逃跑）、扯过（互相抵消）、扯坍（撕破）、扯脱（撕下）、扎衣裳（穿衣服）、打回归（交涉，退货）、打顺板（随声附和）、拖梢船（指拖累人的孩子）、拨囡嗯（嫁女儿）、拷瓦爿（AA制，凑份子吃饭）、掂斤两（试探虚实）、掼脱货（形容不务正业，没有出息）、搅混账（捣乱，浑水摸鱼）、搅圈子（兜圈子）、搨便宜（占便宜）、轧头（理发）、轧苗头（揣测情况，察言观色）、弄送（戏弄，算计）、落面（煮面条）、落台（下台，收场）、落场（下场，结局）、落笋（干笋）、落脱（掉落，丢失）、来去（亲戚来往）、断档（缺货）、求靠（请求别人帮助）、截树（锯树）、攀亲（议婚或订婚）、有港头（相互间说话比较投机）、有嘎事（有这么一回事）、有常是（有时候）、有出山（有出息）、有清头（懂事，有头脑）、有淘成（有规矩）、有成目（心中有数）、有数脉（心中有底）、弄穿绷（事情败露）、卖面子（讲人情，给面子）、转念头（思考，动脑筋，打主意）、相田螺（寻找田螺）、相风水（看风水）、吃水（喝水）、吃牢（认定某事为某人干）、吃没（吞没财产）、出血（破费，破财）、出亮头（事情本来面目已经明朗）、出事体（发生意外，犯事）、见气（生气）、歇工（收工）、歇烟（劳动、工作时小憩）、照算（按常情推算）、别苗头（和别人比高低）、显本事（炫耀自己的技能和本事）、犯关（遇到难关）、看对（看中）、做脱（将一件事做完，用暴力把人做掉）、白切鸡（清水煮的整只鸡）、脱班（上班迟到）、鲜头（甜头）、气闷胀（生气，烦恼）、刮辣脆（形容说话办事十分干脆）、造乱说（说谎）、煞瘾头（过瘾头）、伤阴积（做缺德的事）、触百戏（玩花样，出洋相）、触气相（言行令人讨厌）、触心筋（触动了不愉快的心情）、触头戏（指徒有虚名的人）、关脱（关掉）、做市面（设置某场面）、偷婆娘（男子与女子发生不正当性关系）、翻面孔（翻脸）、翻别什（闹矛盾）、翻老账（算旧账）、应承（答应）、没脱（淹没）、沉杀（淹死）、港张（讲话）、港斤头（讲价钱，谈条件）、讨生活（找工作）、讨劳碌（自找劳累）、讨勃实（自找麻烦）、讨饶头（买东西时讨要一些添头）、齐头数（整数）、装胡羊（假装老实、软弱）、对亲（定亲）、夜出市（夜里做事，神出鬼没）、塞狗洞（钱没有用到正道上）、对经（对胃口）、边牢（衔接）、陶成（出息）、寻淘伴（找玩伴）、收骨头（把懒散的心思收起来）、好弄打（好打交道）、灵市面（打听消息）

③形容词

扎墩（形容身体强壮）、执牢（偏固执）、拎勿清（悟性差，不灵活）、拎得清（悟性好，领会快）、长远（长时间）、顿呆头（一时想不起楞在那儿）、见先（更胜一筹）、嘎影（模样端正漂亮）、辖抓（聪慧，能干，手巧）、老甲子（做事老辣圆滑）、青皮脸（脸色难看，不好打交道）、苦恼子（苦，可怜）、要刮子（要强，要面子）、刮皮（喜欢占人便宜）、刮气（硬气，不愿麻烦别人）、出客（帅气）、呆脱（惊讶）、盘三货（比喻东西品质差）、体踏（闲适，从容）、乱好（非常好）、舒齐（舒适，自在）、象心（尽兴）、象意（随心，称心如意）、煞齐（非常整齐）、煞足（非常满足）、煞挺（完美，挺括）、煞清（非常清楚、干净）、煞渴（既过瘾又解渴）、煞搏（厉害）、煞辣（形容干脆，泼辣）、文气（行为举止文雅）、头挑（第一流，头等）、海外（神气）、着末（最后）、乡气（土气）、发大兴（说大话）、好口彩（吉利的话）、好字相（好玩）、好看相（表面好看）

③代词

吾奴(我)、傸(你)、伊(他)、阿拉(我们)、你拉(你们)、伊拉(他们)、侪家(大家)、自家（自己）、啥人（谁）、葛（这）、葛个（这个）、葛点（这些）、葛搭（这儿，这里）、葛边（这边）、葛里（这里）、葛浪摊（这里）、葛里塌（这里）、格辰光（这时候）、介（这么）、能介（多么）、够介（那样）、几介（那样）、哀介（那样）、捺介（怎么）、葛辰光（这会儿）、哀爿（那个）、哀点（那些）、哀面（那儿，那边）、哀一歇（那会儿）、哀葛辰光（那时）、为哈（为什么）、为啥（为什么）、什介（什么）、啥物事（什么事）、啥里葛（哪个）、啥里边（哪边）、啥里（哪里）、纳哈（怎么）、纳哈样子（怎么样）、几化（多少）、多少辰光（多久）、别塌（别的地方）

④副词

共总（总共）、直显（明显）、有一歇（有一些时候了）、格卯子（现如今）、格末叫（真是，真叫）、呆板（必然，一定）、全本（原本）、作道（可能，也许）、倒反（反而，反倒）、待皮得（随便，无所谓）、错扳点（差一点）、兴子（最近，刚才）、定规（一定，坚决）、实骨子（其实，实际上）、阿末（最后，末了）、明打明（很清楚，很明显）

（2）现代词语

走穴、打拐、人气、练摊、下海、上网、网吧、网络、网购、网恋、接轨、抽奖、整改、扶贫、双休、充电、义演、创收、作秀、脱贫、国企、外企、超市、回扣、法盲、公示、追星、饭局、派对、房市、期房、按揭、上班、倒闭、水货、断码、刷卡、空港、布林、蛇果、盒饭、培根、蛋挞、高汤、鸡精、隆鼻、猫眼、摩丝、水表、手机、同居、结扎、单飞、帅哥、充电、迪科、海选、拍板、拉歌、短信、双抢、排档、烧烤、外卖、小区、楼盘、拆迁、房卡、搞定、秒杀、叫外卖、开玩笑、钟点工、老娘舅、月光族、商品房、民工潮、炒鱿鱼、换频道、空调车、性骚扰、难为情、纯净水、高消费、三下乡、打白条、医疗卡、拜菩萨、关系网、馊主意、二手房、双拥城、铁饭碗、步行街、爬格子、条形码、冒牌货、专卖店、便利店、小汽车、电瓶车、顺风车、自驾游、双季稻、荷兰豆、火龙果、三明治、汉堡包、柠檬水、自助餐、南极棉、时装秀、职业装、牛仔裤、旅游鞋、写字楼、小高层、样板房、毛坯房、承重墙、石膏线、防盗网、电脑桌、席梦思、电热毯、电饭煲、电磁炉、微波炉、热水器、塑料袋、吸顶灯、高血压、电子琴、零距离、零配件、大头头、砌长城、斑马线、羽绒服、直筒袜、情侣戒、卫生间、折叠凳、老板椅、啤酒瓶、洗洁精、沐浴露、餐巾纸、太阳能、电视机、加湿机、鸿运扇、稳当当、慢吞吞、娇滴滴、露马脚、万金油、上档次、上台面、开头炮、小儿科、打水漂、对口型、穷开心、查户口、境外游、满江红、扶贫对象、消费模式、投资环境、绿色经济、个体经济、华夫饼干、切片面包、铂金首饰、魔鬼身材、垃圾食品、复合地板、数码相机、戴高帽子、熟门熟路、糯米心肠、阿司匹林、酒肉朋友、一生一世、四四方方、贼头贼脑、昏头昏脑、屁颠屁颠、毕恭毕敬、装腔作势、摇头甩脑、七手八脚、八卦新闻、几次三番、三日两头、人间蒸发、小事一桩、千思百量、勿死勿活、天长日久、摩托罗拉、一次性杯子……

我们从以上内容可以看出，在新世纪吴语词汇系统中，传统吴语的词语还占优势。不过在嘉兴的实际语言生活中，尤其在使用书面吴语词语时，传统吴语词语的使用频率远远不如现代吴语的词语。例如嘉兴电视台专栏节目"今朝多看点"是嘉兴首档吴方言新闻栏目，其关注民生，关注社会热点，关注最新话题，主持人主持风格清新，又不失犀利，深受人们的喜爱。"老娘舅"栏目是一档调解类的吴方言节目，节目以调解百姓纠纷、营造和谐社会为宗旨，用老百姓喜闻乐见的形式，潜移默化地宣传国家的政策法规，受到了观众的广泛欢迎。但这两档节目大多使用的是新的吴语词语。

2. 吴语词语与普通话词语共用

普通话是以北京语音为标准音，以北方官话为基础方言，以典范的现代白话文著作为语法规范的通用语。也就是说，普通话的词汇系统是以北方话的词汇系统为基础的，但这一词汇系统比北方话词汇系统丰富得多、广泛得多，因为它还从诸如吴方言里吸收了许多有特殊表现力的方言词，从古汉语里继承了许多至今有生命力的古语词，另外还从外国语中借用了许多必需的外来词。从 1902 年“普通话”一词的出现到 20 世纪末，普通话经历了“国语运动”“推广普通运动”，普通话词语越来越多，尤其是新中国成立后，随着国家的统一与经济的发展，词汇系统越来越丰富，成为中国现代社会语言生活中最为庞大的，使用最普遍、最广泛的词汇系统。中国境内的方言词汇系统的大部分现代词语都是从这一系统中吸收的，新世纪吴语就是如此。因此，在新世纪吴语的词汇系统中就出现了吴语与普通话共用一个词语的现象。这些“共用”的词语，词义相同或相近，但词音不同。例如：

灰尘 huezen—huīchén、石灰 zaʔhue—shíhuī、热水 ȵiəsɿ—rèshuǐ、房子 vãtsɿ—fángzi、女婿 ȵyɕi—nǚxu、舌头 zəʔde—shétou、面粉 miɛfen—miànfěn、馄饨 vundən—húntun、盐 ɦiɛ—yán、醋 tsəu—cù、红糖 ɦoŋdã—hóngtáng、白糖 baʔdã—báitáng、开水 kʰɛsɿ—kāishuǐ、鹅 ɦu—é、老鼠 iɔsɥ—lǎoshǔ、稻 dɔ—dào、谷 koʔ—gǔ、麦 maʔ—mài、向日葵 ɕiazəʔgue—xiàngrìkuí。横杠前为吴语，后为普通话。下面我们再来看一篇注有吴语语音音标的文章。

南湖辩由来

nɤəɦukɤʔɦiulɛ

老底子，葛浪厢 有个 神泉，伊辩水呢，吃日吃夜 个 溢出来，待皮 大家 哪哈 用。
lɔtitsɿ，kɤʔlãɕiã，iukɤʔ zəndʑiɛ，ikɤʔsɿni，m̩ȵiɪʔm̩ia kɤʔ bɤə tsʰɤʔlɛ，dɛbi daka naʔhaʔ iong。
必过 有 一个 讲究，用好 水之后呢，呆板 要用 青石板 盖牢。
piɪʔkəu iu iɪʔkɤ kãtɕiu ioŋhɔ sɿ tsɿheni，hɛpɛ iɔioŋ tɕʰinzaʔ pɛkɛlɔ。
有一卯，嫦娥仙子 下凡，来到 地浪，伊 各榻 各处 别相 过来。葛一日呢，
iuiɪʔmɔ，zãɦuɕiɛtsɿ hovɛ，lɛtɔ dilã，i koʔaʔ koʔtsʰɥ biɪʔɕiã kəulɛ。kɤʔiɪʔȵiɪʔni，
伊别相 到 格里榻，嘴巴 干煞哩，就 拿开 青石板，拿手 捧 仙水 吃。伊弗晓得
i biɪʔɕiã tɔ kɤʔlitʰaʔ，tsɿbu kɤəsaʔli，dʑiu nokʰɛ tɕʰinzaʔpɛ，nose poŋ ɕiɛsɿ tɕiɪʔ。i uɤʔɕiɔtɤʔ
要用 青石板 盖牢辩 讲究，吃好 之后，自顾自跑脱哩啊。什介 一来么，弗得了哩，
iɔioŋ tɕʰinzaʔpɛ，kɛlɔ kɤʔ kãtɕiu，tɕʰiɪʔ hɔtsɿɦe，zɿkəuzɿbɔtʰɤʔlia。zaʔka iɪʔlɛmɤʔ，uɤʔtɤʔliɔli，
泉水 咕噜咕噜 辩 溢出来，越溢越多，溢氏一天世界，再溢落去，就要没脱
dʑiɛsɿ goʔloʔgoʔloʔgɤʔ bɤətsʰɤʔlɛ，yəʔbɤəyəʔtəu，bɤəzɿiɪʔtʰiɛsɿka，tsɛbɤəloʔtɕʰi dʑiuiɔmɤʔtʰɤʔ
房子 同 田坂，要发大水哩。嫦娥 晓得 自家 拆烂污哩，豪烧 同 吕洞宾 讨 救兵，
vãtsɿ doŋ diɛpɛ，iɔfaʔdəusɪli。 zãɦu ɕiɔtɤʔ zɿka tsʰaʔlɛuli，ɦɔsɔ doŋ lidoŋpin tʰɔ tɕiupin，
请 伊 想办法 拿 泉水 塞牢。吕洞宾 蛮爽气辩， 一口答应，难为 九十九日天
tɕʰin i ɕiãbɛfɤʔ na dʑiɛsɿ saʔlɔ。lidoŋpin mɛsãtɕʰikɤʔ，iɪʔkʰetaʔin，nɛɦuɛ tɕiuzɤʔtɕiuȵiɪʔtʰiɛ
辩 辰光，从在外 挑来 行尽行氏 辩 烂污泥，塞辣葛个 泉眼浪，什介 总算

kɤʔzənkuã, zoŋzɛɦuɛ tʰɿclɛ ɦãdzinfiãzŋ kɤʔ lɛuŋi, saʔlaʔkɤʔ kɤʔ dzieɦɛlã, zaʔka tsoŋsɤ
拿 葛 泉水 塞牢哩。介许多猹泥 堆出个 大猹 湖墩， 后晚来葛人 又辣霍湖墩
nɛ kɤʔ dziɛsŋ saʔloli。kaxytɤugɤʔŋi tɛtsʰɤʔ kɤʔ dɤukɤʔ ɦɛutən, ɦɛmɛlɛ kɤʔŋin ilaʔhoʔɦɛutɛu
浪厢 造氏 交关 猹 楼台亭阁， 种上 花草树木， 葛个 就是 今朝 大家 侪晓得 猹
lãciã zozŋ tɛicxuɛ gɤʔ lɛdɛdinkoʔ tsoŋzã hotsʰozɥmoʔ, kɤʔ kɤʔ dziuzŋ tɛintsɔ daka zɛcioztɤʔ gɤʔ
烟雨楼， 葛个　 湖港 就是 今朝　 猹 嘉兴南湖。(摘自徐越《嘉兴方言志》)
iɛylɛ, kɤʔkɤʔ ɦɛukã dziuzŋ tɛintsɔ gɤʔ kacinnɤ̃ɦu。

上文中，划线的是吴语与普通话共用的词语。这些词语意义与普通话相同，但其读音与普通话是不一样的。与普通话（共同语）共用一个词语的现象，在近代吴语中不多，例如《海上花列传》中的对白：

①我叫赵朴斋，要到咸瓜街<u>浪</u>去；<u>陆里晓得</u>个冒失鬼，<u>奔得来</u>跌我一交。<u>耐</u>看我马褂<u>浪</u>烂泥，要<u>俚</u>赔个哩！（第一回）

普通话翻译：我叫赵朴斋，要到咸瓜街上去；哪里晓得那个冒失鬼，绊我一跤。你看我马褂上的烂泥，这可得要他赔哩！

②<u>教我那份</u>去见我<u>娘舅</u>嗄？（第一回）

普通话翻译：让我怎样去见我的舅舅呀？

③<u>令堂</u>阿好？<u>阿曾一淘</u>来？<u>寓来哚陆里</u>？（第一回）

普通话翻译：你母亲可好？有没有一起来？（你）住在哪里？

④<u>耐一干仔</u>住来哚客栈里，无拨照应哩。（第一回）

普通话翻译：你一个人住在那客栈里，没有个照应啊。

⑤<u>阿是</u>耐教我攀相好？我就攀仔耐末哉，阿好？

普通话翻译：你是让我找相好？那我就找上你了，好吗？

⑥耐到对过姚家去看看，<u>楼浪</u>房间里物事阿曾齐。（第五回）

普通话翻译：你到对面姚家去看看，楼上房间里的东西齐全了没有。

⑦对勿住，刚刚<u>勿恰好</u>。耐哚要是<u>勿嫌龌龊</u>末，就该搭<u>坐歇</u>吃筒烟，<u>阿好</u>？（第五回）

普通话翻译：对不住，刚才不巧，你们要是不怕不干净，就在这里坐一会儿抽一筒烟，好吗？

⑧连生说："<u>耐哚</u>意思我也蛮明白来里。我末就依仔耐，叨光耐<u>覅</u>哭哉，阿好？耐再要哭，我肚肠要拨来耐哭出来哉。"小红哽噎着嗔道："<u>覅来搭我瞎说</u>！耐一径骗下来，骗到仔<u>故歇</u>，耐倒还要来骗我！耐定归要拿我性命来骗得去仔了罢哚。"（第十一回）

普通话翻译：连生说："你的意思我也明白着呢，我呢就依了你，你就别哭了，好吗？你要再哭，我的肠子要被你哭出来了。"小红哽噎着嗔道："不要来对我瞎说，你一路骗下来，骗着到现在，你倒还要来骗我！你一定要拿我的性命骗去了才肯罢休呢。"

⑨善卿问双珠："<u>耐姆来里说啥</u>？"双珠道："说双玉有点<u>勿适意</u>。"善卿道："<u>价末</u>教耐去说俚两声，说啥嗄？"双珠道："就为仔双宝多说多话。双宝也是勿好，要争气争勿来，再要装体面；碰着个双玉喧，一点点推扳勿起，两家头并仔堆末，弄勿好哉。"（第

十七回）

普通话翻译：善卿问双珠："你妈妈在说什么？"双珠道："说双玉有点不舒服。"善卿道："那教你去说她几句，说什么呢？"双珠道："就因为双宝多说话。双宝也不好，（想）要争气（又）争不来，还要装体面；遇上双玉，一点儿都差不得，两个人碰在一起，弄不好了。"

⑩那人道："昨日夜头赵先生来哚新街浪同人相打，打开仔个头，满身才是血。巡捕看见仔，送到仁济医馆里去。今朝倪去张张俚，俚教倪来寻洪先生。"善卿问："为啥相打？"那人笑道："故是倪也勿晓得。"善卿也十猜八九，想了想便道："晓得哉。倒难为耐哚，晚歇我去末哉。"（第十七回）

普通话翻译：那人道："昨天晚上赵先生在新街上跟人打架，头被打破了，满身都是血。巡捕看见了，送到仁济医院里去了。今天我去看望他，他让我来找洪先生。"善卿问："为什么打架？"那人笑道："这个我也不清楚。"善卿也十猜八九，想了想便道："知道啦。倒是辛苦你了，一会儿我就去吧。"

⑪善卿道："总是耐自家勿好，耐到新街浪去做啥？耐勿到新街浪去，俚哚阿好到耐栈里来打耐？"说得朴斋顿口无言。善卿道："故歇无啥别样闲话，耐等稍微好仔点，快点转去罢。上海场花耐也覅来哉。"（第十七回）

普通话翻译：善卿道："终究是你自己不好，你到新街上去做什么？你不到新街上去，他们能到客栈里来打你？"说得朴斋顿口无言。善卿道："现在什么都别说了，等你稍微好些，快点回去吧。上海这地方你也别来了。"

上文①—⑪中的"街浪（街上）、陆里（哪里）、晓得（知道）、奔得来（跑来）、耐（你）、俚（他）、教（让）、那份（怎样）、娘舅（舅舅）、令堂（你母亲）、阿好（好吗）、阿曾（是否）、一淘（一起）、寓（住）、一干仔（一个人）、住来（住在）、无拨（没有）、攀相好（找相好）、对过（对面）、楼浪（楼上）、物事（东西）、阿曾齐（是否齐全）、对勿住（对不起）、勿恰好（刚才不巧）、勿嫌龌龊（不嫌弃肮脏）、该搭（就在）、坐歇（坐一会儿）、蛮明白（很清楚）、我末（我嘛）、覅哭哉（不要哭了）、肚肠（肠子）、一径（一路）、故歇（现在）、定归（一定）、耐姆（你妈妈）、说啥（说什么）、勿适意（不舒服）、价末（那么）、勿好（不好）、争勿来（争不来）、推扳（差）、两家头（两个人）、并仔堆末（碰在一起）、弄勿好（弄不好）、昨日（昨天）、夜头（夜里）、同人（跟人）、相打（打架）、打开仔个头（打破头）、才（全，都）、今朝（今天）、倪（我）、张张（探望）、寻（找）、故是（这是）、勿晓得（不知道）、晓得哉（知道了）、晚歇（晚一些）、自家（自己）、做啥（做什么）、勿到（不到）、无啥（没有什么）、闲话（话）、好仔点（好一些）、转去（回去）、场花化（地方）、覅（不要）"等，其字义与普通话一样、但字音完全不同，字形也不一样。到了当代吴语，吴语与普通话共用一个词语的现象逐渐多了起来，但在一个句子中，吴语词汇还占主要部分。例如：

①倷奴饭吃好鞋哩。（摘自钱乃荣《当代吴语研究》，下同）
普通话：我吃好饭了。
②倷奴饭吃好再做生活。
普通话：我吃完了饭再去干活。

③伊奴勒化吃饭。

普通话：他吃着饭。

④坐勒化比立勒化写意。

普通话：坐着比站着舒服。

⑤台子浪放辣几本书。

普通话：桌子上放着几本书。

⑥蛮多人立勒哀面。

普通话：许多人站在那儿。

⑦几行字留勒海，明朝再写。

普通话：几行字留在这儿，明天再写。

⑧想了十分钟再讲。

普通话：想了十分钟再说。

⑨葛顿饭吃得勒极长远。

普通话：这顿饭吃得很久。

⑩小菜烧得蛮好。

普通话：菜煮得非常好。

⑪热脱哩。

普通话：热死了。

⑫伊晓得伐？勿晓得。

普通话：他知道不知道？不知道。

⑬倷去看伊有化伐。

普通话：你去看他在不在。

⑭吾拨倷一本书。

普通话：我给你一本书。

⑮伊奴拨吾敲勒两记。

普通话：他被我打了两下。

⑯拿管子塞落去。

普通话：把管子塞下去。

⑰吾有一个儿子勒厂里。

普通话：我有一个儿子在厂里。

⑱一只台子坏脱哩。

普通话：一只桌子坏了。

⑲吾敲勿过伊奴。

普通话：我打不过他。

⑳快到嘉兴哩。

普通话：快到嘉兴了。

新世纪吴语中，吴语词汇与普通话共用一词的现象越来越普遍。我们看看记录于新世纪的一首生活民谣《张家老伯伯》：

从前　有　个　老伯伯，
zoŋziɛ ɦiu kɣʔ lɔpaʔpaʔ

年纪　活到　八十八，
ȵiɛtɕi uɣʔtɔ ctɣu paʔzɣʔpaʔ

跑到北丽桥，
bɔtɔ poʔlidʑiɔ

买　碗　八宝饭，
ma uɣɛ poʔpvɛ

洋钿　用脱　八十八块　　八角　八分　八厘八。（摘自徐越《嘉兴方言志》）
ɦiãdiɛ ioŋtɣʔ paʔzɣʔpaʔkʰuɛ paʔkoʔ paʔfən paʔlipaʔ

这首生活民谣，用吴语朗读，朗朗上口且押韵，如用普通话朗读，不仅不押韵，而且诗的韵味全无。但从词汇的角度看，民谣中的词义、词的形式跟普通话很接近。吴语的民歌民谣直接采自民间，与吴语有着一种天然的契合，但在现代化生活的冲击下，这些吴语的民歌民谣中的词语越来越向普通话靠拢。如今有许多古老的俗语歌谣仍然流传于民间，但把它们采录成书面文学时，纯吴语的词语在文中正逐步减少，下面的嘉兴民谣《囡儿歌》足以说明。

油菜花开满坂香，小妹姑娘对着花窗绣鸳鸯。廊檐下，燕子双双对对、对对双双，飞来飞去造新房。

天井里：雄猫咪咪叫，雌猫叫咪咪。小妹姑娘：跨出绷床，跨进绷床（绷床：绣花的架子），跨进跨出心里有点慌。同张家哥哥订亲已三年（同：与，跟），却为何勿见大红帖子过门墙。

忽听得：堂屋里，媒人婆婆同小妹姆妈两个谈论说比（姆妈：妈妈；谈论说比：聊天），说比谈论，有霍大讲章（有霍：正在）。

只听得：媒介婆婆介讲（介讲：这样说），鳊鲅鱼要留三寸肚肠，麻鸟要留三年饭粮，种田地人要饭吃，隔年留好种子挂辣前檫，穷秀才要想个官来做，起早落夜读文章（起早落夜：早起晚睡）。

葛张家是：一则来勿想讨俫拉姑娘，棚中勿曾养好鸡鸭畜生（勿曾：没有），栏中勿曾养好猪羊。

二则来勿想讨俫拉姑娘，盘中勿曾端正彩礼和银两（端正：准备），房中勿曾搭好新床、张好蚊帐。

三则来勿想讨俫拉姑娘，也勿曾请裁衣师傅开剪做衣裳，有钱讨得俫拉姑娘金妻子，无钱么再隔三年来商量。

小妹姆妈听得口也勿张，媒人婆婆伊越讲喉咙越响，绣房里急坏了小妹姑娘，恨只恨媒人婆婆要拆散鸳鸯。

小妹姑娘心里火起来，嘴里唠唠叨叨骂出来，媒人婆婆啊媒人婆婆，一则来看俫年纪大，二则来看俫邻里情。

勿然是：拎牢俫田螺介葛丫髻（丫髻：发髻），上场甩起甩到你下场，甩到俫么四直洋洋（四直洋洋：四脚朝天），踏到傋么满身泥浆，吓到傋么魂都消烊（魂都消烊：魂飞魄散），回转来还要交待傋两三声。

常言道：会做媒人两头包，勿会做媒人抖底包，傋去告诉唔张家哥哥。一则来勿要伊拉彩礼银两，二则来勿要伊拉大办酒水杀猪宰羊，三则来勿要伊拉大红花轿吹吹打打，只要傋张家哥哥摇只船来载唔去，夫妻两个恩恩爱爱结成鸳鸯。（摘自徐越《嘉兴方言志》）

这首民谣中，吴语与普通话共用的词语很多，这也是当前方言词汇发展的一个趋势。当前整个汉语都面临着新词蓬勃诞生、生机盎然的局面，在这样的背景下，大量新生词语正在通过普通话的现代传媒系统，渗透到吴语的语言生活之中，极大地丰富了新世纪吴语的词汇系统，吴语区群众创造的新词语也会随着吴语区的经济实力传播四方，被普通话吸收。吴语词汇与普通话词汇的融合将是大势所趋，但是吴语和普通话在语音、语法上的差异，依然成体系地存在着，吴语词汇中的差异部分也会长期存在。

3. 丰富性与独特性共存

由于既继承了古代汉语中富有生命力的词语，又吸收了普通话、外来词汇中富有表现力的词语，因此新世纪吴语词汇系统十分丰富。在这个系统中，我们既看到古老的词语，也看到新锐的词语；既看到普通话的词语，也看到外来的词语。甚至在一个句子中，我们会看到这一"丰富性"。如"伊拉教室里俏装起空调霍"（他们教室里全部装上空调了）；"嘉兴电视台有个栏目，叫'今朝多看点'"；"房子还勿宁结顶哩"（房子还没有封顶呢）；"孩子又哭又闹，真是嗰弄头"（孩子又哭又闹，真是没有办法做事）；"辩部'奔驰'要开到广州去"；等等。尽管经济全球化和文化趋同化的步伐在不断加快，但由于共同的地域个性、共同的生命记忆、共同的生活方式、共同的民风民俗构成共同的文化品格和心理凝聚力，新世纪吴语词汇系统仍然保持自己鲜明的特性。我们从徐天佑于新世纪撰稿、朗读的《新塍土话解读》一文可以看出新世纪吴语词汇系统"丰富性与独特性共存"的特点。

新塍土话解读
徐天佑
一

同别塌刮子场化阿介，吾拉新塍有吾拉新塍自嘎刮闲话。介歇港起来么就叫做"新塍土话"。格种新塍闲话，扳扳节头，来格个世界佬用到现介歇拉，促北阿有好几千年格辰光哩。

普通话：和其他地方一样，我们新塍有我们新塍自己的语言，现在讲起来就叫做"新塍土话"。这种新塍土话，竖起手指头数数，在这个社会上用到现在可能也有几千年的时间了。

傋拉消看丘新塍闲话，吾拉新塍人称自介称"吾"。几千年前头孔老夫子孔圣人自家阿称"吾"，寻末叫一笔写勿出两个"吾"字。"吾日三省吾身"格句闲话横天下人才晓得，来字音、字义、字形佬呣没有介点推板。㑚拉看吾拉新塍格方水土格四面，除出西南角佬相格濮院，格个"吾"叫起来有点一样，就是平常热脚上上落落顶多个嘉兴，伊拉叫自家搭格个"吾"是浑身浑脑搭勿牢。像西面、北面的严墓、吴阳港、江苏佬格头拉有介点"吾"个味道，必过拉发音佬腔调佬终归勿大一样。各落嘎吾拉新塍土话里个人自介第一个"吾"字拉顶值铜钱，打格佬相港，那怕伊搁落山门、一塌刮子、亨浜郎当刮新塍话加在一道，勿见得狠过一个"吾"字。㑚拉叫得好好叫搭搭味道，就晓得吾讲个勿是脱头落攀、嚎头嚎脑、自介杜七稿子造出来化后。

普通话：你们别小看新塍话，我们新塍人称自己为"吾"，几千年前孔夫子孔圣人自己也称"吾"，那么叫一笔写不出这两个"吾"字来。"吾日三省吾身"这句话反正天下人全知道，字音、字义、字形没有一点的差别。你们看我们新塍这方水土的四周，除了西南方向的濮院（嘉兴桐乡濮院镇），这个"吾"字说起来和新塍话有些相同，即使平时来往最多的嘉兴，他们称自己与这个"吾"字是完全扯不上的。像西面、北面的严墓（苏州市吴江区铜罗镇）、虹阳（嘉兴秀洲区王江泾镇虹阳村）、江苏那边也有些"吾"的意思，不过在发音上腔调总是不太一样。所以我们新塍土话里自己称呼自己的（这）一个"吾"字是最值钱的，从这上面讲，即使所有一切的新塍话加在一起，也不见得比得过这个"吾"字。你们只要仔细琢磨琢磨，就知道我这些（说法），不是不着边际、没有根据、凭空想象（地）自己编造出来的。

吾拉新塍土话同古代汉语搭得够来呀佬，㑚看闹，古人认账别人介格说法港啥？——"然也"。那末葛个"然也"，吾拉新塍人土话里就叫作"然佬"。两个"然"字，一式斯样，才是"是"格个意思。读一样格音，写一样格字。"然也"格"也"同"然佬"格"佬"，才是语气格表示，才是文言文累格"之乎者也"呀，㑚做勿着耐格个字挪脱，"阿是"仍旧是老底子格意思？……来格里相，新塍话格"然佬"同古代汉语里个"然也"肖港意义么呣啥两样，就是用格场哦才一样。必过港"然佬"个人后嗖来越来越少哩。嘎歇才是港"旺佬""是佬"。㑚忙上头通上去，颇到随勿到古代汉语格只根浪相？吾拉新塍土话里，艾有一句叫"祚馫"。"祚馫"是啥啦？"祚馫"就是古代人在逢年过节时对伊拉刮祖宗港个句闲话，[引者注："祚馫"是吴地一种祭祖活动，人们为了答谢祖宗一年来的保佑庇护，在农历大年三十前的某日，烧一桌子好菜，用香烛把祖宗请回家来享用的。也叫"祝馫"。]吾啦个辰光叫"过节""请太太"。阿就是请吾啦刮祖宗上代头，让伊拉享用吾啦后代小辈同伊拉端正好个刮祭供食物，就是请上祖太太吃饭。后慢来末，"祚馫"格句闲话拨吾拉刮上代头用到勿着勿落刮场化。大人叫小人吃饭，叫是几通，小人艾勿来。那么大人毛起来哩，扯直个喉咙老喊："喊上起那哈化啦，尼多啥入聋忐化哩啊，好来祚馫哩。"你看，叫小人吃饭当请太太哩，㑚港刮大人着落伐？

普通话：我们新塍土话与古代汉语十分密切，你看古人认同别人的看法讲什么啦？——"然也"。这个"然也"，我们新塍人叫作"然佬"。两个"然"字，一模一样，都是"是"的意思。读一样的音，写一样的字。"然也"的"也"和"然佬"的"佬"，都是语气的表示，都是文言文里的"之乎者也"啊，你不妨将这个字去掉，是不是仍然是原来的意思呢？……在这里，新塍话的"然佬"与古代汉语里的"然也"不要说意义没有什么两样，就是用的地方也都一样。不过讲"然佬"的人后来是越来越少了。现在讲"旺佬""是佬"。你把它往上面通上去，难道扯不到古代汉语这条根相吗？我们新塍土话里，还有一句叫"祚飨"。"祚飨"是什么？"祚飨"就是古人逢年过节时对他们的祖宗讲的一句话，我们现在叫"过节""请太太"。也就是请我们的祖宗前辈，让他们享用我们后辈为他们准备的祭供食品，就是请祖宗上代吃饭。后来，"祚飨"这句话被我们的父辈用到不恰当的地方。大人叫小孩子吃饭，叫了几回，小孩子还不来。那么大人发火了，直起嗓子喊："喊了几遍听到了吗？你什么时候耳朵聋了啊，好来祚飨哩。"叫小孩子吃饭当请祖宗了，你说那些大人正常吗？

　　倘必得倷还勿相信新塍土话格历史文化底子啦，要么再来看嘎一句新塍土话么就"谨沟足哉"哩。勿是啥嘎港化，格句闲话倷拉来才外场化啊听勿着化。"谨沟"就是"够了"格意思，"谨沟足"就是"足够足够了"格意思，那么格个"哉"是啥乃？勿是同刚刚港过个"然也"格"也"一样艾啊，才是个语气词哇。像勿有个词叫"何足道哉"，实在么，"何足道"三个字阿好港清爽里相个意思哩佬，打格里就好看出新塍人港闲话个习惯同文言文个用词习惯几呵像！"哉"个语气用进去啦，好让倷各觉格句闲话有节奏感，有韵律感。"谨沟足哉"同"何足道哉"来格哩塌嗯么两样。"谨沟足哉"本来就是一句道道地地格"文言文"，格句闲话哦勿出让倷啦看见一个老先生摇头甩米波个劲道呀忐嘎付吞头势。叽里咕噜，嘎嗯么无清样头，港到浜底头拉，就是要打"吾""然佬""祚飨""谨沟足哉"格种新塍土话里看出点新塍土话历史文化格花头，除脱格点么，艾有啥乃！

　　普通话：倘若你还不相信新塍土话的历史文化底子，那么再来看一句新塍土话，就"谨沟足哉"。不是怎么说，这句话你们在别的地方是听不到的。"谨沟"就是"够了"的意思，"谨沟足"就是"足够足够了"的意思，那么这个"哉"是什么呢？就是同刚才讲过的"然也"的"也"一样的啊，都是个语气词啊。好像有个词叫"何足道哉"，其实，"何足道"三个字也好讲清楚里面的意思了，从这里就好看出新塍人讲话的习惯和文言文的用词习惯多么相像！"哉"字的语气用进去，好让你感觉这句话有节奏感、有韵律感。"谨沟足哉"同"何足道哉"在这里没有什么两样。"谨沟足哉"原来就是一句道道地地的"文言文"，这句话说不定让你们看见一个老先生摇头摆尾、劲道十足的一副样子。啰啰嗦嗦，讲个没完没了，说到底，就是要从"吾""然佬""祚飨""谨沟足哉"这种新塍土话里看出些新塍土话历史文化的名堂，除此之外，还有什么呢！

二

　　小格辰光，大人拉港，新塍格个镇，打东栅头到西栅头，过东过西要三里路长，葛辰光个三里路是长来野特里，嘎歇看起来么，顺便那哈介勿得港南港北这两条街盘介一转。新塍格个镇，乡脚蛮深。"乡脚"就是镇佬对四面乡哦头格影响，乡脚深么就是影响个场化大。格辰光刮乡下人，伊拉吃刮油盐酱醋，用格刮持头铁搭。才要到街佬来买。要卖点啥个青菜、萝卜，或者像桑梗、毛豆梗，稻草佬个种硬柴，软柴佬啥么，阿要到街上来。乡下头个人到镇高头来么就叫做"出街佬"。

　　普通话：小的时候，大人们说，新塍这个镇，从镇东头到镇西头，从东到西有三里路长，那个时候的三里路是非常长的了，现在看起来嘛，无论如何也不止港南港北这两条街兜上一圈。新塍这个镇，乡脚很深。"乡脚"就是镇上对四方乡村的影响，乡脚深就是指影响的范围广。那时候的农民，他们吃的油盐酱醋、用的锄头铁搭，都要到镇上来买。

要卖一点青菜、萝卜什么的呀，或者像桑梗、毛豆梗、稻草这类硬柴、软柴什么的，也要到镇上来。农村里的人到镇上来，就叫做"出街上"。

那么四面近段里格刮乡下人，要出街么叫得走走好里，有刮"老茶鬼"是日日要出街吃早茶后，格是早里，勿等天亮，还乌尼出黑化里，有刮么背个茶篓，鸡蛋、鸭蛋放几个化，有刮么拎这是具提篮，青菜、萝卜么搞介几把化，有刮么桑梗、毛豆梗介介几捆，等一歇街佬人买菜么阿好同伊拉做嘎点小交易。回钞今朝个点茶钿末照伊牌头累，回去个辰光，要想带点啥佬四末阿要打个里出梢里。刮老茶客人来个几爿茶馆里相，才认识的。靠街面寻只空位置，同熟头人末得得头佬，打打招呼，泡是一壶茶，那末等化牵牵头北母头啊介大大叫讲空头。茶篓佬、提篮末横竖放来脚边老街路上那块沿石佬。要么再到对过买嘎个葱猪油烧饼，有常时再嵌嘎根油石桂化，茶过过，如意来呀忒。等到带出来刮么啊卖特里，茶么啊吃白里，闲摊白话也港来到啵哩。那忒来末要么到肉墩头佬肉啊割点，要么，鱼行里啊买一段，要么豆腐啊撩嘎点，酱油啊朵介点。要么塌小巴西买葛点糕饼佬潮各种小末式，在外备时不用个刮么让伊去里，横竖明朝吃茶么啊要来里呀。

普通话：周边离镇上近的这些乡下人，要出街，只是步行就可以了，有些"老茶鬼"是每天都要出街喝早茶，那是起早啦，不用等天亮，天还很黑的时候，有的人背只茶篓，鸡蛋、鸭蛋放几个在里面。有的人提只篮子，青菜、萝卜放几把在里面。有的人桑梗、毛豆梗捆几把，等一会街上来买菜的人，也能和他们做一点小生意。支付今天这些茶钱就靠这些生意得来的钱，回家的时候，要想买些什么东西带回去也要从这里开销。那些老茶客总是在那几家茶馆里，（所以）全认识的。（他们在）临时街口寻一个空位（摆卖），和熟人点点头，打打招呼，泡了一壶茶，然后就在那里天南海北地尽情聊起天来。茶篓、提篮就放在脚边街道边那块街沿石上。（有时）到对面烧饼摊买只葱猪油烧饼，有时在里面买根油条，就着茶（喝），惬意得很。等到把带来的那些（东西）卖完了，茶水也喝淡了，聊天的话也讲得差不多了。接下来要么到肉店去，割一些肉，要么去鱼店里买一段鱼，要么豆腐也买一点，酱油也买一点。再给小孩子买一些糕饼类的各样小食品，其他（虽然打算买但可不买）的，让它去吧，反正明天喝茶还要来的。

真式远开街佬远来野个刮场化么，哎板要靠船了，几葛人家么港港好，挑好个热脚，人家多，大人小人多，有常时要开嘎两只船。深乡下，佬远八只脚刮场啊，一年里相难板出嘎几通街佬。上个世纪六十年代初啦，听伊拉港，一生一世当中勿曾出过街佬个人阿有啊。格种场啊，出街佬是当桩事体做，要大排场。要带到街佬去卖刮东西么端正端正好，要买点啥东西么要算算定当，常怕盲记忒么就来裤子带佬打个结。格辰光格人着刮裤子叫团腰裤，裤子腰蛮大，穿好裤子要拴根裤子带，否则个裤子要脱下来野。那么朝辰拉起来裤子扎好，收裤子带的辰光，裤子带上的结会得提醒俫，有啥事体消盲记忒。各种小人晓得明朝出街佬里，夜里相困来只铺里，力力碌碌、格头翘米波翘。天啊勿亮就背自只草篰，猪草羊草作好葛几篰，平常日子热摸扎个件衣裳么起翻出来，脚节头阿累出格双鞋子么着到街上去么阿嫌比难崩，肯西肯活耐还是过年辰光着这双鞋子肯出来套牢。上一日，特为烧好两列盐津头，伊拉啊勿怕咸潮卤滴。热性来袋里相，看俫拉大人还勿开船，是逃出逃进，来只船么拉特拉长，唔设法哩。大人叫伊定得得点，索性端是只小凳得来个船舱里去坐波好。俫真勿晓得深乡下刮小人呀，晓得有得到街佬去别相，秦到格来魂啊落忒啊嘎，日日啊扳节指，同吾拉小哈子梦过年个一忐一样哎。

普通话：真正距离镇上很远的那些地方，一定要靠船了，几户人家讲好，选个好个日子，人家多，大人小孩子多，那就得要摇两只船。（那些）距离镇上很远的地方，一年里也很难得到新塍镇上几次。上个世纪六十年代初，听别人讲，一生一世当中没有到过街上的人不少啊。这些地方，把到镇上来当一件大事情来做，要很好地准备准备。要拿到街上去卖的东西么准备好，要买回什么东西呢，也要计算得当。生怕忘记就在裤腰带上打个结。那时候的人穿的裤子叫大腰裤，裤子腰很大，穿好裤子要拴根裤子带，不然的话裤子就要掉下来。那么早上起床的时候拉起裤子，把它系好。系裤子带的时候（把要办的事在裤子带上打个结），裤子带上的结会提醒你，有什么事不要忘记掉。那些人知道明天去镇上，晚上睡在这张床上，看上去像很忙碌的样子，头也翘尾巴也翘。天还不亮就自己背着只草簖（箩筐），猪草、羊草割好几簖。平时舍不得穿的那几件新衣服翻出来，脚趾头露出来的那双鞋子穿到镇上去觉得不好意思，东找西找还是把过年时候穿的那双鞋子找出来。前一天，特地烧好一些五香豆，他们也不怕五香豆的盐潮湿化水，就塞在口袋里，看看你们大人还没有开船，就跑出跑进，在这只船上爬上爬下，非常兴奋。大人叫他们安定些，（他们）干脆搬个小板凳到船舱里去坐好。你真不知道偏远乡下的小孩们呀，知道可以随大人们去镇上玩，开心得像掉了魂似的，天天啊扳手指（计算日子），同我们小的时候盼望过年一个样的。

格辰光新塍东栅头、西栅头、南栅头、北栅头踏踏场化，才停足出街佬刮船。来来晏点格刮船看看停勿落哩时，煞死煞活拿人家刮船排排开，五性扎命阿嘎梗进去。船刺子和船辣子是轧到挨排急急后。嘎许多船有两个头号：一种是本地船，摇个橹拉吃水格段样子像琵琶拉葛，就叫琵琶橹；一种么是绍兴船，用两支橹来摇，顺面摇个支长，叫大橹，记面摇个支短，叫小橹。两葛得背搭背葛摇。倷佬倘譬得要到乡下头啥场阿去办点事体或做做客人，倷叫得来下昼半日到停船格刮场阿去问好哩，叫得有，伊拉才客气来呀哎，让倷上伊拉只船。格个尼就叫搭便船，呀叫乘便船。新塍镇郎相的大大小小刮店家，大头生意就是做格种方圆十几里、天天轮替换落有起来出街佬刮乡庄生意。

普通话：那时候新塍东栅头、西栅头、南栅头、北栅头各处的河面上都停满了从四方来新塍镇的船，来得迟点的船看看无处可停时，就拼命地把别人的船推开，拼命地把自己的船挤进去。船沿和船沿是挤得紧紧的。这么多的船有两种形式：一种是本地船，摇的橹吃水这段样子像琵琶，就叫琵琶橹；一种是绍兴船，用两支橹来摇，右手摇的那支橹长，叫大橹，左手摇的那支橹短，叫小橹。摇船时两个人是背靠背地摇。你假如要到乡下的什么地方去办些事情或做客，你只要在吃了午饭后到停船的地方去问，只要船有空位，他们都非常客气，让你上他们的船。这就叫搭便船，也叫乘便船。新塍镇上这些大大小小的商店，大多数就是做这种方圆十几里、天天轮流到新塍镇来的乡庄生意。

格辰光，下乡头咿呣没么小商店，来街上相会得有人挑时副担子，里相么放点糖果、糕饼、尼线、纽珠、草纸、肥皂个刮小东西，到近段乡下头去卖。格种就叫做"挑乡担"。格辰光，咿呣没公路汽车，新塍格搭场啊那么真哎叫做江南水乡，来来去去水路便当。专门有航船接送客人到濮院、陶家荡、莫家荡、严墓、双桥、吴阳港、盛泽佬格种场化。随手阿带点货色。航船要开辰光，伊拉有规矩，船佬会吹只小竹筒，吹起来"乌—啦—乌"实介，格种就是航船要开哩。本地船不过上面尼有个篷盖，落雨牢大太阳么才好遮特点。还有一种运货色佬带客人格船叫快板船，快板船是刚刚喔起过歇格种绍兴船，两支橹好摇得索葛远葛点，像硖石、苏州、杭州场化伊拉才去。开航船佬摇快板船格种人，才是绍兴人。个么格声闲话来上世纪五十年代六十年代哩，格息是随便啥格船才咥没哩。

普通话：那时候，乡下又没有商店，在镇上自然会有人挑副担子，里面放些糖果、糕饼、尼线、纽珠、草纸、肥皂这种小东西，到附近的乡下去卖。这种就叫作"挑乡担"。那个时候，又没有公路汽车，新塍这个地方啊，那真是叫作江南水乡，来来去去水路方便。专门有航船接送客人到濮院、陶家笕（隶属浙江省嘉兴市秀洲区）、莫家笕（隶属浙江省嘉兴市秀洲区）、严墓、双桥（隶属浙江省嘉兴市秀洲区）、吴阳港、盛泽（隶属江苏省苏州市吴江区）这些地方。顺便也带些货物。航船要开的时候，他们有规定，（就是）船上会吹一只小竹筒，吹起来"乌—啦—乌"这样，这就代表航船要开了。本地船上面装有篷盖，可以遮挡太阳和雨水。还有一种既运货物又带乘客的船叫快板船，快板船是前面刚刚说到的绍兴船，有两支橹可以开得更加远，像硖石（隶属浙江省嘉兴市海宁市）、苏州、杭州那些地方都能去。开航船、摇快板船的人，都是绍兴人。这些话说的是上世纪五十年代六十年代的事了，现在是随便什么船都没有了。

<h2 style="text-align:center">三</h2>

绍兴人在新塍这块水土老乡，立脚做人家，阿有好几代化里，在外还有河南人、江阴人等外乡人。有来吾拉新塍顶多格是绍兴人。倷叫出新塍东栅头、南栅头，绍兴人是行情行是，来新塍的绍兴人多里就叫绍帮，老底子个本地么叫本脚，倷个辰光，到乡哦起横眼好里，灵清来也哎，绍兴人才是住草棚，介歇是新农村里，绍兴人阿是造是房子佬等啦一得堆里，跑开头伊拉刮上辈头过钱塘江，到吾拉格塌场化来个辰光啦，就靠湖边搭个草棚，伊拉刮草棚阿勿是搭佬一道后，零零落落，自顾自后，咯落葛伊拉几代宁下来尼，还是绍兴口音，港绍兴话。吾拉本地刮乡下人啦，伊拉刮老祖宗啦，等刮场化啦，才靠河，七打八以介河浜要东西流向，各么刮房子尼才好选来朝南向。房子造来河浜两岸，一家同一家尼住来满近，就像勿街佬相市河两面格种差尼多。后头来么人阿越来越多，房子么越造越多，就成是"村坊"哩，就是介辰光港个"自然村"。那么老底子个浜个叫法么变作介歇个村坊名字。

普通话：绍兴人在新塍这块水土上，立足过日子，也有好几代人了，另外还有河南人、江阴人等外乡人。和我们新塍来往最多的是绍兴人。你只要出到新塍东栅、南栅，绍兴人是非常得多，在新塍的绍兴人多了就叫作绍帮，原来的本地人叫作本脚，那个时候，到农村里去看一眼，清楚得很。绍兴人都是住草房，现在是"新农村"了，绍兴人也都是建房子住在一起了，一开始他们的前辈渡过钱塘江，到我们这个地方来的时候，就靠在河边搭个草棚，他们的草棚也不是搭在一起，零零星星，各人顾各人，所以他们几代人下来，还是绍兴口音，讲绍兴话。我们本地的乡下人呢，他们的老祖宗住的地方，都靠河，十有八九还要河浜是东西流向，这样的房子可造成朝南向。房子建在河浜两岸，一家跟一家靠得很近，就如同镇上面河两岸这样差不多。后来人越来越多，房子也越建越多，就形成了"村坊"，也就是现在讲的"自然村"。原来"浜"的叫法变成了现在村坊的名字。

绍兴人当中有些有点手艺格种么来街佬相落脚，几代下来，同街坊佬相刮四邻八舍混来一道，口音阿才是本地口音。肖港俫祖上打呵哩塌过来，叫得出生来新塍格块水土佬，吃格块水土佬刮水大起来，俫就是新塍人。俫叫得想好里，打俫嗲嗲个一代，朝上面追到俫嗲嗲个嗲这个一代，得知道伊拉才是哦里他搬过来化哎。各落叫得俫港出来个种闲话口音是新塍个方水土佬佃个口音，格么俫港个闲话就是新塍话。勿用普通话尼就是港土话，俫消去管伊，闲话里相用的是现代汉语里相刮啥书面语阿刮东西，还是成千年宿古董个种传下来各种土话。

普通话：绍兴人当中有些有点手艺的人就会来镇上生活，几代下来，和街坊邻居来去交往，都变成本地口音了。不要说你祖上从哪里迁过来，只要出生在新塍这块水土上，吃这方水土的水长大起来的，你就是新塍人。你只要从你爷爷的那一代，朝上面追到你爷爷的爷爷那一代，谁知道他们都是从哪里搬过来的。因此，只要你讲出这种口音是新塍这方水土的口音，那么你讲的这个话就是新塍话。不用普通话讲仍是土话，你别去管他，他话里面用的是现代汉语里面的什么书面语的东西，还是十分陈旧、古老的那种流传下来的这种土话。

四

秦始皇格个辰光个书面语，哎白是影响到吾拉新塍老祖宗个刮新塍土话，像金呀、星呀，像个种尼到现在个辰光，才是古代汉语中的闲话，吾拉葛辰光哎化用。到后手来个个千百年辰光里，新塍土话阿白会得受到沧桑个变化，历史沿革消得港得，介歇成光文化、教育几化普及，交通信息几化发达，同天南地北，团团落落个种场化个交往几化密切，新塍土话个个变化，会越来越大，阿会得越来越快。港到土话，不单单是土话里的词形、词义，还罢勿来土话里的词音，个个词音阿就是乡音。个种港么港的册，写么写勿册个种土话，倘彼的无不乡音，伐再阿港不出来，个种土话阿呣么宁晓得。吾拉个代新塍宁阿，才要七八十岁快了，吾拉小辰光晓得个新塍土话格种港法，阿是听个辰光七老八十个老宁港霍哎，个么伊拉听啥宁港霍阿，顶多阿是伊拉小辰光各个七老八十个刮老宁港霍哎，各落葛吾拉小哈子听到刮新塍闲话啦，扳节头阿只有一百五六十年的辰光，就是到葛歇辰光，阿只有两百多葛点外，就是实葛么。葛歇年纪轻一点刮新塍宁，有种新塍话阿，作兴道已经不大晓得哩。

普通话：秦始皇那个时候的书面语，肯定是影响到我们新塍老祖宗那些新塍土话，像金呀、星呀，像这些到现在这个时候，都是古代汉语里的话，我们现在还在用。到后来这千百年的时光里，新塍土话一定会受到沧桑的变化，历史沿革不用说，如今各地文化教育多么普及，交通信息多么发达，与天南地北、各处各地那些地方的交往多么密切，新塍土话的变化是越来越大，也会越来越快。说到土话，不仅仅是土话里的词形、词义，还少不了土话里的词音，这个词音也就是乡音。这些说是说得出的，写又写不出土话，如果没有乡音，无论如何也说不出来，这种土话也就是没有人知道了。我们这代新塍人，也都快七八十岁了，我们小时候知道的新塍土话的这种读法，也是听那时候七老八十的老人讲的，那么他们听什么人说呢，也就是听他们小时候的那些七老八十个的老人说的，所以我们小时候听到的新塍话，扳起指头来数，也只有一百五六十年的时间，即使到今天这个时候，也只有两百年多一点嘛，就是这样。如今年纪轻一点的新滕人，有些新滕话啊，也可能已经不大知道了。

五

来新滕土话里相，读同一个字来一句说话里相，阿会有勿一样个意思，好比得港，个个"辰光"闹，以好港是时间，以好港是时候："哎，啥辰光化里？""伊港转一转，哪哈要转阿厂个辰光啦。"还有喏"点心"，以好港是中午，以好港是中饭："昨日子港来明清必勃，今早点心里来个搭碰头，勿晓得知以碰着啥个挫里挫卡个事体化里外，别宁蓦点心阿才吃好里呀，伊还人面阿勿见。"再港"难为"，有常是"勿省"的意思，有辰光是"为难"的意思："吾拉哦里相个两个小鬼，是勿管吃阿用阿，才难为来野，还勿知音累呀。""伊拉是无事不得晓得阿，一个号头就格几只佬督板呀，怕到勿是化难为吾呀？"新滕土话里相，同一个意思，呀有木星星勿一样的港法，好比得嘎港"小人"格叫法，花册百样有七、八、十来种啦：小百戏、小几头、细几头、小囡头、小撒煞、小赤佬、小老爷、小首、小叫啦子、小牌位、小死尸、小棺材，等等，再像"后来"，阿有"后首来、后埋来、后头来"。"刚开始"格港法阿有"一开始、跑开头、先开头、早开头"。晕头阿朵阿嘎交怪啦。不过打格里塌，作道阿好看得出点格种闲话流传辰光格迟早。阿哦勿看得出新滕宁千百年来就是打四面八方走拢来呵哎。顶直刮么是绍兴刮闲话刮影子来新滕土话里："慢慢来，勿可呆""娘死大头倒，爷死格外好""尼姑养囡，众人帮忙"。小姑娘么叫"囡"，恩子叫"尼子"，饭糍叫"镬糍"。格种怕到啥勿是啊。像"若要盘驳，性命交托""锣鼓听声，闲话听音""糠戏锣鼓多，糠人闲话多""小花脸"格种新滕土话分明是受戏文、说书格影响。还有打洋房、洋桥、洋钉、洋蜡烛、洋霉头、洋灯、洋油、洋灰、洋货代，各种带洋字头个个种新滕土话里，证明打鸦片战争之后，外国宁对吾拉国家个经济侵略。

普通话：在新滕土话里面，同一个词在一句话里面会有不一样的意思，比如说，这个"辰光"，能说是时间，又能说是时候："哎，什么时候了？""他说兜一圈，怎么要兜这么长时间啊。"还有"点心"，能说是中午，又能说是中饭："昨天说得非常清楚，今天中午在这里见面，不知道又冒出什么很难办的事情了，别人家中饭也都吃完了，他还人影也不见。"再说"难为"，有时候是"不省"的意思，有时候是"为难"的意思："我们家里面的两个小孩，不管是吃的呀还是用的呀，都很不省，还不懂事呀。""他们是没有经历过事情（所以）不知道呀，一个月就是这么几个钱，难道不是在难为我吗？"新滕土话里面，同一个意思，也有许多不一样的说法，譬如说"小孩子"的说法，有七、八、十来种啦：小百戏、小几头、细几头、小囡头、小撒煞、小赤佬、小老爷、小首、小叫啦子、小牌位、小死尸、小棺材，再像"后来"，就有"后首来、后埋来、后头来"。"刚开始"的说法也有"一开始、跑开头、先开头、早开头"。昏头昏脑的有很多。不过从这里，也许可以看出些这种话流传时间的早晚。也说不定看得出新滕人千百年来就是从四面八方走来的。最明显的是绍兴话的影子在新滕土话里。"慢慢来，勿可呆""娘死大头倒，爷死格外好""尼姑养囡，众人帮忙"。小姑娘么叫"囡"，恩子叫"尼子"，饭糍叫"镬糍"。这些词语难道不是吗。而"若要盘驳，性命交托""锣鼓听声，闲话听音""糠戏锣鼓多，糠人闲话多""小花脸"等这些新塍土话（中的词语），分明是受戏文、说书的影响。还有从"洋房、洋桥、洋钉、洋蜡烛、洋霉头、洋灯、洋油、洋灰、洋货代"，这些带"洋"字头的新塍土话中的词语，说明从鸦片战争以来外国人对我们国家的经济侵略。

六

新塍土话里，有叫乖是有音无形，就是港得出佬写勿出个刮，倘比傏定归要用文字来表示，就是打字典里去寻啦阿勿见得才有。哪怕伊拨寻着格几个，伊字面佬个意思同傏格想要港点啥啦七当八阿搭勿牢边。傏就是乃格个同音字写出来，嘎板要用新塍口音来读。勿然嘎，消去港得后，人家么听傏阿港天书，傏自嘎么，阿勿晓得阿港点啥。总七总八葛港，新塍土话个条命啦捏起来新塍乡音个手里相，无不新塍乡音，阿就无不新塍土话，个就是吾拉对新塍乡音土话个一种解读。

（摘自嘉兴秀水老友《新塍土话》编委会《新塍土话》（内部资料），本文引用时略有删节，并分为六大部分）

普通话：新塍土话里，有些是有音没有形，就是读得出来，写不出字，譬如你一定要用文字来表示，就是从字典里去找同音字也不见得都有。就是给你找到几个，它字面上的意思和你想要说的同音字的意思基本上不搭界（没有关系）。你就是把这个同音字写到文章中，也要用新塍口音来读。不然，不要去说，别人听你讲话就好像是在讲天书，你自己呢，也不知道你自己在讲什么。总的来说，新塍土话这条命捏在新塍乡音这只手里，没有新塍乡音，也就没有新塍土话，这就是我们对新塍乡音土话的一种解读。

这篇文章，首先以"吾"等词语为例，叙述了新塍土话悠久的历史、深厚的文化底蕴，以及与古代汉语的密切关系，接着描绘了江南水乡新塍一幅幅梦幻般的生活图景、民风民俗，以及深藏其中的文化胸襟；其次，叙述新塍土话发展的历史，体现出新塍土话在新塍人五方杂处之中博采众长所形成的语言睿智；再次，文章解读了新塍土话中"一词多义""一义多词"的语言现象，展示了新塍土话词汇的丰富性，使人们体味到吴语的文化基因和语言密码；最后，论述新塍土话与新塍乡音的关系。文章视野开阔，用词自如，文中的吴语词语，在徐天佑先生的侃侃而谈中，被先生信手拈来，娓娓道来。这不仅说明徐先生厚实的吴语根基，也说明了吴语词汇系统的博大精深、绵绵长长，使得徐先生在文章中能够"左右逢源""游刃有余"，也使得吴语绽放出奇异的光彩。

（二）语法的变化

受汉语规范化的影响，新世纪吴语逆序词虽然没有近代吴语、现代吴语、当代吴语那么多，但依然存在，尤其是在历代吴语语言生活中产生的吴语同位逆序词，在今天仍然有盎然的生命活力。重叠形式仍然是形容词、动词的重要构词方式，"嗄""勿""呒"等否定词仍然被广泛使用，但一些词缀正在发生变化。

1. 逆序词

在规范化的书面语中，吴语同位逆序词越来越少，但在吴语区民间的语言生活中，那些适宜于吴语语言生活的吴语逆序词仍然存在。例如：

人客—客人、物事—事物、路道—道路、雨毛垄—毛毛雨、菜咸—咸菜、鱼咸—咸鱼、菜干—干菜、饭干—干饭、面干—干面、粉干—干粉、丝粉—粉丝、米碎—碎米、肉碎—碎肉、鞋拖—拖鞋、墙围—围墙、板砧—砧板、猪母—母猪、鸡母—母鸡、泥沙—沙泥、气力—力气、量气—气量、乳腐—腐乳、腰身—身腰、衔头—头衔、篾青—青篾、膀肩—肩膀、牢监—监牢、弟兄—兄弟、黑天—天黑、夜宵—宵夜、夜快—快夜、底下—下底、记认—认记、道地—地道、豆腐生—生豆腐、胆大—大胆、灵魂—魂灵、灵清—清灵、心寒—寒心、欢喜—喜欢、潮涨—涨潮、闹热—热闹、细心—心细、心痛—痛心、卫护—护卫、害厉—厉害、饭吃—吃饭、水喝—喝水、书看—看书、路跑—跑路、字写—写字、香烟吃—吃香烟、碗汰—汰碗。这种逆序词的形式同样体现在句子当中。例如：

①我<u>饭吃</u>过勒。（我吃过饭了。）
②侬<u>饭吃</u>勿吃？（你吃不吃饭？）
③河里有较多<u>小鱼落</u>霍游。（河里游着好多小鱼。）
④就会下雨罢，<u>雨伞</u>着带把去。（就要下雨了，要带把伞去。）
⑤天冷起罢，<u>绒衫</u>着着起。（天冷了，要穿上毛线衣。）

由此说来，逆序词并不仅仅是词语的一种构词方式，也是吴语整个词汇系统和语法系统的一种表达形式和思维方式，这种形式、方式不仅仅与吴语地理环境有关，而且与吴语的深层因素有关，即与百越语有关。如前文所述，吴语是在百越语和中原汉语的基础上融合而成的，而吴越语中可能就有"逆序"因素，因为同属百越语的壮话（壮族语言）中，如今还存在这种"逆序"的现象。如：

①地理天文时令

土黑—黑土、土红—红土、土黄—黄土、雨落—落雨、雨大—大雨、河大—大河、河小—小河、年今—今年、年明—明年、年后—后年、年去—去年、年前—前年、月腊—腊月、月行（音）——月（也指春节）、月二—二月、月十—十月、月今—本月、天今—今天、天明—明天、天后—后天、天昨—昨天、天前—前天、年来（音）—哪年、月来（音）—哪月、天来（音）—哪天、宵夜—夜宵。

②方位

上—上面、面下—下面、面外—外面、面里—里面、里屋—屋里、上楼—楼上、上房顶—房顶上、上房—房上、上树—树上、下边田—田下边、上坡—坡上、上天—天上、上床—床上。

③植物动物食物衣物

果梨—梨果、果李—李果、果柑—柑果、果冬（壮语音）—橙果、果卜（壮语音）—柚子果、果枇杷—枇杷果、果苹果—苹果、果罕（壮语音）—花生果、油茶—茶油、菜芥—芥菜、菜猪—猪菜、木竹—竹木、米糯—糯米、米粳—粳米、米玉—玉米、米白—白米、肉肥—肥肉、肉鸡—鸡肉、肉鸭—鸭肉、肉鹅—鹅肉、肉猪—猪肉、肉牛—牛肉、肉羊—羊肉、粥肉—肉粥、粥菜—菜粥、粥热—热粥、水冷—冷水、水热—热水、水温—温水、水滚—滚水、水生—生水、鸡乜（壮语音）—母鸡、鸡卜（壮语音）—公鸡、鸡小—小鸡、猪大—大猪、猪小—小猪、衣新—新衣、衣旧—旧衣、鞋新—新鞋。

④称谓

爸晓明—晓明爸、妈晓明—晓明妈、爷晓明—晓明爷、奶晓明—晓明奶、大（壮语音）晓明—晓明外公、贷（壮语音）晓明—晓明外婆、姑晓明—晓明姑、叔晓明—晓明叔、哥大—大哥、哥建国—建国哥、姐丽荣—丽荣姐、媳妇新—新媳妇。

2. 词语的重叠

重叠一直是各个时期吴语构词的重要方式，在词性上有形容词重叠、动词重叠，还有名词、副词、量词重叠。重叠形式上有 AA、ABB、BBA、ABAB、AABB、ABAC等。在新世纪吴语词汇中 ABB 和 BBA 是常见的形式，一般用来表示动作、颜色、性质、状态。

表示动作、行为：白落落（白忙碌）、皮塌塌（懒散，拖拉）、暗落落（暗地里背着人做事）、火辣辣（生气，恼怒）、假搭搭（虚情假意）、嘎嗒嗒（不赶紧，性子慢）、嘎洋洋（慢条斯理，有气无力）、忌拉拉（小气吝啬）、急嘟嘟（急忙赶快）、腻哄哄（心里有点发腻）、俏灵灵（打扮穿戴俊俏）、倩煞煞（轻挑，不安分）、桑嗒嗒（说话干脆直接，很少考虑后果）、善和和（和善）、坦落落（不着急）、希促促（不灵活）、希呀呀（很厉害，不得了）、鲜奇奇（痒）、猪嗒嗒（傻头傻脑）、白白交（白费劲）、慢慢交（慢一点）、毛毛然（记不清）、扣扣交（勉强凑合）、约约和（马虎随便）

表示颜色：黄比比、黄那那、黑出出、蓝兮兮、绿盈盈、红春春（桃红色）、红莹莹（红色）、青奇奇、血血红

表示性质、状态：矮笃笃、白寥寥（脸色苍白）、白塌塌、瘪塌塌、薄肖肖、丑丝丝（不好意思）、定定交（安心地）、定笃笃（很稳定）、毒嗒嗒、寒丝丝、厚讷讷、耗辣辣、扣扣交（不多不少，正合适）、健松松（健康、轻松）、旧汤汤、空落落、苦盈盈、烂吐吐、毛哈哈（不很精细）、木吱吱、泊糟糟（浮肿）、轻悠悠、长腾腾、爽落落、燥落落、苕苕叫（肚子有点饥饿的感觉）、酸吱吱、痛兮兮、聂刨刨（身体微热的感觉）、聂隆隆（食品热的感觉）、饿星星、新簌簌、野豁豁（大得不着边际）洋淘淘（衣物不结实，快破了）、遥腾腾（遥遥无期）、沿花花（半饥不饱）、阴笃笃、绽鼓鼓（充实饱满）、涨吱吱（微微胀痛）、潮捏捏、习习薄、中中教（程度适中）、订订交（沉甸甸）、尺尺交（未满的样子）、石石老（很老）、好好交（好好的）、扭扭交（差不多）、汤汤滴（汗水往下滴）拢拢交（事物之间距离远）

词语重叠在视觉上给人以整齐的形式美，在听觉上给人以和谐的音乐美。新世纪吴语中重叠这种特殊的词汇形式也是如此，而且在意义上强化了表达效果。例如：

①格种普通饼干，乞上去干卜卜，吪不咪道。

这种普通饼干吃上去干卜卜的，没有味道。干卜卜：干燥、缺少水分。表示饼干的"干"的程度，且表达出不喜欢的意思。

②你拉两嘎头习同同过去，凳子轻轻交搬出来。

你们两个人不动声色地过去，把凳子轻轻地搬出来。习同同：不动声色，不要被别人发现。强调动作行为要轻轻的。

③今朝屋里向亲眷来是木佬佬。

今天家里的亲戚来了很多很多。木佬佬：很多很多。强调人数之多。

④勿要脱厚，呀勿要脱薄，中中教正好。

不要太厚，也不要太薄，合适就行。中中教：适中。两个"中"重叠，形容出这种"适中"的状态。

⑤格件衣裳着来有点旧汤汤。

这件衣服穿来有点陈旧（的感觉）。旧汤汤：陈旧。"汤汤"连用，增加了陈旧的程度。

⑥乘车子到上海去，半路佬自胧胧困着哩。

坐车去上海，半路上朦朦胧胧地睡了。自胧胧：睡意朦胧。"胧胧"连用，描写出这种朦胧的程度。

⑦今朝天公夷是阴茫茫一片勿适意煞。

今天天气又阴沉沉的，很不舒服。阴茫茫：阴沉沉。"茫茫"重叠，写出"阴"的程度，表达出强烈的感情色彩。

⑧格宁有点寿血血，钝头亥喔听勿出。

这个人有点傻乎乎，讥讽他的话他都听不出来。寿血血：傻乎乎。突出傻乎乎的样子和程度。

⑨看倷格两臬闷滞滞，啥事体勿开心？

看你这两天闷闷不乐，什么事情让你不开心呢？闷滞滞：心情烦闷。"滞滞"形容"烦闷"之多、之重、之浓。

⑩明明子伊错脱，艾勿承宁错。

明明他有过错，还不承认自己有错。明明子：清楚，明了。"明明"重叠，表达出一种肯定的语气。

⑪饭乞是勿长远，格歇肚皮里艾饱支支。

饭吃完不久，这时候肚子里还饱。饱支支：饱。"支支"重叠，写出"饱"的状态和程度。

⑫格根竹竿细扭扭蛮好。

这要竹竿又细又韧，很好。细扭扭：又细又韧。强调竹竿"细"。

⑬格里只有独吊吊一埭房子。

这里只有孤单单的一幢房子。独吊吊：单独的、孤单的。突出房子孤单的氛围。

⑭伊有点成绩就神兜兜，连自嘎姓啥伢勿晓得哩。

他有点成绩就趾高气扬，连自己姓什么都不知道了。神兜兜：神气活现，趾高气扬。"兜兜"重叠，形象写出这种"神情"的形态。

⑮倷格乃乃东西，有点勿挪出手。

你的这一点点东西，有些拿不出手。乃乃：这点点。"乃乃"形容很少。

⑯明明勿是吾做格事体，伊脱脱空空造出来。

明明不是我做的事，他凭空编造出来。脱脱空空：没有一点根据，捏造。AABB式重叠，表达气愤的语气。

⑰倷爽爽气气表个态，去艾是勿去，腻腻客客做啥呀？

你就爽快地表个态，去还是不去，吞吞吐吐干什么呢？腻腻客客：吞吞吐吐。"腻""客"连续重叠，既写出"不爽快"的程度，又表达对这种"不爽快"的不满语气。

⑱格趟到嘉兴，字相来象心象意。

这次到嘉兴来，玩得十分舒心。象心象意：称心如意。在"心"与"意"前加"象"字，形成重叠，突出这种"舒心"的体验。

⑲伊做事体有点粗头粗脑。

他做事比较粗心、鲁莽。粗头粗脑：粗心、鲁莽。在"头"与"脑"前加"粗"字，形成重叠，强调这种粗心、鲁莽到了极点，强化情感的表达。

⑳房子造出来像模像样，哦里点勿好？

房子建得有模有样，哪一点不好？像模像样：有模有样。"模""样"加两个"像"字，既调节语速，加重语气，又突出房子外形的漂亮。

3. 否定词的使用

（1）勿

"勿"是否定词，相当于现代汉语的"不"。在新世纪吴语中有很广泛的使用。"勿"在动词、形容词等词的前面或中间，组成否定词组或否定句子。"勿"也可以重叠，重叠后组成的词或词组，否定的意义基本没有，但在语气上有明显的加强。例如：

在动词、形容词等词的前面

①伊今朝为啥勿来？（勿来：不来）

你今天为什么不来？

②看起来格桩事体勿局。（勿局：不好）

看起来这件事情结局不好。

③犯了错误，自嘎想想伬谷着勿香串。（勿香串：不光彩）

犯了错误，自己想想也觉得不光彩。

④勿当心落脱只皮夹。（勿当心：不小心）

不小心遗失一个钱包。

⑤吾勿长远到嘉兴去过一趟，买件西装。（勿长远：不久前）

不久前，我到嘉兴去过一次，买了一件西装。

⑥伊拉伲子变得越来越勿像腔哩。（勿像腔：不像样子）

他的儿子变得越来越不像样子了。

⑦伊港来蛮漂亮，做来勿那哈。（勿那哈：不怎么样）

他说得漂亮，但做起来不怎么样。

⑧宁嘎勿欢迎，伊艾要来，格宁真是勿识相。（勿识相：不知趣）

人家不喜欢他来，他还是要来，这个人真是不知趣。

⑨当伊做生活去哩，勿道是勒嗨坦困觉。（勿道是：想不到）

以为他做生意去了，想不到他在这里睡大觉。

⑩老师傅格木匠生活做来勿推板。（勿推板：不差）

老师傅的木匠活儿做得一点都不差。

在动词、形容词等词的中间

⑪呒不本事，到社会佬肯定乞勿开。（乞勿开：吃不开）

没有本事，到社会上肯定吃不开。

⑫嘎许多饭，吾实在乞勿落。（乞勿落：吃不下）

这么多饭，我实在吃不完。

⑬臭臭嘎班吾实在有点乞勿消。（吃勿消：受不了）

天天加班，我实在有点受不了。

⑭格宁吾有点见勿落。（见勿落：看不惯）

这个人我有点看不惯。

⑮小宁皮来办勿到。（办勿到：受不了）

小孩顽皮，很受不了。

⑯俤那拔跑一趟，实在对勿住。（对勿住：对不起）

让你白跑一趟，很对不起。

⑰格礼霸动勿宁，要集中复习考试。（动勿宁：不能走动）

这个星期不能走动，要集中考试。

⑱格桩事体弄来弄去弄勿落。（弄勿落：办不成）

这件事情办来办去都办不成。

⑲姑娘出门，屋里再穷，一两床被头总归罢勿得格。（罢勿得：不得少）

姑娘出嫁，家里再穷，一两床被子总归不能少的。

⑳今朝伊既然特地来造勿是，俤就原谅伊一次。（造勿是：赔不是）

今天他既然特地来道歉那就原谅他一次吧。

㉑吾心里有气，实在摒勿牢。（摒勿牢：憋不住）

我心中有气，真的憋不住。

重叠格式的"AA""ABAC"

㉒伊古书读是勿勿少。（勿勿少：很多）

他古书看了很多。

㉓勿二勿三格朋友艾是少搭搭。（勿二勿三：不正派）

不正派的朋友还是少交往。

㉔蹄髈烧来勿咸勿淡，正好。（勿咸勿淡：咸淡适中）

煮的猪肘子咸淡适中，正好。

㉕乞格点点酒，勿鲜勿辣，再开一瓶。（勿鲜勿辣：不过瘾）

喝这一点点酒，不过瘾，再开一瓶。

㉖伊办事体一向来勿寸勿过。（勿寸勿过：不偏不过）

他办事一向是不偏不过。

㉗好多亲眷老早就勿来勿去哩。（勿来勿去：没有来往）

许多亲戚很早就没有来往了。

（以上①—㉗例，摘自吴顺荣《嘉兴方言拾撷》，江苏凤凰文艺出版社，2015 年）

在新世纪吴语中，有些"勿"组成的词组或句子中，普通话的词语也逐渐多起来，不用翻译也明白其中的意思。例如：

㉘当时……纯朴个民风，邻里之间个关系确实是吾拉现代人勿可想象诶。（勿可想象：不可想象）

㉙㨨个评价高来勿得了。（勿得了：不得了）

㉚两个评委感觉好像勿是蛮熟悉。（勿是：不是）

㉛小格辰光真式有点<u>勿理解</u>。（勿理解：不理解）

㉜建材市场还<u>勿曾</u>造个辰光侪是田。（勿曾：不曾）

㉝吾侬每天到步行街，就是保证步行街干净，<u>勿好有</u>乱设摊格种东西。（勿好有：不要有）

㉞所以讲，<u>勿管</u>做啥事体，侪要团结。（勿管：不管）

㉟倷如果说晒<u>勿干</u>，倷干脆勤汰。（勿干：不干）

（以上㉘—㉟例，摘自张薇《浙江方言资源典藏·海盐》，浙江大学出版社，2019年）

（2）呒

"呒"是否定词，相当于现代汉语的"没有"。在新世纪吴语中使用也比较普遍。"呒"一般不以单音节形式出现，但可作为单独的语素与其他词或词组构成否定性的词语或词组，这些词组可以是双字格、三字格、四字格，构词的形式相当灵活。"呒"还与"没"构成否定词。

双字格

①格把锁锁勿牢，开勿开，<u>呒管</u>哩。（呒管：没有用）

这把锁锁不住，开不了，没有用了。

②小青年谈朋友，<u>呒啥</u>难为情。（呒啥：没有什么）

小青年谈恋爱，没有什么不好意思的。

③格点小事伢办勿好，格小伙子真<u>呒用</u>。（呒用：没有用）

这点小事也办不好，这小伙子真没有用。

④等快快到医院里，人已经<u>呒做</u>哩。（呒做：没用）

等迅速送到医院里，人已经不行了。

⑤觉得夜里<u>呒啥</u>事体做，到乡下头支棣。（呒啥：没有什么）

晚上没有什么事情可做，就到乡下去。

三字格

⑥一嘎头耘苗，越耘越谷着<u>呒筋头</u>。（呒筋头：没劲）

一个人耘稻苗，越耘越觉得没劲。

⑦格人太厉害，同伊<u>呒弄头</u>。（呒弄头：难以相处）

这人太厉害，同他难相处。

⑧伊肚皮里弯弯肠子多，同伊<u>呒搭头</u>。（呒搭头：不值得相处）

他肚里弯弯肠子多，跟他不值得相处。

⑨今年碰着难关欠是一屁股债，吾是<u>呒设法</u>哩。（呒设法：没有办法）

今年遇上难题，欠了一屁股债，我是没有办法啦。

⑩嘎杜格宁哩，难可洛艾<u>呒清头</u>？（呒清头：没有头脑，缺乏理智）

这么大的一个人了，难道还这样没有头脑？

四字格

⑪有份稳定的工作，除了上班，其他吾真<u>呒啥想头</u>。（呒啥想头：没有什么可想的）

有份稳定的工作，除了上班，其他我真没有什么可想的。

⑫格生活是<u>呒朝日夜</u>，做也做勿好哩。（呒朝日夜：没日没夜）

这活儿没日没夜地做，做也做不完啊。

⑬咳，真是<u>呒告话头</u>，格好的人也去哩。（呒告话头：没有什么可说的）

咳，真是没有什么可说的，这么好的人也走了（过世）。

⑭倷一日到夜<u>呒心到事</u>，捺哈考大学哩啊？（呒心到事：没有心思）

你一日到夜没有心思，怎么考大学啊？

⑮格生活<u>呒头年出</u>。（呒头年出：没有出头之日）

这个活儿干得没有出头之日。

重叠格式

⑯小宁要懂礼貌，勿要<u>呒大呒小</u>。（呒大呒小：没大没小，不懂礼节）

小孩子要懂礼貌，不要没大没小的。

⑰格小青年<u>呒头呒脑</u>，好像苍蝇拍脱个头。（呒头呒脑：做事没有头脑）

这个小青年没有头脑，好像没头的苍蝇。

⑱反正大家统到哩，缺格个人伢<u>呒进呒出</u>。（呒进呒出：无关紧要）

反正大家都到哩，缺他一个人也无关紧要。

⑲格宁向来做事体<u>呒气呒魄</u>。（呒气呒魄：没有气魄）

这人向来做事体没有气魄。

⑳伊<u>呒宁呒头</u>来寻吼势。（呒宁呒头：没有原由、原因）

他没有原由来挑衅生事。

（以上①—⑳例，除第⑤例摘自张薇《浙江方言资源典藏·海盐》外，其余均摘自吴顺荣《嘉兴方言拾撷》，江苏凤凰文艺出版社，2015年）

固定格式"呒没"

"呒"和"没"构成同义复合否定词"呒没"，表示"没""没有"，做动词、副词。"呒没"还可以与其他词组新的词语，如"呒没啥""呒没啥西"等。

㉑吾拉小个辰光，格个海盐武原镇，尽管人口当然<u>呒没</u>现在多，街道<u>呒没</u>现在长，路面<u>呒没</u>现在阔，但是当时吾拉格个闹猛个生意，纯朴个民风，邻里之间个关系，确实是吾拉现代人不可想象诶。（呒没，副词）

我们小时候生活在海盐武原镇上，尽管人口没有现在多，街道没有现在长，路面没有现在宽，但是当时我们热闹的生意、纯朴的民风、邻里之间的关系，确实是现代人不可想象的。

㉒吾拉尼介当时落起格辰光房子勿曾造哩，<u>呒没</u>造格辰光么住起小队格只仓库。（呒没，副词）

我们刚下去的时候，房子还没有造好，没有造好的时候住在小队的仓库里。

㉓烧根鲫鱼嗨酱油<u>呒没</u>哩啰，醋<u>呒没</u>哩么，随手到隔壁邻居婆婆塔老早起拿点来用啦哩，像自家人一样。（呒没，动词）

烧条鲫鱼酱油没有了，醋没有了，随手到隔壁邻居阿婆那里拿点来用了，和自家人一样的。

㉔因为一年当中，如果说连老鼠吃点饭<u>呒没</u>啦哩，说明倷家人已经苦来已经勿来啦哩。（呒没，动词）

因为这一年当中，如果说连老鼠吃的饭都没有了，说明这户家人已经穷得不行了。

㉕有格辰光还要同人家相骂……觉着心情蛮委屈诶，但是<u>呒没</u>办法。（呒没，动词）

有时候还跟别人吵架……就觉得心里很委屈呀，但是也没有办法。

（以上㉑—㉕例，摘自张薇《浙江方言资源典藏·海盐》，浙江大学出版社，2019 年）

（3）呣

在嘉兴一些地方如新塍，还使用否定词"呣"。"呣"读音与"呒"相当，但在用法上可作"没有"，也可作"不"。

①妈妈的病很重，吃了好多药都呣干。（呣干：没用）

②我已经去看过哩，教室里小明呣阿。（呣阿：不在）

③他这两天不上班，一个人在家里呣心相。（呣心相：没有事可做）

④这么难做的事，我是呣落波好伊。（呣落波：没有把握）

⑤孩子又哭又闹，真是呣弄头。（呣弄头：没有办法）

⑥你实在是呣啥干，去惹孩子干啥（呣啥干：没有事可做）

⑦听伊讲得天花乱坠的，实际上呣啥花头。（呣啥花头：没有新东西）

⑧仓库里堆得一塌糊涂，我真的呣手抓路。（呣手抓路：没法上手去做）

［以上例句摘自嘉兴秀水老友《新塍土语》编委会《新塍土话》（内部资料），2014 年］

4. 一些词缀的变化

各个时期的吴语，其词缀都是比较丰富的，这些词的使用也比较普遍，如"阿""老""佬""子""头"等。在新世纪吴语中，这些词缀还在继续使用，不过有些词缀发生了一些变化，如"阿""佬（咾）"等。

（1）阿

"阿"在近代吴语的语法功能主要有三点：一是"阿"+动词、形容词构成疑问句；二是做词头，构成名词或名词性词组；三是"阿"+曾构成否定的副词，表"可曾""曾否"。例如：

①善卿皱眉道："听见说杭州黎篆鸿来里，阿要去问声俚看？"（《海上花列传》第一回）

②朴斋只是笑，却向烟榻下手与小村对面歪着，轻轻说道："秀宝搭我说，要吃台酒。"小村道："耐阿吃嗄？"朴斋道："我答应俚哉。"（《海上花列传》第二回）

③洪善卿还礼不迭，请起上坐，随问："令堂阿好？阿曾一淘来？寓来哚陆里？"（《海上花列传》第一回）

④"小红道："是呀。我买哉，十六块洋钱，比仔茶会浪阿贵点？"（《海上花列传》第二十四回）

⑤楼下众人也齐声喊住，阿德保方才放手。（《海上花列传》第三回）

⑥善卿挨近双珠，悄问道："阿金有几花娇头嗄？"（《海上花列传》第三回）

⑦庄荔甫随后追上，叫住善卿道："耐碰着仔陈小云，搭我问声看，黎篆鸿搭物事阿曾拿得去。"（《海上花列传》第三回）

⑧孙素兰一到，即问袁三宝："阿曾唱？"袁三宝的娘姨会意，回说："耐哚先唱末哉。"（《海上花列传》第三回）

⑨罗子富向洪善卿道："我也要问耐，耐阿是做仔包打听哉？双珠先生有个广东客人，勿晓得俚细底，耐阿曾搭俚打听歇？"大家呵呵一笑。（《海上花列传》第四回）

⑩洪善卿向陈小云道："荔甫要问耐，一篇账阿曾拿到黎篆鸿搭去？"陈小云道："我托蔼人拿得去哉。我看价钱开得忒大仔点。"（《海上花列传》第四回）

在新世纪吴语中"阿"的用法增多了，可做语气副词（也、还）、疑问副词、语气助词用。如嘉兴秀水老友《新塍土话》编委会《新塍土话·新塍土话乡音解读》中的例子。

做语气副词用

①几千年前头孔老夫子孔圣人自家阿称"吾"，寻末叫一笔写勿写出两个"吾"字。

普通话：几千年前头孔老夫子孔圣人自己<u>也</u>称"吾"，那么叫一笔写不出两个"吾"字。

②倸佬哦伊两声，伊阿勿会得记毒，阿勿会得刻杜。

普通话：你要是说他几句，他<u>也</u>不会记恨你，<u>也</u>不会有意见。

③回去个辰光，要想带点啥老四末阿要打个里出梢。

回去的时候，要带点什么的<u>也</u>要从这里开销。

④到三岁阿勿呗伊落地，倘若悖嘎一跤是婆呀糯呀化弄。

普通话：长到三岁<u>还</u>不给他下地，如果摔了一跤就揉啊摸啊。

⑤天阿勿亮就背自只草篰，猪草羊草作好葛几篰。

普通话：天<u>还</u>没有亮就自己背着草篰（竹篾编制的器具），猪草羊草割得好几筐。

做疑问副词用

⑥阿勿晓得伊死到哗里去哩呀。

普通话：<u>也</u>不知道他到哪里去了。

做语气助词用（放在句中表示语速的间歇）

⑦后头来么人<u>阿</u>越来越多，房子么越造越多，就成了村坊。

普通话：后来人越来越多，房子越建越多，就成了村子。

⑧几代人下来同街坊佬相刮四邻八舍混来一道，口音<u>阿</u>才是本地口音。

普通话：几代人下来，和镇上邻居交往，口音都变成本地口音了。

作语气助词用（放在句末，相当于"啊"）

⑨啥辰光化里，伊港转一转，转到葛辰光阿勿成来<u>阿</u>？

普通话：什么时候了，他说兜一圈，怎么兜到这个时间还没有来啊？

⑩吾拉哦里相个两个小鬼，勿管是吃阿用阿，才难为来野，还勿知累呀，伊拉是无事不得知<u>阿</u>！

普通话：我们家里的两个小孩，不管是吃的用的都不省，还不懂事呀，他们是没有经历过不知道（节省）啊！

（2）佬（咾）

"佬"和"咾"在近、现代吴语中是有区别的，在读音上，"佬"读 lɔ，"咾"读 loʔ。在用法上"佬"和"咾"也有区别，"佬"作用为名词后缀，它有两种用途：一是替代"人"字，如赤佬、男佬、女佬、细佬、小角佬等；二是代表从事的职业，如种田佬、斩肉佬、杀猪佬等。"咾"作为助词，有三种用法：一是放在句子中间，使语气舒缓，如："有人生仔病<u>咾</u>许神许佛还个愿。"（《上海方言习惯用语》第139页），"勿要为之明朝<u>咾</u>忧虑"；二是用在句末，相当于现代汉语的"啊""了"，如"不错，前几年皮货行情大得极，啥讲究呢，总是因为货色少之<u>咾</u>"（《土话指南》第15页），"看看我个表，亦走到三点钟者末，格末钟走来慢之点者咾"（《土话指南》第7页）；三是作为连接动词，相当于现代汉语的"和"，如"有福气，好强健，须咾头发还是勿曾那能白哩"（《土话指南》第1页），后来"佬"和"咾"在用法上基本相同，在语音上也相同了，"咾"也读 lɔ。[1]"佬"在新世纪的吴语中用法也多起来，如嘉兴秀水老友《新塍土话》编委会《新塍土话·新塍土话乡音解读》的例子。

表示方位，相当于现代汉语"上"

①格种新塍闲话，扳扳节头，来格世界佬用到介歇拉，促北阿有好几千年格辰光哩。

普通话：这种新塍话，屈指数来，在这个世界上用到现在，可能有好几千年的时间了。

②新塍土话话勿出及吾拉镇佬相"能仁寺"边佬格棵大哎白果树艾要早。

普通话：新塍土话说不定比我们镇上面"能仁寺"边上那棵大的白果树还要早。

③"吾一日三省吾身"格句闲话横天下人才晓得，来字音、字义、字形佬呒没有介点推板。

普通话："吾一日三省吾身"这句话反正天下人全知道，在字音、字义、字形上没有一点点相差。

④各落嘎吾拉新塍土话里个第一个字"吾"字拉顶值铜钿，打格佬港，那怕伊搁落山门、一塌刮子……刮新塍话加在一道，勿见得"狠"得过一个"吾"字。

普通话：所以我们新塍土话里的第一个字"吾"字最值钱，这上面讲，即使所有一切新塍话加在一道，也不见得比过这一个"吾"字。

⑤一生一世当中勿曾出过街佬个人阿有呵，格种场呵，出街佬是当桩事体做。

普通话：一生一世当中没有去过街上的人也是有的，这些地方把去街上当作一件大事情来准备。

⑥哪怕伊拨倷寻着格几个，伊字面佬个意思同倷格想要港点啥啦七当八啊搭勿牢边。

普通话：就是给你寻找到几个，它字面上的意思和你想要讲的同音字的意思，基本上不搭界（没有关系）。

语气助词，相当于现代汉语"啊""了"

⑦哇咿，米桶里阿米阿呣没化哩烦，艾要去量米去哩佬。

普通话：啊呀，米桶里米也没有了啊，还要去买米了啊。

⑧格扇牢门么关来紧腾腾。好哩，那么只好等来门口头等伊哩佬。

普通话：这扇大门关得这么紧，好吧，那么只好在门口等他了。

⑨"何足道"三个字阿好港清爽里相个意思哩佬。

普通话："何足道"三个字也好讲清楚里面的意思了。

结构助词，相当于现代汉语"的"

⑩倷到同吾算算看闹，屋里厢结格罗索刮事体艾行情行是佬推天塞海介头，再港小角佬格点回家作业末真港叫作孽啦。

普通话：你给我算算看，家里啰啰嗦嗦的事情还好多多的，堆满堆满的，再讲小孩子这些回家作业，真是作孽啊。

放在句子中间，既使语气舒缓，又表示动作（或事物）的连续性、多面性

⑪实嘎，等歇伊回来，刮大头么吾拉同伊摆摆好佬收作收作点么好哩。

---

① 钱乃荣：《吴语中的虚词"咾"》，《上海大学学报》（社会科学版）2000年第5期。

普通话：这样，等会儿他回来，那些大件物件我们帮他放置好收拾好就成了。

⑫ <u>倷佬</u>勿到么阿勿成功化，<u>伊佬</u>自嘎再弄勿端正。

普通话：你不来也不行，他自己也收拾不好啊。

⑬ 还有一种运货色<u>佬</u>带客人格船叫快板船。

普通话：还有一种既运货又带客人的船叫快板船。

⑭ 新塍土话里，有叫乖是有音无形就是港得出<u>佬</u>写勿出个字。

普通话：新塍土话里，有些是有字音没有字形，就是讲得出但写不出的字。

（三）词汇系统的变化

吴语词汇系统一般由承传词、创新词和变异词构成。在上文我们已经列举了新世纪出现的词语和部分承传词，这里重点论述新世纪吴语词汇系统中的变异部分。变异部分的词语，主要为两部分：一是由于时代的变迁，一些词语在日常生活中逐渐不用了，最后慢慢地消失；一是在普通话的影响下，一些词语出现兼用现象，即一些词语既在吴语中使用，也在普通话中使用。以下分别列举。

1. 日常生活中使用频率降低的词语

移星：现大多采用普通话"流星"的说法。

戗风：现大多采用普通话"顶风"的说法。

小春月：指农历十月，现大多采用普通话"十月"的说法。

百花生日：指农历二月二十四。

荷花生日：指农历六月二十四。

栈房：原义指"杀猪的后房"，现此义逐步消失，只用"仓库、旅馆"义。

乌烟灯：鸦片烟馆。

半开门：暗娼处。

时疫：瘟疫。现大多用"瘟疫""疫情"。

鼓胀病：血吸虫病。

大头颈：大脖子病。

西装头：男士一种发型。

大娘：儿媳。

新大娘：新儿媳。

二爷：男佣，管家。

炉头：掌勺的。现普遍称"厨师"。

司务：对手艺匠人的尊称，现普遍称"师傅"。

老娘：接生婆，现普遍称"助产士""接生员"等。

店倌：店员。

堂倌：饭馆或茶馆服务人员。现普遍称"服务员"。

养新妇：童养媳。

梳头娘：专门为他人梳头的女人。

茶博士：茶馆伙计。现称"服务员"。

箍桶匠：箍桶师傅。

钉碗匠：钉碗师傅。

坐馆先生：私塾先生。

跑街先生：现称"推销员"。

牢头禁子：狱卒。现称"狱警"。

裁衣司务：裁缝师傅。

长木司务：盖房的。现称"建筑工人"。

小木司务：木匠。现称"木工师傅"。

园作司务：修桶的。

方作司务：做棺材的。

行头：①衣服；②戏曲演员演出时的服装和道具。第一个意义已经被"衣服"代替。

竹衫：竹衣，因用极细小竹制成，竹细像丝。

来子：行话，浴池毛巾。

风凉牵：一种簪子。

鞋叶拔：鞋拔。

味之素：味精。现称"味精""鸡精"。

瞭远镜：望远镜。现称"望远镜"。

饭篮：用竹篾编成盛米饭的容器（饭篮）。

火刀：火镰，一种取火工具。

扑满：储蓄罐。

混池：浴池（以锅烧汤，水热后用木桶倒入池，可容十余人同浴）。

洋蜡烛：白蜡烛。现称"蜡烛"。

骨排凳：民国时期的一种长方凳。现已经少见。

油盏灯：一种用植物油做燃料的灯。

雪花膏：是一种以硬脂酸为主要成分的膏霜，由于涂在皮肤上即似雪花状溶入皮肤中而消失，所以称为"雪花膏"。现在很少有了。

煤头子：引火的纸卷。

洋肥皂：肥皂。现称"肥皂"。

线陀子：一种比较古老的民间纺线的工具。以前我国纺织业不发达时，大多数农民家庭都会自己用线陀纺线供编织衣物。

洋油灯：煤油灯。现已经少见。

掼桶：打稻用的木桶。现已经少见。

庄：批发店。现称"批发店"。

摊：债主分财产。

乌：铜钱的反面。

称杠：老式秤的秤杆。

当头：典当物。

盛箱：装典当物的匣子。

卷包：包典当物的包袱。

提庄：买典当物的商行。

衣庄：卖典当衣服的店。

箍桶：用竹篾或铁铜做成"箍"，套在圆桶之上，使桶片间紧固。

钉碗：补碗（用来修补破损的碗或者在碗上钉上主人的姓或名）。

薪俸：工资。现称"工资"。

乌烟：鸦片。

串酱店：小油酱店。

老大先生：经理。现大多称"老板"。

坐馆：私塾。

缀法：作文，指把材料组合成一篇文章。现称"作文""写作"。

戒尺：私塾先生对学生施行体罚所用的木板。

同齐：一种赌具。

擦自来火：划火柴。

搭纽：门上按锁的工具。

马箱：放马桶的木箱。

皮刀布：理发师磨刀片的布。

洋灯：用煤油作燃料的灯。

水烟罐：铜制的抽水烟的工具。

袱：用来包东西的布。

假领头：套在领子里面的领子，可摘下来换洗。

节节高：架竹竿的竹架子。

柴囤：用于保温的柴草制品。

窝髻：妇女头盘如鸟窝的发式。

麻叉袋：麻布袋。

奢遮：形容小孩聪明、能干。

考皮：特殊的面料，适合夏天用。

铜罐：浇开水的铜壶。

爽债：形容小孩容易养育。

升箩：量粮食的竹木器具。

2. 吴语、普通话兼用的词语

日头一太阳、云头一云、冻冰一结冰、雨浧一淋雨、阵头雨一雷阵雨、洋灰一水泥、灰一灰尘、夜间一夜里、跑昔一从前、生朝一生日、大前日一大前天、半夜把一半夜三更、开始辰光一从前、外头一外地、场化一地方、街路一街道、饭堂一食堂、隔壁头一隔壁、骷郎头一头、劲道一劲头、气力一力气、嘴婆一嘴、娘舅一舅舅、兄弟一弟弟、学徒工一学徒、新妇一媳妇、姜一生姜、落苏一茄子、辣茄一辣椒、樱珠一樱桃、圆果一桂圆、地梨一荸荠、文旦一柚子、勃萄一葡萄、青果一橄榄、洋山薯一马铃薯、小豌豆一豌豆、活狲一猴子、鸦鹊一喜鹊、雌鸡一母鸡、游火虫一萤火虫、老虫一老鼠、衣裳一衣服、绒线一毛衣、围身一围裙、滚水一开水、茅坑一厕所、窗盘一窗子、物事一东西、叉袋一麻袋、皮皂一肥皂、眠床一床、被絮一棉胎、台毯布一台布、谷一稻谷、耘稻一耘田、信壳一信封、印子一图章、寿山石一粉笔、学生子一学生、书坊店—书店、讨—娶、嫁—出嫁、碰见—遇见、袘—尿布、搛菜—夹菜、着衣裳—穿衣服、抬—扛、搂—抱、摆—放、调—换、难为—浪费、相帮—帮忙、火烧—着火、清爽—清楚、欢喜—喜欢、惹气—讨厌、懊恼—后悔、当心—小心、记挂—想念、量气大—气量大、倷—你、本生—本来、一向——直，等等。

第五节　新世纪吴语与普通话比较

本章从此次田野调查的语料出发，将新世纪吴语与普通话进行声母、韵母以及声调的比较，从而寻找两者在语音系统上的区别和对应关系。

一、声母比较

新世纪吴语有 28 个声母，普通话有 22 个声母（包括零声母），新世纪吴语有普通话所没有的声母，分别是"b、v、d、z、dʑ、ʑ、ȵ、g、ŋ、ɦ、ɦ"，而普通话则有新世纪吴语所没有的声母，分别是"tʂ、tʂʰ、ʂ、ʐ、x"。

新世纪吴语声母和普通话声母的对应关系见表 6-23、表 6-24。

表 6-23　新世纪吴语声母和普通话声母对应

新世纪吴语声母	普通话声母	例字
p	p	八把半班扁边变标表本奔笨兵冰饼百布笔必
pʰ	pʰ	批屁盼胖炮泡抛破铺坡喷飘漂骗拼品聘匹
b	p	败罢抱暴步别便备办伴棒拔薄白
	pʰ	爬排牌跑袍婆盘皮佩陪赔旁篷蓬朋平凭瓶
m	m	摸磨模麻码骂米马亩某母闷蒙门名命明民蜜
f	f	番藩翻泛反副富付非飞风粉分丰蜂方仿放法发
v	f	繁范帆饭犯凡符父妇腐扶冯缝逢坟份房
t	t	兜担单旦掸底抵吊钓电店点顶订钉丁东冬懂
tʰ	tʰ	兔吐土腿退添天挑跳透推偷拖听挺厅通统踢贴铁
d	t	钝盾顿邓洞动夺弟帝递第地定敌达歹
	tʰ	台抬弹唐堂桃淘头徒田条题停庭
n	n	你奶耐内馁难男恼脑闹囊嫩能弄农浓
ȵ	n	拟泥腻女念钮牛辇年粘娘酿妞虐疟宁佞恁尊匿溺
l	l	垒雷捞老牢拉喇礼梨理离里莲两力立腊辣
ts	ts、tʂ	猪正朱知走州早中作正振震镇争蒸整
tsʰ	tsʰ、tʂʰ	吵抄抽车唱册参仓菜猜出
s	s、ʂ	师思杀撒说数松设宋兽梳署
z	ts、tʂ	字自滋直丈仗杖造暂在宅座泽乍
	tsʰ、tʂʰ	唇存除虫床残词磁辞慈蚕才茶
	s、ʂ	绍顺寺俗随十拾石实受绳慎肾甚神涉舌
	ʐ	如儒乳若惹入瑞任仍柔辱

新世纪吴语声母	普通话声母	例字
tɕ	tɕ	鸡基跻挤搅剿叫疆浆缰匠奖将坚肩简尖借洁解经
tɕʰ	tɕʰ	启气欠倩歉枪抢腔悄巧窍翘俏切妾清顷亲轻曲
dʑ	tɕ	近静妓忌件劲具杰旧局
	tɕʰ	芹穷球权齐桥
	ɕ	徐寻巡席习
	tʂ	轴
z	ɕ	谐邪斜
ɕ	ɕ	细喜戏系先掀鲜凶兄胸休修朽雪心笑迅小
k	k	稿高糕古鼓固故顾改盖概革干刚工公钩
kʰ	kʰ	科课磕苦看开空克亏咳客肯恳
	tɕʰ	铅敲嵌
g	kʰ	狂捆魁葵
	k	共轧
	x	环憨
	tɕʰ	茄
h	x	花化好挥辉欢唤狠慌荒
ɦ	ɕ	匣行鞋狭校效悬陷现嫌弦项巷熊幸杏
	x	合杭后厚含何侯华
ʔ	零声母	汪妄王亡翁屋
ŋ、ɦ	零声母	牙芽衔外摇咬肴颜盐演严洋羊仰阳
零声母	零声母	爱燕舀厌啊因夜有右衣养样
	x	坏换还₃孩亥寒韩旱

6-24 新世纪吴语声母浊声母与普通话声母对应

	b → p、pʰ		d → t、tʰ
i	币敝避弼‖疲皮琵瀑曝	i	弟第地笛迪狄荻敌翟粜‖堤题提蹄啼
u	步部埠‖葡葡蒲	u	杜度肚渡独读牍渎毒‖徒途图谱突
A	罢拔白跋‖爬扒琶耙	A	大达‖踏
o	薄勃脖渤铍‖		
ai	败稗‖排牌	e	‖特
ei	倍备被佩‖陪赔培	ai	代袋贷待怠黛玳逮‖台苔抬枱
au	暴铇‖袍	au	稻盗导‖桃逃葡涛啕陶
an	伴拌绊‖盘叛畔泮	an	蛋但弹‖谭坛檀谈
iɛn	辨辩瓣便‖	iauu	调掉‖条调
əŋ	‖朋棚鹏彭膨澎蓬篷	iɛn	电殿垫奠淀‖田甜填
ɑŋ	蚌棒‖旁滂膀	əŋ	‖腾藤腾疼
ən	笨‖盆	ɑŋ	荡砀‖
	g → k、kʰ	ou	豆痘逗窦‖头投
ui	柜跪‖逵葵溃愦愧	iŋ	定锭‖廷庭蜓亭停
uɑŋ	逛‖狂	iɛ	碟蝶牒迭叠谍‖
uŋ	共‖	ui	兑队‖

续表

g → x、tɕʰ		uan	断段缎 || 团
uan	环 ||	uən	屯盾钝遁 ||
iɛ	茄	uŋ	动洞 || 同铜桐潼瞳童
dz → tɕ、tɕʰ		z → tʂ、tʂʰ	
i	忌妓 || 其祺琪旗淇奇骑歧技祈祁	ɹ	治滞痔稚 || 迟池持
y	巨拒距具俱惧 || 渠衢	u	|| 除厨储橱
iɑu	|| 乔侨桥	ʌ	|| 茶搭查
yɛn	倦 || 拳蜷权颧	an	|| 蝉禅婵蟾
iɛn	俭件健 || 钳乾箝前潜	ɑŋ	丈杖 || 场肠长
iou	舅臼旧柩咎 || 求球裘述	u	助 || 雏锄
iɑŋ	|| 墙强	əŋ	郑 || 诚程成城层乘
in	仅谨近劲 || 琴禽擒勤芹	ən	阵 || 臣晨辰
yn	|| 群裙	uən	|| 淳纯唇莼
yŋ	|| 穷	uŋ	仲重 || 丛从
y	局 ||	uŋ	|| 虫崇重
i	疾集籍及极 ||	ou	骤 || 绸筹酬仇畴惆
yɛ	掘倔 ||	i	直值植殖姪 || 蚀拾什
iɛ	傑	ʌ	闸 ||
iɑŋ	像象 ||	u	浊濯 ||
z → s、ʂ		z → ts、tsʰ	
an	|| 善膳缮	au	|| 曹嘈漕槽
i	祀饲寺俟 || 时视誓逝嗜	i	|| 词祠辞慈
ɑŋ	|| 尚上	uo	坐座 ||
uŋ	诵颂讼 ||	ɑŋ	|| 藏
u	俗 || 塾赎熟属	o	族 ||
		ɤ	泽择 ||
z → r			
an	然燃	uo	若弱
ɑŋ	壤让	i	日
ŋ → n		ŋ → r	
i	泥尼拟腻匿溺	an	染
iɛ	孽聂镊蹑捏	au	绕饶
yɛ	虐	ɑŋ	让壤瓤嚷
iɛn	粘年碾念验捻	ən	人任忍认仁
au	挠	yn	闰
iɑŋ	娘酿	uŋ	绒茸
iŋ	凝宁	y	褥
uŋ	浓	yɛn	软阮
y	女	i	日
ŋ → y		ɤ	热
i	疑宜谊蚁仪义议毅	ou	肉
iɛn	研严阎俨砚	ŋ → ø	
in	银吟	ɤ	耳二贰

iŋ	迎		
y	愚娱语豫遇寓玉狱		
yɛn	元原源愿		
ɚ	业		
v → f		v → w	
an	帆凡烦繁饭犯	an	挽晚万
ɑŋ	方芳	ɑŋ	妄望忘
ən	坟焚愤忿份	ən	文纹闻问吻刎
əŋ	冯逢缝奉凤	ei	微维惟尾未味
ei	肥	u	武鹉侮务雾勿物
u	符扶芙无腐父妇负附服伏復		
ʌ	乏伐筏罚		

声母比较说明：

（1）新世纪吴语保留了浊声母"b、d、g、dʑ、z、ȵ、v"，而普通话里则没有这套浊声母。具体见表6-24。

（2）新世纪吴语保留了舌尖前音声母"ts、tsʰ、s"但没有舌尖后音声母"tʂ、tʂʰ、ʂ"，这套声母在普通话里分别对应为"ts、tsʰ、s"和"tʂ、tʂʰ、ʂ"两套声母（见表6-23）。

（3）新世纪吴语的浊声母"b"一部分字对应普通话声母"p"，另一部分字则对应声母"pʰ"，如"币、敝、疲、皮"在吴语中的声母为b，但在普通话中分化为p、pʰ。而吴语里浊声母"d"一部分字对应普通话"t"声母，另一部分字则对应"tʰ"声母，如"弟、第、堤、题"在吴语中的声母为d，但在普通话中分化为t、tʰ（见表6-24）。

（4）新世纪吴语浊声母"z"分别对应普通话里的舌尖前音声母"ts、tsʰ、s"和舌尖后音声母"tʂ、tʂʰ、ʂ、ʐ"（见表6-24）。

（5）新世纪吴语浊声母"dʑ"分别对应普通话里的舌面音声母"tɕ、tɕʰ、ɕ"和舌尖后音声母"tʂ"，需要注意的是两个韵母i发音不同，第一个韵母在吴语里发音为i，第二个韵母则为入声韵（见表6-24）。

（6）新世纪吴语浊声母"g"分别对应普通话里的舌根音声母"kʰ、k、x"和舌面音声母"tɕʰ"（见表6-24）。

（7）新世纪吴语存在尖、团音，普通话不分尖、团音，尖音全部并入团音。如下列字组里，在嘉兴新世纪吴语中，第一个字是尖音，第二个字是团音，但在普通话里全部是团音。际寄、尖坚、将姜、修休、煎肩、箭剑、细戏、小晓、迁谦、趣去、晶经、箱乡。

（8）新世纪吴语浊声母"ɦ"分别对应普通话里的舌面音声母"ɕ"、舌根音声母"x"以及"r"和零声母（用"ø"表示）等（见表6-25）。

6-25　新世纪吴语声母ɦ与普通话声母ɕ x ø r对应

吴语	普通话	韵母、例字
ɦ	ɕ	iɛn 衔咸闲限 || iaŋ 项降巷 || i 系 || iɛn 嫌贤弦 || iau 效校 || y 圩 || yɛn 炫眩
	x	uA 华铧桦画 || ou 侯喉猴厚候后 || ai 孩 || au 豪毫浩号 || an 寒韩含函旱汗翰焊 || aŋ 杭航行 || ɣaŋ 黄皇蝗 || nɛ 痕恨 || ɣɛ 横恒衡 || ɣŋ 鸿宏红虹弘 || iŋ 行形刑型幸杏 || yŋ 熊雄 || u 胡湖壶狐 || ɣ 河荷何和贺 || u 乎户沪互护 || uai 槐怀淮坏 || uei 回茴汇 || uan 缓桓 || uɛn 魂浑馄混
	ø	iA 牙芽崖涯 || 偶藕 || iɛn 颜眼雁延言盐檐炎沿演焰 || au 熬傲 || an 岸 || aŋ 昂 || i 移姨胰遗饴异易亦弋翼 || iau 肴淆摇谣遥窑姚尧耀鹞 || iou 尤邮由油游犹有诱酉 || iaŋ 羊扬杨阳洋烊徉痒样氧 || iŋ 营盈赢蝇 || in 寅淫引 || yŋ 庸 || ɣ 鹅俄饿 || u 吴梧蜈五午伍舞误悟 || uei 围桅危为伟韦违纬卫魏谓慰 || uan 完丸玩顽 || y 渔鱼于余馀盂榆愉圄预御豫喻裕誉 || yɛn 缘元园圆袁援辕远 || yn 云匀
	r	uŋ 荣容蓉熔融

二、韵母比较

　　新世纪吴语有43个韵母（包括ɿ、m̩、ŋ̍），普通话有39个韵母，新世纪吴语声母和普通话韵母的对应关系见表6-26。

表6-26　新世纪吴语声母和普通话韵母对应

新世纪吴语韵母	普通话韵母	例字
ɿ	ɿ	诗狮施湿史使始屎士示世市似势事侍试柿是匙
ʮ	u	除厨橱处如儒乳书梳舒输树竖庶朱珠诸注蛀
i	i	比彼抵底地弟帝递第机鸡基跻激已挤计记离梨黎里
	ei	匪废费
	uei	惟维尾味
	ər	二耳
u	u	补捕布步部斧府腐父付妇附阜乎呼胡壶湖虎互素诉
	o	波坡玻钵馎剥播伯跛簸婆
	uo	货火祸唆蓑所锁妥唾
	ɣ	何和河贺荷
y	y	拘居疽举句拒具据聚驴吕旅虑蛆趋取娶须胥虚需
e	ei	陪培赔佩悲碑备背辈雷垒类累梅媒煤每美妹
	uei	堆队对兑
	ou	抽仇绸酬愁丑臭兜抖斗豆沟钩狗构够猴吼后厚候
ie	iɛn	边扁变便遍辨颠典点电店垫殿肩兼连怜帘脸练炼恋
	yɛn	轩宣旋选癣
ue	uei	归龟规闺挥辉徽回悔毁盔葵傀愧伟围
	uai	快
ɛ	ai	猜才材财裁采彩菜该改盖概孩海亥害开凯慨奈耐
	an	班板办瓣扮残产铲丹担单掸旦但弹蛋帆翻凡烦繁
	iɛn	拣减嵌衔苋
iɛ	iɛn	念

新世纪吴语韵母	普通话韵母	例字
uɛ	uan	关惯还#环缓幻
	uai	筷
o	A	坝霸茶查岔诧差码骂趴爬怕沙纱
	uɑ	瓜寡挂花化画
	ɤ	车蔗蛇舍赊赦
	ʌi	夏下哑丫
	ai	埋买晒
ɔ	ɑu	饱宝保报抱暴曹槽草抄钞朝潮吵炒刀岛倒到道稻
	iɑu	绞敲觉咬教
ɔi	iɑu	标表刁吊钓掉交浇娇骄胶椒蕉酵寥料苗描秒妙庙
a	A	乏罚大哈拉把罢喇妈哪那洒踏
	ai	太态泰派排牌败拜稗柴豺带赖埋买卖奶
	iʌ	加甲价假架嫁
	iɛ	街解戒界蟹
	ɤ	扯惹
ɑi	iʌ	亚鸦霞雅
	iɛ	写泻卸谢爷夜也
uɑ	uai	乖拐怪槐坏块快歪
ɤə	an	安庵岸按案暗般搬半伴拌蚕禅缠蝉忏竿赶敢干幹
	uan	川穿传喘
uɤə	uan	官馆管贯罐缓换唤宽款銮卵乱
iəui	iou	丢纠鸠究九久酒旧枢救就舅溜刘流柳秋囚求球
ɪŋ	iŋ	冰兵丙秉柄饼禀并病丁顶订钉定京经晶兢精鲸井敬
əŋ	əne	奔本笨臣尘辰陈晨趁分坟粉份忿粪根跟痕狠恨
	əŋ	层曾成诚承城乘程逞灯登等邓凳恩亨哼恒横衡
	uən	纯莼唇蠢存寸蹲钝盾顿
uəŋ	uən	滚棍昏荤婚浑馄混魂稳
yəŋ	yn	晕孕运韵云匀
oŋ	oŋ	虫崇宠铳匆葱聪从东冬董懂动冻洞工功攻恭贡
	əŋ	迸丰风封蜂冯逢缝讽凤奉蓬篷捧
ioŋ	ioŋ	穷穹凶兄胸熊壅永用
	oŋ	荣绒容
ã	ɑŋ	张厂常盲涨长帐
	əŋ	碰朋猛冷生更粳孟彭
	iŋ	硬行
	A	打
iã	iɑŋ	枪抢姜良匠象娘乡香羊央量
uã	uɑŋ	光广旷汪王匡筐狂往
ɑ̃	ɑŋ	帮胖榜旁忙茫方房当囊郎藏桑岗狂荒皇脏
ɬ	ɻ	耳儿二
m̩	u	姆

续表

新世纪吴语韵母	普通话韵母	例字
ŋ̍	u	五白
	y	鱼白
	uo	我白
	ər	儿白
iiʔ	ie	别瘪跌节劫杰洁结捷截列劣裂灭蔑切妾窃
	i	逼鼻笔必滴敌笛激及级极即急棘集藉籍
	ʅ	吃
əʔ	ʅ	斥饬日湿十拾食式饰织直执汁只植职殖
	ɤ	侧测得额厄鸽割喝合色涩瑟
	uo	夺脱
	u	出述物勿
	ʌ	答呐纳
	ei	黑勒贼
uəʔ	uo	国或惑撮
	u	骨忽
yəʔ	y	居疽屈
	yɛ	诀绝掘穴学血曰阅悦越
oʔ	u	触毒独读笃伏服复酷鹿木目屋
	o	博摸莫
	ei	北
	uo	绰错郭获霍洛骆落诺说朔托沃
	yɛ	岳
	y	续
	ɤ	恶阁搁各鹤壳
	iou	宿六
ioʔ	y	鞠局菊曲蓄玉郁浴
	ou	肉轴
	u	褥
aʔ	ʌ	阿八拔插达发法腊辣抹撒
	o	拔伯钹
	ɤ	册策格隔盒客
	ʅ	尺石头
	ai	白百柏拆麦脉拍
	uo	弱酌若
	iʌ	夹掐瞎匣压押鸭
iaʔ	iɛ	捏疟虐协胁
	iɑu	嚼脚削药
	yɛ	掠却雀约
	iʌ	恰侠
uaʔ	uʌ	划滑挖
	uo	豁括

韵母比较说明：

（1）新世纪吴语有元音韵母、鼻音尾韵、鼻化韵母及喉塞音尾韵母四种韵母，但普通话没有鼻化韵母和喉塞音尾韵母。

（2）新世纪吴语虽然跟普通话韵母系统共同存在舌尖前之音 ɿ 韵母，但却不存在舌尖后之音 ʅ 韵母。

（3）新世纪吴语不存在普通话韵母系统的卷舌元音韵母 ər。

（4）新世纪吴语保留了后鼻音尾韵母"ɪŋ""əŋ""uəŋ""yəŋ""oŋ""ioŋ"，但没有前鼻音尾韵母"an""ən""in""uən""yn"，普通话里既有前鼻音尾韵母，也有后鼻音尾韵母，但没有"uəŋ""yəŋ"两个韵母。

（5）与普通话相比，新世纪吴语的复合元音韵母简化，在两个元音构成的韵母中只有一个元音。如"ɑ""e"分别对应普通话的"ai""ei"，如"ɑ-ai"：摆派排牌败拜卖买斋债，"e-ei"：碑杯卑悲配。

三、声调比较

新世纪吴语声调与普通话声调对应关系为：新世纪吴语的阳平对应普通话阳平和阴平，全阴上、次阴上对应上声，阳上对应去声，阴去、阳去对应去声，阴入分别对应阴平、阳平、上声、去声，阳入则对应阳平和去声（见表6-27）。

表6-27　新世纪吴语声母和普通话声调对应

古四声	新世纪吴语调类	普通话调类	例字
平	阴平	阴平	开天中师书猪杯
	阳平	阳平	寒穷田移皮连联同时
		上声	网弥愚跑鸟
上	全阴上	上声	好古纸展轨板宝保早
	次阴上	上声	考口丑楚草巧处厂宠肯
	阳上	去声	士厚是竖赵绍骂战待
去	阴去	去声	盖靠汉泡块骗退素过
	阳去	去声	视面树邓瑞电大豫
入	阴入	阴平	哭搭剥拍逼息七发只杀
		阳平	急合福国决活葿鞠
		上声	百北塔尺笃匹铁血曲
		去声	客霍恶触各不必玉蓄
	阳入	阳平	白乏达石服独浊敌夺
		去声	麦辣木六灭力勒纳物蜡

第六节　本章小结

新世纪吴语所处的语言时期是新事物不断涌现的一个崭新时期，随着文字、传声技术、计算机等一系列人文、科技的发展，语言生活范围和内容不断扩大丰富。各种语言政策的推行，尤其是普通话的推广对吴语方言区的语言变体形成较大影响，同时互联网的兴起无疑给吴语方言区语言生活带来了前所未有的冲击。在这样的语言生活背景下，新世纪吴语具备不同于以往时期的特点。

普通话的大力推广使新世纪吴语在语音上的变化尤为明显：首先，相对于当代吴语时期来说，新世纪吴语的 ŋ 母可分化为 ŋ 母和 ø 母，即当代吴语时期 ŋ 母不存在，而新世纪吴语 ŋ 母仍是存在的，且仍有一部分 ŋ 母分流成为 ø 母。其次，受到普通话强势语言及其他语言外部因素的影响，作为吴语一大特点的喉塞音入声韵"-ʔ"正在消失，如"德 təʔ"变为"德 tə"，"萨 sɑʔ"变为"萨 sɑ"等，而这一语言现象主要集中在青年人群体。再次，与前一个吴语时期相比，新世纪吴语是存在 əu 韵的，而当代吴语是不存在 əu 的，新世纪吴语中 əu 韵和 u 韵在与声母相拼时呈现了互补状态。最后，新世纪吴语的 ən、in 韵呈现了后鼻音化，这一现象可能很大程度上归结于普通话的大力推行。

新世纪吴语词汇在内容上反映了我国语言生活方方面面日新月异的变化，首先表现为出现新事物词汇名词，如"南极棉、时装秀、职业装、牛仔裤、旅游鞋、羽绒服、直统袜、情侣戒、高消费、海选、投资"等。其次，在外来词语方面，这一时期的吴语仍保持吸收转换大量外来词的能力，如"培根、汉堡包、自助餐、蛋挞、华夫饼干"等，可以说新世纪吴语仍具有较大语言活力。而这一时期吴语词汇最为突出的表现即开始出现了网络词语，如"人气、零距离、一生一世、魔鬼身材、短信、论坛、斑竹、886"等词语。相对于外来词语，新世纪吴语对于网络词汇的吸收转换能力并不强，人们在使用网络词语时，大多会出现吴语和普通话两种语码混用的情况。

本研究较全面、精确地描写了新世纪嘉兴吴语的语音体系，并将之与历史上的吴语和现实中的普通话进行比较，从语音方面为人们呈现了一个仍具中古音和方言特色的"变化中"的新世纪吴语。通过与普通话比较，新世纪嘉兴吴语语音的中古音和方言音的特点十分明显。在声母方面，例如，新世纪吴语仍然保留中古汉语浊音系统，塞音声母发音方法有"p、pʰ、b""t、tʰ、d""k、kʰ、g"三种，即全清、次清、全浊，而普通话只有"p、pʰ""t、tʰ""k、kʰ"两种。又如，新世纪吴语还保留有疑母（ŋ）和影母（ʔ），而这二母在普通话中已经不存在。在韵母方面，新世纪吴语有元音韵母、鼻音尾韵、鼻化韵母及喉塞音尾韵母四种韵母，而普通话没有鼻化韵母和喉塞音尾韵母。又如，与普通话相比，新世纪吴语的复合元音韵母简化，在两个元音构成的韵母中只留有一个元音，变成"ai-a""e-ei"。在声调方面，新世纪吴语有 9 个调，普通话只有 4 个调。中古时期的入声在新世纪吴语中被全部保留下来，而普通话已经没有入声了。

总之，通过新世纪吴语与历史上的吴语、新世纪吴语内部新派与老派的比较，我们实际上是把新世纪嘉兴吴语放在一个动态的语言轴线上进行审视。通过比较，发现新世纪嘉兴吴语语音体系是十分稳固的，但其中已经出现了变化的部分。通过老派与新派的比较，发现新世纪吴语声母出现了"浊音清化"的倾向。韵母中，老派较多保留了舌尖

前圆唇音 ɥ 韵，但中年人 ɥ 韵也开始发生变异，而新派的 ɥ 韵日趋减少，分别变异为 u 韵和 ɿ 韵。老年人、中年人在读"iɪʔ""əʔ""ɑʔ"等韵母时较好地保留了喉塞音"ʔ"；相比之下，青年人在读这三个韵母时"ʔ"音已有消失的趋势。通过与历史吴语比较，可知新世纪吴语的变化也明显，如 20 世纪 80 年代的 ən、in 韵，在新世纪中变为 əŋ、iŋ 韵。又如 ue 韵，从 30 年代、80 年代到新世纪时期，与疑母 ŋ 相拼时发生的变异过程为 "ŋue → ɦue、ɦue → ue/ɦue"。再如韵母"əl"在 30 年代的嘉兴吴语中不存在，但到 50—80 年代就出现了，在新世纪吴语仍然保留着。当然新世纪吴语的变化是多样，既有直线式变化，也有迂回式变化，如"z""ŋ"母在 30 年代是存在的，但 80 年代的语料中没有记录，而到新世纪的吴语调查中又发现了这两个声母。综上所述，嘉兴新世纪吴语是一个"变化中"的语言系统。

社会语言学认为，一个语言系统为了在语言生活中保持系统的平衡，必然要不断地适调自己的内部结构[①]，这是语言变化的原因。20 世纪以来，嘉兴语言生活经历吴语、吴语/普通话、普通话/吴语三个发展阶段。自 20 世纪末起，嘉兴语言生活已经进入"双语"时代，而这种"双语"模式由"20 世纪末以嘉兴吴语为主导"变成"本世纪以普通话为主导"。社会变了，语言生活也变了，新世纪嘉兴吴语也随之而变，这是语言的发展规律。

---

① 徐大明、陶印红、谢天蔚：《当代社会语言学》，中国社会科学出版社，2004，第 132 页。

第七章
吴语百年变化特点

〰️

本书前面章节不仅对近代、现代、当代以及新世纪四个阶段的吴语语音系统和词汇系统进行了详细描写，归纳了不同阶段吴语的特点，同时还将四者进行了历时比较，尝试找到不同时期吴语的异同点及发展趋势。本章在前文的基础上归纳了吴语百年来的演变特点，语音方面主要为浊音变化、尖团合流、见母腭化、鼻音变化、入声变化、韵母简化、文白异读等，词汇方面主要为"向普通话靠拢"。

第一节　浊音变化

汉语语音的变化大多是由发音上的同化作用引起的。[1] 从历时演变的角度看，吴语的浊音变化主要表现在两方面：浊声母清化为清音声母和脱落变为影母。从共时角度看，老派保留了较为完整的浊音声母，而新派的浊声母变化现象则比较明显。

一、浊声母清化为清声母

从表 7-1 看，由于浊声母拼合的韵母不同，因此浊声母发生清化和清化分流的时间也不同，如匣母 ɦ 与群母 g、奉母 v 发生清化的时间各不相同，而匣母 ɦ 发生清化后则分流为晓母 h 和审母 ɕ。近代吴语的大部分浊声母是从现代吴语时期开始发生清化的，如匣母 ɦ 在与开口呼韵母 a、合口呼韵母 uɤə 和 ua 相拼时，在现代吴语时期就已经清化为晓母 h，由 ɦue、ɦua、ɦa 变为 huɤə˧、hua、ha。而当匣母 ɦ 与韵母 e、i 拼合时，匣母 ɦ 在现代吴语时期均未清化。但是到了当代吴语时期，与韵母 i 相拼合的匣母 ɦ 清化成审母 ɕ，相比之下，与韵母 e 相拼合的匣母 ɦ 到了新世纪吴语时期才清化成晓母 h。

表 7-1　吴语浊声母清化

汉字	近代吴语	现代吴语	当代吴语	新世纪吴语（上）	新世纪吴语（下）
欢	ɦue	huɤə˧	huɤə	huɤə	huɤə
唤	ɦue	huɤə˧	huɤə	huɤə	huɤə
歪	ɦua	hua	hua	hua	hua

---

[1]　王福堂：《汉语方言语音的演变和层次》，语文出版社，2005，第 2 页。

续表

汉字	近代吴语	现代吴语	当代吴语	新世纪吴语（上）	新世纪吴语（下）
蟹	ɦia	ha	ha	ha	hɑ
憾	ɦie	ɦiɤə	ɦiɤə	hɤə	hɤə
奚	ɦi	ɦi	ɕi	ɕi	ɕi
系	ɦi	ɦi	ɕi	ɕi	ɕi
愧	gue	gue	gue	kʰue	kʰue
烦	vɛ	vɛᵉ	vɛ	fɛ	fɛ
帆	vɛ	vɛᵉ	vɛ	fɛ	fɛ
霞	ɦia	ɦioʔ	ɦioʔ	ʔiaʔ	ʔiaʔ

注：新世纪吴语分为前、后两个时期。前期的语料来自嘉兴档案局、徐越的《嘉兴方言》，后期的语料来自本课题的田野调查。下同。

群母 g、奉母 v 在近代吴语至当代吴语时期保持浊音状态，至新世纪吴语时期两者均发生了清化，群母 g 与 ue 韵相拼时清化为溪母 kʰ，奉母 v 与 ɛ 相拼时清化为非母 f。

二、浊声母变异为影母（见表7-2）

表7-2　吴语浊声母脱落

汉字	近代吴语	现代吴语	当代吴语	新世纪吴语（上）	新世纪吴语（下）
坏	ɦua	ɦua	ɦua	ʔua	ʔua
胃	ʔue	ɦue	ɦue	ʔue	ʔue
卫	ʔue	ɦue	ɦue	ʔue	ʔue
慧	ɦue	ɦue	ɦue	ʔue	ʔue
会	ɦue	ue	ɦue	ʔue	ʔue
换	ɦue	ɦuɤə	ɦuɤə	ʔuɤə	ʔuɤə
缓	ɦue	uɤə	ʔuɤə	ʔuɤə	ʔuɤə
悬	ɦioe	ɦiyɤə	ɦiyɤə	ʔyɤə	ʔyɤə
运	ʔyin	ɦiyoŋ	ʔyən	ʔioŋ	ʔyəŋ
用	ʔioŋ	ɦioŋ	ɦioŋ	ʔoŋ	ʔioŋ
话	ɦuo	ɦiɔ	ɦio	ʔo	ʔo
霞	ɦia	ɦioʔ	ɦioʔ	ʔiaʔ	ʔiaʔ
盒	ɦieʔ	ɦiʌʔ	ʔaʔ	ʔaʔ	ʔaʔ
狭	ɦiaʔ	ɦiʌʔ	ɦiaʔ	ʔaʔ	ʔaʔ
匣	ɦiaʔ	ɦiʌʔ	ʔaʔ	ʔaʔ	ʔaʔ
合	ɦieʔ	ɦiəʔ	ʔɤʔ	ʔɤʔ	ʔəʔ
协	ɦiiaʔ	ɦiiɛʔ	ʔiaʔ	ʔiaʔ	ʔiaʔ
滑	ɦuaʔ	ɦuʌʔ	ʔuaʔ	ʔuaʔ	ʔuaʔ
或	ɦioʔ	ɦiuɤʔ	ɦiuʔ	ʔuɤʔ	ʔuɤʔ
穴	ɦioeʔ	ɦiyɤʔ	ʔyɤʔ	ʔyɤʔ	ʔyɤʔ
傲	ŋɔ	ŋɔ·	ɔ	ɔ	ɔ
祆	ŋɔ	ʔɔ·	ʔɔ	ʔɔ	ʔɔ
奥	ŋɔ	ɔ·	ɔ	ʔɔ	ʔɔ
月	ŋioeʔ	ŋiyɤʔ	ʔyɤʔ	ʔyɤʔ	ʔyɤʔ

浊声母脱落现象主要体现在匣母 ɦ、疑母 ŋ 以及娘母 ȵ 三个声母。由于匣母 ɦ 拼合的韵母不同，因此浊声母发生脱落的时间亦不相同：匣母 ɦ 与非入声韵母相拼合时，ɦ 主要在新世纪吴语时期脱落，如匣母 ɦ 与近现代吴语的合口呼韵母 ua、ue、ɤ↑ 以及近现代吴语的撮口呼韵母 yɤ、yəŋ 相拼时，由近现代吴语时期的 ɦua、ɦue、ɦɤ↑、ɦyɤ、ɦyəŋ 变为新世纪吴语时期的 ua、ue、ɤ、ʔyɤ、yəŋ。如匣母 ɦ 与入声韵母相拼合，则 ɦ 母的脱落从当代吴语时期就开始了，如盒、狭、合、协、滑、穴、匣等字在近代吴语时期的声母皆为匣母 ɦ，到了当代吴语时期，匣母 ɦ 均脱落变为零声母。疑母 ŋ 的脱落大多从近代吴语时期开始，如袄、奥；娘母 ȵ 在当代吴语时期就已经发生脱落。

三、新世纪新老派浊音变化对比

从共时比较的角度看，老派的某些声母基本保留了浊音，新派大部分将这些浊音声母读为普通话清音声母，如匣母 ɦ 变化为 x、ɕ，床母 dʑ 变化为 tɕ、tɕʰ，娘母 ȵ 变化为 n，邪母 z 变化为 tsʰ、ʂ、s、z̩、ɕ，并母 b 变化为 p、pʰ；少部分则被变化了，如"慎"的老派读音为"zəŋ"，新派读音则为"səŋ"，z 变化为 s（见表 7-3）。

表 7-3　吴语新老派浊音变化比较

新老派匣母 ɦ 变化比较		
例字	老派	新派
亥	ɦɛ	xai
邑	ɦi	i
易	ɦi	i
翼	ɦi	i
由	ɦiəu	iəu
言	ɦie	iɛn
眼	ɦie	iɛn
演	ɦie	iɛn
嫌	ɦie	ɕiɛn
娴	ɦie	ɕiɛn
护	ɦu	xu
沪	ɦu	xu
祸	ɦu	xuo
户	ɦu	xu
圆	ɦuɤə	yɛn
预	ɦy	y
御	ɦy	y
愈	ɦy	y
匀	ɦyəŋ	yɤn
仰	ɦiã	iaŋ
洋	ɦiã	iaŋ
行（~为）	ɦiŋ	xiŋ
幸	ɦiŋ	ɕiŋ
形	ɦiŋ	ɕiŋ

续表

新老派床母 dz 变化比较		
例字	老派	新派
茄	dʑia	tɕʰiə
樵	dʑiɔ	cʰiɔ
全	dʑie	tɕy
羡	dʑie	ɕiɛn
献	dʑie	ɕiɛn
泉	dʑie	tɕy
健	dʑie	tɕiɛn
件	dʑie	tɕiɛn
钱	dʑie	tɕʰiɛn
乾	dʑie	tɕʰiɛn
就	dʑiəu	tɕiəu
囚	dʑiəu	tɕʰiəu
拳	dʐuɤə	tɕy
拒	dʐy	tɕy
具	dʐy	tɕy
聚	dʐy	tɕy
权	dʐyɤə	tɕy
倦	dʐyɤə	tɕy
墙	dʑiã	tɕʰiɛn
强	dʑiã	tɕʰiɛn
祥	dʑiã	ɕiaŋ
及	dʑiiʔ	tɕi
极	dʑiiʔ	tɕi
杰	dʑiiʔ	tɕie
剧	dʑiiʔ	tɕy
习	dʑiiʔ	ɕi
席	dʑiiʔ	ɕi
局	dʑioʔ	tɕy
掘	dʐyəʔ	tɕyɛ

新老派娘母 ŋ 变化比较		
例字	老派	新派
腻	ŋʅ	ni
义	ŋʅ	i
宜	ŋʅ	i
议	ŋʅ	i
闲	ŋie	ɕiɛn
愿	ŋyɤə	yɛn
蕊	ŋy	zuei
语	ŋy	y
遇	ŋy	y
寓	ŋy	y

续表

愚	ŋy	y
闰	ŋyŋ	zən
迎	ŋyŋ	iŋ
匿	ŋiiʔ	ni
溺	ŋiiʔ	ni
业	ŋiiʔ	ie
疟	ŋiaʔ	nyɛ
虐	ŋiaʔ	nyɛ
褥	ŋioʔ	zuʔ
新老派邪母 z 变化比较		
例字	老派	新派
慈	zɿ	tsʰɿ
示	zɿ	ʑɿ
似	zɿ	sɿ
寿	ze	səu
受	ze	səu
朝	zɔ	tsʰɔ
扰	zɔ	zɑu
禅	zɤə	tsʰan
传	zɤə	tsʰuan
除	zʮ	tsʰu
如	zʮ	zuʔ
儒	zʮ	zuʔ
乳	zʮ	zuʔ
慎	zəŋ	səŋ
润	zəŋ	zuən
仍	zəŋ	nəʔ
任	zəŋ	zəʔ
承	zəŋ	tʂʰəŋ
程	zəŋ	tʂʰəŋ
逞	zəŋ	tsʰəŋ
弱	zaʔ	zuoʔ
入	zəʔ	zuʔ
述	zəʔ	ʂuʔ
绰	zoʔ	tsʰuʔ
辱	zoʔ	zuʔ
俗	zoʔ	suʔ
续	zoʔ	ɕy
新老派并母 b 变化比较		
例字	老派	新派
培	be	pʰɤɛ
捕	bu	pu
瓢	biɔ	pʰiɑu

续表

部	bu	pu
趴	bo	pʰo
蓬	boŋ	pʰəŋ
碰	bã	pʰɛ

第二节　腭化现象

吴语方言语音的变化，主要是人们出于发音上省力和方便的要求，引起发音动作的改变。发音上省便的要求使音节内部不同语音成分相互影响，改变了其中一方或双方原有的发音部位和发音方法，变得彼此相近或相同。而腭化作为音变主要现象之一，指因舌面抬高接近硬腭而具有舌面音色彩。腭化现象存在于各种语言和方言当中，由于声母后相拼的韵母影响而发生同化：如英语里"question"和"nature"里的"t"读成tʃ非t音，而"soldier"和"procedure"里的"d"读成dʒ音非d音，这是由于t或d的后面分别与i和u音相拼，前面的t和d发生了腭化现象。腭化的结果便是尖团合流。在吴语里，我们可以用几个方言的声母音值来说明腭化现象：

厦门　　福州　　梅县　　南昌

九　ˈkiu　ˈkieu　ˈciu　ˈtɕiu

把这些方言的字音联系起来，可以归纳舌根音声母的变化，即见母字"九"的声母因为前元音的影响而经历的一个腭化过程：k → k → c → tɕ。在这个过程中，舌根音声母为了和前元音的舌位协调，发音部位越来越向前移动，最后变成了舌面前音。吴语的腭化现象主要发生在"见组腭化"与"精组腭化"。

一、见组腭化

由于浊音清化的规律，中古浊音ɣ不能再维持了，它发展为x；因此匣母和晓母合流了。到了后来，齐齿字和撮口字的舌根音变为tɕ、tɕʰ、ɕ，而开合口不变。单就开合口来说，舌根音的发展如下：

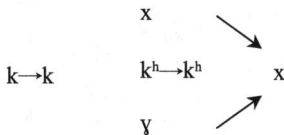

见组与齐齿呼、撮口呼相拼，舌根破裂、舌根摩擦、舌尖破裂摩擦、舌尖摩擦都受舌面前元音（i，y）的影响，而变为舌面前辅音（tɕ，tɕʰ，ɕ）[1]。和其他方言一样，吴语方言区也存在腭化现象，主要表现为精见组腭化，主要集中在见组二等字。

由于受"国语"的影响，见组的腭化现象在近代吴语就出现了，现代吴语时期，腭化

---

[1] 王力:《汉语史稿》，中华书局，2011，第142、144页。

现象十分普遍。20 世纪 50 年代推广普通话以后,这种现象依旧存在。腭化后,两种读音同时存在,腭化前的读音叫"白读",腭化后的读音叫"文读",各自在自己的语音系统(吴语或普通话)中使用(见表 7-4、见表 7-5)。

表 7-4 吴语见组各时期腭化情况

中古音位	例字	读音	近代	现代	当代	新世纪
假摄麻韵	嘉	腭化前	ka	ka	ka	ka
		腭化后		tɕia	tɕia	tɕia
假摄麻韵	家	腭化前	ka	ka	ka	ka
		腭化后		tɕia	tɕia	tɕia
假摄麻韵	加	腭化前	ka	ka	ka	ka
		腭化后		tɕia	tɕia	tɕia
假摄麻韵	袈	腭化前	ka	ka	ka	ka
		腭化后		tɕia	tɕia	tɕia
假摄麻韵	枷	腭化前	ka	ka	ka	ka
		腭化后		tɕia	tɕia	tɕia
假摄麻韵	傢	腭化前		ka	ka	ka
		腭化后		tɕia	tɕia	tɕia
蟹摄佳韵	街	腭化前	ka	ka	ka	ka
		腭化后		tɕia	tɕia	tɕia
蟹摄皆韵	阶	腭化前	ka	ka	ka	ka
		腭化后		tɕia	tɕia	tɕia
假摄马韵	假真~	腭化前	ka	ka	ka	ka
		腭化后		tɕia	tɕia	tɕia
蟹摄蟹韵	解	腭化前	ka	ka	ka	ka
		腭化后		tɕia	tɕia	tɕia
假摄麻韵	贾	腭化前	ka	ka	ka	ka
		腭化后		tɕia	tɕia	tɕia
假摄祃韵	假放~	腭化前	ka	ka	ka	ka
		腭化后		tɕia	tɕia	tɕia
假摄祃韵	架	腭化前	ka	ka	ka	ka
		腭化后		tɕia	tɕia	tɕia
假摄祃韵	嫁	腭化前	ka	ka	ka	ka
		腭化后		tɕia	tɕia	tɕia
假摄祃韵	价	腭化前	ka	ka	ka	ka
		腭化后		tɕia	tɕia	tɕia
假摄祃韵	驾	腭化前	ka	kɑ	ka	ka
		腭化后		tɕia	tɕia	tɕia
蟹摄怪韵	戒	腭化前	ka	ka	ka	ka
		腭化后		tɕia	tɕia	tɕia
蟹摄怪韵	界	腭化前	ka	ka	ka	ka
		腭化后		tɕia	tɕia	tɕia
蟹摄怪韵	介	腭化前	ka	ka	ka	ka
		腭化后		tɕia	tɕia	tɕia

续表

中古音位	例字	读音	近代	现代	当代	新世纪
蟹摄怪韵	芥	腭化前	ka	ka	ka	ka
		腭化后		tɕia	tɕia	tɕia
蟹摄怪韵	疥	腭化前	ka	ka	ka	ka
		腭化后		tɕia	tɕia	tɕia
果摄戈韵	茄	腭化前	ga	ga	ga	ga
		腭化后		dʑia	dʑia	dʑia
蟹摄蟹韵	解~绳子	腭化前	ga	ga	ga	ga
		腭化后		dʑia	dʑia	dʑia
假摄麻韵	牙	腭化前	ŋa	ŋa	ɦia	ɦia
		腭化后			dʑia	dʑia
假摄麻韵	芽	腭化前	ŋa	ŋa	ɦia	ɦia
		腭化后			dʑia	dʑia
遇摄鱼韵	衙	腭化前	ŋa	ŋa	ɦia	ɦia
		腭化后			dʑia	dʑia
蟹摄怪韵	届	腭化前	ka	ka	ka	ka
		腭化后		tɕia	tɕia	tɕia
咸摄狎韵	甲	腭化前	kaʔ	kʌʔ	kaʔ	kaʔ
		腭化后		tɕia	tɕia	tɕia
咸摄狎韵	夹	腭化前	kaʔ	kʌʔ	kaʔ	kaʔ
		腭化后		tɕia	tɕia	tɕia
咸摄狎韵	恰	腭化前	kaʔ	kaʔ	kʌʔ	kaʔ
		腭化后		tɕia	tɕia	tɕia
咸摄狎韵	掐	腭化前	kaʔ	kʌʔ	kaʔ	kaʔ
		腭化后		tɕia	tɕia	tɕia
效摄肴韵	教	腭化前	kɔ	kɔˑ	kɔ	kɔ
		腭化后		tɕiɔˑ	tɕiɔ	tɕiɔ
效摄肴韵	胶	腭化前	kɔ	kɔˑ	kɔ	kɔ
		腭化后		tɕiɔˑ	tɕiɔ	tɕiɔ
效摄肴韵	交	腭化前	kɔ	kɔˑ	kɔ	kɔ
		腭化后		tɕiɔˑ	tɕiɔ	tɕiɔ
效摄肴韵	郊	腭化前	kɔ	kɔˑ	kɔ	kɔ
		腭化后		tɕiɔˑ	tɕiɔ	tɕiɔ
效摄肴韵	敲	腭化前	kʰɔ	kʰɔˑ	kʰɔ	kʰɔ
		腭化后		tɕʰiɔˑ	tɕʰiɔ	tɕʰiɔ
效摄巧韵	搅	腭化前	kɔ	kɔˑ	kɔ	kɔ
		腭化后		tɕiɔˑ	tɕiɔ	tɕiɔ
效摄巧韵	绞	腭化前	kɔ	kɔˑ	kɔ	kɔ
		腭化后		tɕiɔˑ	tɕiɔ	tɕiɔ
效摄巧韵	狡	腭化前	kɔ	kɔˑ	kɔ	kɔ
		腭化后		tɕiɔˑ	tɕiɔ	tɕiɔ
效摄巧韵	巧	腭化前	kʰɔ	kʰɔˑ	kʰɔ	kʰɔ
		腭化后		tɕʰiɔˑ	tɕʰiɔ	tɕʰiɔ

续表

中古音位	例字	读音	近代	现代	当代	新世纪
效摄效韵	教	腭化前	kɔ	kɔˑ	kɔ	kɔ
		腭化后		tɕiɔˑ	tɕiɔ	tɕiɔ
效摄效韵	觉	腭化前	kɔ	kɔˑ	kɔ	kɔ
		腭化后		tɕiɔˑ	tɕiɔ	tɕiɔ
效摄效韵	孝	腭化前	kɔ	kɔˑ	kɔ	kɔ
		腭化后		tɕiɔˑ	tɕiɔ	tɕiɔ
效摄效韵	酵	腭化前	kɔ	kɔˑ	kɔ	kɔ
		腭化后		tɕiɔˑ	tɕiɔ	tɕiɔ
江摄觉韵	确	腭化前	kʰiaʔ	kʰiʌʔ	kʰiɑʔ	kʰiɑʔ
		腭化后		tɕʰiɔˑ	tɕʰiɔ	tɕʰiɔ
咸摄衔韵	监	腭化前	kɛ	kᴇᵋ	kɛ	kɛ
		腭化后		tɕie	tɕie	tɕie
山摄山韵	间	腭化前	kɛ	kᴇᵋ	kɛ	kɛ
		腭化后		tɕie	tɕie	tɕie
山摄山韵	艰	腭化前	kɛ	kᴇᵋ	kɛ	kɛ
		腭化后		tɕie	tɕie	tɕie
山摄删韵	姦	腭化前	kɛ	kᴇᵋ	kɛ	kɛ
		腭化后		tɕie	tɕie	tɕie
山摄产韵	拣	腭化前	kɛ	kᴇᵋ	kɛ	kɛ
		腭化后		tɕie	tɕie	tɕie
咸摄豏韵	碱	腭化前	kɛ	kᴇᵋ	kɛ	kɛ
		腭化后		tɕie	tɕie	tɕie
咸摄豏韵	减	腭化前	kɛ	kᴇᵋ	kɛ	kɛ
		腭化后		tɕie	tɕie	tɕie
山摄产韵	简	腭化前	kɛ	kᴇᵋ	kɛ	kɛ
		腭化后		tɕie	tɕie	tɕie
咸摄鉴韵	鉴	腭化前	kɛ	kᴇᵋ	kɛ	kɛ
		腭化后		tɕie	tɕie	tɕie
咸摄衔韵	舰	腭化前	ɛ	kᴇᵋ	kɛ	kɛ
		腭化后		tɕie	tɕie	tɕie
山摄删韵	涧	腭化前	kɛ	kᴇᵋ	kɛ	kɛ
		腭化后		tɕie	tɕie	tɕie
咸摄盐韵	钳	腭化前	gɛ	gᴇᵋ		
		腭化后		dʑie	dʑie	dʑie
山摄谏韵	雁	腭化前	ŋɛ	ŋᴇᵋ	ɦiŋ	ɦiŋ
		腭化后		ʔie	ʔie	ʔie
江摄江韵	江	腭化前	kɔŋ	kɑ̃	kɑ̃	kɑ̃
		腭化后		tɕiɑ̃	tɕiɑ̃	tɕiɑ̃
江摄讲韵	讲	腭化前	kɔŋ	kɑ̃	kɑ̃	kɑ̃
		腭化后		tɕiɑ̃	tɕiɑ̃	tɕiɑ̃
江摄绛韵	降	腭化前	kɔŋ	kɑ̃	kɑ̃	kɑ̃
		腭化后		ɕiɑ̃	ɕiɑ̃	ɕiɑ̃

续表

中古音位	例字	读音	近代	现代	当代	新世纪
江摄绛韵	虹	腭化前	kɔŋ	kã	kã	kã
		腭化后		ɕiã	ɕiã	ɕiã
江摄绛韵	巷	腭化前	kɔŋ	kã	kã	kã
		腭化后		ɕiã	ɕiã	ɕiã

二、精组腭化

京剧唱腔区别尖团字，尖字指的是精系齐撮字，读 ts-、tsʰ-、s- 音；团字指的是见系齐撮字，读 tɕ-、tɕʰ-、ɕ- 音。这就是说，京剧于精系齐撮字保存了古音，而见系齐撮字由舌根音变为舌面前音。[1] 然而官话的扩散使得精组字出现腭化即尖团合流，并且普通话的推广使精组腭化的状态一直持续。精组大多数字在《切韵》三、四等韵前经过腭化作用读成舌面音，这一演变规律张琨在讨论 15 处吴语方言时认为是吴语产生新的舌面音的来源之一。[2] 随着时间的推移，精组声母的腭化范围越来越大：北部吴语区的常州、上海、苏州纷纷出现尖团合并。汪平明确指出 20 世纪 60 年代后期以来，苏州话的尖团差别迅速消失，本认为"经、精"不分是口齿不清，现在几乎人人如此了。这表明现在的苏州话精组字基本上完成了腭化。[3] 徐越认为发现嘉兴城区的尖团音差异体现在老派和新派上，老派声母仍区分尖音和团音，而新派声母不区分尖音和团音。[4] 然而本次调查发现，不仅大部分精组字都腭化了，且精组腭化现象亦存在于老派声母，精组腭化趋势越发明显。

从历史的角度看，精组腭化是从当代吴语开始的，也是在此时期完成了腭化过程。嘉兴市地方志编纂委员会的《嘉兴方言志》和俞光中的《嘉兴方言同音字汇》中，精组已经没有尖音字了。

表 7–5　吴语精组腭化情况

1.i

广韵	例字	近代	现代	当代	新世纪
蟹摄齐韵	跻	tsi	tsi	tɕi	tɕi
蟹摄齐韵	挤	tsi	tsi	tɕi	tɕi
蟹摄齐韵	济	tsi	tsi	tɕi	tɕi
蟹摄皆韵	祭	tsi	tsi	tɕi	tɕi
蟹摄祭韵	际	tsi	tsi	tɕi	tɕi
曾摄职韵	即	tsiɪʔ	tsiɪʔ	tɕiɪʔ	tɕiɪʔ
咸摄叶韵	接	tsiɪʔ	tsiɪʔ	tɕiɪʔ	tɕiɪʔ
山摄屑韵	节	tsiɪʔ	tsiɪʔ	tɕiɪʔ	tɕiɪʔ
梗摄昔韵	迹	tsiɪʔ	tsiɪʔ	tɕiɪʔ	tɕiɪʔ
梗摄昔韵	脊	tsiɪʔ	tsiɪʔ	tɕiɪʔ	tɕiɪʔ
梗摄昔韵	绩	tsiɪʔ	tsiɪʔ	tɕiɪʔ	tɕiɪʔ

---

① 王力:《汉语语音史》，中国社会科学出版社，1998，第 611、612 页。

②③　莫娟:《常熟方言音韵演变研究》，苏州大学出版社，2019，第 59、67 页。

④　徐越:《嘉兴方言》，方志出版社，2016，第 106 页。

续表

广韵	例字	近代	现代	当代	新世纪
蟹摄齐韵	妻	tsʰi	tsʰi	tɕʰi	tɕʰi
蟹摄齐韵	悽	tsʰi	tsʰi	tɕʰi	tɕʰi
蟹摄齐韵	砌	tsʰi	tsʰi	tɕʰi	tɕʰi
臻摄质韵	七	tsʰi	tsʰiʔ	tɕʰi	tɕʰiɪʔ
臻摄质韵	漆	tsʰiʔ	tsʰiʔ	tɕʰiɪʔ	tɕʰiɪʔ
蟹摄哈韵	切	tsʰiʔ	tsʰiɪʔ	tɕʰiɪʔ	tɕʰiɪʔ
咸摄叶韵	妾	tsʰiʔ	tsʰiɪʔ	tɕʰiɪʔ	tɕʰiɪʔ
山摄屑韵	窃	tsʰiʔ	tsʰiɪʔ	tɕʰiɪʔ	tɕʰiɪʔ
梗摄锡韵	戚	tsʰiʔ	tsʰiɪʔ	tɕʰiɪʔ	tɕʰiɪʔ
蟹摄齐韵	齐	dzi	dzi	dzi	dzi
蟹摄齐韵	脐	dzi	dzi	dzi	dzi
深摄缉韵	集	dziʔ	dziɪʔ	dziɪʔ	dziɪʔ
梗摄昔韵	藉	dziʔ	dziɪʔ	dziɪʔ	dziɪʔ
梗摄昔韵	籍	dziʔ	dziɪʔ	dziɪʔ	dziɪʔ
咸摄叶韵	截	dziʔ	dziɪʔ	dziɪʔ	dziɪʔ
咸摄叶韵	捷	dziʔ	dziɪʔ	dziɪʔ	dziɪʔ
山摄先韵	西	si	si	ɕi	ɕi
果摄歌韵	些	si	si	ɕi	ɕi
山摄先韵	洗	si	si	ɕi	ɕi
止摄旨韵	死白	si	si	ɕi	ɕi
蟹摄齐韵	细	si	si	ɕi	ɕi
曾摄职韵	熄	siʔ	siɪʔ	ɕiɪʔ	ɕiɪʔ
曾摄职韵	息	siʔ	siɪʔ	ɕiɪʔ	ɕiɪʔ
梗摄昔韵	昔	siʔ	siɪʔ	ɕiɪʔ	ɕiɪʔ
山摄屑韵	屑	siʔ	siɪʔ	ɕiɪʔ	ɕiɪʔ
臻摄质韵	膝	siʔ	siɪʔ	ɕiɪʔ	ɕiɪʔ
梗摄昔韵	惜	siʔ	siɪʔ	ɕiɪʔ	ɕiɪʔ
梗摄锡韵	锡	siʔ	siɪʔ	ɕiɪʔ	ɕiɪʔ
梗摄昔韵	熄	siʔ	siɪʔ	ɕiɪʔ	ɕiɪʔ
深摄缉韵	拾	ziʔ	ziɪʔ	dziɪʔ	dziɪʔ
梗摄昔韵	席	ziʔ	ziɪʔ	dziɪʔ	dziɪʔ
深摄缉韵	习	ziʔ	ziɪʔ	dziɪʔ	dziɪʔ
梗摄昔韵	夕	ziʔ	ziɪʔ	dziɪʔ	dziɪʔ

2. ia

广韵	例字	近代	现代	当代	新世纪
假摄麻韵	嗟	tsia	tsia	tɕia	tɕia
假摄马韵	姐	tsia	tsia	tɕia	tɕia
假摄马韵	借	tsia	tsia	tɕia	tɕia
假摄麻韵	且	tsʰia	tsʰia	tɕʰia	tɕʰia
假摄祃韵	藉	dzia	dzia	dzia	dzia

续表

广韵	例字	近代	现代	当代	新世纪
假摄马韵	写	sia	sia	ɕia	ɕia
假摄祃韵	泻	sia	sia	ɕia	ɕia
假摄祃韵	卸	sia	sia	ɕia	ɕia
假摄麻韵	邪	zia	zia	dʑia	dʑia
假摄麻韵	斜	zia	zia	dʑia	dʑia
假摄祃韵	谢	zia	zia	dʑia	dʑia
宕摄药韵	爵	tsiaʔ	tsiaʔ	dʑiaʔ	dʑiaʔ
宕摄药韵	雀	tsʰiaʔ	tsʰiaʔ	dʑiaʔ	dʑiaʔ
宕摄药韵	鹊	tsʰiaʔ	tsʰiaʔ	dʑiaʔ	dʑiaʔ
效摄宵韵	嚼	dziaʔ	dziaʔ	dʑiaʔ	dʑiaʔ
效摄宵韵	削	siaʔ	siaʔ	ɕiaʔ	ɕiaʔ

3. ie

广韵	例字	近代	现代	当代	新世纪
山摄仙韵	煎	tsie	tsie	tɕie	tɕie
咸摄盐韵	尖	tsie	tsie	tɕie	tɕie
山摄猕韵	剪	tsie	tsie	tɕie	tɕie
山摄线韵	箭	tsie	tsie	tɕie	tɕie
山摄盐韵	千	tsʰie	tsʰie	tɕʰie	tɕʰie
山摄先韵	迁	tsʰie	tsʰie	tɕʰie	tɕʰie
山摄盐韵	签	tsʰie	tsʰie	tɕʰie	tɕʰie
山摄盐韵	铨	tsʰie	tsʰie	tɕʰie	tɕʰie
山摄仙韵	全	tsʰie	tsʰie	tɕʰie	tɕʰie
山摄仙韵	痊	tsʰie	tsʰie	tɕʰie	tɕʰie
山摄仙韵	泉	tsʰie	tsʰie	tɕʰie	tɕʰie
山摄猕韵	浅	tsʰie	tsʰie	tɕʰie	tɕʰie
山摄线韵	倩	tsʰie	tsʰie	tɕʰie	tɕʰie
山摄仙韵	前	dzie	dzie	dʑie	dʑie
山摄仙韵	钱	dzie	dzie	dʑie	dʑie
山摄线韵	贱	dzie	dzie	dʑie	dʑie
咸摄盐韵	渐	dzie	dzie	dʑie	dʑie
山摄先韵	先	sie	sie	ɕie	ɕie
山摄仙韵	仙	sie	sie	ɕie	ɕie
山摄仙韵	鲜	sie	sie	ɕie	ɕie
山摄仙韵	宣	sie	sie	ɕie	ɕie
山摄猕韵	癣	sie	sie	ɕie	ɕie
山摄猕韵	选	sie	sie	ɕie	ɕie
山摄线韵	线	sie	sie	ɕie	ɕie
山摄仙韵	涎	zie	zie	dʑie	dʑie
山摄仙韵	旋	zie	zie	dʑie	dʑie
山摄仙韵	漩	zie	zie	dʑie	dʑie
山摄线韵	羡	zie	zie	dʑie	dʑie

4. iɔ

广韵	例字	近代	现代	当代	新世纪
效摄宵韵	焦	tsiɔ	tsiɔˏ	tɕiɔ	tɕiɔ
效摄宵韵	蕉	tsiɔ	tsiɔˏ	tɕiɔ	tɕiɔ
效摄宵韵	椒	tsiɔ	tsiɔˏ	tɕiɔ	tɕiɔ
效摄小韵	剿	tsiɔ	tsiɔˏ	tɕiɔ	tɕiɔ
效摄笑韵	醮	tsiɔ	tsiɔˏ	tɕiɔ	tɕiɔ
效摄宵韵	缲	tsʰiɔ	tsʰiɔˏ	tɕʰiɔ	tɕʰiɔ
效摄宵韵	悄	tsʰiɔ	tsʰiɔˏ	tɕʰiɔ	tɕʰiɔ
效摄笑韵	俏	tsʰiɔ	tsʰiɔˏ	tɕʰiɔ	tɕʰiɔ
效摄宵韵	樵	dziɔ	dziɔˏ	dʑiɔ	dʑiɔ
效摄萧韵	萧	siɔ	siɔˏ	ɕiɔ	ɕiɔ
效摄萧韵	箫	siɔ	siɔˏ	ɕiɔ	ɕiɔ
效摄宵韵	消	siɔ	siɔˏ	ɕiɔ	ɕiɔ
效摄宵韵	宵	siɔ	siɔˏ	ɕiɔ	ɕiɔ
效摄宵韵	销	siɔ	siɔˏ	ɕiɔ	ɕiɔ
效摄宵韵	硝	siɔ	siɔˏ	ɕiɔ	ɕiɔ
效摄小韵	小	siɔ	siɔˏ	ɕiɔ	ɕiɔ
效摄笑韵	笑	siɔ	siɔˏ	ɕiɔ	ɕiɔ

5. iəɯ

广韵	例字	近代	现代	当代	新世纪
流摄尤韵	揪	tsiə	tsiəɯ	tɕiəɯ	tɕiəɯ
流摄有韵	酒	tsiə	tsiəɯ	tɕiəɯ	tɕiəɯ
流摄尤韵	秋	tsʰiə	tsʰiəɯ	tɕʰiəɯ	tɕʰiəɯ
流摄尤韵	囚	dziə	dziəɯ	dʑiəɯ	dʑiəɯ
流摄宥韵	就	dziə	dziəɯ	dʑiəɯ	dʑiəɯ
流摄尤韵	羞	siə	siəɯ	ɕiəɯ	ɕiəɯ
流摄尤韵	修	siə	siəɯ	ɕiəɯ	ɕiəɯ
流摄宥韵	秀	siə	siəɯ	ɕiəɯ	ɕiəɯ
流摄宥韵	绣	siə	siəɯ	ɕiəɯ	ɕiəɯ
流摄宥韵	宿 星~	siə	siəɯ	ɕiəɯ	ɕiəɯ
流摄宥韵	绣	siə	siəɯ	ɕiəɯ	ɕiəɯ
流摄尤韵	袖	ziə	ziəɯ	dʑiəɯ	dʑiəɯ

6. iã

广韵	例字	近代	现代	当代	新世纪
宕摄阳韵	将	tsiaŋ	tsiã	tɕiã	tɕiã
宕摄阳韵	浆	tsiaŋ	tsiã	tɕiã	tɕiã
宕摄养韵	奖	tsiaŋ	tsiã	tɕiã	tɕiã
宕摄养韵	蒋	tsiaŋ	tsiã	tɕiã	tɕiã
宕摄漾韵	酱	tsiaŋ	tsiã	tɕiã	tɕiã
宕摄漾韵	将 大~	tsiaŋ	tsiã	tɕiã	tɕiã

广韵	例字	近代	现代	当代	新世纪
宕摄阳韵	枪	tsiaŋ	tsiã	tɕiã	tɕiã
宕摄养韵	抢	tsiaŋ	tsiã	tɕiã	tɕiã
宕摄漾韵	呛	tsiaŋ	tsiã	tɕiã	tɕiã
宕摄阳韵	墙	dziaŋ	dziã	dʑiã	dʑiã
宕摄漾韵	匠	dziaŋ	dziã	dʑiã	dʑiã
宕摄阳韵	镶	siaŋ	siã	ɕiã	ɕiã
宕摄阳韵	襄	siaŋ	siã	ɕiã	ɕiã
宕摄阳韵	相	siaŋ	siã	ɕiã	ɕiã
宕摄阳韵	厢	siaŋ	siã	ɕiã	ɕiã
宕摄阳韵	箱	siaŋ	siã	ɕiã	ɕiã
宕摄阳韵	湘	siaŋ	siã	ɕiã	ɕiã
宕摄养韵	想	siaŋ	siã	ɕiã	ɕiã
宕摄漾韵	相	siaŋ	siã	ɕiã	ɕiã
宕摄阳韵	详	ziaŋ	ziã	ɕiã	ɕiã
宕摄阳韵	祥	ziaŋ	ziã	ɕiã	ɕiã
宕摄漾韵	像	ziaŋ	ziã	ɕiã	ɕiã

7. ɪŋ

广韵	例字	近代	现代	当代	新世纪
梗摄清韵	晶	tsɪŋ	tsɪŋ	tɕin	tɕɪŋ
梗摄清韵	精	tsɪŋ	tsɪŋ	tɕin	tɕɪŋ
梗摄清韵	睛	tsɪŋ	tsɪŋ	tɕin	tɕɪŋ
臻摄真韵	津	tsɪŋ	tsɪŋ	tɕin	tɕɪŋ
臻摄轸韵	侭	tsɪŋ	tsɪŋ	tɕin	tɕɪŋ
梗摄静韵	井	tsɪŋ	tsɪŋ	tɕin	tɕɪŋ
臻摄震韵	进	tsɪŋ	tsɪŋ	tɕin	tɕɪŋ
臻摄震韵	晋	tsɪŋ	tsɪŋ	tɕin	tɕɪŋ
深摄侵韵	浸	tsɪŋ	tsɪŋ	tɕin	tɕɪŋ
臻摄稕韵	俊	tsɪŋ	tsɪŋ	tɕin	tɕɪŋ
臻摄真韵	亲	tsʰɪŋ	tsʰɪŋ	tɕʰin	tɕʰɪŋ
深摄侵韵	侵	tsʰɪŋ	tsʰɪŋ	tɕʰin	tɕʰɪŋ
梗摄清韵	清	tsʰɪŋ	tsʰɪŋ	tɕʰin	tɕʰɪŋ
梗摄青韵	青	tsʰɪŋ	tsʰɪŋ	tɕʰin	tɕʰɪŋ
梗摄清韵	请	tsʰɪŋ	tsʰɪŋ	tɕʰin	tɕʰɪŋ
臻摄真韵	亲~家	tsʰɪŋ	tsʰɪŋ	tɕʰin	tɕʰɪŋ
梗摄清韵	情	dzɪŋ	dzɪŋ	dʑin	dʑɪŋ
臻摄真韵	秦	dzɪŋ	dzɪŋ	dʑin	dʑɪŋ
梗摄清韵	晴	dzɪŋ	dzɪŋ	dʑin	dʑɪŋ
臻摄真韵	尽	dzɪŋ	dzɪŋ	dʑin	dʑɪŋ
梗摄劲韵	净	dzɪŋ	dzɪŋ	dʑin	dʑɪŋ
梗摄劲韵	静	dzɪŋ	dzɪŋ	dʑin	dʑɪŋ
假摄麻韵	些	sɪŋ	sɪŋ	ɕin	ɕɪŋ

续表

广韵	例字	近代	现代	当代	新世纪
深摄侵韵	心	siŋ	sɿŋ	ɕin	ɕɪŋ
臻摄真韵	新	siŋ	sɿŋ	ɕin	ɕɪŋ
臻摄真韵	薪	siŋ	sɿŋ	ɕin	ɕɪŋ
梗摄青韵	星	siŋ	sɿŋ	ɕin	ɕɪŋ
梗摄青韵	腥	siŋ	sɿŋ	ɕin	ɕɪŋ
梗摄青韵	猩	siŋ	sɿŋ	ɕin	ɕɪŋ
臻摄真韵	辛	siŋ	sɿŋ	ɕin	ɕɪŋ
梗摄迥韵	醒	siŋ	sɿŋ	ɕin	ɕɪŋ
臻摄谆韵	笋	siŋ	sɿŋ	ɕin	ɕɪŋ
臻摄震韵	信	siŋ	sɿŋ	ɕin	ɕɪŋ
梗摄劲韵	姓	siŋ	sɿŋ	ɕin	ɕɪŋ
梗摄劲韵	性	siŋ	sɿŋ	ɕin	ɕɪŋ
臻摄震韵	讯	siŋ	sɿŋ	ɕin	ɕɪŋ
臻摄震韵	迅	siŋ	sɿŋ	ɕin	ɕɪŋ
臻摄恩韵	逊	siŋ	sɿŋ	ɕin	ɕɪŋ
臻摄恩韵	巽	siŋ	sɿŋ	ɕin	ɕɪŋ
深摄侵韵	寻	ziŋ	zɿŋ	dʑin	dʑɪŋ
臻摄谆韵	循	ziŋ	zɿŋ	dʑin	dʑɪŋ
臻摄谆韵	旬	ziŋ	zɿŋ	dʑin	dʑɪŋ
臻摄谆韵	巡	ziŋ	zɿŋ	dʑin	dʑɪŋ
臻摄稕韵	殉	ziŋ	zɿŋ	dʑin	dʑɪŋ

8. y

广韵	例字	近代	现代	当代	新世纪
遇摄鱼韵	疽	tsy	tsy	tɕy	tɕy
遇摄虞韵	趋	tsʰy	tsʰy	tɕʰy	tɕʰy
遇摄鱼韵	蛆	tsʰy	tsʰy	tɕʰy	tɕʰy
流摄麌韵	取	tsʰy	tsʰy	tɕʰy	tɕʰy
遇摄麌韵	娶	tsʰy	tsʰy	tɕʰy	tɕʰy
流摄遇韵	趣	tsʰy	tsʰy	tɕʰy	tɕʰy
遇摄麌韵	聚	dzy	dzy	dʑy	dʑy
遇摄虞韵	须	sy	sy	ɕy	ɕy
遇摄虞韵	需	sy	sy	ɕy	ɕy
遇摄鱼韵	胥	sy	sy	ɕy	ɕy
遇摄鱼韵	徐	zy	zy	dʑi	dʑi
遇摄语韵	序	dzy	zy	dʑy	dʑy
遇摄语韵	叙	dzy	zy	dʑy	dʑy

9. iiʔ

广韵	例字	近代	现代	当代	新世纪
山摄薛韵	雪	siʔ	sɿʔ	ɕiiʔ	ɕiiʔ

广韵	例字	近代	现代	当代	新世纪
山摄薛韵	绝	dziʔ	zɪʔ	ɕiʔ	ɕiʔ

注：腭化前语音材料来自高本汉的《中国音韵学研究》和赵元任的《现代吴语的研究》。

表 7-5 材料显示吴语精组腭化现象在近现代吴语时期并不明显，也就是说尖团合流现象直到现代吴语时期没有成为语言演变的主要趋势。从搜集的材料看，吴语精组腭化现象在当代吴语时期开始大量产生，并一直持续至今。表 7-5 显示精组声母腭化后由舌尖音变为舌面音，一般存在这样的对应规律：ts 腭化为 tɕ，如挤、祭、跻、济等字；tsʰ 腭化为 tɕʰ，如妻、七、漆、俏等字；s 腭化为 ɕ，如"须、需、箱、镶"等字；dz 腭化为 dʑ，如泉、全、序、聚等字。也有一些字不一定按照规律腭化，如爵、匠、籍、藉等字。

第三节　文白异读

徐通锵指出："文白异读在汉语中是一种常见的语言现象，是语词中能体现雅 / 土这种不同风格色彩的音类差异。文白异读的'异'是音类的'异'，'文'与'白'代表两种不同的语音系统，大体说来，白读代表本方言的土语，文读则是以本方言的音系所许可的范围吸收某一标准语（现代的或古代的）成分，从而在语音上向这一标准语靠拢。"[1] 刘勋宁就此说明："所谓的'以本方言的音系所许可的范围吸收'就是要拿自己方言里最接近权威语言的声音去对译，这就不能不受到自己原有的语音系统的制约。这和语言间的音译关系是一样的。就好像翻译'Bush'，我们不得不把浊音的 [bu] 翻译成清音的 [pu]，给 sh 后面增加一个元音，翻译成 shi。不过，方言间的音译和语言间的音译有一个区别，这就是方言间的音译大多是同源成分间的互译，从而形成了音韵上的对应关系。"[2]

"一般说来，土词多用白读形式，使其具有'土'的风格色彩，而新词、书面语词以及在比较正式、庄严的交际场合多用文读形式，使其具有'雅'的风格色彩，甚至某些语词只能用白读形式，有些语词只能用文读形式，相互之间不能替换。"[3] 跟苏州话、嘉定话等吴方言相同，文白异读也是嘉兴方言的语言特点之一，该语言现象主要体现在声母和韵母的异同方面。

一、声母：文读舌面音，白读舌根音

"文读读舌面音，白读读舌根音"指文读音声母主要是 tɕ，而白读音声母主要为 k。这些字大部分为古开口二等见系字（见表 7-6）。

---

① 徐通锵：《历史语言学》，商务印书馆，2008，第 383、384 页。

② 刘勋宁：《文白异读与语音层次》，《语言教学与研究》2003 年第 4 期。

③ 徐通锵：《历史语言学》，商务印书馆，2008，第 384 页。

表7-6　文白异读（一）

中古地位	例字	文读音	白读音
假摄麻韵	家	tɕia	ka
假摄麻韵	加	tɕia	ka
蟹摄佳韵	街	tɕia	ka
蟹摄皆韵	阶	tɕia	ka
假摄麻韵	假	tɕia	ka
蟹摄佳韵	解	tɕia	kã
假摄麻韵	架	tɕia	ka
假摄麻韵	嫁	tɕia	ka
蟹摄皆韵	价	tɕia	ka
蟹摄皆韵	戒	tɕia	ka
蟹摄皆韵	界	tɕia	ka
咸摄咸韵	监	tɕie	kɛ
山摄山韵	间	tɕie	kɛ
山摄删韵	奸	tɕie	kɛ
咸摄咸韵	减	tɕie	kɛ
山摄山韵	拣	tɕie	kɛ
山摄山韵	简	tɕie	kɛ
咸摄衔韵	鉴	tɕie	kɛ
咸摄狎韵	甲	tɕiaʔ	kaʔ
效摄肴韵	教	tɕiɔ	kɔ
效摄肴韵	交	tɕiɔ	kɔ
效摄肴韵	胶	tɕiɔ	kɔ
效摄肴韵	绞	tɕiɔ	kɔ
江摄江韵	江	tɕiã	kã
江摄江韵	讲	tɕiã	kã
通摄冬韵	降	tɕiã	kã
江摄觉韵	觉	tɕioʔ	koʔ

二、声母：文读舌根音，白读舌面音

"文读读舌根音，白读读舌面音"指文读音声母主要是k，而白读音声母主要为tɕ。这些字大部分为古止摄合口三等见系字（见表7-7）。

表7-7　文白异读（二）

中古地位	例字	文读音	白读音
止摄微韵	贵	kue	tɕy
止摄微韵	鬼	kue	tɕy
止摄脂韵	龟	kue	tɕy
止摄支韵	跪	kue	tɕy
止摄支韵	亏	kʰue	tɕy

三、声母：文读唇齿音 v，白读双唇音 b 或 m

这些字都是古合口三等微母字，白读保留了 b 或 m 的读音，文读则为 v 音，文读与白读的韵母相同（见表 7-8）。

表 7-8　文白异读（三）

中古地位	例字	文读音	白读音
止摄微韵	尾	vi	mi
止摄微韵	味	vi	mi
止摄微韵	肥	vi	bi
山摄元韵	万	vɛ	mɛ
臻摄文韵	问	vəŋ	məŋ
臻摄文韵	闻	vəŋ	məŋ
宕摄阳韵	望	vã	mã
宕摄阳韵	网	vã	mã
宕摄阳韵	忘	vã	mã

四、声母：文读卷舌擦音 z、ɦ，白读舌面鼻音 ɲ

这些字的文读音为 z、ɦ，白读音为舌面鼻音 ɲ，韵母为开口呼、齐齿呼或撮口呼，同时这些字大多是古开合三等日母字（见表 7-9）。

表 7-9　文白异读（四）

中古地位	例字	文读音	白读音
臻摄真韵	人	zəŋ	ɲiŋ
臻摄真韵	仁	zəŋ	ɲiŋ
臻摄真韵	忍	zəŋ	ɲiŋ
臻摄真韵	认	zəŋ	ɲiŋ
深摄侵韵	任	zəŋ	ɲiŋ
山摄仙韵	日	zəʔ	ɲiiʔ
山摄仙韵	热	zəʔ	ɲiiʔ
止摄支韵	儿	ɦər	ɲi
山摄仙韵	二	ɦər	ɲi
止摄之韵	耳	ɦər	ɲi

五、韵母：文读音 ɛ、ue，白读音 ɑ、uɑ

这些字的文读音韵母为 ɛ、ue，则白读音韵母为 ɑ、uɑ，且主要是古蟹摄开口一二等字，文读音与白读音的声母基本一致（见表 7-10）。

表 7-10　文白异读（五）

中古地位	例字	文读音	白读音
蟹摄夬韵	败	bɛ	bɑ
蟹摄哈韵	戴	tɛ	tɑ
蟹摄泰韵	泰	tʰɛ	tʰɑ
蟹摄哈韵	态	tʰɛ	tʰɑ
蟹摄泰韵	赖	lɛ	lɑ
蟹摄夬韵	迈	mɛ	mɑ
蟹摄皆韵	怪	kue	kuɑ
蟹摄皆韵	豺	zɛ	zɑ
蟹摄皆韵	怀	ɦue	ɦuɑ
流摄尤韵	坏	ɦue	ɦuɑ

六、韵母：文读音 əŋ、ɪŋ，白读音 ã

这些字的文读音韵母为 əŋ、ɪŋ，白读音韵母则为 ã，大部分为古梗摄开口二等字，文读音与白读音的声母基本一致（见表 7-11）。

表 7-11　文白异读（六）

中古地位	例字	文读音	白读音
宕摄唐韵	彭	bəŋ	bã
梗摄庚韵	更	kəŋ	kã
宕摄唐韵	行	ɦɪŋ	ɦã
梗摄庚韵	生	səŋ	sã
梗摄耕韵	争	tsəŋ	tsã
梗摄耕韵	鹦	ɪŋ	ã
梗摄耕韵	樱	ɪŋ	ã

七、韵母：文读音 əʔ，白读音 ɑʔ（见表 7-12）

表 7-12　文白异读（七）

中古地位	例字	文读音	白读音
梗摄陌韵	白	bəʔ	bɑʔ
铎韵	魄	pʰəʔ	pʰɑʔ
铎韵	格	kəʔ	kɑʔ
锡韵	隔	kəʔ	kɑʔ
陌韵	客	kʰəʔ	kʰɑʔ

表 7-12 数据显示百年吴语文白异读现象有如下特点：

第一，大部分文读音接近普通话读音，尤其是古开口二等见系字如家、加、假、架、嫁、价等字的声韵母与普通话相同，教、交、胶、江、讲、降等字的声韵母与普通话相似。古合口三等微母字问、闻、望、网、忘的韵母 əŋ 和 ã 以及古开合三等日母字人、仁、忍、认、任的韵母 əŋ 与普通话的前鼻韵母相似。古梗摄开口二等字彭、更、行、生、争、鹦、樱的韵母 əŋ、iŋ 与普通话韵母相似或相同。可见百年嘉兴方言的文白异读在韵母方面与普通话有较多相似点。

第二，嘉兴方言文白异读显示吴语语言活力强。一般来说，语言接触都是从词汇开始，两种语言或方言接触则表现为词汇的互相输入。语音是词汇的外壳，一种新的语音往往是随着词汇进入另一种语言中。本次田野调查发现，老年人群体对新世纪吴语时期出现的新事物及产生的词语如"超市、网吧、饭局、倒闭、关系网、冒牌货、数码相机、扶贫对象"的发音仍然保持白读音，而青年群体对于大部分新世纪吴语时期词语基本上使用文读音，发音已经与普通话相同。

第三，百年吴语的文白异读现象呈现扩大趋势。字音中的文读音和口语音并存，形成叠置。文白读音在语用的要求下会展开使用范围和使用频率的竞争。当借用的要求持续存在时，文读音有可能取代口语音，成为字音中唯一的读音。当借用的要求减弱或放弃时，这一过程就可能停顿甚至逆转，文读音的使用会减少甚至被废弃，方言中只留下原有的口语音。[①] 一些词在现代吴语时期没有文白异读现象，但是到了新世纪吴语时期出现了文白异读现象，如"赖、迈、泰、败、豺"等词在现代吴语时期的读音分别为 la、ma、tʰa、ba、za，这些词读音均以白读音形式出现，直到新世纪吴语时期出现了文读音 lɛ、mɛ、tʰɛ、bɛ、zɛ。"从吴语整个演变看来，复元音单元音化是一个大的趋势，如果蟹摄一二等字原来是 ɑi、ai 一类的读音，变成 ɛ 是单元音化。"[②] 新世纪吴语时期文读音的出现很可能是因为在推广普通话的背景下，这些词受到了普通话语音的影响而借用了普通话的语音。

第四节　韵母简化

赵元任最早提出吴语元音的简约化倾向。他认为"ancient diphthong tend to become single vowels，ai，ei，au，ou tending towards ä，é，ò，e（古代双元音 ai、ei、au、ou 有变为单元音 ä、é、ò、e 的倾向）"[③] 张琨先生也认为吴语的特征之一是："《切韵》的复合元音多半读成单元音。《切韵》的低元音前 a 和 ɑ 收鼻音韵尾 m 和 n 的韵母也都读成单元音。《切韵》合口韵的合口介音多半消失，只有在舌根音、喉音声母后边开合的对立大致存在。"[④] 傅国通则认为，"韵母简化"是指中古字在吴语今读中二合韵母脱落为单韵母，三合韵母脱落为二合韵母，鼻韵母脱落为非鼻韵母的演变。[⑤] 本节的吴语韵母简化现象表现在四个方面：一是以 ɒi、ɑi、i、uɒi、au、uɑ 为韵母的中古字，在新世纪吴语中由于音素脱落而成为 ɛ、e、ɔ、u 单韵母字；二是以 wɛi、iɛi、uɒi、wæi 为韵母的中古字，在新世纪吴语中由于音素脱落而成为 uɑ、ue、uɑ、u、uɛ 韵母字；三是以 ɑn、ɑm、wɑn、uɑn、

①　王福堂：《文白异读和层次区分》，《语言研究》2009 年第 1 期。
②　丁邦新：《一百年前的苏州话》，上海教育出版社，2003，第 30 页。
③　游汝杰：《吴语方言学》，上海教育出版社，2018，第 273 页。
④　同上书，第 274 页。
⑤　傅国通：《浙江人学习普通话正音手册》，浙江人民出版社，1959，第 83 页。

iem、ien、ĭɐi、ĭɛi、ĭwɐn 为韵母的中古字，在新世纪吴语中由于鼻音音素脱落而成为ɛ、uɛ、uɤə、ie、yɤɐ 韵母字；四是以 -p、-k、-t 收尾的中古入声韵脱落变为以喉塞音 ʔ 收尾的入声韵。之所以以中古音作为比较对象，主要是由于吴音自中古汉语时期发生了明显的韵母简化现象，这一语言现象持续至近代吴语时期。但从近代吴语时期至今，吴语韵母很少发生韵母简化。本节的中古音语料来源为王力先生对隋唐时期语音构拟的材料。

一、二合韵母的简化

二合韵母的简化主要指普通话的二合韵母字在发音时简化为吴语的单元音韵母字，如普通话 ai、ei、ao、uo 等二合韵母字在新世纪吴语中读 ê、a、o、u。以 ɒi、ɑi、i、uɒi、ɑu、ua 为韵母的中古字，在新世纪吴语中由于音素脱落而成为ɛ、e、ɔ、u 单韵母字，这些字大多集中为灰、哈、皆、豪、肴、戈等韵。表 7-13 材料表明这些例字不仅在普通话中表现为 ai、ei、ɑu、uo 双音节字，在中古音里亦为二合甚至三合韵字，如辈、背、超、潮，但在新世纪吴语里这些音由 uɒi、ĭɛu 简化为 e、ɔ。

表 7-13　二合韵母简化

例字	普通话音	中古音	新世纪吴语音
海	xai	xɒi	hɛ
孩	xai	ɣɒi	ɦɛ
害	xai	ɣɑi	ɦɛ
亥	xai	ɣɒi	ɦɛ
爱	ai	ɒi	ɛ
哀	ai	ɒi	ɛ
碍	ai	ŋɒi	ɛ
概	kai	kɒi	kɛ
盖	kai	kɑi	kɛ
改	kai	kɒi	kɛ
该	kai	kɒi	kɛ
开	kʰai	kʰɒi	kʰɛ
慨	kʰai	kʰɒi	kʰɛ
凯	kʰai	kʰɒi	kʰɛ
才	tsʰai	dzɒi	zɛ
材	tsʰai	dzɒi	zɛ
财	tsʰai	dzɒi	zɛ
裁	tsʰai	dzɒi	zɛ
采	tsʰai	tsʰɒi	tsʰɛ
彩	tsʰai	tsʰɒi	tsʰɛ
菜	tsʰai	tsʰɒi	tsʰɛ
柴	tʂai	dʐai	za
辈	pei	puɒi	pe
背	pei	puɒi	pe
碑	pei	pĭe	pe
被	pei	bĭe	pe

例字	普通话音	中古音	新世纪吴语音
陪	pʰei	buɒi	be
宝	pau	pɑu	pɔ
报	pau	pɑu	pɔ
包	pau	pau	pɔ
饱	pau	pau	pɔ
豹	pau	pau	pɔ
到	tau	tɑu	tɔ
刀	tau	tɑu	tɔ
岛	tau	tɑu	tɔ
盗	tau	tɑu	dɔ
道	tau	dɑu	dɔ
逃	tʰau	dɑu	dɔ
桃	tʰau	dɑu	tɔ
抛	pʰau	pʰau	pʰɔ
跑	pʰau	bau	bɔ
泡	pʰau	pʰau	pʰɔ
袍	pʰau	bɑu	bɔ
猫	mau	mĭɛu	mɔ
卯	mau	mau	mɔ
毛	mau	mɑu	mɔ
帽	mau	mɑu	mɔ
冒	mau	mɑu	mɔ
恼	nau	nɑu	nɔ
脑	nau	nɑu	nɔ
闹	nau	nau	nɔ
老	lau	lau	lɔ
牢	lau	lau	lɔ
劳	lau	lau	lɔ
捞	lau	lau	lɔ
抄	tʂʰau	tʃʰau	tsʰɔ
钞	tʂʰau	tʃʰau	tsʰɔ
炒	tʂʰau	tʃʰau	tsʰɔ
超	tʂʰau	tʰĭɛu	tsʰɔ
潮	tʂʰau	ȡĭɛu	zɔ
高	kau	kɑu	kɔ
告	kau	kɑu	kɔ
糕	kau	kɑu	kɔ
稿	kau	kɑu	kɔ
蒿	xau	hɑu	hɔ
好	xau	hɑu	hɔ
号	xau	ɣɑu	ɦɔ
毫	xau	ɣɑu	ɦɔ

续表

例字	普通话音	中古音	新世纪吴语音
豪	xɑu	ɣau	ɦɔ
火	xuo	huɑ	hu
货	xuo	huɑ	hu
祸	xuo	ɣuɑ	ɦu

二、三合韵母的简化

三合韵母的简化主要指普通话的三合韵母字在吴语中，其韵尾发生不同程度的脱落从而造成韵母简化，这类韵母的简化主要体现为普通话 uai 等三合韵母字在吴语中音素脱落为 uɑ、uɛ、ue 等韵母字。以 wɐi、ĭɛi、uɒi、wæi 为韵母的中古字，在新世纪吴语中由于音素脱落而成为 uɑ、ue、uɑ、u、uɛ 韵母字，这些字大多集中为皆、佳、尤、夬等韵见表 7-14。

表 7-14   二合韵母简化

例字	普通话音	中古音	新世纪吴语音
怪	kuai	kwɐi	kuɑ
乖	kuai	kwɐi	kuɑ
拐	kuai	gĭɛi	kuɑ
坏	xuai	pʰuɒi	ɦuɑ
怀	xuai	ɣwɐi	ɦuɑ
槐	xuai	ɣwɐi	ɦuɑ
快	kʰuai	kʰwæi	kʰuɑ
筷	kʰuai	kʰwæi	kʰuɛ
块	kʰuai	kʰuɒi	kʰue
蒯	kʰuai	kʰwɐi	kʰuɑʔ

三、鼻韵母的简化

鼻韵母简化主要指普通话的鼻韵母字在吴语中，其鼻音韵尾发生脱落从而造成韵母的简化，这类韵母的简化主要体现为普通话 an、uan、ian、üan 等鼻韵母在吴语中音素脱落为 ɛ、uɛ、uɤə、ie、yɤə。以 ɑn、ɑm、wan、uɑn、iem、ien、ĭɐn、ĭɛn、ĭwɐn 为韵母的中古字，在新世纪吴语中由于鼻音音素脱落而成为 ɛ、uɛ、uɤə、ie、yɤə 韵母字，这些字大多集中为寒、谈、删、添、仙、元等韵（见表 7-15）。

表 7-15   鼻韵母简化

例字	普通话音	中古音	新世纪吴语音
单	tan	tɑn	tɛ
担	tan	tɑn	tɛ
丹	tan	tɑn	tɛ
旦	tan	tɑn	tɛ

例字	普通话音	中古音	新世纪吴语音
蛋	tan	tɑn	dɛ
弹	tan	dɑn	dɛ
但	tan	dɑn	dɛ
三	san	sɑm	sɛ
伞	san	sɑn	sɛ
散	san	sɑn	sɛ
难	nan	nɑn	nɛ
惯	kuan	kwan	kuɛ
官	kuan	kuɑn	kuɤə
关	kuan	kwan	kuɛ
环	xuan	ɣwan	guɛ
幻	xuan	ɣĭwæn	uɛ
还	xuan	ɣwan	ɦuɛ
店	tiɛn	tiem	tie
颠	tiɛn	tien	tie
典	tiɛn	tien	tie
垫	tiɛn	tiem	die
殿	tiɛn	dien	die
电	tiɛn	dien	die
建	tɕiɛn	kĭɛn	tɕie
煎	tɕiɛn	tsĭɛn	tɕie
捡	tɕiɛn	tsĭɛn	tɕie
剪	tɕiɛn	tsĭɛn	tɕie
见	tɕiɛn	kien	tɕie
箭	tɕiɛn	tsĭɛn	tɕie
肩	tɕiɛn	kien	tɕie
线	ɕiɛn	sĭɛn	ɕie
显	ɕiɛn	hien	ɕie
险	ɕiɛn	hĭɛn	ɕie
献	ɕiɛn	hĭɛn	ɕie
添	tʰiɛn	tʰiem	tʰie
天	tʰiɛn	tʰien	tʰie
田	tʰiɛn	dien	die
甜	tʰiɛn	diem	die
填	tʰiɛn	dien	die
捐	tɕyan	jĭwɛn	tɕyɤə
卷	tɕyan	gĭwɛn	tɕyɤə
绢	tɕyan	kĭwɛn	tɕyɤə
眷	tɕyan	kĭwɛn	tɕyɤə
倦	tɕyan	gĭwɛn	dʑyɤə
劝	tɕʰyan	kʰĭwɛn	tɕʰyɤə
券	tɕʰyan	kʰĭwɛn	tɕʰyɤə

续表

例字	普通话音	中古音	新世纪吴语音
犬	tɕʰyan	kʰiwen	tɕʰuɤə
宣	ɕyan	sĭwɛn	ɕie
轩	ɕyan	hĭɐn	ɕie
癣	ɕyan	sĭɛn	ɕie
选	ɕyan	sĭwɛn	ɕie

四、入声韵尾的简化

入声韵母简化指吴语的韵尾由中古汉语时期 -p、-k、-t 收尾的入声韵脱落变为以喉塞音 ʔ 收尾的入声韵，这类韵母的简化主要体现为以 ĭɛt、iet、iek、wat、ĭɐp、ĭɐp、ĭək、ĭɛk、ĭɛt、ĭuət、uat、æk、ɑk 为韵母的中古字。在新世纪吴语中，由于 -p、-k、-t 入声韵脱落而成为 iiʔ、əʔ、oʔ、aʔ、iaʔ、ioʔ、uəʔ、yəʔ 韵母字，这些字大多集中为寒、谈、删、添、仙、元等韵。

表 7-16　韵尾简化

例字	普通话音	中古音	新世纪吴语音
必	pi	pĭɛt	piiʔ
匹	pʰi	pʰĭɛt	pʰiiʔ
撇	pʰiɛ	pʰiet	pʰiiʔ
滴	ti	tiek	tiiʔ
笛	ti	diek	diiʔ
敌	ti	ɣwat	diiʔ
立	ti	lĭɛp	liiʔ
劫	tɕiɛ	kĭɐp	tɕiiʔ
洁	tɕiɛ	kĭɛt	tɕiiʔ
激	tɕi	kiek	tɕiiʔ
及	tɕi	gĭɐp	dʑiiʔ
级	tɕi	kĭɐp	tɕiiʔ
棘	tɕi	kĭək	tɕiiʔ
集	tɕi	dʑĭɐp	dʑiiʔ
籍	tɕi	dʑĭɛk	dʑiiʔ
夕	ɕi	zĭɛk	ɕiiʔ
昔	ɕi	sĭɛk	ɕiiʔ
息	ɕi	sĭək	ɕiiʔ
习	ɕi	zĭɛp	dʑiiʔ
席	ɕi	zĭɛk	dʑiiʔ
不	pu	pĭuət	pəʔ
末	mo	muat	məʔ
莫	mo	mɑk	moʔ
忒	tʰɤ	tʰək	tʰəʔ
夺	tuo	duat	dəʔ

例字	普通话音	中古音	新世纪吴语音
折	tʂʰai	tɕĭɛt	tsəʔ
哲	tʂɤ	tĭɛt	tsəʔ
者	tʂɤ	tɕĭa	tsəʔ
式	ʂʅ	ɕĭək	səʔ
饰	ʂʅ	ɕĭə	səʔ
失	ʂʅ	ɕĭĕt	səʔ
直	tʂʅ	dʑĭək	zəʔ
值	tʂʅ	dĭə	zəʔ
职	tʂʅ	tɕĭək	tsəʔ
殖	tʂʅ	zĭək	zəʔ
割	kɤ	kɑt	kəʔ
革	kɤ	kæk	kəʔ
阁	kɤ	kɑk	koʔ
格	kɤ	kak	kɑʔ
隔	kɤ	kæk	kɑʔ
咳	kʰɤ	ɣɒi	kʰəʔ
渴	kʰɤ	gĭɛt	kʰəʔ
黑	xei	hək	həʔ
合	xɤ	əp	əʔ
额	ɤ	ŋɐk	əʔ
或	xuo	ɣuək	ʔuəʔ
获	xuo	ɣuak	ʔuəʔ
惑	xuo	ɣuək	ʔuəʔ
决	tɕyɛ	kiwet	tɕyəʔ
诀	tɕyɛ	kiwet	tɕyəʔ
爵	tɕyɛ	tsĭak	tɕiaʔ
确	tɕʰyɛ	ɣɔk	tɕʰioʔ
雀	tɕʰyɛ	tsĭak	tɕʰiaʔ
穴	ɕyɛ	ɣiwet	yəʔ
岳	yɛ	ŋɔk	ʔoʔ
阅	yɛ	jĭwɛt	ʔyəʔ
悦	yɛ	jĭwɛt	ʔyəʔ
复	fu	bĭuk	foʔ
服	fu	bĭuk	voʔ
拙	tʂuo	tɕĭwɛt	tsoʔ
浊	tʂuo	dɔk	zoʔ
嘱	tʂu	tɕĭwok	tsoʔ
说	ʂuo	ɕĭwɛt	soʔ
括	kʰuo	kuɑt	kuɑʔ
屋	u	uk	ʔoʔ
沃	uo	uok	ʔoʔ
蓄	ɕy	hĭuk	ɕioʔ

续表

例字	普通话音	中古音	新世纪吴语音
郁	y	ĭuk	ʔioʔ
柏	pai	pɐk	pɑʔ
博	po	pɑk	poʔ
魄	pʰo	pʰɐk	pʰəʔ
法	fA	pĭwɐp	faʔ
塔	tʰA	tʰɑp	tʰɑʔ
弱	zuo	ȵĭak	zɑʔ
甲	tɕiA	kap	kɑʔ

韵尾简化过程为以"-t、-k、-p"结尾的中古音入声韵尾，转变为新世纪吴语的喉塞音结尾的入声韵尾，最后变为普通话的无入声韵尾。

第五节　词汇"靠拢"倾向

在语音、词汇、语法三大语言要素中，词汇是变化最快的语言因素。百年来，特别是改革开放以来，随着我国社会、经济、文化生活的快速发展，教育的极大普及，以及广播影视等现代传媒的高度发展，吴语变化的速度明显加快，而这种变化的特点就是向共同语靠拢。这种靠拢的表现或是向共同语借用某一词语，或是与共同语共同使用某一词语，或是一些特色词已被共同语同化。

一、词汇"借用"

词汇借用是指吴语由于表达上的需要，运用了共同语中的一些词语。借用的这些词语基本是共同语的新词。例如，当代吴语的词汇就借用了解放初期共同语词汇，如社会主义、抗美援朝、电灯、电话、包车、劳动、光荣、自由、婚姻、政府、干部等词，改革开放后借用了专业户、万元户、承包、电视机、大哥大、手机、电脑、光盘、VCD、打的、打工、拜拜、婚纱、彩照、非典等词。而且这些新词都有鲜明的时代特征。

①近代吴语

北带、南带、中道、热道、北寒道、南温道、夷场、制造局、巡捕房、西洋国度、方子（药方、处方）、匹偶、工头、外行、通事、本主、客旅、细作、书办、牵头、荐头、水作、帮闲、巡捕、管账个、学生子、泥水匠、卖票个、办事个、烧饭个、箍桶个、趸脚个、欠债个、奏乐个、看马个、逃难个、种田个、步行个、门上个、带信个、摇船个、教书个、年更个、伟丈夫、女先生、蓦生人（陌生人）、客边人、乡下人、晚老公、好陶伴、包打听、烂好人（老好人）、排活字个、管事体个、传福音个、净衣裳个、洋布、花边、宽紧带（松紧带）、大菜、牢监、洋房、洋楼、石库门、大菜间、洋枪、时辰钟、织布机、千里镜、寒暑表、洋烛、洋灯、手照、烟枪、烟榻、烟灯、烟盘、斗门、酒席、乌烟、玩器、小照、电报、洋铜、风雨镖、吸铁石、自来火、助生油、洋肥皂、农事农器、合同、文书、货色、鹰洋、洋钱、洋行、洋货、股子、贩户、英洋、报货单、水龙、船老大、火轮机、火轮船、药水龙、东洋车、皮篷车、字汇、学问、签书、闲书、算学、月报、洋琴、消息、毛儿戏、实字眼、虚字眼、活字眼、风气学、讲书台、开灯（吸鸦片）、写方、知会、挂虑、洗澡、种痘、对口施礼等。

②现代吴语

农会、战壕、国庆纪念、民众、华侨、良民、流氓、群众、大元帅、董事、吗啡、碘酒、舶来品、民众教育、幼稚园、阅报室、剥削、普及、改良、开会、民权、名誉、通讯处、中央（政权）、建筑、建设、革命、国旗、工运、农运、妇运等。

③当代吴语

仓库、仓库场、春耕、夏收、双抢、双季稻、肥料、施肥、轧稻、轧米、洒药水、绿肥、化肥、尿素、追肥、施肥、积肥、早稻、晚稻、风车、水泥船、粪船、电灌站、工厂、厂家、踏缝纫机、电烙铁、加班、磨洋工、三班制、挖土机、板头、老虎钳、尖嘴钳、零配件、线圈、塑料、橡胶、夜市面、自主市场、峰会、商标、广告、门面、执照、牌子、条形码、发票、拨款单、收条、收据、上市、牛市、成交、处理品、二手货、水货、冒牌货、断码、讨价、讨价还价、跳楼价、一口价、造价、批发、热卖、大放送、大放血、拍卖、回头客、奖金、人民币、台币、大团结、外币、美元、英镑、日元、兑换、小金库、提款机、食品公司、新华书店、旧书店、友谊商店、招待所、报刊亭、地摊、照相馆、文具店、吉普车、摩托车、电车、公共汽车、救护车、大巴、中巴、空调车、送货汽车、小轿车、自行车、塞车、斑马线、飞机、挂号信、平信、汇款、柏油路、无线电、收音机、半导体、三连橱、博古架、席梦思、棕垫、鸭毛绒被头、电热毯、毛巾毯、浴巾、蜂窝煤球、尼龙伞、自动伞、缩折伞、折叠伞、雨衣、洋马桶、尼龙绳、霓虹灯、吸顶灯、电灯泡、日光灯、汽油灯、手电筒、公事包、手提包、拉链包、行李袋、热水袋、皮箱、口红、香水、爽身粉、牙膏、雪花膏、衣架、浴巾、洋瓷碗、象牙筷、千里镜、放大镜、电熨斗、水果刀、插头、龙头、挂历、电话、漂白粉、缝纫机、帆布椅、冷板凳、转椅、折叠凳、五斗橱、纸板箱、钢丝床、弹簧床、钢中镦子、电饭煲、火锅、电磁炉、微波炉、热水器、汰衣裳机、冰箱、电脑、打印机、电风扇、鸿运扇、沐浴露、香皂、药水肥皂、皮鞋油、皮夹子、台钟、表链、喇叭箱、喇叭头、麦克风等。

④新世纪吴语

走穴、打拐、人气、练摊、下海、上网、网吧、网络、网购、网恋、接轨、抽奖、整改、扶贫、双休、充电、义演、创收、作秀、脱贫、国企、外企、超市、回扣、法盲、公示、追星、饭局、派对、房市、期房、按揭、上班、倒闭、水货、断码、刷卡、空港、布林、蛇果、盒饭、培根、蛋挞、高汤、鸡精、隆鼻、猫眼、摩丝、水表、手机、同居、结扎、单飞、帅哥、充电、迪科、海选、拍板、拉歌、短信、双抢、排档、烧烤、外卖、小区、楼盘、拆迁、房卡、搞定、秒杀、叫外卖、开玩笑、钟点工、老娘舅、月光族、商品房、民工潮、炒鱿鱼、换频道、空调车、性骚扰、难为情、纯净水、高消费、三下乡、打白条、医疗卡、拜菩萨、关系网、馊主意、二手房、双拥城、铁饭碗、步行街、爬格子、条形码、冒牌货、专卖店、便利店、小汽车、电瓶车、顺风车、自驾游、双季稻、荷兰豆、火龙果、三明治、汉堡包、柠檬水、自助餐、南极棉、时装秀、职业装、牛仔裤、旅游鞋、写字楼、小高层、样板房、毛坯房、承重墙、石膏线、防盗网、电脑桌、席梦思、电热毯、电饭煲、电磁炉、微波炉、热水器、塑料袋、吸顶灯、高血压、电子琴、零距离、零配件、大头头、砌长城、斑马线、羽绒服、直筒袜、情侣戒、卫生间、折叠凳、老板椅、啤酒瓶、洗洁精、沐浴露、餐巾纸、太阳能、电视机、加湿机、鸿运扇、稳当当、慢吞吞、娇滴滴、露马脚、万金油、上档次、上台面、开头炮、小儿科、打水漂、对口型、穷开心、查户口、境外游、满江红、扶贫对象、消费模式、投资环境、绿色经济、个体经济、华夫饼干、切片面包、铂金首饰、魔鬼身材、垃圾食品、复合地板、数码相机、戴高帽子、熟门熟路、糯米心肠、阿司匹林、酒肉朋友、一生一世、四四方方、贼头贼脑、昏头昏脑、屁颠屁颠、毕恭毕敬、装腔作势、摇头甩脑、七手八脚、八卦新闻、几次三番、三日两头、人间蒸发、小事一桩、千思百量、勿死勿活、天长日久、摩托罗拉、一次性杯子等。

词汇借用现象极为普遍，尤其在当今社会，新事物、新概念每天都在出现。这些层出不穷的词语，对吴语词汇系统来说往往没有现成的词汇来翻译和表达之，这给吴语的语言生活带来了极大的不便，于是吴语不得不借用共同语的词汇来表达。共同语词语大量进入人们吴语语言生活的现象，促使了吴语向共同语靠拢。

二、词汇"并存"

吴语中一些词语由过去的单一形式逐渐变成与相应的共同语词语并存的局面，即在语言运用中，根据语境可以同时使用吴语词语和共同语词语，如大水—洪水、辰光—时候、物事—东西、老套头—老一套、起先头—起先，等等。词汇并存是受共同语的影响而形成，在语音上表现为"文白异读"。在共同语尚未普及的年代里，如近代吴语时期、现代吴语时期中词汇并存的现象比较少，但到了当代吴语时期及以后，这种现象越来越多了。例如：

日头—太阳、日光—阳光、野日吃家日头—日蚀、野月吃家月—月蚀、云头—云、落霜—打霜、鲎—虹、双鲎—双虹、亮光—光线、发冷讯—来寒流、土墩—土堆、河身—河床、滚水—开水、水门汀—水泥、河滩头—河滩边、场化—地方、田头—田边、乡村—乡下、地下头—地下、外头—外地、边郎—旁边、街郎—城里、隔壁头—隔壁、里向—里面、别搭—别地方、前头—前面、捕头—后面、对过—对面、各处—到处、房里—房间里、上横头—上座、下首—下座、辰光—时间、年中心—年中、年脚—年底、大年夜—除夕、旧年—去年、开年—明年、一日—一天、两日—两天、每日—每天、全日—全天、整日—整天、日日—天天、日逐—天天、半日—半天、大半日—大半天、前几日—前几天、大前日—大前天、前日—前天、昨日—昨天、后日—后天、后日天—大后天、改日—改天、十几日—十几天、好多日—好多天、日里—白天、早晨头—早晨、清早晨—清早、点心—中午、夜间—夜里、半夜把—半夜三更、八月半—中秋节、礼拜—星期、起头—开头、收作—收拾、剃头—理发、剃胡苏—刮胡子、谈朋友—谈恋爱、寻对象—找对象、做舍母—坐月子、小产—流产、福份—福气、上坟—扫墓、相帮—帮忙、硬撑—硬挺、欢喜—喜欢、汏浴—洗澡、豁拳—猜拳、游码头—旅游、摩登—时髦、硬强—倔强、下作—下流、随手—顺手、适意—舒服、性急—心急、整齐—齐整、安生—安定、把细—仔细、结足—结实、当心—小心、想—盼望、摆酒水—摆酒席、还嘴—顶嘴、推头—借口、运道—运气、闹热—热闹、暖热—、温暖、丁倒—颠倒、晦气—倒霉、罪孽—罪恶、话搭头—话头、量气—气量、外国红—西洋红、亮光光—亮堂堂、横竖—反正、准定—肯定、板要——定要、平常—平素、到究—到底、索性—干脆、一总—总共、一齐——起、齐巧—正巧、偏—偏偏、当即—立刻、末脚—最后、本底子—原本、亏得—幸亏等。

三、词汇"同化"

随着共同语的影响和推广，吴语一些词语已经或是正在被共同语同化。例如：

太阳底下—太阳里头、月亮里头—月亮底下、天河—银河、飓风—台风、雨点儿—雨点、毛毛雨—麻花雨、落雨—下雨、老天菩萨—天老爷、空地皮—空地、地动—地震、土墩—土堆、缺荡—缺口、地方—场化、景致—风景、对过—对面、当中横里—当中、东海—东面、西海—西面、窗口头—窗口、年中心—年中、日中心—中午、开初—早先、一生一世——辈子、一日子——天、老底子—从前、后首来—后来、日朝—每天、经布—织布、水门汀—水泥、做买卖—做生意、倒脱—倒闭、人码—人品、人淘—人群、出账—支出、酱园—酱油店、客栈—旅馆、学堂—学校、火轮船—轮船、外码头—外地、船梢—船尾、站头—车站、白乌龟—鹅、黄狼—黄鼠狼、蚕宝宝—蚕、田鸡—青蛙、珍珠米—玉米、树秧—树苗、白开水—开水、豆腐浆—豆浆、味之素—味精、精肉—瘦肉、土布—老布、木屐板—木拖鞋、晒台—阳台、窗盘—窗台、镬子—锅子、力膊—实力、答头—点头、入舍—入赘、三不知—不提防、见谅—有限、见情—领情、新郎官—新郎、新娘娘—新娘、盖头绸—盖头布、走拢勒—同居、拖身体—怀孕、师姑—尼姑、孤孀—寡妇、阿大先生—经理、买客—顾客、账房先生—会计、先生—教师、郎中—医生、丫婷—丫头、自家—自己、学生子—学生、看护—护士、戏子—演员、影戏—电影、批揎—批评、料定—料到、顺手—随手等。

"同化"与"并存"不同，"并存"指一个词有了吴语、共同语两种表达形式，如"日头"有"日头"和"太阳"两种表达形式，而且两者目前都在使用。而"同化"虽然有两种表达形式，但吴语的表达形式在语言生活中已经不用或逐渐不用了，而是使用共同语的形式。例如，"批揎"有"批揎"和"批评"两种表达形式，但前者如今已经不用了。

词汇借用、并存、同化也不是绝对的。吴语借用共同语词语有时是临时的，一旦指代的事物消失了或改变，这个词语在吴语的词汇系统也不会作为吴语的特征词保存下来，如"买办个"（殖民地半殖民地国家中，替外国资本家在本国市场上效劳的中间人和经理人）、"管账个"（会计）、"三反"、"五反"等。但有些借用词语长期保留下来，成为吴语的特征词。这些词语大多是讼事、科技、文化、教育及各行业方面，或与现代生活密切相关（如学校、教室、暑假、寒假、课本、执照、违法、律师、犯罪、电视、手机、网络等），或是基本词汇中的常用词（如太阳、月亮、星星、银河、鸡、狗等）。吴语词汇的并存与同化也是模糊的，有些词似乎在一段时间里不使用了，但到了某个时期又被重新使用。还有一些词语，年轻一代已经不用或是少用，但老年一代还在使用。不过吴语词汇正在变化，变化的趋势是向共同语靠拢。

第八章
嘉兴吴语百年字音对照

本书第三至第六章描写吴语百年来各个历史时期的面貌，在此基础上，第七章从宏观视角分析、概括了吴语百年中在浊音清化、腭化现象、文白异读、韵母简化、词汇向普通话靠拢等方面的变化，让人们了解吴语变化的内容与特点。但如果要进一步了解一个声母、韵母或一个字的变化情况，以及在怎样的条件下才发生变化，这就需要将这些声母、韵母或字放在吴语的四个时期以及中古时期进行比较。基于这样的目的，本章从微观视角，以字为单位，通过表格的形式，列举、呈现吴语语音的变化。通过《吴语百年字音对照》可以了解：（1）某字（某类字）声母、韵母、声调在百年中的变化情况，有的是声母变化，有的是韵母变化，有的是全部变化，有的是部分变化，有的是没有变化；（2）某字（某类字）变化的时间先后；（3）某字（某类字）变化的条件。

《嘉兴吴语百年字音对照表》（见表 8-1），列举吴语字 3381 个，每个字分别标注近代、现代、当代、新世纪四个不同时期的吴语音，以及中古音、普通话音，全表大约有20286 个字音，基本反映了百年吴语的面貌与变化的情况，以及其与中古语音、普通话音的异同。本表按照现代吴语同音字表进行排列，现代吴语同音字表中的字全部收入，近代吴语同音字表中的字绝大部分被收入。近、现代吴语中没有的字但当代和新世纪吴语中又有的字适当收入一些。一个字在近代、现代、当代和新世纪的同音字表中不一定都有本字，这就用同音字代替。有些字在某一时期是没有读音的，表中就留空格。吴语有阴平、阳平、全阴上、次阴上、阳上、阴去、阳去、阴入、阳入九个声调，本表虽然只标平、上、去、入，但从其声母的清浊仍然可以推出其声调的阴阳。

表 8-1 吴语百年字音对照

1. a

汉字	广韵	普通话	近代吴语	现代吴语	当代吴语	新世纪吴语
叭		pʌ 阴平	pa 平	pa 平	pa 平	pa 平
吧		pʌ 阴平	po 平	pɔ. 平	pa 平	pa 平
摆	蟹开二上蟹帮	pai 上	pa 上	pa 上	pa 上	pa 上
拜	蟹开二去怪帮	pai 去	pa 去	pa 去	pa 去	pa 去
惫	蟹开二去怪并	pei 去	pa 去	pa 去	pe 去	pe 去
派	蟹开二去卦滂	pʰai 去	pʰa 去	pʰa 去	pʰa 去	pʰa 去
排	蟹开二平皆并	pʰai 阳平	ba 平	bʰa 平	ba 平	ba 平
牌	蟹开二平佳并	pʰai 阳平	ba 平	bʰa 平	ba 平	ba 平
罢	蟹开二上蟹并	pʌ 去	ba 去	bʰa 去	ba 去	ba 去

续表

汉字	广韵	普通话	近代吴语	现代吴语	当代吴语	新世纪吴语
败	蟹开二去夬并	pai 去	ba 去	bʰa 去	ba 去	ba 去
稗	蟹开二去卦并	pai 去	ba 去	bʰa 去	ba 去	ba 去
埋	蟹开二平皆明	mai 阳平	ma 平	ma 平	ma 平	ma 平
妈	遇开一上姥明	ma 阴平	mo 平	ma 平	ma 平	ma 平
买	蟹开二上蟹明	mai 上	ma 上	ma 上	ma 上	ma 上
卖	蟹开二去卦明	mai 去	ma 去	ma 去	ma 去	ma 去
迈	蟹开二去夬明	mai 去	ma 去	ma 去	ma 去	ma 去
斋	蟹开二平皆庄	tʂai 阴平	tsa 平	tsa 平	tsa 平	tsa 平
遮文	假开三平麻章	tʂʅ 阴平	tso 平	tsɔˑ 平	tsa 平	tsa 平
债	蟹开二去卦庄	tʂai 去	tsa 去	tsa 去	tsa 去	tsa 去
差(动)	蟹开二平佳初	tʂʰai 阴平	tso 平	tsɔˑ 平	tsʰa 平	tsʰa 平
差	蟹开二平佳初	tʂʰA 阴平	tso 平	tsɔˑ 平	tsʰo 平	tsʰo 平
岔文		tʂʰA 去	tso 去	tsɔˑ 去	tsʰa 去	tsʰa 去
扯	假开三上马昌	tʂʰʅ 上	tsʰa 上	tsʰa 上	tsʰa 上	tsʰa 上
蔡	蟹开一去泰清	tsʰai 去	tsʰa 去	tsʰa 去	tsʰa 去	tsʰa 去
筛	止开三平脂生	ʂai 阴平	sa 平	sa 平	sa 平	sa 平
洒	蟹开二上蟹生	sA 上	sa 上	sa 上	sa 上	sa 上
傻	假合二上马生	ʂA 上	sa 上	sa 上	sa 上	sa 上
耍		ʂuA 上	sa 上	sa 上	sa 上	sa 上
啥		ʂA 上	sa 上	sa 上	sa 上	sa 上
帅	止合三去至生	ʂuai 去	sa 去	sa 去	sa 去	sa 去
柴	蟹开二平佳崇	tʂʰai 阳平	za 平	dza 平	za 平	za 平
豺	蟹开二平皆崇	tʂʰai 阳平	za 平	dza 平	za 平	za 平
撒		tʂʰai 上	saʔ 入	sAʔ 入	saʔ 入	saʔ 入
惹文	假开三上马日	zʅ 上	za 上	za 上	za 上	za 上
歹		tai 上	te 上	da 上	ta 上	ta 上
带	蟹开一去泰端	tai 去	ta 去	da 去	ta 去	ta 去
戴	蟹开一去代端	tai 去	te 去	da 去	ta 去	ta 去
他	果开一平歌透	tʰA 平	tʰa 平	tʰa 平	tʰa 平	tʰa 平
太	蟹开一去泰透	tʰai 去	tʰa 去	bʰa 去	tʰa 去	tʰa 去
态	蟹开一去代透	tʰai 去	tʰa 去	bʰa 去	tʰa 去	tʰa 去
泰	蟹开一去泰透	tʰai 去	tʰa 去	tʰa 去	tʰa 去	tʰa 去
大文	果开一去简定	tA 去	da 去	da 去	da 去	da 去
汏	蟹开一去泰定	tA 去	da 去	da 去	da 去	da 去
埭	蟹开一去代定	tai 去	da 去	da 去	da 去	da 去
那	果开一去简泥	nA 去	na 上	na 上	na 上	na 上
乃	蟹开一上海泥	nai 上	na 上	na 上	na 上	na 上
奶	蟹开二上蟹泥	nai 上	na 上	na 上	na 上	na 上
拉	咸开一入合来	lA 阴平	laʔ 入	lAʔ 入	la 平	la 平
喇		lA 上	la 上	la 上	la 上	la 上
赖	蟹开一去泰来	lai 去	la 去	la 去	la 去	la 去
癞	蟹开一去泰来	lai 去	la 去	la 去	la 去	la 去

续表

汉字	广韵	普通话	近代吴语	现代吴语	当代吴语	新世纪吴语
嘉白	假开二平麻见	tɕiʌ 阴平	ka 平	ka 平	ka 平	ka 平
家白	假开二平麻见	tɕiʌ 阴平	ka 平	ka 平	ka 平	ka 平
加白	假开二平麻见	tɕiʌ 阴平	ka 平	ka 平	ka 平	ka 平
街白	蟹开二平佳见	tɕiɛ 阴平	ka 平	ka 平	ka 平	ka 平
阶白	蟹开二平皆见	tɕiɛ 阴平	ka 平	ka 平	ka 平	ka 平
架白	假开二平麻见	tɕiʌ 阴平	ka 平	ka 平	ka 平	ka 平
枷白	假开二平麻见	tɕiʌ 阴平	ka 平	ka 平	ka 平	ka 平
假白	假开二上马见	tɕiʌ 上	ka 上	ka 上	ka 上	ka 上
解白	蟹开二上蟹见	tɕiɛ 上	ka 上	ka 上	ka 上	ka 上
架白	假开二去祃见	tɕiʌ 去	ka 去	ka 去	ka 去	ka 去
嫁白	假开二去祃见	tɕiʌ 去	ka 去	ka 去	ka 去	ka 去
价	蟹开二去怪见	tɕiʌ 去	ka 去	ka 去	ka 去	ka 去
假白	假开二去祃见	tɕiʌ 去	ka 去	ka 去	ka 去	ka 去
戒白	蟹开二去怪见	tɕiʌ 去	ka 去	ka 去	ka 去	ka 去
界白	蟹开二去怪见	tɕiɛ 去	ka 去	ka 去	ka 去	ka 去
届白	蟹开二去怪见	tɕiɛ 去	ka 去	ka 去	ka 去	ka 去
戒白	蟹开二去怪见	tɕiɛ 去	ka 去	ka 去	ka 去	ka 去
介白	蟹开二去怪见	tɕiɛ 去	ka 去	ka 去	ka 去	ka 去
驾白	假开二去祃见	tɕiɛ 去	ka 去	ka 去	ka 去	ka 去
楷	蟹开二上骇溪	kʰai 上	kʰa 上	kʰa 上	kʰa 上	kʰa 上
揩	蟹开二平皆溪	kʰai 平	kʰa 平	kʰa 平	kʰa 平	kʰa 平
卡		kʰʌ 上	kʰa 上	kʰa 上	kʰa 上	kʰa 上
快	蟹合二去夬溪	kʰuai 去	kʰa 去	kʰa 去	kʰa 去	kʰa 去
茄白	果开三平戈群	tɕʰiɛ 阴平	kʰa 平	ga 平	ga 平	ga 平
解白	蟹开二上蟹见	tɕiɛ 上	kʰa 上	ga 上	ga 上	ga 上
牙白	假开二平麻疑	iʌ 阳平	ŋa 平	ŋa 平	ŋa 平	ɦia 平
芽白	假开二平麻疑	iʌ 阳平	ŋa 平	ŋa 平	ɦia 平	ɦia 平
衔白	假开二平麻疑	iʌ 阳平	ŋa 平	ŋa 平	ɦia 平	ɦia 平
外白	蟹合一去泰疑	uai 去	ŋɑ 去	ŋɑ 去	ɦia 去	ɦia 去
哈	咸开一入合疑	xʌ 阴平	ha 平	ha 平	ha 平	ha 去
蟹	蟹开二上蟹匣	ɕiɛ 去	ɦia 去	ɦia 去	ha 去	ha 去
鞋白	蟹开二平佳匣	ɕiɛ 平	ɦia 上	ɦia 上	ɦia 上	ɦia 上
也白	假开三上马以	iɛ 上	ɦia 上	ɦia 上	ɦia 上	ɦia 上
挨	蟹开二上骇影	ai 阳平	ʔa 平	ʔa 平	ʔa 平	ʔa 平
矮白	蟹开二上蟹影	ai 上	ʔa 平	ʔa 上	ʔa 上	ʔa 上
涯白	止开三平支疑	iʌ 阳平	ʔa 平	ʔa 平	ʔa 平	ʔa 平

2.ɔ.

汉字	广韵	普通话	近代吴语	现代吴语	当代吴语	新世纪吴语
巴白	假开二平麻帮	pʌ 阴平	po 平	pɔ. 平	po 平	po 平
巴文	假开二平麻帮	pʌ 阴平	po 平	pɔ. 平	pa 平	pa 平
芭	假开二平麻帮	pʌ 阴平	po 平	pɔ. 平	po 平	po 平

汉字	广韵	普通话	近代吴语	现代吴语	当代吴语	新世纪吴语
疤		pA 阴平	po 平	bɔ. 平	po 平	po 平
杷	假开二平麻并	pA 阴平	bo 平	bɔ. 平	bo 平	bo 平
琶	假开二平麻并	pA 阴平	bo 平	bɔ. 平	bo 平	bo 平
把白	假开二上马帮	pA 上	po 上	bɔ. 上	po 上	po 上
把文	假开二上马帮	pA 上	po 上	bɔ. 上	pɑ 上	pɑ 上
霸白	假开二去祃帮	pA 去	po 去	bɔ. 去	po 去	po 去
霸文	假开二去祃帮	pA 去	po 去	bɔ. 去	pɑ 去	pɑ 去
坝	假开二去麻帮	pA 去	po 去	bɔ. 去	po 去	po 去
趴		pʰA 阳平	pʰo	pʰɔ. 平	pʰo 平	pʰo 平
怕	假开二去祃滂	pʰA 去	pʰo 去	pʰɔ. 去	pʰo 去	pʰo 去
爬	假开二平麻并	pʰA 阳平	bo 平	bɔ. 平	bo 平	bo 平
罢	蟹开二上支并	pA 去	ba 去	bɔ. 去	bo 去	bo 去
麻	假开二平麻明	mA 阳平	mo 平	mɔ. 平	mo 平	mo 平
蔴	假开二平麻明	mA 阳平	mo 平	mɔ. 平	mo 平	mo 平
马	假开二上马明	mA 上	mo 上	mɔ. 上	mo 上	mo 上
码	假开二上马明	mA 上	mo 上	mɔ. 上	mo 上	mo 上
骂	假开二去马明	mA 去	mo 去	mɔ. 去	mo 去	mo 去
抓	效开二平庄肴	tʂuA 阴平	tso 平	tsɔ. 平	tso 平	tso 平
遮	假开三平麻章	tʂɤ 阴平	tso 平	tsɔ. 平	tso 平	tso 平
渣	假开二平麻庄	tʂA 阴平	tso 平	tsɔ. 平	tso 平	tso 平
山楂	假开二平山生	tʂɤ 阳平	tso 平	tsɔ. 平	tso 平	tso 平
蔗	假开三去麻章	tʂɤ 去	tso 去	tsɔ. 去	tso 去	tso 去
诈白	假开二去麻庄	tʂA 去	tso 去	tsɔ. 去	tso 去	tso 去
诈文	假开二去麻庄	tʂA 去	tso 去	tsɔ. 去	tsɑ 去	tsɑ 去
榨	假开二去祃庄	tʂA 去	tso 去	tsɔ. 去	tso 去	tso 去
炸	假开二去祃庄	tʂA 去	tso 去	tsɔ. 去	tso 去	tso 去
车	假开三平麻昌	tʂʰɤ 阴平	tsʰo 平	tsʰɔ. 平	tsʰo 平	tsʰo 平
叉	假开二平佳初	tʂʰA 阴平	tsʰo 平	tsʰɔ. 平	tsʰo 平	tsʰo 平
杈	假开二平佳初	tʂʰA 阴平	tsʰo 平	tsʰɔ. 平	tsʰo 平	tsʰo 平
岔白	假开二去麻初	tʂʰA 去	tsʰo 去	tsʰɔ. 去	tsʰo 去	tsʰo 去
侘	假开二去麻彻	tʂʰA 去	tsʰo 去	tsʰɔ. 去	tsʰo 去	tsʰo 去
查	假开二平佳庄	tʂA 阳平	dzo 平	dzɔ. 平	zo 平	zo 平
茶	假开二平佳澄	tʂA 阳平	dzo 平	dzɔ. 平	zo 平	zo 平
乍	假开二去祃崇	tʂA 去	dzo 去	dzɔ. 去	zo 去	zo 去
沙	假开二平麻生	ʂA 阴平	so 平	sɔ. 平	so 平	so 平
纱	假开二平麻生	ʂA 阴平	so 平	sɔ. 平	so 平	so 平
赊	假开三平麻书	ʂɤ 阴平	so 平	sɔ. 平	so 平	so 平
奢	假开三平麻书	ʂɤ 阴平	so 平	sɔ. 平	so 平	so 平
舍	假开三上马书	ʂɤ 上	so 上	sɔ. 上	so 上	so 上
晒	蟹开二去置生	ʂai 去	so 上	sɔ. 去	so 去	so 去
舍	假开三去祃书	ʂɤ 去	so 去	sɔ. 去	so 去	so 去
赦	假开三去祃书	ʂɤ 去	so 去	sɔ. 去	so 去	so 去

续表

汉字	广韵	普通话	近代吴语	现代吴语	当代吴语	新世纪吴语
蛇	假开三平支以	ʂʅ 平	zo 上	zɔ˰ 上	zo 上	zo 上
射	假开三去祃以	tʂA 去	dzo 去	zɔ˰ 去	zɤə 去	zɤə 去
社	假开三上马常	tʂA 去	dzo 上	zɔ˰ 上	zɤə 上	zɤə 上
拿	假开二平麻泥	nA 阳平	no 平	nɔ˰ 平	no 平	no 平
拏	假开二平麻娘	nA 阳平	no 平	nɔ˰ 平	no 平	no 平
瓜	假合二平麻见	kuA 阴平	kuo 平	kɔ˰ 平	ko 平	ko 平
寡	假合二上马见	kuA 上	kuo 上	kɔ˰ 上	ko 上	ko 上
剐	假合二上马见	kuA 上	kuo 上	kɔ˰ 上	ko 上	ko 上
挂	蟹合二去卦见	kuA 去	kuo 去	kɔ˰ 去	ko 去	ko 去
卦	蟹合二去卦见	kuA 去	kuo 去	kɔ˰ 去	ko 去	ko 去
夸	假合二平麻溪	kʰuA 阴平	kʰuo 平	kʰɔ˰ 平	ko 平	kʰo 平
跨	假合二去麻溪	kʰuA 去	kʰuo 去	kʰɔ˰ 去	ko 去	kʰo 去
娃	蟹开二平佳影	uA 阳平	ʔuo 平	ŋɔ˰ 平	ʔo 平	ʔo 平
瓦白	假合二上马疑	uA 上	ʔuo 上	ŋɔ˰ 上	ɦio 上	ɦio 上
虾	假开二平麻匣	ɕia 阴平	ɦio 平	hɔ˰ 平	ho 平	ho 平
花	假合二平麻晓	xuA 阴平	huo 平	hɔ˰ 平	ho 平	ho 平
化	假合二去祃晓	xuA 去	huo 去	hɔ˰ 去	ho 去	ho 去
霞	假开二平麻匣	xuA 阳平	ɦio 平	ɦiɔ˰ 平	ʔia 平	ʔia 平
华	假合二平麻匣	xuA 阳平	ɦio 平	ɦiɔ˰ 平	ɦio 上	ɦio 上
划	假合二平麻匣	xuA 阳平	ɦuo 平	ɦiɔ˰ 平	ɦio 平	ɦio 平
下白	假开二上马匣	ɕia 去	ɦio 上	ɦiɔ˰ 上	ɦio 上	ɦio 上
夏白	假开二上马匣	ɕia 去	ɦio 上	ɦiɔ˰ 上	ɦio 上	ɦio 上
话	蟹合二去卦匣	xuA 去	ɦuo 去	ɦiɔ˰ 去	ʔo 去	ʔo 去
画	蟹合二去卦匣	xuA 去	ɦuo 去	ɦiɔ˰ 去	ɦio 去	ɦio 去
鸦白	假开二平麻影	iA 阴平	ʔɔ 平	ʔɔ˰ 平	ʔo 平	ʔo 平
丫白	假开二平麻影	iA 阴平	ʔɔ 平	ʔɔ˰ 平	ʔo 平	ʔo 平
哑白	假开二上马影	iA 上	ʔɔ 上	ʔɔ˰ 上	ʔo 上	ʔo 上

3. e

汉字	广韵	普通话	近代吴语	现代吴语	当代吴语	新世纪吴语
碑	止开三平支帮	pei 阴平	pe 平	pe 平	pe 平	pe 平
卑	止开三平支帮	pei 阴平	pi 平	pe 平	pe 平	pe 平
悲	止开三平脂帮	pei 阴平	pe 平	pe 平	pe 平	pe 平
杯	蟹合一平灰帮	pei 阴平	pe 平	pe 平	pe 平	pe 平
彼	止开三上纸帮	pei 阳平	pe 上	pe 上	pe 上	pe 上
背	蟹合一去队帮	pei 去	pe 去	pe 去	pe 去	pe 去
背~诵	蟹合一去队并	pei 去	be 去	be 去	be 去	be 去
贝	蟹开一去泰帮	pei 去	pe 去	pe 去	pe 去	pe 去
辈	蟹合一去队帮	pei 去	pe 去	pe 去	pe 去	pe 去
辔	止开三去至帮	pʰei 去	pe 去	pe 去	pe 去	pe 去
褙		pʰei 去	pe 去	pe 去	pe 去	pe 去
丕	止开三平脂滂	pʰi 阴平	pʰe 平	pʰe 平	pʰe 平	pʰe 平

续表

汉字	广韵	普通话	近代吴语	现代吴语	当代吴语	新世纪吴语
胚		pʰei 阴平	pʰe 去	pʰe 平	pʰe 平	pʰe 平
剖	流开一上厚滂	pʰou 阴平	pʰəu 上	pʰe 上	pʰe 上	pʰe 上
配	蟹合一去队滂	pʰei 去	pʰe 去	pʰe 去	pʰe 去	pʰe 去
沛	蟹开一去泰滂	pʰei 去	pʰe 去	pʰe 去	pʰe 去	pʰe 去
陪	蟹合一平灰并	pʰei 阳平	be 平	be 平	be 平	be 平
赔	蟹合一平灰并	pʰei 阳平	be 平	be 平	be 平	be 平
培	蟹合一平灰并	pʰei 阳平	be 平	be 平	be 平	be 平
佩	蟹合一平队并	pʰei 去	be 去	be 去	be 去	be 去
倍	蟹开一上海并	pʰei 去	be 上	be 上	be 上	be 上
焙		pei 去	be 去	be 去	be 去	be 去
悖	蟹合一去队并	pei 去	be 去	be 去	be 去	be 去
梅	蟹合一平灰明	mei 阳平	me 平	me 平	me 平	me 平
媒	蟹合一平灰明	mei 阳平	me 平	me 平	me 平	me 平
谋	流开三平尤明	mou 阳平	mə 平	me 平	me 平	me 平
眉白	止开三平脂明	mei 阳平	me 平	me 平	me 平	me 平
煤	蟹合一平灰明	mei 阳平	me 平	me 平	me 平	me 平
美	止开三上旨明	mei 上	me 上	me 上	me 上	me 上
每	蟹合一上贿明	mei 上	me 上	me 上	me 上	me 上
某	流开一上厚明	mou 上	məu 上	me 上	me 上	me 上
亩	流开一上厚明	mu 上	məu 上	me 上	me 上	me 上
妹	蟹合一去队明	mei 去	me 去	me 去	me 去	me 去
懋	流开一去侯明	mau 去	mɔ 去	me 去	me 去	me 去
茂	流开一去侯明	mau 去	mɔ 去	me 去	me 去	me 去
否	止开三上旨并	fou 上	fə 上	fe 上	fe 上	fe 上
浮	流开三平尤并	fu 阳平	və 平	ve 平	fe 平	fe 平
阜	流开三上有并	fu 去	və 去	ve 去	fe 去	fe 去
周	流开三平尤章	tʂou 阴平	tsə 平	tse 平	tse 平	tse 平
州	流开三平尤章	tʂou 阴平	tsə 平	tse 平	tse 平	tse 平
洲	流开三平尤章	tʂou 阴平	tsə 平	tse 平	tse 平	tse 平
舟	流开三平尤章	tʂou 阴平	tsə 平	tse 平	tse 平	tse 平
邹	流开三平尤庄	tsou 阴平	tsə 平	tse 平	tse 平	tse 平
肘	流开三上有知	tʂou 上	tsə 上	tse 上	tse 上	tse 上
帚	流开三上有章	tʂou 上	tsə 上	tse 上	tse 上	tse 上
走	流开一上厚精	tsou 上	tsəu 上	tse 上	tse 上	tse 上
咒	流开三去宥章	tʂou 去	tsə 去	tse 去	tse 去	tse 去
昼	流开三去宥知	tʂou 去	tsə 去	tse 去	tse 去	tse 去
奏	流开一去侯精	tsou 去	tsəu 去	tse 去	tse 去	tse 去
皱	流开三去宥庄	tʂou 去	tsə 去	tse 去	tse 去	tse 去
绉	效开二去效初	tʂou 去	tsə 去	tse 去	tse 去	tse 去
抽	流开三平尤彻	tʂʰou 阴平	tsʰə 平	tsʰe 平	tsʰe 平	tsʰe 平
丑	流开三上有彻	tʂʰou 上	tsʰə 上	tsʰe 上	tsʰe 上	tsʰe 上
醜	流开三上有彻	tʂʰou 上	tsʰə 上	tsʰe 上	tsʰe 上	tsʰe 上

续表

汉字	广韵	普通话	近代吴语	现代吴语	当代吴语	新世纪吴语
臭	流开三去宥昌	tsʰou 去	tsʰə 去	tsʰe 去	tsʰe 去	tsʰe 去
凑	流开一去候清	tsʰou 去	tsʰəu 去	tsʰe 去	tsʰe 去	tsʰe 去
绸	效开一平豪透	tʂʰou 阳平	dʑe 平	dʑe 平	ze 平	ze 平
酬	流开三平尤常	tʂʰou 阳平	dʑə 平	dʑe 平	ze 平	ze 平
仇	流开三平尤群	tʂʰou 阳平	dʑə 平	dʑe 平	ze 平	ze 平
愁	流开三平尤崇	tʂʰou 阳平	dʑə 平	dʑe 平	ze 平	ze 平
筹	流开三平尤澄	tʂʰou 阳平	dʑə 平	dʑe 平	ze 平	ze 平
稠	流开三平尤澄	tʂʰou 阳平	dʑə 平	dʑe 平	ze 平	ze 平
纣	流开三上有澄	tʂou 去	dʑə 平	dʑe 去	ze 去	ze 去
宙	流开三去宥澄	tʂou 去	dʑə 平	dʑe 去	ze 去	ze 去
收	流开三平尤书	ʂou 阴平	sə 平	se 平	se 平	se 平
搜	流开三平尤生	sou 阴平	sə 平	se 平	se 平	se 平
馊	流开三平尤生	sou 阴平	sə 平	se 平	se 平	se 平
手	流开三上有书	ʂou 上	sə 上	se 上	se 上	se 上
守	流开三上有书	ʂou 上	sə 上	se 上	se 上	se 上
首	流开三上有书	ʂou 上	sə 上	se 上	se 上	se 上
叟	流开一上厚心	sou 上	səuɛ 上	se 上	se 上	se 上
兽	流开三去宥书	ʂou 去	sə 去	se 去	se 去	se 去
瘦	流开三去宥生	ʂou 去	sə 去	se 去	se 去	se 去
漱	流开三去宥生	ʂu 去	sə 去	se 去	se 去	se 去
柔	流开三平尤日	zou 阳平	dʑə 平	ze 平	ze 平	ze 平
揉	流开三平尤日	zou 阳平	dʑə 平	ze 平	ze 平	ze 平
寿	流开三上有常	ʂou 去	zə 去	ze 去	ze 去	ze 去
受	流开三上有常	ʂou 去	zə 去	ze 去	ze 去	ze 去
授	流开三去宥常	ʂou 去	zə 去	ze 去	ze 去	ze 去
售	流开三去宥常	ʂou 去	zə 去	ze 去	ze 去	ze 去
堆	蟹合一平灰端	tuei 阴平	te 平	te 平	te 平	te 平
兜	流开一平侯端	tou 阴平	təu 平	te 平	te 平	te 平
斗(量器)	流开一上厚端	tou 上	təu 上	te 上	te 上	te 上
抖	流开一上厚端	tou 上	təu 上	te 上	te 上	te 上
陡	流开一上厚端	tou 上	təu 上	te 上	te 上	te 上
斗~争	流开一去侯端	tou 去	təu 去	te 去	te 去	te 去
对	蟹合一去队端	tuei 去	te 去	te 去	te 去	te 去
推	蟹合一平灰透	tʰuei 阴平	tʰe 平	tʰe 平	tʰe 平	tʰe 平
偷	流开一平侯透	tʰou 阴平	tʰəu 平	tʰe 平	tʰe 平	tʰe 平
腿	蟹合一上贿透	tʰuei 上	tʰe 上	tʰe 上	tʰe 上	tʰe 上
透	流开一去侯透	tʰou 去	tʰəu 去	tʰe 去	tʰe 去	tʰe 去
退	蟹合一去队透	tʰuei 去	tʰe 去	tʰe 去	tʰe 去	tʰe 去
头	流开一平侯定	tʰou 阳平	dəu 平	de 平	de 平	de 平
投	流开一平侯定	tʰou 阳平	dəu 平	de 平	de 平	de 平
豆	流开一去侯定	tou 去	dəu 去	de 去	de 去	de 去
逗	流开一去侯定	tou 去	dəu 去	de 去	de 去	de 去

续表

汉字	广韵	普通话	近代吴语	现代吴语	当代吴语	新世纪吴语
荳	流开一去侯定	tou 去	dəu 去	de 去	de 去	de 去
痘		tou 去	dəu 去	de 去	de 去	de 去
兑	蟹合一去泰定	tuei 去	de 去	de 去	de 去	de 去
队	蟹合一去队定	tuei 去	de 去	de 去	de 去	de 去
馁	蟹合一上贿泥	nei 上	ne 上	ne 上	ne 上	ne 上
耨	流开一去侯泥	nou 去	nəu 去	ne 去	ne 去	ne 去
内	蟹合一去队泥	nei 去	ne 去	ne 去	ne 去	ne 去
奈	蟹开一去泰泥	nai 去	ne 去	ne 去	ne 去	ne 去
楼	流开一平侯来	lou 阳平	ləu 平	le 平	le 平	le 平
雷	蟹合一平灰来	lei 阳平	le 平	le 平	le 平	le 平
篓	流开一平侯来	lou 上	ləu 平	le 平	le 平	le 平
搂	流开一平侯平	lou 上	ləu 平	le 平	le 平	le 平
髅	流开一平侯来	lou 上	ləu 平	le 平	le 平	le 平
儡	蟹合一上贿来	lei 上	le 上	le 上	le 上	le 上
垒	止合三上纸来	lei 上	le 上	le 上	le 上	le 上
漏	流开一去侯来	lou 去	ləu 去	le 去	le 去	le 去
累	止合三去置来	lei 去	le 去	le 去	le 去	le 去
类	止合三去至来	lei 去	le 去	le 去	le 去	le 去
泪	止合三去至来	lei 去	le 去	le 去	le 去	le 去
沟	流开一平侯见	kou 阴平	kəu 平	ke 平	ke 平	ke 平
钩	流开一平侯见	kou 阴平	kəu 平	ke 平	ke 平	ke 平
狗	流开一上厚见	kou 上	kəu 上	ke 上	ke 上	ke 上
苟	流开一上厚见	kou 上	kəu 上	ke 上	ke 上	ke 上
垢	流开一上厚见	kou 去	kəu 上	ke 上	ke 上	ke 上
够	流开一去侯见	kou 去	kəu 去	ke 去	ke 去	ke 去
构	流开一去侯见	kou 去	kəu 去	ke 去	ke 去	ke 去
购	流开一去侯见	kou 去	kəu 去	ke 去	ke 去	ke 去
抠	流开一平侯溪	kʰou 阴平	kʰəu 平	kʰe 平	kʰe 平	kʰe 平
口	流开一上厚溪	kʰou 上	kʰəu 平	kʰe 上	kʰe 上	kʰe 上
扣	流开一支侯见	kʰou 去	kʰəu 去	kʰe 去	kʰe 去	kʰe 去
叩	流开一上厚溪	kʰou 去	kʰəu 去	kʰe 去	kʰe 去	kʰe 去
寇	流开一去侯见	kʰou 去	kʰəu 去	kʰe 去	kʰe 去	kʰe 去
厚白	流开一去侯匣	xou 去	ɦəu 去	gʰe 去	ɦie 去	ɦie 去
偶	流开一上厚疑	ou 上	ŋəu 上	ŋe 上	ŋe 上	ɦie 上
藕	流开一上厚疑	ou 上	ŋəu 上	ŋe 上	ŋe 上	ɦie 上
吼	流开一上厚晓	xou 上	ɦuei 上	he 上	he 上	he 上
侯	流开一平侯匣	xou 阳平	ɦəu 平	ɦie 平	ɦie 平	ɦie 平
猴	流开一平侯匣	xou 阳平	ɦəu 平	ɦie 平	ɦie 平	ɦie 平
厚	流开一上厚匣	xou 去	ɦəu 上	ɦie 上	ɦie 上	ɦie 上
候	流开一去侯匣	xou 去	ɦəu 去	ɦie 去	ɦie 去	ɦie 去
后	流开一去侯匣	xou 去	ɦuei 去	ɦie 去	ɦie 去	ɦie 去
欧	流开一平侯影	ou 阴平	ʔəu 平	ʔe 平	ʔe 平	ʔe 平

续表

汉字	广韵	普通话	近代吴语	现代吴语	当代吴语	新世纪吴语
讴	流开一平侯影	ou 阴平	ʔuɜ 上	ʔe 上	ʔe 平	ʔe 平
呕	流开一上厚影	ou 上	ʔuɜ 上	ʔe 上	ʔe 上	ʔe 上
怄	流开一去侯影	ou 去	ʔuɜ 去	ʔe 去	ʔe 去	ʔe 去
沤	流开一去侯影	ou 去	ʔuɜ 去	ʔe 去	ʔe 去	ʔe 去

4. E^{ɛ}

汉字	广韵	普通话	近代吴语	现代吴语	当代吴语	新世纪吴语
班	山开二平删帮	pan 阴平	pɜ 平	pɛ^{ɛ} 平	pɛ 平	pɜ 平
颁	山开二平删帮	pan 阴平	pɜ 平	pɛ^{ɛ} 平	pɛ 平	pɜ 平
斑	山开二平删帮	pan 阴平	pɜ 平	pɛ^{ɛ} 平	pɛ 平	pɜ 平
扳	山开二平删帮	pan 阴平	pɜ 平	pɛ^{ɛ} 平	pɛ 平	pɜ 平
板	山开二上清帮	pan 上	pɜ 上	pɛ^{ɛ} 上	pɛ 上	pɜ 上
版	山开二上清帮	pan 上	pɜ 上	pɛ^{ɛ} 上	pɛ 上	pɜ 上
扮	山开二去裥帮	pan 去	pɜ 去	pɛ^{ɛ} 去	pɛ 去	pɜ 去
攀	山开二平删滂	pʰan 阴平	pʰɜ 去	pʰE^{ɛ} 平	pʰɜ 平	pʰɜ 平
襻	山开二去谏滂	pʰan 去	pʰɜ 去	pʰE^{ɛ} 去	pʰɜ 去	pʰɜ 去
盼	山开二去裥滂	pʰan 去	pʰɜ 去	pʰE^{ɛ} 去	pʰɜ 去	pʰɜ 去
爿		pʰan 阳平	bɜ 平	bE^{ɛ} 平	bɜ 平	bɜ 平
办	山开二去裥并	pan 去	bɜ 去	bE^{ɛ} 去	bɜ 去	bɜ 去
辦	山开二去裥并	pan 去	bɜ 去	bE^{ɛ} 去	bɜ 去	bɜ 去
蛮	山开二平删明	man 阳平	mɜ 平	mE^{ɛ} 平	mɜ 平	mɜ 平
蔓	山开二去谏明	man 去	mɜ 去	mE^{ɛ} 去	mɜ 去	mɜ 去
漫	山合一去换明	man 去	mɜ 去	mE^{ɛ} 去	mɜ 去	mɜ 去
慢	山合一去换明	man 去	mɜ 去	mE^{ɛ} 去	mɜ 去	mɜ 去
慢	山开二去谏明	man 去	mɜ 去	mE^{ɛ} 去	mɜ 去	mɜ 去
万白	臻合三去愿明	uan 去	vɜ 去	mE^{ɛ} 去	mɜ 去	mɜ 去
翻	臻合三平元滂	fan 阴平	fɜ 平	fE^{ɛ} 平	fɜ 平	fe 平
番	臻合三平元滂	fan 阴平	fɜ 平	fE^{ɛ} 平	fɜ 平	fe 平
藩	臻合三平元帮	fan 阴平	fɜ 平	fE^{ɛ} 平	fɜ 平	fe 平
幡	臻合三平元滂	fan 阴平	fɜ 平	fE^{ɛ} 平	fɜ 平	fe 平
反	臻合三上阮帮	fan 上	fɜ 上	fE^{ɛ} 上	fɜ 上	fe 上
返	臻合三上阮帮	fan 上	fɜ 上	fE^{ɛ} 上	fɜ 上	fe 上
泛	咸合三去范滂	fan 去	fɜ 去	fE^{ɛ} 去	fɜ 去	fe 去
贩	臻合三去愿帮	fan 去	fɜ 去	fE^{ɛ} 去	fɜ 去	fe 去
烦	臻合三平元并	fan 阳平	vɜ 平	vE^{ɛ} 平	vɜ 平	fe 平
繁	臻合三平元并	fan 阳平	vɜ 平	vE^{ɛ} 平	vɜ 平	fe 平
矾	臻合三平元并	fan 阳平	vɜ 平	vE^{ɛ} 平	vɜ 平	fe 平
帆	咸合三平凡并	fan 阴平	vɜ 平	vE^{ɛ} 平	vɜ 平	fe 平
凡	咸合三平凡并	fan 阳平	vɜ 平	vE^{ɛ} 平	vɜ 平	fe 平
挽	臻合三上阮明	fan 上	vɜ 上	vE^{ɛ} 上	vɜ 上	fe 上
晚	臻合三上阮明	fan 上	vɜ 上	vE^{ɛ} 上	vɜ 上	fe 上
饭	臻合三去愿并	fan 去	vɜ 去	vE^{ɛ} 去	vɜ 去	fe 去

续表

汉字	广韵	普通话	近代吴语	现代吴语	当代吴语	新世纪吴语
万文	臻合三去愿明	uan 去	vɛ 去	vɛᵉ 去	vɤ 去	fɛ 去
范	咸合三上梵并	fan 去	vɛ 上	vɛᵉ 上	vɤ 上	fɤ 上
犯	咸合三上梵并	fan 去	vɛ 上	vɛᵉ 上	vɤ 上	fɤ 上
哉	蟹开一平咍精	tsai 阴平	tsɛ 平	tsɛᵉ 平	tsɤ 平	tsɤ 平
灾	蟹开一平咍精	tsai 阴平	tse 平	tsɛᵉ 平	tsɤ 平	tsɤ 平
栽	蟹开一平咍精	tsai 阴平	tsɛ 平	tsɛᵉ 平	tsɤ 平	tsɤ 平
宰	蟹开一上海精	tsai 上	tse 上	tsɛᵉ 上	tsɤ 上	tsɤ 上
者	假开三上马章	tʂɤ 上	tso 上	tsɛᵉ 上	tsə 入	tsə 入
斩	咸开二上豏庄	tʂan 上	tsɛ 上	tsɛᵉ 上	tsɤ 上	tsɤ 上
盏	山开二上产庄	tʂan 上	tsɤ 上	tsɛᵉ 上	tsɤ 上	tsɤ 上
再	蟹开一去代精	tsai 去	tsɛ 去	tsɛᵉ 去	tsɤ 去	tsɤ 去
载	蟹开一去代精	tsai 去	tse 去	tsɛᵉ 去	tsɤ 去	tsɤ 去
赞		tsan 去	tsɛ 去	tsɛᵉ 去	tsɤ 去	tsɤ 去
攒		tsan 上	tsɤ 去	tsɛᵉ 去	tsɤ 去	tsɤ 去
蘸	咸开二去陷庄	tsan 去	tsɤ 去	tsɛᵉ 去	tsɤ 去	tsɤ 去
猜	蟹开一平咍清	tsʰai 阴平	tsʰe 平	tsʰɛᵉ 平	tsʰɤ 平	tsʰɤ 平
搀	咸开二平衔初	tʂʰan 阴平	tsʰe 平	tsʰɛᵉ 平	tsʰɤ 平	tsʰɤ 平
餐	山开一平寒清	tsʰan 阴平	tsʰɤ 平	tsʰɛᵉ 平	tsʰɤ 平	tsʰɤ 平
彩	蟹开一上海清	tsʰai 上	tsʰe 上	tsʰɛᵉ 上	tsʰɤ 上	tsʰɤ 上
采	蟹开一上海清	tsʰai 上	tsʰe 上	tsʰɛᵉ 上	tsʰɤ 上	tsʰɤ 上
铲	山开二上产初	tsʰai 上	tsʰe 上	tsʰɛᵉ 上	tsʰɤ 上	tsʰɤ 上
产		tsʰai 上	tsʰe 上	tsʰɛᵉ 上	tsʰɤ 上	tsʰɤ 上
惨	咸开一上感清	tsʰai 上	tsʰɤ 上	tsʰɛᵉ 上	tsʰɤ 上	tsʰɤ 上
菜	蟹开一去代清	tsʰai 去	tsʰe 去	tsʰɛᵉ 去	tsʰɤ 去	tsʰɤ 去
忏	咸开二去鉴初	tsʰan 去	tsʰe 去	tsʰɛᵉ 去	tsʰɤ 去	tsʰɤ 去
灿	山开一去翰清	tsʰan 去	tsʰɤ 去	tsʰɛᵉ 去	tsʰɤ 去	tsʰɤ 去
才	蟹开一平咍从	tsʰai 阳平	dzɛ 平	dzɛᵉ 平	zɤ 平	zɤ 平
财	蟹开一平咍从	tsʰai 阳平	dzɤ 平	dzɛᵉ 平	zɤ 平	zɤ 平
材	蟹开一平咍从	tsʰai 阳平	dzɤ 平	dzɛᵉ 平	zɤ 平	zɤ 平
裁	蟹开一平咍从	tsʰai 阳平	dzɛ 平	dzɛᵉ 平	zɤ 平	zɤ 平
残	山开一平寒从	tsʰan 阳平	dzɤ 平	dzɛᵉ 平	zɤ 平	zɤ 平
在	蟹开一去代从	tsai 去	dze 去	dzɛᵉ 去	zɤ 上	zɤ 上
站	咸开二去陷知	tʂan 去	dzɤ 去	dzɛᵉ 去	zɤ 去	zɤ 去
赚	咸开二去陷澄	tʂuan 去	dzɤ 去	dzɛᵉ 去	zɤ 去	zɤ 去
暂	咸开一去阚从	tsai 去	dze 去	dzɛᵉ 去	zɤ 上	zɤ 上
腮	蟹开一平咍心	sai 阴平	sɛ 平	sɛᵉ 平	sɤ 平	sɤ 平
删	山开二平删生	ʂan 阴平	sɤ 平	sɛᵉ 平	sɤ 平	sɤ 平
珊	山开一平寒心	ʂan 阴平	sɤ 平	sɛᵉ 平	sɤ 平	sɤ 平
山	山开二平山生	sai 阴平	sɤ 平	sɛᵉ 平	sɤ 平	sɤ 平
三	咸开一平谈心	sai 阴平	sɤ 平	sɛᵉ 平	sɤ 平	sɤ 平
衫	咸开二平衔生	ʂan 阴平	sɤ 平	sɛᵉ 平	sɤ 平	sɤ 平
杉	咸开二平咸生	ʂan 阴平	sɤ 平	sɛᵉ 平	se 平	sɤ 平

续表

汉字	广韵	普通话	近代吴语	现代吴语	当代吴语	新世纪吴语
苫	咸开二平衔生	ʂan 阴平	sɛ 平	sɛᵋ 平	sɛ 平	sɛ 平
奢	假开三平麻书	ʂan 阴平	so 平	sɛᵋ 平	so 平	so 平
散	山开一上旱心	san 上	sɛ 上	sɛᵋ 上	sɛ 上	sɛ 上
伞	山开一上旱心	san 上	sɛ 上	sɛᵋ 上	sɛ 上	sɛ 上
赛	蟹开一去代心	sai 去	se 上	sɛᵋ 去	sɛ 去	sɛ 去
散	山开一去翰心	sai 去	sɛ 去	sɛᵋ 去	sɛ 去	sɛ 去
丹	山开一平寒端	tan 阴平	tɛ 平	tɛᵋ 平	tɛ 平	tɛ 平
单	山开一平寒端	tan 阴平	tɛ 平	tɛᵋ 平	tɛ 平	tɛ 平
担~心	咸开一平谈端	tan 阴平	tɛ 平	tɛᵋ 平	tɛ 平	tɛ 平
胆	咸开一上敢端	tan 上	tɛ 上	tɛᵋ 上	tɛ 上	tɛ 上
掸	山开一平寒定	tan 上	tɛ 上	tɛᵋ 上	tɛ 上	tɛ 上
旦	山开一去翰端	tan 去	tɛ 去	tɛᵋ 去	tɛ 去	tɛ 去
担子	咸开一去阚端	tan 去	tɛ 去	tɛᵋ 去	tɛ 去	tɛ 去
滩	山开一平寒透	tʰan 阴平	tʰɛ 平	tʰɛᵋ 平	tʰɛ 平	tʰɛ 平
摊	山开一平寒透	tʰan 阴平	tʰɛ 平	tʰɛᵋ 平	tʰɛ 平	tʰɛ 平
胎	蟹开一平哈透	tʰai 阴平	tʰe 平	tʰɛᵋ 平	tʰɛ 平	tʰɛ 平
台	蟹开一平哈透	tʰai 阳平	tʰe 平	tʰɛᵋ 平	tʰɛ 平	tʰɛ 平
苔	蟹开一平哈定	tʰai 阳平	tʰe 平	tʰɛᵋ 平	tʰɛ 平	tʰɛ 平
毯	咸开一上敢透	tʰan 上	tʰɛ 上	tʰɛᵋ 上	tʰɛ 上	tʰɛ 上
坦	山开一上旱透	tʰan 上	tʰɛ 上	tʰɛᵋ 上	tʰɛ 上	tʰɛ 上
炭	山开一去翰透	tʰan 去	tʰɛ 去	tʰɛᵋ 去	tʰɛ 去	tʰɛ 去
叹	山开一去翰透	tʰan 去	tʰɛ 去	tʰɛᵋ 去	tʰɛ 去	tʰɛ 去
谈	咸开一平谈定	tʰai 阳平	dɛ 平	dɛᵋ 平	dɛ 平	dɛ 平
痰	咸开一平谈定	tʰan 阳平	dɛ 平	dɛᵋ 平	dɛ 平	dɛ 平
坛	山开一平寒定	tʰai 阳平	dɛ 平	dɛᵋ 平	dɛ 平	dɛ 平
檀	山开一平寒定	tʰai 阳平	dɛ 平	dɛᵋ 平	dɛ 平	dɛ 平
弹	山开一平寒定	tan 阳平	dɛ 平	dɛᵋ 平	dɛ 平	dɛ 平
抬	蟹开一平哈透	tʰai 阳平	de 平	dɛᵋ 平	dɛ 平	dɛ 平
袒	山开一上旱定	tʰan 上	de 上	dɛᵋ 上	dɛ 上	dɛ 上
蛋	山开一去翰端	tan 去	dɛ 去	dɛᵋ 去	dɛ 去	dɛ 去
淡	咸开一去阚定	tan 去	dɛ 去	dɛᵋ 去	dɛ 去	dɛ 去
诞	山开一上旱定	tan 去	dɛ 去	dɛᵋ 去	dɛ 去	dɛ 去
惮	山开一去翰定	tan 去	dɛ 去	dɛᵋ 去	dɛ 去	dɛ 去
但	山开一去翰定	tan 去	dɛ 去	dɛᵋ 去	dɛ 去	dɛ 去
弹	山开一去翰定	tan 去	dɛ 去	dɛᵋ 去	dɛ 去	dɛ 去
待	蟹开一上海定	tai 去	de 去	dɛᵋ 去	dɛ 去	dɛ 去
代	蟹开一去代定	tai 去	de 去	dɛᵋ 去	dɛ 去	dɛ 去
袋	蟹开一去代定	tai 去	de 去	dɛᵋ 去	dɛ 去	dɛ 去
贷	蟹开一去代透	tai 去	tʰe 去	dɛᵋ 去	dɛ 去	dɛ 去
待	蟹开一上海定	tai 去	de 去	dɛᵋ 去	dɛ 去	dɛ 去
怠	蟹开一上海定	tai 去	de 去	dɛᵋ 去	dɛ 去	dɛ 去
难	山开一平寒泥	nan 阳平	nɛ 平	nɛᵋ 平	nɛ 平	nɛ 平

汉字	广韵	普通话	近代吴语	现代吴语	当代吴语	新世纪吴语
难	山开一去翰泥	nan 去	nɛ 平	nɛᵉ 去	nɛ 去	nɛ 去
奈	蟹开一去泰泥	nai 去	ne 去	nɛᵉ 去	nɛ 去	nɛ 去
耐	蟹开一去代泥	nai 去	ne 去	nɛᵉ 去	nɛ 去	nɛ 上
来	蟹开一平咍来	lai 阳平	le 平	lɛᵉ 平	lɛ 平	lɛ 平
蓝	咸开一平谈来	lai 阳平	le 平	lɛᵉ 平	lɛ 平	lɛ 平
篮	咸开一平谈来	lai 阳平	le 平	lɛᵉ 平	lɛ 平	lɛ 平
兰	咸开一平谈来	lai 阳平	le 平	lɛᵉ 平	lɛ 平	lɛ 平
拦	山开一平寒来	lan 阳平	lɛ 平	lɛᵉ 平	lɛ 平	lɛ 平
栏	山开一平寒来	lan 阳平	lɛ 平	lɛᵉ 平	lɛ 平	lɛ 平
懒	山开一上旱来	lan 上	lɛ 上	lɛᵉ 上	lɛ 上	lɛ 上
览	咸开一上敢来	lan 上	lɛ 上	lɛᵉ 上	lɛ 上	lɛ 上
揽	咸开一上敢来	lan 上	lɛ 上	lɛᵉ 上	lɛ 上	lɛ 上
榄	咸开一上敢来	lan 上	lɛ 上	lɛᵉ 上	lɛ 上	lɛ 上
缆	咸开一去阚来	lan 上	lɛ 上	lɛᵉ 上	lɛ 上	lɛ 上
烂	山开一去翰来	lan 去	lɛ 去	lɛᵉ 去	lɛ 去	lɛ 去
滥	咸开一去阚来	lan 去	lɛ 去	lɛᵉ 去	lɛ 去	lɛ 去
间白	山开二平山见	kai 阴平	kɛ 平	kɛᵉ 平	kɛ 平	kɛ 平
监白	咸开二平衔见	tɕiɛn 阴平	kɛ 平	kɛᵉ 平	kɛ 平	kɛ 平
奸白	山开一平寒见	tɕiɛn 阴平	kɛ 平	kɛᵉ 平	kɛ 平	kɛ 平
该	蟹开一平咍见	kai 阴平	ke 平	kɛᵉ 平	kɛ 平	kɛ 平
改	蟹开一上海见	kai 上	ke 上	kɛᵉ 上	kɛ 上	kɛ 上
减白	咸开二上豏匣	tɕiɛn 上	kɛ 上	kɛᵉ 上	kɛ 上	kɛ 上
碱白	咸开二上豏见	tɕiɛn 上	kɛ 上	kɛᵉ 上	kɛ 上	kɛ 上
拣白	山开二上产见	tɕiɛn 上	kɛ 上	kɛᵉ 上	kɛ 上	kɛ 上
简白	山开二上产见	tɕiɛn 上	kɛ 上	kɛᵉ 上	kɛ 上	kɛ 上
鉴白	咸开二去鉴见	tɕiɛn 去	kɛ 去	kɛᵉ 去	kɛ 去	kɛ 去
间白	山开二去谏见	tɕiɛn 去	kɛ 去	kɛᵉ 去	kɛ 去	kɛ 去
涧白	山开二去裥见	tɕiɛn 去	kɛ 去	kɛᵉ 去	kɛ 去	kɛ 去
盖	蟹开一去泰见	kai 去	ke 去	kɛᵉ 去	kɛ 去	kɛ 去
概	蟹开一去代溪	kai 去	ke 去	kɛᵉ 去	kɛ 去	kɛ 去
铅	山合三平仙以	kai 阴平	kʰɛ 平	kʰɛᵉ 平	kʰɛ 平	kʰɛ 平
开	蟹开一平咍溪	kʰai 阴平	kʰe 平	kʰɛᵉ 平	kʰɛ 平	kʰɛ 平
槛	咸开二上槛匣	kʰan 上	kʰe 上	kʰɛᵉ 上	kʰɛ 上	kʰɛ 上
凯	蟹开一上海溪	kʰai 上	kʰe 上	kʰɛᵉ 上	kʰɛ 上	kʰɛ 上
嵌	咸开二平衔溪	tɕʰiɛn 去	kʰɛ 去	kʰɛᵉ 去	kʰɛ 平	kʰɛ 去
慨	蟹开一去代溪	kʰai 上	kʰe 去	kʰɛᵉ 去	kʰɛ 平	kʰɛ 去
呆白	蟹开一上咍疑	tai 阴平	ge 平	gɛᵉ 平	ɦiɛ 平	ɦiɛ 平
钳白	咸开三平盐群	tɕʰiɛn	ge 平	gɛᵉ 平	kʰɛ 平	kʰɛ 平
颜白	山开二上产疑	iɛn 阳平	ŋɛ 平	ŋɛᵉ 平	ŋɛ 平	ɦiɛ 平
呆白	止开三上止俟	iɛn 阴平	ŋɛ 平	ŋɛᵉ 平	ɦiɛ 平	ɦiɛ 平
鱼白	遇开三平鱼疑	iɛn 阳平	ŋɛ 平	ŋɛᵉ 平	ɦiɛ 平	ɦiɛ 平
眼白	山开二上产疑	iɛn 上	ŋɛ 上	ŋɛᵉ 上	ɦiɛ 去	ɦiɛ 去

续表

汉字	广韵	普通话	近代吴语	现代吴语	当代吴语	新世纪吴语
雁白	山开二去谏疑	iɛn 去	ŋɛ 去	ŋᴇᵋ 去	ɦiɜ 去	ɦiɜ 去
碍白	蟹开一去代疑	ai 去	ŋe 去	ŋᴇᵋ 去	ɦiɜ 去	ɦiɜ 去
喊	咸开一上敢晓	xan 上	he 上	hᴇᵋ 上	hiɜ 上	hiɜ 上
海	蟹开一上海晓	xai 上	he 上	hᴇᵋ 上	hiɜ 上	he 上
衔白	咸开二平衔匣	ɕiɛn 阳平	ɦiɜ 平	ɦiᴇᵋ 平	ɦiɜ 平	ɦiɜ 平
碱	咸开二平咸匣	ɕiɛn 阳平	ɦiɜ 平	ɦiɜ 平	ɦiɜ 平	ɦiɜ 平
闲白	山开二平山匣	ɕiɛn 阳平	ɦiɜ 平	ɦiᴇᵋ 平	ɦiɜ 平	ɦiɜ 平
咸	咸开二平咸匣	ɕiɛn 阳平	ɦiɜ 平	ɦiᴇᵋ 平	ɦiɜ 平	ɦiɜ 平
孩	蟹开一平哈匣	xai 阳平	ɦie 平	ɦiᴇᵋ 平	ɦiɜ 平	ɦiɜ 平
觅	山开二去裥匣	ɕiɛn 去	ɦiɜ 去	ɦiᴇᵋ 去	ɦiɜ 去	ɦiɜ 去
陷	山开二上产匣	ɕiɛn 去	ɦiɜ 去	ɦiɜ 去	ɦiɜ 去	ɦiɜ 去
限	山开二上产匣	ɕiɛn 去	ɦiɜ 去	ɦiᴇᵋ 去	ɦiɜ 去	ɦiɜ 去
亥	蟹开一上海匣	xai 去	ɦie 上	ɦiᴇᵋ 上	ɦiɜ 上	ɦiɜ 上
害	蟹开一去泰匣	xai 去	ɦie 去	ɦiᴇᵋ 去	ɦiɜ 去	ɦiɜ 去
淹	咸开三平盐影	iɛn 阴平	ʔe 平	ʔᴇᵋ 平	ʔɜ 平	ʔɜ 平
还(副词)	山合二平删匣	xai 阳平	ɦiɜ 平	ʔᴇᵋ 平	ʔɜ 平	ʔɜ 平
哀	蟹开一平哈影	ai 阴平	ʔe 平	ʔᴇᵋ 平	ʔɜ 平	ʔɜ 平
晏	山开一去翰影	iɛn 去	ʔe 去	ʔᴇᵋ 去	ʔɜ 去	ʔɜ 去
爱	蟹开一去代影	ai 去	ʔe 平	ʔᴇᵋ 去	ʔɜ 去	ʔɜ 去

5. ɔ

汉字	广韵	普通话	近代吴语	现代吴语	当代吴语	新世纪吴语
包	效开二平肴帮	pau 阴平	pɔ 平	pɔ, 平	pɔ 平	pɔ 平
胞	效开二平肴帮	pau 阴平	pʰɔ 平	pɔ, 平	pɔ 平	pɔ 平
饱	效开二上巧帮	pau 上	pɔ 上	pɔ, 上	pɔ 上	pɔ 上
保	效开二上巧帮	pau 上	pɔ 上	pɔ, 上	pɔ 上	pɔ 上
宝	效开一上晧帮	pau 上	pɔ 上	pɔ, 上	pɔ 上	pɔ 上
堡	效开一上晧帮	pau 上	pɔ 上	pɔ, 上	pɔ 上	pɔ 上
报	效开一去号帮	pau 去	pɔ 去	pɔ, 去	pɔ 去	pɔ 去
豹	效开二去效帮	pau 去	ŋɔ 去	pɔ 去	pɔ 去	pɔ 去
爆	效开二去效帮	pau 去	pɔ 去	pɔ, 去	pɔ 去	pɔ 去
抛	效开二平肴滂	pʰau 阴平	pʰɔ 平	pʰɔ, 平	pʰɔ 平	pʰɔ 平
泡	效开二平肴滂	pʰau 阴平	pʰɔ 平	pʰɔ, 平	pʰɔ 平	pʰɔ 平
炮	效开二平肴滂	pʰau 去	pʰɔ 去	pʰɔ, 去	pʰɔ 去	pʰɔ 去
泡	效开二平肴滂	pʰau 去	pʰɔ 去	pʰɔ, 去	pʰɔ 去	pʰɔ 去
袍	效开一平豪并	pʰau 阳平	bɔ 平	bɔ, 平	bɔ 平	bɔ 平
咆	效开二平肴并	pʰau 阳平	bɔ 平	bɔ, 平	bɔ 平	bɔ 平
跑	效开二平肴并	pʰau 上	bɔ 平	bɔ, 平	bɔ 平	bɔ 平
抱	效开一上晧并	pau 去	bɔ 上	bɔ, 上	bɔ 上	bɔ 上
鲍	效开二上巧并	pau 去	bɔ 上	bɔ, 上	bɔ 上	bɔ 上
炮	效开二去效滂	pau 去	bɔ 去	bɔ, 去	bɔ 去	bɔ 去
暴	效开一去号并	pau 去	bɔ 去	bɔ, 去	bɔ 去	bɔ 去

续表

汉字	广韵	普通话	近代吴语	现代吴语	当代吴语	新世纪吴语
猫	效开三平宵明	mau 阴平	mɔ 平	mɔ 平	mɔ 平	mɔ 平
毛	效开一平豪明	mau 阳平	mɔ 平	mɔ 平	mɔ 平	mɔ 平
茅	效开二平肴明	mau 阳平	mɔ 平	mɔ 平	mɔ 平	mɔ 平
锚		mau 阴平	mɔ 平	mɔ 平	mɔ 平	mɔ 平
矛文	流开三平尤明	mau 上	mɔ 平	mɔ 平	mɔ 平	mɔ 平
卯	效开二上巧明	mau 上	mɔ 上	mɔ 上	mɔ 上	mɔ 上
貌	效开一去号明	mau 去	mɔ 去	mɔ 去	mɔ 去	mɔ 去
冒	效开一去号明	mau 去	mɔ 去	mɔ 去	mɔ 去	mɔ 去
帽	效开一去号明	mau 去	mɔ 去	mɔ 去	mɔ 去	mɔ 去
招	效开三平宵章	tsau 阴平	tsɔ 平	tsɔ 平	tsɔ 平	tsɔ 平
朝今~	效开三平宵知	tʂʰau 阴平	tsɔ 平	tsɔ 平	tsɔ 平	tsɔ 平
昭	效开三平宵章	tsau 阴平	tsɔ 平	tsɔ 平	tsɔ 平	tsɔ 平
糟	效开一平豪精	tsau 阴平	tsɔ 平	tsɔ 平	tsɔ 平	tsɔ 平
遭	效开一平豪精	tsau 阴平	tsɔ 平	tsɔ 平	tsɔ 平	tsɔ 平
朝~廷	效开三平宵知	tʂʰau 阳平	tsɔ 平	tsɔ 平	tsɔ 平	tsɔ 平
爪	效开二上巧庄	tʂuA 上	tsɔ 上	tsɔ 上	tsɔ 上	tsɔ 上
找	效开二上巧庄	tʂuA 上	tsɔ 上	tsɔ 上	tsɔ 上	tsɔ 上
早	效开一上晧精	tsau 上	zɔ 上	tsɔ 上	tsɔ 上	tsɔ 上
枣	效开一上晧精	tsau 上	tsɔ 上	tsɔ 上	tsɔ 上	tsɔ 上
蚤	效开一上晧精	tsau 上	tsɔ 上	tsɔ 上	tsɔ 上	tsɔ 上
澡	效开一上晧精	tsau 上	tsɔ 上	tsɔ 上	tsɔ 上	tsɔ 上
照	效开三去笑章	tsau 去	tsɔ 去	tsɔ 去	tsɔ 去	tsɔ 去
罩	效开二去效知	tsau 去	tsɔ 去	tsɔ 去	tsɔ 去	tsɔ 去
灶	效开一去号精	tsau 去	tsɔ 去	tsɔ 去	tsɔ 去	tsɔ 去
躁	效开一去号精	tsau 去	tsʰɔ 去	tsɔ 去	tsʰɔ 去	tsʰɔ 去
诏	效开三去笑章	tsau 去	tsɔ 去	tsɔ 去	tsɔ 去	tsɔ 去
超	效开三平宵彻	tʂʰau 阴平	tsʰɔ 平	tsʰɔ 平	tsʰɔ 平	tsʰɔ 平
抄	效开二平肴初	tʂʰau 阴平	tsʰɔ 平	tsʰɔ 平	tsʰɔ 平	tsʰɔ 平
操	效开一平豪清	tsʰau 阴平	tsʰɔ 平	tsʰɔ 平	tsʰɔ 平	tsʰɔ 平
吵	效开二上巧初	tʂʰau 上	tsʰɔ 上	tsʰɔ 上	tsʰɔ 上	tsʰɔ 上
炒	效开二上巧初	tʂʰau 上	tsʰɔ 上	tsʰɔ 上	tsʰɔ 上	tsʰɔ 上
草	效开一上晧清	tsau 上	tsʰɔ 上	tsʰɔ 上	tsʰɔ 上	tsʰɔ 上
钞	效开二平肴初	tʂʰau 阴平	tsʰɔ 平	tsʰɔ 平	tsʰɔ 平	tsʰɔ 平
操	效开一去号清	tsau 去	tsɔ 去	tsɔ 去	tsɔ 去	tsɔ 去
糙	效开一去号清	tsʰau 去	tsɔ 去	tsɔ 去	tsɔ 去	tsɔ 去
朝~代	效开三平宵知	tʂʰau 阴平	tsɔ 平	dzɔ 平	zɔ 平	zɔ 平
潮	效开三平宵澄	tʂʰau 阳平	tsɔ 平	dzɔ 平	zɔ 平	zɔ 平
曹	效开一平豪从	tsau 阳平	zɔ 平	dzɔ 平	zɔ 平	zɔ 平
槽	效开一平豪从	tsau 阳平	zɔ 平	dzɔ 平	zɔ 平	zɔ 平
赵	效开三上小澄	tʂʰau 去	zɔ 去	dzɔ 去	zɔ 去	zɔ 去
兆	效开三上小澄	tʂʰau 去	zɔ 去	dzɔ 去	zɔ 去	zɔ 去
造	效开一去号清	tsau 去	zɔ 去	dzɔ 去	zɔ 去	zɔ 去

续表

汉字	广韵	普通话	近代吴语	现代吴语	当代吴语	新世纪吴语
烧	效开三平宵书	tʂʰau 阴平	sɔ 平	sɔʼ 平	sɔ 平	sɔ 平
臊	效开一平豪心	sau 阴平	sɔ 平	sɔʼ 平	sɔ 平	sɔ 平
骚	效开一平豪心	sau 阴平	sɔ 平	sɔʼ 平	sɔ 平	sɔ 平
搔	效开一平豪心	sau 阴平	sɔ 平	sɔʼ 平	sɔ 平	sɔ 平
稍	效开二去效生	ʂau 阴平	sɔ 平	sɔʼ 平	sɔ 平	sɔ 平
捎	效开三平宵心	ʂau 阴平	sɔ 平	sɔʼ 平	sɔ 平	sɔ 平
少	效开三上小书	ʂau 上	sɔ 上	sɔʼ 上	sɔ 上	sɔ 上
嫂	效开一上皓心	sau 上	sɔ 上	sɔʼ 上	sɔ 上	sɔ 上
扫	效开一上皓心	sau 上	sɔ 上	sɔʼ 上	sɔ 上	sɔ 上
少	效开三去笑书	ʂau 去	sɔ 去	sɔʼ 去	sɔ 去	sɔ 去
燥	效开一上皓心	tsau 去	sɔ 去	sɔʼ 去	sɔ 去	sɔ 去
韶	效开三平宵禅	ʂau 阳平	zɔ 平	zɔʼ 平	zɔ 平	zɔ 平
扰	效开三上小日	zɐu 上	zɔ 上	zɔʼ 上	zɔ 上	zɔ 上
绍	效开三上小禅	ʂau 去	zɔ 上	zɔʼ 上	zɔ 上	zɔ 上
邵	效开三去笑常	ʂau 去	zɔ 上	zɔʼ 上	zɔ 上	zɔ 上
刀	效开一平豪端	tau 阴平	tɔ 平	dɒʼ 平	tɔ 平	tɔ 平
岛	效开一上皓端	tau 上	tɔ 上	dɒʼ 上	tɔ 上	tɔ 上
倒打~	效开一上皓端	tau 上	tɔ 上	dɒʼ 上	tɔ 上	tɔ 上
捣	效开一上皓端	tau 上	tɔ 上	dɒʼ 上	tɔ 上	tɔ 上
祷	效开一上皓端	tau 上	tɔ 上	dɒʼ 上	tɔ 上	tɔ 上
到	效开一去号端	tau 去	tɔ 去	dɒʼ 去	tɔ 去	tɔ 去
倒~水	效开一去号端	tau 去	tɔ 去	dɒʼ 去	tɔ 去	tɔ 去
掐	效开一平豪透	tʰau 阴平	tʰɔ 平	dɒʼ 平	tʰɔ 平	tʰɔ 平
涛	效开一平豪透	tʰau 阴平	tʰɔ 平	dɒʼ 平	tʰɔ 平	tʰɔ 平
叨	效开一平豪透	tʰau 阴平	tʰɔ 平	dɒʼ 平	tʰɔ 平	tʰɔ 平
讨	效开一上皓透	tʰau 上	tʰɔ 上	dɒʼ 上	tʰɔ 上	tʰɔ 上
套	效开一上号透	tʰau 去	tʰɔ 去	tʰɔʼ 去	tʰɔ 去	tʰɔ 去
逃	效开一平豪定	tʰau 阳平	dɒ 平	dɒʼ 平	dɒ 平	dɒ 平
桃	效开一平豪定	tʰau 阳平	dɒ 平	dɒʼ 平	dɒ 平	dɒ 平
陶	效开一平豪定	tʰau 阳平	dɒ 平	dɒʼ 平	dɒ 平	dɒ 平
萄	效开一平豪定	tʰau 阳平	dɒ 平	dɒʼ 平	dɒ 平	dɒ 平
掏	效开一平豪定	tʰau 阳平	dɒ 平	dɒʼ 平	dɒ 平	dɒ 平
道	效开一上皓定	tau 去	dɒ 去	dɒʼ 去	dɒ 去	dɒ 去
稻	效开一上皓定	tau 去	dɒ 去	dɒʼ 去	dɒ 去	dɒ 去
盗	效开一去号定	tau 去	dɒ 去	dɒʼ 去	dɒ 去	dɒ 去
导	效开一去号定	tau 去	dɒ 去	dɒʼ 去	dɒ 去	dɒ 去
铙	效开二平肴娘	nau 阳平	nɔ 平	nɔʼ 平	nɔ 平	nɔ 平
挠	效开二上巧娘	nau 阳平	nɔ 平	nɔʼ 平	nɔ 平	nɔ 平
恼	效开一上皓泥	nau 上	nɔ 上	nɔʼ 上	nɔ 上	nɔ 上
脑	效开一上皓泥	nau 上	nɔ 上	nɔʼ 上	nɔ 上	nɔ 上
瑙		nau 上	nɔ 上	nɔʼ 上	nɔ 上	nɔ 上
闹	效开一去效泥	nau 去	nɔ 去	nɔʼ 去	nɔ 去	nɔ 去

续表

汉字	广韵	普通话	近代吴语	现代吴语	当代吴语	新世纪吴语
捞	效开一平豪来	lau 阴平	lɔ 平	lɔ˛ 平	lɔ 平	lɔ 平
劳	效开一平豪来	lau 阳平	lɔ 平	lɔ˛ 平	lɔ 平	lɔ 平
牢	效开一平豪来	lau 阳平	lɔ 平	lɔ˛ 平	lɔ 平	lɔ 平
箩白	果开一平歌来	luo 阳平	lu 平	lɔ˛ 平	lu 平	ləu 平
捞	效开一去号来	luo 阳平	lu 平	lɔ˛ 平	lu 平	ləu 平
老	效开一上晧来	lau 上	lɔ 上	lɔ˛ 上	lɔ 上	lɔ 上
高	效开一平豪见	kau 阴平	kɔ 平	kɔ˛ 平	kɔ 平	kɔ 平
膏	效开一平豪见	kau 阴平	kɔ 平	kɔ˛ 平	kɔ 平	kɔ 平
糕	效开一平豪见	kau 阴平	kɔ 平	kɔ˛ 平	kɔ 平	kɔ 平
教白	效开二平肴见	kau 阴平	kɔ 平	kɔ˛ 平	kɔ 平	kɔ 平
交白	效开二平肴见	tɕiau 阴平	kɔ 平	kɔ˛ 平	kɔ 平	kɔ 平
胶	效开二平肴见	kau 阴平	kɔ 平	kɔ˛ 平	kɔ 平	kɔ 平
稿	效开一上晧见	kau 上	kɔ 上	kɔ˛ 上	kɔ 上	kɔ 上
搅	效开二上巧见	kau 上	kɔ 上	kɔ˛ 上	kɔ 上	kɔ 上
绞白	效开二上巧见	tɕiau 上	kɔ 上	kɔ˛ 去	kɔ 上	kɔ 上
铰白	效开二上巧见	tɕiau 上	kɔ 上	kɔ˛ 去	kɔ 上	kɔ 上
告	效开一去号见	kau 去	kɔ 去	kɔ˛ 去	kɔ 去	kɔ 去
诰	效开一去号见	kau 去	kɔ 去	kɔ˛ 去	kɔ 去	kɔ 去
觉	效开二去效见	kau 去	kɔ 去	kɔ˛ 去	kɔ 去	kɔ 去
教白	效开二去效见	kau 去	kɔ 去	kɔ˛ 去	kɔ 去	kɔ 去
酵	效开二去效见	kau 去	kɔ 去	kɔ˛ 去	kɔ 去	kɔ 去
敲白	效开二平肴溪	tɕʰiau 阴平	kɔ 平	kʰɔ˛ 平	kɔ 平	kʰɔ 平
考	效开一上晧溪	kʰau 上	kɔ 上	kʰɔ˛ 上	kɔ 上	kʰɔ 上
烤	效开一上晧溪	kʰau 上	kɔ 上	kʰɔ˛ 上	kɔ 上	kʰɔ 上
犒	效开一去号溪	kʰau 去	kɔ 去	kʰɔ˛ 去	kɔ 去	kʰɔ 去
靠	效开一去号溪	kʰau 去	kɔ 去	kʰɔ˛ 去	kɔ 去	kʰɔ 去
绞白	效开二上巧见	tɕiau 上	kɔ 上	gɔ˛ 上	kɔ 上	kɔ 上
遨	效开一平豪疑	iau 阳平	ŋɔ 平	ŋɔ˛ 平	ɦɔ 平	ɦɔ 平
敖	效开一平豪疑	au 阳平	ŋɔ 平	ŋɔ˛ 平	ɦɔ 平	ɦɔ 平
咬	效开二上巧疑	iau 上	ʔiɔ 上	ŋɔ˛ 上	ɦɔ 上	ɦɔ 上
傲	效开一去号疑	au 去	ŋɔ 去	ŋɔ˛ 去	ɦɔ 去	ɦɔ 去
蒿	效开一平豪晓	xau 阴平	hɔ 平	hɔ˛ 平	hɔ 平	hɔ 平
好~坏	效开一上晧晓	xau 上	hɔ 上	hɔ˛ 上	hɔ 上	hɔ 上
好爱~	效开一去号晓	xau 去	hɔ 去	hɔ˛ 去	hɔ 去	hɔ 去
耗	效开一去号晓	xau 去	hɔ 去	hɔ˛ 去	hɔ 去	hɔ 去
孝	效开二去效晓	ɕiau 去	hɔ 去	hɔ˛ 去	hɔ 去	hɔ 去
豪	效开一平豪匣	xau 阳平	ɦɔ 平	ɦɔ˛ 平	ɦɔ 平	ɦɔ 平
毫	效开一平豪匣	xau 阳平	ɦɔ 平	ɦɔ˛ 平	ɦɔ 平	ɦɔ 平
号~数	效开一平豪匣	xau 阳平	ɦɔ 平	ɦɔ˛ 平	ɦɔ 平	ɦɔ 平
号口~	效开一去号匣	xau 去	ɦɔ 去	ɦɔ˛ 去	ɦɔ 去	ɦɔ 去
皓		xau 去	ɦɔ 去	ɦɔ˛ 去	ɦɔ 去	ɦɔ 去
奥	遇合三上麌影	o 阳平	ʔɔ 平	ʔɔ˛ 平	ʔɔ 平	ʔɔ 平

续表

汉字	广韵	普通话	近代吴语	现代吴语	当代吴语	新世纪吴语
祆	效开一上晧影	ɑu上	ʔɔ平	ʔɔ,平	ʔɔ平	ʔɔ平
袄	效开一上晧影	ɑu上	ʔɔ上	ʔɔ,上	ʔɔ上	ʔɔ上
奥	效开一去号影	ɑu去	ʔɔ去	ʔɔ,去	ʔɔ去	ʔɔ去
拗	效开二上巧影	ɑu去	ʔɔ去	ʔɔ,去	ʔɔ去	ʔɔ去

6. ʁɐ

汉字	广韵	普通话	近代吴语	现代吴语	当代吴语	新世纪吴语
搬	山合一平桓帮	pan阴平	pe平	pʁɐ⊣平	pʁɐ平	pʁɐ平
般	山合一平桓并	pan阴平	pe平	pʁɐ⊣平	pʁɐ平	pʁɐ平
半	山合一去换帮	pan去	pe去	pʁɐ⊣去	pʁɐ去	pʁɐ去
绊	山合一去换帮	pan去	pe去	pʁɐ⊣去	pʁɐ去	pʁɐ去
潘	山合一平桓滂	pʰan去	pʰe去	pʰʁɐ⊣去	pʰʁɐ去	pʰʁɐ去
拚	山合一平桓滂	pan去	pʰe去	pʰʁɐ⊣去	pʰʁɐ去	pʰʁɐ去
判	山合一去换滂	pʰan去	pʰe去	pʰʁɐ⊣去	pʰʁɐ去	pʰʁɐ去
盘	山合一平桓并	pʰan平	be平	bʁɐ⊣平	bʁɐ平	bʁɐ平
伴	山合一去换并	pan去	be去	bʁɐ⊣去	bʁɐ去	bʁɐ去
拌	山合一上缓并	pan去	be去	bʁɐ⊣去	bʁɐ去	bʁɐ去
瞒	山合一平桓明	man阳平	me平	mʁɐ⊣平	mʁɐ平	mʁɐ平
馒	山合一平桓明	man阳平	me平	mʁɐ⊣平	mʁɐ平	mʁɐ平
慢	山合一去换明	man去	me去	mʁɐ⊣去	mʁɐ去	mʁɐ去
漫	山合一去换明	man去	me去	mʁɐ⊣去	mʁɐ去	mʁɐ去
墁	山合一去换明	man去	me去	mʁɐ⊣去	mʁɐ去	mʁɐ去
满	山合一上缓明	man上	me上	mʁɐ⊣上	mʁɐ上	mʁɐ上
钻		tsuan阴平	mœ平	tsʁɐ⊣平	mʁɐ平	mʁɐ平
占	咸开三平盐章	tʂan去	tse平	tsʁɐ⊣平	tsʁɐ平	tsʁɐ平
沾	咸开三平盐知	tʂan阴平	tse平	tsʁɐ⊣平	tsʁɐ平	tsʁɐ平
瞻	咸开三平盐章	tʂan阴平	tse平	tsʁɐ⊣平	tsʁɐ平	tsʁɐ平
专	山合三平仙章	tʂuan阴平	tse平	tsʁɐ⊣平	tsʁɐ平	tsʁɐ平
砖		tʂuan阴平	tse平	tsʁɐ⊣平	tsʁɐ平	tsʁɐ平
纂	山合一上缓精	tsuan上	tse上	tsʁɐ⊣上	tsʁɐ上	tsʁɐ上
展	山开三上猕知	tʂan上	tse上	tsʁɐ⊣上	tsʁɐ上	tsʁɐ上
转~送	山合三上猕知	tʂuan上	tse上	tsʁɐ⊣上	tsʁɐ上	tsʁɐ上
钻~石		tsuan去	tsœ去	tsʁɐ⊣去	tsʁɐ去	tsʁɐ去
佔	咸开四平添端	tʂuan去	tse去	tsʁɐ⊣去	tsʁɐ去	tsʁɐ去
转	山合三去线知	tʂuan去	tse去	tsʁɐ⊣去	tsʁɐ去	tsʁɐ去
战	山开三去线章	tʂuan去	tse去	tsʁɐ⊣去	tsʁɐ去	tsʁɐ去
颤	山开三去线章	tʂuan去	tse去	tsʁɐ⊣去	tsʁɐ去	tsʁɐ去
囔	山合三去换清	tʂʰuan去	tsʰœ阴平	tsʰʁɐ⊣平	tsʰʁɐ平	tsʰʁɐ平
穿	山合三平仙昌	tʂʰuan阴平	tsʰe阴平	tsʰʁɐ⊣平	tsʰʁɐ平	tsʰʁɐ平
川	山合三平仙昌	tʂʰuan阴平	tsʰe阴平	tsʰʁɐ⊣平	tsʰʁɐ平	tsʰʁɐ平
参	咸开一平覃清	tsʰan阴平	tsʰe阴平	tsʰʁɐ⊣平	tsʰʁɐ平	tsʰʁɐ平
喘	山合三上猕昌	tʂʰuan上	tsʰe上	tsʰʁɐ⊣上	tsʰʁɐ上	tsʰʁɐ上

续表

汉字	广韵	普通话	近代吴语	现代吴语	当代吴语	新世纪吴语
舛	山合三上獮昌	tʂʰuan 上	tsʰe 上	tsʰɤə┤ 上	tsʰɤə 上	tsʰɤə 上
惨	咸开一上感清	tsʰan 上	tsʰe 上	tsʰɤə┤ 上	tsʰɤə 上	tsʰɤə 上
钏	山合三去线昌	tʂʰuan 去	tsʰe 去	tsʰɤə┤ 去	tsʰɤə 去	tsʰɤə 去
窜	山合一去换清	tsʰuan 去	tsʰœ 去	tsʰɤə┤ 去	tsʰɤə 去	tsʰɤə 去
串	山合二去谏见	tʂʰuan 去	tsʰue 上	tsʰɤə┤ 上	tsʰɤə 上	tsʰɤə 上
舛睉~	山合三上獮昌	tʂʰuan 去	tsʰe 上	tsʰɤə┤ 上	tsʰɤə 上	tsʰɤə 上
缠	山开三平仙澄	tʂʰan 平	dze 平	dzɤə┤ 平	zɤə 平	zɤə 平
传	山合三平仙澄	tʂʰuan 平	dze 平	dzɤə┤ 平	zɤə 平	zɤə 平
椽	山合三平仙澄	tʂʰuan 平	dze 平	dzɤə┤ 平	zɤə 平	zɤə 平
蚕	咸开一平覃从	tsʰan 阳平	ze 平	dzɤə┤ 平	zɤə 平	zɤə 平
传~记	山合三去线澄	tsuan 去	dze 去	dzɤə┤ 去	zɤə 去	zɤə 去
篆	山合三上獮澄	tsuan 去	dze 去	dzɤə┤ 去	zɤə 去	zɤə 去
酸	山合一平桓心	suan 阴平	soe 平	sɤə┤ 平	suɤə 平	suɤə 平
闩		ʂuan 阴平	soe 平	sɤə┤ 平	sɤə 平	sɤə 平
栓	山合三平仙心	ʂuan 阴平	soe 平	sɤə┤ 平	sɤə 平	sɤə 平
闪	咸开三上琰书	ʂan 上	se 上	sɤə┤ 上	sɤə 上	sɤə 上
陕	咸开三上琰书	ʂan 上	se 上	sɤə┤ 上	sɤə 上	sɤə 上
算	山合一上缓心	suan 去	soe 去	sɤə┤ 去	suɤə 去	suɤə 去
扇	山开三去线书	ʂuan 去	se 去	sɤə┤ 去	sɤə 去	sɤə 去
搧	山开三去线书	ʂuan 去	se 去	sɤə┤ 去	sɤə 去	sɤə 去
蝉	山开三平仙常	tʂʰan 阳平	ze 平	zɤə┤ 平	zɤə 平	zɤə 平
禅	山开三平仙常	tʂʰan 阳平	ze 平	zɤə┤ 平	zɤə 平	zɤə 平
船	山合三平仙船	tʂʰuan 阳平	ze 平	zɤə┤ 平	zɤə 平	zɤə 平
然	山开三平仙日	zan 阳平	ze 平	zɤə┤ 平	zɤə 平	zɤə 平
善	山开三上獮常	ʂan 去	ze 去	zɤə┤ 去	zɤə 去	zɤə 去
缮	山开三去线常	ʂan 去	ze 去	zɤə┤ 去	zɤə 去	zɤə 去
膳	山开三去线常	ʂan 去	ze 去	zɤə┤ 去	zɤə 去	zɤə 去
擅	山开三去线常	ʂan 去	ze 去	zɤə┤ 去	zɤə 去	zɤə 去
端	山合一平桓端	tuan 阴平	tœ 平	tɤə┤ 平	tɤə 平	tɤə 平
短	山合一上缓端	tuan 上	tœ 上	tɤə┤ 上	tɤə 上	tɤə 上
断	山合一去换端	tuan 去	tœ 去	tɤə┤ 去	tɤə 去	dɤə 去
锻	山合一去换端	tuan 去	tœ 去	tɤə┤ 去	tɤə 去	dɤə 去
贪	咸开一平覃透	tʰan 阴平	tʰœ 平	tʰɤə┤ 平	tʰɤə 平	tʰɤə 平
探	咸开一平覃透	tʰan 去	tʰe 去	tʰɤə┤ 去	tʰɤə 去	tʰɤə 去
团	山合一平桓定	tʰuan 阳平	dœ 平	dɤə┤ 平	dɤə 平	dɤə 平
潭	咸开一平覃定	tʰan 阳平	de 平	dɤə┤ 平	dɤə 平	dɤə 平
断	山合一去换端	tuan 去	dœ 去	dɤə┤ 去	dɤə 去	dɤə 去
段	山合一去换定	tuan 去	dœ 去	dɤə┤ 去	dɤə 去	dɤə 去
男	咸开一平覃泥	nan 阳平	ne 平	nɤə┤ 平	nɤə 平	nɤə 平
南	咸开一平覃泥	nan 阳平	ne 平	nɤə┤ 平	nɤə 平	nɤə 平
囡		nan 阳平	ne 平	nɤə┤ 平	nɤə 平	nɤə 平
暖	山合一上缓泥	nuan 上	nœ 上	nɤə┤ 上	nɤə 上	nɤə 上

续表

汉字	广韵	普通话	近代吴语	现代吴语	当代吴语	新世纪吴语
銮	山合一平桓来	luan 阳平	lœ 平	lʏə 平	lʏə 平	lʏə 平
婪	咸开一平覃来	lan 阳平	le 平	lʏə 平	lʏə 平	lʏə 平
卵	山合一上缓来	luan 上	lœ 上	lʏə 上	lʏə 上	lʏə 上
乱	山合一去换来	luan 去	lœ 去	lʏə 去	lʏə 去	lʏə 去
干~湿	山开一平寒见	kan 阴平	kœ 平	kʏə 平	kʏə 平	kʏə 平
幹	山开一平寒见	kan 去	kœ 平	kʏə 平	kʏə 平	kʏə 平
竿	山开一平寒见	kan 阴平	kœ 平	kʏə 平	kʏə 平	kʏə 平
甘	咸开一平谈见	kan 阴平	ke 平	kʏə 平	kʏə 平	kʏə 平
柑	咸开一平谈见	kan 阴平	ke 平	kʏə 平	kʏə 平	kʏə 平
泔	咸开一平谈见	kan 阴平	ke 平	kʏə 平	kʏə 平	kʏə 平
肝	山开一平寒见	kan 阴平	kœ 平	kʏə 平	kʏə 平	kʏə 平
敢	咸开一上敢见	kan 上	ke 上	kʏə 上	kʏə 上	kʏə 上
杆	山开一去翰见	kan 上	kœ 上	kʏə 上	kʏə 上	kʏə 上
赶		kan 上	ke 上	kʏə 上	kʏə 上	kʏə 上
干	山开一去翰见	kan 去	kœ 去	kʏə 去	kʏə 去	kʏə 去
看	山开一平寒溪	kʰan 阴平	kʰœ 平	kʰʏə 平	kʰʏə 平	kʰʏə 平
刊	山开一平寒溪	kʰan 阴平	kʰœ 平	kʰʏə 平	kʰʏə 平	kʰʏə 平
堪	咸开一平覃溪	kʰan 阴平	kʰe 平	kʰʏə 平	kʰʏə 平	kʰʏə 平
砍		kʰan 上	kʰe 上	kʰʏə 上	kʰʏə 上	kʰʏə 上
看	山开一去翰溪	kʰan 去	kʰœ 去	kʰʏə 去	kʰʏə 去	kʰʏə 去
岸	山开一去翰疑	an 去	ŋœ 去	ŋʏə 去	ʔʏə 去	ɦʏə 去
罕		xan 上	hœ 上	hʏə 上	hʏə 上	hʏə 上
酣	咸开一平谈匣	xan 阴平	hœ 平	hʏə 平	hʏə 平	hʏə 平
汉	山开一去翰晓	xan 去	hœ 去	hʏə 去	hʏə 去	hʏə 去
寒	山开一平寒匣	xan 阳平	ɦœ 平	ɦʏə 平	ɦʏə 平	ɦʏə 平
韩	山开一平寒匣	xan 阳平	ɦœ 平	ɦʏə 平	ɦʏə 平	ɦʏə 平
含	咸开一平覃匣	xan 阳平	ɦe 平	ɦʏə 平	ɦʏə 平	ɦʏə 平
函	咸开一平覃匣	xan 阳平	ɦe 平	ɦʏə 平	ɦʏə 平	ɦʏə 平
旱	山开一上旱匣	xan 去	ɦœ 去	ɦʏə 去	ɦʏə 去	ɦʏə 去
汗	山开一去翰匣	xan 去	ɦœ 去	ɦʏə 去	ɦʏə 去	ɦʏə 去
悍	山开一去翰匣	xan 去	ɦe 去	ɦʏə 去	ɦʏə 去	ɦʏə 去
憾	咸开一去勘匣	xan 去	ɦe 去	ɦʏə 去	ɦʏə 去	ɦʏə 去
撼	咸开一上感匣	xan 去	ɦe 去	ɦʏə 去	ɦʏə 去	ɦʏə 去
焊	山开一上旱匣	xan 去	ɦe 去	ɦʏə 去	ɦʏə 去	ɦʏə 去
翰	山开一去翰匣	xan 去	ɦe 去	ɦʏə 去	ɦʏə 去	ɦʏə 去
安	山开一平寒影	an 阴平	ʔœ 平	ʔʏə 平	ʔʏə 平	ʔʏə 平
庵	咸开一平覃影	an 阴平	ʔe 平	ʔʏə 平	ʔʏə 平	ʔʏə 平
鞍	山开一平寒影	an 阴平	ʔœ 平	ʔʏə 平	ʔʏə 平	ʔʏə 平
按	山开一去翰影	an 去	ʔœ 去	ʔʏə 去	ʔʏə 去	ʔʏə 去
案	山开一去翰影	an 去	ʔœ 去	ʔʏə 去	ʔʏə 去	ʔʏə 去
暗	咸开一去勘影	an 去	ʔe 去	ʔʏə 去	ʔʏə 去	ʔʏə 去

7. ã

汉字	广韵	普通话	近代吴语	现代吴语	当代吴语	新世纪吴语
绷白	梗开二平耕帮	pəŋ 阴平	pəŋ 平	pã 平	pã 平	pã 平
逬	梗开二去诤帮	pəŋ 去	pəŋ 去	pã 去	pã 去	pã 去
碰白		pəŋ 去	pʰəŋ 去	pʰã 去	pʰã 去	pʰã 去
碰文		pəŋ 去	bəŋ 去	bã 去	bã 去	bã 去
朋白	曾开一平登并	pʰəŋ 阳平	bəŋ 平	bã 平	bã 平	bã 平
棚	梗开二平庚并	pʰəŋ 阳平	bəŋ 平	bã 平	bã 平	bã 平
彭	梗开二平庚并	pʰəŋ 阳平	bəŋ 平	bã 平	bã 平	bã 平
膨	梗开二平庚并	pʰəŋ 阳平	bəŋ 平	bã 平	bã 平	bã 平
鵬		pəŋ 去	bəŋ 去	bã 去	bã 去	bã 去
蚌白	江开二上讲并	paŋ 去	bəŋ 去	bã 去	bã 去	bã 去
孟	梗开二去映明	məŋ 去	məŋ 去	mã 去	mã 去	mã 去
张	宕开三平阳知	tʂaŋ 阴平	tsaŋ 平	tsã 平	tsã 平	tsã 平
樟	宕开三平阳章	tʂaŋ 阴平	tsaŋ 平	tsã 平	tsã 平	tsã 平
章	宕开三平阳章	tʂaŋ 阴平	tsaŋ 平	tsã 平	tsã 平	tsã 平
睁白	梗开三上静从	tsaŋ 阴平	tsɿŋ 平	tsã 平	tsã 平	tsã 平
争白	梗开二平耕庄	tsaŋ 阴平	tsɿŋ 平	tsã 平	tsã 平	tsã 平
长	宕开三上养知	tʂʰaŋ 阴平	dzaŋ 上	dʑã 上	tsã 上	tsã 上
掌	宕开三上养章	tʂaŋ 上	dzaŋ 上	dʑã 上	tsã 上	tsã 上
账	宕开三去漾知	tʂaŋ 去	dzaŋ 去	dʑã 去	zã 去	zã 去
仗	宕开三去漾澄	tʂaŋ 去	dzaŋ 去	dʑã 去	zã 去	zã 去
胀	宕开三去漾知	tʂaŋ 去	dzaŋ 去	dʑã 去	zã 去	zã 去
帐	宕开三去漾知	tʂaŋ 去	dzaŋ 去	dʑã 去	zã 去	zã 去
涨	宕开三去漾知	tʂaŋ 去	dzaŋ 去	dʑã 去	zã 去	zã 去
瘴	宕开三去漾章	tʂaŋ 去	dzaŋ 去	dʑã 去	zã 去	zã 去
彰	宕开三去漾章	tʂaŋ 阴平	dzaŋ 去	dʑã 去	zã 去	zã 去
障	宕开三去漾章	tʂaŋ 去	dzaŋ 去	dʑã 去	zã 去	zã 去
昌	宕开三平阳昌	tʂʰaŋ 平	tsʰaŋ 平	tsʰã 平	tsʰã 平	tsʰã 平
菖	宕开三平阳昌	tʂʰaŋ 阴平	tsʰaŋ 平	tsʰã 平	tsʰã 平	tsʰã 平
撑		tʂʰaŋ 阴平	tsʰaŋ 平	tsʰã 平	tsʰã 平	tsʰã 平
厂	宕开三上养昌	tʂʰaŋ 上	tsʰaŋ 上	tsʰã 上	tsʰã 上	tsʰã 上
畅	宕开三去漾彻	tʂʰaŋ 去	tsʰaŋ 去	tsʰã 去	tsʰã 去	tsʰã 去
唱	宕开三去漾昌	tʂʰaŋ 去	tsʰaŋ 去	tsʰã 去	tsʰã 去	tsʰã 去
倡	宕开三去漾昌	tʂʰaŋ 去	tsʰaŋ 去	tsʰã 去	tsʰã 去	tsʰã 去
长	宕开三平阳澄	tʂʰaŋ 阳平	dzaŋ 平	dʑã 平	zã 平	zã 平
常	宕开三平阳常	tʂʰaŋ 阳平	dzaŋ 平	dʑã 平	zã 平	zã 平
尝	宕开三平阳常	tʂʰaŋ 阳平	dzaŋ 平	dʑã 平	zã̰ 平	zã 平
肠	宕开三平阳澄	tʂʰaŋ 阳平	dzaŋ 平	dʑã 平	zã 平	zã 平
场	宕开三平阳澄	tʂʰaŋ 上	dzaŋ 平	dʑã 平	zã 平	zã 平
丈	宕开三上养澄	tsaŋ 去	dzaŋ 去	dʑã 去	zã 上	zã 上
杖	宕开三上养澄	tsaŋ 去	dzaŋ 去	dʑã 去	zã 上	zã 上
仗	宕开三去漾澄	tsaŋ 去	dzaŋ 去	dʑã 去	zã 去	zã 去
商	宕开三平阳书	ʂaŋ 阴平	sɔŋ 平	sã 平	sã 平	sã 平

续表

汉字	广韵	普通话	近代吴语	现代吴语	当代吴语	新世纪吴语
伤	宕开三平阳书	ʂaŋ 阴平	soŋ 平	sã 平	sã 平	sã 平
生白	梗开二平庚生	ʂəŋ 阴平	səŋ 平	sã 平	sã 平	sã 平
声	梗开三平清书	ʂəŋ 阴平	səŋ 平	sã 平	səŋ 平	səŋ 平
牲	梗开二平庚生	ʂəŋ 阴平	səŋ 平	sã 平	səŋ 平	səŋ 平
省	梗开三上静心	ʂəŋ 上	səŋ 上	sã 上	sã 上	sã 上
裳	宕开三平阳常	ʂaŋ 阳平	zaŋ 平	zã 平	zã 平	zã 平
上	宕开三去漾常	ʂaŋ 去	zaŋ 去	zã 去	zã 去	zã 去
尚	宕开三去漾常	ʂaŋ 去	zaŋ 去	zã 去	zã 去	zã 去
剩	曾开三去证船	ʂaŋ 去	zaŋ 去	zã 去	zã 去	zã 去
打白	梗开二上梗端	tʌ 上	tɔŋ 上	tã 上	tã 上	tã 上
冷白	梗开二上梗来	ləŋ 上	lɔŋ 上	lã 上	lã 上	lã 上
庚白	梗开二平庚见	kəŋ 阴平	kəŋ 平	kã 平	kã 平	kã 平
羹白	梗开二平庚见	kəŋ 阴平	kəŋ 平	kã 平	kã 平	kã 平
耕白	梗开二平耕见	kəŋ 阴平	kəŋ 平	kã 平	kã 平	kã 平
更白	梗开二平庚见	kəŋ 阴平	kəŋ 平	kã 平	kã 平	kã 平
梗	梗开二上梗见	kəŋ 上	kəŋ 平	kã 平	kã 平	kã 平
坑	梗开二平庚溪	kʰəŋ 阴平	kəŋ 平	kʰã 平	kʰã 平	kʰã 平
硬	梗开二去诤疑	iŋ 去	ŋəŋ 去	ŋã 去	ɦiã 去	ɦiã 去
行	梗开二平庚匣	xaŋ 阳平	ɦiəŋ 平	ɦã 平	ɦã 平	ɦã 平
杏白	梗开二上梗匣	ɕiŋ 去	ɦiəŋ 去	ɦiã 去	ɦiã 去	ɦiã 去
樱白	梗开二平耕影	iŋ 阴平	ʔiəŋ 平	ʔã 平	ʔã 平	ʔã 平
鹦白	梗开二平耕影	iŋ 阴平	ʔiəŋ 平	ʔã 平	ʔã 平	ʔã 平

8. ã

汉字	广韵	普通话	近代吴语	现代吴语	当代吴语	新世纪吴语
帮	宕开一平唐帮	paŋ 阴平	pɔŋ 平	pã 平	pã 平	pã 平
邦	江开二平江帮	paŋ 阴平	pɔŋ 平	pã 平	pã 平	pã 平
榜	宕开一上荡帮	paŋ 上	pɔŋ 上	pã 上	pã 上	pã 上
绑		paŋ 上	pɔŋ 上	pã 上	pã 上	pã 上
谤	宕开一去宕帮	paŋ 去	pɔŋ 去	pã 去	pã 去	pã 去
磅	宕开一平唐滂	paŋ 去	pɔŋ 去	pã 去	pã 去	pã 去
镑	宕开一平唐滂	paŋ 去	pɔŋ 去	pã 去	pã 去	pã 去
滂	宕开一平唐滂	pʰaŋ 阳平	pʰɔŋ 平	pʰã 平	pʰã 平	pʰã 平
胖白		pʰaŋ 去	pʰe 去	pʰã 去	pʰã 去	pʰã 去
旁	宕开一平唐并	pʰaŋ 阳平	bɔŋ 平	bã 平	bã 平	bã 平
庞	江开二平江并	pʰaŋ 阳平	bɔŋ 平	bã 平	bã 平	bã 平
防	宕合三平阳并	faŋ 阳平	vɔŋ 平	bã 平	bã 平	bã 平
髈	宕开一平唐并	pʰaŋ 上	bɔŋ 上	bã 上	bã 上	bã 上
棒	江开二上讲并	paŋ 去	bɔŋ 去	bã 去	bã 上	bã 上
忙	宕开一平唐明	maŋ 阳平	mɔŋ 平	mã 平	mã 平	mã 平
茫	宕开一平唐明	maŋ 阳平	mɔŋ 平	mã 平	mã 平	mã 平
芒	宕开一平唐明	maŋ 阳平	mɔŋ 平	mã 平	mã 平	mã 平

续表

汉字	广韵	普通话	近代吴语	现代吴语	当代吴语	新世纪吴语
莽	宕开一上荡明	maŋ 上	mɔŋ 上	mã 上	mã 上	mã 上
蟒	宕开一上荡明	maŋ 上	mɔŋ 上	mã 上	mã 上	mã 上
网白	宕合三上养明	uaŋ 上	mɔŋ 上	mã 上	mã 上	mã 上
忘	宕合三去漾明	uaŋ 去	mɔŋ 去	mã 去	mã 去	vã 去
望白	宕合三去漾明	uaŋ 去	mɔŋ 去	mã 去	vã 去	vã 去
妄白	宕合三去漾明	uaŋ 去	mɔŋ 去	mã 去	vã 去	vã 去
方	宕合三平阳并	faŋ 阳平	fɔŋ 平	fã 平	fã 平	fã 平
芳	宕合三平阳滂	faŋ 阳平	fɔŋ 平	fã 平	fã 平	fã 平
仿	宕合三上养滂	faŋ 上	fɔŋ 上	fã 上	fã 上	fã 上
妨	宕合三平阳滂	faŋ 上	fɔŋ 上	fã 上	fã 上	fã 上
纺	宕合三上养滂	faŋ 上	fɔŋ 上	fã 上	fã 上	fã 上
访	宕合三去漾滂	faŋ 上	fɔŋ 上	fã 上	fã 上	fã 上
放	宕合三去漾帮	faŋ 去	fɔŋ 去	fã 去	fã 去	fã 去
房	宕合三平阳并	faŋ 平	vɔŋ 平	vã 平	vã 平	vã 平
忘白	宕合三去漾明	uaŋ 去	mɔŋ 去	mã 去	mã 去	mã 去
忘文	宕合三去漾明	uaŋ 去		vã 去	vã 去	vã 去
亡	宕合三平阳明	uaŋ 阳平	vɔŋ 平	vã 平	vã 平	vã 平
网文	宕合三上养明	uaŋ 上	mɔŋ 上	vã 上	vã 上	vã 上
妄	宕合三去漾明	uaŋ 去	vɔŋ 去	vã 去	vã 去	vã 去
望白	宕合三去漾明	uaŋ 去	mɔŋ 去	mã 去	mã 去	mã 去
望文	宕合三去漾明	uaŋ 去		vã 去	vã 去	vã 去
章	宕开三平阳章	tʂaŋ 阴平	tsɔŋ 平	tsã 平	tsã 平	tsã 平
脏	宕开一上荡精	tsaŋ 阴平	tsɔŋ 平	tsã 平	tsã 平	tsã 平
椿	江开二平江知	tʂuaŋ 阴平	tsɔŋ 平	tsã 平	tsã 平	tsã 平
装	宕开三平阳庄	tʂuaŋ 阴平	tsɔŋ 平	tsã 平	tsã 平	tsã 平
赃	宕开一平唐精	tsaŋ 阴平	tsɔŋ 平	tsã 平	tsã 平	tsã 平
葬	宕开一去宕精	tsaŋ 去	tsɔŋ 去	tsã 去	tsã 去	tsã 去
壮	宕开三去漾庄	tʂuaŋ 去	tsɔŋ 去	tsã 去	tsã 去	tsã 去
苍	宕开一平唐清	tsʰaŋ 阴平	tsʰɔŋ 平	tsʰã 平	tsʰã 平	tsʰã 平
舱		tsʰaŋ 阴平	tsʰɔŋ 平	tsʰã 平	tsʰã 平	tsʰã 平
窗	江开二平江初	tʂʰuaŋ 阴平	tsʰɔŋ 平	tsʰã 平	tsʰã 平	tsʰã 平
疮	宕开三平阳初	tʂʰuaŋ 阴平	tsʰɔŋ 平	tsʰã 平	tsʰã 平	tsʰã 平
仓	宕开一平唐清	tsʰaŋ 阴平	tsʰɔŋ 平	tsʰã 平	tsʰã 平	tsʰã 平
怆	宕开三去漾初	tsʰuaŋ 去	tsʰɔŋ 去	tsʰã 去	tsʰã 去	tsʰã 去
创	宕开三去漾初	tʂʰuaŋ 去	tsʰɔŋ 去	tsʰã 去	tsʰã 去	tsʰã 去
藏隐~	宕开一平唐从	tsʰaŋ 阳平	dzɔŋ 平	dzã 平	zã 平	zã 平
床	宕开三平阳崇	tʂʰuaŋ 阳平	dzɔŋ 平	dzã 平	zã 平	zã 平
状	宕开三去漾崇	tʂuaŋ 去	dzɔŋ 去	dzã 去	zã 去	zã 去
藏	宕开一去宕从	tsaŋ 去	dzɔŋ 去	dzã 去	zã 去	zã 去
撞	江开二去绛澄	tʂuaŋ 去	dzɔŋ 去	dzã 去	zã 去	zã 去
桑	宕开一平唐心	saŋ 阴平	sɔŋ 平	sã 平	sã 平	sã 平
丧	宕开一平唐心	saŋ 阴平	sɔŋ 平	sã 平	sã 平	sã 平

续表

汉字	广韵	普通话	近代吴语	现代吴语	当代吴语	新世纪吴语
双	江开二平江生	ʂuaŋ 阴平	soŋ 平	sã 平	sã 平	sã 平
霜	宕开三平阳生	ʂuaŋ 阴平	soŋ 平	sã 平	sã 平	sã 平
孀	宕开三平阳生	ʂuaŋ 阴平	soŋ 平	sã 平	sã 平	sã 平
爽	宕开三上养生	ʂuaŋ 上	soŋ 上	sã 上	sã 上	sã 上
赏	宕开三上养书	ʂaŋ 上	soŋ 上	sã 上	sã 上	sã 上
嗓		saŋ 上	soŋ 上	sã 上	sã 上	sã 上
丧	宕开一去宕心	saŋ 去	soŋ 去	sã 去	sã 去	sã 去
当	宕开一平唐端	taŋ 阴平	toŋ 平	tã 平	tã 平	tã 平
党	宕开一上荡端	taŋ 上	toŋ 上	tã 上	tã 上	tã 上
挡	宕开一去宕端	taŋ 上	toŋ 上	tã 上	tã 上	tã 上
当	宕开一去宕端	taŋ 去	toŋ 去	tã 去	tã 去	tã 去
汤	宕开一平唐透	tʰaŋ 阴平	tʰoŋ 平	tʰã 平	tʰã 平	tʰã 平
倘		tʰaŋ 上	tʰoŋ 上	tʰã 上	tʰã 上	tʰã 上
躺		tʰaŋ 上	tʰoŋ 上	tʰã 上	tʰã 上	tʰã 上
烫		tʰaŋ 去	tʰoŋ 去	tʰã 去	tʰã 去	tʰã 去
趟	梗开二去映知	tʰaŋ 去	tʰoŋ 去	tʰã 去	tʰã 去	tʰã 去
唐	宕开一平唐定	tʰaŋ 阴平	doŋ 平	dã 平	dã 平	dã 平
糖	宕开一平唐定	tʰaŋ 阴平	doŋ 平	dã 平	dã 平	dã 平
塘	宕开一平唐定	tʰaŋ 阴平	doŋ 平	dã 平	dã 平	dã 平
搪	宕开一平唐定	tʰaŋ 阴平	doŋ 平	dã 平	dã 平	dã 平
堂	宕开一平唐定	tʰaŋ 阴平	doŋ 平	dã 平	dã 平	dã 平
荡	宕开一去宕透	taŋ 去	doŋ 去	dã 去	dã 上	dã 上
宕	宕开一去宕定	taŋ 去	doŋ 去	dã 去	dã 上	dã 上
囊	宕开一平唐泥	naŋ 阳平	noŋ 平	nã 平	nã 平	nã 平
郎	宕开一平唐来	laŋ 阳平	loŋ 平	lã 平	lã 平	lã 平
廊	宕开一平唐来	laŋ 阳平	loŋ 平	lã 平	lã 平	lã 平
狼	宕开一平唐来	laŋ 阳平	loŋ 平	lã 平	lã 平	lã 平
榔	宕开一平唐来	laŋ 阳平	loŋ 平	lã 平	lã 平	lã 平
朗	宕开一上荡来	laŋ 上	loŋ 上	lã 上	lã 上	lã 上
浪	宕开一去宕来	laŋ 去	loŋ 去	lã 去	lã 去	lã 去
晾		liaŋ 去	loŋ 去	lã 去	lã 去	lã 去
刚	宕开一平唐见	kaŋ 阴平	koŋ 平	kã 平	kã 平	kã 平
钢	宕开一平唐见	kaŋ 阴平	kuoŋ 平	kã 平	kã 平	kã 平
纲	宕开一平唐见	kaŋ 阴平	kuoŋ 平	kã 平	kã 平	kã 平
冈	宕开一平唐见	kaŋ 阴平	kuoŋ 平	kã 平	kã 平	kã 平
缸	江开二平江匣	kaŋ 阴平	koŋ 平	kã 平	kã 平	kã 平
扛	江开二平江见	kaŋ 阳平	koŋ 平	kã 平	kã 平	kã 平
江_白	江开二平江见	tɕiaŋ 阴平	koŋ 平	kã 平	kã 平	kã 平
光	宕合一平唐见	kuaŋ 阴平	kuoŋ 平	kã 平	kã 平	kã 平
讲_白	江开二上讲见	tɕiaŋ 上	koŋ 上	kã 上	kã 上	kã 上
港	江开二上讲见	kaŋ 上	koŋ 上	kã 上	kã 上	kã 上
杠	江开二平江见	kaŋ 阴平	koŋ 平	kã 平	kã 平	kã 平

续表

汉字	广韵	普通话	近代吴语	现代吴语	当代吴语	新世纪吴语
降白	江开二去绛见	tɕiaŋ 去	kɔŋ 去	kã 去	kã 去	kã 去
虹白	江开二去绛见	xuŋ 阳平	kɔŋ 去	kã 去	kã 去	kã 去
广	宕合一上荡见	kʰuaŋ 上	kuoŋ 上	kã 上	kã 上	kã 上
康	宕开一平唐溪	kʰaŋ 阴平	kʰɔŋ 平	kʰã 平	kʰã 平	kʰã 平
匡	宕合三平阳溪	kʰuaŋ 阴平	kʰuoŋ 平	kʰã 平	kʰã 平	kʰã 平
筐	宕合三平阳溪	kʰuaŋ 阴平	kʰuoŋ 平	kʰã 平	kʰã 平	kʰã 平
糠	宕开一平唐溪	kʰaŋ 阴平	kʰɔŋ 平	kʰã 平	kʰã 平	kʰã 平
慷	宕开一上荡溪	kʰaŋ 阴平	kʰɔŋ 上	kʰã 上	kʰã 上	kʰã 上
炕	宕开一去宕溪	kʰaŋ 去	kʰɔŋ 去	kʰã 去	kʰã 去	kʰã 去
抗	宕开一去宕溪	kʰaŋ 去	kʰɔŋ 去	kʰã 去	kʰã 去	kʰã 去
矿	梗合二上梗见	kʰuaŋ 去	kʰuoŋ 去	kʰã 去	kʰã 去	kʰã 去
旷	宕合一去宕溪	kʰuaŋ 去	kʰuoŋ 去	kʰã 去	kʰã 去	kʰã 去
狂	宕合三平阳群	kʰuaŋ 阳平	guoŋ 平	gã 平	gã 平	gã 平
戆	江开二去绛知	kaŋ 去	guoŋ 去	gã 去	gã 去	gã 去
逛	宕合三上养见	kuaŋ 去	guoŋ 去	gã 去	gã 去	gã 去
昂	宕开一平唐疑	aŋ 阳平	ŋɔŋ 平	ŋã 平	ŋã 平	ɦã 上
薨	通开一平东匣	xuŋ 阳平	ɦuoŋ 平	hã 平	huã 平	hã 平
荒	宕合一平唐晓	xuaŋ 阴平	ɦuoŋ 平	hã 平	huã 平	hã 平
慌	宕合一上荡晓	xuaŋ 阴平	ɦuoŋ 平	hã 平	huã 平	hã 平
恍	宕合一平唐见	xuaŋ 上	ɦuoŋ 上	hã 上	huã 上	hã 上
谎		xuaŋ 上	ɦuoŋ 上	hã 上	huã 上	hã 上
况	宕合三去漾晓	kʰuaŋ 去	ɦuoŋ 上	hã 去	huã 去	hã 去
杭	宕开一平唐匣	xaŋ 阳平	ɦɔŋ 平	ɦã 平	ɦã 平	ɦã 平
航	宕开一平唐匣	xaŋ 阳平	ɦɔŋ 平	ɦã 平	ɦã 平	ɦã 平
行	宕开一平唐匣	xaŋ 阳平	ɦɔŋ 平	ɦã 平	ɦã 平	ɦã 平
降~服	江开二平江匣	tɕiaŋ 去	ɦɔŋ 平	ɦã 平	ɦã 平	ɦã 平
黄	宕合一平唐匣	xuaŋ 阳平	ɦuoŋ 平	ɦã 平	ɦuã 平	ɦã 平
皇	宕合一平唐匣	xuaŋ 阳平	ɦuoŋ 平	ɦã 平	ɦuã 平	ɦã 平
王	宕合三平阳云	uaŋ 阳平	ʔuoŋ 平	ɦã 平	ɦuã 平	ɦã 平
沆	宕开一上荡匣	xaŋ 去	ɦɔŋ 上	ɦã 上	ɦã 上	ɦã 上
项	江开二上讲匣	ɕiaŋ 去	ɦɔŋ 去	ɦã 去	ɦã 去	ɦã 去
巷白	江开二去绛匣	xaŋ 去	ɦɔŋ 去	ɦã 去	ɦã 去	ɦã 去
旺	宕合三去漾云	uaŋ 去	ʔuoŋ 去	ʔã 去	ʔã 去	ʔã 去
汪	宕合一平唐影	uaŋ 阴平	ʔuoŋ 平	ʔã 平	ʔã 平	ʔã 平
往	宕合三上养云	uaŋ 上	ʔuoŋ 上	ʔã 上	ʔã 上	ʔã 上

9. əŋ

汉字	广韵	普通话	近代吴语	现代吴语	当代吴语	新世纪吴语
奔	臻合一平魂帮	pən 阴平	pəŋ 平	pəŋ 平	pəŋ 平	pəŋ 平
崩	曾开一平登帮	pən 阴平	pəŋ 平	pəŋ 平	pəŋ 平	pəŋ 平
本	臻合一上混帮	pən 上	pəŋ 上	pəŋ 上	pəŋ 上	pəŋ 上
喷	臻合一平魂滂	pʰən 阴平	pʰəŋ 平	pʰəŋ 平	pʰəŋ 平	pʰəŋ 平

续表

汉字	广韵	普通话	近代吴语	现代吴语	当代吴语	新世纪吴语
烹		pʰəŋ 阴平	pʰəŋ 平	pʰəŋ 平	pʰəŋ 平	pʰəŋ 平
喷	臻合一去混滂	pʰən 去	pʰəŋ 去	pʰəŋ 去	pʰəŋ 去	pʰəŋ 去
盆	臻合一平魂并	pʰən 阴平	bəŋ 平	bəŋ 平	bəŋ 平	bəŋ 平
笨	臻合一上混并	pən 去	bəŋ 上	bəŋ 上	bəŋ 上	bəŋ 上
萌	梗开二平耕明	məŋ 阳平	məŋ 平	məŋ 平	məŋ 平	məŋ 平
门	臻合一平魂明	mən 阳平	məŋ 平	məŋ 平	məŋ 平	məŋ 平
扪	臻合一平魂明	mən 阳平	məŋ 平	məŋ 平	məŋ 平	məŋ 平
闻白	臻合三平文明	wən 阳平	məŋ 平	məŋ 平	məŋ 平	məŋ 平
蚊	臻合三平文明	wən 阳平	məŋ 平	məŋ 平	məŋ 平	məŋ 平
猛	梗开二上梗明	məŋ 上	məŋ 上	məŋ 上	məŋ 上	məŋ 上
闷	臻合一去混明	mən 去	məŋ 去	məŋ 去	məŋ 去	məŋ 去
问白	臻合三去问明	wən 去	məŋ 去	məŋ 去	məŋ 去	məŋ 去
孟	梗开二去映明	məŋ 去	məŋ 去	məŋ 去	məŋ 去	məŋ 去
分	臻合三平文帮	fən 阴平	fəŋ 平	fəŋ 平	fəŋ 平	fəŋ 平
氛	臻合三平文并	fən 阴平	fəŋ 平	fəŋ 平	fəŋ 平	fəŋ 平
纷	臻合三平文滂	fən 阴平	fəŋ 平	fəŋ 平	fəŋ 平	fəŋ 平
粉	臻合三上吻帮	fən 上	fəŋ 上	fəŋ 上	fəŋ 上	fəŋ 上
粪	臻合三去问帮	fən 去	fəŋ 去	fəŋ 去	fəŋ 去	fəŋ 去
奋	臻合三去问帮	fən 去	fəŋ 去	fəŋ 去	fəŋ 去	fəŋ 去
坟	臻合三平文并	fən 阳平	vəŋ 平	vəŋ 平	vəŋ 平	vəŋ 平
文	臻合三平文明	uən 阳平	vəŋ 平	vəŋ 平	vəŋ 平	vəŋ 平
纹	臻合三平文明	uən 阳平	vəŋ 平	vəŋ 平	vəŋ 平	vəŋ 平
闻文	臻合三平文明	wən 阳平	vəŋ 平	vəŋ 平	vəŋ 平	vəŋ 平
焚	臻合三平文并	fən 阳平	vəŋ 平	vəŋ 平	vəŋ 平	vəŋ 平
忿	臻合三上吻滂	fən 去	vəŋ 上	vəŋ 上	vəŋ 上	vəŋ 上
吻	臻合三上吻明	wən 上	vəŋ 上	vəŋ 上	vəŋ 上	vəŋ 上
刎	臻合三上吻明	wən 上	vəŋ 上	vəŋ 上	vəŋ 上	vəŋ 上
份	臻开三平真帮	fən 去	vəŋ 去	vəŋ 去	vəŋ 去	vəŋ 去
问文	臻合三去问明	wən 去	vəŋ 去	vəŋ 去	vəŋ 去	vəŋ 去
征	梗开三平清章	tʂəŋ 阴平	tsəŋ 平	tsəŋ 平	tsəŋ 平	tsəŋ 平
珍	臻开三平真知	tʂən 阴平	tsəŋ 平	tsəŋ 平	tsəŋ 平	tsəŋ 平
真	臻开三平真章	tʂən 阴平	tsəŋ 平	tsəŋ 平	tsəŋ 平	tsəŋ 平
箴	深开三平侵章	tʂən 阴平	tsəŋ 平	tsəŋ 平	tsəŋ 平	tsəŋ 平
针	深开三平侵章	tʂən 阴平	tsəŋ 平	tsəŋ 平	tsəŋ 平	tsəŋ 平
斟	深开三平侵章	tʂən 阴平	tsəŋ 平	tsəŋ 平	tsəŋ 平	tsəŋ 平
蒸	曾开三平蒸章	tʂəŋ 阴平	tsəŋ 平	tsəŋ 平	tsəŋ 平	tsəŋ 平
正	梗开三平清章	tʂəŋ 阴平	tsəŋ 平	tsəŋ 平	tsəŋ 平	tsəŋ 平
簪玉~	深开三平侵庄	tsan 阴平	tsəŋ 平	tsəŋ 平	tsəŋ 平	tsəŋ 平
争文	梗开二平耕庄	tʂəŋ 阴平	tsəŋ 平	tsəŋ 平	tsəŋ 平	tsəŋ 平
曾姓~	曾开一平登精	tsəŋ 阴平	tsəŋ 平	tsəŋ 平	tsəŋ 平	tsəŋ 平
增	曾开一平登精	tsəŋ 阴平	tsəŋ 平	tsəŋ 平	tsəŋ 平	tsəŋ 平
憎	曾开一平登精	tsəŋ 阴平	tsəŋ 平	tsəŋ 平	tsəŋ 平	tsəŋ 平

汉字	广韵	普通话	近代吴语	现代吴语	当代吴语	新世纪吴语
贞	梗开三平清知	tʂən 阴平	tsəŋ 平	tsəŋ 平	tsəŋ 平	tsəŋ 平
祯	梗开三平清知	tʂən 阴平	tsəŋ 平	tsəŋ 平	tsəŋ 平	tsəŋ 平
尊	臻合一平魂精	tsuən 阴平	tsəŋ 平	tsəŋ 平	tsəŋ 平	tsəŋ 平
谆	臻合三平谆章	tʂuən 阴平	tsəŋ 平	tsəŋ 平	tsəŋ 平	tsəŋ 平
诊	臻开三上轸章	tʂən 上	tsəŋ 上	tsəŋ 上	tsəŋ 上	tsəŋ 上
枕	深开三上寝章	tʂən 上	tsəŋ 上	tsəŋ 上	tsəŋ 上	tsəŋ 上
整	梗开三上静章	tʂəŋ 上	tsəŋ 上	tsəŋ 上	tsəŋ 上	tsəŋ 上
怎		tsən 上	tsəŋ 上	tsəŋ 上	tsəŋ 上	tsəŋ 上
准	臻合三上准章	tsen 上	tsəŋ 上	tsəŋ 上	tsəŋ 上	tsəŋ 上
镇		tʂən 去	tsəŋ 去	tsəŋ 去	tsəŋ 去	tsəŋ 去
振	臻开三去震章	tʂən 去	tsəŋ 去	tsəŋ 去	tsəŋ 去	tsəŋ 去
震	臻开三去震章	tʂən 去	tsəŋ 去	tsəŋ 去	tsəŋ 去	tsəŋ 去
政	梗开三去劲章	tʂəŋ 去	tsəŋ 去	tsəŋ 去	tsəŋ 去	tsəŋ 去
证	曾开三去证章	tʂəŋ 去	tsəŋ 去	tsəŋ 去	tsəŋ 去	tsəŋ 去
正	梗开三去劲章	tʂəŋ 去	tsəŋ 去	tsəŋ 去	tsəŋ 去	tsəŋ 去
村	臻合一平魂清	tsʰuən 阴平	tsʰəŋ 平	tsʰəŋ 平	tsʰəŋ 平	tsʰəŋ 平
春	臻合三平谆昌	tʂʰuən 阴平	tsʰəŋ 平	tsʰəŋ 平	tsʰəŋ 平	tsʰəŋ 平
椿	臻合三平谆彻	tʂʰuən 阴平	tsʰəŋ 平	tsʰəŋ 平	tsʰəŋ 平	tsʰəŋ 平
称~呼	曾开三平蒸昌	tʂʰən 阴平	tsʰəŋ 平	tsʰəŋ 平	tsʰəŋ 平	tsʰəŋ 平
撑		tʂʰəŋ 阴平	tsʰəŋ 平	tsʰəŋ 平	tsʰəŋ 平	tsʰəŋ 平
参	深开三平侵初	tsʰən 阴平	tsʰəŋ 平	tsʰəŋ 平	tsʰəŋ 平	tsʰəŋ 平
蠢	臻合三上准昌	tʂʰuən 上	tsʰəŋ 上	tsʰəŋ 上	tsʰəŋ 上	tsʰəŋ 上
忖	臻合一上混清	tsʰuən 上	tsʰəŋ 上	tsʰəŋ 上	tsʰəŋ 上	tsʰəŋ 上
逞	梗开三上静彻	tʂʰəŋ 上	tsʰəŋ 上	tsʰəŋ 上	tsʰəŋ 上	tsʰəŋ 上
衬	臻开三去衬初	tʂʰən 去	tsʰəŋ 去	tsʰəŋ 去	tsʰəŋ 去	tsʰəŋ 去
趁	臻开三平真澄	tʂʰən 去	tsʰəŋ 去	tsʰəŋ 去	tsʰəŋ 去	tsʰəŋ 去
称	曾开三去证昌	tʂʰəŋ 去	tsʰəŋ 去	tsʰəŋ 去	tsʰəŋ 去	tsʰəŋ 去
寸	臻合一去混清	tsʰuən 去	tsʰəŋ 去	tsʰəŋ 去	tsʰəŋ 去	tsʰəŋ 去
秤	曾开三去证昌	tʂʰəŋ 去	tsʰəŋ 去	tsʰəŋ 去	tsʰəŋ 去	tsʰəŋ 去
唇	臻开三平真章	tʂʰuən 阳平	zəŋ 平	dzəŋ 平	zən 平	zəŋ 平
纯	臻合三平谆常	tʂʰuən 阳平	zəŋ 平	dzəŋ 平	zən 平	zəŋ 平
存	臻合一平魂从	tsʰuən 阳平	dzəŋ 平	dzəŋ 平	zən 平	zəŋ 平
陈	臻开三平真澄	tʂən 阳平	dzəŋ 平	dzəŋ 平	zən 平	zəŋ 平
沈	深开三平侵澄	tʂən 阳平	dzəŋ 平	dzəŋ 平	sən 平	səŋ 平
辰	臻开三平真常	tʂən 阳平	zəŋ 平	dzəŋ 平	zən 平	zəŋ 平
尘	臻开三平真澄	tʂʰən 阳平	zəŋ 平	dzəŋ 平	zən 平	zəŋ 平
晨	臻开三平真常	tʂʰən 阳平	zəŋ 平	dzəŋ 平	zən 平	zəŋ 平
臣	臻开三平真常	tʂʰən 阳平	zəŋ 平	dzəŋ 平	zən 平	zəŋ 平
乘	曾开三平蒸船	tʂʰuən 阳平	dzəŋ 平	dzəŋ 平	zən 平	zəŋ 平
程	梗开三平清澄	tʂʰəŋ 阳平	dzəŋ 平	dzəŋ 平	zən 平	zəŋ 平
成	梗开三平清常	tʂʰəŋ 阳平	dzəŋ 平	dzəŋ 平	zən 平	zəŋ 平
城	梗开三平清常	tʂʰəŋ 阳平	dzəŋ 平	dzəŋ 平	zən 平	zəŋ 平

续表

汉字	广韵	普通话	近代吴语	现代吴语	当代吴语	新世纪吴语
诚	梗开三平清常	tʂʰəŋ 阳平	dʑəŋ 平	dʑəŋ 平	zən 平	zəŋ 平
层	曾开一平登从	tsʰəŋ 阳平	dzəŋ 平	dzəŋ 平	zən 平	zəŋ 平
曾~经	曾开一平登从	tsʰəŋ 阳平	dzəŋ 平	dzəŋ 平	zən 平	zəŋ 平
唇	臻开三平真章	tʂʰuən 阳平	dzəŋ 平	dzəŋ 平	zən 平	zəŋ 平
纯	臻合三平谆常	tʂʰuən 阳平	dzəŋ 平	dzəŋ 平	zən 平	zəŋ 平
存	臻合一平魂从	tsʰuən 阳平	dzəŋ 平	dzəŋ 平	zən 平	zəŋ 平
阵	臻开三去震澄	tʂən 去	dzəŋ 去	dzəŋ 去	zən 去	zəŋ 去
郑	梗开三去劲澄	tʂəŋ 去	dzəŋ 去	dzəŋ 去	zən 去	zəŋ 去
赠	曾开一去嶝从	tsəŋ 去	dzəŋ 去	dzəŋ 去	zən 去	zəŋ 去
孙	臻合一平魂心	suən 阴平	səŋ 平	səŋ 平	sən 平	səŋ 平
娠	臻开三平真书	ʂən 阴平	səŋ 平	səŋ 平	sən 平	səŋ 平
身	臻开三平真书	ʂən 阴平	səŋ 平	səŋ 平	sən 平	səŋ 平
申	臻开三平真书	ʂən 阴平	səŋ 平	səŋ 平	sən 平	səŋ 平
伸	臻开三平真书	ʂən 阴平	səŋ 平	səŋ 平	sən 平	səŋ 平
绅	臻开三平真书	ʂən 阴平	səŋ 平	səŋ 平	sən 平	səŋ 平
深	深开三平侵书	ʂən 阴平	səŋ 平	səŋ 平	sən 平	səŋ 平
声	梗开三平清书	ʂəŋ 阴平	səŋ 平	səŋ 平	sən 平	səŋ 平
升	曾开三平蒸书	ʂəŋ 阴平	səŋ 平	səŋ 平	sən 平	səŋ 平
森	深开三平侵生	sən 阴平	səŋ 平	səŋ 平	sən 平	səŋ 平
僧	曾开一平登心	səŋ 阴平	səŋ 平	səŋ 平	sən 平	səŋ 平
生文	梗开二平庚生	ʂəŋ 阴平	səŋ 平	səŋ 平	sən 平	səŋ 平
牲	梗开二平庚生	ʂəŋ 阴平	səŋ 平	səŋ 平	sən 平	səŋ 平
笙	梗开二平庚生	ʂəŋ 阴平	səŋ 平	səŋ 平	sən 平	səŋ 平
损	臻合一上混心	suən 上	səŋ 上	səŋ 上	sən 上	səŋ 上
审	深开三上寝书	ʂən 上	səŋ 上	səŋ 上	sən 上	səŋ 上
婶		ʂən 上	səŋ 上	səŋ 上	sən 上	səŋ 上
省	梗开三上梗生	ʂəŋ 上	səŋ 上	səŋ 上	sən 上	səŋ 上
沈	深开三平侵澄	ʂən 阳平	səŋ 上	səŋ 上	sən 上	səŋ 上
逊	臻合一去混心	ɕyn 去	səŋ 去	səŋ 去	sən 去	səŋ 去
胜	曾开三去证书	ʂəŋ 去	səŋ 去	səŋ 去	sən 去	səŋ 去
圣	梗开三去劲书	ʂəŋ 去	səŋ 去	səŋ 去	sən 去	səŋ 去
渗	深开三去沁生	ʂən 去	səŋ 去	səŋ 去	sən 去	səŋ 去
瞬	臻合三去稕书	ʂuən 去	səŋ 去	səŋ 去	sən 去	səŋ 去
莼	臻合三平谆常	tʂʰuən 阳平	zəŋ 平	zəŋ 平	zən 平	zəŋ 平
神	臻开三平真船	ʂən 阳平	zəŋ 平	zəŋ 平	zən 平	zəŋ 平
绳	曾开三平蒸船	ʂəŋ 阳平	dzəŋ 平	zəŋ 平	zən 平	zəŋ 平
仍	曾开三平蒸日	zəŋ 阳平	dzəŋ 平	zəŋ 平	zən 平	zəŋ 平
人文	臻开三平真日	zən 阳平	zəŋ 平	zəŋ 平	zən 平	zəŋ 平
仁文	臻开三平真日	zuən 阳平	zəŋ 平	zəŋ 平	zən 平	zəŋ 平
忍文	臻开三上轸日	zən 上	zəŋ 上	zəŋ 上	zən 上	zəŋ 上
顺	臻合三去稕船	tuən 去	zəŋ 去	zəŋ 去	zən 去	zəŋ 去
润文	臻合三去稕日	zuən 去	zəŋ 去	zəŋ 去	zən 去	zəŋ 去

汉字	广韵	普通话	近代吴语	现代吴语	当代吴语	新世纪吴语
盾	臻合三上准船	tuən 去	zəŋ 去	zɿŋ 去	zən 去	zəŋ 去
甚	深开三去沁常	ʂəŋ 去	zəŋ 上	zɿŋ 上	zən 上	zəŋ 上
肾	臻开三上轸常	ʂəŋ 去	zəŋ 上	zɿŋ 上	zən 上	zəŋ 上
慎	臻开三去震常	ʂəŋ 去	zəŋ 去	zɿŋ 去	zən 去	zəŋ 去
认文	臻开三去震日	ʐəŋ 去	zəŋ 去	zɿŋ 去	zən 去	zəŋ 去
任	深开三去沁日	ʐəŋ 去	zəŋ 去	zɿŋ 去	zən 去	zəŋ 去
敦	臻合一平魂端	tuən 阴平	təŋ 平	tɿŋ 平	tən 平	təŋ 平
蹲	臻合一平魂从	tuən 阴平	təŋ 平	tɿŋ 平	tən 平	təŋ 平
灯	曾开一平登端	təŋ 阴平	təŋ 平	tɿŋ 平	tən 平	təŋ 平
登	曾开一平登端	təŋ 阴平	təŋ 平	tɿŋ 平	tən 平	təŋ 平
墩	臻合一平魂端	tuən 阴平	təŋ 平	tɿŋ 平	tən 平	təŋ 平
等	曾开一上等端	təŋ 上	təŋ 上	tɿŋ 上	tən 上	təŋ 上
顿	臻合一去混端	tuən 去	təŋ 去	tɿŋ 去	tən 去	təŋ 去
凳	曾开一去嶝端	təŋ 去	təŋ 去	tɿŋ 去	tən 去	təŋ 去
吞	臻开一平痕透	tʰuən 平	tʰəŋ 平	tʰɿŋ 平	tʰən 平	tʰəŋ 平
氽		tʰuən 上	tʰəŋ 上	tʰɿŋ 上	tʰən 上	tʰəŋ 上
褪		tʰuən 去	tʰəŋ 去	tʰɿŋ 去	tʰən 去	tʰəŋ 去
饨	臻合一平魂定	tʰuən 阳平	dəŋ 平	dɿŋ 平	dən 平	dəŋ 平
屯	臻合三平谆知	tʰuən 阳平	dəŋ 平	dɿŋ 平	dən 平	dəŋ 平
燉	臻合一平魂定	tuən 去	dəŋ 去	dɿŋ 去	dən 去	dəŋ 去
藤	曾开一平登定	tʰəŋ 阳平	dəŋ 平	dɿŋ 平	dən 平	dəŋ 平
誊	曾开一平登定	tʰəŋ 阳平	dəŋ 平	dɿŋ 平	dən 平	dəŋ 平
腾	曾开一平登定	tʰəŋ 阳平	dəŋ 平	dɿŋ 平	dən 平	dəŋ 平
遁	臻合一去混定	tuən 去	dəŋ 去	dɿŋ 去	dən 去	dəŋ 去
钝	臻合一去混定	tuən 去	dəŋ 去	dɿŋ 去	dən 去	dəŋ 去
沌	臻合一上混定	tuən 去	dəŋ 上	dɿŋ 上	dən 上	dəŋ 上
囤	臻合一上混定	tuən 去	dəŋ 上	dɿŋ 上	dən 上	dəŋ 上
邓	曾开一去嶝定	təŋ 去	dəŋ 去	dɿŋ 去	dən 去	dəŋ 去
能	蟹开一平咍泥	nəŋ 阳平	nəŋ 平	nɿŋ 平	nən 平	nəŋ 平
恁	深开三上寝日	nən 去	nəŋ 上	nɿŋ 上	nən 上	nəŋ 上
嫩	臻合一去混泥	nən 去	nəŋ 去	nɿŋ 去	nən 去	nəŋ 去
轮	臻合三平谆来	luən 阳平	ləŋ 平	lɿŋ 平	lən 平	ləŋ 平
伦	臻合三平谆来	luən 阳平	ləŋ 平	lɿŋ 平	lən 平	ləŋ 平
论	臻合一平魂来	luən 阳平	ləŋ 平	lɿŋ 平	lən 平	ləŋ 平
邻白	臻开三平真来	lin 阳平	ləŋ 平	lɿŋ 平	lən 平	ləŋ 平
邻文	臻开三平真来	lin 阳平	liŋ 平	liŋ 平	liŋ 平	liŋ 平
冷文	梗开二上梗来	ləŋ 上	ləŋ 上	lɿŋ 上	lən 上	ləŋ 上
论	臻合一去混来	luən 去	ləŋ 去	lɿŋ 去	lən 去	ləŋ 去
根	臻开一平痕见	kən 阴平	kəŋ 平	kɿŋ 平	kən 平	kəŋ 平
跟	臻开一平痕见	kən 阴平	kəŋ 平	kɿŋ 平	kən 平	kəŋ 平
庚文	梗开二平庚见	kəŋ 阴平	kəŋ 平	kɿŋ 平	kən 平	kəŋ 平
羹文	梗开二平庚见	kəŋ 阴平	kəŋ 平	kɿŋ 平	kən 平	kəŋ 平

续表

汉字	广韵	普通话	近代吴语	现代吴语	当代吴语	新世纪吴语
更文	梗开二平庚见	kəŋ	kəŋ 平	kəŋ 平	kəŋ 平	kəŋ 平
耕文	梗开二平耕见	kəŋ 阴平	kəŋ 平	kəŋ 平	kəŋ 平	kəŋ 平
耿	梗开二上耿见	kəŋ 上	kəŋ 上	kəŋ 上	kəŋ 上	kəŋ 上
更	梗开二去映见	kəŋ 去	kəŋ 去	kəŋ 去	kəŋ 去	kəŋ 去
梗	梗开二上梗见	kəŋ 上	kəŋ 平	kəŋ 平	kəŋ 平	kəŋ 平
艮	臻开一去恨见	kəŋ 去	kəŋ 去	kəŋ 去	kəŋ 去	kəŋ 去
坑	梗开二平庚溪	kʰəŋ 阴平	kʰəŋ 平	kʰəŋ 平	kʰəŋ 平	kʰəŋ 平
肯	曾开一上等溪	kʰəŋ 上	kʰəŋ 上	kʰəŋ 上	kʰəŋ 上	kʰəŋ 上
恳	臻开一上很溪	kʰəŋ 上	kʰəŋ 上	kʰəŋ 上	kʰəŋ 上	kʰəŋ 上
垦	臻开一上很溪	kʰəŋ 上	kəŋ 上	kəŋ 上	kʰəŋ 上	kʰəŋ 上
啃		kʰəŋ 上	kʰəŋ 上	kʰəŋ 上	kʰəŋ 上	kʰəŋ 上
裉		kʰəŋ 去	kʰəŋ 去	kʰəŋ 去	kʰəŋ 去	kʰəŋ 去
亨	梗开二平庚晓	xəŋ 阴平	həŋ 平	həŋ 平	həŋ 平	həŋ 平
哼		xəŋ 阴平	həŋ 平	həŋ 平	həŋ 平	həŋ 平
狠		xən 上	həŋ 平	həŋ 平	həŋ 平	həŋ 平
痕	臻开一平痕匣	xən 阳平	ɦəŋ 平	ɦəŋ 平	ɦəŋ 平	ɦəŋ 平
横白	梗合二平庚匣	xəŋ 阳平	ɦəŋ 平	ɦəŋ 平	ɦəŋ 平	ɦəŋ 平
恒	曾开一平登匣	xəŋ 阳平	ɦəŋ 平	ɦəŋ 平	ɦəŋ 平	ɦəŋ 平
衡	梗开二平庚匣	xəŋ 阳平	ɦəŋ 平	ɦəŋ 平	ɦəŋ 平	ɦəŋ 平
很	臻开一上很匣	xən 上	ɦəŋ 上	ɦəŋ 上	ɦəŋ 上	ɦəŋ 上
恨	臻开一去恨匣	xən 去	ɦəŋ 去	ɦəŋ 去	ɦəŋ 去	ɦəŋ 去
恩	臻开一平痕影	ən 阴平	ʔəŋ 平	ʔəŋ 平	ʔəŋ 平	ʔəŋ 平

10. oŋ

汉字	广韵	普通话	近代吴语	现代吴语	当代吴语	新世纪吴语
捧	通开三上肿滂	pʰoŋ 上	boŋ 上	pʰoŋ 上	pʰoŋ 上	pʰoŋ 上
蓬	通开一平东并	pʰəŋ 阳平	boŋ 平	boŋ 平	boŋ 平	boŋ 平
篷	通开一平东并	pʰəŋ 阳平	boŋ 平	boŋ 平	boŋ 平	boŋ 平
蒙	通开一平东明	məŋ 阳平	moŋ 平	moŋ 平	moŋ 平	moŋ 平
朦	通开一平东明	məŋ 阳平	moŋ 平	moŋ 平	moŋ 平	moŋ 平
濛	通开一平东明	məŋ 阳平	moŋ 平	moŋ 平	moŋ 平	moŋ 平
梦	通开三去送明	məŋ 去	moŋ 去	moŋ 去	moŋ 去	moŋ 去
孟	梗开二去映明	məŋ 去	moŋ 去	moŋ 去	moŋ 去	moŋ 去
风	通开三平东帮	fəŋ 阴平	foŋ 平	foŋ 平	foŋ 平	foŋ 平
丰	通开三平东帮	fəŋ 阴平	foŋ 平	foŋ 平	foŋ 平	foŋ 平
封	通开三平钟帮	fəŋ 阴平	foŋ 平	foŋ 平	foŋ 平	foŋ 平
蜂	通开一平东并	fəŋ 阴平	foŋ 平	foŋ 平	foŋ 平	foŋ 平
锋	通开三平钟滂	fəŋ 阴平	foŋ 平	foŋ 平	foŋ 平	foŋ 平
烽	通开三平钟滂	fəŋ 阴平	foŋ 平	foŋ 平	foŋ 平	foŋ 平
讽	通开三去送帮	fəŋ 去	foŋ 去	foŋ 去	foŋ 去	foŋ 去
逢	通开三平钟并	fəŋ 阳平	voŋ 平	voŋ 平	voŋ 平	voŋ 平
冯	通开三平东并	fəŋ 阳平	voŋ 平	voŋ 平	voŋ 平	voŋ 平

续表

汉字	广韵	普通话	近代吴语	现代吴语	当代吴语	新世纪吴语
缝	通开三平钟并	fəŋ 阳平	voŋ 平	voŋ 平	voŋ 平	voŋ 平
奉	通开三上肿并	fəŋ 去	voŋ 去	voŋ 去	voŋ 去	voŋ 去
俸	通开三去用并	fəŋ 去	voŋ 去	voŋ 去	voŋ 去	voŋ 去
凤	通开三去送并	fəŋ 去	voŋ 去	voŋ 去	voŋ 去	voŋ 去
缝	通开三去用并	fəŋ 去	voŋ 去	voŋ 去	voŋ 去	voŋ 去
中	通开三平东知	tʂuŋ 阴平	tsoŋ 平	tsoŋ 平	tsoŋ 平	tsoŋ 平
钟	通开三平钟章	tʂuŋ 阴平	tsoŋ 平	tsoŋ 平	tsoŋ 平	tsoŋ 平
终	通开三平东章	tʂuŋ 阴平	tsoŋ 平	tsoŋ 平	tsoŋ 平	tsoŋ 平
宗	通开一平冬精	tʂuŋ 阴平	tsoŋ 平	tsoŋ 平	tsoŋ 平	tsoŋ 平
棕	通开一平东精	tsuŋ 阴平	tsoŋ 平	tsoŋ 平	tsoŋ 平	tsoŋ 平
踪	通开三平钟精	tsuŋ 阴平	tsoŋ 平	tsoŋ 平	tsoŋ 平	tsoŋ 平
衷	通开三平东知	tʂuŋ 阴平	tsoŋ 平	tsoŋ 平	tsoŋ 平	tsoŋ 平
忠	通开三平东知	tʂuŋ 阴平	tsoŋ 平	tsoŋ 平	tsoŋ 平	tsoŋ 平
纵~横	通开三平钟精	tsuŋ 上	tsoŋ 平	tsoŋ 平	tsoŋ 平	tsoŋ 平
鬃	通开一平东精	tsuŋ 阴平	tsoŋ 平	tsoŋ 平	tsoŋ 平	tsoŋ 平
种	通开三上肿章	tʂuŋ 上	tsoŋ 上	tsoŋ 上	tsoŋ 上	tsoŋ 上
肿	通开三上肿章	tʂuŋ 上	tsoŋ 上	tsoŋ 上	tsoŋ 上	tsoŋ 上
总		tsuŋ 上	tsoŋ 上	tsoŋ 上	tsoŋ 上	tsoŋ 上
冢	通开三上肿知	tʂuŋ 上	tsoŋ 上	tsoŋ 上	tsoŋ 上	tsoŋ 上
种	通开三去用章	tʂuŋ 去	tsoŋ 去	tsoŋ 去	tsoŋ 去	tsoŋ 去
中	通开三去送知	tʂuŋ 去	tsoŋ 去	tsoŋ 去	tsoŋ 去	tsoŋ 去
粽	通开一去送精	tsuŋ 去	tsoŋ 去	tsoŋ 去	tsoŋ 去	tsoŋ 去
纵	通开三去用精	tsuŋ 去	tsoŋ 去	tsoŋ 去	tsoŋ 去	tsoŋ 去
众		tʂuŋ 去	tsoŋ 去	tsoŋ 去	tsoŋ 去	tsoŋ 去
冲	通开三平东澄	tʂʰuŋ 阴平	tsʰoŋ 平	tsʰoŋ 平	tsʰoŋ 平	tsʰoŋ 平
葱	通开一平东清	tsʰuŋ 阴平	tsʰoŋ 平	tsʰoŋ 平	tsʰoŋ 平	tsʰoŋ 平
匆		tsʰuŋ 阴平	tsʰoŋ 平	tsʰoŋ 平	tsʰoŋ 平	tsʰoŋ 平
聪		tsʰuŋ 阴平	tsʰoŋ 平	tsʰoŋ 平	tsʰoŋ 平	tsʰoŋ 平
充	通开三平东昌	tsʰuŋ 阴平	tsʰoŋ 平	tsʰoŋ 平	tsʰoŋ 平	tsʰoŋ 平
宠	通开三上肿彻	tʂʰuŋ 上	tsʰoŋ 上	tsʰoŋ 上	tsʰoŋ 上	tsʰoŋ 上
铳	通开三去送昌	tʂʰuŋ 去	tsʰoŋ 去	tsʰoŋ 去	tsʰoŋ 去	tsʰoŋ 去
虫	通开三平东澄	tʂʰuŋ 阳平	dzoŋ 平	dzoŋ 平	zoŋ 平	zoŋ 平
重	通开三平钟澄	tʂʰuŋ 阳平	dzoŋ 平	dzoŋ 平	zoŋ 平	zoŋ 平
从	通开三平钟从	tsʰuŋ 阳平	dzoŋ 平	dzoŋ 平	zoŋ 平	zoŋ 平
丛	通开一平东从	tsʰuŋ 阳平	dzoŋ 平	dzoŋ 平	zoŋ 平	zoŋ 平
崇	通开三平东崇	tsʰuŋ 阳平	dzoŋ 平	dzoŋ 平	zoŋ 平	zoŋ 平
重	通开三去用澄	tʂuŋ 去	dzoŋ 去	dzoŋ 去	zoŋ 去	zoŋ 去
仲	通开三去送澄	tʂuŋ 去	dzoŋ 去	dzoŋ 去	zoŋ 去	zoŋ 去
诵	通开三去用邪	suŋ 去	dzoŋ 去	dzoŋ 去	zoŋ 去	zoŋ 去
颂	通开三去用邪	suŋ 去	dzoŋ 去	dzoŋ 去	zoŋ 去	zoŋ 去
讼	通开三去用邪	suŋ 去	dzoŋ 去	dzoŋ 去	zoŋ 去	zoŋ 去
松	通开一平冬心	suŋ 阴平	soŋ 平	soŋ 平	soŋ 平	soŋ 平

续表

汉字	广韵	普通话	近代吴语	现代吴语	当代吴语	新世纪吴语
嵩	通开三平东心	suŋ 阴平	soŋ 平	soŋ 平	soŋ 平	soŋ 平
悚	通开三上肿心	suŋ 上	soŋ 上	soŋ 上	soŋ 上	soŋ 上
耸	通开三上肿心	suŋ 上	soŋ 上	soŋ 上	soŋ 上	soŋ 上
送	通开一去送心	suŋ 去	soŋ 去	soŋ 去	soŋ 去	soŋ 去
宋	通开一去宋心	suŋ 去	soŋ 去	soŋ 去	soŋ 去	soŋ 去
戎	通开三平东日	ʐuŋ 阳平	zoŋ 平	zoŋ 平	zoŋ 平	zoŋ 平
绒	通开三平东日	ʐuŋ 阳平	zoŋ 平	zoŋ 平	zoŋ 平	zoŋ 平
茸	深开三入缉清	tɕhi 去	zoŋ 平	zoŋ 平	zoŋ 平	zoŋ 平
东	通开一平东端	tuŋ 阴平	toŋ 平	toŋ 平	toŋ 平	toŋ 平
冬	通开一平冬端	tuŋ 阴平	toŋ 平	toŋ 平	toŋ 平	toŋ 平
董	通开一上董端	tuŋ 上	toŋ 上	toŋ 上	toŋ 上	toŋ 上
懂	通开一上董端	tuŋ 上	toŋ 上	toŋ 上	toŋ 上	toŋ 上
冻	通开一去送端	tuŋ 去	toŋ 去	toŋ 去	toŋ 去	toŋ 去
栋	通开一去送端	tuŋ 去	toŋ 去	toŋ 去	toŋ 去	toŋ 去
通	通开一平东透	thuŋ 阴平	thoŋ 平	thoŋ 平	thoŋ 平	thoŋ 平
桶	通开一上董透	thuŋ 上	thoŋ 上	thoŋ 上	thoŋ 上	doŋ 上
统	通开一去宋透	thuŋ 上	thoŋ 上	thoŋ 上	thoŋ 上	doŋ 上
痛	通开一去送透	thuŋ 去	thoŋ 去	thoŋ 去	thoŋ 去	thoŋ 上
童	通开一平东定	thuŋ 阳平	doŋ 平	doŋ 平	doŋ 平	doŋ 平
同	通开一平东定	thuŋ 阳平	doŋ 平	doŋ 平	doŋ 平	doŋ 平
铜	通开一平东定	thuŋ 阳平	doŋ 平	doŋ 平	doŋ 平	doŋ 平
筒	通开一平东定	thuŋ 阳平	doŋ 平	doŋ 平	doŋ 平	doŋ 平
桐	通开一平东定	thuŋ 阳平	doŋ 平	doŋ 平	doŋ 平	doŋ 平
瞳	通开一平东定	thuŋ 阳平	doŋ 平	doŋ 平	doŋ 平	doŋ 平
动	通开一上董定	tuŋ 去	doŋ 上	doŋ 上	doŋ 上	doŋ 上
洞	通开一去送定	tuŋ 去	doŋ 去	doŋ 去	doŋ 去	doŋ 去
农	通开一平冬泥	nuŋ 阳平	noŋ 平	noŋ 平	noŋ 平	noŋ 平
脓	通开一平冬泥	nuŋ 阳平	noŋ 平	noŋ 平	noŋ 平	noŋ 平
龙	通哄三平钟来	luŋ 阳平	loŋ 平	loŋ 平	loŋ 平	loŋ 平
隆	通开三平东来	luŋ 阳平	loŋ 平	loŋ 平	loŋ 平	loŋ 平
笼	通开一平东来	luŋ 阳平	loŋ 平	loŋ 平	loŋ 平	loŋ 平
聋	通开一平东来	luŋ 阳平	loŋ 平	loŋ 平	loŋ 平	loŋ 平
拢	通开一上董来	luŋ 上	loŋ 上	loŋ 上	loŋ 上	loŋ 上
弄	通开一去送来	nuŋ 去	loŋ 去	loŋ 去	loŋ 去	loŋ 去
弓	通开三平东见	kuŋ 阴平	koŋ 平	koŋ 平	koŋ 平	koŋ 平
公	通开一平东见	kuŋ 阴平	koŋ 平	koŋ 平	koŋ 平	koŋ 平
恭	通开三平钟见	kuŋ 阴平	koŋ 平	koŋ 平	koŋ 平	koŋ 平
工	通开一平东见	kuŋ 阴平	koŋ 平	koŋ 平	koŋ 平	koŋ 平
功	通开一平东见	kuŋ 阴平	koŋ 平	koŋ 平	koŋ 平	koŋ 平
攻	通开一平东见	kuŋ 阴平	koŋ 平	koŋ 平	koŋ 平	koŋ 平
躬	通开三平东见	kuŋ 阴平	koŋ 平	koŋ 平	koŋ 平	koŋ 平
宫	通开三平东见	kuŋ 阴平	koŋ 平	koŋ 平	koŋ 平	koŋ 平

汉字	广韵	普通话	近代吴语	现代吴语	当代吴语	新世纪吴语
供	通开三平钟见	kuŋ 阴平	koŋ 平	koŋ 平	koŋ 平	koŋ 平
拱	通开三上肿见	kuŋ 上	koŋ 上	koŋ 上	koŋ 上	koŋ 上
巩	通开三上肿见	kuŋ 上	koŋ 上	koŋ 上	koŋ 上	koŋ 上
贡	通开一去送见	kuŋ 去	koŋ 去	koŋ 去	koŋ 去	koŋ 去
供	通开三去用见	kuŋ 去	koŋ 去	koŋ 去	koŋ 去	koŋ 去
空	通开一平东溪	kʰuŋ 阴平	kʰoŋ 平	kʰoŋ 平	kʰoŋ 平	kʰoŋ 平
孔	通开一上董溪	kʰuŋ 上	kʰoŋ 上	kʰoŋ 上	kʰoŋ 上	kʰoŋ 上
恐	通开三上肿溪	kʰuŋ 上	kʰoŋ 上	kʰoŋ 上	kʰoŋ 上	kʰoŋ 上
空	通开一去送溪	kʰuŋ 去	kʰoŋ 去	kʰoŋ 去	kʰoŋ 去	kʰoŋ 去
控	通开一去送溪	kʰuŋ 去	kʰoŋ 去	kʰoŋ 去	kʰoŋ 去	kʰoŋ 去
共	通开三去用群	kuŋ 去	goŋ 去	goŋ 去	goŋ 去	goŋ 去
轰	梗合二平耕晓	xuŋ 阴平	hoŋ 平	hoŋ 平	hoŋ 平	hoŋ 平
烘	通开一平东匣	xuŋ 阴平	hoŋ 平	hoŋ 平	hoŋ 平	hoŋ 平
红	通开一平东匣	xuŋ 阳平	ɦoŋ 平	ɦoŋ 平	ɦoŋ 平	ɦoŋ 平
洪	通开一平东匣	xuŋ 阳平	ɦoŋ 平	ɦoŋ 平	ɦoŋ 平	ɦoŋ 平
虹文	通开一平东匣	xuŋ 阳平	ɦoŋ 平	ɦoŋ 平	ɦoŋ 平	ɦoŋ 平
鸿	通开一平东匣	xuŋ 阳平	ɦoŋ 平	ɦoŋ 平	ɦoŋ 平	ɦoŋ 平
宏	梗合二平耕匣	xuŋ 阳平	ɦoŋ 平	ɦoŋ 平	ɦoŋ 平	ɦoŋ 平
弘	曾合一平登匣	xuŋ 阳平	ɦoŋ 平	ɦoŋ 平	ɦoŋ 平	ɦoŋ 平
哄	通开一去送匣	xuŋ 上	ɦoŋ 平	ɦoŋ 平	hoŋ 平	hoŋ 平
翁	通开一平东影	uəŋ 阴平	ʔoŋ 平	ʔoŋ 平	ʔoŋ 平	ʔoŋ 平
拥	通开三上肿影	yŋ 阴平	ʔoŋ 平	ʔoŋ 平	ʔoŋ 平	ʔoŋ 平
蓊	通开一上董影	uəŋ 上	ʔoŋ 上	ʔoŋ 上	ʔoŋ 上	ʔoŋ 上
滃	通开一上董影	uəŋ 上	ʔoŋ 上	ʔoŋ 上	ʔoŋ 上	ʔoŋ 上
雍	通开三上肿影	yŋ 去	ʔoŋ 去	ʔoŋ 去	ʔoŋ 去	ʔoŋ 去
瓮	通开一去送影	uəŋ 去	ʔoŋ 去	ʔoŋ 去	ʔoŋ 去	ʔoŋ 去
罋	通开一去送影	uəŋ 去	ʔoŋ 去	ʔoŋ 去	ʔoŋ 去	ʔoŋ 去

11. i

汉字	广韵	普通话	近代吴语	现代吴语	当代吴语	新世纪吴语
比	止开三上旨帮	pi 上	pi 上	pi 上	pi 上	pi 上
鄙	止开三上旨帮	pi 上	pi 上	pi 上	pi 上	pi 上
闭	蟹开四去霁帮	pi 去	pi 去	pi 去	pi 去	pi 去
鄙	止开三上旨帮	pi 去	pi 去	pi 去	pi 去	pi 去
秘	止开三去至帮	pi 去	pi 去	pi 去	pi 去	pi 去
臂	止开三去寘帮	pi 去	pi 去	pi 去	pi 去	pi 去
庇	止开三去至帮	pi 去	pi 去	pi 去	pi 去	pi 去
批	蟹开四平齐滂	pʰi 阴平	pʰi 平	pʰi 平	pʰi 平	pʰi 平
披	止开三平支滂	pʰi 阴平	pʰi 平	pʰi 平	pʰi 平	pʰi 平
屁	止开三去至滂	pʰi 去	pʰi 去	pʰi 去	pʰi 去	pʰi 去
譬	止开三去寘滂	pʰi 去	pʰi 上	pʰi 上	pʰi 去	pʰi 去
陛	蟹开四上荠并	pi 去	pʰi 上	pʰi 上	pʰi 去	pʰi 去

续表

汉字	广韵	普通话	近代吴语	现代吴语	当代吴语	新世纪吴语
琵	止开三平脂并	phi 阳平	bi 平	bi 平	bi 平	bi 平
皮	止开三平支并	phi 阳平	bi 平	bi 平	bi 平	bi 平
脾	止开三平支并	phi 阳平	bi 平	bi 平	bi 平	bi 平
疲	止开三平支并	phi 阳平	bi 平	bi 平	bi 平	bi 平
鼻	止开三去至并	phi 阳平	bi 平	bi 平	bi 平	bi 平
被白	止开三上纸并	pi 去	bi 上	bi 上	bi 上	bi 上
弊	止开三去至并	pi 去	bi 去	bi 去	bi 去	bi 去
备	止开三去至并	pei 去	bi 去	bi 去	bi 去	bi 去
避	止开三去置并	pi 去	bi 去	bi 去	bi 去	bi 去
敝	止开三去至并	pi 去	bi 去	bi 去	bi 去	bi 去
毙	蟹开三去祭并	pi 去	bi 去	bi 去	bi 去	bi 去
币	蟹开三去祭并	pi 去	bi 去	bi 去	bi 去	bi 去
迷	蟹开四平齐明	mi 阳平	mi 平	mi 平	mi 平	mi 平
眉白	止开三平脂明	mei 阳平	mi 平	mi 平	mi 平	mi 平
弥	止开三平支明	mi 阳平	mi 平	mi 平	mi 平	mi 平
米	蟹开四上荠明	mi 上	mi 上	mi 上	mi 上	mi 上
糜	止开三平支明	mi 上	mi 上	mi 上	mi 上	mi 上
蚁白	止开三上纸疑	yi 上	vi 上	mi 上	mi 上	mi 上
尾白	止合三上尾明	yi 上	vi 上	mi 上	mi 上	mi 上
谜	蟹开四去霁明	mi 阳平	mi 去	mi 去	mi 去	mi 平
味白	止合三去未明	uei 去	vi 去	mi 去	mi 去	mi 平
非	止合三平微帮	fei 阴平	fi 平	fi 平	fi 平	fi 平
妃	止合三平微滂	fei 阴平	fi 平	fi 平	fi 平	fi 平
飞	止合三平微帮	fei 阴平	fi 平	fi 平	fi 平	fi 平
绯	止合三平微帮	fei 阴平	fi 平	fi 平	fi 平	fi 平
匪	止合三上尾帮	fei 上	fi 上	fi 上	fi 上	fi 上
翡	止合三去未并	fei 上	fi 上	fi 上	fi 上	fi 上
费~用	止合三去未滂	fei 去	fi 去	fi 去	fi 去	fi 去
废	蟹合三去废帮	fei 去	fi 去	fi 去	fi 去	fi 去
肺	蟹合三去废滂	fei 去	fi 去	fi 去	fi 去	fi 去
痱	止合三去未帮	fei 去	fi 去	fi 去	fi 去	fi 去
肥	止合三平微并	fei 阳平	vi 平	vi 平	vi 平	vi 平
微	止合三平微明	uei 阴平	vi 平	vi 平	vi 平	vi 平
维	止合三平脂以	uei 阳平	vi 平	vi 平	vi 平	vi 平
惟	止合三平脂以	uei 阳平	vi 平	vi 平	vi 平	vi 平
尾	止合三上尾明	uei 阳平	vi 上	vi 上	vi 上	vi 上
费~姓	止合三去未滂	uei 去	vi 去	vi 去	vi 去	vi 去
未	止合三去未明	uei 去	vi 去	vi 去	vi 去	vi 去
味文	止合三去未明	uei 去	vi 去	vi 去	vi 去	vi 去
跻	蟹开四平齐精	tɕi 阴平	tsi 平	tsi 平	tɕi 平	tɕi 平
挤	蟹开四平齐精	tɕi 上	tsi 上	tsi 上	tɕi 上	tɕi 上
济	蟹开四去霁精	tɕi 去	tsi 去	tsi 去	tɕi 去	tɕi 去

汉字	广韵	普通话	近代吴语	现代吴语	当代吴语	新世纪吴语
祭	蟹开三去祭精	tɕi 去	tsi 去	tsi 去	tɕi 去	tɕi 去
际	蟹开三去祭精	tɕi 去	tsi 去	tsi 去	tɕi 去	tɕi 去
剂	蟹开四去霁精	tɕi 去	tsi 去	tsi 去	tɕi 去	tɕi 去
妻	蟹开四平齐清	tɕʰi 阴平	tsʰi 平	tsʰi 平	tɕʰi 平	tɕʰi 平
凄	蟹开四平齐清	tɕʰi 阴平	tsʰi 平	tsʰi 平	tɕʰi 平	tɕʰi 平
悽	蟹开四平齐清	tɕʰi 阴平	tsʰi 平	tsʰi 平	tɕʰi 平	tɕʰi 平
砌	蟹开四去霁清	tɕʰi 去	tsʰi 去	tsʰi 去	tɕʰi 去	tɕʰi 去
齐	蟹开四平齐从	tɕʰi 阳平	dzi 平	dzi 平	dzi 平	dzi 平
脐	蟹开四平齐从	tɕʰi 阳平	dzi 平	dzi 平	dzi 平	dzi 平
荠	止开三平脂从	tɕʰi 阳平	dzi 平	dzi 平	dzi 平	dzi 平
西	蟹开四平齐心	ɕi 阴平	si 平	si 平	ɕi 平	ɕi 平
栖	蟹开四平齐心	ɕi 阴平	si 平	si 平	ɕi 平	ɕi 平
犀	蟹开四平齐心	ɕi 阴平	si 平	si 平	ɕi 平	ɕi 平
些	假开三平麻心	ɕiɛ 阴平	si 平	si 平	ɕi 平	ɕi 平
洗	山开四上铣心	ɕi 上	si 上	si 上	si 上	ɕi 上
死白	止开三上旨心	si 上	si 上	si 上	si 上	ɕi 上
细	蟹开四去齐心	ɕi 去	si 去	si 去	si 去	ɕi 去
低	蟹开四平齐端	ti 阴平	ti 平	ti 平	ti 平	ti 平
堤	蟹开四平齐端	ti 阴平	ti 平	ti 平	di 平	di 平
抵	止开三上纸章	ti 上	ti 上	ti 上	ti 上	ti 上
底	蟹开四上荠端	ti 上	ti 上	ti 上	ti 上	ti 上
牴	蟹开四平荠端	ti 上	ti 上	ti 上	ti 上	ti 上
帝	蟹开四去霁端	ti 去	ti 去	ti 去	ti 去	ti 去
梯	蟹开四平齐透	tʰi 阴平	tʰi 平	tʰi 平	tʰi 平	tʰi 平
体	蟹开四上荠透	tʰi 上	tʰi 上	tʰi 上	tʰi 上	tʰi 上
替	蟹开四去霁透	tʰi 去	tʰi 去	tʰi 去	tʰi 去	tʰi 去
屉		tʰi 去	tʰi 去	tʰi 去	tʰi 去	tʰi 去
涕	蟹开四去霁透	tʰi 去	tʰi 去	tʰi 去	tʰi 去	tʰi 去
剃	蟹开四去霁透	tʰi 去	tʰi 去	tʰi 去	tʰi 去	tʰi 去
提	蟹开四平齐定	tʰi 阳平	di 平	di 平	di 平	di 平
题	蟹开四平齐定	tʰi 阳平	di 平	di 平	di 平	di 平
地	止开三去至定	ti 阳平	di 去	di 去	di 去	di 去
蹄	蟹开四平齐定	tʰi 阳平	di 平	di 平	di 平	di 平
弟	蟹开四去霁定	ti 去	di 去	di 去	di 上	di 上
递	蟹开四去霁定	ti 去	di 去	di 去	di 去	di 去
第	蟹开四去霁定	ti 去	di 去	di 去	di 去	di 去
离	止开三平支来	li 阳平	li 平	li 平	li 平	li 平
璃	止开三平支来	li 阳平	li 平	li 平	li 平	li 平
篱	止开三平支来	li 阳平	li 平	li 平	li 平	li 平
黎	蟹开四平齐来	li 阳平	li 平	li 平	li 平	li 平
梨	止开三平脂来	li 阳平	li 平	li 平	li 平	li 平
俚	止开三上止来	li 阳平	li 上	li 上	li 上	li 上

续表

汉字	广韵	普通话	近代吴语	现代吴语	当代吴语	新世纪吴语
狸	止开三平之来	li 阳平	li 平	li 平	li 平	li 平
犁	止开三平脂来	li 阳平	li 平	li 平	li 平	li 平
履	止开三上旨来	ly 阳平	li 上	li 上	li 上	li 上
吕	遇开三上语来	ly 阳平	li 上	li 上	li 上	li 上
里	止开三上止来	li 上	li 上	li 上	li 上	li 上
理	止开三上止来	li 上	li 上	li 上	li 上	li 上
鲤	止开三上止来	li 上	li 上	li 上	li 上	li 上
礼	蟹开四上荠来	li 上	li 上	li 上	li 上	li 上
裹	止开三上止来	li 上	li 上	li 上	li 上	li 上
李	止开三上止来	li 上	li 上	li 上	li 上	li 上
丽	蟹开三去霁来	li 去	li 去	li 去	li 去	li 去
例	蟹开三去祭来	li 去	li 去	li 去	li 去	li 去
励	蟹开三去祭来	li 去	li 去	li 去	li 去	li 去
吏	止开三去志来	li 去	li 去	li 去	li 去	li 去
利	止开三去至来	li 去	li 去	li 去	li 去	li 去
吏	止开三去志来	li 去	li 去	li 去	li 去	li 去
隶	止开三去至以	li 去	li 去	li 去	li 去	li 去
戾	蟹开四去霁透	li 去	li 去	li 去	li 去	li 去
泪白	止合三去至来	lei 去	li 去	li 去	li 去	li 去
鸡	蟹开四平齐见	tɕi 阴平	tɕi 平	tɕi 平	tɕi 平	tɕi 平
基	止开三平之见	tɕi 阴平	tɕi 平	tɕi 平	tɕi 平	tɕi 平
箕	止开三平之见	tɕi 阴平	tɕi 平	tɕi 平	tɕi 平	tɕi 平
几茶~	止开三上旨见	tɕi 阴平	tɕi 上	tɕi 上	tɕi 上	tɕi 上
几~乎	止开三平微见	tɕi 阴平	tɕi 平	tɕi 平	tɕi 平	tɕi 平
机	止开三平脂见	tɕi 阴平	tɕi 平	tɕi 平	tɕi 平	tɕi 平
肌	止开三平脂见	tɕi 阴平	tɕi 平	tɕi 平	tɕi 平	tɕi 平
讥	止开三平微见	tɕi 阴平	tɕi 平	tɕi 平	tɕi 平	tɕi 平
稽	蟹开四平齐见	tɕi 阴平	tɕi 平	tɕi 平	tɕi 平	tɕi 平
己	止开三上止见	tɕi 上	tɕi 上	tɕi 上	tɕi 上	tɕi 上
记	止开三去志见	tɕi 去	tɕi 去	tɕi 去	tɕi 去	tɕi 去
既	止开三去未见	tɕi 去	tɕi 去	tɕi 去	tɕi 去	tɕi 去
寄	止开三去寘见	tɕi 去	tɕi 去	tɕi 去	tɕi 去	tɕi 去
计	蟹开四去霁见	tɕi 去	tɕi 去	tɕi 去	tɕi 去	tɕi 去
纪	止开三上止见	tɕi 去	tɕi 去	tɕi 去	tɕi 去	tɕi 去
系	蟹开四去霁见	tɕi 去	tɕi 去	tɕi 去	tɕi 去	tɕi 去
髻	蟹开四去霁见	tɕi 去	tɕi 入	tɕi 入	tɕi 入	tɕi 入
计	蟹开四去霁见	tɕi 去	tɕi 去	tɕi 去	tɕi 去	tɕi 去
季	止合三去至见	tɕi 去	tɕi 去	tɕi 去	tɕi 去	tɕi 去
冀	止开三去至见	tɕi 去	tɕi 去	tɕi 去	tɕi 去	tɕi 去
欺	止开三平之溪	tɕʰi 阴平	tɕʰi 平	tɕʰi 平	tɕʰi 平	tɕʰi 平
溪	蟹开四平齐溪	ɕi 阴平	tɕʰi 平	tɕʰi 平	tɕʰi 平	tɕʰi 平

续表

汉字	广韵	普通话	近代吴语	现代吴语	当代吴语	新世纪吴语
企	止开三上纸溪	tɕʰi 上	tɕʰi 上	tɕʰi 上	tɕʰi 上	tɕʰi 上
起	止开三上止溪	tɕʰi 上	tɕʰi 上	tɕʰi 上	tɕʰi 上	tɕʰi 上
启	蟹开四上荠溪	tɕʰi 上	tɕʰi 上	tɕʰi 上	tɕʰi 上	tɕʰi 上
岂	止开三上尾溪	tɕʰi 上	tɕʰi 上	tɕʰi 上	tɕʰi 上	tɕʰi 上
气	止开三去未晓	tɕʰi 去	tɕʰi 去	tɕʰi 去	tɕʰi 去	tɕʰi 去
器	止开三去至溪	tɕʰi 去	tɕʰi 去	tɕʰi 去	tɕʰi 去	tɕʰi 去
弃	止开三去至溪	tɕʰi 去	tɕʰi 去	tɕʰi 去	tɕʰi 去	tɕʰi 去
去白	遇开三去御溪	tɕʰi 去	tɕʰi 去	tɕʰi 去	tɕʰi 去	tɕʰi 去
契	蟹开四去霁溪	tɕʰi 去	tɕʰi 去	tɕʰi 去	tɕʰi 去	tɕʰi 去
汽		tɕʰi 去	tɕʰi 去	tɕʰi 去	tɕʰi 去	dzi 平
奇	止开三平支群	tɕʰi 阳平	dzi 平	dzi 平	dzi 平	dzi 平
骑	止开三去置群	tɕʰi 阳平	dzi 平	dzi 平	dzi 平	dzi 平
其	止开三平之群	tɕʰi 阳平	dzi 平	dzi 平	dzi 平	dzi 平
期	止开三平之群	tɕʰi 阴平	dzi 平	dzi 平	dzi 平	dzi 平
旗	止开三平之群	tɕʰi 阳平	dzi 平	dzi 平	dzi 平	dzi 平
棋	止开三平之群	tɕʰi 阳平	dzi 平	dzi 平	dzi 平	dzi 平
祈	止开三平微群	tɕʰi 阳平	dzi 平	dzi 平	dzi 平	dzi 平
棋	止开三平支群	tɕʰi 阳平	dzi 平	dzi 平	dzi 平	dzi 平
麒	止开三平之群	tɕʰi 阳平	dzi 平	dzi 平	dzi 平	dzi 平
岐	止开三平之群	tɕʰi 阳平	dzi 平	dzi 平	dzi 平	dzi 平
忌	止开三去志群	tɕi 去	dzi 去	dzi 去	dzi 去	dzi 去
技	止开三上纸群	tɕi 去	dzi 去	dzi 去	dzi 去	dzi 去
妓	止开三上纸群	tɕi 去	dzi 去	dzi 去	dzi 去	dzi 去
希	止开三平微晓	ɕi 阴平	ɕi 平	ɕi 平	ɕi 平	ɕi 平
稀	止开三平微晓	ɕi 阴平	ɕi 平	ɕi 平	ɕi 平	ɕi 平
嬉	止开三平之晓	ɕi 阴平	ɕi 平	ɕi 平	ɕi 平	ɕi 平
熙	止开三平之晓	ɕi 阴平	ɕi 平	ɕi 平	ɕi 平	ɕi 平
嘻	止开三平之晓	ɕi 阴平	ɕi 平	ɕi 平	ɕi 平	ɕi 平
喜	止开三上止晓	ɕi 上	ɕi 上	ɕi 上	ɕi 上	ɕi 上
禧	止开三平之晓	ɕi 上	ɕi 上	ɕi 上	ɕi 上	ɕi 上
戏	止开三去置晓	ɕi 去	ɕi 去	ɕi 去	ɕi 去	ɕi 去
泥	蟹开四平齐泥	ni 阳平	ŋi 平	ŋi 平	ŋi 平	ŋi 平
疑	止开三平之疑	ni 阳平	ŋi 平	ŋi 平	ŋi 平	ŋi 平
宜	止开三平支疑	i 阴平	ŋi 平	ŋi 平	ŋi 平	ŋi 平
儿白	止开三平支日	ər 阴平	ŋi 平	ŋi 平	ŋi 平	ŋi 平
仪	止开三平支疑	i 阳平	ŋi 平	ŋi 平	ŋi 平	ŋi 平
蚁文	止开三上纸疑	i 上	ŋi 上	ŋi 上	ŋi 上	ŋi 上
拟	止开三上止疑	ni 上	ŋi 上	ŋi 上	ŋi 上	ŋi 上
你		ni 上	ŋi 上	ŋi 上	ŋi 上	ŋi 上
尔	止开三上纸日	ər 上	ŋi 上	ŋi 上	ŋi 上	ŋi 上
耳白	止开三上止日	ər 上	ŋi 上	ŋi 上	ŋi 上	ŋi 上
尾白	止合三上尾明	uei 上	ŋi 上	ŋi 上	ŋi 上	ŋi 上

续表

汉字	广韵	普通话	近代吴语	现代吴语	当代吴语	新世纪吴语
二白	止开三去至日	ər去	ȵi去	ȵi去	ȵi去	ȵi去
腻	止开三去至娘	ni去	ȵi去	ȵi去	ȵi去	ȵi去
义	止开三去置疑	i去	ȵi去	ȵi去	ȵi去	ȵi去
议	止开三去置疑	i去	ȵi去	ȵi去	ȵi去	ȵi去
艺	蟹开三去祭疑	i去	ȵi去	ȵi去	ȵi去	ȵi去
奚	蟹开四平齐匣	ɕi阳平	ɦi平	ɦi平	ɕi平	ɕi平
移	止开三平支以	i阳平	ʔi平	ɦi平	ɦi平	ɦi平
姨	止开三平脂以	i阳平	ʔi平	ɦi平	ɦi平	ɦi平
胰	止开三平脂以	i阳平	ʔi平	ɦi平	ɦi平	ɦi平
遗	止合三平脂以	i阳平	ʔi平	ɦi平	ɦi平	ɦi平
夷	止开三平脂以	i阳平	ʔi平	ɦi平	ɦi平	ɦi平
系	蟹开四去霁见	ɕi去	ɦi去	ɦi去	ɦi去	ɦi去
係	蟹开四去霁见	ɕi去	ɦi去	ɦi去	ɦi去	ɦi去
异	止开三去志以	i去	ʔi去	ɦi去	ɦi去	ɦi去
易	止开三去置以	i去	ʔi去	ɦi去	ɦi去	ɦi去
衣	止开三平微影	i阴平	ʔi平	ʔi平	ʔi平	ʔi平
依	止开三平微影	i阴平	ʔi平	ʔi平	ʔi平	ʔi平
伊	止开三平脂影	i阴平	ʔi平	ʔi平	ʔi平	ʔi平
医	止开三平之影	i阴平	ʔi平	ʔi平	ʔi平	ʔi平
椅	止开三上纸影	i上	ʔi上	ʔi上	ʔi上	ʔi上
以	止开三上止以	i上	ʔi上	ʔi上	ʔi上	ʔi上
已		i上	ʔi上	ʔi上	ʔi上	ʔi上
矣	止开三上止云	i上	ʔi上	ʔi上	ʔi上	ʔi上
倚	止开三上纸影	i上	ʔi上	ʔi上	ʔi上	ʔi上
意	止开三去志影	i去	ʔi去	ʔi去	ʔi去	ʔi去

12.1

汉字	广韵	普通话	近代吴语	现代吴语	当代吴语	新世纪吴语
知	止开三平支知	tʂʅ阴平	tsɿ平	tsɿ平	tsɿ平	tsɿ平
支	止开三平支章	tʂʅ阴平	tsɿ平	tsɿ平	tsɿ平	tsɿ平
肢	止开三平支章	tʂʅ阴平	tsɿ平	tsɿ平	tsɿ平	tsɿ平
之	止开三平之章	tʂʅ阴平	tsɿ平	tsɿ平	tsɿ平	tsɿ平
枝	止开三平支章	tʂʅ阴平	tsɿ平	tsɿ平	tsɿ平	tsɿ平
芝	止开三平之章	tʂʅ阴平	tsɿ平	tsɿ平	tsɿ平	tsɿ平
脂	止开三平脂章	tʂʅ阴平	tsɿ平	tsɿ平	tsɿ平	tsɿ平
兹	止开三平之从	tsɿ阴平	tsɿ平	tsɿ平	tsɿ平	tsɿ平
滋	止开三平之精	tsɿ阴平	tsɿ平	tsɿ平	tsɿ平	tsɿ平
资	止开三平脂精	tsɿ阴平	tsɿ平	tsɿ平	tsɿ平	tsɿ平
姿	止开三平脂精	tsɿ阴平	tsɿ平	tsɿ平	tsɿ平	tsɿ平
咨	止开三平脂精	tsɿ阴平	tsɿ平	tsɿ平	tsɿ平	tsɿ平
孳	止开三平之精	tsɿ阴平	tsɿ平	tsɿ平	tsɿ平	tsɿ平
蜘	止开三平支知	tʂʅ阴平	tsɿ平	tsɿ平	tsɿ平	tsɿ平

续表

汉字	广韵	普通话	近代吴语	现代吴语	当代吴语	新世纪吴语
纸	止开三上纸章	tʂʅ 上	tsʅ 上	tsʅ 上	tsʅ 上	tsʅ 上
止	止开三上止章	tʂʅ 上	tsʅ 上	tsʅ 上	tsʅ 上	tsʅ 上
指	止开三上旨章	tʂʅ 上	tsʅ 上	tsʅ 上	tsʅ 上	tsʅ 上
子	止开三上止精	tsʅ 上	tsʅ 上	tsʅ 上	tsʅ 上	tsʅ 上
紫	止开三上纸精	tsʅ 上	tsʅ 上	tsʅ 上	tsʅ 上	tsʅ 上
梓	止开三上止精	tsʅ 上	tsʅ 上	tsʅ 上	tsʅ 上	tsʅ 上
旨	止开三上旨章	tʂʅ 上	tsʅ 上	tsʅ 上	tsʅ 上	tsʅ 上
枳	止开三上纸章	tʂʅ 上	tsʅ 上	tsʅ 上	tsʅ 上	tsʅ 上
仔	止开三上止精	tsʅ 上	tsʅ 上	tsʅ 上	tsʅ 上	tsʅ 上
致	止开三去至知	tʂʅ 去	tsʅ 去	tsʅ 去	tsʅ 去	tsʅ 去
置	止开三去置章	tʂʅ 去	tsʅ 去	tsʅ 去	tsʅ 去	tsʅ 去
志	止开三去志章	tʂʅ 去	tsʅ 去	tsʅ 去	tsʅ 去	tsʅ 去
至	止开三去至章	tʂʅ 去	tsʅ 去	tsʅ 去	tsʅ 去	tsʅ 去
制	蟹开三去祭章	tʂʅ 去	tsʅ 去	tsʅ 去	tsʅ 去	tsʅ 去
贽	止开三去至章	tʂʅ 去	tsʅ 去	tsʅ 去	tsʅ 去	tsʅ 去
智	止开三去置知	tʂʅ 去	tsʅ 去	tsʅ 去	tsʅ 去	tsʅ 去
恣	止开三去至精	tsʅ 去	tsʅ 去	tsʅ 去	tsʅ 去	tsʅ 去
痴	止开三平之彻	tʂʰʅ 阴平	tsʰʅ 平	tsʰʅ 平	tsʰʅ 平	tsʰʅ 平
雌	止开三平支清	tsʰʅ 阴平	tsʰʅ 平	tsʰʅ 平	tsʰʅ 上	tsʰʅ 平
笞	止开三平之彻	tsʰʅ 阴平	tsʰʅ 平	tsʰʅ 平	tsʰʅ 上	tsʰʅ 平
嗤	止开三平之昌	tsʰʅ 阴平	tsʰʅ 平	tsʰʅ 平	tsʰʅ 上	tsʰʅ 平
疵	止开三平支从	tsʰʅ 阴平	tsʰʅ 平	tsʰʅ 平	tsʰʅ 上	tsʰʅ 平
耻	止开三上止彻	tʂʰʅ 上	tsʰʅ 上	tsʰʅ 上	tsʰʅ 上	tsʰʅ 上
此	止开三上纸清	tsʰʅ 上	tsʰʅ 上	tsʰʅ 上	tsʰʅ 上	tsʰʅ 上
侈	止开三上纸昌	tsʰʅ 上	tsʰʅ 上	tsʰʅ 上	tsʰʅ 上	tsʰʅ 上
齿	止开三上止昌	tsʰʅ 上	tsʰʅ 上	tsʰʅ 上	tsʰʅ 上	tsʰʅ 上
翅	止开三去置书	tsʰʅ 去	tsʰʅ 去	tsʰʅ 去	tsʰʅ 去	tsʰʅ 去
次	止开三去至清	tsʰʅ 去	tsʰʅ 去	tsʰʅ 去	tsʰʅ 去	tsʰʅ 去
刺	止开三去置清	tsʰʅ 去	tsʰʅ 去	tsʰʅ 去	tsʰʅ 去	tsʰʅ 去
迟	止开三平脂澄	tʂʰʅ 阳平	dzʅ 平	dzʅ 平	zʅ 平	zʅ 平
池	止开三平支澄	tʂʰʅ 阳平	dzʅ 平	dzʅ 平	zʅ 平	zʅ 平
驰	止开三平支澄	tʂʰʅ 阳平	dzʅ 平	dzʅ 平	zʅ 平	zʅ 平
持	止开三平之澄	tʂʰʅ 阳平	dzʅ 平	dzʅ 平	zʅ 平	zʅ 平
雉	止开三上旨澄	tʂʅ 去	dzʅ 上	dzʅ 上	zʅ 上	zʅ 上
词	止开三平之邪	tsʰʅ 阳平	dzʅ 平	dzʅ 平	zʅ 平	zʅ 平
磁		tsʰʅ 阳平	dzʅ 平	dzʅ 平	zʅ 平	zʅ 平
辞	止开三平之邪	tsʰʅ 阳平	dzʅ 平	dzʅ 平	zʅ 平	zʅ 平
慈	止开三平之从	tsʰʅ 阳平	dzʅ 平	dzʅ 平	zʅ 平	zʅ 平
匙	止开三平支常	ʂʅ 阳平	dzʅ 平	dzʅ 平	zʅ 平	zʅ 平
治	止开三去至澄	tʂʅ 去	dzʅ 去	dzʅ 去	dzʅ 去	zʅ 去
滞	蟹开三去祭澄	tʂʅ 去	dzʅ 去	dzʅ 去	dzʅ 去	zʅ 去
字	止开三去志从	tsʅ 去	zʅ 去	dzʅ 去	zʅ 去	zʅ 去

续表

汉字	广韵	普通话	近代吴语	现代吴语	当代吴语	新世纪吴语
自	止开三去至从	tsʐ去	zʐ去	dʐ去	zʐ去	zʐ上
诗	止开三平之书	ʂʐ阴平	sʐ平	sʐ平	sʐ平	sʐ平
施	止开三平支书	ʂʐ阴平	sʐ平	sʐ平	sʐ平	sʐ平
师	止开三平脂生	ʂʐ阴平	sʐ平	sʐ平	sʐ平	sʐ平
狮	止开三平脂生	ʂʐ阴平	sʐ平	sʐ平	sʐ平	sʐ平
私	止开三平脂心	sʐ阴平	sʐ平	sʐ平	sʐ平	sʐ平
思	止开三平之心	sʐ阴平	sʐ平	sʐ平	sʐ平	sʐ平
丝	止开三平之心	sʐ阴平	sʐ平	sʐ平	sʐ平	sʐ平
司	止开三平之心	sʐ阴平	sʐ平	sʐ平	sʐ平	sʐ平
梳白	遇开三平鱼生	ʂu阴平	sʐ平	sʐ平	sʐ平	sʐ平
尸	止开三平脂书	ʂʐ阴平	sʐ平	sʐ平	sʐ平	sʐ平
斯	止开三平支心	sʐ阴平	sʐ平	sʐ平	sʐ平	sʐ平
厮	止开三平支心	sʐ阴平	sʐ平	sʐ平	sʐ平	sʐ平
使	止开三上止生	ʂʐ上	sʐ上	sʐ上	sʐ去	sʐ平
始	止开三上止书	ʂʐ上	sʐ上	sʐ上	sʐ去	sʐ去
史	止开三上止生	ʂʐ上	sʐ上	sʐ上	sʐ去	sʐ去
屎	止开三上旨书	ʂʐ上	sʐ上	sʐ上	sʐ上	sʐ上
矢	止开三上旨书	ʂʐ上	sʐ上	sʐ上	sʐ上	sʐ上
豕	止开三上纸书	ʂʐ上	sʐ上	sʐ上	sʐ上	sʐ上
驶	止开三上止生	ʂʐ上	sʐ上	sʐ上	sʐ上	sʐ上
弑	止开三去志书	ʂʐ去	sʐ去	sʐ去	sʐ去	sʐ去
死文	止开三上旨心	sʐ上	sʐ上	sʐ上	sʐ上	sʐ上
水白	止合三上旨书	ʂuei上	sʐ上	sʐ上	sʐ上	sʐ上
嘴		tsuei上	sʐ上	sʐ上	sʐ上	sʐ上
世	蟹开三去祭书	ʂʐ去	sʐ去	sʐ去	sʐ去	sʐ去
势	蟹开三去祭书	ʂʐ去	sʐ去	sʐ去	sʐ去	sʐ去
四	止开三去至心	sʐ去	sʐ去	sʐ去	sʐ去	sʐ去
肆	止开三去至心	sʐ去	sʐ去	sʐ去	sʐ去	sʐ去
试	止开三去志书	ʂʐ去	sʐ去	sʐ去	sʐ去	sʐ去
伺	止开三去志心	sʐ去	sʐ去	sʐ去	sʐ去	sʐ去
时	止开三平之常	ʂʐ阳平	zʐ平	zʐ平	zʐ平	zʐ平
匙	止开三平支常	ʂʐ阴平	zʐ平	zʐ平	zʐ平	zʐ平
是	止开三上纸常	ʂʐ去	zʐ去	zʐ去	zʐ上	zʐ上
事	止开三去志崇	ʂʐ去	zʐ去	zʐ去	zʐ去	zʐ去
示	止开三去至船	ʂʐ去	zʐ去	zʐ去	zʐ去	zʐ去
寺	止开三去志邪	sʐ去	zʐ去	zʐ去	zʐ去	zʐ去
侍	止开三去志常	ʂʐ去	zʐ去	zʐ去	zʐ去	zʐ去
似	止开三上止邪	sʐ去	zʐ去	zʐ去	zʐ去	zʐ去
士	止开三上止崇	ʂʐ去	zʐ去	zʐ去	zʐ上	zʐ上
市	止开三上止常	ʂʐ去	zʐ去	zʐ去	zʐ去	zʐ去
柿		ʂʐ去	zʐ去	zʐ去	zʐ去	zʐ去
视	止开三去至常	ʂʐ去	zʐ去	zʐ去	zʐ去	zʐ去

续表

汉字	广韵	普通话	近代吴语	现代吴语	当代吴语	新世纪吴语
誓	蟹开三去祭常	ʂʅ 去	zʅ 去	zʅ 去	zʅ 去	zʅ 去
逝	蟹开三去祭常	ʂʅ 去	zʅ 去	zʅ 去	zʅ 去	zʅ 去
氏	止开三上纸常	ʂʅ 去	zʅ 去	zʅ 去	zʅ 去	zʅ 去
仕	止开三上止崇	ʂʅ 去	zʅ 去	zʅ 去	zʅ 去	zʅ 去
谥	止开三去至船	ʂʅ 去	zʅ 去	zʅ 去	zʅ 去	zʅ 去
嗜	止开三去至常	ʂʅ 去	zʅ 去	zʅ 去	zʅ 去	zʅ 去
恃	止开三上止常	ʂʅ 去	zʅ 去	zʅ 去	zʅ 去	zʅ 去

13. ʮ

汉字	广韵	普通话	近代吴语	现代吴语	当代吴语	新世纪吴语
朱	遇合三平虞章	tʂu 阴平	tsʮ 平	tsʮ 平	tsʮ 平	tsʮ 平
诸	遇开三平鱼章	tʂu 阴平	tsʮ 平	tsʮ 平	tsʮ 平	tsʮ 平
珠	遇合三平虞章	tʂu 阴平	tsʮ 平	tsʮ 平	tsʮ 平	tsʮ 平
猪	遇开三平鱼知	tʂu 阴平	tsʮ 平	tsʮ 平	tsʮ 平	tsʮ 平
诛	遇合三平虞知	tʂu 阴平	tsʮ 平	tsʮ 平	tsʮ 平	tsʮ 平
蛛	遇合三平虞知	tʂu 阴平	tsʮ 平	tsʮ 平	tsʮ 平	tsʮ 平
株	遇合三平虞知	tʂu 阴平	tsʮ 平	tsʮ 平	tsʮ 平	tsʮ 平
硃	遇合三平虞知	tʂu 阴平	tsʮ 平	tsʮ 平	tsʮ 平	tsʮ 平
主	遇合三上麌章	tʂu 上	tsʮ 上	tsʮ 上	tsʮ 上	tsʮ 上
煮	遇开三上语章	tʂu 上	tsʮ 上	tsʮ 上	tsʮ 上	tsʮ 上
注	遇合三去遇章	tʂu 去	tsʮ 去	tsʮ 去	tsʮ 去	tsʮ 去
蛀	遇合三去遇章	tʂu 去	tsʮ 去	tsʮ 去	tsʮ 去	tsʮ 去
铸	遇合三去遇章	tʂu 去	tsʮ 去	tsʮ 去	tsʮ 去	tsʮ 去
炷	遇合三去遇章	tʂu 去	tsʮ 去	tsʮ 去	tsʮ 去	tsʮ 去
驻	遇合三去遇知	tʂu 去	tsʮ 去	tsʮ 去	tsʮ 去	tsʮ 去
吹白	止合三平支昌	tʂʰuei 去	sʮ 平	tsʰʮ 平	sʮ 平	tsʮ 平
处	遇开三上语昌	tʂu 去	tsʰʮ 上	tsʰʮ 上	tsʮ 上	tsʮ 上
鼠	遇开三上语书	ʂu 上	sʮ 上	tsʰʮ 上	sʮ 上	sʮ 上
处所	遇开三去御昌	tʂʰu 去	tsʰʮ 去	tsʰʮ 去	tsʰʮ 去	tsʮ 去
除	遇开三平鱼澄	tʂʰu 阳平	dzʮ 平	dzʮ 平	zʮ 平	zʮ 平
厨	遇合三平虞澄	tʂʰu 阳平	dzʮ 平	dzʮ 平	zʮ 平	zʮ 平
橱		tʂʰu 阳平	dzʮ 平	dzʮ 平	zʮ 平	zʮ 平
储	遇开三平鱼澄	tʂʰu 上	dzʮ 上	dzʮ 上	zʮ 上	zʮ 上
箸	遇开三去御澄	tʂu 去	dzʮ 去	dzʮ 去	zʮ 去	zʮ 去
住	遇合三去遇澄	tʂu 去	dzʮ 去	dzʮ 去	zʮ 去	zʮ 去
柱	遇合三上麌澄	tʂu 去	dzʮ 去	dzʮ 去	zʮ 去	zʮ 去
书	遇开三平鱼书	ʂu 阴平	sʮ 平	sʮ 平	sʮ 平	sʮ 平
舒	遇开三平鱼书	ʂu 阴平	sʮ 平	sʮ 平	sʮ 平	sʮ 平
输	遇合三平虞书	ʂu 平	sʮ 平	sʮ 平	sʮ 平	sʮ 平
暑	遇开三上语书	ʂu 上	sʮ 上	sʮ 上	sʮ 上	sʮ 上
黍	遇开三上语书	ʂu 上	sʮ 上	sʮ 上	sʮ 上	sʮ 上
水文	止合三上旨书	tʂʰuei 平	sʮ 上	sʮ 上	sʮ 上	sʮ 上

续表

汉字	广韵	普通话	近代吴语	现代吴语	当代吴语	新世纪吴语
庶	遇开三去御书	ʂu去	sʅ去	sʅ去	sʅ去	sʅ去
恕	遇开三去御书	ʂu去	sʅ去	sʅ去	sʅ去	sʅ去
殊	遇合三平虞常	ʂuɻ阴平	dzʅ	zʅ平	zʅ平	zʅ平
如	遇开三平鱼日	ʐu阳平	zʅ平	zʅ平	zʅ平	zʅ平
儒	遇合三平虞日	ʐu阳平	zʅ平	zʅ平	zʅ平	zʅ平
乳	遇开三上虞日	ʐu上	zʅ上	zʅ上	zʅ上	zʅ上
竖	遇合三上虞常	ʂu去	zʅ上	zʅ上	zʅ上	zʅ上
树	遇合三去遇常	ʂu去	zʅ去	zʅ去	zʅ去	zʅ去
著	遇开三去御常	ʂu去	zʅ去	zʅ去	zʅ去	zʅ去
署	遇合三去遇常	ʂu去	zʅ去	zʅ去	zʅ去	zʅ去

14. ia

汉字	广韵	普通话	近代吴语	现代吴语	当代吴语	新世纪吴语
嗟	假开三平麻精	tɕiɛ阴平	tsia平	tsia平	tsia上	tsia上
姐	假开三上马精	tɕiɛ上	tsia上	tsia上	tsia上	tsia上
借	假开三去祃精	tɕiɛ去	tsia上	tsia上	tsia去	tsia去
且	假开三上马清	tɕʰiɛ上	tsʰia上	tsʰia上	tɕʰie上	tɕʰie上
藉	假开三去祃从	tɕiɛ去	tsʰia去	dzia去	dzia去	dzia去
写	假开三上马心	ɕiɛ上	sia上	sia上	ɕia上	ɕia上
泻	假开三去祃心	ɕiɛ去	sia去	sia去	ɕia去	ɕia去
卸	假开三去祃心	ɕiɛ去	sia去	sia去	ɕia去	ɕia去
邪	假开三平麻以	ɕiɛ阳平	zia平	zia平	dzia平	dzia平
斜	假开三平麻以	ɕiɛ阳平	zia平	zia平	dzia平	dzia平
谢	假开三去祃邪	ɕiɛ去	zia平	zia平	dzia去	dzia去
爹	假开三平麻知	tiɛ阴平	tia平	tia平	tia平	tia平
嗲		tiɛ上	tia平	tia上	tia上	tia上
家文	假开二平麻见	tɕiA阴平	tɕia平	tɕia平	tɕia平	tɕia平
加文	假开二平麻见	tɕiA阴平	tɕia平	tɕia平	tɕia平	tɕia平
街文	蟹开二平佳见	tiɛ阴平	tɕia平	tɕia平	tɕia平	tɕia平
皆	蟹开二平皆见	tiɛ阴平	tɕia平	tɕia平	tɕia平	tɕia平
阶	蟹开二平皆见	tiɛ阴平	tɕia平	tɕia平	tɕia平	tɕia平
贾	假开二上马见	tɕiA上	tɕa上	tɕia上	tɕia上	tɕia上
解文	蟹开二上蟹匣	tiɛ上	tɕia上	tɕia上	tɕia上	tɕia上
假文	假开二上马见	tɕiA上	tɕia上	tɕia上	tɕia上	tɕia上
架文	假开二去祃见	tɕiA去	tɕia去	tɕia去	tɕia去	tɕia去
嫁文	假开二去祃见	tɕiA去	tɕia去	tɕia去	tɕia去	tɕia去
价文	假开二去祃见	tɕiA去	tɕia去	tɕia去	tɕia去	tɕia去
假文	假开二去祃见	tɕiA去	tɕia去	tɕia去	tɕia去	tɕia去
戒文	蟹开二去怪见	tɕiA去	tɕia去	tɕia去	tɕia去	tɕia去
界文	蟹开二去怪见	tɕiA去	tɕia去	tɕia去	tɕia去	tɕia去
茄文	果开三平戈群	tɕiA阳平	dzia平	dzia平	dzia平	dzia平
惹白	假开三上马日	ʐʅ上	zia上	ȵia上	ȵia上	ȵia上

汉字	广韵	普通话	近代吴语	现代吴语	当代吴语	新世纪吴语
霞白	假开二平麻匣	ɕiʌ阳平	ɦia平	ɦia平	ɦia平	ɦia平
谐	蟹开二平皆匣	ɕiɤ阳平	ɦia平	ɦia平	ɦia平	ɦia平
牙白	假开二平麻疑	iʌ阳平	ŋa平	ɦia平	ɦia平	ɦia平
爷		iɛ阳平	ʔiɤ平	ɦia平	ɦia平	ɦia平
崖	止三平支疑	iʌ阳平	ʔiɤ平	ɦia平	ɦia平	ɦia平
耶	假开三平麻以	iɛ阳平	ʔiɤ平	ɦia平	ɦia平	ɦia平
也	假开三上马以	iɛ上	ʔia上	ɦia上	ɦia上	ɦia上
野	遇三上语常	iɛ上	ʔia上	ɦia上	ɦia上	ɦia上
下文	假开二去祃匣	ɕiʌ去	ʔiɤ上	ɦia上	ɦia去	ʔiɤ去
夏文	假开二去祃匣	ɕiʌ去	ʔiɤ上	ɦia去	ɦia去	ʔiɤ去
夜	假开三去祃以	iɛ去	ʔiɤ上	ɦia去	ɦia去	ʔiɤ去
鸦文	假开二平麻影	iʌ阴平	ʔiɤ平	ʔiɤ平	ʔia平	ʔia平
雅	假开二上马疑	iʌ上	ʔiɤ上	ʔiɤ上	ʔia上	ʔia上
也文	假开三上马以	iɛ上	ʔiɤ上	ʔiɤ上	ʔia上	ʔia上
涯文	止三平支疑	iʌ阳平	ʔia平	ʔia平	ʔia平	ʔia平
亚	假开二去祃影	iʌ去	ʔiɤ去	ʔiɤ去	ʔiɤ去	ʔia上

15. ie

汉字	广韵	普通话	近代吴语	现代吴语	当代吴语	新世纪吴语
边	山开四平先帮	piɛn阴平	pie平	pie平	pie平	pie平
鞭	山开三平仙帮	piɛn阴平	pie平	pie平	pie平	pie平
编	山开四平先帮	piɛn阴平	pie平	pie平	pie平	pie平
蝙	山开四平先帮	piɛn阴平	pie平	pie平	pie平	pie平
扁	山开四上铣帮	piɛn上	pie上	pie上	pie上	pie上
贬	咸开三上琰帮	piɛn上	pie上	pie上	pie上	pie上
匾	山开四上铣帮	piɛn上	pie上	pie上	pie上	pie上
变	山开三去线帮	piɛn去	pie去	pie去	pie去	pie去
遍	山开四去霰帮	piɛn去	pie去	pie去	pie去	pie去
偏	山开四去霰帮	piɛn去	pie去	pie去	pie去	pie去
篇	山开三平仙滂	pʰiɛn阴平	pʰie平	pʰie平	pʰie平	pʰie平
偏	山开三平仙滂	pʰiɛn阴平	pʰie平	pʰie平	pʰie平	pʰie平
片	山开四去霰滂	pʰiɛn去	pʰie去	pʰie去	pʰie去	pʰie去
骗		pʰiɛn去	pʰie去	pʰie去	pʰie去	pʰie去
便宜	山开三平仙并	piɛn阳平	bie平	bie平	bie平	bie平
辨	山开三平仙并	piɛn阳平	bie平	bie平	bie平	bie平
辩	山开四上铣并	piɛn去	bie上	bie上	bie上	bie上
便	山开三去线并	piɛn去	bie去	bie去	bie去	bie去
辨	山开三去线并	piɛn去	bie去	bie去	bie上	bie上
辩	山开三上獮并	piɛn去	bie去	bie去	bie上	bie上
绵	山开三平仙明	miɛn阳平	mie平	mie平	mie平	mie平
棉	山开三平仙明	miɛn阳平	mie平	mie平	mie平	mie平
眠	山开四平先明	miɛn阳平	mie平	mie平	mie平	mie平

续表

汉字	广韵	普通话	近代吴语	现代吴语	当代吴语	新世纪吴语
免	山开三上獮明	miɛn 上	mie 上	mie 上	mie 上	mie 上
勉	山开三上獮明	miɛn 上	mie 上	mie 上	mie 上	mie 上
娩	山开三上獮明	miɛn 上	mie 上	mie 上	mie 上	mie 上
面	山开三去线明	miɛn 去	mie 去	mie 去	mie 去	mie 去
尖	咸开三平盐精	ʨiɛn 阴平	ʦie 平	ʦie 平	ʦie 平	ʦie 平
煎	山开三平仙精	ʨiɛn 阴平	ʦie 平	ʦie 平	ʦie 平	ʦie 平
剪	山开三上獮精	ʨiɛn 上	ʦie 上	ʦie 上	ʦie 去	ʦie 去
箭	山开三去线精	ʨiɛn 去	ʦie 去	ʦie 去	ʦie 去	ʦie 去
溅	山开三去线精	ʨiɛn 去	ʦie 去	ʦie 去	ʦie 去	ʦie 去
荐	山开四去霰精	ʨiɛn 去	ʦie 去	ʦie 去	ʦie 去	ʦie 去
千	山开四平先清	ʨʰiɛn 阴平	ʦʰie 平	ʦʰie 平	ʨʰie 平	ʨʰie 平
迁	山开四平先清	ʨʰiɛn 阴平	ʦʰie 平	ʦʰie 平	ʨʰie 平	ʨʰie 平
签	咸开三平盐清	ʨʰiɛn 阴平	ʦʰie 平	ʦʰie 平	ʨʰie 平	ʨʰie 平
铨	山合三平仙清	ʨʰuan	ʦʰie 平	ʦʰie 平	ʨʰie 平	ʨʰie 平
浅	山开三上獮清	ʨʰiɛn 上	ʦʰie 平	ʦʰie 上	ʨʰie 上	ʨʰie 上
倩	山开四去霰清	ʨʰiɛn 去	ʦʰie 平	ʦʰie 去	ʨʰie 去	ʨʰie 去
前	山开四平先从	ʨʰiɛn 阳平	zie 平	dzie 平	dzie 平	dzie 平
钱	山开三平仙从	ʨʰiɛn 阳平	zie 平	dzie 平	dzie 平	dzie 平
潜	咸开三平盐从	ʨʰiɛn 阳平	dzie 平	dzie 平	dzie 平	dzie 平
全	山合三平仙从	ʨʰiɛn 阳平	dzie 平	dzie 平	dzie 平	dzie 平
泉	山合三平仙从	ʨʰiɛn 阳平	dzie 平	dzie 平	dzie 平	dzie 平
践	山开三上獮从	ʨʰiɛn 阳平	dzie 平	dzie 平	dzie 平	dzie 平
渐	咸开三上琰从	ʦiɛn 去	dzie 去	dzie 去	dzie 去	dzie 去
饯	山开三上獮从	ʦiɛn 去	dzie 去	dzie 去	dzie 去	dzie 去
贱	山开三去线从	ʦiɛn 去	dzie 去	dzie 去	dzie 去	dzie 去
先	山开四去霰心	ɕiɛn 阴平	sie 平	sie 平	ɕie 平	ɕie 平
仙	山开三平仙心	ɕiɛn 阴平	sie 平	sie 平	ɕie 平	ɕie 平
鲜	山开三平仙心	ɕiɛn 阴平	sie 平	sie 平	ɕie 平	ɕie 平
宣	山合三平仙心	ɕyɛn 阴平	sie 平	sie 平	ɕie 平	ɕie 平
癣	山开三上獮心	ɕiɛn 上	sie 上	sie 上	ɕie 上	ɕie 上
选	山合三上獮心	ɕyan 上	sie 上	sie 上	ɕie 上	ɕie 上
线	山开三去线心	ɕiɛn 去	sie 去	sie 去	ɕie 去	ɕie 去
涎	山开三平仙邪	ɕiɛn 阳平	zie 平	zie 平	ɕie 平	ɕie 平
旋	山合三平仙邪	ɕyan 阳平	zie 平	zie 平	ɕie 平	ɕie 平
羡	山开三去线邪	ɕiɛn 去	zie 去	zie 去	ɕie 去	ɕie 去
旋	山合三去线邪	ɕyan 去	zie 去	zie 去	ɕie 去	ɕie 去
颠		tiɛn 阴平	tie 平	tie 平	tie 平	tie 平
玷	咸开四上忝端	tiɛn 去	tie 去	tie 去	tie 去	tie 去
点	咸开四上忝端	tiɛn 上	tie 上	tie 上	tie 上	tie 上
典	山开四上铣端	tiɛn 上	tie 上	tie 上	tie 上	tie 上
店	咸开四去㮇端	tiɛn 去	tie 去	tie 去	tie 去	tie 去
天	山开四平先透	tʰiɛn 阴平	tʰie 平	tʰie 平	tʰie 平	tʰie 平

汉字	广韵	普通话	近代吴语	现代吴语	当代吴语	新世纪吴语
添	咸开四平添透	tʰiɛn 阴平	tʰie 平	tʰie 平	tʰie 平	tʰie 平
舔		tʰiɛn 上	tʰie 上	tʰie 上	tʰie 上	tʰie 上
悿	咸开四去掭透	tʰiɛn 去	tʰie 去	tʰie 去	tʰie 去	tʰie 去
田	山开四平先定	tʰiɛn 阳平	die 平	die 平	die 平	die 平
甜	咸开四平添定	tʰiɛn 阳平	die 平	die 平	die 平	die 平
填	山开四平先定	tʰiɛn 阳平	die 平	die 平	die 平	die 平
垫	咸开四去掭端	tiɛn 去	die 去	die 去	die 去	die 去
殿	山开四去霰定	tiɛn 去	die 去	die 去	die 去	die 去
电	山开四去霰定	tiɛn 去	die 去	die 去	die 去	die 去
佃	山开四去霰定	tiɛn 去	die 去	die 去	die 去	die 去
钿	山开四去霰定	tiɛn 去	die 去	die 去	die 去	die 去
奠	山开四去霰定	tiɛn 去	die 去	die 去	die 去	die 去
连	山开三平仙来	liɛn 阳平	lie 平	lie 平	lie 平	lie 平
帘	咸开三平盐来	liɛn 阳平	lie 平	lie 平	lie 平	lie 平
廉	咸开三平盐来	liɛn 阳平	lie 平	lie 平	lie 平	lie 平
镰	咸开三平盐来	liɛn 阳平	lie 平	lie 平	lie 平	lie 平
帘	咸开三平盐来	liɛn 阳平	lie 平	lie 平	lie 平	lie 平
莲	山开四平先来	liɛn 阳平	lie 平	lie 平	lie 平	lie 平
怜	山开四平先来	liɛn 阳平	lie 平	lie 平	lie 平	lie 平
脸	咸开二上赚来	liɛn 上	lie 上	lie 上	lie 上	lie 上
敛	咸开三上琰来	liɛn 上	lie 上	lie 上	lie 上	lie 上
练	山开四去霰来	liɛn 去	lie 去	lie 去	lie 去	lie 去
炼		liɛn 去	lie 去	lie 去	lie 去	lie 去
恋	山合三去线来	liɛn 去	lie 去	lie 去	lie 去	lie 去
间文		tɕiɛn 阴平	tɕie 平	tɕie 平	tɕie 平	tɕie 平
监文	咸开二平衔见	tɕiɛn 阴平	tɕie 平	tɕie 平	tɕie 平	tɕie 平
坚	山开四平先见	tɕiɛn 阴平	tɕie 平	tɕie 平	tɕie 平	tɕie 平
兼	咸开四平添见	tɕiɛn 阴平	tɕie 平	tɕie 平	tɕie 平	tɕie 平
奸文	山开一平寒见	tɕiɛn 阴平		tɕie 平	tɕie 平	tɕie 平
肩	山开四平先见	tɕiɛn 阴平	tɕie 平	tɕie 平	tɕie 平	tɕie 平
简文	山开二上产见	tɕiɛn 上		tɕie 上	tɕie 上	tɕie 上
减文	咸开二上赚匣	tɕiɛn 上		tɕie 上	tɕie 上	tɕie 上
捡文	咸开三上琰来	tɕiɛn 上		tɕie 上	tɕie 上	tɕie 上
鉴文	咸开二去鉴见	tɕiɛn 去		tɕie 去	tɕie 去	tɕie 去
见	山开四去霰见	tɕiɛn 去	tɕie 去	tɕie 去	tɕie 去	tɕie 去
建	臻开三去愿见	tɕiɛn 去	tɕie 去	tɕie 去	tɕie 去	tɕie 去
牵	山开四平先溪	tɕʰiɛn 阴平	tɕʰie 平	tɕʰie 平	tɕʰie 平	tɕʰie 平
谦	咸开四平添溪	tɕʰiɛn 阴平	tɕʰie 平	tɕʰie 平	tɕʰie 平	tɕʰie 平
歉	咸开二去陷溪	tɕʰiɛn 去	tɕʰie 去	tɕʰie 去	tɕʰie 去	tɕʰie 去
遣	山开三上狝溪	tɕʰiɛn 上	tɕʰie 上	tɕʰie 上	tɕʰie 上	tɕʰie 上
欠	咸开三去酽溪	tɕʰiɛn 去	tɕʰie 去	tɕʰie 去	tɕʰie 去	tɕʰie 去
钳	咸开三平盐群	tɕʰiɛn 阳平	dʑie 平	dʑie 平	dʑie 平	dʑie 平

续表

汉字	广韵	普通话	近代吴语	现代吴语	当代吴语	新世纪吴语
乾	山开三平仙群	tɕʰien 阳平	dzie 平	dzie 平	dzie 平	dzie 平
虔	山开三平仙群	tɕʰien 阳平	dzie 平	dzie 平	dzie 平	dzie 平
俭	咸开三上琰群	tɕien 上	dzie 上	dzie 上	dzie 上	dzie 上
件	山开三上狝群	tɕien 去	dzie 去	dzie 去	dzie 去	dzie 去
健	臻开三去愿群	tɕien 去	dzie 去	dzie 去	dzie 去	dzie 去
掀	臻开三平元晓	ɕien 阴平	ɕie 平	ɕie 平	ɕie 平	ɕie 平
轩	臻开三平元晓	ɕien 阴平	ɕie 平	ɕie 平	ɕie 平	ɕie 平
险	咸开三上琰晓	ɕien 上	ɕie 上	ɕie 上	ɕie 上	ɕie 上
显	山开四上铣晓	ɕien 上	ɕie 上	ɕie 上	ɕie 上	ɕie 上
献	臻开三去愿晓	ɕien 去	ɕie 去	ɕie 去	ɕie 去	ɕie 去
宪	臻开三去愿晓	ɕien 去	ɕie 去	ɕie 去	ɕie 去	ɕie 去
年	山开四平先泥	nien 阳平	ŋie 平	ŋie 平	ŋie 平	ŋie 平
严	咸开三平严疑	ien 阳平	ŋie 平	ŋie 平	ŋie 平	ŋie 平
研	梗二平庚溪	ien 阳平	ŋie 平	ŋie 平	ŋie 平	ŋie 平
粘	咸开三平盐娘	ien 阳平	ŋie 平	ŋie 平	ŋie 平	ŋie 平
拈	咸开四平添泥	ien 阴平	ŋie 平	ŋie 平	ŋie 平	ŋie 平
辇	山开三上狝来	nien 上	ŋie 上	ŋie 上	ŋie 上	ŋie 上
染	咸开三上琰日	zaŋ 上	ŋie 上	ŋie 上	ŋie 上	ŋie 上
撚	山开四上铣泥	nien 上	ŋzie 上	ŋzie 上	ŋzie 上	ŋie 上
验	咸开三去艳疑	ien 去	ŋie 去	ŋie 去	ŋie 去	ŋie 去
念	咸开四去椓泥	nien 去	ŋie 去	ŋie 去	ŋie 去	ŋie 去
砚	山开四去霰疑	ien 去	ŋie 去	ŋie 去	ŋie 去	ŋie 去
咸文	咸开二平咸匣	ɕien 阳平	ɦie 平	ɦie 平	ɦie 平	ɦie 平
衔文	咸开二平衔匣	ɕien 阳平	ɦie 平	ɦie 平	ɦie 平	ɦie 去
闲文	山开二平山匣	ɕien 阳平	ɦie 平	ɦie 平	ɦie 平	ɦie 平
颜文		ien 阳平	ɦie 平	ɦie 平	ɦie 平	ɦie 平
嫌	咸开四平添匣	ɕien 阳平	ɦie 平	ɦie 平	ɦie 平	ɦie 平
弦	山开四平先匣	ɕien 阳平	ɦie 平	ɦie 平	ɦie 平	ɦie 平
娴		ɕien 阳平	ɦie 平	ɦie 平	ɦie 平	ɦie 平
言	臻开三平元疑	ien 阳平	ʔie 平	ɦie 平	ɦie 平	ɦie 平
盐	咸开三平盐以	tɕʰien 阳平	ʔie 平	ɦie 平	ɦie 平	ɦie 平
沿	山合三平仙以	ien 阳平	ʔie 平	ɦie 平	ɦie 平	ɦie 平
谐	蟹二平皆匣	ɕiɛ 阳平	ɦie 平	ɦie 平	ɕie 平	ɕie 平
现	山开四去霰匣	ɕiɛ 去	ɦie 去	ɦie 去	ʔie 去	ʔie 去
陷文	咸开二去陷匣	ɕiɛ 去	ɦie 去	ɦie 去	ʔie 去	ʔie 去
淹	咸开三平盐影	ien 阴平	ʔie 平	ʔie 平	ʔie 平	ʔie 平
烟	山开四平先影	ien 阴平	ʔie 平	ʔie 平	ʔie 平	ʔie 平
腌	咸开三平盐影	ien 阴平	ʔie 平	ʔie 平	ʔie 平	ʔie 平
阉	咸开三平盐影	ien 阴平	ʔie 平	ʔie 平	ʔie 平	ʔie 平
焉	山开三平仙影	ien 阴平	ʔie 平	ʔie 平	ʔie 平	ʔie 平
眼文	山开二上产疑	iɛn 上	ʔie 上	ʔie 上	ɦie 上	ɦie 上
演	山开三上狝以	iɛn 上	ʔie 上	ʔie 上	ɦie 上	ɦie 上

续表

汉字	广韵	普通话	近代吴语	现代吴语	当代吴语	新世纪吴语
也	假开三上马以	iɛ 上	ʔie 上	ʔie 上	ɦie 上	ɦie 上
掩	咸开三上琰影	iɛ 上	ʔie 上	ʔie 上	ɦie 上	ɦie 上
晏文	山开二去谏影	iɛn 去	ʔie 去	ʔie 去	ʔie 去	ʔie 去
雁文	山开二去谏疑	iɛn 去	ʔie 去	ʔie 去	ʔie 去	ʔie 去
厌	咸开三去艳影	iɛn 去	ʔie 去	ʔie 去	ʔie 去	ʔie 去
燕	山开四去霰影	iɛn 去	ʔie 去	ʔie 去	ʔie 去	ʔie 去
嚥	山开四去霰影	iɛn 去	ʔie 去	ʔie 去	ʔie 去	ʔie 去

16. iɔ

汉字	广韵	普通话	近代吴语	现代吴语	当代吴语	新世纪吴语
标	效开三平宵帮	piau 阴平	piɔ 平	piɔ 平	piɔ 平	piɔ 平
表	效开三上小帮	piau 上	piɔ 上	piɔ 上	piɔ 上	piɔ 上
裱	效开三去笑帮	piau 上	piɔ 上	piɔ 上	piɔ 上	piɔ 上
飘	效开三平宵滂	pʰiau 阴平	pʰiɔ 平	pʰiɔ 平	pʰiɔ 平	pʰiɔ 平
漂	效开三平宵滂	pʰiau 阴平	pʰiɔ 上	pʰiɔ 上	pʰiɔ 上	pʰiɔ 上
嫖	效开三平宵滂	pʰiau 阴平	biɔ 上	pʰiɔ 上	biɔ 上	biɔ 上
票	效开三平宵并	pʰuai 去	pʰiɔ 去	pʰiɔ 去	pʰiɔ 去	pʰiɔ 去
飘	效开三平宵并	pʰiau 阴平	biɔ 平	biɔ 平	biɔ 平	biɔ 平
瓢	效开三平宵并	pʰiau 阳平	biɔ 平	biɔ 平	biɔ 平	biɔ 平
苗	效开三平宵明	miau 阳平	miɔ 平	miɔ 平	miɔ 平	miɔ 平
猫	效开三平宵明	miau 阴平	miɔ 平	miɔ 平	miɔ 平	miɔ 平
描	效开三平宵明	miau 阳平	miɔ 平	miɔ 平	miɔ 平	miɔ 平
秒	效开三上小明	miau 上	miɔ 上	miɔ 上	miɔ 上	miɔ 上
瞄		miau 上	miɔ 上	miɔ 上	miɔ 上	miɔ 上
渺	效开三上小明	miau 上	miɔ 上	miɔ 上	miɔ 上	miɔ 上
藐	效开三上小明	miau 上	miɔ 上	miɔ 上	miɔ 上	miɔ 上
庙	效开三去笑明	miau 去	miɔ 去	miɔ 去	miɔ 去	miɔ 去
妙	效开三去笑明	miau 去	miɔ 去	miɔ 去	miɔ 去	miɔ 去
焦	效开三平宵精	tɕiau 阴平	tsiɔ 平	tsiɔ 平	tsiɔ 平	tɕiɔ 平
椒	效开三平宵精	tɕiau 阴平	tsiɔ 平	tsiɔ 平	tsiɔ 平	tɕiɔ 平
剿	效开三上小精	tɕiau 上	tsiɔ 上	tsiɔ 上	tsiɔ 上	tɕiɔ 上
缲	效开一平豪心	tsʰiau 阴平	tsʰiɔ 平	tsʰiɔ 平	tsʰiɔ 平	tɕʰiɔ 平
悄	效开三上小清	tsʰiau 阴平	tsʰiɔ 上	tsʰiɔ 上	tsʰiɔ 上	tɕʰiɔ 上
俏	效开三去笑清	tɕʰiau 去	tsʰiɔ 去	tsʰiɔ 去	tsʰiɔ 去	tɕʰiɔ 去
樵	效开三平宵从	tɕʰiau 阳平	dziɔ 平	dziɔ 平	dziɔ 平	dziɔ 平
萧	效开四平萧心	ɕiau 阴平	siɔ 平	siɔ 平	ɕiɔ 平	ɕiɔ 平
消	效开三平宵心	ɕiau 阴平	siɔ 平	siɔ 平	ɕiɔ 平	ɕiɔ 平
宵	效开三平宵心	ɕiau 阴平	siɔ 平	siɔ 平	ɕiɔ 平	ɕiɔ 平
霄	效开三平宵心	ɕiau 阴平	siɔ 平	siɔ 平	ɕiɔ 平	ɕiɔ 平
销	效开三平宵心	ɕiau 阴平	siɔ 平	siɔ 平	ɕiɔ 平	ɕiɔ 平
逍	效开三平宵心	ɕiau 阴平	siɔ 平	siɔ 平	ɕiɔ 平	ɕiɔ 平
硝	效开三平宵心	ɕiau 阴平	siɔ 平	siɔ 平	ɕiɔ 平	ɕiɔ 平

续表

汉字	广韵	普通话	近代吴语	现代吴语	当代吴语	新世纪吴语
小	效开三上小心	ɕiau 上	ɕiɔ 上	siɔ, 上	ɕiɔ 上	ɕiɔ 上
笑		ɕiau 去	siɔ 去	siɔ, 去	siɔ 去	ɕiɔ 去
啸	效开四去啸心	ɕiau 去	siɔ 去	siɔ, 去	siɔ 去	ɕiɔ 去
习	效开四平萧端	tiau 阴平	tɕiɔ 平	tiɔ, 平	tɕiɔ 平	tiɔ 平
貂	效开四平萧端	tiau 阴平	tɕiɔ 平	tiɔ, 平	tɕiɔ 平	tiɔ 平
雕	效开四平萧端	tiau 阴平	tiɔ 平	tiɔ, 平	tɕiɔ 平	tiɔ 平
凋	效开四平萧端	tiau 阴平	tiɔ 平	tiɔ, 平	tiɔ 平	tiɔ 平
鸟白	效开四上筱端	niau 上	tiɔ 上	tiɔ, 上	tiɔ 上	tiɔ 上
吊		tiau 去	tiɔ 去	tiɔ, 去	tiɔ 去	tiɔ 去
弔	效开四去啸端	tiau 去	tiɔ 去	tiɔ, 去	tiɔ 去	tiɔ 去
钓	效开四去啸端	tiau 去	tiɔ 去	tiɔ, 去	tiɔ 去	tiɔ 去
窎	效开四去啸端	tiau 去	tiɔ 去	tiɔ, 去	tiɔ 去	tiɔ 去
挑	效开四平萧透	tʰiau 阴平	tʰiɔ 平	tʰiɔ, 平	tʰiɔ 平	tʰiɔ 平
眺	效开四平萧透	tʰiau 阴平	tʰiɔ 上	tʰiɔ, 上	tʰiɔ 上	tʰiɔ 上
跳	效开四平萧定	tʰiau 去	tʰiɔ 去	tʰiɔ, 去	tʰiɔ 去	tʰiɔ 去
粜	效开四去啸透	tʰiau 去	tʰiɔ 去	tʰiɔ, 去	tʰiɔ 去	tʰiɔ 去
条	效开四平萧定	tʰiau 去	diɔ 平	diɔ, 平	diɔ 平	diɔ 平
跳	效开四平萧定	tʰiau 去	diɔ 平	diɔ, 平	diɔ 平	diɔ 平
调	效开四平萧定	tiau 阳平	diɔ 平	diɔ, 平	diɔ 平	diɔ 平
掉	效开四去啸定	tiau 去	diɔ 去	diɔ, 去	diɔ 去	diɔ 去
调	效开四去啸定	tiau 去	diɔ 去	diɔ, 去	diɔ 去	diɔ 去
寥	效开四平啸来	liau 阳平	liɔ 平	liɔ, 平	liɔ 平	liɔ 平
聊	效开四平啸来	liau 阳平	liɔ 平	liɔ, 平	liɔ 平	liɔ 平
燎	效开三平宵来	liau 阳平	liɔ 平	liɔ, 平	liɔ 平	liɔ 平
辽	效开四平啸来	liau 阳平	liɔ 平	liɔ, 平	liɔ 平	liɔ 平
撩	效开四平萧来	liau 阳平	liɔ 平	liɔ, 平	liɔ 平	liɔ 平
僚	效开四平萧来	liau 阳平	liɔ 平	liɔ, 平	liɔ 平	liɔ 平
瞭	效开四平萧来	liau 阳平	liɔ 平	liɔ, 平	liɔ 平	liɔ 平
疗	效开三去笑来	liau 阳平	liɔ 平	liɔ, 平	liɔ 平	liɔ 平
了	效开四上筱来	liau 上	liɔ 上	liɔ, 上	liɔ 上	liɔ 上
廖	流开三去宥来	liau 去	liɔ 去	liɔ, 去	liɔ 去	liɔ 去
料	效开四去啸来	liau 去	liɔ 去	liɔ, 去	liɔ 去	liɔ 去
教文	效开二平肴见	tɕiau 阴平	tɕiɔ 平	tɕiɔ, 平	tɕiɔ 平	tɕiɔ 平
交文	效开二平肴见	tɕiau 阴平	tɕiɔ 平	tɕiɔ, 平	tɕiɔ 平	tɕiɔ 平
胶文	效开二平肴见	tɕiau 阴平	tɕiɔ 平	tɕiɔ, 平	tɕiɔ 平	tɕiɔ 平
郊	效开二平肴见	tɕiau 阴平	tɕiɔ 平	tɕiɔ, 平	tɕiɔ 平	tɕiɔ 平
骄	效开三平宵见	tɕiau 阴平	tɕiɔ 平	tɕiɔ, 平	tɕiɔ 平	tɕiɔ 平
娇	效开三平宵见	tɕiau 阴平	tɕiɔ 平	tɕiɔ, 平	tɕiɔ 平	tɕiɔ 平
浇	效开四平啸见	tɕiau 阴平	tɕiɔ 平	tɕiɔ, 平	tɕiɔ 平	tɕiɔ 平
绞	效开二上巧见	tɕiau 上	tɕiɔ 上	tɕiɔ, 上	tɕiɔ 上	tɕiɔ 上
狡	效开二上巧见	tɕiau 上	tɕiɔ 上	tɕiɔ, 上	tɕiɔ 上	tɕiɔ 上
搅	效开二上巧见	tɕiau 上	tɕiɔ 上	tɕiɔ, 上	tɕiɔ 上	tɕiɔ 上

续表

汉字	广韵	普通话	近代吴语	现代吴语	当代吴语	新世纪吴语
轿	效开三上小见	tɕiau 上	tɕiɔ 上	tɕiɔ 上	tɕiɔ 上	tɕiɔ 上
教文	效开二平肴见	tɕiau 去	tɕiɔ 去	tɕiɔ 去	tɕiɔ 去	tɕiɔ 去
校对	效开二去效见	tɕiau 去	tɕiɔ 去	tɕiɔ 去	tɕiɔ 去	tɕiɔ 去
叫	效开四去啸见	tɕiau 去	tɕiɔ 去	tɕiɔ 去	tɕiɔ 去	tɕiɔ 去
窖	效开二去效见	tɕiau 去	tɕiɔ 去	tɕiɔ 去	tɕiɔ 去	tɕiɔ 去
酵	效开二去效见	tɕiau 去	tɕiɔ 去	tɕiɔ 去	tɕiɔ 去	tɕiɔ 去
敲	效开二平肴溪	tɕʰiau 阴平	tɕʰiɔ 平	tɕʰiɔ 平	tɕʰiɔ 平	tɕʰiɔ 平
巧	效开二上巧溪	tɕʰiau 上	tɕʰiɔ 上	tɕʰiɔ 上	tɕʰiɔ 上	tɕʰiɔ 上
窍	效开四去啸溪	tɕʰiau 去	tɕʰiɔ 去	tɕʰiɔ 去	tɕʰiɔ 去	tɕʰiɔ 去
翘	效开三平宵群	tɕʰiau 阳平	dʑiɔ 平	dʑiɔ 平	dʑiɔ 平	dʑiɔ 平
桥	效开三平宵群	tɕʰiau 阳平	dʑiɔ 平	dʑiɔ 平	dʑiɔ 平	dʑiɔ 平
轿	效开三去笑群	tɕiau 阳平	dʑiɔ 去	dʑiɔ 去	dʑiɔ 去	dʑiɔ 去
乔	效开三平宵群	tɕiau 阳平	dʑiɔ 平	dʑiɔ 平	dʑiɔ 平	dʑiɔ 平
侨	效开三平宵群	tɕiau 阳平	dʑiɔ 平	dʑiɔ 平	dʑiɔ 平	dʑiɔ 平
嚣		ɕiau 阴平	ɕiɔ 平	ɕiɔ 平	ɕiɔ 平	ɕiɔ 平
晓	效开四上筱晓	ɕiau 阴平	tɕʰiɔ 上	dʑiɔ 上	dʑiɔ 上	dʑiɔ 上
孝	效开二去效晓	ɕiau 去	ɕiɔ 去	ɕiɔ 去	ɕiɔ 去	ɕiɔ 去
饶	效开三平宵日	zau 阳平	ȵiɔ 平	ȵiɔ 平	ȵiɔ 平	ȵiɔ 平
鸟文	效开四上筱端	niau 上	ȵiɔ 上	ȵiɔ 上	ȵiɔ 上	ȵiɔ 上
扰	效开三上小日	zau 上	ȵiɔ 上	ȵiɔ 上	ȵiɔ 上	ȵiɔ 上
绕	效开三去笑日	zau 去	ȵiɔ 去	ȵiɔ 去	ȵiɔ 上	ȵiɔ 上
谣	效开三平宵以	iau 阳平	ʔiɔ 平	ɦiɔ 平	ɦiɔ 平	ɦiɔ 平
摇	效开三平宵以	iau 阳平	ʔiɔ 平	ɦiɔ 平	ɦiɔ 平	ɦiɔ 平
尧	效开四平萧疑	iau 阳平	ʔiɔ 平	ɦiɔ 平	ɦiɔ 平	ɦiɔ 平
肴	效开二平肴匣	iau 阳平	ʔiɔ 平	ɦiɔ 平	ɦiɔ 平	ɦiɔ 平
舀	效开三上小以	iau 上	ʔiɔ 上	ɦiɔ 上	ʔiɔ 上	ʔiɔ 上
校	效开二去效见	ɕiau 去	ɦiɔ 去	ɦiɔ 去	ɦiɔ 去	ɦiɔ 去
效	效开二去效匣	ɕiau 去	ɦiɔ 去	ɦiɔ 去	ɦiɔ 去	ɦiɔ 去
耀	效开三去笑以	iau 去	ʔiɔ 去	ɦiɔ 去	ʔiɔ 去	ɦiɔ 去
腰	效开三平宵影	iau 阴平	ʔiɔ 平	ʔiɔ 平	ʔiɔ 平	ʔiɔ 平
妖	效开三平宵影	iau 阴平	ʔiɔ 平	ʔiɔ 平	ʔiɔ 平	ʔiɔ 平
邀	效开三平宵影	iau 阴平	ʔiɔ 平	ʔiɔ 平	ʔiɔ 平	ʔiɔ 平
窈	效开四上筱影	iau 上	ʔiɔ 上	iɔ 上	ʔiɔ 上	ʔiɔ 上
要	效开三去笑影	iau 去	ʔiɔ 去	iɔ 去	ʔiɔ 去	ʔiɔ 去

17. iəu

汉字	广韵	普通话	近代吴语	现代吴语	当代吴语	新世纪吴语
谬	流开三去幼明	miou 去	miə 去	miəu 去	ȵiəu 去	ȵiəu 去
揪		tɕiou 阴平	tsiə 平	tsiəu 平	tɕiəu 平	tɕiəu 平
酒	流开三上有精	tɕiou 上	tsiə 上	tsiəu 上	tɕiəu 上	tɕiəu 上
秋	流开三平尤清	tɕʰiou 阴平	tsʰiə 平	tsʰiəu 平	tɕʰiəu 平	tɕʰiəu 平
囚	流开三平尤邪	tɕʰiou 阳平	dziə 平	dziəu 平	dziəu 平	dziəu 平

续表

汉字	广韵	普通话	近代吴语	现代吴语	当代吴语	新世纪吴语
就	流开三去宥从	ɕiou 去	dziə 去	dzⁿeiɤ 去	dziɤ 去	dziɤ 去
修	流开三平尤心	ɕiou 阴平	siə 平	sieə 平	ɕiə 平	ɕiə 平
羞	流开三平尤心	ɕiou 阴平	siə 平	sieə 平	ɕiə 平	ɕiə 平
秀	流开三去宥心	ɕiou 去	siə 去	sieə 去	se 去	se 去
绣	流开三去宥心	ɕiou 去	siə 去	zieə 去	se 去	se 去
宿星~	流开三去宥心	su 去	siə 去	sieə 去	ɕiə 去	ɕiə 去
袖	流开三去宥以	ɕiou 去	ziə 去	zieə 去	dzieɤ 去	dzieɤ 去
丢		tiou 去	liə 去	tieɤ 去	tiɤ 去	tiɤ 去
流	流开三平尤来	liou 阳平	liə 平	lieɤ 平	liɤ 平	liɤ 平
刘	流开三平尤来	liou 阳平	liə 平	lieɤ 平	liɤ 平	liɤ 平
留	流开三去宥来	liou 阳平	liə 平	lieɤ 平	liɤ 平	liɤ 平
遛	流开三平尤来	liou 阳平	liə 平	lieɤ 平	liɤ 平	liɤ 平
溜	流开三去宥来	liou 阳平	liə 平	lieɤ 平	liɤ 平	liɤ 平
柳	流开三上有来	liou 上	liə 上	lieɤ 上	liɤ 上	liɤ 上
榴	流开三平尤来	liou 上	liə 上	lieɤ 平	liɤ 平	liɤ 平
疏		liou 阳平	liə 平	lieɤ 平	liɤ 平	liɤ 平
瘤	流开三平尤来	liou 阳平	liə 平	lieɤ 平	liɤ 平	liɤ 平
溜	流开三去宥来	liou 阳平	liə 平	lieɤ 平	liɤ 平	liɤ 平
硫	流开三平尤来	liou 阳平	liə 平	lieɤ 平	liɤ 平	liɤ 平
琉		liou 阳平	liə 平	lieɤ 平	liɤ 平	liɤ 平
鸠	流开三平尤见	tɕiou 阴平	tɕiə 平	tɕieɤ 平	tɕiɤ 平	tɕiɤ 平
纠	流开三上黝见	tɕiou 阴平	tɕiə 平	tɕieə 平	tɕiɤ 平	tɕiɤ 平
九	流开三上有见	tɕiou 上	tɕiə 上	tɕieɤ 上	tɕiɤ 上	tɕiɤ 上
久	流开三上有见	tɕiou 上	tɕiə 上	tɕieɤ 上	tɕiɤ 上	tɕiɤ 上
韭	流开三上有见	tɕiou 上	tɕiə 上	tɕieɤ 上	tɕiɤ 上	tɕiɤ 上
救	流开三去宥见	tɕiou 去	tɕiə 去	tɕieɤ 去	tɕiɤ 去	tɕiɤ 去
究	流开三去宥见	tɕiou 去	tɕiə 去	tɕieɤ 去	tɕiɤ 去	tɕiɤ 去
邱	流开三平尤溪	tɕʰiou 阴平	tɕʰiə 平	tɕʰieɤ 平	tɕʰiɤ 平	tɕʰiɤ 平
丘	流开三平尤溪	tɕʰiou 阴平	tɕʰiə 平	tɕʰieɤ 平	tɕʰiɤ 平	tɕʰiɤ 平
求	流开三平尤群	tɕʰiou 阳平	dziə 平	dzieɤ 平	dzieɤ 平	dzieɤ 平
球	流开三平尤群	tɕʰiou 阳平	dziə 平	dzieɤ 平	dzieɤ 平	dzieɤ 平
毬	流开三平尤群	tɕʰiou 阳平	dziə 平	dzieɤ 平	dzieɤ 平	dzieɤ 平
逑	流开三平尤群	tɕʰiou 阳平	dziə 平	dzieɤ 平	dzieɤ 平	dzieɤ 平
裘	流开三平尤群	tɕʰiou 阳平	dziə 平	dzieɤ 平	dzieɤ 平	dzieɤ 平
旧	流开三去宥群	tɕiou 去	dziə 去	dzieɤ 去	dzieɤ 去	dzieɤ 去
柩	流开三去宥群	tɕiou 去	dziə 去	dzieɤ 去	dzieɤ 去	dzieɤ 去
舅	流开三上有群	tɕiou 去	dziə 平	dzieɤ 去	dzieɤ 去	dzieɤ 去
臼	流开三上有群	tɕiou 去	dziə 平	dzieɤ 去	dzieɤ 去	dzieɤ 去
休	流开三平尤晓	ɕiou 阴平	ɕiə 平	ɕieɤ 平	ɕiə 平	ɕiə 平
朽	流开三上有晓	ɕiou 上	ɕiə 上	ɕieɤ 上	ɕiə 上	ɕiə 上
牛	流开三平尤疑	niou 阳平	ŋiɤ 平	ŋⁿieɤ 平	ŋiɤ 平	ŋiɤ 平
钮	流开三上有娘	niou 上	ŋiɤ 上	ŋⁿieɤ 上	ŋiɤ 上	ŋiɤ 上

续表

汉字	广韵	普通话	近代吴语	现代吴语	当代吴语	新世纪吴语
扭	流开三上有娘	niou 上	ȵiə 上	ȵiəu 上	ȵiəu 上	ȵiəu 上
由	流开三平尤以	iou 阳平	ȵiə 平	ȵiəu 平	ȵiəu 平	ȵiəu 平
油	流开三平尤以	iou 阳平	ʔiə 平	ɦiəu 平	ɦiəu 平	ɦiəu 平
游	流开三平尤以	iou 阳平	ʔiə 平	ɦiəu 平	ɦiəu 平	ɦiəu 平
邮	流开三平尤云	iou 阳平	ʔiə 平	ɦiəu 平	ɦiəu 平	ɦiəu 平
犹	流开三平尤以	iou 阳平	ʔiə 平	ɦiəu 平	ɦiəu 平	ɦiəu 平
有	流开三上有云	iou 上	ʔiə 上	ɦiəu 上	ɦiəu 上	ɦiəu 上
又	流开三去宥云	iou 去	ʔiə 去	ɦiəu 去	ɦiəu 去	ɦiəu 去
右	流开三上有云	iou 去	ʔiə 去	ɦiəu 去	ɦiəu 去	ɦiəu 去
幽	流开三平幽影	iou 阴平	ʔiə 平	ɦiəu 平	ɦiəu 平	ɦiəu 平
优	流开三平尤影	iou 阴平	ʔiə 平	ʔiəu 平	ʔiəu 平	ʔiəu 平
忧	流开三平尤影	iou 阴平	ʔiə 平	ʔiəu 平	ʔiəu 平	ʔiəu 平
酉	流开三上有以	iou 上	ʔiə 上	ʔiəu 上	ʔiəu 上	ʔiəu 上
幼	流开三去幼影	iou 去	ʔiə 去	ʔiəu 去	ʔiəu 去	ʔiəu 去
诱	流开三上有以	iou 去	ʔiə 上	ʔiəu 上	ʔiəu 上	ʔiəu 上

18. iã

汉字	广韵	普通话	近代吴语	现代吴语	当代吴语	新世纪吴语
将	宕开三平阳精	tɕiaŋ 阴平	tsiaŋ 平	tsiã 平	tɕiã 平	tɕiã 平
浆	宕开三平阳精	tɕiaŋ 阴平	tsiaŋ 平	tsiã 平	tɕiã 平	tɕiã 平
奖	宕开三上养精	tɕiaŋ 上	tsiaŋ 上	tsiã 上	tɕiã 上	tɕiã 上
蒋	宕开三上养精	tɕiaŋ 上	tsiaŋ 上	tsiã 上	tɕiã 上	tɕiã 上
酱	宕开三去漾精	tɕiaŋ 去	tsiaŋ 去	tsiã 去	tɕiã 去	tɕiã 去
枪	宕开三平阳清	tɕʰiaŋ 阴平	tsʰiaŋ 平	tsʰiã 平	tɕʰiã 平	tɕʰiã 平
羌	宕开三平阳溪	tɕʰiaŋ 阴平	tsʰiaŋ 平	tsʰiã 平	tɕʰiã 平	tɕʰiã 平
抢	宕开三上养清	tɕʰiaŋ 上	tsʰiaŋ 上	tsʰiã 上	tɕʰiã 上	tɕʰiã 上
呛		tɕʰiaŋ 去	tsʰiaŋ 去	tsʰiã 去	tɕʰiã 去	tɕʰiã 去
墙	宕开三平阳从	tɕʰiaŋ 阳平	ziaŋ 平	dʑiã 平	dʑiã 平	dʑiã 平
匠	宕开三去漾从	tɕiaŋ 去	ziaŋ 去	dʑiã 去	dʑiã 去	dʑiã 去
镶	宕开三平阳日	ɕiaŋ 阴平	siaŋ 平	siã 平	ɕiã 平	ɕiã 平
相	宕开三平阳心	ɕiaŋ 阴平	siaŋ 平	siã 平	ɕiã 平	ɕiã 平
厢	宕开三平阳心	ɕiaŋ 阴平	siaŋ 平	siã 平	ɕiã 平	ɕiã 平
箱	宕开三平阳心	ɕiaŋ 平	siaŋ 平	siã 平	ɕiã 平	ɕiã 平
想	宕开三上培心	ɕiaŋ 上	siaŋ 上	siã 上	ɕiã 上	ɕiã 上
相	宕开三去漾心	ɕiaŋ 去	siaŋ 去	siã 去	ɕiã 去	ɕiã 去
详	宕开三平阳以	ɕiaŋ 阳平	dʑiaŋ 平	ziã 平	dʑiã 平	dʑiã 平
祥	宕开三平阳邪	ɕiaŋ 阳平	dʑiaŋ 平	ziã 平	dʑiã 平	dʑiã 平
像	宕开三上养邪	ɕiaŋ 去	dʑiaŋ 去	ziã 去	dʑiã 去	dʑiã 去
凉	宕开三平阳来	liaŋ 阳平	liaŋ 平	liã 平	liã 平	liã 平
良	宕开三平阳来	liaŋ 阳平	liaŋ 平	liã 平	liã 平	liã 平
梁	宕开三平阳来	liaŋ 阳平	liaŋ 平	liã 平	liã 平	liã 平
粮	宕开三平阳来	liaŋ 阳平	liaŋ 平	liã 平	liã 平	liã 平

续表

汉字	广韵	普通话	近代吴语	现代吴语	当代吴语	新世纪吴语
量	宕开三平阳来	liaŋ 阳平	liaŋ 平	liã 平	liã 平	liã 平
两	宕开三上培来	liaŋ 上	liaŋ 上	liã 上	liã 上	liã 上
亮	宕开三去漾来	liaŋ 去	liaŋ 去	liã 去	liã 去	liã 去
谅	宕开三去漾来	liaŋ 去	liaŋ 去	liã 去	liã 去	liã 去
辆		liaŋ 去	liaŋ 去	liã 去	liã 去	liã 去
量	宕开三去漾来	liaŋ 去	liaŋ 去	liã 去	liã 去	liã 去
疆	宕开三平阳见	tɕiaŋ 阴平	tɕiaŋ 平	tɕiã 平	tɕiã 平	tɕiã 平
僵	宕开三平阳见	tɕiaŋ 阴平	tɕiaŋ 平	tɕiã 平	tɕiã 平	tɕiã 平
缰	宕开三平阳见	tɕiaŋ 阴平	tɕiaŋ 平	tɕiã 平	tɕiã 平	tɕiã 平
强勉~	宕开三上培群	tɕʰiaŋ 上	tɕʰiaŋ 上	tɕʰiã 上	tɕʰiã 上	tɕʰiã 上
强	宕开三平阳群	tɕʰiaŋ 阳平	dziaŋ 平	dziã 平	dziã 平	dziã 平
详	宕开三平阳邪	ɕiaŋ 阳平	dziaŋ 平	dziã 平	dziã 平	dziã 平
僵~直	宕开三平阳见	tɕiaŋ 阴平	dziaŋ 平	dziã 平	dziã 平	dziã 平
乡	宕开三平阳晓	ɕiaŋ 阴平	ɕiaŋ 平	ɕiã 平	ɕiã 平	ɕiã 平
香	宕开三平阳晓	ɕiaŋ 阴平	ɕiaŋ 平	ɕiã 平	ɕiã 平	ɕiã 平
享	宕开三上养晓	ɕiaŋ 上	ɕiaŋ 上	ɕiã 上	ɕiã 上	ɕiã 上
响	宕开三上养晓	ɕiaŋ 上	ɕiaŋ 上	ɕiã 上	ɕiã 上	ɕiã 上
向	宕开三去漾书	ɕiaŋ 去	ɕiaŋ 去	ɕiã 去	ɕiã 去	ɕiã 去
娘	宕开三平阳娘	niaŋ 阳平	ŋiaŋ 平	ȵiã 平	ȵiã 平	ȵiã 平
瓤	宕开三平阳日	zaŋ 阳平	ŋiaŋ 平	ȵiã 平	ȵiã 平	ȵiã 平
仰	宕开三上养疑	iaŋ 上	ŋiaŋ	ȵiã 上	ȵiã 上	ȵiã 上
酿	宕开三去漾娘	niaŋ 去	ȵiaŋ	ȵiã 去	ȵiã 去	ȵiã 去
让	宕开三去漾日	niaŋ 去	ȵiaŋ	ȵiã 去	ȵiã 上	ȵiã 上
阳	开开三平阳以	iaŋ 阳平	ʔiaŋ	ɦiã 平	ɦiã 平	ɦiã 平
杨	开开三平阳以	iaŋ 阳平	ʔiaŋ	ɦiã 平	ɦiã 平	ɦiã 平
洋	开开三平阳以	iaŋ 阳平	ʔiaŋ	ɦiã 平	ɦiã 平	ɦiã 平
羊	开开三平阳以	iaŋ 阳平	ʔiaŋ	ɦiã 平	ɦiã 平	ɦiã 平
养	宕开三上养以	iaŋ 上	ʔiaŋ	ɦiã 上	ɦiã 上	ɦiã 上
痒	宕开三上养以	iaŋ 上	ʔiaŋ	ɦiã 上	ɦiã 上	ɦiã 上
样	宕开三上养以	iaŋ 去	ʔiaŋ	ɦiã 去	ɦiã 去	ɦiã 去
秧	宕开三平阳影	iaŋ 阴平	ʔiaŋ	ʔiã 平	ʔiã 平	ʔiã 平
殃	宕开三平阳影	iaŋ 阴平	ʔiaŋ	ʔiã 平	ʔiã 平	ʔiã 平
央	宕开三平阳影	iaŋ 阴平	ʔiaŋ	ʔiã 平	ʔiã 平	ʔiã 平
养文	宕开三上养以	iaŋ 上	ʔiaŋ	ʔiã 上	ʔiã 上	ʔiã 上

19. iã

汉字	广韵	普通话	近代吴语	现代吴语	当代吴语	新世纪吴语
江文	江开二平江见	tɕiaŋ 阴平	tɕiaŋ 平	tɕiã 平	tɕiã 平	tɕiã 平
讲文	江开二上讲见	tɕiaŋ 上	tɕiaŋ 上	tɕiã 上	tɕiã 上	tɕiã 上
降文	江开二去绛见	tɕia 去	tɕiaŋ 去	tɕiã 去	tɕiã 去	tɕiã 去
腔	江开二平江溪	tɕʰiaŋ 去	tɕʰiaŋ 平	tɕʰiã 平	tɕʰiã 平	tɕʰiã 平
降白	江开二平江匣	ɕiaŋ 阳平	ɦiaŋ 平	ɦiã 平	ɦiã 平	ɦiã 平

续表

汉字	广韵	普通话	近代吴语	现代吴语	当代吴语	新世纪吴语
旺白	宕合三去漾云	uaŋ 去	ɦiaŋ 去	ɦiã 去	ɦiã 去	ɦiã 去
巷文	江开二去绛见	ɕiaŋ 去	ɦiaŋ 去	ɦiã 去	ɦã 去	ɦã 去

20. ŋ

汉字	广韵	普通话	近代吴语	现代吴语	当代吴语	新世纪吴语
宾	臻开三平真帮	pin 阴平	piŋ 平	piŋ 平	pin 平	piŋ 平
槟	臻开三平真帮	pin 阴平	piŋ 平	piŋ 平	pin 平	piŋ 平
殡	臻开三平真帮	pin 阴平	piŋ 平	piŋ 平	pin 平	piŋ 平
冰	曾开三平蒸帮	piŋ 阴平	piŋ 平	piŋ 平	pin 平	piŋ 平
兵	梗开三平庚帮	piŋ 阴平	piŋ 平	piŋ 平	pin 平	piŋ 平
禀	深开三上寝帮	pin 上	piŋ 上	piŋ 上	pin 上	piŋ 上
饼	梗开三上静帮	piŋ 上	piŋ 上	piŋ 上	piã 上	piã 上
丙	梗开三上梗帮	piŋ 上	piŋ 上	piŋ 上	pin 上	piŋ 上
并	梗开三上静帮	piŋ 上	piŋ 上	piŋ 上	pin 上	piŋ 上
秉	梗开三上梗帮	piŋ 上	piŋ 上	piŋ 上	pin 上	piŋ 上
鬓	臻开三去震帮	pin 去	piŋ 去	piŋ 去	pin 去	piŋ 去
柄	梗开三去映帮	piŋ 上	piŋ 去	piŋ 去	pin 去	piŋ 去
拼	梗开二平耕帮	phin 阴平	phiŋ 平	phiŋ 平	phin 平	phiŋ 平
品	深开三上寝滂	phin 上	phiŋ 上	phiŋ 上	phin 上	phiŋ 上
聘	梗开三去劲滂	phin 去	phiŋ 去	phiŋ 去	phin 去	phiŋ 去
贫	臻开三平真并	phin 阳平	biŋ 平	biŋ 平	bin 平	biŋ 平
频	臻开三平真并	phin 阳平	biŋ 平	biŋ 平	bin 平	biŋ 平
平	山开三平仙并	phiŋ 阳平	biŋ 平	biŋ 平	bin 平	biŋ 平
评	梗开三平庚并	phiŋ 阳平	biŋ 平	biŋ 平	bin 平	biŋ 平
瓶	梗开四平青并	phiŋ 阳平	biŋ 平	biŋ 平	bin 平	biŋ 平
屏	梗开四平青并	phiŋ 阳平	biŋ 平	biŋ 平	bin 平	biŋ 平
凭	曾开三平蒸并	phiŋ 阳平	biŋ 平	biŋ 平	bin 平	biŋ 平
并	梗开四上迥并	piŋ 去	biŋ 去	biŋ 去	bin 去	biŋ 去
病	梗开三去映并	piŋ 去	biŋ 去	biŋ 去	bin 去	biŋ 去
民	臻开三平真明	min 阳平	miŋ 平	miŋ 平	min 平	miŋ 平
明	梗开三平庚明	miŋ 阳平	miŋ 平	miŋ 平	miã 平	miã 平
名	梗开三平清明	miŋ 阳平	miŋ 平	miŋ 平	min 平	miŋ 平
鸣	梗开三平庚明	miŋ 阳平	miŋ 平	miŋ 平	min 平	miŋ 平
铭	梗开四平青明	miŋ 阳平	miŋ 平	miŋ 平	min 平	miŋ 平
冥	梗开四平青明	miŋ 阳平	miŋ 平	miŋ 平	min 平	miŋ 平
悯	臻开三上轸明	min 上	miŋ 上	miŋ 上	min 上	miŋ 上
敏	臻开三上轸明	min 上	miŋ 上	miŋ 上	min 上	miŋ 上
闽	臻开三平真明	min 上	miŋ 上	miŋ 上	min 上	miŋ 上
皿	梗开三上梗明	min 上	miŋ 上	miŋ 上	min 上	miŋ 上
泯	臻开三上轸明	min 上	miŋ 上	miŋ 上	min 上	miŋ 上
命	梗开三去映明	miŋ 去	miŋ 去	miŋ 去	min 去	miŋ 去
晶	梗开三平清精	tɕiŋ 阴平	tsiɪ 平	tsiɪ 平	tɕin 平	tsiɪ 平

续表

汉字	广韵	普通话	近代吴语	现代吴语	当代吴语	新世纪吴语
精	梗开三平清精	tɕiŋ 阴平	tsiŋ 平	tsɿŋ 平	tɕin 平	tsɿ 平
睛	梗开三平清精	tɕiŋ 阴平	tsiŋ 平	tsɿŋ 平	tɕin 平	tsɿ 平
津	臻开三平真精	tɕin 阴平	tsiŋ 平	tsɿŋ 平	tɕin 平	tsɿ 平
逡	臻合三平谆清	tɕʰuən 平	tsiŋ 平	tsɿŋ 平	tɕin 平	tsɿ 平
佉		tɕin 上	tsiŋ 上	tsɿŋ 上	tɕin 上	tsɿ 上
井	梗开三上静精	tɕiŋ 去	tsiŋ 上	tsɿŋ 上	tɕin 上	tsɿ 上
进	臻开三去震精	tɕin 去	tsiŋ 去	tsɿŋ 去	tɕin 去	tsɿ 去
晋	臻开三去震精	tɕin 去	tsiŋ 去	tsɿŋ 去	tɕin 去	tsɿ 去
浸	深开三去沁精	tɕin 去	tsiŋ 去	tsɿŋ 去	tɕin 去	tsɿ 去
俊	臻合三去稕精	tɕyn 去	tsiŋ 去	tsɿŋ 去	tɕin 去	tsɿ 去
亲	臻开三平真清	tɕʰin 阴平	tsʰiŋ 平	tsʰɿŋ 平	tɕʰin 平	tsʰɿŋ 平
侵	深开三平侵清	tɕʰin 阴平	tsʰiŋ 平	tsʰɿŋ 平	tɕʰin 平	tsʰɿŋ 平
清	梗开三平清清	tɕʰiŋ 阴平	tsʰiŋ 平	tsʰɿŋ 平	tɕʰin 平	tsʰɿŋ 平
青	梗开四平青清	tɕʰiŋ 阴平	tsʰiŋ 平	tsʰɿŋ 平	tɕʰin 平	tsʰɿŋ 平
寝	深开三上寝清	tɕʰin 上	tsʰiŋ 上	tsʰɿŋ 上	tɕʰin 上	tsʰɿŋ 上
请	梗开三上静清	tɕʰin 上	tsʰiŋ 上	tsʰɿŋ 上	tɕʰin 上	tsʰɿŋ 上
亲~家	臻开三去震清	tɕʰin 去	tsʰiŋ 去	tsʰɿŋ 去	tɕʰin 去	tɕʰiŋ 去
情	梗开三平清从	tɕʰiŋ 阳平	dʑiŋ 平	dʑiŋ 平	dʑin 平	dʑin 平
晴	梗开三平清从	tɕʰiŋ 阳平	dʑiŋ 平	dʑiŋ 平	dʑin 平	dʑiiŋ 平
秦	臻开三平真从	tɕʰin 平	dʑiŋ 平	dʑiŋ 平	dʑin 平	dʑiŋ 平
菌	臻合三上轸群	tɕyn 阴平	ziŋ 平	dʑiŋ 平	dʑin 平	dʑiŋ 平
尽	臻开三上轸从	tɕin 去	dʑiŋ 上	dʑiŋ 上	dʑin 上	dʑiŋ 上
尽		tɕin 去	dʑiŋ 去	dʑiŋ 去	dʑin 去	dʑiŋ 去
静	梗开三上静从	tɕiŋ 去	ziŋ 上	dʑiŋ 上	dʑin 上	dʑiŋ 上
净	梗开三去劲从	tɕiŋ 去	ziŋ 去	dʑiŋ 去	dʑin 去	dʑiŋ 去
些	假开三平麻心	ɕiɛ 阴平	siŋ 平	sɿŋ 平	ɕin 平	ɕiŋ 平
心	深开三平侵心	ɕin 阴平	siŋ 平	sɿŋ 平	ɕin 平	ɕiŋ 平
新	臻开三平真心	ɕin 阴平	siŋ 平	sɿŋ 平	ɕin 平	ɕiŋ 平
薪	臻开三平真心	ɕin 阴平	siŋ 平	sɿŋ 平	ɕin 平	ɕiŋ 平
辛	臻开三平真心	ɕin 阴平	siŋ 平	sɿŋ 平	ɕin 平	ɕiŋ 平
星	梗开四平青心	ɕiŋ 阴平	siŋ 平	sɿŋ 平	ɕin 平	ɕiŋ 平
腥	梗开四平青心	ɕiŋ 阴平	siŋ 平	sɿŋ 平	ɕin 平	ɕiŋ 平
惺	梗开四平青心	ɕiŋ 阴平	siŋ 平	sɿŋ 平	ɕin 平	ɕiŋ 平
醒	梗开四上迥心	ɕiŋ 上	siŋ 上	sɿŋ 上	ɕin 上	ɕiŋ 上
笋	臻合三上准心	ɕyn 上	siŋ 上	sɿŋ 上	ɕin 上	ɕiŋ 上
信	臻开三去震心	ɕin 去	siŋ 去	sɿŋ 去	ɕin 去	ɕiŋ 去
性	梗开三去劲心	ɕin 去	siŋ 去	sɿŋ 去	ɕin 去	ɕiŋ 去
姓	梗开三去劲心	ɕin 去	siŋ 去	sɿŋ 去	ɕin 去	ɕiŋ 去
讯	臻开三去震心	ɕyn 去	siŋ 去	sɿŋ 去	ɕin 去	ɕiŋ 去
迅	臻合三去稕心	ɕyn 去	siŋ 去	sɿŋ 去	ɕin 去	ɕiŋ 去
濬	臻合三去稕心	ɕyn 去	siŋ 去	sɿŋ 去	ɕin 去	ɕiŋ 去
寻	深开三平侵邪	ɕyn 阴平	ziŋ 平	zɿŋ 平	dʑin 平	dʑiŋ 平

续表

汉字	广韵	普通话	近代吴语	现代吴语	当代吴语	新世纪吴语
循	臻合三平谆邪	ɕyn 阴平	dʑin 平	zɪŋ 平	dʑin 平	dʑɪŋ 平
旬	臻合三平谆邪	ɕyn 阴平	dʑin 平	zɪŋ 平	dʑin 平	dʑɪŋ 平
巡	臻合三平谆邪	ɕyn 阴平	dʑin 平	zɪŋ 平	dʑin 平	dʑɪŋ 平
殉	臻合三去稕邪	ɕyn 去	dʑin 去	zɪŋ 去	dʑin 去	dʑɪŋ 去
丁	梗开二平耕知	tiŋ 阴平	tiŋ 平	tɪŋ 平	tin 平	tɪŋ 平
叮	梗开四平青端	tiŋ 阴平	tiŋ 平	tɪŋ 平	tin 平	tɪŋ 平
钉	梗开四平青端	tiŋ 阴平	tiŋ 平	tɪŋ 平	tin 平	tɪŋ 平
酊	梗开四上迥端	tiŋ 上	tiŋ 上	tɪŋ 上	tin 上	tɪŋ 上
顶	梗开四上迥端	tiŋ 上	tiŋ 上	tɪŋ 上	tin 上	tɪŋ 上
鼎	梗开四上迥端	tiŋ 上	tiŋ 上	tɪŋ 上	tin 上	tɪŋ 上
钉	梗开四去径端	tiŋ 去	tiŋ 去	tɪŋ 去	tin 去	tɪŋ 去
订	梗开四去径端	tiŋ 去	tiŋ 去	tɪŋ 去	tin 去	tɪŋ 去
听	梗开四平青透	tʰiŋ 阴平	tʰiŋ 平	tʰɪŋ 平	tʰin 平	tʰɪŋ 去
厅	梗开四平青透	tʰiŋ 阴平	tʰiŋ 平	tʰɪŋ 平	tʰin 平	tʰɪŋ 平
挺	梗开四上迥定	tʰiŋ 上	diŋ 上	tʰɪŋ 上	tʰin 上	tʰɪŋ 上
听	梗开四去径透	tʰiŋ 去	diŋ 去	tʰɪŋ 去	tʰin 去	tʰɪŋ 去
庭	梗开四平青定	tʰiŋ 阳平	diŋ 平	dɪŋ 平	din 平	dɪŋ 平
廷	梗开四平青定	tʰiŋ 阳平	diŋ 平	dɪŋ 平	din 平	dɪŋ 平
停	梗开四平青定	tʰiŋ 阳平	diŋ 平	dɪŋ 平	din 平	dɪŋ 平
亭	梗开四平青定	tʰiŋ 阳平	diŋ 平	dɪŋ 平	din 平	dɪŋ 平
霆	梗开四平青定	tʰiŋ 阳平	diŋ 平	dɪŋ 平	din 平	dɪŋ 平
挺	梗开四上迥定	tʰiŋ 上	diŋ 上	dɪŋ 上	din 上	dɪŋ 上
梃	梗开四上迥定	tʰiŋ 上	diŋ 上	dɪŋ 上	din 上	dɪŋ 上
艇	梗开四上迥定	tʰiŋ 上	diŋ 上	dɪŋ 上	din 上	dɪŋ 上
定	梗开四去径定	tiŋ 去	diŋ 去	dɪŋ 去	din 去	dɪŋ 去
锭	梗开四去径定	tiŋ 去	diŋ 去	dɪŋ 去	din 去	dɪŋ 去
林	深开三平侵来	lin 阳平	liŋ 平	lɪŋ 平	lin 平	lɪŋ 平
淋	深开三平侵来	lin 阳平	liŋ 平	lɪŋ 平	lin 平	lɪŋ 平
临	深开三平侵来	lin 阳平	liŋ 平	lɪŋ 平	lin 平	lɪŋ 平
拎	梗开四平青来	lin 阴平	liŋ 平	lɪŋ 平	lin 平	lɪŋ 平
零	梗开四平青来	liŋ 阳平	liŋ 平	lɪŋ 平	lin 平	lɪŋ 平
铃	梗开四平青来	liŋ 阳平	liŋ 平	lɪŋ 平	lin 平	lɪŋ 平
陵	曾开三平蒸来	liŋ 阳平	liŋ 平	lɪŋ 平	lin 平	lɪŋ 平
灵	梗开四平青来	liŋ 阳平	liŋ 平	lɪŋ 平	lin 平	lɪŋ 平
邻	臻开三平真来	lin 阳平	liŋ 平	lɪŋ 平	lin 平	lɪŋ 平
绫	曾开三平蒸来	liŋ 阳平	liŋ 平	lɪŋ 平	lin 平	lɪŋ 平
菱	曾开三平蒸来	liŋ 阳平	liŋ 平	lɪŋ 平	lin 平	lɪŋ 平
凌	曾开三平蒸来	liŋ 阳平	liŋ 平	lɪŋ 平	lin 平	lɪŋ 平
铃	梗开四平青来	liŋ 阳平	liŋ 平	lɪŋ 平	lin 平	lɪŋ 平
伶	梗开四平青来	liŋ 阳平	liŋ 平	lɪŋ 平	lin 平	lɪŋ 平
鳞	臻开三平真来	lin 阳平	liŋ 平	lɪŋ 平	lin 平	lɪŋ 平
痳	深开三平侵来	lin 阳平	liŋ 平	lɪŋ 平	lin 平	lɪŋ 平

续表

汉字	广韵	普通话	近代吴语	现代吴语	当代吴语	新世纪吴语
霖	深开三平侵来	lin 阳平	liŋ 平	lɪŋ 平	lin 平	lɪŋ 平
麟	臻开三平真来	lin 阳平	liŋ 平	lɪŋ 平	lin 平	lɪŋ 平
遴	臻开三去震来	lin 阳平	liŋ 平	lɪŋ 平	lin 平	lɪŋ 平
燐	臻开三平真来	lin 阳平	liŋ 平	lɪŋ 平	lin 平	lɪŋ 平
翎	梗开四平青来	lin 阳平	liŋ 平	lɪŋ 平	lin 平	lɪŋ 平
吝	臻开三去震来	lin 去	liŋ 去	lɪŋ 去	lin 去	lɪŋ 去
领	梗开三上静来	liŋ 上	liŋ 上	lɪŋ 上	lin 上	lɪŋ 上
另		liŋ 去	liŋ 去	lɪŋ 去	lin 去	lɪŋ 去
令	梗开三去劲来	liŋ 去	liŋ 去	lɪŋ 去	lin 去	lɪŋ 去
金	深开三平侵见	tɕin 阴平	tɕiəŋ 平	tɕɪŋ 平	tɕin 平	tɕɪŋ 平
今	深开三平侵见	tɕin 阴平	tɕiəŋ 平	tɕɪŋ 平	tɕin 平	tɕɪŋ 平
斤	臻开三平欣见	tɕin 阴平	tɕiəŋ 平	tɕɪŋ 平	tɕin 平	tɕɪŋ 平
襟	深开三平侵见	tɕin 阴平	tɕiəŋ 平	tɕɪŋ 平	tɕin 平	tɕɪŋ 平
京	梗开三平庚见	tɕin 阴平	tɕiəŋ 平	tɕɪŋ 平	tɕin 平	tɕɪŋ 平
经	梗开四平青见	tɕin 阴平	tɕiəŋ 平	tɕɪŋ 平	tɕin 平	tɕɪŋ 平
筋	臻开三平欣见	tɕin 阴平	tɕiəŋ 平	tɕɪŋ 平	tɕin 平	tɕɪŋ 平
巾	臻开三平真见	tɕin 阴平	tɕiəŋ 平	tɕɪŋ 平	tɕin 平	tɕɪŋ 平
谨	臻开三上隐见	tɕin 上	tɕiəŋ 上	tɕɪŋ 上	tɕin 上	tɕɪŋ 上
荆	梗开三平庚见	tɕiŋ 阴平	tɕiəŋ 平	tɕɪŋ 平	tɕin 平	tɕɪŋ 平
惊	梗开三平庚见	tɕiŋ 阴平	tɕiəŋ 平	tɕɪŋ 平	tɕin 平	tɕɪŋ 平
紧	臻开三上轸见	tɕin 上	tɕiəŋ 上	tɕɪŋ 上	tɕin 上	tɕɪŋ 上
锦	深开三上寝见	tɕin 上	tɕiəŋ 上	tɕɪŋ 上	tɕin 上	tɕɪŋ 上
景	梗开三上梗见	tɕin 上	tɕiəŋ 上	tɕɪŋ 上	tɕin 上	tɕɪŋ 上
颈	梗开三上静见	tɕin 上	tɕiəŋ 上	tɕɪŋ 上	tɕin 上	tɕɪŋ 上
禁	深开三去沁见	tɕin 去	tɕiəŋ 去	tɕɪŋ 去	tɕin 去	tɕɪŋ 去
敬	梗开三去映见	tɕin 去	tɕiəŋ 去	tɕɪŋ 去	tɕin 去	tɕɪŋ 去
镜	梗开三去映见	tɕin 去	tɕiəŋ 去	tɕɪŋ 去	tɕin 去	tɕɪŋ 去
竟	梗开三去映见	tɕin 去	tɕiəŋ 去	tɕɪŋ 去	tɕin 去	tɕɪŋ 去
劲	梗开三去劲见	tɕin 去	tɕiəŋ 去	tɕɪŋ 去	tɕin 去	tɕɪŋ 去
轻	梗开三平清溪	tɕʰiŋ 阴平	tɕʰiəŋ 平	tɕʰɪŋ 平	tɕʰin 平	tɕʰɪŋ 平
卿	梗开三平庚溪	tɕʰiŋ 阴平	tɕʰiəŋ 平	tɕʰɪŋ 平	tɕʰin 平	tɕʰɪŋ 平
倾	梗合三平清溪	tɕʰiŋ 阴平	tɕʰiəŋ 平	tɕʰɪŋ 平	tɕʰin 平	tɕʰɪŋ 平
衾	深开三平侵溪	tɕʰiŋ 阴平	tɕʰiəŋ 平	tɕʰɪŋ 平	tɕʰin 平	tɕʰɪŋ 平
钦	深开三平侵溪	tɕʰin 阴平	tɕʰiəŋ 平	tɕʰɪŋ 平	tɕʰin 平	tɕʰɪŋ 平
顷	梗合三平清溪	tɕʰiŋ 上	tɕʰiəŋ 上	tɕʰɪŋ 上	tɕʰin 上	tɕʰɪŋ 上
庆	梗开三去映溪	tɕʰiŋ 去	tɕʰiəŋ 去	tɕʰɪŋ 去	tɕʰin 去	tɕʰɪŋ 去
磬	梗开四去径溪	tɕʰiŋ 去	tɕʰiəŋ 去	tɕʰɪŋ 去	tɕʰin 去	tɕʰɪŋ 去
罄	梗开四去径溪	tɕʰiŋ 去	tɕʰiəŋ 去	tɕʰɪŋ 去	tɕʰin 去	tɕʰɪŋ 去
琴	深开三平侵群	tɕʰin 阳平	dʑiəŋ 平	dʑɪŋ 平	dʑin 平	dʑɪŋ 平
鲸	梗开三平庚群	tɕin 阴平	dʑiəŋ 平	dʑɪŋ 平	dʑin 平	dʑɪŋ 平
勤	臻开三平欣群	tɕʰin 阳平	dʑiəŋ 平	dʑɪŋ 平	dʑin 平	dʑɪŋ 平
禽	深开三平侵群	tɕʰin 阳平	dʑiəŋ 平	dʑɪŋ 平	dʑin 平	dʑɪŋ 平

汉字	广韵	普通话	近代吴语	现代吴语	当代吴语	新世纪吴语
擒	深开三平侵群	tɕʰin 阳平	dziəŋ 平	dziŋ 平	dzin 平	dziŋ 平
芹	臻开三平欣群	tɕʰin 阳平	dziəŋ 平	dziŋ 平	dzin 平	dziŋ 平
仅	臻开三去震群	tɕin 上	dziəŋ 去	dziŋ 去	dzin 去	dziŋ 去
近	臻开三上隐群	tɕin 去	dziəŋ 去	dziŋ 去	dzin 去	dziŋ 去
竞	梗开三去映群	tɕin 去	dziəŋ 去	dziŋ 去	dzin 去	dziŋ 去
馨	梗开四平青晓	ɕin 阴平	ɕiəŋ 平	ɕiŋ 平	ɕin 平	ɕiŋ 平
欣	臻开三平欣晓	ɕin 阴平	ɕiəŋ 平	ɕiŋ 平	ɕin 平	ɕiŋ 平
兴	曾开三平蒸晓	ɕin 阴平	ɕiəŋ 平	ɕiŋ 平	ɕin 平	ɕiŋ 平
兴	曾开三去证晓	ɕin 去	ɕiəŋ 去	ɕiŋ 去	ɕin 去	ɕiŋ 去
人白	臻开三平真日	zən 阳平	ɲiəŋ 平	ŋiŋ 平	ɲin 平	ŋiŋ 平
银	臻开三平真疑	in 阳平	ɲiəŋ 平	ŋiŋ 平	ɲin 平	ŋiŋ 平
宁	梗开四平青泥	niŋ 阳平	ɲiəŋ 平	ŋiŋ 平	ɲin 平	ŋiŋ 平
迎	梗开三平庚疑	iŋ 阳平	ɲiəŋ 平	ŋiŋ 平	ɲin 平	ŋiŋ 平
仁白	臻开三平真日	zən 阳平	ɲiəŋ 平	ŋiŋ 平	ɲin 平	ŋiŋ 平
吟	深开三平侵疑	in 阳平	ɲiəŋ 平	ŋiŋ 平	ɲin 平	ŋiŋ 平
忍白	臻开三上轸日	zən 上	ɲiəŋ 上	ŋiŋ 上	ɲin 上	ŋiŋ 上
凝	曾开三平蒸疑	niŋ 阳平	ɲiəŋ 平	ŋiŋ 平	ɲin 平	ŋiŋ 平
认白	曾开三去证日	zən 去	ɲiəŋ 去	ŋiŋ 去	ɲin 去	ŋiŋ 去
任白	深开三去沁日	zən 去	ɲiəŋ 去	ŋiŋ 去	ɲin 去	ŋiŋ 去
赁	深开三去沁娘	lin 去	ɲiəŋ 去	ŋiŋ 去	ɲin 去	ŋiŋ 去
佞	梗开四去径泥	niŋ 去	ɲiəŋ 去	ŋiŋ 去	ɲin 去	ŋiŋ 去
椹	深开三平侵知	ʂən 去	ɲiəŋ 去	ŋiŋ 去	ɲin 去	ŋiŋ 去
闰		zuen 去	ɲiəŋ 去	ŋiŋ 去	ɲin 去	ŋiŋ 去
淫	深开三平侵以	in 阳平	iəŋ 平	ɦiŋ 平	ɦin 平	ɦiŋ 平
行白	宕开一平唐匣	ɕin 阳平	ɦiəŋ 平	ɦiŋ 平	ɦin 平	ɦiŋ 平
形	梗开四平青匣	ɕin 阳平	ɦiəŋ 平	ɦiŋ 平	ɦin 平	ɦiŋ 平
蝇	曾开三平蒸以	iŋ 阳平	ʔiəʔ 平	ɦiŋ 平	ɦin 平	ɦiŋ 平
赢	梗开三平清以	iŋ 阳平	ʔiəʔ 平	ɦiŋ 平	ɦin 平	ɦiŋ 平
刑	梗开四平青匣	iŋ 阳平	ɦiəŋ 平	ɦiŋ 平	ɦin 平	ɦiŋ 平
引	臻开三上轸以	in 上	ʔiəʔ 上	ɦiŋ 上	ɦin 上	ɦiŋ 上
幸	梗开二上耿匣	ɕin 去	ɦiəŋ 去	ɦiŋ 去	ɦin 去	ɦiŋ 去
杏文	梗开二上梗匣	ɕin 去	ɦiəŋ 去	ɦiŋ 去	ɦin 去	ɦiŋ 去
因	臻开三平真影	in 阴平	ʔiəŋ 平	ʔiŋ 平	ʔin 平	ʔiŋ 平
音	深开三平侵影	in 阴平	ʔiəŋ 平	ʔiŋ 平	ʔin 平	ʔiŋ 平
阴	深开三平侵影	in 阴平	ʔiəŋ 平	ʔiŋ 平	ʔin 平	ʔiŋ 平
英	梗开三平庚影	iŋ 阴平	ʔiəŋ 平	ʔiŋ 平	ʔin 平	ʔiŋ 平
应~该	曾开三平蒸影	iŋ 阴平	ʔiəŋ 平	ʔiŋ 平	ʔin 平	ʔiŋ 平
鹦文	梗开二平耕影	iŋ 阴平	ʔiəŋ 平	ʔiŋ 平	ʔin 平	ʔiŋ 平
樱白	梗开二平耕影	iŋ 阴平	ʔiəŋ 平	ʔiŋ 平	ʔin 平	ʔiŋ 平
缨	梗开三平清影	iŋ 阴平	ʔiəŋ 平	ʔiŋ 平	ʔin 平	ʔiŋ 平
姻	臻开三平真影	in 阴平	ʔiəŋ 平	ʔiŋ 平	ʔin 平	ʔiŋ 平
引	臻开三去震以	in 上	ʔiəŋ 上	ʔiŋ 上	ʔin 上	ʔiŋ 上

续表

汉字	广韵	普通话	近代吴语	现代吴语	当代吴语	新世纪吴语
瘾		in 上	ʔiəŋ 上	ʔɿŋ 上	ʔin 上	ʔin 上
隐	臻开三上隐影	in 上	ʔiəŋ 上	ʔɿŋ 上	ʔin 上	ʔin 上
饮	深开三上寝影	in 上	ʔiəŋ 上	ʔɿŋ 上	ʔin 上	ʔin 上
影	梗开三上梗影	iŋ 上	ʔiəŋ 上	ʔɿŋ 上	ʔin 上	ʔin 上
营	梗合三平清以	iŋ 上	ʔiəŋ 上	ʔɿŋ 上	ʔin 上	ʔin 上
映	宕开一上荡影	iŋ 上	ʔiəŋ 上	ʔɿŋ 上	ʔin 上	ʔin 上
荫	深开三去沁影	in 去	ʔiəŋ 上	ʔɿŋ 上	ʔin 上	ʔin 上
应~答	曾开三去证影	iŋ 去	ʔiəŋ 去	ʔɿŋ 去	ʔin 去	ʔin 去
印	臻开三去震影	in 去	ʔiəŋ 去	ʔɿŋ 去	ʔin 去	ʔin 去

21. ioŋ

汉字	广韵	普通话	近代吴语	现代吴语	当代吴语	新世纪吴语
扃	梗合四平青见	tɕyŋ 阴平	tɕioŋ 平	tɕioŋ 平	tɕioŋ 平	tɕioŋ 平
迥	梗合四上迥匣	tɕyŋ 上	tɕioŋ 上	tɕioŋ 上	tɕioŋ 上	tɕioŋ 上
穹	通开三平东溪	tɕʰyŋ 阳平	tɕʰioŋ 平	tɕʰioŋ 平	tɕʰioŋ 平	tɕʰioŋ 平
穷	通开三平东群	tɕʰyŋ 阳平	dʑioŋ 平	dʑioŋ 平	dʑioŋ 平	dʑioŋ 平
兄	梗合三平庚晓	ɕyŋ 阴平	ɕioŋ 平	ɕioŋ 平	ɕioŋ 平	ɕioŋ 平
胸	通开三平钟晓	ɕyŋ 阴平	ɕioŋ 平	ɕioŋ 平	ɕioŋ 平	ɕioŋ 平
匈	通开三平钟晓	ɕyŋ 阴平	ɕioŋ 平	ɕioŋ 平	ɕioŋ 平	ɕioə
凶	通开三平钟晓	ɕyŋ 阴平	ɕioŋ 平	ɕioŋ 平	ɕioŋ 平	ɕioŋ 平
浓	通开三平钟娘	nuŋ 阳平	ɲioŋ 平	ɲioŋ 平	ɲioŋ 平	ɲioŋ 平
脓	通开一平冬泥	nuŋ 阳平	noŋ 平	ɲioŋ 平	ɲioŋ 平	ɲioŋ 平
绒	通开三平东日	zuŋ 阳平	noŋ 平	ɲioŋ 平	ɲioŋ 平	ɲioŋ 平
熊	通开三平东云	ɕyŋ 阳平	ɦioŋ 平	ɦioŋ 平	ɦioŋ 平	ɦioŋ 平
容	通开三平钟以	zuŋ 阳平	ʔioŋ 平	ɦioŋ 平	ɦioŋ 平	ɦioŋ 平
荣	梗合三平庚云	zuŋ 阳平	ʔioŋ 平	ɦioŋ 平	ɦioŋ 平	ɦioŋ 平
用	通开三去用以	yŋ 去	ʔioŋ 去	ɦioŋ 去	ɦioŋ 去	ʔioŋ 去
雍	通开三平钟影	yŋ 阴平	ʔioŋ 平	ʔioŋ 平	ʔioŋ 平	ʔioŋ 平
永	梗合三上梗云	yŋ 上	ʔioŋ 上	ʔioŋ 上	ʔioŋ 上	ʔioŋ 上
拥	通开三上肿影	yŋ 上	ʔioŋ 上	ʔioŋ 上	ʔioŋ 上	ʔioŋ 上
甬	通开三上肿以	yŋ 上	ʔioŋ 上	ʔioŋ 上	ʔioŋ 上	ʔioŋ 上
涌	通开三上肿以	yŋ 上	ʔioŋ 上	ʔioŋ 上	ʔioŋ 上	ʔioŋ 上
勇	通开三上肿以	yŋ 上	ʔioŋ 上	ʔioŋ 上	ʔioŋ 上	ʔioŋ 上

22. u

汉字	广韵	普通话	近代吴语	现代吴语	当代吴语	新世纪吴语
波	果合一平戈帮	po 阴平	pu 平	pu 平	pu 平	pu 平
玻	果合一平戈滂	po 阴平	pʰu 平	pu 平	pu 平	pu 平
簸		po 阴平	pʰu 平	pu 平	pu 平	pu 平
补	遇开一上姥帮	pu 上	pu 上	pu 上	pu 上	pu 上
播	果合一去过帮	po 阴平	pu 平	pu 平	pu 平	pu 平

续表

汉字	广韵	普通话	近代吴语	现代吴语	当代吴语	新世纪吴语
跛	果合一上果帮	po 上	pu 上	pu 上	pu 上	pu 上
谱	遇开一上姥帮	pu 上	pʰu 上	pʰu 上	pʰu 上	pʰu 上
布	遇开一去暮帮	pu 去	pu 去	pu 去	pu 去	pu 去
佈	遇开一去暮帮	pu 去	pu 去	pu 去	pu 去	pu 去
簸	果合一去过帮	po 去	pu 去	pu 去	pu 去	pu 去
铺	遇合三平虞滂	pʰu 阴平	pʰu 平	pʰu 平	pʰu 平	pʰu 平
颇	果合一平戈滂	pʰo 阴平	pʰu 平	pʰu 平	pʰu 平	pʰu 平
坡	果合一平戈滂	pʰo 阴平	pʰu 平	pʰu 平	pʰu 平	pʰu 平
普	遇开一上姥滂	pʰu 上	pʰu 上	pʰu 上	pʰu 上	pʰu 上
谱	遇开一上姥帮	pʰu 上	pʰu 上	pʰu 上	pʰu 上	pʰu 上
颇	果合一平戈滂	pʰo 阴平	pʰu 平	pʰu 平	pʰu 平	pʰu 平
铺	遇开一去暮滂	pʰu 去	pʰu 去	pʰu 去	pʰu 去	pʰu 去
破	果合一去过滂	pʰo 去	pʰu 去	pʰu 去	pʰu 去	pʰu 去
菩	遇开一平模并	pʰu 阳平	bu 平	bu 平	bu 平	bu 平
蒲	遇开一平模并	pʰu 阳平	bu 平	bu 平	bu 平	bu 平
婆	果合一平戈并	pʰo 阳平	bu 平	bu 平	bu 平	bu 平
部	遇开一上姥并	pu 去	bu 去	bu 去	bu 上	bu 上
步	遇开一去暮并	pu 去	bu 去	bu 去	bu 去	bu 去
捕	遇开一去暮并	pu 上	bu 去	bu 去	bu 去	bu 去
薄~荷	宕开一入铎并	po 去	bu 去	bu 去	bu 去	bu 上
模	遇开一平模明	mo 阳平	mu 平	mu 平	mu 平	məu 平
磨	果合一平戈明	mo 阳平	mu 平	mu 平	mu 平	məu 平
摩	果合一平戈明	mo 阳平	mu 平	mu 平	mu 平	məu 平
魔	果合一平戈明	mo 阳平	mu 平	mu 平	mu 平	məu 平
母	流开一上厚明	mu 上	mu 上	mu 上	mu 上	məu 上
拇	流开一上厚明	mu 上	mu 上	mu 上	mu 上	məu 上
幕	宕开一入铎明	mu 去	mu 去	mu 去	mu 去	məu 去
慕	遇开一去暮明	mu 去	mu 去	mu 去	mu 去	məu 去
募	遇开一去暮明	mu 去	mu 去	mu 去	mu 去	məu 去
墓	遇开一去暮明	mu 去	mu 去	mu 去	mu 去	məu 去
暮	遇开一去暮明	mu 去	mʰu 去	mʰu 去	mʰu 去	məu 去
磨	果合一去过明	mo 去	mu 去	mu 去	mu 去	məu 去
夫	遇合三平虞并	fu 阴平	fu 平	fu 平	fu 平	fu 平
肤	遇合三平虞帮	fu 阴平	fu 平	fu 平	fu 平	fu 平
敷	遇合三平虞滂	fu 阴平	fu 平	fu 平	fu 平	fu 平
俘	遇合三平虞滂	fu 阳平	fu 平	fu 平	fu 平	fu 平
府	遇合三上麌帮	fu 上	fu 上	fu 上	fu 上	fu 上
斧	遇合三上麌帮	fu 上	fu 上	fu 上	fu 上	fu 上
甫	遇合三上麌帮	fu 上	fu 上	fu 上	fu 上	fu 上
俯	遇合三上麌帮	fu 上	fu 上	fu 上	fu 上	fu 上
腑	遇合三上麌帮	fu 上	fu 上	fu 上	fu 上	fu 上
富	流开三去宥帮	fu 去	fu 去	fu 去	fu 去	fu 去

续表

汉字	广韵	普通话	近代吴语	现代吴语	当代吴语	新世纪吴语
副	流开三去宥滂	fu 去	fu 去	fu 去	fu 去	fu 去
付	遇合三去遇帮	fu 去	fu 去	fu 去	fu 去	fu 去
赋	遇合三去遇帮	fu 去	fu 去	fu 去	fu 去	fu 去
傅	遇合三去遇帮	fu 去	fu 去	fu 去	fu 去	fu 去
符	遇合三平虞并	fu 阳平	vu 平	vu 平	vu 平	vu 平
扶	遇合三平虞并	fu 阳平	vu 平	vu 平	vu 平	vu 平
无	遇合三平虞明	u 阳平	vu 平	vu 平	vu 平	vu 平
巫	遇合三平虞明	u 阳平	vu 平	vu 平	vu 平	vu 平
诬	遇合三平虞明	u 阳平	vu 平	vu 平	vu 平	vu 平
毋	遇合三平虞明	u 阳平	vu 平	vu 平	vu 平	vu 平
腐	遇合三上虞并	fu 上	vu 上	vu 上	vu 上	vu 上
武	遇合三上虞明	u 上	vu 上	vu 上	vu 上	vu 上
舞	遇合三上虞明	u 上	vu 上	vu 上	vu 上	vu 上
侮	遇合三上虞明	u 上	vu 上	vu 上	vu 上	vu 上
父	遇合三上虞并	fu 去	vu 去	vu 去	vu 上	vu 上
釜	遇合三上虞并	fu 去	vu 去	vu 去	vu 上	vu 上
妇	流开三上有并	fu 去	vu 去	vu 去	vu 上	vu 上
负	流开三上有并	fu 去	vu 去	vu 去	vu 上	vu 上
附	遇合三去遇并	fu 去	vu 去	vu 去	vu 上	vu 上
雾	遇合三去遇明	u 去	vu 去	vu 去	vu 去	vu 去
务	遇合三去遇明	u 去	vu 去	vu 去	vu 去	vu 去
租	遇开一平模精	tsu 阴平	tsu 平	tsu 平	tsu 平	tsəu 平
祖	遇开一上姥精	tsu 上	tsu 上	tsu 上	tsu 上	tsəu 上
组	遇开一上姥精	tsu 上	tsu 上	tsu 上	tsu 上	tsəu 上
阻	遇开三上语庄	tsu 上	tsu 上	tsu 上	tsu 上	tsəu 上
左	果开一上哿精	tsuo 上	tsu 上	tsu 上	tsu 上	tsəu 上
佐	果开一去箇精	tsuo 上	tsu 上	tsu 上	tsu 上	tsəu 上
做		tsuo 去	tsu 去	tsu 去	tsu 去	tsəu 去
粗	遇开一平模清	tsʰu 阴平	tsʰu 平	tsʰu 平	tsʰu 平	tsʰəu 平
初	遇开三平鱼初	tsʰu 阴平	tsʰu 平	tsʰu 平	tsʰu 平	tsʰəu 平
搓	果开一平歌清	tsʰuo 阴平	tsʰu 平	tsʰu 平	tsʰu 平	tsʰəu 平
楚	遇开三上语初	tsʰu 上	tsʰu 上	tsʰu 上	tsʰu 上	tsʰəu 上
醋	遇开一去暮清	tsʰu 去	tsʰu 去	tsʰu 去	tsʰu 去	tsʰəu 去
措	遇开一去暮清	tsʰuo 去	tsʰu 去	tsʰu 去	tsʰu 去	tsʰəu 去
错	遇开一去暮清	tsʰuo 去	tsʰu 去	tsʰu 去	tsʰu 去	tsʰəu 去
锄	遇开三平鱼崇	tʂʰu 阳平	dzu 平	dzu 平	zu 去	zəu 去
雏	遇合三平虞崇	tʂʰu 阳平	dzu 平	dzu 平	zu 去	zəu 去
助	遇开三去御崇	tʂu 去	dzu 去	dzu 去	zu 去	zəu 去
座	果合一去过从	tsuo 去	dzu 去	dzu 去	zu 去	zəu 去
坐	果合一去过从	tsuo 去	dzu 去	dzu 去	zu 去	zəu 去
梳	遇开三平鱼生	ʂu 阴平	su 平	su 平	su 平	səu 平
苏	遇开一平模心	su 阴平	su 平	su 平	su 平	səu 平

续表

汉字	广韵	普通话	近代吴语	现代吴语	当代吴语	新世纪吴语
疏		ʂu 阴平	su 平	su 平	su 平	səu 平
蔬	遇开三平鱼生	ʂu 阴平	su 平	su 平	su 平	səu 平
苏	遇开一平模心	su 阴平	su 平	su 平	su 平	səu 平
蓑	蟹合一平灰心	suo 阴平	su 平	su 平	su 平	səu 平
唆	果合一平戈心	suo 阴平	su 平	su 平	su 平	səu 平
数	遇合三上虞生	ʂu 上	su 上	su 上	su 上	səu 上
所	遇开三上语生	suo 上	su 上	su 上	su 上	səu 上
锁	果合一上果心	suo 上	su 上	su 上	su 上	səu 上
诉	遇开一去暮心	su 去	su 去	su 去	su 去	səu 去
素	遇开一去暮心	su 去	su 去	su 去	su 去	səu 去
数	遇合三去遇生	ʂu 去	su 去	su 去	su 去	səu 去
塑	遇开一去暮心	su 去	su 去	su 去	su 去	səu 去
都	遇开一平模端	tou 阴平	tu 平	tu 平	tu 平	təu 平
多	果开一平歌端	tuo 阴平	tu 平	tu 平	tu 平	təu 平
堵	遇开一上姥端	tu 上	tu 上	tu 上	tu 上	tʰəu 上
睹	遇开一上姥端	tu 上	tu 上	tu 上	tu 上	tʰəu 上
赌	遇开一上姥端	tu 上	tu 上	tu 上	tu 上	tʰəu 上
肚猪~	遇开一上姥端	tu 上	tu 上	tu 上	tu 上	tʰəu 上
朵	果合一上果端	tuo 上	tu 上	tu 上	tu 上	tʰəu 上
蠹	遇开一去暮端	tu 去	tu 去	tu 去	tu 去	tʰəu 去
拖	果开一去箇透	tʰu 阴平	tʰu 平	tʰu 平	tʰu 平	tʰəu 平
土	遇开一上姥透	tʰu 上	tʰu 上	tʰu 上	tʰu 上	tʰəu 上
妥	果合一上果透	tʰuo 上	tʰu 上	tʰu 上	tʰu 上	tʰəu 上
吐	遇开一去暮透	tʰu 去	tʰu 去	tʰu 去	tʰu 去	tʰəu 去
兔	遇开一去暮透	tʰu 去	tʰu 去	tʰu 去	tʰu 去	tʰəu 去
唾	果合一去过透	tʰuo 去	tʰu 去	tʰu 去	tʰu 去	tʰəu 去
图	遇开一平模定	tʰu 阳平	du 平	du 平	du 平	dəu 平
涂	遇开一平模定	tʰu 阳平	du 平	du 平	du 平	dəu 平
途	遇开一平模定	tʰu 阳平	du 平	du 平	du 平	dəu 平
徒	遇开一平模定	tʰu 阳平	du 平	du 平	du 平	dəu 平
屠	遇开三平模定	tʰu 阳平	du 平	du 平	du 平	dəu 平
驮		tʰuo 阳平	du 平	du 平	du 平	dəu 平
铊	止开三平支书	tʰuo 阳平	du 平	du 平	du 平	dəu 平
驼	果开一平歌定	tʰuo 阳平	du 平	du 平	du 平	dəu 平
杜	遇开一上姥定	tu 去	du 上	du 上	du 上	dəu 上
肚	遇开一上姥定	tu 去	du 去	du 去	du 去	dəu 去
度	遇开一去暮定	tu 去	du 去	du 去	du 去	dəu 去
渡	遇开一去暮定	tu 去	du 去	du 去	du 去	dəu 去
惰	果合一去过定	tuo 去	du 去	du 去	du 去	dəu 去
舵	果开一上哿定	tuo 去	du 去	du 去	du 去	dəu 去
镀	遇开一去暮定	tu 去	du 去	du 去	du 去	dəu 去
大白	果开一去箇定	tʌ 去	du 去	du 去	du 去	dəu 去

续表

汉字	广韵	普通话	近代吴语	现代吴语	当代吴语	新世纪吴语
奴	遇开一平模泥	nu 阳平	nu 平	nu 平	nu 平	nəu 平
帑	遇开一平模泥	nu 阳平	nu 平	nu 平	nu 平	nəu 平
挪	果开一平歌泥	nu 阳平	nu 平	nu 平	nu 平	nəu 平
努	遇开一上姥泥	nu 上	nu 上	nu 上	nu 上	nəu 上
怒	遇开一去暮泥	nu 去	nu 去	nu 去	nu 去	nəu 去
糯		nuo 去	nu 去	nu 去	nu 去	nəu 去
卢	遇开一平模来	lu 阳平	lu 平	lu 平	lu 平	ləu 平
炉	遇开一平模来	lu 阳平	lu 平	lu 平	lu 平	ləu 平
芦	遇开一平模来	lu 阳平	lu 平	lu 平	lu 平	ləu 平
啰~嗦	果开一平歌来	luo 阳平	lu 平	lu 平	lu 平	ləu 平
罗	果开一平歌来	luo 阳平	lu 平	lu 平	lu 平	ləu 平
锣	果开一平歌来	luo 阳平	lu 平	lu 平	lu 平	ləu 平
骡	果合一平戈来	luo 阳平	lu 平	lu 平	lu 平	ləu 平
箩	果开一平歌来	luo 阳平	lu 平	lu 平	lu 平	ləu 平
萝	果开一平歌来	luo 阳平	lu 平	lu 平	lu 平	ləu 平
鲁	遇开一上姥来	lu 上	lu 上	lu 上	lu 上	ləu 上
橹	遇开一上姥来	lu 上	lu 上	lu 上	lu 上	ləu 上
卤	遇开一上姥来	lu 上	lu 上	lu 上	lu 上	ləu 上
掳	遇开一上姥来	lu 上	lu 上	lu 上	lu 上	ləu 上
裸	果合一上果来	luo 上	lu 上	lu 上	lu 上	ləu 去
露	遇开一去暮来	lu 去	lu 去	lu 去	lu 去	ləu 去
路	遇开一去暮来	lu 去	lu 去	lu 去	lu 去	ləu 去
鹭	遇开一去暮来	lu 去	lu 去	lu 去	lu 去	ləu 去
赂	遇开一去暮来	lu 去	lu 去	lu 去	lu 去	ləu 去
姑	遇开一平模见	ku 阴平	ku 平	ku 平	ku 平	kəu 平
沽	遇开一平模见	ku 阴平	ku 平	ku 平	ku 平	kəu 平
估	遇开一上姥见	ku 阴平	ku 上	ku 上	ku 上	kəu 上
贾	遇开一上姥见	ku 阴平	ku 上	ku 上	ku 上	kəu 上
菰	遇开一平模见	ku 阴平	ku 平	ku 平	ku 平	kəu 平
辜	遇开一平模见	ku 阴平	ku 平	ku 平	ku 平	kəu 平
孤	遇开一平模见	ku 阴平	ku 平	ku 平	ku 平	kəu 平
哥	果开一平歌见	kɤ 阴平	ku 平	ku 平	ku 平	kəu 平
锅	果合一平戈见	kuo 阴平	ku 平	ku 平	ku 平	kəu 平
戈	果合一平戈见	kɤ 阴平	ku 平	ku 平	ku 平	kəu 平
古	遇开一上姥见	ku 上	ku 上	ku 上	ku 上	kəu 上
鼓	遇开一上姥见	ku 上	ku 上	ku 上	ku 上	kəu 上
股	遇开一上姥见	ku 上	ku 上	ku 上	ku 上	kəu 上
果	果合一上果见	kuo 上	ku 上	ku 上	ku 上	kəu 上
裹	果合一上果见	kuo 上	ku 上	ku 上	ku 上	kəu 上
顾	遇开一去暮见	ku 去	ku 去	ku 去	ku 去	kəu 去
故	遇开一去暮见	ku 去	ku 去	ku 去	ku 去	kəu 去
固	遇开一去暮见	ku 去	ku 去	ku 去	ku 去	kəu 去

续表

汉字	广韵	普通话	近代吴语	现代吴语	当代吴语	新世纪吴语
简	果开一去简见	kɤ 去	ku 去	ku 去	ku 去	kəu 去
雇	遇开一去暮见	ku 去	ku 去	ku 去	ku 去	kəu 去
过	果合一去过见	kuo 去	ku 去	ku 去	ku 去	kəu 去
个	果开一去箇见	kɤ 去	ɦu 去	ku 去	ku 去	kəu 去
枯	遇开一平模溪	kʰu 阴平	kʰu 平	kʰu 平	kʰu 平	kʰəu 平
科	果合一平戈溪	kʰɤ 阴平	kʰu 平	kʰu 平	kʰu 平	kʰəu 平
苦	遇开一上姥溪	kʰu 上	kʰu 上	kʰu 上	kʰu 上	kʰəu 上
可	果开一上哿溪	kʰɤ 上	kʰu 上	kʰu 上	kʰu 上	kʰəu 上
库	遇开一去暮溪	kʰu 去	kʰu 去	kʰu 去	kʰu 去	kʰəu 去
绔	遇开一去暮溪	kʰu 去	kʰu 去	kʰu 去	kʰu 去	kʰəu 去
课	果合一去过溪	kʰɤ 去	kʰu 去	kʰu 去	kʰu 去	kʰəu 去
吾	遇开一平模疑	u 阳平	ŋu 上	ŋu 上	ɦu 上	ɦu 上
鹅	果开一平歌疑	ɤ 阳平	ŋu 平	ŋu 平	ɦu 平	ɦu 平
俄	果开一平歌疑	ɤ 阳平	ŋu 平	ŋu 平	ɦu 平	ɦu 平
饿	果开一去箇疑	ɤ 去	ŋu 去	ŋu 去	ɦu 去	ɦu 去
我	果开一上哿疑	uo 上	ŋu 上	ŋu 上	ŋu 上	ŋəu 上
卧		uo 去	ŋu 去	ŋu 去	ɦu 去	ɦu 去
误	遇开一去暮疑	u 去	ŋu 去	ŋu 去	ɦu 去	ɦu 去
悟	遇开一去暮疑	u 去	ŋu 去	ŋu 去	ɦu 去	ɦu 去
互	遇开一去暮匣	xu 去	ɦu 去	ŋu 去	ɦu 去	ɦu 去
呼	遇合三平虞晓	xu 阴平	hu 平	hu 平	fʮ 平	hu 平
呵	果开一平歌晓	xɤ 阴平	hu 平	hu 平	fʮ 平	hu 平
荷薄~	果开一平歌匣	xɤ 阳平	hu 平	hu 平	hu 平	hu 平
无	遇合三平虞明	u 上	hu 平	hu 上	hu 上	hu 上
虎	遇开一上姥晓	xu 上	hu 上	hu 上	hu 上	hu 上
琥	遇开一上姥晓	xu 上	hu 上	hu 上	hu 上	hu 上
火	果合一上果晓	xuo 上	hu 上	hu 上	hu 上	hu 上
货	果合一去过晓	xuo 去	hu 去	hu 去	hu 去	hu 去
胡	遇开一平模匣	xu 阳平	ɦu 平	ɦu 平	ɦu 平	ɦu 平
湖	遇开一平模匣	xu 阳平	ɦu 平	ɦu 平	ɦu 平	ɦu 平
瑚	遇开一平模匣	xu 阳平	ɦu 平	ɦu 平	ɦu 平	ɦu 平
糊	遇开一平模匣	xu 阳平	ɦu 平	ɦu 平	ɦu 平	ɦu 平
壶	遇开一平模匣	xu 阳平	ɦu 平	ɦu 平	ɦu 平	ɦu 平
狐	遇开一平模匣	xu 阳平	ɦu 平	ɦu 平	ɦu 平	ɦu 平
乎	遇开一平模匣	xu 阳平	ɦu 平	ɦu 平	ɦu 平	ɦu 平
吴文	遇开一平模疑	u 阳平	ŋu 平	ɦu 平	ɦu 平	ɦu 平
何	果开一平歌匣	xɤ 阳平	ɦu 平	ɦu 平	ɦu 平	ɦu 平
河	果开一平歌匣	xɤ 阳平	ɦu 平	ɦu 平	ɦu 平	ɦu 平
荷	果开一上哿匣	xɤ 上	ɦu 平	ɦu 平	ɦu 平	ɦu 平
和	果合一平戈匣	xɤ 阳平	ɦu 平	ɦu 平	ɦu 平	ɦu 平
禾	果合一平戈匣	xɤ 阳平	ɦu 平	ɦu 平	ɦu 平	ɦu 平
户	遇开一上姥匣	xu 去	ɦu 去	ɦu 去	ɦu 上	ɦu 上

续表

汉字	广韵	普通话	近代吴语	现代吴语	当代吴语	新世纪吴语
护	遇开一去暮匣	xu 去	ɦu 去	ɦu 去	ɦu 去	ɦu 去
沪	遇开一上姥匣	xu 去	ɦu 去	ɦu 去	ɦu 去	ɦu 去
贺	果开一去箇匣	xɤ 去	ɦu 去	ɦu 去	ɦu 去	ɦu 去
祸	果合一上果匣	xuo 去	ɦu 去	ɦu 去	ɦu 上	ɦu 上
乌	遇开一平模影	u 阴平	ʔu 平	ʔu 平	ʔu 平	ʔu 平
阿	果开一平歌影	ɤ 阴平	ʔu 平	ʔu 平	ʔu 平	ʔu 平
窝		uo 阴平	ʔu 平	ʔu 平	ʔu 平	ʔu 平
倭	果合一平戈影	uo 阴平	ʔu 平	ʔu 平	ʔu 平	ʔu 平
五文	遇开一上姥疑	u 上	ŋu 上	ʔu 上	ɦu 上	ɦu 上
午文	遇开一上姥疑	u 上	ŋu 上	ʔu 上	ɦu 上	ɦu 上
污	遇开一平模影	u 阴平	ʔu 平	ʔu 平	ʔu 平	ʔu 平
恶	遇开一去暮影	u 去	ʔu 去	u 去	ʔu 去	ʔu 去

23. ua

汉字	广韵	普通话	近代吴语	现代吴语	当代吴语	新世纪吴语
乖	蟹合二平皆见	kuai 阴平	kua 平	kua 平	kua 平	kua 平
拐	蟹开二上蟹群	kuai 上	kua 上	kua 上	kua 上	kua 上
怪	蟹合二去怪见	kuai 去	kua 去	kua 去	kua 去	kua 去
蒯	蟹合二去怪溪	kʰuai 上	kʰua 上	kʰua 上	kʰua 上	kʰua 上
快	蟹合二去夬溪	kʰuai 去	kʰua 去	kʰua 去	kʰua 去	kʰua 去
筷		kʰuai 去	kʰua 去	kʰua 去	kʰuɛ 去	kʰuɛ 去
歪		uai 阴平	ɦua 平	hua 平	hua 平	hua 平
槐	蟹合二平皆匣	xuai 阳平	ɦua 平	ɦua 平	ɦua 平	ɦua 平
怀	蟹合二平皆匣	xuai 阳平	ɦua 平	ɦua 平	ɦua 平	ɦua 平
坏	蟹合二去怪匣	xuai 去	ɦua 去	ɦua 去	ɦua 去	ʔua 去
歪		uai 阴平	ʔua 平	ʔua 平	ʔua 平	ʔua 平

24. ue

汉字	广韵	普通话	近代吴语	现代吴语	当代吴语	新世纪吴语
归	止合三平微见	kuei 阴平	kue 平	kue 平	kue 平	kue 平
规	止合三平支见	kuei 阴平	kue 平	kue 平	kue 平	kue 平
龟	止合三平脂见	kuei 阴平	kue 平	kue 平	kue 平	kue 平
闺	蟹合四平齐见	kuei 阴平	kue 平	kue 平	kue 平	kue 平
圭	蟹合四平齐见	kuei 阴平	kue 平	kue 平	kue 平	kue 平
瑰	蟹合一平灰见	kuei 阴平	kue 平	kue 平	kue 平	kue 平
鬼文	止合三上尾见	kuei 上	kue 上	kue 上	kue 上	kue 上
诡	止合三上纸见	kuei 上	kue 上	kue 上	kue 上	kue 上
癸	止合三上旨见	kuei 上	kue 上	kue 上	kue 上	kue 上
贵文	止合三去未见	kuei 去	kue 去	kue 去	kue 去	kue 去
桂	蟹合四去霁见	kuei 去	kue 去	kue 去	kue 去	kue 去
亏	止合三平支溪	kʰuei 阴平	kʰue 平	kʰue 平	kʰue 平	kʰue 平

续表

汉字	广韵	普通话	近代吴语	现代吴语	当代吴语	新世纪吴语
盔	蟹合一平灰溪	kʰuei 阴平	kʰue 平	kʰue 平	kʰue 平	kʰue 平
奎	蟹合四平齐溪	kʰuei 阳平	kʰue 平	kʰue 平	kʰue 平	kʰue 平
魁	蟹合一平灰溪	kʰuei 阳平	kʰue 平	kʰue 平	kʰue 平	kʰue 平
窥	止合三平支溪	kʰuei 阴平	kʰue 平	kʰue 平	kʰue 平	kʰue 平
傀	蟹合一上贿溪	kuei 上	kʰue 上	kʰue 上	kʰue 上	kʰue 上
块	蟹合一去队溪	kʰuai 去	kʰue 去	kʰue 去	kʰue 去	kʰue 去
葵	止合三平脂群	kʰuei 阳平	gue 平	gue 平	gue 平	gue 平
揆	止合三上旨群	kʰuei 阳平	gue 上	gue 上	gue 上	gue 上
柜	止合三去至群	kʰuei 去	gue 去	gue 去	gue 去	kʰue 去
愧	止合三去至见	kʰuei 去	gue 去	gue 去	gue 去	kʰue 去
跪文		kuei 去	gue 去	gue 去	gue 去	gue 去
馈	止合三去至群	kʰuei 去	gue 去	gue 去	gue 去	gue 去
危	止合三平支疑	uei 阳平	ʔue 平	ŋue 平	ɦue 平	ɦue 平
桅	蟹合一平灰疑	uei 阳平	ʔue 平	ŋue 平	ɦue 平	ɦue 平
魏	止合三去未疑	uei 去	ʔue 去	ŋue 去	ɦue 去	ɦue 去
灰	蟹合一平灰晓	xuei 阴平	hue 平	hue 平	hue 平	hue 平
徽	止合三平微晓	xuei 阴平	hue 平	hue 平	hue 平	hue 平
挥	止合三平微晓	xuei 阴平	hue 平	hue 平	hue 上	hue 平
辉	止合三平微晓	xuei 阴平	hue 平	hue 平	hue 上	hue 平
麾	止合三平支晓	xuei 阴平	hue 平	hue 平	hue 平	hue 平
毁	止合三上纸晓	xuei 上	hue 上	hue 上	hue 上	hue 上
悔	蟹合一上贿晓	xuei 上	hue 上	hue 上	hue 上	hue 上
贿	蟹合一上贿晓	xuei 上	hue 上	hue 上	hue 上	hue 上
讳	止合三去未晓	xuei 去	hue 去	hue 去	hue 去	hue 去
晦	蟹合一去队晓	xuei 去	hue 去	hue 去	hue 去	hue 去
卉	止合三去未晓	xuei 去	hue 去	hue 去	hue 去	hue 去
诲	蟹合一去队晓	xuei 去	hue 去	hue 去	hue 去	hue 去
回	蟹合一平灰匣	xuei 阳平	ɦue 平	ɦue 平	ɦue 平	ɦue 平
茴	蟹合一平灰匣	xuei 阳平	ɦue 平	ɦue 平	ɦue 平	ɦue 平
围	止合三平微云	uei 阳平	ʔue 平	ɦue 平	ɦue 平	ɦue 平
为作~	止合三平支云	uei 阳平	ʔue 平	ɦue 平	ɦue 平	ɦue 平
帷	止合三平脂云	uei 阳平	ʔue 平	ɦue 平	ɦue 平	ɦue 平
外	蟹合一去泰疑	uai 去	ʔue 去	ɦue 去	ʔue 去	ʔue 去
位	止合三去至云	uei 去	ʔue 去	ɦue 去	ʔue 去	ʔue 去
谓	止合三去未云	uei 去	ʔue 去	ɦue 去	ɦue 去	ɦue 去
慰	止合三去未影	uei 去	ʔue 去	ɦue 去	ɦue 去	ɦue 去
胃	止合三去未云	uei 去	ʔue 去	ɦue 去	ɦue 去	ʔue 去
为~了	止合三去寘云	uei 去	ʔue 去	ɦue 去	ɦue 去	ʔue 去
卫		uei 去	ʔue 去	ɦue 去	ɦue 去	ʔue 去
会~能	蟹合一去泰匣	xuei 去	ɦue 去	ɦue 去	ʔue 去	ʔue 去
惠	蟹合四去霁匣	xuei 去	ɦue 去	ɦue 去	ʔue 去	ʔue 去
慧	蟹合四去霁匣	xuei 去	ɦue 去	ɦue 去	ʔue 去	ʔue 去

续表

汉字	广韵	普通话	近代吴语	现代吴语	当代吴语	新世纪吴语
汇	蟹合一上贿匣	xuei 去	ɦue 去	ɦue 去	ɦue 去	ɦue 去
绘	蟹合一去泰匣	xuei 去	ɦue 去	ɦue 去	ɦue 去	ɦue 去
威	止合三平微影	uei 阴平	ʔue 平	ʔue 平	ʔue 平	ʔue 平
煨	蟹合一平灰影	uei 阴平	ʔue 平	ʔue 平	ʔue 平	ʔue 平
委	止合三上纸影	uei 上	ʔue 上	ʔue 上	ʔue 上	ʔue 上
伟	止合三上尾云	uei 上	ʔue 上	ʔue 上	ʔue 上	ʔue 上
会白	蟹合一去泰见	xuei 去	ɦue 去	ue 去	ɦue 去	ʔue 去

25. ɥᵉ

汉字	广韵	普通话	近代吴语	现代吴语	当代吴语	新世纪吴语
追	止合三平脂知	tʂuei 阴平	tsœ 平	tsɥᵉ 平	tsɥᵉ 平	tsue 平
锥	止合三平脂章	tʂuei 阴平	tsœ 平	tsɥᵉ 平	tsɥᵉ 平	tsue 平
嘴	止合三上纸精	tsuei 上	tsœ 上	tsɥᵉ 上	tsʅ 上	tsʅ 上
赘	蟹合三去祭章	tʂuei 去	tsœ 去	tsɥᵉ 去	tsɥᵉ 去	tsue 去
最	蟹合一去泰精	tsuei 去	tsœ 去	tsɥᵉ 去	tsɥᵉ 去	tsue 去
醉	止合三去至精	tsuei 去	tsœ 去	tsɥᵉ 去	tsɥᵉ 去	tsue 去
缀	蟹合三去祭知	tʂuei 去	tsœ 去	tsɥᵉ 去	tsɥᵉ 去	tsue 去
吹文	止合三平支昌	tsʰuei 阴平	tsʰœ 平	tsʰɥᵉ 平	tsʰɥᵉ 平	tsʰue 平
炊	止合三平支昌	tsʰuei 阴平	tsʰœ 平	tsʰɥᵉ 平	tsʰɥᵉ 平	tsʰue 平
催	蟹合一平灰清	tsʰuei 阴平	tsʰœ 平	tsʰɥᵉ 平	tsʰɥᵉ 平	tsʰue 平
崔	蟹合一平灰清	tsʰuei 阴平	tsʰœ 平	tsʰɥᵉ 平	tsʰɥᵉ 平	tsʰue 平
脆	蟹合三去祭清	tsʰuei 去	tsʰœ 去	tsʰɥᵉ 去	tsʰɥᵉ 去	tsʰue 去
翠	止合三去至清	tsʰuei 去	tsʰœ 去	tsʰɥᵉ 去	tsʰɥᵉ 去	tsʰue 去
垂	止合三平支常	tʂʰuei 阳平	dzœ 平	dʑʰɥᵉ 平	zɥᵉ 平	zue 平
槌	止合三平脂澄	tʂʰuei 阳平	dzœ 平	dʑʰɥᵉ 平	zɥᵉ 平	zue 平
坠	止合三去至澄	tsuei 去	dzœ 去	dʑʰɥᵉ 去	zɥᵉ 去	zue 去
罪	蟹合一上贿从	tsuei 去	dzœ 去	dʑʰɥᵉ 去	zɥᵉ 去	zue 去
水文	止合三上旨书	ʂuei 上	sœ 上	sɥᵉ 上	sɥᵉ 上	sue 上
虽	止合三平脂心	suei 阴平	sœ 平	sɥᵉ 平	sɥᵉ 平	sue 平
绥	止合三平脂心	suei 阳平	ɦœ 平	sɥᵉ 平	sɥᵉ 平	ɦue 平
税	蟹合三去祭书	ʂuei 去	sœ 去	sɥᵉ 去	sɥᵉ 去	sue 去
髓	止合三上纸心	suei 上	sœ 上	sɥᵉ 上	zɥᵉ 上	zue 上
岁	蟹合三去祭心	suei 去	sœ 去	sɥᵉ 去	sɥᵉ 去	sue 去
碎	蟹合一去队心	suei 去	sœ 去	sɥᵉ 去	sɥᵉ 去	sue 去
穗	止合三去至邪	suei 去	sœ 去	sɥᵉ 去	zɥᵉ 去	zue 去
谁	止合三平脂常	ʂuei 阳平	dzœ 平	zɥᵉ 平	zɥᵉ 平	zue 平
随	止合三平支邪	suei 阳平	dzœ 平	zɥᵉ 平	zɥᵉ 平	zue 平
睡	止合三去置常	ʂuei 去	dzœ 去	zɥᵉ 去	zɥᵉ 去	zue 去
蕊文	止合三上纸日	zuei 上	dzœ 去	zɥᵉ 去	zɥᵉ 去	zue 去
锐	蟹合三去祭以	zuei 去	sœ 去	zɥᵉ 去	sɥᵉ 去	sue 去
遂	止合三去至邪	suei 去	dzœ 去	zɥᵉ 去	zɥᵉ 去	zue 去

26. uɛᵋ

汉字	广韵	普通话	近代吴语	现代吴语	当代吴语	新世纪吴语
关	山合二平删见	kuan 阴平	kuɛ 平	kuɛᵋ 平	kuɛ 平	kuɛ 平
块文	蟹合一去队溪	kʰuan 去	kuɛ 去	kuɛᵋ 去	kuɛ 去	kuɛ 去
鳏	山合二平山见	kuan 阴平	kuɛ 平	kuɛᵋ 平	kuɛ 平	kuɛ 平
怪文	蟹合二去怪见	kuan 去	kuɛ 去	kuɛᵋ 去	kuɛ 去	kuɛ 去
惯	山合二去谏见	kuan 去	kuɛ 去	kuɛᵋ 去	kuɛ 去	kuɛ 去
环	山合二平删匣	xuan 阳平	ɦuɛ 平	guɛᵋ 平	guɛ 平	guɛ 平
怀文	蟹合二平皆匣	xuai 阳平	ɦuɛ 平	guɛᵋ 平	guɛ 平	guɛ 平
还	山合二平删匣	xuan 阳平	ɦuɛ 平	ɦuɛᵋ 平	ɦuɛ 平	ɦuɛ 平
顽	山合二平删疑	uan 阳平	ɦuɛ 平	ɦuɛᵋ 平	ɦuɛ 平	ɦuɛ 平
会文	蟹合一去泰匣	xuei 去	ɦuɛ 平	ɦuɛᵋ 平	ɦuɛ 平	ɦuɛ 平
幻	山合二去裥匣	xuan 去	ɦuɛ 去	ɦuɛᵋ 去	ɦuɛ 去	ɦuɛ 去
歪文		uai 阴平	ʔuɛ 平	ʔuɛᵋ 平	ʔuɛ 平	ʔuɛ 平
湾	山合二平删影	uan 阴平	ʔuɛ 平	ʔuɛᵋ 平	ʔuɛ 平	ʔuɛ 平
晚	臻合三上阮明	uan 上	ʔuɛ 上	ʔuɛᵋ 上	ʔuɛ 上	ʔuɛ 上
挽	臻合三上阮明	uan 上	ʔuɛ 上	ʔuɛᵋ 上	ʔuɛ 上	ʔuɛ 上

27. uʁə

汉字	广韵	普通话	近代吴语	现代吴语	当代吴语	新世纪吴语
官	山合一平桓见	kuan 阴平	kue	kuʁə 平	kuʁə 平	kuʁə 平
棺	山合一平桓见	kuan 阴平	kue	kuʁə 平	kuʁə 平	kuʁə 平
观	山合一平桓见	kuan 阴平	kue 平	kuʁə 平	kuʁə 平	kuʁə 平
冠衣~	山合一平桓见	kuan 阴平	kue 平	kuʁə 平	kuʁə 平	kuʁə 平
管	山合一上缓见	kuan 上	kue 上	kuʁə 上	kuʁə 上	kuʁə 上
馆	山合一去换见	kuan 上	kue 上	kuʁə 上	kuʁə 上	kuʁə 上
贯	山合一去换见	kuan 去	kue 去	kuʁə 去	kuʁə 去	kuʁə 去
罐	山合一去换见	kuan 去	kue 去	kuʁə 去	kuʁə 去	kuʁə 去
冠~军	山合一去换见	kuan 去	kue 去	kuʁə 去	kuʁə 去	kuʁə 去
灌	山合一去换见	kuan 去	kue 去	kuʁə 去	kuʁə 去	kuʁə 去
宽	山合一平桓溪	kʰuan 阴平	kʰue 平	kʰuʁə 平	kʰuʁə 平	kʰuʁə 平
款	山合一上缓溪	kʰuan 上	kʰue 上	kʰuʁə 上	kʰuʁə 上	kʰuʁə 上
欢	山合一平桓晓	xuan 平	ɦue 平	huʁə 平	huʁə 平	huʁə 平
唤	山合一去换晓	xuan 平	ɦue 平	huʁə 去	huʁə 去	huʁə 去
焕	山合一去换晓	xuan 去	ɦue 去	huʁə 去	huʁə 去	huʁə 去
完	山合一平桓匣	uan 阳平	ɦue 平	ɦuʁə 平	ɦuʁə 平	ɦuʁə 平
丸	山合一平桓匣	uan 阳平	ɦue 平	ɦuʁə 平	ɦuʁə 平	ɦuʁə 平
换	山合一去换匣	xuan 去	ɦue 去	ɦuʁə 去	ɦuʁə 去	ʔuʁə 去
玩	山合一去换疑	uan 去	ɦue 去	ɦuʁə 去	ɦuʁə 去	ʔuʁə 去
缓	山合一上缓匣	xuan 上	ɦue 上	ʔuʁə 上	ɦuʁə 上	ɦuʁə 上
豌	山合一平桓影	uan 阳平	ʔue 平	ʔuʁə 平	ʔuʁə 平	ʔuʁə 平
碗		uan 上	ʔue 上	ʔuʁə 上	ʔuʁə 上	ʔuʁə 上
皖	山合一上缓匣	uan 上	ʔue 上	ʔuʁə 上	ʔuʁə 上	ʔuʁə 上
腕	山合一去换影	uan 上	ʔue 去	ʔuʁə 去	ʔuʁə 去	ʔuʁə 去

28. uəŋ

汉字	广韵	普通话	近代吴语	现代吴语	当代吴语	新世纪吴语
滚		kuən 上	kuəŋ 上	kuəŋ 上	kuəŋ 上	kuəŋ 上
棍	臻合一上混匣	kuən 去	kuəŋ 去	kuəŋ 去	kuəŋ 去	kuəŋ 去
昆	臻合一平魂见	kʰuən 阴平	kʰuəŋ 平	kʰuəŋ 平	kuəŋ 平	kʰuəŋ 平
坤	臻合一平魂溪	kʰuən 阴平	kʰuəŋ 平	kʰuəŋ 平	kuəŋ 平	kʰuəŋ 平
捆		kʰuən 上	kʰuəŋ 上	kʰuəŋ 上	kuəŋ 上	kʰuəŋ 上
阃	臻合一上混溪	kʰuən 上	kʰuəŋ 上	kʰuəŋ 上	kuəŋ 上	kʰuəŋ 上
困	臻合一去混溪	kʰuən 去	kʰuəŋ 去	kʰuəŋ 去	kʰuəŋ 去	kʰuəŋ 去
棍	臻合一上混匣	kuən 平	kʰuəŋ 平	kʰuəŋ 平	kʰuəŋ 平	kʰuəŋ 平
昏	臻合一平魂晓	xuən 阴平	huəŋ 平	huəŋ 平	huən 平	huəŋ 平
惛	臻合一平魂晓	xuən 阴平	huəŋ 平	huəŋ 平	huən 平	huəŋ 平
婚	臻合一平魂晓	xuən 阴平	huəŋ 平	huəŋ 平	huən 平	huəŋ 平
荤	臻合三平文晓	xuən 阴平	huəŋ 平	huəŋ 平	huən 平	huəŋ 平
魂		xuən 阳平	ɦuəŋ 平	ɦuəŋ 平	ɦuən 平	ɦuəŋ 平
浑	臻合一平魂匣	xuən 阳平	ɦuəŋ 平	ɦuəŋ 平	ɦuən 平	ɦuəŋ 平
馄	臻合一平魂匣	xuən 阳平	ɦuəŋ 平	ɦuəŋ 平	ɦuən 平	ɦuəŋ 平
混	臻合一上混匣	xuən 去	ɦuəŋ 去	ɦuəŋ 去	ɦuən 上	ɦuəŋ 去
温	臻合一平魂影	uən 阴平	ʔuəŋ 平	ʔuəŋ 平	ʔuən 平	ʔuəŋ 平
瘟		uən 阴平	ʔuəŋ 平	ʔuəŋ 平	ʔuən 平	ʔuəŋ 平
稳	臻合一上混影	uən 上	ʔuəŋ 上	ʔuəŋ 上	ʔuən 上	ʔuəŋ 上

29. y

汉字	广韵	普通话	近代吴语	现代吴语	当代吴语	新世纪吴语
疽	遇开三平鱼清	tɕy 阴平	tsy 平	tsy 平	tɕy 平	tɕy 平
趋	遇合三平虞清	tɕʰy 阴平	tsʰy 平	tsʰy 平	tɕʰy 平	tɕʰy 平
蛆	遇开三平鱼清	tɕʰy 阴平	tsʰy 平	tsʰy 平	tɕʰy 平	tɕʰy 平
取	遇合三上虞清	tɕʰy 上	tsʰy 上	tsʰy 上	tɕʰy 上	tɕʰy 上
娶	遇合三去遇清	tɕʰy 上	tsʰy 上	tsʰy 上	tɕʰy 上	tɕʰy 上
趣	遇合三去遇清	tɕʰy 去	tsʰy 去	tsʰy 去	tɕʰy 去	tɕʰy 去
聚	遇合三去遇从	tɕy 去	dzy 去	dzy 去	dzy 去	dzy 上
须	遇合三平虞心	ɕy 阴平	sy 平	sy 平	ɕy 平	ɕy 平
需	遇合三平虞心	ɕy 阴平	sy 平	sy 平	ɕy 平	ɕy 平
胥	遇开三平鱼心	ɕy 阴平	sy 平	sy 平	ɕy 平	ɕy 平
徐	遇开三平鱼邪	ɕy 阳平	dzy 平	dzy 平	dzy 平	dzy 平
序	遇开三上语邪	ɕy 去	dzy 上	dzy 上	dzy 上	dzy 上
叙	遇开三上语邪	ɕy 去	dzy 去	dzy 去	dzy 去	dzy 上
驴	遇开三平鱼来	ly 阳平	ly 平	ly 平	ly 平	ly 平
吕	遇开三上语来	ly 上	ly 上	ly 上	ly 上	ly 上
侣	遇开三上语来	ly 上	ly 上	ly 上	ly 上	ly 上
屡	遇合三去遇来	ly 上	ly 上	ly 上	ly 上	ly 去
旅	遇开三上语来	ly 上	ly 上	ly 上	ly 上	ly 去
虑	遇开三去御来	ly 去	ly 去	ly 去	ly 去	ly 去
滤		ly 去	ly 去	ly 去	ly 去	ly 去

续表

汉字	广韵	普通话	近代吴语	现代吴语	当代吴语	新世纪吴语
居	止开三平之见	tɕy 阴平	tɕy 平	tɕy 平	tɕy 平	tɕy 平
拘	遇合三平虞见	tɕy 阴平	tɕy 平	tɕy 平	tɕy 平	tɕy 平
龟白	止合三平脂见	kuei 阴平	tɕy 平	tɕy 平	tɕy 平	tɕy 平
举	遇开三上语见	tɕy 上	tɕy 上	tɕy 上	tɕy 上	tɕy 上
鬼白	止合三上尾见	kuei 上	tɕy 上	tɕy 上	tɕy 上	tɕy 上
句	遇合三去遇见	tɕy 去	tɕy 去	tɕy 去	tɕy 去	tɕy 去
贵白	止合三去未见	kuei 去	tɕy 去	tɕy 去	tɕy 去	tɕy 去
据	遇开三去御见	tɕy 去	tɕy 去	tɕy 去	tɕy 去	tɕy 去
驱	遇合三平虞溪	tɕʰy 阴平	tɕʰy 平	tɕʰy 平	tɕʰy 平	tɕʰy 平
区	遇合三平虞溪	tɕʰy 阴平	tɕʰy 平	tɕʰy 平	tɕʰy 平	tɕʰy 平
亏白	止合三平支溪	kʰuei 阴平	tɕʰy 平	tɕʰy 平	tɕʰy 平	tɕʰy 平
去	遇开三去御溪	tɕʰy 去	tɕʰy 去	tɕʰy 去	tɕʰy 去	tɕʰy 去
瞿	遇合三平虞群	tɕʰy 阳平	dʑy 平	dʑy 平	dʑy 平	dʑy 平
巨	遇开三上语群	tɕy 去	dʑy 去	dʑy 去	dʑy 去	dʑy 上
拒	遇开三上语群	tɕy 去	dʑy 去	dʑy 去	dʑy 去	dʑy 上
惧	遇合三去遇群	tɕy 去	dʑy 去	dʑy 去	dʑy 去	dʑy 去
具	遇合三去遇群	tɕy 去	dʑy 去	dʑy 去	dʑy 去	dʑy 去
跪白	止合三上纸群	kuei 去	dʑy 去	dʑy 去	dʑy 去	dʑy 去
虚	遇开三平鱼晓	ɕy 阴平	ɕy 平	ɕy 平	ɕy 平	ɕy 平
嘘	遇开三平鱼晓	ɕy 阴平	ɕy 平	ɕy 平	ɕy 平	ɕy 平
许	遇开三上语晓	ɕy 上	ɕy 上	ɕy 上	ɕy 上	ɕy 上
愚	遇合三平虞疑	y 阳平	ŋy 平	ŋy 平	ŋy 平	ŋy 平
女	遇开三上语娘	ny 上	ny 上	ny 上	ny 上	ny 上
语	遇开三上语疑	ny 上	ŋy 上	ŋy 上	ŋy 上	ŋy 上
蕊白	止合三上纸日	zuei 上	ny 上	ny 上	ny 上	ny 上
御	遇开三去御疑	y 去	ŋy 去	ŋy 去	ŋy 去	ɦy 去
遇	遇合三去遇疑	y 去	ŋy 去	ŋy 去	ŋy 去	ŋy 去
寓	遇合三去遇疑	y 去	ŋy 去	ŋy 去	ŋy 去	ŋy 去
鱼文	遇开三平鱼疑	y 阳平	ʔy 平	ɦy 平	ɦy 平	ɦy 平
於	遇合三平虞云	y 阳平	ʔy 平	ɦy 平	ɦy 平	ɦy 平
余	遇开三平鱼以	y 阳平	ʔy 平	ɦy 平	ɦy 平	ɦy 平
馀	遇开三平鱼以	y 阳平	ʔy 平	ɦy 平	ɦy 平	ɦy 平
圄	遇开三上语疑	y 上	ʔy 上	ɦy 上	ɦy 上	ɦy 上
雨	遇合三上麌云	y 上	ʔy 上	ɦy 上	ɦy 上	ʔy 上
预	遇开三去御以	y 去	ʔy 去	ɦy 去	ɦy 去	ɦy 去
愈	遇合三上麌以	y 去	ʔy 去	ɦy 去	ɦy 去	ɦy 去
迂	遇合三平虞云	y 阳平	ʔy 平	ʔy 平	ʔy 平	ʔy 平
于	遇合三平虞云	y 阳平	ʔy 平	ʔy 平	ʔy 平	ʔy 平
盂	遇合三平虞云	y 阳平	ʔy 平	ʔy 平	ʔy 平	ʔy 平
羽	遇合三上麌云	y 上	ʔy 上	ʔy 上	ʔy 上	ʔy 上
禹	遇合三上麌云	y 上	ʔy 上	ʔy 上	ʔy 上	ʔy 上
宇	遇合三上麌云	y 上	ʔy 上	ʔy 上	ʔy 上	ʔy 上

30. yʏə

汉字	广韵	普通话	近代吴语	现代吴语	当代吴语	新世纪吴语
捐	山合三平仙以	tɕyan 阴平	tɕyoe 平	tɕyʏɤ 平	tɕyʏə 平	tɕyʏə 平
捲	山合三上獮见	tɕyan 上	tɕyoe 上	tɕyʏɤ 上	tɕyʏə 上	tɕyʏə 上
卷	山合三上獮见	tɕyan 上	tɕyoe 上	tɕyʏɤ 上	tɕyʏə 上	tɕyʏə 上
绢	山合三去线见	tɕyan 去	tɕyoe 去	tɕyʏɤ 去	tɕyʏə 去	tɕyʏə 去
眷	山合三去线见	tɕyan 去	tɕyoe 去	tɕyʏɤ 去	tɕyʏə 去	tɕyʏə 去
圈	山合三平仙溪	tɕʰyan 阴平	tɕyoe 平	tɕʰyʏɤ 平	tɕʰyʏə 平	tɕʰyʏə 平
犬	山合四上铣溪	tɕʰyan 上	tɕyoe 上	tɕʰyʏɤ 上	tɕʰyʏə 上	tɕʰyʏə 上
劝	臻合三去愿溪	tɕʰyan 去	tɕyoe 去	tɕʰyʏɤ 去	tɕʰyʏə 去	tɕʰyʏə 去
券	臻合三去愿溪	tɕʰyan 去	tɕyoe 去	tɕʰyʏɤ 去	tɕʰyʏə 去	tɕʰyʏə 去
权	山合三平仙群	tɕʰyan 阳平	dzyoe 平	dzyʏɤ 平	dzyʏə 平	dzyʏə 平
拳	山合三平仙群	tɕʰyan 阳平	dzyoe 平	dzyʏɤ 平	dzyʏə 平	dzyʏə 平
颧	山合三平仙群	tɕʰyan 阳平	dzyoe 平	dzyʏɤ 平	dzyʏə 平	dzyʏə 平
倦	山合三去线群	tɕyan 去	dzyoe 去	dzyʏɤ 去	dzyʏə 去	dzyʏə 去
圈	臻合三去愿群	tɕyan 去	dzyoe 去	dzyʏɤ 去	dzyʏə 去	dzyʏə 去
暄	臻合三平元晓	ɕyan 阴平	ɕyoe 平	ɕyʏɤ 平	ɕyʏə 平	ɕyʏə 平
喧	臻合三平元晓	ɕyan 阴平	ɕyoe 平	ɕyʏɤ 平	ɕyʏə 平	ɕyʏə 平
靴	果合三平戈晓	ɕyɛ 阴平	ɕyoe 平	ɕyʏɤ 平	ɕyʏə 平	ɕyʏə 平
楦	臻合三去愿晓	ɕyan 去	ɕyoe 去	ɕyʏɤ 去	ɕyʏə 去	ɕyʏə 去
元	臻合三平元疑	yan 阳平	ŋyoe 平	ŋyʏɤ 平	ŋyʏə 平	ŋyʏə 平
原	臻合三平元疑	yan 阳平	ŋyoe 平	ŋyʏɤ 平	ŋyʏə 平	ŋyʏə 平
源	臻合三平元疑	yan 阳平	ŋyoe 平	ŋyʏɤ 平	ŋyʏə 平	ŋyʏə 平
软	山合三上獮日	yan 上	ŋyoe 上	ŋyʏɤ 上	ŋyʏə 上	ŋyʏə 上
愿	臻合三去愿疑	yan 去	ŋyoe 去	ŋyʏɤ 去	ŋyʏə 去	ŋyʏə 去
玄	山合四平先匣	ɕyan 阳平	ɦyoe 平	ɦyʏɤ 平	ɦyʏə 平	ɦyʏə 平
悬	山合四平先匣	ɕyan 阳平	ɦyoe 平	ɦyʏɤ 平	ɦyʏə 平	ʔyʏə 去
圆	山合三平仙云	yan 阳平	ʔyoe 平	ɦyʏɤ 平	ɦyʏə 平	ɦyʏə 平
元	臻合三平元疑	yan 阳平	ʔyoe 平	ɦyʏɤ 平	ɦyʏə 平	ɦyʏə 平
缘	山合三平仙以	yan 阳平	ʔyoe 平	ɦyʏɤ 平	ɦyʏə 平	ɦyʏə 平
远	臻合三上阮云	yan 上	ʔyoe 上	ɦyʏɤ 上	ɦyʏə 上	ɦyʏə 上
眩	山合四去霰匣	ɕyan 去	ʔyoe 上	ɦyʏɤ 去	ɦyʏə 去	ɦyʏə 去
悬	山合四平先匣	ɕyan 阳平	ʔyoe 去	ɦyʏɤ 去	ʔyʏə 去	ʔyʏə 去
院	山合三去线云	yan 去	ʔyoe 去	ɦyʏɤ 去	ʔyʏə 去	ʔyʏə 去
冤	臻合三平元影	yan 阴平	ʔyoe 平	ʔyʏɤ 平	ʔyʏə 平	ʔyʏə 平
怨	臻合三去愿影	yan 去	ʔyoe 去	ʔyʏɤ 去	ʔyʏə 去	ʔyʏə 去

31. yəŋ

汉字	广韵	普通话	近代吴语	现代吴语	当代吴语	新世纪吴语
均	臻合三平谆见	tɕyn 阴平	tɕyin 平	tɕyəŋ 平	tɕyəŋ 平	tɕyəŋ 平
钧	臻合三平谆见	tɕyn 阴平	tɕyin 平	tɕyəŋ 平	tɕyəŋ 平	tɕyəŋ 平
君	臻合三平文见	tɕyn 阴平	tɕyin 平	tɕyəŋ 平	tɕyəŋ 平	tɕyəŋ 平
军	臻合三平文见	tɕyn 阴平	tɕyin 平	tɕyəŋ 平	tɕyəŋ 平	tɕyəŋ 平
窘	臻合三上轸群	tɕyŋ 上	tɕyin 上	tɕyəŋ 上	tɕyəŋ 上	tɕyəŋ 上

续表

汉字	广韵	普通话	近代吴语	现代吴语	当代吴语	新世纪吴语
菌	臻合三上阮群	tɕyŋ 上	tɕyin 上	tɕyəŋ 上	tɕyəŋ 上	tɕyəŋ 上
群	臻合三平文群	tɕʰyn 阳平	dʑyin 平	dʑyəŋ 平	dʑyəŋ 平	dʑyəŋ 平
裙	臻合三平文群	tɕʰyn 阳平	dʑyin 平	dʑyəŋ 平	dʑyəŋ 平	dʑyəŋ 平
郡	臻合三去问群	tɕyn 去	dʑyin 去	dʑyəŋ 去	tɕyəŋ 去	tɕyəŋ 去
熏	臻合三平文晓	ɕyn 阴平	ɕyin 平	ɕyəŋ 平	ɕyəŋ 平	ɕyəŋ 平
勋	臻合三平文晓	ɕyn 阴平	ɕyin 平	ɕyəŋ 平	ɕyəŋ 平	ɕyəŋ 平
荤	臻合三平文晓	ɕyn 阴平	ɕyin 平	ɕyəŋ 平	ɕyəŋ 平	ɕyəŋ 平
训	臻合三去问晓	ɕyn 去	ɕyin 平	ɕyəŋ 去	ɕyəŋ 去	ɕyəŋ 去
闰		zuən 去	ŋyin 去	ŋyəŋ 去	ɦyən 去	ɦyən 去
云	臻合三平文云	yn 阳平	ʔʑyin 平	ɦyəŋ 平	ɦyəŋ 平	ɦyən 平
耘	臻合三平文云	yn 阳平	ʔʑyin 平	ɦyəŋ 平	ɦyəŋ 平	ɦyən 平
匀	臻合三平谆以	yn 阳平	ʔʑyin 平	ɦyəŋ 平	ɦyəŋ 平	ɦyən 平
晕	臻合三去问云	yn 阴平	ʔʑyin 去	ɦyəŋ 去	ʔyəŋ 去	ʔyən 去
韵	臻合三去问云	yn 去	ʔʑyin 去	ɦyəŋ 去	ʔyəŋ 去	ʔyən 去
运	臻合三去问云	yn 去	ʔʑyin 去	ɦyəŋ 去	ʔyəŋ 去	ʔyən 去
孕	曾开三去证以	yn 去	ʔʑyin 去	ɦyəŋ 去	ʔyəŋ 去	ʔyən 去
氲	臻合三平文影	yn 阴平	ʔʑyin 平	ʔyəŋ 平	ʔyəŋ 平	ʔyən 平
允	臻合三上准以	yn 上	ʑyin 上	ʔyəŋ 上	ʔyəŋ 上	ʔyən 上

32. ʌʔ（入声，表中不再文字标明。下同）

汉字	广韵	普通话	近代吴语	现代吴语	当代吴语	新世纪吴语
八	山开二入辖帮	pʌ 阳平	paʔ	pʌʔ	paʔ	paʔ
伯	梗开二入陌帮	pai 阴平	pəʔ	pʌʔ	paʔ	paʔ
百	梗开二入陌帮	pai 上	pəʔ	pʌʔ	paʔ	paʔ
柏	梗开二入陌帮	pai 上	pəʔ	pʌʔ	paʔ	paʔ
拍	梗开二入陌滂	pʰai 阴平	pʰəʔ	pʰʌʔ	pʰaʔ	pʰaʔ
魄	梗开二入陌滂	pʰo 去	pʰəʔ	pʰʌʔ	pʰaʔ	pʰaʔ
拔	山开二入辖并	pʌ 阳平	baʔ	bʌʔ	baʔ	baʔ
白白	梗开二入陌并	pai 阳平	bəʔ	bʌʔ	baʔ	baʔ
蔑	山开四入屑明	miɛ 去	maʔ	mʌʔ	maʔ	maʔ
抹	山合一入末明	mo 去	maʔ	mʌʔ	maʔ	maʔ
袜	臻合三入月明	uʌ 去	maʔ	mʌʔ	maʔ	maʔ
麦	梗开二入麦明	mai 去	məʔ	mʌʔ	maʔ	maʔ
脉	梗开二入麦明	mai 去	məʔ	mʌʔ	maʔ	maʔ
法	咸三入乏帮	fʌ 上	faʔ	fʌʔ	faʔ	faʔ
发	臻合三入月帮	fʌ 阳平	faʔ	fʌʔ	faʔ	faʔ
发	臻合三入月帮	fʌ 去	faʔ	fʌʔ	faʔ	faʔ
乏	咸合三入乏并	fʌ 阳平	vaʔ	vʌʔ	vaʔ	vaʔ
罚	臻合三入月并	fʌ 阳平	vaʔ	vʌʔ	vaʔ	vaʔ
伐	臻合三入月并	fʌ 阳平	vaʔ	vʌʔ	vaʔ	vaʔ
筏	臻合三入月并	fʌ 阳平	vaʔ	vʌʔ	vaʔ	vaʔ
着衣	宕开三入药知	tʂuo 阳平	tsaʔ	tsʌʔ	tsaʔ	tsaʔ

续表

汉字	广韵	普通话	近代吴语	现代吴语	当代吴语	新世纪吴语
酌	宕开三入药章	ʂɑu 阳平	tsaʔ	tsʌʔ	tsaʔ	tsaʔ
札	山开二入辖庄	tsʌ 阳平	tsaʔ	tsʌʔ	tsaʔ	tsaʔ
箚	山开二入辖庄	tsʌʔ 阳平	tsaʔ	tsʌʔ	tsaʔ	tsaʔ
隻	梗开三入昔章	tʂʅ 上	tsəʔ	tsʌʔ	tsaʔ	tsaʔ
仄	曾开三入职庄	tsɤ 去	tsəʔ	tsʌʔ	tsaʔ	tsaʔ
蜇	山开二入辖庄	tʂʌ 阴平	tsaʔ	tsʌʔ	tsaʔ	tsaʔ
扎	山开二入辖庄	tʂʌ 阴平	tsaʔ	tsʌʔ	tsaʔ	tsaʔ
绰	宕开三入药昌	tʂuo 去	tsaʔ	tsʰʌʔ	tsʰaʔ	tsʰaʔ
插	咸开二入洽初	tʂʰʌ 平	tsʰaʔ	tsʰʌʔ	tsʰaʔ	tsʰaʔ
策白	梗开二入麦初	tʂʰɤ 去	tsʰəʔ	tsʰʌʔ	tsʰaʔ	tsʰaʔ
尺	梗开三入昔昌	tʂʰʅ 上	tsʰəʔ	tsʰʌʔ	tsʰaʔ	tsʰaʔ
册	梗开二入麦初	tsʰɤ 去	tsʰəʔ	tsʰʌʔ	tsʰaʔ	tsʰaʔ
折白		tʂʰai 去	tsʰəʔ	tsʰʌʔ	tsʰaʔ	tsʰaʔ
察	山开二入辖初	tʂʰʌ 阳平	tsʰaʔ	tsʰʌʔ	tsʰaʔ	tsʰaʔ
擦		tʂʰʌ 阴平	tsʰaʔ	tsʰʌʔ	tsʰaʔ	tsʰaʔ
着	宕开三入药知	tsau 阴平	dzəʔ	dzʌʔ	zaʔ	zaʔ
煠	咸开三入叶以	tsʌ 阴平	dzəʔ	dzʌʔ	zaʔ	zaʔ
宅白	梗开二入陌澄	tsai 阴平	dzəʔ	dzʌʔ	zaʔ	zaʔ
杀	山开二入辖生	ʂʌ 阴平	saʔ	sʌʔ	saʔ	saʔ
撒		sʌ 阴平	saʔ	sʌʔ	saʔ	saʔ
萨	山开一入曷心	sʌ 上	saʔ	sʌʔ	saʔ	saʔ
煞	山开二入辖生	ʂʌ 上	saʔ	sʌʔ	saʔ	saʔ
霎	咸开二入洽生	ʂʌ 上	saʔ	sʌʔ	saʔ	saʔ
若	宕开三入药日	ʐuo 去	saʔ	sʌʔ	zaʔ	zaʔ
弱	宕开三入药日	ʐuo 去	zaʔ	zʌʔ	zaʔ	zaʔ
芍	宕开三入药常	tsʰau 阳平	zaʔ	zʌʔ	zaʔ	zaʔ
石	梗开三入昔常	ʂʅ 阳平	zaʔ	zʌʔ	zaʔ	zaʔ
搭	咸开一入盍透	tʌ 阴平	taʔ	tʌʔ	taʔ	taʔ
答	咸开一入合端	tʌ 阴平	taʔ	tʌʔ	taʔ	taʔ
塔	咸开一入盍透	tʰʌ 上	tʰaʔ	tʰʌʔ	tʰaʔ	tʰaʔ
搨	咸开一入盍透	tʰʌ 去	tʰaʔ	tʰʌʔ	tʰaʔ	tʰaʔ
獭	山开一入曷透	tʰʌ 上	tʰaʔ	tʰʌʔ	tʰaʔ	tʰaʔ
塌		tʰʌ 阴平	tʰaʔ	tʰʌʔ	tʰaʔ	tʰaʔ
榻	咸开一入盍透	tʰʌ 去	tʰaʔ	tʰʌʔ	tʰaʔ	tʰaʔ
遢	咸开一入盍透	tʰʌ 去	tʰaʔ	tʰʌʔ	tʰaʔ	tʰaʔ
挞	山开一入曷透	tʰʌ 去	tʰaʔ	tʰʌʔ	tʰaʔ	tʰaʔ
达	山开一入曷定	tʌ 阳平	taʔ	dʌʔ	daʔ	daʔ
踏	咸开一入合透	tʰʌ 去	taʔ	dʌʔ	daʔ	daʔ
沓	咸开一入合定	tʌ 去	daʔ	dʌʔ	daʔ	daʔ
捺	山开一入曷泥	nʌ 去	naʔ	nʌʔ	naʔ	naʔ
拉	咸开一入合来	lʌ 阴平	laʔ	lʌʔ	laʔ	laʔ
辣	山开一入曷来	lʌ 去	laʔ	lʌʔ	laʔ	laʔ

汉字	广韵	普通话	近代吴语	现代吴语	当代吴语	新世纪吴语
蜡	咸开一入盍来	lʌ 去	laʔ	lʌʔ	laʔ	laʔ
腊	咸开一入盍来	lʌ 去	laʔ	lʌʔ	laʔ	laʔ
邋	咸开一入盍来	lʌ 去	laʔ	lʌʔ	laʔ	laʔ
挟	咸开四入怗匣	ɕiɛ 阳平	laʔ	lʌʔ	laʔ	laʔ
袷	咸开二入洽见	tɕiʌ 阳平	kaʔ	kʌʔ	kaʔ	kaʔ
夹	咸开二入洽见	tɕiʌ 阳平	kaʔ	kʌʔ	kaʔ	kaʔ
格白	宕开一入铎见	kɤ 阳平	kəʔ	kʌʔ	kaʔ	kaʔ
甲白	咸开二入狎见	tɕiʌ 上	kaʔ	kʌʔ	kaʔ	kaʔ
隔白	梗开二入麦见	kɤ 阳平	kəʔ	kʌʔ	kaʔ	kaʔ
袼	咸开二入洽见	tɕiʌ 阳平	kaʔ	kʌʔ	kaʔ	kaʔ
掐	咸开二入洽溪	tɕʰiʌ 阴平	kʰaʔ	kʰʌʔ	kʰaʔ	kʰaʔ
恰白	咸开二入洽溪	tɕʰiʌ 去	kʰaʔ	kʰʌʔ	kʰaʔ	kʰaʔ
客白	梗开二入陌溪	kʰɤ 去	kʰəʔ	kʰʌʔ	kʰaʔ	kʰaʔ
轧	山开二入辖影	iʌ 去	gaʔ	gʌʔ	gaʔ	gaʔ
额白	梗开二入陌疑	ɤ 阳平	ŋəʔ	ŋʌʔ	ʔaʔ	ʔaʔ
瞎	山开二入黠晓	ɕiʌ 平	haʔ	hʌʔ	haʔ	haʔ
吓	假开二去祃晓	xɤ 去	haʔ	hʌʔ	haʔ	haʔ
喝	山开一入曷晓	xɤ 阴平	haʔ	hʌʔ	haʔ	haʔ
盒	咸开一入合匣	xɤ 平	ɦieʔ	ɦʌʔ	ʔaʔ	ʔaʔ
狭	咸开二入洽匣	ɕiʌ 平	ɦiaʔ	ɦiʌʔ	ʔaʔ	ʔaʔ
匣	咸开二入狎匣	ɕiʌ 平	ɦiaʔ	ɦiʌʔ	ʔaʔ	ʔaʔ
鸭	咸开二入狎影	iʌ 平	ʔaʔ	ʔʌʔ	ʔaʔ	ʔaʔ
阿	果开一平歌影	ʌ 平	ʔaʔ	ʔʌʔ	ʔaʔ	ʔaʔ
押	咸开二入狎影	iʌ 平	ʔaʔ	ʔʌʔ	ʔaʔ	ʔaʔ
压	咸开二入狎影	iʌ 平	ʔaʔ	ʔʌʔ	ʔaʔ	ʔaʔ

33. oʔ

汉字	广韵	普通话	近代吴语	现代吴语	当代吴语	新世纪吴语
北	曾开一入德帮	pei 上	poʔ	poʔ	poʔ	poʔ
博	宕开一入铎帮	po 阳平	poʔ	poʔ	poʔ	poʔ
剥	江开二入觉帮	po 阳平	poʔ	poʔ	poʔ	poʔ
驳	江开二入觉帮	po 阳平	poʔ	poʔ	poʔ	poʔ
卜	通开一入屋帮	pu 上	poʔ	poʔ	poʔ	poʔ
扑		pʰu 阴平	pʰoʔ	pʰoʔ	pʰoʔ	pʰoʔ
朴	江开二入觉滂	pʰu 上	pʰoʔ	pʰoʔ	pʰoʔ	pʰoʔ
璞	江开二入觉滂	pʰu 上	pʰoʔ	pʰoʔ	pʰoʔ	pʰoʔ
薄	宕开一入铎并	po 阳平	boʔ	boʔ	boʔ	boʔ
仆	通开一入屋并	pʰu 阳平	boʔ	boʔ	boʔ	boʔ
泊	宕开一入铎并	pʰo 阳平	boʔ	boʔ	boʔ	boʔ
雹	江开二入觉并	pau 阳平	boʔ	boʔ	boʔ	boʔ
莫	宕开一入铎明	mo 去	moʔ	moʔ	moʔ	moʔ
摸	宕开一入铎明	mo 阴平	moʔ	moʔ	moʔ	moʔ

续表

汉字	广韵	普通话	近代吴语	现代吴语	当代吴语	新世纪吴语
木	通开一入屋明	mu 去	moʔ	moʔ	moʔ	moʔ
沐	通开一入屋明	mu 去	moʔ	moʔ	moʔ	moʔ
目	通开三入屋明	mu 去	moʔ	moʔ	moʔ	moʔ
膜	宕开一入铎明	mo 阳平	moʔ	moʔ	moʔ	moʔ
寞	宕开一入铎明	mo 去	moʔ	moʔ	moʔ	moʔ
漠	宕开一入铎明	mo 去	moʔ	moʔ	moʔ	moʔ
穆	通开三入屋明	mu 去	moʔ	moʔ	moʔ	moʔ
牧	通开三入屋明	mu 去	moʔ	moʔ	moʔ	moʔ
幕	宕开一入铎明	mu 去	moʔ	moʔ	moʔ	moʔ
福	通开三入屋帮	fu 阳平	foʔ	foʔ	foʔ	foʔ
复	通开三入屋帮	fu 去	foʔ	foʔ	foʔ	foʔ
幅	通开三入屋帮	fu 阳平	foʔ	foʔ	foʔ	foʔ
蝠	通开三入屋帮	fu 阳平	foʔ	foʔ	foʔ	foʔ
辐	通开三入屋帮	fu 阳平	foʔ	foʔ	foʔ	foʔ
腹	通开三入屋帮	fu 去	foʔ	foʔ	foʔ	foʔ
覆	通开三入屋滂	fu 去	foʔ	foʔ	foʔ	foʔ
服	通开三入屋并	fu 阳平	voʔ	voʔ	voʔ	voʔ
伏	通开三入屋并	fu 阳平	voʔ	voʔ	voʔ	voʔ
啄	通开二入觉知	fu 去	tsoʔ	tsoʔ	tsoʔ	tsoʔ
竹	通开三入屋知	tʂu 阳平	tsɔʔ	tsoʔ	tsoʔ	tsoʔ
桌	江开二入觉知	tʂuo 阴平	tsɔʔ	tsoʔ	tsoʔ	tsoʔ
卓	江开二入觉知	tʂuo 阴平	tsɔʔ	tsoʔ	tsoʔ	tsoʔ
烛	通开三入烛章	tʂu 阳平	dzoʔ	tsoʔ	tsoʔ	tsoʔ
嘱	通开三入烛章	tʂu 上	dzoʔ	tsoʔ	tsoʔ	tsoʔ
足	通开三入烛精	tsu 阳平	tsoʔ	tsoʔ	tsoʔ	tsoʔ
作	宕开一入铎精	tsuo 去	tsɔʔ	tsoʔ	tsoʔ	tsoʔ
筑	通开三入屋知	tʂu 去	tsɔʔ	tsoʔ	tsoʔ	tsoʔ
祝	通开三入屋章	tʂu 去	tsɔʔ	tsoʔ	tsoʔ	tsoʔ
粥	通开三入屋章	tʂou 去	tsɔʔ	tsoʔ	tsoʔ	tsoʔ
触	通开三入烛昌	tʂʰu 去	tsʰoʔ	tsʰoʔ	tsʰoʔ	tsʰoʔ
戳		tsʰuo 阴平	tsʰoʔ	tsʰoʔ	tsʰoʔ	tsʰoʔ
龊	江开二入觉初	tsʰuo 去	tsʰoʔ	tsʰoʔ	tsʰoʔ	tsʰoʔ
促	通开三入烛清	tsʰu 去	tsʰoʔ	tsʰoʔ	tsʰoʔ	tsʰoʔ
错	宕开一入铎清	tsʰuo 去	tsʰɔʔ	tsʰoʔ	tsʰoʔ	tsʰoʔ
畜	通开三入屋晓	tsʰu 去	tsʰɔʔ	tsʰoʔ	tsʰoʔ	tsʰoʔ
轴	通开三入屋澄	tʂou 阳平	dzoʔ	dzoʔ	tsʰoʔ	tsʰoʔ
镯	通开三入烛常	tʂuo 阳平	dzɔʔ	dzoʔ	zoʔ	zoʔ
浊	江开二入觉澄	tʂuo 阳平	dzoʔ	dzoʔ	zoʔ	zoʔ
昨	宕开一入铎从	tsuo 阳平	dzɔʔ	dzoʔ	zoʔ	zoʔ
凿	宕开一入铎从	tsau 阳平	dzoʔ	dzoʔ	zoʔ	zoʔ
叔	通开三入屋书	ʂu 阴平	soʔ	soʔ	soʔ	soʔ
宿	通开三入屋心	su 去	soʔ	soʔ	soʔ	soʔ

汉字	广韵	普通话	近代吴语	现代吴语	当代吴语	新世纪吴语
缩	通开三入屋生	suo 阴平	soʔ	soʔ	soʔ	soʔ
朔	江开二入觉生	tʂuo 阳平	soʔ	soʔ	soʔ	soʔ
索	宕开一入铎心	tʂuo 上	soʔ	soʔ	soʔ	soʔ
速	通开一入屋心	tʂu 去	soʔ	soʔ	soʔ	soʔ
肃	通开三入屋心	su 去	soʔ	soʔ	soʔ	soʔ
夙	通开三入屋心	su 去	soʔ	soʔ	soʔ	soʔ
束	通开三入烛书	su 去	soʔ	soʔ	soʔ	soʔ
熟	通开三入屋常	ʂu 阳平	zoʔ	zoʔ	zoʔ	zoʔ
淑	通开三入屋常	ʂu 阴平	zoʔ	zoʔ	zoʔ	zoʔ
肉 文	通开三入屋日	zou 去	zoʔ	zoʔ	zoʔ	zoʔ
属	通开三入烛章	tʂu 上	dzoʔ	zoʔ	zoʔ	zoʔ
蜀	通开三入烛常	tʂu 上	zoʔ	zoʔ	zoʔ	zoʔ
赎	通开三入烛船	ʂu 阳平	zoʔ	zoʔ	zoʔ	zoʔ
辱	通开三入烛日	zu 上	zoʔ	zoʔ	zoʔ	zoʔ
褥	通开三入烛日	zu 上	zoʔ	zoʔ	zoʔ	zoʔ
俗	通开三入烛邪	su 阳平	dzoʔ	zoʔ	zoʔ	zoʔ
续	通开三入烛邪	ɕy 去	dzoʔ	zoʔ	zoʔ	zoʔ
逐	通开三入屋澄	tʂu 阳平	dzʔ	zoʔ	zoʔ	zoʔ
族	通开一入屋从	tsu 阳平	tsoʔ	zoʔ	zoʔ	zoʔ
笃	通开一入沃端	tu 上	toʔ	toʔ	toʔ	toʔ
督	通开一入沃端	tu 阴平	toʔ	toʔ	toʔ	toʔ
讬	宕开一入铎透	tʰuo 阴平	tʰoʔ	tʰoʔ	tʰoʔ	tʰoʔ
秃	通开一入屋透	tʰu 阴平	tʰoʔ	tʰoʔ	tʰoʔ	tʰoʔ
托		tʰuo 阴平	tʰoʔ	tʰoʔ	tʰoʔ	tʰoʔ
独	通开一入屋定	tu 阳平	doʔ	doʔ	doʔ	doʔ
毒	通开一入沃定	tu 阳平	doʔ	doʔ	doʔ	doʔ
读	通开一入屋定	tu 阳平	doʔ	doʔ	doʔ	doʔ
铎	宕开一入铎定	tuo 阳平	doʔ	doʔ	doʔ	doʔ
度 猜~	宕开一入铎定	tu 去	doʔ	doʔ	doʔ	doʔ
渎	通开一入屋定	tuo 去	doʔ	doʔ	doʔ	doʔ
犊	通开一入屋定	tu 阳平	doʔ	doʔ	doʔ	doʔ
牍	通开一入屋定	tu 阳平	doʔ	doʔ	doʔ	doʔ
诺	宕开一入铎泥	nuo 去	noʔ	noʔ	noʔ	noʔ
鹿	通开一入屋来	lu 去	loʔ	loʔ	loʔ	loʔ
陆	通开三入屋来	lu 去	loʔ	loʔ	loʔ	loʔ
六	通开三入屋来	liou 去	loʔ	loʔ	loʔ	loʔ
戮	通开三入屋来	lu 去	loʔ	loʔ	loʔ	loʔ
绿	通开三入烛来	ly 去	loʔ	loʔ	loʔ	loʔ
录	通开三入烛来	lu 阳平	loʔ	loʔ	loʔ	loʔ
禄	通开一入屋来	lu 阳平	loʔ	loʔ	loʔ	loʔ
碌	通开一入屋来	lu 阳平	loʔ	loʔ	loʔ	loʔ
烙	宕开一入铎来	lɑu 去	lɔʔ	loʔ	loʔ	loʔ

续表

汉字	广韵	普通话	近代吴语	现代吴语	当代吴语	新世纪吴语
落	宕开一入铎来	luo 去	lɔʔ	loʔ	loʔ	loʔ
乐	宕开一入铎来	lɤ 去	lɔʔ	loʔ	loʔ	loʔ
洛	宕开一入铎来	luo 去	lɔʔ	loʔ	loʔ	loʔ
骆	宕开一入铎来	luo 去	lɔʔ	loʔ	loʔ	loʔ
络	宕开一入铎来	luo 去	lɔʔ	loʔ	loʔ	loʔ
谷	通开一入屋见	ku 上	koʔ	koʔ	koʔ	koʔ
各	宕开一入铎见	kɤ 去	koʔ	koʔ	koʔ	koʔ
阁	宕开一入铎见	kɤ 去	koʔ	koʔ	koʔ	koʔ
搁		kɤ 阴平	koʔ	koʔ	koʔ	koʔ
角	江开二入觉见	tɕiau 上	koʔ	koʔ	koʔ	koʔ
觉白	江开二入觉见	tɕiau 阳平	koʔ	koʔ	koʔ	koʔ
郭	宕合一入铎见	kuo 阴平	koʔ	koʔ	koʔ	koʔ
学白	江开二入觉匣	ɕye 阳平	ɦia	ɦioʔ	ʔoʔ	ʔoʔ
哭	通开一入屋溪	kʰu 阴平	kʰoʔ	kʰoʔ	kʰoʔ	kʰoʔ
壳		kʰɤ 去	kʰoʔ	kʰoʔ	kʰoʔ	kʰoʔ
扩	宕合一去宕匣	kʰuo 去	kʰoʔ	kʰoʔ	kʰoʔ	kʰoʔ
酷	通开一入沃溪	kʰu 去	kʰoʔ	kʰoʔ	kʰoʔ	kʰoʔ
鹤	宕开一入铎匣	xɤ 去	ŋoʔ	ŋoʔ	ʔoʔ	ʔoʔ
岳	江开二入觉疑	yɛ 去	ŋoʔ	ŋoʔ	ʔoʔ	ʔoʔ
腭	宕开一入铎疑	ɤ 去	ŋoʔ	ŋoʔ	ʔoʔ	ʔoʔ
壑	宕开一入铎晓	xɤ 去	hoʔ	hoʔ	hoʔ	hoʔ
霍	宕合一入铎晓	xuo 去	hoʔ	hoʔ	hoʔ	hoʔ
学文	江开二入觉匣	ɕye 阳平	ɦoʔ	ɦoʔ	ʔoʔ	ʔoʔ
获	宕合一入铎匣	xuo 去	ɦoʔ	ɦoʔ	ʔoʔ	ʔoʔ
屋	通开一入屋影	u 阴平	ʔoʔ	ʔoʔ	ʔoʔ	ʔoʔ
恶	宕开一入铎影	ɤ 去	ʔoʔ	ʔoʔ	ʔoʔ	ʔoʔ
沃	通开一入沃影	uo 去	ʔoʔ	ʔoʔ	ʔoʔ	ʔoʔ

34. əʔ

汉字	广韵	普通话	近代吴语	现代吴语	当代吴语	新世纪吴语
不	臻合三入物帮	pu 去	peʔ	pəʔ	pəʔ	pəʔ
钵		po 阴平	peʔ	pəʔ	pəʔ	pəʔ
拨	山合一入末帮	po 阴平	peʔ	pəʔ	pəʔ	pəʔ
泼		pʰo 阴平	pʰeʔ	pʰəʔ	pʰəʔ	pʰəʔ
魄	梗开二入陌滂	pʰo 去	pʰəʔ	pʰəʔ	pʰəʔ	pʰəʔ
迫	梗开二入陌帮	po 去	peʔ	pəʔ	pəʔ	pəʔ
白文	梗开二入陌并	pai 阳平	beʔ	bʱəʔ	bʱəʔ	bʱəʔ
悖	臻合一入没并	po 阴平	beʔ	bʱəʔ	bʱəʔ	bʱəʔ
钹白	山合一入末并	po 阴平	beʔ	bʱəʔ	bʱəʔ	bʱəʔ
墨	曾开一入德明	mo 去	məʔ	məʔ	məʔ	məʔ
默	曾开一入德明	mo 去	məʔ	məʔ	məʔ	məʔ
末	山合一入末明	mo 去	meʔ	məʔ	məʔ	məʔ

续表

汉字	广韵	普通话	近代吴语	现代吴语	当代吴语	新世纪吴语
沫	山合一入末明	mo 去	meʔ	məʔ	məʔ	məʔ
麦文	梗开二入麦明	mai 去	meʔ	məʔ	məʔ	məʔ
脉文	梗开二入麦明	ʂən 去	meʔ	məʔ	məʔ	məʔ
末~着	山合一入末明	mo 去	meʔ	məʔ	məʔ	məʔ
没	臻合一入没明	mo 去	meʔ	məʔ	məʔ	məʔ
勿	臻合三入物明	u 去	feʔ	fəʔ	vəʔ	vəʔ
佛	臻合三入物滂	fu 阳平	feʔ	fəʔ	fəʔ	fəʔ
拂	臻合三入物滂	fu 阳平	feʔ	fəʔ	vəʔ	vəʔ
佛	臻合三入物并	fu 阳平	veʔ	vəʔ	voʔ	voʔ
勿	臻合三入物明	u 去	veʔ	vəʔ	vəʔ	vəʔ
物	臻合三入物明	u 去	veʔ	vəʔ	vəʔ	vəʔ
质	臻开三入质章	tʂʅ 去	tseʔ	tsəʔ	tsəʔ	tsəʔ
摺	咸开三入叶章	tʂɤ 阳平	tseʔ	tsəʔ	tsəʔ	tsəʔ
折	山开三入薛章	tʂɤ 阳平	tseʔ	tsəʔ	tsəʔ	tsəʔ
哲	山开三入薛知	tʂɤ 阳平	tseʔ	tsəʔ	tsəʔ	tsəʔ
这	山开三去线疑	tʂɤ 去	tseʔ	tsəʔ	tsəʔ	tsəʔ
执	深开三入缉章	tʂʅ 阳平	tseʔ	tsəʔ	tsəʔ	tsəʔ
汁	深开三入缉章	tʂʅ 阴平	tseʔ	tsəʔ	tsəʔ	tsəʔ
织	曾开三入职章	tʂʅ 阴平	tseʔ	tsəʔ	tsəʔ	tsəʔ
职	曾开三入职章	tʂʅ 阳平	tseʔ	tsəʔ	tsəʔ	tsəʔ
则	曾开一入德精	tsɤ 阳平	tsəʔ	tsəʔ	tsəʔ	tsəʔ
昃		tsɿ 去	tsəʔ	tsəʔ	tsəʔ	tsəʔ
摘文	梗开二入麦知	tʂai 阴平	tsəʔ	tsəʔ	tsəʔ	tsəʔ
窄	梗开二入陌庄	tʂai 上	tsəʔ	tsəʔ	tsəʔ	tsəʔ
只	梗开三入昔章	tʂʅ 上	tsəʔ	tsəʔ	tsəʔ	tsəʔ
侧	曾开三入职庄	tʂɤ 去	tsəʔ	tsəʔ	tsəʔ	tsəʔ
卒	臻合三入术精	tsu 平	tsoeʔ	tsəʔ	tsəʔ	tsəʔ
撤	山开三入薛澄	tʂʰɤ 去	tsʰeʔ	tsʰəʔ	tsʰəʔ	tsʰəʔ
彻	山开三入薛澄	tʂʰɤ 去	tsʰeʔ	tsʰəʔ	tsʰəʔ	tsʰəʔ
澈	山开三入薛澄	tʂʰɤ 去	tsʰeʔ	tsʰəʔ	tsʰəʔ	tsʰəʔ
斥	梗开三入昔昌	tʂʰʅ 去	tsʰəʔ	tsʰəʔ	tsʰəʔ	tsʰəʔ
饬	曾开三入职彻	tʂʰʅ 去	tsʰəʔ	tsʰəʔ	tsʰəʔ	tsʰəʔ
尺文	梗开三入昔昌	tʂʰʅ 上	tsʰəʔ	tsʰəʔ	tsʰəʔ	tsʰəʔ
测	曾开三入职初	tʂʰɤ 去	tsʰəʔ	tsʰəʔ	tsʰəʔ	tsʰəʔ
策文	梗开二入麦初	tsʰɤ 去	tsʰəʔ	tsʰəʔ	tsʰəʔ	tsʰəʔ
撮	山合一入末精	tsʰuo 阴平	tsoeʔ	tsʰəʔ	tsʰəʔ	tsʰəʔ
出	臻合三入术昌	tʂʰu 阴平	tsʰeʔ	tsʰəʔ	tsʰəʔ	tsʰəʔ
猝	臻合一入没清	tsʰu 去	tsoeʔ	tsʰəʔ	tsʰəʔ	tsʰəʔ
直	曾开三入职澄	tʂʅ 阳平	dzɤʔ	dzɤʔ	zəʔ	zəʔ
值	止开三去志澄	tʂʅ 阳平	dzɤʔ	dzɤʔ	zəʔ	zəʔ
殖	曾开三入职常	tʂʅ 阳平	dzɤʔ	dzɤʔ	zəʔ	zəʔ
植	曾开三入职常	tʂʅ 阳平	dzɤʔ	dzɤʔ	zəʔ	zəʔ

续表

汉字	广韵	普通话	近代吴语	现代吴语	当代吴语	新世纪吴语
宅文	梗开二入陌澄	tʂai 阳平	dzɐʔ	dzɐʔ	zɐʔ	zɐʔ
涉	咸开三入叶常	ʂɤ 去	dzɐʔ	dzɐʔ	zɐʔ	zɐʔ
贼	曾开一入德从	tsei 平	zɐʔ	dzɐʔ	zɐʔ	zɐʔ
杂	咸开一入合从	tsʌ 阳平	zɐʔ	dzɐʔ	zɐʔ	zɐʔ
涩	深开三入缉生	ʂɻ 去	sɐʔ	sɐʔ	sɐʔ	sɐʔ
室	臻开三入质书	ʂʅ 去	sɐʔ	sɐʔ	sɐʔ	sɐʔ
失	臻开三入质书	ʂʅ 阴平	sɐʔ	sɐʔ	sɐʔ	sɐʔ
湿	深开三入缉书	ʂʅ 阴平	sɐʔ	sɐʔ	sɐʔ	sɐʔ
式	曾开三入职书	ʂʅ 去	sɐʔ	sɐʔ	sɐʔ	sɐʔ
率	臻合三入术生	ly 去	sɐʔ	sɐʔ	sɐʔ	sɐʔ
设	山开三入薛书	ʂɤ 去	sɐʔ	sɐʔ	sɐʔ	sɐʔ
识	曾开三入职书	ʂʅ 阳平	sɐʔ	sɐʔ	sɐʔ	sɐʔ
饰	曾开三入职书	ʂʅ 去	sɐʔ	sɐʔ	sɐʔ	sɐʔ
涩	深开三入缉生	sɻ 去	sɐʔ	sɐʔ	sɐʔ	sɐʔ
色	曾开三入职生	sɻ 去	sɐʔ	sɐʔ	sɐʔ	sɐʔ
穑	曾开三入职生	sɻ 去	sɐʔ	sɐʔ	sɐʔ	sɐʔ
啬	曾开三入职生	sɻ 去	sɐʔ	sɐʔ	sɐʔ	sɐʔ
塞	曾开一入德心	sɻ 阴平	sɐʔ	sɐʔ	sɐʔ	sɐʔ
刷	山合二入黠生	ʂuʌ 阳平	sɐʔ	sɐʔ	sɐʔ	sɐʔ
瑟	臻开三入栉生	sɻ 去	sɐʔ	sɐʔ	sɐʔ	sɐʔ
说	山合三入薛书	ʂuo 阴平	sœʔ	sɐʔ	sɐʔ	sɐʔ
适	梗开三入昔书	ʂuʌ 阴平	sɐʔ	sɐʔ	sɐʔ	sɐʔ
十	深开三入缉常	ʂʅ 阳平	zɐʔ	zɐʔ	zɐʔ	zɐʔ
什	深开三入缉常	ʂʅ 阳平	zɐʔ	zɐʔ	zɐʔ	zɐʔ
日文	臻开三入质日	ʐʅ 去	zɐʔ	zɐʔ	zɐʔ	zɐʔ
热文	山开三入薛日	ʐɤ 去	zɐʔ	zɐʔ	zɐʔ	zɐʔ
折白	山开三入薛章	tʂɤ 阴平	zɐʔ	zɐʔ	zɐʔ	zɐʔ
拾文	深开三入缉常	ʂʅ 阳平	zɐʔ	zɐʔ	zɐʔ	zɐʔ
舌	山开三入薛船	tʂɤ 阳平	zɐʔ	zɐʔ	zɐʔ	zɐʔ
食	曾开三入职船	sʅ 阳平	zɐʔ	zɐʔ	zɐʔ	zɐʔ
入	深开三入缉日	ʐu 去	zɐʔ	zɐʔ	zɐʔ	zɐʔ
术	臻合三入术船	ʂu 去	zɐʔ	zɐʔ	zɐʔ	zɐʔ
述	臻合三入术船	ʂu 去	zɐʔ	zɐʔ	zɐʔ	zɐʔ
得	曾开一入德端	tɤ 阳平	təʔ	təʔ	təʔ	təʔ
德	曾开一入德端	tɤ 阳平	təʔ	təʔ	təʔ	təʔ
掇	山合一入末端	tuo 阴平	tœʔ	təʔ	təʔ	təʔ
忒	曾开一入德透	tʰɤ 去	tʰəʔ	tʰəʔ	tʰəʔ	tʰəʔ
脱	山合一入末透	tʰuo 阴平	tʰœʔ	tʰəʔ	tʰəʔ	tʰəʔ
特	曾开一入德定	tʰɤ 去	dəʔ	dəʔ	dəʔ	dəʔ
突	臻合一入没定	tʰu 阴平	deʔ	dəʔ	dəʔ	dəʔ
叠白	咸开四入帖定	tien 阳平	dəʔ	dəʔ	dəʔ	dəʔ
凸	臻合一入没定	tʰu 阴平	dəʔ	dəʔ	dəʔ	dəʔ

续表

汉字	广韵	普通话	近代吴语	现代吴语	当代吴语	新世纪吴语
夺	山合一入末定	tuo 阴平	doeʔ	dəʔ	dəʔ	dəʔ
纳	咸开一入合泥	nA 去	neʔ	nəʔ	nəʔ	nəʔ
呐	山合三入薛孃	nA 去	neʔ	nəʔ	nəʔ	nəʔ
勒	曾开一入德来	lɤ 去	ləʔ	ləʔ	ləʔ	ləʔ
捋	山合一入末来	ly 上	loeʔ	ləʔ	ləʔ	ləʔ
肋	曾开一入德来	lɤ 阴平	leʔ	ləʔ	ləʔ	ləʔ
个（助词）	果开一去箇见	kɤ 去	kəʔ	kəʔ	kəʔ	kəʔ
格文	梗开二入陌见	kɤ 阳平	kəʔ	kəʔ	kəʔ	kəʔ
革	梗开二入麦见	kɤ 平	kəʔ	kəʔ	kəʔ	kəʔ
蛤	咸开一入合见	kɤ 阳平	keʔ	kəʔ	kəʔ	kəʔ
鸽	咸开一入合见	kɤ 阴平	keʔ	kəʔ	kəʔ	kəʔ
隔文	梗开二入麦见	kɤ 阳平	kəʔ	kəʔ	kəʔ	kəʔ
葛	山开一入曷见	kɤ 阳平	koeʔ	kəʔ	kəʔ	kəʔ
割	山开一入曷见	kɤ 阴平	koeʔ	kəʔ	kəʔ	kəʔ
刻	曾开一入德溪	khɤ 去	khəʔ	khəʔ	khəʔ	khəʔ
克	曾开一入德溪	khɤ 去	khəʔ	khəʔ	khəʔ	khəʔ
客文	梗开二入陌溪	khɤ 去	khoeʔ	khəʔ	khəʔ	khəʔ
咳	蟹开一平咍匣	khɤ 阳平	khoeʔ	khəʔ	khəʔ	khəʔ
磕	山开一入曷溪	khɤ 阴平	khoeʔ	khəʔ	khəʔ	khəʔ
渴	山开一入曷溪	khɤ 上	khoeʔ	khəʔ	khəʔ	khəʔ
搿		khɤ 阳平	gəʔ	ghəʔ	gəʔ	gəʔ
额文	梗开二入陌疑	ɤ 阳平	ŋəʔ	ŋəʔ	ʔəʔ	ʔəʔ
黑	曾开一入德晓	xei 阴平	həʔ	həʔ	həʔ	həʔ
赫	梗开二入陌晓	xe 去	həʔ	həʔ	həʔ	həʔ
核	梗开二入麦匣	xe 去	həʔ	həʔ	həʔ	həʔ
合	咸开一入合匣	xɤ 阳平	fieʔ	fiəʔ	ʔəʔ	ʔəʔ
盒	咸开一入合匣	xɤ 阳平	fieʔ	fiəʔ	ʔɑʔ	ʔɑʔ
曷	山开一入曷匣	xɤ 阳平	ʔoeʔ	fiəʔ	ʔəʔ	ʔəʔ
厄	梗开二入麦影	ɤ 去	ʔəʔ	ʔəʔ	ʔəʔ	ʔəʔ
呃	蟹开二去怪影	ɤ 去	ʔəʔ	ʔəʔ	ʔəʔ	ʔəʔ

35. iiʔ

汉字	广韵	普通话	近代吴语	现代吴语	当代吴语	新世纪吴语
逼	曾开三入职帮	pi 阴平	piʔ	piiʔ	piiʔ	piiʔ
必	臻开三入质帮	pi 去	piʔ	piiʔ	piiʔ	piiʔ
笔	臻开三入质帮	pi 上	piʔ	piiʔ	piiʔ	piiʔ
瘪	山开三入薛滂	piɛ 上	piʔ	piiʔ	piiʔ	piiʔ
毕	臻开三入质帮	pi 去	piʔ	piiʔ	piiʔ	piiʔ
碧	梗开三入陌帮	pi 去	piʔ	piiʔ	piiʔ	piiʔ
壁	梗开四入锡帮	pi 去	piʔ	piiʔ	piiʔ	piiʔ
璧	梗开三入昔帮	pi 去	piʔ	piiʔ	piiʔ	piiʔ
憋	山开三入薛帮	piɛ 阴平	piʔ	piiʔ	piiʔ	piiʔ

续表

汉字	广韵	普通话	近代吴语	现代吴语	当代吴语	新世纪吴语
鳖		piɛ 阴平	piʔ	piɪʔ	piɪʔ	piɪʔ
匹	臻开三入质滂	pʰi 阳平	pʰiʔ	pʰiɪʔ	pʰiɪʔ	pʰiɪʔ
疋	遇开三平鱼生	pʰi 上	pʰiʔ	pʰiɪʔ	pʰiɪʔ	pʰiɪʔ
劈	梗开四入锡滂	pʰi 阴平	pʰiʔ	pʰiɪʔ	pʰiɪʔ	pʰiɪʔ
撇		pʰiɛ 上	pʰiʔ	pʰiɪʔ	pʰiɪʔ	pʰiɪʔ
僻	梗开三入昔滂	pʰi 去	pʰiʔ	pʰiɪʔ	pʰiɪʔ	pʰiɪʔ
辟	梗开三入昔滂	pi 去	pʰiʔ	pʰiɪʔ	pʰiɪʔ	pʰiɪʔ
劈	梗开四入锡滂	pʰi 去	pʰiʔ	pʰiɪʔ	pʰiɪʔ	pʰiɪʔ
霹	梗开四入锡滂	pʰi 去	pʰiʔ	pʰiɪʔ	pʰiɪʔ	pʰiɪʔ
癖	梗开四入锡滂	pʰi 去	pʰiʔ	pʰiɪʔ	pʰiɪʔ	pʰiɪʔ
瞥	山开三入薛滂	pʰiɛ 阴平	pʰiʔ	pʰiɪʔ	pʰiɪʔ	pʰiɪʔ
鼻	止开三去至并	pi 阳平	biʔ	biɪʔ	biɪʔ	biɪʔ
别	山开三入薛并	piɛ 阳平	biʔ	biɪʔ	biɪʔ	biɪʔ
弼	臻开三入质并	pi 去	biʔ	biɪʔ	biɪʔ	biɪʔ
批	蟹开四平齐滂	pʰi 去	biʔ	biɪʔ	biɪʔ	biɪʔ
枇	止开三平脂并	pʰi 去	biʔ	biɪʔ	biɪʔ	biɪʔ
蜜	臻开三入质明	mi 去	miʔ	miɪʔ	miɪʔ	miɪʔ
密	臻开三入质明	mi 去	miʔ	miɪʔ	miɪʔ	miɪʔ
灭	山开三入薛明	miɛ 去	miʔ	miɪʔ	miɪʔ	miɪʔ
蔑	山开四入屑明	miɛ 去	miʔ	miɪʔ	miɪʔ	miɪʔ
觅	梗开四入锡明	mi 去	miʔ	miɪʔ	miɪʔ	miɪʔ
接	咸开三入叶精	tɕiɛ 阴平	tsiʔ	tsiɪʔ	tɕiɪʔ	tɕiɪʔ
即	曾开三入职精	tɕi 去	tsiʔ	tsiɪʔ	tɕiɪʔ	tɕiɪʔ
节	山开四入屑精	tɕiɛ 阳平	tsiʔ	tsiɪʔ	tɕiɪʔ	tɕiɪʔ
积	梗开三入昔精	tɕi 阴平	tsiʔ	tsiɪʔ	tɕiɪʔ	tɕiɪʔ
迹	梗开三入昔精	tɕi 阴平	tsiʔ	tsiɪʔ	tɕiɪʔ	tɕiɪʔ
脊	梗开三入昔精	tɕi 上	tsiʔ	tsiɪʔ	tɕiɪʔ	tɕiɪʔ
绩	梗开四入锡精	tɕi 去	tsiʔ	tsiɪʔ	tɕiɪʔ	tɕiɪʔ
七	臻开三入质清	tɕʰi 阴平	tsʰiʔ	tsʰiɪʔ	tɕʰiɪʔ	tɕʰiɪʔ
漆	臻开三入质清	ɕi 阴平	tsʰiʔ	tsʰiɪʔ	tɕʰiɪʔ	tɕʰiɪʔ
切	山开四入屑清	tɕʰiɛ 阴平	tsʰiʔ	tsʰiɪʔ	tɕʰiɪʔ	tɕʰiɪʔ
妾	咸开三入叶清	tɕʰiɛ 去	tsʰiʔ	tsʰiɪʔ	tɕʰiɪʔ	tɕʰiɪʔ
窃	山开四入屑清	tɕʰiɛ 去	tsʰiʔ	tsʰiɪʔ	tɕʰiɪʔ	tɕʰiɪʔ
戚	梗开四入锡清	tɕʰi 阴平	tsʰiʔ	tsʰiɪʔ	tɕʰiɪʔ	tɕʰiɪʔ
沏	山开四入屑清	tɕʰi 去	tsʰiʔ	tsʰiɪʔ	tɕʰiɪʔ	tɕʰiɪʔ
集	深开三入缉从	tɕi 阳平	dziʔ	dziɪʔ	dziɪʔ	dziɪʔ
籍	梗开三入昔从	tɕiɛ 去	dziʔ	dziɪʔ	dziɪʔ	dziɪʔ
截		tɕiɛ 阳平	dziʔ	dziɪʔ	dziɪʔ	dziɪʔ
捷	咸开三入叶从	tɕiɛ 阳平	dziʔ	dziɪʔ	dziɪʔ	dziɪʔ
熄	曾开三入职心	ɕi 阴平	siʔ	siɪʔ	ɕiɪʔ	ɕiɪʔ
昔	梗开三入昔心	ɕi 阴平	siʔ	siɪʔ	ɕiɪʔ	ɕiɪʔ
息	曾开三入职心	ɕi 阴平	siʔ	siɪʔ	ɕiɪʔ	ɕiɪʔ

续表

汉字	广韵	普通话	近代吴语	现代吴语	当代吴语	新世纪吴语
屑	山开四入屑心	tɕiɛ 去	siʔ	siiʔ	ɕiiʔ	ɕiiʔ
悉	臻开三入质心	ɕi 阴平	siʔ	siiʔ	ɕiiʔ	ɕiiʔ
膝	臻开三入质心	ɕi 阴平	siʔ	siiʔ	ɕiiʔ	ɕiiʔ
惜	梗开三入昔心	ɕi 阴平	siʔ	siiʔ	ɕiiʔ	ɕiiʔ
锡	梗开四入锡心	ɕi 阴平	siʔ	siiʔ	ɕiiʔ	ɕiiʔ
戍	遇合三去遇书	ʂu 去	siʔ	siiʔ	ɕiiʔ	ɕiiʔ
恤	臻合三入术心	ɕy 去	siʔ	siiʔ	ɕiiʔ	ɕiiʔ
拾白	深开三入缉常	ʂʐ 去	dziʔ	ziiʔ	dziəʔ	dziiʔ
席	梗开三入昔邪	ɕi 阳平	dziʔ	ziiʔ	dziəʔ	dziiʔ
习	深开三入缉邪	ɕi 阳平	dziʔ	ziiʔ	dziəʔ	dziiʔ
夕	梗开三入昔邪	ɕi 阴平	dziʔ	ziiʔ	dziəʔ	dziiʔ
疾	臻开三入质从	tɕʰiʔ 上	dziʔ	ziiʔ	dziəʔ	dziiʔ
寂	梗开四入锡从	tɕi 去	dziʔ	ziiʔ	dziəʔ	dziiʔ
袭	深开三入缉邪	tɕi 阳平	dziʔ	ziiʔ	dziəʔ	dziiʔ
滴	梗开四入锡端	ti 阴平	tiʔ	tiiʔ	tiiʔ	tiiʔ
摘白	梗开二入麦知	tʂai 阴平	tiʔ	tiiʔ	tiiʔ	tiiʔ
跌	山开四入屑定	tie 阴平	diʔ	tiiʔ	tiiʔ	tiiʔ
迭	山开四入屑定	tie 阴平	diʔ	tiiʔ	tiiʔ	tiiʔ
嫡	梗开四入锡端	ti 阳平	diʔ	tiiʔ	tiiʔ	tiiʔ
的~确	梗开四入锡端	ti 阳平	diʔ	tiiʔ	tiiʔ	tiiʔ
踢	梗开四入锡透	ti 阴平	tʰiʔ	tʰiiʔ	tʰiiʔ	tʰiiʔ
剔	梗开四入锡透	ti 阴平	tʰiʔ	tʰiiʔ	tʰiiʔ	tʰiiʔ
铁	山开四入屑透	tʰie 上	tʰiʔ	tʰiiʔ	tʰiiʔ	tʰiiʔ
贴	咸开四入怗透	tʰiɛ 阴平	tʰiʔ	tʰiiʔ	tʰiiʔ	tʰiiʔ
帖	咸开四入怗透	tʰiɛ 阴平	tʰiʔ	tʰiiʔ	tʰiiʔ	tʰiiʔ
笛	梗开四入锡定	ti 阴平	diʔ	diiʔ	diiʔ	diiʔ
敌	梗开四入锡定	ti 阳平	diʔ	diiʔ	diiʔ	diiʔ
蝶	咸开四入怗定	tie 阳平	diʔ	diiʔ	diiʔ	diiʔ
迭	山开四入屑定	tie 阳平	diʔ	diiʔ	diiʔ	diiʔ
叠	咸开四入怗定	tie 阳平	diʔ	diiʔ	diiʔ	diiʔ
狄	梗开四入锡定	ti 阳平	diʔ	diiʔ	diiʔ	diiʔ
力	曾开三入职来	li 去	liʔ	liiʔ	liiʔ	liiʔ
立	深开三入缉来	li 去	liʔ	liiʔ	liiʔ	liiʔ
粒	深开三入缉来	li 去	liʔ	liiʔ	liiʔ	liiʔ
列	山开三入薛来	liɛ 去	liʔ	liiʔ	liiʔ	liiʔ
劣	山合三入薛来	liɛ 去	lœʔ	liiʔ	liiʔ	liiʔ
烈	山开三入薛来	liɛ 去	liʔ	liiʔ	liiʔ	liiʔ
裂	山开三入薛来	liɛ 去	liʔ	liiʔ	liiʔ	liiʔ
律	臻合三入术来	li 阳平	liʔ	liiʔ	liiʔ	liiʔ
栗	臻开三入质来	li 去	liʔ	liiʔ	liiʔ	liiʔ
慄	臻开三入质来	li 去	liʔ	liiʔ	liiʔ	liiʔ
笠	深开三入缉来	li 去	liʔ	liiʔ	liiʔ	liiʔ

续表

汉字	广韵	普通话	近代吴语	现代吴语	当代吴语	新世纪吴语
历	梗开四入锡来	li 去	liʔ	liiʔ	liiʔ	liiʔ
结	山开四入屑见	tɕiɛ 阳平	tɕiʔ	tɕiiʔ	tɕiiʔ	tɕiiʔ
给	深开三入缉见	tɕi 上	tɕiʔ	tɕiiʔ	tɕiiʔ	tɕiiʔ
级	深开三入缉见	tɕi 阳平	tɕiʔ	tɕiiʔ	tɕiiʔ	tɕiiʔ
激	梗开四入锡见	tɕi 阴平	tɕiəʔ	tɕiiʔ	tɕiiʔ	tɕiiʔ
急	深开三入缉见	tɕi 阳平	tɕiʔ	tɕiiʔ	tɕiiʔ	tɕiiʔ
劫	咸开三入业见	tɕiɛ 阳平	tɕiʔ	tɕiiʔ	tɕiiʔ	tɕiiʔ
汲	深开三入缉见	tɕi 阳平	tɕiʔ	tɕiiʔ	tɕiiʔ	tɕiiʔ
洁	山开四入屑见	tɕiɛ 阳平	tɕiʔ	tɕiiʔ	tɕiiʔ	tɕiiʔ
棘	曾开三入职见	tɕi 阳平	tɕiəʔ	tɕiiʔ	tɕiiʔ	tɕiiʔ
吉	臻开三入质见	tɕi 阳平	tɕiʔ	tɕiiʔ	tɕiiʔ	tɕiiʔ
击	梗开四入锡见	tɕi 阴平	tɕiəʔ	tɕiiʔ	tɕiiʔ	tɕiiʔ
吃	臻开三入迄见	tʂi 阴平	tɕʰiʔ	tɕʰiiʔ	tɕʰiiʔ	tɕʰiiʔ
泣	深开三入缉溪	tɕʰi 去	tɕʰiʔ	tɕʰiiʔ	tɕʰiiʔ	tɕʰiiʔ
乞	臻开三入迄溪	tɕʰi 上	tɕʰiʔ	tɕʰiiʔ	tɕʰiiʔ	tɕʰiiʔ
讫	臻开三入迄见	tɕʰi 去	tɕʰiʔ	tɕʰiiʔ	tɕʰiiʔ	tɕʰiiʔ
迄	臻开三入迄晓	tɕʰi 去	tɕʰiʔ	tɕʰiiʔ	tɕʰiiʔ	tɕʰiiʔ
怯	咸开三入业溪	tɕʰiɛ 去	tɕʰiʔ	tɕʰiiʔ	tɕʰiiʔ	tɕʰiiʔ
缉	深开三入缉清	tɕʰi 阳平	tɕʰiʔ	tɕʰiiʔ	tɕʰiiʔ	tɕʰiiʔ
极	曾开三入职群	tɕi 阳平	dʑiəʔ	dʑiiʔ	dʑiiʔ	dʑiiʔ
急发~	深开三入缉见	tɕi 阳平	dʑiəʔ	dʑiiʔ	dʑiiʔ	dʑiiʔ
及	深开三入缉九	tɕi 阳平	dʑiʔ	dʑiiʔ	dʑiiʔ	dʑiiʔ
杰	山开三入薛群	tɕiɛ 阳平	dʑiʔ	dʑiiʔ	dʑiiʔ	dʑiiʔ
吸	深开三入缉晓	ɕi 阴平	ɕiʔ	ɕiiʔ	ɕiiʔ	ɕiiʔ
歇	臻开三入月晓	ɕiɛ 阴平	ɕiʔ	ɕiiʔ	ɕiiʔ	ɕiiʔ
胁	咸开三入业晓	ɕiɛ 阳平	ɕiʔ	ɕiiʔ	ɕiiʔ	ɕiiʔ
薛	山开三入薛心	ɕyɛ 3 阴平	ɕiʔ	ɕiiʔ	ɕiiʔ	ɕiiʔ
析	梗开四入锡心	ɕi 阴平	ɕiʔ	ɕiiʔ	ɕiiʔ	ɕiiʔ
日白	臻开三入质日	ʐʅ 去	ȵiʔ	ȵiiʔ	ȵiiʔ	ȵiiʔ
热	山开三入薛日	ʐɤ 去	ȵiʔ	ȵiiʔ	ȵiiʔ	ȵiiʔ
匿	曾开三入职娘	ni 去	ȵiəʔ	ȵiiʔ	ȵiiʔ	ȵiiʔ
溺	梗开四入锡泥	ni 去	ȵiəʔ	ȵiiʔ	ȵiiʔ	ȵiiʔ
逆	梗开三入陌疑	ni 去	ȵiəʔ	ȵiiʔ	ȵiiʔ	ȵiiʔ
孽	山开三入薛疑	niɛ 去	ȵiʔ	ȵiiʔ	ȵiiʔ	ȵiiʔ
业	咸开三入业疑	iɛ 去	ȵiʔ	ȵiiʔ	ȵiiʔ	ȵiiʔ
臬	山开四入屑疑	niɛ 去	ȵiʔ	ȵiiʔ	ȵiiʔ	ȵiiʔ
聂	咸开三入叶娘	niɛ 去	ȵiʔ	ȵiiʔ	ȵiiʔ	ȵiiʔ
蹑	咸开三入叶娘	niɛ 去	ȵiʔ	ȵiiʔ	ȵiiʔ	ȵiiʔ
镊	咸开三入叶娘	niɛ 去	ȵiʔ	ȵiiʔ	ȵiiʔ	ȵiiʔ
易	梗开三入昔以	i 去	ʔjiʔ	ɦiiʔ	ɦiiʔ	ɦiiʔ
弋	曾开三入职以	i 去	ʔjiʔ	ɦiiʔ	ɦiiʔ	ɦiiʔ
亦	梗开三入昔以	i 去	ʔjiʔ	ɦiiʔ	ɦiiʔ	ɦiiʔ

续表

汉字	广韵	普通话	近代吴语	现代吴语	当代吴语	新世纪吴语
翼	曾开三入职以	i 去	ʔiəʔ	ɦiiʔ	ɦiiʔ	ɦiiʔ
叶	咸开三入叶书	iɛ 去	ʔiʔ	ɦiiʔ	ɦiiʔ	ɦiiʔ
协	咸开四入怗匣	ɕiɛ 平	ʔiʔ	ɦiiʔ	ɦiiʔ	ʔiaʔ
一	臻开三入质影	i 平	ʔiʔ	ʔiiʔ	ʔiiʔ	ʔiiʔ
益	梗开三入昔影	i 去	ʔiʔ	ʔiiʔ	ʔiiʔ	ʔiiʔ
挹	深开三入缉影	i 阴平	ʔiʔ	ʔiiʔ	ʔiiʔ	ʔiiʔ
乙	臻开三入质影	i 去	ʔiʔ	ʔiiʔ	ʔiiʔ	ʔiiʔ
邑	深开三入缉影	i 去	ʔiʔ	ʔiiʔ	ʔiiʔ	ʔiiʔ
抑	曾开三入职影	i 去	ʔiʔ	ʔiiʔ	ʔiiʔ	ʔiiʔ
忆	曾开三入职影	i 去	ʔiʔ	ʔiiʔ	ʔiiʔ	ʔiiʔ
噎	山开四入屑影	iɛ 平	ʔiʔ	ʔiiʔ	ʔiiʔ	ʔiiʔ
谒	臻开三入月影	iɛ 去	ʔiʔ	ʔiiʔ	ʔiiʔ	ʔiiʔ
逸	臻开三入质以	i 去	ʔiʔ	ʔiiʔ	ʔiiʔ	ʔiiʔ
绎	梗开三入昔以	i 去	ʔiʔ	ʔiiʔ	ʔiiʔ	ʔiiʔ
译	梗开三入昔以	i 去	ʔiʔ	ʔiiʔ	ʔiiʔ	ʔiiʔ
驿	梗开三入昔以	i 去	ʔiʔ	ʔiiʔ	ʔiiʔ	ʔiiʔ

36. iAʔ

汉字	广韵	普通话	近代吴语	现代吴语	当代吴语	新世纪吴语
爵	宕开三入药精	tɕyɛ 阳平	tsiaʔ	tsiAʔ	tɕiaʔ	tɕiaʔ
鹊	宕开三入药清	tɕʰyɛ 去	tsʰiaʔ	tsʰiAʔ	tɕʰiaʔ	tɕʰiaʔ
雀	宕开三入药精	tɕʰyɛ 去	tsʰiaʔ	tsʰiAʔ	tɕʰiaʔ	tɕʰiaʔ
嚼	宕开三入药从	tɕiau 阳平	ziaʔ	dziAʔ	dziaʔ	tɕiaʔ
削	宕开三入药心	ɕyɛ 阴平	siaʔ	siAʔ	ɕiaʔ	ɕiaʔ
略	宕开三入药来	lyɛ 去	liaʔ	liAʔ	liaʔ	liaʔ
掠	宕开三入药来	lyɛ 去	liaʔ	liAʔ	liaʔ	liaʔ
脚	宕开三入药见	tɕiau 上	tɕiaʔ	tɕiAʔ	tɕiaʔ	tɕiaʔ
觉文	效开二去效见	tɕyɛ 阳平	tɕiaʔ	tɕiAʔ	tɕiaʔ	tɕiaʔ
角	通开一入屋来	tɕiau 上	tɕiaʔ	tɕiAʔ	tɕiaʔ	tɕiaʔ
甲文	咸开二入狎见	tɕiA 上	tɕiaʔ	tɕiAʔ	tɕiaʔ	tɕiaʔ
却	宕开三入药溪	tɕʰyɛ 去	tɕʰiaʔ	tɕʰiAʔ	tɕʰiaʔ	tɕʰiaʔ
确	江开二入觉溪	tɕʰyɛ 去	tɕʰiaʔ	tɕʰiAʔ	tɕʰiaʔ	tɕʰiaʔ
捏	山开四入屑泥	niɛ 阴平	ŋiaʔ	ŋiAʔ	ŋiaʔ	ŋiaʔ
虐	宕开三入药疑	nyɛ 去	ŋiaʔ	ŋiAʔ	ŋiaʔ	ŋiaʔ
箬	宕开三入药日	zuo 去	ŋiaʔ	ŋiAʔ	ŋiaʔ	ŋiaʔ
乐	宕开一入铎来	lɤ 去	ɦiiaʔ	ʔiAʔ	ʔiaʔ	ʔiaʔ
学文	江开二入觉匣	xyɤ 阳平	ɦiiaʔ	ʔiAʔ	ʔiaʔ	ʔiaʔ
钥	宕开三入药以	yɛ 去	ʔiaʔ	ʔiAʔ	ʔiaʔ	ʔiaʔ
协	咸开四入怗匣	ɕiɛ 阳平	ɦiiaʔ	ʔiAʔ	ʔiaʔ	ʔiaʔ
侠	咸开四入怗匣	ɕiA 阳平	ɦiiaʔ	ʔiAʔ	ʔiaʔ	ʔiaʔ
挟	咸开四入怗匣	ɕiɛ 阳平	ɦiiaʔ	ʔiAʔ	ʔiaʔ	ʔiaʔ

续表

汉字	广韵	普通话	近代吴语	现代吴语	当代吴语	新世纪吴语
药	宕开三入药以	iɑu 去	ʔiaʔ	ɦiʌʔ	ʔiaʔ	ʔiaʔ
约	宕开三入药影	yɛ 阴平	ʔiaʔ	ɦiʌʔ	ʔiaʔ	ʔiaʔ

37. ioʔ

汉字	广韵	普通话	近代吴语	现代吴语	当代吴语	新世纪吴语
菊	通开三入屋见	tɕy 平	tɕioʔ	tɕioʔ	tɕioʔ	tɕioʔ
鞠	通开三入屋见	y 阴平	tɕioʔ	tɕioʔ	tɕioʔ	tɕioʔ
曲	通开三入烛溪	tɕʰy 上	tɕioʔ	tɕʰioʔ	tɕʰioʔ	tɕʰioʔ
局	通开三入烛群	tɕy 平	dʑioʔ	dʑioʔ	dʑioʔ	dʑioʔ
畜	通开三入屋晓	ɕy 去	ɕioʔ	ɕioʔ	ɕioʔ	ɕioʔ
蓄	通开三入屋晓	ɕy 去	ɕioʔ	ɕioʔ	ɕioʔ	ɕioʔ
肉白	通开三入屋日	zou 去	ŋioʔ	ŋioʔ	ŋioʔ	ŋioʔ
玉	通开三入烛疑	y 去	ŋioʔ	ŋioʔ	ŋioʔ	ŋioʔ
褥	通开三入烛日	zu 去	ŋioʔ	ŋioʔ	ŋioʔ	ŋioʔ
浴	通开三入烛以	y 去	ʔioeʔ	ɦioʔ	ɦioʔ	ɦioʔ
欲	通开三入烛以	y 去	ʔioeʔ	ɦioʔ	ʔioʔ	ʔioʔ
狱	通开三入烛疑	y 去	ɦioeʔ	ɦioʔ	ŋioʔ	ŋioʔ
郁	通开三入屋影	y 去	ʔioeʔ	ʔioʔ	ʔioʔ	ʔioʔ

38. uəʔ

汉字	广韵	普通话	近代吴语	现代吴语	当代吴语	新世纪吴语
骨	臻合一入没见	ku 上	kueʔ	kuə˥ʔ	kuəʔ	kuəʔ
国	曾合一入德见	kuo 阳平	koʔ	kuə˥ʔ	kuəʔ	kuəʔ
阔	山合一入末溪	kʰuo 去	kueʔ	kʰuə˥ʔ	kʰuəʔ	kʰuəʔ
窟	臻合一入没溪	kuo 阴平	kueʔ	kʰuə˥ʔ	kʰuəʔ	kʰuəʔ
霍	宕合一入铎晓	xuo 去	fioʔ	huə˥ʔ	huaʔ	huaʔ
豁	山合一入末晓	xuo 去	ɦuaʔ	ɦuə˥ʔ	ɦuaʔ	ʔuaʔ
忽	臻合一入没晓	xu 阴平	hueʔ	huə˥ʔ	huaʔ	huaʔ
活	山合一入末匣	xuo 去	ɦueʔ	ɦuə˥ʔ	ʔuaʔ	ʔuaʔ
或	曾合一入德匣	xuo 去	fioʔ	ɦuə˥ʔ	ʔuaʔ	ʔuaʔ
惑	曾合一入德匣	xuox 去	fioʔ	ɦuə˥ʔ	ʔuaʔ	ʔuaʔ
屋	通开一入屋影	u 阴平	ʔoʔ	ʔuə˥ʔ	ʔuaʔ	ʔuaʔ

39. uaʔ

汉字	广韵	普通话	近代吴语	现代吴语	当代吴语	新世纪吴语
刮	山合二入黠见	kuo 阴平	kuaʔ	kuʌʔ	kuaʔ	kuaʔ
括	山合一入末见	kuo 去	kuaʔ	kuʌʔ	kuaʔ	kuaʔ
豁	山合一入末晓	xuo 去	hueʔ	huʌʔ	huaʔ	hueʔ
滑	山合二入辖匣	xuʌ 阳平	ɦuaʔ	ɦuʌʔ	ʔuaʔ	ʔuaʔ
划	梗合二入麦匣	xuʌ 阳平	ɦuaʔ	ɦuʌʔ	ʔuaʔ	ʔuaʔ
猾	山合二入辖匣	xuʌ 阳平	ɦuaʔ	ɦuʌʔ	ʔuaʔ	ʔuaʔ

续表

汉字	广韵	普通话	近代吴语	现代吴语	当代吴语	新世纪吴语
挖		uA 阴平	ʔuAʔ	ʔuAʔ	ʔuaʔ	ʔuaʔ

40. ɿʔ

汉字	广韵	普通话	近代吴语	现代吴语	当代吴语	新世纪吴语
雪	山合三入薛心	ɕyɤ 上	siʔ	sɿʔ	ɕiiʔ	ɕiiʔ
绝	山合三入薛从	tɕyɤ 阳平	dziʔ	zɿʔ	dzyeʔ	dziiʔ

41. yɤʔ

汉字	广韵	普通话	近代吴语	现代吴语	当代吴语	新世纪吴语
决	山合四入屑见	tɕyɤ 阳平	tɕioeʔ	tɕyɤʔ	tɕyɤʔ	tɕyɤʔ
诀	山合四入屑见	tɕyɤ 阳平	tɕioeʔ	tɕyɤʔ	tɕyɤʔ	tɕyɤʔ
厥	臻合三入月见	tɕyɤ 阳平	tɕioeʔ	tɕyɤʔ	tɕyɤʔ	tɕyɤʔ
橘	臻合三入术见	tɕy 阳平	tɕioeʔ	tɕyɤʔ	tɕyɤʔ	tɕyɤʔ
缺	山合四入屑溪	tɕʰyɤ 阴平	tɕʰioeʔ	tɕʰyɤʔ	tɕʰyɤʔ	tɕʰyɤʔ
屈	臻合三入物溪	tɕʰy 阴平	tɕʰioeʔ	tɕʰyɤʔ	tɕʰyɤʔ	tɕʰyɤʔ
掘	臻合三入物群	tɕyɤ 阳平	dzioeʔ	dzyɤʔ	dzyɤʔ	dzyɤʔ
倔	臻合三入物九	tɕyɤ 去	dzioeʔ	dzyɤʔ	dzyɤʔ	dzyɤʔ
血	山合四入屑晓	ɕyɤ 去	ɕioeʔ	ɕyɤʔ	ɕyɤ ʔ	ɕyɤ ʔ
月	臻合三入月疑	yɤ 去	ɲioeʔ	ŋyɤʔ	ʔyɤʔ	ʔyɤʔ
穴	山合四入屑匣	ɕyɤ 去	ɦioeʔ	ɦyɤʔ	ʔyɤʔ	ʔyɤʔ
悦	山合三入薛以	yɤ 去	ʔioeʔ	ɦyɤʔ	ʔyɤʔ	ʔyɤʔ
越	臻合三入月云	yɤ 去	ʔioeʔ	ɦyɤʔ	ʔyɤʔ	ʔyɤʔ
阅	山合三入薛以	yɤ 去	ʔioeʔ	ɦyɤʔ	ʔyɤʔ	ʔyɤʔ
曰	臻合三入月云	yɛ 阴平	ʔioeʔ	ɦyɤʔ	ʔyɤʔ	ʔyɤʔ

第九章
结束语

第一节　研究结论

　　嘉兴吴语属于北部吴语太湖片苏沪嘉小片。传统吴语以苏州话为代表，现代吴语以上海话为代表，嘉兴吴语独特之处体现在两个方面：一方面，地理环境因素对嘉兴吴语的形成起到了重要作用。浙江省属于吴方言区，但该方言南北差异巨大。傅国通认为：浙北吴方言与浙南吴方言产生较大区别主要是由地理及交通的不同引起的[①]。由于温州一带地处浙江东南隅，东临大海，北面与西南面都有崇山峻岭与外地阻隔，对外交通极为不便。而其内部有三条江横贯东西，沿海又有温瑞平原连接南北，近海可以舟船交通，其他地区的方言对其影响不大，所以温州片的吴语在 20 世纪六七十年代以前，从语音到词汇、语法都非常一致。而在浙北地区，内部有相连成片的杭嘉湖平原和宁绍平原，浙西丘陵和浙东丘陵的河流都流经平原后汇入钱塘江或太湖，共同的环境、便利的交通为语言的沟通交流创造了良好的条件，所以北部各片方言接近，相互都能通话。这样的地理环境使得嘉兴吴语极具苏沪嘉吴语的特色，在北部吴语发展中具有承先启后的意义。另一方面，嘉兴语言文化具有极强的坚固性，这种坚固性体现在本地居民对于本土语言文化的坚守与执着上。例如，吴越在中原文化多次冲击的情况下，能够固守自己的本质，保持自己的文化特性和语言特色。作为七大方言区之一的嘉兴吴语，在普通话居于主流地位且其他方言受到其影响的背景下，仍最大限度保留了自身的语言特色，如喉塞音入声韵尾、浊音声母、鼻化音等。本研究从历时语言学角度出发，将语言材料、语言理论、语言方法三者相结合，从历时到共时、从宏观到微观来研究嘉兴吴语。通过对嘉兴吴语百年来的语言状态和语言演变过程的历时描写，达到揭示嘉兴吴语语言发展变化规律的目的。

　　本研究主要讨论了近代吴语时期、现代吴语时期、当代吴语时期、新世纪吴语时期四个不同语言时期内嘉兴吴语的语音系统、词汇系统以及与前一时期进行历时比较得出的不同特点，着重讨论了嘉兴吴语的语音系统和词汇系统问题。

---

① 傅国通、方松熹、蔡勇飞，等：《浙江吴语分区》，《杭州大学学报》1985 年增刊。

一、语音系统问题

1. 近代吴语语音问题

主要体现在几个方面：第一，开韵尾方面。近代吴语的单韵母比原始吴语多，原始吴语的一些韵母在近代吴语已经合并为一个韵母。第二，鼻韵尾方面。原始吴语的鼻尾韵十分丰富，达到 25 个，而近代吴语的鼻尾韵只有 16 个。原始吴语鼻尾韵有 n 和 ŋ 两套，且很分明，而近代吴语只有 ŋ 一套。第三，塞尾韵方面。近代吴语塞尾韵基本上继承了原始吴语的塞尾韵。原始吴语的塞尾韵有 15 个，近代吴语有 14 个。原始吴语只有 -t 和 -k 两套，而近代吴语有 -p、-t、-k 三套。可以说，与声母系统相比，近代吴语韵母系统与原始吴语的韵母系统相差较大，这也是近代吴语语音系统的一大特点。

2. 现代吴语语音问题

主要体现在几个方面：第一，入声韵尾由带 -p、-t、-k 的塞尾韵变成带喉塞音 ʔ 的塞尾韵。赵元任在《现代吴语的研究》中指出，入声韵尾全无 p、t、k 音。第二，出现大量文白异读。文白异读现象在近代吴语开始出现，如嘉家加袈枷假架稼驾价嫁 ɕia，虾霞暇瑕下夏 ɦia，衙牙芽丫鸦哑痖 ia，都是文白异读字。而受发端于清末、盛于 20 世纪 20 年代的"国语运动"的影响，北京话的语音和词汇进入嘉兴现代吴语系统中，文白异读现象大量出现，文白异读音节在赵元任的《现代吴语的研究》中可以找到相关记录。

3. 当代吴语语音问题

主要体现在几个方面：第一，"ɦ""ŋ"不分。老派全读"ɦ"（只有一个字"我"的文读音读"ŋ"），新派一部分字读"ɦ"，另一部分字则读"ɦ"或"ŋ"，即在新派吴语中，今读洪音的字，有人读"ɦ"，而有人读"ŋ"。第二，声母 z 是否存在。大部分语言材料认为 z 母不存在，但少部分语言材料仍认为 z 母存在，如《嘉兴方言同音字汇》仍记有声母 z，属于此声母的字有"齐荀殉象橡像"，但在《当代吴语研究》和《嘉兴方言志》语言材料中，声母 z 已经与 dz 母合流。第三，韵母 əu 是否存在。《嘉兴方言志》认为"u"与"əu"是互补的，"u"只出现帮组、非组和晓组声母之后，而"əu"可出现在其他声母之后。《嘉兴方言同音字汇》中没有。

4. 新世纪吴语语音问题

主要体现在几个方面：第一，关于 dz 与 z 合流。《当代吴语研究》和《嘉兴方言同音字汇》认为 z 母已经与 dz 完全合流。与当代吴语相比，新世纪吴语中的 z 母并没有与 dz 完全合流而消失，在调查中发现，不仅老年人保持了 z 母，中年及青年发音人亦保持了 z 母。第二，浊音声母发生清化。这一语言现象是新世纪吴语较为突出的特点，浊音声母 d、v、dz 在新世纪吴语中清化为 tʰ、t、f、tɕ，如例字踏 dɑ、宕 dã、庭 diŋ 清化为踏 tʰɑ、宕 tã、庭 tʰiŋ。第三，关于 əu 韵。在当代吴语中，大部分语言材料认为 əu 韵与 u 韵是互补的，而在新世纪吴语的语言调查中，我们发现 əu 韵与 u 韵是并存、持续互补的。第四，ən、in 韵母后鼻音化。与当代吴语相比，新世纪吴语变异的另一个特点是鼻音韵母呈现后鼻音化。在当代吴语中，奔、本、喷、门、闷、分、粉、坟、文、真、枕、升、胜、根、更等字的韵母记为 ən 韵，而在新世纪吴语中这些字的韵母却是后鼻韵母 əŋ 韵。

二、词汇系统问题

1. 近代吴语词汇问题

语言与文化往往紧密相连，吴语文化具有很强的坚固性，在外来语言的多次冲击下，吴语的语言系统仍保持着自己的特色，这也体现在词汇方面。到明清时期，方言区出现了一批以吴方言词语为主体创作的文学作品，如《何典》《玄空经》《海上花列传》等，同时还出现了《上海方言词汇集》《上海方言惯用语集》《土话指南》《吴方言简明词典》《明清吴语词典》等相关吴语书籍词典。吴语词汇系统结构稳定、完备，形成一套与中原汉语不同的词汇系统。近代吴语词汇在内容方面体现"半殖民地半封建社会"的时代特色，表现在：一方面，反映封建社会生活的词语大量存在；另一方面，吸收了大量的西方外来词，尤其是宗教方面的词语。

2. 现代吴语词汇问题

至现代吴语时期，嘉兴涌现了茅盾、丰子恺、徐志摩、贾祖璋、朱生豪等大量的文学艺术家，他们深受嘉兴地区文化的熏陶，其作品蕴含着浓厚的嘉兴文化色彩和语言特点。茅盾对北部吴语词汇吸收最多且对嘉兴吴语方言词语最为重视，在茅盾的作品中可以看到大量的嘉兴方言俗语，这些嘉兴吴语俗语既富于表现力，又体现了吴语区的风情。丰子恺、徐志摩、贾祖璋、朱生豪等人同样在他们的作品中使用家乡的方言，如徐志摩用家乡话创作的《一条金色的光痕》被胡适称为"用方言创作较为成功之作"。现代吴语时期开始出现了吴语童谣，最为典型的例子是1926年出版的顾颉刚的《吴歌甲集》，这是一本吴地歌谣集，书中收集了以苏州为中心的吴语区100首歌谣，而该书使用的词汇完全是地道的吴语词汇。与近代吴语词汇一样，现代吴语词汇的内容特色亦打上时代的烙印。辛亥革命后，社会生活、经济、文化等方面都发生了巨大变化，这些变化引起了现代吴语词汇系统的相应变化，如流氓、群众、大元帅、董事、吗啡、碘酒、舶来品、民众教育、幼稚园等反映社会生活的词汇，米行、店铺、典当、店号、作场、绸缎店、纱厂等反映工商业的词汇，上岸、丰年、棉花、大熟马头娘、蚕宝宝、排水车、洋水车等反映农业的词汇。这种剧烈的时代变革特征还体现在词形上，如"白相相"是在"白相"一词的基础上发展形成的，"白相相"既体现了时代的特征，又体现了吴语的地域特性。

3. 当代吴语词汇问题

由于普通话的推广普及，一方面，吴语词汇向普通话词汇靠拢，不断吸收普通话词汇进而转化为吴语系统词汇，即吴语词汇与普通话词汇同化了。另一方面，吴语词汇与普通话词汇保持同时使用的频率，在多种场合下人们会同时使用普通话和吴语词汇。这两方面体现了当代吴语词汇系统最大的特点，即出现了变异词和创新词。变异词即与普通话同时使用的词，如日头—太阳、日光—阳光、云头—云、落霜—打霜、滚水—开水、水门汀—水泥、八月半—中秋节、礼拜—星期、起头—开头，而创新词则是从普通话词汇系统中转借过来的词或在历代吴语词汇基础上赋予新内容的词，如零碎、小书、电火、穿梆、洋葱头。

4. 新世纪吴语词汇问题

新世纪吴语时期是经济、文化、科技等各方面飞速发展的时期，新事物的大量涌现使得新概念不断出现，一大批富有时代特征的词语也随之产生。主要表现在大量吸收了社会上流行的新词语，这些新词语几乎是书面语，其吸收的规模和速度远远超过了吴语发展的任何一个时期。同时在新世纪吴语时期，很多吴语词汇渐渐被人们弃用，如移星、抢风、荷花生日、大头颈、老娘、大娘，转而使用新派吴语词汇或普通话词汇流星、顶风、农历六月二十四、接生婆、儿媳。新世纪吴语词汇还具有一大特点，即网络词汇的大量增加，如人气、零距离、一生一世、魔鬼身材、短信、论坛、斑竹、886。与现当代吴语时期的词汇系统特点不同的是当时吴方言对于网络词汇的吸收能力并不强，语码转换现象仍是该时期主要的语言现象。

第二节　研究回顾

学术界对于吴语的研究大多集中在语音面貌的描写和方言层次的研究上，前者多为静态语言描写，后者虽为动态描写，但研究多在微观方面，系统性研究不足。本研究尝试从历时的角度出发，首先将百年吴语史划分为近代吴语、现代吴语、当代吴语、新世纪吴语四个时期，通过研究吴语百年来的语言面貌来探讨吴语发展演变规律，具体研究步骤大致分为五个：

第一步是对近代吴语的语言面貌进行描写。近代吴语以高本汉的《中国音韵学研究》作为标准，从高本汉调查的时间、地点及其时代背景特征看，其调查的汉语方言属于近代汉语方言，而所调查的吴语方言应属于近代吴语时期。在对近代吴语的声母系统、韵母系统、声调系统以及词汇系统描写的基础上，我们还关注了近代吴语时期所出现的文白异读现象，这在高本汉的《中国音韵学研究》可以找到例子。而近代吴语的语言面貌描写为后面与现代吴语比较提供了基础。

第二步是对现代吴语的语言面貌进行描写。现代吴语以赵元任的《现代吴语的研究》作为标准，因其准确地概括了1917年至1927年的吴语时代特征。在赵元任的《现代吴语的研究》基础上，结合嘉兴籍文化名人的作品，我们具体描写了现代吴语的语音系统和词汇系统，编制了现代吴语的同音字表和词汇表，并与近代吴语的语音、词汇进行历时比较。

第三步是对当代吴语的语言面貌进行描写。当代吴语以钱乃荣的《当代吴语研究》、俞光中的《嘉兴方言同音字汇》和嘉兴市地方编纂委员会的《嘉兴方言志》等文献为标准，新中国成立后的吴语研究明显与现代吴语时期研究不同，钱乃荣1984年至1985年对赵元任调查的33个吴语点进行新的调查，理论及研究方法都发生了深刻的变化。我们具体描写了当代吴语的语音系统和词汇系统，编制了当代吴语的同音字表和词汇表，并在此基础上与现代吴语的语音、词汇进行历时比较。

第四步是对新世纪吴语的语言面貌进行描写。在新世纪吴语时期，持续20多年的普通话推广运动和10多年的外来人口的流入，极大改变了吴语方言区的母语环境，从而产生了大量双语、双方言人群，嘉兴的语言生活进入了普通话 / 嘉兴方言的"双言"时代，这一时期较为突出的语言材料是嘉兴市档案局编写的《嘉兴方言》。我们以方言调查、实地记音搜集得来的语料为基础，对新世纪吴语的语音系统和词汇系统进行了详细描写，并编制了新世纪吴语的同音字表和词汇表，同时将该时期吴语与当代吴语的语音、词汇进行历时比较，从而探究新世纪吴语在未来较长时期内的发展趋势及规律。

第五步是在对近代吴语、现代吴语、当代吴语、新世纪吴语的语言面貌的描写和比较的基础上，找到吴语百年变化发展的主要特点及规律，分别为浊音清化、腭化现象、文白异读、韵母简化等。本研究使用大量的语言材料和调查语料证明了这些语言现象的存在，同时我们认为这些语言现象将在新的语言生活背景下继续存在。

第三节　研究展望

虽然语料搜集方法贯穿了整个研究，但本研究以历史比较学理论为基础，以历时比较法作为主要研究方法。与其他相关的吴语研究不同的是，我们尝试运用历时比较法描写不同时期吴语在当下语言生活背景下的语言面貌，这种语言描写并不仅仅是对吴语语音系统、词汇系统的静态记录描写，而且是一种被多种因素影响的动态语言变化的描写。

新千年后现代教育、现代通信以及现代传媒的普及，使得吴语方言区的语言生活发生了巨大变化。吴语语言系统的发展不仅受到了语言内部因素的影响，而且更多地被语言外部因素影响，如语言环境、使用人口、语言互动、语言认同等。而使用吴语的群体，即人口因素起到了最大的作用，使用群体的年龄、性别、学历、阶层等特征无一不影响吴语的发展趋势。例如在年龄特征上，青年群体倾向于使用新派吴语，而中老年群体则更喜欢使用老派吴语。今后的吴语研究还可以通过社会语言学的视角进一步讨论、阐释嘉兴吴语百年的变异特点，将社会语言学与方言学的研究方法结合起来，把吴语放到动态的视角下进行研究，将有助于我们对吴语甚至其他方言做更深入、更全方位的了解和把握。

参考文献

论著

[1] 艾约瑟 (J.Edkins). 上海方言词汇集 [M]. 上海：上海美华书馆，1869.

[2] 丁邦新 . 一百年前的苏州话 [M]. 上海：上海教育出版社，2008.

[3] 傅国通，方松熹，傅佐之 . 浙江方言词 [Z].1992，内部资料 .

[4] 傅国通 . 浙江人学习普通话正音手册 [M]. 杭州：浙江人民出版社，1959.

[5] 傅国通，郑张尚芳 . 浙江省语言志 [M]. 杭州：浙江人民出版社，2015.

[6] 高本汉著，赵元任、罗常培、李方桂译 . 中国音韵学研究 [M]. 北京：商务印书馆，2014.

[7] 顾颉刚 . 吴歌甲集 [M]. 上海：上海文艺出版社，1990.

[8] 郭友松 . 玄空经 [M]. 上海：上海少年书局，1933.

[9] 韩邦庆 . 海上花列传 [M]. 光绪二十年单行本，1894.

[10] 侯精一 . 现代汉语方言概论 [M]. 上海：上海教育出版社，2002.

[11] 胡安顺 . 音韵学通论 [M]. 北京：中华书局，2003.

[12] 嘉兴市地方志编纂委员会 . 嘉兴方言志 [Z]. 内部资料，1987.

[13] 嘉兴秀水老友"新塍土话"编委会 . 新塍土话 [M]. 内部资料，2014.

[14] 江苏省和上海市方言调查指导组 . 江苏省和上海市方言概况 [M]. 南京：江苏人民出版社，1960.

[15] 李荣，叶祥苓 . 苏州方言词典 [M]. 南京：江苏教育出版社，1993.

[16] 李如龙 . 汉语方言学（第二版）[M]. 北京：高等教育出版社，2007.

[17] 陆基 . 注音符号·苏州同音常用字汇 [M]. 北京：商务印书馆，1931.

[18] 闵家骥 . 怎样学习广韵 [M]. 郑州：河南人民出版社，1989.

[19] 闵家骥，范晓，朱川，张嵩岳 . 简明吴方言词典 [Z]. 上海：上海辞书出版社，1986.

[20] 麦嘉温 . 上海方言习惯用语集 [M]. 伦敦传教会，1869.

[21] 钱乃荣 . 当代吴语研究 [M]. 上海：上海教育出版社，1992.

[22] 钱乃荣 . 上海话大词典 [M]. 上海：上海辞书出版社，2007.

[23] 唐作藩 . 音韵学教程（第三版）[M]. 北京：北京大学出版社，2002.

[24] 土话指南 [M]. 上海：上海土山湾慈母堂，1908.

[25] 吴连生，骆伟里，王均熙，等 . 吴方言词典 [M]. 上海：汉语大词典出版社，1995.

[26] 王力 . 汉语史稿 [M]. 北京：中华书局，1980.

[27] 王力 . 江浙人怎样学习普通话 [M]. 北京：文化教育出版社，1955.

[28] 王力 . 汉语史稿 [M]. 北京：中华书局，2011.

[29] 王福堂 . 汉语方言语音的演变和层次 [M]. 北京：语文出版社，2005.

[30] 王翼之 . 吴歌乙集 [M]. 广州：中山大学语言历史学研究所，1928.

[31] 许宝华，汤珍珠 . 上海市区方言志 [M]. 上海：上海教育出版社，1988.

[32] 徐越 . 嘉兴方言 [M]. 北京：方志出版社，2016.

[33] 游汝杰 . 吴语方言学 [M]. 上海：上海教育出版社，2018.

[34] 游汝杰 . 汉语方言学教程 (第二版)[M]. 上海：上海教育出版社，2016.

[35] 袁家骅 . 汉语方言概要（第二版）[M]. 北京：语文出版社，2003.

[36] 张南庄 . 何典 [M]. 北京：学林出版社，2005.

[37] 赵元任 . 现代吴语的研究 [M]. 北京：科学出版社，1956.

[38] 郑张尚芳 . 上古音系 [M]. 上海：上海教育出版社，2013.

[39] 陈寅格 . 东晋南朝之吴语：金明馆丛稿二编 [G]. 上海：上海三联书店，2001.

[40] 刘民钢 . 赵元任《现代吴语的研究》所记声调的转写：第五届国际吴方言学术研讨会论文集 [C]. 上海：上海教育出版社，2010.

[41] 赵元任 . 吴语对比的若干方面：中国现代语言学的开拓和发展——赵元任语言学论选文 [G]. 北京：清华大学出版社，1992.

论文

[1] 傅国通，方松熹，蔡勇飞，等 . 浙江吴语分区 [J]. 杭州大学学报，1985 年增刊 .

[2] 傅国通 . 浙江吴语的特征 [J]. 汉语史学报，2007(1):28-47.

[3] 方松熹 . 浙江吴语词法特点 [J]. 舟山师专学报 (社会科学版)，1998(2):46-55.

[4] 李新魁 . 吴语的形成和发展 [J]. 学术研究，1987(5):122-127.

[5] 李新魁 . 论《切韵》系统中床禅的分合 [J]. 中山大学学报，1979(1):51-65.

[6] 桥本万太郎 . 现代吴语的类型学 [J]. 方言 ,1979(3):196-200.

[7] 王福堂 . 文白异读和层次区分 [J]. 语言研究，2009(1):1-5.

[8] 俞光中 . 嘉兴方言同音字汇 [J]. 方言，1988(3):195-208.

[9] 殷树林 . 吴语形成时代新考 [J]. 语言文化研究辑刊，2014(2):7-21.

[10] 张庆翔 . 从吴语的浊辅音看清浊概念 [J]. 上海师范大学学报 (哲学社会科学版)，2002(2):108-112.

后 记

　　本书是笔者在浙江省哲学社会科学规划后期资助课题"吴语百年面貌与变化研究——以嘉兴吴语为例"（编号 22HQZZ27YB）研究内容基础上修改、补充、完善、撰写而成。从田野调查到书稿的完成，得到了太多人的关心和帮助。

　　感谢浙江省哲学社会科学发展规划领导小组办公室和嘉兴学院，该书得以顺利出版离不开他们的资助。特别感谢书稿的评审专家，他们为本书的观点、理论以及框架提出了宝贵的修改意见。

　　感谢参与田野调查的三位录音人对于录音工作的积极配合，以及团队成员们的辛苦付出。特别感谢我的学生何成仑、姚凤婷、杨诚等，他们不顾严寒酷暑，在长达六个月的录音工作中辗转各个方言调查点，不仅完成了录音调查工作，同时对于田野调查的后续工作付出了汗水。

　　本书也蕴含了工作单位各位领导、同事的心血，没有他们的关心，我很难在忙碌的工作之余坚持修改书稿，最终使之得以出版。特别感谢我的导师徐大明、李葆嘉，他们的学术视野、敏锐的学术眼光让我顺利进入吴语研究的神秘殿堂。特别感谢家人的理解和支持，他们的殷殷亲情和默默付出是我奋发前行的动力。

　　感谢浙江大学出版社赵静编辑为本书修改和出版付出了辛劳和智慧。

　　吴语扎根于吴越故地，为江南本土语言，源远流长，底蕴深厚，使用人口众多。因之形成的吴越文化历史悠久，博大精深，在近现代史上产生过灿烂的吴语文学。吴语最大的特点是"软"，尤其是女孩说来更加动听，有"吴侬软语"之称。吴语不仅继承了中古汉语的全浊声母和"四声八调"的声调，也创新了与共同语不同、具有吴地特色的语音和词汇。语音方面，多元音韵母和鼻韵母简化、入声韵母弱化、连续变调等。词汇方面，一是字形和词义与共同语相同，读音不同，如嘉兴 [ka¹ɕiŋ¹]、讲 [kã³]；二是字形与共同语相同，词义和读音不同，如生活 [sã³ɦuo²⁸]（活儿）、肉麻 [ɲio?⁸mo²]（舍不得；心疼）；三是字形、读音与共同语相同或相近，词义完全不同，这类词叫"音代词"（音译的方言词），是用共同语的音来写。如，哈 [ɦa³]（蟹）、宁 [ɲiŋ²]（人）、呀饭 [ʔia⁵vɛ⁶]（夜饭）、呼汤 [ɦu1tʰã¹]（喝汤）、唔出山 [m̩ tsʰə?¹?sɛ¹]（没出息）、做色拉 [tsu⁵sə?⁷la⁸]（做什么）、的刮拉子 [tiɪ?⁷kua?⁷la²tsɿ³]（货真价实，纯真的）。在吴语地区从事语言教学和语言研究的我也深爱这一语言，早就有要为这一语言做点什么的想法。经过多年酝酿并掌握了足够的材料后，我决定以北部吴语腹地嘉兴为视点，在历史的坐标上描写吴语近代以来的面貌和发展变化，并通过"构拟"和"比较"两种方式，把吴语历史研究上溯到中古吴语和原始吴语。这一构思对我来说无疑是巨大的挑战。经过几年潜心研究和众人的支持、帮助，本书终于完成并出版了。自高本汉先生、赵元任先生以来，吴语研究取得了丰硕的成果，本书只是这些研究成果中之沧海一粟，但其毕竟是自己的心血，心中仍感到高兴。

　　由于本书涉及不同时期嘉兴吴语的语言面貌，跨越幅度较大，语料文献收集和整理工作繁重，音标书写烦琐易错，同时笔者水平有限，本书错漏缺点还有可能存在，敬请读者批评指正。

邓彦

2022 年 6 月于嘉兴学院